A NEW ANTHOLOGY OF SPANISH LITERATURE

II

A NEW ANTHOLOGY OF

RICHARD E. CHANDLER
& KESSEL SCHWARTZ

SPANISH LITERATURE

Louisiana State University Press

CONTENTS

Part *I* EPIC AND NARRATIVE POETRY

Part *II* THE DRAMA

Part III PROSE FICTION

Part IV LYRIC POETRY

Part V   NONFICTION PROSE

ACKNOWLEDGMENTS

The editors and publisher wish to thank the following for having so graciously authorized us to use copyrighted material.

Rafael Alberti for permission to reprint several of his poems

Vicente Aleixandre for permission to include several of his poems from Aleixandre, *Poesías completas*, Aguilar, 1960

Appleton Century Crofts, New York, for poems by Rubén Darío from *Nineteenth Century Spanish Verse* edited by José Sánchez, 1949

Julio Caro Baroja and Pío Caro Baroja for permission to use selections from Pío Baroja's *Paradox Rey*, Madrid, R. Caro Raggio, 1917.

José Luis Cano for permission to use several poems by José Hierro from *Antología de la nueva poesía española*, Editorial Gredos, 1958

Ediciones Destino for permission to use selections from Camilo José Cela's *Pascual Duarte*, eighth edition, 1957

Ediciones Destino for permission to use selections from Juan Goytisolo's *Juegos de manos*, second edition, 1960

Editorial Proyección for permission to use selections from Ramón Sender's *Réquiem por un campesino español*, 1961

León Felipe for permission to reprint several of his poems from *Antología rota*, Editorial Losada, 1957

Luis Hurtado Girón for excerpts from Jacinto Benavente's *Los intereses creados*, eighth edition, Espasa Calpe, 1947

Jorge Guillén for permission to use several of his poems

Herminia Peñaranda de Grau for permission to use selections from Jacinto Grau's *El burlador que no se burla*, second edition, Editorial Losada, 1941

Las Americas Publishing Company for permission to reprint selections from Emilia Pardo Bazán's *Los pazos de Ulloa*, 1961

Matea Monedero de Machado for permission to reprint several poems by Antonio Machado

New Directions, Norfolk, Conn., for permission to reprint selected poems by Federico García Lorca and passages from *Bodas de sangre*

Eduardo Pérez de Ayala and Mabel R., Vda. de Pérez de Ayala for permission to include selections from Ramón Pérez de Ayala's *Belarmino y Apolonio*, third edition, Editorial Losada, 1956

María Pérez Galdós, Vda. de Verde for permission to reprint excerpts from Benito Pérez Galdó's *Fortunata y Jacinta*, Aguilar, 1941–42

Francisco Hernández Pinzón Jiménez for permission to use selected poems by Juan Ramón Jiménez and excerpts from *Platero y yo*

Revista de Occidente and José Ortega Spottorno for permission to reprint the excerpt from Julián Marías' *Introduction a la filosofía*

Revista de Occidente and José Ortega Spottorno for permission to use the selection from José Ortega y Gasset's *Obras de Ortega y Gasset*, third edition, Espasa Calpe, 1943

José Martínez Ruiz for permission to use selections from his *Obras completas*, Aguilar, 1947–54

Charles Scribner's Sons for permission to reprint selections from Alejandro Casona's *La dama del alba*, 1947

Charles Scribner's Sons for permission to reprint selections from Antonio Buero Vallejo's *Historia de una escalera*, 1955

Fernando de Unamuno for permission to reprint poems by Miguel de Unamuno, passages from *Abel Sánchez*, third edition, Espasa Calpe, 1945, and from *Del sentimiento trágico de la vida*, fourth edition, Espasa Calpe, 1941

University of California Press for permission to use poems by Rubén Darío from *Antología poética*, edited by Arturo Torres-Rioseco, 1949

Concha Zardoya and the Hispanic Institute in the United States for permission to use selected poems by Miguel Hernández from *Vida y Obras*, 1955

Part I EPIC AND NARRATIVE POETRY

EPIC AND NARRATIVE POETRY IN THE ROMANTIC PERIOD

Ángel Saavedra, Duque de Rivas, 1791–1865[1], *El moro expósito* (pp. 61–62)

This typical romantic *leyenda* has as its subtitle *Córdoba y Burgos en el siglo décimo*, and the author adds to the already long title the explanatory note *Leyenda en doce romances*. The poem is long, for its twelve *romances* consist of 3,581 quatrains with a total of 14,324 lines of verse. The verse form used throughout is *romance heroico*, that is, 11-syllable lines with every other line assonating. The Duque de Rivas, always attentive to the visual aspect of his work, arranged his poetry into quatrains, but it does not naturally fall into such divisions.

El moro expósito is Rivas' revival of the medieval legend about the seven Infantes de Lara. The events, recast in modern form, supposedly date from the tenth century and were the subject of an epic poem in the Middle Ages. In addition, there exists an extensive ballad treatment of the theme.[2] Menéndez Pidal (*Leyenda de los Infantes de Lara*, 1896) and other modern scholars have skillfully reconstructed the legend, but quite naturally none of their work was available to Rivas. He published *El moro expósito* in 1834 and had as his source material only a few ballads and the uninspired dramatic versions of Hurtado Velarde and Matos Fragoso. Rivas began to compose his poem in September, 1829, and finished writing it in Paris in May, 1833. It was printed in the following year with the now famous prologue of Alcalá Galiano.[3]

Rivas begins his story *in medias res*, some twenty years after the slaying of the Infantes. The Christians and the Moslems have long been at war. Giafar, cruel leader of the Moors, has made himself feared and hated by the Christians by wreaking great destruction upon their armies and pillaging their lands. Finally, surprised and defeated by the Christian Gonzalo Gustios de Salas y Lara, he loses favor, and his brother Almanzor becomes ruler at Córdoba. Indignant at his loss of power,

Giafar impatiently awaits an opportunity to avenge himself upon Gonzalo Gustios.

Rui-Velázquez (the spelling preferred by Rivas for Ruy Velázquez), a powerful Christian, has also found cause to hate Don Gonzalo. He feels that his honor has been abused by the youngest of the seven sons of Lara, and seeking revenge, he persuades the weak-willed Sancho, king of Castile, to send Gonzalo Gustios to Giafar's court as ambassador. Don Gonzalo is imprisoned at Córdoba, and when the seven *infantes* plan to rescue him, Rui-Velázquez betrays their plot and delivers them into the hands of the treacherous Giafar. Don Gonzalo, in prison, knows nothing of their fate. We take up the story here with the 142nd quatrain of *Romance IV*.

Tres lunas, entre tanto, Gustios Lara[4]
pasado había en la prisión estrecha,
en donde del quebranto, de la angustia
y del despecho víctima cayera,
　si un genio bienhechor de tiempo en tiempo
no bajara a endulzar su suerte acerba
y a hacerle tolerable, por lo menos,
el peso abrumador de las cadenas;
　cuando a deshora oyó las fuertes barras
correrse y los cerrojos; vió la puerta
abrirse de repente, y dos esclavos
entrando, darle de respeto muestras.
　Quedó absorto al mirarlos y pasmóse
al escuchar que libre está, y que ordena
el potente Giafar que de allí salga,
y que, al punto, se ponga en su presencia.
　El sol ardía en la mitad del cielo,
y al bañarle la faz, a las tinieblas
acostumbrada, deslumbróle, a punto
que de venir al suelo estuvo cerca.
　Fué socorrido por los dos esclavos,
un corredor larguísimo atraviesa,
un patio solitario y una arcada,
luego un jardín, y al regio alcázar llega.
　En un salón, turbado, le recibe,
y aún trémulo, Giafar, que, al verle afecta
interés y respeto, y a su lado
en almohadón de púrpura, lo sienta,

---

1 See pp. 44–56 for excerpts from Rivas' drama, *Don Álvaro*, and p. 307 for his lyric poetry.
2 See pp. 24–25, Vol. I, for a summary of the medieval legend and one of the ballads on the theme.

3 See *A New History of Spanish Literature*, pp. 532–34.
4 Gustios Lara is Gonzalo Gustios de Salas y Lara.

y procurando dar a su semblante
la expresión grata de amistad sincera,
así le dice con confuso acento,
actitud de raposa, ojos de hiena:

« Razón de Estado tu prisión tan sólo
podido ha motivar . . . Los que gobiernan,
harto lo sabes tú, viven sujetos
a obrar, tal vez, lo mismo que condenan.

« Pero otro tiempo es ya . . ., tiempo
　　　　　　　　　　　　　　　[dichoso,
pues que me proporciona darte pruebas
de que no olvido que tu heroico esfuerzo
una vez consiguió la gloria excelsa

« de arrancarme un laurel, robarme un
　　　　　　　　　　　　　　　[triunfo.
¡Sí . . ., los guerreros que cual tú pelean,
honran a los que vencen, Gustios Lara!
¡Desde el día fatal, con impaciencia,

« he esperado el momento que ya toco
de entablar amistad contigo eterna! . . .
Ya no eres mi cautivo: entre Castilla
y el imperio andaluz las paces reinan;

« torna a lograr de tu valor el premio.
Mas antes tu constancia y fortaleza
voy a probar, haciéndote un presente
digno de ti y de mí. » Calló, y repuesta

no recibió de Gustios, que, dudoso,
por más que quiere, a responder no acierta.
Y el asiento dejando, en otra sala,
precediendo Giafar, entrambos entran.

Solitaria y magnífica, cual todas,
tenía en medio una espaciosa mesa,
en donde varios bultos ocultaba
de damasco ormesí[5] rica cubierta.

Gustios la mira, y le palpita el pecho;
con el dedo Giafar se la demuestra;
y « Allí el regalo está, » con risa amarga
dice, y del brazo asiéndole, lo acerca;

y, de pronto, tirando del tapete,
« He aquí de mi amistad la sola prenda, »
grita con voz de trueno, y muestra al padre
de los amados hijos las cabezas . . .

Sí, el noble Lara, el desdichado padre
vió de sus siete hijos las cabezas
encima del bufete, en una fila
y por orden de edad, ¡ay triste!, puestas.

Aunque desfiguradas y espantables,
cual de lejos traídas, y entre hierbas,
espíritus y sales conservadas,
distinguió en cada cual las propias señas.

En estatua de hielo convertido,
fijos los ojos, sin moverse, en ellas,
y los latidos del hinchado pecho
dando tan sólo en él de vida muestras,

quedó Lara infeliz . . . ¡Ah! ¿Cómo puede
mi débil voz la situación horrenda
con palabras pintar? . . . Padre es preciso,
padre es preciso ser para entenderla . . .

Sin habla Gustios, o, mejor, sin vida,
estuvo sin moverse una gran pieza;
luego, un temblor ligero, imperceptible,
apareció en sus miembros, y en violenta

convulsión terminó; pero tornando
a la inmovilidad, gira y pasea
los ojos, cual los ojos de un espectro,
por una y otra de las siete prendas.

Sonrisa amarga agita un breve instante
sus labios sin color, y en tanto queman
sus mejillas dos lágrimas, y luego
los tiernos hijos a nombrar comienza,

los ojos enclavando en el que nombra,
y esperando, tal vez, ¡ay!, su respuesta:
« ¡Diego! . . . ¡Martín! . . . ¡Fernando! . . .
　　　　　　　　　　[¡Suero! . . . ¡Enrico! . . .
¡Veremundo! . . . ¡Gonzalo! . . . », y cuando

a este nombre, dos veces lo repite;　[llega
y recobrando esfuerzo y vida nueva,
entrambas[6] manos, trémulas, extiende,
agarra de Gonzalo la cabeza,

y la alza; pero al verla sin el cuerpo,
un grito arroja, y, súbito, la suelta,
cual si hecha de encendido hierro fuese.
Empero[7] torna a asirla, se la lleva

a los labios, y un beso en la insensible
mejilla imprime . . . La frialdad horrenda,
la ascosa[8] fetidez sufrir no pudo,
y como cuerpo muerto cayó en tierra;

aquel resto infeliz del hijo suyo
cayó sobre su pecho, y desde él rueda
por la alfombra, dejando sucio rastro
de sangre helada, corrompida y negra.

Ni aun Giafar, ya saciado de venganza,
pudo aguantar más tiempo la escena,
y huyó a esconderse, cual se esconde el tigre,
cansado de exterminio en su caverna . . .

Because of King Sancho's weakness, Giafar
and Rui-Velázquez are able to imprison Gonzalo Gustios for twenty years. He suffers
greatly, both from the loss of his sons and
from the wretched conditions in which he is
obliged to live. Tortured by cold and hunger,
he falls ill and loses his eyesight. The only consolation he receives during his long incarcera-
tion comes from the beautiful Moslem Zahira,
sister of Almanzor. Taking pity on Gustios,
Zahira visits his cell, becomes his mistress,
and gives birth to his son, Mudarra.

---

5 ormesí — watered silk fabric.
6 entrambas — both.

7 empero — but, however.
8 ascosa — loathsome.

Zahira dies when Mudarra is quite young, and he is raised at the court of Almanzor as the son of a slave girl. Although he distinguishes himself in combat, he remains without name or title, and he is brushed aside as a "vil bastardo" by the proud Giafar and his friends. Mudarra gains the affection of Giafar's daughter Kerima, and, although Almanzor favors Mudarra's suit, the greedy Giafar is unwilling to surrender his daughter to one without name or fortune. Almanzor is called to Africa to put down an insurrection, and Giafar seizes the opportunity to marry Kerima to the nobleman to whom she was promised.

On the eve of the proposed wedding, Mudarra is attacked by a masked assailant. Mudarra kills his adversary and to his horror learns that the corpse at his feet is the wicked Giafar. Forced to flee, Mudarra learns his true identify from Zaide, a loyal servant of Almanzor and Gonzalo Gustios, and sets out to free his father and to avenge his family.

Meanwhile, however, Sancho of Castile has died, and his successor, Fernán-González (Rivas preferred the hyphen) has set Gonzalo Gustios free. The latter joyfully receives Mudarra as his son and legitimate heir, for he sees in him a means of punishing Rui-Velázquez. Challenged to meet Mudarra in individual combat, Rui-Velázquez attempts unsuccessfully to have his opponent assassinated and agrees to fight only after he has bought a promise of victory from the Church. Although Velázquez fights bravely, justice triumphs, and the house of Lara is avenged.

Peace now reigns on Lara's estate, and Kerima comes to marry Mudarra. As the twelfth *Romance* continues, Rivas describes the wedding day and the activity in Burgos, during which Mudarra and Kerima are to be both baptized and wed.

Del invierno aterido triunfadora
sus galas ostentando y sus adornos,
reinaba la apacible primavera;
en llanos y montañas el Favonio[9]
    agitaba encendidas amapolas,
dulces tomillos[10] y gallardos olmos;
entre verdura y matizadas flores
se deslizaban plácidos arroyos,

9 Favonio — westerly wind.
10 tomillo — thyme.
11 carámbanos — icicles.
12 celajes — light seen through clouds.
13 agolparse — to crowd, to throng.
14 *Acomodo* is the object of *buscan* two lines below; buscan sólo acomodo — they are only looking for a location.

que antes fueran carámbanos[11] inmobles,
y fundidos después, torrentes roncos,
cuando de mayo al ilustrar la aurora
cumbres azules y celajes[12] rojos,
    de las huecas campanas el estruendo,
que, retumbando por los valles hondos,
una bóveda inmensa de zafiro
llenaba toda con sus ecos sordos,
    en la alta torre pregonó de Burgos
ser ya llegado el día venturoso
en que iban a ganarse para el Cielo
dos almas rescatadas del demonio.
    Confusas tropas de curiosa gente,
a caballo, y a pie, y en carros toscos,
se ven llegar a la ciudad, alzando
por sendas y caminos blanco polvo;
    y no sólo familias castellanas
de las villas y pueblos del contorno,
sino de las provincias más distantes
y también de los reinos más remotos.
    De Burgos en las calles y en las plazas
crece el bullicio popular; en torno
del alcázar del conde y de la iglesia;
a las plazas se agolpa,[13] y acomodo,[14]
    o para ver pasar la comitiva
o ver la ceremonia, buscan sólo.
La carrera dispuesta de antemano,
por las más anchas calles, a que adorno
    dan telas de colores diferentes,
y ramajes de fresnos y de pobos,[15]
y a que sirven de alfombra, sobre arena,
verde juncia,[16] mastranzos[17] olorosos,
    sólo está despejada, porque en ella,
desde el amanecer, con ceño torvo,
espadas cortadoras y alabardas,[18]
altivez imponente y agrio tono,
    hombres de armas del conde de Castilla
ponen al paso de la gente estorbo.
Pero en rejas, balcones y terrados,[19]
y en bocacalles, con estruendo sordo,
    se apiña, y forma grupos, y racimos,
y enjambres de cabezas y de rostros
de toda clase, edad, color y sexo,
por ver pasar a los gallardos novios ...

Rivas lists the guests in attendance, among them Fernán González, acting as godfather, Nuño Salido, Gonzalo Gustios' right hand man, and Egidio, a *mozárabe* and Kerima's grandfather. He describes the clothes worn by

15 pobo — white poplar.
16 juncia — sedge.
17 mastranzo — apple mint.
18 alabarda — halberd.
19 terrado — terrace. Here: flat roof of a house.

the bride and bridegroom, the baptism of Kerima and Mudarra, other details of the wedding, and Kerima's pyschological state.

At the last moment, just before they are pronounced man and wife, Kerima cries out that she cannot marry her father's murderer. She decides to enter a convent. The final verses deal with Mudarra.

> A describir su situación no alcanza
> humana voz.   Si el nombre glorïoso,
> que ganó con su hazaña el rico Estado
> y un padre tal, hallado de tal modo,
>   le compensaron el horrendo golpe,
> o si la gracia celestial su apoyo
> le dió y resignación en tal conflicto,
> no he podido indagar.   Que, poco a poco,
>   el tiempo volador le consolase,
> me parece seguro; ello es notorio
> que, o por razón de Estado o por amores,
> otro enlace contrajo.[20] Testimonio
>   dan de su descendencia las historias,
> y viven en España entre nosotros
> los Manriques de Lara, que se precian
> de hallar su origen en tan noble tronco.

Duque de Rivas, *El fratricidio* (p. 62)

This *romance histórico*, which continues in a sense the epic tradition of bygone days, was published in 1841 and revives in poetical form certain historical events from the reign of Don Pedro *el Cruel* in the fourteenth century. The details of the story were recorded by the great medieval historian, Pero López de Ayala, in his *Crónica de Don Pedro*, and also of course by other historians. Inspired by Ayala's chronicle, Rivas is faithful to historical fact in many respects, but he also weaves a certain amount of legendary material into his poetry. The entire poem is relatively short, consisting of only 468 lines of verse, and is divided into four parts, called *Romances*.

Don Pedro had appeared as a literary figure many times before Rivas made use of him, for the bloody events of his life held a kind of fascination for dramatists and poets. The ballads, of course, record episodes from his life, and dramatists of the Golden Age, particularly Lope de Vega, Moreto, and Montalbán, injected events from his troubled reign into their plays. The nineteenth century Romanticists, too, fell under Don Pedro's

spell, and he became the subject of several Romantic dramas, the most important of which is Zorrilla's *El zapatero y el rey*, (1840). Rivas found the theme quite attractive, for he wrote two other *romances históricos* about Don Pedro, the better known of which is *Una antigualla de Sevilla*.

In the prologue to the first edition of his *romances*, which appeared in 1841, Rivas gives the history of the 8-syllable line of verse and extols its merits. He finds it "más acomodado a los oídos y a la memoria del vulgo que los informes y pesados versos del Poema del Cid." To break the monotony and to give his poetry a better appearance on the page, Rivas divides his ballad meter into quatrains and changes the assonance at the beginning of each *Romance*.

Pedro I (1350–69) was the only legitimate son of King Alfonso XI. The latter had five illegitimate sons, however, by his mistress, Leonor de Guzmán. When Alfonso died, Pedro's mother had her rival Leonor assassinated. Leonor's oldest son, Enrique de Trastamara, never forgot nor forgave.

Pedro I, known as *el Cruel* to his enemies and as *el Justiciero* to his partisans, had constant trouble with his rebellious subjects, partly because he appointed as his favorite an unpopular Portuguese named Albuquerque. Pedro married Blanca de Borbón, a French princess, but he remained completely devoted to his mistress, María de Padilla, and the Padillas became court favorites. The jealous nobles rebelled and took Pedro captive, but he later escaped to inflict terrible punishment upon all but his brothers, whom he spared at first. Nullifying his first marriage, Pedro married again. Enrique de Trastamara formed an alliance against Pedro with the king of Aragón, and, after a series of inconclusive battles, peace was declared in 1361, the year of María de Padilla's death. Enrique enlisted the aid of the "White Companies," a group of military adventurers from southern France, and Pedro received help from the English. When war was renewed, Pedro defeated Enrique, but the latter recruited a new army, defeated Pedro's army, captured Pedro through trickery, and fought with him hand to hand. Although Pedro seemed to be winning at first, Enrique finally managed to kill him with the help of one of his supporters.

---

20 Ambrosio de Morales (*Crónica general de España*, Book 17, Chapter 16) claims that nobody in Castile doubted that Mudarra González was the heir of the Lara house and thus the ancestor of the Manriques. Supposedly, Mudarra's grandson was D. Diego Ordóñez, who challenged the city of Zamora.

Romance primero

El español y el francés

« Mosén[1] Beltrán, si sois noble
doleos[2] de mi señor,
y deba corona y vida
a un caballero cual vos.

Ponedlo en cobro[3] esta noche,
así el cielo os dé favor;
salvad a un rey desdichado
que una batalla perdió.

Yo con la mano en mi espada,
y la mente puesta en Dios,
en su real nombre os ofrezco,
y ved que os lo ofrezco yo,

en perpetuo señorío
la cumplida donación
de Soria y de Monteagudo,
de Almansa, Atienza y Serón.

Y a más[4] doscientas mil doblas
de oro, de ley superior,[5]
con el cuño[6] de Castilla,
con el sello de León,

para que paguéis la hueste
de allende que está con vos,
y con que fundéis estado
donde más os venga en pro.

Socorred al rey Don Pedro
que es legítimo, otro no;
coronad vuestras proezas
con tan generosa acción. »

Así cuando en Occidente
tras siniestro nubarrón,
un anochecer de marzo
su lumbre ocultaba el sol,

al pie del triste castillo
de Montiel, donde el pendón
vencido del rey Don Pedro,
aún daba a España pavor,

Men[7] Rodríguez de Sanabria
con Beltrán Claquín habló,
y éste le dió por respuesta
con francesa lengua y voz:

« Castellano caballero,
pues hidalgo os hizo Dios,
considerad que vasallo
del Rey de Francia soy yo,

y que de él es enemigo
don Pedro vuestro señor,

pues en liga con ingleses
le mueve guerra feroz.

Considerad que sirviendo
al infante Enrique estó,[8]
que le juré pleitesía,[9]
y que gajes[10] me da y ración.

Mas ya que por caballero
venís a buscarme vos,
consultaré con los míos
si os puedo servir o no.

Y como ellos me aconsejen
que dé a Don Pedro favor,
y que sin menguar mi honra
puedo guarecerle yo,

en siendo la medianoche
pondré un luciente farol
delante de la mi tienda
y encima de mi pendón.

Si lo veis, luego veníos
vuestro rey Don Pedro y vos
en sendos caballos,[11] solos,
sin armas y sin temor. »

Dijo el francés, y a su campo
sin despedirse tornó,
y en silencio hacia el castillo
retiróse el español.

Rivas devotes the first part of the *Romance segundo* entitled *El castillo* to a romantic description of the castle of Montiel. Once a formidable fortress, it is now a useless pile of rocks and rubble, the skeleton of a former giant, the nesting place of birds of prey, and the habitat of reptiles. On this cold night in March, as the wind howls and drives the rain and sleet before it, the beaten army of Don Pedro has taken refuge in the old castle. The men, grouped around a large fire in the patio, are treating their painful wounds and fighting over what food remains. Order and discipline have disappeared. There are no lookouts. All is confusion and fear. Don Pedro, in a private room to one side, has fallen fast asleep, but Men Rodríguez de Sanabria faithfully stands on a high tower watching for the agreed signal from the Frenchman Claquín, hoping soon to find a way to save his king, Don Pedro.

As the *Romance Tercero* entitled *El dormido* begins, Sanabria sees the signal from Claquín

---

1 Mosén is a Catalan word meaning *mi señor* or My Lord. It was a title given to nobles of the second category in Aragón and also to clerics of that region. The Beltrán Claquín in this poem refers to Bertrand Duguesclin, a noted French soldier in command of the " White Companies. "
2 doleos — take pity on.
3 cobro — safety, security.
4 a más — in addition.

5 de ley superior — of high quality, of high gold content.
6 cuño — coin, stamping.
7 In Old Spanish *men* meant *mío*. Rivas' use of it here to impart medieval flavor to his poetry is typical of the romantic poet. Translate: Milord.
8 estó — estoy.
9 pleitesía — pact, agreement.
10 gajes — wages.
11 en sendos caballos — each on horseback.

and goes to get Don Pedro. He enters the
king's room and is frozen by a sudden mysterious fright, as though there were some
supernatural force present. A false light from
the bluish flames of a nearly dead fire in the
fireplace pervades the room. High columns
cast long shadows, wisps of smoke curl about
the arches of the ceiling, and the carvings on
the wall take on a sinister form in the light
of the fire.

Men Rodríguez de Sanabria
al entrar en tal escena
se siente desfallecido,
y sus duros miembros tiemblan,
advirtiendo que Don Pedro,
no en su lecho, sino en tierra,
yace tendido y convulso,
pues se mueve y se revuelca,[12]
con el estoque[13] empuñado,
medio de la vaina[14] fuera,
con las ropas desgarradas,
y que solloza y se queja.
Quiere ir a darle socorro . . .
mas ¡ay! . . . ¡en vano lo intenta!
en un mármol convertido
quédase clavado en tierra,
oyendo al rey balbuciente,
so[15] la infernal influencia
de ahogadora pesadilla,
prorrumpir de esta manera:
« Doña Leonor[16] . . ¡vil madrastra!
Quita, quita . ., que me aprietas
el corazón con tus manos
de hierro encendido . ., espera.
Don Fadrique,[17] no me ahogues . .,
No me mires, que me quemas.
¡Tello![18] . . ¡Coronel![19] . . ¡Osorio![20] . .
¿Qué queréis?   Traidores, ¡ea!
Mil vidas os arrancara.
¿No tembláis? . . Dejadme . . afuera.
¿También tú, Blanca?[21] . . y aún tienes
mi corona en tu cabeza . . .
¿Osas maldecirme?   ¡Inicua!
Hasta Bermejo[22] se acerca . . .
¡Moro infame! . . Temblad todos.
Mas, ¿qué turba me rodea?

Zorzo,[23] a ellos: sus, Juan Diente.[24]
¿Aún todos viven? . . Pues mueran.
Ved que soy el rey Don Pedro,
dueño de vuestras cabezas.
¡Ay, que estoy nadando en sangre!
¿Qué espadas, decid, son ésas? . . .
¿Qué dogales?[25] . . ¿Qué venenos?
¿Qué huesos? . . ¿Qué calaveras?
Roncas trompetas escucho . . .
Un ejército me acerca,
¿y yo a pie? . . Denme un caballo
y una lanza . . Vengan, vengan.
Un caballo y una lanza.
¿Qué es el mundo en mi presencia?
Por vengarme doy mi vida,
por un corcel[26] mi diadema.
¿No hay quién a su rey socorra? »
A tal conjuro se esfuerza
Sanabria, su pasmo vence
y exclama: « Conmigo cuenta. »
A sacar al rey acude
de la pesadilla horrenda:
« ¡Mi rey!, ¡mi señor!, » le grita,
y lo mueve, y lo despierta.
Abre los ojos Don Pedro
y se confunde y se aterra,
hallándose en tal estado,
y con un hombre tan cerca.
Mas luego que reconoce
al noble Sanabria, alienta,
y, « Soñé que andaba a caza, »
dice con turbada lengua.
Sudoroso, vacilante,
se alza del suelo, se sienta
en un sillón, y pregunta:
« ¿Hay, Sanabria, alguna nueva? »
« Señor, » responde Sanabria,
« el francés hizo la seña. »
« Pues vamos, » dice Don Pedro,
« haga el cielo lo que quiera. »

Romance cuarto

Los dos hermanos

De Mosén Beltrán Claquín
ante la tienda, de pronto,

12 revolcarse — to writhe, wallow.
13 estoque — rapier, sword.
14 vaina — sheath.
15 so — under.
16 In his nightmare, Pedro's victims come back to
haunt him. Here it is Leonor de Guzmán, the mother
of his half brothers.
17 Fadrique was the second oldest of Pedro's half
brothers. Pedro had him and another brother killed.
18 Tello was a half brother who escaped.
19 Alfonso Fernández Coronel defected, and Pedro
ordered his death.
20 Osorio was another nobleman put to death by
Pedro.
21 Blanca de Borbón, Pedro's wife, died under mysterious circumstances, and Pedro was suspected of poi-
soning her.
22 Bermejo refers to Abu-Said, king of Granada,
known for his red hair. He was assassinated by Pedro's
men.
23 Zorzo was Pedro's armorer.
24 Juan Diente was one of Pedro's soldiers who had
killed some of his enemies for him.
25 dogal — hangman's rope, noose.
26 corcel — charger, war horse.

páranse dos caballeros
ocultos en los embozos.

El rey Don Pedro era el uno,
Rodríguez Sanabria el otro,
que en la fe de un enemigo
piensan encontrar socorro.

Con gran prisa descabalgan,
y ya se encuentran en torno
rodeados de franceses
armados y silenciosos,

en cuyos cascos gascones,
y en cuyos azules ojos
refleja el farol, que alumbra
cual siniestro meteoro.

Entran dentro de la tienda
ya vacilantes, pues todo
empiezan a verlo entonces
de aspecto siniestro y torvo.

Una lámpara de azófar
la alumbra trémula y poco;
mas deja ver un bufete,
un sillón de roble tosco,

un lecho y una armadura,
y lo que fué más asombro,
cuatro hombres de armas inmobles,
de acero vivos escollos.[27]

Don Pedro se desemboza
y, « Vamos ya, » dice ronco;
y al instante uno de aquéllos,
con una mano de plomo,

que una manopla[28] vestía
de dura malla,[29] brioso
ase el regio brazo y dice:
« Esperad, que será poco. »

Al mismo tiempo a Sanabria
por detrás sujetan otros,
arráncanle de improviso
la espada, y cúbrenle el rostro.

¡*Traición*! . . . ¡*Traición*! . . . gritan
luchando con noble arrojo;   [ambos,
cuando entre antorchas y lanzas
en la escena entran de pronto

Beltrán Claquín, desarmado,
y don Enrique, furioso,
cubierto de pie a cabeza
de un arnés de plata y oro,

y ardiendo limpia en su mano
la desnuda daga, como
arde el rayo de los cielos
que va a trastornar el polo.

De Don Pedro el brazo suelta
el forzudo armado, y todo

queda en profundo silencio,
silencio de horror y asombro.

Ni Enrique a Pedro conoce,
ni Pedro a Enrique: apartólos
el cielo hace muchos años,
años de agravios y enconos[30]

un mar de rugiente sangre,
de huesos un promontorio,
de crímenes un abismo
poniendo entre el uno y otro.

Don Enrique fué el primero
que con satánico tono,
« ¿Quién de estos dos es, » prorrumpe,
« el objeto de mis odios? »

« Vil bastardo, » le responde
Don Pedro, iracundo y torvo,
« yo soy tu rey; tiembla, aleve;
hunde tu frente en el polvo. »

Se embisten[31] los dos hermanos;
y don Enrique, furioso
como tigre embravecido,
hiere a Don Pedro en el rostro.

Don Pedro, cual león rugiente,
¡*Traidor*!, grita; por los ojos
lanza infernal fuego, abraza
a su armado hermano, como

a la colmena ligera
feroz y forzudo el oso,
y traban lucha espantosa
que el mundo contempla absorto.

Caen al suelo, se revuelcan,
se hieren de un lado y otro,
la tierra inundan de sangre,
lidian cual canes rabiosos.

Se destrozan, se maldicen,
dagas, dientes, uñas, todo
es de aquellos dos hermanos
a saciar la furia poco.

Pedro a Enrique al cabo pone
debajo, y se apresta[32] ansioso,
de su crueldad o justicia
a dar nuevo testimonio;

cuando Claquín ¡oh desgracia!
(en nuestros debates propios
siempre ha de haber extranjeros
que decidan a su antojo),

cuando Claquín, trastornando
la suerte, llega de pronto,
sujeta a Don Pedro, y pone
sobre él a Enrique alevoso,

diciendo el aventurero
de tal maldad en abono:[33]

---

27 escollos — reefs; dangers.
28 manopla — gauntlet.
29 malla — mail.
30 encono — ill will.

31 se embisten — attack each other; rush one another.
32 aprestarse — to prepare oneself.
33 diciendo . . . abono — the adventurer saying as a justification of such evil.

« Sirvo en esto a mi señor;
ni rey quito, ni rey pongo. »[34]
No duró más el combate;
de su rey en lo más hondo
del corazón la corona
busca Enrique, hunde hasta el pomo
el acero fratricida,
y con él el puño todo
para asegurarse de ella,
para agarrarla furioso.
Y la sacó . . . ¡goteando
sangre! . . . De funesto gozo
retumbó en el campo un *viva*,
y el infierno repitiólo.

José de Espronceda, 1808–42, *El estudiante de Salamanca* (pp. 62; 340–44)

Although Espronceda is primarily famous for his lyric expressions such as *Canción del pirata* and many others[1] which make him according to many critics the greatest lyric poet of the nineteenth century, he also wrote narrative poetry. His first attempt was *Pelayo*, which he termed "ensayo épico" and which he began at the age of sixteen. Antonio Ferrer del Río claimed that Espronceda almost finished it but that he later lost most of the manuscript. Today only fragments remain. A pseudo-classical reworking of Tasso, *Pelayo* surprisingly evoked the admiration of Alberto Lista, who may have helped in the writing.

Espronceda's major narrative effort, considered by many to be the best of all the *leyendas* in Spanish literature, is *El estudiante de Salamanca*. It first appeared in 1839 in *La Alhambra*, a forgotten Granada newspaper, and later with his published collection of poetry in 1840. Many aspects of the story used in *El estudiante de Salamanca*, first called *cuento* but later *leyenda*, had been treated earlier by Lope and others. The immediate inspiration may have been the ballad of *Lisardo, el estudiante de Córdoba*, which contains the theme of a student who witnesses his own funeral and which in turn was based on the Miguel Mañara legends and the novel *Soledades de la vida y desengaños del mundo* (1663) by Gaspar Cristóbal Lozano. Traces of Tirso's *El burlador de Sevilla* and Mira de Amescua's *El esclavo del demonio* also appear

in *El estudiante de Salamanca*. José Zorrilla, who has a similar incident in his *leyenda*, *El Capitán Montoya*, may well have drawn from *El estudiante de Salamanca* in writing his *Don Juan Tenorio*.

Esteban Pujals feels that *El estudiante de Salamanca* is the best work of Espronceda from the esthetic point of view. Written in varied meter, from two to twelve syllables in length and in various styles, its four parts cover 1,742 lines. It is romantic and mysterious throughout in its contrasts of light and shadow, good and bad, and in its use of phantoms, funerals, howling dogs and, indeed, the entire repertory of romantic usage. Montemar, the violent, insolent yet brave hero who loves and leaves the innocent and ever-loving Elvira, has earned a high position in the hierarchy of Don Juan types.

Antonio Machado ranked Espronceda above all the other Spanish Romantic poets and considered him to be "el más fuerte poeta español de inspiración cínica, por quien la poesía española es todavía creadora." He praised *El estudiante de Salamanca* as Espronceda's "obra maestra." "Yo lo leí siendo niño — a la edad en que debe leerse casi todo — y no he necesitado releerlo para evocarlo cuando me place, por la sola virtud de algunos de sus versos . . . Grande, muy grande poeta es Espronceda, y su don Félix de Montemar, la síntesis, o mejor, la almendra españolísima de todos los Don Juanes."

El estudiante de Salamanca

PARTE PRIMERA
SUS FUEROS, SUS BRÍOS; SUS PREMÁTICAS,
SU VOLUNTAD
DON QUIJOTE — PARTE PRIMERA

Era más de media noche,
antiguas historias cuentan,[2]
cuando en sueño y en silencio
lóbrega envuelta la tierra,
los vivos muertos parecen,
los muertos la tumba dejan.
Era la hora en que acaso
temerosas voces suenan
informes, en que se escuchan
tácitas pisadas huecas,
y pavorosas fantasmas
entre las densas tinieblas

---

34 Supposedly it was Fernão Lopes, Portuguese historian of the fifteenth century, who added the detail about Pedro's falling on top of Enrique and then being pulled off by one of the latter's men.

1 See pp. 308–19 for Espronceda's lyric poetry.
2 A reference to some of his sources, among them *Lisardo, el estudiante de Córdoba*.

10

vagan, y aúllan los perros
amedrentados al verlas:
en que tal vez la campana
de alguna arruinada iglesia
da misteriosos sonidos
de maldición y anatema,
que los sábados[3] convoca
a las brujas a su fiesta.
El cielo estaba sombrío,
no vislumbraba una estrella,
silbaba lúgubre el viento,
y allá en el aire, cual negras
fantasmas,[4] se dibujaban
las torres de las iglesias,
y del gótico castillo
las altísimas almenas,
donde canta o reza acaso
temeroso el centinela.
Todo en fin a media noche
reposaba, y tumba era
de sus dormidos vivientes
la antigua ciudad que riega
el Tormes,[5] fecundo río,
nombrado de los poetas,
la famosa Salamanca,
insigne en armas y letras,
patria de ilustres varones,
noble archivo de las ciencias.
Súbito rumor de espadas
cruje y un ¡ay! se escuchó;
un ay moribundo, un ay
que penetra el corazón
que hasta los tuétanos[6] hiela
y da al que lo oyó temblor.
Un ¡ay! de alguno que al mundo
pronuncia el último adiós.

El ruido
cesó,
un hombre
pasó
embozado,
y el sombrero
recatado
a los ojos
se caló.
Se desliza
y atraviesa
junto al muro
de una iglesia
y en la sombra
se perdió.

Una calle[7] estrecha y alta,
la calle del Ataúd,
cual si de negro crespón
lóbrego eterno capuz
la vistiera, siempre oscura
y de noche sin más luz
que la lámpara que alumbra
una imagen de Jesús,
atraviesa el embozado
la espada en la mano aún,
que lanzó vivo reflejo
al pasar frente a la cruz.

Cual suele la luna tras lóbrega nube
con franjas de plata bordarla en redor
y luego si el viento la agita, la sube
disuelta a los aires en blanco vapor:

así vaga sombra de luz y de nieblas,
mística y aérea dudosa visión,
ya brilla, o la esconden las densas tinieblas
cual dulce esperanza, cual vana ilusión.

La calle sombría, la noche ya entrada,
la lámpara triste ya pronta a expirar,
que a veces alumbra la imagen sagrada
y a veces se esconde la sombra a aumentar.

El vago fantasma que acaso aparece,
y acaso se acerca con rápido pie,
y acaso en las sombras tal vez desparece,
cual ánima en pena del hombre que fué,

al más temerario corazón de acero
recelo inspirara, pusiera pavor;
al más maldiciente feroz bandolero
el rezo a los labios trajera el temor.

Mas no al embozado, que aun sangre su
destila, el fantasma terror infundió, [espada
y, el arma en la mano con fuerza empuñada,
osado a su encuentro despacio avanzó.

Segundo don Juan Tenorio,[8]
alma fiera e insolente,
irreligioso y valiente,
altanero y reñidor:
siempre el insulto en los ojos,
en los labios la ironía,
nada teme y todo fía
de su espada y su valor.

---

3 sábados — the sabbath, a reference to the witches'
yearly fiesta.
4 fantasmas — usually masculine. Espronceda was often careless with the gender of nouns.
5 Tormes — river in northwestern Spain at Salamanca.

6 tuétano — marrow.
7 *calle* is the object of *atraviesa* eight lines farther on.
8 Don Juan Tenorio was a young Sevillan nobleman
famous as a seducer of women.

Corazón gastado, mofa
de la mujer que corteja,
y, hoy despreciándola, deja
la que ayer se le rindió.
    Ni el porvenir temió nunca,
ni recuerda en lo pasado
la mujer que ha abandonado,
ni el dinero que perdió.

    Ni vió el fantasma entre sueños
del que mató en desafío,
ni turbó jamás su brío
recelosa previsión.
    Siempre en lances y en amores,
siempre en báquicas orgías,
mezcla en palabras impías
un chiste a una maldición.

    En Salamanca famoso
por su vida y buen talante,
al atrevido estudiante
le señalan entre mil;
    fueros[9] le da su osadía,
le disculpa su riqueza,
su generosa nobleza,
su hermosura varonil.

    Que su arrogancia y sus vicios,
caballeresca apostura,[10]
agilidad y bravura
ninguno alcanza a igualar:
    que hasta en sus crímenes mismos,
en su impiedad y altiveza,
pone un sello de grandeza
don Félix de Montemar.

Bella y más pura que el azul del cielo
con dulces ojos lánguidos y hermosos,
donde acaso el amor brilló entre el velo
del pudor que los cubre candorosos;
tímida estrella que refleja al suelo
rayos de luz brillantes y dudosos,
ángel puro de amor que amor inspira,
fué la inocente y desdichada Elvira.

    Elvira, amor del estudiante un día,
tierna y feliz y de su amante ufana,
cuando al placer su corazón se abría,
como al rayo del sol rosa temprana;
del fingido amador que la mentía,
la miel falaz[11] que de sus labios mana
bebe en su ardiente sed, el pecho ajeno
de que oculto en la miel hierve el veneno.

Que no descansa de su madre en brazos
más descuidado el candoroso infante,
que ella en los falsos lisonjeros lazos
que teje astuto el seductor amante:
dulces caricias, lánguidos abrazos,
placeres ¡ay! que duran un instante
que habrán de ser eternos imagina
la triste Elvira en su ilusión divina.

    Que el alma virgen que halagó un en-
con nacarado sueño en su pureza, [canto
todo lo juzga verdadero y santo,
presta a todo virtud, presta belleza.
Del cielo azul al tachonado[12] manto,
del sol radiante a la inmortal riqueza,
al aire, al campo, a las fragantes flores,
ella añade esplendor, vida y colores.

    Cifró en don Félix la infeliz doncella
toda su dicha, de su amor perdida;
fueron sus ojos a los ojos de ella
astros de gloria, manantial de vida.
Cuando sus labios con sus labios sella,
cuando su voz escucha embebecida,
embriagada del dios que la enamora,
dulce le mira, extática le adora.

Abandoned by Montemar, in the second part Elvira goes mad, recovers her reason, and finally dies of love. Completely forgiving to the end, she writes asking Felix's pardon for disturbing him. She is buried in a tomb over which a willow grows and which is bathed by the setting sun's last rays. In the third part Félix enters a gambling den. Lacking money he is prepared to wager everything — a chain, Elvira's jeweled frame and portrait. He claims he would have wagered her too, were she alive. One of the players, Don Diego de Pastrana, is Elvira's brother in disguise. Seeking vengeance, he takes Félix outside to fight. This third part explains the duel which opened Part I, and the fourth part brings us back once more to the narration from that point. Félix kills Elvira's brother in the street of the Ataúd, where we see again the flickering lamp illuminating the figure of Christ. Félix hears a lament and suddenly there appears a figure wrapped in white. He sees that it is a woman who is kneeling before the image. He determines to possess her even if he has to go to the very gates of hell. As she moves off he pursues her, but she answers all his conversation with a moan. She finally tells him that wordly love

---

9 fuero — privilege.
10 apostura — appearance.

11 falaz — deceitful.
12 tachonado — adorned with trimming.

is not for her and that there is a risk in following her. She warns him, but he rejects her
warning. We resume the narrative here, and
the chase, full of symbolism, continues as
Montemar seeks to decipher what Pedro
Salinas calls "the enigma of reality."

« ¡Cúmplase en fin tu voluntad, Dios mío! »,
la figura fatídica exclamó:
y en tanto al pecho redoblar su brío
siente don Félix y camina en pos.

> Cruzan tristes calles,[13]
> plazas solitarias,
> arruinados muros,
> donde sus plegarias
> y falsos conjuros,
> en la misteriosa
> noche borrascosa,
> maldecida bruja
> con ronca voz canta,
> y de los sepulcros
> los muertos levanta,
> y suenan los ecos
> de sus pasos huecos
> en la soledad;
> mientras en silencio
> yace la ciudad,
> y en lúgubre son
> arrulla su sueño
> bramando Aquilón.[14]

Y una calle y otra cruzan,
y más allá y más allá:
ni tiene término el viaje,
ni nunca dejan de andar.
Y atraviesan, pasan, vuelven,
cien calles quedando atrás,
y paso tras paso siguen,
y siempre adelante van:
y a confundirse ya empieza
y a perderse Montemar,
que ni sabe a dó camina,
ni acierta ya dónde está:
y otras calles, otras plazas
recorre y otra ciudad,
y ve fantásticas torres
de su eterno pedestal
arrancarse, y sus macizas
negras masas caminar,
apoyándose en sus ángulos
que en la tierra, en desigual,
perezoso tranco fijan;
y a su monótono andar,
las campanas sacudidas

misteriosos dobles dan;
mientras en danzas grotescas
y al estruendo funeral
en derredor cien espectros
danzan con torpe compás:
y las veletas sus frentes
bajan ante él al pasar,
los espectros le saludan,
y en cien lenguas de metal,
oye su nombre en los ecos
de las campanas sonar.
Mas luego cesa el estrépito,
y en silencio, en muda paz
todo queda, y desparece
de súbito la ciudad:
palacios, templos, se cambian
en campos de soledad,
y en un yermo y silencioso
melancólico arenal,
sin luz, sin aire, sin cielo,
perdido en la inmensidad.
Tal vez piensa que camina,
sin poder parar jamás,
de extraño empuje llevado
con precipitado afán;
entretanto que su guía
delante de él sin hablar,
sigue misterioso, y sigue
con paso rápido, y ya
se remonta ante sus ojos
en alas del huracán,
visión sublime, y su frente
ve fosfórica brillar,
entre lívidos relámpagos
en la densa oscuridad,
sierpes de luz, luminosos
engendros del vendaval:
y cuando duda si duerme,
si tal vez sueña o está
loco, si es tanto prodigio,
tanto delirio verdad,
otra vez en Salamanca
súbito vuélvese a hallar.
Distingue los edificios,
reconoce en donde está,
y en su delirante vértigo
al vino vuelve a culpar.
Y jura, y siguen andando
ella delante, él detrás.

« ¡Vive Dios! » dice entre sí,
« o Satanás se chancea,
o no debo estar en mí,
o el Málaga que bebí
en mi cabeza aun humea.

---

13 Espronceda here starts the Dance of Death.

14 Aquilón — north wind.

« Sombras, fantasmas, visiones . . .
Dale con tocar a muerto,[15]
y en revueltas confusiones,
danzando estos torreones
al compás de tal concierto.

« Y el juicio voy a perder
entre tantas maravillas,
que estas torres llegué a ver,
como mulas de alquiler,
andando con campanillas.

« ¿Y esta mujer quién será?
Mas si es el diablo en persona,
¿a mi qué diantre me da?
y más que el traje en que va
en esta ocasión, le abona.

« Noble señora, imagino
que sois nueva en el lugar:
andar así es desatino;
o habéis perdido el camino,
o esto es andar por andar.

« Ha dado en no responder,
que es la más rara locura
que puede hallarse en mujer,
y en que[16] yo la he de querer
por su paso de andadura. »

En tanto don Félix a tientas seguía,
delante camina la blanca visión,
triplica su espanto la noche sombría,
sus hórridos gritos redobla Aquilón.

Rechinan girando las férreas veletas,
crujir de cadenas se escucha sonar,
las altas campanas, por el viento inquietas
pausados sonidos en las torres dan.

Rüido de pasos de gente que viene
a compás marchando con sordo rumor,
y de tiempo en tiempo su marcha detiene,
y rezar parece en confuso son.

Llegó de don Félix luego a los oídos,
y luego cien luces a lo lejos vió,
y luego en hileras largas divididos,
vió que murmurando con lúgubre voz,

enlutados bultos andando venían;
y luego más cerca con asombro ve,
que un féretro en medio y en hombros traían
y dos cuerpos muertos tendidos en él.

Las luces, la hora, la noche, profundo,
infernal arcano parece encubrir.
Cuando en hondo sueño yace muerto el mundo
cuando todo anuncia que habrá de morir

al hombre, que loco la recia tormenta
corrió de la vida, del viento a merced,
cuando una voz triste las horas le cuenta.
y en lodo sus pompas convertidas ve,

forzoso es que tenga de diamante el alma
quien no sienta el pecho de horror palpitar,
quien como don Félix, con serena calma
ni en Dios ni en el diablo se ponga a pensar.

Así en tardos pasos, todos murmurando,
el lúgubre entierro ya cerca llegó,
y la blanca dama devota rezando,
entrambas rodillas en tierra dobló.

Calado el sombrero y en pie, indiferente
el féretro mira don Félix pasar,
y al paso pregunta con su aire insolente
los nombres de aquéllos que al sepulcro van.

Mas ¡cuál su sorpresa, su asombro cuál
cuando horrorizado con espanto ve   [fuera,
que el uno don Diego de Pastrana era,
y el otro, ¡Dios santo!, el otro era él!

Él mismo, su imagen, su misma figura,
su mismo semblante, que él mismo era en fin:
y duda y se palpa y fría pavura
un punto en sus venas sintió discurrir.

Al fin era hombre, y un punto temblaron
los nervios del hombre, y un punto temió;
mas pronto su antiguo vigor recobraron,
pronto su fiereza volvió al corazón.

— Lo que es, dijo, por Pastrana,
bien pensado está el entierro;
mas es diligencia vana
enterrarme a mí, y mañana
me he de quejar de este yerro.

Diga, señor enlutado,
¿a quién llevan a enterrar?
— Al estudiante endiablado
Don Félix de Montemar —,
respondió el encapuchado.

— Mientes, truhán. — No por cierto.
— Pues decidme a mí quién soy,

---

15 dale con tocar a muerto — curses on the tolling of
the death bell.

16 en que — ha dado en que.

si gustáis, porque no acierto
cómo a un mismo tiempo estoy
aquí vivo y allí muerto.

— Yo no os conozco. — Pardiez,
que si me llego a enojar,
tus burlas te haga llorar[17]
de tal modo, que otra vez
conozcas ya a Montemar.

¡Villano! . . . Mas esto es
ilusión de los sentidos,
el mundo que anda al revés,
los diablos entretenidos
en hacerme dar traspiés.[18]

¡El fanfarrón de don Diego!
De sus mentiras reniego,
que cuando muerto cayó,
al infierno se fué luego
contando que me mató. —

Diciendo así, soltó una carcajada,
y las espaldas con desdén volvió:
se hizo el bigote, requirió la espada,
y a la devota dama se acercó.

Con que, en fin, ¿dónde vivís?
que se hace tarde, señora.
— Tarde, aun no; de aquí a una hora
lo será. — Verdad decís,
será más tarde que ahora.

Esa voz con que hacéis miedo,
de vos me enamora más:
yo me he echado el alma atrás;
juzgad si me dará un bledo[19]
de Dios ni de Satanás.

— Cada paso que avanzáis
lo adelantáis a la muerte,
don Félix. ¿Y no tembláis,
y el corazón no os advierte
que a la muerte camináis? —

Con eco melancólico y sombrío
dijo así la mujer, y el sordo acento,
sonando en torno del mancebo impío,
rugió en la voz del proceloso viento.

Las piedras con las piedras se golpearon,
bajo sus pies la tierra retembló,
las aves de la noche se juntaron,
y sus alas crujir sobre él sintió.

Y en la sombra unos ojos fulgurantes
vió en el aire vagar que espanto inspiran,
siempre sobre él saltándole anhelantes:
ojos de horror que sin cesar le miran.

Y los vió y no tembló: mano a la espada
puso y la sombra intrépido embistió,
y ni sombra encontró ni encontró nada;
sólo fijos en él los ojos vió.

Y alzó los suyos impaciente al cielo,
y rechinó los dientes y maldijo,
y en él creciendo el infernal anhelo,
con voz de enojo blasfemando dijo:

« Seguid, señora, y adelante vamos:
tanto mejor si sois el diablo mismo,
y Dios y el diablo y yo nos conozcamos,
y acábese por fin tanto embolismo.[20]

« Que de tanto sermón, de farsa tanta,
juro, pardiez, que fatigado estoy:
nada mi firme voluntad quebranta,
sabed en fin que donde vayáis voy.

« Un término no más tiene la vida,
término fijo; un paradero el alma.
Ahora adelante, » dijo, y en seguida
camina en pos con decidida calma.

Y la dama a una puerta se paró.
Y era una puerta altísima, y se abrieron
sus hojas en el punto en que llamó,
que a un misterioso impulso obedecieron:
y tras la dama el estudiante entró:
ni pajes ni doncellas acudieron:
y cruzan a la luz de unas bujías[21]
fantásticas, desiertas galerías.

Y la visión como engañoso encanto,
por las losas deslízase sin ruido,
toda encubierta bajo el blanco manto
que barre el suelo en pliegues desprendido.
Y po el largo corredor en tanto
sigue adelante y síguela atrevido,
y su temeridad raya en locura,
resuelto Montemar a su aventura.

Las luces, como antorchas funerales,
lánguida luz y cárdena esparcían,
y en torno en movimientos desiguales
las sombras se alejaban o venían:

---

17 Félix abandons his earlier politeness for the *tú* form
of address.
18 dar traspiés — to stumble.

19 darle a uno un bledo — to give a straw, to care.
20 embolismo — confusion, disorder.
21 bujías — candles.

arcos aquí ruinosos, sepulcrales,
urnas allí y estatuas se veían,
rotas columnas, patios mal seguros,
yerbosos,[22] tristes, húmedos y oscuros.

Todo vago, quimérico y sombrío,
edificio sin base ni cimiento
ondula cual fantástico navío
que anclado mueve borrascoso viento.
En un silencio aterrador y frío
yace allí todo: ni rumor, ni aliento
humano nunca se escuchó: callado,
corre allí el tiempo, en sueño sepultado.

Las muertas horas a las muertas horas
siguen en el reloj de aquella vida,
sombras de horror girando aterradoras,
que allá aparecen en medrosa huída;
ellas solas y tristes moradoras
de aquella negra, funeral guarida,[23]
cual soñada fantástica quimera,
vienen a ver al que su paz altera.

Y en él enclavan los hundidos ojos
del fondo de la larga galería,
que brillan lejos cual carbones rojos,
y espantaran la misma valentía:
y muestran en su rostro sus enojos
al ver hollada su mansión sombría,
y ora en grupos delante se aparecen,
ora en la sombra allá se desvanecen.

Grandiosa, satánica figura,
alta la frente, Montemar camina,
espíritu sublime en su locura,
provocando la cólera divina:
fábrica frágil de materia impura,
el alma que la alienta y la ilumina,
con Dios le iguala, y con osado vuelo
se alza a su trono y le provoca a duelo.

Segundo Lucifer que se levanta
del rayo vengador la frente herida,
alma rebelde que el temor no espanta,
hollada sí, pero jamás vencida:
el hombre, en fin, que en su ansiedad que-
su límite a la cárcel de la vida,   [branta
y a Dios llama ante él a darle cuenta,
y descubrir su inmensidad intenta.

Y un báquico cantar tarareando,
cruza aquella quimérica morada,
con atrevida indiferencia andando,
mofa en los labios, y la vista osada:

y el rumor que sus pasos van formando,
y el golpe que al andar le da la espada,
tristes ecos, siguiéndole detrás,
repiten con monótono compás.

Y aquel extraño y único rüido
que de aquella mansión los ecos llena,
en el suelo y los techos repetido,
en su profunda soledad resuena:
y expira allá cual funeral gemido
que lanza en su dolor la ánima en pena,
que al fin del corredor largo y oscuro
salir parece de entre el roto muro.

Y en aquel otro mundo, y otra vida,
mundo de sombras, vida que es un sueño,
vida, que con la muerte confundida,
ciñe sus sienes con letal beleño;[24]
mundo, vaga ilusión descolorida
de nuestro mundo y vaporoso ensueño,
son aquel ruido y su locura insana,
la sola imagen de la vida humana.

Que allá su blanca y misteriosa guía
de la alma dicha la ilusión parece,
que ora acaricia la esperanza impía,
ora al tocarla ya se desvanece:
blanca, flotante nube, que en la umbría
noche, en alas del céfiro se mece,
su airosa ropa desplegada al viento,
semeja en su callado movimiento,

humo süave de quemado aroma
que el aire en ondas a perderse asciende,
rayo de luna que en la parda loma,
cual un broche su cima el éter prende;
silfa que con el alba envuelta asoma
y al nebuloso azul sus alas tiende,
de negras sombras y de luz teñidas,
entre el alba y la noche confundidas.

Y ágil, veloz, aérea y vaporosa,
que apenas toca con los pies al suelo,
cruza aquella morada tenebrosa
la mágica visión del blanco velo:
imagen fiel de la ilusión dichosa
que acaso el hombre encontrará en el cielo,
pensamiento sin fórmula y sin nombre,
que hace rezar y blasfemar al hombre.

Y al fin del largo corredor llegando,
Montemar sigue su callada guía,
y una de mármol negro va bajando
de caracol torcida gradería,[25]

22 yerbosos (herbosos) — grassy.
23 guarida — haunt, lurking place.
24 beleño — henbane (a poisonous herb).

25 y . . . gradería — y va bajando una gradería de
mármol negro de caracol torcida.

larga, estrecha y revuelta, y que girando
en torno de él, y sin cesar veía
suspendida en el aire y con violento,
veloz, vertiginoso movimiento,

y en eterna espiral y en remolino
infinito prolóngase y se extiende,
y el juicio pone en loco desatino
a Montemar que en tumbos mil desciende,
y envuelto en el violento torbellino
al aire se imagina, y se desprende,
y sin que el raudo movimiento ceda,
mil vueltas dando, a los abismos rueda:

y de escalón en escalón cayendo,
blasfema y jura con lenguaje inmundo,
y su furioso vértigo creciendo,
y despeñado rápido al profundo,
los silbos ya del huracán oyendo,
ya ante él pasando en confusión el mundo,
ya oyendo gritos, voces y palmadas,
y aplausos y brutales carcajadas;

llantos y ayes, quejas y gemidos,
mofas, sarcasmos, risas y denuestos,
y en mil grupos acá y allá reunidos,
viendo debajo de él, sobre él enhiestos,
hombres, mujeres, todos confundidos,
con sandia pena, con alegres gestos,
que con asombro estúpido le miran
y en el perpetuo remolino giran:

siente por fin que de repente para,
y un punto sin sentido se quedó;
mas luego valeroso se repara,
abrió los ojos y de pie se alzó;
y fué el primer objeto en que pensara
la blanca dama, y alrededor miró,
y al pie de un triste monumento hallóla
sentada en medio de la estancia, sola.

Era un negro solemne monumento
que en medio de la estancia se elevaba,
y a un tiempo a Montemar, ¡raro portento!,
una tumba y un lecho semejaba:
ya imaginó su loco pensamiento
que abierta aquella tumba le aguardaba;
ya imaginó también que el lecho era
tálamo blando que al esposo espera.

Y pronto recobrada su osadía,
y a terminar resuelto su aventura,
al cielo y al infierno desafía
con firme pecho y decisión segura:

a la blanca visión su planta guía,
y a descubrirse el rostro la conjura,
y a sus pies Montemar tomando asiento,
así la habló con animoso acento:

« Diablo, mujer o visión,
que a juzgar por el camino
que conduce a esta mansión,
eres puro desatino
o diabólica invención:

« Siquier de parte de Dios,
siquier[26] de parte del diablo,
¿quién nos trajo aquí a los dos?
Decidme, en fin, ¿quién sois vos?
Y sepa yo con quién hablo:

« que más que nunca palpita
resuelto mi corazón,
cuando en tanta confusión,
y en tanto arcano que irrita,
me descubre mi razón

« que un poder aquí supremo,
invisible se ha mezclado,
poder que siento y no temo,
a llevar determinado
esta aventura al extremo. »

Fúnebre
llanto
de amor,
óyese
en tanto
en son

flébil,[27] blando,
cual quejido
dolorido
que del alma
se arrancó:
cual profundo
¡ay! que exhala
moribundo
corazón.

Música triste,
lánguida y vaga,
que al par lastima
y el alma halaga,[28]
dulce armonía
que inspira al pecho
melancolía,
como el murmullo

---

26 siquier . . . siquier — whether . . . or.
27 flébil — deplorable, lamentable.

28 que al par . . . halaga — which both wounds and
soothes the heart.

de algún recuerdo
de antiguo amor,
a un tiempo arrullo
y amarga pena
del corazón.

Mágico embeleso,
cántico ideal,
que en los aires vaga
y en sonoras ráfagas
aumentado va:
sublime y oscuro,
rumor prodigioso,
sordo acento lúgubre,
eco sepulcral,
músicas lejanas,
de enlutado parche
redoble monótono,
cercano huracán,
que apenas la copa
del árbol menea
y bramando está:
olas alteradas
de la mar bravía,
en noche sombría
los vientos en paz,
y cuyo rugido
se mezcla al gemido
del muro que trémulo
las siente llegar:
pavoroso estrépito,
infalible présago
de la tempestad.

Y en rápido *crescendo*,
los lúgubres sonidos
más cerca vanse oyendo
y en ronco rebramar;
cual trueno en las montañas
que retumbando va,
cual rugen las entrañas
de horrísono volcán.

Y algazara y gritería,
crujir de afilados huesos,
rechinamiento de dientes
y retemblar los cimientos,
y en pavoroso estallido
las losas del pavimento
separando sus junturas
irse poco a poco abriendo,
siente Montemar, y el ruido
más cerca crece, y a un tiempo
escucha chocarse cráneos,

ya descarnados y secos,
temblar[29] en torno la tierra,
bramar combatidos vientos,
rugir las airadas olas,
estallar el ronco trueno,
exhalar tristes quejidos
y prorrumpir en lamentos:
todo en furiosa armonía,
todo en frenético estruendo,
todo en confuso trastorno,
todo mezclado y diverso.

Y luego el estrépito crece
confuso y mezclado en un son,
que ronco en las bóvedas hondas
tronando furioso zumbó;
y un eco que agudo parece
del ángel del juicio la voz,
en tiple, punzante alarido
medroso y sonoro se alzó;
sintió, removidas las tumbas,
crujir a sus pies con fragor,
chocar en las piedras los cráneos
con rabia y ahinco feroz,
romper intentando la losa
y huir de su eterna mansión
los muertos, de súbito oyendo
el alto mandato de Dios.

Y de pronto en horrendo estampido
desquiciarse la estancia sintió,
y al tremendo tartáreo[30] rüido
cien espectros alzarse miró:
de sus ojos los huecos fijaron
y sus dedos enjutos en él;
y después entre sí se miraron,
y a mostrarle tornaron después;
y enlazadas las manos siniestras,
con dudoso, espantado ademán,
contemplando, y tendidas sus diestras
con asombro al osado mortal,
se acercaron despacio y la seca
calavera, mostrando temor,
con inmóvil, irónica mueca
inclinaron, formando enredor.

Y entonces la visión del blanco velo
al fiero Montemar tendió una mano,
y era su tacto de crispante hielo,
y resistirlo audaz intentó en vano:

galvánica, cruel, nerviosa y fría,
histérica y horrible sensación,
toda la sangre coagulada envía
agolpada y helada al corazón . . .

---

29 *Temblar*, the other following infinitives, and the following nouns are the objects of *siente*, four lines above.

30 tartáreo — hellish.

Y a su despecho y maldiciendo al cielo,
de ella apartó su mano Montemar,
y temerario alzándole su velo,
tirando de él la descubrió la faz.

¡Es su esposo!! los ecos retumbaron.
¡La esposa al fin que su consorte halló!!
Los espectros con júbilo gritaron:
¡Es el esposo de su eterno amor!!

Y ella entonces gritó: ¡Mi esposo!! Y era
(¡desengaño fatal!   ¡triste verdad!)
una sórdida, horrible calavera,
la blanca dama del gallardo andar ...

Luego un caballero de espuela dorada,
airoso, aunque el rostro con mortal color,
traspasado el pecho de fiera estocada,
aún brotando sangre de su corazón,

se acerca y le dice, su diestra tendida,
que impávido estrecha también Montemar:
— Al fin la palabra que disteis cumplida,
doña Elvira, vedla, vuestra esposa es ya:

mi muerte os perdono. — Por cierto, don
repuso don Félix tranquilo a su vez, [Diego,
me alegro de veros con tanto sosiego,
que a fe no esperaba volveros a ver.

En cuanto a ese espectro que decís mi
raro casamiento venísme a ofrecer: [esposa,
su faz no es por cierto ni amable ni hermosa:
mas no se os figure que os quiera ofender.

Por mujer la tomo, porque es cosa cierta,
y espero no salga fallido mi plan,
que en caso tan raro y mi esposa muerta,
tanto como viva no me cansará.

Mas antes decidme si Dios o el demonio
me trajo a este sitio, que quisiera ver
al uno o al otro, y en mi matrimonio
tener por padrino siquiera a Luzbel;

cualquiera o entrambos con su corte toda,
estando estos nobles espectros aquí,
no perdiera mucho viniendo a mi boda ...
Hermano don Diego, ¿no pensáis así? —

Tal dijo don Félix con fruncido ceño,
en torno arrojando con fiero ademán
miradas audaces de altivo desdeño.
al Dios por quien jura capaz de arrostrar.

El cariado,[31] lívido esqueleto,
los fríos, largos y asquerosos brazos,
le enreda en tanto en apretados lazos,
y ávido le acaricia en su ansiedad:

y con su boca cavernosa busca
la boca a Montemar, y a su mejilla
la árida, descarnada y amarilla
junta y refriega repugnante faz.

Y él, envuelto en sus secas coyunturas,
aun más sus nudos que se aprietan siente,
baña un mar de sudor su ardida frente
y crece en su impotencia su furor.

Pugna con ansia a desasirse en vano,
y cuanto más airado forcejea,
tanto más se le junta y le desea
el rudo espectro que le inspira horror.

Y en furioso, veloz remolino,
y en aérea fantástica danza,
que la mente del hombre no alcanza
en su rápido curso a seguir,
los espectros su ronda empezaron,
cual en círculos raudos el viento
remolinos de polvo violento
y hojas secas agita sin fin.

Y elevando sus áridas manos
resonando cual lúgubre eco,
levantóse en su cóncavo hueco
semejante a un aullido una voz
pavorosa, monótona, informe,
que pronuncia sin lengua su boca,
cual la voz que del áspera roca
en los senos el viento formó.

« Cantemos, dijeron sus gritos,
la gloria, el amor de la esposa,
que enlaza en sus brazos dichosa,
por siempre al esposo que amó:
su boca a su boca se junte,
y selle su eterna delicia,
süave, amorosa caricia
y lánguido beso de amor.

« Y en mutuos abrazos unidos,
y en blando y eterno reposo,
la esposa enlazada al esposo
por siempre descansen en paz:
y en fúnebre luz ilumine
sus bodas fatídica tea,[32]
les brinde deleites y sea
la tumba su lecho nupcial. »

Mientras, la ronda frenética
que en raudo giro se agita,
más cada vez precipita
su vértigo sin ceder;

31 cariado — rotten, carious.

32 fatídica tea — oracular (fatidical) torch.

más cada vez se atropella,
más cada vez se arrebata,
y en círculos se desata
violentos más cada vez.

Y escapa en rueda quimérica,
y negro punto parece
que en torno se desvanece
a la fantástica luz
y sus lúgubres aullidos
que pavorosos se extienden,
los aires rápidos hienden
más prolongados aún.

Y a tan continuo vértigo,
a tan funesto encanto,
a tan horrible canto,
a tan tremenda lid;
entre los brazos lúbricos
que aprémianle sujeto,
del hórrido esqueleto,
entre caricias mil:

jamás vencido el ánimo,
su cuerpo ya rendido,
sintió desfallecido
faltarle, Montemar;
y a par que más su espíritu
desmiente su miseria,
la flaca, vil materia
comienza a desmayar.

Y siente un confuso,
loco devaneo,
languidez, mareo
y angustioso afán:
y sombras y luces,
la estancia que gira,
y espíritus mira
que vienen y van.

Y luego a lo lejos,
flébil en su oído,
eco dolorido
lánguido sonó,
cual la melodía
que el arpa amorosa,
y el aura armoniosa
de noche formó:

Y siente luego
su pecho ahogado,
y desmayado,
turbios sus ojos,
sus graves párpados,

flojos caer;
la frente inclina
sobre su pecho,
y a su despecho,
siente sus brazos
lánguidos, débiles
desfallecer.

Y vió luego
una llama
que se inflama
y murió;
y perdido,
oyó el eco
de un gemido
que expiró.

Tal, dulce
suspira
la lira
que hirió
en blando
concento[33]
del viento
la voz,

leve,
breve
son.

En tanto, en nubes de carmín y grana
su luz el alba arrebolada envía,
y alegre regocija y engalana
las altas torres el naciente día:
sereno el cielo, calma la mañana,
blanda la brisa, transparente y fría,
vierte a la tierra el sol con su hermosura
rayos de paz y celestial ventura.

Y huyó la noche y con la noche huían
sus sombras y quiméricas mujeres,
y a su silencio y calma sucedían
el bullicio y rumor de los talleres;
y a su trabajo y a su afán volvían
los hombres y a sus frívolos placeres,
algunos hoy volviendo a su faena
de zozobra y temor el alma llena.

¡Que era pública voz, que llanto arranca
del pecho pecador y empedernido,
que en forma de mujer y en una blanca
túnica misteriosa revestido,
aquella noche el diablo a Salamanca
había, en fin, por Montemar venido!!...
Y si, lector, dijeres ser comento,
como me lo contaron, te lo cuento.[34]

33 concento — harmony.

34 And if, reader, you say it is a fiction, I tell it to you
as they told it to me.

José Zorrilla y Moral, 1817–93, *Margarita
la tornera* (pp. 62–63, 344–46)

The poem bearing this title is the third in
Zorrilla's collection entitled *Cantos del trovador*, 1841. The story of a nun who leaves her
convent and whose place is taken during her
absence by the Virgin Mary appeared in
Germany and France during the Middle Ages
and made its way into Spain as early as the
thirteenth century, when both Gonzalo de
Berceo and Alfonso *el Sabio* adapted it. Lope
de Vega employed the theme in *La buena
guarda*, and Alonso Fernández de Avellaneda
inserted the tale into his continuation of *Don
Quijote*. Zorrilla disclaimed knowledge of any
of these earlier versions and stated in *Recuerdos
del tiempo viejo* (1880–83) that he first heard
the legend as a school boy in the Seminario de
Nobles. He was later inspired to write *Margarita la tornera* by a book of Padre Nierem-
berg which his mother was reading. Alonso
Cortés feels, however, that the poet undoubtedly relied upon the *Légende de Sœur Beatrix*
of Charles Nodier, published in 1837.

Zorrilla used members of his family and
family property as a point of departure for
some of the characterizations and settings and
made this *leyenda* his own personal favorite,
for as he says: "escribí yo esta leyenda con
cariño sincero: vertí en ella todo mi espíritu
infantil, el sentimiento religioso, el pueril
calaverismo con los que creía agradar a mi
padre y entusiasmar a mi madre, y aunque no
logré mi objeto, *Margarita la tornera* es la
única obra por la cual conservaría el cariño
con que la escribí." This poem is the most
famous of his legends, according to Zorrilla
himself, and served as a kind of prototype of
his drama, *Don Juan Tenorio*. Its shortcomings
are perhaps compensated for by what
Menéndez y Pelayo calls "la espontaneidad
y la dicción poética." Zorrilla demonstrates
his virtuosity by the use of a number of different verse forms, including the *octava real*,
silva, redondilla, romance, and *octavilla aguda*.[1]
After the *Invocación*, he divides the poem into
nine parts, six of which bear an appropriate
title, and then adds an appendix.

In the invocation at the head of the *leyenda*
Zorrilla asks for divine guidance, invokes the
blessing of the Virgin Mary, and invites those
who believe in virtue and heaven to hear his
song in which, he feels, they may find some
consolation. He then begins his narrative in
Part I.

I. *El padre y el hijo.*

In the town of Palencia lives the wealthy
and devout Don Gil de Alarcón, whose son,
don Juan, comes to live with him after a
scandalous stay in school at Valladolid, where
his arrogance and trouble-making had caused
the town leaders to demand his removal. His
indulgent father pardons him. Don Juan visits
a nearby nunnery, considering the possibility
of seducing a nun. He is unsuccessful in his
quest for information about the members, but
one day at mass, as he fails to kneel when the
Host is raised, a voice from behind him re-
proves his irreverence, and Don Juan meets
Margarita, a young member of the convent.
Juan asks to speak to her and tells her he
must see her alone, for he knows a secret which
will help her and will be for the greater glory
of God. She agrees to meet him at a certain
window at which she is assigned guard duty.

II. *Insensatez y malicia*

> La media noche era dada,
> y aun tocaban a maitines
> los esquilones[2] agudos
> con discordante repique
> cuando don Juan de Alarcón,
> dichoso en amor y en lides
> tomaba punto en la calle,
> despreciando la molicie
> de la cama, y sin cuidar
> de que en el vulgo le tilden[3]
> la ronda,[4] si se descubre
> o hay lance que la complique.
> Largo y toledano acero
> bajo la capa se ciñe,
> por si salen a campaña
> curiosos o ministriles.[5]
> Por lo demás su disfraz
> maldito lo que le aflige;[6]
> sólo de su traje y cara
> en todos lances se sirve,
> pues no le importa que nadie
> le conozca, ni le mire,
> por dondequiera que vaya,
> pase, espere, oiga, o platique.
> Por consiguiente, don Juan

---

1 For Zorrilla's lyric poetry see p. 319.
2 esquilón — large hand bell.
3 tildar — to censure.

4 rondar — to gad about at night; to hover about a
girl's house.
5 ministriles — police officers.
6 maldito . . . aflige — bothers him not a bit.

impertérrito[7] prosigue
esperando que la reja
o se ocupe o se ilumine.
Y está la noche a propósito,
pues pardas nubes impiden
a la encapotada[8] luna
que en toda su fuerza brille;
de modo que, siendo a un tiempo
clara y nublada, despide
luz para quien luz desea,
sombra para quien la pide.
Todo en Palencia reposa,
que es ciudad pobre, aunque insigne,
y alberga de labradores
gran parte y de gente humilde,
y es fuerza que, pues madrugan,
largas horas no vigilen.
Ni pasos, pues, ni rumores
de vivientes se perciben;
óyese sólo del aire
el son prolongado y triste,
y el ladrido de los perros
que ecos lejanos repiten.
Suena a lo lejos el órgano,
y vienen a confundirse
con sus cláusulas, del viento
las ráfagas invisibles,
que de las torres perdidas
en los calados sutiles[9]
murmuran, silban o zumban,
chillan, retumban o gimen.
Horas medrosas son éstas
en que la mente concibe
larga turba de fantasmas
que estorban aunque no existen.
Horas que para sus juntas[10]
los espíritus eligen,
y el vulgo para sus cuentos
de apariciones y crímenes.
    Mas sin acordarse de ellas,
con ánimo osado y firme,
aunque de aguardar cansado,
y casi tentado a irse,
de arriba abajo don Juan
la calle embozado mide
a la sombra de las tapias,
y al compás de los maitines.
Y ya en el centro del claustro
cesado habían de oírse
tiempo hacía, y ya el mancebo
renegaba de la estirpe[11]

de la tornera,[12] y de todas
las monjas que a coro asisten
en el mundo, cuando a espacio
siente la ventana abrirse,
y en la oscuridad confusa
haciendo vista de lince,
un vago contorno blanco
tras de los hierros percibe.

DON JUAN

Hermana, ¡gracias a Dios!
Más de una hora me tuvisteis
de plantón.[13] ¡Dios os lo premie!

LA MONJA

¿Tardé mucho?

DON JUAN

                    (¡Vaya un chiste!)
No hay para qué hablar ya de ello,
puesto que al cabo vinisteis.

LA MONJA

¿Sabe[14] lo que digo, hermano?

DON JUAN

No, hermana, si no lo dice.

LA MONJA

Dirélo: cuando muchacha
leí unos libros que escribe
un tal Quevedo, que tienen
a fe mía mucho chiste,
y hay un lance en uno de ellos
tan bonito . . . y que a decirle
verdad se parece tanto
a esta noche . . .

DON JUAN

¿En qué, mi Filis?

LA MONJA

En que hay un mozo en la calle
que sois vos, y viene a oírle
una mujer, que soy yo, y . . .
Pero antes que se me olvide,
mirad, Filis no me llamo,
sino Margarita.

DON JUAN

                    ¡Miren
qué nombre tiene tan lindo
la hermana . . . !

Don Juan, after flattering Margarita, tells
her of an impending danger from which only
he can save her. In order to do so he convinces her that he will have to take her out of

---

7 impertérrito — intrepid.
8 encapotada — covered.
9 calados — fretwork. Read: que, perdidas en los
calados sutiles de las torres.
10 juntas — get-togethers.
11 renegaba de la estirpe — was cursing the ancestry.

12 tornera — doorkeeper of a nunnery.
13 me tuvisteis de plantón — you kept me waiting.
14 Zorrilla shifts back and forth in this dialogue between second plural and third singular (*Vd.* understood)
verb forms.

the convent when the time comes. She does
not suspect his true motive. We continue with
Part II.

MARGARITA

¡Ay, hermano,
no sé qué me da! . . , decidme
¿todo eso es cierto?

DON JUAN

Muy cierto
pero secreto imposible
de revelar, porque todos
quieren que todos peligren
al mismo tiempo y sucumban,
y a quien lo sabe persiguen
con tormentos y castigos;
con que, hermana, por terrible
que sea la tentación
de hablar, cómo la resiste
vea, porque si lo cuenta
tal vez su vida peligre.

MARGARITA

¡Ay, Virgen santa!

DON JUAN

Y la aviso
que si a mi razón se rinde,
yo la sacaré del claustro
antes que el mal se aproxime.

MARGARITA

¡Ay, sí, sí!

DON JUAN

¿Consiente en ello?

MARGARITA

Sí por cierto.

DON JUAN

¿Y será firme
en resolución tamaña?

MARGARITA

Que sí seré. ¡Dios me libre!
¡Morir así entre las manos
sangrientas de esos caribes[15]
que decís!

DON JUAN

Pensadlo a solas
y entraos, no nos atisben[16]
y nos frustren el intento.
Adiós, hermana.

MARGARITA

Él os guíe
y os acompañe.

DON JUAN

¡Ea, adiós!
Y si estáis pronta a seguirme,
yo os quiero mucho, y con tiempo
salvaros no es muy difícil.

MARGARITA

Adiós.

DON JUAN

Adiós.
Y a la reja
echó los cerrojos triples
la monja, y empezó el mozo
a todo trapo[17] a reírse.
Abrió al fin y entró en su casa
con llavín de que se sirve;
acostóse, y rebujándose[18]
la ropa hasta las narices,
apagó la luz diciendo:
« Pues señor, bien: muchas[19] hice,
mas, ¡vive Dios, que esta última
será tal que me acredite! »

III. *Tentación*

In the third part Zorrilla describes
Margarita's purity in the famous *octavillas*
which begin "Aún no cuenta Margarita/diez y
siete primaveras." She has never been per-
mitted to attend parties or associate with
other young people. Nevertheless she has been
aware that people around her are dancing,
laughing, and enjoying life. Loneliness and
curiosity cause her to want to escape. After
several secret meetings with Don Juan,
Margarita finally consents to leave the convent. Don Juan plans to steal a chest of money
from his father to finance his escapade.

IV. (Zorrilla left Part IV without a title.)

The poet extols the blessings of religious
faith and sternly warns sinners of divine
punishment. He praises the Virgin Mary for
her love and understanding and reflects on
Margarita's faith and hope.

V. *La despedida*

Zorrilla describes a stormy night and the
frightening atmosphere surrounding the escape. Margarita is eager for Juan to come but
is somewhat remorseful at having agreed to
his plan. At the appointed hour she starts to
leave but sees a light she had placed at her
favorite altar. She goes there, says good-bye

15 caribe — savage.
16 atisbar — to spy on, watch.
17 a todo trapo — heartily (literally: at full sail).

18 rebujarse (arrebujarse) — to cover oneself with the
bed clothes.
19 *Muchas* is a feminine indefinite; *muchas hice* — I've
pulled a lot of tricks.

to an image of the Virgin, asks her blessing
and protection, kisses her, places her keys on
the altar, and tearfully leaves the convent.

VI. (Another Part without a title.)

The next day as Don Juan and Margarita
are passing through Valladolid, Juan meets
an old school friend, Don Gonzalo. Don Juan
asks him to come along to Madrid and par-
ticipate in the forthcoming public festivities
honoring Felipe IV. Gonzalo consents after a
brief hesitation, and the three continue to
Madrid. Six months pass and Don Juan has
become bored with Margarita, often ignoring
her for other women. She suffers from
jealousy, and even though she still loves Juan
she wishes she were back in the convent.

VII. *Lances imprevistos*

At a dinner party which Juan has arranged
for his new love, the actress Sirena, Juan tells
Gonzalo that he can have Margarita, adding
scornfully that she should be returned to the
convent. Gonzalo now discovers that
Margarita is his sister and challenges Juan to
a duel. He accepts.

VIII. (No title)

When Juan returns, Margarita is horrified
to see his sword covered with Gonzalo's
blood. Juan tells her they must leave Madrid
at once. After two days of travel, Juan
abandons her while she is asleep. Strangers
offer to assist her to return to Palencia, and
she learns from them that Juan is making his
way there, too.

IX. *Aventura tradicional*

¿Dó irá la tórtola amante
sino tras su amor perdido?
¿Dónde irá más que a su nido
y al bosque en que le[20] dejó?
¿Dónde irá su pensamiento
ni la llevará el destino
si no sabe otro camino
que el solo en que se extravió?[21]
¡Ay! ¿Dónde irá Margarita
en su ciega inexperiencia,
dónde irá sino a Palencia
do tal vez está don Juan?
Porque ¿quién logrará nunca
con descaminado intento,

que el humo no busque al viento,
ni el hierro busque al imán?[22]
Era en el fin de una tarde
de junio, seca y nublada;
de un convento en la portada
sobre el gastado escalón
una mujer se veía,
como esperando el momento
en que abrieran del convento
el entornado portón.
A través de un velo espeso
con que el semblante cubría,
los ojos fijos tenía
con constancia pertinaz
en el balcón de una casa
situada frente por frente,
donde no asoma un viviente,
por más que mira, la faz.
Y la mujer, sin embargo,
aquel balcón contemplaba,
como quien algo esperaba
que apareciera por él.
Y el balcón siempre cerrado
y solitario seguía,
y a abrírsele no venía
dueña, galán, ni doncel.

Margarita continues watching the balcony,
but a severe storm forces her to seek shelter
in the convent. With her face covered so that
no one will recognize her, she recalls her pure
and innocent life of months before and as she
does the painful memory of Don Juan fades
away. While she is standing there, a nun surrounded by a kind of aura enters and begins
walking in her direction. Margarita experiences a feeling of rapture and feels compelled
to talk with the mysterious stranger who is of
course the Virgin Mary. She reveals that her
name also is Margarita and that she has been
the doorkeeper for about a year. Margarita
faints. When she regains her senses, Mary
gives her the robe and hood, telling her that
her prayers for protection have been an-
swered.

Y a estas palabras, retumbando el trueno
y rápido el relámpago brillando,
del aire puro en el azul sereno
se elevó la magnífica visión.
La reina de los ángeles llevada
en sus brazos purísimos huía,

---

20 le — la.
21 The verse form here is called the *octavilla aguda*,
i.e. an octave of 8-syllable verses rhyming *abbé:cddé*,
with the first and fifth verses blank.

22 imán — magnet.

y a Margarita huyendo sonreía
que adoraba su santa aparición.

Sumióse al fin del aire trasparente
en la infinita y diáfana distancia,
dejando en pos suavísima fragancia
y rastro de impalpable claridad:
y al volver a su celda Margarita,
volviendo a sus afanes de tornera,
tendió los ojos por la limpia esfera
y no halló ni visión ni tempestad.

Corrió a su amado altar, se hincó a
y al vital resplandor de su bujía   [adorarle,
aun encontró la imagen de María,
y sus flores[23] aún sin marchitar,
y a sus pies despidiéndose del mundo
que en vano su alma devorar espera,
vivió en paz Margarita la Tornera
sin más mundo que el torno[24] y el altar.

*Apéndice. Fin de la historia de don Juan y
Sirena la bailarina.*

The story of Margarita has ended, but
Zorrilla adds an appendix as a kind of after-

thought in order to trace the lives of Juan
and Sirena.[25] Juan returns to Sirena and
becomes involved in still another quarrel
which ends in the death of several persons.
Sirena is jailed, and Juan escapes to Italy. He
returns after six years and enters an old house
near his father's grave. There in a secret room
he finds an old chest, and in the chest a note
in his father's handwriting which implies he
should hang himself for his sinful life. Juan
agrees and tries to do so, but the ceiling
collapses when his weight is put upon it. Then
in the rubble he sees another note which says:

PUES TUS VICIOS, ¡INSENSATO!,[26]
HASTA AQUÍ TE HAN CONDUCIDO,
TEN HORROR DE LO QUE HAS SIDO,
Y MIRA LO QUE A SER VAS:
TOMA Y VIVE, MAS ACUÉRDATE
QUE CUANDO YA NADA TENGAS
SERÁ FORZOSO QUE VENGAS
POR OTRA ESCARPIA[27] QUIZÁS.

---

23 Margarita had always cut flowers for the Virgin and placed them at the statue's feet. Before she left the convent the first time with Juan she had lamented that no one would care for the flowers and they would wither.
24 torno — nunnery door.
25 Zorrilla was apparently as interested in Juan as he

was in Margarita, and the appendix is not really appropriate to the tale of *la tornera.*
26 The capital letters are Zorrilla's.
27 escarpia — hook. Juan was instructed in the first note to hang himself from a hook in the ceiling with a piece of rope provided in the old chest.

Part II   THE DRAMA

THE DRAMA OF THE EIGHTEENTH CENTURY

Ramón de la Cruz, 1731–94, *Manolo* (pp. 101–05)

Don Ramón de la Cruz, Spain's most successful *sainetero* and the only successful eighteenth century dramatist to oppose the then fashionable Neo-Classic taste, inherited a long and peculiarly Spanish dramatic tradition which dates back to the birth of dramatic entertainment in Spain. The one act farce, called *juego de escarnio* in the Middle Ages, had lived through the centuries and had been cultivated by Juan del Encina, Lope de Rueda (who called his plays *pasos*), Cervantes, Quiñones de Benavente, and many others. In the Golden Age these playlets were called *entremeses* and *sainetes* and were played between the acts of full length dramas. At the end of the seventeenth century and in the first half of the eighteenth, these forms shared in the general decline of Spanish culture and letters. Ramón de la Cruz, who wrote his first poem at thirteen and his first comic dialogue at fifteen, rescued the *sainete* and gave it new life. He first tried tragedies in the Neo-Classic manner when he decided in 1767 to write "serious works," but he found them unsuited to his genius and reacted against them. He turned to a realistic portrayal of Madrid life, touching it usually with a bit of humor and sometimes with satire. The people loved his work, but the *afrancesados* attacked it. Despite the censure of the intellectuals, however, he was quite successful and was patronized by the influential Duke of Alba and the Duchess of Benavente. The City Council of Madrid commissioned a number of his works for special occasions.

The *sainete* as cultivated by Don Ramón is a one act play about twenty minutes in length, often presented between the second and third acts of a longer play. Remaining faithful to his artistic creed, "Yo escribo y la verdad me dicta," he based his playlets on reality and through them preserved the principal popular types of Madrid and their amusements. His language is picturesque as his characters speak naturally, often using slang and mispronouncing many words. The plot is generally weak, but is not important in itself. In the prologue to his published works he lays claim to having painted the history of his age. This is largely true, for without his depiction of eighteenth century customs and manners we would know much less about that era of Spanish life. The principal popular types (*petimetres, majos, majas, castañeras, aguadores, tunos,* etc.) stroll through typical Madrid scenes (picnics, dances, parties, cafes, fairs, pilgrimages). Sometimes Ramón de la Cruz combines entertainment with pedagogy as he criticizes social abuses or vices.

In Ramón de la Cruz's long career he produced more than 500 dramatic pieces. In addition to his *sainetes* and full length dramas, he wrote *zarzuelas*, translated some plays from the French, and reworked some dramas by Calderón. In a century generally regarded as relatively unproductive in the drama, Ramón de la Cruz stands as a giant, for though he cultivated a minor form he had a rejuvenating and wholesome effect upon the Spanish theater.

The subtitle of this *sainete*, written in 1769, is *Tragedia para reír o sainete para llorar.* Don Ramón had found his true bent in the one act farce only after having tried serious tragedy in the French style. In *Manolo* he puts his experience to good use as he mocks the pompousness, the artificiality, and the deadly seriousness of the Neo-Classic drama. He heightened the effect of *Manolo* by using it as the "fin de fiesta" after a serious tragedy of the type it parodies. He composed his little satire in a verse form called *romance heroico*, which poets had employed for years for their noblest, most solemn poetry. Spanish Neo-Classic dramatists also used it for their dramas. To hear Don Ramón's low-life characters of Madrid quarreling and bickering in this very dignified meter offers an incongruity and contrast which have helped earn the piece its reputation as one of his best. The mocking humor in the final scenes must have had a devastating effect on those who took their tragedy too seriously.

Realistic in every detail, Don Ramón gives the following directions for the *mise en scène.*

ACTO ÚNICO

ESCENA PRIMERA

« La escena es en Madrid y en medio de la calle ancha de Lavapiés, para que la vea todo el mundo. Después de la estrepitosa obertura de timbres y clarines, se levanta el telón y aparece el teatro de la calle pública, con magnífica portada de taberna y su cortina apabellonada de un lado, y del otro tres o cuatro puestos de verduras y frutas, con sus respectivas mujeres. La Tía Chiripa estará a la puerta de la taberna con su puesto de castañas, y Sabastián haciendo soguilla a la punta del tablado; en el fondo de la taberna suena la gaita gallega un rato, y luego salen, dándose de cachetes,[1] Mediodiente y otro tuno,[2] que huye luego que sale el Tío Matute con el garrote, y comparsa[3] de aguadores. »

In the first scenes, Mediodiente and the *tuno* argue about who has stolen a *peseta*. When Tío Matute enters, the *tuno* flees, and the argument continues between Matute and Mediodiente. Tío Matute's wife, Tía Chiripa, persuades them to end the quarrel. La Remilgada, daughter of Tío Matute, is a little vexed with her sweetheart, Mediodiente, because she has seen him with La Potajera. In his turn, Mediodiente becomes enraged when he hears the name of Manolo mentioned, for he has heard that La Remilgada's stepmother, Tía Chiripa, wants the girl to marry Manolo, Tía Chiripa's son.[4]

Manolo arrives in Madrid after ten years in penal colonies in Africa. He is greeted by his friends. When he asks about his old girl friends, he hears that they are in houses of correction and that his former buddies have disappeared. In the seventh scene he greets his mother.

ESCENA VII

TÍA CHIRIPA
¡Manolillo!

MANOLO
      ¡Señora y madre mía!
dejad que imprima en la manaza bella

el dulce beso de mi sucia boca.
¿Y mi padre?

TÍA CHIRIPA
      Murió.

MANOLO
          Sea norabuena.
¿Y mi tía la Roma?

TÍA CHIRIPA
      En el Hespicio.[5]

MANOLO
¿Y mi hermano?

TÍA CHIRIPA
      En Orán.[6]

MANOLO
        ¡Famosa tierra!
¿Y mi cuñada?

TÍA CHIRIPA
      En las Arrecogidas.[7]

MANOLO
Hizo bien, que bastante anduvo suelta.

ESCENA VIII

(LOS DICHOS, *el* TÍO MATUTE *y* LA REMILGADA.)

TÍO Y REMILGADA
¡Manolo, bien venido!

MANOLO *(a la Tía)*
      ¿Quién es éste
que tan serio me habla y se presenta?

TÍA CHIRIPA
Otro padre que yo te he prevenido,
porque con la orfandá[8] no te afligieras.

MANOLO
¿Y qué destino tiene?

TÍO MATUTE
      Tabernero.

(Lo dice con dignidad, y Manolo y su comparsa le hacen una profunda y expresiva reverencia.)

TÍA CHIRIPA *(presentándole a la Remilgada.)*
Y ésta, que es rama de la misma cepa,
es su hija y tu esposa.

REMILGADA
      ¡Yo fallezco!

TÍA CHIRIPA
Repárala qué aseada y qué compuesta.

---

1 dándose de cachetes — slapping each other in the face.
2 tuno — rascal, rogue.
3 comparsa — group, gang.
4 Don Ramón often gave descriptive names to his characters. potajera — vegetable vendor; matute — gambling den; chiripa — stroke of good luck; remilgada — affected, prudish. The name Manolo received its special meaning of a lower class Madrilenian loud in dress and manners from the main character of this *sainete*.

5 " Hespicio " is a spelling of *hospicio* to imitate popular speech. The meaning here is a house of correction for loose women.
6 Orán was a penal colony in North Africa.
7 " Arrecogidas " is a popular form of *Recogidas*, a house of correction.
8 " Orfandá " is a spelling in imitation of the popular pronunciation of *orfandad*.

MANOLO
Ya veo que lo está.
TÍA CHIRIPA
¿Vienes cansado?
MANOLO
¿De qué? Diez o doce años de miseria
de grillos y de zurras,[9] son lo mismo
para mí que beberme una botella.
TÍO MATUTE
¿Cómo te ha ido en presillo?[10]
MANOLO
Grandemente.
SABASTIÁN
Cuenta de tu jornada y tus probezas[11]
el cómo, por menor o por arrobas.[12]
MANOLO
Fué, señores, en fin, de esta manera.
No refiero los méritos antiguos
que me adquirieron en mi edad primera
la común opinión; paso en silencio
las pedradas que di, las faltriqueras[13]
que asalté y los pañuelos de tabaco[14]
con que llené mi casa de banderas,
y voy, sin reparar en accidentes,
a la sustancia de la dependencia.
Dempués[15] que del Palacio de Provincia
en público salí con la cadena,
rodeado del ejército de pillos,
a ocupar de los moros las fronteras,
en bien penosas y contadas marchas,
sulcando[16] ríos y pisando tierras,
llegamos a Algeciras, dende[17] donde,
llenas de aire las tripas[18] y las velas,
del viento protegido y de las ondas,
los muros saludé de la gran Ceuta.
No bien pisé la arena de sus playas,
cuando en tropel salió, si no en hileras,
toda la guarnición a recibirnos,
con su gobernador en medio de ella.
Encaróse conmigo y preguntóme:
« ¿quién eres? » Y al oír que mi respuesta
sólo fué: « soy Manolo, » dijo serio:
« Por tu fama conozco ya tus prendas. »
Dende aquel mismo istante,[19] en los diez años
no ha habido expedición en que no fuera
yo el primerito. ¡Qué servicio hice!

Yo levanté murallas; de la arena
limpié los fosos; amasé cal viva;
rompí mil picos; descubrí canteras,
y en las noches y ratos más ociosos,
mataba mis contrarios treinta a treinta.[20]
TÍO MATUTE
¿Todos moros?
MANOLO
Nenguno era cristiano,
pues que de sangre humana se alimentan.
En fin, de mis pequeños enemigos
vencida la porfía y la caterva,
me vuelvo a reposar al patrio suelo;
aunque, según el brío que me alienta,
poco me satisface esta jornada
y sólo juzgo que salí de Ceuta
para correr dempués las demás cortes
Peñón, Orán, Melilla, y Aljucemas.[21]
SABASTIÁN
Y entre tanto a las minas del azogue
puedes ir a pasar la primavera.
TÍO MATUTE
Habla a tu esposo. *(A la Remilgada)*
REMILGADA
Gran señor, no quiero.
TÍO MATUTE
¡Qué gracia, qué humildad, y qué obediencia!
TÍA CHIRIPA
Ven, pues, a descansar.

ESCENA IX

(LA POTAJERA y LOS DICHOS.)

POTAJERA
Dios guarde a ustedes,
y tú, Manolo, bien venido seas,
si vuelves a cumplirme la palabra.
MANOLO
¿De qué?
POTAJERA
De esposo.
MANOLO
Pues en vano esperas,
que tengo aborrecidas las esposas[22]
dempués que conocí lo que sujetan.

---

9 grillos y zurras — shackles and drubbings (Manolo refers to his life as a prisoner).
10 " Presillo " is a spelling imitation of the popular pronunciation of *presidio*.
11 probezas — pobrezas. A double meaning is possible here, for " probezas " in popular pronunciation would result in *proezas*.
12 por menor o por arrobas — minutely, in detail.
13 faltriqueras — pockets.
14 pañuelos de tabaco — tobacco pouches.
15 dempués — después.
16 sulcando — surcando.
17 dende — de.
18 llenas de aire las tripas — famished (nothing but air in my guts).
19 istante — instante.
20 mataba . . . treinta — refers to the lice which infested his bed and person.
21 All at one time or another were penal colonies of Spain.
22 esposas — handcuffs (an obvious pun).

POTAJERA
Tú me debes . . .

MANOLO
Al cabo de diez años,
¿quieres que yo me acuerde de mis deudas?

POTAJERA
Mira que de paz vengo; no resistas,
o apelaré al despique[23] de la guerra;
pues a este fin mi ejército acampado
dejo ya en la vecina callejuela.

TÍO MATUTE
¡Hola! ¿Qué es esto?

POTAJERA
Es un asunto de honra.

TÍO MATUTE
¡Cielos, qué escucho¡ Aquí de mi prudencia.
(Haced vosotros gestos, entretanto
que yo me pongo así como el que piensa.)
[(Pausa)

MANOLO
¡Qué bella escena muda!

TÍO MATUTE
Ya he resuelto,
y voy a declararme.

TÍA CHIRIPA
Pues, revienta.

TÍO MATUTE
Aquí hay cuatro intereses: el de mi hija;
el de Manolo, que a casarse llega;
el nuestro, que cargamos con hijastros,
y, finalmente, el de la Potajera,
que pretende que pague el que la debe,
y es justicia, con costas, etcétera. (Pausa)
(Resuelto) Manolo ha de casarse con mi hija.
Éste es mi gusto.

REMILGADA
¡Cielos! ¡Qué sentencia!

TÍO MATUTE
Con que es preciso hallar entre tu honra
y mi decreto alguna convenencia.[24] (A la
[Potajera)

POTAJERA
Mi honor valía más de cien ducados.

TÍO MATUTE
Ya te contentarás con dos pesetas.

POTAJERA
No lo esperes.

TÍO MATUTE
Pues busca quien le tase.

POTAJERA
Lo tasarán las uñas y las piedras.

ESCENA X

(MEDIODIENTE y LOS MISMOS.)

MEDIODIENTE
Yo te vengo a servir de aventurero,
pues hoy quiere el destino que dependa
tu suerte de la mía.[25]

POTAJERA
Yo te estimo
la generosa, Mediodiente, oferta;
porque mientras yo embisto cara a cara,
tú por la retaguardia me defiendas.

MANOLO
Amigo Mediodiente . . .

MEDIODIENTE
No es mi amigo
quien del honor las leyes no respeta,
y sabré . . .

MANOLO
¿Qué sabrás? ¿Cómo a la vista
de este feroz ejército no tiemblas? (Señala a
[los pillos)

MEDIODIENTE
Nunca el pájaro grande retrocede
por ver los espantajos en la higuera.

POTAJERA
Haz que toquen a marcha.

SABASTIÁN
(Si nos vamos
todos a un tiempo, se acabó la fiesta.)

MEDIODIENTE
Yo le ofrezco a tus pies rendido o muerto.[26]

REMILGADA
¡Ay de mí!

TÍO MATUTE
¿Qué es esto?

REMILGADA
Ya que llega
a este extremo mi mal, no se malogre
mi gusto por un poco de vergüenza,
que sólo es aprensión, y sepan cuantos
aquí se hallan que por ti estoy muerta,
y que te he de matar o he de matarme
si vuelves a mirar la Potajera.[27]

MEDIODIENTE
No lo creas, mi bien . . . Mas mi palabra
empeñada está por defenderla.

---

23 despique — revenge.
24 convenencia (conveniencia) — agreement.
25 Mediodiente wants to marry La Remilgada and
La Potajera wants to marry Manolo. But if Manolo
marries La Remilgada, Mediodiente and La Potajera
will lose out. Thus, their fates are intertwined.
26 Mediodiente says this to La Potajera about Manolo.
27 La Remilgada says this to Mediodiente.

Aquí me llama amor; aquí mi gloria.
¿Dónde está mi valor? Mas, mi fineza,
¿adónde está también? ¡Oh, injustos hados!
¡Qué de afetos contrarios me rodean!

MANOLO

¡Cómo exprime el cornudo las pasiones!

MEDIODIENTE

Pero, al fin, de este modo se resuelva:
Lidiaré por la una, y a la otra
satisfaré dempués. ¡Al arma!

MANOLO

                              ¡Guerra!

POTAJERA

¡Avanza, infantería, a las castañas!

MANOLO

Amigos, asaltemos la taberna;
y a falta de clarines y tambores,
hagan el son con la gaita gallega.

ESCENA XI

(Los dichos, y al verso « Avanza, infantería »,
salen unos muchachos, que a pedradas derriban el puesto de castañas y andan a la
rebatiña.[28] Manolo y los tunos entran en la
taberna, y suena ruido de vasos rotos; la
Chiripa anda a patadas con los muchachos, y
luego se agarra con la Potajera; el Tío tiene
a la Remilgada desmayada en sus brazos;
Sabastián está bailando al son de la gaita; y
luego salen, dándose de cachetes, Manolo y
Mediodiente; y a su tiempo, cuando le da la
navajada, se levantan las tres verduleras, y
van saliendo tunos y muchachos y forman un
semicírculo, haciendo que lloran con sendos
pañuelos, etc.)

MANOLO

¡Ay de mí! ¡Muerto soy!

MEDIODIENTE

                    Me alegro mucho.

REMILGADA

Ya respirar podemos.

TÍA CHIRIPA

                    ¿Quién se queja?

TÍO MATUTE

No te asustes; no es más de que a tu hijo
le atravesaron la tetilla izquierda.

MANOLO

Yo muero . . . No hay remedio. ¡Ah, madre
                                        [mía!
Aquesto fué mi sino . . . Las estrellas . . .

Yo debía morir en alto puesto,
según la heroicidá[29] de mis empresas;
¿pero qué hemos de hacer? No quiso el cielo.
Me moriré, y despúes tendré pacencia.[30]
Ya no veo los bultos . . . aunque veo
las horribles visiones que me cercan.
¡Ah, tirano! ¡Ah, perjura! ¡Ay, madre mía! . . .
Ya caigo . . . ya me tengo . . . vaya de ésta.
                                        [(Cae.)

TÍA CHIRIPA

¡Ay, hijo de mi vida! ¡Para esto
tantos años lloré tu triste ausencia!
¡Ojalá que murieses en la plaza,
que, al fin, era mejor que en la plazuela!
Pero, aguarda, que voy a acompañarte,
para servirte en lo que te se[31] ofrezca.
¡Oh, Manolo, el mejor de los mortales!
¿Cómo sin ti es posible que viviera
tu triste madre? ¡Ay! ¡Allá va eso! (Cae.)

TÍO MATUTE

Aguárdate, mujer, y no te mueras . . .
Ya murió, y yo también quiero morirme,
por no hacer duelo ni pagar esequias.[32] (Cae.)

REMILGADA

¡Ay, padre mío!

MEDIODIENTE

                    Escúchame.

REMILGADA

                              No puedo,
que me voy a morir a toda priesa. (Cae.)

POTAJERA

Y yo también, pues se murió Manolo,
a llamar al doctor me voy derecha,
y a meterme en la cama bien mullida,
que me quiero morir con convenencia.[33]

ESCENA ÚLTIMA

(SABASTIÁN, MEDIODIENTE, *las comparsas y los
difuntos.*)

SABASTIÁN

Nosotros, ¿nos morimos o qué hacemos?

MEDIODIENTE

Amigo, ¿es tragedia o no es tragedia?
Es preciso morir, y sólo deben
perdonarle la vida los poetas
al que tenga la cara más adusta[34]
para decir la última sentencia.

SABASTIÁN

Pues dila tú, y haz cuenta que yo he muerto
de risa.

28 andan a la rebatiña — keep snatching things from
one another.
29 heroicidá — heroicidad.
30 pacencia — paciencia.

31 te se — se te.
32 esequias (exequias) — funeral expenses.
33 convenencia (conveniencia) — Here: comfort.
34 adusta — gloomy, dull.

MEDIODIENTE
     Voy allá. ¿De qué aprovechan
todos vuestros afanes, jornaleros,
y pasar las semanas con miseria,
si dempués los domingos o los lunes
disipáis el jornal en la taberna?
(Cae el telón y se da fin.)[35]

Leandro Fernández de Moratín, 1760–1828, *El sí de las niñas* (pp. 105–07)

Sometime during a five year tour of Europe from 1792–97, Moratín composed a drama entitled *El tutor*. While in Rome he submitted it to his friend the Jesuit Esteban Arteaga for an opinion. The latter judged it so harshly that Moratín destroyed it. He very likely reworked the theme of this lost play, however, when he wrote *El sí de las niñas*. In three acts and prose, *El sí de las niñas* was premiered on January 24, 1806, in the Teatro de la Cruz in Madrid. In his prologue to the play, written after the premiere, Moratín states that there can be no doubt that this drama was greeted with greater applause than any of his others. It had a first run of twenty-six consecutive days and might have lasted longer had the theaters not been closed for Lent. Four editions, Moratín reports, were made in Madrid in 1806 to satisfy the public demand.

Some critics profess to see a relationship between a love affair Moratín had with Francisca Gertrudis Muñoz y Ortiz and *El sí de las niñas*. Whether or not such a relationship exists, the autobiographical details in the play are quite secondary in importance, however interesting they may be. In keeping with his theory that the drama should ridicule vices and errors of society and exalt truth and honor, Moratín composed *El sí de las niñas* not to sublimate his personal frustration and disappointment but specifically to combat the pernicious meddling of parents in the marriages of their children. As a skillful craftsman, Moratín fashioned his play within the limitations of the classical unities. Yet, with abundant humor, lively dialogue, excellent characterization, suspenseful action, and clever plot handling, he composed the best play of his time and one of the all-time favorites of the Spanish stage.

The entire action of the play takes place in a combination hallway and waiting room in an inn in Alcalá de Henares. Off of this room are the rooms in which the characters of the play are lodged during a pause in their trip back to Madrid. Don Diego, a man fifty-nine years old, intends to marry Francisca, a girl of sixteen, and has made the necessary arrangements with Doña Irene, her mother. Francisca has been living in a convent in Guadalajara, near Alcalá. Doña Irene has gone to the convent to get her, and Don Diego is waiting for them at the inn. He complains to Doña Irene upon her return from Guadalajara that Francisca does not seem to be very enthusiastic about the proposed marriage and states that he would like to hear her say that she is at least satisfied with the arrangement. Doña Irene allays his fear and assures him that her daughter will fulfill her duty properly and will behave as a daughter should.

Calamocha, Carlos' servant, encounters Rita, Francisca's servant, in the inn when he arrives carrying his and Carlos' luggage. Carlos is Don Diego's nephew and is supposed to be with his regiment in Zaragoza. Don Carlos had stopped the year before in Guadalajara on his way back to his regiment. There he met and courted Francisca, and the two have carried on a love correspondence since. However, Carlos told Francisca that his name was Félix de Toledo, and she has never learned his true identity. When she saw herself forced to marry Don Diego, she wrote in desperation to Félix, not knowing whether he would respond or not. Naturally, Carlos does not know that it is his uncle, Don Diego, who plans to marry Francisca, and he has come to rescue her from her desperate situation. We pick up the action in Act I as Rita and Calamocha encounter each other at the inn.

ESCENA VIII

(RITA, CALAMOCHA.)

RITA
    Mejor es cerrar, no sea que nos alivien de ropa, y . . . *(Forcejeando para echar la llave.)* Pues cierto que está bien acondicionada la llave.[1]

---

35 There is in existence another *sainete* with the title *Manolo* which may have been written by Don Ramón de la Cruz. Its full title is *El Manolo, Sainete o tragedia*

burlesca, Segunda parte. It is printed in the *Nueva Biblioteca de Autores Españoles*, vol. 26, pp. 56–60.

1 Rita has just come from Francisca's room.

CALAMOCHA

¿Gusta usted de que eche una mano,[2] mi vida?

RITA

Gracias, mi alma.

CALAMOCHA

¡Calle![3] . . . ¡Rita!

RITA

¡Calamocha!

CALAMOCHA

¿Qué hallazgo es éste?

RITA

¿Y tu amo?

CALAMOCHA

Los dos acabamos de llegar.

RITA

¿De veras?

CALAMOCHA

No, que es chanza.[4] Apenas recibió la carta de doña Paquita, yo no sé adónde fué, ni con quién habló, ni cómo lo dispuso: sólo sé decirte que aquella tarde salimos de Zaragoza. Hemos venido como dos centellas por ese camino. Llegamos esta mañana a Guadalajara, y a las primeras diligencias nos hallamos con que los pájaros volaron ya.[5] A caballo otra vez, y vuelta a correr y a sudar y a dar chasquidos.[6] . . . En suma, molidos los rocines, y nosotros a medio moler[7] hemos parado aquí con ánimo de salir mañana. . . . Mi teniente se ha ido al colegio mayor[8] a un amigo, mientras se dispone algo que cenar. . . . Ésta es la historia.

RITA

¿Con que le tenemos aquí?

CALAMOCHA

Y enamorado más que nunca, celoso, amenazando vidas. . . . Aventurado a quitar el hipo[9] a cuantos le disputen la posesión de su Currita[10] idolatrada.

RITA

¿Qué dices?

CALAMOCHA

Ni más ni menos.

RITA

¡Qué gusto me das! . . . Ahora sí se conoce que la tiene amor.

CALAMOCHA

¿Amor? . . . ¡Friolera! . . . El moro Gazul[11] fué para él un pelele,[12] Medoro[13] un zascandil,[14] y Gaiferos[15] un chiquillo de la doctrina.[16]

RITA

¡Ay, cuando la señorita lo sepa!

CALAMOCHA

Pero acabemos. ¿Cómo te hallo aquí? ¿Con quién estás? ¿Cuándo llegaste? ¿Qué? . . .

RITA

Yo te lo diré. La madre de doña Paquita dió en escribir cartas y más cartas, diciendo que tenía concertado su casamiento en Madrid con un caballero rico honrado, bien quisto; en suma, cabal y perfecto, que no había más que apetecer. Acosada la señorita con tales propuestas, y angustiada incesantemente con los sermones de aquella bendita monja, se vió en la necesidad de responder que estaba pronta a todo lo que la mandasen. . . . Pero no te puedo ponderar cuánto lloró la pobrecita, qué afligida estuvo. Ni quería comer, ni podía dormir. . . Y al mismo tiempo era preciso disimular, para que su tía[17] no sospechara la verdad del caso. Ello es que cuando, pasado el primer susto, hubo lugar de discurrir escapatorias y arbitrios, no hallamos otro que el de avisar a tu amo; esperando que si era su cariño tan verdadero y de buena ley[18] como nos había ponderado, no consentiría que su pobre Paquita pasara a manos de un desconocido, y se perdiesen para siempre tantas caricias, tantas lágrimas y tantos suspiros estrellados en las tapias del corral. Apenas partió la carta a su destino, cata el coche de colleras[19] y el mayoral Gasparet con sus medias azules, y la madre y el novio que

2 que eche una mano — that I should lend a hand.
3 ¡Calle! — Well!; Really!; I declare!
4 No, que es chanza — (an ironic statement in answer to Rita's " ¿De veras? ") Calamocha says " No, I'm just joking (we're really not here). "
5 volaron ya — ya habían volado.
6 chasquido — crack of a whip.
7 a medio moler — half worn out.
8 colegio mayor — College of San Ildefonso, the seat of the former University of Alcalá.
9 hipo — hiccough; longing. To cure the hiccoughs would imply here to cut the throat.
10 Currita — familiar name for Francisca.

11 Gazul — a Moorish hero of the ballads who killed a woman's husband for her love.
12 pelele — nincompoop.
13 Medoro — the Moor of Ariosto's epic *Orlando furioso* who marries Angélica.
14 zascandil — an upstart.
15 Gaiferos — a hero of the Charlemagne cycle of ballads.
16 chiquillo de la doctrina — an orphan of the asylum.
17 Francisca's aunt is a nun in the Guadalajara convent.
18 de buena ley — genuine.
19 cata — behold; coche de colleras — coach with six horses.

vienen por ella; recogimos a toda prisa nuestros meriñaques, se atan los cofres, nos despedimos de aquellas buenas mujeres, y en dos latigazos llegamos antes de ayer a Alcalá. La detención ha sido para que la señorita visite a otra tía monja que tiene aquí, tan arrugada y tan sorda como la que dejamos allá. Ya la ha visto, ya la han besado bastante una por una todas las religiosas, y creo que mañana temprano saldremos. Por esta casualidad nos. . . .

CALAMOCHA

Sí. No digas más. . . . Pero . . . ¿Conque el novio está en la posada?

RITA

Ése es su cuarto, *(Señalando el cuarto de don Diego, el de doña Irene y el de doña Francisca)* éste el de la madre, y aquél el nuestro.

CALAMOCHA

¿Cómo nuestro? ¿Tuyo y mío?

RITA

No por cierto. Aquí dormiremos esta noche la señorita y yo: porque ayer metidas las tres[20] en ése de enfrente, ni cabíamos de pie, ni pudimos dormir un instante, ni respirar siquiera.

CALAMOCHA

Bien. . . . Adiós.

(Recoge los trastos que puso sobre la mesa, en ademán de irse.)

RITA

¿Y adónde?

CALAMOCHA

Yo me entiendo. . . . Pero el novio ¿trae consigo criados, amigos o deudos que le quiten la primera zambullida[21] que le amenaza?

RITA

Un criado viene con él.

CALAMOCHA

¡Poca cosa! . . . Mira, díle en caridad que se disponga, porque está de peligro. Adiós.

RITA

¿Y volverás presto?

CALAMOCHA

Se supone. Estas cosas piden diligencia: y aunque apenas puedo moverme, es necesario que mi teniente deje la visita y venga a cuidar de su hacienda, disponer el entierro de ese

hombre, y . . . ¿Conque ése es nuestro cuarto, eh?

RITA

Sí. De la señorita y mío.

CALAMOCHA

¡Bribona!

RITA

¡Botarate! Adiós.

CALAMOCHA

Adiós, aborrecida.

(Éntrase con los trastos al cuarto de don Carlos.)

Rita tells Francisca that Don Félix is in town and that she will bring him to see her. Doña Irene reminds Francisca that she is quite fortunate to have secured such a good match as Don Diego.

ACTO II

ESCENA IV

DOÑA IRENE

Pues mucho será que[22] Don Diego no haya tenido algún encuentro por ahí, y esto le detenga. Cierto que es un señor muy mirado, muy puntual. . . . ¡Tan buen cristiano! ¡tan atento! ¡tan bien hablado! ¡Y con qué garbo y generosidad se porta! . . . Ya se ve, un sujeto de bienes y de posibles. . . . ¡Y qué casa tiene! Como un ascua de oro la tiene. . . . Es mucho aquello. ¡Qué ropa blanca! ¡qué batería de cocina, y qué despensa, llena de cuanto Dios crió! . . . Pero tú no parece que atiendes a lo que estoy diciendo.

DOÑA FRANCISCA

Sí, señora, bien lo oigo: pero no la quería interrumpir a usted.

DOÑA IRENA

Allí estarás, hija mía, como el pez en el agua: pajaritas del aire que apetecieras las tendrías, porque como él te quiere tanto, y es un caballero tan de bien y tan temeroso de Dios. . . . Pero mira, Francisquita, que me cansa de veras el que siempre que te hablo de esto hayas dado en la flor[23] de no responderme palabra. . . . ¡Pues no es cosa particular, señor![24]

DOÑA FRANCISCA

Mamá, no se enfade usted.

---

20 Rita refers here to herself, Francisca, and Irene.
21 que . . . zambullida — who may protect him from the first threat.
22 mucho será que — it will be a wonder if.

23 hayas dado en la flor — you have fallen into the habit.
24 " ¡Pues . . . senor! " is ironical, for Irene really means that it *is* a strange thing.

DOÑA IRENE

¡No es buen empeño de!...[25] ¿Y te parece a ti que no sé yo muy bien de dónde viene todo eso?... ¿No ves que conozco las locuras que se te han metido en esa cabeza de chorlito?... ¡Perdóneme Dios!

DOÑA FRANCISCA

Pero... Pues ¿qué sabe usted?

DOÑA IRENE

¿Me quieres engañar a mí, eh? ¡Ay, hija! He vivido mucho, y tengo yo mucha trastienda y mucha penetración para que tú me engañes.

DOÑA FRANCISCA, *aparte.*

¡Perdida soy!

DOÑA IRENE

Sin contar con su madre... como si tal madre no tuviera.... Yo te aseguro que aunque no hubiera sido con esta ocasión, de todos modos era ya necesario sacarte del convento. Aunque hubiera tenido que ir a pie y sola por ese camino, te hubiera sacado de allí.... ¡Mire usted[26] qué juicio de niña éste! Que porque ha vivido un poco de tiempo entre monjas, ya se la puso en la cabeza el ser ella monja también.... ¿Ni qué entiende ella de eso, ni qué?... En todos los estados se sirve a Dios, Frasquita[27]; pero el complacer a su madre, asistirla, acompañarla y ser el consuelo de sus trabajos, ésa es la primera obligación de una hija obediente.... Y sépalo usted, si no lo sabe.

DOÑA FRANCISCA

Es verdad, mamá.... Pero yo nunca he pensado abandonarla a usted.

DOÑA IRENE

Sí, que no sé yo....[28]

DOÑA FRANCISCA

No, señora, créame usted. La Paquita[29] nunca se apartará de su madre, ni la dará disgustos.

DOÑA IRENE

Mira si es cierto lo que dices.

DOÑA FRANCISCA

Sí, señora, que yo no sé mentir.

DOÑA IRENE

Pues, hija, ya sabes lo que te he dicho. Ya ves lo que pierdes, y la pesadumbre que me darás si no te portas en un todo como corresponde.... Cuidado con ello.

DOÑA FRANCISCA *(aparte)*

¡Pobre de mí!

ESCENA V

(DON DIEGO, DOÑA IRENE, DOÑA FRANCISCA.)

(Don Diego sale por la puerta del foro y deja sobre la mesa sombrero y bastón.)

DOÑA IRENE

Pues ¿cómo tan tarde?

DON DIEGO

Apenas salí tropecé con el padre guardián de San Diego y el doctor Padilla, y hasta que me han hartado bien de chocolate y bollos no me han querido soltar.... *(Siéntase junto a doña Irene).* Y a todo esto, ¿cómo va?

DOÑA IRENE

Muy bien.

DON DIEGO

¿Y doña Paquita?

DOÑA IRENE

Doña Paquita siempre acordándose de sus monjas. Ya la digo que es tiempo de mudar de bisiesto,[30] y a pensar sólo en dar gusto a su madre y obedecerla.

DON DIEGO

¡Qué diantre! ¿Conque tanto se acuerda de?...

DOÑA IRENE

¿Qué se admira usted? Son niñas.... No saben lo que quieren, ni lo que aborrecen.... En una edad, así tan....

DON DIEGO

No, poco a poco, eso no. Precisamente en esa edad son las pasiones algo más enérgicas y decisivas que en la nuestra, y por cuanto la razón se halla todavía imperfecta y débil, los ímpetus del corazón son mucho más violentos.... *(Asiendo de una mano a doña Francisca, la hace sentar inmediata a él.)* Pero de veras, doña Paquita, ¿se volvería usted al convento de buena gana?... La verdad.

DOÑA IRENE

Pero si ella no....

DON DIEGO

Déjela usted, señora, que ella responderá.

DOÑA FRANCISCA

Bien sabe usted lo que acabo de decirla.... No permita Dios que yo la dé que sentir.

---

25 No es buen empeño de — Isn't it obstinate of you.
26 Irene uses the formal *usted* with her daughter to convey her displeasure.
27 Frasquita is a nickname of Francisca.
28 "Que no sé yo" is an ellipsis, presupposing

some lead verb such as " Tú piensas " or " Tú te imaginas. "
29 Paquita is another nickname of Francisca. The article is used to show affection. Translate as " Fanny. "
30 mudar de bisiesto — to change one's conduct.

DON DIEGO

Pero eso lo dice usted tan afligida y . . .

DOÑA IRENE

Si es natural, señor. ¿No ve usted que? . . .

DON DIEGO

Calle usted, por Dios, doña Irene, y no me diga usted a mí lo que es natural. Lo que es natural es que la chica esté llena de miedo, y no se atreva a decir una palabra que se oponga a lo que su madre quiere que diga. . . . Pero si esto hubiese, por vida mía, que estábamos lucidos.[31]

DOÑA FRANCISCA

No, señor, lo que dice su merced, eso digo yo; lo mismo. Porque en todo lo que me manda la obedeceré.

DON DIEGO

¡Mandar, hija mía! . . . En estas materias tan delicadas los padres que tienen juicio no mandan. Insinúan, proponen, aconsejan; eso sí, todo eso sí; ¡pero mandar! . . . ¿Y quién ha de evitar despés las resultas funestas de lo que mandaron? . . . Pues ¿cuántas veces vemos matrimonios infelices, uniones monstruosas verificadas solamente porque un padre tonto se metió a mandar lo que no debiera? . . . ¿Cuántas veces una desdichada mujer halla anticipada la muerte en el encierro de un claustro, porque su madre o su tío se empeñaron en regalar a Dios lo que Dios no quería? ¡Eh! No, señor, eso no va bien. . . . Mire usted, doña Paquita, yo no soy de aquellos hombres que se disimulan los defectos. Yo sé que ni mi figura ni mi edad son para enamorar perdidamente a nadie; pero tampoco he creído imposible que una muchacha de juicio y bien criada llegase a quererme con aquel amor tranquilo y constante que tanto se parece a la amistad, y es el único que puede hacer los matrimonios felices. Para conseguirlo, no he ido a buscar ninguna hija de familia de éstas que viven en una decente libertad. . . . Decente; que yo no culpo lo que no se opone al ejercicio de la virtud. Pero ¿cuál sería entre todas ellas la que no estuviese ya prevenida en favor de otro amante más apetecible que yo? ¡Y en Madrid! ¡Figúrese usted, en un Madrid! . . . Lleno de estas ideas me pareció que tal vez hallaría en usted todo cuanto yo deseaba.

DOÑA IRENE

Y puede usted creer, señor don Diego, que . . .

DON DIEGO

Voy a acabar, señora, déjeme usted acabar. Yo me hago cargo, querida Paquita, de lo que habrán influído en una niña tan bien inclinada como usted las santas costumbres que ha visto practicar en aquel inocente asilo de la devoción y la virtud; pero si a pesar de todo esto la imaginación acalorada, las circunstancias imprevistas la hubiesen hecho elegir sujeto más digno, sepa usted que yo no quiero nada con violencia. Yo soy ingenuo; mi corazón y mi lengua no se contradicen jamás. Esto mismo la pido a usted, Paquita, sinceridad. El cariño que a usted la tengo no la debe hacer infeliz. . . . Su madre de usted no es capaz de querer una injusticia, y sabe muy bien que a nadie se le hace dichoso por fuerza. Si usted no halla en mí prendas que la inclinen, si siente algún otro cuidadillo en su corazón, créame usted, la menor disimulación en esto nos daría a todos muchísimo que sentir.

DOÑA IRENE

¿Puedo hablar ya, señor?

DON DIEGO

Ella, ella debe hablar, y sin apuntador y sin intérprete.

DOÑA IRENE

Cuando yo se lo mande.

DON DIEGO

Pues ya puede usted mandárselo, porque a ella la toca responder. . . . Con ella he de casarme, con usted no.

DOÑA IRENE

Yo creo, señor don Diego, que ni con ella ni conmigo. ¿En qué concepto nos tiene usted? . . . Bien dice su padrino, y bien claro me lo escribió pocos días ha, cuando le di parte de[32] este casamiento. Que aunque no la ha vuelto a ver desde que la tuvo en la pila, la quiere muchísimo; y a cuantos pasan por el Burgo de Osma les pregunta cómo está, y continuamente nos envía memorias con el ordinario.[33]

DON DIEGO

Y bien, señora, ¿qué escribió el padrino? . . . O por mejor decir, ¿qué tiene que ver nada de eso con lo que estamos hablando?

---

31 si esto hubiese — if this be the case; estábamos lucidos — we would be in a fine fix.
32 le di parte — I informed him.
33 nos . . . ordinario — he sends us his compliments by mail coach. This speech and the following one by Irene are typical of her rambling mind and garrulousness.

DOÑA IRENE

Sí, señor, que tiene que ver, sí, señor. Y aunque yo lo diga, le aseguro a usted que ni un padre de Atocha[34] hubiera puesto una carta mejor que la que él me envió sobre el matrimonio de la niña. . . . Y no es ningún catedrático, ni bachiller, ni nada de eso, sino un cualquiera, como quien dice, un hombre de capa y espada,[35] con un empleíllo infeliz en el ramo del viento,[36] que apenas le da para comer. . . . Pero es muy ladino, y sabe de todo, y tiene una labia y escribe que da gusto. . . . Cuasi toda la carta venía en latín, no le parezca a usted, y muy buenos consejos que me daba en ella. . . . Que no es posible sino que adivinase lo que nos está sucediendo.

DON DIEGO

Pero, señora, si no sucede nada, ni hay cosa que a usted la deba disgustar.

DODA IRENE

Pues ¿no quiere usted que me disguste oyéndole hablar de mi hija en unos términos que? . . . ¡Ella otros amores ni otros cuidados! . . . Pues si tal hubiera . . . ¡Válgame Dios! . . . la mataba[37] a golpes, mire usted. . . . Respóndele, una vez que quiere que hables, y que yo no chiste. Cuéntale los novios que dejaste en Madrid cuando tenías doce años, y los que has adquirido en el convento al lado de aquella santa mujer. Díselo para que se tranquilice, y . . .

DON DIEGO

Yo, señora, estoy más tranquilo que usted.

DOÑA IRENE

Respóndele.

DOÑA FRANCISCA

Yo no sé qué decir. Si ustedes se enfadan.

DON DIEGO

No, hija mía: esto es dar alguna expresión a lo que se dice, pero ¡enfadarnos! no por cierto. Doña Irene sabe lo que yo la estimo.

DOÑA IRENE

Sí, señor, que lo sé, y estoy sumamente agradecida a los favores que usted nos hace. . . . Por eso mismo . . .

DON DIEGO

No se hable de agradecimiento: cuanto yo puedo hacer, todo es poco. . . . Quiero sólo que doña Paquita esté contenta.

DOÑA IRENE

¿Pues no ha de estarlo? Responde.

DOÑA FRANCISCA

Sí, señor, que lo estoy.

DON DIEGO

Y que la mudanza de estado que se la previene no la cueste el menor sentimiento.

DOÑA IRENE

No, señor, todo al contrario. . . . Boda más a gusto de todos no se pudiera imaginar.

DON DIEGO

En esa inteligencia puedo asegurarla que no tendrá motivos de arrepentirse después. En nuestra compañía vivirá querida y adorada; y espero que a fuerza de beneficios he de merecer su estimación y su amistad.

DOÑA FRANCISCA

Gracias, señor don Diego. . . . ¡A una huérfana, pobre, desvalida como yo! . . .

DON DIEGO

Pero de prendas tan estimables, que la hacen a usted digna todavía de mayor fortuna.

DOÑA IRENE

Ven aquí, ven . . . Ven aquí, Paquita.

DOÑA FRANCISCA

¡Mamá!

(Levántase doña Francisca, abraza a su madre, y se acarician mutuamente.)

DOÑA IRENE

¿Ves lo que te quiero?

DOÑA FRANCISCA

Sí, señora.

DOÑA IRENE

¿Y cuánto procuro tu bien, que no tengo otro pío sino el de verte colocada antes que yo falte?

DOÑA FRANCISCA

Bien lo conozco.

DOÑA IRENE

¡Hija de mi vida! ¿Has de ser buena?

DOÑA FRANCISCA

Sí, señora.

DOÑA IRENE

¡Ay, que no sabes tú lo que te quiere tu madre!

DOÑA FRANCISCA

Pues qué, ¿no la quiero yo a usted?

DON DIEGO

Vamos, vamos de aquí. *(Levántase don Diego, y después doña Irene.)* No venga alguno, y nos halle a los tres llorando como tres chiquillos.

34 "Padre de Atocha" is metaphorical for a "learned priest." The reference is to the monastery and church in Madrid of this name.
35 hombre de capa y espada—Here: an ordinary man.

36 ramo del viento—agency which collects tax on goods sold (excise tax).
37 mataba—I would kill. The imperfect here has conditional force.

DOÑA IRENE

Sí, dice usted bien.

(Vanse los dos al cuarto de doña Irene. Doña Francisca va detrás; y Rita, que sale por la puerta del foro, la hace detener.)

Don Carlos, still known to Francisca as Don Félix, promises her that he will speak to her mother and that they can count on the help of a respectable and virtuous uncle in Madrid whom he loves like a father. Carlos does not know that his uncle is in the inn and is planning to marry Francisca. When Don Diego encounters Carlos he orders him to leave Alcalá immediately and spend that very night outside of town. Carlos has to obey, and when Francisca learns by accident that he has left she feels betrayed and abandoned.

In the third act, which takes place at night, Don Diego leaves his room, unable to sleep because of the heat. Rita and Doña Francisca steal onto the stage, unaware that Don Diego and Simón are present. Francisca has a conversation with Félix (Carlos) who has sneaked into town against his uncle's order. Félix tosses a note in the window, but Francisca cannot find it. Startled by a noise, the two girls run to their room. Diego, already suspecting that Francisca has a secret lover, now is sure of it. Simón finds the note and after Diego has read it he sends Simón to overtake Carlos (Félix) and bring him back to Alcalá. When Carlos returns, the following scene develops between uncle and nephew.

ESCENA X

DON DIEGO

Venga usted acá, señorito, venga usted . . . ¿En dónde has estado desde que no nos vemos?

DON CARLOS

En el mesón de afuera.

DON DIEGO

¿Y no has salido de allí en toda la noche, eh?

DON CARLOS

Sí, señor, entré en la ciudad y . . .

DON DIEGO

¿A qué? . . . Siéntese usted.

DON CARLOS

Tenía precisión de hablar con un sujeto. . . . *(Siéntase)*

DON DIEGO

¡Precisión!

DON CARLOS

Sí, señor. . . . Le debo muchas atenciones, y no era posible volverme a Zaragoza sin estar primero con él.

DON DIEGO

Ya. En habiendo tantas obligaciones de por medio. . . . Pero venirle a ver a las tres de la mañana, me parece mucho desacuerdo. . . . ¿Por qué no le escribiste un papel? . . . Mira, aquí he de tener. . . . Con este papel que le hubieras enviado en mejor ocasión, no había necesidad de hacerle trasnochar, ni molestar a nadie.

(Dándole el papel que tiraron a la ventana. Don Carlos luego que le reconoce, se le vuelve y se levanta en ademán de irse.)

DON CARLOS

Pues si todo lo sabe usted, ¿para qué me llama? ¿Por qué no me permite seguir mi camino, y se evitaría una contestación de la cual ni usted ni yo quedaremos contentos?

DON DIEGO

Quiere saber su tío de usted lo que hay en esto, y quiere que usted se lo diga.

DON CARLOS

¿Para qué saber más?

DON DIEGO

Porque yo lo quiero, y lo mando. ¡Oiga!

DON CARLOS

Bien está.

DON DIEGO

Siéntate ahí. . . . *(Siéntase don Carlos.)* ¿En dónde has conocido a esta niña? . . . ¿Qué amor es éste? ¿Qué circunstancias han ocurrido? ¿Qué obligaciones hay entre los dos? ¿Dónde, cuándo la viste?

DON CARLOS

Volviéndome a Zaragoza el año pasado, llegué a Guadalajara sin ánimo de detenerme; pero el intendente, en cuya casa de campo nos apeamos, se empeñó en que había de quedarme allí todo aquel día, por ser cumpleaños de su parienta,[38] prometiéndome que al siguiente me dejaría proseguir mi viaje. Entre las gentes convidadas hallé a doña Paquita, a quien la señora había sacado aquel día del convento para que se esparciese un poco. . . . Yo no sé qué vi en ella, que excitó en mí una inquietud, un deseo constante, irresistible, de mirarla, de oírla, de hallarme a su lado, de hablar con ella, de hacerme agradable a sus ojos. . . . El intendente dijo entre otras cosas . . . burlándose . . . que yo era muy enamorado,

---

38 su parienta — his wife.

y le ocurrió fingir que me llamaba don Félix de Toledo, nombre que dió Calderón a algunos amantes de sus comedias. Yo sostuve esta ficción, porque desde luego concebí la idea de permanecer algún tiempo en aquella ciudad, evitando que llegase a noticia de usted. . . . Observé que doña Paquita me trató con un agrado particular, y cuando por la noche nos separamos, yo quedé lleno de vanidad y de esperanzas, viéndome preferido a todos los concurrentes de aquel día, que fueron muchos. En fin . . . Pero no quisiera ofender a usted refiriéndole. . . .

DON DIEGO

Prosigue.

DON CARLOS

Supe que era hija de una señora de Madrid, viuda y pobre, pero de gente muy honrada. . . . Fué necesario fiar de mi amigo los proyectos de amor que me obligaban a quedarme en su compañía; y él, sin aplaudirlos ni desaprobarlos, halló disculpas las más ingeniosas para que ninguno de su familia extrañara mi detención. Como su casa de campo está inmediata a la ciudad, fácilmente iba y venía de noche. . . . Logré que doña Paquita leyese algunas cartas mías, y con las pocas respuestas que de ella tuve, acabé de precipitarme en una pasión que mientras viva me hará infeliz.

DON DIEGO

Vaya. . . . Vamos, sigue adelante.

DON CARLOS

Mi asistente (que, como usted sabe, es hombre de travesura, y conoce el mundo) con mil artificios que a cada paso le ocurrían, facilitó los muchos estorbos que al principio hallábamos. . . . La seña era dar tres palmadas, a las cuales respondían con otras tres desde una ventanilla que daba al corral de las monjas. Hablábamos todas las noches, muy a deshora, con el recato y las precauciones que ya se dejan entender. . . . Siempre fuí para ella don Félix de Toledo, oficial de un regimiento, estimado de mis jefes y hombre de honor. Nunca la dije más, ni la hablé de mis parientes ni de mis esperanzas, ni la di a entender que casándose conmigo podría aspirar a mejor fortuna; porque ni me convenía nombrarle a usted, ni quise exponerla a que las miras de interés, y no el amor, la inclinasen a favorecerme. De cada vez la hallé más fina, más hermosa, más digna de ser adorada. . . . Cerca de tres meses me detuve allí; pero al fin era necesario separarnos, y una noche funesta me despedí, la dejé rendida a un desmayo mortal, y me fuí ciego de amor adonde mi

obligación me llamaba. . . . Sus cartas consolaron por algún tiempo mi ausencia triste, y en una que recibí pocos días ha, me dijo como su madre trataba de casarla, que primero perdería la vida que dar su mano a otro que a mí; me acordaba mis juramentos, me exhortaba a cumplirlos. . . . Monté a caballo, corrí precipitado al camino, llegué a Guadalajara, no la encontré, vine aquí. . . . Lo demás bien lo sabe usted, no hay para qué decírselo.

DON DIEGO

¿Y qué proyectos eran los tuyos en esta venida?

DON CARLOS

Consolarla, jurarla de nuevo un eterno amor, pasar a Madrid, verle a usted, echarme a sus pies, referirle todo lo ocurrido, y pedirle, no riquezas, ni herencias, ni protecciones, ni . . . eso no. . . . Sólo su consentimiento y su bendición para verificar un enlace tan suspirado, en que ella y yo fundábamos toda nuestra felicidad.

DON DIEGO

Pues ya ves, Carlos, que es tiempo de pensar muy de otra manera.

DON CARLOS

Sí, señor.

DON DIEGO

Si tú la quieres, yo la quiero también. Su madre y toda su familia aplauden este casamiento. Ella . . . y sean las que fueren las promesas que a ti te hizo . . . ella misma, no ha media hora, me ha dicho que está pronta a obedecer a su madre y darme la mano así que . . .

DON CARLOS

¡Pero no el corazón! (*Levántase.*)

DON DIEGO

¿Qué dices?

DON CARLOS

No, eso no. . . . Sería ofenderla. . . . Usted celebrará sus bodas cuando guste; ella se portará siempre como conviene a su honestidad y a su virtud; pero yo he sido el primero, el único objeto de su cariño, lo soy y lo seré. . . . Usted se llamará su marido, pero si alguna o muchas veces la sorprende, y ve sus ojos hermosos inundados en lágrimas, por mí las vierte. . . . No la pregunte usted jamás el motivo de sus melancolías. . . . Yo, yo seré la causa. . . . Los suspiros, que en vano procura reprimir, serán finezas dirigidas a un ausente.

DON DIEGO

¿Qué temeridad es ésta?

(Se levanta con mucho enojo, encaminándose hacia don Carlos, el cual se va retirando.)

DON CARLOS

Ya se lo dije a usted. . . . Era imposible que yo hablase una palabra sin ofenderle. . . . Pero acabemos esta odiosa conversación. . . . Viva usted feliz, y no me aborrezca, que yo en nada le he querido disgustar. . . . La prueba mayor que yo puedo darle de mi obediencia y mi respeto, es la de salir de aquí inmediatamente. . . . Pero no se me niegue a lo menos el consuelo de saber que usted me perdona.

DON DIEGO

¿Conque en efecto te vas?

DON CARLOS

Al instante, señor. . . . Y esta ausencia será bien larga.

DON DIEGO

¿Por qué?

DON CARLOS

Porque no me conviene verla en mi vida. . . . Si las voces que corren de una próxima guerra se llegaran a verificar . . . entonces. . . .

DON DIEGO

¿Qué quieres decir? *(Asiendo de un brazo a don Carlos, le hace venir más adelante.)*

DON CARLOS

Nada. . . . Que apetezco la guerra, porque soy soldado.

DON DIEGO

¡Carlos! . . . ¡Qué horror! . . . ¿Y tienes corazón para decírmelo?

DON CARLOS

Alguien viene . . . *(Mirando con inquietud hacia el cuarto de doña Irene, se desprende de don Diego, y hace ademán de irse por la puerta del foro. Don Diego va detrás de él y quiere impedírselo.)* Tal vez será ella. . . . Quede usted con Dios.

DON DIEGO

¿Adónde vas? . . . No, señor, no has de irte.

DON CARLOS

Es preciso. . . . Yo no he de verla. . . . Una sola mirada nuestra pudiera causarle a usted inquietudes crueles.

DON DIEGO

Ya he dicho que no ha de ser. . . . Entra en ese cuarto.

DON CARLOS

Pero si . . .

DON DIEGO

Haz lo que te mando.

(Éntrase don Carlos en el cuarto de don Diego.)

Don Diego now understands his situation and after testing both young people he has learned that, though they are in love with each other, they are willing to obey their elders. So far as Carlos and Francisca know he still plans to marry the girl. He then tells Doña Irene how Francisca has had a sweetheart for over a year whom she wants to marry. Finally, in the presence of Doña Irene, Francisca, and Rita, Don Diego reads the note that Carlos had tossed in the window the night before. Now Francisca and the others learn for the first time that her Don Félix is really Don Diego's nephew, Carlos. Doña Irene is terribly upset because she sees all her plans vanishing into thin air and, though restrained by Diego and Rita, she shouts threats against her daughter. At this point Carlos enters and the final scene begins.

ESCENA ÚLTIMA

(DON CARLOS, DON DIEGO, DOÑA IRENE, DOÑA FRANCISCA, RITA.)

DON CARLOS

Eso no. . . .[39] *(Sale don Carlos del cuarto precipitadamente; coge de un brazo a doña Francisca, se la lleva hacia el fondo del teatro, y se pone delante de ella para defenderla. Doña Irene se asusta y se retira.)* Delante de mí nadie ha de ofenderla.

DOÑA FRANCISCA

¡Carlos!

DON CARLOS, *acercándose a don Diego.*

Disimule[40] usted mi atrevimiento. . . . He visto que la insultaban, y no me he sabido contener.

DOÑA IRENE

¿Qué es lo que me sucede? ¡Dios mío! . . . ¿Quién es usted? . . . ¿Qué acciones son éstas? . . . ¡Qué escándalo!

DON DIEGO

Aquí no hay escándalos. . . . Ése es de quien su hija de usted está enamorada. . . . Separarlos y matarlos, viene a ser lo mismo. . . . Carlos. . . . No importa. . . . Abraza a tu mujer.

(Don Carlos va adonde está doña Francisca, se abrazan, y ambos se arrodillan a los pies de don Diego.)

---

39 Carlos' speech is in answer to Doña Irene's shout which closed the preceding scene: " He de matarla. "

40 disimule — pardon, forgive.

DOÑA IRENE

¿Conque su sobrino de usted?

DON DIEGO

Sí, señora, mi sobrino, que con sus palmadas,[41] y su música, y su papel me ha dado la noche más terrible que he tenido en mi vida. . . . ¿Qué es esto, hijos míos, qué es esto?

DOÑA FRANCISCA

¿Conque usted nos perdona y nos hace felices?

DON DIEGO

Sí, prendas de mi alma. . . . Sí.

(Los hace levantar con expresiones de ternura.)

DOÑA IRENE

¿Y es posible que usted se determine a hacer un sacrificio? . . .

DON DIEGO

Yo pude separarlos para siempre, y gozar tranquilamente la posesión de esta niña amable; pero mi conciencia no lo sufre. . . . ¡Carlos! . . . ¡Paquita! ¡Qué dolorosa impresión me deja en el alma el esfuerzo que acabo de hacer! Porque, al fin, soy hombre miserable y débil.

DON CARLOS *(Besándole las manos)*

Si nuestro amor, si nuestro agradecimiento pueden bastar a consolar a usted en tanta pérdida. . . .

DOÑA IRENE

¡Conque el bueno de don Carlos! Vaya que. . . .

DON DIEGO

Él y su hija de usted estaban locos de amor, mientras usted y las tías fundaban castillos en el aire, y me llenaban la cabeza de ilusiones, que han desaparecido como un sueño. . . . Esto resulta del abuso de la autoridad, de la opresión que la juventud padece; éstas son las seguridades que dan los padres y los tutores,

y esto es lo que se debe fiar en EL SÍ DE LAS NIÑAS. . . .[42] Por una casualidad he sabido a tiempo el error en que estaba. . . . ¡Ay de aquéllos que lo saben tarde!

DOÑA IRENE

En fin, Dios los haga buenos, y que por muchos años se gocen. . . . Venga usted acá, señor, venga usted, que quiero abrazarle. . . . *(Abrázanse don Carlos y doña Irene, doña Francisca se arrodilla y la besa la mano.)* Hija, Francisquita. ¡Vaya! Buena elección has tenido. . . . Cierto que es un mozo muy galán. . . . Morenillo, pero tiene un mirar de ojos muy hechicero.

RITA

Sí, dígaselo usted, que no lo ha reparado la niña. . . . Señorita, un millón de besos.

(Doña Francisca y Rita se besan, manifestando mucho contento.)

DOÑA FRANCISCA

Pero ¿ves qué alegría tan grande? . . . Y tú, como me quieres tanto . . . siempre, siempre serás mi amiga.

DON DIEGO

Paquita hermosa *(Abraza a doña Francisca.)*, recibe los primeros abrazos de tu nuevo padre. . . . No temo ya la soledad terrible que amenazaba a mi vejez. . . . Vosotros *(Asiendo de las manos a doña Francisca y a don Carlos)* seréis la delicia de mi corazón; y el primer fruto de vuestro amor . . . sí, hijos, aquél . . . no hay remedio, aquél es para mí. Y cuando le acaricie en mis brazos podré decir: a mí me debe su existencia este niño inocente; si sus padres viven, si son felices, yo he sido la causa.

DON CARLOS

¡Bendita sea tanta bondad!

DON DIEGO

Hijos, bendita sea la de Dios.

---

41 The signal that Carlos was outside Francisca's window was three hand claps.

42 " Estas son, " etc. In the 1806 edition these words were used at the beginning of the play as its leitmotif.

THE DRAMA OF ROMANTICISM

Ángel de Saavedra, Duque de Rivas, 1791–1865, *Don Álvaro, o la fuerza del sino* (pp. 61–62; 111–13; 339–40)

Don Álvaro, in five acts *(jornadas)* and a mixture of prose and verse, was first performed at the Teatro del Príncipe in Madrid on March 22, 1835. It marked the high point in Rivas' career as a dramatic author.[1] He had composed seven dramas before *Don Álvaro* and continued to produce them later, but none, except perhaps *El desengaño en un sueño*, 1844, is to be compared with it. *La conjuración de Venecia* by Martínez de la Rosa, and *Macías* by Larra had both been performed before *Don Álvaro*, but it was the latter which confirmed the triumph of Romanticism on the Spanish stage, even though it shocked and puzzled the theater-going public of Madrid with its deliberate flouting of dramatic rules. It was mainly the influence of *Don Álvaro*, which contained all the essential elements of the Romantic revolt, that gave the breath of life to whatever existence the short-lived Spanish Romantic drama had. Also this play gave the world Don Álvaro, one of Spain's best known literary figures, and the libretto for Verdi's opera, *La Forza del Destino*.

No certain genesis is known for *Don Álvaro*, though readers have seen in it reminiscences of Shakespeare, Cervantes, Jovellanos, Dumas, and Victor Hugo as well as resemblances to Byron's *Manfred* and Mérimée's *Les âmes du purgatoire*. Alcalá Galiano, Rivas' friend and companion, gives an account of how the author came to write the play. While the two men were living in exile in France in 1831, Alcalá Galiano suggested to his friend that he write a play patterned after the new fashion represented by Hugo's *Hernani* (which had had its noisy première shortly before) and urged Rivas to search his memory for some story or legend that he had heard in Córdoba in his childhood. After considering several, Rivas finally settled on the tale of the *indiano* of noble blood upon whom lay an awful curse. He first composed the play in prose but

was not able to stage it in France. Upon returning to Spain in 1834 he told his friends that he had burned it, but was persuaded by the Conde de Toreno to rewrite it in verse.

The subtitle, *La fuerza del sino*, indicates Rivas' concern with the problem of fate, a motif he developed in several of his writings. Opinion varies as to the author's intention concerning the role of fate in his drama. Some interpret it according to the Greek idea of an impersonal and inexorable force which carries its victim along (in this case Don Álvaro) and against which all resistance is useless. Some make Fate the protagonist of the drama and the other characters its pawns. Others find the fate motif weak and feel that the tragedy does not stem from the crimes which Don Álvaro commits involuntarily but from the false concept of honor held by the Marqués de Calatrava. Although Rivas probably did not intend any deep philosophical treatment of fate, the fact remains that it forms one of the main ingredients of his play. Discussions of fate were very much in the air during the Romantic period and the typical Romantic hero often spoke of destiny, bad luck, and the stars, as he faced terrifying and inescapable situations. Rivas' need, since he was an orthodox Catholic, was to reconcile fate with Christian theology. It cannot be said that he found the solution, for the play ends with Don Álvaro's suicide, an act which, according to the Catholic view, condemns him to Hell. It has been argued, however, that his death is not due to weakness in himself or because of any errors he committed, but because he cannot endure his suffering any longer.

Don Álvaro disturbed Rivas' contemporaries and it received almost universally bad reviews when it was first performed. The mingling of prose and verse, comedy and tragedy, the serious with the frivolous, and the melodramatic situations and occasional absurdities disquieted audiences and critics alike. Nicomedes Pastor Díaz said the drama was received "con asombro."

Rivas' use of little *cuadros de costumbres* at the beginning of his acts lends an air of realism to the drama and reveals the author's

1 For Rivas' lyric and narrative poetry see p. 307 and pp. 3–10.

interest in the picturesque. These realistic scenes, which are sometimes humorous, also serve as relief from the heavier tragic moments. The fact that they were unimportant and little connected to the main stream of the play irritated some of the critics of the day but pleased others. Rivas' elaborate directions for stage settings and the sixteen different sets required for a staging of the play attest to his concern with the visual impact of his art and his training as a painter. These innovations and many more made *Don Álvaro* a most controversial play in its time, but in the long run they secured for it a place in the history of the Spanish theater.

Rivas opens the first act with one of his "cuadros de costumbres." Since the stage directions are important for an appreciation of the scene as well as of the dramatist's art, we shall reproduce them here.

Jornada primera

La escena es en Sevilla y sus alrededores.

La escena representa la entrada del antiguo puente de barcas de Triana,[2] el que estará practicable a la derecha. En primer término, al mismo lado, un aguaducho o barraca de tablas y lonas, con un letrero que diga: *Agua de Tomares;*[3] dentro habrá un mostrador rústico con cuatro grandes cántaros, macetas de flores, vasos, un anafre[4] con una cafetera de hoja de lata y una bandeja con azucarillos. Delante del aguaducho habrá bancos de pino. Al fondo se descubrirá de lejos parte del Arrabal de Triana, la Huerta de los Remedios,[5] con sus altos cipreses, el río y varios barcos en él, con flámulas y gallardetes. A la izquierda se verá en lontananza la Alameda.[6] Varios habitantes de Sevilla cruzarán en todas direcciones durante la escena. El cielo demostrará el ponerse el sol en una tarde de julio, y al descorrerse el telón aparecerán: *El Tío Paco* detrás del mostrador, en mangas de camisa; *El Oficial*, bebiendo un vaso de agua y de pie; *Preciosilla*, a su lado, templando una guitarra; *El Majo* y los *Dos Habitantes de Sevilla* sentados en los bancos.

2 The *Arrabal de Triana* is a part of Sevilla across the Guadalquivir River from the main part of the city. At the time this play was written it was connected to the city by a pontoon bridge.
3 Sweet water from Tomares, a small village near Sevilla, was sold.
4 anafre — portable stove.
5 La Huerta de los Remedios is a fictitious garden or a little known one.
6 La Alameda refers to one of the principal streets of the city.

OFICIAL
Vamos, Preciosilla, cántanos la rondeña.[7] Pronto, pronto: ya está bien templada.

PRECIOSILLA
Señorito, no sea su merced tan súpito.[8] Déme antes esa mano, y le diré la buenaventura.

OFICIAL
Quita, que no quiero tus zalamerías.[9] Aunque efectivamente tuvieras la habilidad de decirme lo que me ha de suceder, no quisiera oírtelo... Sí, casi siempre conviene el ignorarlo.

MAJO *(Levantándose)*
Pues yo quiero que me diga la buenaventura esta prenda. Hé aquí mi mano.

PRECIOSILLA
Retire usted allá esa porquería . . . Jesús, ni verla quiero, no sea que se encele aquella niña de los ojos grandes.

MAJO *(Sentándose)*
¡Qué se ha de encelar de ti, pendón![10]

PRECIOSILLA
Vaya, saleroso, no se cargue usted de estera,[11] convídeme a alguna cosita.

MAJO
Tío Paco, déle usted un vaso de agua a esta criatura, por mi cuenta.

PRECIOSILLA
¿Y con panal?

OFICIAL
Sí, y después que te refresques el garguero y que te endulces la boca, nos cantarás las corraleras.[12]
(El aguador sirve un vaso de agua con panal a Preciosilla, y el Oficial se sienta junto al Majo.)

HABITANTE 1º
¡Hola! Aquí viene el señor canónigo.

ESCENA II
(DICHOS *y el* CANÓNIGO)

CANÓNIGO
Buenas tardes, caballeros.

HABITANTE 2º
Temíamos no tener la dicha de ver a su merced esta tarde, señor canónigo.

7 la rondeña — a tune from the town of Ronda, near Gibraltar.
8 súpito — impatient.
9 zalamerías — flattery.
10 pendón — a tall and awkward person, especially a woman. ¡Qué . . . pendón! — You don't think that she will be jealous of you, tall and awkward as you are!
11 no se cargue usted de estera — don't get upset, peeved.
12 corralera — an Andalusian song and dance.

CANÓNIGO

(Sentándose y limpiándose el sudor.)

¿Qué persona de buen gusto, viviendo en Sevilla, puede dejar de venir todas las tardes de verano a beber la deliciosa agua de Tomares, que con tanta limpieza y pulcritud nos da el tío Paco, y a ver un ratito este puente de Triana, que es lo mejor del mundo?

HABITANTE 1º

Como ya se está poniendo el sol . . .

CANÓNIGO

Tío Paco, un vasito de la fresca.

TÍO PACO

Está usía[13] muy sudado; en descansando un poquito le daré el refrigerio.

MAJO

Dale a su señoría agua templada.

CANÓNIGO

No, que hace mucho calor.

MAJO

Pues yo templada la he bebido, para tener el pecho suave,[14] y poder entonar el rosario por el barrio de la Borcinería, que a mí me toca esta noche.

OFICIAL

Para suavizar el pecho, mejor es un trago de aguardiente.

MAJO

El aguardiente es bueno para sosegarlo después de haber cantado la letanía.

OFICIAL

Yo lo tomo antes y después de mandar el ejercicio.[15]

PRECIOSILLA

(Habrá estado punteando la guitarra y dirá al Majo:)

Oiga usted, rumboso, ¿y cantará usted esta noche la letanía delante del balcón de aquella persona? . . .

CANÓNIGO

Las cosas santas se han de tratar santamente. Vamos. ¿Y qué tal los toros de ayer?

MAJO

El toro berrendo de Utrera[16] salió un buen bicho, muy pegajoso . . . Demasiado.

HABITANTE 1º

Como que se me figura que le tuvo usted asco.

MAJO

Compadre, alto allá, que yo soy muy duro de estómago . . . Aquí está mi capa *(Enseña un desgarrón.)* diciendo por esta boca que no anduvo muy lejos.

HABITANTE 2º

No fué la corrida tan buena como la anterior.

PRECIOSILLA

Como que ha faltado en ella don Álvaro el indiano, que a caballo y a pie es el mejor torero que tiene España.

MAJO

Es verdad que es todo un hombre, muy duro con el ganado y muy echado adelante.[17]

PRECIOSILLA

Y muy buen mozo.

HABITANTE 1º

¿Y por qué no se presentaría ayer en la plaza?

OFICIAL

Harto tenía que hacer con estarse llorando el mal fin de sus amores.

MAJO

Pues qué, ¿lo ha plantado ya la hija del señor Marqués? . . .

OFICIAL

No: doña Leonor no lo ha plantado a él, pero el Marqués la ha trasplantado a ella.

HABITANTE 2º

¿Cómo? . . .

HABITANTE 1º

Amigo, el Sr. Marqués de Calatrava tiene mucho copete[18] y sobrada vanidad para permitir que un advenedizo sea su yerno.

OFICIAL

¿Y qué más podía apetecer su señoría que el ver casada a su hija (que con todos sus pergaminos[19] está muerta de hambre) con un hombre riquísimo, y cuyos modales están pregonando que es un caballero?

PRECIOSILLA

¡Si los señores de Sevilla son vanidad y pobreza todo en una pieza! Don Álvaro es digno de ser marido de una emperadora . . . ¡Qué gallardo! . . . ¡Qué formal y qué generoso! . . . Hace pocos días que le dije la buenaventura (y por cierto no es buena la que le espera si las rayas de la mano no mienten), y me dió una onza de oro[20] como un sol de mediodía.

---

13 usía — you (a development from *vuestra señoría*).
14 pecho suave — mellow voice.
15 mandar el ejercicio — command military drill.
16 Utrera is a town not far from Sevilla.

17 echado adelante — proud.
18 tener copete — to be haughty.
19 pergaminos — parchments, i.e. titles of nobility.
20 onza de oro — Spanish doubloon.

TÍO PACO

Cuantas veces viene aquí a beber, me pone sobre el mostrador una peseta columnaria.[21]

MAJO

¡Y vaya un hombre valiente! Cuando en la Alameda Vieja[22] le salieron aquella noche los siete hombres más duros que tiene Sevilla, metió mano y me los acorraló a todos contra las tapias del picadero.

OFICIAL

Y en el desafío que tuvo con el capitán de artillería se portó como un caballero.

PRECIOSILLA

El Marqués de Calatrava es un vejete tan ruin, que por no aflojar la mosca,[23] y por no gastar . . .

OFICIAL

Lo que debía hacer don Álvaro era darle una paliza que . . .

CANÓNIGO

Paso, paso, señor militar. Los padres tienen derecho de casar a sus hijas con quien les convenga.

OFICIAL

¿Y por qué no le ha de convenir don Álvaro? ¿Porque no ha nacido en Sevilla? . . . Fuera de Sevilla nacen también caballeros.

CANÓNIGO

Fuera de Sevilla nacen también caballeros, sí señor; pero . . . ¿lo es don Álvaro? . . . Sólo sabemos que ha venido de Indias hace dos meses, y que ha traído dos negros y mucho dinero . . . ¿Pero quién es? . . .

HABITANTE 1º

Se dicen tantas y tales cosas de él . . .

HABITANTE 2º

Es un ente muy misterioso.

TÍO PACO

La otra tarde estuvieron aquí unos señores hablando de lo mismo, y uno de ellos dijo que el tal don Álvaro había hecho sus riquezas siendo pirata . . .

MAJO

¡Jesucristo!

TÍO PACO

Y otro, que don Álvaro era hijo bastardo de un grande de España y de una reina mora . . .

OFICIAL

¡Qué disparate!

TÍO PACO

Y luego dijeron que no, que era . . . no lo puedo declarar . . . finca . . . o brinca . . . una cosa así . . . así como . . . una cosa muy grande allá de la otra banda.

OFICIAL

¿Inca?

TÍO PACO

Sí, señor, eso, Inca . . . Inca.

CANÓNIGO

Calle usted, tío Paco, no diga sandeces.

TÍO PACO

Yo nada digo, ni me meto en honduras; para mí cada uno es hijo de sus obras, y en siendo buen cristiano y caritativo . . .

PRECIOSILLA

Y generoso y galán.

OFICIAL

El vejete roñoso[24] del Marqués de Calatrava hace muy mal en negarle su hija.

CANÓNIGO

Señor militar, el señor Marqués hace muy bien. El caso es sencillísimo. Don Álvaro llegó hace dos meses; nadie sabe quién es. Ha pedido en casamiento a doña Leonor, y el Marqués, no juzgándolo buen partido para su hija, se la ha negado. Parece que la señorita estaba encaprichadilla,[25] fascinada, y el padre la ha llevado al campo, a la hacienda que tiene en el Aljarafe, para distraerla. En todo lo cual el señor Marqués se ha portado como persona prudente.

OFICIAL

¿Y don Álvaro, qué hará?

CANÓNIGO

Para acertarlo debe buscar otra novia: porque si insiste en sus descabelladas pretensiones, se expone a que los hijos del señor Marqués vengan, el uno de la Universidad, y el otro del regimiento, a sacarle de los cascos[26] los amores de doña Leonor.

OFICIAL

Muy partidario soy de don Álvaro, aunque no le he hablado en mi vida, y sentiría verlo empeñado en un lance con don Carlos, el hijo mayorazgo del Marqués. Le he visto el mes pasado en Barcelona, y he oído contar los dos últimos desafíos que ha tenido ya: y se le puede ayunar.[27]

21 peseta columnaria — a coin minted in Spanish America with two columns on one side.
22 Alameda Vieja is now known as the Alameda de Hércules.
23 aflojar la mosca — to loosen the purse strings.

24 roñoso — stingy, niggardly.
25 encaprichadilla — a little capricious.
26 cascos — skull.
27 ayunar — to fast. Here: to do without, get along without.

CANÓNIGO

Es uno de los oficiales más valientes del regimiento de Guardias Españolas, donde no se chancea en esto de lances de honor.

HABITANTE 1º

Pues el hijo segundo del señor Marqués, el don Alfonso, no le va en zaga.[28] Mi primo, que acaba de llegar de Salamanca, me ha dicho que es el coco[29] de la Universidad, más espadachín que estudiante, y que tiene metidos en un puño a los matones sopistas.[30]

MAJO

¿Y desde cuándo está fuera de Sevilla la señorita doña Leonor?

OFICIAL

Hace cuatro días que se la llevó el padre a su hacienda, sacándola de aquí a las cinco de la mañana, después de haber estado toda la noche hecha la casa un infierno.

PRECIOSILLA

¡Pobre niña! . . . ¡Qué linda que es y qué salada! . . . Negra suerte la espera . . . Mi madre le dijo la buenaventura, recién nacida, y siempre que la nombra se le saltan las lágrimas . . . Pues el generoso don Álvaro . . .

HABITANTE 1º

En nombrando el ruin de Roma, luego asoma[31] . . . Allí viene don Álvaro.

In the following scene the stage grows dark and the melancholy figure of Don Álvaro appears, muffled in his silk cape, large white hat, boots and spurs. Without saying a word he crosses the bridge, headed, as the audience suspects, for the country estate of the Marqués de Calatrava where Leonor has been taken.

With a shift in locale, we find Leonor in her room with her servant Curra awaiting the arrival of Don Álvaro. The sweethearts have planned to elope that night. In contrast to the passionate Álvaro, Leonor hesitates and fears to go through with the plan, but eventually decides to follow Don Álvaro regardless of the consequences. Before they can make good their escape, however, they are surprised by Leonor's father, the Marqués de Calatrava.

ESCENA VIII

(Ábrese la puerta con estrépito, después de varios golpes en ella, y entra el MARQUÉS, *en bata y gorro, con un espadín desnudo en la mano, y detrás dos criados mayores con luces.)*

MARQUÉS *(Furioso)*

¡Vil seductor! . . . ¡Hija infame!

DOÑA LEONOR

(Arrojándose a los pies de su padre.)

¡Padre!!! ¡Padre!!!

MARQUÉS

No soy tu padre . . . Aparta . . . Y tú, vil advenedizo . . .

DON ÁLVARO

Vuestra hija es inocente . . . Yo soy el culpado . . . Atravesadme el pecho. *(Hinca una rodilla.)*

MARQUÉS

Tu actitud suplicante manifiesta lo bajo de tu condición . . .

DON ÁLVARO *(Levantándose)*

¡Señor Marqués! . . . ¡Señor Marqués! . . .

MARQUÉS *(A su hija)*

Quita, mujer inicua. *(A Curra, que le sujeta el brazo.)* ¿Y tú, infeliz . . . osas tocar a tu señor? *(A los criados.)* Ea, echaos sobre ese infame, sujetadle, atadle . . .

DON ÁLVARO *(Con dignidad)*

Desgraciado del que me pierda el respeto.

(Saca una pistola y la monta.)

DOÑA LEONOR

(Corriendo hacia don Álvaro.)

¡Don Álvaro! . . . ¿Qué vais a hacer?

MARQUÉS

Echaos sobre él al punto.

DON ÁLVARO

¡Ay de vuestros criados si se mueven! Vos sólo tenéis derecho para atravesarme el corazón.

MARQUÉS

¿Tú morir a manos de un caballero? No; morirás a las del verdugo.

DON ÁLVARO

¡Señor Marqués de Calatrava! Mas ¡ah! no: tenéis derecho para todo . . . Vuestra hija es inocente . . . Tan pura como el aliento de los ángeles que rodean el trono del Altísimo. La sospecha a que puede dar origen mi presencia aquí a tales horas concluya con mi muerte; salga envolviendo mi cadáver como si fuera mi mortaja . . . Sí, debo morir . . . , pero a vuestras manos. *(Pone una rodilla en tierra.)* Espero resignado el golpe, no lo resistiré; ya me tenéis desarmado.

(Tira la pistola, que al dar en tierra se dispara

---

28 no le va en zaga — is not behind him, is his equal.
29 coco — bugbear, terror.
30 matón sopista — bully living off of charity.

31 En nombrando . . . asoma — Speaking of the devil, there he comes.

y hiere al Marqués que cae moribundo en los brazos de su hija y de los criados, dando un alarido.)

MARQUÉS

Muerto soy . . . ¡Ay de mí! . . .

DON ÁLVARO

¡Dios mío! ¡Arma funesta! ¡Noche terrible!

DOÑA LEONOR

¡Padre, padre!!!

MARQUÉS

¡Aparta! sacadme de aquí . . ., donde muera sin que esta vil me contamine con tal nombre. . . .

LEONOR

¡Padre! . . .

MARQUÉS

Yo te maldigo.

(Cae Leonor en brazos de don Álvaro, que la arrastra hacia el balcón.)

FIN DE LA JORNADA PRIMERA

The second act begins with another realistic scene in an inn in the town of Hornachuelos. The guests talk of a mysterious traveler (who in reality is Leonor disguised in male attire) whose room the inn keeper will not let them enter. Later Leonor makes her way to a monastery in the desert nearby and persuades the Padre Guardián to allow her to live out her life as a penitent in a cave. She tells him the tragic story of her life, of her father's death, and of how her brothers are searching for her with the intention of killing her, believing that she betrayed her family's honor. Leonor also believes that Don Álvaro was killed by her father's servants the night of their ill-fated attempt to elope. Hopeless and helpless now, she has decided on the life of a recluse. Only the Padre Guardián will know of her identity. Nobody will be allowed near her cave, and she will call for help only under the most extreme circumstances.

The third act takes place in Italy. Don Carlos, Leonor's brother is searching for his father's murderer, using the false name of Félix de Avendaña. Don Álvaro, known in Italy as Fadrique de Herreros, is serving there as a soldier in the Spanish army, hoping to find death in battle. In Scene III he speaks his famous soliloquy.

ESCENA III

(El teatro representa una selva en noche muy obscura. Aparece al fondo DON ÁLVARO, *solo, vestido de capitán de granaderos; se acerca lentamente, y dice con gran agitación.)*

DON ÁLVARO *solo*

¡Qué carga tan insufrible[32]
es el ambiente vital,
para el mezquino mortal
que nace en signo terrible!
¡Qué eternidad tan horrible
la breve vida! ¡Este mundo,
qué calabozo profundo
para el hombre desdichado,
a quien mira el cielo airado
con su ceño furibundo!

Parece, sí, que a medida
que es más dura y más amarga,
más extiende, más alarga
el destino nuestra vida.
Si nos está concedida
sólo para padecer,
y debe muy breve ser
la del feliz, como en pena
de que su objeto no llena,[33]
¡terrible cosa es nacer!

Al que tranquilo, gozoso
vive entre aplausos y honores,
y de inocentes amores
apura el cáliz sabroso,
cuando es más fuerte y brioso,
la muerte sus dichas huella
sus venturas atropella;
y yo que infelice soy,
yo que buscándola[34] voy,
no puedo encontrar con ella.

¿Mas cómo la he de obtener,
¡desventurado de mí!
pues cuando infeliz nací,
nací para envejecer?
Si aquel día de placer
(que uno sólo he disfrutado)[35]
fortuna hubiese fijado,[36]
¡cuán pronto muerte precoz
con su guadaña feroz
mi cuello hubiera segado!

Para engalanar mi frente,[37]
allá en la abrasada zona,
con la espléndida corona
del imperio de Occidente,
amor y ambición ardiente

32 This soliloquy is in *décimas*.
33 como . . . llena — as if as a penalty for not fulfilling its mission (of suffering).
34 The *la* refers to *muerte* three lines above.
35 the day he had spent with Leonor.

36 fortuna hubiese fijado — had fixed my fate (to be happy).
37 The seemingly cryptic references to his origin are explained in a later scene.

me engendraron de concierto;
pero con tal desacierto,
con tan contraria fortuna,
que una cárcel fué mi cuna,
y fué mi escuela el desierto.
    Entre bárbaros crecí,
y en la edad de la razón,
a cumplir la obligación
que un hijo tiene, acudí:
mi nombre ocultando fuí
(que es un crimen) a salvar
la vida, y así pagar
a los que a mí me la dieron;
que un trono soñando vieron
y un cadalso al despertar.
    Entonces risueño un día,
uno sólo, nada más,
me dió el destino; quizás
con intención más impía.
Así en la cárcel sombría
mete una luz el sayón,[38]
con la tirana intención
de que un punto el preso vea
el horror que lo rodea
en su espantosa mansión.
    ¡Sevilla!!! ¡Guadalquivir!!!
¡Cuál atormentáis mi mente! . . .
Noche en que vi de repente
mis breves dichas huir!
¡Oh qué carga es el vivir! . . .
¡Cielos, saciad el furor! . . .
Socórreme, mi Leonor,
gala del suelo andaluz,
que ya eres ángel de luz
junto al trono del Señor.[39]
    Mírame desde tu altura
sin nombre en extraña tierra,
empeñado en una guerra
por ganar mi sepultura.
¿Qué me importa, por ventura,
que triunfe Carlos o no?[40]
¿Qué tengo de Italia en pro?
¿Qué tengo? ¡Terrible suerte!
Que en ella reina la muerte,
y a la muerte busco yo.
    ¡Cuánto, oh Dios, cuánto se engaña
el que elogia mi ardor ciego,
viéndome siempre en el fuego
de esta extranjera campaña!
Llámanme la prez de España,
y no saben que mi ardor
sólo es falta de valor,
pues busco ansioso el morir

por no osar el resistir
de los astros el furor.
    Si el mundo colma de honores
al que mata a su enemigo,
el que lo lleva consigo
¿por qué no puede . . .?
            (*Óyese ruido de espadas.*)

DON CARLOS (*Dentro*)
                            ¡Traidores!!!

VOCES (*Dentro*)
    ¡Muera!

DON CARLOS (*Dentro*)
            ¡Viles!

DON ÁLVARO (*Sorprendido*)
                ¡Qué clamores!

DON CARLOS (*Dentro*)
    ¡Socorro!!!

DON ÁLVARO

        (*Desenvainando la espada.*)
            Dárselo quiero,
que oigo crujir el acero;
y si a los peligros voy
porque desgraciado soy,
también voy por caballero.

(*Éntrase; suena ruido de espadas; atraviesan
dos hombres la escena como fugitivos, y vuelven
a salir* DON ÁLVARO *y* DON CARLOS.)

Don Carlos is rescued from assailants by
Álvaro and the two men, still known by their
false names, become fast friends. Don Álvaro
is badly wounded later in a battle, and thinking he may die he entrusts to his friend, Don
Félix (Carlos), certain papers to be opened
only after his death. From things Don Álvaro
says, Carlos is led to believe that he might be
his family's enemy, the man who had killed
his father. Scene VIII contains another excellent soliloquy as Carlos tries to make a
decision about the packet of papers entrusted
to him.

ESCENA VIII

DON CARLOS
    ¿Ha de morir . . . ¡qué rigor![41]
tan bizarro militar?
Si no lo puedo salvar
será eterno mi dolor.
Puesto que él me salvó a mí,
y desde el momento aquel
que guardó mi vida él,

---

38 sayón — executioner.
39 Don Alvaro thinks Leonor is dead.

40 Carlos refers to the king of Naples and not Leonor's
brother.
41 *Redondilla* begins here.

guardar la suya ofrecí. (*Pausa.*)
Nunca vi tanta destreza
en las armas, y jamás
otra persona de más
arrogancia y gentileza.
Pero es hombre singular;
y en el corto tiempo que
le trato, rasgos noté
que son dignos de extrañar. (*Pausa.*)
¿Y de Calatrava el nombre[42]
por qué así le horrorizó
cuando pronunciarlo oyó? . . .
¿Qué hallará en él que le asombre?
¡Sabrá que está deshonrado! . . .
Será un hidalgo andaluz . . .
¡Cielos! . . . ¡Qué rayo de luz
sobre mí habéis derramado
en este momento! . . . Sí.
¿Podrá ser éste el traidor,
de mi sangre deshonor,
el que a buscar vine aquí?

(*Furioso y empuñando la espada.*)

¿Y aún respira? . . . No, ahora mismo
a mis manos . . .

(*Corre hacia la alcoba y se detiene.*)

¿Dónde estoy? . . .
¿Ciego a despeñarme voy
de la infamia en el abismo?
¿A quien mi vida salvó,
y que muribundo está,
matar inerme podrá
un caballero cual yo? (*Pausa.*)
¿No puede falsa salir
mi sospecha? . . . Sí . . . ¿Quién sabe? . . .
Pero ¡cielos! esta llave[43]
todo me lo va a decir.

(*Se acera a la maleta, la abre precipitado y saca la caja, poniéndola sobre la mesa.*)

Salid, caja misteriosa,
del destino urna fatal,
a quien con sudor mortal
toca mi mano medrosa:
me impide abrirte el temblor
que me causa el recelar
si en tu centro voy a hallar
los pedazos de mi honor.

(*Resuelto y abriendo.*)

Mas no, que en ti mi esperanza,
la luz que me da el destino,
está para hallar camino

que me lleve a la venganza.

(*Abre y saca un legajo sellado.*)

Ya el legajo tengo aquí.
¿Qué tardo el sello en romper? . . .

(*Se contiene.*)

¡Oh cielos! ¡Qué voy a hacer!
¿Y la palabra que di?
¿Mas si la suerte me da
tan inesperado medio
de dar a mi honor remedio,
el perderlo qué será?
Si a Italia sólo he venido
a buscar al matador
de mi padre y de mi honor,
con nombre y porte fingido,
¿qué importa que el pliego abra,
si lo que vine a buscar
a Italia voy a encontrar? . . .
Pero no, di mi palabra.
Nadie, nadie aquí lo ve . . .
¡Cielos! lo estoy viendo yo.
Mas si él mi vida salvó,
también la suya salvé.
Y si es el infame indiano,
el seductor asesino,
¿no es bueno cualquier camino
por donde venga a mi mano?
Rompo esta cubierta, sí,
pues nadie lo ha de saber . . .
Mas ¡cielos! ¿qué voy a hacer?
¿Y la palabra que di? (*Suelta el legajo.*)
No, jamás. ¡Cuán fácilmente
nos pinta nuestra pasión
una infame y vil acción
como acción indiferente!
A Italia vine anhelando
mi honor manchado lavar;
¿y mi empresa ha de empezar
el honor amancillando?
Queda, oh secreto, escondido,
si en este legajo estás;
que un medio infame, jamás
lo usa el hombre bien nacido.

(*Registrando la maleta.*)

Si encontrar aquí pudiera
algún otro abierto indicio
que, sin hacer perjuïcio
a mi opinión, me advirtiera . . .

(*Sorprendido.*)

¡Cielos! . . . lo hay . . . esta cajilla,

---

42 In a preceding scene Carlos had suggested to Don Álvaro that because of his bravery he might be elected to the order of Santiago or Calatrava. Since Calatrava is also the name of Leonor's father whom Don Álvaro had killed, he became very distraught.

43 the key to the box in which Don Álvaro's personal papers are kept.

(Saca una cajita como de retrato.)
que algún retrato contiene,
　　　(Reconociéndola.)
ni sello ni sobre tiene,
tiene sólo una aldabilla.
Hasta sin ser indiscreto
reconocerla me es dado;
nada de ella me han hablado,
ni rompo ningún secreto.
Ábrola, pues, en buen hora,
aunque un basilisco vea,
aunque para el mundo sea
caja fatal de Pandora.

　　　(La abre, y exclama muy agitado.)
¡Cielos! . . . no . . . no me engañé,
ésta es mi hermana Leonor . . .
¿Para qué prueba mayor? . . .
Con la más clara encontré.
Ya está todo averiguado;
don Álvaro es el herido.
Brújula el retrato ha sido
que mi norte me ha marcado.
¿Y a la infame. . . . me atribulo,[44]
con él en Italia tiene? . . .
Descubrirlo me conviene
con astucia y disimulo.
¡Cuán feliz será mi suerte
si la venganza y castigo
sólo de un golpe consigo,
a los dos dando la muerte! . . .
Mas . . . ¡ah! . . . no me precipite
mi honra ¡cielos! ofendida.
Guardad a este hombre la vida
para que yo se la quite.

(Vuelve a colocar los papeles y el retrato en la maleta.)

In Act IV Carlos confronts Álvaro with what he knows. The two men duel and Carlos is killed. Álvaro is imprisoned for having violated the new law against dueling, and his only regret is not that he will die—he welcomes death as a release from his unhappy life—but that he will die on a scaffold as a common criminal. However, enemy forces attack the town. Álvaro is given a sword by his jailer, and he rushes out into the fight hoping to find an honorable death.

Act V opens with the usual realistic scene, which in this case offers a little comic relief in the person of Hermano Melitón. The action takes place in the cloister of the Convento de los Ángeles, the monastery near which Leonor is living.

JORNADA QUINTA

La escena es en el convento de los Ángeles y sus alrededores.

ESCENA PRIMERA

(El teatro representa lo interior del claustro bajo del convento de los Ángeles, que debe ser una galería mezquina, alrededor de un patiecillo con naranjos, adelfas y jazmines. A la izquierda se verá la portería; a la derecha la escalera. Debe de ser decoración corta, para que detrás estén las otras por su orden. — Aparecen el PADRE GUARDIÁN *paseándose gravemente por el proscenio y leyendo en su breviario; el* HERMANO MELITÓN *sin manto, arremangado, y repartiendo con un cucharón, de un gran caldero, la sopa, al* VIEJO, *al* COJO, *al* MANCO, *a la* MUJER *y al grupo de pobres que estará apiñado en la portería.)*

HERMANO MELITÓN
　Vamos, silencio y orden, que no están en ningún figón.[45]

MUJER
　Padre, ¡a mí, a mí!

VIEJO
　¿Cuántas raciones quiere, Marica?

COJO
　Ya le han dado tres, y no es regular . . .

HERMANO MELITÓN
　Callen, y sean humildes, que me duele la cabeza.

MANCO
　Marica ha tomado tres raciones.

MUJER
　Y aun voy a tomar cuatro, que tengo seis chiquillos.

HERMANO MELITÓN
　¿Y por qué tiene seis chiquillos? . . . Sea su alma.[46]

MUJER
　Porque me los ha dado Dios.

HERMANO MELITÓN
　Sí . . . Dios . . . Dios . . . No los tendría si se pasara las noches, como yo, rezando el rosario, o dándose disciplina.

PADRE GUARDIÁN
　　　(Con gravedad.)
　¡Hermano Melitón! . . . ¡Hermano Melitón! . . . ¡Válgame Dios!

---

44 atribularse — to become sad or despondent, afflicted.
45 figón — cheap eating house.

46 Sea su alma (Maldita sea su alma) — Confound you!

HERMANO MELITÓN

Padre nuestro, si estos desarrapados tienen una fecundidad que asombra.

COJO

¡A mí, padre Melitón, que tengo ahí fuera a mi madre baldada![47]

HERMANO MELITÓN

¡Hola! . . . ¿También ha venido hoy la bruja? Pues no nos falta nada.

PADRE GUARDIÁN

¡Hermano Melitón! . . .

MUJER

Mis cuatro raciones.

MANCO

A mí antes.

VIEJO

A mí.

TODOS

A mí, A mí . . .

HERMANO MELITÓN

Váyanse noramala, y tengan modo . . . ¿A que les doy con el cucharón? . . .[48]

PADRE GUARDIÁN

¡Caridad, hermano, caridad, que son hijos de Dios!

HERMANO MELITÓN

(Sofocado.)

Tomen, y váyanse . . .

MUJER

Cuando nos daba la guiropa[49] el padre Rafael lo hacía con más modo y con más temor de Dios.

HERMANO MELITÓN

Pues llamen al padre Rafael . . ., que no los pudo aguantar ni una semana.

VIEJO

Hermano, ¿me quiere dar otro poco de bazofia? . . .[50]

HERMANO MELITÓN

¡Galopo! . . . ¿Bazofia llama a la gracia de Dios? . . .

PADRE GUARDIÁN

Caridad y paciencia, hermano Melitón; harto trabajo tienen los pobrecitos.

HERMANO MELITÓN

Quisiera yo ver a Vuestra Reverendísima lidiar con ellos un día, y otro, y otro.

COJO

El padre Rafael . . .

HERMANO MELITÓN

No me jeringuen[51] con el padre Rafael . . . y . . . tomen las arrebañaduras[52] *(Les reparte los restos del caldero, y lo echa a rodar de una patada)*, y a comerlo al sol.

MUJER

Si el padre Rafael quisiera bajar a decirle los Evangelios a mi niño, que tiene sisiones . . .[53]

HERMANO MELITÓN

Tráigalo mañana, cuando salga a decir misa el padre Rafael.

COJO

Si el padre Rafael quisiera venir a la villa, a curar a mi compañero, que se ha caído . . .

HERMANO MELITÓN

Ahora no es hora de ir a hacer milagros: por la mañanita, por la mañanita, con la fresca.

MANCO

Si el padre Rafael . . .

HERMANO MELITÓN

(Fuera de sí.)

Ea, ea, fuera . . . Al sol . . . ¡Cómo cunde la semilla de los perdidos! Horrio . . .[54] ¡afuera!

(Los va echando con el cucharón y cierra la portería, volviendo luego muy sofocado y cansado donde está el Guardián.)

In a later scene Don Alfonso, Leonor's other brother, who has been to Peru and back in search of Don Álvaro, arrives at the monastery and demands to see a certain Padre Rafael. The latter is really Don Álvaro who, thinking Leonor dead and wishing to avoid any more personal disasters, has retired to the monastery. He does not know, of course, that the penitent woman living in the cave nearby is Leonor. Alfonso, bent on revenge, has traced Don Álvaro to the monastery and confronts him now as his mortal enemy. Álvaro tries to avoid a fight, but is forced into one when Alfonso slaps his face. Both men rush out of the monastery intent upon settling their dispute with swords and enter the forbidden area near Leonor's cave. Here we pick up the action of the final three scenes.

47 baldada — crippled.
48 ¿A que . . . cucharón? — What do you bet I'll let you have it with the big spoon?
49 guiropa — stew.
50 bazofia — slop.
51 jeringar — to bother, molest.
52 arrebañaduras — last bits.
53 sisiones (ciciones) — fevers. The *s*'s represent the woman's pronunciation.
54 horrio — away with you.

ESCENA IX

*(El teatro representa un valle rodeado de riscos
inaccesibles y de malezas, atravesado por un
arroyuelo. Sobre un peñasco accesible con dificultad, y colocado al fondo, habrá una medio gruta,
medio ermita con puerta practicable, y una campana
que pueda sonar y tocarse desde dentro; el cielo
representará el ponerse el sol de un día borrascoso;
se irá obscureciendo lentamente la escena y aumen-
tándose los truenos y relámpagos;* DON ÁLVARO *y*
DON ALFONSO *salen por un lado.)*

DON ALFONSO

De aquí no hemos de pasar.

DON ÁLVARO

No, que tras de estos tapiales,[55]
bien sin ser vistos, podemos
terminar nuestro combate.
Y aunque en hollar[56] este sitio
cometo un crimen muy grande,
hoy es de crímenes día,
y todos han de apurarse.
De uno de los dos la tumba
se está abriendo en este instante.

DON ALFONSO

Pues no perdamos más tiempo,
y que las espadas hablen.

DON ÁLVARO

Vamos; mas antes es fuerza
que un gran secreto os declare,
pues que de uno de nosotros
es la muerte irrevocable;
y si yo caigo es forzoso
que sepáis en este trance
a quien habéis dado muerte,
que puede ser importante.

DON ALFONSO

Vuestro secreto no ignoro.
Y era el mejor de mis planes
(para la sed de venganza
saciar que en mis venas arde),
después de heriros de muerte
daros noticias tan grandes,
tan impensadas y alegres,
de tan feliz desenlace,
que al despecho de saberlas,
de la tumba en los umbrales,
cuando no hubiese remedio,
cuando todo fuera en balde,
el fin espantoso os diera
digno de vuestras maldades.

DON ÁLVARO

Hombre, fantasma o demonio,

que ha tomado humana carne
para hundirme en los infiernos,
para perderme . . . ¿qué sabes? . . .

DON ALFONSO

Corrí el Nuevo Mundo . . . ¿Tiemblas? . . .
Vengo de Lima . . . esto baste.

DON ÁLVARO

No basta, que es imposible
Que saber quien soy lograses.

DON ALFONSO

De aquel Virrey fementido
que (pensando aprovecharse
de los trastornos y guerras,
de los disturbios y males
que la sucesión al trono[57]
trajo a España) formó planes
de tornar su virreinato
en imperio, y coronarse,
casando con la heredera
última de aquel linaje
de los Incas (que en lo antiguo,
del mar del Sur a los Andes
fueron los emperadores),
eres hijo. De tu padre
las traiciones descubiertas,
aun a tiempo de evitarse,
con su esposa, en cuyo seno
eras tú ya peso grave,
huyó a los montes, alzando
entre los indios salvajes
de traición y rebeldía
el sacrílego estandarte.
No los ayudó fortuna,
pues los condujo a la cárcel
de Lima, do tú naciste . . .

*(Hace extremos de indignación y sorpresa don
Álvaro.)*

Oye . . . espera hasta que acabe.
El triunfo del rey Felipe
y su clemencia notable,
suspendieron la cuchilla
que ya amagaba a tus padres;
y en una prisión perpetua
convirtió el suplicio infame.
Tú entre los indios creciste,
como fiera te educaste,
y viniste ya mancebo
con oro y con favor grande,
a buscar completo indulto
para tus traidores padres.
Mas no, que viniste sólo
para asesinar cobarde,

---

55 *romance* in *a-e*.
56 hollar — to tread upon. The area around Leonor's
cave was forbidden territory, and anyone entering it
was subject to punishment.

57 This refers to the Wars of the Spanish Succession.
Carlos II died without heirs, and his throne was disputed by kings of several countries.

para seducir inicuo,
y para que yo te mate.

DON ÁLVARO *(Despechado)*

Vamos a probarlo al punto.

DON ALFONSO

Ahora tienes que escucharme,
que has de apurar ¡vive el cielo!
hasta las heces el cáliz.
Y si, por ser mi destino,
consiguieses el matarme,
quiero allá en tu aleve pecho
todo un infierno dejarte.
El Rey, benéfico, acaba
de perdonar a tus padres.
Ya están libres y repuestos
en honras y dignidades.
La gracia alcanzó tu tío,
que goza favor notable,
y andan todos tus parientes
afanados por buscarte
para que tenga heredero . . .

DON ÁLVARO

(Muy turbado y fuera de sí.)

Ya me habéis dicho bastante . . .
No sé dónde estoy ¡oh cielos! . . .
Si es cierto, si son verdades
las noticias que dijisteis . . .

(Enternecido y confuso.)

¡todo puede repararse!
Si Leonor existe, todo:[58]
¿veis lo ilustre de mi sangre? . . .
¿Veis? . . .

DON ALFONSO

Con sumo gozo veo
que estáis ciego y delirante.
¿Qué es reparación? . . .[59] Del mundo
amor, gloria, dignidades
no son para vos . . . Los votos
religiosos e inmutables
que os ligan a este desierto,
esa capucha, ese traje,
capucha y traje que encubren
a un desertor, que al infame
suplicio escapó en Italia,
de todo incapaz os hacen.
Oye cuál truena indignado *(Truena.)*
contra ti el cielo . . . Esta tarde
completísimo es mi triunfo.
Un sol hermoso y radiante
te he descubierto, y de un soplo
luego he sabido apagarle.

DON ÁLVARO

(Volviendo al furor.)

¿Eres monstruo del infierno,
prodigio de atrocidades?

DON ALFONSO

Soy un hombre rencoroso
que tomar venganza sabe.
Y porque sea más completa,
te digo que no te jactes
de noble . . . eres un mestizo,
fruto de traiciones . . .

DON ÁLVARO

(En el extremo de la desesperación.)

¡Baste!
¡Muerte y exterminio! ¡Muerte
para los dos! Yo matarme
sabré, en teniendo el consuelo
de beber tu inicua sangre.

(Toma la espada, combaten y cae herido don Alfonso.)

DON ALFONSO

Ya lo conseguiste . . . ¡Dios mío! ¡Confesión! Soy cristiano . . . Perdonadme . . . salvad mi alma . . .

DON ÁLVARO

(Suelta la espada y queda como petrificado.)

¡Cielos! . . . ¡Dios mío! . . . ¡Santa Madre de los Ángeles! . . . ¡Mis manos tintas en sangre . . . en sangre de Vargas! . . .

DON ALFONSO

¡Confesión! ¡Confesión! . . . Conozco mi crimen y me arrepiento . . . Salvad mi alma, vos que sois ministro del Señor . . .

DON ÁLVARO *(Aterrado)*

¡No, yo no soy más que un réprobo, presa infeliz del demonio! Mis palabras sacrílegas aumentarían vuestra condenación. Estoy manchado de sangre, estoy irregular . . .[60] Pedid a Dios misericordia . . . Y . . . esperad . . . cerca vive un santo[61] penitente . . . podrá absolveros . . . Pero está prohibido acercarse a su mansión . . . . ¿Qué importa? Yo que he roto todos los vínculos, que he hollado todas las obligaciones . . .

DON ALFONSO

¡Ah! Por caridad, por caridad . . .

DON ÁLVARO

Sí; voy a llamarlo . . . al punto . . .

DON ALFONSO

Apresuraos, Padre . . . ¡Dios mío!

---

58 Don Álvaro had learned in a previous scene that Leonor is still alive, but he does not know where she is.
59 ¿Qué es reparación? — What do you mean, all can be amended?

60 irregular — tainted, impure.
61 Don Álvaro thinks a hermit lives in the cave.

(Don Álvaro corre a la ermita y golpea la puerta.)

DOÑA LEONOR *(Dentro)*

¿Quién se atreve a llamar a esta puerta? Respetad este asilo.

DON ÁLVARO

Hermano, es necesario salvar un alma, socorrer a un moribundo: venid a darle el auxilio espiritual.

DOÑA LEONOR *(Dentro)*

Imposible, no puedo, retiraos.

DON ÁLVARO

Hermano, ¡por el amor de Dios!

DOÑA LEONOR *(Dentro)*

No, no, retiraos.

DON ÁLVARO

Es indispensable, vamos.

(Golpea fuertemente la puerta.)

DOÑA LEONOR

(Dentro tocando la campanilla.)[62]
¡Socorro! ¡Socorro!

ESCENA X

(LOS MISMOS y DOÑA LEONOR, vestida con un saco, y esparcidos los cabellos, pálida y desfigurada, aparece a la puerta de la gruta, y se oye repicar a lo lejos las campanas del convento.)

DOÑA LEONOR

¡Huid, temerario; temed la ira del cielo!

DON ÁLVARO

(Retrocediento horrorizado por la montaña abajo.)

¡Una mujer! . . . ¡Cielos! . . . ¡Qué acento! . . . Es un espectro! . . . Imagen adorada . . . ¡Leonor! ¡Leonor!

DON ALFONSO

(Como queriéndose incorporar.)

¡Leonor! . . . ¿Qué escucho? ¡Mi hermana!

DOÑA LEONOR

(Corriendo detrás de don Álvaro.)

¡Dios mío! ¿Es don Álvaro? . . . Conozco su voz . . . Él es . . . ¡Don Álvaro!

DON ALFONSO

¡Oh furia! Ella es . . . ¡Estaba aquí con su seductor! . . . ¡Hipócritas! . . . ¡Leonor!!!

DOÑA LEONOR

¡Cielos! . . . ¡Otra voz conocida! . . . Mas ¿qué veo? . . .

(Se precipita hacia donde ve a don Alfonso.)

DON ALFONSO

¡Ves al último de tu infeliz familia!

[62] This was the signal agreed on with the Padre Guardián if Leonor ever needed help desperately.

DOÑA LEONOR

(Precipitándose en los brazos de su hermano.)

¡Hermano mío! . . . ¡Alfonso!

DON ALFONSO

(Hace un esfuerzo, saca un puñal y hiere de muerte a Leonor.)

Toma, causa de tantos desastres, recibe el premio de tu deshonra . . . Muero vengado.

(Muere.)

DON ÁLVARO

¡Desdichado! . . . ¿Qué hiciste? . . . ¡Leonor! ¿Eras tú? . . . ¿Tan cerca de mí estabas? . . . ¡Ay! *(Se inclina hacia el cadáver de ella.)* Aún respira . . . , aún palpita aquel corazón todo mío . . . Ángel de mi vida . . . vive, vive yo te adoro . . . ¡Te hallé, por fin . . . sí, te hallé . . . muerta!

(Queda inmóvil.)

ESCENA ÚLTIMA

Hay un rato de silencio; los truenos resuenan más fuertes que nunca, crecen los relámpagos, y se oye cantar a lo lejos el MISERERE a la comunidad, que se acerca lentamente.

VOZ DENTRO

Aquí, aquí. ¡Qué horror!

(Don Álvaro vuelve en sí, y luego huye hacia la montaña.—Sale el padre Guardián con la comunidad, que queda asombrada.)

PADRE GUARDIÁN

¡Dios mío! . . . ¡Sangre derramada! ¡Cadáveres! . . . ¡La mujer penitente!

TODOS LOS FRAILES

¡Una mujer! . . . ¡Cielos!

PADRE GUARDIÁN

¡Padre Rafael!

DON ÁLVARO

(Desde un risco, con sonrisa diabólica, todo convulso, dice:)

Busca, imbécil, al Padre Rafael . . . Yo soy un enviado del infierno, soy el demonio exterminador . . . Huid, miserables.

TODOS

¡Jesús, Jesús!

DON ÁLVARO

¡Infierno, abre tu boca y trágame! ¡Húndase el cielo, perezca la raza humana; exterminio, destrucción! . . .

(Sube a lo más alto del monte y se precipita.)

EL PADRE GUARDIÁN Y LOS FRAILES

(Aterrados y en actitudes diversas.)

¡Misericordia, Señor! ¡Misericordia!

FIN DEL DRAMA

THE REALISTIC THEATER OF THE NINETEENTH CENTURY

Manuel Tamayo y Baus, (1829–98), *Un drama nuevo*, 1867 (pp. 120–21)

According to Alejandro Pidal, national opinion at one time acclaimed Tamayo y Baus as the "genio de nuestra literatura," and he may well have been the greatest dramatist of nineteenth century Spain. His mother, Joaquina Baus, his father, José Tamayo, and his brother, Victorino, were actors. Tamayo himself married the niece of Máiquez, a famous actor. Tamayo wrote his first play at the age of ten but stopped writing for the theater in 1870. He became Secretary to the Spanish Academy and Director of the National Library.

Tamayo felt that the most important requisite in writing dramatic literature was to "proscribe from its domain every kind of impurity, capable of staining the soul of the spectators and employing the bad only as a means and the good always as an end . . ." He liked to deal with social questions and based some of his works on French prototypes. Considering himself a kind of moralist, he felt he had to set moral examples. Among his many plays, *Virginia*, 1853 (his own favorite), concerns a father's murder of his daughter to keep her out of the evil clutches of the magistrate, Appius Claudius. It has been called the finest modern Spanish tragedy. *La locura de amor*, 1855, about Queen Juana, daughter of Isabel and Ferdinand, and her husband, Philip of Austria, stresses the latter's philandering as the principal cause of the queen's madness. *Lances de honor*, 1863, is a dated though impassioned plea against dueling.

Un drama nuevo, a three-act play, was first performed on May 4, 1867, in the Theater of the Zarzuela. Its theme of acting out a real life situation while performing the same role on the stage occurs in many other dramatic works, among them Shakespeare's *Hamlet* and Lope de Vega's *Lo fingido verdadero*. Tamayo shows his knowledge of Shakespearian drama, although several critics have pointed out one anachronism: women did not act on the English stage during Shakespeare's time. Manuel de la Revilla, however, felt that it was a drama "en que todo es admirable."

Set in 1605, *Un drama nuevo* treats of the loves and hates found among actors of Shakespeare's own troupe. Even though it lacks "el terror trágico y la atrevida originalidad de las situaciones" which Revilla attributed to it, it has survived to this day because of its knowledge of the human heart.

In the first act Shakespeare tells Yorick that in the new play he is giving the troupe, the tragic role of Count Octavio will be portrayed by Walton. Yorick, an old friend of Shakespeare, asks that he be given the role, for he is tired of playing only comic scenes. Shakespeare finally agrees to give him the part. Meanwhile Yorick tells Edmundo, his adopted son, that he should be more affectionate to Alicia, Yorick's young wife. Walton visits Yorick, ostensibly to offer him help in learning to be a tragic actor, but he makes remarks which cause Edmundo to wonder whether he knows that he and Alicia secretly love each other. When Alicia's mother was ill, Yorick helped them recover from their difficulties. Out of gratitude and to obey her dying mother's request, Alicia married Yorick. Edmundo, rescued from starvation and adopted by Yorick, tries in vain to forget Alicia. Shakespeare, to whom the young lovers had confessed, insists that Edmundo must leave, revealing to them that Walton also knows their secret. Yorick and Walton, who have been practicing their lines, enter the room. Yorick declaims the lines of the new play about a faithless wife, and Alicia faints.

In the second act, Walton regrets having agreed to help Yorick. His original intention was to have Yorick fail in an attempt at playing a role beyond his power, but Walton now fears that Yorick may succeed. He wants to tell Yorick about Alicia and Edmundo, but fear of Shaespeare prevents him from doing it. Yorick, who had overheard Walton promising Shakespeare not to reveal some secret he knew about Yorick, insists on knowing it. Alerted by Alicia's faint, he suspects her of infidelity. When Alicia faints again as the result of an emotional scene with her husband, Shakespeare enters and helps her to her room. Yorick is now convinced that Shakespeare is her lover. Later, in an attempt to force Walton to talk, Yorick reveals to Walton that he knows his past history. (Walton, using that name to escape his past, had found his wife in the arms of a lover. When he attempted to attack the man, the lover had had his servants beat Walton unmercifully.) Yorick realizes that Shakespeare is not Alicia's lover, and as the second act ends, he asks Shakespeare's pardon. Edmundo and Alicia agree to escape together the following morning.

ACTO TERCERO

Primera Parte

Cuarto de Yorick y Alicia en el teatro. Mesa larga con tapete, dos espejos pequeños, utensilios de teatro y luces; dos perchas salientes, de las cuales penden cortinas que llegan hasta el suelo, cubriendo la ropa que hay colgada en ellas; algunas sillas; puerta a la derecha, que da al escenario.[1]

ESCENA PRIMERA

(EL AUTOR y EL TRASPUNTE.[2] *Ambos salen por la puerta de la derecha:* EL TRASPUNTE *con un manuscrito abierto en la mano y un melampo[3] con vela encendida.*)

EL TRASPUNTE

Aquí tendrá agua, de fijo, la señora Alicia.

EL AUTOR

Sí; ahí veo una botella. *(Indicando una que hay en la mesa.)*

EL TRASPUNTE

¡Tomad! *(Echando agua de la botella en un vaso. El Autor bebe.)*

EL AUTOR

¡Ay, respiro! ... Tenía el corazón metido en un puño ...[4] La vista empezaba a turbárseme ... ¡Tantas emociones! ... ¡Tanta alegría! ... ¡Uf! ... *(Toma un papel de teatro y hácese aire con él.)* Conque dígame el señor Traspunte: ¿qué opina de mi drama?

EL TRASPUNTE

¿Qué opino? ¡Vaya! ¡Cosa más bonita! ... Y este último acto no gustará menos que los otros.

EL AUTOR

Quiera el cielo que no os equivoquéis.

EL TRASPUNTE

¡Qué me he de equivocar! ¡Si tengo yo un ojo! ... En el primer ensayo aseguré que vuestra comedia gustaría casi tanto como una de Shakespeare.

EL AUTOR

¡Shakespeare! ... ¡Oh, Shakespeare! ... *(Con tono de afectado encarecimiento.)* Ciertamente que no faltará quien trate de hacerle sombra[5] conmigo ... Pero yo jamás creeré ... No, jamás. Yo soy modesto ... muy modesto.

ESCENA II

(DICHOS y EDMUNDO. *Éste en traje de* MANFREDO.*)*[6]

EDMUNDO

Dime, Tomás,[7] ¿Alicia no se retira ya de la escena hasta que yo salgo?

EL TRASPUNTE *(Hojeando la comedia.)*

Justo.

EDMUNDO

¿Y yo me estoy en las tablas hasta el final?

EL TRASPUNTE

¿Pues no lo sabéis? ... *(Hojeando de nuevo la comedia.)*

EDMUNDO

(Acabado el drama, será ya imposible hacer llegar a sus manos ... ¡Qué fatalidad!) *(Dirigiéndose hacia la puerta.)*

EL AUTOR

A ver, señor Edmundo, cómo os portáis en la escena del desafío. La verdad: os encuentro ..., así ... un poco ..., pues... En los ensayos habéis estado mucho mejor. Conque, ¿eh? ...

EDMUNDO

Sí, señor, sí. ... *(Se va pensativo.)*

ESCENA III

(EL AUTOR y EL TRASPUNTE: *en seguida* WALTON. *Éste en traje de* LANDOLFO.*)*[8]

EL AUTOR

Apenas se digna contestarme. Rómpase uno los cascos haciendo comedias como éstas, para que luego un comiquito displicente...[9]

WALTON

¿Sale Edmundo de aquí? *(Al Traspunte.)*

---

1 escenario — stage within a stage.
2 El Traspunte — the prompter. He gives the actors cues to appear on the stage. The *apuntador* actually calls out their lines.
3 melampo — candle with a shade used in theaters.
4 Tenía ... puño — My heart was in my mouth.
5 hacerle sombra — to overshadow him.

6 Eduardo will play the role of Manfredo in the play within the play.
7 Tomás is the name of the prompter.
8 Landolfo is Walton's role in the new play.
9 comiquito displicente — an unpleasant worthless actor.

EL TRASPUNTE

Sí, señor.

WALTON

¿Qué quería?

EL TRASPUNTE

Nada. Saber cuándo se retira de la escena la señora Alicia.

EL AUTOR

¿Verdad, señor Walton, que Edmundo está representando bastante mal?

EL TRASPUNTE

Algo debe sucederle esta noche.

EL AUTOR

Con efecto, dos veces que he ido yo a su cuarto le he encontrado hablando con Dérvil en voz baja, y cuando me veían, cambiaban de conversación. Debía prohibirse que los cómicos recibieran visitas en el teatro.

WALTON

Y ese Dérvil, ¿quién es?

EL AUTOR

El capitán de una embarcación que mañana debe hacerse a la vela.

EL TRASPUNTE

Pues en cuanto se fué el capitán, el señor Edmundo me pidió tintero y se puso a escribir una carta.

EL AUTOR

¡Escribir cartas durante la representación de una comedia!

WALTON

(¡Una carta! . . . Una embarcación que se hará mañana a la vela. . .)

EL TRASPUNTE

Y a propósito de carta; ahí va la que en este acto habéis de sacar a la escena, para dársela al Conde Octavio. (*Dándole un papel doblado en forma de carta.*)

WALTON

Trae. (*Toma el papel y se lo guarda en un bolsillo del traje. Óyese un aplauso muy grande y rumores de aprobación. Walton se inmuta.*)

EL AUTOR

Eh, ¿qué tal? ¿Para quién habrá sido?

EL TRASPUNTE

¡Toma! Para el señor Yorick. Apuesto algo a que ha sido para él. (*Vase corriendo.*)

ESCENA IV

(*WALTON y EL AUTOR.*)

EL AUTOR

¡Cómo está ese hombre esta noche! . . .

10 me daría de cabezadas — I could knock my head.
11 de esta hecha — de esta fecha.

Cuando pienso que no quería que hiciese el papel de Conde, me daría de cabezadas[10] contra la pared. Mas ya se ve; ¿quién había de imaginarse que un comediante acostumbrado sólo a representar papeles de bufón? . . . De esta hecha[11] se deja atrás a todos los actores del mundo. ¡Si es mejor que vos!

WALTON

¿De veras? (*Procurando disimular su enojo.*)

EL AUTOR

Mucho mejor.

WALTON

Y si tal es vuestra opinión, ¿os parece justo ni prudente decírmela a mí cara a cara? (*Cogiéndole de una mano con ira y trayéndole hacia el proscenio.*)

EL AUTOR

Perdonad. . . (*Asustado.*) Creí. . . La gloria de un compañero. . .

WALTON

¡Sois un mentecato! (*Soltándole con ademán despreciativo.*)

EL AUTOR

¿Cómo es eso? . . . ¿Mentecato yo? . . .

ESCENA V

(*DICHOS y EL TRASPUNTE.*)

EL TRASPUNTE

Pues lo que yo decía: para él ha sido este último aplauso.

EL AUTOR

(Se le come la envidia.) ¡Bravo, Yorick, bravo! (*Vase.*)

EL TRASPUNTE

Y vos, ¿cómo juzgáis al señor Yorick?

WALTON

Eres un buen muchacho: trabajas con celo, y he de procurar que Shakespeare te aumente el salario.

EL TRASPUNTE

¡Y qué bien que haríais![12] Ya sabéis que tengo cuatro chiquillos. ¡Cuatro!

WALTON

¿Conque preguntabas qué tal me ha parecido Yorick?

EL TRASPUNTE

Sí, señor.

WALTON

Y sepamos: ¿qué te parece a ti? (*Manifestándose muy afable con el Traspunte.*)

EL TRASPUNTE

¿A mí?

12 ¡Y qué bien que haríais! — Y qué bien sería lo que haríais.

WALTON

Sí, habla. Esta mañana decías que iba a hacerlo muy mal.

EL TRASPUNTE

¡Y tanto como lo dije!

WALTON

¿Luego crees?... *(Con gozo.)*

EL TRASPUNTE

No creo; estoy seguro...

WALTON

¿De qué?

EL TRASPUNTE

De que dije una tontería.

WALTON

¡Ah!...

EL TRASPUNTE

Buen chasco nos ha dado.[13] En el primer acto se conocía que estaba..., así..., algo aturdido; pero luego... ¡Cáspita, y qué bien ha sacado algunas escenas!... Sí, una vez me quedé embobado oyéndole, sin acordarme de dar la salida a la dama,[14] y a no ser porque el autor estaba a mi lado entre bastidores, y me sacó de mi embobamiento con un buen grito, allí se acaba la comedia. Mirad, señor Walton, cuando os ví representar el Macbeth, creí que no se podía hacer nada mejor... Pues lo que es ahora...[15]

WALTON

Anda, anda *(interrumpiéndole)*; no vayas a caer en falta de nuevo.

EL TRASPUNTE

¿Eh? *(Como asustado y hojeando la comedia.)* No: esta escena es muy larga. Se puede apostar a que mientras esté en la compañía el señor Yorick, nadie sino él hará los mejores papeles. ¿Quién se los ha de disputar?

WALTON

A fe que charlas por los codos.[16]

EL TRASPUNTE

Fué siempre muy hablador el entusiasmo. Y la verdad..., yo estoy entusiasmado con el señor Yorick. Todo el mundo lo está. Únicamente las partes principales murmuran por lo bajo, y le dan con disimulo alguna que otra dentellada. Envidia, y nada más que envidia.

WALTON

¿Quieres dejarme en paz?

EL TRASPUNTE

(¡Qué gesto! ¡Qué mirada! ¡Necio de mí! Si éste es el que más sale perdiendo... Pues amiguito, paciencia y tragar la saliva.)

WALTON

¿Qué rezas entre dientes?

EL TRASPUNTE

Si no rezo. Al contrario.

WALTON

Vete ya, o por mi vida...

EL TRASPUNTE

Ya me voy..., ya me voy... *(Walton se deja caer en una silla con despecho y enojo.)* ¡Rabia, rabia, rabia!... *(Haciendo muecas a Walton, sin que él lo vea. Vase.)*

ESCENA VI

WALTON *(Permánece pensativo breves momentos.)*

¡Cómo acerté! ¡Yorick aplaudido con entusiasmo! ¡Qué triunfo! ¡Qué inmensa gloria! ¡Mayor que la mía! Sí; ¡mil veces mayor! No le perdono la injuria que antes me hizo...[17] La que ahora me hace, ¿cómo se la he de perdonar? Sólo que no discurro para mi desagravio medio que no me parezca vil y mezquino. Quisiera yo tomar venganza correspondiente a la ofensa, venganza de que pudiera decir sin orgullo: he ahí una venganza. *(Óyese otro aplauso.)* ¡Otro aplauso! *(Asomándose a la puerta de la derecha.)* ¡Ah! *(Tranquilizándose.)* Para Alicia. Se retira de la escena... Edmundo va a salir por el mismo lado... Se miran... ¡Oh! Sí..., no cabe duda... Rápida ha sido la acción como el pensamiento, pero bien la he notado yo. Al pasar Alicia, algo le ha dado Edmundo. ¿Qué podrá ser? ¿Quizá la carta de que me han hablado?... ¿La prueba que Yorick me pedía?... ¡Si fuera una carta! ¡Si el destino me quisiese amparar!... Aquí viene... ¡Ah! *(Se oculta detrás de la cortina que pende de una de las perchas.)*

ESCENA VII

(WALTON y ALICIA. Ésta en traje de BEATRIZ.[18] ALICIA entra por la puerta de la derecha: después de mirar hacia dentro, la cierra poco a poco para

---

13 Buen chasco nos ha dado — He really pulled a good one on us.
14 dar la salida a la dama — to give the cue (for a stage entrance) to the actress.
15 lo que es ahora — but now.
16 A fe que charlas por los codos — You certainly talk a blue streak.

17 la injuria que antes me hizo — his previous offense against me. Yorick asked for and got the role that should have been Walton's. Walton thought Yorick would be a failure at it and feels doubly defrauded now at Yorick's success. Furthermore, Yorick knows Walton's past history and shame.
18 Beatriz — Alicia's role in the new play.

que no haga ruido; dando señales de zozobra, se adelanta hasta el comedio del escenario, donde se detiene como perpleja, y al fin abre la mano izquierda, descubriendo un papel, que mira atentamente.)

WALTON

Sí, es la carta de Edmundo. *(Con expresión de gozo, sacando un instante la cabeza por entre la cortina, detrás de la cual está escondido. Alicia se acerca rápidamente a la mesa, donde hay luces, y lee la carta con visible temblor, mirando hacia la puerta.)*

ALICIA

« Hasta ahora no he sabido con certeza si podríamos huir mañana. . . Ya todo lo tengo preparado. . . Esta madrugada a las cinco te esperaré en la calle. . . No nos separaremos nunca. . . Mi amor durará lo que mi vida. . . Huyamos; no hay otro remedio: huyamos, Alicia de mi alma; y . . . » *(Sigue leyendo en voz baja.)* ¡Huir! . . . ¡Abandonar a ese desgraciado! . . .[19] Hacer irremediable el mal. . . ¡Un oprobio eterno! . . . ¡Jamás! . . . ¡La muerte es preferible! *(Acerca el papel a la luz como para quemarlo. Walton, que habrá salido sigilosamente de su escondite, detiene el brazo que Alicia alarga para acercar el papel a la luz.)* ¡Oh! *(Cogiendo rápidamente con la otra mano el papel.)* ¡Walton! *(Reparando en él y retrocediendo asustada.)*

WALTON

Yo soy.

ALICIA

¿Dónde estabais?

WALTON

Detrás de esa cortina.

ALICIA

¿Qué queréis?

WALTON

Ver lo que os dice Edmundo en el papel que tenéis en la mano.

ALICIA

¡Misericordia! *(Apoyándose en la mesa con expresión de terror.)*

WALTON

Dádmelo.

ALICIA

No os acerquéis.

WALTON

¿Por qué no?

ALICIA

Gritaré.

WALTON

En hora buena.

ALICIA

¿Cuál es vuestra intención?

WALTON

Ya lo veréis.

ALICIA

¿Entregárselo a mi marido?

WALTON

Quizá.

ALICIA

¡Esta noche! . . . ¡Aquí! . . . ¡Durante la representación de la comedia! . . . Sería una infamia sin ejemplo, una maldad atroz. . . ¡No hay nombre que dar a semejante villanía! ¡Oh, clemencia! . . . ¡Un poco de clemencia para él, tan sólo para él! Os lo ruego . . .; ¿por qué queréis que os lo ruegue? . . . ¿Qué amáis? ¿Qué palabras llegarían más pronto a vuestro corazón? Decidme qué he de hacer para convenceros.

WALTON

Sería inútil cuanto hicieseis. Necesito vengarme.

ALICIA

¿Y por qué no habéis de vengaros? Pero ¿por qué os habéis de vengar esta noche? Mañana os daré el papel que me está abrasando la mano: creedme; lo juro. Mañana sabrá mi marido la verdad. Vos estaréis delante: con su dolor y el mío quedará satisfecha vuestra sed de venganza; no os pesará de haber aguardado hasta mañana para satisfacerla. Me amenazáis con la muerte; con más que la muerte. Dejadme que la sienta venir. Os lo pediré de rodillas. *(Cayendo a sus pies.)* Ya estoy a vuestras plantas. ¿Me concedéis el plazo que os pido? ¿Me lo concedéis, no es verdad? Decidme que sí.

WALTON

No, y mil veces no. *(Alicia se levanta de pronto, llena de indignación.)*

ALICIA

¡Ah, que le tenía por hombre y es un demonio!

WALTON

Un hombre soy, un pobre hombre que se venga.

ALICIA

¡Oh! *(Viendo entrar a Yorick por la puerta de la derecha. Llévase a la espalda[20] la mano en que tiene el papel y se queda como helada de espanto.)*

---

19 She refers to Yorick, her husband.

20 llévase a la espalda — she puts behind her back.

ESCENA VIII

(DICHOS y YORICK. *Éste en traje de* CONDE OCTAVIO.*)*

YORICK

¿Qué haces aquí? *(A Walton con serenidad.)*
¿Será prudente que nos veamos los dos esta
noche fuera de la escena?

WALTON

Cierto que no lo es; pero cuando sepas lo
que ocurre...

YORICK

Nada quiero saber. *(Sentándose con abatimiento.)* Esta noche somos del público.[21] Déjame.

WALTON

¿Tanto puede en ti el ansia de gloria que
olvidas todo lo demás?

YORICK

¡Ansia de gloria! *(Con expresión de tristeza.)* Déjame, te lo ruego.

WALTON

Como antes me habías pedido cierta
prueba...

YORICK *(Levantándose y acercándose a
Walton.)*
¿Qué?... ¿Qué dices?...

ALICIA *(Saliendo de su estupor.)*
(Pero ¿es esto verdad?)

YORICK

Walton... Mira que está ella delante...
(Reprimiéndose.) Mira que en mi presencia
nadie debe ultrajarla. ¿Una prueba? *(Sin
poder dominarse.)* ¿Será posible? ¿Dónde está?

WALTON

Dile a tu mujer que te enseñe las manos.

ALICIA

No le escuchéis.

YORICK *(A Walton.)*
Vete; déjanos.

WALTON

En una de sus manos tiene un papel.

ALICIA

Pero ¿no veis que es un malvado?

YORICK

¡Un papel! *(Queriendo ir hacia su mujer y
conteniéndose difícilmente)* Vete *(A Walton.)*

WALTON

Ese papel es una carta de su amante.

ALICIA *(Apretando el papel en la mano.)*
¡Ah!

YORICK

¡Ah! *(Corriendo hacia ella.)* Dame esa
carta, Alicia. *(Reprimiéndose de nuevo.)*

ALICIA

No es una carta... ¿Ha dicho que es una
carta? Miente; no le creáis.

YORICK

Te acusa, justifícate. Si ese papel no es una
carta, fácilmente puedes confundir al calum-
niador. Hazlo.

ALICIA

Es que..., os diré..., esta carta...

YORICK

Es preciso que yo la vea.

ALICIA *(Abandonándose a la desesperación.)*
Es imposible que la veáis.

YORICK

¿Imposible? *(Dando rienda suelta a su
cólera.)* Trae.[22] *(Sujetándola bruscamente con
una mano y queriendo quitarle con la otra el
papel.)*

ALICIA

¡Oh! *(Haciendo un violento esfuerzo logra
desasirse de Yorick, y se dirige hacia la puerta.
Yorick va en pos de Alicia; la detiene con la
mano izquierda, y con la derecha corre el
cerrojo de la puerta.)*

YORICK

¿Qué intentas? ¿Quieres hacer pública mi
deshonra?

ALICIA

¡Compasión, Madre de los Desamparados!

WALTON

Es inútil la resistencia. Mejor os estaría
ceder.

ALICIA

¿Y quién os autoriza a vos a darme consejos? Haced callar a ese hombre, Yorick.
Tratadme vos como queráis; sois mi marido,
tenéis razón para ofenderme; pero que ese
hombre no me ofenda, que no me hable, que
no me mire. Ninguna mujer, ni la más vil, ni
la más degradada, merece la ignominia de que
se atreva a mirarla un hombre como ése.
*(Walton sigue mirándola con sonrisa de triun-
fo.)* ¡He dicho que no me miréis! Yorick, ¡me
está mirando todavía! *(Óyense golpes a la
puerta.)*

YORICK

¿Oyes? Tengo que salir a escena.

ALICIA

¡Idos, idos, por Dios!

---

21 somos del público — we owe a duty to the public.

22 Trae — Give it to me.

EL TRASPUNTE *(Dentro, llamándole.)*
¡Yorick! ¡Yorick!

YORICK
No me obligues a emplear la violencia con una mujer.

EL TRASPUNTE
¡Yorick, que estáis haciendo falta!

YORICK
Pero ¿no oyes lo que dicen?

ALICIA
¡Me vuelvo loca!

YORICK
¿Mis amenazas son inútiles? . . .

EL AUTOR
Abrid, abrid. . . ¡Va a quedarse parada la representación! *(Dentro.)*

YORICK
¡Oh, acabemos! *(Arrójase frenético a su mujer, y forcejea con ella para quitarle la carta.)*

ALICIA *(Luchando con Yorick.)*
¡Piedad! ¡Piedad!

YORICK
¡La carta! ¡La carta!

ALICIA
¡No! ¡Me lastimáis!

SHAKESPEARE *(Dentro, golpeando la puerta.)*
¿Quieres abrir con dos mil diablos?

ALICIA *(Llamándole a gritos.)*
¡Shakespeare! . . . ¡Shakespeare! . . .

YORICK
¡La carta!

ALICIA
¡Primero la vida! *(Walton le ase la mano en que tiene la carta.)* ¡Ah!

WALTON *(Quitándole la carta.)*
Ya está aquí.

YORICK
Dámela.

EL AUTOR, SHAKESPEARE y EL TRASPUNTE *(Dentro.)*
¡Yorick! . . . ¡Yorick! . . .

WALTON
¡Ah! *(Como asaltado de repentina idea.)* Todavía no. *(Guardándose la carta en un bolsillo.)*

YORICK
¿No?

ALICIA
¿Qué dice?

ESCENA IX

(DICHOS, SHAKESPEARE, EL AUTOR y EL TRASPUNTE. Salta el cerrojo de la puerta cediendo al empuje que hacen por fuera, y SHAKESPEARE, EL AUTOR y EL TRASPUNTE salen precipitadamente. Óyense golpes y murmullos.)

SHAKESPEARE
¡Walton!

EL AUTOR
¡Me habéis perdido!

EL TRASPUNTE
Dos minutos hará que no hay nadie en la escena.

YORICK *(Bajo a Walton.)*
¡Esa carta!

WALTON
He dicho que ahora no.

EL AUTOR
Pero ¿qué os pasa? ¡Escuchad! ¡Escuchad! *(Por los murmullos y los golpes que se oyen.)*

EL TRASPUNTE *(Apuntándole los versos que ha de decir al salir a la escena.)*
El cielo al fin me ayuda,
Y hoy romperé la cárcel de la duda.

YORICK *(Bajo a Walton)*
¡Su nombre, su nombre a lo menos!

WALTON
Después.

SHAKESPEARE
El público aguarda, Yorick.

EL TRASPUNTE
¡El público está furioso!

EL AUTOR
¡Corred, por compasión. *(Los tres empujan a Yorick hacia la puerta.)*

YORICK
¡Dejadme! Yo no soy ahora un cómico. . . Soy un hombre . . . , un hombre que padece. ¿Me la darás? *(Desprendiéndose de los demás y corriendo hacia Walton.)*

WALTON
No saldrá de mis manos sino para ir a las tuyas.

EL AUTOR *(Asiéndole de nuevo.)*
¡Venid!

EL TRASPUNTE *(Apuntándole.)*
El cielo al fin me ayuda. . .

SHAKESPEARE
¡El deber es antes que todo!

YORICK
¡Oh! ¡Maldito deber! ¡Maldito yo! *(Vase precipitadamente. Alicia habla con Shakespeare en voz baja.)*

EL TRASPUNTE *(A Alicia.)*
Vos ahora.

ALICIA *(Bajo a Shakespeare.)*
Una carta de Edmundo. . .

EL AUTOR *(Muy afligido y consternado.)*
¡Eh! ¿Tampoco ésta quiere salir?

ALICIA *(Bajo a Shakespeare.)*
Si la ve mi marido. . .

SHAKESPEARE *(Bajo a Alicia.)*
No la verá.

EL AUTOR
¡Señora! . . .

ALICIA
Sostenedme, guiadme. *(Vase con el Autor, apoyada en él.)*

EL TRASPUNTE *(Hojeando la comedia muy azorado.)*
Y vos, prevenido. Esta escena es un soplo.[23]

WALTON
Ya lo sé.

EL TRASPUNTE
¡Ah! ¿Os di la carta que habéis de sacar ahora?

WALTON
Sí.

EL TRASPUNTE
No sé dónde tengo la cabeza. *(Vase.)*

ESCENA X

(SHAKESPEARE y WALTON; a poco EL AUTOR y EL TRASPUNTE.)

SHAKESPEARE
Walton, esa carta no te pertenece.

WALTON
Ni a ti.

SHAKESPEARE
Su dueño me encarga que la recobre de tus manos.

WALTON
Pues mira cómo has de recobrarla.

SHAKESPEARE
¿Cómo? *(Con ira, que al momento reprime.)* Walton, los corazones fuertes y generosos no tienen sino lástima para la ajena desventura. Apiádate de Yorick; apiádate siquiera de Alicia. Sálvala si aun está en lo posible. Su falta es menos grave de lo que imaginas, y fácilmente se remedia. Destruyamos ese papel.

WALTON
Yorick me ha ofendido.

SHAKESPEARE
¿Te ha ofendido Yorick? Pues toma enhorabuena satisfacción del agravio; pero tómala noblemente, que no se restaura el honor cometiendo una villanía. Y si Alicia en nada te ofendió, ¿cómo quieres hacerla víctima de tu enojo? Herir con un mismo golpe al inocente y al culpado, obra es de la demencia o la barbarie. Ni aunque esa desdichada te hubiera causado algún mal podrías tomar de ella venganza, a menos de ser vil y cobarde. Se vengan los hombres de los hombres; de las mujeres, no.

WALTON
Pídeme lo que quieras, Guillermo, con tal que no me pidas la carta.

SHAKESPEARE
Y a ti, miserable, ¿yo qué te puedo pedir? No pienses que ignoro la causa del odio que tienes a Yorick. No le odias porque te haya ofendido, le odias porque le envidias.

WALTON *(Con violenta emoción.)*
¡Cómo! ¿Qué osas decir?

SHAKESPEARE
Te he llamado vil y cobarde; eres otra cosa peor todavía: ¡eres envidioso!

WALTON
¿Envidioso yo? Ninguna otra injuria me dolería tanto como ésa.

SHAKESPEARE
Porque es la que mereces más. Sí; la envidia tiene tu alma entre sus garras; la envidia, que llora el bien ajeno y se deleita en el propio mal;[24] la envidia, que fuera la desgracia más digna de lástima si no fuera el más repugnante de los vicios; la envidia, oprobio y rémora[25] de la mente, lepra del corazón. *(Óyese otro aplauso.)*

WALTON
El deber me llama. *(Estremeciéndose.)* Como tú has dicho a Yorick, el deber es antes que todo.

SHAKESPEARE
Le aplauden. ¡Óyelo! ¿Tiemblas de oírlo? No hay para un envidioso ruido tan áspero en el mundo como el del aplauso tributado a un rival. *(Sale el Autor lleno de júbilo.)*

EL AUTOR
¡Albricias, albricias! Ya es nuestro el público otra vez. No ha podido menos de aplaudir calurosamente al oír aquellos versos:

23 soplo — very short.
24 llora . . . mal — which makes one regret another's

good luck and take pleasure in one's own misfortune.
25 rémora — a sucking fish. Here: a hindrance.

Con ansia el bien se espera que de lejos
nos envía sus plácidos reflejos;
mas no con ansia tanta
cual daño que de lejos nos espanta.

¡Cómo los ha dicho Yorick! ¡Qué gesto!
¡Qué entonación! (*Óyese otro aplauso.*) ¡Otro
aplauso, otro! ¡Admirable! ¡Divino! (*Palmo-
teando.*)

WALTON (*Queriendo irse.*)
Haré falta si no me dejas.

SHAKESPEARE (*Poniéndose delante.*)
Dame antes la carta.

EL AUTOR
Pero, señor, ¿qué tienen todos esta noche?

EL TRASPUNTE (*Al llegar.*)
Vamos, que al momento salís.

WALTON
¿Lo ves? (*A Shakespeare.*) Anda, ya te
sigo. (*Al Traspunte.*)

SHAKESPEARE (*Sujetándole con violencia.*)
¡Quieto aquí!

EL AUTOR y **EL TRASPUNTE** (*Manifestando
asombro.*)
¿Eh?

SHAKESPEARE
Te la arrancaré con el alma si es preciso.

EL AUTOR
Shakespeare, ved lo que hacéis.

WALTON (*Tomando una resolución.*)
¡Oh!

SHAKESPEARE
¿Qué?

EL AUTOR (*Mirando la comedia.*)
No faltan más que cinco versos.

WALTON
El deber es más poderoso que mi voluntad.
Tómala. (*Sacando una carta de un bolsillo del
traje y dándosela a Shakespeare.*)

SHAKESPEARE
¡Al fin! . . . (*Tomando la carta con anhelo.
Walton se dirige corriendo hacia la derecha.*)

EL AUTOR
¡Corred! (*Siguiéndole.*)

EL TRASPUNTE
Vedme aquí, gran señor. (*Apuntándole lo
que ha de decir al salir a la escena. Vanse
Walton, el Autor y el Traspunte.*)

ESCENA XI

(SHAKESPEARE.)

SHAKESPEARE (*Abre la carta con mano
trémula.*)
¡Una carta en blanco! ¡Ah! (*Dando un grito
terrible.*) ¡La que había de sacar a la escena!
. . . ¡Y la otra! . . . ¡La otra! . . . ¡Fuego de
Dios! (*Corre hacia la derecha, ciego de ira y
asómase a la puerta.*) ¡Oh! ¡Ya está delante
del público! (*Volviendo al proscenio.*) La serpiente ha engañado al león. ¡Aplaste el león
a la serpiente! (*Dirígese hacia la derecha, llevándose la mano a la espada. El blanco[26] entre
esta primera parte y la segunda ha de ser
brevísimo, casi instantáneo.*)

SEGUNDA PARTE

(*Magnífico salón en el palacio del* CONDE OCTAVIO.
*Mesa y sillón a la derecha. Una panoplia con armas
a cada lado de la escena.*)

ESCENA ÚNICA

EL CONDE OCTAVIO (YORICK), MANFREDO (EDMUN-
DO), BEATRIZ (ALICIA), LANDOLFO (WALTON), EL
APUNTADOR, *en la concha.[27] Al final de la escena,*
SHAKESPEARE, EL AUTOR, EL TRASPUNTE *y actores y
empleados del teatro.* EL CONDE *y* LANDOLFO *hablan
el uno con el otro sin ser oídos de* BEATRIZ *y* MAN-
FREDO, *que están al otro lado de la escena, y
demuestran en su actitud y en la expresión de su
semblante zozobra y dolor.*)

EL CONDE (Yorick)

¡Ay, Landolfo! En tu ausencia
honda ansiedad mi pecho destrozaba;
mayor afán me causa tu presencia.
Responde: ¿ese billete? . . .
Si está ya en tu poder, dilo y acaba.

LANDOLFO (Walton)
Tomad.
    (*Dándole la carta de Edmundo.*)

EL CONDE (Yorick)
¡Oh!
    (*Tomándola con viva emoción.*)

LANDOLFO (Walton)
    (¡Me vengué!)

EL CONDE (Yorick)
        Landolfo, vete.

(*Landolfo hace una reverencia y se retira.
Al llegar Walton a la puerta de la izquierda,
detiénese un momento y mira a Yorick con
expresión de mala voluntad satisfecha.*)

---

26 blanco — pause.

27 concha — box where the prompter stands.

BEATRIZ (Alicia)
  ¡Manfredo!
    (En voz baja, con angustia.)
MANFREDO (Edmundo)
  ¡Beatriz!
    (Lo mismo.)
BEATRIZ (Alicia)
        ¡Llegó el instante!
EL CONDE (Yorick)
  Voy a saber al fin quién es tu amante.
    (A Beatriz.)
  ¡Tiemble la esposa infiel; tiemble la
                  [ingrata
  que el honor y la dicha me arrebata!
  Fué vana tu cautela,
  y aquí la prenda de tu culpa mira.
    (Abre la carta y se acerca a la mesa, donde hay luces.)
  La sangre se me hiela. . .
    (Sin atreverse a leer la carta.)
  ¡Arda de nuevo en ira!
  ¡Ay del vil por quien ciega me envileces!
    (Fija la vista en el papel y se estremece violentamente.)
  ¡Eh! ¡Cómo!
    (Vencido de la sorpresa, olvídase de que está representando, y dice lo que realmente le dicta su propia emoción, con el tono de la verdad. Edmundo y Alicia le miran con profunda extrañeza.)
EL APUNTADOR
        ¡Oh! ¿Qué miro? . . .
    (Apuntándole en voz alta, creyendo que se ha equivocado y dando golpes con la comedia en el tablado para llamarle la atención.)
YORICK
  ¿Qué es esto?
EL APUNTADOR
  ¡Oh! ¡Qué miro! ¡Jesús!
    (Sacando la cabeza fuera de la concha y apuntándole en voz más alta.)
EL CONDE (Yorick)
        ¡Jesús mil veces!
    (Dice estas palabras de la comedia como si fueran hijas de su propio dolor y verdadero asombro. Cae desplomado en el sillón que hay cerca de la mesa, cubriéndose el rostro con las manos. Pausa. Levántase Yorick muy despacio: mira a Edmundo y a Alicia, luego al público, y quédase inmóvil sin saber qué hacer, apoyado en la mesa.)

  Aquí, no hay duda, la verdad se encierra.
    (Declamando como de memoria, sin interesarse en lo que dice.)
  Venid.
    (A Edmundo y Alicia, que se acercan a él llenos de turbación y miedo.)
  Mirad.
  (Mostrándoles la carta, y con nueva energía)
MANFREDO (Edmundo) y **BEATRIZ** (Alicia)
        ¡Oh!
    (Dando un grito verdadero al ver la carta, y retrocediendo espantados.)
EL CONDE (Yorick)
        ¡Tráguenos la tierra!
    (Vuelve a caer en el sillón; contempla la carta breves instantes, y después, como tomando una resolución desesperada, se levanta y va hacia Edmundo con ademán amenazador: antes de llegar a él, se detiene y mira al público, dando a entender la lucha de afectos que le acongoja. Dirige la vista a otra parte, repara en Alicia, y corre también hacia ella; pero otra vez se detiene, y vuelve al comedio del escenario llevándose las manos alternativamente a la frente y al corazón. Alicia y Edmundo le contemplan aterrados.)
EL APUNTADOR
  ¿Conque eres tú el villano? . . .
    (En voz alta, y dando otra vez golpes en el tablado con la comedia.)
  ¿Conque eres tú el villano? . . .
    (Yorick, cediendo a la fuerza de las circunstancias, y no pudiendo dominar su indignación y cólera, hace suya la situación ficticia de la comedia, y dice a Edmundo como propias las palabras del personaje que representa. Desde este momento, la ficción dramática queda convertida en viva realidad, y, tanto en Yorick como en Alicia y en Edmundo, se verán confundidos en una sola entidad el personaje de invención y la persona verdadera.)
EL CONDE (Yorick)
¿Conque eres tú el villano,
tú el pérfido y aleve,
tú el seductor infame que se atreve
a desgarrar el pecho de un anciano?
¿Tú, desdichado huérfano, que abrigo
debiste un día a mi piadosa mano,
que al par[28] hallaste en mí padre y amigo?
¿Tú me arrebatas la adorada esposa?
¿Tú amancillas mi frente?
¡Ya con acción tan noble y generosa
logró admirar el hombre a la serpiente![29]

28 al par — at one and the same time.
29 logró . . . serpiente — you have outdone the ser-

pent in treachery. (By contrast a serpent would be admirable.)

Y a fe que bien hiciste. ¡Por Dios vivo!
que este pago merece quien iluso
creyó deber mostrarse compasivo,
y en otro amor y confianza puso.
No; que aun viéndome herido y humillado,
mi hidalga confianza no deploro.
¡Para el engañador mengua y desdoro!
¡Respeto al engañado!

MANFREDO (Edmundo)
¡Padre! . . . ¡Padre! . . .

EL CONDE (Yorick)
                    ¿No sueño? ¿Padre dijo?
¿Tu padre yo? Pues caiga despiadada
la maldición del padre sobre el hijo.

MANFREDO (Edmundo)
¡Cielos! ¡Qué horror!

EL CONDE (Yorick)
                    Y a ti, desventurada,
¿qué te podré decir? Sin voz ni aliento
el cuerpo inmóvil, fija la mirada,
parecieras tal vez de mármol frío
si no se oyese el golpear violento
con que tu corazón responde al mío.
¿Dónde la luz de que, en fatal momento,
vi a tus ojos hacer púdico alarde
con mengua del lucero de la tarde?[30]
¿Dónde la faz divina,
en que unidos mostraban sus colores
cándido azahar y rosa purpurina?
Ya de tantos hechizos seductores
ni sombra leve a distinguir se alcanza
en tu semblante pálido y marchito.
¡Qué rápida mudanza!
¡Cuánto afea el delito!
Te hallé ¡ay de mí! cuando anheloso y triste
pisaba los abrojos
que de la edad madura
cubren la áspera senda; y a mis ojos
como rayo de sol apareciste
que súbito fulgura,
dando risueña luz a nube obscura.
Y vuelta la tristeza en alegría,
cual se adora a los ángeles del cielo,
con toda el alma te adoré rendido.
¿Quién dijera que tanta lozanía
era engañoso velo
de un corazón podrido?
Mas ya candor hipócrita no sella
el tenebroso abismo de tu pecho;
ya sé que eres traidora cuanto bella;
ya sé que está mi honor pedazos hecho;
ya sé que debo odiarte; sólo ignoro
si te odio ya, cual debo, o si aun te adoro.

---

30 ¿Dónde la luz . . . tarde? — Where is the light
which in a fatal hour I saw your eyes make, a maidenly
boast rivaling the evening star?

¡Ay de ti, que el amor desesperado
jamás ha perdonado!

            (Asiéndola de una mano.)
Y si no quieres que el furor me venza
y que te haga morir hierro inclemente,[31]
mírame frente a frente,
y muere de vergüenza.

    (Haciéndola caer al suelo de rodillas.)

BEATRIZ (Alicia)
¡Piedad!

EL CONDE (Yorick)
            En vano gemirás sumisa:
piedad no aguardes.

MANFREDO (Edmundo)
            Ella la merece.

EL CONDE (Yorick)
¡Ni ella ni tú!

BEATRIZ (Alicia)
            Mi vida os pertenece:
género es de piedad matar de prisa.

MANFREDO (Edmundo)
Yo solo os ofendí: sobre mí solo
descargad vuestra furia.

EL CONDE (Yorick)
De ambos fué la maldad y el torpe dolo,[32]
ambos me daréis cuenta de la injuria.

MANFREDO (Edmundo)
¿Ella también? ¿Capaz de asesinarla
Vuestra mano será?

EL CONDE (Yorick)
            Pues di, insensato,
en pena a la traición porque la mato,
¿qué menos que matarla?

BEATRIZ (Alicia)
Venga y dé fin la muerte a mi zozobra.
Si falta la virtud, la vida sobra.
Pero el honor mi sangre os restituya,
mi sangre nada más lave la afrenta.

EL CONDE (Yorick)
¿Con tal que él viva morirás contenta?
Tu sangre correrá; también la suya.
¡Y la suya primero!

    (Toma dos espadas de una panoplia.)

MANFREDO (Edmundo)
¡Noche fatal!

BEATRIZ (Alicia)
            ¡Qué horror!

EL CONDE (Yorick)
                    Elige acero.

    (Presentándole las espadas.)

---

31 hierro inclemente — pitiless sword.
32 dolo — fraud.

MANFREDO (Edmundo)

Sí, y en mi pecho clávese mi espada.

(Tomando precipitadamente una espada y volviendo la punta contra su pecho.)

EL CONDE (Yorick)

Y la mía en el pecho de tu amada.

(Yendo hacia su mujer como para herirla.)

MANFREDO (Edmundo)

¡Oh!

(Corriendo a ponerse delante de Beatriz.)

EL CONDE (Yorick)

Defiéndela al menos. Considera
que la amenaza mano vengativa.

BEATRIZ (Alicia)

Deja, por compasión, deja que muera.

MANFREDO (Edmundo)

Tú no puedes morir mientras yo viva.

(Con fuego, dejándose llevar de su amor.)

EL CONDE (Yorick)

¿Conque ya, a defenderla decidido,
conmigo reñirás?

Acercándose mucho a él y con hablar precipitado.)

MANFREDO (Edmundo)

¡Sí!

EL CONDE (Yorick)

¿Como fuerte?
¿Quién eres y quién soy dando al olvido?

MANFREDO (Edmundo)

¡Sí!

EL CONDE (Yorick)

¿Y en la lid procurarás mi muerte?

MANFREDO (Edmundo)

¡Sí, por Dios!

EL CONDE (Yorick)

¡Ay, que el cielo me debía
tras de tanto dolor tanta alegría!

BEATRIZ (Alicia)

Repara...

MANFREDO (Edmundo)

¡En nada!

(Rechazándola.)

BEATRIZ (Alicia)

Advierte...

MANFREDO (Edmundo)

¡Ese hombre es tu enemigo!

(Fuera de sí.)

BEATRIZ (Alicia)

¡Dios eterno!

EL CONDE (Yorick)

Soltemos, pues, la rienda a nuestra saña.

MANFREDO (Edmundo)

El crimen pide crímenes. ¡Infierno,
digna es de ti la hazaña!

(Yorick y Edmundo riñen encarnizadamente.)

BEATRIZ (Alicia)

¡Tened!

(Sujetando a Edmundo.)

MANFREDO (Edmundo)

Déjame.

BEATRIZ (Alicia)

Tente.

EL CONDE (Yorick)

Por culpa tuya perderá su brío.

BEATRIZ (Alicia)

Oídme vos entonces: sed clemente.

(Pasando al lado de Yorick y sujetándole.)

EL CONDE (Yorick)

¿Le ayudas contra mí?

BEATRIZ (Alicia)

¡Destino impío!

(Separándose horrorizada del Conde.)

MANFREDO (Edmundo)

¡Cielos!

(Sintiéndose herido. Suelta la espada y cae desplomado.)

EL CONDE (Yorick)

¡Mira!

(A Alicia, señalando a Edmundo con la espada.)

BEATRIZ (Alicia)

¡Jesús!

MANFREDO (Edmundo)

¡Perdón, Dios mío!

(Expira. Alicia corre adonde está Edmundo; inclínase hacia él, y, después de tocarle, da un grito y se levanta despavorida.)

ALICIA

¡Sangre!... ¡Edmundo!... ¡Sangre!...
¡Le ha matado!... ¡Favor!...

YORICK

¡Calla!

ALICIA

¡Shakespeare!... ¡Shakespeare! *(A voz en grito, corriendo por la escena.)* ¡Le ha matado! ... ¡Favor! ... ¡Socorro!

YORICK

¡Calla! *(Siguiéndola.)*

SHAKESPEARE

¿Qué has hecho? *(Saliendo por la izquierda. Acércase a Edmundo, y le mira y le toca. El Autor, el Traspunte y todos los actores y empleados del teatro salen también por diversos lados: con expresión de asombro van hacia donde está Edmundo; al verle dan un grito de horror, y todos se apiñan en torno suyo, cuáles inclinándose, cuáles[33] permaneciendo de pie.)*

ALICIA

Matadme ahora a mí.

YORICK

¡Calla! *(Sujetándola y poniéndole una mano en la boca.)*

ALICIA

¡Le amaba! *(Shakespeare sale de entre los que rodean a Edmundo y se adelanta hacia el proscenio.)*

YORICK

¡Silencio!

ALICIA

¡Edmundo! ¡Edmundo! *(Con brusca sacudida logra desasirse de Yorick; corre luego hacia Edmundo y cae junto a él. Yorick la sigue, y estos tres personajes quedan ocultos a la vista del público por los que rodean el cadáver.)*

SHAKESPEARE

Señores, ya lo veis. *(Dirigiéndose al público, y hablando como falto de aliento y muy conmovido.)* No puede terminarse el drama que se estaba representando. Yorick, ofuscada su razón por el entusiasmo, ha herido realmente al actor que hacía el papel de Manfredo. Ni es ésta la única desgracia que el cielo nos envía. También ha dejado de existir el famoso cómico Walton. Acaban de encontrarle en la calle con el pecho atravesado de una estocada. Tenía en la diestra un acero. Su enemigo ha debido matarle riñendo cara a cara con él. Rogad por los muertos. ¡Ay, rogad también por los matadores!

FIN DEL DRAMA

---

33 cuáles . . . cuáles — some . . . others.

THE DRAMA OF THE TWENTIETH CENTURY

Jacinto Benavente y Martínez, 1866–1954,
Los intereses creados (pp. 129–33)

Jacinto Benavente often recalled the profound influence which his father, Mariano, a famous pediatrician, had on him. The parent helped determine the younger Benavente's interest in children and children's drama and his careful study of Shakespeare's works. When his father died in 1885, Benavente turned from the study of law to that of literature. The following year he fell in love with Geraldine, a circus actress, and followed the circus through Spain. Throughout his life he maintained his interest in the circus, quoting his beloved Shakespeare to the effect, "Tis meat and drink to me to see a clown." When Menéndez y Pelayo died in 1912, Benavente was asked to become a member of the Royal Academy. In 1922 he won the Nobel Prize for Literature. In later years Benavente became more and more reactionary, welcomed the ideas of General Franco, and was awarded the cross of Alfonso X by the Spanish dictator.

Benavente, in addition to some 160 dramatic works, translated and adapted many dramas for the Spanish stage. He published *Cartas de mujeres*, 1893, a collection of letters which fully revealed his understanding of feminine psychology; *Figulinas*, 1898, and *Vilanos*, 1905, collections of stories and articles; and *De sobremesa*, 1910–16, six volumes of articles on the theatre previously appearing in *El Imparcial*. Benavente contributed articles to many literary reviews and newspapers and edited others, such as *Madrid Cómico* and *La Vida Literaria*. Although his first publication was *Teatro fantástico*, 1892, he had earlier written *Versos*, a collection of poetry partially based on that of Bécquer and Campoamor.

Benavente's first important drama was *El nido ajeno*, 1894, a description of the aristocratic society of Madrid; but *Gente conocida*, 1896, a merciless satire of the affectations of that same society, proved much more successful. He followed this success with a series of satirical plays, among them *La gobernadora*, 1901, on the political corruption in the provinces, and *Lo cursi*, 1901, about the affectation and exaggerations of some modernists. In

other early plays he delineates the struggle between the real and the ideal world and one's inability to escape life's emptiness in *La noche del sábado*, 1903; stresses the noble virtues of women in *Rosas de otoño*, 1905, whose heroine forgives her philandering husband; and attacks society ladies and their false and hypocritical concept of Christian charity in *Los malhechores del bien*, 1905, whose theme he was to use again. *Señora ama*, 1908, acclaims once more the nobility and virtue of women; and *La malquerida*, 1913, the last of his well-known plays, is a tragedy set in rural Castile which in a somewhat melodramatic fashion reveals the strange love-hate relationships between a stepfather and his stepdaughter and the mother's sacrifice to save her daughter.

Among Benavente's later plays, most of which were not as good as his earlier efforts, are: *Para el cielo y los altares*, 1928, banned by Primo de Rivera for its supposed attack on the latter's dictatorship; *Los andrajos de la púrpura*, 1930; *La ciudad doliente*, 1945, based in part on Pirandello's work; *La infanzona*, 1945, which won critical acclaim as performed by the Lola Membrives acting company with which Benavente had traveled in earlier years; *Abdicación*, 1946, about the struggle between the ideas and customs of the old generation and those of the new one; and *Almas prisioneras*, 1953. These works are much more symbolical and moralizing than his earlier ones.

Benavente is best remembered for his acute, ironic, elegantly written comedies of manners which satirized in sparkling dialogue, with great facility, the corruptions of Madrid society and for his analyses of the problems which beset the human heart. Although he was pessimistic, he held out always the possibility of the redeeming power of love, and in his best plays there exists a strain of tenderness. Pérez de Ayala said, somewhat harshly, that when Benavente came on the scene everyone thought he was bringing revolution to the Spanish theatre, but what he really brought was anarchy. Benavente, he says, wrote a kind of anti-theater "sin acción y sin pasión, y por ende sin motivación ni caracteres, y lo que es peor, sin realidad verdadera." For many years he was considered the best Spanish dramatist, but in his eagerness to maintain his popularity he wrote superficial works and employed proven popular tricks which added nothing to his artistic reputation. He has since been replaced by younger writers with greater dramatic talent, more keenly aware of the forces and techniques which have swept through the world in the last forty years.

Los intereses creados, subtitled *comedia de polichinelas*, was first performed in the Lara Theater in Madrid on December 9, 1907. It was so well received, it is said, that crowds followed Benavente to his home to continue their applause. In 1916 he published a sequel, *La ciudad alegre y confiada*, which lacked the inspiration of the original. *Los intereses creados*, is divided into two acts, three *cuadros*, and a prologue. The action occurs in an imaginary country at the beginning of the seventeenth century. The protagonists, Leandro and Crispín, reflect the ambivalence of human nature and the struggle between good and evil in every human being. Good, according to Benavente, is inextricably associated with bad. But in every human being, no matter how wicked, there breathes a spark of the Divine spirit; and love acts to redeem mankind. As Benavente himself says in the prologue, the characters of the little puppet play are dolls or paste and cardboard marionettes moving upon wires visible at times even to the dimmest eye. They recreate the Italian Commedia dell'Arte, but are not as boisterous as they once were because they have matured with the years. Benavente then states: "El autor sólo pide que aniñéis cuanto sea posible vuestro espíritu. El mundo está ya viejo y chochea ... he aquí como estos viejos polichinelas pretenden hoy divertirnos con sus niñerías." The play proper then begins.

Leandro and Crispín have arrived at the city without any funds. Crispín, however, convinces Leandro that they can survive without money, for this is a world of giving and taking, and he offers to guide Leandro. Crispín adopts an arrogant attitude with the innkeeper and convinces him that Leandro is an important and wealthy man. The innkeeper, overawed by Crispín, welcomes them to the inn and extends endless credit to them. As scene three begins we meet, in the persons of the Capitán and Arlequín, two of the traditional forces of Spain, arms and letters, which Crispín will employ to gain his ends.

---

1 plectro — pick (for strings of musical instruments).
2 Aretino — an Italian satirist of the sixteenth century.

ESCENA III

(ARLEQUÍN *y* EL CAPITÁN, *que salen por la segunda izquierda.*)

ARLEQUÍN

Vagando por los campos que rodean esta ciudad, lo mejor de ella sin duda alguna, creo que sin pensarlo hemos venido a dar frente a la hostería. ¡Animal de costumbre es el hombre! ¡Y dura costumbre la de alimentarse cada día!

CAPITÁN

¡La dulce música de vuestros versos me distrajo de mis pensamientos! ¡Amable privilegio de los poetas!

ARLEQUÍN

¡Que no les impide carecer de todo! Con temor llego a la hostería. ¿Consentirán hoy en fiarnos? ¡Válgame vuestra espada!

CAPITÁN

¿Mi espada? Mi espada de soldado, como vuestro plectro[1] de poeta, nada valen en esta ciudad de mercaderes y de negociantes. . . ¡Triste condición es la nuestra!

ARLEQUÍN

Bien decís. No la sublime poesía, que sólo canta de nobles y elevados asuntos; ya ni sirve poner el ingenio a las plantas de los poderosos para elogiarlos o satirizarlos; alabanzas o diatribas no tienen valor para ellos; ni agradecen las unas ni temen las otras. El propio Aretino[2] hubiera muerto de hambre en estos tiempos.

CAPITÁN

¿Y nosotros, decidme? Porque fuimos vencidos en las últimas guerras, más que por el enemigo poderoso, por esos indignos traficantes que nos gobiernan y nos enviaron a defender sus intereses sin fuerzas y sin entusiasmo, porque nadie combate con fe por lo que no estima; ellos, que no dieron uno de los suyos para soldado ni soltaron moneda sino a buen interés y a mejor cuenta, y apenas temieron verla perdida amenazaron con hacer causa con el enemigo, ahora nos culpan a nosotros y nos maltratan y nos menosprecian y quisieran ahorrarse la mísera soldada[3] con que creen pagarnos, y de muy buena gana nos despedirían si no temieran que un día todos los oprimidos por sus maldades y tiranías se levantaran contra ellos. ¡Pobres de ellos si ese día nos acordamos de qué parte están la razón y la justicia!

---

3 soldada — service pay.

ARLEQUÍN

Si así fuera . . . , ese día me tendréis a vuestro lado.

CAPITÁN

Con los poetas no hay que contar para nada, que es vuestro espíritu como el ópalo, que a cada luz hace diversos visos. Hoy os apasionáis por lo que nace y mañana por lo que muere; pero más inclinados sois a enamoraros de todo lo ruinoso por melancólico. Y como sois por lo regular poco madrugadores, más veces visteis morir el sol que amanecer el día, y más sabéis de sus ocasos[4] que de sus auroras.

ARLEQUÍN

No lo diréis por mí, que he visto amanecer muchas veces cuando no tenía dónde acostarme. ¿Y cómo queríais que cantara al día, alegre como alondra, si amanecía tan triste para mí? ¿Os decidís a probar fortuna?

CAPITÁN

¡Qué remedio! Sentémonos, y sea lo que disponga nuestro buen hostelero.

ARLEQUÍN

¡Hola! ¡Eh! ¿Quién sirve? (*Llamando en la hostería.*)

ESCENA IV

(DICHOS, EL HOSTELERO. *Después*, LOS MOZOS, LEANDRO y CRISPÍN, *que salen a su tiempo de la hostería.*)

HOSTELERO

¡Ah caballeros! ¿Sois vosotros? Mucho lo siento, pero hoy no puedo servir a nadie en mi hostería.

CAPITÁN

¿Y por qué causa, si puede saberse?

HOSTELERO

¡Lindo desahogo es el vuestro en preguntarlo! ¿Pensáis que a mí me fía nadie lo que en mi casa se gasta?

CAPITÁN

¡Ah! ¿Es ése el motivo? ¿Y no somos personas de crédito a quien puede fiarse?

HOSTELERO

Para mí, no. Y como nunca pensé cobrar, para favor ya fué bastante; conque así, hagan merced de no volver por mi casa.

ARLEQUÍN

¿Creéis que todo es dinero en este bajo mundo? ¿Contáis por nada las ponderaciones que de vuestra casa hicimos en todas partes?

¡Hasta un soneto os tengo dedicado, y en él celebro vuestras perdices estofadas y vuestros pasteles de liebre! . . . Y en cuanto al señor Capitán, tened por seguro que él solo sostendrá contra un ejército el buen nombre de vuestra casa. ¿Nada vale esto? ¡Todo ha de ser moneda contante en el mundo!

HOSTELERO

¡No estoy para burlas! No he menester de vuestros sonetos ni de la espada del señor Capitán, que mejor pudiera emplearla.

CAPITÁN

¡Voto a . . . , que sí la emplearé escarmentando a un pícaro! (*Amenazándole y pegándole con la espada.*)

HOSTELERO (*Gritando.*)

¿Qué es esto? ¿Contra mí? ¡Favor! ¡Justicia!

ARLEQUÍN (*Conteniendo al Capitán.*)

¡No os perdáis por tan ruin sujeto!

CAPITÁN

He de matarle. (*Pegándole.*)

HOSTELERO

¡Favor! ¡Justicia!

MOZOS (*Saliendo de la hostería.*)

¡Que matan a nuestro amo!

HOSTELERO

¡Socorredme!

CAPITÁN

¡No dejaré uno!

HOSTELERO

¿No vendrá nadie?

LEANDRO (*Saliendo con Crispín.*)

¿Qué alboroto es éste?

CRISPÍN

¿En lugar donde mi señor se hospeda? ¿No hay sosiego posible en vuestra casa? Yo traeré a la justicia, que pondrá orden en ello.

HOSTELERO

¡Esto ha de ser mi ruina! ¡Con tan gran señor en mi casa!

ARLEQUÍN

¿Quién es él?

HOSTELERO

¡No oséis preguntarlo!

CAPITÁN

Perdonad, señor, si turbamos vuestro reposo; pero este ruin hostelero. . .

HOSTELERO

No fué mía la culpa, señor, sino de estos desvergonzados. . .

CAPITÁN

¿A mí desvergonzado? ¡No miraré nada! . . .

4 ocasos — sunsets.

CRISPÍN

¡Alto, señor Capitán, que aquí tenéis quien satisfaga vuestros agravios, si los tenéis de este hombre!

HOSTELERO

Figuraos que ha más de un mes comen a mi costa sin soltar blanca,[5] y porque me negué hoy a servirles se vuelven contra mí.

ARLEQUÍN

Yo, no, que todo lo llevo con paciencia.

CAPITÁN

¿Y es razón que a un soldado no se le haga crédito?

ARLEQUÍN

¿Y es razón que en nada se estime un soneto con estrambote[6] que compuse a sus perdices estofadas y a sus pasteles de liebre? ... Todo por fe, que no los probé nunca, sino carnero y potajes.

CRISPÍN

Estos dos nobles señores dicen muy bien, y es indignidad tratar de ese modo a un poeta y a un soldado.

ARLEQUÍN

¡Ah, señor, sois un alma grande!

CRISPÍN

Yo, no. Mi señor, aquí presente; que como tan gran señor, nada hay para él en el mundo como un poeta y un soldado.

LEANDRO

Cierto.

CRISPÍN

Y estad seguros de que mientras él pare en esta ciudad no habéis de carecer de nada, y cuanto gasto hagáis aquí corre de su cuenta.

LEANDRO

Cierto.

CRISPÍN

¡Y mírese mucho el hostelero en trataros como corresponde!

HOSTELERO

¡Señor!

CRISPÍN

Y no seáis tan avaro de vuestras perdices ni de vuestras empanadas de gato,[7] que no es razón que un poeta como el señor Arlequín hable por sueño de cosas tan palpables. ..

ARLEQUÍN

¿Conocéis mi nombre?

CRISPÍN

Yo, no; pero mi señor, como tan gran señor, conoce a cuantos poetas existen y existieron, siempre que sean dignos de ese nombre.

LEANDRO

Cierto.

CRISPÍN

Y ninguno tan grande como vos, señor Arlequín; y cada vez que pienso que aquí no se os ha guardado todo el respeto que merecéis. ..

HOSTELERO

Perdonad, señor. Yo les serviré como mandáis, y basta que seáis su fiador. ..

CAPITÁN

Señor, si en algo puedo serviros. ..

CRISPÍN

¿Es poco servicio el conoceros? ¡Glorioso Capitán, digno de ser cantado por este solo poeta! ...

ARLEQUÍN

¡Señor!

CAPITÁN

¡Señor!

ARLEQUÍN

¿Y os son conocidos mis versos?

CRISPÍN

¡Cómo conocidos! ¡Olvidados los tengo! ¿No es vuestro aquel soneto admirable que empieza:

« La dulce mano que acaricia y mata »?

ARLEQUÍN

¿Cómo decís?

CRISPÍN

« La dulce mano que acaricia y mata. »

ARLEQUÍN

¿Ése decís? No, no es mío ese soneto.

CRISPÍN

Pues merece ser vuestro. Y de vos, Capitán, ¿quién no conoce las hazañas? ¿No fuisteis el que sólo con veinte hombres asaltó el castillo de las Peñas Rojas en la famosa batalla de los Campos Negros? ...

Arlequín and the Capitán are indebted to Crispín and Leandro for their help at the inn. Leandro had even insisted that the reluctant innkeeper lend Arlequín some money. Consequently, Leandro and Crispín have won over Arms and Poetry to their side.

In the second *cuadro* the distressed Sirena, a social butterfly fallen on evil days, speaks

5 sin soltar blanca — without paying a penny.
6 estrambote — flourish (additional verses added to the regular fourteen lines of the sonnet).

7 empanadas de gato — meat pies made of cats.

with Colombina about the tradesmen who refuse to grant her credit as in the good old days when she had youth, beauty, and influential friends. She is distressed to think how embarrassed she will be that evening if unable to hold a party she has planned. Polichinela, the richest man in town, is one of the guests invited for that evening. She had hoped to marry off his daughter and have all the potential suitors sign an agreement to reward her for her good offices in securing the match. Colombina hopes to enlist the aid of her poet friend Arlequín to help promote the party. At that moment Crispín enters and tells Colombina that he is Arlequín's friend. He informs her that Leandro will provide everything for the party. He says also that he plans to have Leandro marry Silvia, Polichinela's daughter. When Colombina wonders at his frankness he tells her that he and his master are like two halves of the total person. Leandro represents the ideal and good and he, the man of base actions. As Scene III begins, Doña Sirena enters.

ESCENA III

(DICHOS y DOÑA SIRENA, *que sale por el pabellón.*)

SIRENA

¿Qué es esto? ¿Quién previno esa música? ¿Qué tropel de gente llega a nuestra puerta?

COLOMBINA

No preguntéis nada. Sabed que hoy llegó a esta ciudad un gran señor, y es él quien os ofrece la fiesta esta noche. Su criado os informará de todo. Yo aun no sabré deciros si hablé con un gran loco o con un gran bribón. De cualquier modo, os aseguro que él es un hombre extraordinario . . .

SIRENA

¿Luego no fué Arlequín?

COLOMBINA

No preguntéis. . . Todo es como cosa de magia. . .

CRISPÍN

Doña Sirena, mi señor os pide licencia para besaros las manos. Tan alta señora y tan noble señor no han de entender en intrigas impropias de su condición. Por eso, antes que él llegue a saludaros, yo he de decirlo todo. Yo sé de vuestra historia mil notables sucesos que, referidos, me asegurarían toda vuestra confianza. . . Pero fuera impertinencia puntualizarlos. Mi amo os asegura aquí (*Entregándole un papel.*) con su firma la obligación que ha de cumpliros si de vuestra parte sabéis cumplir lo que aquí os propone.

SIRENA

¿Qué papel y qué obligación es ésta? . . . (*Leyendo el papel para sí.*) ¡Cómo! ¿Cien mil escudos de presente y otros tantos a la muerte del señor Polichinela si llega a casarse con su hija? ¿Qué insolencia es ésta? ¿A una dama? ¿Sabéis con quién habláis? ¿Sabéis qué casa es ésta?

CRISPÍN

Doña Sirena. . . ¡excusad la indignación! No hay nadie presente que pueda importaros. Guardad ese papel junto con otros . . . , y no se hable más del asunto. Mi señor no os propone nada indecoroso, ni vos consentiríais en ello. . . Cuanto aquí suceda será obra de la casualidad y del amor. Fuí yo, el criado, el único que tramó[8] estas cosas indignas. Vos sois siempre la noble dama, mi amo el noble señor, que al encontraros esta noche en la fiesta, hablaréis de mil cosas galantes y delicadas, mientras vuestros convidados pasean y conversan a vuestro alrededor, con admiraciones a la hermosura de las damas, al arte de sus galas, a la esplendidez del agasajo, a la dulzura de la música y a la gracia de los bailarines. . . ¿Y quién se atreverá a decir que no es esto todo? ¿No es así la vida, una fiesta en que la música sirve para disimular palabras y las palabras para disimular pensamientos? Que la música suene incesante, que la conversación se anime con alegres risas, que la cena esté bien servida . . . , es todo lo que importa a los convidados. Y ved aquí a mi señor, que llega a saludaros con toda gentileza.

Doña Sirena holds her party and all her fair-weather friends come to it. Crispín encounters Polichinela and recalls to him the latter's former life of crime and violence. Leandro dances with Silvia, Polichinela's daughter, and falls in love with her. They leave the dance and embrace as the first act ends.

Crispín informs the Captain and Arlequín that his master has been attacked by twelve hired swordsmen, and he implies that it is a plot on the part of Polichinela to keep his master away from Silvia. He enlists the aid of others as the rumor spreads. Leandro is horrified when he discovers what Crispín has set afoot, but the latter informs him that their salvation lies in his marrying Silvia. Silvia comes to see Leandro and says she will not return home to her parents. Polichinela comes

8 tramar — to set deeds in action; to plot, scheme.

in accompanied by Arlequín, the Captain, the Doctor and others. Leandro's past has caught up with him and the innkeeper now realizes he may lose everything, for he has had to borrow to serve Leandro and Crispín in the style to which supposedly they had been accustomed. Pantalón had lent Crispín money, and the others, too, now realize that they have been taken in.

ACTO II

ESCENA VIII

(CRISPÍN, EL SEÑOR POLICHINELA, EL HOSTELERO, EL SEÑOR PANTALÓN, EL CAPITÁN, ARLEQUÍN, EL DOCTOR, EL SECRETARIO y DOS ALGUACILES con enormes protocolos de curia. Todos salen por la segunda derecha, o sea el pasillo.)

POLICHINELA *(Dentro, a gente que se supone fuera.)*

¡Guardad bien las puertas, que nadie salga, hombre ni mujer, ni perro ni gato!

HOSTELERO

¿Dónde están, dónde están esos bandoleros, esos asesinos?

PANTALÓN

¡Justicia! ¡Justicia! ¡Mi dinero! ¡Mi dinero! *(Van saliendo todos por el orden que se indica. El Doctor y el Secretario se dirigen a la mesa y se disponen a escribir. Los dos alguaciles, de pie, teniendo en las manos los enormes protocolos del proceso.)*

CAPITÁN

Pero ¿es posible lo que vemos, Crispín?

ARLEQUÍN

¿Es posible lo que sucede?

PANTALÓN

¡Justicia! ¡Justicia! ¡Mi dinero! ¡Mi dinero!

HOSTELERO

¡Que los prendan . . . , que se aseguren de ellos!

PANTALÓN

¡No escaparán . . . , no escaparán!

CRISPÍN

Pero ¿qué es esto? ¿Cómo se atropella así la mansión de un noble caballero? Agradezcan la ausencia de mi señor.

PANTALÓN

¡Calla, calla, que tú eres su cómplice y has de pagar con él!

HOSTELERO

¿Cómo cómplice? Tan delincuente como su pretendido señor . . . , que él fué quien me engañó.

CAPITÁN

¿Qué significa esto, Crispín?

ARLEQUÍN

¿Tiene razón esta gente?

POLICHINELA

¿Qué dices ahora, Crispín? ¿Pensaste que habían de valerte tus enredos conmigo? ¿Conque yo pretendí asesinar a tu señor? ¿Conque yo soy un viejo avaro que sacrifica a su hija? ¿Conque toda la ciudad se levanta contra mí llenándome de insultos? Ahora veremos.

PANTALÓN

Dejadle, señor Polichinela, que éste es asunto nuestro, que al fin vos no habéis perdido nada. Pero yo . . . , ¡todo mi caudal, que lo presté sin garantía! ¡Perdido me veré para toda la vida! ¿Qué será de mí?

HOSTELERO

¿Y yo, decidme, que gasté lo que no tenía y aún hube de empeñarme por servirle como creí correspondía a su calidad? ¡Esto es mi destrucción, mi ruina!

CAPITÁN

¡Y nosotros también fuimos ruinmente engañados! ¿Qué se dirá de mí, que puse mi espada y mi valor al servicio de un aventurero?

ARLEQUÍN

¿Y de mí, que le dediqué soneto tras soneto como al más noble señor?

POLICHINELA

¡Ja, ja, ja!

PANTALÓN

¡Sí, reíd, reíd! . . . Como nada perdisteis. . .

HOSTELERO

Como nada os robaron. . .

PANTALÓN

¡Pronto, pronto! ¿Dónde está el otro pícaro?

HOSTELERO

Registradlo todo hasta dar con él.

CRISPÍN

Poco a poco. Si dais un solo paso. . . *(Amenazando con la espada.)*

PANTALÓN

¿Amenazas todavía? ¿Y esto ha de sufrirse? ¡Justicia, justicia!

HOSTELERO

¡Eso es, justicia!

DOCTOR

Señores. . . Si no me atendéis, nada conseguiremos. Nadie puede tomarse justicia por su mano, que la justicia no es atropello ni venganza, y *summum jus, summa injuria*.[9] La Justicia es todo sabiduría, y la sabiduría es todo orden, y el orden es todo razón, y la razón es todo procedimiento, y el procedimiento es todo lógica. *Barbara Celare, Dario, Ferioque, Baralipton*,[10] depositad en mí vuestros agravios y querellas, que todo ha de unirse a este proceso que conmigo traigo.

CRISPÍN

¡Horror! ¡Aún ha crecido!

DOCTOR

Constan aquí otros muchos delitos de estos hombres, y a ellos han de sumarse éstos de que ahora les acusáis. Y yo seré parte en todos ellos; sólo así obtendréis la debida satisfacción y justicia. Escribid, señor Secretario, y vayan deponiendo los querellantes.[11]

PANTALÓN

Dejadnos de embrollos, que bien conocemos vuestra justicia.

HOSTELERO

No se escriba nada, que todo será poner lo blanco negro... Y quedaremos nosotros sin nuestro dinero y ellos sin castigar.

PANTALÓN

Eso, eso ... ¡Mi dinero, mi dinero! ¡Y después, justicia!

DOCTOR

¡Gente indocta, gente ignorante, gente incivil! ¿Qué idea tenéis de la Justicia? No basta que os digáis perjudicados si no pareciere bien claramente que hubo intención de causaros perjuicio, esto es, fraude o dolo,[12] que no es lo mismo ..., aunque la vulgar acepción los confunda. Pero sabed ... que en el un caso...

PANTALÓN

¡Basta! ¡Basta! Que acabaréis por decir que fuimos nosotros los culpables.

DOCTOR

¡Y como pudiera ser si os obstináis en negar la verdad de los hechos! ...

HOSTELERO

¡Ésta es buena! Que fuimos robados. ¿Quiere más verdad ni más claro delito?

DOCTOR

Sabed que robo no es lo mismo que hurto,[13] y mucho menos que fraude o dolo, como dije primero. Desde las doce tablas[14] hasta Justiniano,[15] Triboniano,[16] Emiliano y ...[17]

PANTALÓN

Todo fué quedarnos sin nuestro dinero... Y de ahí no habrá quien nos saque.

POLICHINELA

El señor Doctor habla muy en razón. Confiad en él, y que todo conste en proceso.

DOCTOR

Escribid, escribid luego, señor Secretario.

CRISPÍN

¿Quieren oírme?

PANTALÓN

¡No, no! Calle el pícaro ... , calle el desvergonzado.

HOSTELERO

Ya hablaréis donde os pesará.

DOCTOR

Ya hablará cuando le corresponda, que a todos ha de oírse en justicia... Escribid, escribid. En la ciudad de ..., a tantos... No sería malo proceder primeramente al inventario de cuanto hay en la casa.

CRISPÍN

No dará tregua a la pluma...

DOCTOR

Y proceder al depósito de fianza por parte de los querellantes, porque no pueda haber sospecha en su buena fe. Bastará con dos mil escudos de presente y caución de todos sus bienes ...

PANTALÓN

¿Qué decís? ¡Nosotros dos mil escudos!

DOCTOR

Ocho debieran ser; pero basta que seáis personas de algún crédito para que todo se tenga en cuenta, que nunca fuí desconsiderado ...

HOSTELERO

¡Alto, y no se escriba más, que no hemos de pasar por eso!

---

9 summa jus, summum injuria — the more wrong, the more justice. An aphorism of Roman law, it implied that in some cases too much justice might produce more harm than good.
10 Barbara Celare, etc. — the arrangement of a logical syllogism in the Middle Ages. These words, in scholastic philosophy, expressed the form or mood of a syllogism. For example: " No A is B; some C is A; therefore, some C is not B " is the mood known as " Ferio. "
11 querellantes — plaintiffs.

12 dolo — deceit.
13 hurto — theft.
14 las doce tablas — twelve tables made of wood on which was engraved the earliest codification of Roman law. Originally there were only ten tables.
15 Justinian — a Byzantine emperor and law-giver (530-33).
16 Tribonian — a sixth century lawyer who served under Emperor Justinian.
17 Emilian—a Roman jurist who lived in the third century A.D.

DOCTOR

¿Cómo? ¿Así se atropella a la Justicia? Ábrase proceso separado por violencia y mano airada contra un ministro de Justicia en funciones de su ministerio.

PANTALÓN

¡Este hombre ha de perdernos!

HOSTELERO

¡Está loco!

DOCTOR

¿Hombre y loco, decís? Hablen con respeto. Escribid, escribid que hubo también ofensas de palabra. . .

CRISPÍN

Bien os está por no escucharme.

PANTALÓN

Habla, habla, que todo será mejor, según vemos.

CRISPÍN

Pues atajen a ese hombre, que levantará un monte con sus papelotes.

PANTALÓN

¡Basta, basta ya, decimos!

HOSTELERO

Deje la pluma. . .

DOCTOR

Nadie sea osado a poner mano en nada.

CRISPÍN

Señor Capitán, sírvanos vuestra espada, que es también atributo de justicia.

CAPITÁN (*Va a la mesa y da un fuerte golpe con la espada en los papeles que está escribiendo el Doctor.*)

Háganos la merced de no escribir más.

DOCTOR

Ved lo que es pedir las cosas en razón. Suspended las actuaciones, que hay cuestión previa a dilucidar. . . Hablen las partes entre sí. . . Bueno fuera, no obstante, proceder en el ínterin al inventario. . .

PANTALÓN

¡No, no!

DOCTOR

Es formalidad que no puede evitarse.

CRISPÍN

Ya escribiréis cuando sea preciso. Dejadme ahora hablar aparte con estos honrados señores.

DOCTOR

Si os conviene sacar testimonio de cuanto aquí les digáis. . .

CRISPÍN

Por ningún modo. No se escriba una letra, o no hablaré palabra.

CAPITÁN

Deje hablar al mozo.

CRISPÍN

¿Y qué he de deciros? ¿De qué os quejáis? ¿De haber perdido vuestro dinero? ¿Qué pretendéis? ¿Recobrarlo?

PANTALÓN

¡Eso, eso! ¡Mi dinero!

HOSTELERO

¡Nuestro dinero!

CRISPÍN

Pues escuchadme aquí. . . ¿De dónde habéis de cobrarlo si así quitáis crédito a mi señor y así hacéis imposible su boda con la hija del señor Polichinela? ¡Voto a . . . , que siempre pedí tratar con pícaros mejor que con necios! Ved lo que hicisteis y cómo se compondrá ahora con la Justicia de por medio. ¿Qué lograréis ahora si dan con nosotros en galeras o en sitio peor? ¿Será buena moneda para cobraros las túrdigas[18] de nuestro pellejo? ¿Seréis más ricos, más nobles o más grandes cuando nosotros estemos perdidos? En cambio, si no nos hubierais estorbado a tan mal tiempo, hoy, hoy mismo tendríais vuestro dinero, con todos sus intereses . . . , que ellos solos bastarían a llevaros a la horca, si la Justicia no estuviera en esas manos y en esas plumas. . . Ahora haced lo que os plazca, que ya os dije lo que os convenía. . .

DOCTOR

Quedaron suspensos. . .

CAPITÁN

Yo aún no puedo creer que ellos sean tales bellacos.

POLICHINELA

Este Crispín. . . Capaz será de convencerlos.

PANTALÓN (*Al Hostelero.*)

¿Qué decís a esto? Bien mirado . . .

HOSTELERO

¿Qué decís vos?

PANTALÓN

Dices que hoy mismo se hubiera casado tu amo con la hija del señor Polichinela. ¿Y si él no da su consentimiento? . . .

CRISPÍN

De nada ha de servirle. Que su hija huyó con mi señor . . . y lo sabrá todo el mundo. . . Y a él más que a nadie importa que nadie sepa cómo su hija se perdió por un hombre sin condición, perseguido por la Justicia.

18 túrdigas — strips.

PANTALÓN

Si así fuera. . . ¿Qué decís vos?

HOSTELERO

No nos ablandemos. Ved que el bellacón es maestro de embustes.

PANTALÓN

Decís bien. No sé cómo pude creerlo. ¡Justicia! ¡Justicia!

CRISPÍN

¡Ved que lo perdéis todo!

PANTALÓN

Veamos todavía. . . Señor Polichinela, dos palabras.

POLICHINELA

¿Qué me queréis?

PANTALÓN

Suponed que nosotros no hubiéramos tenido razón para quejarnos. Suponed que el señor Leandro fuera, en efecto, el más noble caballero . . ., incapaz de una baja acción. . .

POLICHINELA

¿Qué decís?

PANTALÓN

Suponed que vuestra hija le amara con locura, hasta el punto de haber huído con él de vuestra casa.

POLICHINELA

¿Que mi hija huyó de mi casa y con ese hombre? ¿Quién lo dijo? ¿Quién fué el desvergonzado? . . .

PANTALÓN

No os alteréis. Todo es suposición.

POLICHINELA

Pues ni aun así he de tolerarlo.

PANTALÓN

Escuchad con paciencia. Suponed que todo eso hubiera sucedido. ¿No os sería forzoso casarla?

POLICHINELA

¿Casarla? ¡Antes la mataría! Pero es locura pensarlo. Y bien veo que eso quisierais para cobraros a costa mía, que sois otros tales bribones. Pero no será, no será.

PANTALÓN

Ved lo que decís, y no se hable aquí de bribones cuando estáis presente.

HOSTELERO

¡Eso, eso!

POLICHINELA

¡Bribones, bribones, combinados para robarme! Pero no será, no será. . .

DOCTOR

No hayáis cuidado, señor Polichinela, que

aunque ellos renunciaran a perseguirle, ¿no es nada este proceso? ¿Creéis que puede borrarse nada de cuanto en él consta, que son cincuenta y dos delitos probados y otros tantos que no necesitan probarse? . . .

PANTALÓN

¿Qué decís ahora, Crispín?

CRISPÍN

Que todos estos delitos, si fueran tantos, son como estos otros. . . Dinero perdido que nunca se pagará si nunca le[19] tenemos.

DOCTOR

¡Eso, no! Que yo he de cobrar lo que me corresponda de cualquier modo que sea.

CRISPÍN

Pues será de los que se quejaron, que nosotros harto haremos en pagar con nuestras personas.

DOCTOR

Los derechos de Justicia son sagrados y lo primero será embargar para ellos cuanto hay en esta casa.

PANTALÓN

¿Cómo es eso? Esto será para cobrarnos en algo.

HOSTELERO

Claro es; y de otro modo. . .

DOCTOR

Escribid, escribid, que si hablan todos nunca nos entenderemos.

PANTALÓN Y HOSTELERO

¡No, no!

CRISPÍN

Oídme aquí, señor Doctor. Y si se os pagara de una vez y sin escribir tanto, vuestros . . . ¿cómo los llamáis? ¿Estipendios?

DOCTOR

Derechos de Justicia.

CRISPÍN

Como queráis. ¿Qué os parece?

DOCTOR

En ese caso. . .

CRISPÍN

Pues ved que mi amo puede ser hoy rico, poderoso, si el señor Polichinela consiente en casarle con su hija. Pensad que la joven es hija única del señor Polichinela; pensad en que mi señor ha de ser dueño de todo; pensad. . .

DOCTOR

Puede, puede estudiarse.

19 le — lo.

PANTALÓN

¿Qué os dijo?

HOSTELERO

¿Qué resolvéis?

DOCTOR

Dejadme reflexionar. El mozo no es lerdo y se ve que no ignora los procedimientos legales. Porque si consideramos que la ofensa que recibisteis fué puramente pecuniaria y que todo delito que puede ser reparado en la misma forma lleva en la reparación el más justo castigo; si consideramos que así en la ley bárbara y primitiva del talión[20] se dijo: ojo por ojo, diente por diente, mas no diente por ojo ni ojo por diente. . . Bien puede decirse en este caso escudo por escudo. Porque al fin, él no os quitó la vida para que podáis exigir la suya en pago. No os ofendió en vuestra persona, honor ni buena fama, para que podáis exigir otro tanto. La equidad es la suprema justicia. *Equitas justitia magna est.* Y desde las Pandectas[21] hasta Triboniano con Emiliano, Triberiano. . .

PANTALÓN

No digáis más. Si él nos pagara. . .

HOSTELERO

Como él nos pagara. . .

POLICHINELA

¡Qué disparates son éstos, y cómo ha de pagar, ni qué tratar ahora!

CRISPÍN

Se trata de que todos estáis interesados en salvar a mi señor, en salvarnos por interés de todos. Vosotros, por no perder vuestro dinero; el señor Doctor, por no perder toda esa suma de admirable doctrina que fuisteis depositando en esa balumba[22] de sabiduría; el señor Capitán, porque todos le vieron amigo de mi amo, y a su valor importa que no se murmure de su amistad con un aventurero; vos, señor Arlequín, porque vuestros ditirambos de poeta perderían todo su mérito al saber que tan mal los empleasteis; vos, señor Polichinela . . . , antiguo amigo mío, porque vuestra hija es ya ante el Cielo y ante los hombres la esposa del señor Leandro.

POLICHINELA

¡Mientes, mientes! ¡Insolente, desvergonzado!

CRISPÍN

Pues procédase al inventario de cuanto hay en la casa. Escribid, escribid, y sean todos

estos señores testigos y empiécese por este aposento. (*Descorre el tapiz*[23] *de la puerta del foro y aparecen formando grupo Silvia, Leandro, doña Sirena, Colombina y la señora de Polichinela.*)

ESCENA ÚLTIMA

(DICHOS, SILVIA, LEANDRO, DOÑA SIRENA, COLOMBINA y LA SEÑORA DE POLICHINELA, *que aparecen por el foro.*)

PANTALÓN Y HOSTELERO

¡Silvia!

CAPITÁN Y ARLEQUÍN

¡Juntos! ¡Los dos!

POLICHINELA

¿Conque era cierto? ¡Todos contra mí! ¡Y mi mujer y mi hija con ellos! ¡Todos conjurados para robarme! ¡Prended a ese hombre, a esas mujeres, a ese impostor, o yo mismo. . . !

PANTALÓN

¿Estáis loco, señor Polichinela?

LEANDRO (*Bajando al proscenio en compañía de los demás.*)

Vuestra hija vino aquí creyéndome malherido acompañada de doña Sirena, y yo mismo corrí al punto en busca de vuestra esposa para que también la acompañara. Silvia sabe quién soy, sabe toda mi vida de miserias, de engaños, de bajezas, y estoy seguro que de nuestro sueño de amor nada queda en su corazón. . . Llevadla de aquí, llevadla; yo os lo pido antes de entregarme a la Justicia.

POLICHINELA

El castigo de mi hija es cuenta mía; pero a ti . . . ¡Prendedle, digo!

SILVIA

¡Padre! Si no le salváis, será mi muerte. Le amo, le amo siempre, ahora más que nunca. Porque su corazón es noble y fué muy desdichado, y pudo hacerme suya con mentir, y no ha mentido.

POLICHINELA

¡Calla, calla, loca, desvergonzada! Éstas son las enseñanzas de tu madre . . . , sus vanidades y fantasías. Éstas son las lecturas romancescas, las músicas a la luz de la luna.

SEÑORA DE POLICHINELA

Todo es preferible a que mi hija se case con un hombre como tú, para ser desdichada como su madre. ¿De qué me sirvió nunca la riqueza?

20 talión — retaliation.
21 Pandectas — Pandects, a name given to a compendium of Roman law compiled by the order of Justinian.

22 balumba — great bulk.
23 Descorre el tapiz — He throws back the tapestry.

SIRENA

Decís bien, señora Polichinela. ¿De qué sirven las riquezas sin amor?

COLOMBINA

De lo mismo que el amor sin riquezas.

DOCTOR

Señor Polichinela, nada os estará mejor que casarlos.

PANTALÓN

Ved que esto ha de saberse en la ciudad.

HOSTELERO

Ved que todo el mundo estará de su parte.

CAPITÁN

Y no hemos de consentir que hagáis violencia a vuestra hija.

DOCTOR

Y ha de constar en el proceso que fué hallada aquí, junta con él.

CRISPÍN

Y en mi señor no hubo más falta que carecer de dinero, pero a él nadie le aventajará en nobleza . . . , y vuestros nietos serán caballeros . . . , si no dan en salir al abuelo. . . .

TODOS

¡Casadlos! ¡Casadlos!

PANTALÓN

O todos caeremos sobre vos.

HOSTELERO

Y saldrá a relucir vuestra historia. . .

ARLEQUÍN

Y nada iréis ganando. . .

SIRENA

Os lo pide una dama, conmovida por este amor tan fuera de estos tiempos.

COLOMBINA

Que más parece de novela.

TODOS

¡Casadlos! ¡Casadlos!

POLICHINELA

Cásense enhoramala. Pero mi hija quedará sin dote y desheredada. . . Y arruinaré toda mi hacienda antes que ese bergante. . .

DOCTOR

Eso sí que no haréis, señor Polichinela.

PANTALÓN

¿Qué disparates son ésos?

HOSTELERO

¡No lo penséis siquiera!

ARLEQUÍN

¿Qué se diría?

CAPITÁN

No lo consentiremos.

SILVIA

No, padre mío; soy yo la que nada acepto, soy yo la que ha de compartir su suerte. Así le amo.

LEANDRO

Y sólo así puedo aceptar tu amor . . . (*Todos corren hacia* SILVIA *y* LEANDRO.)

DOCTOR

¿Qué dicen? ¿Están locos?

PANTALÓN

¡Eso no puede ser!

HOSTELERO

¡Lo aceptaréis todo!

ARLEQUÍN

Seréis felices y seréis ricos.

SEÑORA DE POLICHINELA

¡Mi hija en la miseria! ¡Ese hombre es un verdugo!

SIRENA

Ved que el amor es niño delicado y resiste pocas privaciones.

DOCTOR

¡No ha de ser! Que el señor Polichinela firmará aquí mismo espléndida donación, como corresponde a una persona de su calidad y a un padre amantísimo. Escribid, escribid, señor Secretario, que a esto no ha de oponerse nadie.

TODOS (*Menos* POLICHINELA.)

¡Escribid, escribid!

DOCTOR

Y vosotros, jóvenes enamorados . . . , resignaos con las riquezas, que no conviene extremar escrúpulos que nadie agradece.

PANTALÓN (*A* CRISPÍN.)

¿Seremos pagados?

CRISPÍN

¿Quién lo duda? Pero habéis de proclamar que el señor Leandro nunca os engañó. . . Ved cómo se sacrifica por satisfaceros aceptando esa riqueza que ha de repugnar a sus sentimientos.

PANTALÓN

Siempre le creímos un noble caballero.

HOSTELERO

Siempre.

ARLEQUÍN

Todos lo creímos.

CAPITÁN

Y lo sostendremos siempre.

CRISPÍN

Y ahora, Doctor, ese proceso, ¿habrá tierra bastante en la tierra para echarle encima?

DOCTOR

Mi previsión se anticipa a todo. Bastará con puntuar debidamente algún concepto. . .[24] Ved aquí: donde dice. . . . « Y resultando que si no declaró . . . » basta una coma, y dice: « Y resultando que sí, no declaró. . . » Y aquí: « Y resultando que no, debe condenársele . . . , » fuera la coma, y dice: « Y resultando que no debe condenársele. . . »

CRISPÍN

¡Oh admirable coma! ¡Maravillosa coma! ¡Genio de la Justica! ¡Oráculo de la Ley! ¡Monstruo de la Jurisprudencia!

DOCTOR

Ahora confío en la grandeza de tu señor.

CRISPÍN

Descuidad. Nadie mejor que vos sabe cómo el dinero puede cambiar a un hombre.

SECRETARIO

Yo fuí el que puso y quitó esas comas. . .

CRISPÍN

En espera de algo mejor . . . , tomad esta cadena. Es de oro.

SECRETARIO

¿De ley?[25]

CRISPÍN

Vos lo sabréis, que entendéis de leyes. . .

POLICHINELA

Sólo impondré una condición: que este pícaro deje para siempre de estar a tu servicio.

CRISPÍN

No necesitáis pedirlo, señor Polichinela. ¿Pensáis que soy tan pobre de ambiciones como mi señor?

LEANDRO

¿Quieres dejarme, Crispín? No será sin tristeza de mi parte.

CRISPÍN

No la tengáis, que ya de nada puedo serviros y conmigo dejáis la piel del hombre viejo. . . ¿Qué os dije, señor? Que entre todos habían de salvarnos. . . Creedlo. Para salir adelante con todo, mejor que crear afectos, es crear intereses. . .

LEANDRO

Te engañas, que sin el amor de Silvia nunca me hubiera salvado.

CRISPÍN

¿Y es poco interés ese amor? Yo di siempre su parte al ideal y conté con él siempre. Y ahora, acabó la farsa.

SILVIA *(Al público.)*

Y en ella visteis, como en las farsas de la vida, que a estos muñecos, como a los humanos, muévenlos cordelillos groseros, que son los intereses, las pasioncillas, los engaños y todas las miserias de su condición: tiran unos de sus pies y los llevan a tristes andanzas; tiran otros de sus manos, que trabajan con pena, luchan con rabia, hurtan con astucia, matan con violencia. Pero entre todos ellos, desciende a veces del cielo al corazón un hilo sutil, como tejido con luz de sol y con luz de luna: el hilo del amor, que a los humanos, como a estos muñecos que semejan humanos, les hace parecer divinos, y trae a nuestra frente resplandores de aurora, y pone alas en nuestro corazón y nos dice que no todo es farsa en la farsa, que hay algo divino en nuestra vida que es verdad y es eterno, y no puede acabar cuando la farsa acaba.

Jacinto Grau, 1877–1959, *El burlador que no se burla* (pp. 133–35)

Jacinto Grau served as Spanish ambassador to various countries. With Franco's triumph he went into exile in 1939 and lived and wrote after that year in South America, primarily in Buenos Aires. Because of his efforts to combat the over-commercialization of the Spanish stage and because of his modern philosophical point of view, he never achieved the fame in Spain to which he was entitled.

The small details of everyday life left little impact on Grau. His protagonists stress free will and the premise that freedom lies in action. Man is responsible for what he will do with his life, for in the creation of his essence man must show faith in humanity and understanding of the "boundary situations" which hem him in. To the extent that life is limited by temporal boundaries it loses its value, for this temporality primarily consists of the knowledge that man must die. Because of the ensuing anguish which they feel, Grau's characters often show an insatiable appetite to know God, to identify Him, and to seek through Him a resurrection of the flesh. Others, preoccupied with their own being, refuse to surrender to a superior power, act as their own God or give what human love they possess to humanity. It is this power of love which Grau stresses most in his dramas.

---

24 puntuar debidamente algún concepto — change the punctuation a bit.

25 de ley — genuine; 14 carat. (Note the pun in the next line.)

Perhaps for this reason the Don Juan theme interested him so much, a theme he combined with his existential preoccupations.

Among his many plays one may mention *Don Juan de Carillana*, 1913, in which a fifty-year-old Don Juan learns that his latest love is his own daughter, *El conde Alarcos*, 1917, *El hijo pródigo*, 1918, *El señor de Pigmalión*, 1921, a kind of puppet farce with allegorical and existential overtones, and *La casa del Diablo*, 1933, an existential drama about the overpowering force of love.

El burlador que no se burla, 1927, divided into a prologue, whose action occurs at the end of the nineteenth century, and five *cuadros* and an epilogue, set in the years 1920 to 1930, is Grau's protest against what he felt to be the decadence of the Spanish stage. He claimed that the Spanish theater refused to treat myths or vital themes without attempting to complicate them with all kinds of subtleties or analyses borrowed from science. Grau saw in the Spanish theater "una congestión de estupidez y un clan de autores militantes, cerrado a todo temblor y curiosidad." He said that he wanted to write a strong and simple work on Don Juan, leaving to one side the cowardly prudence of an old moral code. In this he succeeded. His Don Juan lives so vigorously that he has no time to philosophize. Juan cannot feel remorse, although he was born in a Christian age. He cannot love except in the way in which he loves, and, in general, his nature is fixed by fate. Grau's Don Juan is a man of extreme passion and illusion. Existentially he strives to dominate life, but he knows only the satisfaction of his flaming love, free from fear, tenderness, scruples or remorse. For him all women are alike, and when he abandons them, they bear him no ill will.

The prologue, *Origen de don Juan*, traces his parents' relationship. Doña María, Don Juan's grandmother, criticizes her daughter, Doña Laura, for having abandoned her husband, Álvaro. María has called Álvaro to the house. Laura quarrels with him and her mother at first and will have nothing to do with Álvaro, but soon they become reconciled. María prays to the Virgin that her daughter, Laura, may give birth to a male child, not the usual insignificant sheep of the human flock, but a man of action who will accomplish something. As the first *cuadro* of the play proper begins, some nineteen years have passed. Grau described the action of the *cuadros* as taking place between 1925 and 1930, but apparently he forgot that the prologue had taken place at the end of the nineteenth century.

CUADRO PRIMERO

ADOLESCENCIA DE DON JUAN

La misma estancia, en el mismo palacio, al mediar una mañana de primavera.

Alzada la persiana y descorrida la puerta acristalada, tras de la que se ve el antiguo jardín, cuya vejez no se cansa de dar flores. Algunos árboles en fruto. Los rosales, estallantes de pompa.

Han pasado diecinueve años.

EUGENIO, *un hombre joven, vestido de oscuro, calva incipiente, gafas y aspecto atildado y modesto, entra con el sombrero en una mano y un ramito en la otra. Precédelo un criado.*

CRIADO
Las señoras deben de estar en el piso de arriba.

EUGENIO
¿Y la señorita?

CRIADO
La he visto hace poco en el jardín.

EUGENIO
¿Quiere usted avisarla que estoy aquí?

CRIADO
Sí, señorito.

EUGENIO
¿Y don Juan?

CRIADO
El señorito Juan salió solo, en su auto, muy temprano.

EUGENIO
Me parece que lo he visto desde lejos cuando iba yo al Instituto.

(Vese a GLORIA acercarse lenta por el jardín. Es una moza granada, con aires infantiles todavía. Tiene un gran encanto natural, una figura linda y un rostro bellísimo. Lleva un vestido sencillo y coquetón de mañana.)

CRIADO
Por allí viene la señorita Gloria.

EUGENIO
Sí, ya la veo.

CRIADO
¿Quiere que avise a las señoras?

EUGENIO
Si están atareadas en sus cosas, que no se molesten. Éstas no son horas de visita. Yo estaré un momento sólo.

CRIADO

Está bien. *(Vase.)*

EUGENIO *(Dirigiéndose a* GLORIA, *que llega.)*

Gloria. . .

GLORIA *(Deteniéndose en la puerta acristalada.)*

Hola, Eugenio.

EUGENIO *(Mirándola extasiado.)*

¡Qué mañanera y qué guapa siempre!

GLORIA *(Entrando en la estancia.)*

¿Cómo has venido tan pronto hoy? No te
esperaba.

EUGENIO

Al salir de mi consabida[1] clase de Retórica,
me asaltó una mujer, pregonando claveles, te
compré este manojillo y no he podido resistir
la tentación de traértelo yo mismo.

GLORIA *(Sin mirar las flores.)*

Gracias.

EUGENIO

Corre un airecillo primaveral, delicioso.
Parecía que me empujaba suavemente, cuando venía aquí. *(Ofreciéndole el ramo.)* ¿Pero
no coges mis flores? . . . Aunque no sean tan
hermosas como las de tu jardín. . .

GLORIA *(Tomando las flores y dejándolas, distraída, sobre la mesa.)*

No es mi jardín.

EUGENIO

Como si lo fuera… Pero ¿qué tienes, Gloria?
. . . ¡Estás pálida! ¿Te sientes mal, vida mía?

GLORIA *(Dejándose caer en un sillón, junto a
la mesa, y apoyando un codo en ella.)*

No, no. Mal, no.

EUGENIO

Algo te pasa . . . ¿qué tienes?

GLORIA *(Tratando de disimular una emoción
grande.)*

Nada . . . , de veras, nada. *(Pausa.* EUGENIO
la mira callado. GLORIA *desvía la mirada.)*

EUGENIO *(Acercándosele.)*

Es raro. Nunca te he visto así. ¿Por qué no
me miras de frente, como me has mirado
siempre?

GLORIA *(Seca.)*

Nunca has sido pesado conmigo, Eugenio.

EUGENIO

Comprende, Glorita, que si te. . .

GLORIA *(Interrumpiéndole nerviosa.)*

No tengo nada, te digo.

EUGENIO *(Con mucha dulzura.)*

Pero si está a la vista, Gloria. No eres la
misma, te lo aseguro.

GLORIA *(Levantándose un poco brusca.)*

Si continúas así, me voy.

EUGENIO

Escucha, Glorita, alma mía; he pensado
precipitar nuestro matrimonio. Tus tías son
adorables. Te quieren de veras. Doña María
es además una mujer de excepción, siempre
juvenil a pesar de sus años, y tan inteligente,
tan distinta a estas acartonadas[2] señoras de
provincia. . . Con tus tías no has tenido ningún disgusto. El . . . el disgustillo lo has tenido
con tu primo Juan.

GLORIA *(Dejando entrever, muy a pesar suyo,
cierta zozobra.)*

¿Qué estás diciendo?

EUGENIO

¿Ves cómo lo adivino? Te has puesto más
pálida aún.

GLORIA *(Reintegrándose y procurando disimular, con el aplomo ya de una mujer.)*

¿Con Juan? . . . ¡Qué tontería!

EUGENIO

No es tontería. Conozco a don Juan. A los
dos días de llegar del Colegio Inglés, para
pasar aquí con su madre y su abuela sus vacaciones, ya hubo en ti, un tenue cambio de
humor.

GLORIA

Tú sueñas. . .

EUGENIO

Yo veo.

GLORIA *(Sin poder reprimir un temblor.)*

¿Ves? ¿Qué?

EUGENIO

Tú no tienes nada más que el amparo de
tus tías.

GLORIA

¡Vaya una novedad!

EUGENIO

No tienes nada. Ni falta. Te sobra con ser
un encanto. Yo tengo mi carrera. Huérfano
muy pronto de padre, obligado casi a mantener a mi madre y hermana, he dejado
tempranamente en el estudio mucha alegría,
mucho ímpetu espontáneo de la mocedad. He
despertado precozmente mi naturaleza re-
flexiva, y la lucha forzosa por la vida me ha
abierto los ojos, y al llegar mi primer amor
de veras, tú. . .

---

1 consabida — aforesaid.

2 acartonadas — like pasteboard.

GLORIA

Parece que estás explicando en tu cátedra.

EUGENIO

No, Gloria. Yo explico de otra manera en mi clase del Instituto. La inútil retórica que enseño no me ha envenenado todavía. Fíjate en que nunca te he escrito en verso.

GLORIA

Pero me has dado a leer muchos.

EUGENIO

Pero no míos. Esas cosas no se hacen si no se llevan dentro, y para mí la poesía es un sentimiento grande, pero no un arte expresivo. La poesía eres tú y contigo, no la escribiré, la haré yo, si Dios quiere, en mi vida futura.

GLORIA

¿A qué todo eso ahora?

EUGENIO

La reciente llegada de tu primo Juan. . .

GLORIA

¿Quieres no hablarme más de Juan?

EUGENIO

¿Por qué no, si existe, si está aquí, si es tu primo y vive bajo tu mismo techo?

GLORIA *(Con cierta alarma delatora.)*

Pero ¿qué tiene que ver Juan?

EUGENIO

Tu primo, el condesito don Juan, como le llaman todos, parece haber nacido para interesar y preocupar. Ha venido al mundo trayendo a Cupido a sus órdenes, y donde hay mujer apetecible, se le inflama el mirar, le acude la palabra hiriente y ligera como un dardo invisible. . .

GLORIA

No sigas. ¿A mí qué me importa?

EUGENIO

¡Vaya si te importa![3] Como si lo viera, te ha dicho algo, un piropo, un suspiro a tiempo . . . , cualquier nonada,[4] y tú, sin saber por qué, como suceden esas cosas, te has perturbado ligeramente, no lo dudo, ligeramente. . .

GLORIA

¡Tú ves visiones!

EUGENIO

¿Visiones, y estás cada vez más descolorida, más distinta conmigo?

GLORIA

¿Yo? ¿Distinta yo? ¿En qué lo conoces?

EUGENIO

En todo. Ya ves, los pobres claveles que te he comprado yacen ahí, en la mesa, olvidados. ¡Ni siquiera te has fijado en ellos!

GLORIA

Tú, en cambio, te fijas en unas cosas. . .

EUGENIO

Antes, una simple margarita[5] de los campos que yo te cogiese era para ti una joya. Te engalanabas con ella, la ponías en tu pecho, en tu cabeza.

GLORIA

Estás hoy particularmente pesado y romántico. ¡Déjame! Por primera vez me fatigas. No puedo soportarte más. ¡Déjame! *(Vase corriendo por el jardín.)*

EUGENIO *(Tras ella, desolado, alteradísimo.)*

Pero, Gloria, Glorita, alma mía. *(Al llegar al jardín, tropieza con Bárbara, que ha surgido inoportuna.)*

BÁRBARA

¡Jesús!

EUGENIO *(Sosteniéndola solícito.)*

¡Bárbara!

BÁRBARA *(Aún fuerte y con el pelo completamente blanco ya.)*

¡Por poco me tira![6]

EUGENIO

Dispénseme. Crea que siento. . .

BÁRBARA

¿Pero qué le pasa, señorito Eugenio?

EUGENIO

Nada, nada. . . *(Llegando a la corredera de cristales y llamando.)* ¡Gloria! ¡Gloria!

BÁRBARA

No le haga caso, señorito Eugenio. Es una chiquilla, una. . .

DOÑA MARÍA *(Por la puerta izquierda, llegando a punto de cortarle la palabra a* BÁRBARA.*)*

Hola, don Eugenio, joven catedrático. . .

EUGENIO *(Contrariadísimo, volviéndose respetuoso.)*

Señora *(acercándose a ella cortés).* Perdone usted las horas de visita, pero. . .

DOÑA MARÍA

Viene usted siempre a su casa, Eugenio. Además usted es un novio y tiene privilegios. Pero ¿qué le sucede a usted? ¡Qué cara!

BÁRBARA

Eso le preguntaba yo. . .

---

3 ¡Vaya si te importa! — Of course, it matters to you.
4 nonada — trifle.

5 margarita — daisy.
6 ¡Por poco me tira! — You almost knocked me down.

DOÑA MARÍA

Mira, Barbarilla, vete a ver dónde está la señorita Laura y dile que está aquí el señorito Eugenio. . .

EUGENIO

No, no, que no se moleste, si tiene que hacer.

DOÑA MARÍA

Anda, Bárbara, ve, ve.

BÁRBARA (*Comprendiendo, al fin, que estorba.*)

Voy, señora, voy. (*Se va por donde vino* DOÑA MARÍA.)

EUGENIO

Sentiría que por mí. . .

DOÑA MARÍA

Estas servidoras antiguas son ya como de la familia, y a veces olvidan la discreción. (*Acercándose a* EUGENIO.) Pero ¿qué le pasa?

EUGENIO

Nada, nada. . .

DOÑA MARÍA

¡Tiene usted una cara de contrariedad!

EUGENIO

Es que estoy. . .

DOÑA MARÍA

De monos[7] con Gloria, ¿eh? Total, nada, dice usted bien.

EUGENIO

Un nada que podría ser un disgusto serio.

DOÑA MARÍA

¡Caramba, Eugenio! ¡Qué trágico se está usted poniendo!

EUGENIO

No, señora, yo no. Se pone trágico el momento. Mi destino.

DOÑA MARÍA

Pero, hombre. . .

EUGENIO

Sigo teniendo siempre a la vida en contra.

DOÑA MARÍA

Pero ¿qué ocurre, así, tan de súbito? Cuénteme.

EUGENIO

¿Por qué no? Hablar con usted es casi como hablar con mi madre. ¡Entiende usted tan bien las cosas, y es usted tan atrayente! La gran simpatía de su nieto don Juan es heredada. Le viene de usted.

DOÑA MARÍA

¡Mi nieto! ¡Un galopín[8] sin juicio!, pero

hay que convenir que es un chico encantador. ¿Verdad?

EUGENIO (*Suspirando, con un dejo involuntariamente amargo.*)

¡Ay, sí, señora! ¡Encantador! Ésa es la catástrofe.

DOÑA MARÍA

¿La catástrofe?

EUGENIO

La catástrofe para mí. Es demasiado encantador. ¡Una sirena hombre!

DOÑA MARÍA (*Con ternura de abuela.*)

¿Verdad que sí?

EUGENIO

La poesía, sin él saberlo, la aventura, lo inesperado, el azar ciego que se lleva lo que encuentra a su paso. . .

DOÑA MARÍA

Pero, ¿qué sucede?

EUGENIO

Algo malo para mí.

DOÑA MARÍA

¿Algo malo?

EUGENIO

Lo advierto, lo veo a pesar mío, donde se ven esas cosas.

DOÑA MARÍA (*Llevando a* EUGENIO *junto a un sillón, en el que se acomoda.*)

Venga, cuénteme, siéntese a mi lado.

EUGENIO

¡Si es lo que deseo: contárselo! Solo aquí, sin un amigo verdadero ¿a quién sino a usted, tan buena, y clara de ideas?. . .

DOÑA MARÍA

Pero siéntese. . .

EUGENIO

Si usted me lo consiente, prefiero estar de pie.

DOÑA MARÍA

Como guste. Me tiene ansiosa. Diga.

EUGENIO

¿Usted no ha advertido, entre su nieto y Gloria, cierta amistad creciente?

DOÑA MARÍA

No he advertido más que el afecto fraternal de dos parientes jóvenes. Pero ¿por qué me pregunta eso? ¿Qué pasa?

EUGENIO (*Con una melancolía infinita, que, sin poderlo remediar, se le trasluce en la voz.*)

Pasa, que entre un novio como yo, con gafas y cargado de espaldas, con la cabeza

---

7 estar de monos — to quarrel with (said especially of sweethearts).

8 galopín — rascal.

que empieza a quedarse sin cabellos y el aire triste de una juventud cansada antes de tiempo. . .

DOÑA MARÍA

Hijo, ¿adónde va usted a parar?

EUGENIO

A hacerle ver, que entre mi desmañada[9] persona y su brillante nieto, lleno de donaire, sin saber de dolor, sensible sólo a las exaltaciones y pétreo[10] para todo lo que no le afecte: un elemento humano, en fin, un puro impulso cósmico, más que un hombre. . .

DOÑA MARÍA

¡Pare usted la imaginación! ¿A qué conduce?

EUGENIO

A comparar, señora.

DOÑA MARÍA

Las comparaciones son odiosas.

EUGENIO

Pero algunas se imponen a la fuerza; por eso, entre el nieto de usted, la ilusión escurridiza,[11] y yo. Gloria ha comparado, y sus diecisiete años de niña se han sentido de pronto más cerca del otro niño grande, que de este modesto profesor de Instituto, con veinticinco años que parecen cuarenta. . .

DOÑA MARÍA

¡Qué modo de mortificarse con figuraciones!

EUGENIO

¿Figuraciones? La vida, señora, la vida, brutal, arrolladora, injusta, que pasa ciega por todo y arrastra lo que le place y ahora se lleva de cuajo[12] el corazón y las pobres ilusiones de un maestrillo de Retórica. . .

DOÑA MARÍA

Pero criatura, habla usted como si sus sospechas fuesen hechos, y Gloria. . .

EUGENIO

Estoy seguro que Gloria se está quemando también en la llama con que el nieto de usted abrasa a todas las mujeres que trata.

DOÑA MARÍA

¿En tan poco tiempo?

EUGENIO

Tiempo . . . tiempo. . . Cierto amor no crece como el árbol y el hombre, lentamente. Hiere como el rayo.

DOÑA MARÍA

Repare usted en que Juan para poco en casa y en que sólo hace un mes que llegó de Inglaterra.

EUGENIO

Durante ese mes, en este pueblo milenario, de piedras venerables, su nieto ha creado una crónica galante más viva y animada que la tejida por siglos de leyenda.

DOÑA MARÍA

Yo creo que usted exagera. Todavía habrá tiempo de evitar una tontería de niños.

EUGENIO

Así lo creo. Por eso convendría que mandase usted a Gloria lejos de aquí, con cualquier pretexto.

DOÑA MARÍA

Sí, señor. Hoy mismo enviaré a Gloria a la hacienda de Monte Alto.

EUGENIO

Yo precipitaré mi matrimonio.

DOÑA MARÍA

Me parece muy bien.

EUGENIO

Tengo un modestísimo capital y mi sueldo y puedo casarme en seguida.

DOÑA MARÍA

Perfectamente, en seguida. ¿Pero en qué se funda usted para. . . ?

EUGENIO

Me fundo en. . . *(aparece* GLORIA *por el jardín)* en síntomas tan elocuentes. . .

GLORIA *(Llegando a la corredera de cristales.)*

¡Ah! *(Contrariada.)* ¿Estás ahí todavía, Eugenio?

DOÑA MARÍA

Sí, aquí está todavía. ¿No lo ves?

EUGENIO

Parece que te contraría.

GLORIA *(Fríamente.)*

No. ¿Por qué había de contrariarme?

EUGENIO

¡Cómo has cambiado de tono conmigo, en tan poco tiempo!

GLORIA

¿Otra vez quejas, reproches . . . ?

DOÑA MARÍA *(Levantándose resuelta.)*

Déjeme usted sola con Gloria, Eugenio.

EUGENIO

Sí, señora, sí.

DOÑA MARÍA

Vuelva usted dentro de un rato, antes de

---

9 desmañado — clumsy.
10 pétreo — of stone.

11 escurridiza — slippery.
12 de cuajo — by the roots.

comer, y ya verá usted cómo yo disipo esos celos amorosos.

GLORIA

¡Ya has ido con el cuento a tía María!

EUGENIO

¿Oye usted? ¿Cuándo ella, tan dulce, tan buena, me habló así?

DOÑA MARÍA

¡Qué enamorados éstos! ¡Novios de novela romántica!

EUGENIO

Le aseguro a usted, señora. . .

DOÑA MARÍA

Nada, dése un paseíto y al volver, recuperará usted su tranquilidad.

EUGENIO

¡Ojalá, señora! Hasta luego *(vase despacio)*. Adiós, Gloria.

GLORIA *(Fría.)*

Adiós. *(Vase* EUGENIO.*)*

GLORIA *(Como dejando escapar a pesar suyo las palabras.)*

¡Gracias a Dios que se va!

DOÑA MARÍA

Pero, hija, hace dos días adorabas a Eugenio.

GLORIA

Es que hoy está . . . muy pesado.

DOÑA MARÍA

Es un hombre ideal.

GLORIA *(Pensativa.)*

Ideal . . . ideal. . .

DOÑA MARÍA

Ideal. Gran voluntad; una inteligencia clarísima, una juventud excepcional, sentimientos hondos, un gran corazón que le lleva a casarse contigo, una niña preciosa, pero sin un céntimo.

GLORIA

Yo no tengo la culpa. . .

DOÑA MARÍA

Nadie te la echa. Para mí tu pobreza, que tus tías tienen el deber de remediar, te realza más, pero en estos tiempos desquiciados, y siempre, un mozo despierto, con un amor de veras, desinteresado, es algo muy raro.

GLORIA

Pero si yo. . .

DOÑA MARÍA

Eugenio, como tú, desde niño ha visto la cara fea y dura de la necesidad; y él solo se ha hecho hombre. Es un carácter; y un carácter, cuando se da, se da del todo; y, cuando ama de veras, su amor no tiene precio.

GLORIA

Sí, tía, sí.

DOÑA MARÍA

Lo más que puede dar la vida a una mujer es el amor. No olvides esto, Gloria.

GLORIA

Si estoy convencida. . . .

DOÑA MARÍA *(Sin dejarla seguir.)*

Cuando tengas unos años más, te acordarás de estas palabras mías.

GLORIA

Pero si yo no dudo. . .

DOÑA MARÍA

La felicidad conviene no dejarla escapar, porque, a veces, cuando se va, no vuelve más.

GLORIA

Eso creo yo también.

DOÑA MARÍA

El devaneo a tu edad es fácil y se repite muchas veces; pero el amor de veras, como la muerte, se presenta una sola vez.

GLORIA

¡Una sola vez!

DOÑA MARÍA

Eugenio ha sido para ti, hasta ahora, un hombre extraordinario. Y lo es.

GLORIA

Sí, lo es, por su bondad, por su talento . . . , pero ideal . . . ideal. . .

DOÑA MARÍA *(Acercándose mucho a* GLORIA *y examinándola atentamente.)*

Pero ¿qué entiendes tú por ideal? *(*GLORIA *no contesta.)* Siempre me afirmaste que tu novio era para ti el ideal.

GLORIA

Un ideal tranquilo . . . corriente. . .

DOÑA MARÍA

No hay ideales corrientes. Los ideales son siempre una excepción.

GLORIA

Sí, una excepción.

DOÑA MARÍA

¿Entonces?

GLORIA

No me preguntes, tía. . .

DOÑA MARÍA

Necesito preguntarte.

GLORIA

Tía. . .

DOÑA MARÍA

Y te exijo ¿oyes bien?, te exijo franqueza. Me la debes. Es lo único que me debes, sinceridad.

GLORIA

Sí, sí. . .

DOÑA MARÍA

Yo debo ser para ti como tu madre, que has perdido.

GLORIA (*Echándose a llorar desconsolada, abrazando a su tía y besándola.*)

Como mi madre, sí. . .

DOÑA MARÍA (*Acariciando y besando también a su sobrina.*)

Dime, dime, ¿qué te pasa?

GLORIA

Es que . . . que. . .

DOÑA MARÍA

¿Por qué me has hablado de ideales corrientes? A tu edad no se distinguen esos matices. . . Pero ¿qué tienes, hija, tan alterada? Di, di. Vamos, di.

GLORIA

¡No puedo! La vergüenza. . .

DOÑA MARÍA

¿La vergüenza?

GLORIA

Yo, yo. . .

DOÑA MARÍA

Tú . . . , tú has creído encontrar de pronto un ideal que no es el corriente.

GLORIA

Yo . . . yo, tía. . .

DOÑA MARÍA

Adivino, adivino. Ese ideal es el sinvergüenza de mi nieto.

GLORIA

¡Sinvergüenza, no!

DOÑA MARÍA

¡Ah! ¿Ya le defiendes?

GLORIA (*Confusa.*)

No, yo no.

DOÑA MARÍA

Vamos a ver, ¿qué te ha dicho esa cabeza ligera de Juan?

GLORIA

No es culpa suya . . .

DOÑA MARÍA

¿Entonces has sido tú la que . . . ?

GLORIA

Perdón, tía, perdón . . . yo . . . yo . . .

DOÑA MARÍA (*Expresiva, tierna, queriendo llegar al sentir más íntimo de* GLORIA.)

Di, mujer, di sin miedo. Yo lo comprendo todo, lo disculpo todo . . . di . . . , di . . . Lo que me digas será igual que si se lo tragase un pozo. Di . . . Di . . . ¿Juan te ha hecho el amor?

GLORIA

No . . . sí . . . no.

DOÑA MARÍA

¿Sí, o no? ¿Quieres decírmelo todo de una vez?

GLORIA

Hasta hace poco, desde que llegó, no me dijo nada. Apenas nos vimos. Sólo sabía yo de sus aventuras en la ciudad.

DOÑA MARÍA

¿Y no te requebraba[13] al encontrarte?

GLORIA

No, no. Me habló, muy dulce y amable, pero nada más . . . hasta que anoche, en el jardín, donde bajé a respirar algo de aire, lo encontré, y . . . y . . . y. . .

DOÑA MARÍA

¿Y qué, Gloria, y qué?

GLORIA

Y se me acercó . . . me cortejó y me sentí como traspasada, al oírle decir unas cosas tan llenas de halago . . . y . . . y . . . y. . .

DOÑA MARÍA

¡Di de una vez, chiquilla, di! . . .

GLORIA

Sentí una poesía vaga . . . , lo mismo que la siento en la iglesia cuando oigo el órgano y el canto y veo, entre incienso, alzarse a Dios, resplandeciente, en una custodia deslumbrante de oro.

DOÑA MARÍA

¡Jesús, Dios mío! . . .

GLORIA

Y desde anoche. . .

DOÑA MARÍA

Ya sé bastante. No sigas. Desde anoche fuiste. . .

GLORIA (*Sin poder reprimir ya más su exaltación amorosa.*)

Fuí tan suya, como nunca será ninguna mujer de un hombre. ¡Suya hasta morir de voluntad de serlo! ¡Lo adoro!

DOÑA MARÍA (*Con acento tristísimo.*)

Una catástrofe, hija. Tenía razón Eugenio; una catástrofe tremenda, de la que tenemos la culpa mi hija y yo, por no haber previsto. . .

GLORIA (*Llorosa.*)

No, no; la culpa es mía, mía sólo. . .

DOÑA MARÍA

¡Es mucho nieto ese mozuelo loco, mucho nieto!

---

13 requebrar — to woo or make love to.

DOÑA LAURA *(Entra impetuosamente. Es ya una matrona todavía hermosa y atractiva.)*

Gloria . . . Gloria . . . *(Deteniéndose al ver las caras de ambas.)* ¿Llanto y confidencias tenemos? ¡Me lo temía! *(Un sollozo de* GLORIA.*)* Llora. Llora. Te esperan muchas lágrimas en esta vida, y bien merecidas.

DOÑA MARÍA

¿Qué pasa?

DOÑA LAURA

Pasa, que esta señorita, tan inocente y mosquita muerta,[14] con novio formal y todo, se atreve, en la casa donde se la ha recogido por caridad, a recibir en su cuarto de soltera a su primo, el tarambana[15] de mi hijo.

GLORIA *(Sobrecogida.)*

¡Mentira, en mi cuarto, mentira!

DOÑA LAURA *(Exaltadísima.)*

¡Verdad, verdad! ¡A mí no me desmientes tú!

DOÑA MARÍA *(Autoritaria, a su hija.)*

¡No grites! ¡Deja ese tono!

DOÑA LAURA *(Sin hacer caso de su madre, indignada contra la sobrina.)*

Eres una . . . una. . .

DOÑA MARÍA

¿Quieres callarte?

DOÑA LAURA

¿Callarme yo? *(Cogiendo del brazo a* GLORIA.*)* Eres una . . . no quiero decirte la palabra; pero piensa la peor y aplícatela.

GLORIA

¡Virgen mía!

DOÑA MARÍA

¡Laura!

DOÑA LAURA *(Sacudiendo por el brazo a* GLORIA.*)*

Vete, desdichada, vete a llorar el decoro que has perdido.

GLORIA

¡Dios mío!

DOÑA MARÍA

¡Pero Laura!

DOÑA LAURA

Vete, vete donde no te vean, si es que aún te queda algo de vergüenza, que lo dudo.

GLORIA

¡Tener que oír esto! *(Suéltase del brazo de* DOÑA LAURA *y sale corriendo, toda ella en temblor y sollozo.)*

DOÑA MARÍA *(Queriendo ir tras de* GLORIA.*)*

Gloria, chiquilla . . . ven acá. . .

DOÑA LAURA

¡Es lo que falta! Que vayas tú ahora a consolar a la niña.

DOÑA MARÍA *(Volviéndose sobre sus pasos y encarándose con su hija.)*

Eres de una vulgaridad tan espantosa, que no pareces mi hija.

DOÑA LAURA

¿Cómo? ¿Vas a disculpar en vez de castigar?

DOÑA MARÍA

Siempre tienes en la boca palabras cerradas: culpa, castigo, deber.

DOÑA LAURA

¡Las cosas claras!

DOÑA MARÍA

La claridad excesiva, como la oscuridad, no deja ver.

DOÑA LAURA

¿Pero estás loca, mamá?

DOÑA MARÍA

En el fondo, esa insensibilidad que tiene tu hijo, ante muchos hechos, viene de ti.

DOÑA LAURA *(Exasperada.)*

¿De mí?

DOÑA MARÍA

Debías darte más cuenta de las cosas, y ser más indulgente y humana con los pocos años. Gloria es una niña imaginativa, enormemente sensible, que se cree enamorada de su novio, y se encuentra de pronto con un primo seductor, excepcionalmente atractivo. . .

DOÑA LAURA

Con un perdido como su padre, al que hizo bien Dios en llevarse al otro mundo.

DOÑA MARÍA

Al otro mundo se lo llevó un automóvil desmandado[16] en una curva. ¡Qué manía de seguir mezclando a Dios en todo!

DOÑA LAURA

Se estrelló en el auto por castigo providencial.

DOÑA MARÍA

Como quieras, hija. Continúa siendo la intérprete de las potencias celestiales, y tan incomprensiva y ciega como siempre.

DOÑA LAURA

Para no ser incomprensiva hay que alabar a la pobrecita niña, con imaginación, que recibe en su cuarto, por la noche, al primo, porque es guapo y simpático.

---

14 mosquita muerta — hypocrite.
15 tarambana — madcap.

16 desmandado — unruly, out of control.

DOÑA MARÍA

¿En su cuarto? ¿Cómo lo sabes?

DOÑA LAURA

Bárbara, que se levanta con el alba, ha visto al amanecer salir a Juan del cuarto de Gloria.

DOÑA MARÍA

Si Bárbara ha visto eso, ha hecho muy mal en decírtelo.

DOÑA LAURA

Mal, ¿eh?

DOÑA MARÍA

¡Muy mal! Tan mal como tú en tratar a Gloria de un modo tan hiriente y humillante, olvidando que es todavía una niña, profundamente impresionable, sin más amparo ni defensa en el mundo que nosotras.

DOÑA LAURA

Da por sentado que yo. . .[17]

DOÑA MARÍA

¡Tú la insultas en su primer dolor, en la primera desgracia y emoción grande de su vida!

DOÑA LAURA

¡Que no sea casquivana[18] y loca!

DOÑA MARÍA

Todas las mujeres, empezando por mí, en su caso, hubiéramos sido tan locas y casquivanas como ella.

DOÑA LAURA (*Llevándose las manos a la cabeza.*)

¡Jesús, qué atrocidad!

DOÑA MARÍA

¡No hagas aspavientos![19]

DOÑA LAURA

Te aseguro. . .

DOÑA MARÍA

Hasta tú, tan intransigente y terca, si tuvieses su edad, hubieras sentido también ahora, como sentiste en cierta ocasión, el influjo de la noche primaveral, en la soledad de un jardín, ante un galán tentador. . .

DOÑA LAURA

Si no fueses mi madre, te diría lo que me callo. En cuanto al galán, verás tú qué correctivo le pongo. Para eso es mi hijo.

DOÑA MARÍA

¿Corregir tú a tu hijo, un torbellino suelto? ¡Qué inocente eres!

DOÑA LAURA

¿Inocente? ¡Tuve carácter con mi marido y lo tendré con mi hijo! Repecto a Gloria, verás tú lo que tarda en entrar en las Adoratrices.[20]

DOÑA MARÍA

No será ella la que entre si no quiere.

DOÑA LAURA

¿Que no?

DOÑA MARÍA

Lo que harán, aunque no quieran, es casarse. Lo siento por el pobre Eugenio.

DOÑA LAURA

¡Casarse dos chiquillos!

(*Vese a* BÁRBARA *correr agitadísima por el jardín.*)

DOÑA MARÍA

¡Qué remedio queda! ¡Y bastante caro pagará Gloria su ligereza, siendo la mujer de mi nieto! ¡Buena vida le espera!

BÁRBARA (*Entrando desolada en la estancia.*)

¡Ay, Dios mío, ay, Dios mío!

DOÑA MARÍA (*Yendo hacia ella.*)

Bárbara. . .

BÁRBARA

¡Ay, Dios mío de mi alma!

DOÑA MARÍA

¿Qué pasa?

BÁRBARA

Pasa, pasa. . .

DOÑA LAURA

¿Pasa qué? ¡Acaba de una vez, mujer!

BÁRBARA

Si es que . . . que . . . (*Pugnando por dominar la emoción que no la deja hablar.*) Si es que. . .

DOÑA MARÍA

¡Sosiégate, Barbarica!

DOÑA LAURA

Pero ¿qué sucede?

BÁRBARA

Que la señorita Gloria. . .

DOÑA MARÍA (*Invadida por el susto.*)

La señorita Gloria ¿qué?

BÁRBARA

¡Se ha tirado por la ventana del piso alto, al patio!

DOÑA MARÍA

¡Jesús!

---

17 da por sentado que yo — acknowledge that I (you may be sure that I).
18 casquivana — feather-brained.

19 ¡No hagas aspavientos! — Don't exaggerate.
20 Adoratrices — order of nuns dedicated to the reform of wayward girls.

BÁRBARA

¡Se ha matado, se ha matado!

DOÑA LAURA

¡Es lo que nos faltaba!

DOÑA MARÍA

Voy corriendo, voy corriendo . . . *(Lánzase
impetuosa por el jardín.)*

DOÑA LAURA *(Siguiendo a la madre.)*

Vamos, vamos. . .

BÁRBARA

¡Ay, qué desgracia más grande, qué desgracia más grande! *(Va tras de sus amas,
vacilante, alelada.)* ¡Pobrecilla niña loca,
pobrecilla niña loca! *(Desaparece.) (Desierta
la escena unos momentos. Vuelve presurosa*
DOÑA MARÍA, *por el jardín, con aire desesperado,
entra en la sala y se dirige a la puerta de la
alcoba, como buscando algo. Por la puerta
izquierda asoma* EUGENIO. DOÑA MARÍA *vuélvese nerviosa, al oír los pasos de* EUGENIO.
*Míranse ambos, inmóviles, unos segundos.
Pausa de angustia.)*

DOÑA MARÍA

¿Usted sabe . . . ?

EUGENIO *(Con voz sorda, quebrada.)*

Acabo de saberlo en la calle, antes de llegar
aquí.

DOÑA MARÍA

¿Cómo no iba a volar una noticia espantosa?

EUGENIO *(Con una calma imponente mirando
al espacio como alelado.)*

Antes o después. . . ¡Lo terrible es saberlo!

DOÑA MARÍA

¡Parece imposible! ¡En segundos!

EUGENIO

Imposible . . . ¡pero es! ¡Y no se derrumba
nada, ni se abre la tierra! Todo igual, menos
yo . . . que sigo viviendo estúpidamente, como
en una pesadilla . . . , sin acabar de creer . . .
lo que es. . . *(Déjase caer en un asiento, apoya
la cabeza en las manos y queda mudo, quieto,
como una figura iluminada.)*

DOÑA MARÍA *(Dirígese a* EUGENIO, *deteniéndose de pronto, aterrorizada, cual si viese algo
en el jardín.)*

¿Qué? . . . ¡Señor! *(Restregándose los ojos.)*
No veo mal, no . . . , es él . . . , ¡él! *(Vese
pasar rápido por el fondo, a un mozo arrogante,
con sombrero de alas anchas y un abriguillo
puesto como capa, sobre los hombros.)*

EUGENIO *(Levantándose con brusco sobresalto.)*

¿Qué? ¿Quién . . . quién . . . ? *(Acércase a
doña María.)*

DOÑA MARÍA *(Señalando hacia el jardín.)*

¿No lo ve usted cruzar?

EUGENIO

¡Él! . . . Sí . . . , sí . . . Va impasible. . .
Entra en la casa. . . ¡Es el nieto de usted!

DOÑA MARÍA

Sí, sí; es mi nieto, que empieza a pasar por
la vida dejando un rastro de dolor y de sangre.
*(Va frente a la Virgen de Zurbarán,[21] cruzando
ante ella las manos, humilde y suplicante.)*
¡Virgen mía, te pedí un nieto que fuese algo
extraordinario, pero no hasta este extremo!

EUGENIO *(Mirándola sorprendido.)*

¿Usted había pedido a la Virgen. . . ?

DOÑA MARÍA *(Cayendo de hinojos ante el
cuadro.)*

Esto es demasiado . . . demasiado castigo
para mi pobre vanidad. . .

In the second *cuadro*, called *Don Juan entre
mujeres*, Don Juan seduces two sisters, Adelia
and Hortensia, revealing once more his overpowering attraction for women and his obsession with love.

In the third *cuadro*, *Proyección de don Juan*,
everybody discusses Don Juan as a man and
lover. Some see in him the rebirth of the
legendary Don Juan, but Doctor Ordóñez
refuses to grant any positive qualities to Juan.
He proposes to invite him to his house and
leave him alone with his wife, for he claims
that five minutes of conversation with a really
intelligent woman like his wife will reveal
Juan to be the ridiculous fool he is. Others
warn him, but he insists on his plan.
Fernanda, the wife, meets Don Juan as the
curtain falls, ending the third *cuadro*.

In the fourth *cuadro*, *Don Juan y el Hampa*,
Don Juan associates with criminal types. He
meets a young dancing girl, Afra, returns to
her room that evening and ignores the warn-
ings of Flora, a local fortune teller, that Afra
belongs to Rendueles, a criminal and murderer. Overcome by passion, Afra yields to
Juan who disposes easily of Rendueles when
the latter seeks to stop them.

In the fifth *cuadro*, *Don Juan y los fantasmas*, Don Juan, at home with his servants,
receives a mysterious note which says that he
has been poisoned by one of his enemies for
having seduced an honorable woman. After
he dismisses his servants for the night, Juan

21 Zurbarán, Francisco de (1598–1662). Among his
works are: *The Apotheosis of Thomas Aquinas* and
Virgin Blessing Various Saints.

is visited by a strange person. The scene continues as follows:

DON JUAN

Hola. . . ¿Cómo ha llegado hasta aquí? ¿Es usted algún duende?

DIABLO

Soy Lucifer.

DON JUAN

Bromitas y todo, ¿eh?

DIABLO

Hablo absolutamente en serio. *(Poniéndose de pie.)* Soy el demonio.

DON JUAN

Pues me voy a permitir enseñar al demonio el peligro de entrar en las casas sin anunciarse. *(Da unos pasos hacia el diablo, que extiende la mano y le paraliza el andar.)*

DIABLO

Ya contaba yo con su acometividad.

DON JUAN *(Haciendo esfuerzos para seguir caminando.)*

Vaya una cosa rara. No puedo mover las piernas.

DIABLO

Si pudiera usted moverlas, no habría diálogo posible.

DON JUAN

Seguro. En cuanto recobre mi andar tendré el disgusto de tirarlo a usted por una ventana para que ensaye usted en otra parte su papel de diablo.

DIABLO

Sé muy bien mi papel. No necesito ensayarlo. Por torpe que usted me crea, piense que lo represento hace muchos siglos.

DON JUAN *(Estremeciéndose de ira por no poder dar ni un paso.)*

Es curioso. Me he quedado de pronto como clavado en el suelo. Una media parálisis súbita.

DIABLO

Se la produzco a usted yo. Con usted hay que tomar precauciones.

DON JUAN

¿A qué viene usted aquí?

DIABLO

Antes de que usted se muera, vengo a tentarle.

DON JUAN

¿A mí?

DIABLO

¡Oh! . . . , ya sé que es inútil.

DON JUAN

Entonces, ¿para qué viene usted?

DIABLO

Me permitirá usted que me reserve la contestación.

DON JUAN *(Desdeñoso.)*

Me es igual.

DIABLO

Ahora corre por Madrid el cuento de que cuando va usted a los cementerios desafía a sus muertos, como el Tenorio.

DON JUAN

Qué estupidez suponer que yo pueda ir a las tumbas, imitando títeres de comedia, a desafiar a mis muertos.

DIABLO

Está usted resucitando y continuando una leyenda.

DON JUAN

Todos los que me retaron haciéndome frente, bien muertos están. Si pudieran resucitar y quisieran venir a dialogar conmigo, podían hacerlo sin que yo fuera a invitarles a los cementerios. Los he conjurado mil veces en la soledad.

DIABLO

Los muertos se aparecen en ciertas circunstancias, no cuando se les llama.

DON JUAN *(Impaciente.)*

¿Va a prolongarse mucho este agarrotamiento de mis piernas, que ha ideado la cobardía de usted, o sea el miedo que me tiene?

DIABLO

Usted, si le contrarían, es un impulsivo. Hay que prevenirse.

DON JUAN

¿Qué quiere usted de mí?

DIABLO

Está usted envenenado realmente, como dice la carta que acaba usted de recibir.

DON JUAN

Eso me importa poco.

DIABLO

Ya sé que usted no se asusta fácilmente. *(Acercándosele y en tono insinuante.)* ¿Por qué antes de morir no se rebela usted contra Dios, como yo, y se une usted a mi falange?

DON JUAN

No necesito rebelarme contra nadie para hacer lo que se me antoja.

DIABLO

Piense usted que la rebeldía. . .

DON JUAN *(Interrumpiéndole.)*

La rebeldía supone tener un amo contra quien rebelarse, y yo no tengo ninguno. Soy el amo de mí mismo.

DIABLO

Esperaba esa contestación, a fe de Luzbel.[22] Conozco a la gente. Me contentaré con perturbar y enredar lo que pueda cumpliendo las necesidades de mi naturaleza. *(Va al velador y revuelve por entre los botes y cajas de tabaco.)*

DON JUAN

¿Qué busca usted ahí?

DIABLO *(Tomando una caja grande de plata, que abre.)*

¿Aquí tiene los retratos, epístolas y regalos de sus últimas aventuras, verdad? *(Saca de la caja un montón de cartas, que esparce por el aire, sembrando con ellas el suelo.)*

DON JUAN

¿Qué hace usted?

DIABLO

Dejar al descubierto esos papeles comprometedores.

DON JUAN

¿Para qué?

DIABLO *(Conservando la caja en la mano.)*

Mañana, cuando le encuentren a usted muerto sus criados, caerán en la tentación de sacar provecho de estas cartas, cuya divulgación irritará, alborotará, condenará más gente y extenderá más la resonancia de usted.

DON JUAN

¿Pero es que cuando usted se vaya voy a seguir amarrado al suelo?

DIABLO

Cuando yo me vaya quedarán libres sus piernas, pero dispondrá usted de muy poco tiempo. *(Sacando un medallón pequeño de la caja y contemplándolo.)* Bonito retrato. Un dije[23] íntimo. Guapa mujer. La señora de Ordóñez, ¿verdad?

DON JUAN

La misma. ¿Pero si lo sabe usted, por qué me lo pregunta?

DIABLO

Para demostrar a usted mi videncia de diablo. *(Tornando a mirar el dije.)* Preciosa de veras.

DON JUAN

Me aburrió tan pronto como todas.

DIABLO *(Guardando el dije en el bolsillo del gabán.)*

La consiguió usted tan fácilmente como a las demás, mientras su marido daba una con-ferencia contra Don Juan y contra usted, en el « Centro Policultural. »

DON JUAN

Me acerqué a ella porque me gustó, y la apetecí sin saber quién era.

DIABLO

Me costó poco trabajo conseguir que pecase. Le estoy a usted muy agradecido por el tiempo que me ha ahorrado. Con la muerte de usted, perderé un magnífico colaborador involuntario.

DON JUAN

¿Qué va a hacer usted con ese dije?

DIABLO

Procurar que circule. Difundir el pecado y levantar escándalo es mi placer mayor. *(Sacando otro retrato de la caja.)* Bonita mujer también. *(Mostrándole el retrato a distancia.)* Una belleza excepcional.

DON JUAN

Araceli Redondo. Ya la había olvidado.

DIABLO

Araceli Redondo parecía hecha para satisfacer al hombre más ávido.

DON JUAN

Vino a asesinarme, de su provincia, para vengar la muerte de su hermano, el capitán Redondo, que maté en duelo.

DIABLO

Esa mujer fué una de mis raras equivocaciones. Triunfó usted de mí con ella.

DON JUAN

¿Yo?

DIABLO

Usted. Cuando yo creí tenerla completamente condenada, decidida a vengarse, matándole traidoramente, se enamoró al verle y oírle y se le entregó. Pudo usted más que yo.

DON JUAN

Ninguna mujer se me dió con un furor parecido. Se retorcía en mis brazos como una tea[24] que se consume demasiado pronto, y rugía como loca contra sí misma, dándome todo su vivir a pesar de ser la hermana de un muerto por mí.

DIABLO *(Acercándose de nuevo.)*

Es curioso. Todas las mujeres han fracasado amándole, y, a pesar de eso, ninguna le odia, y todas conservan un constante deseo de usted, quizá porque no han podido satisfacerse, gustándole hasta saciarse.

---

22 a fe de Luzbel — By Jove.
23 dije — charm.

24 tea — torch, firebrand.

DON JUAN

No soy avaro de mí. Si no me hubieran hastiado tan pronto, me hubiera dejado devorar por ellas a gusto.

DIABLO

Es usted muy duro. Ni los gusanos cuando usted se muera podrán comérselo sin dificultad. Por lo demás, cada vez que vuelva usted a la tierra vendrá usted sediento, y se irá de ella más sediento que vino, inconmovible a Dios, al diablo y a todo lo que no sea usted mismo.

DON JUAN

Nadie más dado que yo al entusiasmo.

DIABLO

Sus entusiasmos duran instantes, pero su sed aumenta y permanece, porque usted *(aproximándosele un paso más)*, usted es un místico sensual sin saberlo, y la sensualidad es un medio de cansar la carne y acrecer la sed, y su sed es su castigo temporal, que le llevará a otro castigo mayor, que ya ha sufrido y volverá a sufrir.

DON JUAN *(Interesado a pesar suyo.)*

¿Qué es lo que volveré a sufrir?

DIABLO

Cuando Dios quiere inutilizar un sol, lo envía entre soles, privándole de todo medio de manifestarse, o sea de oscuridad que alumbrar.

DON JUAN

Usted. . .

DIABLO

Yo, como todo, estoy cojo y necesito en qué apoyarme en este universal auxilio mutuo. Sin pecadores no sería posible el Cristo hijo de Dios, que se apoya en mí y vive de mí, como las estrellas viven de la oscuridad.

DON JUAN

¡Oscuridad pasto de estrellas! No comprendo por qué. . .

DIABLO

No es tan fácil comprender al diablo como usted cree. . .

DON JUAN

Yo creo que. . .

DIABLO

He terminado mi misión. Adiós. Ahora entiéndase usted con su destino, con su vida y con su muerte.

(Extiende otra vez la diestra hacia DON JUAN *y desaparece bajo tierra.)* . . .

25 a mansalva — without running any risk.

Three columns of light come into the room. The blue figure represents destiny, the red figure, life, and the black figure, death. Juan rejects all their arguments with the statement that in this life, "Hice lo que apetecí. Ya es bastante." He repents of no action, as Death prepares to claim him for her own.

DON JUAN

¿Quién sin luchar conmigo, a mansalva,[25] me sigue quitando las fuerzas cobardemente?

FIGURA NEGRA

Te faltan instantes para que seamos tú y yo una misma cosa.

DON JUAN

Te oigo detrás de mí como el arrullo que se hace a los niños para que duerman.

FIGURA NEGRA *(Moviendo suavemente el manto.)*

Un gran niño, terco y caprichoso, has sido siempre.

DON JUAN

He jugado y me he reído muy a gusto en el mundo.

FIGURA NEGRA *(Pasando los bordes del manto ante los ojos de* DON JUAN.*)*

Tu último juego es éste, con la muerte a tus espaldas.

DON JUAN

Tu murmullo me recuerda el vago rumor de los cantos de mi madre cuando me mecía en sus brazos. *(Empieza a caer muy pausadamente el telón.)*

FIGURA NEGRA

Voy a fundirme contigo en la eterna sombra.

DON JUAN

¡Qué grata sombra! . . . ¡Si esto es morir, es muy dulce morir!

FIGURA NEGRA

Morir . . . peregrinar. . .

DON JUAN

Sigue . . . , sigue llegando a mí, así, tan sigilosamente como la novia ávida, que se nos acerca callando amorosa, segura de su voluntad y de su deseo.

FIGURA NEGRA

Tu más segura novia soy yo. De mí no podrás cansarte tan fácilmente como de las otras.

DON JUAN

Tampoco será tu secreto tan claro y breve como el de las mujeres.

FIGURA NEGRA

En cada ser vivo hay un secreto profundo, que tú no has sabido advertir.

DON JUAN

Yo quiero poder recoger al fin, como recogen la claridad los ojos, el secreto ansiado.

FIGURA NEGRA

Es un secreto inacabable.

DON JUAN

¿Un secreto . . . incogible?

FIGURA NEGRA

Un secreto eterno.

(Termina de caer el telón.)

In an epilogue called *Resonancia de don Juan* we see a group of women taking confession. They recall Don Juan as a divine ideal, the culmination of all their dreams. They cannot forget and do not repent having loved him. He also represents for them the strong man who cannot be dominated by women. As one young girl sums it up: "me parece verlo pasar aprisa por las calles, escapándose, sin dejarse coger nunca, como la felicidad."

Federico García Lorca, 1898–1936, *Bodas de sangre* (pp. 135–38)

As early as 1920 Lorca produced his first play, *El maleficio de la mariposa*, the result of a long interest in the theater which, according to his brother, Francisco, had begun when Federico was but a child. Some of his dramatic works are: *Mariana Pineda*, 1927, about a nineteenth-century heroine of Granada and her martyrdom; *La zapatera prodigiosa*, 1930, which makes good use of ballet in its projection of the eternal problem of the relationship between fantasy and realism; *El retablillo de Don Cristóbal*, 1931, written in the tradition of Pirandello; *El público*, 1931, his unfinished work on the incoherence to be found in life; *Así que pasen cinco años*, 1931, his equally surrealistic masterpiece which studies time (a constant in Lorca's theater), hope, frustration, life and death; and *Doña Rosita la soltera o el lenguaje de las flores*, 1935, about a lady whose sweetheart leaves her and her hopeful wait for a return which never takes place. In most of these one finds symbolism, poetry, tragedy, and the frustrations of humans who want and need love but who are hemmed in by their own fears and the conventions of an overly rigorous society.

Bodas de sangre, tragedia en tres actos y siete cuadros, 1933; *Yerma*, 1934; and *La casa*

1 See pp. 379–90 for Lorca's lyric poetry.

de Bernarda Alba, not performed until 1945, form what is often referred to as García Lorca's rural trilogy, a moving and human portrayal of Andalusian country life. In it one finds the usual Lorca symbols of the moon, death, and blood. Blood is the life force which when spilled leads the way to death. It represents family pride and also a code of honor so rigid that it causes sterility and death. At moments of high tension Lorca uses poetry instead of prose, but the entire play is suffused with his lyrical and musical power. For Pedro Salinas, the well-known twentieth century poet and critic, *Bodas de sangre* reveals artistically and dramatically the "concept of human fatality." In its portrayal of the tragedy of the frustrated and the unloved, the victims of family pride and honor, it reflects not only a wonderful picture of Spanish rural life but also the universality of popular dramatic poetry.[1] *Bodas de sangre* has often been compared to Synge's *Riders to the Sea*.

As the play opens, a mother and her son discuss his impending marriage. The other male members of her family have all been killed in a feud. The mother inquires of a neighbor about her son's sweetheart and her family background. She learns that the girl was once engaged to Leonardo Félix, whose family has been involved in the feud.

In the *cuadro segundo* Leonardo's mother-in-law and his wife sing a lullaby to his sleeping child. Lorca often summed up in his sentimental lullabies the anxieties, desires, and forebodings of the human heart. His use of animal symbolism conveys the tragedy of his land and of his characters, who seem ready to accept their destiny. The lullaby imparts a sense of the unknown, impending violence, and sorrow, combined with a great maternal tenderness. Lorca himself felt that his poetical images involved a transference of meaning; and his use of sight, touch, hearing, smell, and taste, combined with his antithetical elements, make him a kind of modern day Góngora at times. Lorca was a poet of music and melody, and cradle songs fascinated him. Along with folkloric elements, they helped to remind him of the eternal and living qualities of the Spanish scene.

CUADRO SEGUNDO

Habitación pintada de rosa con cobres[2] *y ramos de flores populares. En el centro, una mesa con mantel. Es la mañana.*

2 cobres — copperware.

(Suegra de LEONARDO *con un niño en brazos. Lo mece.* LA MUJER *en la otra esquina, hace punto de media.[3])*

SUEGRA

Nana,[4] niño, nana
del caballo grande
que no quiso el agua.
El agua era negra
dentro de las ramas.
Cuando llega al puente
se detiene y canta.
¿Quién dirá, mi niño,
lo que tiene el agua,
con su larga cola
por su verde sala?

MUJER *(bajo)*

Duérmete, clavel,
que el caballo no quiere beber.

SUEGRA

Duérmete, rosal,
que el caballo se pone a llorar.
Las patas heridas,
las crines heladas,
dentro de los ojos
un puñal de plata.
Bajaban al río.
¡Ay, cómo bajaban!
La sangre corría
más fuerte que el agua.

MUJER

Duérmete, clavel,
que el caballo no quiere beber.

SUEGRA

Duérmete, rosal,
que el caballo se pone a llorar.

MUJER

No quiso tocar
la orilla mojada
su belfo[5] caliente
con moscas de plata.
A los montes duros
sólo relinchaba
con el río muerto
sobre la garganta.
¡Ay, caballo grande,
que no quiso el agua!
¡Ay, dolor de nieve,
caballo del alba!

SUEGRA

¡No vengas! Detente,
cierra la ventana
con ramas de sueños
y sueño de ramas.

MUJER

Mi niño se duerme.

SUEGRA

Mi niño se calla.

MUJER

Caballo, mi niño
tiene una almohada.

SUEGRA

Su cuna de acero.

MUJER

Su colcha de holanda.

SUEGRA

Nana, niño, nana.

MUJER

¡Ay, caballo grande,
que no quiso el agua!

SUEGRA

¡No vengas, no entres!
Vete a la montaña.
Por los valles grises
donde está la jaca.

MUJER *(mirando)*

Mi niño se duerme.

SUEGRA

Mi niño descansa.

MUJER *(bajito)*

Duérmete, clavel,
que el caballo no quiere beber.

SUEGRA *(levantándose y muy bajito)*

Duérmete, rosal,
que el caballo se pone a llorar.

(Entran al niño. Entra Leonardo.*)*

LEONARDO

¿Y el niño?

MUJER

Se durmió.

LEONARDO

Ayer no estuvo bien. Lloró por la noche.

MUJER *(alegre)*

Hoy está como una dalia. ¿Y tú? ¿Fuiste a casa del herrador?

LEONARDO

De allí vengo. ¿Querrás creer? Llevo más de dos meses poniendo herraduras nuevas al caballo y siempre se le caen. Por lo visto se las arranca con las piedras.

MUJER

¿Y no será[6] que lo usas mucho?

LEONARDO

No. Casi no lo utilizo.

---

3 hacer punto de media — to mend stockings.
4 nana — lullaby.

5 belfo — muzzle.
6 ¿y no será? — couldn't it just be?

MUJER

Ayer me dijeron las vecinas que te habían visto al límite de los llanos.

LEONARDO

¿Quién lo dijo?

MUJER

Las mujeres que cogen las alcaparras.[7] Por cierto que me sorprendió. ¿Eras tú?

LEONARDO

No. ¿Qué iba a hacer yo allí, en aquel secano?[8]

MUJER

Eso dije. Pero el caballo estaba reventando de sudar.

LEONARDO

¿Lo viste tú?

MUJER

No. Mi madre.

LEONARDO

¿Está con el niño?

MUJER

Sí. ¿Quieres un refresco de limón?

LEONARDO

Con el agua bien fría.

MUJER

¡Cómo no viniste a comer! . . .

LEONARDO

Estuve con los medidores[9] del trigo. Siempre entretienen.

MUJER (haciendo el refresco y muy tierna).

¿Y lo pagan a buen precio?

LEONARDO

El justo.

MUJER

Me hace falta un vestido y al niño una gorra con lazos.

LEONARDO (levantándose).

Voy a verlo.

MUJER

Ten cuidado, que está dormido.

SUEGRA (saliendo).

Pero, ¿quién da esas carreras al caballo? Está abajo, tendido, con los ojos desorbitados como si llegara del fin del mundo.

LEONARDO (agrio).

Yo.

SUEGRA

Perdona; tuyo es.

MUJER (tímida).

Estuvo con los medidores del trigo.

SUEGRA

Por mí,[10] que reviente. (Se sienta. Pausa.)

MUJER

El refresco. ¿Está frío?

LEONARDO

Sí.

MUJER

¿Sabes que piden a mi prima?

LEONARDO

¿Cuándo?

MUJER

Mañana. La boda será dentro de un mes. Espero que vendrán a invitarnos.

LEONARDO (serio).

No sé.

SUEGRA

La madre de él creo que no estaba muy satisfecha con el casamiento.

LEONARDO

Y quizá tenga razón. Ella es de cuidado.[11]

MUJER

No me gusta que penséis mal de una buena muchacha.

SUEGRA

Pero cuando dice eso es porque la conoce. ¿No ves que fué tres años novia suya? (Con intención.)

LEONARDO

Pero la dejé. (A su mujer.) ¿Vas a llorar ahora? ¡Quita! (La aparta bruscamente las manos de la cara.) Vamos a ver al niño.

(Entran abrazados. Aparece la MUCHACHA, alegre. Entra corriendo.)

MUCHACHA

Señora.

SUEGRA

¿Qué pasa?

MUCHACHA

Llegó el novio a la tienda y ha comprado todo lo mejor que había.

SUEGRA

¿Vino solo?

MUCHACHA

No, con su madre. Seria, alta. (La invita.) Pero, ¡qué lujo!

SUEGRA

Ellos tienen dinero.

---

7 alcaparras — capers, flower buds of a shrub used as a condiment.
8 secano — dry land.
9 medidores — weighers or measurers.

10 por mí — as far as I'm concerned.
11 Ella es de cuidado — You've got to be careful about her.

MUCHACHA

¡Y compraron unas medias caladas! . . .[12]
¡Ay, qué medias! ¡El sueño de las mujeres en
medias! Mire usted: una golondrina aquí
(señala al tobillo[13]*)*, un barco aquí *(señala la
pantorrilla*[14]*)*, y aquí una rosa *(señala el
muslo*[15]*)*.

SUEGRA

¡Niña!

MUCHACHA

¡Una rosa con las semillas y el tallo! ¡Ay!
¡Todo en seda!

SUEGRA

Se van a juntar dos buenos capitales.

(Aparecen LEONARDO *y su* MUJER.*)*

MUCHACHA

Vengo a deciros lo que están comprando.

LEONARDO *(fuerte.)*

No nos importa.

MUJER

Déjala.

SUEGRA

Leonardo, no es para tanto.[16]

MUCHACHA

Usted dispense. *(Se va llorando.)*

SUEGRA

¿Qué necesidad tienes de ponerte a mal con
las gentes?

LEONARDO

No le he preguntado su opinión. *(Se
sienta.)*

SUEGRA

Está bien. *(Pausa.)*

MUJER *(a* LEONARDO*)*.

¿Qué te pasa? ¿Qué idea te bulle por dentro
de la cabeza? No me dejes así, sin saber
nada. . .

LEONARDO

Quita.

MUJER

No. Quiero que me mires y me lo digas.

LEONARDO

Déjame. *(Se levanta.)*

MUJER

¿Adónde vas, hijo?

LEONARDO *(agrio)*.

¿Te puedes callar?

SUEGRA *(enérgica a su hija)*.

¡Cállate! *(Sale* LEONARDO.*)* ¡El niño!

(Entra y vuelve a salir con él en brazos. La
MUJER *ha permanecido de pie, inmóvil.)*

> Las patas heridas,
> las crines heladas,
> dentro de los ojos
> un puñal de plata.
> Bajaban al río.
> ¡Ay, cómo bajaban!
> La sangre corría
> más fuerte que el agua.

MUJER *(volviéndose lentamente y como soñando)*.

> Duérmete, clavel,
> que el caballo se pone a beber.

SUEGRA

> Duérmete, rosal,
> que el caballo se pone a llorar.

MUJER

> Nana, niño, nana.

SUEGRA

> ¡Ay, caballo grande,
> que no quiso el agua!

MUJER *(dramática)*.

> ¡No vengas, no entres!
> ¡Vete a la montaña!
> ¡Ay, dolor de nieve,
> caballo del alba!

SUEGRA *(llorando)*.

> Mi niño se duerme. . .

MUJER *(llorando y acercándose lentamente)*.

> Mi niño descansa. . .

SUEGRA

> Duérmete, clavel,
> que el caballo no quiere beber.

MUJER *(llorando y apoyándose sobre la mesa)*.

> Duérmete, rosal,
> que el caballo se pone a llorar.

The bridegroom and his mother, dressed in
black, visit the bride. They talk about the trip,
the land, and the harvest with the bride's
father. They discuss the wedding date, and
give gifts to the bride. Leonardo, who rode
by the house at three o'clock in the morning,
returns. He reveals that even though he is
married, he still burns with desire for the girl
whom he had previously courted. He leaves
as a chorus of girls and young men sing a
song to the bride, and all depart for the
church. When they return the servant sings a
song to the bride and groom. The mother

---

12 medias caladas — mesh hose.
13 tobillo — ankle.
14 pantorrilla — calf.

15 muslo — thigh.
16 no es para tanto — it's not so important.

and father discuss their desire for grand-children, and the mother recalls the death of her other son. The guests arrive, the bride-groom seeks to embrace the bride, and she withdraws from him. Later when he looks for her she is missing. Leonardo's wife says that her husband has run off with her, and the groom's relatives pursue them to take revenge.

ACTO TERCERO

CUADRO PRIMERO

Bosque. Es de noche. Grandes troncos húme-dos. Ambiente oscuro. Se oyen dos violines.

(Salen tres leñadores.)

LEÑADOR 1º.
¿Y los han encontrado?[17]

LEÑADOR 2º.
No. Pero los buscan por todas partes.

LEÑADOR 3º.
Ya darán con ellos.

LEÑADOR 2º.
¡Chissss![18]

LEÑADOR 3º.
¿Qué?

LEÑADOR 2º.
Parece que se acercan por todos los cami-nos a la vez.

LEÑADOR 1º.
Cuando salga la luna los verán.

LEÑADOR 2º.
Debían dejarlos.

LEÑADOR 1º.
El mundo es grande. Todos pueden vivir en él.

LEÑADOR 3º.
Pero los matarán.

LEÑADOR 2º.
Hay que seguir la inclinación; han hecho bien en huir.

LEÑADOR 1º.
Se estaban engañando uno a otro y al fin la sangre pudo más.

LEÑADOR 3º.
¡La sangre!

LEÑADOR 1º.
Hay que seguir el camino de la sangre.

LEÑADOR 2º.
Pero sangre que ve la luz se la bebe la tierra.

LEÑADOR 1º.
¿Y qué? Vale más ser muerto desangrado que vivo con ella podrida.[19]

LEÑADOR 3º.
Callar.

LEÑADOR 1º.
¿Qué? ¿Oyes algo?

LEÑADOR 3º.
Oigo los grillos, las ranas, el acecho[20] de la noche.

LEÑADOR 1º.
Pero el caballo no se siente.

LEÑADOR 3º.
No.

LEÑADOR 1º.
Ahora la estará queriendo.

LEÑADOR 2º.
El cuerpo de ella era para él y el cuerpo de él para ella.

LEÑADOR 3º.
Los buscan y los matarán.

LEÑADOR 1º.
Pero ya habrán mezclado sus sangres y serán como dos cántaros[21] vacíos, como dos arroyos secos.

LEÑADOR 2º.
Hay muchas nubes y será fácil que la luna no salga.

LEÑADOR 3º.
El novio los encontrará con luna o sin luna. Yo lo vi salir. Como una estrella furiosa. La cara color ceniza. Expresaba el sino[22] de su casta.

LEÑADOR 1º.
Su casta de muertos en mitad de la calle.

LEÑADOR 2º.
¡Eso es!

LEÑADOR 3º.
¿Crees que ellos lograrán romper el cerco?[23]

LEÑADOR 2º.
Es difícil. Hay cuchillos y escopetas a diez leguas a la redonda.

LEÑADOR 3º.
Él lleva un buen caballo.

LEÑADOR 2º.
Pero lleva una mujer.

LEÑADOR 1º.
Ya estamos cerca.

17 The woodcutters are talking about the flight of Leonardo and the bride.
18 ¡Chissss! — Sh-h-h!
19 podrida — rotten.

20 acecho — ambush.
21 cántaros — jars.
22 sino — fate.
23 cerco — circle or net of pursuers.

LEÑADOR 2º.

Un árbol de cuarenta ramas. Lo cortaremos pronto.

LEÑADOR 3º.

Ahora sale la luna. Vamos a darnos prisa.

(Por la izquierda surge una claridad.)

LEÑADOR 1º.

¡Ay luna que sales!
Luna de las hojas grandes.

LEÑADOR 2º.

¡Llena[24] de jazmines la sangre!

LEÑADOR 1º.

¡Ay luna sola!
¡Luna de las verdes hojas!

LEÑADOR 2º.

Plata en la cara de la novia.

LEÑADOR 3º.

¡Ay luna mala!
Deja para el amor la oscura rama.

LEÑADOR 1º.

¡Ay triste luna!
¡Deja para el amor la rama oscura!

(Salen. Por la claridad de la izquierda aparece la LUNA. *La luna es un leñador joven con la cara blanca. La escena adquiere un vivo resplandor azul.)*

LUNA

Cisne redondo en el río,
ojo de las catedrales,
alba fingida en las hojas
soy; ¡no podrán escaparse!
¿Quién se oculta? ¿Quién solloza
por la maleza del valle?
La luna deja un cuchillo
abandonado en el aire,
que siendo acecho de plomo
quiere ser dolor de sangre.
¡Dejadme entrar! ¡Vengo helada
por paredes y cristales!
¡Abrir tejados y pechos
donde pueda calentarme!
¡Tengo frío! Mis cenizas
de soñolientos metales,
buscan la cresta del fuego
por los montes y las calles.

Pero me lleva la nieve
sobre su espalda de jaspe,
y me anega,[25] dura y fría,
el agua de los estanques.
Pues esta noche tendrán
mis mejillas roja sangre,
y los juncos agrupados
en los anchos pies del aire.
¡No haya sombra ni emboscada,
que no puedan escaparse!
¡Que quiero entrar en un pecho
para poder calentarme!
¡Un corazón para mí!
¡Caliente!, que se derrame
por los montes de mi pecho;[26]
dejadme entrar, ¡ay, dejadme!

(A las ramas.)

No quiero sombras. Mis rayos
han de entrar en todas partes,
y haya en los troncos oscuros
un rumor[27] de claridades,
para que esta noche tengan
mis mejillas dulce sangre,
y los juncos agrupados
en los anchos pies del aire.
¿Quién se oculta? ¡Afuera digo!
¡No! ¡No podrán escaparse!
Yo haré lucir al caballo
una fiebre de diamante.

(Desaparece entre los troncos, y vuelve la escena a su luz oscura. Sale una anciana totalmente cubierta por tenues paños verdeoscuros. Lleva los pies descalzos. Apenas si se le verá el rostro entre los pliegues. Este personaje no figura en el reparto.[28])

MENDIGA

Esa luna se va, y ellos se acercan.
De aquí no pasan. El rumor del río
apagará con el rumor de troncos
el desgarrado[29] vuelo de los gritos.
Aquí ha de ser, y pronto. Estoy cansada.
Abren los cofres, y los blancos hilos[30]
aguardan por el suelo de la alcoba
cuerpos pesados con el cuello herido.
No se despierte un pájaro y la brisa,
recogiendo en su falda los gemidos,

24 ¡Llena! — cover (a command).

25 anegar — soak.

26 The moon symbolism here is one of the most common features in Lorca's work. Lorca sees in the cold and eternal moon, often represented as a woman, the sharp outline of an impending death. The frozen image of the moon will light the way to death for the lovers. In associating the moon with images of death, Lorca is following an old tradition, fragments of which still exist in certain funeral services. The moon here represents death, although she wishes to be associated with the warmth of life. She represents dying and being reborn (waxing and waning), the eternal tragedy of mankind. The moon refuses to heed the prayers of the woodcutters as they plead for life for the sweethearts, for like ancient Isis she demands a sacrifice performed with a knife and with blood.

27 rumor — noise or whisper.

28 reparto — cast. The *mendiga*, the actual figure of death, serves as a kind of representative of the moon.

29 desgarrado — torn.

30 hilos — sheets.

huya con ellos por las negras copas
o los entierre por el blando limo.[31]

(Impaciente.)

¡Esa luna, esa luna!

(Aparece la LUNA. *Vuelve la luz azul intensa.)*

LUNA

Ya se acercan.
Unos por la cañada y el otro por el río.
Voy a alumbrar las piedras. ¿Qué necesitas?

MENDIGA

Nada.

LUNA

El aire va llegando duro, con doble filo.

MENDIGA

Ilumina el chaleco y aparta los botones,
que después las navajas ya saben el camino.

LUNA

Pero que tarden mucho en morir. Que la
[sangre
me ponga entre los dedos su delicado silbo.
¡Mira que ya mis valles de ceniza despiertan
en ansia de esta fuente de chorro estremecido!

MENDIGA

No dejemos que pasen el arroyo. ¡Silencio!

LUNA

¡Allí vienen! *(Se va. Queda la escena oscura.)*

MENDIGA

De prisa. Mucha luz. ¿Me has oído?
¡No pueden escaparse!

(Entran el NOVIO *y* MOZO 1º. *La* MENDIGA *se
sienta y se tapa con el manto.)*

NOVIO

Por aquí.

MOZO 1º.

No los encontrarás.

NOVIO *(enérgico)*.

¡Sí los encontraré!

MOZO 1º.

Creo que se han ido por otra vereda.

NOVIO

No. Yo sentí hace un momento el galope.

MOZO 1º.

Sería otro caballo.

NOVIO *(dramático)*.

Oye. No hay más que un caballo en el
mundo, y es éste. ¿Te has enterado? Si me
sigues, sígueme sin hablar.

MOZO 1º.

Es que quisiera. . .

NOVIO

Calla. Estoy seguro de encontrármelos aquí.

¿Ves este brazo? Pues no es mi brazo. Es el
brazo de mi hermano y el de mi padre y el de
toda mi familia que está muerta. Y tiene tanto
poderío, que puede arrancar este árbol de
raíz si quiere. Y vamos pronto, que siento los
dientes de todos los míos clavados aquí de
una manera que se me hace imposible respirar
tranquilo.

MENDIGA *(quejándose)*.

¡Ay!

MOZO 1º.

¿Has oído?

NOVIO

Vete por ahí y da la vuelta.

MOZO 1º.

Esto es una caza.

NOVIO

Una caza. La más grande que se puede
hacer.

(Se va el MOZO. *El* NOVIO *se dirige rápidamente hacia la izquierda y tropieza con la*
MENDIGA, *la muerte.)*

MENDIGA

¡Ay!

NOVIO

¿Qué quieres?

MENDIGA

Tengo frío.

NOVIO

¿Adónde te diriges?

MENDIGA *(siempre quejándose como una mendiga)*.

Allá lejos. . .

NOVIO

¿De dónde vienes?

MENDIGA

De allí . . . , de muy lejos.

NOVIO

¿Viste un hombre y una mujer que corrían
montados en un caballo?

MENDIGA *(despertándose)*.

Espera. . . *(Lo mira.)* Hermoso galán. *(Se
levanta.)* Pero mucho más hermoso si estuviera dormido.

NOVIO

Dime, contesta, ¿los viste?

MENDIGA

Espera. . . ¡Qué espaldas más anchas!
¿Cómo no te gusta[32] estar tendido sobre ellas
y no andar sobre las plantas de los pies que
son tan chicas?

---

31 limo — slime.

32 ¿Cómo . . . gusta? — wouldn't you like?

NOVIO *(zamarreándola).*

¡Te digo si los viste! ¿Han pasado por aquí?

MENDIGA *(enérgica).*

No han pasado; pero están saliendo de la colina. ¿No los oyes?

NOVIO

No.

MENDIGA

¿Tú no conoces el camino?

NOVIO

¡Iré sea como sea!

MENDIGA

Te acompañaré. Conozco esta tierra.

NOVIO *(impaciente).*

¡Pero vamos! ¿Por dónde?

MENDIGA *(dramática).*

¡Por allí!

(Salen rápidos. Se oyen lejanos dos violines que expresan el bosque. Vuelven los leñadores. Llevan las hachas al hombro. Pasan lentos entre los troncos.)

LEÑADOR 1º.

¡Ay muerte que sales!
Muerte de las hojas grandes.

LEÑADOR 2º.

¡No abras el chorro de la sangre!

LEÑADOR 1º.

¡Ay muerte sola!
Muerte de las secas hojas.

LEÑADOR 3º.

¡No cubras de flores la boda!

LEÑADOR 2º.

¡Ay triste muerte!
Deja para el amor la rama verde.

LEÑADOR 1º.

¡Ay muerte mala!
¡Deja para el amor la verde rama!

(Van saliendo mientras hablan. Aparecen LEONARDO *y la* NOVIA.*)*

LEONARDO

¡Calla!

NOVIA

Desde aquí yo me iré sola.
¡Vete! Quiero que te vuelvas.

LEONARDO

¡Calla, digo!

NOVIA

Con los dientes,
con las manos, como puedas,
quita de mi cuello honrado

el metal de esta cadena,
dejándome arrinconada
allá en mi casa de tierra.
Y si no quieres matarme
como a víbora pequeña,
pon en mis manos de novia
el cañón de la escopeta.
¡Ay, qué lamento, qué fuego
me sube por la cabeza!
¡Qué vidrios se me clavan en la lengua!

LEONARDO

Ya dimos el paso; ¡calla!,
porque nos persiguen cerca
y te he de llevar conmigo.

NOVIA

¡Pero ha de ser a la fuerza!

LEONARDO

¿A la fuerza? ¿Quién bajó[33]
primero las escaleras?

NOVIA

Yo las bajé.

LEONARDO

¿Quién le puso
al caballo bridas nuevas?

NOVIA

Yo misma. Verdad.

LEONARDO

¿Y qué manos
me calzaron las espuelas?

NOVIA

Estas manos, que son tuyas,
pero que al verte quisieran
quebrar las ramas azules
y el murmullo de tus venas.
¡Te quiero! ¡Te quiero! ¡Aparta!
Que si matarte pudiera,
te pondría una mortaja[34]
con los filos de violetas.
¡Ay, qué lamento, qué fuego
me sube por la cabeza!

LEONARDO

¡Qué vidrios se me clavan en la lengua!
Porque yo quise olvidar
y puse un muro de piedra
entre tu casa y la mía.
Es verdad. ¿No lo recuerdas?
Y cuando te vi de lejos
me eché en los ojos arena.
Pero montaba a caballo
y el caballo iba a tu puerta.
Con alfileres de plata
mi sangre se puso negra,

---

33 Leonardo refers here and in the next few speeches to what happened at the bride's home at the wedding celebration just before they ran away.

34 mortaja — shroud.

y el sueño me fué llenando
las carnes de mala hierba.
Que yo no tengo la culpa,
que la culpa es de la tierra
y de ese olor que te sale
de los pechos y las trenzas.[35]

NOVIA

¡Ay qué sinrazón! No quiero
contigo cama ni cena,
y no hay minuto del día
que estar contigo no quiera,
porque me arrastras y voy,
y me dices que me vuelva
y te sigo por el aire
como una brizna[36] de hierba.
He dejado a un hombre duro
y a toda su descendencia
en la mitad de la boda
y con la corona puesta.
Para ti será el castigo
y no quiero que lo sea.
¡Déjame sola! ¡Huye tú!
No hay nadie que te defienda.

LEONARDO

Pájaros de la mañana
por los árboles se quiebran.[37]
La noche se está muriendo
en el filo de la piedra.[38]
Vamos al rincón oscuro,
donde yo siempre te quiera,
que no me importa la gente,
ni el veneno que nos echa.

(La abraza fuertemente.)

NOVIA

Y yo dormiré a tus pies
para guardar lo que sueñas.
Desnuda, mirando al campo,

(Dramática.)

como si fuera una perra,
¡porque eso soy! Que te miro
y tu hermosura me quema.

LEONARDO

Se abrasa lumbre con lumbre.
La misma llama pequeña
mata dos espigas juntas.
¡Vamos!

(La arrastra.)

NOVIA

¿Adónde me llevas?

LEONARDO

Adonde no puedan ir

estos hombres que nos cercan.
¡Donde yo pueda mirarte!

NOVIA (sarcástica).

Llévame de feria en feria,
dolor de mujer honrada,
a que las gentes me vean
con las sábanas de boda
al aire, como banderas.

LEONARDO

También yo quiero dejarte
si pienso como se piensa.
Pero voy donde tú vas.
Tú también. Da un paso. Prueba.
Clavos de luna nos funden[39]
mi cintura y tus caderas.

(Toda esta escena es violenta, llena de gran
sensualidad.)

NOVIA

¿Oyes?

LEONARDO

Viene gente.

NOVIA

¡Huye!
Es justo que yo aquí muera
con los pies dentro del agua,
espinas en la cabeza.
Y que me lloren las hojas,
mujer perdida y doncella.[40]

LEONARDO

Cállate. Ya suben.

NOVIA

¡Vete!

LEONARDO

Silencio. Que no nos sientan.
Tú delante. ¡Vamos, digo!

(Vacila la NOVIA.)

NOVIA

¡Los dos juntos!

LEONARDO (abrazándola).

¡Como quieras!
Si nos separan, será
porque esté muerto.

NOVIA

Y yo muerta.

(Salen abrazados.)

(Aparece la LUNA muy despacio. La escena
adquiere una fuerte luz azul. Se oyen los dos
violines. Bruscamente se oyen dos largos gritos
desgarrados, y se corta la música de los violines.

35 trenzas — braids.
36 brizna — splinter.
37 se quiebran — are singing.

38 en . . . piedra — on the stone's edge.
39 funden — fuse.
40 doncella — virgin.

Al segundo grito aparece la MENDIGA *y queda de espaldas. Abre el manto y queda en el centro como un gran pájaro de alas inmensas. La* LUNA *se detiene. El telón baja en medio de un silencio absoluto.)*

TELÓN

CUADRO ÚLTIMO

Habitación blanca con arcos y gruesos muros. A la derecha y a la izquierda escaleras blancas. Gran arco al fondo y pared del mismo color. El suelo será también de un blanco reluciente. Esta habitación simple tendrá un sentido monumental de iglesia. No habrá ni un gris, ni una sombra, ni siquiera lo preciso para la perspectiva.

(Dos muchachas vestidas de azul están devanando[41] una madeja[42] roja.)

MUCHACHA 1ª.
    Madeja, madeja,
    ¿qué quieres hacer?

MUCHACHA 2ª.
    Jazmín de vestido.
    cristal de papel.
    Nacer a las cuatro,
    morir a las diez.
    Ser hilo de lana,
    cadena a tus pies
    y nudo que apriete
    amargo laurel.

NIÑA *(cantando).*
    ¿Fuisteis a la boda?

MUCHACHA 1ª.
    No.

NIÑA
    ¡Tampoco fuí yo!
    ¿Qué pasaría
    por los tallos de las viñas?
    ¿Qué pasaría
    por el ramo de la oliva?
    ¿Qué pasó
    que nadie volvió?
    ¿Fuisteis a la boda?

MUCHACHA 2ª.
    Hemos dicho que no.

NIÑA *(yéndose).*
    ¡Tampoco fuí yo!

MUCHACHA 2ª.
    Madeja, madeja,
    ¿qué quieres cantar?

MUCHACHA 1ª.
    Heridas de cera,
    dolor de arrayán.[43]
    Dormir la mañana,
    de noche velar.

NIÑA *(en la puerta).*
    El hilo tropieza
    con el pedernal.
    Los montes azules
    lo dejan pasar.
    Corre, corre, corre,
    y al fin llegará
    a poner cuchillo
    y a quitar el pan.

(Se va.)

MUCHACHA 2ª.
    Madeja, madeja,
    ¿qué quieres decir?

MUCHACHA 1ª.
    Amante sin habla.
    Novio carmesí.
    Por la orilla muda
    tendidos los vi.

(Se detiene mirando la madeja.)

NIÑA *(asomándose a la puerta).*
    Corre, corre, corre,
    el hilo hasta aquí.
    Cubiertos de barro
    los siento venir.
    ¡Cuerpos estirados,
    paños[44] de marfil!

(Se va.)

(Aparecen la MUJER *y la* SUEGRA *de* LEONARDO. *Llegan angustiadas.)*

MUCHACHA 1ª.
    ¿Vienen ya?

SUEGRA *(agria).*
    No sabemos.

MUCHACHA 2ª.
    ¿Qué contáis de la boda?

MUCHACHA 1ª.
                            Dime.

SUEGRA *(seca).*
                            Nada.

MUJER
    Quiero volver para saberlo todo.

SUEGRA *(enérgica).*
    Tú, a tu casa.
    Valiente y sola en tu casa.
    A envejecer y a llorar.
    Pero la puerta cerrada.

---

41 devanar — to wind.
42 madeja — skein.

43 arrayán — myrtle.
44 paños — sheets.

Nunca. Ni muerto ni vivo.
Clavaremos las ventanas.
Y vengan lluvias y noches
sobre las hierbas amargas.

MUJER

¿Qué habrá pasado?

SUEGRA

No importa.
Échate un velo en la cara.
Tus hijos son hijos tuyos
nada más. Sobre la cama
pon una cruz de ceniza
donde estuvo su almohada.

(Salen.)

MENDIGA *(a la puerta)*.

Un pedazo de pan, muchachas.

NIÑA

¡Vete!

(Las muchachas se agrupan.)

MENDIGA

¿Por qué?

NIÑA

Porque tú gimes: vete.

MUCHACHA 1ª.

¡Niña!

MENDIGA

¡Pude pedir tus ojos! Una nube
de pájaros me sigue; ¿quieres uno?

NIÑA

¡Yo me quiero marchar!

MUCHACHA 2ª. *(a la MENDIGA)*.

¡No le hagas caso!

MUCHACHA 1ª.

¿Vienes por el camino del arroyo?

MENDIGA

¡Por allí vine!

MUCHACHA 1ª. *(tímida)*.

¿Puedo preguntarte?

MENDIGA

Yo los vi; pronto llegan: dos torrentes
quietos al fin entre las piedras grandes,
dos hombres en las patas del caballo.
Muertos en la hermosura de la noche.

(Con delectación.)

Muertos, sí, muertos.

MUCHACHA 1ª.

¡Calla, vieja, calla!

MENDIGA

Flores rotas los ojos, y sus dientes
dos puñados de nieve endurecida.

---

45 brazado — armful.
46 escarcha — frost.

Los dos cayeron, y la novia vuelve
teñida en sangre falda y cabellera.
Cubiertos con dos mantas ellos vienen
sobre los hombros de los mozos altos.
Así fué; nada más. Era lo justo.
Sobre la flor del oro, sucia arena.

*(Se va. Las MUCHACHAS inclinan la cabeza
y rítmicamente van saliendo.)*

MUCHACHA 1ª.

Sucia arena.

MUCHACHA 2ª.

Sobre la flor del oro.

NIÑA

Sobre la flor del oro
traen a los muertos del arroyo.
Morenito el uno,
morenito el otro.
¡Qué ruiseñor de sombra vuela y gime
sobre la flor del oro!

*(Se va. Queda la escena sola. Aparece la
MADRE con una VECINA. La VECINA viene llorando.)*

MADRE

Calla.

VECINA

No puedo.

MADRE

Calla, he dicho. *(En la puerta.)* ¿No hay
nadie aquí? *(Se lleva las manos a la frente.)*
Debía contestarme mi hijo. Pero mi hijo es ya
un brazado[45] de flores secas. Mi hijo es ya una
voz oscura detrás de los montes. *(Con rabia a
la VECINA.)* ¿Te quieres callar? No quiero llantos en esta casa. Vuestras lágrimas son lágrimas de los ojos nada más, y las mías vendrán
cuando yo esté sola, de las plantas de mis pies,
de mis raíces, y serán más ardientes que la
sangre.

VECINA

Vente a mi casa; no te quedes aquí.

MADRE

Aquí. Aquí quiero estar. Y tranquila. Ya
todos están muertos. A medianoche dormiré,
dormiré sin que ya me aterren la escopeta o el
cuchillo. Otras madres se asomarán a las ventanas, azotadas por la lluvia, para ver el rostro
de sus hijos. Yo no. Yo haré con mi sueño
una fría paloma de marfil que lleve camelias
de escarcha[46] sobre el camposanto. Pero no;
camposanto no, camposanto no; lecho de
tierra, cama que los cobija y que los mece[47]
por el cielo. *(Entra una mujer de negro que se*

---

47 mecer — to rock.

dirige a la derecha y allí se arrodilla. A la
VECINA.) Quítate las manos de la cara. Hemos
de pasar días terribles. No quiero ver a nadie.
La tierra y yo. Mi llanto y yo. Y estas cuatro
paredes. ¡Ay! ¡Ay! *(Se sienta transida.)*

VECINA

Ten caridad de ti misma.

MADRE *(echándose el pelo hacia atrás).*

He de estar serena. *(Se sienta.)* Porque vendrán las vecinas y no quiero que me vean tan
pobre. ¡Tan pobre! Una mujer que no tiene
un hijo siquiera que poderse llevar a los labios.

(Aparece la NOVIA. *Viene sin azahar*[48] *y con
un manto negro.)*

VECINA *(viendo a la* NOVIA *con rabia).*

¿Dónde vas?

NOVIA

Aquí vengo.

MADRE *(a la vecina).*

¿Quién es?

VECINA

¿No la reconoces?

MADRE

Por eso pregunto quién es. Porque tengo
que no reconocerla, para no clavarla mis dientes en el cuello. ¡Víbora! *(Se dirige hacia la*
NOVIA *con ademán fulminante; se detiene. A la*
VECINA.) ¿La ves? Está ahí y está llorando, y
yo quieta sin arrancarle los ojos. No me entiendo. ¿Será que yo no quería a mi hijo? Pero,
¿y su honra? ¿Dónde está su honra? *(Golpea
a la* NOVIA. *Ésta cae al suelo.)*

VECINA

¡Por Dios! *(Trata de separarlas.)*

NOVIA *(a la* VECINA).

Déjala; he venido para que me mate y que
me lleven con ellos. *(A la* MADRE.) Pero no
con las manos; con garfios[49] de alambre, con
una hoz,[50] y con fuerza, hasta que se rompa
en mis huesos. ¡Déjala! Que quiero que sepa
que yo soy limpia, que estaré loca, pero que
me pueden enterrar sin que ningún hombre se
haya mirado en la blancura de mis pechos.

MADRE

Calla, calla; ¿qué me importa eso a mí?

NOVIA

¡Porque yo me fuí con el otro, me fuí! *(Con
angustia.)* Tú también te hubieras ido. Yo era
una mujer quemada, llena de llagas por dentro y por fuera, y tu hijo era un poquito de
agua de la que yo esperaba hijos, tierra, salud;
pero el otro era un río oscuro, lleno de ramas,
que acercaba a mí el rumor de sus juncos y su
cantar entre dientes. Y yo corría con tu hijo
que era como un niñito de agua fría y el otro
me mandaba cientos de pájaros que me im-
pedían el andar y que dejaban escarcha sobre
mis heridas de pobre mujer marchita, de muchacha acariciada por el fuego. Yo no quería,
¡óyelo bien!, yo no quería. ¡Tu hijo era mi fin
y yo no lo he engañado, pero el brazo del otro
me arrastró como un golpe de mar, como la
cabezada de un mulo, y me hubiera arrastrado siempre, siempre, siempre, aunque hubiera
sido vieja y todos los hijos de tu hijo me hubiesen agarrado de los cabellos! *(Entra una vecina.)*

MADRE

Ella no tiene la culpa, ¡ni yo! *(Sarcástica.)*
¿Quién la tiene, pues? ¡Floja, delicada, mujer
de mal dormir es quien tira una corona de
azahar para buscar un pedazo de cama calen-
tado por otra mujer!

NOVIA

¡Calla, calla! Véngate de mí; ¡aquí estoy!
Mira que mi cuello es blando; te costará menos trabajo que segar una dalia de tu huerto.
Pero ¡eso no! Honrada, honrada como una
niña recién nacida. Y fuerte para demostrár-
telo. Enciende la lumbre. Vamos a meter las
manos; tú, por tu hijo, yo, por mi cuerpo.
Las retirarás antes tú. *(Entra otra vecina.)*

MADRE

Pero ¿qué me importa a mí tu honradez?
¿Qué me importa tu muerte? ¿Qué me importa
a mí nada de nada? Benditos sean los trigos,
porque mis hijos están debajo de ellos; bendita sea la lluvia, porque moja la cara de los
muertos. Bendito sea Dios, que nos tiende
juntos para descansar. *(Entra otra vecina.)*

NOVIA

Déjame llorar contigo.

MADRE

Llora. Pero en la puerta.

(Entra la NIÑA. *La* NOVIA *queda en la puerta.
La* MADRE, *en el centro de la escena.)*

MUJER *(entrando y dirigiéndose a la izquierda).*

Era hermoso jinete,
y ahora montón de nieve.
Corrió ferias y montes
y brazos de mujeres.
Ahora, musgo de noche
le corona la frente.

---

48 azahar — orange blossom (part of the traditional
wreath worn at weddings).

49 garfios — hooks.
50 hoz — sickle.

MADRE

Girasol[51] de tu madre,
espejo de la tierra.
Que te pongan al pecho
cruz de amargas adelfas:[52]
sábana que te cubra
de reluciente seda,
y el agua forme un llanto
entre tus manos quietas.

MUJER

¡Ay, qué cuatro muchachos
llegan con hombros cansados!

NOVIA

!Ay, qué cuatro galanes
traen a la muerte por el aire!

MADRE

Vecinas.

NIÑA *(en la puerta).*

Ya los traen.

MADRE

Es lo mismo.
La cruz, la cruz.

MUJERES

Dulces clavos,
dulce cruz,
dulce nombre
de Jesús.

NOVIA

Que la cruz ampare a muertos y vivos.

MADRE

Vecinas, con un cuchillo,
con un cuchillito,
en un día señalado, entre las dos y las tres,
se mataron los dos hombres del amor.
Con un cuchillo,
con un cuchillito
que apenas cabe en la mano,
pero que penetra fino
por las carnes asombradas,
y que se para en el sitio
donde tiembla enmarañada[53]
la oscura raíz del grito.

NOVIA

Y esto es un cuchillo,
un cuchillito
que apenas cabe en la mano;
pez sin escamas ni río,
para que un día señalado, entre las dos y las
con este cuchillo [tres,
se queden dos hombres duros
con los labios amarillos.

51 girasol — sunflower.
52 adelfa — rosebay.
53 enmarañada — entangled.
54 Sharp objects for Lorca symbolized death. The

MADRE

Y apenas cabe en la mano,
pero que penetra frío
por las carnes asombradas
y allí se para, en el sitio
donde tiembla enmarañada
la oscura raíz del grito.[54]

(Las vecinas, arrodilladas en el suelo, lloran.)

TELÓN

FIN DEL DRAMA

Alejandro Casona, 1903–65, *La dama del alba* (pp. 138–41)

Alejandro Rodríguez Álvarez, who wrote over thirty dramas under the name Casona, traveled a great deal in his youth and developed an early interest in people and their problems. He came from a family of educators and he, too, became a teacher. He founded a children's theater in a small village in the Pyrenees, and from 1931 to 1936 he served the Spanish Republic as the director of a roving cultural and educational mission which sought to stimulate the minds of peasant children. One of his plays, *Nuestra Natacha*, 1936, a plea for freedom of ideas for the younger generations and for the dignity of man, reaffirmed Falangist beliefs that he was opposed to Franco, and he had to flee the country. He lived in Mexico, Cuba, and for many years in Argentina. Although he was perhaps the most outspoken of the anti-Franco refugees in America, he returned to Spain in 1963.

Among Casona's dramas are: *La sirena varada*, 1934, which stresses his favorite theme of men and women who seek escape into fantasy from the real world which has hurt and disillusioned them but learn finally that real happiness comes through facing reality; *Otra vez el diablo*, 1935, and *La barca sin pescador*, 1945, which present a novel kind of devil as protagonist; *Prohibido suicidarse en la primavera*, 1937, about an asylum for would-be suicides and their reintegration into society; *Los árboles mueren de pie*, 1949, and *La casa de los siete balcones*, 1957, which show other treatments of the reality-fantasy

fears of the mother about knives, expressed in the first act, have materialized. Her obsession about knives was well founded, and she has almost a feeling of relief when the tragedy has been culminated.

aspect of Casona's plays; and *El caballero de
las espuelas de oro*, 1964, about Francisco de
Quevedo, which may be interpreted as a mild
attack against the Franco regime.

In almost all his dramas Casona combines
realism and fantasy, the lyrical and the practical. He presents psychoanalytic theory and
Catholic theology to illustrate his themes of
God, death, and love; but humor, human
warmth, tenderness, and great understanding,
more than intellectual investigation, stand out
in his treatment of spiritual and social problems. Casona insists on the value and dignity
of the individual in a depersonalized world.
He examines existential problems of people
who face material and spiritual frontiers
which cause anguish, but as a moral, ethical,
Christian optimist who believes in God, he
accepts the possibility of happiness in this
world as well as in the next.

La dama del alba was first performed on
November 3, 1944, at the Teatro Avenida in
Buenos Aires by Margarita Xirgu, perhaps
the most famous Spanish-speaking actress of
the twentieth century. Casona dedicated it "A
mi tierra de Asturias: a su paisaje, a sus
hombres, a su espíritu." Labeled a *Retablo en
cuatro actos*, it contains his usual interplay of
the real versus the ideal, wonderful character
portraits, including a warm and sincere portrayal of old age, another constant in his
works, an abundance of folklore elements,
and an understanding and original treatment
of death as a woman who can love and suffer
without the eventual consolation of dying herself.

As Act I opens sadness pervades the Narcés
home, occupied by three children, Falín,
Andrés, and Dorina, a servant named Telva,
the Madre, the Abuelo, and Martín. Four
years earlier Angélica, the oldest daughter
and wife of Martín, had disappeared and apparently drowned in the backwater of a river.
Since that time the children have not been
allowed to cross the river. The mother cannot
resign herself to the lack of a proper burial
for her daughter and she keeps Angélica's
room tightly closed and sacrosanct. One night
a strange pilgrim woman named *La Peregrina*
comes to the house. She is pale and beautiful,
but has cold hands. She plays with the
children for a time and then becomes drowsy

and falls asleep. The children promise to
awaken her at nine so she can keep an appointment, but they are sent to bed. The
grandfather, who has assured the children he
will awaken *La Peregrina*, tries to remember
where he has seen her before. Here begins the
second act.

En el mismo lugar, *poco después*, LA PERE-
GRINA *sigue dormida. Pausa durante la cual se
oye el tic-tac del reloj.* EL ABUELO *se le acerca
y vuelve a mirarla fijamente, luchando con el
recuerdo.* LA PEREGRINA *continúa inmóvil.*

TELVA *aparece en lo alto de la escalera. Entonces el* ABUELO *se aparta y enciende con su
eslabón[1] el cigarro que se le ha apagado entre
los labios.*

TELVA

(Bajando la escalera.) Trabajo me costó,
pero por fin están dormidos. *(*EL ABUELO *le
impone silencio. Baja el tono.)* Demonio de
críos,[2] y qué pronto se les llena la cabeza de
fantasías. Que si es la Virgen de los caminos
... que si es una reina disfrazada ... que si
lleva un vestido de oro debajo del sayal ...[3]

ABUELO

(Pensativo.) Quién sabe. A veces un niño
ve más allá que un hombre. También yo
siento que algo misterioso entró con ella en
esta casa.

TELVA

¿A sus años? Era lo que nos faltaba. ¡A la
vejez, pájaros otra vez![4]

ABUELO

Cuando le abriste la puerta ¿no sentiste algo
raro en el aire?

TELVA

El repelús de la escarcha.[5]

ABUELO

¿Y nada más ...?

TELVA

Déjeme de historias. Yo tengo mi alma en
mi almario,[6] y dos ojos bien puestos en mitad
de la cara. Nunca me emborraché con cuentos.

ABUELO

Sin embargo, esa sonrisa quieta ... esos
ojos sin color como dos cristales ... y esa
manera tan extraña de hablar ...

---

1 eslabón — piece of steel which the peasants strike
against a flint rock to produce sparks.
2 demonio de críos — devilish brats.
3 Que si es la Virgen, etc. — Whether she is ... whether
she is ... whether she is.

4 pájaros otra vez — Telva means he is in his second
childhood.
5 repelús de la escarcha — a whiff of frost.
6 Yo tengo ... almario — I'm pretty level headed.

TELVA

Rodeos para ocultar lo que le importa. *(Levanta la mecha del quinqué,[7] iluminando nuevamente la escena.)* Por eso no la tragué[8] desde que entró. A mí me gusta la gente que pisa fuerte y habla claro. *(Se fija en él.)* Pero, ¿qué le pasa, mi amo? . . . ¡Si está temblando como una criatura![9]

ABUELO

No sé . . . tengo miedo de lo que estoy pensando.

TELVA

Pues no piense . . . La mitad de los males salen de la cabeza. *(Cogiendo nuevamente su calceta, se sienta.)* Yo, cuando una idea no me deja en paz, cojo la calceta, me pongo a cantar, y mano de santo.[10]

ABUELO

(Se sienta nervioso junto a ella.) Escucha, Telva, ayúdame a recordar. ¿Cuándo dijo esa mujer que había pasado por aquí otras veces?

TELVA

El día de la nevadona; cuando la nieve llegó hasta las ventanas y se borraron todos los caminos.

ABUELO

Ese día el pastor se perdió al cruzar la cañada ¿te acuerdas? Lo encontraron a la mañana siguiente, tendido entre sus ovejas, con la camisa dura como un carámbano.[11]

TELVA

(Sin dejar su labor.) ¡Lástima de hombre![12] Parecía un San Cristobalón[13] con su cayado y sus barbas de estopa, pero cuando tocaba la zampoña, los pájaros se le posaban en los hombros.

ABUELO

Y la otra vez . . . ¿no fué cuando la boda de la Mayorazga?[14]

TELVA

Eso dijo. Pero ella no estuvo en la boda; la vió desde lejos.

ABUELO

¡Desde el monte! El herrero había prometido cazar un corzo para los novios . . . Al inclinarse a beber en el arroyo, se le disparó la escopeta[15] y se desangró en el agua.

TELVA

Así fué. Los rapaces lo descubrieron cuando vieron roja el agua de la fuente. *(Inquieta de pronto, suspende su labor y lo mira fijamente.)* ¿A dónde quiere ir a parar con todo eso?

ABUELO

(Se levanta con la voz ahogada.) Y cuando la sirena pedía auxilio y las mujeres lloraban a gritos en las casas ¿te acuerdas? . . . Fué el día que explotó el grisú[16] en la mina. ¡Tus siete hijos, Telva!

TELVA

(Sobrecogida, levantándose también.) ¿Pero, qué es lo que está pensando, mi Dios?

ABUELO

¡La verdad! ¡por fin! *(Inquieto.)* ¿Dónde dejaste a los niños?

TELVA

Dormidos como tres ángeles.

ABUELO

¡Sube con ellos! *(Empujándola hacia la escalera.)* ¡Cierra puertas y ventanas! ¡Caliéntalos con tu cuerpo si es preciso! ¡Y llame quien llame,[17] que no entre nadie!

TELVA

¡Ángeles de mi alma! . . . ¡Líbralos, Señor, de todo mal! . . . *(Sale. EL ABUELO se dirige resuelto hacia la dormida.)*

ABUELO

Ahora ya sé donde te he visto. *(La toma de los brazos con fuerza.)* ¡Despierta, mal sueño! ¡Despierta!

PEREGRINA Y ABUELO

PEREGRINA

(Abre lentamente los ojos.) Ya voy, ¿quién me llama?

ABUELO

Mírame a los ojos, y atrévete a decir que no me conoces. ¿Recuerdas el día de la mina? También yo estaba allí, con el derrumbe sobre el pecho y el humo agrio en la garganta. Creíste que había llegado la hora y te acercaste demasiado. ¡Cuando el aire limpio entró con las piquetas ya había sentido tu frío y te había visto la cara!

---

7 quinqué — lamp.
8 no la tragué — I didn't take to her.
9 ¡Si . . . criatura! — Why, you're trembling like a leaf!
10 mano de santo — everything is fine.
11 carámbano — icicle.
12 ¡Lástima de hombre! — Poor fellow!
13 San Cristobalón — Saint Christopher, patron saint of travelers. He is believed to have been martyred about A.D. 250. His day is celebrated July 25.
14 Mayorazga — a firstborn child who falls heir to an estate.
15 se le disparó la escopeta — his gun went off on him.
16 grisú — fire damp; gas.
17 llame quien llame — no matter who knocks.

PEREGRINA

(Serenamente.) Lo esperaba. Los que me han visto una vez no me olvidan nunca . . .

ABUELO

¿A qué aguardas ahora? ¿Quieres que grite tu nombre por el pueblo para que te persigan los mastines y las piedras?

PEREGRINA

No lo harás. Sería inútil.

ABUELO

Creíste que podías engañarme, ¿eh? Soy ya muy viejo, y he pensado mucho en ti.

PEREGRINA

No seas orgulloso, abuelo. El perro no piensa y me conoció antes que tú. *(Se oye una campanada en el reloj.* LA PEREGRINA *lo mira sobresaltada.)*

¿Qué hora da este reloj?

ABUELO

Las nueve y media.

PEREGRINA

(Desesperada.) ¿Por qué no me despertaron a tiempo? ¿Quién me ligó con dulces hilos que no había sentido nunca? *(Vencida.)* Lo estaba temiendo y no pude evitarlo. Ahora ya es tarde.

ABUELO

Bendito el sueño que te ató los ojos y las manos.

PEREGRINA

Tus nietos tuvieron la culpa. Me contagiaron su vida un momento, y hasta me hicieron soñar que tenía un corazón caliente. Sólo un niño podía realizar tal milagro.

ABUELO

Mal pensabas pagar el amor con que te recibieron. ¡Y pensar que han estado jugando contigo!

PEREGRINA

¡Bah! ¡Tantas veces lo han hecho sin saberlo!

ABUELO

¿A quién venías a buscar? *(Poniéndose ante la escalera.)* Si es a ellos tendrás que pasar por encima de mí.

PEREGRINA

¡Quién piensa en sus nietos, tan débiles aún! ¡Era un torrente de vida lo que me esperaba esta noche! ¡Yo misma le ensillé el caballo y le calcé la espuela!

ABUELO

¿Martín . . . ?

PEREGRINA

El caballista más galán de la sierra . . . Junto al castaño grande. . .

ABUELO

(Triunfal.) El castaño grande sólo está a media legua. ¡Ya habrá pasado de largo!

PEREGRINA

Pero mi hora nunca pasa del todo, bien lo sabes. Se aplaza, simplemente.

ABUELO

Entonces, vete. ¿Qué esperas todavía?

PEREGRINA

Ahora ya nada. Sólo quisiera, antes de marchar, que me despidieras sin odio, con una palabra buena.

ABUELO

No tengo nada que decirte. Por dura que sea la vida es lo mejor que conozco.

PEREGRINA

¿Tan distinta me imaginas de la vida? ¿Crees que podríamos existir la una sin la otra?

ABUELO

¡Vete de mi casa, te lo ruego!

PEREGRINA

Ya me voy. Pero antes has de escucharme. Soy buena amiga de los pobres y de los hombres de conciencia limpia. ¿Por qué no hemos de hablarnos lealmente?

ABUELO

No me fío de ti. Si fueras leal no entrarías disfrazada en las casas, para meterte en las habitaciones tristes a la hora del alba.

PEREGRINA

¿Y quién te ha dicho que necesito entrar? Yo estoy siempre dentro, mirándoos crecer día por día desde detrás de los espejos.

ABUELO

No puedes negar tus instintos. Eres traidora y cruel.

PEREGRINA

Cuando los hombres me empujáis unos contra otros, sí. Pero cuando me dejáis llegar por mi propio paso . . . ¡cuánta ternura al desatar los nudos últimos! ¡Y qué sonrisas de paz en el filo de la madrugada![18]

ABUELO

¡Calla! Tienes dulce la voz, y es peligroso escucharte.

PEREGRINA

No os entiendo. Si os oigo quejaros siempre de la vida ¿por qué os da tanto miedo dejarla?

ABUELO

No es por lo que dejamos. Es porque no sabemos lo que hay al otro lado.

18 ¡Y . . . madrugada! — And what peaceful smiles at dawn. (In other words, if a person dies in the night, his suffering is all over with the dawn.)

PEREGRINA

Lo mismo ocurre cuando el viaje es al revés. Por eso lloran los niños al nacer.

ABUELO

(Inquieto nuevamente.) ¡Otra vez los niños! Piensas demasiado en ellos. . .

PEREGRINA

Tengo nombre de mujer. Y si alguna vez les hago daño no es porque quiera hacérselo. Es un amor que no aprendió a expresarse . . . ¡Que quizá no aprenda nunca! *(Baja a un tono de confidencia íntima.)* Escucha, abuelo. ¿Tú conoces a Nalón el Viejo?

ABUELO

El ciego que canta romances en las ferias?

PEREGRINA

El mismo. Cuando era niño tenía la mirada más hermosa que se vió en la tierra; una tentación azul que me atraía desde lejos. Un día no pude resistir . . . y lo besé en los ojos.

ABUELO

Ahora toca la guitarra y pide limosna en las romerías con su perro y su platillo de estaño.

PEREGRINA

¡Pero yo sigo queriéndole como entonces! Y algún día he de pagarle con dos estrellas todo el daño que mi amor le hizo.

ABUELO

Basta. No pretendas envolverme con palabras. Por hermosa que quieras presentarte yo sé que eres la mala yerba en el trigo y el muérdago[19] en el árbol. ¡Sal de mi casa! No estaré tranquilo hasta que te vea lejos.

PEREGRINA

Me extraña de ti. Bien está que me imaginen odiosa los cobardes. Pero tú perteneces a un pueblo que ha sabido siempre mirarme de frente. Vuestros poetas me cantaron como a una novia. Vuestros místicos me esperaban en un éxtasis impaciente como una redención. Y el más grande de vuestros sabios,[20] me llamó « libertad ». Todavía recuerdo sus palabras, cuando salió a esperarme en un baño de rosas: « ¿Quieres saber dónde está la libertad? ¡Todas las venas de tu cuerpo pueden conducirte a ella! »

ABUELO

Yo no he leído libros. Sólo sé de ti lo que saben el perro y el caballo.

PEREGRINA

(Con profunda emoción de queja.) Entonces ¿por qué me condenas sin conocerme bien?

19 muérdago — mistletoe.
20 Y . . . sabios — Seneca, a philosopher born in Spain, who wrote much about death.

¿Por qué no haces un pequeño esfuerzo para comprenderme? *(Soñadora.)* También yo quisiera adornarme de rosas como las campesinas, vivir entre niños felices y tener un hombre hermoso a quien amar. Pero cuando voy a cortar las rosas todo el jardín se me hiela. Cuando los niños juegan conmigo tengo que volver la cabeza por miedo a que se me queden fríos al tocarlos. Y en cuanto a los hombres ¿de qué me sirve que los más hermosos me busquen a caballo, si al besarlos siento que sus brazos inútiles me resbalan sin fuerza en la cintura.[21] *(Desesperada.)* ¿Comprendes ahora lo amargo de mi destino? Presenciar todos los dolores sin poder llorar. . . Tener todos los sentimientos de una mujer sin poder usar ninguno. . . ¡Y estar condenada a matar siempre, siempre, sin poder nunca morir!

(Cae abrumada en el sillón, con la frente entre las manos. EL ABUELO la mira conmovido. Se acerca y le pone cordialmente una mano sobre el hombro.)

ABUELO

Pobre mujer.

PEREGRINA

Gracias, abuelo. Te había pedido un poco de comprensión, y me has llamado mujer, que es la palabra más hermosa en labios de hombre. *(Toma el bordón que ha dejado apoyado en la chimenea.)* En tu casa ya no tengo nada que hacer esta noche; pero me esperan en otros sitios. Adiós. *(Va hacia la puerta. Se oye, fuera, la voz de MARTÍN que grita.)*

VOZ

¡Telva! . . . ¡Telva! . . .

ABUELO

Es él. Sal por la otra puerta. No quiero que te encuentre aquí.

PEREGRINA

(Dejando nuevamente el bordón.) ¿Por qué no? Ya pasó su hora. Abre sin miedo. *(Vuelve a oírse la voz y golpear la puerta con el pie.)*

VOZ

Pronto . . . ¡Telva! . . . *(LA MADRE aparece en lo alto de la escalera con un velón.)*

MADRE

¿Quién grita a la puerta?

ABUELO

Es Martín. *(Va a abrir. LA MADRE baja.)*

MADRE

¿Tan pronto? No ha tenido tiempo de llegar a la mitad del camino.

21 me resbalan . . . cintura — their arms slip lifelessly around my waist.

(EL ABUELO abre. Entra MARTÍN trayendo en brazos a una muchacha con los vestidos y los cabellos húmedos. LA MADRE se estremece como ante un milagro. Grita con la voz ahogada.)

PEREGRINA, ABUELO, MARTÍN, LA MADRE
y ADELA

MADRE

¡Angélica! . . . ¡Hija! . . . *(Corre hacia ella. EL ABUELO la detiene.)*

ABUELO

¿Qué dices? ¿Te has vuelto loca. . . ?

(MARTÍN deja a la muchacha en el sillón junto al fuego. LA MADRE la contempla de cerca, desilusionada.)

MADRE

Pero entonces . . . ¿Quién es?

MARTÍN

No sé. La vi caer en el río y pude llegar a tiempo. Está desmayada nada más.

(LA PEREGRINA contempla extrañada a la desconocida. LA MADRE deja el velón en la mesa sollozando dulcemente.)

MADRE

¿Por qué me has hecho esperar un milagro, Señor? No es ella . . . no es ella. . .

ABUELO

La respiración es tranquila. Pronto el calor la volverá el sentido.

MARTÍN

Hay que tratar de reanimarla. *(A LA PEREGRINA.)* ¿Qué podemos hacer?

PEREGRINA

(Con una sonrisa impasible.) No sé . . . Yo no tengo costumbre. *(Queda inmóvil al fondo, junto a la guadaña.)*

ABUELO

Unas friegas de vinagre le ayudarán. *(Toma un frasco de la chimenea.)*

MADRE

Déjame, yo lo haré. Ojalá hubiera podido hacerlo entonces. *(Se arrodilla ante ADELA frotándole pulsos y sienes.)*

ABUELO

Y a ti . . . ¿te ha ocurrido algo?

MARTÍN

Al pasar el Rabión, un relámpago me deslumbró el caballo[22] y rodamos los dos por la barranca. Pero no ha sido nada.

PEREGRINA

(Se acerca a él, sacando su pañuelo del pecho.) ¿Me permite. . . ?

22 un . . . caballo — a lightning bolt blinded my horse.

MARTÍN

¿Qué tengo?

PEREGRINA

Nada . . . Una manchita roja en la sien. *(Lo limpia amorosamente.)*

MARTÍN

(La mira un momento fascinado.) Gracias.

MADRE

Ya vuelve en sí.

(Rodean todos a ADELA, menos LA PEREGRINA que contempla la escena aparte, con su eterna sonrisa. ADELA abre lentamente los ojos; mira extrañada lo que la rodea.)

ABUELO

No tenga miedo. Ya pasó el peligro.

ADELA

¿Quién me trajo aquí?

MARTÍN

Pasaba junto al río y la vi caer.

ADELA

(Con amargo reproche.) ¿Por qué lo hizo? No me caí, fué voluntariamente. . .

ABUELO

¿A su edad? Si no ha tenido tiempo de conocer la vida.

ADELA

Tuve que reunir todas mis fuerzas para atreverme. Y todo ha sido inútil.

MADRE

No hable . . . respire hondo. Así. ¿Está más aliviada ahora?

ADELA

Me pesa el aire en el pecho como plomo. En cambio, allí en el río, era todo tan suave y tan fácil. . .

PEREGRINA

(Como ausente.) Todos dicen lo mismo. Es como una venda de agua en el alma.

MARTÍN

Ánimo. Mañana habrá pasado todo como un mal sueño.

ADELA

Pero yo tendré que volver a caminar sola como hasta hoy; sin nadie a quien querer . . . sin nada que esperar . . .

ABUELO

¿No tiene una familia . . . una casa?

ADELA

Nunca he tenido nada mío. Dicen que los ahogados recuerdan en un momento toda su vida. Yo no pude recordar nada.

MARTÍN

Entre tantos días ¿no ha tenido ninguno feliz?

ADELA

Uno solo, pero hace ya tanto tiempo. Fué un día de vacaciones en casa de una amiga, con sol de campo y rebaños trepando por las montañas. Al caer la tarde se sentaban todos alrededor de los manteles, y hablaban de cosas hermosas y tranquilas ... Por la noche las sábanas olían a manzana y las ventanas se llenaban de estrellas. Pero el domingo es un día tan corto. *(Sonríe amarga.)* Es bien triste que en toda una vida sólo se pueda recordar un día de vacaciones ... en una casa que no era nuestra. *(Desfallece. Vuelve a cerrar los ojos.)* Y ahora, a empezar otra vez...

ABUELO

Ha vuelto a perder el sentido. *(Mirando angustiado a la* PEREGRINA.*)* ¡Tiene heladas las manos! ¡No le siento el pulso!

PEREGRINA

(Tranquilamente sin mirar.) Tranquilízate, abuelo. Está dormida, simplemente.

MARTÍN

No podemos dejarla así. Hay que acostarla en seguida.

MADRE

¿Dónde?

MARTÍN

No hay más que un sitio en la casa.

MADRE

(Rebelándose ante la idea.) ¡En el cuarto de Angélica, no!

ABUELO

Tiene que ser. No puedes cerrarle esa puerta.

MADRE

¡No! Podéis pedirme que le dé mi pan y mis vestidos ... todo lo mío. ¡Pero el lugar de mi hija, no!

ABUELO

Piénsalo; viene de la misma orilla, con agua del mismo río en los cabellos... Y es Martín quien la ha traído en brazos. Es como una orden de Dios.

MADRE

(Baja la cabeza, vencida.) Una orden de Dios... *(Lentamente va a la mesa y toma el velón.)* Súbela. *(Sube delante alumbrando.*[23] MARTÍN *la sigue con* ADELA *en brazos.)* ¡Telva, abre el arca ... y calienta las sábanas de hilo! *(*PEREGRINA *y* ABUELO *los miran hasta que desaparecen.)*...

La Peregrina is puzzled at this turn of events, for there is a mystery which she finds difficult to fathom. She tells the Abuelo that she will return in seven months and that he will bless her for her return. Here the second act ends.

Adela, through her charm and personality, takes the place of Angélica in the house. All love her except Martín, who seems to avoid her. The Madre takes a new interest in life. The townspeople spread malicious gossip about Adela living unmarried under the same roof with a man, and Martín, hearing it, forces one of them to kneel and refute what he had said. The Abuelo, meanwhile, fearing La Peregrina's return, keeps asking Adela if she is happy. La Peregrina returns, but says she cannot leave when the Abuelo asks her to do so. She does not recognize the medallion of Angélica which the Abuelo shows her and says she has never met her. La Peregrina decides to try to solve the mystery. She listens as Martín tells Adela he is leaving on a long trip to put an end to the town gossip about her. He finally confesses that he loves her and bursts out with the true story of Angélica as the third act continues.

MARTÍN

(Resuelto.) Escúchame, Adela. ¡No puedo más! Necesito compartir con alguien esta verdad que se me está pudriendo dentro.[24] Angélica no era esa imagen hermosa que soñáis. Todo ese encanto que hoy la rodea con reflejos de agua, todo es un recuerdo falso.

ADELA

¡No, calla! ¿Cómo puedes hablar así de una mujer a quien has querido?

MARTÍN

Demasiado. Ojalá no la hubiera querido tanto. ¡Pero a ti no te engañará! Tú tienes que saber que toda su vida fué una mentira. Como lo fué también su muerte.

ADELA

¿Qué quieres decir?

MARTÍN

¿No lo has comprendido aún? Angélica vive. Por eso nos separa.

ADELA

¡No es posible! ... *(Se deja caer en un asiento, repitiendo la idea sin sentido.)* No es posible ... *(Con la frente entre las manos escucha la narración de* MARTÍN.*)*

MARTÍN

Mientras fuimos novios, era eso que todos recuerdan: una ternura fiel, una mirada sin

---

23 alumbrado — lighting the way.

24 se ... dentro — is rotting my insides out.

sombra y una risa feliz que penetraba desde lejos como el olor de la yerba segada. Hasta que hizo un viaje para encargar las galas de la boda. Con pocos días hubiera bastado, pero tardó varias semanas. Cuando volvió no era la misma; traía cobardes los ojos, y algo como la arena del agua se le arrastraba en la voz.[25] Al decir el juramento en la iglesia apenas podía respirar; y al ponerle el anillo las manos le temblaban . . . tanto que mi orgullo de hombre se lo agradeció. Ni siquiera me fijé en aquel desconocido que asistía a la ceremonia desde lejos sacudiéndose con la fusta el polvo de las botas. Durante tres días tuvo fiebre, y mientras me creía dormido la oía llorar en silencio mordiendo la almohada. A la tercera noche, cuando la vi salir hacia el río y corrí detrás, ya era tarde; ella misma desató la barca y cruzó a la otra orilla donde la esperaba aquel hombre con dos caballos. . .

ADELA

(Con ira celosa.) ¿Y los dejaste marchar así? ¡Tú, el mejor jinete de la sierra, llorando entre los juncos!

MARTÍN

Toda la noche galopé inútilmente, con la escopeta al hombro y las espuelas chorreando sangre. Hasta que el sol me pegó como una pedrada en los ojos.

ADELA

¿Por qué callaste al volver?

MARTÍN

¿Podía hacer otra cosa? En el primer momento ni siquiera lo pensé. Pero cuando encontraron su pañuelo en el remanso y empezó a correr la voz de que se había ahogado, comprendí que debía callar. Era lo mejor.

ADELA

¿Lo hiciste pensando en la madre y los hermanos?

MARTÍN

No.

ADELA

¿Por ti mismo? ¿Por cubrir tu honra de hombre?

MARTÍN

No, Adela, no me juzgues tan pequeño; lo hice sólo por ella. Un amor no se pierde de repente . . . y decir la verdad era como desnudarla delante del pueblo entero. ¿Comprendes ahora por qué me voy? ¡Porque te quiero y no puedo decírtelo honradamente! Tú podías ser para mí todo lo que ella no fué. ¡Y no

puedo resistir esta casa donde todos la bendicen, mientras yo tengo que maldecirla dos veces: por el amor que entonces no me dió, y por el que ahora me está quitando desde lejos! Adiós, Adela. . .

As the fourth act opens, the eve of St. John arrives, an occasion for festivities and merrymaking. Bonfires are to be lit and the young people are to dance and jump over the fires. The young men and women come around to collect wood for the fires, and the Narcés house contributes its share. The Madre prepares to go to the dance but pauses to tell Adela once more that she can marry Martín if she wishes. Adela, in despair, decides she will commit suicide, but La Peregrina dissuades her. She tells her that she will be happy on the morrow and that she should dance that night with Martín. The fourth act continues as follows:

(Hay un nuevo silencio. LA PEREGRINA *está sentada de espaldas al fondo, con sus codos en las rodillas y el rostro entre las manos. Por la puerta del fondo aparece furtivamente una muchacha de fatigada belleza[26] oculto a medias el rostro con el mantellín. Contempla la casa. Ve a* LA PEREGRINA *de espaldas y da un paso medroso hacia ella.* LA PEREGRINA *la llama en voz alta sin volverse.)*

PEREGRINA

¡Angélica!

PEREGRINA *y* ANGÉLICA

ANGÉLICA

(Retrocede desconcertada.) ¿Quién le ha dicho mi nombre? *(*LA PEREGRINA *se levanta y se vuelve.)* Yo no la he visto nunca.

PEREGRINA

Yo a ti tampoco. Pero sabía que vendrías, y no quise que encontraras sola la casa. ¿Te vió alguien llegar?

ANGÉLICA

Nadie. Por eso esperé a la noche, para esconderme de todos. ¿Dónde están mi madre y mis hermanos?

PEREGRINA

Es mejor que tampoco ellos te vean. ¿Tendrías valor para mirarlos cara a cara? ¿Qué palabras podrías decirles?

ANGÉLICA

No hacen falta palabras . . . lloraré de rodillas, y ellos comprenderán.

---

25 como . . . voz — her voice grated as though it contained sand.

26 fatigada belleza — faded beauty.

PEREGRINA

¿Martín también?

ANGÉLICA

(Con miedo instintivo.) ¿Está él aquí?

PEREGRINA

En la fiesta; bailando con todos alrededor del fuego.

ANGÉLICA

Con todos, no . . . ¡mentira! Martín habrá podido olvidarme pero mi madre no. Estoy segura que ella me esperaría todos los días de su vida sin contar las horas . . . *(Llama.)* ¡Madre! . . . ¡Madre! . . .

PEREGRINA

Es inútil que llames. Te he dicho que está en la fiesta.

ANGÉLICA

Necesito verla cuanto antes. Sé que ha de ser el momento más terrible de mi vida y no tengo fuerzas para esperarlo más tiempo.

PEREGRINA

¿Qué vienes a buscar a esta casa? . . .

ANGÉLICA

Lo que fué mío.

PEREGRINA

Nadie te lo quitó. Lo abandonaste tú misma.

ANGÉLICA

No pretendo encontrar un amor que es imposible ya; pero el perdón sí. O por lo menos un rincón donde morir en paz. He pagado mi culpa con cuatro años amargos que valen toda una vida.

PEREGRINA

La tuya ha cambiado mucho en ese tiempo. ¿No has pensado cuánto pueden haber cambiado las otras?

ANGÉLICA

Por encima de todo, es mi casa y mi gente. ¡No pueden cerrarme la única puerta que me queda!

PEREGRINA

¿Tan desesperada vuelves?

ANGÉLICA

No podía más. He sufrido todo lo peor que puede sufrir una mujer. He conocido el abandono y la soledad; la espera humillante en las mesas de mármol, y la fatiga triste de las madrugadas sin techo.[27] Me he visto rodar de mano en mano como una moneda sucia. Sólo el orgullo me mantenía de pie. Pero ya lo he perdido también. Estoy vencida y no me da

---

27 de las madrugadas sin techo — at dawn without a roof over my head.

---

vergüenza gritarlo. ¡Ya no siento más que el ansia animal de descansar en un rincón caliente! . . .

PEREGRINA

Mucho te ha doblegado la vida. Cuando se ha tenido el valor de renunciar a todo por una pasión no se puede volver luego, cobarde como un perro con frío, a mendigar las migajas de tu propia mesa. ¿Crees que Martín puede abrirte los brazos otra vez?

ANGÉLICA

(Desesperada.) Después de lo que he sufrido ¿qué puede hacerme ya Martín? ¿Cruzarme la cara a latigazos? . . . ¡Mejor! . . . por lo menos sería un dolor limpio. ¿Tirarme el pan al suelo? ¡Yo lo comeré de rodillas, bendiciéndolo por ser suyo y de esta tierra en que nací! ¡No! ¡No habrá fuerza humana que me arranque de aquí! Estos manteles los he bordado yo . . . Esos geranios de la ventana los he plantado yo . . . ¡Estoy en mi casa! . . . mía . . . mía . . . ¡mía! . . . *(Solloza convulsa sobre la mesa, besando desesperadamente los manteles. Pausa. Vuelve a oírse la canción sanjuanera.)*

VOZ VIRIL

Señor San Juan:
ya las estrellas
perdiéndose van.
¡Que viva la danza
y los que en ella están!

CORO

Señor San Juan. . .

(LA PEREGRINA se le acerca piadosamente pasando la mano sobre sus cabellos. Voz íntima.)

PEREGRINA

Dime, Angélica, ¿en esos días negros de allá, no has pensado nunca que pudiera haber otro camino?

ANGÉLICA

(Acodada a la mesa, sin volverse.) Todos estaban cerrados para mí. Las ciudades son demasiado grandes, y allí nadie conoce a nadie.

PEREGRINA

Un dulce camino de silencio que pudieras hacerte tú sola. . .

ANGÉLICA

No tenía fuerza para nada. *(Reconcentrada.)* Y sin embargo, la noche que él me abandonó. . .

PEREGRINA

(Con voz de profunda sugestión como si siguiera en voz alta el pensamiento de AN-GÉLICA.) Aquella noche pensaste que más allá,

al otro lado del miedo, hay una playa donde todo dolor se vuelve espuma. Un país de aires desnudos,[28] con jardines blancos de adelfas y un frío tranquilo como un musgo de nieve. . . donde hay una sonrisa de paz para todos los labios, una serenidad infinita para todos los ojos . . . y donde todas las palabras se reducen a una sola: ¡perdón!

ANGÉLICA

(Se vuelve mirándola con miedo.) ¿Quién eres tú que me estás leyendo por dentro?

PEREGRINA

Una buena amiga. La única que te queda ya.

ANGÉLICA

(Retrocede instintivamente.) Yo no te he pedido amistad ni consejo. Déjame. ¡No me mires así!

PEREGRINA

¿Prefieres que tu madre y tus hermanos sepan la verdad?

ANGÉLICA

¿No la saben ya?

PEREGRINA

No. Ellos te imaginan más pura que nunca. Pero dormida en el fondo del río.

ANGÉLICA

No es posible. Martín me siguió hasta la orilla. Escondidos en el castañar le vimos pasar a galope, con la escopeta al hombro y la muerte en los ojos.

PEREGRINA

Pero supo dominarse y callar.

ANGÉLICA

¿Por qué?

PEREGRINA

Por ti. Porque te quería aún, y aquel silencio era el último regalo de amor que podía hacerte.

ANGÉLICA

¿Martín ha hecho eso . . . por mí . . . ? *(Aferrándose a la esperanza.)* Pero entonces, me quiere . . . ¡Me quiere todavía! . . .

PEREGRINA

Ahora ya es tarde. Tu sitio está ocupado. ¿No sientes otra presencia de mujer en la casa? . . .

ANGÉLICA

¡No me robará sin lucha lo que es mío! ¿Dónde está esa mujer?

PEREGRINA

Es inútil que trates de luchar con ella; estás vencida de antemano. Tu silla en la mesa, tu

28 aires desnudos — clean breezes.

116

puesto junto al fuego y el amor de los tuyos, todo lo has perdido.

ANGÉLICA

¡Puedo recobrarlo!

PEREGRINA

Demasiado tarde. Tu madre tiene ya otra hija. Tus hermanos tienen otra hermana.

ANGÉLICA

¡Mientes!

PEREGRINA

(Señalando el costurero.) ¿Conoces esa labor?

ANGÉLICA

Es la mía. Yo la dejé empezada.

PEREGRINA

Pero ahora tiene hilos nuevos. Alguien la está terminando por ti. Asómate a esa puerta. ¿Ves algo al resplandor de la hoguera? . . . *(*ANGÉLICA *va al umbral del fondo.* LA PEREGRINA, *no.)*

ANGÉLICA

Veo al pueblo entero, bailando con las manos trenzadas.

PEREGRINA

¿Distingues a Martín?

ANGÉLICA

Ahora pasa frente a la llama.

PEREGRINA

¿Y a la muchacha que baila con él? Si la vieras de cerca hasta podrías reconocer su vestido y el pañuelo que lleva al cuello.

ANGÉLICA

A ella no la conozco. No es de aquí.

PEREGRINA

Pronto lo será.

ANGÉLICA

(Volviendo junto a LA PEREGRINA.*)* No . . . es demasiado cruel. No puede ser que me lo hayan robado todo. Algo tiene que quedar para mí. ¿Puede alguien quitarme a mi madre?

PEREGRINA

Ella ya no te necesita. Tiene tu recuerdo, que vale más que tú.

ANGÉLICA

¿Y mis hermanos . . . ? La primera palabra que aprendió el menor fué mi nombre. Todavía lo veo dormido en mis brazos, con aquella sonrisa pequeña que le rezumaba en los labios como la gota de miel en los higos maduros.

PEREGRINA

Para tus hermanos ya no eres más que una palabra. ¿Crees que te conocerían siquiera? Cuatro años son muchos en la vida de un niño. *(Se le acerca íntima.)* Piénsalo, Angélica. Una vez destrozaste tu casa al irte ¿quieres destrozarla otra vez al volver?

ANGÉLICA

(Vencida.) ¿Adónde puedo ir si no?...

PEREGRINA

A salvar valientemente lo único que te queda: el recuerdo.

ANGÉLICA

¿Para qué si es una imagen falsa?

PEREGRINA

¿Qué importa, si es hermosa?... También la belleza es una verdad.

ANGÉLICA

¿Cómo puedo salvarla?

PEREGRINA

Yo te enseñaré el camino. Ven conmigo, y mañana el pueblo tendrá su leyenda. *(La toma de la mano.)* ¿Vamos...?

ANGÉLICA

Suelta... Hay algo en ti que me da miedo.

PEREGRINA

¿Todavía? Mírame bien. ¿Cómo me ves ahora...? *(Queda inmóvil con las manos cruzadas.)*

ANGÉLICA

(La contempla fascinada.) Como un gran sueño sin párpados... Pero cada vez más hermosa...

PEREGRINA

¡Todo el secreto está ahí! Primero, vivir apasionadamente, y después morir con belleza. *(Le pone la corona de rosas en los cabellos.)* Así ... como si fueras a una nueva boda. Ánimo, Angélica... Un momento de valor, y tu recuerdo quedará plantado en la aldea como un roble lleno de nidos. ¿Vamos?

ANGÉLICA

(Cierra los ojos.) Vamos. *(Vacila al andar.)*

PEREGRINA

¿Tienes miedo aún?

ANGÉLICA

Ya no... Son las rodillas que se me doblan sin querer.

PEREGRINA

(Con una ternura infinita.) Apóyate en mí. Y prepara tu mejor sonrisa para el viaje. *(La toma suavemente de la cintura.)* Yo pasaré tu barca a la otra orilla...

(Sale con ella. Pausa. La escena sola. Fuera

comienza a apagarse el resplandor de la hoguera y se escucha la última canción.)*

VOZ VIRIL

Señor San Juan:
en la foguera
ya no hay qué quemar.
¡Que viva la danza
y los que en ella están!

CORO

Señor San Juan...

(Vuelve a oírse la gaita, gritos alegres y rumor de gente que llega. Entra corriendo la SANJUANERA 1ª. *perseguida por las otras y los mozos. Detrás,* ADELA *y* MARTÍN.)

SANJUANERA 1ª.

No, suelta... Yo lo vi primero.

SANJUANERA 2ª.

Tíramelo a mí.

SANJUANERA 3ª.

A mí que no tengo novio.

SANJUANERA 1ª.

Es mío. Yo lo encontré en la orilla.

ADELA

¿Qué es lo que encontraste?

SANJUANERA 1ª.

¡El trébole de cuatro hojas!

MOZO 1º.

Pero a ti no te sirve. La suerte no es para el que lo encuentra sino para el que lo recibe.

SANJUANERA 2ª.

¡Cierra los ojos y tíralo al aire!

SANJUANERA 1ª.

Tómalo tú, Adela. En tu huerto estaba.

ADELA

(Recibiéndolo en el delantal.) Gracias.

MARTÍN

(A SANJUANERA 1ª.*)* Mucho te ronda la suerte este año; en la fuente, la flor del agua,[29] y en el maíz la panoya roja.[30]

(Llegan la MADRE *y* TELVA. *Después el* ABUELO *con los niños.)*

MADRE

¿Qué, ya os cansasteis del baile?

TELVA

Aunque se apague la hoguera, el rescoldo queda hasta el amanecer.

SANJUANERA 1ª.

Yo si no descanso un poco no puedo más. *(Se sienta.)*

---

29 flor del agua — water taken from the fountain before sunrise. The girl who arrives first and takes " la flor del agua " will have good luck and will marry within a year.

30 panoya roja — the red ear of corn. A red ear is rare. A person husking corn who finds one may kiss anyone he chooses.

TELVA

Bah, sangre de malvavisco.[31] Parece que se van a comer el mundo, pero cuando repica el pandero ni les da de sí el aliento ni saben sacudir cadera[32] y mandil al « son de arriba. »[33] ¡Ay de mis tiempos!

ADELA

¿Va a acostarse, madre? La acompaño.

MADRE

No te preocupes por mí; sé estar sola. Vuelve al baile con ella, Martín. Y tú, Telva, atiende a los mozos si quieren beber. Para las mujeres queda en la alacena aguardiente de guindas. *(Se detiene al pie de la escalera.)*

MARTÍN

¿De quién es ese bordón que hay en la puerta?

ABUELO

(Deteniendo a ADELA *que va a salir con* MARTÍN.*)*

Espera. . . ¿No vieron a nadie en la casa al entrar?

ADELA

A nadie ¿por qué?

ABUELO

No sé. . . Será verdad que es la noche más corta del año, pero a mí no se me acaba nunca. . .

TELVA

Poco va a tardar. Ya está empezando a rayar el alba. . . *(Se oye fuera la voz de* QUICO, *gritando.)*

QUICO

¡Ama! . . .

(Todos se vuelven sobresaltados. Llega QUICO. *Habla con un temblor de emoción desde el umbral. Detrás van apareciendo hombres y mujeres, con faroles y antorchas, que se quedan al fondo en respetuoso silencio.)*

QUICO

¡Mi ama. . .! Al fin se cumplió lo que esperabas. ¡Han encontrado a Angélica en el remanso!

MARTÍN

¿Qué estás diciendo? . . .

QUICO

Nadie quería creerlo, pero todos lo han visto.

MADRE

(Corriendo hacia él, iluminada.) ¿La has visto tú? ¡Habla!

QUICO

Ahí te la traen, más hermosa que nunca. . . Respetada por cuatro años de agua, coronada de rosas. ¡Y con una sonrisa buena, como si acabara de morir!

VOCES

¡Milagro! . . . ¡Milagro!

(Las mujeres caen de rodillas. Los hombres se descubren.)

MADRE

(Besando el suelo.) ¡Dios tenía que escucharme! ¡Por fin la tierra vuelve a la tierra! . . . *(Levanta los brazos.)* ¡Mi Angélica querida! . . . ¡Mi Angélica santa! . . .

MUJERES

(Cubriéndose la cabeza con el manto y golpeándose el pecho.) ¡Santa! . . . ¡Santa! . . . ¡Santa! . . .

(Los hombres descubiertos y las mujeres arrodilladas, inmóviles, como figuras de retablo. Desde el umbral del fondo la PEREGRINA *contempla el cuadro con una sonrisa dulcemente fría. El* ABUELO *cae a sus pies y le besa las manos. La* PEREGRINA *recoge el bordón y sigue su camino. Se oyen, lejanas y sumergidas, las campanas de San Juan.)*

TELÓN

Antonio Buero Vallejo, b. 1916, *Historia de una escalera* (pp. 141–44)

Buero, recognizing human responsibility for creating a better world, is saddened by man's unwillingness or inability to do so. Yet Buero finds hope even in the most desperate situations. He states, "Yo creo que el fenómeno . . . fundamental del teatro . . . es . . . radicalmente esperanzado." He himself, therefore, prefers plays like *El concierto de San Ovidio* (1962), which promote his theory of hope for this world and in the next, to *Historia de una escalera*, which many critics still consider his masterpiece.

At the urging of a good friend he submitted *Historia de una escalera* to the Lope de Vega competition, hoping to win Spain's most coveted dramatic prize. Although his play was by far the best, he was awarded the prize in all probability because the other candidates, each with strong supporters on the committee, nullified each other. The play

---

31 sangre de malvavisco — marshmallow blood.
32 ni les . . . cadera — you don't have any wind nor do you know how to move your hips.

33 son de arriba — a very old Asturian mountain dance.

had a good run and brought its author national acclaim. Buero had finished writing it in August of 1947, and it was first performed on October 14, 1949, at the Teatro Español in Madrid. The three acts take place in 1919, 1929, and 1949 respectively, in Madrid. Through the humble lives of three generations and through their failures, Buero Vallejo shows us not only human nature in contemporary Spain but the universal leveling factors in all of us. Although the characters love, hate, and die, they are not the protagonists. The central figure is the staircase against which all the action is projected as it views the frustrations and tragedies of broken dreams. In the conflict between the sets of parents and the children lies the dramatic justification for his play, according to Buero himself.

Buero's work describes in part the despair and disillusion so prevalent in Spain after the Civil War. Troubled youngsters growing up find their problems and frustrations unsolvable in a static and meaningless society. Each new generation idealistically seeks salvation, but an impoverished Spain offers them an atmosphere in which they can only be victims of a world they never made. Hope seems remote as the turning wheel of Fortune leaves to the new generation the inheritance of failure and hatred of the old. Yet in view of Buero's theory that tragedy, from the Greeks to the present day, imparts a feeling of hope either stated or implied rather than despair, one must keep an optimistic outlook; for there is always hope either in life or beyond death.

Among Buero's other plays are: *La tejedora de sueños*, 1952, a recreation of the Odyssey; *Madrugada*, 1953, a study of human greed and motivation; *Irene o el tesoro*, 1954; *Hoy es fiesta*, 1956; *Las cartas boca abajo*, 1957; *Un soñador para un pueblo*, 1958, set in the eighteenth century; and *Las meninas*, 1961, about the great painter Velázquez. One of his favorites is *En la ardiente oscuridad*, 1950, about an institution for the blind, which may be interpreted as a symbolic representation of Spain, whose inmates refuse to acknowledge their defect until an embittered and skeptical newcomer destroys their false illusions.

The main characters in *Historia de una escalera* are:

Generosa—wife of a retired streetcar conductor.

Pepe—their son.

Carmina—their daughter; courted by Fernando but later marries Urbano.

Carmina, hija—daughter of Carmina and Urbano; courted by Fernandito.

Paca—mother of Urbano.

Urbano—marries Carmina after her father's death.

Trini—younger daughter of Paca.

Rosa—older daughter of Paca; courted by Pepe but later abandoned.

Elvira—daughter of Don Manuel, marries Fernando.

Fernandito (Fernando, hijo)—son of Fernando and Elvira.

Manolín—younger son of Fernando and Elvira.

ACTO I

Un tramo[1] de escalera con dos rellanos,[2] en una casa modesta de vecindad.[3] Los escalones de bajada hacia los pisos inferiores se encuentran en el primer término izquierdo. La barandilla que los bordea es muy pobre, con el pasamanos[4] de hierro, y tuerce para correr a lo largo de la escena limitando el primer rellano. Cerca del lateral derecho arranca un tramo completo de unos diez escalones. La barandilla lo separa a su izquierda del hueco de la escalera, y a su derecha hay una pared que rompe en ángulo junto al primer peldaño,[5] formando en el primer término derecho un entrante con una sucia ventana lateral. Al final del tramo la barandilla vuelve de nuevo y termina en el lateral izquierdo, limitando el segundo rellano: en el borde de éste, una polvorienta bombilla[6] enrejada[7] pende hacia el hueco de la escalera. En el segundo rellano hay cuarto puertas: dos laterales y dos centrales. Las distinguiremos, de derecha a izquierda, con los números I, II, III, y IV.

El espectador asiste, en este acto y en el siguiente, a la galvanización momentánea de tiempos que han pasado. Los vestidos tienen un vago aire retrospectivo.

(Nada más levantarse el telón vemos cruzar y subir fatigosamente al COBRADOR DE LA LUZ, *portando su grasienta cartera. Se detiene unos segundos para respirar y llama después con los*

---

1 tramo — flight (of stairs).
2 rellanos — landings (of stairways).
3 casa de vecindad — tenement.
4 pasamanos — banister.

5 peldaño — step.
6 bombilla — light bulb.
7 enrejada — in a grating.

nudillos en las cuatro puertas. Vuelve al I, donde le espera ya en el quicio la Sra. GENEROSA: una pobre mujer de unos cincuenta y cinco años.)

COBRADOR

La luz. Dos sesenta.

(Le tiende el recibo. La puerta III se abre y aparece PACA, mujer de unos 50 años, gorda y de ademanes desenvueltos. El COBRADOR repite, teniéndole el recibo:)

La luz. Cuatro diez.

GENEROSA (mirando el recibo)

¡Dios mío! ¡Cada vez más caro! No sé como vamos a poder vivir. (Se mete.)

PACA

¡Ya,ya! (Al COBRADOR.) ¿Es que no saben hacer otra cosa que elevar la tarifa? ¡Menuda ladronera[8] es la Compañía! ¡Les debía dar vergüenza chuparnos la sangre de esa manera! (El COBRADOR se encoge de hombros.) ¡Y todavía se ríe!

COBRADOR

No me río, señora. (A ELVIRA, que abrió la puerta II.) Buenos días. La luz. Seis sesenta y cinco.

(ELVIRA, una linda muchacha vestida de calle, recoge el recibo y se mete.)

PACA

Se ríe por dentro. ¡Buenos pájaros son todos ustedes! Esto se arreglaría, como dice mi hijo Urbano, tirando a más de cuatro por el hueco de la escalera.

COBRADOR

Mire lo que dice, señora. Y no falte.[9]

PACA

¡Cochinos!

COBRADOR

Bueno, ¿me paga o no? Tengo prisa.

PACA

¡Ya va, hombre! Se aprovechan de que una no es nadie, que si no. . .

(Se mete rezongando. GENEROSA sale y paga al COBRADOR. Después cierra la puerta. El COBRADOR aporrea otra vez el IV, que es abierto inmediatamente por DOÑA ASUNCIÓN, señora de luto, delgada y consumida.)

COBRADOR

La luz. Tres veinte.

DOÑA ASUNCIÓN (cogiendo el recibo)

Sí, claro. . . Buenos días. Espere un momento, por favor. Voy adentro. . . (Se mete.

PACA sale refunfuñando mientras cuenta las monedas.)

PACA

¡Ahí va! (Se las da de golpe.)

COBRADOR (Después de contarlas)

Está bien.

PACA

¡Está muy mal! ¡A ver si hay suerte, hombre, al bajar la escalerita! (Cierra con un portazo. ELVIRA sale.)

ELVIRA

Aquí tiene usted. (Contándole la moneda fraccionaria.) Cuarenta . . . cincuenta . . . sesenta . . . y cinco.

COBRADOR

Está bien.

(Se lleva un dedo a la gorra y se dirige al IV.)

ELVIRA (hacia dentro)

¿No sales, papá?

(Espera en el quicio. DOÑA ASUNCIÓN vuelve a salir, ensayando sonrisas.)

DOÑA ASUNCIÓN

¡Cuánto lo siento! ¡Me va a tener que perdonar! Como me ha cogido después de la compra, y mi hijo no está. . .

(DON MANUEL, padre de ELVIRA, sale vestido de calle. Los trajes de ambos denotan una posición económica más holgada[10] que la de los demás vecinos.)

DON MANUEL (a DOÑA ASUNCIÓN)

Buenos días. (A su hija.) Vamos.

DOÑA ASUNCIÓN

¡Buenos días! ¡Buenos días, Elvirita! ¡No te había visto!

ELVIRA

Buenos días, doña Asunción.

COBRADOR

Perdone, señora, pero tengo prisa.

DOÑA ASUNCIÓN

Sí, sí. . . Le decía que ahora da la casualidad que no puedo. . . ¿No podría volver luego?

COBRADOR

Mire, señora: no es la primera vez que pasa y . . .

DOÑA ASUNCIÓN

¿Qué dice?

COBRADOR

Sí. Todos los meses es la misma historia. ¡Todos! Y yo no puedo venir a otra hora ni

---

8 ladronera — den of thieves.

9 Y no falte — And don't hurt anybody's feelings.

10 holgada — well-off or prosperous.

pagarlo de mi bolsillo. Con que si no me abona tendré que cortarle el flúido.

DOÑA ASUNCIÓN

Pero si es una casualidad, ¡se lo aseguro! Es que mi hijo no está, y . . .

COBRADOR

¡Basta de monsergas![11] Esto le pasa por querer gastar como una señora, en vez de abonarse a tanto alzado.[12] Tendré que cortarle.

(ELVIRA habla en voz baja con su padre.)

DOÑA ASUNCIÓN *(casi perdida la compostura)*

¡No lo haga, por Dios! Yo le prometo . . .

COBRADOR

Pida a algún vecino . . .

DON MANUEL *(después de atender a lo que le susurra su hija)*

Perdone que intervenga, señora. *(Cogiéndole el recibo.)*

DOÑA ASUNCIÓN

No, don Manuel. ¡No faltaba más!

DON MANUEL

¡Si no tiene importancia! Ya me lo devolverá cuando pueda.

DOÑA ASUNCIÓN

Esta misma tarde; de verdad.

DON MANUEL

Sin prisa, sin prisa. *(Al COBRADOR.)* Aquí tiene.

COBRADOR

Está bien. *(Se lleva la mano a la gorra.)* Buenos días. *(Se va.)*

DON MANUEL *(al COBRADOR)*

Buenos días.

DOÑA ASUNCIÓN *(al COBRADOR)*

Buenos días. Muchísimas gracias, don Manuel. Esta misma tarde . . .

DON MANUEL *(entregándole el recibo)*

¿Para qué se va a molestar? No merece la pena. ¿Y Fernando, qué se hace? *(ELVIRA se acerca y le coge del brazo.)*

DOÑA ASUNCIÓN

En su papelería. Pero no está contento. ¡El sueldo es tan pequeño! Y, no es porque sea mi hijo, pero él vale mucho y merece otra cosa. ¡Tiene muchos proyectos! Quiere ser delineante,[13] ingeniero, ¡qué sé yo! Y no hace más que leer y pensar. Siempre tumbado en la cama, pensando en sus proyectos. Y escribe

cosas también, y poesías. ¡Más bonitas! Ya le diré que dedique alguna a Elvirita.

ELVIRA *(turbada)*

Déjelo, señora . . .

DOÑA ASUNCIÓN

Te lo mereces, hija. *(a DON MANUEL.)* No es porque esté delante, pero ¡qué preciosísima se ha puesto Elvirita! Es una clavelina. El hombre que se la lleve . . .

DON MANUEL

Bueno, bueno. No siga, que me la va a malear. Lo dicho, doña Asunción. *(Se quita el sombrero y le da la mano.)* Recuerdos a Fernandito. Buenos días.

ELVIRA

Buenos días. *(Inician la marcha.)*

DOÑA ASUNCIÓN

Buenos días. Y un millón de gracias. . . Adiós.

(Cierra. DON MANUEL y su hija empiezan a bajar. ELVIRA se para de pronto para besar y abrazar impulsivamente a su padre.)

DON MANUEL

¡Déjame, locuela! ¡Me vas a tirar!

ELVIRA

¡Te quiero tanto, papaíto! ¡Eres tan bueno!

DON MANUEL

Deja los mimos, pícara. Tonto es lo que soy. Siempre te saldrás con la tuya.

ELVIRA

No llames tontería a una buena acción. . . Ya ves, los pobres nunca tienen un cuarto. ¡Me da una lástima doña Asunción!

DON MANUEL *(levantándole la barbilla)*

El tarambana[14] de Fernandito es el que a ti te preocupa.

ELVIRA

Papá, no es un tarambana. . . Si vieras qué bien habla . . .

DON MANUEL

Un tarambana. Eso sabrá hacer él . . . hablar. Pero no tiene donde caerse muerto. Hazme caso, hija; tú te mereces otra cosa.

ELVIRA *(en el rellano ya, da pueriles pataditas)*

No quiero que hables así de él. Ya verás cómo llega muy lejos. ¡Qué importa que no tenga dinero! ¿Para qué quiere mi papaíto un yerno rico?

DON MANUEL

¡Hija!

---

11 monserga — gabble or gibberish.
12 Esto le pasa . . . alzado — This happens to you because you want to spend money like a rich lady instead of paying according to the fixed rate.

13 delineante — draftsman.
14 tarambana — madcap.

ELVIRA

Escucha: te voy a pedir un favor muy grande.

DON MANUEL

Hija mía, algunas veces no me respetas nada.

ELVIRA

Pero te quiero, que es mucho mejor. ¿Me harás ese favor?

DON MANUEL

Depende . . .

ELVIRA

¡Nada! Me lo harás.

DON MANUEL

¿De qué se trata?

ELVIRA

Es muy fácil, papá. Tú lo que necesitas no es un yerno rico, sino un muchacho emprendedor que lleve adelante el negocio. Pues sacas a Fernando de la papelería y le colocas, ¡con un buen sueldo!, en tu agencia. *(Pausa)* ¿Concedido?

DON MANUEL

Pero Elvira, ¿y si Fernando no quiere? Además . . .

ELVIRA

¡Nada! *(Tapándose los oídos.)* ¡Sorda!

DON MANUEL

¡Niña, que soy tu padre!

ELVIRA

¡Sorda!

DON MANUEL *(quitándole las manos de los oídos)*

Ese Fernando os tiene sorbido el seso a todas porque es el chico más guapo de la casa. Pero no me fío de él. Suponte que no te hiciera caso . . .

ELVIRA

Haz tu parte, que de eso me encargo yo . . .

DON MANUEL

¡Niña!

(Ella rompe a reír. Coge del brazo a su padre y le lleva, entre mimos, al lateral izquierdo. Bajan. Una pausa.)

*(*TRINI*—una joven de aspecto simpático— sale del III con una botella en la mano, atendiendo a la voz de* PACA.*)*

PACA *(desde dentro)*

¡Que lo compres tinto! Que ya sabes que a tu padre no le gusta el blanco.

TRINI

Bueno, madre.

(Cierra y se dirige a la escalera. GENEROSA *sale del I, con otra botella.)*

GENEROSA

¡Hola, Trini!

TRINI

Buenos, señora Generosa. ¿Por el vino? *(Bajan juntas.)*

GENEROSA

Sí. Y a la lechería.

TRINI

¿Y Carmina?

GENEROSA

Aviando[15] la casa.

TRINI

¿Ha visto usted la subida de la luz?

GENEROSA

¡Calla, hija! ¡No me digas! Si no fuera más que la luz. . . ¿Y la leche? ¿Y las patatas?

TRINI *(confidencial)*

¿Sabe usted que doña Asunción no podía pagar hoy al cobrador?

GENEROSA

¿De veras?

TRINI

Eso dice mi madre, que estuvo escuchando. Se lo pagó don Manuel. Como la niña está loca por Fernandito . . .

GENEROSA

Ese gandulazo[16] es muy simpático.

TRINI

Y Elvirita una lagartona.[17]

GENEROSA

No. Una niña consentida . . .[18]

TRINI

No. Una lagartona . . .

(Bajan charlando. Pausa. CARMINA *sale del I. Es una preciosa muchacha de aire sencillo y pobremente vestida. Lleva delantal y una lechera en la mano.*

CARMINA *(mirando por el hueco de la escalera)*

¡Madre! ¡Que se le olvida la cacharra! ¡Madre!

(Con un gesto de contrariedad se despoja del delantal, lo echa adentro y cierra. Baja por el tramo mientras se abre el IV suavemente y aparece FERNANDO, *que la mira y cierra la*

---

15 aviar — prepare; aviar la casa — to clean up the house.
16 gandulazo — big loafer.

17 lagartona — a really sly one.
18 consentida — spoiled.

*puerta sin ruido. Ella baja apresurada sin verle
y sale de escena. El se apoya en la barandilla y
sigue con la vista la bajada de la muchacha por
la escalera.* FERNANDO *es, en efecto, un muchacho muy guapo. Viste pantalón de luto y está
en mangas de camisa. Pausa. El IV vuelve a
abrirse.* DOÑA ASUNCIÓN *espía a su hijo.)*

DOÑA ASUNCIÓN
¿Qué haces?

FERNANDO *(desabrido)*
Ya lo ves.

DOÑA ASUNCIÓN *(sumisa)*
¿Estás enfadado?

FERNANDO
No.

DOÑA ASUNCIÓN
¿Te ha pasado algo en la papelería?

FERNANDO
No.

DOÑA ASUNCIÓN
¿Por qué no has ido hoy?

FERNANDO
Porque no. *(Pausa.)*

DOÑA ASUNCIÓN
¿Te he dicho que el padre de Elvirita nos
ha pagado el recibo de la luz?

FERNANDO *(volviéndose hacia su madre)*
¡Sí! ¡Ya me lo has dicho! *(Yendo hacia
ella.)* ¡Déjame en paz!

DOÑA ASUNCIÓN
¡Hijo!

FERNANDO
¡Qué importunidad! ¡Pareces disfrutar re-
cordándome nuestra pobreza!

DOÑA ASUNCIÓN
¡Pero, hijo!

FERNANDO *(empujándola y cerrando de golpe)*
¡Anda, anda para adentro!

*(Con un suspiro de disgusto, vuelve a re-
costarse en el pasamanos. Pausa.* URBANO *llega
al primer rellano. Viste traje azul mahón.[19] Es
un muchacho fuerte y moreno de fisonomía
ruda, pero expresiva: un proletario.* FERNANDO
lo mira avanzar en silencio. URBANO *comienza
a subir la escalera y se detiene al verle.)*

URBANO
¡Hola! ¿Qué haces ahí?

FERNANDO
Hola, Urbano. Nada.

URBANO
Tienes cara de enfado.

FERNANDO
No es nada.

URBANO
Baja al « casinillo. » *(Señalando el hueco de
la ventana.)* Te invito a un cigarro. *(Pausa.)*
¡Baja, hombre! *(*FERNANDO *empieza a bajar
sin prisa.)* Algo te pasa. *(Sacando la petaca.)*
¿No se puede saber?

FERNANDO *(que ha llegado)*
Nada, lo de siempre... *(Se recuestan en la
pared del « casinillo. » Mientras hacen los pitillos.)* ¡Que estoy harto de todo esto!

URBANO *(riendo)*
Eso es ya muy viejo. Creí que te ocurría
algo.

FERNANDO
Puedes reírte. Pero te aseguro que no sé
cómo aguanto. *(Breve pausa.)* En fin, ¡para
qué hablar! ¿Qué hay por tu fábrica?

URBANO
¡Muchas cosas! Desde la última huelga de
metalúrgicos la gente se sindica[20] a toda prisa.
A ver cuándo nos imitáis los dependientes.

FERNANDO
No me interesan esas cosas.

URBANO
Porque eres tonto. No sé de qué te sirve
tanta lectura.

FERNANDO
¿Me quieres decir lo que sacáis en limpio
de esos líos?

URBANO
Fernando, eres un desgraciado. Y lo peor
es que no lo sabes. Los pobres diablos como
nosotros nunca lograremos mejorar de vida
sin la ayuda mutua. Y eso es el sindicato.
¡Solidaridad! Esa es nuestra palabra. Y sería
la tuya si te dieses cuenta de que no eres más
que un triste hortera.[21] ¡Pero como te crees un
marqués!

FERNANDO
No me creo nada. Sólo quiero subir, ¿comprendes? ¡Subir! Y dejar toda esta sordidez en
que vivimos.

URBANO
Y a los demás que los parta un rayo.

FERNANDO
¿Qué tengo yo que ver con los demás?
Nadie hace nada por nadie. Y vosotros os

---

19 mahón — light cotton.
20 la gente se sindica — the people are joining the
union.

21 hortera — clerk.

metéis en el sindicato porque no tenéis arranque para subir solos. Pero ése no es camino para mí. Yo sé que puedo subir y subiré solo.

URBANO

¿Se puede uno reír?

FERNANDO

Haz lo que te dé la gana.

URBANO

Escucha, papanatas.[22] Para subir solo, como dices, tendrías que trabajar todos los días diez horas en la papelería; no podrías faltar nunca, como has hecho hoy...

FERNANDO

¿Cómo lo sabes?

URBANO

¡Porque lo dice tu cara, simple! Y déjame continuar. No podrías tumbarte a hacer versitos ni a pensar en las musarañas;[23] buscarías trabajos particulares para redondear el presupuesto y te acostarías a las tres de la mañana contento de ahorrar sueño y dinero. Porque tendrías que ahorrar, ahorrar como una urraca; quitándolo de la comida, del vestido, del tabaco... Y cuando llevases un montón de años haciendo eso, y ensayando negocios y buscando caminos, acabarías por verte solicitando cualquier miserable empleo para no morirte de hambre... No tienes tú madera para esa vida.[24]

FERNANDO

Ya lo veremos. Desde mañana mismo...

URBANO (*riendo*)

Siempre es desde mañana. ¿Por qué no lo has hecho desde ayer, o desde hace un mes? (*breve pausa.*) Porque no puedes. Porque eres un soñador. ¡Y un gandul![25] (FERNANDO *le mira lívido, conteniéndose, y hace un movimiento para marcharse.*) ¡Espera, hombre! No te enfades. Todo esto te lo digo como un amigo. (*Pausa.*)

FERNANDO (*más calmado y levemente despreciativo*)

¿Sabes lo que te digo? Que el tiempo lo dirá todo. Y que te emplazo.[26] (URBANO *le mira.*) Sí, te emplazo para dentro de ... diez años, por ejemplo. Veremos para entonces quién ha llegado más lejos; si tú con tu sindicato o yo con mis proyectos.

URBANO

Ya sé que yo no llegaré muy lejos; y tampoco tú llegarás. Si yo llego, llegaremos todos.

Pero lo más fácil es que dentro de diez años sigamos subiendo esta escalera y fumando en este « casinillo. »

FERNANDO

Yo, no. (*Pausa.*) Aunque quizá no sean mucho diez años...

URBANO (*riendo*)

¡Vamos! Parece que no estás muy seguro. (*Pausa.*)

FERNANDO

No es eso, Urbano. ¡Es que le tengo miedo al tiempo! Es lo que más me hace sufrir. Ver cómo pasan los días, y los años ... sin que nada cambie. Ayer mismo éramos tú y yo dos críos que veníamos a fumar aquí, a escondidas, los primeros pitillos ... ¡Y hace ya diez años! Hemos crecido sin darnos cuenta, subiendo y bajando la escalera, rodeados siempre de los padres, que no nos entienden; de vecinos que murmuran de nosotros y de quienes murmuramos ... Buscando mil recursos y soportando humillaciones para poder pagar la casa, la luz... y las patatas. (*Pausa.*) Y mañana, o dentro de diez años que pueden pasar como un día, como han pasado estos últimos ... ¡sería terrible seguir así! Subiendo y bajando la escalera, una escalera que no conduce a ningún sitio; haciendo trampas al contador, aborreciendo el trabajo ..., perdiendo día tras día ... (*Pausa.*) Por eso es preciso cortar por lo sano.[27]

URBANO

¿Y qué vas a hacer?

FERNANDO

No lo sé. Pero ya haré algo.

URBANO

¿Y quieres hacerlo solo?

FERNANDO

Solo.

URBANO

¿Completamente? (*Pausa.*)

FERNANDO

Claro.

URBANO

Pues te voy a dar un consejo. Aunque no lo creas, siempre necesitamos de los demás. No podrás luchar solo sin cansarte.

FERNANDO

¿Me vas a volver a hablar del sindicato?

22 papanatas — dolt, simpleton.
23 pensar en las musarañas — to be absentminded.
24 No tienes ... vida — You are not cut out for that kind of life.

25 gandul — loafer, bum.
26 emplazar — to summon or cite.
27 cortar por lo sano — to act decisively, once and for all.

URBANO

No. Quiero decirte que, si verdaderamente vas a luchar, para evitar el desaliento necesitarás ... *(Se detiene.)*

FERNANDO

¿Qué?

URBANO

Una mujer.

FERNANDO

Ése no es problema. Ya sabes que ...

URBANO

Ya sé que eres un buen mozo con muchos éxitos. Y eso te perjudica; eres demasiado buen mozo. Lo que te hace falta es dejar todos esos noviazgos y enamorarte de verdad. *(Pausa.)* Hace tiempo que no hablamos de estas cosas ... Antes, si a ti o a mí nos gustaba Fulanita, nos lo decíamos en seguida. *(Pausa.)* ¿No hay nada serio ahora?

FERNANDO *(reservado)*

Pudiera ser ...

URBANO

No se tratará de mi hermana, ¿verdad?

FERNANDO

¿De tu hermana? ¿De cuál?

URBANO

De Trini.

FERNANDO

No, no.

URBANO

Pues de Rosita, ni hablar.

FERNANDO

Ni hablar. *(Pausa.)*

URBANO

Porque la hija de la señora Generosa no creo que te haya llamado la atención ... *(Pausa. Le mira de reojo, con ansiedad.)* ¿O es ella? ¿Es Carmina? *(Pausa.)*

FERNANDO

No.

URBANO *(ríe y le palmotea la espalda)*

¡Está bien, hombre! ¡No busco más! Ya me lo dirás cuando quieras. ¿Otro cigarrillo?

FERNANDO

No. *(Pausa breve.)* Alguien sube. *(Miran hacia el hueco.)*

URBANO

Es mi hermana.

(Aparece ROSA, *que es una mujer joven, guapa y provocativa. Al pasar junto a ellos los saluda despectivamente, sin detenerse, y comienza a subir el tramo.)*

28 pindonguear — to gad about.
29 achulado — tough.

ROSA

Hola, chicos.

FERNANDO

Hola, Rosita.

URBANO

¿Ya has pindongueado[28] bastante?

ROSA *(parándose)*

¡Yo no pindongueo! Y además, no te importa.

URBANO

¡Un día de éstos le voy a romper las muelas a alguien!

ROSA

¡Qué valiente! Cuídate tú la dentadura por si acaso.

(Sube. URBANO *se queda estupefacto por su descaro.* FERNANDO *ríe y le llama a su lado. Antes de llamar* ROSA *en el III se abre el I y sale* PEPE. *El hermano de* CARMINA *ronda ya los treinta años y es un granuja achulado[29] y presuntuoso. Ella se vuelve y se contemplan, muy satisfechos. Él va a hablar, pero ella le hace señas de que se calle y le señala al « casinillo, » donde se encuentran los dos muchachos ocultos para él.* PEPE *la invita por señas a bailar para después y ella asiente sin disimular su alegría. En esta expresiva mímica los sorprende* PACA, *que abre de improviso.)*

PACA

¡Bonita representación! *(Furiosa, zarandea a su hija.)* ¡Adentro, condenada! ¡Ya te daré yo diversiones!

*(*FERNANDO *y* URBANO *se asoman.)*

ROSA

¡No me empuje! ¡Usted no tiene derecho a maltratarme!

PACA

¿Que no tengo derecho?

ROSA

¡No, señora! ¡Soy mayor de edad!

PACA

¿Y quién te mantiene? ¡Golfa,[30] más que golfa!

ROSA

¡No insulte!

PACA *(metiéndola de un empellón)*

¡Anda para adentro! *(A* PEPE, *que optó desde el principio por bajar un par de peldaños.)* ¡Y tú, chulo indecente! ¡Si te vuelvo a ver con mi niña te abro la cabeza de un sartenazo! ¡Como me llamo Paca!

30 golfa — ragamuffin (Madrid slang).

PEPE

Ya será menos.[31]

PACA

¡Aire! ¡Aire! ¡A escupir a la calle!

(Cierra con ímpetu. PEPE *baja sonriendo con suficiencia. Va a pasar de largo, pero* URBANO *le detiene por la manga.)*

URBANO

No tengas prisa.

PEPE *(volviéndose con saña)*

¡Muy bien! ¡Dos contra uno!

FERNANDO *(presuroso)*

No, no, Pepe. *(Con sonrisa servil.)* Yo no intervengo; no es asunto mío.

URBANO

No. Es mío.

PEPE

Bueno, suelta. ¿Qué quieres?

URBANO *(reprimiendo su ira y sin soltarle)*

Decirte nada más que si la tonta de mi hermana no te conoce, yo sí. Que si ella no quiere creer que has estado viviendo de la Luisa y de la Pili después de lanzarlas a la vida, yo sé que es cierto. ¡Y que como vuelva a verte con Rosa, te juro por tu madre que te tiro por el hueco de la escalera! *(Lo suelta con violencia.)* Puedes largarte. *(Le vuelve la espalda.)*

PEPE

Será si quiero. ¡Estos mocosos! *(Alisándose la manga.[32])* ¡Que no levantan dos palmos del suelo y quieren medirse con hombres! Si no mirara . . .

*(*URBANO *no le hace caso.* FERNANDO *interviene, aplacador.)*

FERNANDO

Déjalo, Pepe. No te . . . alteres. Mejor será que te marches.

PEPE

Sí. Mejor será. *(Inicia la marcha y se vuelve.)* El mocoso indecente, que cree que me va a meter miedo a mí . . . *(Baja protestando.)* Un día me voy a liar a mamporros[33] y le demostraré lo que es un hombre . . .

FERNANDO

No sé por qué te gusta tanto chillar y amenazar.

URBANO *(seco)*

Eso va en gustos. Tampoco me agrada a mí

que te muestres tan amable con un sinvergüenza como ése.

FERNANDO

Prefiero eso a lanzar amenazas que luego no se cumplen.

URBANO

¿Que no se cumplen?

FERNANDO

¡Qué van a cumplirse! Cualquier día tiras tú a nadie[34] por el hueco de la escalera. ¿Todavía no te has dado cuenta de que eres un ser inofensivo? *(Pausa.)*

URBANO

¡No sé cómo nos las arreglamos tú y yo para discutir siempre! Me voy a comer. Abur.

FERNANDO *(contento por su pequeña revancha)*

¡Hasta luego, sindicalista!

*(*URBANO *sube y llama en el III.* PACA *abre.)*

PACA

Hola, hijo. ¿Traes hambre?

URBANO

¡Más que un lobo!

(Entra y cierra. FERNANDO *se recuesta en la barandilla y mira por el hueco. Con un repentino gesto de desagrado se retira al « casinillo » y mira por la ventana, fingiendo distracción. Pausa.* DON MANUEL *y* ELVIRA *suben. Ella aprieta el brazo de su padre en cuanto ve a* FERNANDO. *Se detienen un momento; luego continúan.)*

DON MANUEL *(mirando socarronamente a* ELVIRA, *que está muy turbada)*

Adiós, Fernandito.

FERNANDO *(Se vuelve con desgana. Sin mirar a* ELVIRA*)*

Buenos días.

DON MANUEL

¿De vuelta del trabajo?

FERNANDO *(vacilante)*

Sí, señor.

DON MANUEL

Está bien, hombre. *(Intenta seguir. Pero* ELVIRA *lo retiene tenazmente, indicándole que hable ahora a* FERNANDO. *A regañadientes, termina el padre por acceder.)* Un día de estos tengo que decirle unas cosillas.

FERNANDO

Cuando usted disponga.

31 Ya será menos — I'll bet you will! (An expression of disbelief.)

32 alisándose la manga — smoothing down his sleeve.

33 liar a mamporros — have a knock-down, drag-out fight.

34 Cualquier día . . . nadie — You'll never throw anybody.

DON MANUEL

Bien, bien. No hay prisa; ya le avisaré. Hasta luego. Recuerdos a su madre.

FERNANDO

Muchas gracias. Ustedes sigan bien.

(*Suben.* ELVIRA *se vuelve con frecuencia para mirarle. Él está de espaldas.* DON MANUEL *abre el II con su llave y entran.* FERNANDO *hace un mal gesto y se apoya en el pasamanos. Pausa.* GENEROSA *sube.* FERNANDO *la saluda muy sonriente.*)

FERNANDO

Buenos días.

GENEROSA

Hola, hijo. ¿Quieres comer?

FERNANDO

Gracias, que aproveche. ¿Y el señor Gregorio?

GENEROSA

Muy disgustado, hijo. Como lo retiran por la edad... Y es lo que él dice: ¿De qué sirve que un hombre se deje los huesos conduciendo un tranvía durante cincuenta años, si luego le ponen en la calle? Y si le dieran un buen retiro... Pero es una miseria, hijo; una miseria. ¡Y a mi Pepe no hay quien lo encarrile! (*Pausa.*) ¡Qué vida! No sé cómo vamos a salir adelante.

FERNANDO

Lleva usted razón. Menos mal que Carmina...

GENEROSA

Carmina es nuestra única alegría. Es buena, trabajadora, limpia... Si mi Pepe fuese como ella...

FERNANDO

No me haga mucho caso, pero creo que Carmina la buscaba antes.

GENEROSA

Sí. Es que se me había olvidado la cacharra de la leche. Ya la he visto. Ahora sube ella. Hasta luego, hijo.

FERNANDO

Hasta luego.

(GENEROSA *sube, abre su puerta y entra. Pausa.* ELVIRA *sale sin hacer ruido al descansillo, dejando su puerta entornada. Se apoya en la barandilla. El finge no verla. Ella le llama por encima del hueco.*)

ELVIRA

Fernando...

FERNANDO

¡Hola!

ELVIRA

¿Podrías acompañarme hoy a comprar un libro? Tengo que hacer un regalo y he pensado que tú me ayudarías muy bien a escoger.

FERNANDO

No sé si podré. (*Pausa.*)

ELVIRA

Procúralo, por favor. Sin ti no sabré hacerlo. Y tengo que darlo mañana.

FERNANDO

A pesar de eso no puedo prometerte nada. (*Ella hace un gesto de contrariedad.*) Mejor dicho: casi seguro que no podrás contar conmigo. (*Sigue mirando por el hueco.*)

ELVIRA (*molesta y sonriente*)

¡Qué caro te cotizas!³⁵ (*Pausa.*) Mírame un poco, por lo menos. No creo que cueste mucho trabajo mirarme... (*Pausa.*) ¿Eh?

FERNANDO (*levantando la vista*)

¿Qué?

ELVIRA

Pero, ¿no me escuchabas? ¿O es que no quieres enterarte de lo que te digo?

FERNANDO (*volviéndole la espalda*)

Déjame en paz.

ELVIRA (*resentida*)

¡Ah! ¡Qué poco te cuesta humillar a los demás! ¡Es muy fácil... y muy cruel humillar a los demás! Te aprovechas de que te estiman demasiado para devolverte la humillación... pero podría hacerse...

FERNANDO (*volviéndose furioso*)

¡Explica eso!

ELVIRA

Es muy fácil presumir y despreciar a quien nos quiere, a quien está dispuesto a ayudarnos... A quien nos ayuda ya... Es muy fácil olvidar esas ayudas...

FERNANDO (*iracundo*)

¿Cómo te atreves a echarme en cara tu propia ordinariez? ¡No puedo sufrirte! ¡Vete!

ELVIRA (*arrepentida*)

¡Fernando, perdóname, por Dios! Es que...

FERNANDO

¡Vete! ¡No puedo soportarte! No puedo resistir vuestros favores ni vuestra estupidez. ¡Vete! (*Ella ha ido retrocediendo muy afectada. Se entra llorosa y sin poder reprimir apenas sus nervios.* FERNANDO, *muy alterado también, saca*

---

35 cotizar — to quote prices. ¡Qué caro te cotizas! — How high and mighty you are!

127

un cigarillo. Al tiempo de tirar la cerilla:)
¡Qué vergüenza!

. . . .

Paca and Generosa gossip about how Elvira's father paid the light bill for Fernando's mother, how Fernando earns almost nothing and does not work industriously, how Elvira has set her cap for Fernando, and how Paca does not want Pepe, Generosa's son, to bother her daughter, Rosa. Fernando tells Carmina that he loves her and not others of whom she is jealous. He tells her that he will work for her and triumph for her with her help, that he will become an engineer, publish a book, and be a complete success.

As the second act opens, ten years have passed. The stairway is as dirty and uncared for as before. Asunción and Don Manuel have died, and all the characters have aged perceptibly, although Carmina is still beautiful. Gregorio has just died as the act opens, and Carmina accepts Urbano's declaration that he loves her and, even though a simple workman, will work hard to succeed if she marries him. Pepe, as much an idler and gigolo as before, has abandoned Rosa, and Urbano quarrels with him when he seeks to molest Trini. (Trini intercedes with their father on Rosa's behalf, and he gives the abandoned girl money.) Fernando and Elvira, who have married and have one son, come to offer condolences to Carmina's family, and Elvira tries to impress Carmina by feigning happiness, since she thinks out of jealousy that her husband still loves Carmina.

As the third act opens, twenty more years have passed. The stairway is still poor looking, although the landlord has tried to disguise some of its features by adding new details here and there. Some new tenants have moved in, but Urbano and Carmina, Elvira and Fernando still live there. Rosa and Trini also still live in the house, and Manolín (Fernando's second son) is loved by them and loves Trini in return. Urbano and Carmina have a daughter who is 18 years old. Fernando, the older son of Fernando and Elvira, is now 21.

FERNANDO, HIJO

Carmina.

(Ella, en los primeros escalones aún, se inmoviliza y calla, temblorosa, sin volver la cabeza. Él baja en seguida a su altura. MANOLÍN *se disimula y escucha con infantil picardía.)*

CARMINA, HIJA

¡Déjame, Fernando! Aquí, no. Nos pueden ver.

FERNANDO, HIJO

¡Qué nos importa!

CARMINA, HIJA

Déjame. *(Intenta seguir. Él la detiene con brusquedad.)*

FERNANDO, HIJO

¡Escúchame, te digo! ¡Te estoy hablando!

CARMINA, HIJA *(asustada)*

Por favor, Fernando.

FERNANDO, HIJO

No. Tiene que ser ahora. Tienes que decirme en seguida por qué me has esquivado estos días. *(Ella mira angustiada por el hueco de la escalera.)* ¡Vamos, contesta! ¿Por qué? *(Ella mira a la puerta de su casa.)* ¡No mires más! No hay nadie.

CARMINA, HIJA

Fernando, déjame ahora. Esta tarde podremos vernos donde el último día.

FERNANDO, HIJO

De acuerdo. Pero ahora me vas a decir por qué no has venido estos días.

(Ella consigue bajar unos peldaños más. Él la retiene y la sujeta contra la barandilla.)

CARMINA, HIJA

¡Fernando!

FERNANDO, HIJO

¡Dímelo! ¿Es que ya no me quieres? *(Pausa.)* No me has querido nunca, ¿verdad? Ésa es la razón. ¡Has querido coquetear conmigo, divertirte conmigo!

CARMINA, HIJA

No, no . . .

FERNANDO, HIJO

Sí. Eso es. *(Pausa.)* ¡Pues no te saldrás con la tuya![36]

CARMINA, HIJA

Fernando, yo te quiero. ¡Pero déjame! ¡Lo nuestro no puede ser!

FERNANDO, HIJO

¿Por qué no puede ser?

CARMINA, HIJA

Mis padres no quieren.

FERNANDO, HIJO

¿Y qué? Eso es un pretexto. ¡Un mal pretexto!

CARMINA, HIJA

No, no . . . de verdad . . . Te lo juro.

FERNANDO, HIJO

Si me quisieras de verdad no te importaría.

---

36 ¡Pues . . . tuya! — You won't get away with it.

CARMINA, HIJA *(sollozando)*

Es que . . . me han amenazado y . . . me han pegado . . .

FERNANDO, HIJO

¡Cómo!

CARMINA, HIJA

Sí. Y hablan mal de ti . . . y de tus padres . . . ¡Déjame, Fernando! *(Se desprende. Él está paralizado.)* Olvida lo nuestro. No puede ser . . . Tengo miedo . . .

(Se va rápidamente, llorosa. FERNANDO *llega hasta el rellano y la mira bajar abstraído. Después se vuelve y ve a* MANOLÍN. *Su expresión se endurece.)*

FERNANDO, HIJO

¿Qué haces aquí?

MANOLÍN *(muy divertido)*

Nada.

FERNANDO, HIJO

Anda para casa.

MANOLÍN

No quiero.

FERNANDO, HIJO

¡Arriba, te digo!

MANOLÍN

Es mi cumpleaños y hago lo que quiero. ¡Y tú no tienes derecho a mandarme! *(Pausa.)*

FERNANDO, HIJO

Si no fueras el favorito . . . ya te daría yo cumpleaños.

(Pausa. Comienza a subir mirando a MANOLÍN *con suspicacia. Éste contiene con trabajo la risa.)*

MANOLÍN *(envalentonado)*

¡Qué entusiasmado estás con Carmina!

FERNANDO, HIJO *(bajando al instante)*

¡Te voy a cortar la lengua!

MANOLÍN *(con regocijo)*

¡Parecíais dos novios de película! *(En tono cómico.)* « ¡No me abandones, Nelly! ¡Te quiero, Bob! »

*(*FERNANDO *le da una bofetada. A* MANOLÍN *se le saltan las lágrimas y se esfuerza, rabioso, en patear las espinillas[37] y los pies de su hermano.)*

¡Bruto!

FERNANDO, HIJO *(sujetándole)*

¿Qué hacías en el « casinillo? »

MANOLÍN

¡No te importa! ¡Bruto! ¡Idiota! . . . ¡¡Romántico!!

---

37 espinilla — shin bone.
38 marrano — hog; dirty pig.

FERNANDO, HIJO

Fumando, ¿eh? *(Señala las colillas en el suelo.)* Ya verás cuando se entere papá.

MANOLÍN

¡Y yo le diré que sigues siendo novio de Carmina!

FERNANDO, HIJO *(apretándole un brazo)*

¡Qué bien trasteas a los padres, marrano,[38] hipócrita! ¡Pero los pitillos te van a costar caros!

MANOLÍN *(que se desase y sube presuroso el tramo)*

¡No te tengo miedo! Y diré lo de Carmina. ¡Lo diré ahora mismo! *(Llama con apremio al timbre de su casa.)*

FERNANDO, HIJO *(desde la barandilla del primer rellano)*

¡Baja, chivato![39]

MANOLÍN

No. Además, esos pitillos no son míos.

FERNANDO, HIJO

¡Baja!

*(*FERNANDO, *el padre, abre la puerta.)*

MANOLÍN

¡Papá, Fernando estaba besándose con Carmina en la escalera!

FERNANDO, HIJO

¡Embustero!

MANOLÍN

Sí, papá. Yo no los veía porque estaba en el « casinillo; » pero . . .

FERNANDO *(a* MANOLÍN*)*

Pasa para adentro.

MANOLÍN

Papá, te aseguro que es verdad.

FERNANDO

Adentro. *(Con un gesto de burla a su hermano,* MANOLÍN *entra.)* Y tú, sube.

FERNANDO, HIJO

Papá, no es cierto que me estuviera besando con Carmina. *(Empieza a subir.)*

FERNANDO

¿Estabas con ella?

FERNANDO, HIJO

Sí.

FERNANDO

¿Recuerdas que te hemos dicho muchas veces que no tontearas con ella?

FERNANDO, HIJO *(que ha llegado al rellano)*

Sí.

---

39 chivato — scoundrel.

FERNANDO

Y has desobedecido . . .

FERNANDO, HIJO

Papá . . . Yo . . .

FERNANDO

Entra. *(Pausa.)* ¿Has oído?

FERNANDO, HIJO *(rebelándose)*

¡No quiero! ¡Se acabó!

FERNANDO

¿Qué dices?

FERNANDO, HIJO

¡No quiero entrar! ¡Ya estoy harto de vuestras estúpidas prohibiciones!

FERNANDO *(conteniéndose)*

Supongo que no querrás escandalizar para los vecinos . . .

FERNANDO, HIJO

¡No me importa! ¡También estoy harto de esos miedos!

(ELVIRA, avisada sin duda por MANOLÍN, sale a la puerta.)

¿Por qué no puedo hablar con Carmina, vamos a ver? ¡Ya soy un hombre!

ELVIRA *(que interviene con acritud)*

¡No para Carmina!

FERNANDO *(a ELVIRA)*

¡Calla! *(A su hijo.)* Y tú entra. Aquí no podemos dar voces.

FERNANDO, HIJO

¿Qué tengo yo que ver con vuestros rencores y vuestros viejos perjuicios? ¿Por qué no vamos a poder querernos Carmina y yo?

ELVIRA

¡Nunca!

FERNANDO

No puede ser, hijo.

FERNANDO, HIJO

Pero, ¿por qué?

FERNANDO

Tú no lo entiendes. Pero entre esa familia y nosotros no puede haber noviazgos.

FERNANDO, HIJO

Pues os tratáis.

FERNANDO

Nos saludamos, nada más. *(Pausa.)* A mí realmente no me importaría demasiado. Es tu madre . . .

ELVIRA

Claro que no. ¡Ni hablar de la cosa!

FERNANDO

Los padres de ella tampoco lo consentirían. Puedes estar seguro.

ELVIRA

Y tú debías ser el primero en prohibírselo en vez de halagarle[40] con esas blanduras improcedentes.[41]

FERNANDO

¡Elvira!

ELVIRA

¡Improcedentes! *(A su hijo.)* Entra, hijo.

FERNANDO, HIJO

Pero, mamá . . . Papá . . . ¡Cada vez lo entiendo menos! Os empeñáis en no comprender que yo . . . ¡no puedo vivir sin Carmina!

FERNANDO

Eres tú el que no nos comprendes. Yo te lo explicaré todo, hijo.

ELVIRA

¡No tienes que explicar nada! *(A su hijo.)* Entra.

FERNANDO

Hay que explicarle, mujer . . . *(A su hijo.)* Entra, hijo.

FERNANDO, HIJO *(entrando, vencido)*

No os comprendo . . . No os comprendo . . .

(Cierran. Pausa. TRINI y ROSA vuelven de la compra.)

TRINI

¿Y no le has vuelto a ver?

ROSA

¡Muchas veces! Al principio no me saludaba, me evitaba. Y yo, como una tonta, le buscaba. Ahora, es al revés . . .

TRINI

¿Te busca él?

ROSA

Ahora me saluda, y yo a él no. ¡Canalla! Me ha entretenido durante años para dejarme cuando ya no me mira a la cara nadie.

TRINI

Estará ya viejo . . .

ROSA

¡Muy viejo! Y muy gastado. Porque sigue bebiendo y trasnochando . . .[42]

TRINI

¡Qué vida!

ROSA

Casi me alegro de no haber tenido hijos con él. No habrían salido sanos. *(Pausa.)*

---

40 halagarle — treat him with softness.
41 improcedentes — improper.

42 trasnochar — to stay up all night.

¡Pero yo hubiera querido tener un niño, Trini!
Y hubiese querido que él no fuese como era
. . . y que el niño se le hubiese parecido.

TRINI

Las cosas nunca suceden a nuestro gusto.

ROSA

No. *(Pausa.)* ¡Pero, al menos, un niño! ¡Mi
vida se habría llenado con un niño! *(Pausa.)*

TRINI

. . . La mía también.

ROSA

¿Eh? *(Pausa breve.)* Claro. ¡Pobre Trini!
¡Qué lástima que no te hayas casado!

TRINI *(deteniéndose, sonríe con pena)*

¡Qué iguales somos en el fondo tú y yo!

ROSA

Todas las mujeres somos iguales en el fondo.

TRINI

Sí . . . Tú has sido el escándalo de la familia
y yo la víctima. Tú quisiste vivir tu vida y yo
me dediqué a la de los demás. Te juntaste con
un hombre y yo sólo conozco el olor de los de
la casa . . . Ya ves: al final hemos venido a
fracasar de igual manera.

*(ROSA la enlaza y aprieta suavemente el talle.
TRINI la imita. Llegan enlazadas a la puerta.)*

ROSA *(suspirando)*

Abre . . .

TRINI *(suspirando)*

Sí . . . Ahora mismo . . .

*(Abre con el llavín y entran. Pausa. Suben
URBANO, CARMINA y su hija. El padre viene
riñendo a la muchacha, que atiende tristemente
sumisa. La madre se muestra jadeante y muy
cansada.)*

URBANO

¡Y no quiero que vuelvas a pensar en
Fernando! Es como su padre: un inútil.

CARMINA

¡Eso!

URBANO

Más de un pitillo nos hemos fumado el
padre y yo ahí mismo *(señala el « casinillo »)*
cuando éramos jóvenes. Me acuerdo muy
bien. Tenía muchos pajaritos en la cabeza. Y
su hijo es como él: un gandul. Así es que no
quiero ni oírte su nombre. ¿Entendido?

CARMINA, HIJA

Sí, padre.

*(La madre se apoya, agotada, en el pasama-
nos.)*

URBANO

¿Te cansas?

CARMINA

Un poco.

URBANO

Un esfuerzo. Ya no queda nada. *(A la hija,
dándole la llave.)* Toma, ve abriendo. *(Mientras la muchacha sube y entra, dejando la
puerta entornada.)* ¿Te duele el corazón?

CARMINA

Un poquillo . . .

URBANO

¡Dichoso corazón!

CARMINA

No es nada. Ahora se pasará. *(Pausa.)*

URBANO

¿Por qué no quieres que vayamos a otro
médico?

CARMINA *(seca)*

Porque no.

URBANO

¡Una testarudez tuya! Puede que otro
médico consiguiese . . .

CARMINA

Nada. Esto no tiene arreglo; es de la edad
. . . y de las desilusiones.

URBANO

¡Tonterías! Podíamos probar . . .

CARMINA

¡Que no! Y déjame en paz! *(Pausa.)*

URBANO

¿Cuándo estaremos de acuerdo tú y yo en
algo?

CARMINA *(con amargura)*

Nunca.

URBANO

Cuando pienso lo que pudiste haber sido
para mí . . . ¿Por qué te casaste conmigo, si
no me querías?

CARMINA *(seca)*

No te engañé. Tú te empeñaste.

URBANO

Sí. Supuse que podría hacerte olvidar otras
cosas . . . Y esperaba más correspondencia,
más . . .

CARMINA

Más agradecimiento.

URBANO

No es eso. *(Suspira.)* En fin, paciencia.

CARMINA

Paciencia. *(PACA se asoma y los mira. Con
voz débil, que contrasta con la fuerza de una
pregunta igual hecha veinte años antes.)*

PACA

¿No subís?

URBANO

Sí.

CARMINA

Sí. Ahora mismo. *(PACA se mete.)*

URBANO

¿Puedes ya?

CARMINA

Sí. *(URBANO le da el brazo. Suben lentamente, silenciosos. De peldaño en peldaño se oye la dificultosa respiración de ella. Llegan finalmente y entran. A punto de cerrar, URBANO ve a FERNANDO, el padre, que sale del II y emboca la escalera. Vacila un poco y al fin se decide a llamarle cuando ya ha bajado unos peldaños.)*

URBANO

Fernando.

FERNANDO *(volviéndose)*

Hola. ¿Qué quieres?

URBANO

Un momento. Haz el favor.

FERNANDO

Tengo prisa.

URBANO

Es sólo un minuto.

FERNANDO

¿Qué quieres?

URBANO

Quiero hablarte de tu hijo.

FERNANDO

¿De cuál de los dos?

URBANO

De Fernando.

FERNANDO

¿Y qué tienes que decir de Fernando?

URBANO

Que harías bien impidiéndole que sonsacase[43] a mi Carmina.

FERNANDO

¿Acaso crees que me gusta la cosa? Ya le hemos dicho todo lo necesario. No podemos hacer más.

URBANO

¿Luego lo sabías?

FERNANDO

Claro que lo sé. Haría falta estar ciego ...

URBANO

Lo sabías y te alegrabas, ¿no?

FERNANDO

¿Que me alegraba?

URBANO

¡Sí! Te alegrabas. Te alegrabas de ver a tu hijo tan parecido a ti mismo ... De encontrarle tan irresistible como lo eras tú hace treinta años. *(Pausa.)*

FERNANDO

No quiero escucharte. Adiós. *(Va a marcharse.)*

URBANO

¡Espera! Antes hay que dejar terminada esta cuestión. Tu hijo ...

FERNANDO *(sube y se enfrenta con él)*

Mi hijo es una víctima, como lo fuí yo. A mi hijo le gusta Carmina porque ella se le ha puesto delante. Ella es quien le saca de sus casillas.[44] Con mucha mayor razón podría yo decirte que la vigilases.

URBANO

¡Ah, en cuanto a ella puedes estar seguro! Antes la deslomo que permitir que se entienda con tu Fernandito. Es a él a quien tienes que sujetar y encarrilar ...[45] Porque es como tú eras: un tenorio y un vago.

FERNANDO

¿Yo un vago?

URBANO

Sí. ¿Dónde han ido a parar tus proyectos de trabajo? No has sabido hacer más que mirar por encima del hombro a los demás. ¡Pero no te has emancipado, no te has libertado! *(Pegando en el pasamanos.)* ¡Sigues amarrado a esta escalera, como yo, como todos!

FERNANDO

Sí, como tú. También tú ibas a llegar muy lejos con el sindicato y la solidaridad. *(Irónico.)* Íbais a arreglar las cosas para todos ... hasta para mí.

URBANO

¡Sí! ¡Hasta para los zánganos[46] y cobardes como tú!

(CARMINA, la madre, sale al descansillo[47] después de escuchar un segundo e interviene. El altercado crece en violencia hasta su final.)

CARMINA

¡Eso! ¡Un cobarde! ¡Eso es lo que has sido siempre! ¡Un gandul y un cobarde!

URBANO

¡Tú, cállate!

43 sonsacar — to entice.
44 sacar de sus casillas — to make someone change one's habits.

45 encarrilar — to put on the right track.
46 zánganos — idlers.
47 descansillo — landing of a stairway.

CARMINA

¡No quiero! Tenía que decírselo. *(A* FER-
NANDO.*)* ¡Has sido un cobarde toda tu vida!
Lo has sido para las cosas más insignificantes
. . . y para las más importantes. *(Lacrimosa.)*
¡Te asustaste como una gallina cuando hacía
falta ser un gallo con cresta y espolones!

URBANO *(furioso)*

¡Métete para adentro!

CARMINA

¡No quiero! *(A* FERNANDO.*)* Y tu hijo es
como tú: un cobarde, un vago y un embustero. Nunca se casará con mi hija, ¿entiendes? *(Se detiene, jadeante.)*

FERNANDO

Ya procuraré que no haga esa tontería.

URBANO

Para vosotros no sería una tontería, porque
ella vale mil veces más que él.

FERNANDO

Es tu opinión de padre. Muy respetable.
(Se abre el II y aparece ELVIRA, *que escucha y
los contempla.)* Pero Carmina es de la pasta[48]
de su familia. Es como Rosita . . .

URBANO *(que se acerca a él rojo de rabia)*

Te voy a . . . *(Su mujer le sujeta.)*

FERNANDO

¡Sí! A tirar por el hueco de la escalera! Es
tu amenaza favorita. Otra de las cosas que no
has sido capaz de hacer con nadie.

ELVIRA *(avanzando)*

¿Por qué te avienes a discutir con semejante
gentuza? *(*FERNANDO, HIJO, *y* MANOLÍN, *ocupan
la puerta y presencian la escena con disgustado
asombro.)* Vete a lo tuyo.

CARMINA

¡Una gentuza a la que no tiene usted derecho a hablar!

ELVIRA

Y no la hablo.

CARMINA

¡Debería darle vergüenza! ¡Porque usted
tiene la culpa de todo esto!

ELVIRA

¿Yo?

CARMINA

Sí, usted, que ha sido siempre una zalamera[49] y una entrometida . . .

ELVIRA

¿Y usted qué ha sido? ¡Una mosquita
muerta![50] Pero le salió mal la combinación.[51]

FERNANDO *(a su mujer)*

Estáis diciendo muchas tonterías . . .

*(*CARMINA, HIJA; PACA, ROSA *y* TRINI *se
agolpan en su puerta.)*

ELVIRA

¡Tú te callas! *(A* CARMINA, *por* FERNANDO.*)*
¿Cree usted que se lo quité? ¡Se lo regalaría
de buena gana!

FERNANDO

¡Elvira, cállate! ¡Es vergonzoso!

URBANO *(a su mujer)*

¡Carmina, no discutas eso!

ELVIRA *(sin atender a su marido)*

Fué usted, que nunca supo retener a nadie,
que no ha sido capaz de conmover a nadie . . .
ni de conmoverse.

CARMINA

¡Usted, en cambio, se conmovió a tiempo!
¡Por eso se lo llevó!

ELVIRA

¡Cállese! ¡No tiene derecho a hablar! Ni
usted ni nadie de su familia puede rozarse con
personas decentes. Paca ha sido toda su vida
una murmuradora . . . y una consentidora.
(A URBANO.*)* ¡Como usted! Consentidores de
los caprichos de Rosita . . . ¡Una cualquiera!

ROSA

¡Deslenguada! ¡Víbora!

*(Se abalanza y la agarra del pelo. Todos
vocean.* CARMINA *pretende pegar a* ELVIRA.
URBANO *trata de separarlas.* FERNANDO *sujeta
a su mujer. Entre los dos consiguen separarlas
a medias.* FERNANDO, HIJO, *con el asco y la
amargura pintados en su faz, avanza despacio
por detrás del grupo y baja los escalones sin
dejar de mirar, tanteando la pared a sus espaldas. Con desesperada actitud sigue escuchando
desde el « casinillo » la disputa de los mayores.)*

FERNANDO

¡Basta! ¡Basta ya!

URBANO *(a los suyos)*

¡Adentro todos!

ROSA *(a* ELVIRA*)*

¡Si yo me junté con Pepe y me salió mal,
usted cazó a Fernando! . . .

ELVIRA

¡Yo no he cazado a nadie!

ROSA

¡A Fernando!

---

48 pasta — batter; disposition.
49 zalamera — flatterer.
50 mosquita muerta — hypocrite.

51 le salió mal la combinacion — your scheme turned
out badly.

CARMINA

¡Sí! ¡A Fernando!

ROSA

Y le ha durado. Pero es tan chulo como Pepe.

FERNANDO

¿Cómo?

URBANO *(Enfrentándose con él)*

¡Claro que sí! ¡En eso llevan razón! Has sido un cazador de dotes. En el fondo, igual que Pepe. ¡Peor! ¡Porque tú has sabido nadar y guardar la ropa!

FERNANDO

¡No te parto la cabeza porque . . . ! *(Las mujeres los sujetan ahora.)*

URBANO

¡Porque no puedes! ¡Porque no te atreves! ¡Pero a tu niño se la partiré yo como le vea rondar a Carmina!

PACA

¡Eso! ¡A limpiarse de mi nieta!⁵²

URBANO *(con grandes voces)*

¡Y se acabó! ¡Adentro todos! *(Los empuja rudamente.)*

ROSA *(antes de entrar, a* ELVIRA*)*

¡Pécora!

CARMINA *(lo mismo)*

¡Enredadora!

ELVIRA

¡Escandalosas! ¡Ordinarias!

*(*URBANO *logra hacer entrar a los suyos y cierra con un tremendo portazo.)*

FERNANDO *(a* ELVIRA *y* MANOLÍN*)*

¡Vosotros, para adentro también!

ELVIRA *(después de considerarle un momento, con desprecio)*

¡Y tú a lo tuyo, que ni para eso vales!

(Su marido la mira violento. Ella mete a MANOLÍN *de un empujón y cierra también con un portazo.* FERNANDO *baja tembloroso la escalera, con la lentitud de un vencido. Su hijo* FERNANDO *le ve cruzar y desaparecer con una mirada de espanto. La escalera queda en silencio.* FERNANDO, HIJO, *oculta la cabeza entre las manos. Pausa larga.* CARMINA, HIJA, *sale con mucho sigilo de su casa y cierra la puerta sin ruido. Su cara no está menos descompuesta que la de* FERNANDO. *Mira por el hueco y después fija su vista con ansiedad en la esquina del « casinillo. » Baja tímidamente unos peldaños sin dejar de mirar.* FERNANDO *la siente y se asoma.)*

FERNANDO, HIJO

¡Carmina!

(Aunque esperaba su presencia, ella no puede reprimir un suspiro de susto. Se miran un momento y en seguida ella baja corriendo y se arroja llorando en sus brazos.)

¡Carmina . . . !

CARMINA, HIJA

¡Fernando! Ya ves . . . Ya ves que no puede ser.

FERNANDO, HIJO

¡Sí puede ser! No te dejes vencer por su sordidez. ¿Qué puede haber de común entre ellos y nosotros? ¡Nada! ¡Ellos son viejos y torpes! No comprenden . . . Yo lucharé para vencer. Lucharé por ti y por mí. Pero tienes que ayudarme, Carmina. Tienes que confiar en mí y en nuestro cariño.

CARMINA, HIJA

¡No podré!

FERNANDO, HIJO

Podrás. Podrás . . . porque yo te lo pido. Tenemos que ser más fuertes que nuestros padres. Ellos se han dejado vencer por la vida. Han pasado treinta años subiendo y bajando esta escalera . . . Haciéndose cada día más mezquinos y más vulgares. Pero nosotros no nos dejaremos vencer por este ambiente. ¡No! Porque nos marcharemos de aquí. Nos apoyaremos el uno en el otro. Me ayudarás a subir, a dejar para siempre esta casa miserable, estas broncas⁵³ constantes, estas estrecheces. Me ayudarás, ¿verdad? Dime que sí, por favor. ¡Dímelo!

CARMINA, HIJA

Te necesito, Fernando. ¡No me dejes!

FERNANDO, HIJO

¡Pequeña!

(Quedan un momento abrazados. Después, él la lleva al primer escalón y la sienta junto a la pared, sentándose a su lado. Se cogen las manos y se miran, arrobados.)

Carmina, voy a empezar en seguida a trabajar por ti. ¡Tengo muchos proyectos!

*(*CARMINA, *la madre, sale de su casa con expresión inquieta y los divisa, entre disgustada y angustiada. Ellos no se dan cuenta.)*

Saldré de aquí. Dejaré a mis padres. No los quiero. Y te salvaré a ti. Vendrás conmigo. Abandonaremos este nido de rencores y de brutalidad.

---

52 ¡A limpiarse de mi nieta! — Stay away from my granddaughter.

53 broncas — quarrels.

CARMINA, HIJA

¡Fernando!

(FERNANDO, *el padre, que sube la escalera,
se detiene, estupefacto, al entrar en escena.*)

FERNANDO, HIJO

Sí, Carmina. Aquí sólo hay brutalidad e in-
comprensión para nosotros. Escúchame. Si tu
cariño no me falta, emprenderé muchas cosas.
Primero me haré aparejador.[54] ¡No es difícil!
En unos años me haré un buen aparejador.
Ganaré mucho dinero y me solicitarán todas
las empresas constructoras. Para entonces ya
estaremos casados ... Tendremos nuestro
hogar alegre y limpio ... , lejos de aquí. Pero
no dejaré de estudiar por eso. ¡No, no, Carmina! Entonces me haré ingeniero. Seré el
mejor ingeniero del país y tu serás mi adorada
mujercita ...

CARMINA, HIJA

¡Fernando! ¡Qué felicidad! ... ¡Qué felicidad!

FERNANDO, HIJO

¡Carmina!

(*Se contemplan extasiados, próximos a
besarse. Los padres se miran y vuelven a obser-
varlos. Se miran de nuevo largamente. Sus
miradas, cargadas de una infinita melancolía,
se cruzan sobre el hueco de la escalera sin rozar
el grupo ilusionado de los hijos.*)

Alfonso Sastre, b. 1926, *Ana Kleiber*

Alfonso Sastre obtained his university
degree in philosophy, but as early as 1945 he
had formed a group to produce experimental
theater for which he wrote two short dramas.
Most critics consider Sastre to be a revolutionary or didactic writer, and some find him
too intellectual. Although Sastre insists on
what he himself has called the "theater of
social agitation" and stresses the rights of
individuals in a tragic modern world, he is not
revolutionary in espousing any specific political ideology. In his dramas he has attacked
both fascism and communism.

Sastre views tragedy as a kind of social sin,
a strange artistic mechanism which tortures
the spectator who willingly accepts the wound.
Through the drama the spectator realizes the
true structure of human suffering and for the
moment achieves an empathic relationship
with his fellow men and society. Sastre, then,
views the theater as a means of catharsis and,

hopefully, as a potential means to combat
social injustice wherever he may find it. The
theater conceives of existence and time as a
tragic reality; we are that time which is
passing. The drama should therefore offer no
magical evasions but show things as they are.

Sastre has written a great number of dramas
for one so young. Among them is *Escuadra
hacia la muerte*, 1953, which concerns a group
of criminals sent to defend a strategic post at
the front. Unable to endure the cruelties of
their corporal, they kill him and eventually
disband. Only one soldier is willing to accept
the responsibility for his action. *La mordaza*,
1954, relates the fear and pity a criminal
father inspires in his children. *Tierra roja*,
1954, discusses a revolt of unjustly treated
miners. *Guillermo Tell tiene los ojos tristes*,
1955, deals with the anguish of a father who
must sacrifice his son in order to free his
people. *La sangre de Dios*, 1955, *El cuervo*,
1957, *La cornada*, 1959, and *En la red*, 1961,
are some of his more recent plays. These
dramas, while they examine the Spanish soul,
offer universal lessons. There are few happy
endings, but the failures of the protagonists
leave us with the feeling that other sufferers
will come along who will be more successful.

Ana Kleiber, 1957, gives us Sastre's strongest
feminine creation in the woman who wanted
love but was unable to accept it. Her moods
motivate and mold the action, and she dominates and overshadows the author himself,
who must take an active role and relate the
story at times. Ana Kleiber, an actress, found
an unaccountable attractiveness in the ugly
and sordid. From guilt or some other motivation she embarked on a course of self destruction which she could not explain. She wanted
to be a good wife and mother, and she maintained this dream in her deepest degradation.
Yet she was unable truly to give herself to
Alfredo, the man who saved her from suicide
and the only one she ever loved.

One night her former employer visits her
and begins to recall the lurid times they had
shared. Alfredo, in an insane rage, kills him,
escapes, and joins the Nazi Army. Ana realizes
that they will never be able to live together as
man and wife and that he will never be able to
understand her. While he serves in the army
she passes from man to man and from one
drunken orgy to another. During one brief
reunion Alfredo, overcome by his emotions of
love and hate, tries to kill her. He leaves, and
they never see each other again. They had
planned to meet at the end of the war in

---

54 aparejador — overseer, rigger.

Barcelona on December 26. Alfredo learns from Sastre, who had met Ana at the Hotel Voyager, the details of her last night on earth. She died there the night before Alfredo's arrival, her body and spirit unable to undergo any more abuse, in room number 66, the very number of the room in her Berlin hotel where she had lived her life of shame. As Alfredo weeps, Sastre comforts him. He had intended to make a play out of their love story, but now he decides to end it with Ana's arrival at the hotel and her disappearance into the elevator. Alfredo will once more break into tears, but Sastre will reveal to him that life isn't over, that some day Alfredo will put himself on the bench of the accused and will decide to live a new life in which Ana will only be a human memory.

Sastre's concerns are with realistic and closed existential factors. He feels the dramatist's duty is to write good theater principally to serve more effectively the social, ethical, or political intention it conveys. He accepts a modern application of Aristotelian definition of tragedy to social polemics and the rights of individuals in a tragic world. He combines his insistence on social realism with a concept of closed existential situations which are without hope, although at times he admits the possibility of an open tragedy. For the most part his dramas involve individual conflicts of lonely and isolated heroes who live in an absurd world of false values, but whose projection, transcending catharsis, may plant the seed of future social action in the witnessing public.

Part III PROSE FICTION

PROSE FICTION OF THE NINETEENTH CENTURY
THE REGIONAL NOVEL

Fernán Caballero, 1796–1877, *La gaviota,* 1849 (pp. 204–205)

Although Fernán Caballero had published several stories earlier, including one in German in 1840, *La gaviota* must be considered her first important novel. The first version of this novel was written in French, for the novelist at one time recognized her deficiencies as a writer of Spanish. She claimed, however, that it was "porque el castellano no es adecuado para escribir novelas; siendo bellísimo para la poesía, el teatro . . . es rígido y poco flexible para la novela . . ."

Partially because of financial difficulties, her third husband, Antonio Arróm de Ayala, prevailed on her to send the manuscript to José Joaquín de Mora. She used the pseudonym because of the prejudice then in vogue against women writers. She told her friend and biographer, Padre Coloma, no mean novelist himself, that she had read a newspaper account of a murder committed in a village of La Mancha named Fernán Caballero and had chosen it as her pseudonym because she liked its "sabor antiguo y caballeresco." Mora, who had promised to publish the story serially in *El Heraldo,* one of Madrid's leading journals, kept delaying and Fernán Caballero asked Hartzenbusch to help her publish it in *La Esperanza.* Mora, who translated the novel into Spanish, finally announced that on March 4, "el martes de la próxima, empezaremos a publicar *La gaviota,* novela original española y que puede llamarse propiamente de costumbres por contener una pintura fiel y altamente expresiva de las verdaderas costumbres de nuestra nación." In spite of his pledge of secrecy Mora finally told a friend the name of the author. Fernán Caballero, on learning this, is supposed to have said indignantly that if she could have foreseen this betrayal "yacerían en cenizas esas novelas."

La gaviota was a tremendous success. Eugenio de Ochoa, who wrote a critical evaluation in the first edition, commented that the author "será en nuestra literatura lo que es Waverly en la literatura inglesa, el primer albor de un hermoso día, el primer florón de la corona poética que ceñirá las sienes de un Walter Scott español." This praise was never fully justified nor realized, but as Menéndez y Pelayo says, she had the supreme merit of having created "la novela moderna de costumbres españolas, la novela de sabor local, siendo en este concepto discípulos suyos cuantos hoy la cultivan."

In *La gaviota* Fernán Caballero expresses her ideas regarding the art of writing a novel, and in the prologue is concerned largely with the reality of her pictures of Andalusian life. Many critics have commented on *La gaviota*'s realism, regionalism, folklore, sentiment and emotion. Yet *La gaviota* is also romantic, for the author gives us an overly romanticized treatment of good and evil. Furthermore, though she was basically a realist, her portrayal of rural Andalusian life was idealistic, and, rather than present the whole spectrum of that life with its ugly as well as its attractive side, she allowed herself to select those portions which best served her didactic purposes and her personal preferences. Stein, the good, noble, tearful, self-sacrificing, and loving husband of the novel may be a bit tiresome, and Fernán Caballero's interjections of herself into the novel with little homilies and digressions on bull fighting, marital devotion, natural love, patriotism, and a variety of other subjects may become tedious, but the main story continues to be eminently readable in its simplicity.

Fritz Stein, a young German surgeon, takes part in the Civil War in Navarra. Even though he serves faithfully, he is accused of treachery because he attempts to cure the wounds of an enemy soldier. He escapes and is found exhausted and unconscious by Dolores and Tía María, her mother-in-law, who prevails upon her son, Manuel Alerza, to allow Stein to stay. Also living with the family in the abandoned monastery which serves as their shelter is Brother Gabriel, who had formerly been a member of the order domiciled there and who knew no other kind of life.

During his convalescence Stein explores the monastery, and he later meets Modesto Guerrero, the commandant of the abandoned San Cristóbal fort. Modesto had been a brave soldier and received the empty honor of this command as a reward. He lived in the sexton's house and had continued to live there with Rosita, the sexton's daughter, when her mother died. Rosita had been shocked at the proposal at first, but finally accepted the innocent relationship.

Pedro Santaló's daughter María, or *la gaviota* as she is called, falls ill, and Stein cures her. He is much impressed by her beautiful voice. Ramón Pérez, a guitar player and the local barber's son, courts *la gaviota*, but Stein, after some three years have passed, finally declares his love for her, and they are married. The marriage ceremony and the dancing and singing reflect the customs of the village. Three more years pass.

The Duke of Almanza breaks a leg while hunting wild boars. Grateful to Stein for curing him, he insists that the surgeon and his wife come to Seville with him so that they can better develop their talents. The Duke takes them to see a bullfight in Seville. Pepe Vera, the bullfighter, thrills *la gaviota*.

General Santa María, at the house of his niece, the Countess of Algar, rants about foreigners in Spain, and we are introduced to two Englishmen, Major Fly and Sir John Burnwood, and to a French baron who is going to write a book about Spain. Also present is Rafael Arias, the Countess' cousin and a relative of the Duke of Almanza. *La gaviota*'s presentation to society at the Countess' house is delayed by the illness of the latter's son, whom Stein cures.

La gaviota's debut is as successful as her later performance at a Seville theatre. The Duke takes the Stein couple to Madrid with him, ostensibly so they may tutor his children. He is fascinated by *la gaviota* and neglects his wife. Pepe Vera, now fighting in Madrid, becomes *la gaviota*'s lover.

Pedro Santaló falls gravely ill and Tía María sends her grandson, Momo, to bring Stein back with him. Momo sees a performance of Othello in which *la gaviota* plays Desdemona and thinks her death is real. He reports this to the village.

Luisa del Salto, another girl friend of Pepe Vera, writes Stein a note about his wife's affair. Stein, on discovering the truth, leaves for America where he later dies of yellow fever. Before he leaves he tells the Duke why he is leaving and the latter, realizing his foolishness, becomes reconciled with his wife.

Pepe Vera insists that *la gaviota* come to watch him fight. Although she is ill and feverish she attends in order to assuage Pepe's jealousy. Pepe draws a bad bull and is killed. María, *la gaviota*, quite ill, loses her voice. This fact we learn through a discussion at the house of the Countess of Algar where we are also given an analysis of various customs and characters.

La gaviota returns to her village and marries the barber Ramón Pérez. The latter, ironically, fancies himself a singer. Brother Gabriel dies, his monastery still abandoned, and Modesto realizes that he, too, will die without ever seeing his fort rebuilt.

Pedro Antonio de Alarcón, 1833–91, *El sombrero de tres picos,* 1874 (pp. 205–08)

Although the longer *El escándalo* was Alarcón's favorite novel, his fame rests on this little masterpiece which he supposedly composed in twenty-four hours, at least in its initial version. In *Historia de mis libros*, 1884, Alarcón claims that he had originally intended to write a humorous story for a Cuban magazine: "Un día del verano de 1874 en Madrid apremiábame la obligación de enviar a la isla de Cuba algún cuentecillo jocoso para cierto semanario festivo que allí se publicaba. Recordé, no sé cómo, el picaresco romance de *El corregidor y la molinera*, que tantas veces había oído relatar cuando niño, y me dije: '¿Por qué no he de escribir una historieta fundada en tan peregrino argumento?' " When a friend commented that the piece had great possibilities, Alarcón rewrote it and supposedly six days later produced the finished version. Originally announced under a different title, *El amor propio y el ajeno, novela original de don Pedro de Alarcón*, by the first installment it had been changed to *El sombrero de tres picos*. Alarcón published it in several installments on August 2, 9, and 16, 1874, in the *Revista Europea* instead of in the Cuban magazine.

The subtitle is *Historia verdadera de un sucedido que anda en romances escrita ahora tal y como pasó*. Alarcón says: "Un zafio pastor de cabras . . . (hace ya más de treinta y cinco años) . . . tuvo a bien deslumbrar y embelesar cierta noche nuestra inocencia (relativa) con el cuento en verso de *El Corregidor y la Molinera*, o sea *El Molinero y la Corregidora*, que hoy ofrecemos nosotros al público bajo el nombre más trascendental y filosófico de . . . *El sombrero de tres picos*." Agustín Durán's *Romancero general*, volume sixteen of the BAE, contains a *romance* entitled *El molinero de Arcos.* Another *romance* exists called *El corregidor y la molinera.* These songs and others like them were sung in Alarcón's youth, and he remembered them in writing his novel. One popular version of the theme is the little poem which follows.

> En Jerez de la Frontera
> hay un molinero honrado
> que ganaba su sustento
> con un molino afamado
> y era casado
> con una moza
> muy primorosa
> y por ser tan bella
> el corregidor se enamoró de ella.

Learned attempts to trace the sources of the novel have been made. Bonilla y San Martín traces the theme to a Spanish translation of Boccaccio's *Decameron.* Professor Edwin Place postulates a later entry of the theme into Spain from France and suggests as its source *La farce nouvelle du Poulier,* which has a significant number of similarities to Alarcón's tale. Some of the earlier versions insisted on the theme of adultery, but Alarcón proposes to reestablish the virtuous vitality of the original without the vulgarity, for "esta clase de relaciones, al rodar por las manos del vulgo, nunca se desnaturalizan para hacerse más bellas, delicadas y decentes, sino para estropearse y percudirse al contacto de la ordinariez y la chabacanería."

Alarcón summarizes, too, the serious historical situation of the times, as the smaller cities struggled against French ideas and customs and against the central government. *El sombrero de tres picos* lacks the moralistic tone of some of the author's weightier works, but it mixes a political meaning skillfully into the tastefully told tale.

El sombrero de tres picos delights in the customs and local color of a vanished past whose vivid scenes seem contemporary in their lively, spontaneous, and humorous action. Alarcón says in his preface, quoting from the prologue of *Vida y hechos de Estebanillo González,* that he hopes *El sombrero de tres picos* will be a work "digna y merecedora de haber salido a luz." It has been performed by various ballet companies, including the

Ballet Russe and Sadler's Wells. Universally acclaimed as the product of one who was able to "wet the pen of Quevedo on the palette of Goya," the novel more than merits having been written. One contemporary of Alarcón said that if he were "un caudillo, un prócer, un banquero, / mi espada, mi blasón, mi hacienda toda / diera sólo por ser el sombrerero / del sombrero que has puesto tan de moda."

El sombrero de tres picos

DE CUANDO SUCEDIÓ LA COSA

Comenzaba este largo siglo,[1] que ya va de vencida.[2] No se sabe fijamente el año: sólo consta que era después del de 4 y antes del de 8.

Reinaba, pues, todavía en España don Carlos IV de Borbón,[3] por la gracia de Dios, según las monedas,[4] por olvido o gracia especial de Bonaparte, según los boletines franceses. Los demás soberanos europeos descendientes de Luis XIV habían perdido ya la corona (y el Jefe de ellos[5] la cabeza) en la deshecha borrasca que corría esta envejecida parte del mundo desde 1789.

Ni paraba aquí la singularidad de nuestra patria en aquellos tiempos. El Soldado de la Revolución, el hijo de un obscuro abogado corso, el vencedor en Rívoli, en las Pirámides, en Marengo[6] y en otras cien batallas, acababa de ceñirse la corona de Carlo Magno[7] y de transfigurar completamente la Europa, creando y suprimiendo naciones, borrando fronteras, inventando dinastías y haciendo mudar de forma, de nombre, de sitio, de costumbres y hasta de traje a los pueblos por donde pasaba en su corcel de guerra como un terremoto animado, o como el Antecristo, que le llamaban las potencias del Norte ... Sin embargo, nuestros padres — Dios los tenga en su santa Gloria —, lejos de odiarlo o de temerle, complacíanse aún en ponderar sus descomunales hazañas, como si se tratase del héroe de un libro de caballerías, o de cosas que sucedían en otro planeta, sin que ni por asomos recelasen[8] que pensara nunca venir por acá a intentar las atrocidades que había hecho en Francia, Italia, Alemania y otros países. Una vez por semana — y dos, a lo sumo — llegaba el correo de Madrid a la mayor parte de las

---

1 este largo siglo — nineteenth century.
2 va de vencida — which is now drawing to a close.
3 Don Carlos IV de Borbón — Charles IV (1788–1808), deposed by Napoleon.
4 según las monedas — as the coin inscriptions read.
5 el Jefe de ellos — Louis XVI of France.

6 Rívoli... Marengo — names of three famous Napoleonic battles, 1797, 1798, and 1800.
7 Carlo Magno — Charlemagne, Emperor of the Holy Roman Empire.
8 sin que ... recelasen — without their ever suspecting to the slightest degree.

poblaciones importantes de la Península, llevando algún número de la Gaceta[9] — que tampoco era diaria[10] —, y por ella sabían las personas principales — suponiendo que la Gaceta hablase del particular —, si existía un Estado más o menos allende el Pirineo, si se había reñido otra batalla en que peleasen seis u ocho Reyes y Emperadores, y si Napoleón se hallaba en Milán, en Bruselas o en Varsovia ... Por lo demás, nuestros mayores seguían viviendo a la antigua española, sumamente despacio, apegados a sus rancias costumbres, en paz y en gracia de Dios, con su Inquisición y sus Frailes, con su pintoresca desigualdad ante la ley, con sus privilegios, fueros y exenciones personales, con su carencia de toda libertad municipal o política, gobernados simultáneamente por insignes Obispos y poderosos Corregidores[11] — cuyas respectivas potestades no era fácil deslindar, pues unos y otros se metían en lo temporal y en lo eterno —, y pagando diezmos, primicias, alcabalas, subsidios, mandas y limosnas forzosas, rentas, rentillas, capitaciones, tercias reales, gabelas, frutos civiles,[12] y hasta cincuenta tributos más, cuya nomenclatura no viene a cuento ahora.

Y aquí termina todo lo que la presente historia tiene que ver con la militar y política de aquella época; pues nuestro único objeto, al referir lo que entonces sucedía en el mundo, ha sido venir a parar a que el año de que se trata — supongamos que el de 1805 — imperaba todavía en España el antiguo régimen en todas las esferas de la vida pública y particular, como si, en medio de tantas novedades y trastornos, el Pirineo se hubiese convertido en otra Muralla de la China.

DE CÓMO VIVÍA ENTONCES LA GENTE

En Andalucía, por ejemplo — pues precisamente ocurrió en una ciudad de Andalucía lo que vais a oír —, las personas de posición continuaban levantándose muy temprano; yendo a la Catedral a Misa de prima, aunque no fuese día de precepto;[13] almorzando, a las nueve, un huevo frito y una jícara de chocolate con picatostes;[14] comiendo, de una a dos de la tarde, puchero y principio,[15] si había caza, y, si no, puchero solo; durmiendo la siesta después de comer; paseando luego por el campo; yendo al Rosario, entre dos luces,[16] a su respectiva parroquia; tomando otro chocolate a la Oración — éste con bizcochos —; asistiendo los muy encopetados[17] a la tertulia del Corregidor, del Deán o del Título que residía en el pueblo; retirándose a casa a las Ánimas;[18] cerrando el portón antes del toque de la queda; cenando ensalada y guisado por antonomasia,[19] si no habían entrado boquerones frescos, y acostándose incontinenti[20] con su señora — los que la tenían —, no sin antes hacerse calentar primero la cama durante nueve meses del año ...

¡Dichosísimo tiempo aquél en que nuestra tierra seguía en quieta y pacífica posesión de todas las telarañas, de todo el polvo, de toda la polilla, de todos los respetos, de todas las creencias, de todas las tradiciones, de todos los usos y de todos los abusos santificados por los siglos! ¡Dichosísimo tiempo aquél en que había en la sociedad humana variedad de clases, de afectos y de costumbres! ¡Dichosísimo tiempo, digo ..., para los poetas especialmente, que encontraban un entremés, un sainete, una comedia, un drama, un auto sacramental o una epopeya detrás de cada esquina, en vez de esa prosaica uniformidad y desabrido realismo que nos legó al cabo la Revolución Francesa! ¡Dichosísimo tiempo, sí! ...

Pero esto es volver a las andadas.[21] Basta ya de generalidades y de circunloquios, y entremos resueltamente en la historia de *El sombrero de tres picos*.

« DO UT DES »[22]

En aquel tiempo, pues, había cerca de la ciudad de*** un famoso molino harinero — que ya no existe —, situado como a un cuarto de legua de la población, entre el pie de suave

---

9 la Gaceta — Gaceta of Madrid, the official newspaper.
10 que tampoco era diaria — which was not a daily either.
11 Corregidor — the title given to the chief magistrate of a district. He exercised a variety of powers.
12 diezmos ... frutos civiles — tithes, first fruits, excise taxes, levies, inheritance taxes, forced alms, rent, rent in kind, poll tax, crown tax, road tax, profit tax.
13 día de precepto — day of obligation, a day on which Church attendance is mandatory.
14 picatostes — fried or toasted bread sticks.
15 puchero y principio — stew and main course.

16 entre dos luces — at twilight.
17 los muy encopetados — the elite.
18 a las Ánimas — as the bells rang out prayers for the dead.
19 por antonomasia — to call it by another name. In other words, the important people ate leftovers but called them by another name.
20 incontinenti — immediately.
21 volver a las andadas — to be at it again, i.e. relapsing into the bad habit of talking about the "good old days."
22 Do ut des — One good turn deserves another. In Latin, "I give so that you give."

colina poblada de guindos y cerezos[23] y una fertilísima huerta que servía de margen — y algunas veces de lecho — al titular intermitente y traicionero río.

Por varias y diversas razones, hacía ya algún tiempo que aquel molino era el predilecto punto de llegada y descanso de los paseantes más caracterizados[24] de la mencionada Ciudad ... Primeramente, conducía a él un camino carretero, menos intransitable que los restantes de aquellos contornos. En segundo lugar, delante del molino había una plazoletilla empedrada, cubierta por parral enorme, debajo del cual se tomaba muy bien el fresco en el verano y el sol en el invierno, merced a la alterada ida y venida de los pámpanos ... En tercer lugar, el Molinero era un hombre muy respetuoso, muy discreto, muy fino, que tenía lo que se llama don de gentes,[25] y que obsequiaba a los señorones que solían honrarlo con su tertulia vespertina, ofreciéndoles ... lo que daba el tiempo, ora habas verdes, ora cerezas y guindas, ora lechugas en rama y sin sazonar — que están muy buenas cuando se las acompaña de macarros de pan y aceite;[26] macarros que se encargaban de enviar por delante sus señorías —, ora melones, ora uvas de aquella misma parra que les servía de dosel, ora rosetas de maíz,[27] si era invierno, y castañas asadas, y almendras, y nueces, y de vez en cuando, en las tardes muy frías, un trago de vino de pulso[28] — dentro ya de la casa y al amor de la lumbre —, a lo que por Pascuas se solía añadir algún pestiño, algún mantecado, algún rosco o alguna lonja de jamón alpujarreño.[29]

— ¿Tan rico era el Molinero, o tan imprudentes sus tertulianos? — exclamaréis interrumpiéndome.

Ni lo uno ni lo otro. El Molinero sólo tenía un pasar,[30] y aquellos caballeros eran la delicadeza y el orgullo personificados. Pero en unos tiempos en que se pagaban cincuenta y tantas contribuciones diferentes a la Iglesia y al Estado, poco arriesgaba un rústico de tan claras luces como aquél en tenerse ganada la voluntad de Regidores, Canónigos, Frailes, Escribanos y demás personajes de campanillas. Así es que no faltaba quien dijese que

el tío Lucas — tal era el nombre del Molinero — se ahorraba un dineral al año a fuerza de agasajar a todo el mundo.

« Vuestra Merced me va a dar una puertecilla vieja de la casa que ha derribado », decíale a uno. « Vuestra señoría — decíale a otro — va a mandar que me rebajen el subsidio, o la alcabala, o la contribución de frutos civiles. » « Vuestra Reverencia me va a dejar coger en la huerta del Convento una poca hoja[31] para mis gusanos de seda. » « Vuestra Ilustrísima me va a dar permiso para traer una poca leña del monte X. » « Vuestra Paternidad me va a poner dos letras para que me permitan cortar una poca madera en el pinar H. » « Es menester que me haga Usarcé[32] una escriturilla que no me cueste nada. » « Este año no puedo pagar el censo. » « Espero que el pleito se falle a mi favor. » « Hoy le he dado de bofetadas a uno, y creo que debe ir a la cárcel por haberme provocado. » « ¿Tendría su Merced tal cosa de sobra? » « ¿Le sirve a usted de algo tal otra? » « ¿Me puede prestar la mula? » « ¿Tiene ocupado mañana el carro? » « ¿Le parece que envíe por el burro? ... »

Y estas canciones se repetían a todas horas, obteniendo siempre por contestación un generoso y desinteresado ... « Como se pide. »

Conque ya veis que el tío Lucas no estaba en camino de arruinarse.

UNA MUJER VISTA POR FUERA

La última y acaso la más poderosa razón que tenía el señorío de la Ciudad para frecuentar por las tardes el molino del tío Lucas, era ... que, así los clérigos como los seglares, empezando por el señor Obispo y el señor Corregidor, podían contemplar allí a sus anchas una de las obras más bellas, graciosas y admirables que hayan salido jamás de las manos de Dios, llamado entonces el Ser Supremo por Jovellanos[33] y toda la escuela afrancesada de nuestro país ...

Esta obra ... se denominaba « la señá Frasquita. »

Empiezo por responderos que la señá Frasquita, legítima esposa del tío Lucas, era una mujer de bien, y de que así lo sabían todos

---

23 guindos y cerezos — sour and sweet cherry trees.
24 caracterizados — eminent.
25 don de gentes — gift of making friends.
26 macarros de pan y aceite — rolls made of dough mixed with olive oil.
27 rosetas de maíz — popcorn.
28 vino de pulso — homemade wine.

29 algún pestiño ... alpujarreño — a fritter, a butter cake, a cruller, or a slice of ham from Alpujarras.
30 pasar — moderately good life.
31 una poca hoja — a few (mulberry) leaves.
32 Usarcé — Vuestra Merced (a corruption).
33 Jovellanos — Gaspar Melchor de Jovellanos (1744–1811), poet, statesman, economist and critic and a member of the Enlightenment.

los ilustres visitantes del molino. Digo más: ninguno de éstos daba muestras de considerarla con ojos de varón ni con trastienda pecaminosa. Admirábanla, sí, y requebrábanla en ocasiones — delante de su marido, por supuesto —, lo mismo los frailes que los caballeros, los canónigos que los golillas,[34] como un prodigio de belleza que honraba a su Criador, y como una diablesa de travesura y coquetería, que alegraba inocentemente los espíritus más melancólicos. « Es un hermoso animal, » solía decir el virtuosísimo Prelado. « Es una estatua de la antigüedad helénica, » observaba un Abogado muy erudito, Académico correspondiente de la Historia. « Es la propia estampa de Eva, » prorrumpía el Prior de los Franciscanos. « Es una real moza, » exclamaba el Coronel de Milicias. « Es una sierpe, una sirena, ¡un demonio!, » añadía el Corregidor. « Pero es una buena mujer, es un ángel, es una criatura, es una chiquilla de cuatro años, » acababan por decir todos, al regresar del molino atiborrados de uvas o de nueces, en busca de sus tétricos y metódicos hogares.

La chiquilla de cuatro años, esto es, la señá Frasquita, frisaría en los treinta. Tenía más de dos varas[35] de estatura, y era recia a proporción, o quizá más gruesa todavía de lo correspondiente a su arrogante talla. Parecía una Niobe[36] colosal, y eso que no había tenido hijos: parecía un Hércules... hembra; parecía una matrona romana de las que aún hay ejemplares en el Trastevere.[37] Pero lo más notable era la movilidad, la ligereza, la animación, la gracia de su respetable mole. Para ser una estatua, como pretendía el Académico, le faltaba el reposo monumental. Se cimbreaba como un junco, giraba como una veleta, bailaba como una peonza. Su rostro era más movible todavía, y, por tanto, menos escultural. Avivábanlo donosamente hasta cinco hoyuelos: dos en una mejilla; otro en otra; otro, muy chico, cerca de la comisura izquierda de sus rientes labios, y el último, muy grande, en medio de su redonda barba. Añadid a esto los picarescos mohines, los graciosos guiños y las varias posturas de

cabeza que amenizaban su conversación, y formaréis una idea de aquella cara llena de sal y de hermosura, y radiante siempre de salud y alegría.

Ni la señá Frasquita ni el tío Lucas eran andaluces: ella era navarra y él murciano. El había ido a la ciudad de***, a la edad de quince años, como medio paje, medio criado del Obispo anterior al que entonces gobernaba aquella Iglesia. Educábalo su protector para clérigo, y tal vez con esta mira y para que no careciese de congrua,[38] dejóle en su testamento el molino; pero el tío Lucas, que a la muerte de su Ilustrísima no estaba ordenado más que de menores, ahorcó los hábitos en aquel punto y hora, y sentó plaza de soldado, más ganoso de ver mundo y correr aventuras que de decir misa o de moler trigo. En 1793 hizo la campaña de los Pirineos Occidentales, como ordenanza del valiente General Don Ventura Caro;[39] asistió al asalto de Castillo Piñón,[40] y permaneció luego largo tiempo en las provincias del Norte, donde tomó la licencia absoluta. En Estella conoció a la señá Frasquita, que entonces sólo se llamaba Frasquita, la enamoró; se casó con ella, y la llevó a Andalucía, en busca de aquel molino que había de verlos tan pacíficos y dichosos durante el resto de su peregrinación por este valle de lágrimas y risas.

La señá Frasquita, pues, trasladada de Navarra a aquella soledad, no había adquirido ningún hábito andaluz, y se diferenciaba mucho de las mujeres campesinas de los contornos. Vestía con más sencillez, desenfado y elegancia que ellas; lavaba más sus carnes y permitía al sol y al aire acariciar sus arremangados brazos y su descubierta garganta. Usaba, hasta cierto punto, el traje de las señoras de aquella época, el traje de las mujeres de Goya, el traje de la reina María Luisa,[41] si no falda de medio paso,[42] falda de un paso solo, sumamente corta, que dejaba ver sus menudos pies y el arranque de su soberana pierna; llevaba el escote redondo y bajo, al estilo de Madrid, donde se detuvo dos meses con su Lucas al trasladarse de Navarra a Andalucía; todo el pelo recogido en lo alto

---

34 los golillas — black, silk-covered stiff collars worn by magistrates and other important officials. Hence, members of the ruling class.
35 dos varas — 66 inches or five feet, six inches.
36 Niobe — a legendary Queen of Thebes who had twelve children.
37 Trastevere — a section of Rome on the north bank of the Tiber River.
38 congrua — private income.

39 General Don Ventura Caro (1742–1808) — Spanish army chief on the northern boundary when war with France began in 1793.
40 Castillo Piñón — Château Pignon in the French Pyrenees, captured in June, 1793.
41 María Luisa — eighteenth century Spanish queen, wife of Charles III.
42 falda de medio paso — tight skirt, i.e. one which allowed the wearer to take only half steps.

de la coronilla, lo cual dejaba campear la gallardía de su cabeza y de su cuello; sendas arracadas en las diminutas orejas, y muchas sortijas en los afilados dedos de sus duras pero limpias manos. Por último: la voz de la señá Frasquita tenía todos los tonos del más extenso y melodioso instrumento, y su carcajada era tan alegre y argentina, que parecía un repique de Sábado de Gloria.[43]

Retratemos ahora al tío Lucas.

UN HOMBRE VISTO POR FUERA Y POR DENTRO

El tío Lucas era más feo que Picio.[44] Lo había sido toda su vida, y ya tenía cerca de cuarenta años. Sin embargo, pocos hombres tan simpáticos y agradables habrá echado Dios al mundo. Prendado de su viveza, de su ingenio y de su gracia, el difunto Obispo se lo pidió a sus padres, que eran pastores, no de almas, sino de verdaderas ovejas. Muerto Su Ilustrísima, y dejado que hubo el mozo el Seminario por el Cuartel, distinguiólo entre todo su Ejército el General Caro, y lo hizo su Ordenanza más íntimo, su verdadero criado de campaña. Cumplido, en fin, el empeño militar, fuéle tan fácil al tío Lucas rendir el corazón de la señá Frasquita, como fácil le había sido captarse el aprecio del General y del Prelado. La navarra, que tenía a la sazón veinte abriles, y era el ojo derecho de todos los mozos de Estella, algunos de ellos bastante ricos, no pudo resistir a los continuos donaires, a las chistosas ocurrencias, a los ojillos de enamorado mono y a la bufona y constante sonrisa, llena de malicia, pero también de dulzura, de aquel murciano tan atrevido, tan locuaz, tan avisado, tan dispuesto, tan valiente y tan gracioso, que acabó por trastornar el juicio, no sólo a la codiciada beldad, sino también a su padre y a su madre.

Lucas era en aquel entonces, y seguía siendo en la fecha a que nos referimos, de pequeña estatura (a lo menos con relación a su mujer), un poco cargado de espaldas, muy moreno, barbilampiño, narigón, orejudo y picado de viruelas. En cambio su boca era regular y su dentadura inmejorable. Dijérase que sólo la corteza de aquel hombre era tosca y fea; que tan pronto como empezaba a penetrarse dentro de él aparecían sus perfecciones, y que estas perfecciones principiaban en los dientes.

43 Sábado de Gloria — Holy Saturday.
44 Picio — a nineteenth century shoemaker in Granada, considered an object of horrible ugliness. Hence, uglier than sin.

Luego venía la voz vibrante, elástica, atractiva; varonil y grave algunas veces, dulce y melosa cuando pedía algo, y siempre difícil de resistir. Llegaba después lo que aquella voz decía: todo oportuno, discreto, ingenioso, persuasivo ... Y, por último, en el alma del tío Lucas había valor, lealtad, honradez, sentido común, deseo de saber y conocimientos instintivos o empíricos de muchas cosas, profundo desdén a los necios, cualquiera que fuese su categoría social, y cierto espíritu de ironía, de burla y de sarcasmo, que le hacían pasar a los ojos del Académico por un D. Francisco de Quevedo en bruto.[45]

Tal era por dentro y por fuera el tío Lucas.

Frasquita loves Lucas in spite of his ugliness. She has many admirers, however, among whom is Don Eugenio de Zúñiga y Ponce de León, the Corregidor who as a sign of his authority wears a three cornered hat. His faithful follower, constable Garduña, accompanies him everywhere. While Lucas is up in the arbor cutting some bunches of grapes, the Corregidor visits Frasquita and declares his love for her. After the other distinguished guests leave the *tertulia*, Garduña suggests that Frasquita may be more receptive to Don Eugenio if the latter gives Frasquita's nephew the appointment she wishes for him. The Corregidor plans to visit her that night and arranges with the village mayor for Lucas' arrest to get him out of the way.

Juan López, the village mayor, sends the constable Toñuelo to arrest Lucas. Later that evening Lucas escapes. As he is returning home his donkey brays, and he hears another donkey respond. He discovers the Corregidor's clothes at the mill and leaps to the wrong conclusions. He decides to avenge himself by dressing in the Corregidor's clothes and making love to the latter's wife.

What had happened was that the Corregidor had fallen into the millstream. Frasquita had told Garduña to care for his master and had gone off to find Lucas. Garduña put Don Eugenio to bed, but then was sent to head off Frasquita, for he feared she had gone to tell his wife about his philandering. As Frasquita rides through the night, her donkey brays in response to another donkey's bray. She goes to the village mayor for help and returns with the town constable, who attacks a man dres-

45 D. Francisco de Quevedo en bruto — D. Francisco de Quevedo in the rough. Francisco Gómez de Quevedo y Villegas (1580–1645) was Spain's greatest satirist.

sed in Lucas' clothes. It turns out to be the Corregidor.

All go to Don Eugenio's house, where he demands entrance. He is told that he is an impostor and that the real Corregidor has already retired for the night. Finally having been admitted, he confronts his wife, Doña Mercedes, who pretends not to recognize him. The farce continues for a bit, but everybody finally bursts into tears.

PUES, ¿Y TÚ?

El tió Lucas fué el primero que salió a flote[46] en aquel mar de lágrimas.

Era que empezaba a acordarse otra vez de lo que había visto por el ojo de la llave.

— ¡Señores, vamos a cuentas! . . . — dijo de pronto.

— ¡No hay cuentas que valgan, tío Lucas! . . . — exclamó la Corregidora —. ¡Su mujer de V. es una bendita!

— Bien . . . , sí . . . ; pero . . .

— ¡Nada de pero! . . . Déjela usted hablar, y verá cómo se justifica. Desde que la vi me dió el corazón que era una santa, a pesar de todo lo que usted me había contado . . .

— ¡Bueno, que hable! . . . — dijo el tío Lucas.

— ¡Yo no hablo! — contestó la Molinera —. ¡El que tiene que hablar eres tú . . . Porque la verdad es que tú! . . .

Y la señá Frasquita no dijo más por impedírselo el invencible respeto que le inspiraba la Corregidora.

— Pues, ¿y tú? . . . — respondió el tío Lucas, perdiendo de nuevo toda fe.

— Ahora no se trata de ella . . . — gritó el Corregidor, tornando también a los celos —. ¡Se trata de V. y de esta señora! . . . ¡Ah, Merceditas! . . . ¿Quién había de decirme que tú . . .?

— Pues, ¿y tú? — repuso la Corregidora, midiéndolo con la vista.

Y durante algunos momentos, los dos matrimonios repitieron cien veces las mismas frases:

— ¿Y tú?

— Pues, ¿y tú?

— ¡Vaya que tú!

— ¡No que tú!

— Pero, ¿cómo has podido tú? . . .

Etc., etc., etc.

La cosa hubiera sido interminable, si la Corregidora, revistiéndose de dignidad, no dijese por último a Don Eugenio:

[46] salió a flote — came to the surface.

— ¡Mira, cállate tú ahora! Nuestra cuestión particular la ventilaremos más adelante. Lo que urge en este momento es devolver la paz al corazón del tío Lucas: cosa muy fácil, a mi juicio; pues allí distingo al señor Juan López y a Toñuelo, que están saltando por justificar a la señá Frasquita.

— ¡Yo no necesito que me justifiquen los hombres! — respondió ésta —. Tengo dos testigos de mayor crédito, a quienes no se dirá que he seducido ni sobornado . . .

— Y, ¿dónde están? — preguntó el Molinero.

— Están abajo, en la puerta . . .

— Pues diles que suban, con permiso de esta señora.

— Las pobres no podrían subir.

— ¡Ah! ¡Son dos mujeres! . . . ¡Vaya un testimonio fidedigno! . . .

— Tampoco son dos mujeres . . . Sólo son dos hembras.

— ¡Peor que peor! ¡Serán dos niñas! . . . Hazme el favor de decirme sus nombres.

— La una se llama Piñona y la otra Liviana.

— ¡Nuestras dos burras! Frasquita, ¿te estás riendo de mí? . . .

— No, que estoy hablando muy formal.

— Yo puedo probarte, con el testimonio de nuestras burras, que no me hallaba en el molino cuando tú viste en él al señor Corregidor.

— ¡Por Dios te pido que te expliques! . . .

— ¡Oye, Lucas! . . . , y muérete de vergüenza por haber dudado de mi honradez. Mientras tú ibas esta noche desde el Lugar a nuestra casa, yo me dirigía desde nuestra casa al Lugar, y, por consiguiente, nos cruzamos en el camino. Pero tú marchabas fuera de él, o por mejor decir, te habías detenido a echar unas yescas en medio de un sembrado . . .

— ¡Es verdad que me detuve! . . . Continúa.

— En esto rebuznó tu borrica . . .

— ¡Justamente! . . . ¡Ah, qué feliz soy! . . . ¡Habla, habla, que cada palabra tuya me devuelve un año de vida! . . .

— Y a aquel rebuzno le contestó otro en el camino . . .

— ¡Oh, sí, sí! . . . ¡Bendita seas! ¡Me parece estarlo oyendo! . . .

— Eran Liviana y Piñona, que se habían reconocido y se saludaban como buenas amigas, mientras que nosotros dos ni nos saludamos ni nos reconocimos . . .

— ¡No me digas más! . . . ¡No me digas más! . . .

— Tan no nos reconocimos — continuó la señá Frasquita —, que los dos nos asustamos

y salimos huyendo en direcciones contrarias...
¡Conque ya ves que yo no estaba en el molino!
Si quieres saber ahora por qué encontraste al
señor Corregidor en nuestra cama, tienta esas
ropas que llevas puestas, y que todavía estarán
húmedas, y te lo dirán mejor que yo. ¡Su
Señoría se cayó en el caz del molino, y Garduña lo desnudó y lo acostó allí! Si quieres
saber por qué abrí la puerta... fué porque
creí que eras tú el que se ahogaba y me llamaba a gritos. Y, en fin, si quieres saber lo del
nombramiento... Pero no tengo más que
decir por la presente. Cuando estemos solos,
te enteraré de ese y otros particulares..., que
no debo referir delante de esta señora.

— ¡Todo lo que ha dicho la señá Frasquita
es la pura verdad! — gritó el señor Juan
López, deseando congraciarse con Doña
Mercedes, visto que ella imperaba en el Corre-
gimiento.

— ¡Todo! ¡Todo! — añadió Toñuelo, siguiendo la corriente de su amo.

— ¡Hasta ahora..., todo! — agregó el
Corregidor, muy complacido de que las explicaciones de la navarra no hubieran ido más
lejos...

— ¡Conque eres inocente! — exclamaba en
tanto el tío Lucas, rindiéndose a la evidencia —. ¡Frasquita mía, Frasquita de mi alma!
¡Perdóname la injusticia, y deja que te dé un
abrazo!...

— ¡Esa es harina de otro costal![47]... —
contestó la Molinera, hurtando el cuerpo —.
Antes de abrazarte, necesito oír tus explicaciones...

— Yo las daré por él y por mí... — dijo
Doña Mercedes.

— ¡Hace una hora que las estoy esperando!
— profirió el Corregidor, tratando de erguirse.

— Pero no las daré — continuó la Corregidora, volviendo la espalda desdeñosamente
a su marido — hasta que estos señores hayan
descambiado vestimenta...; y, aun entonces,
se las daré tan sólo a quienes merezcan oírlas.

— Vamos... Vamos a descambiar... —
díjole el murciano a Don Eugenio, alegrán-
dose de no haberlo asesinado, pero mirándolo
todavía con un odio verdaderamente morisco —. ¡El traje de Vuestra Señoría me
ahoga! ¡He sido muy desgraciado mientras lo
he tenido puesto!

— ¡Porque no lo entiendes! — respondióle
el Corregidor —. ¡Yo estoy, en cambio,
deseando ponérmelo, para ahorcarte a ti y a

47 ¡Esa es harina de otro costal! — That's a horse of a
different color. Literally: that's flour from another
sack.

medio mundo, si no me satisfacen las excul-
paciones de mi mujer!

La Corregidora, que oyó estas palabras,
tranquilizó a la reunión con una suave sonrisa, propia de aquellos afamados ángeles cuyo
ministerio es guardar a los hombres.

TAMBIÉN LA CORREGIDORA ES GUAPA

Salido que hubieron de la sala el Corregidor
y el tío Lucas, sentóse de nuevo la Corregidora en el sofá; colocó a su lado a la señá
Frasquita, y, dirigiéndose a los domésticos
y ministriles que obstruían la puerta, les dijo
con afable sencillez:

— ¡Vaya, muchachos!... Contad ahora
vosotros a esta excelente mujer todo lo malo
que sepáis de mí.

Avanzó el cuarto estado, y diez voces quisieron hablar a un tiempo; pero el ama de
leche, como la persona que más alas tenía en
la casa, impuso silencio a los demás, y dijo de
esta manera:

— Ha de saber usted, señá Frasquita, que
estábamos yo y mi Señora esta noche al cuidado de los niños, esperando a ver si venía el
amo y rezando el tercer Rosario para hacer
tiempo (pues la razón traída por Garduña
había sido que andaba el señor Corregidor
detrás de unos facinerosos muy terribles, y no
era cosa de acostarse hasta verlo entrar sin
novedad), cuando sentimos ruido de gente en
la alcoba inmediata, que es donde mis señores
tienen su cama de matrimonio. Cogimos la
luz, muertas de miedo, y nos fuimos a ver
quién andaba en la alcoba, cuando, ¡ay,
Virgen del Carmen!, al entrar vimos que un
hombre, vestido como mi Señor, pero que no
era él (¡como que era su marido de usted!),
trataba de esconderse debajo de la cama.
«¡Ladrones!,» principiamos a gritar desaforadamente, y un momento después la habitación estaba llena de gente, y los alguaciles
sacaban arrastrando de su escondite al fingido
Corregidor. Mi Señora, que, como todos,
había reconocido al tío Lucas, y que lo vió
con aquel traje, temió que hubiese matado al
amo, y empezó a dar unos lamentos que partían las piedras... «¡A la cárcel! ¡A la
cárcel!,» decíamos entretanto los demás.
«¡Ladrón! ¡Asesino!,» era la mejor palabra
que oía el tío Lucas; y así es que estaba como
un difunto, arrimado a la pared, sin decir esta
boca es mía. Pero viendo luego que se lo llevaban a la cárcel, dijo... lo que voy a repetir,
aunque verdaderamente mejor sería para
callado: «Señora, yo no soy ladrón ni asesino;

el ladrón y el asesino . . . de mi honra está en mi casa, acostado con mi mujer. »

— ¡Pobre Lucas! — suspiró la señá Frasquita.

— ¡Pobre de mí! — murmuró la Corregidora tranquilamente.

— Eso dijimos todos . . . ¡« Pobre tió Lucas y pobre Señora! » Porque . . . , la verdad, señá Frasquita, ya teníamos idea de que mi Señor había puesto los ojos en usted . . . , y, aunque nadie se figuraba que usted . . .

— ¡Ama! — exclamó severamente la Corregidora —. ¡No siga usted por ese camino! . . .

— Continuaré yo por el otro . . . — dijo un alguacil, aprovechando aquella coyuntura para apoderarse de la palabra —. El tío Lucas (que nos engañó de lo lindo con su traje y su manera de andar cuando entró en la casa; tanto que todos lo tomamos por el señor Corregidor) no había venido con muy buenas intenciones que digamos, y si la Señora no hubiera estado levantada . . . , figúrese usted lo que habría sucedido . . .

— ¡Vamos! ¡Cállate tú también! — interrumpió la cocinera —. ¡No estás diciendo más que tonterías! . . . Pues sí, señá Frasquita: el tío Lucas, para explicar su presencia en la alcoba de mi ama, tuvo que confesar las intenciones que traía . . . ¡Por cierto que la Señora no se pudo contener al oírlo y le arrimó una bofetada en medio de la boca, que le dejó la mitad de las palabras dentro del cuerpo! Yo misma le llené de insultos y denuestos, y quise sacarle los ojos . . . Porque ya conoce usted, señá Frasquita, que, aunque sea su marido de usted, eso de venir con sus manos lavadas . . .[48]

— Eres una bachillera![49] — gritó el portero, poniéndose delante de la oradora —. ¿Qué más hubieras querido tú? En fin, señá Frasquita: oígame usted a mí, y vamos al asunto. La Señora hizo y dijo lo que debía . . . ; pero luego, calmado ya su enojo, compadecióse del tío Lucas y paró mientes en el mal proceder del señor Corregidor, viniendo a pronunciar estas o parecidas palabras: « Por infame que haya sido su pensamiento de usted, tío Lucas, y aunque nunca podré perdonar tanta insolencia, es menester que su mujer de usted y mi esposo crean durante algunas horas que han

sido cogidos en sus propias redes, y que usted, auxiliado por ese disfraz, les ha devuelto afrenta por afrenta. ¡Ninguna venganza mejor podemos tomar de ellos que este engaño, tan fácil de desvanecer cuando nos acomode! » Adoptada tan graciosa resolución, la Señora y el tío Lucas nos aleccionaron a todos de lo que teníamos que hacer y decir cuando volviese Su Señoría; y ¡por cierto que yo le he pegado a Sebastián Garduña tal palo en la rabadilla, que creo que no se le olvidará en mucho tiempo la noche de San Simón y San Judas! . . .[50]

Cuando el portero dejó de hablar, ya hacía rato que la Corregidora y la Molinera cuchicheaban al oído; abrazándose y besándose a cada momento, y no pudiendo en ocasiones contener la risa.

¡Lástima que no se oyera lo que hablaban! . . . Pero el lector se lo figurará sin gran esfuerzo; y, si no el lector, la lectora.

DECRETO IMPERIAL

Regresaron en esto a la sala el Corregidor y el tío Lucas, vestido cada cual con su propia ropa.

— ¡Ahora me toca a mí! — entró diciendo el insigne Don Eugenio de Zúñiga.

Y después de dar en el suelo un par de bastonazos como para recobrar su energía (a guisa de Anteo[51] oficial, que no se sentía fuerte hasta que su caña de Indias[52] tocaba en la tierra), díjole a la Corregidora con un énfasis y una frescura indescriptibles:

— ¡Merceditas . . . , estoy esperando tus explicaciones!

Entretanto, la Molinera se había levantado y le tiraba al tío Lucas un pellizco de paz, que le hizo ver las estrellas, mirándolo al mismo tiempo con desenojados y hechiceros ojos.

El Corregidor, que observaba aquella pantomima, quedóse hecho una pieza,[53] sin acertar a explicarse una reconciliación « inmotivada. »

Dirigióse, pues, de nuevo a su mujer, y le dijo, hecho un vinagre:

— ¡Señora! ¡Todos se entienden menos nosotros! Sáqueme usted de dudas . . . ¡Se lo mando como marido y como Corregidor!

---

48 con sus manos lavadas — with evil intentions. One washes his hands in preparation for enjoying a good meal.

49 bachillera — a tongue wagger.

50 la noche . . . Judas — Saint Simon and Saint Jude have their feast day on October 28. Ghosts and goblins supposedly are about at this time.

51 Anteo — Antaeus, a giant in Greek mythology who received his strength from the earth. Hercules strangled him while holding him in the air.

52 caña de Indias — bamboo cane.

53 hecho una pieza — stock still, stiff as a board.

Y dió otro bastonazo en el suelo.

— ¿Conque se marcha V.? — exclamó Doña Mercedes, acercándose a la señá Frasquita y sin hacer caso de Don Eugenio —. Pues vaya V. descuidada, que este escándalo no tendrá ningunas consecuencias . . . ¡Rosa!: alumbra a estos señores, que dicen que se marchan . . . Vaya V. con Dios, tío Lucas.

— ¡Oh, no! . . . — gritó el de Zúñiga, interponiéndose —. ¡Lo que es el tío Lucas no se marcha! ¡El tío Lucas queda arrestado hasta que sepa yo toda la verdad! . . . ¡Hola, alguaciles! ¡Favor al Rey!

Ni un solo ministro obedeció a Don Eugenio. Todos miraban a la Corregidora.

— ¡A ver, hombre! ¡Deja el paso libre! — añadió ésta, pasando casi sobre su marido, y despidiendo a todo el mundo con la mayor finura; es decir, con la cabeza ladeada, cogiéndose la falda con la punta de los dedos, y agachándose graciosamente, hasta completar la reverencia que a la sazón estaba de moda, y que se llamaba la pompa.[54]

— Pero yo . . . Pero tú . . . Pero nosotros . . . Pero aquéllos . . . — seguía mascullando el vejete, tirándole a su mujer del vestido y perturbando sus cortesías mejor iniciadas.

¡Inútil afán! ¡Nadie hacía caso de Su Señoría! . . .

Marchado que se hubieron todos, y solos ya en el salón los desavenidos cónyuges, la Corregidora se dignó al fin decirle a su esposo, con el acento que hubiera empleado una Zarina de todas las Rusias para fulminar sobre un Ministro caído la orden de perpetuo destierro en la Siberia.

— Mil años que vivas, ignorarás lo que ha pasado esta noche en mi alcoba . . . Si hubieras estado en ella, como era regular, no tendrías necesidad de preguntárselo a nadie. Por lo que a mí me toca, no hay ya, ni habrá jamas, razón ninguna que me obligue a satisfacerte; pues te desprecio de tal modo, que si no fueras el padre de mis hijos, te arrojaría ahora mismo por ese balcón, como te arrojo para siempre de mi dormitorio. Conque, buenas noches, caballero.

Pronunciadas estas palabras, que Don Eugenio oyó sin pestañear (pues lo que es a solas no se atrevía con su mujer), la Corregidora penetró en el gabinete, y del gabinete pasó a la alcoba, cerrando las puertas tras de sí; y el pobre hombre se quedó plantado en medio de la sala, murmurando entre encías

(que no entre dientes) y con un cinismo de que no habrá habido otro ejemplo:

— ¡Pues, señor, no esperaba yo escapar tan bien . . . ¡Garduña me buscará acomodo! . . .

CONCLUSIÓN, MORALEJA Y EPÍLOGO

Piaban los pajarillos saludando el alba, cuando el tío Lucas y la señá Frasquita salían de la Ciudad con dirección a su molino.

Los esposos iban a pie, y delante de ellos caminaban apareadas las dos burras.

— El domingo tienes que ir a confesar — le decía la Molinera a su marido —, pues necesitas limpiarte de todos tus malos juicios y criminales propósitos de esta noche . . .

— Has pensado muy bien . . . — contestó el Molinero —. Pero tú, entretanto, vas a hacerme otro favor, y es dar a los pobres los colchones y ropa de nuestra cama, y ponerla toda de nuevo. ¡Yo no me acuesto donde ha sudado aquel bicho venenoso!

— ¡No me lo nombres, Lucas! — replicó la señá Frasquita —. Conque hablemos de otra cosa. Quisiera merecerte un segundo favor . . .

— Pide por esa boca . . .

— El verano que viene vas a llevarme a tomar los baños del Solán de Cabras.[55]

— ¿Para qué?

— Para ver si tenemos hijos.

— ¡Felicísima idea! . . . Te llevaré, si Dios nos da vida.

Y con esto llegaron al molino, al punto que el sol, sin haber salido todavía, doraba ya las cúspides de las montañas.

. . . .

A la tarde, con gran sorpresa de los esposos, que no esperaban nuevas visitas de altos personajes después de un escándalo como el de la precedente noche, concurrió al molino más señorío que nunca. El venerable Prelado, muchos Canónigos, el Jurisconsulto, dos Priores de frailes y otras varias personas (que luego se supo habían sido convocadas allí por Su Señoría Ilustrísima) ocuparon materialmente la plazoletilla del emparrado.

Sólo faltaba el Corregidor.

Una vez reunida la tertulia, el señor Obispo tomó la palabra, y dijo: que, por lo mismo que habían pasado ciertas cosas en aquella casa, sus Canónigos y él seguirían yendo a ella lo mismo que antes, para que ni los honrados molineros ni las demás personas allí presentes participasen de la censura pública, sólo mere-

---

54 pompa — low curtsy.

55 Solán de Cabras — warm springs about 80 miles east of Madrid.

cida por aquél que había profanado con su torpe conducta una reunión tan morigerada y tan honesta. Exhortó paternalmente a la señá Frasquita para que en lo sucesivo fuese menos provocativa y tentadora en sus dichos y ademanes, y procurase llevar más cubiertos los brazos y más alto el escote del jubón; aconsejó al tío Lucas más desinterés, mayor circunspección y menos inmodestia en su trato con los superiores; y acabó dando la bendición a todos y diciendo: que, como aquel día no ayunaba, se comería con mucho gusto un par de racimos de uvas.

Lo mismo opinaron todos . . . respecto de este último particular . . . , y la parra se quedó temblando aquella tarde. ¡En dos arrobas de uvas apreció el gasto el Molinero! . . .

Cerca de tres años continuaron estas sabrosas reuniones, hasta que, contra la opinión de todo el mundo, entraron en España los Ejércitos de Napoleón y se armó la Guerra de la Independencia.

El señor Obispo, el Magistral y el Penitenciario murieron el año de 8, y el Abogado y los demás contertulios en los de 9, 10, 11 y 12, por no poder sufrir la vista de los franceses, polacos y otras alimañas que invadieron aquella tierra, ¡y que fumaban en pipa, en el Presbiterio de las Iglesias, durante la Misa de la tropa! . . .

El Corregidor, que nunca más tornó al molino, fué destituído por un mariscal francés, y murió en la Cárcel de Corte, por no haber querido ni un solo instante — dicho sea en honra suya — transigir con la dominación extranjera.

Doña Mercedes no se volvió a casar, y educó perfectamente a sus hijos, retirándose a la vejez a un convento, donde acabó sus días en opinión de santa.

Garduña se hizo afrancesado.

El señor Juan López fué guerrillero, y mandó una partida, y murió, lo mismo que su alguacil, en la famosa batalla de Baza,[56] después de haber matado muchísimos franceses.

Finalmente: el tío Lucas y la señá Frasquita — aunque no llegaron a tener hijos, a pesar de haber ido al Solán de Cabras y de haber hecho muchos votos y rogativas — siguieron siempre amándose del propio modo, y alcanzaron una edad muy avanzada, viendo desaparecer el Absolutismo en 1812 y 1820, y reaparecer en 1814 y 1823,[57] hasta que, por último, se estableció de veras el sistema Constitucional a la muerte del Rey Absoluto,[58] y ellos pasaron a mejor vida — precisamente al estallar la guerra civil de los siete años,[59] sin que los sombreros de copa que ya usaba todo el mundo pudiesen hacerles olvidar « aquellos tiempos » simbolizados por el sombrero de tres picos . . .

Juan Valera, 1824–1905, *Pepita Jiménez*, 1874 (pp. 208–10)

Pepita Jiménez was first published in the *Revista de España* between March and May of 1874. It appeared later that same year in book form. Valera claims that he wrote it without knowing exactly what he was producing: "Escribí mi primera novela sin caer hasta el fin en que era novela lo que escribía." Some critics feel that the novel is based on a somewhat similar incident in Valera's own family or at least reflects the author's own youthful ambition, illusion, and idealism. The author, who admits that he read many mystical works before writing *Pepita Jiménez*, insists that he meant to prove no particular point, "de burlarme de un ideal y de encomiar otro, de mostrarme más pío o menos pío. Mi propósito se limitó a escribir una obra de entretenimiento." In spite of his protests, Valera gently but ironically attacks Luis' false mysticism, immaturity and pride, and suggests that his religious fervor could not withstand the temptation of the flesh because of his poor theological training which led to an overly idealized view of the role of the priest. Valera implies that it is dangerous to be bigoted or intransigent about anything, and ironically causes the virtuous Vicar to bring Pepita and Luis together.

Written in a fresh, humorous, optimistic and almost joyous vein, *Pepita Jiménez* includes mystical imagery based on that of Santa Teresa and San Juan de la Cruz, classical pantheism, and psychological introspection and insight, even though the characters are for the most part abstractions who speak Valera's thoughts. Manuel Azaña saw in it "prosa, superior al invento; el deleite, más vivo que la emoción; más elegante la línea que

---

56 Baza — a town 25 miles northeast of Granada where the French defeated the Spaniards on August 10, 1810.
57 viendo . . . 1823 — The liberal constitution of Cádiz was adopted in 1812 and suspended in 1814 by Ferdi-

nand VII. It was restored in 1820 and suspended again in 1823.
58 Rey Absoluto — Fernando VII.
59 guerra civil de los siete años — the first Carlist war, 1832–39.

violento el color; menos calurosa la expresión que el sentimiento; visiblemente despojada de ingenuidad. Los años doran y acendran la novela, en vez de ajarla."

The novel is divided into three short sections: (1) *Cartas de mi sobrino*, some fifteen letters written from an unidentified Andalusian city, perhaps Cabra where Valera was born; (2) *Paralipómenos (Chronicles)*, the main narrative; and (3) *Epílogo-cartas de mi hermano*, which continues the story of Luis and his loved ones.

Luis de Vargas, a seminary student who has studied a dozen years with his uncle, the Dean of a cathedral, writes the latter from his native village. Luis, the illegitimate son of the local *cacique*, Don Pedro, has returned to say good-bye to his father before entering the priesthood. In the village the unworldly Luis meets Pepita Jiménez, a young widow. She had married at sixteen, partially because of her mother's wishes and to save a worthless older brother. Her husband, the eighty-year-old Don Gumersindo, left her a sizeable inheritance when he died three years after their marriage. Pepita is now twenty years old and Luis twenty-two. Luis admires Pepita's beauty although he is alarmed by her coquetry. Every night he attends a *tertulia* at her house with his father, who is courting her. Luis falls in love with Pepita, but, although she loves him, his own selfishness and romanticism prevent him from realizing he loves her, as he struggles between his desire for the priesthood and his desire for Pepita.

Antoñona, Pepita's housekeeper and former nurse, attempts to aid the affair. On the evening of San Juan, Luis, who has decided to leave the village as the only solution to his turmoil and temptation, visits Pepita to say good-bye. During their farewell they confess their love for each other, and she yields to him. She feels remorse later, but he now realizes that he lacks a true vocation. The Dean, his uncle, alarmed by the letters he has been receiving from Luis, writes to Don Pedro. We take up the story as Luis, at two in the morning, is returning from Pepita's house.

Don Luis, en medio de la calle a las dos de la noche, iba discurriendo, como ya hemos dicho, en que su vida, que hasta allí había él soñado con que fuese digna de la *Leyenda áurea*,[1] se convirtiese en un suavísimo y perpetuo idilio. No había sabido resistir las asechanzas del amor terrenal; no había sido como un sinnúmero de santos, y entre ellos San Vicente Ferrer,[2] con cierta lasciva señora valenciana; pero tampoco era igual el caso; y si el salir huyendo de aquella daifa endemoniada fué en San Vicente un acto de virtud heroica, en él hubiera sido el salir huyendo del rendimiento, del candor y de la mansedumbre de Pepita, algo tan monstruoso y sin entrañas, como si cuando Ruth se acostó a los pies de Booz,[3] diciéndole: *Soy tu esclava; extiende tu capa sobre tu sierva,* Booz le hubiera dado un puntapié y la hubiera mandado a paseo. Don Luis, cuando Pepita se le rendía, tuvo, pues, que imitar a Booz y exclamar: *Hija, bendita seas del Señor, que has excedido tu primera bondad con ésta de ahora.* Así se disculpaba don Luis de no haber imitado a San Vicente y a otros santos no menos ariscos. En cuanto al mal éxito que tuvo la proyectada imitación de San Eduardo,[4] también trataba de cohonestarle y disculparle. San Eduardo se casó por razón de Estado, porque los grandes del reino lo exigían, y sin inclinación hacia la reina Edita; pero en él y en Pepita Jiménez no había razón de Estado, ni grandes ni pequeños, sino amor firmísimo de ambas partes.

De todos modos, no se negaba don Luis, y esto prestaba a su contento un leve tinte de melancolía, que había destruído su ideal, que había sido vencido. Los que jamás tienen ni tuvieron ideal alguno, no se apuran por esto; pero Don Luis se apuraba. Don Luis pensó desde luego en substituir el antiguo y encumbrado ideal con otro más humilde y fácil. Y si bien recordó a Don Quijote cuando, vencido por el caballero de la Blanca Luna, decidió hacerse pastor, maldito el efecto que le hizo la burla, sino que pensó en renovar con Pepita Jiménez, en nuestra edad prosaica y descreída, la edad venturosa y el piadosísimo ejemplo de Filemón y de Baucis,[5] tejiendo un dechado de vida patriarcal en aquellos campos amenos; fundando en el lugar que le vió nacer un hogar

---

1 Leyenda áurea — a compilation of lives of saints made by Jacobo de Vorágine in the thirteenth century.
2 San Vicente Ferrer (1350?–1419), was instrumental in bringing the Great Western Schism to an end.
3 Booz — Boaz, an upright and wealthy kinsman whom Ruth married (The Book of Ruth).

4 San Eduardo — Edward the Confessor (1004–66), King of England. In 1044 he married Edith, daughter of the powerful Earl Godwin.
5 Filemón and Baucis — Jupiter and Mercury took lodging with this virtuous married couple and rewarded them by turning their hut into a palace, and them into trees on their death.

doméstico, lleno de religión, que fuese a la vez asilo de menesterosos, centro de cultura y de amistosa convivencia, y limpio espejo donde pudieran mirarse las familias; y uniendo, por último, el amor conyugal con el amor de Dios para que Dios santificase y visitase la morada de ellos, haciéndola como templo, donde los dos fuesen ministros y sacerdotes, hasta que dispusiese el Cielo llevárselos juntos a mejor vida.

Al logro de todo ello se oponían dos dificultades que era menester allanar antes, y don Luis se preparaba a allanarlas.

Era una el disgusto, quizá el enojo de su padre, a quien había defraudado en sus más caras esperanzas.[6] Era la otra dificultad de muy diversa índole y en cierto modo más grave.

Don Luis, cuando iba a ser clérigo, estuvo en su papel no defendiendo a Pepita de los groseros insultos del conde de Genazahar[7] sino con discursos morales, y no tomando venganza de la mofa y desprecio con que tales discursos fueron oídos; pero, ahorcados ya los hábitos y teniendo que declarar en seguida que Pepita era su novia y que iba a casarse con ella, don Luis, a pesar de su carácter pacífico, de sus ensueños de humana ternura y de las creencias religiosas que en su alma quedaban íntegras y que repugnaban todo medio violento, no acertaba a compaginar con su dignidad el abstenerse de romper la crisma al conde desvergonzado.[8] De sobra sabía que el duelo es usanza bárbara; que Pepita no necesitaba de la sangre del conde para quedar limpia de todas las manchas de la calumnia, y hasta que el mismo conde, por mal criado y por bruto, y no porque lo creyese ni quizá por un rencor desmedido, había dicho tanto denuesto. Sin embargo, a pesar de todas estas reflexiones, don Luis conocía que no se sufriría a sí propio durante toda su vida, y que, por consiguiente, no llegaría a hacer nunca a gusto el papel de Filemón si no empezaba por hacer el de Fierabrás,[9] dando al conde su merecido, si bien pidiendo a Dios que no le volviese a poner en otra ocasión semejante.

Decidido, pues, al lance, resolvió llevarlo a cabo en seguida. Y pareciéndole feo y ridículo enviar padrinos y hacer que trajesen en boca el honor de Pepita, halló lo más razonable buscar camorra con cualquier otro pretexto.

Supuso además que el conde, forastero y vicioso jugador, sería muy posible que estuviese aún en el casino hecho un tahur, a pesar de lo avanzado de la noche, y don Luis se fué derecho al casino.

El casino permanecía abierto, pero las luces del patio y de los salones estaban casi todas apagadas. Sólo en un salón había luz. Allí se dirigió don Luis, y desde la puerta vió al conde de Genazahar, que jugaba al monte,[10] haciendo de banquero. Cinco personas nada más apuntaban: dos eran forasteros como el conde; las otras tres eran el capitán de caballería encargado de la remonta, Currito y el médico. No podían disponerse las cosas más al intento de don Luis. Sin ser visto, por lo afanados que estaban en el juego, don Luis los vió, y apenas los vió, volvió a salir del casino y se fué rápidamente a su casa. Abrió un criado la puerta; preguntó don Luis por su padre, y sabiendo que dormía, para que no le sintiera ni se despertara, subió don Luis de puntillas a su cuarto con una luz, recogió unos tres mil reales que tenía de su peculio,[11] en oro, y se los guardó en el bolsillo. Dijo después al criado que le volviese a abrir, y se fué al casino otra vez.

Entonces entró don Luis en el salón donde jugaban, dando taconazos recios, con estruendo y con aire de taco,[12] como suele decirse. Los jugadores se quedaron pasmados al verle.

— ¡Tú por aquí a estas horas! — dijo Currito.[13]

— ¿De dónde sale usted, curita? — dijo el médico.

— ¿Viene usted a echarme otro sermón? — exclamó el conde.

— Nada de sermones — contestó don Luis con mucha calma —. El mal efecto que surtió el último que prediqué me ha probado con evidencia que Dios no me llama por ese camino, y ya he elegido otro. Usted, señor conde, ha hecho mi conversión. He ahorcado

---

6 Luis' father, Don Pedro, had supposedly wanted to marry Pepita.
7 The conde de Genazahar was a rejected suitor of Pepita who owed her money.
8 el abstenerse . . . desvergonzado — to abstain from breaking the shameless count's head.
9 Fierabrás was the giant hero of a Carolingian epic song.
10 monte — a card game in which the banker draws

two cards from the bottom and two from the top of the deck and places them face up on the table. The players then bet on any of the four cards that are exposed. The remainder of the pack is turned face up and cards are drawn, one at a time, until a matching card appears.
11 peculio (peculium) — private purse or property.
12 aire de taco — air of assurance.
13 Currito is Luis' cousin.

los hábitos; quiero divertirme, estoy en la flor de la mocedad y quiero gozar de ella.

— Vamos, me alegro — interrumpió el conde —; pero cuidado, niño, que si la flor es delicada, puede marchitarse y deshojarse temprano.

— Ya de eso cuidaré yo — replicó don Luis —. Veo que se juega. Me siento inspirado. Usted talla. ¿Sabe usted, señor conde, que tendría chiste que yo le desbancase?[14]

— Tendría chiste, ¿eh? ¡Usted ha cenado fuerte!

— He cenado lo que me ha dado la gana.

— Respondonzuelo se va haciendo el mocito.

— Me hago lo que quiero.

— ¡Voto va!...[15] — dijo el conde; y ya se sentía venir la tempestad, cuando el capitán se interpuso y la paz se restableció por completo.

— ¡Ea! — dijo el conde, sosegado y afable —, desembaúle usted los dinerillos y pruebe fortuna.

Don Luis se sentó a la mesa y sacó del bolsillo todo su oro. Su vista acabó de serenar al conde, porque casi excedía aquella suma a la que tenía él de banca, y ya imaginaba que iba a ganársela al novato.

— No hay que calentarse mucho la cabeza en este juego — dijo don Luis —. Ya me parece que lo entiendo. Pongo dinero a una carta, y si sale la carta, gano, y si sale la contraria, gana usted.

— Así es, amiguito; tiene usted un entendimiento macho.

— Pues lo mejor es que no tengo sólo macho el entendimiento, sino también la voluntad; y con todo, en el conjunto, disto bastante de ser un macho como hay tantos por ahí.

— ¡Vaya si viene usted parlanchín y si saca alicantinas!

Don Luis se calló; jugó unas cuantas veces, y tuvo tan buena fortuna que ganó casi siempre.

El conde comenzó a cargarse.

— ¿Si me desplumará el niño? — dijo —. Dios protege la inocencia.

Mientras que el conde se amostazaba, don Luis sintió cansancio y fastidio y quiso acabar de una vez.

— El fin de todo esto — dijo — es ver si yo me llevo esos dineros o si usted se lleva los míos. ¿No es verdad, señor conde?

— Es verdad.

— Pues ¿para qué hemos de estar aquí en vela toda la noche? Ya va siendo tarde, y, siguiendo su consejo de usted, debo recogerme para que la flor de mi mocedad no se marchite.

— ¿Qué es eso? ¿Se quiere usted largar? ¿Quiere usted tomar el olivo?

— Yo no quiero tomar olivo ninguno. Al contrario. Curro, dime tú: aquí en este montón de dinero, ¿no hay ya más que en la banca?

Currito miró, y contestó:

— Es indudable.

— ¿Cómo explicaré — preguntó don Luis — que juego en un golpe cuanto hay en la banca contra otro tanto?

— Eso se explica — respondió Currito — diciendo: ¡Copo!

— Pues copo — dijo don Luis dirigiéndose al conde —: va el copo y la red[16] en esta rey de espadas, cuyo compañero hará de seguro su epifanía[17] antes que su enemigo el tres.

El conde, que tenía todo su capital mueble en la banca, se asustó al verle comprometido de aquella suerte; pero no tuvo más que aceptar.

Es sentencia del vulgo que los afortunados en amores son desgraciados al juego; pero más cierto parece la contraria afirmación. Cuando acude la buena dicha, acude para todo, y lo mismo cuando la desdicha acude.

El conde fué tirando cartas, y no salía ningún tres. Su emoción era grande, por más que lo disimulaba. Por último, descubrió por la pinta el rey de copas[18] y se detuvo.

— Tire usted — dijo el capitán.

— No hay para qué. El rey de copas. ¡Maldito sea! El curita me ha desplumado. Recoja usted el dinero.

El conde echó con rabia la baraja sobre la mesa. Don Luis recogió todo el dinero con indiferencia y reposo.

Después de un corto silencio habló el conde:

— Curita, es menester que me dé usted el desquite.

— No veo la necesidad.

— ¡Me parece que entre caballeros!...

— Por esa regla, el juego no tiene término

14 desbancar — to clean one out of funds.
15 ¡voto va! — confound it; by Heaven.
16 el copo y la red — the whole shebang. *Copar* means to cover a bet. *Copo* means a small fish net. *Red* is any net. Thus, Luis means both the little net and any other, or in other words, the whole amount.

17 cuyo compañero . . . epifanía — whose companion will surely put in an appearance, i.e. will turn up. The Epiphany commemorates the appearance of the three Magi. Luis needs the king of hearts to win.
18 el rey de copas — the king of hearts.

— observó don Luis —; por esa regla, lo mejor sería ahorrarse el trabajo de jugar.

— Déme usted el desquite — replicó el conde sin atender a razones.

— Sea — dijo don Luis —; quiero ser generoso.

El conde volvió a tomar la baraja y se dispuso a echar nueva talla.

— Alto ahí — dijo don Luis —. Entendámonos antes. ¿Dónde está el dinero de la nueva banca de usted?

El conde se quedó turbado y confuso.

— Aquí no tengo dinero — contestó —; pero me parece que sobra con mi palabra.

Don Luis entonces, con acento grave y reposado, dijo:

— Señor conde, yo no tendría inconveniente en fiarme de la palabra de un caballero y en llegar a ser su acreedor, si no temiese perder su amistad que casi voy ya conquistando; pero desde que vi esta mañana la crueldad con que trató usted a ciertos amigos míos, que son sus acreedores, no quiero hacerme culpado para con usted del mismo delito. No faltaba más sino que yo voluntariamente incurriese en el enojo de usted prestándole dinero, que no me pagaría, como no ha pagado, sino con injurias, el que debe a Pepita Jiménez.

Por lo mismo que el hecho era cierto, la ofensa fué mayor. El conde se puso lívido de cólera, y ya de pie, pronto a venir a las manos con el colegial, dijo con voz alterada:

— ¡Mientes, deslenguado! ¡Voy a deshacerte entre mis manos, hijo de la grandísima . . .!

Esta última injuria, que recordaba a don Luis la falta de su nacimiento,[19] y caía sobre el honor de la persona cuya memoria le era más querida y respetada, no acabó de formularse, no acabó de llegar a sus oídos.

Don Luis, por encima de la mesa, que estaba entre él y el conde, con agilidad asombrosa y con tino y fuerza, tendió el brazo derecho, armado de un junco o bastoncillo flexible y cimbreante, y cruzó la cara de su enemigo, levantándole al punto un verdugón amoratado.

No hubo ni grito, ni denuesto, ni alboroto posterior. Cuando empiezan las manos suelen callar las lenguas. El conde iba a lanzarse sobre don Luis para destrozarle si podía; pero la opinión había dado una gran vuelta desde aquella mañana, y entonces estaba en favor de

don Luis. El capitán, el médico y hasta Currito, ya con más ánimo, contuvieron al conde, que pugnaba y forcejeaba ferozmente por desasirse.

— Dejadme libre, dejadme que le mate — decía.

— Yo no trato de evitar un duelo — dijo el capitán —; el duelo es inevitable. Trato sólo de que no luchéis aquí como dos ganapanes. Faltaría a mi decoro si presenciase tal lucha.

— Que vengan armas — dijo el conde —; no quiero retardar el lance ni un minuto . . . En el acto . . . aquí.

— ¿Queréis reñir al sable? — dijo el capitán.

— Bien está — respondió don Luis.

— Vengan los sables — dijo el conde.

Todos hablaban en voz baja para que no se oyese nada en la calle. Los mismos criados del casino, que dormían en sillas, en la cocina y en el patio, no llegaron a despertar.

Don Luis eligió para testigos al capitán y a Currito. El conde, a los dos forasteros. El médico quedó para hacer su oficio, y enarboló la bandera de la Cruz Roja.

Era todavía de noche. Se convino en hacer campo de batalla de aquel salón, cerrando antes la puerta.

El capitán fué a su casa por los sables, y los trajo al momento debajo de la capa que para ocultarlos se puso.[20]

Ya sabemos que don Luis no había empuñado en su vida un arma. Por fortuna, el conde no era mucho más diestro en la esgrima, aunque nunca había estudiado teología ni pensado en ser clérigo.

Las condiciones del duelo se redujeron a que, una vez el sable en la mano, cada uno de los dos combatientes hiciese lo que Dios le diera a entender.

Se cerró la puerta de la sala.

Las mesas y las sillas se apartaron en un rincón para despejar el terreno. Las luces se colocaron de un modo conveniente. Don Luis y el conde se quitaron levitas y chalecos, quedaron en mangas de camisa y tomaron las armas. Se hicieron a un lado los testigos. A una señal del capitán, empezó el combate.

Entre dos personas que no sabían parar ni defenderse, la lucha debía ser brevísima y lo fué.

La furia del conde, retenida por algunos minutos, estalló y le cegó. Era robusto; tenía unos puños de hierro, y sacudía con el sable una lluvia de tajos sin orden ni concierto.

19 Luis' mother had not been married to his father.

20 que para ocultarlos se puso — que se puso para ocultarlos.

Cuatro veces tocó a don Luis, por fortuna siempre de plano. Lastimó sus hombros, pero no le hirió. Menester fué de todo el vigor del joven teólogo para no caer derribado a los tremendos golpes y con el dolor de las contusiones. Todavía tocó el conde por quinta vez a don Luis, y le dió en el brazo izquierdo. Aquí la herida fué de filo, aunque de soslayo. La sangre de don Luis empezó a correr en abundancia; lejos de contenerse un poco, el conde arremetió con más ira para herir de nuevo; casi se metió bajo el sable de don Luis. Éste, en vez de prepararse a parar, dejó caer el sable con brío y acertó con una cuchillada en la cabeza del conde. La sangre salió con ímpetu, y se extendió por la frente y corrió sobre los ojos. Aturdido por el golpe, dió el conde con su cuerpo en el suelo.

Toda la batalla fué negocio de algunos segundos.

Don Luis había estado sereno, como un filósofo estoico, a quien la dura ley de la necesidad obliga a ponerse en semejante conflicto, tan contrario a sus costumbres y modo de pensar; pero no bien miró a su contrario por tierra, bañado en sangre y como muerto, don Luis sintió una angustia grandísima y temió que le diese una congoja. Él, que no se creía capaz de matar a un gorrión, acaso acababa de matar a un hombre. Él, que aún estaba resuelto a ser sacerdote, a ser misionero, a ser ministro y nuncio del Evangelio hacía cinco o seis horas, había cometido o se acusaba de haber cometido en nada de tiempo todos los delitos, y de haber infringido todos los mandamientos de la ley de Dios. No había quedado pecado mortal de que no se contaminase. Sus propósitos de santidad heroica y perfecta se habían desvanecido primero. Sus propósitos de santidad más fácil, cómoda y *burguesa*, se desvanecían después. El diablo desbarataba sus planes. Se le antojaba que ni siquiera podía ya ser un Filemón cristiano, pues no era buen principio para el idilio perpetuo el de rasgar la cabeza al prójimo de un sablazo.

El estado de don Luis, después de las agitaciones de todo aquel día, era el de un hombre que tiene fiebre cerebral.

Currito y el capitán, cada uno de un lado, le agarraron y llevaron a su casa.

Don Pedro de Vargas se levantó sobresaltado cuando le dijeron que venía su hijo herido. Acudió a verle; examinó las contusiones y la herida del brazo, y vió que no eran de cuidado; pero puso el grito en el cielo diciendo que iba a tomar venganza de aquella ofensa, y no se tranquilizó hasta que supo el lance, y que don Luis había sabido tomar venganza por sí, a pesar de su teología.

El médico vino poco después a curar a don Luis, y pronosticó que en tres o cuatro días estaría don Luis para salir a la calle, como si tal cosa. El conde, en cambio, tenía para meses. Su vida, sin embargo, no corría peligro. Había vuelto de su desmayo, y había pedido que le llevasen a su pueblo, que no dista más que una legua del lugar en que pasaron estos sucesos. Habían buscado un carricoche de alquiler y le habían llevado, yendo en su compañía su criado y los dos forasteros que le sirvieron de testigos.

A los cuatro días del lance se cumplieron, en efecto, los pronósticos del doctor, y don Luis, aunque magullado de los golpes y con la herida abierta aún, estuvo en estado de salir, y prometiendo un restablecimiento completo en plazo muy breve.

El primer deber que don Luis creyó que necesitaba cumplir, no bien le dieron de alta, fué confesar a su padre sus amores con Pepita, y declararle su intención de casarse con ella.

Don Pedro no había ido al campo ni se había empleado sino en cuidar a su hijo durante la enfermedad. Casi siempre estaba a su lado, acompañándole y mimándole con singular cariño.

En la mañana del día 27 de junio, después de irse el médico, don Pedro quedó solo con su hijo, y entonces la tan difícil confesión para don Luis tuvo lugar del modo siguiente:

— Padre mío — dijo don Luis —, yo no debo seguir engañando a usted por más tiempo. Hoy voy a confesar a usted mis faltas y a desechar la hipocresía.

— Muchacho, si es confesión lo que vas a hacer, mejor será que llames al padre Vicario.[21] Yo tengo muy holgachón el criterio,[22] y te absolveré de todo, sin que mi absolución te valga para nada. Pero si quieres confiarme algún hondo secreto como a tu mejor amigo, empieza, que te escucho.

— Lo que tengo que confiar a usted es una gravísima falta mía, y me da vergüenza . . .

— Pues no tengas vergüenza con tu padre y di sin rebozo.

21 Vicario — the Vicar, Pepita's firm friend and spiritual adviser.

22 tengo muy holgachón el criterio — I am very tolerant.

Aquí don Luis, poniéndose muy colorado y con visible turbación, dijo:

— Mi secreto es que estoy enamorado de . . . Pepita Jiménez, y que ella . . .

Don Pedro interrumpió a su hijo con una carcajada y continuó la frase:

— Y que ella está enamorada de ti, y que la noche de la velada de San Juan[23] estuviste con ella en dulces coloquios hasta las dos de la mañana, y que por ella buscaste un lance con el conde de Genazahar, a quien has roto la cabeza. Pues, hijo, bravo secreto me confías. No hay perro ni gato en el lugar que no esté ya al corriente de todo. Lo único que parecía posible ocultar era la duración del coloquio hasta las dos de la mañana; pero unas gitanas buñoleras te vieron salir de la casa, y no pararon hasta contárselo a todo bicho viviente. Pepita, además no disimula cosa mayor, y hace bien, porque sería el disimulo de Antequera.[24] Desde que estás enfermo viene aquí Pepita dos veces al día, y otras dos o tres veces envía a Antoñona[25] a saber de tu salud; y si no han entrado a verte es porque yo me he opuesto, para que no te alborotes.

La turbación y el apuro de don Luis subieron de punto cuando oyó contar a su padre toda la historia en lacónico compendio.

— ¡Qué sorpresa! — dijo —. ¡Qué asombro habrá sido el de usted!

— Nada de sorpresa ni de asombro, muchacho. En el lugar sólo se saben las cosas hace cuatro días, y la verdad sea dicha, ha pasmado tu transformación. ¡Miren el cógelas a tientas y mátalas callando;[26] miren el santurrón y el gatito muerto,[27] exclaman las gentes, con lo que ha venido a descolgarse! El padre Vicario, sobre todo, se ha quedado turulato.[28] Todavía está haciéndose cruces al considerar cuánto trabajaste en la viña del Señor en la noche del 23 al 24, y cuán variados y diversos fueron tus trabajos. Pero a mí no me cogieron las noticias de susto, salvo tu herida. Los viejos sentimos crecer la hierba. No es fácil que los pollos engañen a los recoveros.

— Es verdad; he querido engañar a usted. ¡He sido hipócrita!

— No seas tonto: no lo digo por motejarte.

Lo digo para darme tono de perspicaz. Pero hablemos con franqueza: mi jactancia es inmotivada. Yo sé punto por punto el progreso de tus amores con Pepita desde hace más de dos meses; pero lo sé porque tu tío el Deán, a quien escribías tus impresiones, me lo ha participado todo. Oye la carta acusadora de tu tío, y oye la contestación que le di, documento importantísimo de que he guardado minuta.

Don Pedro sacó del bolsillo unos papeles, y leyó lo que sigue:

Carta del Deán. — « Mi querido hermano: Siento en el alma tener que darte una mala noticia; pero confío en Dios, que habrá de concederte paciencia y sufrimiento bastantes para que no te enoje y acibare demasiado. Luisito me escribe hace días extrañas cartas, donde descubro, al través de su exaltación mística, una inclinación harto terrenal y pecaminosa hacia cierta viudita guapa, traviesa y coquetísima, que hay en ese lugar. Yo me había engañado hasta aquí creyendo firme la vocación de Luisito, y me lisonjeaba de dar en él a la Iglesia de Dios un sacerdote sabio, virtuoso y ejemplar; pero las cartas referidas han venido a destruir mis ilusiones. Luisito se muestra en ellas más poeta que verdadero varón piadoso, y la viuda, que ha de ser de la piel le Barrabás, le rendirá con poco que haga.[29] Aunque yo escribo a Luisito amonestándole para que huya de la tentación, doy ya por seguro que caerá en ella. No debiera esto pesarme, porque si ha de faltar y ser galanteador y cortejante, mejor es que su mala condición se descubra con tiempo y no llegue a ser clérigo. No vería yo, por lo tanto, grave inconveniente en que Luisito siguiera ahí y fuese ensayado y analizado en la piedra de toque y crisol[30] de tales amores, a fin de que la viudita fuese el reactivo por medio del cual se descubriera el oro puro de sus virtudes clericales o la baja liga con que el oro está mezclado; pero tropezamos con el escollo de que la dicha viuda, que habíamos de convertir en fiel contraste, es tu pretendida y no sé si tu enamorada. Pasaría, pues, de castaño obscuro[31]

---

23 St. John's Eve — equivalent to Midsummer Night's Eve. It is devoted to courtship and flirtations. This was the evening of Pepita's seduction.
24 el disimulo de Antequera — an open secret. Antequera was supposedly peopled by naive folk.
25 Antoñona is the augmentative of Antonia, Pepita's faithful former nurse.
26 el cógelas . . . callando — hypocrite, sly dog.
27 gatito muerto — hypocrite. This refers to a story

of a cat who hangs head down from a ceiling beam pretending to be dead so he can catch the mice.
28 turulato — dumbfounded.
29 con poco que haga — with almost no effort.
30 piedra de toque y crisol — the touchstone and crucible.
31 Pasaría, pues, de castaño obscuro — It would really be beyond reason.

el que resultase tu hijo rival tuyo. Esto sería un escándalo monstruoso, y para evitarlo con tiempo te escribo hoy a fin de que, pretextando cualquiera cosa, envíes o traigas a Luisito por aquí, cuanto antes mejor. »

Don Luis escuchaba en silencio y con los ojos bajos. Su padre continuó:

— A esta carta del Deán contesté lo que sigue:

Contestación. — « Hermano querido y venerable padre espiritual: Mil gracias te doy por las noticias que me envías y por tus avisos y consejos. Aunque me precio de listo, confieso mi torpeza en esta ocasión. La vanidad me cegaba. Pepita Jiménez, desde que vino mi hijo, se me mostraba tan afable y cariñosa, que yo me las prometía felices.[32] Ha sido menester tu carta para hacerme caer en la cuenta. Ahora comprendo que, al haberse humanizado, al hacerme tantas fiestas y al bailarme el agua delante,[33] no miraba en mí la pícara de Pepita sino al papá del teólogo barbilampiño. No te lo negaré: me mortificó y afligió un poco este desengaño en el primer momento; pero después lo reflexioné todo con la madurez debida, y mi mortificación y mi aflicción se convirtieron en gozo. El chico es excelente. Yo le he tomado mucho más afecto desde que está conmigo. Me separé de él y te le entregué para que le educases, porque mi vida no era muy ejemplar, y en este pueblo, por lo dicho y por otras razones, se hubiera criado como un salvaje. Tú fuiste más allá de mis esperanzas y aun de mis deseos, y por poco no sacas de Luisito un padre de la Iglesia. Tener un hijo santo hubiera lisonjeado mi vanidad; pero hubiera sentido yo quedarme sin un heredero de mi casa y nombre, que me diese lindos nietos, y que después de mi muerte disfrutase de mis bienes, que son mi gloria, porque los he adquirido con ingenio y trabajo, y no haciendo fullerías y chanchullos. Tal vez la persuasión en que estaba yo de que no había remedio, de que Luis iba a catequizar a los chinos, a los indios y a los negritos de Monicongo, me decidió a casarme para dilatar mi sucesión. Naturalmente, puse mis ojos en Pepita Jiménez, que no es de la piel de Barrabás, como imaginas, sino una criatura remonísima, más bendita que los cielos y más apasionada que coqueta. Tengo tan buena

opinión de Pepita, que si volviese ella a tener dieciséis años y una madre imperiosa que la violentara, y yo tuviese ochenta años como don Gumersindo, esto es, si viera ya la muerte en puertas, tomaría a Pepita por mujer para que me sonriese al morir como si fuera el ángel de mi guarda que había revestido cuerpo humano, y para dejarle mi posición, mi caudal y mi nombre. Pero ni Pepita tiene ya dieciséis años, sino veinte, ni está sometida al culebrón de su madre, ni yo tengo ochenta años, sino cincuenta y cinco. Estoy en la peor edad, porque empiezo a sentirme harto averiado, con un poquito de asma, mucha tos, bastantes dolores reumáticos y otros alifafes, y, sin embargo, maldita la gana que tengo de morirme. Creo que ni en veinte años me moriré, y como le llevo treinta y cinco a Pepita, calcula el desastroso porvenir que le aguardaba con este viejo perdurable. Al cabo de los pocos años de casada conmigo hubiera tenido que aborrecerme, a pesar de lo buena que es. Porque es buena y discreta no ha querido sin duda aceptarme por marido, a pesar de la insistencia y de la obstinación con que se lo he propuesto. ¡Cuánto se lo agradezco ahora! La misma puntita de vanidad, lastimada por sus desdenes, se embota[34] ya al considerar que si no me ama, ama mi sangre, se prenda del hijo mío. Si no quiere esta fresca y lozana hiedra enlazarse al viejo tronco, carcomido ya, trepe por él, me digo, para subir al renuevo tierno y al verde y florido pimpollo. Dios los bendiga a ambos y prospere estos amores. Lejos de llevarte al chico otra vez, le retendré aquí hasta por fuerza, si es necesario. Me decido a conspirar contra su vocación. Sueño ya con verle casado. Me voy a remozar contemplando a la gentil pareja unida por el amor. ¿Y cuando me den unos cuantos chiquillos? En vez de ir de misionero y de traerme de Australia o de Madagascar, o de la India, varios neófitos con jetas de a palmo, negros como la tizne, o amarillos como el estezado y con ojos de mochuelo, ¿no será mejor que Luisito predique en casa y me saque en abundancia una serie de catecumenillos rubios,[35] sonrosados, con ojos como los de Pepita y que parezcan querubines sin alas? Los catecúmenos que me trajese de por allá sería menester que estuvieran a respetable distancia para que no me inficionasen, y éstos

---

32 me las prometía felices — I thought everything was working out right for me.
33 bailar el agua delante — to dance attendance on, i.e. to be very attentive to or solicitous of.

34 se embota — is mitigated.
35 catecumenillos rubios — little blond neophytes.

de por acá me olerían a rosas del Paraíso, y vendrían a ponerse sobre mis rodillas, y jugarían conmigo, y me besarían, y me llamarían abuelito, y me darían palmaditas en la calva que ya voy teniendo. ¿Qué quieres? Cuando estaba yo en todo mi vigor no pensaba en las delicias domésticas; mas ahora, que estoy tan próximo a la vejez, si ya no estoy en ella, como no me he de hacer cenobita, me complazco en esperar que haré el papel de patriarca. Y no entiendas que voy a limitarme a esperar que cuaje el naciente noviazgo, sino que he de trabajar para que cuaje. Siguiendo tu comparación, pues que transformas a Pepita en crisol y a Luis en metal, yo buscaré, o tengo buscado ya, un fuelle[36] o soplete utilísimo que contribuya a avivar el fuego para que el metal se derrita pronto. Este soplete es Antoñona, nodriza de Pepita, muy lagarta, muy sigilosa y muy afecta a su dueño. Antoñona se entiende ya conmigo, y por ella sé que Pepita está muerta de amores. Hemos convenido en que yo siga haciendo la vista gorda[37] y no dándome por entendido de nada. El padre Vicario, que es un alma de Dios, siempre en Babia, me sirve tanto o más que Antoñona, sin advertirlo él, porque todo se le vuelve hablar de Luis con Pepita y de Pepita con Luis; de suerte que este excelente señor, con medio siglo en cada pata, se ha convertido, ¡oh milagro del amor y de la inocencia!, en palomito mensajero, con quien los dos amantes se envían sus requiebros y finezas, ignorándolo también ambos. Tan poderosa combinación de medios naturales y artificiales debe dar un resultado infalible. Ya te lo diré al darte parte de la boda, para que vengas a hacerla[38] o envíes a los novios tu bendición y un buen regalo.»

Así acabó don Pedro de leer la carta, y al volver a mirar a don Luis vió que éste había estado escuchando con los ojos llenos de lágrimas.

El padre y el hijo se dieron un abrazo muy apretado y muy prolongado.

Al mes justo de esta conversación y de esta lectura se celebraron las bodas de don Luis de Vargas y de Pepita Jiménez.

Temeroso el señor Deán de que su hermano le embromase demasiado con que el misticismo de Luisito había salido huero, y conociendo además que su papel iba a ser poco airoso en el lugar, donde todos dirían que tenía mala mano para sacar santos, dió por pretexto sus ocupaciones y no quiso venir, aunque envió su bendición y unos magníficos zarcillos, como presente, para Pepita.

El padre Vicario tuvo, pues, el gusto de casarla con don Luis.

La novia, muy bien engalanada, pareció hermosísima a todos y digna de trocarse por el cilicio y las disciplinas.[39]

Aquella noche dió don Pedro un baile estupendo en el patio de su casa y salones contiguos. Criados y señores, hidalgos y jornaleros, las señoras y señoritas y las mozas del lugar asistieron y se mezclaron en él como en la soñada primera edad del mundo, que no sé por qué llaman de oro. Cuatro diestros, o, si no diestros, infatigables guitarristas, tocaron el fandango. Un gitano y una gitana, famosos cantadores, entonaron las coplas más amorosas y alusivas a las circunstancias. Y el maestro de escuela leyó un epitalamio en verso heroico.

Hubo hojuelas, pestiños, gajorros, rosquillas, mostachones, bizcotelas[40] y mucho vino para la gente menuda. El señorío se regaló con almíbares, chocolate, miel de azahar y miel de prima,[41] y varios rosolies y mixtelas aromáticas y refinadísimas.

Don Pedro estuvo hecho un cadete: bullicioso, bromista y galante. Parecía que era falso lo que declaraba en su carta al Deán del reuma y demás alifafes. Bailó el fandango con Pepita, con sus más graciosas criadas y con otras seis o siete mozuelas. A cada una, al volverla a su asiento, cansada ya, le dió con efusión el correspondiente y prescrito abrazo, y a las menos serias algunos pellizcos, aunque esto no forma parte del ceremonial. Don Pedro llevó su galantería hasta el extremo de sacar a bailar a doña Casilda,[42] que no pudo negarse, y que, con sus diez arrobas[43] de humanidad y los calores de julio, vertía un chorro de sudor por cada poro. Por último, don Pedro atracó de tal suerte a Currito, y le hizo brindar tantas veces por la felicidad de

---

36 fuelle — bellows.
37 hacer la vista gorda — to connive (to be unseeing on purpose).
38 a hacerla — to perform it.
39 digna . . . disciplinas — worthy of being traded for the haircloth and scourges.

40 Hubo . . . bizcotelas — There were pancakes, honeyed fritters, fruit pies, cakes, macaroons, and biscuits with sugar icing.
41 miel de prima — cane juice syrup.
42 Doña Casilda is Luis' aunt.
43 arroba — about twenty-five pounds.

los nuevos esposos, que el mulero Dientes tuvo que llevarle a su casa a dormir la mona,[44] terciado en una borrica como un pellejo de vino.

El baile duró hasta las tres de la madrugada; pero los novios se eclipsaron discretamente antes de las once y se fueron a casa de Pepita. Don Luis volvió a entrar con luz, con pompa y majestad, y como dueño y señor adorado, en aquella limpia alcoba, donde poco más de un mes antes había entrado a obscuras, lleno de turbación y zozobra.

Aunque en el lugar es uso y costumbre, jamás interrumpida, dar una terrible cencerrada a todo viudo o viuda que contrae segundas nupcias, no dejándolos tranquilos con el resonar de los cencerros en la primera noche del consorcio, Pepita era tan simpática y don Pedro tan venerado y don Luis tan querido, que no hubo cencerros ni el menor conato de que resonasen aquella noche; caso raro que se registra como tal en los anales del pueblo.

EPÍLOGO

CARTAS DE MI HERMANO

La historia de Pepita y Luisito debiera terminar aquí. Este epílogo está de sobra; pero el señor Deán lo tenía en el legajo, y ya que no lo publiquemos por completo, publicaremos parte; daremos una muestra siquiera.

A nadie debe quedar la menor duda en que don Luis y Pepita, enlazados por un amor irresistible, casi de la misma edad, hermosa ella, él gallardo y agraciado, y discretos y llenos de bondad los dos, vivieron largos años, gozando de cuanta felicidad y paz caben en la tierra; pero esto, que para la generalidad de las gentes es una consecuencia dialéctica bien deducida, se convierte en certidumbre para quien lee el epílogo.

Pedro de Vargas sends his brother a series of letters in which we learn that Luis has bought a tavern for Antoñona and her husband in the provincial capital. Currito has married the plump daughter of a rich farmer. The Count of Genazahar, recovering from his wound, pays Pepita half of what he owes her. The Vicar dies, which causes Luis to compare unfavorably his own life with that of the saintly old man, but Pepita consoles him. Luis and Pepita have a son, Periquito. All prosper, even Pepita's worthless brother who has made a success in Cuba. Pepita and Luis

44 dormir la mona — to sleep off his drunk.

travel through Europe, return, and redecorate their home. Although it is filled with what might be called prayer rooms or Catholic chapels, it reflects also a bit of pagan background.

José María de Pereda, 1833–1905, *Peñas arriba*, 1895 (pp. 211–13)

The story is that of a Madrid gentleman who spends a winter in the Montaña region near Santander and is converted to its meaningful life as opposed to an empty life of luxury in Madrid. Through his landscapes and characters, Pereda describes a most beautiful natural setting and stresses his ideas concerning virtue and morality, sincerity and simplicity. Deeply Catholic, he stressed love of family and country and sympathy for pain and misery. Not only the noble local priest but all the Christian folk in the heart of the rugged Cantabrian mountains believe in charity, service, and the natural beauty of God's handiwork. At the same time they protest the artificiality of city life and worldly ambition. The patriarchal morality and simplicity of the region is contrasted with the "puro vicio de hartura" in which city folks live. Marcelo, the hero, finds a "fragancia exquisita nunca igualada por los artificios orientales" which works its magic on his spirit, "formado entre la refinada molicie de las grandes capitales, en cuyas maravillas se ve más el ingenio y la mano de los hombres que la omnipotencia de Dios . . ."

The archaic flavoring and picturesque qualities, the stress on peace, poetry, paternalism and simple pleasures in Pereda's work may recall for some an unpleasant and stereotyped relationship between peasant and landowner in the latter's moral commitment to protect his charges, his family mansion, and the agricultural way of life. Yet Galdós, who in his liberalism did not see eye to eye with his lifelong friend, felt that *Peñas arriba* contributed to Pereda's stature as a "figura de primera magnitud en las letras españolas." Pardo Bazán, spiritually closer to Pereda, called him "novelista como pocos . . . un delicioso dibujante de costumbres, observador y creador," and praised him for his rigid standards of good taste and his common sense. Menéndez y Pelayo saw in him "un hidalgo que escribía libros . . . donde se aprende a vivir bien y a morir mejor."

Peñas arriba represents Pereda's fullest and

most precise expression of his traditionalism, the keystone to everything he wrote and stood for. Yet José María de Cossío says: "En *Peñas arriba* llega a dar la sensación de inespacialidad. Aquellos sucesos desarrollados en el limitadísimo ámbito de una aldea perdida en la Montaña parecen acaecidos, pese a las continuas referencias locales, en un lugar indeterminado del planeta y entre hombres de cualquier tiempo y cultura, sin que de ésta destaque como elemento indispensable sino lo que un civilizado occidental no puede eludir, porque es su atmósfera necesaria: el sentido cristiano de aquel vivir."

When Pereda had completed about two thirds of this novel, his firstborn son committed suicide. On the manuscript Pereda put a cross and a date to mark the fatal event which interrupted his writing. In his *dedicatoria*, where he alludes to the incident, his faith shines through. In recognition of this faith as well as because of his literary merit, just six years after his death, Menéndez y Pelayo dedicated a statue to his friend. Among the scenes in bas-relief on the base of the statue is one from *Peñas arriba*.

As the story opens Marcelo receives a letter from his father's brother inviting him to come to Tablanca. Celso, at whose house all the important people stop, is the patriarchal figure of a valley in the Montaña district near Santander. Marcelo is thirty-two years old, accustomed to city life, and likes man-made things more than those of nature. He delays answering the request for a time, but he finally promises to go.

At the ancestral mansion he meets Don Sabas Peñas, the village priest; Don Pedro Nolasco de la Castañalera, Celso's old friend; Neluco Celis, the local doctor; Chisco, his first guide and Celso's faithful servant; Pito Salces, Chisco's friend; and many others including Tanasia and her father; Facia, an old family servant; and Tona, the offspring of her marriage to a traveling salesman and criminal who had abandoned her, leaving her with child.

Marcelo goes on hunting expeditions, explores the villages, and becomes acquainted with the villagers. He and Neluco visit Nolasco's house and meet Mari Pepa (the latter's youngest daughter) and her child Margarita, known as Lita or Lituca. Marcelo takes a trip up the mountain with Don Sabas, visits Neluco's house and meets his sister, and becomes more and more impressed by the surrounding nature and the villages of Tablanca, Robacio, and Promisiones. He grows less lonesome for

Madrid and comes to enjoy the evening *tertulias* at his uncle's house.

Celso feels that he is dying and encourages Marcelo to make a decision to stay and take over the duties of family heir. He shows him a secret box of jewels and money which he is to inherit and the will in which Marcelo is named heir. Marcelo, more and more attracted to Lituca, suspects that she and Neluco are in love. Chisco wishes to marry Tanasia although her father prefers another young man, Pepazos, as a son-in-law. Pito Salces is in love with Tona.

Marcelo is drawn ever closer into the Montaña activity. Among the incidents which take place are a bear hunt with Chisco and Pito, Chisco's fall and recovery, Pepazo's exposure on the mountain, and the return of Facia's husband. Don Celso grows weaker and finally dies, mourned by all. Marcelo assumes the burden of the family mansion and asks Neluco's advice about living there.

Neluco feels that Marcelo should marry Lita and live with her in the ancestral home. Marcelo tries to organize his own emotions with respect to her and sees her with growing frequency. Meanwhile, he devotes himself to visiting his new estate, refurbishing it in part, and arranging for the marriage of Pito Salces and Tona.

Marcelo returns temporarily to Madrid. He misses the majestic natural scenes and the wonderful air of the Montaña. He corresponds with Neluco about Lita, Tablanca, and other matters, and asks Neluco to undertake the redecorating of the family mansion. When Marcelo returns to Tablanca, he becomes increasingly attracted to Lita. The valley, which Marcelo first saw in the winter, takes on added beauty for him. A happy harvest festival is enjoyed by everybody. Marcelo asks Lita to marry him, and his happiness reaches its peak when she accepts.

Benito Pérez Galdós, 1843–1920, *Gloria*, 1876–77 (pp. 213–19)

Supposedly the first part of *Gloria* was the result of a sudden flash of inspiration which struck Galdós as he was crossing the Puerta del Sol in December of 1876. He composed the first volume in about two weeks, but according to Clarín, Galdós did not want to write the second volume and later regretted that he had.

The novel shows great influence of *krausista*

and other nineteenth century liberal philosophies in its idealism, insistence on tolerance, and discussion of a possible universal religion based on love. Galdós sees good in religions which accept reason and ethics rather than dogmatism, and he stresses the necessity of unification rather than division of mankind through religion. Intolerance, says Galdós, makes the younger generation victims of the hates and prejudices of their elders. None of the characters is wicked; yet tragedy results through religious intolerance. Gloria dies and Daniel goes insane; but Galdós holds out some hope through little Nazarene, Gloria's son, the offspring of love and union of two different religions.

When it first appeared, *Gloria* created a tremendous furore. H. C. Berkowitz states that "*Gloria* was a literary event of cataclysmic magnitude." The liberals accepted the implicit moral lesson of spiritual redemption as an attack on the *status quo*, but the Catholic Church and Galdós' friend, Pereda, reacted indignantly, and the latter even called Galdós a *volteriano* who wanted to undermine the Catholic faith.

The town of Ficóbriga resembles the other small provincial towns of Galdós' first period, Orbajosa of *Doña Perfecta* and Socartes of *Marianela*. Some see reminiscences of the Canary Islands in the description. Menéndez y Pelayo says that Galdós used the town of Castro Urdiales near Santander as his model. Pattison adds that the author later used Santillana del Mar to describe the Ficóbriga of the second volume. Juanita Lund, daughter of a Norwegian Protestant married to a Catholic woman, apparently was the mental and physical model for Gloria. Her family was staying at the boarding house where Galdós was visiting in 1876.

When the novel was translated into English it received bad reviews. Galdós, however, felt that it had the greatest universal appeal of any of his novels. Casalduero says that it is "quizá, lo más envejecido de su obra," and in spite of its realism one can see definite romantic and melodramatic overtones in the coincidences, the storms, the shipwreck, and the presentiments and forebodings of the two lovers. Yet Clarín calls it the first truly modern Spanish novel and finds in it "una lógica inflexible que nace de la verdad de la idea en que se inspira...." Whereas some see loose writing in *Gloria* others view it as a work of pure, unaffected language, beauty, profundity, tragedy and poetry.

At the time the novel begins Gloria, whose mother had died when she was twelve, is eighteen years old. Juan Crisóstomo de Lantigua, Gloria's father, is a wealthy lawyer who lives in Ficóbriga, a Cantabrian fishing village. Other members of the family are his brother Don Ángel, an archbishop of an Andalusian diocese; Don Buenaventura, his younger brother; and Serafinita, his widowed sister who is extremely devoted to Catholic regulations. Juan is a cultured man, but he believes in the good old days and, where religion is concerned, is intolerant and reactionary. Juan educated Gloria as a good Catholic.

Don Juan, Don Ángel, and Don Silvestre Romero, the robust young parish priest (a better politician than theologian) are walking along the beach. In a storm a boat is wrecked, and Silvestre, aided by some of the bystanders, manages to save the crew, who are given shelter in the town. The Lantigua family takes in one of the survivors, Daniel Morton, a wealthy Jew of German birth whose family lives in England. Everyone is impressed by Daniel's culture and bearing, and Don Ángel, thinking he is a Protestant, wishes to try to convert him to Catholicism.

Gloria and Daniel are greatly attracted to each other. Juan, realizing that Gloria is an impressionable girl, decides that Daniel must leave in spite of Ángel's hopes for conversion. The two young people continue to meet in secret although Gloria is perturbed at the possibility of discovery, for there are many gossips in town. Among them are Isidorita, la del Rebenque, and Teresita la Monja, wife of Don Juan Amarillo, the mayor and money lender of Ficóbriga. The different religious faiths present an insurmountable obstacle, and Gloria and Daniel decide to part forever. Gloria confesses to her uncle, who feels her staunch Catholicism has been affected by an unacceptable tolerance where other religions are concerned. However, he keeps secret her love for Daniel, and Gloria finally decides to accept everything the Church teaches without questioning her faith in any way.

Ángel meets Daniel Morton as he is about to embark for England. Morton tells Ángel he will leave as soon as he has cleared the name of Caifás, the village sexton and ne'er-do-well to whom Daniel had given a large sum of money which everybody thought the man had stolen. While Daniel is signing the necessary statement to clear Caifás, Sildo, the sexton's young son, rides off on Daniel's horse. Forced to stay over, Daniel meets Gloria again, and they succumb to their love. He confesses to her that he is a devout Jew, and while discussing the issue they are discovered by her father, who dies of a stroke.

Some months later Morton returns to Ficóbriga. He finds difficulty in obtaining lodging, as everybody greets him with superstitious fear. Caifás finally gives him shelter. Don Buenaventura discusses with Daniel the possibility of repairing the injury to Gloria's reputation, and he uses his influence to soften the hate and fear of the town towards him. Daniel discovers that Gloria has had his child and decides to announce he will become a Catholic. Daniel's mother, Esther, arrives to dissuade him from doing so.

Don Ángel is happily planning the acceptance of Daniel into the Christian faith when his mother disrupts the proceedings by accusing Daniel of having stolen money from his father and having been sentenced to jail in England. With the help of Don Juan Amarillo, the mayor of Ficóbriga, she plans to have Daniel leave for England immediately. To impede any defense on his part she threatens to show the Lantigua family a letter he had written to his father saying he would never be a true Christian. Gloria decides to enter a convent, but before she does, she escapes her house to go see her child once more and discovers Morton there. They discuss religion, and as her feverish condition worsens she extracts from him a promise to allow their child to be reared among Christians. Four years pass, and el Nazarenito, who has characteristics of both his father and his dead mother, plays in the Lantigua garden. Meanwhile, after two years of madness in search of a new religion, the religion of the future, Daniel dies. In his son Jesús, the product of conflict, lies the hope for a future free from bigotry.

Benito Pérez Galdós, *Fortunata y Jacinta*, 1886–87 (pp. 213–19)

This four-volume work, Galdos' masterpiece, ostensibly concerns the rivalry between two women (one of the lower class and the other of the middle class) for Jacinta's husband's love. Galdós subtitled his novel, *Dos historias de casadas*. This rivalry, however, serves basically to emphasize the political, social, economic, and historical background of Spain from 1869 to 1875. Galdós paints this transitional period in great detail, in both tragic and humorous fashion, while at the same time analysing almost the entire Spanish social history of the nineteenth century. In spite of his insistence on local color and specific local happenings, the psychological penetration which he exhibits makes the work universal in scope.

Jacinta is but a pale creation when compared with Fortunata, the woman of the people. Jacinta is virtuous and finally triumphant whereas Fortunata, immoral by society's standards, dies as a result of a distasteful brawl with a rival. Yet Fortunata is good-hearted, natural, beautiful, uninhibited, and, although cruel and primitive at times, honest and sincere. She represents the virile qualities of the *pueblo* Galdós admired so much in spite of its defects. In her combination of pride and vanity, self-sacrifice and attempts at dignity and self-respect she outshines the other women in the novel, including the strong-willed and saintly Doña Guillermina, the money conscious Doña Lupe, and Bárbara, Juanito's mother. Jacinta is modest, delicate, charming, pretty, intelligent, and logical in all but her passionate desire to have a child; but Fortunata and her attempts at redemption evoke more interest in the reader. In the conflict between the classes, there is no doubt where Galdós' sympathies lay. As he said, "Lo esencial de la humanidad, la materia prima ... hay que ir a buscarlos (grandes sentimientos) al bloque, a la cantera del pueblo."

Maximiliano Rubín, Fortunata's delicate husband, serves as one of the pathological case studies which so delighted Galdós. Feeling a mystical and sensual relationship toward Fortunata, he eventually becomes insane as he seeks escape from reality in the freedom of what he calls "limitless thought." Nicolás, Maxi's brother and one of Galdós' unpleasant priests; Juanito, Jacinta's irresponsible and cynical husband, who is torn by moral stirrings from time to time; Feijoo; Mauricia la Dura; and all the rest allow Galdós to treat broad segments of society, to satirize some and sympathize with others, and to examine tragedy, intolerance, ignorance, love, jealousy and many other facets of human existence.

Some critics accused Galdós of having painted too broad a canvas and of having loose construction and too many digressions in this novel. He himself had some misgivings about its length. Yet, *Fortunata y Jacinta* would not be what it is without these very defects (if that is what they are), for the digressions themselves, though they may occasionally annoy the reader anxious to return to the central theme, lend a humanly realistic note to the work which makes it even more appealing. The temporary excursions away from the relationships of Fortunata and Maxi or Fortunata and Jacinta, not only broaden the scope and add dimensions of understanding to the analysis of the central characters, but also make the return to the central relationship a fresh experience. José Ortega y Munilla, one of Galdós' admirers, felt that the novel was so overwhelming that ordinary criteria of literary evaluations would not suffice to judge it.

CAPÍTULO PRIMERO

JUANITO SANTA CRUZ

Las noticias más remotas que tengo de la persona que lleva este nombre me las ha dado Jacinto María Villalonga, y alcanzan al tiempo en que este amigo mío y el otro y el de más allá, Zalamero, Joaquinito, Pez, Alejandro Miquis, iban a las aulas de la Universidad. No cursaban todos el mismo año, y aunque se reunían en la cátedra de Camús, separábanse en la de Derecho Romano: el chico de Santa Cruz era discípulo de Novar, y Villalonga de Coronado. Ni tenían todos el mismo grado de aplicación: Zalamero, juicioso y circunspecto como pocos, era de los que se ponen en la primera fila de bancos, mirando con faz complacida al profesor mientras explica, y haciendo con la cabeza discretas señales de asentimiento a todo lo que dice. Por el contrario, Santa Cruz y Villalonga se ponían siempre en la grada más alta, envueltos en sus capas y más parecidos a conspiradores que a estudiantes. Allí pasaban el rato charlando por lo bajo, leyendo novelas, dibujando caricaturas o soplándose recíprocamente la lección cuando el catedrático les preguntaba. Juanito Santa Cruz y Miquis llevaron un día una sartén (no sé si a la clase de Novar o a la de Uribe, que explicaba Metafísica) y frieron un par de huevos. Otras muchas tonterías de este jaez cuenta Villalonga, las cuales no copio por no alargar este relato. Todos ellos, a excepción de Miquis que se murió el 64 soñando con la gloria de Schiller,[1] metieron infernal bulla en el célebre alboroto de la noche de San Daniel.[2]

Hasta el formalito Zalamero se descompuso en aquella ruidosa ocasión, dando pitillos y chillando como un salvaje, con lo cual se ganó dos bofetadas de un guardia veterano, sin más consecuencias. Pero Villalonga y Santa Cruz lo pasaron peor, porque el primero recibió un sablazo en el hombro que le tuvo derrengado por espacio de dos meses largos, y el segundo fué cogido junto a la esquina del Teatro Real y llevado a la prevención en una cuerda de presos, compuesta de varios estudiantes decentes y algunos pilluelos de muy mal pelaje. A la sombra me le tuvieron veintitantas horas, y aún durara más su cautiverio, si de él no le sacara el día 11 su papá, sujeto respetabilísimo y muy bien relacionado.

¡Ay! el susto que se llevaron D. Baldomero Santa Cruz y Barbarita no es para contado.[3] ¡Qué noche de angustia la del 10 al 11! Ambos creían no volver a ver a su adorado nene, en quien, por ser único, se miraban y se recreaban con inefables goces de padres chochos de cariño, aunque no eran viejos. Cuando el tal Juanito entró en su casa, pálido y hambriento, descompuesta la faz graciosa, la ropita llena de sietes[4] y oliendo a pueblo, su mamá vacilaba entre reñirle y comérsele a besos. El insigne Santa Cruz, que se había enriquecido honradamente en el comercio de paños, figuraba con timidez en el antiguo partido progresista; mas no era socio de la revoltosa *Tertulia*, porque las inclinaciones antidinásticas de Olózaga[5] y Prim[6] le hacían muy poca gracia. Su club era el salón de un amigo y pariente, al cual iban casi todas las noches D. Manuel Cantero, D. Cirilo Álvarez y D. Joaquín Aguirre, y algunas, D. Pascual Madoz. No podía ser, pues, D. Baldomero, por razón de afinidades personales, sospechoso al poder. Creo que fué Cantero quien le acompañó a Gobernación para ver a González Bravo,[7] y éste dió al punto la orden para que fuese puesto en libertad el revolucionario, el anarquista, el descamisado Juanito.

Cuando el niño estudiaba los últimos años de su carrera, verificóse en él uno de esos cambiazos críticos que tan comunes son en la edad juvenil. De travieso y alborotado volvióse tan juiciosillo, que al mismo Zalamero daba quince y raya.[8] Entróle la comezón de cumplir

---

1 Schiller, Johann Christoph Friedrich von, 1759–1805.
2 Noche de San Daniel is July 10. St. Daniel (d. 329?), Leontius, and others were put to death in Nicopolis, Armenia, during the last years of the persecution of Licinius.
3 no es para contado — is beyond expression.
4 sietes — v-shaped rents.

5 Olózaga, Salustiano, 1805–73, liberal politician, publicist, and diplomat.
6 Prim y Prats, Juan, 1814–70, general, politician, statesman.
7 González Bravo, Luis, 1811–71, orator and statesman who started out as a leftist but ended up a staunch rightist and government minister.
8 daba quince y raya — he even surpassed.

163

religiosamente sus deberes escolásticos y aun de instruirse por su cuenta con lecturas sin tasa y con ejercicios de controversia y palique declamatorio entre amiguitos. No sólo iba a clase puntualísimo y cargado de apuntes, sino que se ponía en la grada primera para mirar al profesor con cara de aprovechamiento, sin quitarle ojo, cual si fuera una novia, y aprobar con cabezadas la explicación, como diciendo: « yo también me sé eso y algo más. » Al concluir la clase, era de los que le cortan el paso al catedrático para consultarle un punto obscuro del texto o que las resuelva una duda. Con estas dudas declaran los tales su furibunda aplicación. Fuera de la Universidad, la fiebre de la ciencia le traía muy desasosegado. Por aquellos días no era todavía costumbre que fuesen al Ateneo los sabios de pecho que están mamando la leche del conocimiento. Juanito se reunía con otros cachorros en la casa del chico de Tellería (Gustavito), y allí armaban grandes peloteras. Los temas más sutiles de Filosofía de la Historia y del Derecho, de Metafísica y de otras ciencias especulativas (pues aún no estaban en moda los estudios experimentales, ni el transformismo, ni Darwin,[9] ni Haeckel[10]), eran para ellos lo que para otros el trompo o la cometa. ¡Qué gran progreso en los entretenimientos de la niñez! ¡Cuando uno piensa que aquellos mismos nenes, si hubieran vivido en edades remotas, se habrían pasado el tiempo mamándose el dedo, o haciendo y diciendo toda suerte de boberías . . .!

Todos los dineros que su papá le daba, dejábalos Juanito en casa de Bailly-Baillière,[11] a cuenta de los libros que iba tomando. Refiere Villalonga que un día fué Barbarita *reventando* de gozo y orgullo a la librería, y después de saldar los débitos del niño, dió orden de que entregaran a éste todos los mamotretos que pidiera, aunque fuesen caros y tan grandes como misales. La bondadosa y angelical señora quería poner un freno de modestia a la expresión de su vanidad maternal. Figurábase que ofendía a los demás haciendo ver la supremacía de su hijo entre todos los hijos nacidos y por nacer. No quería tampoco profanar, haciéndolo público, aquel encanto íntimo, aquel himno de la conciencia que podemos llamar los *misterios gozosos* de Barbarita. Únicamente se clareaba alguna vez, soltando

como al descuido estas entrecortadas razones: « ¡Ay, qué chico! . . . ¡cuánto lee! Yo digo que esas cabezas tienen algo, algo, sí señor, que no tienen las demás . . . En fin, más vale que le dé por ahí. »[12]

Concluyó Santa Cruz la carrera de Derecho, y de añadidura la de Filosofía y Letras. Sus papás eran muy ricos y no querían que el niño fuese comerciante, ni había para qué, pues ellos tampoco lo eran ya. Apenas terminados los estudios académicos, verificóse en Juanito un nuevo cambiazo, una segunda crisis de crecimiento, de ésas que marcan el misterioso paso o transición de edades en el desarrollo individual. Perdió bruscamente la afición a aquellas furiosas broncas oratorias por un más o un menos en cualquier punto de Filosofía o de Historia; empezó a creer ridículos los sofocones que se había tomado por probar que *en las civilizaciones de Oriente el poder de las castas sacerdotales era un poquito más ilimitado que el de los reyes*, contra la opinión de Gustavito Tellería, el cual sostenía, dando puñetazos sobre la mesa, que lo era *un poquitín menos*. Dió también en pensar que maldito lo que le importaba que *la conciencia fuera la intimidad total del ser racional consigo mismo*, o bien otra cosa semejante, como quería probar, hinchándose de convicción airada, Joaquinito Pez. No tardó, pues, en aflojar la cuerda a la manía de las lecturas, hasta llegar a no leer absolutamente nada. Barbarita creía de buena fe que su hijo no leía ya porque había agotado el pozo de la ciencia.

Tenía Juanito entonces veinticuatro años. Le conocí un día en casa de Federico Cimarra en un almuerzo que éste dió a sus amigos. Se me ha olvidado la fecha exacta; pero debió de ser ésta hacia el 69, porque recuerdo que se habló mucho de Figuerola,[13] de la capitación y del derribo de la torre de la iglesia de Santa Cruz. Era el hijo de D. Baldomero muy bien parecido y además muy simpático, de estos hombres que se recomiendan con su figura antes de cautivar con su trato, de éstos que en una hora de conversación ganan más amigos que otros repartiendo favores positivos. Por lo bien que decía las cosas y la gracia de sus juicios, aparentaba saber más de lo que sabía, y en su boca las paradojas eran más bonitas que las verdades. Vestía con elegancia y tenía

---

9 Darwin, Charles, 1809–82, English naturalist.
10 Haeckel, Ernst Heinrich, 1834–1919, German biologist and philosopher.
11 Bailly-Baillière — a publishing house founded in Madrid in 1848 by Charles Bailly-Baillière (d. 1892).

12 más vale que le dé por ahí — it is better to encourage him along that line.
13 Figuerola y Agusti, Manuel (1806–91), Spanish Army officer who dispersed those taking part in political uprisings in his district in 1869.

tan buena educación, que se le perdonaba fácilmente el hablar demasiado. Su instrucción y su ingenio agudísimo le hacían descollar sobre todos los demás mozos de la partida, y aunque a primera vista tenía cierta semejanza con Joaquinito Pez, tratándoles se echaban de ver entre ambos profundas diferencias, pues el chico de Pez, por su ligereza de carácter y la garrulería de su entendimiento, era un verdadero botarate.

Barbarita estaba loca con su hijo; mas era tan discreta y delicada, que no se atrevía a elogiarle delante de sus amigas, sospechando que todas las demás señoras habían de tener celos de ella. Si esta pasión de madre daba a Barbarita inefables alegrías, también era causa de zozobras y cavilaciones. Temía que Dios la castigase por su orgullo; temía que el adorado hijo enfermara de la noche a la mañana y se muriera como tantos otros de menos mérito físico y moral. Porque no había que pensar que el mérito fuera una inmunidad. Al contrario, los más brutos, los más feos y los perversos son los que se hartan de vivir, y parece que la misma muerte no quiere nada con ellos. Del tormento que estas ideas daban a su alma se defendía Barbarita con su ardiente fe religiosa. Mientras oraba, una voz interior, susurro dulcísimo como chismes traídos por el Ángel de la Guarda,[14] le decía que su hijo no moriría antes que ella. Los cuidados que al chico prodigaba eran esmeradísimos, pero no tenía aquella buena señora las tonterías dengosas de algunas madres, que hacen de su cariño una manía insoportable para los que la presencian, y corruptora para las criaturas que son objeto de él. No trataba a su hijo con mimo. Su ternura sabía ser inteligente y revestirse a veces de severidad dulce.

¿Y por qué le llamaba todo el mundo y le llama todavía casi unánimemente *Juanito* Santa Cruz? Esto sí que no lo sé. Hay en Madrid muchos casos de esta aplicación del diminutivo o de la fórmula familiar del nombre, aun tratándose de personas que han entrado en la madurez de la vida. Hasta hace pocos años, al autor cien veces ilustre de *Pepita Jiménez*, le llamaban sus amigos y los que no lo eran, *Juanito* Valera. En la sociedad madrileña, la más amena del mundo porque ha sabido combinar la cortesía con la confianza, hay algunos *Pepes*, *Manolitos* y *Pacos* que, aun después de haber conquistado la celebridad por diferentes conceptos, conti-

núan nombrados con esta familiaridad democrática que demuestra la llaneza castiza del carácter español. El origen de esto habrá que buscarlo quizás en ternuras domésticas o en hábitos de servidumbre que trascienden sin saber cómo a la vida social. En algunas personas, puede relacionarse el diminutivo con el sino. Hay efectivamente Manueles que nacieron predestinados para ser *Manolos* toda su vida. Sea lo que quiera, al venturoso hijo de D. Baldomero Santa Cruz y de doña Bárbara Arnáiz le llamaban *Juanito*, y *Juanito* le dicen y le dirán quizás hasta que las canas de él y la muerte de los que le conocieron niño vayan alterando poco a poco la campechana costumbre.

Conocida la persona y sus felices circunstancias, se comprenderá fácilmente la dirección que tomaron las ideas del joven Santa Cruz al verse en las puertas del mundo con tantas probabilidades de éxito. Ni extrañará nadie que un chico guapo, poseedor del arte de agradar y del arte de vestir, hijo único de padres ricos, inteligente, instruido, de frase seductora en la conversación, pronto en las respuestas, agudo y ocurrente en los juicios, un chico, en fin, al cual se le podría poner el rótulo social de *brillante*, considerara ocioso y hasta ridículo el meterse a averiguar si hubo o no un idioma único primitivo, si el Egipto fué una colonia bracmánica,[15] si la China es absolutamente independiente de tal o cual civilización asiática, con otras cosas que años atrás le quitaban el sueño, pero que ya le tenían sin cuidado, mayormente si pensaba que lo que él no averiguase otro lo averiguaría . . . « Y por último, decía, pongamos que no se averigüe nunca. ¿Y qué? » El mundo tangible y gustable le seducía más que los incompletos conocimientos de vida que se vislumbran en el fugaz resplandor de las ideas *sacadas a la fuerza*, chispas obtenidas en nuestro cerebro por la percusión de la voluntad, que es lo que constituye el estudio. Juanito acabó por declararse a sí mismo que más sabe el que vive *sin querer saber* que el que *quiere saber sin vivir*, o sea aprendiendo en los libros y en las aulas. Vivir es relacionarse, gozar y padecer, desear, aborrecer y amar. La lectura es vida artificial y prestada; el usufructo, mediante una función cerebral, de las ideas y sensaciones ajenas; la adquisición de los tesoros de la verdad humana por compra o por estafa, no por el trabajo. No paraban

---

14 Ángel de la Guarda — Guardian Angel.

15 bracmánica — Brahmanic. The Brahmans were the Hindus of the highest or sacerdotal caste.

aquí las filosofías de Juanito, y hacía una
comparación que no carece de exactitud.
Decía que entre estas dos maneras de vivir,
observaba él la diferencia que hay entre
comerse una chuleta y que le vengan a contar
a uno cómo y cuándo se la ha comido otro,
haciendo el cuento muy a lo vivo, se entiende,
y describiendo la cara que ponía, el gusto que
le daba la masticación, la gana con que tra-
gaba y el reposo con que digería.

Galdós examines the history of the Santa
Cruz and Arnáiz families. Baldomero II, the
son of the founder Baldomero Santa Cruz, is
a good friend of the Arnáiz family. Bonifacio
Arnáiz's daughter, Bárbara, married Baldomero, and their only son, Juanito, was not
born until ten years after their marriage.
Bárbara had an older brother, Gumersindo,
whose third daughter was Jacinta.

One of the faithful employees in the Arnáiz
establishment, Estupiñá, opened his own
clothing shop, but his one great vice, excessive
conversation, caused him to go bankrupt.
The Santa Cruz family protected him in his
old age, however. One day while Juanito is
visiting Estupiñá, who has been ill, he sees
Fortunata and starts an affair with her.
Juanito marries his cousin Jacinta and tells
her of his affair with Fortunata. He regrets
very much having abandoned her with child.

Some years pass, and Jacinta does not have
a child. She tries to help her mother's intimate
friend Guillermina Pacheco in her attempts to
found and support an orphanage. Guillermina, once extremely wealthy, had given up
all her material comforts to serve the less
fortunate. When Jacinta hears of a three-year-
old boy named Pitusín, supposed to be the son
of Fortunata living with her uncle José
Izquierdo, she enlists Guillermina's aid in
obtaining the child. Guillermina, a master
bargainer, manages to obtain Pitusín for
Jacinta. While Jacinta is in the tenement district she meets a charming little girl, Adoración, abandoned by her mother, Mauricia
la Dura. Juanito denies that Pitusín is his son
and finally convinces Jacinta that she should
put him into the orphanage.

Maximiliano Rubín had two brothers, Juan
Pablo, who had always cared for the sickly
Maxi, and Nicolás, who had become a priest.
Maxi, a pharmacist, is timid, introspective
and misanthropic. He meets Fortunata and

becomes obsessed with the idea of marrying
her, but because of her affair with Juanito she
is reluctant to marry Maxi. Maxi's aunt Lupe
enlists the aid of Nicolás in trying to dissuade
Maxi, but the priest decides to try to redeem
Fortunata. He sends her to the Convent of the
Micaelas where Fortunata meets Mauricia la
Dura and learns from her that Juanito Santa
Cruz had been searching for her. She also tells
her about Jacinta and Pitusín. Fortunata,
after some months, leaves the convent and
marries Maxi.

Juanito Santa Cruz discovers where Fortunata lives and renews his affair with her. Maxi
suspects the relationship and attacks Juanito
on the street.

XII

Hay motivos para creer que cuando Papitos[16] entró a media noche en el cuarto de
Nicolás Rubín y le dijo sacudiéndole fuertemente: « Señor, señor, su tía dice que vaya allá
ahora mismo, » el santo varón soltó un bramido y dió media vuelta, volviendo a caer en
profundo sueño. Es probable que a la segunda
acometida de Papitos el clérigo se desperezara,
y que ahuyentase a la mona con otro fuerte
berrido, agasajando en su empañado cerebro
la idea de que su tía debía esperar hasta la
mañana siguiente. Y el fundamento de estas
apreciaciones es que Nicolás no se presentó en
la casa de su hermano Maxi hasta las siete
dadas. Tanta pachorra sacaba de quicio[17] a
doña Lupe, que poniendo el grito en el cielo,
decía: « Estoy destinada a ser la víctima de
estos tres idiotas . . . Cada uno por su lado me
consume la vida, y entre los tres juntos van
a acabar conmigo. ¡Qué familia, Señor, qué
familia! Si me viviera mi Jáuregui[18] otro gallo
me cantara. ¡Pero hombre de Dios, vaya que
tienes una calma! No sé cómo con ella y lo que
comes no estás más gordo . . . Te llamo a las
once de la noche, y ésta es la hora en que te
descuelgas por aquí . . . ¿Tú sabes lo que pasa? »

Esto lo decía en la sala al ver entrar a
Nicolás, cuyos ojos tenían aún señales evi-
dentes de lo bien que había dormido. Al
sentir el coloquio, salió la pecadora de su
escondite, y acercándose a la puerta de la sala
trató de escuchar. Pero tía y sobrino siguieron
hablando muy bajito, y nada pudo percibir.
Después el clérigo, a instancias de su tía, salió
al pasillo, y Fortunata metióse rápidamente
en su escondite para esperarle allí.

16 Papitos — Doña Lupe's servant, a twelve-year-old
girl at the beginning of Vol. II.

17 sacar de quicio — to make one lose patience.
18 Jáuregui — her deceased husband.

El cuarto aquel estaba casi completamente a oscuras en las primeras horas del día. Los que entraban no veían a quien dentro estuviera. La vela, que ardió gran parte de la noche, se había consumido. Desde dentro vió Fortunata al cura, sombra negra en el cuadro luminoso de la puerta, y esperó a que entrase o a que dijese algo. Como el que recela penetrar en la madriguera de una bestia feroz, Nicolás permaneció en la puerta, y desde ella lanzó, en medio de la oscuridad, estas palabras: « Mujer, ¿está usted aquí? . . . No veo nada. »

— Aquí estoy, sí, señor — murmuró ella.

— Mi tía — añadió el clérigo — me ha contado los horrores de esta noche . . . Mi hermano, maltratado, herido, usted entrando en casa a deshora, y entrando para recoger su ropa y marcharse, rompiendo la armonía conyugal y dejándonos a todos en la mayor confusión. ¿Me querrá usted explicar a mí este turris-burris?[19]

— Sí, señor — replicó la voz con miedo y turbación indecibles.

— ¿Y si ha tenido usted parte en esta infamia?

— Yo . . . , en lo de los golpes no he tenido parte — apuntó con rápida frase la voz.

— Vamos a cuentas — dijo el clérigo avanzando un poco, precedido de sus manos que palpaban en las tinieblas. — Hace algunos días . . . , lo he sabido ayer por casualidad . . . , mi hermano sospechaba que usted no le era fiel; ésta es la cosa. ¿Tenía fundamento esta sospecha?

La voz no dijo nada, y hubo un ratito de temerosa expectativa.

— ¿Pero no contesta usted? — interrogó Nicolás con acento airado. — ¿Por quién me toma? Hágase usted cargo de que está en el confesonario. No hago la pregunta como persona de la familia ni como juez, sino como sacerdote. ¿Tenía fundamento la sospecha?

Después de otro ratito, que al cura se le hizo más largo que el primero, la voz respondió tenuemente:

— Sí, señor.

— Ya veo — afirmó Rubín con ira — que nos ha engañado usted a todos, a mí el primero, a las señoras Micaelas,[20] a mi amigo Pintado[21] y a toda mi familia después. Es usted indigna de ser nuestra hermana. Vea usted qué bonito papel hemos hecho. ¡Y yo que respondí . . .! En mi vida me ha pasado otra. La tuve a usted por extraviada, no por corrompida, y ahora veo que es usted lo que se llama un monstruo.

Dió entonces un paso más, cerrando un poco la puerta, y tentó la pared por si hallaba silla o banco en que sentarse.

— Hablando en plata,[22] usted no quiere a mi hermano . . . Ábrete, conciencia.

— No, señor — dijo la voz prontamente y sin hacer ningún esfuerzo.

— No le ha querido nunca . . .; ésta es la cosa.

— No, señor.

— Pero usted me dijo que esperaba tomarle cariño conforme le fuera tratando.

— Sí, lo dije.

— Pero no ha resultado . . . , no ha resultado. ¡Chasco como éste . . .! Se dan casos . . . De modo que nada.

— Nada.

— ¡Perfectamente! Pero usted olvida que es casada y que Dios le manda querer a su marido, y si no le quiere, serle fiel de cuerpo y de pensamiento. ¡Bonita plancha, sí, señor, bonita! . . . En mi vida me ha pasado otra. Y usted, pisoteando el honor y la ley de Dios, se ha prendado de cualquier pelagatos . . . Ya se ve: su pasado licencioso le envenena el alma, y la purificación fué una pamema. ¡No haber visto esto, Señor; no haberlo visto!

Estaba tan furioso el cura por lo mal que le había salido aquella compostura, y su amor propio de arreglador padecía tanto, que no pudo menos de desahogar su despecho con estas coléricas razones. « Pues sépase usted que está condenada, y no le dé vueltas: condenada. »

No se sabe si este procedimiento del terror hizo su efecto, porque Fortunata no contestó nada. La expresión de sus sentimientos acerca del tremendo anatema perdióse en la oscuridad de aquella caverna.

— Al menos, desdichada, confiese usted su delito — dijo Rubín, que deslizándose en las tinieblas había encontrado un cajón en qué sentarse. — No me oculte usted nada. ¿Cuántas veces, cuántas veces ha faltado usted a su marido?

La contestación tardaba. Nicolás repitió la pregunta hasta tres veces suavizando el

---

19 turris-burris — hurly-burly.
20 Micaelas — a convent for wayward girls where Fortunata had spent some time to purify herself before marrying Maxi.

21 Pintado — Don León Pintado, the chaplain at Las Micaelas and Nicolás Rubín's friend and ex-classmate.
22 hablar en plata — to speak plainly.

tono, y al fin oyó un susurro que decía:
« Muchas. »

Cuenta el padre Rubín que aquel *muchas* le
dió escalofríos, y que le pareció el rumorcillo
que hacen las correderas cuando en tropel se
escurren por las paredes.

— ¿Con cuántos hombres?

— Con uno solo . . .

— ¡Con uno solo! . . . ¿De veras? ¿Le
conoció usted después de casada?

— No, señor. Le conozco hace mucho
tiempo . . . , le he querido siempre.

— ¡Ah!, ya . . . , la historia vieja . . .; perfectamente — dijo el cura, cuyo amor propio
se erguía al encontrar un medio de aparecer
previsor. — Eso ya me lo temía yo. ¡El amor-
cito primero . . .! ¿No lo dije, no se lo dije a
usted? Por ahí está el peligro. He visto muchos
casos. Bueno. ¿Y ese pelafustán es el de
marras?[23]

Fortunata contestó que sí, sin comprender
lo que quería decir *de marras*.

— ¿Y ése ha sido el miserable que abusando
de su fuerza maltrató al pobre Maxi, débil y
enfermizo? . . . ¡Ay, mundo amargo!

— Él fué . . .; pero Maxi le provocó . . . —
dijo la voz. — Esas cosas vienen sin saber
cómo . . . Yo lo presencié desde la ventana.

— ¿Desde qué ventana?

— De la casa aquella.

— ¿Casita tenemos? . . . Sí . . . , sí, lo de
siempre. Lo había previsto yo. No crea usted
que me coge de nuevo. ¡Casita y todo! . . .
¡Cuánta infamia! ¿Y no siente usted remordimientos? Cualquier persona que tuviera alma
estaría en tal caso llena de tribulación . . .;
pero usted, tan fresca.

— Yo lo siento . . . , lo siento . . . Quisiera
que eso no hubiera pasado.

— Eso, que no hubiera pasado el lance, para
continuar pecando a la calladita. Y siga el
fandango. También esta clase de perversidad
me la sé de memoria.

Fortunata se calló. Fuera que los ojos del
clérigo se acostumbraran a la oscuridad, fuera
que entrase en el cuarto más luz, ello es que
Nicolás empezó a distinguir a su hermana
política sentada sobre el baúl, con un pañuelo
en la mano. A ratos se lo llevaba al rostro
como para secar sus lágrimas. Cierto es que
Fortunata lloraba; pero algunas veces la causa
de la aproximación del pañuelo a la cara era
la necesidad en que la joven se veía de res-
guardar su olfato del olor desagradable que

las ropas negras y muy usadas del clérigo despedían.

— Esas lágrimas que usted derrama, ¿son de
arrepentimiento sincero? ¡A saber . . .! Si
usted se nos arrepintiera de verdad, pero de
verdad, con contrición ardiente, todavía esto
podría arreglarse. Pero sería preciso que se
nos sometiera a pruebas rudas y conclu-
yentes . . .; ésta es la cosa. ¿Volvería usted a
las Micaelas?

— ¡Oh!, no, señor — replicó la pecadora
con prontitud.

— Pues entonces, que se la lleve a usted el
demonio — gritó el clérigo con gesto de menos-
precio.

— Le diré a usted . . .: yo me arrepiento;
pero . . .

— ¡Qué peros ni qué manzanas! . . . —
manifestó Rubín, manoteando con groseros
modales. — Reniegue usted de su infame
adulterio; reniegue también del hombre malo
que la tiene endemoniada.

— Eso . . .

— ¿Eso qué? . . . ¡Vaya con la muy . . .!
Y me lo dice así, con ese cinismo.

Fortunata no sabía lo que quiere decir
cinismo, y se calló.

— Todo induce a creer que usted se prepara
a reincidir, y que no hay quien le quite de la
cabeza esa maldita ilusión.

El gran suspiro que dió la otra confirmó
esta suposición mejor que las palabras.

— De modo que, aun viéndose perdida y
deshonrada, por ese miserable, todavía le
quiere usted. Buen provecho le haga.

— No lo puedo remediar. Ello está *entre* mí
y no puedo vencerlo.

— Ya . . . , la historia de siempre. Si me la
sé de memoria . . . Que quieren sólo a aquél
y no pueden desterrarlo del pensamiento, y
que patatín y que patatán. . . .[24] En fin, todo
ello no es más que falta de conciencia, podredumbre del corazón, subterfugios del pecado.
¡Ay, qué mujeres! Saben que es preciso vencer
y desarraigar las pasiones; pues no, señor,
siempre aferradas a la ilusioncita . . . Tijeretas
han de ser . . . En resumidas cuentas[25] que
usted no quiere salvarse. La pusimos en el
camino de la regeneración, y le ha faltado
tiempo para echarse por los senderos de la
cabra. ¡Al monte, hija, al monte! Bueno; allá
se entenderá usted con Dios. Ya me estoy
riendo del chasco que se va usted a llevar.
Porque ahora, como si lo viera, se lanzará

---

23 ¿Y ese . . . marras? — And is that idler the one of
long ago?

24 y que patatín y que patatán — and so on and so forth.
25 en resumidas cuentas — in short.

otra vez a la vida libre. Divertirse . . . , ¡ea! . . .
Por de pronto habrá un arreglito, y ese tunante
le dará alguna protección; tendrá usted casa
en que vivir . . . Y ahora que me acuerdo, ¿ese
hombre es casado?

— Sí, señor — dijo Fortunata con pena.

— ¡Ave María Purísima! — exclamó el cura
llevándose ambas manos a la cabeza. — ¡Qué
horror y qué sociedad! Otra víctima: la esposa
de ese señor . . . Y usted tan fresca, sembrando
muertes y exterminios por dondequiera que
va . . .

Esta frase de sermón aterró un poco a Fortunata.

— Tendrá usted su castigo, y pronto. La
historia de siempre . . . ¡Qué mujeres, Señor,
qué mujeres! Váyase usted a correr aventuras,
deshonre a su marido, perturbe dos matrimonios; ya vendrá, ya vendrá el estallido. No le
arriendo la ganancia. El amancebamiento
ahora, después la prostitución, el abismo. Sí,
ahí lo tiene usted: mírelo abierto ya, con su
boca negra, más fea que la boca de un dragón.
Y no hay remedio, a él va usted de cabeza . . . ,
porque ese hombre la abandonará a usted . . . ,
son habas contadas.[26]

Fortunata tenía la cabeza próxima a las
rodillas. Estaba hecha un ovillo[27] y sus sollozos declaraban la agitación de su alma.

— ¡Ah, mujer infeliz! — añadió el clérigo
con solemnidad, levantándose; — no sólo es
usted una bribona, sino una idiota. Todas las
enamoradas lo son, porque se les seca el
entendimiento. Las saca uno del purgatorio
del deleite, y allá se van otra vez. Tú te lo
quieres, pues tú te lo ten.[28] En el infierno le
ajustarán a usted las cuentas. Váyase usted
luego allá con sofismas y con zalamerías de
amor . . . Esto se acabó. Ni yo tengo que
hacer nada con usted, ni usted tiene nada que
hacer en esta casa. Cuenta concluída. Al
arroyo, hija: divertirse; usted sale de aquí,
y cuando se vaya, zahumaremos,[29] sí, zahumaremos . . . Perfec . . . tamente.

Esto lo dijo en la puerta, y luego se retiró
sin añadir una palabra más. Doña Lupe le
aguardaba en la sala para saber si había sido
más afortunado que ella en la averiguación de
la verdad, y allí se estuvieron picoteando un
buen rato. Después oyeron ruido: sintieron la
voz de Fortunata que hablaba quedito con
Patricia,[30] diciéndole quizás cómo y cuándo
mandaría a buscar su ropa. Tía y sobrino

asomáronse luego a los cristales del balcón,
y la vieron atravesar la calle presurosa y
doblar la esquina, sin dirigir una mirada a la
casa que abandonaba para siempre.

Nicolás repetía una figura de que estaba
satisfecho: « zahumar, zahumar y zahumar. »
Y a propósito de espliego,[31] a él, físicamente,
tampoco le vendría mal . . . esto sin ofender
a nadie.

Fortunata abandons her home with Maxi
and goes to live with Don Evaristo González
Feijoo, a bachelor army officer and a friend of
Juan Pablo Rubín. Jacinta discovers Juanito's
renewed affair, but he promises her that he
will not see Fortunata again. Evaristo becomes
ill, and, fearing death, proposes to Fortunata
that she return to Maxi.

Fortunata and Doña Lupe, who is intrigued
by Guillermina and her good works, visit
Mauricia who is being cared for by Guillermina. Fortunata meets Jacinta there and tells
her who she is. Fortunata informs Guillermina
that she does not love Maxi, but Guillermina
counsels self-sacrifice and duty and invites
Fortunata to visit her. Jacinta, visiting also,
overhears Fortunata reveal the sordid details
of her love affair with Juanito and claim that
since she has had his child she is his true mate.
The two rivals confront each other. Meanwhile Juanito meets Fortunata again and
arranges for an assignation.

Maxi becomes more and more disturbed.
He mixes his prescriptions so badly that the
chief pharmacist relieves him of his duties.
Maxi becomes paranoid and finally attacks
the servant girl and then his aunt with a knife.
He guesses that Fortunata is going to have
a baby. Fortunata decides to leave him again,
visits Evaristo who has become senile, and
finally goes to live in a tenement house left to
Doña Guillermina by her nephew, Manuel
Moreno-Isla.

Maxi plans to kill Juanito. Fortunata gives
birth to Juanito's son, Juan Evaristo. Maxi
comes to visit Fortunata and tells her of
Juanito's new affair with her friend. Fortunata, not fully recovered from childbirth,
visits and attacks Aurora. She tells Maxi she
will love him truly and passionately if he will
kill both Juanito and Aurora, but, feeling that
she is dying, she gives her child to Estupiñá to
take to Jacinta and wills the income that

26 son habas contadas — that's a foregone conclusion.
27 estaba hecha un ovillo — she was all huddled over.
28 ten — tienes.

29 zahumaremos (sahumaremos) — we shall fumigate.
30 Patricia — Fortunata's servant.
31 espliego — lavender.

Evaristo had given her to Guillermina for charitable works. Jacinta completely cows her husband who confesses his misdeeds.

XVI

En el entierro de la señora de Rubín contrastaba el lujo del carro fúnebre con lo corto del acompañamiento de coches, pues sólo constaba de dos o tres. En el de cabecera iba Ballester,[32] que por no ir solo se había hecho acompañar de su amigo el crítico. En el largo trayecto de la Cava[33] al cementerio, que era uno de los del Sur, Segismundo contó al buen Ponce[34] todo lo que sabía de la historia de Fortunata, que no era poco, sin omitir lo último, que era sin duda lo mejor; a lo que dijo el eximio sentenciador de obras literarias que había allí elementos para un drama o una novela, aunque, a su parecer, el tejido artístico no resultaría vistoso sino introduciendo ciertas urdimbres de todo punto necesarias para que la vulgaridad de la vida pudiese convertirse en materia estética. No toleraba el que la vida se llevase al arte tal como es, sino aderezada, sazonada con olorosas especias y después puesta al fuego hasta que cueza bien. Segismundo no participaba de tal opinión, y estuvieron discutiendo sobre esto con selectas razones de una y otra parte; quedándose cada cual con sus ideas y su convicción, y resultando al fin que la fruta cruda bien madura es cosa muy buena, y que también lo son las compotas, si el repostero sabe lo que trae entre manos.

En esto llegaron y se dió tierra al cuerpo de la señora de Rubín, delante de las cuatro o cinco personas acompañantes, las cuales eran: Segismundo y el crítico, Estupiñá, José Izquierdo y el marido de una de las placeras, amiga de Segunda.[35] Ballester, afectadísimo, hacía de tripas corazón,[36] y se retiró el último. De regreso a Madrid en el coche, llevaba fresca en su mente la imagen de la que ya no era nada. « Esta imagen — dijo a su amigo — vivirá en mí algún tiempo; pero se irá borrando, borrando, hasta que enteramente desaparezca. Esta presunción de un olvido posible, aun suponiéndolo lejano, me da más tristeza que lo que acabo de ver . . . Pero tiene

que haber olvido, como tiene que haber muerte. Sin olvido, no habría hueco para las ideas y los sentimientos nuevos. Si no olvidáramos no podríamos vivir, porque en el trabajo digestivo del espíritu no puede haber ingestión sin que haya también eliminación. »

Y más adelante: « Mire usted, amigo Ponce: yo estoy inconsolable; pero no desconozco que, atendiendo al egoísmo social, la muerte de esa mujer es un bien para mí (bienes y males andan siempre aparejados en la vida), porque, créamelo usted, yo me preparaba a hacer grandes disparates por esa buena moza; ya los estaba haciendo, y habría llegado sabe Dios adónde . . . ¡Calcule usted qué atracción ejercía sobre mí! Me tengo por hombre de seso, y sin embargo, yo me iba derecho al abismo. Tenía para mí esa mujer un poder sugestivo que no puedo explicarle; se me metió en la cabeza la idea de que era un ángel, sí, un ángel disfrazado, como si dijéramos, vestido de máscara para espantar a los tontos, y no me habrían arrancado esta idea todos los sabios del mundo. Y aun ahora la tengo aquí fija y clara . . . Será un delirio, una aberración; pero aquí dentro está la idea, y mi mayor desconsuelo es que no puedo ya, por causa de la muerte, probarme que es verdadera . . . Porque yo me lo quería probar . . . y créalo usted, me hubiera salido con la mía. »

A la semana siguiente Ballester salió de la botica de Samaniego, porque doña Casta[37] se enteró de sus relaciones (que a ella se le antojaron inmorales) con la infame que tan groseramente había atropellado a Aurora, y no quiso más cuentas con él. Doña Lupe le rogó varias veces que fuese a ver a Maximiliano, que continuaba encerrado en su cuarto, y le daban la comida por un tragaluz, no atreviéndose a entrar ni la señora ni Papitos, porque los aullidos que daba el infeliz eran señal de agitación insana y peligrosa. Segismundo fué el primero que penetró en la estancia sin miedo alguno, y vió a Maxi en un rincón hecho un ovillo, con más apariencias de imbecilidad que de furia, demudado el rostro y las ropas en desorden.

— ¿Qué? — le dijo el farmacéutico inclinándose y tratando de levantarle. — ¿Se va

32 Ballester — Segismundo Ballester, the pharmacist who had worked with Rubín and had come to love Fortunata.
33 La Cava is Fortunata's street in a tenement district.
34 Ponce is a critic, and sweetheart of Olimpia, Aurora's sister.

35 Segunda is Fortunata's aunt, José Izquierdo's sister.
36 hacer de tripas corazón — to pluck up one's courage.
37 Doña Casta — the owner of the Samaniego pharmacy and the mother of Aurora and Olimpia.

pasando eso? . . . Como hace días nos quiso usted morder cuando le quitamos el revólver, y daba mordiscos y patadas y quería matar a todo el género humano, tuvimos que encerrarle. Justo castigo de la tontería . . . ¿Qué? ¿Ha perdido el uso de la palabra? Míreme de frente y no hagamos visajes, que se pone muy feíto. ¿No me conoce? Soy Ballester, y ahí tengo la vara aquella para enderezar a los niños mal criados.

— Ballester — dijo Maxi mirándole fijamente y como quien vuelve de un letargo.

— El mismo, ¿y qué? . . . ¿Quiere que le dé noticias del mundo? Pues prométame tener juicio.

— ¿Juicio? . . . Ya lo tengo, ya lo tengo. ¿Pues acaso he perdido yo alguna vez ni tanto así del juicio?

— ¡Quiá![38] Nada en gracia de Dios. ¡Usted perder el juicio! Bueno va . . .

— Ello es que yo he dormido, amigo Ballester — dijo Rubín con relativa serenidad levantándose. — Lo que recuerdo ahora es que yo estaba cuerdo, más cuerdo que nadie, y de repente me entró el frenesí de matar. ¿Por qué, por qué fué?

— Eso, rásquese la cabecita a ver si hace memoria . . . Fué porque *semos* muy tontos. Era usted el espejo de los filósofos, y ya iba para santo, cuando de repente le dió por comprar un revólver . . .

— ¡Ah! . . . sí (abriendo espantado los ojos): fué porque mi mujer me dió palabra de quererme con verdadero amor, de quererme con delirio, ¿oye usted?, como ella sabe querer.

— Bueno va. Y ahora le quiere echar la culpa a la otra pobre.

— Ella, sí; ella fué. Me arrebató . . . y arrebatado estoy. Tengo dentro de mí el espíritu del mal . . . y apenas me queda un recuerdo vago de aquel estado de virtud en que me hallaba.

— ¡Qué lástima, hijo, qué lástima! Tenemos que volver a las duchas y al bromuro de sodio. Es lo mejor para echar virtud y filosofía.

— Volveré — dijo Maxi con gravedad suma — cuando haya cumplido la promesa que a mi mujer hice. Mataré, gozaré después de aquel amor inefable, infinito, que no he catado nunca y que ella me ofreció en cambio del sacrificio que le hice de mi razón, y luego nos consagraremos ella y yo a hacer penitencia y a pedir a Dios perdón de nuestra culpa.

[38] ¡Quiá! — Come now!

— ¡Bonito programa, sí, señor, bonito contrato! Sólo que ya no puede realizarse porque falta una de las partes.

— ¿Qué parte?

— La que ponía el amor, ese amor tan sublime y . . . delirante.

Maxi no comprendía, y Ballester, decidido a darle la noticia sin rodeos ni atenuaciones, concluyó así;

— Sí; su mujer de usted ya no existe. La pobrecita se nos ha muerto hace hoy ocho días.

Y al decirlo se conmovió extraordinariamente, velándosele la voz. Maxi prorrumpió en una risa desentonada. « Otra vez la misma comedia, otra vez . . . Pero ahora, como entonces, no cuela, señor Ballester . . . ¿Apostamos a que con mi lógica vuelvo a descubrir dónde está? ¡Ay, Dios mío! Ya siento la lógica invadiendo mi cabeza con fuerza admirable, y el talento vuelve . . . sí, me vuelve, aquí está, le siento entrar. ¡Bendito sea Dios, bendito sea! »

Doña Lupe, que escuchaba este coloquio desde el pasillo, aplicando su oído a la puerta entornada, fué perdiendo el miedo al oír la voz serena de su sobrino, y abrió un poquito, dejando ver su cara inteligente y atisbadora.

— Entre usted, doña Lupe — le dijo Segismundo. — Ya está bien. Pasó el arrebato. Pero no quiere creer que hemos perdido a su esposa. Ya; como la otra vez le engañamos . . . Pero él tuvo más talento que nosotros.

— Y ahora también, y ahora también — afirmó Rubín con maniática insistencia. — Empezaré al instante mis trabajos de observación y de cálculo.

— Pues no necesitará calentarse la cabeza, porque yo se lo probaré . . . Yo demostraré lo que he dicho. Doña Lupe, hágame el favor de traerle la ropita, porque no está bien que salga a la calle con esa facha.

— ¿Pero a dónde le va usted a llevar? (alarmada).

— Déjeme usted a mí, señá ministra. Yo me entiendo. ¿Teme que le robe esta alhaja?

— Mi ropa, tía, mi ropa — dijo Maxi tan animado como en sus mejores tiempos, y sin ninguna apariencia de trastorno mental.

Por fin se hizo lo que Ballester deseaba; Maxi se vistió y salieron. En el pasillo Segismundo comunicó su pensamiento a doña Lupe: « Mire usted, señora: yo tengo que ir al cementerio a ver la lápida que he hecho poner en la sepultura de esa pobrecita. La costeo yo; he querido darme esa satisfacción . . . Una

lápida preciosa, con el nombre de la difunta
y una corona de rosas . . . »

— ¡Corona de rosas! — exclamó *la de los
Pavos*,[39] que con toda su diplomacia no supo
disimular un ligero acento de ironía.

— De rosas . . . ¿y qué más le da a usted? . . .
(quemándose). ¿Acaso tiene usted que pa-
garla? . . . Yo hubiera querido hacerla de
mármol, pero no hay posibles . . . y es de
piedra de Novelda,[40] tributo modesto y afec-
tuoso de una amistad pura . . . Era un ángel . . .
Sí; no me vuelvo atrás, aunque usted se ría.

— No, si no me he reído. Pues no faltaba
más.

— Un ángel a su manera. En fin, dejemos
esto y vamos a lo otro. Como ha de influir
mucho en el estado mental de este pobre chico
el convencerse de que su mujer no vive, le
pienso llevar . . . para que lo vea, señora, para
que lo vea.

Aprobó doña Lupe, y los dos farmacéuticos
salieron y tomaron un simón. Por el camino
iba Maxi cabizbajo, y la aproximación al
cementerio le imponía, subyugando su ánimo
con la gravedad que lleva en sí la idea del
morir. « Adelante, niño » — le dijo su amigo
cogiéndole por un brazo y llevándole dentro
del camposanto. Atravesaron un gran patio
lleno de mausoleos de más o menos lujo;
después otro patio que era todo nichos;
pasaron a un tercero en el cual había sepul-
turas abiertas, otras recién ocupadas, y pará-
ronse delante de una en la cual estaban aún los
albañiles, que acababan de poner una lápida
y recogían las herramientas.

— Aquí es — dijo Ballester señalando la
gran losa de cantería de Novelda, en cuyo
extremo superior había una corona de rosas
bastante bien tallada, debajo del R. I. P.[41] y
luego un nombre y la fecha del fallecimiento —.
¿Qué dice ahí?

Maximiliano se quedó inmóvil, clavados los
ojos en la lápida . . . ¡Bien claro lo rezaba el
letrero! Y al nombre y apellido de su mujer se
añadía de Rubín. Ambos callaban; pero la
emoción de Maxi era más viva y difícil de
dominar que la de su amigo. Y al poco rato,
un llanto tranquilo, expresión de dolor verdadero y sin esperanza de remedio, brotaba de
sus ojos en raudal que parecía inagotable.

— Son las lágrimas de toda mi vida — pudo
decir a su amigo — las que derramo ahora . . .

Todas mis penas me están saliendo por los
ojos.

Ballester se le llevó no sin trabajo, porque
aún quería permanecer allí más tiempo y
llorar sin tregua. Cuando salían del cementerio, entraba un entierro con bastante acompañamiento. Era el de D. Evaristo Feijoo.
Pero los dos farmacéuticos no fijaron su atención en él. En el coche, Maximiliano, con voz
sosegada y dolorida, expresó a su amigo estas
ideas:

— La quise con toda mi alma. Hice de ella
el objeto capital de mi vida, y ella no respondió a mis deseos. No me quería . . .
Miremos las cosas desde lo alto: no me podía
querer. Yo me equivoqué, y ella también se
equivocó. No fuí yo solo el engañado: ella
también lo fué. Los dos nos estafamos recíprocamente. No contamos con la Naturaleza,
que es la gran madre y maestra que rectifica
los errores de sus hijos extraviados. Nosotros
hacemos mil disparates, y la Naturaleza nos
los corrige. Protestamos contra sus lecciones
admirables que no entendemos, y cuando queremos que nos obedezca, nos coge y nos
estrella, como el mar estrella a los que pretenden gobernarlo. Esto me lo dice mi razón,
amigo Ballester; mi razón, que hoy, gracias
a Dios, vuelve a iluminarme como un faro
espléndido. ¿No lo ve usted? . . . ¿pero no lo
ve? . . . Porque el que sostenga ahora que
estoy loco, es el que lo está verdaderamente;
y si alguien me lo dice en mi cara, ¡vive Cristo,
por la santísima uña de Dios, que me la ha de
pagar!

— Calma, calma, amigo mío (con bondad).
Nadie lo contradice a usted.

— Porque yo veo ahora todos los conflictos,
todos los problemas de mi vida con una claridad que no puede provenir más que de la
razón . . . Y para que conste, yo juro ante
Dios y los hombres que perdono con todo mi
corazón a esa desventurada, a quien quise más
que a mi vida y que me hizo tanto daño; yo la
perdono, y aparto de mí toda idea rencorosa,
y limpio mi espíritu de toda maleza, y no
quiero tener ningún pensamiento que no sea
encaminado al bien y a la virtud . . . El mundo
acabó para mí. He sido un mártir y un loco.
Que mi locura, de la que con la ayuda de Dios
he sanado, se me cuente como martirio, pues
mis extravíos, ¿qué han sido más que la

39 la de los Pavos — the nickname vulgarly applied to
Doña Lupe.
40 Novelda — a city in Alicante known for its
marble.

41 R. I. P. (requiescat in pace) — May he (she) rest in
peace.

expresión exterior de las horribles agonías de mi alma? Y para que no quede a nadie ni el menor escrúpulo respecto a mi estado de perfecta cordura, declaro que quiero a mi mujer lo mismo que el día en que la conocí; adoro en ella lo ideal, lo eterno, y la veo, no como era, sino tal y como yo la soñaba y la veía en mi alma; la veo adornada de los atributos más hermosos de la divinidad, reflejándose en ella como en un espejo; la adoro, porque no tendríamos medio de sentir el amor de Dios, si Dios no nos lo diera a conocer figurando que sus atributos se trasmiten a un ser de nuestra raza. Ahora que no vive, la contemplo libre de las transformaciones que el mundo y el contacto del mal le imprimían; ahora no temo la infidelidad, que es un rozamiento con las fuerzas de la Naturaleza que pasan junto a nosotros; ahora no temo las traiciones, que son proyección de sombra por cuerpos opacos que se acercan; ahora todo es libertad, luz; desaparecieron las asquerosidades de la realidad, y vivo con mi ídolo en mi idea, y nos adoramos con pureza y santidad sublimes en el tálamo incorruptible de mi pensamiento.

— Era un ángel — murmuró Ballester, a quien, sin saber cómo, se le comunicaba algo de aquella exaltación.

— Era un ángel! — gritó Maxi dándose un fuerte puñetazo en la rodilla. — ¡Y el miserable que me lo niegue o lo ponga en duda se verá conmigo! . . .

— ¡Y conmigo! — repitió Segismundo con igual calor. — ¡Lástima de mujer! . . . ¡Si viviera!

— No, amigo, vivir no. La vida es una pesadilla . . . Más la quiero muerta . . .

— Y yo también — dijo Ballester, cayendo en la cuenta de que no debía contrariarle. — La amaremos los dos como se ama a los ángeles. ¡Dichosos los que se consuelan así!

— ¡Dichosos mil veces, amigo mío—exclamó Rubín con entusiasmo, — los que han llegado como yo a este grado de serenidad en el pensamiento! Usted está aun atado a las sinrazones de la vida; yo me liberté, y vivo en la pura idea. Felicíteme usted, amigo de mi alma, y déme un gran abrazo; así, así, más apretado, más, más, porque me siento muy feliz, muy feliz.

Al entrar en su casa lo primero que dijo a doña Lupe fué esto: « Tía de mi alma, yo me quiero retirar del mundo y entrar en un convento donde pueda vivir a solas con mis ideas. » Vió el cielo abierto la de Jáuregui al oírle expresarse de este modo, y respondió: « ¡Ay, hijo mío, si ya te tenía yo dispuesta tu entrada en un monasterio muy retirado y hermoso que hay aquí, cerca de Madrid! Verás qué ricamente vas a estar. Hay en él unos señores monjes muy simpáticos, que no hacen más que pensar en Dios y en las cosas divinas. ¡Cuánto me alegro de que hayas tomado esa determinación! Anticipándome a tu deseo, te estaba yo preparando la ropa que has de llevar. »

Apoyó Ballester la idea que a su amigo le había entrado, y todo el día estuvo hablándole de lo mismo, temeroso de que se desdijera; y para aprovechar aquella buena disposición, al día siguiente, tempranito, él mismo le llevó en un coche al sosegado retiro que le preparaban. Maxi iba contentísimo y no hizo ninguna resistencia. Pero al llegar decía en alta voz, como si hablara con un ser invisible: « ¡Si creerán estos tontos que me engañan! Esto es Leganés.[42] Lo acepto, lo acepto y me callo, en prueba de la sumisión absoluta de mi voluntad a lo que el mundo quiera hacer de mi persona. No encerrarán entre murallas mi pensamiento. Resido en las estrellas. Pongan al llamado Maximiliano Rubín en un palacio o en un muladar . . .[43] lo mismo da. »

FIN DE LA NOVELA

---

42 Leganés — the name of an insane asylum.

43 muladar — dung heap.

PROSE FICTION OF NATURALISM

Leopoldo Alas (Clarín), 1852–1901, *La regenta*, 1884–85 (pp. 220-22)

Clarín, whom Ramón Pérez de Ayala called "uno de los Grandes de España en la literatura del siglo XIX," began writing *La regenta* as early as 1880, according to Juan Antonio Cabezas, one of his biographers. Clarín finished the first volume in November of 1884. The second volume, written in about three months, was finished in 1885.

In *La regenta*, called by some the Spanish *Madame Bovary*, Clarín describes the customs and ideas current in Oviedo in the nineteenth century, and creates, against the background of the town's social, cultural, and religious life, a whole host of well delineated characters, each with a life and social viewpoint of his own.

In his case study of Ana Ozores, torn and victimized by her sensuous desires and mystic soul states, Clarín reveals a great knowledge of psychology. Charcot and Breuer studied similar cases later in the same decade. Breuer's first case study, coincidentally, was that of an Ana O. This struggle within Ana has its counterpart in the similar though less neurotic strife in Fermín's soul. Galdós, who wrote the prologue to the 1901 edition of *La regenta*, views this conflict as symptomatic of the ecclesiastical state in its combination of spiritual greatness and physical degradation. The novel might easily have been named *El magistral*, for it is as much Fermín's life story as Ana's. In the struggle between Fermín, the Church representative, and Álvaro, the worldly cynic, Clarín foreshadows, though with different thematic structure, the conflict in Galdós' *Electra*.

In his creation of believable characters and portrayal of the passions and psychological travail of human beings, Clarín has given us an enduring work which is at the very least, as Galdós said, "encanto de la imaginación por una parte, por otra, recreo del pensamiento."

The novel opens in the fictitious city of Vetusta (Oviedo), as Don Fermín de Pas, the prebendary and judge of the Vetusta diocese, has climbed up into the bell tower of the cathedral. Don Fermín, a doctor of theology assigned to help the Bishop, often comes to the tower. There he is observed by Celedonio, an acolyte, and by Bismark, the bell ringer.

Bismarck, oculto, vió con espanto que el canónigo sacaba de un bolsillo interior de la sotana un tubo que a él le pareció de oro. Vió que el tubo se dejaba estirar como si fuera de goma y se convertía en dos, y luego en tres, todos seguidos, pegados. Indudablemente, aquello era un cañón chico, suficiente para acabar con un delantero tan insignificante como él. No; era un fusil, porque el Magistral lo acercaba a la cara y hacía con él puntería. Bismarck respiró: no iba con su personilla aquel disparo; apuntaba el carca hacia la calle, asomado a una ventana. El acólito, de puntillas, sin hacer ruido, se había acercado por detrás al Provisor y procuraba seguir la dirección del catalejo. Celedonio era un monaguillo de mundo, entraba como amigo de confianza en las mejores casas de Vetusta, y si supiera que Bismarck tomaba un anteojo por un fusil, se le reiría en las narices.

Uno de los recreos solitarios de don Fermín de Pas consistía en subir a las alturas. Era montañés, y por instinto buscaba las cumbres de los montes y los campanarios de las iglesias. En todos los países que había visitado había subido a la montaña más alta, y si no las había, a la más soberbia torre. No se daba por enterado de cosa que no viese a vista de pájaro, abarcándola por completo y desde arriba. Cuando iba a las aldeas acompañando al Obispo en su visita, siempre había de emprender, a pie o a caballo, como se pudiera, una excursión a lo más empingorotado.[1] En la provincia, cuya capital era Vetusta, abundaban por todas partes montes de los que se pierden entre nubes; pues a los más arduos y elevados ascendía el Magistral, dejando atrás al más robusto andarín, al más experto montañés. Cuanto más subía, más ansiaba subir; en vez de fatiga sentía fiebre que les daba vigor de acero a las piernas y aliento de fragua a los pulmones. Llegar a lo más alto era un triunfo voluptuoso para De Pas. Ver muchas leguas de tierra, columbrar el mar lejano, contemplar a sus pies los pueblos como si fueran juguetes, imaginarse a los hombres como infu-

1 a lo más empingorotado — to the highest point.

sorios, ver pasar un águila o un milano, según los parajes, debajo de sus ojos, enseñándole el dorso dorado por el sol, mirar las nubes desde arriba, eran intensos placeres de su espíritu altanero que De Pas se procuraba siempre que podía. Entonces sí que en sus mejillas había fuego y en sus ojos dardos. En Vetusta no podía saciar esta pasión; tenía que contentarse con subir algunas veces a la torre de la catedral. Solía hacerlo a la hora de coro, por la mañana o por la tarde, según le convenía. Celedonio, que, en alguna ocasión, aprovechando un descuido, había mirado por el anteojo del Provisor, sabía que era de poderosa atracción; desde los segundos corredores, mucho más altos que el campanario, había él visto perfectamente a la Regenta, una guapíssima señora, pasearse, leyendo un libro, por su huerta, que se llamaba el Parque de los Ozores; sí, señor, la había visto como si pudiera tocarla con la mano, y eso que su palacio estaba en la rinconada de la Plaza Nueva, bastante lejos de la torre, pues tenía en medio la plazuela de la catedral, la calle de la Rúa y la de San Pelayo. ¿Qué más? Con aquel anteojo se veía un poco del billar del casino, que estaba junto a la iglesia de Santa María; y él, Celedonio, había visto pasar las bolas de marfil rodando por la mesa. Y sin el anteojo, ¡quiá!, en cuanto se veía el balcón como un ventanillo de una grillera. Mientras el acólito hablaba así, en voz baja, a Bismarck, que se había atrevido a acercarse, seguro de que no había peligro, el Magistral, olvidado de los campaneros, paseaba lentamente sus miradas por la ciudad, escudriñando sus rincones, levantando con la imaginación los techos, aplicando su espíritu a aquella inspección minuciosa, como el naturalista estudia con poderoso microscopio las pequeñeces de los cuerpos. No miraba a los campos, no contemplaba la lontananza de montes y nubes; sus miradas no salían de la ciudad.

Vetusta era su pasión y su presa. Mientras los demás le tenían por sabio teólogo, filósofo y jurisconsulto, él estimaba sobre todas su ciencia de Vetusta. La conocía palmo a palmo, por dentro y por fuera, por el alma y por el cuerpo, había escudriñado los rincones de las conciencias y los rincones de las casas. Lo que sentía en presencia de la heroica ciudad era gula; hacía su anatomía, no como el filósofo que sólo quiere estudiar, sino como el gastrónomo que busca los bocados apetitosos; no aplicaba el escalpelo, sino el trinchante.

Y bastante resignación era contentarse, por ahora, con Vetusta. De Pas había soñado con más altos destinos, y aún no renunciaba a ellos. Como recuerdos de un poema heroico leído en la juventud con entusiasmo, guardaba en la memoria brillantes cuadros que la ambición había pintado en su fantasía; en ellos se contemplaba oficiando de pontifical en Toledo y asistiendo en Roma a un cónclave de cardenales. Ni la tiara[2] le pareciera demasiado ancha; todo estaba en el camino; lo importante era seguir andando. Pero estos sueños, según pasaba el tiempo, se iban haciendo más y más vaporosos, como si se alejaran. «Así son las perspectivas de la esperanza — pensaba el Magistral —; cuanto más nos acercamos al término de nuestra ambición, más distante parece el objeto deseado, porque no está en lo por venir, sino en lo pasado; lo que vemos delante es un espejo que refleja el cuadro soñador que se queda atrás, en el lejano día del sueño...» No renunciaba a subir, a llegar a cuanto más arriba pudiese, pero cada día pensaba menos en estas vaguedades de la ambición a largo plazo[3] propias de la juventud. Había llegado a los treinta y cinco años, y la codicia del poder era más fuerte y menos idealista; se contentaba con menos, pero lo quería con más fuerza, lo necesitaba más cerca; era el hambre que no espera, la sed en el desierto que abrasa y se satisface en el charco impuro sin aguardar a descubrir la fuente que está lejos, en lugar desconocido.

Sin confesárselo, sentía a veces desmayos de la voluntad y de la fe en sí mismo que le daban escalofríos; pensaba en tales momentos que acaso él no sería jamás nada de aquello a que había aspirado, que tal vez el límite de su carrera sería el estado actual o un mal obispado en la vejez, todo un sarcasmo. Cuando estas ideas le sobrecogían, para vencerlas y olvidarlas se entregaba con furor al goce de lo presente, del poderío que tenía en la mano; devoraba su presa, la Vetusta levítica, como el león enjaulado los pedazos ruines de carne que el domador le arroja.

Concentrada su ambición entonces en punto concreto y tangible, era mucho más intensa; la energía de su voluntad no encontraba obstáculo capaz de resistir en toda la diócesis. Él era el amo del amo. Tenía al Obispo en una garra, prisionero voluntario que ni se daba cuenta de sus prisiones. En tales días el Provisor era un huracán

---

2 tiara — the Pope's triple crown.

3 a largo plazo — long term.

eclesiástico, un castigo bíblico, un azote de Dios sancionado por Su Ilustrísima.

Estas crisis de ánimo solían provocar las noticias del personal: el nombramiento de un obispo joven, por ejemplo. Echaba sus cuentas: él estaba muy atrasado, no podría llegar a ciertas grandezas de la jerarquía. Esto pensaba, en tanto que el beneficiado don Custodio le aborrecía, principalmente porque era Magistral desde los treinta.

Don Fermín contemplaba la ciudad. Era una presa que le disputaban, pero que acabaría de devorar él solo. ¡Qué! ¿También aquel mezquino imperio habían de arrancarle? No, era suyo. Lo había ganado en buena lid. ¿Para qué eran necios? También al Magistral se le subía la altura a la cabeza; también él veía a los vetustenses como escarabajos; sus viviendas viejas y negruzcas, aplastadas, las creían los vanidosos ciudadanos palacios, y eran madrigueras, cuevas, montones de tierra, labor de topo ... ¿Qué habían hecho los dueños de aquellos palacios viejos y arruinados de la Encimada que él tenía allí a sus pies? ¿Qué habían hecho? Heredar. ¿Y él? ¿Qué había hecho él? Conquistar. Cuando era su ambición de joven la que chisporroteaba en su alma, don Fermín encontraba estrecho el recinto de Vetusta; él, que había predicado en Roma, que había olfateado y gustado el incienso de la alabanza en muy altas regiones por breve tiempo, se creía postergado en la catedral vetustense. Pero otras veces, las más, era el recuerdo de sus sueños de niño, precoz para ambicionar, el que le asaltaba, y entonces veía en aquella ciudad que se humillaba a sus plantas en derredor el colmo de sus deseos más locos. Era una especie de placer material, pensaba De Pas, el que sentía comparando sus ilusiones de la infancia con la realidad presente. Si de joven había soñado cosas mucho más altas, su dominio presente parecía la tierra prometida a las cavilaciones de la niñez, llena de tardes solitarias y melancólicas en las praderas de los puertos. El Magistral empezaba a despreciar un poco los años de su próxima juventud, le parecían a veces algo ridículos sus ensueños, y la conciencia no se complacía en repasar todos los actos de aquella época de pasiones reconcentradas, poco y mal satisfechas. Prefería las más veces recrear el espíritu contemplando lo pasado en lo más remoto del recuerdo; su niñez le enternecía, su juventud le disgustaba como el recuerdo de una mujer que fué muy querida, que nos hizo cometer mil locuras y que hoy nos parece digna de olvido y desprecio. Aquello que él

llamaba placer material y tenía mucho de pueril era el consuelo de su alma en los frecuentes decaimientos del ánimo.

El Magistral había sido pastor en los puertos de Tarsa, ¡y era él el mismo que ahora mandaba a su manera en Vetusta! En este salto de la imaginación estaba la esencia de aquel placer intenso, infantil y material que gozaba De Pas como un pecado de lascivia.

¡Cuántas veces en el púlpito, ceñido al robusto y airoso cuerpo el roquete cándido y rizado, bajo la señoril muceta,[4] viendo allá abajo, en el rostro de todos los fieles la admiración y el encanto, había tenido que suspender el vuelo de su elocuencia, porque le ahogaba el placer y le cortaba la voz en la garganta! Mientras el auditorio aguardaba en silencio, respirando apenas, a que la emoción religiosa permitiera al orador continuar, él oía como en éxtasis de autolatría el chisporroteo de los cirios y de las lámparas; aspiraba con voluptuosidad extraña el ambiente embalsamado por el incienso de la capilla mayor y por las emanaciones calientes y aromáticas que subían de las damas que le rodeaban; sentía como murmullo de la brisa en las hojas de un bosque el contenido crujir de la seda, el aleteo de los abanicos; y en aquel silencio de la atención que esperaba, delirante, creía comprender y gustaba una adoración muda que subía a él; y estaba seguro de que en tal momento pensaban los fieles en el orador esbelto, elegante, de voz melodiosa, de correctos ademanes, a quien oían y veían, no en el Dios de que les hablaba. Entonces sí que, sin poder él desechar aquellos recuerdos, se le presentaba su infancia en los puertos, aquellas tardes de su vida de pastor melancólico y meditabundo. Horas y horas, hasta el crepúsculo, pasaba soñando despierto, en una cumbre, oyendo las esquilas del ganado esparcido por el cueto. ¿Y qué soñaba? Que allá, allá abajo, en el ancho mundo, muy lejos, había una ciudad inmensa, como cien veces el lugar de Tarsa, y más; aquella ciudad se llamaba Vetusta, era mucho mayor que San Gil de la Llana, la cabeza del partido, que él tampoco había visto. En la gran ciudad colocaba él maravillas que halagaban el sentido y llenaban la soledad de su espíritu inquieto. Desde aquella infancia ignorante y visionaria al momento en que se contemplaba el predicador no había intervalo; se veía niño y se veía Magistral: lo presente era la realidad del sueño de la niñez, y de esto gozaba.

4 muceta — mozetta, a short cape with a small hood worn over the rochet by Church officials.

Emociones semejantes ocupaban su alma mientras el catalejo, reflejando con vivos resplandores los rayos del sol, se movía lentamente pasando la visual de tejado en tejado, de ventana en ventana, de jardín en jardín.

The old Archpriest, Don Cayetano Ripamilán, appoints Don Fermín de Pas to be *La Regenta*'s new confessor. *La Regenta* (Ana Ozores), the wife of Don Víctor Quintanar, the former *regente*, had never known love or real affection. Her mother died when she was born, and her father had left the country, giving her into the charge of Doña Camila, a governess. On one occasion Ana and Germán, a twelve-year-old boy, were stranded overnight in a boat which had drifted out on the tide. Camila, completely misinterpreting the event, wrote to Ana's aunts who lived in Vetusta, who in turn wrote to Ana's father, urging him to return. Four years later he did so, and, unsatisfied with the governess, he discharged her. Ana read various books in her father's library and was especially affected by mystic readings. When her father died her aunts Águeda and Anunciación decided to bring her to Vetusta.

In Loreto and later in Vetusta, Ana was ill for a long time. Her aunts' lack of understanding did not help her to adjust. For a time Ana thought of becoming a nun, for she had no interest in the young men of the town, but Don Cayetano advised her to marry. Partially to spite her aunts, who had picked another husband for her, Ana married the forty-year-old Víctor Quintanar, who seemed more interested in hunting than in Ana's needs. Don Álvaro Mesía, the Vetusta Don Juan, decided to try to seduce Ana, a possibility discussed in the Vetusta casino, center of gambling and gossip in the town.

Ana and Fermín become friends, and she feels that in him lies her salvation and the possibility of a virtuous life without sterility. Fermín's mother, Doña Paula, becomes upset by and preoccupied with Fermín's relationship to Ana. In the final chapter of volume one we learn the history of her ambitions and struggles for herself and her son.

XV

En lo alto de la escalera, en el descanso del primer piso, doña Paula, con una palmatoria[5] en una mano y el cordel de la puerta de la calle en la otra, veía silenciosa, inmóvil, a su hijo subir lentamente con la cabeza inclinada, oculto el rostro por el sombrero de anchas alas.

Le había abierto ella misma, sin preguntar quién era, segura de que tenía que ser él. Ni una palabra al verle. El hijo subía, y la madre no se movía; parecía dispuesta a estorbarle el paso, allí en medio, tiesa, como un fantasma negro, largo y anguloso.

Cuando De Pas llegaba a los últimos peldaños, doña Paula dejó el puesto y entró en el despacho. Don Fermín la miró entonces, sin que ella le viese.

Reparó que su madre traía parches untados con sebo sobre las sienes; unos parches grandes, ostentosos.

« Lo sabe todo, » pensó el Provisor. Cuando su madre callaba y se ponía parches de sebo, daba a entender que no podía estar más enfadada, que estaba furiosa. Al pasar junto al comedor, De Pas vió la mesa puesta con dos cubiertos. Era temprano para cenar; otras noches no se extendía el mantel hasta las nueve y media; y acababan de dar las nueve.

Doña Paula encendió sobre la mesa del despacho el quinqué de aceite con que velaba su hijo.

Él se sentó en el sofá, dejó el sombrero a un lado y se limpió la frente con el pañuelo. Miró a doña Paula.

— ¿Le duele la cabeza, madre?

— Me ha dolido. ¡Teresina!

— Señora.

— ¡La cena!

Y salió del despacho. El Provisor hizo un gesto de paciencia y salió tras ella. « No era todavía hora de cenar, faltaban más de cuarenta minutos, pero ¿quién se lo decía a ella? »

Doña Paula se sentó junto a la mesa, de lado, como los cómicos malos en el teatro. Junto al cubierto de don Fermín había un palillero, un taller con sal, aceite y vinagre. Su servilleta tenía servilletero, la de su madre no.

Teresina, grave, con la mirada en el suelo, entró con el primer plato, que era una ensalada.

— ¿No te sientas? — preguntó al Provisor su madre.

— No tengo apetito . . . , pero tengo mucha sed . . .

— ¿Estás malo?

— No, señora . . . , eso no.

— ¿Cenarás más tarde?

— No, señora, tampoco . . .

El Magistral ocupó su asiento enfrente de doña Paula, que se sirvió en silencio.

5 palmatoria — small candlestick.

Con un codo apoyado en la mesa y la cabeza en la mano, De Pas contemplaba a su señora madre, que comía de prisa, distraída, más pálida que solía estar, con los grandes ojos azules, claros y fríos, fijos en un pensamiento que debía de ver ella en el suelo.

Teresina entraba y salía sin hacer ruido, como un gato bien educado. Acercó la ensalada al señorito.

— Ya he dicho que no ceno.

— Déjale, no cena. Ella no lo había oído, hombre.

Y acarició a la criada con los ojos.

Nuevo silencio.

De Pas hubiera preferido una discusión inmediatamente. Todo, antes que los parches y el silencio. Estaba sintiendo náuseas y no se atrevía a pedir una taza de té. Se moría de sed, pero temía beber agua.

Doña Paula hablaba con Teresa más que de costumbre y con una amabilidad que usaba muy pocas veces.

La trataba como si hubiera que consolarla de alguna desgracia de que en parte tuviera la misma doña Paula la culpa. Esto al menos creyó notar el Magistral.

Faltaba algo que estaba en el aparador, y el ama se levantaba y lo traía ella misma.

Pidió azúcar don Fermín para echarlo en el vaso de agua y su madre dijo:

— Está arriba la azucarera, en mi cuarto . . . Deja, iré yo por ella.

— Pero, madre . . .

— Déjame.

Teresina quedó a solas con su amo, y mientras le servía agua dejando caer el chorro desde muy alto, suspiró discretamente.

De Pas la miró, un poco sorprendido. Estaba muy guapa; parecía una virgen de cera. Ella no levantó los ojos. De todas maneras, le era antipática. Su madre la mimaba y a los criados no hay que darles alas.

Bajó doña Paula, y cuando salió Teresina dijo, mientras miraba hacia la puerta:

— La pobre no sé cómo tiene cuerpo.

— ¿Por qué? — preguntó don Fermín, que acababa de oír el primer trueno.

Su madre, que estaba en pie junto a él, revolviendo el azúcar en el vaso, le miró desde arriba con gesto de indignación.

— ¿Por qué? Ha ido esta tarde dos veces a Palacio, una vez a casa del Arcipreste, otra a casa de Carraspique,[6] otra a casa de Páez,[7] otra a casa del Chato,[8] dos a la catedral, dos a la Santa Obra, una vez a las Paulinas, otra . . . , ¡qué sé yo! Está muerta la pobre.

— ¿Y a qué ha ido? — contestó De Pas al segundo trueno.

Pausa solemne. Doña Paula volvió a sentarse, y haciendo alarde de una paciencia que ni la de un santo, dijo, con mucha calma, pesando las sílabas:

— A buscarte, Fermo, a eso ha ido.

— Mal hecho, madre. Yo no soy un chiquillo para que se me busque de casa en casa. ¿Qué diría Carraspique? ¿Qué diría Páez? Todo eso es ridículo . . .

— Ella no tiene la culpa; hace lo que le mandan. Si está mal hecho, ríñeme a mí.

— Un hijo no riñe a su madre.

— Pero la mata a disgustos; la compromete, compromete la casa, la fortuna, la honra, la posición . . . , todo . . . , por una . . . , por una . . . ¿Dónde ha comido usted?

Era inútil mentir, además de ser vergonzoso. Su madre lo sabía todo, de fijo. El Chato se lo habría contado, el Chato que le habría visto apearse de la carretela[9] en el Espolón.[10]

— He comido con los marqueses de Vegallana;[11] eran los días de Paquito; se empeñaron . . . , no hubo remedio; y no mandé aviso . . . , porque era ridículo, porque allí no tengo confianza para eso . . .

— ¿Quién comió allí?

— Cincuenta, ¿qué sé yo?

— ¡Basta, Fermo, basta de disimulos! — gritó con voz ronca la de los parches. Se levantó, cerró la puerta, y en pie desde lejos prosiguió:

— Has ido allí a buscar a esa . . . señora . . . Has comido a su lado . . . , has paseado con ella en coche descubierto, te ha visto toda Vetusta, te has apeado en el Espolón: ya tenemos otra Brigadiera . . . Parece que necesitas el escándalo, quieres perderme.

— ¡Madre! ¡Madre! . . .

— ¡Si no hay madre que valga! ¿Te has acordado de tu madre en todo el día? ¿No la has dejado comer sola, o, mejor dicho, no comer? ¿Te importó nada que tu madre se asustara, como era natural? ¿Y qué has hecho después hasta las diez de la noche?

---

6 Carraspique — the sixty-year-old Don Francisco de Asís Carraspique, member of the Junta Carlista of Vetusta.

7 Páez — an ardent and wealthy supporter of the Church whose daughter went to Fermín for confession.

8 El Chato — nickname of Campillo, second organist of the cathedral and a favorite spy for Paula.

9 carretela — calash, a light low-wheeled carriage.

10 Espolón — a narrow treeless walk bordered by a wall.

11 Marqueses de Vegallana, intimate friends of Ana.

— ¡Madre, madre, por Dios! Yo no soy un niño . . .

— No, no eres un niño; a ti no te duele que tu madre se consuma de impaciencia, se muera de incertidumbre. La madre es un mueble que sirve para cuidar de la hacienda, como un perro; tu madre te da su sangre, se arranca los ojos por ti, se condena por ti, pero tú no eres un niño, y das tu sangre, y los ojos, y la salvación . . . por una mujerota.

— ¡Madre!

— ¡Por una mala mujer!

— ¡Señora!

— Cien veces, mil veces peor que ésas que le tiran de la levita a don Saturno, porque ésas cobran, y dejan en paz al que las ha buscado; pero las señoras chupan la vida, la honra, deshacen en un mes lo que yo hice en veinte años . . . ¡Fermo, eres un ingrato!, ¡eres un loco!

Se sentó fatigada, y con el pañuelo que traía a la cabeza improvisó una banda para las sienes.

— ¡Va a estallarme la frente!

— ¡Madre, por Dios! Sosiéguese usted. Nunca la he visto así . . . Pero ¿qué pasa?, ¿qué pasa? . . . Todo es calumnia . . . , ¡y qué pronto, qué pronto la han urdido! ¡Qué Brigadiera ni qué señoronas! . . . Si no hay nada de eso . . . Si yo le juro que no es eso . . . ¡Si no hay nada!

— No tienes corazón, Fermo, no tienes corazón.

— Señora, ve usted lo que no hay . . . , yo le aseguro . . .

— ¿Qué has hecho hasta las diez de la noche? Rondar la casa de esa gigantona . . . , de fijo . . .

— ¡Por Dios, señora!, esto es indigno de usted. Está usted insultando a una mujer honrada, inocente, virtuosa; no he hablado con ella tres veces. Es una santa.

— Es una como las otras.

— ¿Como qué otras?

— Como las otras.

— ¡Señora!   ¡Si la oyeran a usted! . . .

— ¡Ta, ta, ta! Si me oyeran, me callaría. Fermo . . . , a buen entendedor[12] . . . Mira, Fermo . . . , tú no te acuerdas pero yo sí . . . , yo soy la madre que te parió, ¿sabes?, y te conozco . . . , y conozco el mundo . . . , y sé tenerlo todo en cuenta . . . , todo . . . Pero de estas cosas no podemos hablar tú y yo . . . , ni

a solas . . . ; ya me entiendes . . . Pero bastante buena soy, bastante he callado, bastante he visto.

— No ha visto used nada . . .

— Tienes razón, no he visto . . . , pero he comprendido, y ya ves . . . Nunca te hablé de estas . . . porquerías, pero ahora parece que te complaces en que te vean . . . , tomas por el peor camino . . .

— Madre, usted lo ha dicho; es absurdo, es indecoroso que usted y yo hablemos, aunque sea en cifra, de ciertas cosas . . .

— Ya lo veo, Fermo, pero tú lo quieres. Lo de hoy ha sido un escándalo.

— Pero si yo le juro a usted que no hay nada; que esto no tiene nada que ver con todas esas otras calumnias de antaño . . .

— Peor; peor que peor . . . Y sobre todo, lo que yo temo es que el otro se entere, que Camoirán[13] crea todo eso que ya dicen.

— ¡Que ya dicen!, ¡en dos días!

— Sí, en dos; en medio . . . , en una hora . . . ¿No ves que te tienen ganas?, ¿que llueve sobre mojado? ¿Hace dos días? Pues ellos dirán que hace dos meses, dos años, lo que quieran. ¿Empieza ahora? Pues dirán que ahora se ha descubierto. Conocen al Obispo, saben que sólo por ahí pueden atacarte . . . Que le digan a Camoirán que has robado el copón[14] . . . No lo cree . . . , pero eso sí; ¡acuérdate de la Brigadiera! . . .

— ¡Qué Brigadiera, madre, qué Brigadiera! . . . Es que no podemos hablar de estas cosas. Pero . . . si yo le explicara a usted . . .

— No necesito saber nada . . . , todo lo comprendo . . . , todo lo sé . . . a mi modo. Fermo, ¿te fué bien toda la vida dejándote guiar por tu madre en estas cosas miserables de tejas abajo.[15] ¿Te fué bien?

— ¡Sí, madre mía, sí!

— ¿Te saqué yo o no de la pobreza?

— ¡Sí, madre del alma!

— ¿No nos dejó tu pobre padre muertos de hambre y con el agua al cuello, todo embargado, todo perdido?

— Sí, señora, sí . . . , y eternamente yo . . .

— Déjate de eternidades. Yo no quiero palabras, quiero que sigas creyéndome a mí; yo sé lo que hago. Tú predicas, tú alucinas al mundo con tus buenas palabras y buenas formas. Yo sigo mi juego . . . Fermo, si siempre ha sido así, ¿por qué te me tuerces? ¿Por qué te me escapas?

12 a buen entendedor, breve hablador — a word to the wise is sufficient.
13 Camoirán — Fortunato Camoirán, Bishop of Vetusta and Fermín's superior.

14 copón — ciborium, vessel in which Eucharistic wafers are kept.
15 de tejas abajo — in the world of nature, in this world.

— Si no hay tal, madre.

— Sí hay tal, Fermo. No eres un niño, dices . . . , es verdad, pero peor si eres un tonto . . . Sí, un tonto con toda tu sabiduría. ¿Sabes tú pegar puñaladas por la espalda en la honra? Pues mira al Arcediano,[16] torcido y todo, las da como un maestro. Ahí tienes un ignorante que sabe más que tú.

Doña Paula se había arrancado los parches; las trenzas espesas de su pelo blanco cayeron sobre los hombros y la espalda; los ojos, apagados casi siempre, echaban fuego ahora, y aquella mujer cortada a hachazos parecía una estatua rústica de la Elocuencia, prudente y cargada de experiencia.

La tempested se había deshecho en lluvia de palabras y consejos. Ya no se reñía; se discutía con calor, pero sin ira. Los recuerdos evocados, sin intención patética, por doña Paula habían enternecido a Fermo. Ya había allí un hijo y una madre, y no había miedo de que las palabras fuesen rayos.

Doña Paula no se enternecía, tenía esa ventaja. Llamaba mojigangas a las caricias, y quería a su hijo mucho, a su manera, desde lejos. Era el suyo un cariño opresor, un tirano. Fermo, además de su hijo era su capital, una fábrica de dinero. Ella le había hecho hombre, a costa de sacrificios, de vergüenzas de que él no sabía ni la mitad, de vigilias, de sudores, de cálculos, de paciencia, de astucia, de energía y de pecados sórdidos; por consiguiente no pedía mucho si pedía intereses al resultado de sus esfuerzos, al Provisor de Vetusta. El mundo era de su hijo, porque él era el de más talento, el más elocuente, el más sagaz, el más sabio, el más hermoso; pero su hijo era de ella, debía cobrar los réditos de su capital, y si la fábrica se paraba o se descomponía, podía reclamar daños y perjuicios; tenía derecho a exigir que Fermo continuase produciendo.

En Matalerejo, en su tierra, Paula Raíces vivió muchos años al lado de las minas de carbón en que trabajaba su padre, un miserable labrador que ganaba la vida cultivando una mala tierra de maíz y patatas, y con la ayuda de un jornal. Aquellos hombres que salían de las cuevas negros, sudando carbón y con los ojos hinchados, adustos, blasfemos como demonios, manejaban más plata entre los dedos sucios que los campesinos que removían la tierra en la superficie de los campos y segaban y amontonaban la yerba de los prados frescos y floridos. El dinero estaba

en las entrañas de la tierra; había que cavar hondo para sacar provecho. En Matalerejo, y en todo su valle, reina la codicia, y los niños rubios de tez amarillenta que pululan a orillas del río negro que serpea por las faldas de los altos montes de castaños y helechos parecen hijos de sueños de avaricia. Paula era de niña rubia como una mazorca; tenía los ojos casi blancos de puro claros, y en el alma, desde que tuvo uso de razón, toda la codicia del pueblo junta. En las minas, y en las fábricas que las rodean, hay trabajo para los niños en cuanto pueden sostener en la cabeza un cesto con un poco de tierra. Los ochavos que ganan así los hijos de los pobres son en Matalerejo la semilla de la avaricia arrojada en aquellos corazones tiernos, semilla de metal que se incrusta en las entrañas y jamás se arranca de allí. Paula veía en su casa la miseria todos los días; o faltaba pan para cenar o para comer; el padre gastaba en la taberna y en el juego lo que ganaba en la mina.

La niña fué aprendiendo lo que valía el dinero, por la gran pena con que los suyos lo lloraban ausente. A los nueve años era Paula una espiga tostada por el sol, larga y seca: ya no se reía; pellizcaba a las amigas con mucha fuerza, trabajaba mucho y escondía cuartos en un agujero del corral. La codicia la hizo mujer antes de tiempo; tenía una seriedad prematura, un juicio firme y frío.

Hablaba poco y miraba mucho. Despreciaba la pobreza de su casa y vivía con la idea constante de volar . . . , de volar sobre aquella miseria. Pero ¿cómo? Las alas tenían que ser de oro. ¿Dónde estaba el oro? Ella no podía bajar a la mina.

Su espíritu observador notó en la iglesia un filón menos oscuro y triste que el de las cuevas de allá abajo. « El cura no trabajaba y era más rico que su padre y los demás cavadores de las minas. Si ella fuera hombre no pararía hasta hacerse cura. Pero podía ser ama como la señora Rita. » Comenzó a frecuentar la iglesia; no perdió novena, ni rogativas, ni misiones, ni rosario, y siempre salía la última del templo. Los vecinos de Matalerejo habían enterrado la antigua piedad entre el carbón; eran indiferentes y tenían fama de herejes en los pueblos comarcanos. Por esto pudo notar la señora Rita la piedad de Paula bien pronto. « La hija de Antón Raíces, le dijo al señor cura, tira para santa; no sale de la iglesia. » El cura habló a la chicuela, y aseguró a Rita que era una Teresa de Jesús en cierne. En una enfermedad del ama, el párroco pidió a Raíces su hija para reemplazar a Rita en su

---

16 Arcediano — Don Restituto Mourelo, known as Glocester and an enemy of Fermín from the time the latter won the right to be Ana's confessor.

servicio. Rita sanó, pero Paula no salió de la Rectoral. Se acabó el ir y venir con el cesto de tierra. Se vistió de negro, y por amor de Dios se olvidó de sus padres. A los dos años la señora Rita salía de la casa del cura enseñando los puños a Paula y llevándose en un cofre sus ahorros de veinte años. El cura murió de viejo, y el nuevo párroco, de treinta años, admitió a la hija de Raíces como parte integrante de la casa Rectoral. Paula era entonces una joven alta, blanca, fresca, de carne dura y piel fina, pero mal hecha. Una noche, a las doce, a la luz de la luna salió de la Rectoral, que estaba en lo alto de una loma rodeada de castaños y acacias, cien pasos más abajo de la iglesia. Llevaba en los brazos un pañuelo negro que envolvía ropa blanca. Detrás de ella salió una sombra, con gorro de dormir, y en mangas de camisa . . . Al ver que la seguían, Paula corrió por la callejuela que bajaba al valle. El del gorro la alcanzó, la cogió por la saya de estameña y la obligó a detenerse; hablaron; él abría los brazos, ponía las manos sobre el corazón, besaba dos dedos en cruz; ella decía no con la cabeza. Después de media hora de lucha, los dos volvieron a la Rectoral; entró él, ella detrás y cerró por dentro después de decir a un perro que ladraba:

— Chito, Nay, que es el amo.

Paula fué el tirano del cura desde aquella noche, sin mengua de su honor. Un momento de flaqueza en la soledad le costó al párroco, sin saciar el apetito, muchos años de esclavitud. Tenía fama de santo; era un joven que predicaba moralidad, castidad, sobre todo a los curas de la comarca, y predicaba con el ejemplo. Y una noche, reparando al cenar que Paula era mal formada, angulosa, sintió una lascivia de salvaje, irresistible, ciega, excitada por aquellos ángulos de carne y hueso, por aquellas caderas desairadas, por aquellas piernas largas, fuertes, que debían de ser como las de un hombre. A la primera insinuación amorosa, brusca, significada más por gestos que por palabras, el ama contestó con un gruñido, y fingiendo no comprender lo que le pedían; a la segunda intentona, que fué un ataque brutal, sin arte, de hombre casto que se vuelve loco de lujuria en un momento, Paula dió por respuesta un brinco, una patada; y sin decir palabra se fué a su cuarto, hizo un lío de ropa, símbolo de despedida, porque tenía allí muchos baúles cargados de trapos y otros artículos, y salió diciendo desde la escalera:

— ¡Señor cura!, yo me voy a dormir a casa de mi padre.

La transacción le costó al clérigo humillarse hasta el polvo, una abdicación absoluta. Vivieron en paz en adelante, pero él vió siempre en ella a su señor de horca y cuchillo; tenía su honor en las manos; podía perderle. No le perdió. Pero una noche, cuando el cura cenaba, tarde, después de estudiar, Paula se acercó a él y le pidió que la oyese en confesión.

— Hija mía, ¿a estas horas?

— Sí, señor, ahora me atrevo . . . , y no respondo de volver a atreverme jamás.

Le confesó que estaba encinta.

Francisco de Pas, un licenciado de artillería, que entraba mucho en casa del cura, de quien era algo pariente, la había requerido de amores y ella le había contestado a bofetadas — el cura se puso colorado; se acordó de la patada que había recibido él —, pero el licenciado había sido terco, y había vuelto a requebrarla, y a prometerla casarse en cuanto sacaran el estanquillo[17] que le tenían prometido los del Gobierno; ella se había tranquilizado y desde entonces admitía al habla aquel bulto sospechoso. Según costumbre de la tierra, iba el de artillería a hablar con Paula a medianoche, no por la reja, que no las hay en Matalerejo, sino en el corredor de la panera, una casa de tablas sostenida por anchos pilares a dos o tres varas del suelo. Allí dormía ella en el verano. Francisco faltó una noche a lo convenido, fué audaz, pasó del corredor al interior de la panera; luchó Paula hasta caer rendida, — lo juraba ante un Cristo, — rendida por la fuerza del artillero. Desde aquella noche le tomó ojeriza, pero quería casarse con él. De aquella traición acaso nació Fermín a los dos meses de haber unido el buen párroco a Paula y Francisco con lazo inquebrantable. Todos los vecinos dijeron que Fermín era hijo del cura, quien dotó al ama con buenas peluconas. Francisco de Pas no era interesado; siempre había tenido intención de casarse con Paula, pero los vecinos le habían llenado el alma de sospechas y espinas, y él, creyendo que podía el cura estar riéndose de un licenciado, hizo lo que hizo. Pero aquella noche, que fué como la de una batalla a obscuras, terrible, le convenció de la inocencia del párroco y de la virtud de Paula. Aquello no se fingía; mucho sabía el artillero de las trampas del mundo, de las doncellas falsas, pero él se fué a su casa al alba persuadido de que había vencido, bien o mal, una honra verdadera. Y volvió a su proyecto de casarse con el ama

17 estanquillo — store of government monopolies, where stamps, tobacco, etc. are sold.

del cura. Así se lo juró a ella, de rodillas, como él había visto a los galanes en los teatros, allá por el mundo adelante.

— Yo te pediré a tus padres y al cura mañana mismo.

— No, dijo ella, ahora no.

Y siguieron viéndose. Cuando Paula estuvo segura de que había fruto de aquella traición, o de las concesiones subsiguientes, dijo a su novio:

— Ahora se lo digo al amo, y tú, cuando él te llame, te niegas a casarte, dices que dicen que no eres tú solo . . . , que en fin . . .

— Sí, sí, ya entiendo.

— ¡Lo que sospechabas, animal!

— Sí, ya sé.

— Pues eso.

— ¿Y después?

— Después deja que el cura te ofrezca . . . , y no digas que bueno a la primera promesa; deja que suba el precio . . . , ni a la segunda. A la tercera date por vencido . . .

Y así fué. Paula arrancó de una vez al pobre párroco de Matalerejo, el más casto del Arciprestazgo, el resto del precio que ella había puesto al silencio. ¡Con qué fervor predicaba el buen hombre después la castidad firme! « Un momento de debilidad te pierde, pecador; ¡basta un momento! Un deseo, un deseo que no sacias siquiera, te cuesta la salvación. » (Y todos tus ahorros, y la paz del hogar, y la tranquilidad de toda la vida, añadía para sus adentros.)

Paula compró grandes partidas de vino y lo vendía al por mayor a los taberneros de Matalerejo; empezó bien el comercio gracias a su inteligencia, a su actividad. Ella trabajaba por los dos. Francisco era muy *fantástico*, según su mujer. Le gustaba contar sus hazañas y hasta sus aventuras, esto en secreto, después de colocar unos cuantos pellejos de Toro,[18] al beber en compañía del parroquiano. Era rumboso, y en el calor de la amistad improvisada en la taberna abría créditos exorbitantes a los taberneros, sus consumidores. Esto originó reyertas trágicas; hubo sillas por el aire, cuchillos que acababan por clavarse en una mesa de pino, amenazas sordas y reconciliaciones expresivas, por parte del artillero; secas, frías, nada sinceras por parte de su mujer. La manía de dar al fiado llegó a ser un vicio, una pasión del manirroto licenciado. Le gustaba darse tono de rico y despreciaba el dinero con gran prosopo-

peya. « ¡Los países que él había visto!, ¡las mujeres que él había seducido, allá muy lejos! » Sus amigos los taberneros, que no habían visto más río que el de su patria, le engañaban al segundo vaso. Mientras él se perdía en sus recuerdos y en sueños pretéritos, que daba por realizados, sus compadres, interrumpiéndole entre alabanzas y admiraciones, le sacaban pellejos y más pellejos de vino pagaderos.

— De eso no había que hablar. El hombre es honrado — decía el artillero; y añadía: — Si yo tengo un duro, pongo por ejemplo, y un amigo, por una comparación, necesita ese duro . . . , y quien dice un duro dice veinte arrobas de vino, pongo por caso . . .

Pocos años necesitó, a pesar de la prosperidad con que el comercio había empezado, para tocar en la bancarrota. Se atrevió un parroquiano a no pagar, y tras él fueron otros, y al fin no le pagaba casi nadie. Paula, que había dominado a dos curas, y estaba dispuesta a dominar el mundo, no podía con su marido.

— Lo que tú quieras, tienes razón — decía él.

Y a la media hora volvía a las andadas. Si ella se irritaba, se le acababa a él lo que llamaba la paciencia, y una vez en el terreno de la fuerza, el artillero vencía siempre; fuerte era como un roble Paula, pero Francisco había sido el más arrogante mozo de nuestro ejército, y tenía músculos de oso. Había nacido en lo más alto de la montaña y hasta los veinte años había servido en los puertos, cuidando ganado. Cuando la pobreza llamó a las puertas y Paula se decidió a dejar su comercio, De Pas decretó dedicar los pocos cuartos que sacaron libres a la industria ganadera. Tomó vacas en parcería[19] y se fué con su mujer y su hijo a su pueblo, a vivir del pastoreo, en los más empinados vericuetos. Allí pasó la niñez y llegó a la adolescencia Fermín, a quien su madre había deseado hacer clérigo.

— Pastor y vaquero ha de ser, como su abuelo y como su padre — gritaba el licenciado cada vez que su madre hablaba de mandar al niño a aprender latín con el cura de Matalerejo.

El comercio de ganado no fué mejor que el de vino. A Francisco se le ocurrió que él había sido siempre un gran tirador; se consagró a la caza y perseguía corzas, jabalíes, y hasta con el oso, las pocas veces que se le presentaba, se

---

18 pellejos de Toro — wineskins of Toro. Toro is a city known for its wines.

19 parcería (aparcería) — agricultural partnership.

atrevía. Una tarde de invierno vió Paula llegar a la aldea cuatro hombres que conducían a hombros el cuerpo destrozado de su marido en unas angarillas improvisadas con ramas de roble. Había caído de lo alto de una peña abrazado a la osa malherida que perseguían los vaqueros hacía una semana. Murió con gloria el artillero, pero su viuda se encontró abrumada de trampas, de deudas y, para sarcasmo de la suerte, dueña de créditos sin fin que no se cobrarían jamás. Volvió a Matalerejo, después de perder por embargo cuanto tenía. Llevaba aquellos papeles inútiles y el hijo que había de ser clérigo. Era Fermín ya un mozalbete como un castillo; sus quince años parecían veinte; pero Paula hacía de él cuanto quería; le manejaba mejor que a su padre. Le hizo estudiar latín con el cura, el mismo que había dado la dote perdida por el difunto. Había que adelantar tiempo, y Fermín lo adelantó; estudiaba por cuatro y trabajaba en los quehaceres domésticos de la rectoral; cuidaba la huerta además, y así ganaba comida y enseñanza. Iba a dormir a la cabaña de su madre, que a la boca de una mina había levantado cuatro tablas, para instalar una taberna. Los gastos del nuevo comercio, que no subieron a mucho, corrieron aún por cuenta del párroco, quien hizo el desinteresado más por caridad que por miedo. Ya no temía lo que pudiera decir Paula, ni ella creía tampoco en la fuerza del arma con que en un tiempo había amenazado terrible, cruel y fría.

La taberna prosperaba. Los mineros la encontraban al salir a la claridad, y allí, sin dar otro paso, apagaban la sed y el hambre, y la pasión del juego que dominaba a casi todos. Detrás de unas tablas, que dejaban pasar las blasfemias y el ruido del dinero, estudiaba en las noches de invierno interminables el *hijo del cura*, como le llamaban cínicamente los obreros, delante de su madre, no en presencia de Fermín, que había probado a muchos que el estudio no le había debilitado los brazos. El espectáculo de la ignorancia, del vicio y del embrutecimiento le repugnaban hasta darle náuseas y se arrojaba con fervor en la sincera piedad, y devoraba los libros y ansiaba lo mismo que para él quería su madre: el seminario, la sotana, que era la toga del hombre libre, la que le podría arrancar de la esclavitud a que se vería condenado con todos aquellos miserables si no le llevaban sus esfuerzos a otra vida mejor, una digna del vuelo de su ambición y de los instintos que despertaban en su espíritu. Paula padeció

mucho en esta época; la ganancia era segura y muy superior a lo que pudieran pensar los que la veían a ella explotar los brutales apetitos, ciegos y nada escogidos de aquella turba de las minas; pero su oficio tenía los peligros del domador de fieras; todos los días, todas las noches había en la taberna pendencias, brillaban las navajas, volaban por el aire los bancos. La energía de Paula se ejercitaba en calmar aquel oleaje de pasiones brutales, y con más ahinco en obligar al que rompía algo a pagarlo, y a buen precio. También ponía en la cuenta, a su modo, el perjuicio del escándalo. A veces quería Fermín ayudarla, intervenir con sus puños en las escenas trágicas de la taberna, pero su madre se lo prohibía:

— Tú a estudiar, tú vas a ser cura y no debes ver sangre. Si te ven entre estos ladrones, creerán que eres uno de ellos.

Fermín, por respeto y por asco, obedecía, y cuando el estrépito era horrísono, tapaba los oídos y procuraba enfrascarse en el trabajo hasta olvidar lo que pasaba detrás de aquellas tablas, en la taberna. Algo más que las reyertas entre los parroquianos ocultaba Paula a su hijo. Aunque ya no era joven, su cuerpo fuerte, su piel tersa y blanca, sus brazos fornidos, sus caderas exuberantes, excitaban la lujuria de aquellos miserables que vivían en tinieblas. « *La Muerta* es buen bocado, » se decía en las minas. La llamaban *La Muerta* por su blancura pálida; y creyendo fácil aquella conquista, muchos borrachos se arrojaban sobre ella como sobre una presa; pero Paula los recibía a puñadas, a patadas, a palos; más de un vaso rompió en la cabeza de una fiera de las cuevas y tuvo el valor de cobrárselo. Estos ataques de la lujuria animal solían ser a las altas horas de la noche, cuando el enamorado salvaje se eternizaba sobre su banco, para esperar la soledad. Fermín estudiaba o dormía. Paula cerraba la puerta de la calle, porque la autoridad le obligaba a ello. No despedía al borracho, aunque conocía su propósito, porque mientras estaba allí hacía consumo, suprema aspiración de Paula. Y entonces empezaba la lucha. Ella se defendía en silencio. Aunque él gritase, Fermín no acudía; pensaba que era una riña entre mineros. Además, le temían unos por fuerte, otros por hijo, y procuraban vencer sin que él se enterase. Pero nunca vencían. A lo sumo un abrazo furtivo, un beso como un rasguño. Nada. Paula despreciaba aquella baba. Más asco le daba barrer las inmundicias que dejaban allí aquellos osos de la cueva.

Todo por su hijo; por ganar para pagarle la

carrera; lo quería teólogo, nada de misa y
olla.[20] Allí estaba ella para barrer hacia la
calle aquel lodo que entraba todos los días por
la puerta de la taberna; a ella la manchaba,
pero a él no; él allá dentro con Dios y los
santos, bebiendo en los libros de la ciencia que
le había de hacer señor; y su madre allí fuera,
manejando inmundicia entre la que iba recogiendo ochavo a ochavo el porvenir de su
hijo; el de ella, también, pues estaba segura de
que llegaría a ser una señora. Allá en la Montaña, en cuanto Fermín había aprendido a leer
y escribir, le había obligado a enseñarle a ella
su ciencia. Leía y escribía. En la taberna, entre
tantas blasfemias, entre los aullidos de borrachos y jugadores, ella devoraba libros, que
pedía al cura.

Más de una vez la guardia civil tuvo que
visitarla y cada poco tiempo iba a la cabeza del
partido a declarar en causa por lesiones o hurto.

El cura, Fermín, y hasta los guardias, que
estimaban su honradez, la habían aconsejado
en muchas ocasiones que dejase aquel tráfico
repugnante; ¿no la aburría pasar la vida entre
borrachos y jugadores que se convertían tan
a menudo en asesinos?

« ¡No, no, y no! » Que la dejasen a ella.
Estaba haciendo bolsón, sin que nadie lo sos-
pechase . . . En cualquier otra industria que
emprendiese, con sus pocos recursos, no
podría ganar la décima parte de lo que iba
ganando allí. Los mineros salían de la obscuridad con el bolsillo repleto, la sed y el hambre
excitadas; pagaban bien, derrochaban y
comían y bebían veneno barato en calidad de
vino y manjares buenos y caros. En la taberna
de Paula todo era falsificado; ella compraba
lo peor de lo peor, y los borrachos lo comían
y bebían sin saber lo que tragaban, y los jugadores sin mirarlo siquiera, fija el alma en los
naipes.

El consumo era mucho, la ganancia en cada
artículo considerable. Por eso no había prendido ya fuego a la taberna con todos *los
ladrones* dentro.

No dejó el tráfico hasta que los estudios y la
edad de Fermín lo exigieron. Hubo que dejar
el país, y por recomendaciones del párroco de
Matalerejo, Paula fué a servir de ama de llaves
al cura de La Virgen del Camino, a una legua
de León, en un páramo. Fermín, también por
influencia de Matalerejo (el cura), y del
párroco de la Virgen del Camino, entró en
San Marcos de León en el colegio de los
jesuítas, que pocos años antes se habían instalado en las orillas del Bernesga. El muchacho
resistió todas las pruebas a que los PP.[21] le
sometieron; demostró bien pronto gran
talento, sagacidad, vocación, y el P. Rector
llegó a decir que aquel chico había nacido
jesuíta. Paula callaba, pero estaba resuelta a
sacar de allí a su hijo en tiempo oportuno,
cuando ella pudiera asegurarle un porvenir
fuera de aquella santa casa. No le quería
jesuíta. Le quería canónigo, obispo, quién
sabe cuántas cosas más. Él hablaba de misiones
en el Oriente, de tribus, de los mártires del
Japón, de imitar su ejemplo; leía a su madre,
con los ojos brillantes de entusiasmo, los
periódicos que hablaban de los peligros del
P. Sevillano, de la Compañía, allá en tierra de
salvajes. Paula sonreía y callaba. ¡Bueno
estaría que después de tantos sacrificios el hijo
se le convirtiera en mártir! Nada, nada de
locuras; ni siquiera la locura de la cruz. En el
Santuario de la Virgen del Camino se maneja mucha plata el día que se abre el tesoro
de la Virgen, en presencia de la autoridad
civil; pero el cura es pobre. Paula veía pasar
por sus manos los duros y las pesetas, pero
aquello era como agua del mar para el
sediento; no sacaba nada en limpio de revolver
trigo y plata de la Milagrosa Imagen. Su fama
de perfecta ama de cura corrió por toda la
provincia; el párroco de la Virgen tenía la
imprudencia de alabar su talento culinario, su
despacho, su integridad, su pulcritud, su
piedad y demás cualidades delante de otros
clérigos, a la mesa, después de comer bien y
beber mejor. Cundió la fama de Paula, y un
canónigo de Astorga se la arrebató al cura de
la Virgen. Fué una traición, y Paula una
ingrata. Sin embargo, el canónigo era un
santo; la traición no había sido suya. Don
Fortunato Camoirán no era capaz de traiciones. Le propusieron un ama de llaves y la
aceptó, sin sospechar que a los pocos meses
sería él su esclavo.

Nada convenía a Paula como un amo santo.
Al año de servir al canónigo Camoirán se
vanagloriaba de haberle salvado varias veces
de la bancarrota: sin ella hubiera tirado la
casa por la ventana: todo hubiera sido de los
pobres y de los tunantes y holgazanes que le
saqueaban con la ganzúa de la caridad. Paula
puso en orden todo aquello. Camoirán se lo
agradeció y siguió dando limosna a hurtadillas, pero poca; lo que podía sisar al ama.

---

20 de misa y olla — a disparaging expression said of a
priest of very little learning and authority. Paula
wanted her son to be well trained.

21 PP — Padres.

Era el canónigo incapaz de gobernarse en las necesidades premiosas de la vida; no entendía palabra de los intereses del mundo, y al poco tiempo llegó a comprender que Paula era sus ojos, sus manos, sus oídos, hasta su sentido común. Sin Paula acaso, acaso le hubieran llevado a un hospital por loco y pobre.

Aquel imperio fué el más tiránico que ejerció en su vida el ama de llaves. Lo aprovechó para la carrera de Fermín: el canónigo comprendió que debía mirar al estudiante como a cosa suya; si Paula le consagraba la vida a él, él debía consagrar sus cuidados y su dinero y su influencia al hijo de Paula. Además, el mozo le enamoraba también; era tan discreto, tan sagaz como su madre y más amable, más suave en el trato. Pero había que sacarle de San Marcos, lo aseguraba Paula; el mozo lo deseaba, y sobre todo la salud quebrantada del aprendiz de jesuíta lo exigía. Se le sacó y entró en el seminario, a terminar la teología. Fué presbítero, y obtuvo un economato de los buenos, y fué llamado a predicar en San Isidro de León, y en Astorga, y en Villafranca y dondequiera que el canónigo Camoirán, famoso ya por su piedad, tenía influencia. Cuando a Fortunato le ofrecieron el Obispado de Vetusta, él vaciló, mejor dicho, se propuso pedir de rodillas que le dejaran en paz; pero Paula le amenazó con abandonarle. « ¡Eso era absurdo! » Solo ya no podría vivir. « No por usted, señor, por el chico es necesario aceptar. »

« Acaso tenía razón. » Camoirán aceptó por el chico . . . , y fueron todos a Vetusta. Pero allí se le buscó al Obispo un ama de llaves, y Paula siguió ejerciendo desde su casa sus funciones de suprema inspección. Fermín fué medrando, medrando; el muchacho valía, pero más valía su madre. Ella le había hecho hombre, es decir, cura; ella le había hecho niño mimado de un Obispo; ella le había empujado para llegar adonde había subido, y ella ganaba lo que ganaba, podía lo que podía . . . , ¡y él era un ingrato!

A esta conclusión llegaba el Magistral aquella noche, en que, después de larga conversación con su madre, se encerró en su despacho a repasar en la memoria todo lo que él sabía de los sacrificios que aquella mujer fuerte había emprendido y realizado por él, por que él subiera, por que dominase y ganara riquezas y honores.

« ¡Sí, era un ingrato! ¡Ingrato! » Y el amor filial le arrancaba dos lágrimas de fuego que enjugaba, sorprendido de sentir humedad en aquellas fuentes secas por tantos años.

« ¿Cómo lloraba él? ¡Cosa más rara! ¿Sería el alcohol la causa de aquel llanto? Acaso. ¿Sería . . . lo que había sucedido aquel día? Tal vez todo mezclado. ¡Oh!, pero también, también el amor que él tenía a su madre era cosa tierna, grande, digna, que le elevaba a sus propios ojos. »

Abrió el balcón del despacho de par en par. Ya había salido la luna, que parecía ir rodando sobre el tejado de enfrente. La calle estaba desierta, la noche fresca; se respiraba bien; los rayos pálidos de la luna y los soplos suaves del aire le parecieron caricias. « ¡Qué cosas tan nuevas, o, mejor, tan antiguas, tan antiguas y tan olvidadas estaba sintiendo! ¡Oh!, para él no era nuevo, no, sentir oprimido el pecho al mirar la luna, al escuchar los silencios de la noche; así había él empezado a ponerse enfermo-mucho, allá en los jesuítas; pero entonces sus anhelos eran vagos, y ahora no; ahora anhelaba . . . , tampoco se atrevía a pedir claridad y precisión a sus deseos . . . Pero ya no eran tristezas místicas, ansiedades de filósofo atado a un teólogo lo que le angustiaba y producía aquel dulce dolor que parecía una perezosa dilatación de las fibras más hondas . . . » La sonrisa de la Regenta se le presentaba unida a la boca, a las mejillas, a los ojos que le dieran vida . . . , y recordó una a una todas las veces que le había sonreído. En los libros aquello se llamaba estar enamorado platónicamente; pero él no creía en palabras. No; estaba seguro que aquello no era amor. El mundo entero, y su madre con todo el mundo, pensaba groseramente al calificar de pecaminosa aquella amistad inocente. ¡Si sabría él lo que era bueno y lo que era malo! Su madre le quería mucho, a ella se lo debía todo, ya se sabe, pero . . . no sabía ella sentir con suavidad, no entendía de afectos finos, sublimes . . . , había que perdonarla. Sí, pero él necesitaba amor más blando que el de doña Paula, más íntimo, de más fácil comunión por razón de la edad, de la educación, de los gustos . . . Él, aunque viviera con su madre querida, no tenía hogar, hogar suyo, y eso debía ser la dicha suprema de las almas serias, de las almas que pretendían merecer el nombre de grandes. Le faltaba compañía en el mundo; era indudable.

De una casa de la misma calle, por un balcón abierto, salían las notas dulces, lánguidas, perezosas de un violín que tocaban manos expertas. Se trataba de motivos del tercer acto del *Fausto*. El Magistral no conocía la música, no podía asociarla a las escenas a que correspondía, pero comprendía que se hablaba de amor. El oír con deleite, como oía, aquella música insinuante, ya era molicie, ya era placer sensual, peligroso; pero . . . ¡decía tan bien aquel violín las cosas raras que estaba sintiendo él!

De repente, se acordó de sus treinta y cinco años, de la vida estéril que había tenido, fecunda sólo en sobresaltos y remordimientos, cada vez menos punzantes, pero más soporíferos para el espíritu. Se tuvo una lástima tiernísima y mientras el violín gemía diciendo a su modo:

> *Al pallido chiaror*
> *che vien degli astri d'or,*
> *dammi ancor contemplar il tuo viso . . . ,*[22]

el Magistral lloraba para dentro, mirando a la luna a través de unas telarañas de hilos de lágrimas que le inundaban los ojos . . . Mirábala ni más ni menos como decía Trifón Cármenes en *El Lábaro* que la contemplaba él, todos los jueves y domingos, los días de folletín literario.

« ¡Medrados estamos!,[23] » pensó don Fermín al dar en idea tan extravagante. Y entonces volvió a ocurrírsele que en aquel sentimentalismo de última hora debía de tener gran parte la copa de coñac, o lo que fuese.

Abajo era día de cuentas. Muy a menudo se las tomaba doña Paula al buen Froilán Zapico, el propietario de *La Cruz Roja* ante el público y el derecho mercantil. Froilán era un esclavo blanco de doña Paula; a ella se lo debía todo, hasta el no haber ido a presidio; le tenía agarrado, como ella decía, por todas partes, y por eso le dejaba figurar como dueño del comercio, sin miedo de una traición. Le llamaba de tú y muchas veces animal y pillastre. Él sonreía, fumaba su pipa, siempre pegada a la boca, y decía con una calma de filósofo cínico: « Cosas del ama. » Vestía de levita, y hasta usaba guantes negros en las procesiones. Tenía que parecer un señor, para dar aire de verosimilitud a su propiedad de *La Cruz Roja*, el comercio más próspero de Vetusta, el único en su género, desde que el mísero don Santos Barinaga se había arruinado.

Doña Paula había casado a Froilán con una criada de las que ella tomaba en la aldea, una de las que habían precedido a Teresa en sus funciones de doncella cerca del señorito. Había dormido como Teresa ahora, a cuatro pasos del Magistral.

Este matrimonio era una recompensa para Juana, la mujer de Froilán. Zapico oyó la proposición de su ama con aire socarrón. Creía comprender. Pero él era muy filósofo: no se paraba en ciertos requisitos que otros miran mucho. El ama, al proponerle el matrimonio, había pensado: « Esto es algo fuerte; pero ¡ay de él si se subleva! » Froilán no se sublevó. Juana era muy buena moza, y sabía cuidar a un hombre. Se casó Zapico, y al día siguiente de la boda, doña Paula, que le miraba de soslayo, con un gesto de desconfianza, tal vez algo arrepentida « de haber estirado mucho la cuerda, » observó que el novio estaba muy contento, muy amable con ella y hecho un almíbar con su mujer.

« Gordas las tragas,[24] Froilán, eres un valiente, » pensaba ella admirándole y despreciándole al mismo tiempo.

Y él sonreía con más socarronería que nunca.

« Buen chasco se había llevado la señora; si ella supiera . . . , » pensaba él fumando su pipa. Pero es claro que jamás dijo a doña Paula el secreto de aquella noche en que hubo sorpresas muy diferentes de las que suponía la señora.

Era el único secreto que había entre ama y esclavo; la única mala pasada que ella le había querido jugar . . . Y como tampoco había tenido mal resultado, si no muy beneficioso para Zapico, éste seguía estimando a doña Paula. Ella, al verle tan contento, nada resentido, rabiaba por atreverse a preguntar; y él, muy satisfecho con el engaño del ama, que había sido en su provecho, rabiaba por decir algo; pero los dos callaban. No había más que ciertas miradas mutuas que ambos sorprendían a veces. Se encontraban a menudo cavando cada cual con los ojos en el rostro del otro para encontrar el secreto . . . Pero nada de palabras. Doña Paula encogía los hombres y Froilán reía pasando la mano por las barbas de puercoespín que tenía debajo del mentón afeitado.

Allí lo serio era el dinero. Las cuentas siempre ajustadas, limpias. Froilán era fiel por conveniencia y por miedo. En aquella casa el recuento de la moneda era un culto. Desde niño se había acostumbrado don Fermín a la seriedad religiosa con que se trataban los asuntos de dinero y al respeto supersticioso con que se manejaba el oro y la plata. Allá abajo, en la trastienda de la Cruz Roja, a la que no se pasaba desde la casa del Magistral

---

22 Al pallido . . . viso — By the pale clarity which comes from the golden stars let me see your face once more.

23 ¡Medrados estamos! — We're in fine shape! (said ironically). We're in a fix!

24 Gordas las tragas — You are awfully naive.

por sótanos, como suponía la maledicencia, sino por ancha puerta abierta en la medianería en el piso terreno, doña Paula, subida a una plataforma, ante un pupitre verde, repasaba los libros del comercio y en serones de esparto y bolsas grasientas contaba y recontaba el oro, la plata y el cobre o el bronce que Froilán iba entregándole, en pie, en una grada de la plataforma, más baja que la mesa en que el ama repasaba los libros. Parecía ella una sacerdotisa y él un acólito de aquel culto plutónico. El mismo don Fermín, las veces que presenciaba aquellas ceremonias, sentía un vago respeto supersticioso, sobre todo si contemplaba el rostro de su madre, más pálido entonces, algo parecido a una estatua de marfil, la de una Minerva amarilla, la Palas Atenea de la Crusología.

Aquella noche el Magistral no quiso complacer a su madre bajando a la trastienda; le daba asco; imaginaba que abajo había un gran foco de podredumbre, aguas sucias estancadas. Oía vagos rumores lejanos del chocar de los cuartos viejos, de la plata y del oro, de cristalino timbre. Aquellos ruidos apagados por la distancia subían por el hueco de la escalera, en el silencio profundo de toda la casa. El violín volvió a rasgar el silencio de fuera con notas temblorosas, que parecían titilar como las estrellas. Ya no se trataba de las ansias amorosas de Fausto en la mirada casta y pura de Margarita; ahora el instrumentista arrastraba perezosamente por las cuerdas del violín los quejidos de la Traviata momentos antes de morir.

El Magistral vió aparecer por una esquina de la calle un bulto que se acercaba con paso vacilante, y que caminaba ya por la acera, ya por el arroyo. Era don Santos Barinaga, que volvía a su casa — tres puertas más arriba de la del Magistral, en la acera de enfrente —. De Pas no le conoció hasta que le vió debajo de su balcón. Pero antes, al pasar junto a la casa donde sonaba el violín, Barinaga, que venía hablando solo, se detuvo y calló. Se quitó el sombrero, que era verde, de figura de cono truncado, y alzando la cabeza escuchó con aire de inteligente. De vez en cuando, hacía signos de aprobación . . . « Conocía aquello; era la *Traviata* o el *Miserere del Trovador*, pero en fin, cosa buena. »

« Perfecta . . . mente, » dijo en voz alta; « que sea muy enhorabuena, Agustinito . . . Eso . . . , eso . . . , el cultivo de las artes . . . Nada de comercio . . . en esta tierra de ladrones. ¿Eh? »

« Es el hijo del cerero, » añadió mirando

a un lado, hacia el suelo, como contándoselo a otro que estuviese junto a él y más bajo. El violín calló, y don Santos dió media vuelta, como buscando las notas que se habían extinguido. Entonces vió frente por frente, iluminado por un farol, un rótulo de letras doradas que decía: « La Cruz Roja. »

Barinaga se cubrió, dió una palmada en la copa del sombrero verde y extendiendo un brazo, mientras se tambaleaba en mitad del arroyo, gritó:

— ¡Ladrones! Sí, señor — dijo en voz más baja —; no retiro una sola palabra . . . Ladrones; usted y su madre, señor Provisor . . . , ¡ladrones!

Barinaga hablaba con el letrero de la tienda, pero el Magistral sintió brasas en las mejillas, y antes que pudiera notar su presencia el vecino, se retiró del balcón, y sin el menor ruido, poco a poco, entornó las vidrieras hasta no dejar más que un intersticio por donde ver y oír sin ser visto. Para mayor seguridad bajó la luz del quinqué y lo metió en la alcoba. Volvió al balcón, a espiar las palabras y los movimientos de aquel borracho, a quien despreciaba todo el año y que aquella noche, sin que él supiera por qué, le asustaba y le irritaba. Otras veces, a la misma hora, le había sentido en la calle murmurar imprecaciones, mientras él velaba trabajando; pero nunca había querido levantarse para oír las necedades de aquel perdido. Bien sabía que les atribuía a él y a su madre la ruina del comercio de quincalla[25] de que vivía; pero ¿quién hacía caso de un miserable, víctima del aguardiente?

Barinaga seguía diciendo:

— Sí señor Provisor, es usted un ladrón y un simoníaco, como le llama a usted el señor Foja . . . , que es un liberal . . . , eso es, un liberal probado . . .

Y como « La Cruz Roja » no respondía, don Santos, dirigiéndose a su propia sombra, que se le iba subiendo a las barbas según se acercaba a la puerta cerrada del comercio, tomándola por el mismísimo señor De Pas, le dijo:

— ¡Señor oscurantista! ¡Apagaluces! . . . Usted ha arruinado a mi familia . . . Usted me ha hecho a mí hereje . . . , masón; sí, señor, ahora soy masón . . . por vengarme . . . , por . . . ¡Abajo la clerigalla!

Esto lo dijo bastante alto para que lo oyese el sereno que daba la vuelta a la esquina. El borracho sintió en los ojos la claridad viva y desvergonzada de un ángulo de luz que

---

25 quincalla — hardware.

brotaba de la linterna de Pepe, su buen amigo. El sereno, aquel Pepe, conoció a don Santos y se acercó sin acelerar el paso.

— Buenas noches, amigo; tú eres un hombre honrado ... y te aprecio ... pero este carcunda,[26] este comeostras, este *rapavelas*,[27] este maldito tirano de la Iglesia, este Provisor ... es un ladrón, y lo sostengo ... Toma un pitillo.

Tomó el pitillo Pepe, escondió la linterna, arrimó a la pared el chuzo[28] y dijo con voz grave:

— Don Santos, ya es hora de acostarse; ¿quiere que abra la puerta?

— ¿Qué puerta?

— La de su casa ...

— Yo no tengo ya casa ..., yo soy un pordiosero ... ¿No lo ves? ¿No ves qué pantalones, qué levita? Y mi hija ... es una mala pécora ... También me la han robado los curas, pero no, ha sido éste ... Éste me ha robado la parroquia ..., me ha arruinado ..., y don Custodio me roba el amor de mi hija ... Yo no tengo familia ..., yo no tengo hogar ... ni tengo puchero a la lumbre ... ¡Y dicen que bebo! ¿Qué he de hacer, Pepe? Si no fuera por ti ..., por ti y por el aguardiente ... ¿qué sería de este anciano?

— Vamos, don Santos, vamos a casa ...

— Te digo que no tengo casa ..., déjame ... Hoy tengo que hacer aquí ... Vete, vete tú ... Es un secreto ... Ellos creen ... que no se sabe ..., pero yo lo sé ..., yo les espío ..., yo les oigo ... Vete ..., no me preguntes ..., vete.

— Pero no hay que alborotar, don Santos; porque ya se han quejado de usted los vecinos ..., y yo ... qué quiere usted ...

— Sí, tú ..., es claro, como soy un pobre ... Vete, déjame con esta ralea de bandidos, o te rompo el chuzo en la cabeza.

El sereno cantó la hora y siguió adelante. Don Santos le convidaba a veces a echar una copa ... ¿Qué había de hacer? Además, no solía alborotar demasiado.

Quedó solo Barinaga en la calle, y el Magistral arriba, detrás de las vidrieras entreabiertas, sin perder de vista al que ya llamaba para sus adentros su víctima.

Don Santos volvió a su monólogo, interrumpido por entorpecimientos del estómago y por las dificultades de la lengua.

— ¡Miserables! — decía con voz patética, de bajo profundo —, ¡miserables! ... ¡Ministro de Dios! ¡Ministro de un cuerno! ... El ministro soy yo, Santos Barinaga, honrado comerciante, que no hago la forzosa a nadie ..., que no robo el pan a nadie ..., que no obligo a los curas de toda la diócesis ..., eso, eso, a comprar en mi tienda cálices, patenas, vinajeras, casullas, lámparas (iba contando con los dedos, que encontraba con dificultad) y demás, con otros artículos ..., como aras.[29] Sí, señor, ¡que nos oigan los sordos, señor Magistral! Usted ha hecho renovar las aras de todas las iglesias del obispado ..., y yo, que lo supe, adquirí una gran partida de ellas ..., porque creí que era usted ... una persona decente ..., un cristiano ... ¡Buen cristiano te dé Dios! Jesús ..., que era un gran liberal, como el señor Foja ..., eso es ..., un republicano ..., no vendía aras, y arrojaba a los mercaderes del templo ... Total, que estoy empeñado, embargado, desvalijado ..., y usted ha vendido cientos de aras al precio que ha querido ... ¡Se sabe todo, todo, señor apagaluces ..., *don* Simón el Mago[30] ... Torquemada[31] ... Calomarde.[32] ¿Ven ustedes este santurrón? Pues hasta vende hostias ... y cera ... Ha arruinado también al cerero ... Y papel pintado ... Él mismo ha hecho empapelar el Santuario de Palomares ... Que lo diga la Sociedad de Mareantes de aquel puerto ... si es un ladrón ..., si lo tengo dicho ..., un ladrón, un Felipe II ... Óigalo usted, ¡so[33] pillo!, yo no tengo esta noche qué cenar, no habrá lumbre en mi cocina ... Pediré una taza de té ..., y mi hija me dará un rosario ... ¡Sois unos miserables! (Pausa.) ¡Vaya un siglo de las luces! (señalando al farol). ¡Me río yo ... de las luces! ¿Para qué quiero yo faroles si no cuelgan de ellos a los ladrones ... ¡Rayos y truenos! ¿Y esa revolución? ¡El petróleo! ..., ¡venga petróleo! ...

Calló un momento el borracho, y a tropezones llegó a la puerta de la Cruz Roja. Aplicó el oído al agujero de una cerradura, y después de escuchar con atención, rió con lo que llaman en las comedias risa sardónica:

— ¡Ja, ja, ja! — venía a decir, con la gar-

---

26 carcunda — Carlist (derogatory).
27 rapavelas — altar boy.
28 chuzo — pike.
29 aras — altar slabs.
30 Simón el Mago — Samaritan contemporary of the Apostles famous for his magic, who offered the Apostles money for the secret of their miracles.

31 Tomás Torquemada, d. 1498, famous inquisitor of the Spanish Inquisition.
32 Francisco Tadeo Calomarde, 1773–1842, famous Spanish politician and self-made man.
33 ¡so pillo! — you scoundrel! *So* is a contracted form of *señor* and is used before derogatory words.

ganta y las narices —. ¡Ya están dándole vueltas! . . . Allá dentro bien os oigo, miserables, no os ocultéis . . . Bien os oigo repartiros mi dinero, ladrones; ese oro es mío; esa plata es del cerero . . . ¡Venga mi dinero, señora doña Paula . . . , venga mi dinero, caballero De Pas, o somos caballeros o no! . . . ¡Mi dinero es mío! Digo, me parece. ¡Pues venga! . . .

Volvió a callar y aplicar el oído a la cerradura.

El Magistral abrió el balcón sin ruido y se inclinó sobre la barandilla para ver a don Santos.

— ¿Oirá algo? Parece imposible . . .

Y volviendo la cabeza hacia el interior obscuro y silencioso de la casa, escuchó también con atención profunda . . . Sí, él oía algo. Era el choque de las monedas, pero el ruido era confuso; podía conocerse sabiendo antes que estaban contando dinero, pero desde la calle no debía de oírse nada. Era imposible . . . Mas la idea de que la alucinación del borracho coincidiese con la realidad le disgustaba más todavía; le asustaba, con un miedo supersticioso . . .

— Esos miserables tienen ahí toda la moneda de la diócesis. Y todo eso es mío y del cerero . . . ¡Ladrones! . . . Caballero Magistral, entendámonos; usted predica una religión de paz . . . Pues bien, ese dinero es mío . . .

Se irguió don Santos; volvió a descargar una palmada sobre el sombrero verde, y extendiendo una mano y dando un paso atrás, exclamó:

— Nada de violencias . . . ¡Ábrase a la justicia! ¡En nombre de la ley, abajo esa puerta!

— ¡Señor don Santos, a la cama! — dijo el sereno, ya de vuelta —. No puedo consentir que usted siga escandalizando.

— Abra usted esa puerta, derríbela usted, señor Pepe. Usted representa la ley . . . Pues bien . . . , ahí están contando mi dinero.

— ¡Ea, ea, don Santos, basta de desatinos!

Y le cogió por un brazo, para llevárselo por fuerza.

— Porque soy pobre . . . ¡Ingrato! — dijo Barinaga cayendo en profundo desaliento.

Se dejó arrastrar.

El Magistral, desde su balcón, escondido en la obscuridad, los siguió con la mirada, sin alentar, olvidado del mundo entero menos de aquel don Santos Barinaga que le había estado arrojando lodo al rostro, desde el charco de su embriaguez lastimosa.

Don Fermín estaba como aterrado, pendiente el alma de los vaivenes de aquel borracho, de las palabras que más eructaba que decía: « ¿Podía una copa de coñac, una comida algo fuerte, un poco de Burdeos, producir aquella irritación en la conciencia, en el cerebro, o donde fuera? » No lo sabía, pero jamás la presencia de una de sus víctimas le había causado aquellos escalofríos trágicos que se le paseaban ahora por el cuerpo. Se figuraba la tienda vacía, los anaqueles desiertos, mostrando su fondo de color de chocolate, como nichos preparados para sus muertos . . . Y veía el hogar frío, sin una chispa entre la ceniza. ¡Quién pudiera enviarle a aquel pobre viejo la taza de té por que suspiraba en su extravío; o caldo caliente, algo de lo que sirve a los enfermos y a los ancianos en sus desfallecimientos!

Don Santos y el sereno llegaron, después de buen rato, a la puerta de la tienda de Barinaga, que era también entrada de la casa. El Magistral oyó retumbar los golpes del chuzo contra la madera. No abrían. Al Provisor le consumía la impaciencia. « ¿Se habrá dormido esta beatuela?, » pensó.

A sus oídos llegaban confusas y con resonancias metálicas las palabras del sereno y de Barinaga; parecía que hablaban un idioma extraño.

Repitió Pepe los golpes, y al cabo de dos minutos se abrió un balcón y una voz agria dijo desde arriba:

— ¡Ahí va la llave!

El balcón se cerró con estrépito. Entró don Santos en la tienda, que era como el Magistral se la había representado, y dejándose alumbrar por el sereno atravesó el triste almacén, donde retumbaban los pasos como bajo una bóveda, y subió la escalera lentamente, respirando con fatiga. El sereno salió, después de entregar la llave al amo de la casa. Cerró de un golpe y se fué calle arriba. Obscuridad y silencio. El Magistral abrió entonces el balcón de par en par y tendió el cuerpo sobre la barandilla, hacia la casa de Barinaga, pretendiendo oír algo.

Al principio parecía aprensión lo que oía, como si sonara dentro del cerebro . . . , pero después, cuando se vió luz detrás de los cristales, el Magistral pudo asegurar que allí dentro reñían, arrojaban algo sobre el piso de madera . . .

Celestina, la hija de Barinaga, era una beata ofidiana; confesaba con don Custodio y trataba a su padre como a un leproso que causa horror. El bando del Arcediano y del benefi-

ciado había querido sacar gran partido de la
situación del infeliz don Santos para combatir
al Magistral; para ello conquistaron a Celestina; pero Celestina no pudo conquistar a su
padre. Bebía el señor Barinaga, y en esto ya
no se podía culpar de su miseria al Provisor.
« Es claro — dirían los partidarios de don
Fermín —, todo lo gasta en aguardiente, está
siempre borracho y espanta la parroquia.
¿Cómo se quiere que el clero consuma los
géneros de un perdido, que, además, es un
hereje? Ésta era otra triste gracia. A pesar de
las amonestaciones y malos tratos de su hija,
Barinaga no había querido pasarse al partido
contrario; se había hecho librepensador y
renegaba de todo el culto y de todo el clero.
« Nada, nada —repetía —; todos son iguales;
lo que dice don Pompeyo Guimarán[34]: el mal
está en la raíz; ¡fuego con la raíz! ¡Abajo la
clerigalla! » Y cuanto más borracho, más de
raíz quería cortar. En vano su hija le daba
tormento doméstico para convertirle. Sólo
conseguía hacerle llorar desesperado, como el
infeliz rey Lear, o que montase en cólera y le
arrojase a la cabeza algún trasto. Ella pasaba
plaza de[35] mártir, pero el mártir era él.

Como don Santos había sospechado,
Celestina no quiso darle té, ni tila, ni nada;
no había nada. No había fuego, ni eran
aquellas horas... Hubo gritos, y llantos y
trastos por el aire. El Magistral, gracias al
silencio de la noche, oía vagos rumores de la
reyerta, que se alargaba, como si no hubiera
sueño en el mundo. A él se le cerraban los
ojos, pero no sabía qué fuerza le clavaba al
balcón...

Aborrecía en aquel momento a Celestina.
Recordó que era la joven que había visto días
antes a los pies de don Custodio junto a un
confesonario del trasaltar. Aquella tarde no la
había reconocido. Tenía facha de sabandija
de sacristía..., de cualquier cosa.

Los rumores continuaban. De vez en
cuando, se oía el ruido de un golpe seco.
Detrás de la vidriera iluminada pasaba de
tarde en tarde un cuerpo obscuro.

El sereno cantó las doce a lo lejos.

Poco después cesó el ruido apagado y confuso de voces.

El Magistral esperó. No volvió el rumor.
« Ya no reñían. »

La claridad de la vidriera desapareció de
repente.

El Magistral siguió espiando el silencio.
Nada; ni voces ni luz.

El sereno volvió a cantar las doce más lejos.

De Pas respiró con fuerza y dijo entre
dientes:

— ¡Ya estará durmiéndola!

Y se oyó el ruido discreto de un balcón que
se cierra con miedo de turbar el silencio de la
noche.

Pisando quedo entró don Fermín en su
alcoba.

Detrás del tabique oyó el crujir de las hojas
de maíz del jergón en que dormía Teresa, y
después un suspiro estrepitoso.

El Magistral encogió los hombros y se sentó
en su lecho.

« Las doce, había dicho el sereno, ¡ya era
mañana!, es decir, ya era hoy; dentro de ocho
horas la Regenta estaría a sus pies confesando
culpas que había olvidado el otro día. »

— ¡Sus pecados! — dijo a media voz el
Provisor, con los ojos clavados en la llama del
quinqué —. ¡Si yo tuviese que confesarle los
míos!... ¡Qué asco le darían!

Y dentro del cerebro, como martillazos,
oía aquellos gritos de don Santos:

— ¡Ladrón..., ladrón..., *rapavelas*!

In the second volume Ana has various talks
with Fermín and finally confesses her feeling
for Álvaro, who has ingratiated himself with
Quintanar and visits his home. Don Fermín
tells Ana to adopt a spiritual life of sacrifice,
and the relationship between them becomes
firmer. Ana reads more mystical works.

Fermín is accused by the town of responsibility in the deaths of two people. Sor Teresa,
a nun, dies because of the convent's sub-
standard living conditions, and Santos Barinaga, a merchant, is ruined by Paula's mercantile monopoly. Fermín, aroused physically
by Ana, develops an erotic relationship with
his servant Teresina.

At a dance which her husband insists she
attend, Ana dances with Álvaro and faints in
his arms. When Fermín chides her for her
actions Ana realizes that her confessor loves
her also. She feels that she may have been
mistaken, but after her first horrified reaction
she returns and accepts penance. Álvaro
declares his love and finally, after several
months of trying, seduces her.

Petra, Ana's maid who is herself having
an affair with Víctor Quintanar, reveals to
Fermín the relationship between Álvaro and
Ana. As a result of Petra's tampering with
his alarm clock, Quintanar awakens early and

---

34 Pompeyo Guimarán, a free thinker, self-styled
atheist, and philosopher of Vetusta.

35 pasar plaza de — to have the reputation of; to
pretend to be.

discovers the affair, has a duel with Álvaro, and is killed. Álvaro flees to Madrid. Ana falls ill for several months, and her remorse almost drives her insane. Almost everybody shuns her. Álvaro writes from Madrid excusing his actions and inviting her to join him, but she refuses to have anything more to do with him.

One afternoon she enters the cathedral and sees Fermín. He almost attacks her but controls himself and runs out. Ana faints, and the altar boy, Celedonio, takes advantage of her state to plant a repulsive kiss on her lips.

Armando Palacio Valdés, 1853–1938, *José*, 1885 (pp. 222–24)

José, the story of simple and superstitious but devout fishermen of the Bay of Biscay, conveys realistically a picture of life at sea equalled only by Pereda's *Sotileza*. Some critics, including William Dean Howells, prefer *Marta y María* or *La hermana San Sulpicio* among Palacio Valdés' works, but the tenderness and humor, cruelty and tears, combined with magnificent local color, make *José* a perennial favorite.

Luis Astrana Marín feels that "ninguna novela de Palacio Valdés lo supera." Ángel Cruz Rueda says: "Al ver descender a Elisa y José hablando de boda, desde la iglesia al pueblo, el lector que ama la humilde verdad — y a quien va dedicada la historia — siente su poesía fragante." Juan Cano insists that "en cuanto al valor literario de los escritos de don Armando podrá la crítica debatir cuáles son las novelas que más merecen la inmortalidad pero hay una que la merece sin ningún género de duda: *José*."

Although some say that the place called Rodillero was actually Cudillero, probably it was Candás, where Palacio Valdés spent his summers. Of this town he says: "El pueblecito que sirve de escenario a esta novela fue para mí un paraíso en los años juveniles. Allí gocé como en ninguna otra parte de los encantos de la mar que era mi pasión en aquella época . . . Allí conocí a José, a Gaspar, a Bernardo: todos fueron mis amigos y nunca los he tenido después en la vida más afectuosos." In Rodillero, in any event, a village full of pleasant orchards whose white houses are half hidden among the foliage of the trees, one finds also the odor of rotting fish, a dirty and sluggish stream, and half full cans of caulking compound which causes dizziness in those unaccustomed to the odor.

Although the two mothers are realistically portrayed, the insistence of the author on good versus evil and black against white is more romantic than naturalistic. Yet it may be argued that *José* is naturalistic in its description of the hard lot of the Cantabrian fishermen, who are beaten down by life at sea and take to the tavern as the years pass. Don Fernando de Meira, the decadent aristocrat attached to his old crumbling mansion like an oyster to its shell, also conveys naturalistic overtones. The fishermen with whom José associates play pranks and tease him about his forthcoming marriage to Elisa which will take place as soon as his new boat is launched. Elisa's mother, Doña Isabel, has inherited from her first husband some property which she will have to turn over to Elisa when the girl marries. Isabel plans to maintain control over it as long as she can by preventing her daughter's marriage while ostensibly favoring it. Her second husband, Don Claudio, is the teacher of the beginning and only grades in Rodillero. He is completely controlled by his wife, who cheats José shamelessly in their business dealings.

José was the illegitimate child of Teresa, a widow with two small daughters. In his youth she mistreated him cruelly, as did his ungrateful sisters. Although he was shy by nature, he worked hard, bought a boat, and courted Elisa. The girl's mother, in order to prevent their marriage, encourages Rufo, the village fool who loves Elisa, to attack José. Rufo cuts José's boat adrift, and it is lost. Teresa and Isabel quarrel violently, as José's mother accuses the other woman of the deed. Rufo's mother, the sexton's wife, curses José as the justices seek to attach her furniture because of her son's deed, and her reputation as a local witch stirs up superstitious fears in Elisa's loving heart. When his brother-in-law is drowned in a storm, José agrees to support his sister and her children in spite of her childhood cruelty toward him. Isabel and Teresa have a ferocious fight and Elisa and José have to separate them.

Don Fernando, partially supported by José (who employs many subterfuges to oblige the proud nobleman to accept his charity), finally tries to steal some vegetables from Isabel's garden. There he overhears José and Elisa confess their love for each other and discuss their plans. Much to José's astonishment, Fernando gives him a large sum of money with which to buy a boat. José learns later that Fernando has sold his ancestral home to raise the money, and he helps Fernando throw the family escutcheon into the sea.

Teresa, thinking that Elisa is in league with the sexton's wife and not realizing fully the depth of Elisa's love for José, quarrels with her and strikes her. Later she repents having done so as the two grow closer together. With Fernando's aid, Elisa petitions for a change of domicile and to be legally removed from her mother's custody. (The law provided such a recourse to young persons, especially where an inheritance was involved.) Elisa's petition is granted, and she is to remain a ward of the court until her marriage.

Elisa feels occasional remorse over her action, but José supports her position with unfailing cheerfulness and love. Don Fernando mysteriously disappears, and José's frantic attempts to locate him fail. At first the fishing season is good, but hard times follow. In good times and in bad most of the fishermen frequent the taverns. Don Fernando's body is found, and Elisa and José are overwhelmed with grief. The young couple continue their wedding plans, again temporarily delayed. In spite of the continually threatening weather the fishermen must go out to avert a growing scarcity of food in the town. A tremendous storm comes up. All of José's leadership and seamanship are necessary to save the ship and crew.

In the final chapter the sailors who were saved from the storm go barefooted to worship at the foot of the miraculous Christ. Elisa and José set the day for their wedding.

Emilia Pardo Bazán, 1852–1921, *Los pazos de Ulloa*, 1886 (pp. 224–27)

It has been suggested that *Los pazos de Ulloa* was inspired by the author's stay in a relative's house in Orense, supposedly a section of violent and primitive passions. The *pazo*, a palace or manorial house, serves as a symbol of the decay and progressive degeneration found among the aristocrats of this region as contrasted to the beauty of the natural surroundings. The rural panoramas reflect the tragic atmosphere engendered by despotic and uncultured men, not always vile, but callous, ignorant, and potentially bestial in spite of their primitive sense of justice.

Los pazos de Ulloa is one of Pardo Bazán's experiments with Naturalism. She studies here the effects of heredity and environment on the deterioration of the family of the Marquis,

Don Pedro Moscoso. The naturalistic qualities of the novel detract for some readers from its artistic excellence. For instance, Blanco García felt that "entre las novelas provincianas y regionales solamente las de Pereda exceden en quilates artísticos y perfección a *Los pazos de Ulloa*," but he objected to what he considered the daring descriptive phraseology of the kind which "neither the eyes nor the ears of a well educated person can tolerate." Álvaro de las Casas, however, believes that this novel places Pardo Bazán "al nivel de los más preclaros prosistas de su tiempo," and Sainz de Robles states that it is "la más legítima representación, y la más hermosa de la novela gallega. Algo semejante a la *Sotileza*, para Santander, o a *La barraca*, para Valencia." *Los pazos de Ulloa*, against a background of fiestas, hunts, and electoral battles, paints a powerful picture of Galician rural life in the nineteenth century. Chapter I begins as follows:

I

Por más que el jinete trataba de sofrenarlo agarrándose con todas sus fuerzas a la única rienda de cordel y susurrando palabrillas calmantes y mansas, el peludo rocín seguía empeñándose en bajar la cuesta a un trote cochinero que desencuadernaba los intestinos, cuando no a trancos desigualísimos de loco galope. Y era pendiente de veras aquel repecho del camino real de Santiago a Orense, en términos que los viandantes, al pasarlo, sacudían la cabeza murmurando que tenía bastante más declive del no sé cuántos por ciento marcado por la ley, y que sin duda, al llevar la carretera en semejante dirección, ya sabrían los ingenieros lo que se pescaban, y alguna quinta de personaje político, alguna influencia electoral de grueso calibre, debía de andar cerca.

Iba el jinete colorado, no como un pimiento, sino como una fresa, encendimiento propio de personas linfáticas. Por ser joven y de miembros delicados, y por no tener pelo de barba, pareciera un niño, a no desmentir la presunción sus trazas sacerdotales. Aunque cubierto del amarillo polvo que levantaba el trote del jaco, bien se advertía que el traje del mozo era de paño negro liso, cortado con la flojedad y poca gracia que distingue a las prendas de ropa de seglar vestidas por clérigos. Los guantes, despellejados ya por la tosca brida, eran asimismo negros y nuevecitos, igual que el hongo, que llevaba calado hasta las cejas, por temor a que los zarandeos de la trotada se lo hiciesen saltar al suelo, que sería el mayor compromiso del mundo. Bajo el cuello del desairado levitín asomaba un dedo del alzacuello, bordado de cuentas de abalorio. Demostraba el jinete escasa maestría hípica:[1] inclinado sobre el arzón, con las piernas encogidas y a dos dedos de salir despedido por las orejas, leíase en su rostro tanto miedo al cuartago como si fuese algún corcel indómito rebosando fiereza y bríos.

Al acabarse el repecho volvió el jaco a la sosegada andadura habitual, y pudo el jinete enderezarse sobre el aparejo redondo, cuya anchura inconmensurable le había descoyuntado los huesos todos de la región sacroilíaca. Respiró, quitóse el sombrero y recibió en la frente, sudorosa, el aire frío de la tarde. Caían ya oblicuamente los rayos del sol en los zarzales y setos, y un peón caminero, en mangas de camisa, pues tenía su chaqueta colocada sobre un mojón de granito, daba lánguidos azadonazos en las hierbecillas nacidas al borde de la cuneta. Tiró el jinete del ramal para detener a su cabalgadura, y ésta, que se había dejado en la cuesta abajo las ganas de trotar, paró inmediatamente. El peón alzó la cabeza, y la placa dorada de su sombrero relució un instante.

— ¿Tendrá usted la bondad de decirme si falta mucho para la casa del señor marqués de Ulloa?

— ¿Para los pazos de Ulloa? — contestó el peón repitiendo la pregunta.

— Eso es.

— Los pazos de Ulloa están allí — murmuró, extendiendo la mano para señalar a un punto del horizonte —. Si la bestia anda bien, el camino que queda pronto se pasa. Ahora, que tiene que seguir hasta aquel pinar, ¿ve?, y luego *cumple*[2] torcer a mano izquierda, y luego *cumple* bajar a mano derecha, por un atajillo, hasta el crucero . . . En el crucero ya no tiene pérdida, porque se ven los pazos, una construcción *muy* grandísima.

— Pero . . . ¿como cuánto faltará? — preguntó con inquietud el clérigo.

Meneó el peón la tostada cabeza.

— Un *bocadito*, un *bocadito* . . .[3]

Y, sin más explicaciones, emprendió otra vez su desmayada faena, manejando el azadón lo mismo que si pesase cuatro arrobas.

Se resignó el viajero a continuar, ignorando las leguas de que se compone un *bocadito*, y

taloneó el rocín. El pinar no estaba muy distante, y por el centro de su sombría masa serpenteaba una trocha angostísima, en la cual se colaron montura y jinete. El sendero, sepultado en las oscuras profundidades del pinar, era casi impracticable; pero el jaco, que no desmentía las aptitudes especiales de la raza caballar gallega para andar por mal piso, avanzaba con suma precaución, cabizbajo, tanteando con el casco para sortear cautelosamente las zanjas producidas por la llanta de los carros, los pedruscos, los troncos de pino, cortados y atravesados donde hacían menos falta. Adelantaban poco a poco, y ya salían de las estrecheces a más desahogada senda, abierta entre pinos nuevos y montes poblados de aliaga, sin haber tropezado con una sola heredad labradía, un plantío de coles que revelase la vida humana. De pronto los cascos del caballo cesaron de resonar y se hundieron en blanda alfombra: era una camada de estiércol vegetal, tendida, según costumbre en el país, ante la casucha de un labrador. A la puerta, una mujer daba de mamar a una criatura. El jinete se detuvo.

— Señora, ¿sabe si voy bien para la casa del marqués de Ulloa?

— Va bien, va . . .

— ¿Y falta mucho?

Enarcamiento de cejas, mirada apática y curiosa, respuesta ambigua en dialecto:

— La carrerita de un can . . .[4]

« ¡Estamos frescos!, »[5] pensó el viajero, que si no acertaba a calcular lo que anda un can en una carrera, barruntaba que debe de ser bastante para un caballo. En fin, llegando al crucero vería los pazos de Ulloa . . . Todo se le volvía buscar el atajo, a la derecha . . . Ni señales. La vereda, ensanchándose, se internaba por tierra montañosa, salpicada de manchones de robledal y algún que otro castaño todavía cargado de fruta; a derecha e izquierda, matorrales de brezo crecían desparramados y oscuros. Experimentaba el jinete indefinible malestar, disculpable en quien, nacido y criado en un pueblo tranquilo y soñoliento, se halla por vez primera frente a frente con la ruda y majestuosa soledad de la Naturaleza y recuerda historias de viajeros robados, de gentes asesinadas en sitios desiertos.

« ¡Qué país de lobos!, » dijo para sí, tétricamente impresionado.

---

1 escasa maestría hípica — scanty riding ability.
2 cumple — it is necessary.
3 bocadito — a little bit (literally, a small mouthful), said ironically.

4 carrerita de un can — the run of a dog (said ironically again, to indicate a long distance).
5 ¡Estamos frescos! — That's a big help!

Alegrósele el alma con la vista del atajo, que a su derecha se columbraba, estrecho y pendiente, entre un doble vallado de piedra, límite de dos montes. Bajaba fiándose en la maña del jaco para evitar tropezones, cuando divisó casi al alcance de su mano algo que le hizo estremecerse: una cruz de madera, pintada de negro con filetes blancos, medio caída ya sobre el murallón que la sustentaba. El clérigo sabía que estas cruces señalan el lugar donde un hombre pereció de muerte violenta; y persignándose, rezó un padrenuestro, mientras el caballo, sin duda por olfatear el rastro de algún zorro, temblaba levemente, empinando las orejas, y adoptaba un trotecillo medroso, que en breve lo condujo a una encrucijada. Entre el marco que le formaban las ramas de un castaño colosal erguíase el crucero.

Tosco, de piedra común, tan mal labrado, que a primera vista parecía monumento románico, por más que en realidad sólo contaba un siglo de fecha, siendo obra de algún cantero con pujos de escultor, el crucero, en tal sitio y a tal hora, y bajo el dosel natural del magnífico árbol, era poético y hermoso. El jinete, tranquilizado y lleno de devoción, pronunció, descubriéndose: « Adorámoste, Cristo, y bendecímoste, pues por tu santísima Cruz redimiste al mundo, » y de paso que rezaba, su mirada buscaba a lo lejos los pazos de Ulloa, que debían de ser aquel gran edificio cuadrilongo, con torres, allá en el fondo del valle. Poco duró la contemplación, y a punto estuvo el clérigo de besar la tierra, merced a la huída que pegó el rocín, con las orejas enhiestas, loco de terror. El caso no era para menos: a cortísima distancia habían retumbado dos tiros.

Quedóse el jinete frío de espanto, agarrado al arzón, sin atreverse ni a registrar la maleza para averiguar dónde estarían ocultos los agresores; mas su angustia fué corta, porque ya del ribazo situado a espaldas del crucero descendía un grupo de tres hombres, antecedidos por otros tantos canes perdigueros, cuya presencia bastaba para demostrar que las escopetas de sus amos no amenazaban sino a las alimañas montesas.

El cazador que venía delante representaba veintiocho o treinta años: alto y bien barbado, tenía el pescuezo y rostro quemados del sol; pero por venir despechugado y sombrero en mano, se advertía la blancura de la piel no expuesta a la intemperie, en la frente y en la tabla del pecho, cuyos diámetros indicaban complexión robusta, supuesto que[6] confirmaba la isleta de vello rizoso que dividía ambas tetillas. Protegían sus piernas recias polainas de cuero, abrochadas con hebillaje hasta el muslo; sobre la ingle derecha flotaba la red de bramante de un repleto morral, y en el hombro izquierdo descansaba una escopeta moderna de dos cañones. El segundo cazador parecía hombre de edad madura y condición baja, criado o colono: ni hebillas en las polainas, ni más morral que un saco de grosera estopa; el pelo, cortado al rape; la escopeta de pistón, viejísima y atada con cuerdas, y en el rostro, afeitado y enjuto y de enérgicas facciones rectilíneas, una expresión de encubierta sagacidad, de astucia salvaje, más propia de un piel roja que de un europeo. Por lo que hace al tercer cazador, sorprendióse el jinete al notar que era un sacerdote. ¿En qué se le conocía? No ciertamente en la tonsura, borrada por una selva de pelo gris y cerdoso, ni tampoco en la rasuración, pues los duros cañones de su azulada barba contarían un mes de antigüedad; menos aún en el alzacuello, que no traía, ni en la ropa, que era semejante a la de sus compañeros de caza, con el aditamento de unas botas de montar de charol de vaca, muy descascaradas y cortadas por las arrugas. Y, no obstante, trascendía a clérigo[7] revelándose el sello formidable de la ordenación, que ni aun las llamas del infierno consiguen cancelar, en no sé qué expresión de la fisonomía, en el aire y posturas del cuerpo, en el mirar, en el andar, en todo. No cabía duda: era un sacerdote.

Aproximóse al grupo el jinete, y repitió la consabida pregunta:

— ¿Pueden ustedes decirme si voy bien para casa del señor marqués de Ulloa?

El cazador alto se volvió hacia los demás con familiaridad y dominio.

— ¡Qué casualidad! — exclamó —. Aquí tenemos al forastero... Tú, Primitivo... Pues te cayó la lotería; mañana pensaba yo enviarte a Cebre a buscar al señor... Y usted, señor abad de Ulloa...: ¡ya tiene usted aquí quien le ayude a arreglar la parroquia!

Como el jinete permanecía indeciso, el cazador añadió:

— Supongo que es usted el recomendado de mi tío, el señor de la Lage.

— Servidor y capellán... — respondió,

---

6 supuesto que — a supposition which.

7 trascendía a clérigo — he had the look of a cleric (priest).

gozoso, el eclesiástico, tratando de echar pie a tierra, ardua operación en que le ayudó el abad —. ¿Y usted ... — exclamó, encarándose con su interlocutor — es el señor marqués?

— ¿Cómo queda el tío? Usted ..., a caballo desde Cebre, ¿eh? — repuso éste, evasivamente, mientras el capellán le miraba con interés rayano en viva curiosidad.

No hay duda que así, varonilmente desaliñado, húmeda la piel de transpiración ligera, terciada la escopeta al hombro, era un cacho de buen mozo[8] el marqués; y, sin embargo, despedía su arrogante persona cierto tufillo bravío y montaraz, y lo duro de su mirada contrastaba con lo afable y llano de su acogida.

El capellán, muy respetuoso, se deshacía en explicaciones.

— Sí, señor; justamente ... En Cebre he dejado la diligencia, y me dieron esta caballería, que tiene unos arreos, que vaya todo por Dios ... El señor de la Lage, tan bueno, y con el humor aquel de siempre ... Hace reír a las piedras ... Y guapote para su edad ... Estoy reparando que si fuese su señor papá de usted, no se le parecería más ... Las señoritas, muy bien, muy contentas y muy saludables ... Del señorito, que está en Segovia, buenas noticias. Y antes que se me olvide ...

Buscó en el bolsillo interior de su levitón, y fué sacando un pañuelo muy planchado y doblado, un *Semanario* chico y, por último, una cartera de tafilete negro, cerrada con elástico, de la cual extrajo una carta, que entregó al marqués. Los perros de caza, despeados y anhelantes de fatiga, se habían sentado al pie del crucero; el abad picaba con la uña una tagarnina para liar un pitillo,[9] cuyo papel sostenía adherido por una punta al borde de los labios; Primitivo, descansando la culata de la escopeta en el suelo, y en el cañón de la escopeta la barba, clavaba sus ojuelos negros en el recién venido, con pertinacia escrutadora. El sol se ponía lentamente en medio de la tranquilidad otoñal del paisaje. De improviso, el marqués soltó una carcajada. Era su risa, como suya, vigorosa y pujante, y, más que comunicativa, despótica.

— El tío — exclamó, doblando la carta — siempre tan guasón y tan célebre ... Dice que aquí me manda un santo para que me predique y me convierta ... No parece sino que

tiene uno pecados, ¿eh, señor abad? ¿Qué dice usted a esto? ¿Verdad que ni uno?

— Ya se sabe, ya se sabe — masculló el abad, en voz bronca —. Aquí todos conservamos la inocencia bautismal.

Y, al decirlo, miraba al recién llegado al través de sus erizadas y salvajinas cejas, como el veterano al inexperto recluta, sintiendo allá en su interior profundo desdén hacia el curita barbilindo, con cara de niña, donde sólo era sacerdotal la severidad del rubio entrecejo y la expresión ascética de las facciones.

— ¿Y usted se llama Julián Álvarez? — interrogó el marqués.

— Para servirle a usted muchos años.

— ¿Y no acertaba usted con los pazos?

— Me costaba trabajo el acertar. Aquí los paisanos no le sacan a uno de dudas ni le dicen categóricamente las distancias. De modo que ...

— Pues ahora ya no se perderá usted. ¿Quiere montar otra vez?

— ¡Señor! ¡No faltaba más!

— Primitivo — ordenó el marqués —, coge del ramal a esa bestia.

Y echó a andar, dialogando con el capellán, que le seguía. Primitivo, obediente, se quedó rezagado, y lo mismo el abad, que encendía su pitillo con un mixto de cartón. El cazador se arrimó al cura.

— ¿Y qué le parece el rapaz, diga? ¿Verdad que no mete respeto?

— ¡Bah! ... Ahora se estila ordenar mequetrefes[10] ... Y luego, mucho de alzacuellitos, guantecitos, perejiles con escarola ... ¡Si yo fuera arzobispo, ya le daría el demontre de los guantes!

II

Era noche cerrada, sin luna, cuando desembocaron en el soto, tras del cual se elevaba la ancha mole de los pazos de Ulloa. No consentía la oscuridad distinguir más que sus imponentes proporciones, escondiéndose las líneas y detalles en la negrura del ambiente. Ninguna luz brillaba en el vasto edificio, y la gran puerta central parecía cerrada a piedra y lodo.[11] Dirigióse el marqués a un postigo lateral muy bajo, donde al punto apareció una mujer corpulenta alumbrando con un candil.

Después de haber cruzado varios corredores sombríos, penetraron todos en una especie de sótano con piso terrizo y bóveda de

8 cacho de buen mozo — handsome, strong young man.
9 el abad ... pitillo — the abbot picked at a bad cigar with his nail to roll a cigarette.

10 mequetrefe — jackanapes, coxcomb, a fop.
11 cerrada a piedra y lodo — tight shut.

piedra, que, a juzgar por las hileras de cubas adosadas a sus paredes, debía de ser bodega, y desde allí llegaron presto a la espaciosa cocina, alumbrada por la claridad del fuego que ardía en el hogar, consumiendo lo que se llama arcaicamente un mediano monte de leña y no es sino varios gruesos cepos de roble, avivados, de tiempo en tiempo, con rama menuda.

Adornaban la elevada campana de la chimenea ristras de chorizos y morcillas, con algún jamón de añadidura, y a un lado y otro sendos bancos brindaban asiento cómodo para calentarse, oyendo hervir el negro pote, que, pendiente de los llares,[12] ofrecía a los ósculos de la llama su insensible vientre de hierro.

A tiempo que la comitiva entraba en la cocina, hallábase acurrucada junto al pote una vieja, que sólo pudo Julián Álvarez distinguir un instante — con greñas blancas y rudas como cerro, que le caían sobre los ojos, y cara rojiza al reflejo del fuego —, pues no bien advirtió que venía gente, levantóse más aprisa de lo que permitían sus años, y murmurando en voz quejumbrosa y humilde: « ¡Buenas nochiñas[13] nos dé Dios!, » se desvaneció como una sombra, sin que nadie pudiese notar por dónde. El marqués se encaró con la moza:

— ¿No tengo dicho que no quiero aquí pendones?[14]

Y ella contestó apaciblemente, colgando el candil en la pilastra de la chimenea:

— No hacía mal ...; me ayudaba a pelar castañas.

Tal vez iba el marqués a echar la casa abajo si Primitivo, con mayor imperio y enojo que su amo mismo, no terciase en la cuestión, reprendiendo a la muchacha:

— ¿Qué estás parolando ahí? ... Mejor te fuera tener la comida lista. ¡A ver cómo nos la das corriendito! Menéate, despabílate.

En el esconce[15] de la cocina, una mesa de roble, denegrida por el uso, mostraba extendido un mantel grosero, manchado de vino y grasa. Primitivo, después de soltar en un rincón la escopeta, vaciaba su morral, del cual salieron dos perdigones y una liebre muerta, con los ojos empañados y el pelaje maculado de sangraza. Apartó la muchacha a un lado el botín, y fué colocando platos de peltre,

cubiertos de antigua y maciza plata, un mollete[16] enorme en el centro de la mesa y un jarro de vino proporcionado al pan; luego se dió prisa a revolver y destapar tarteras, y tomó del vasar una sopera magna.

De nuevo la increpó, airadamente, el marqués:

— ¿Y los perros, vamos a ver? ¿Y los perros?

Como si también los perros comprendiesen su derecho a ser atendidos antes que nadie, acudieron desde el rincón más oscuro, y, olvidando el cansancio, exhalaron famélicos bostezos, meneando la cola y husmeando con el partido hocico. Julián creyó al pronto que se había aumentado el número de canes, tres antes y cuatro ahora; pero al entrar el grupo canino en el círculo de viva luz que proyectaba el fuego, advirtió que lo que tomaba por otro perro no era sino un rapazuelo de tres a cuatro años, cuyo vestido, compuesto de chaquetón acastañado y calzones de blanca estopa, podía desde lejos equivocarse con la piel bicolor de los perdigueros, con quienes parecía vivir el chiquillo en la mejor inteligencia y más estrecha fraternidad. Primitivo y la moza disponían en cubetas de palo el festín de los animales, entresacado de lo mejor y más grueso del pote; y el marqués, que vigilaba la operación, no dándose por satisfecho, escudriñó con una cuchara de hierro las profundidades del caldo, hasta sacar a luz tres gruesas tajadas de cerdo, que fué distribuyendo en las cubetas. Lanzaban los perros alaridos entrecortados, de interrogación y deseos, sin atreverse aún a tomar posesión de la pitanza;[17] a una voz de Primitivo, sumieron de golpe el hocico en ella, oyéndose el batir de sus apresuradas mandíbulas y el chasqueo de su lengua glotona. El chiquillo gateaba por entre las patas de los perdigueros, que, convertidos en fieras por el primer impulso del hambre no saciada todavía, le miraban de reojo, regañando los dientes y exhalando ronquidos amenazadores; de pronto, la criatura, incitada por el tasajo que sobrenadaba en la cubeta de la perra Chula, tendió la mano para cogerlo, y la perra, torciendo la cabeza, lanzó una feroz dentellada, que, por fortuna, sólo alcanzó la manga del chico, obligándole a refugiarse más que de prisa, asustado y lloriqueando, entre las sayas de la moza, ya ocupada en servir caldo

---

12 pote, que, pendiente de los llares — pot, which suspended from the pot hangers (pot hangers consisted of an iron chain suspended from the chimney with a hook on the end).

13 nochiñas — Galician diminutive of *noches*.

14 pendones — hangers-on (derogatory).

15 esconce — corner.

16 mollete — an oval shaped loaf of bread.

17 pitanza — meal.

a los racionales.[18] Julián, que empezaba a descalzarse los guantes, se compadeció del chiquillo, y, bajándose, le tomó en brazos, pudiendo ver que, a pesar de la mugre, la roña, el miedo y el llanto, era el más hermoso angelote del mundo.

— ¡Pobre! — murmuró cariñosamente —. ¿Te ha mordido la perra? ¿Te hizo sangre? Dónde te duele, ¿me lo dices? Calla, que vamos a reñirle a la perra nosotros. ¡Pícara, malvada!

Reparó el capellán que estas palabras suyas produjeron singular efecto en el marqués. Se contrajo su fisonomía, sus cejas se fruncieron, y, arrancándole a Julián el chiquillo con brusco movimiento, le sentó en sus rodillas, palpándole las manos, a ver si las tenía mordidas o lastimadas. Seguro ya de que sólo el chaquetón había padecido, soltó la risa.

— ¡Farsante! — gritó —. Ni siquiera te ha tocado la Chula. Y tú ¿para qué vas a meterte con ella? Un día te come media nalga, y después lagrimitas. ¡A callarse y a reírse ahora mismo! ¿En qué se conocen los valientes?

Diciendo así, colmaba de vino su vaso y se lo presentaba al niño, que, cogiéndolo sin vacilar, lo apuró de un sorbo. El marqués aplaudió:

— ¡Retebién! ¡Viva la gente templada!

— No, lo que es el rapaz . . . , el rapaz sale de punto[19] — murmuró el abad de Ulloa.

— ¿Y no le hará daño tanto vino? — objetó Julián, que sería incapaz de bebérselo él.

— ¡Daño! Sí, buen daño nos dé Dios — respondió el marqués con no sé qué inflexiones de orgullo en el acento —. Déle otros tres, y ya verá . . . ¿Quiere usted que hagamos la prueba?

— Los chupa, los chupa — afirmó el abad.

— No, señor; no, señor . . . Es capaz de morirse el pequeño . . . He oído decir que el vino es un veneno para las criaturas . . . Lo que tendrá será hambre.

— Sabel, que coma el chiquillo — ordenó, imperiosamente, el marqués dirigiéndose a la criada.

Ésta, silenciosa e inmóvil durante la anterior escena, sacó un repleto cuenco de caldo, y el niño fué a sentarse en el borde del llar,[20] para engullirlo sosegadamente.

En la mesa, los comensales mascaban con buen ánimo. Al caldo, espeso y harinoso,

siguió un cocido sólido, donde abundaba el puerco; los días de caza, el imprescindible puchero se tomaba de noche, pues al monte no había medio de llevarlo. Una fuente de chorizos y huevos fritos desencadenó la sed, ya alborotada con la sal del cerdo. El marqués dió el codo a Primitivo.

— Tráenos un par de botellitas . . . Del año cincuenta y nueve.

Y, volviéndose hacia Julián, dijo muy obsequioso:

— Va usted a beber el mejor tostado que por aquí se produce . . . Es de la casa de Molende; se corre que contiene un secreto para que, sin perder el gusto de la pasa, empalague menos y se parezca al mejor jerez . . . Cuanto más va, más gana:[21] no es como los de otras bodegas, que se vuelven azúcar.

— Es cosa de gusto — aseveró el abad, rebañando con una miga de pan lo que restaba de yema en su plato.

— Yo — declaró tímidamente Julián — poco entiendo de vinos . . . Casi no bebo sino agua.

Y al ver brillar bajo las cejas hirsutas del abad una mirada compasiva, de puro desdeñosa, rectificó:

— Es decir . . . , con el café, ciertos días señalados, no me disgusta el anisete.

— El vino alegra el corazón . . . El que no bebe, no es hombre — pronunció el abad, sentenciosamente.

Primitivo volvía ya de su excursión, empuñando en cada mano una botella cubierta de polvo y telarañas. A falta de tirabuzón[22] se descorcharon con un cuchillo, y a un tiempo se llenaron los vasos chicos, traídos *ad hoc*.[23] Primitivo empinaba el codo[24] con sumo desparpajo, bromeando con el abad y el señorito. Sabel, por su parte, a medida que el banquete se prolongaba y el licor calentaba las cabezas, servía con familiaridad mayor, apoyándose en la mesa, para reír algún chiste de los que hacían bajar los ojos a Julián, bisoño en materia de sobremesas de cazadores. Lo cierto es que Julián bajaba la vista, no tanto por lo que oía como por no ver a Sabel, cuyo aspecto, desde el primer instante, le había desagradado de extraño modo, a pesar o quizá a causa de que Sabel era un buen pedazo de lozanísima carne. Sus ojos azules, húmedos y sumisos; su color animado, su pelo castaño,

18 racionales — human beings.
19 el rapaz sale de punto — the lad is sharp.
20 llar — hearth.
21 Cuanto más va, más gana — The more it ages, the better it is.

22 tirabuzón — corkscrew.
23 ad hoc — for this reason.
24 empinar el codo — to drink much.

que se rizaba en conchas paralelas y caía en dos trenzas hasta más abajo del talle, embellecían mucho a la muchacha y disimulaban sus defectos: lo pomuloso de su cara, lo tozudo[25] y bajo de su frente, lo sensual de su respingada y abierta nariz. Por no mirar a Sabel, Julián se fijaba en el chiquillo, que, envalentonado con aquella ojeada simpática, fué, poco a poco, deslizándose hasta llegar a introducirse en las rodillas del capellán. Instalado allí, alzó la cara desvergonzada y risueña y, tirando a Julián del chaleco, murmuró, en tono suplicante:

— ¿Me lo da?

Todo el mundo se reía a carcajadas; el capellán no comprendía.

— ¿Qué pide? — preguntó.

— ¿Qué ha de pedir? — respondió el marqués, festivamente —. ¡El vino, hombre! ¡El vaso de tostado!

— ¡Mama! — exclamó el abad.

Antes que Julián se resolviese a dar al niño su vaso, casi lleno, el marqués había aupado[26] al mocoso, que sería realmente una preciosidad a no estar tan sucio. Parecíase a Sabel, y aun se le aventajaba en la claridad y alegría de sus ojos celestes, en lo abundante del pelo ensortijado y especialmente en el correcto diseño de las facciones. Sus manitas, morenas y hoyosas, se tendían hacia el vino color topacio; el marqués se lo acercó a la boca, divirtiéndose un rato en quitárselo cuando ya el rapaz creía ser dueño de él. Por fin, consiguió el niño atrapar el vaso, y en un decir Jesús[27] trasegó el contenido, relamiéndose.

— ¡Éste no se anda con requisitos! — exclamó el abad.

— ¡Quiá! — confirmó el marqués —. ¡Si es un veterano! ¿A que te zampas otro vaso, Perucho?

Las pupilas del angelote rechispeaban; sus mejillas despedían lumbre, y dilataba la clásica naricilla con inocente concupiscencia de Baco niño. El abad, guiñando picarescamente el ojo izquierdo, escancióle otro vaso, que él tomó a dos manos y se embocó sin perder gota; en seguida soltó la risa, y antes de acabar el redoble de su carcajada báquica, dejó caer la cabeza, muy descolorido, en el pecho del marqués.

— ¿Lo ven ustedes? — gritó Julián, angustiadísimo —. Es muy chiquito para beber así, y va a ponerse malo. Estas cosas no son para criaturas.

— ¡Bah! — intervino Primitivo —. ¿Piensa que el rapaz no puede con lo que tiene dentro? ¡Con eso y con otro tanto! Y si no, verá.

A su vez, tomó en brazos al niño, y, mojando en agua fresca los dedos, se los pasó por las sienes. Perucho abrió los párpados, miró a su alrededor con asombro, y su cara se sonroseó.

— ¿Qué tal — le preguntó Primitivo —. ¿Hay ánimos para otra pinguita[28] de tostado?

Volvióse Perucho hacia la botella, y luego, como instintivamente, dijo que no con la cabeza, sacudiendo la poblada zalea de sus rizos. No era Primitivo hombre de darse por vencido tan fácilmente: sepultó la mano en el bolsillo del pantalón y sacó una moneda de cobre.

— De ese modo . . . — refunfuñó el abad.

— No seas bárbaro, Primitivo — murmuró el marqués, entre placentero y grave.

— ¡Por Dios y por la Virgen! — imploró Julián —. ¡Van a matar a esa criatura! Hombre, no se empeñe en emborrachar al niño; es un pecado, un pecado tan grande como otro cualquiera. ¡No se pueden presenciar ciertas cosas!

Al protestar, Julián se había incorporado, encendido de indignación, echando a un lado su mansedumbre y timidez congénitas. Primitivo, en pie también, mas sin soltar a Perucho, miró al capellán fría y socarronamente, con el desdén de los tenaces por los que se exaltan un momento. Y metiendo en la mano del niño la moneda de cobre y entre sus labios la botella destapada y terciada aún de vino, la inclinó y la mantuvo así hasta que todo el licor pasó al estómago de Perucho. Retirada la botella, los ojos del niño se cerraron, se aflojaron sus brazos, y, no ya descolorido, sino con la palidez de la muerte en el rostro, hubiera caído redondo sobre la mesa, a no sostenerle Primitivo. El marqués, un tanto serio, empezó a inundar de agua fría la frente y los pulsos del niño; Sabel se acercó y ayudó también a la aspersión; todo inútil: lo que es por esta vez, Perucho « la tenía ».[29]

— Como un pellejo — gruñó el abad.

— Como una cuba — murmuró el marqués —. A la cama con él en seguida. Que duerma, y mañana estará más fresco que una lechuga. Esto no es nada.

Sabel se alejó cargada con el niño, cuyas piernas se balanceaban inertes a cada movimiento de su madre. La cena se acabó menos

---

25 tozudo — obstinate.
26 aupar — to help a child get up.
27 en un decir Jesús — in a flash.

28 pinguita — little drink.
29 la tenía — had had it; was drunk.

bulliciosa de lo que empezara: Primitivo hablaba poco, y Julián había enmudecido por completo. Cuando terminó el convite y se pensó en dormir, reapareció Sabel armada de un velón de aceite, de tres mecheros, con el cual fué alumbrando por la ancha escalera de piedra que conducía al piso alto y ascendía a la torre en rápido caracol.

Era grande la habitación destinada a Julián, y la luz del velón apenas disipaba las tinieblas, de entre las cuales no se destacaba más que la blancura del lecho. A la puerta del cuarto se despidió del marqués, deseándole buenas noches, y añadiendo con brusca cordialidad:

— Mañana tendrá usted su equipaje ... Ya irán a Cebre por él ... ¡Ea!, descansar, mientras yo echo de casa al abad de Ulloa ... Está un poco ... , ¿eh? ¡Dificulto que no se caiga en el camino y no pase la noche al abrigo de un vallado!

Solo ya, sacó Julián de entre la camisa y el chaleco una estampa grabada, con marco de lentejuela, que representaba a la Virgen del Carmen, y la colocó en pie sobre la mesa, donde Sabel acababa de depositar el velón. Arrodillóse, y rezó la media corona,[30] contando por los dedos de la mano cada diez. Pero el molimiento del cuerpo le hacía apetecer las gruesas y frescas sábanas, y omitió la letanía, los actos de fe y algún padrenuestro. Desnudóse honestamente, colocando la ropa en una silla a medida que se la quitaba, y apagó el velón antes de echarse. Entonces empezaron a danzar en su fantasía los sucesos todos de la jornada: el caballejo, que estuvo a punto de hacerle besar el suelo; la cruz negra, que le causó escalofríos; pero, sobre todo, la cena, la bulla, el niño borracho. Juzgando a las gentes con quienes había trabado conocimiento en pocas horas; se le figuraba Sabel provocativa; Primitivo, insolente; el abad de Ulloa, sobrado bebedor y nimiamente amigo de la caza; los perros, excesivamente atendidos, y en cuanto al marqués ... En cuanto al marqués, Julián recordaba unas palabras del señor de la Lage:

— Encontrará usted a mi sobrino bastante adocenado ...[31] La aldea, cuando se cría uno en ella y no sale de ella jamás, envilece, empobrece y embrutece.

Y casi al punto mismo en que acudió a su memoria tan severo dictamen, arrepintióse el capellán, sintiendo cierta penosa inquietud que no podía vencer. ¿Quién le mandaba

formar juicios temerarios? El venía allí para decir misa y ayudar al marqués en la administración, no para fallar acerca de su conducta y su carácter ... Conque ... a dormir ...

Julián, distressed at the disorder of the Ulloa mansion, arranges the library and ancestral documents, discovering in the process the factors which have determined the Marquis' personality. Julián is repelled by the animal qualities in Sabel and by her attempts to bestow her favors on him. He soon discovers that Primitivo has taken advantage of his daughter's hold on the Marquis to impose his own social, economic, and political influence in the house and on the surrounding peasantry. Primitivo spies on the Marquis and Julián, and continues to tighten his hold on Ulloa. Julián, worried by the effect of the countryside and sinful surroundings on the sensual Marquis, visits Santiago de Compostela with him in order to try to arrange a marriage in Pedro's rank and class. The Marquis marries Marcela, one of his own cousins known as Nucha, not only for money but because he wants a male heir. Nucha marries Pedro because of her passive and submissive nature and her father's insistence.

They return to Pedro's ancestral home where Nucha later gives birth to a daughter. The brutal Marquis neglects Nucha and her child and returns to his former patterns of behavior. Primitivo's resentment of and opposition to Nucha and Julián increase and become more open.

Meanwhile, as a result of the revolution of 1868, two local bosses, Trampeta and Barbacana, the former a liberal and the latter a conservative, vie for power. The clergy, the conservatives, and Primitivo support Barbacana; and the Marquis is prevailed upon to become their candidate for election. Primitivo guarantees certain votes which he controls, but secretly he works against Pedro. Aided by Primitivo's treachery the liberals win. Nucha, more and more debilitated and depressed, asks Julián's help in escaping with her daughter. Primitivo insinuates that Julián and Nucha are having an affair. Perucho, the Marquis' son by Sabel, becomes extremely attached to Nucha's baby daughter.

Julián leaves, but on the way he discovers Primitivo's dead body. His bishop sends him to an isolated mountain parish, where half a year later he receives a message relating

---

30 corona — rosary of seven decades.

31 adocenado — common.

Nucha's death. After ten years Julián is promoted to the parish at Ulloa once more.

XXX

Diez años son una etapa, no sólo en la vida del individuo, sino en la de las naciones. Diez años comprenden un período de renovación; diez años rara vez corren en balde, y el que mira hacia atrás suele sorprenderse del camino que se anda en una década. Mas así como hay personas, hay lugares para los cuales es insensible el paso de una décima parte del siglo. Ahí están los pazos de Ulloa, que no me dejarán mentir. La gran huronera, desafiando al tiempo, permanece tan pesada, tan sombría, tan adusta como siempre. Ninguna innovación útil o bella se nota en su moblaje, en su huerto, en sus tierras de cultivo. Los lobos del escudo de armas no se han amansado; el pino no echa renuevos; las mismas ondas simétricas de agua petrificada bañan los estribos de la puente señorial.

En cambio, la villita de Cebre, rindiendo culto al progreso, ha atendido a las mejoras morales y materiales, según frase de un cebreño ilustrado, que envía correspondencia a los diarios de Orense y Pontevedra. No se charla ya de política solamente en el estanco: para eso se ha fundado un círculo de instrucción y recreo, artes y ciencias — lo reza su reglamento —, y se han establecido algunas tiendecillas, que el cebreño susodicho denomina bazares. Verdad que los dos caciques aún continúan disputándose el mero y mixto imperio; mas ya parece seguro que Barbacana, representante de la reacción y la tradición, cede ante Trampeta, encarnación viviente de las ideas avanzadas y de la nueva edad.

Dicen algunos maliciosos que el secreto del triunfo del cacique liberal está en que su adversario, hoy canovista,[32] se encuentra ya extremadamente viejo y achacoso,[33] habiendo perdido mucha parte de sus bríos e indomable, al par que traicionera, condición.[34] Sea como quiera, el caso es que la influencia barbacanesca anda maltrecha y mermada.

Quien ha envejecido bastante, de un modo prematuro, es el antiguo capellán de los pazos. Su pelo está estriado de rayitas argentadas; su boca se sume; sus ojos se empañan; se encorvan sus lomos. Avanza despaciosamente por el carrero[35] angosto que serpea entre viñedos y matorrales conduciendo a la iglesia de Ulloa.

¡Qué iglesia tan pobre! Más bien parece la casuca de un aldeano, conociéndose únicamente su sagrado destino en la cruz que corona el tejadillo del pórtico. La impresión es de melancolía y humedad: el atrio, herboso, está a todas horas, aún a las meridianas, muy salpicado y como empapado de rocío. La tierra del atrio sube más alto que el peristilo[36] de la iglesia, y ésta se hunde, se sepulta entre el terruño, que lentamente va desprendiéndose del collado próximo. En una esquina del atrio, un pequeño campanario aislado sostiene el rajado esquilón; en el centro, una cruz baja, sobre tres gradas de piedra, da al cuadro un toque poético pensativo. Allí, en aquel rincón del universo, vive Jesucristo . . . Pero ¡cuán solo! ¡Cuán olvidado!

Julián se detuvo ante la cruz. Estaba viejo realmente y también más varonil: algunos rasgos de su fisonomía delicada se marcaban, se delineaban con mayor firmeza; sus labios, contraídos y palidecidos, revelaban la severidad del hombre acostumbrado a dominar todo arranque pasional, todo impulso esencialmente terrestre. La edad viril le había enseñado y dado a conocer cuál es el mérito y debe ser la corona del sacerdote puro. Habíase vuelto muy indulgente con los demás, al par que severo consigo mismo.

Al pisar el atrio de Ulloa notaba una impresión singularísima. Parecíale que alguna persona muy querida, muy querida para él, andaba por allí, resucitada, viviente, envolviéndole en su presencia, calentándole con su aliento. ¿Y quién podía ser esa persona? ¡Válgame Dios! ¡Pues no daba ahora en el dislate de creer que la señora de Moscoso vivía, a pesar de haber leído su esquela de defunción! Tan rara alucinación era, sin duda, causada por la vuelta a Ulloa, después de un paréntesis de dos lustros.[37] ¡La muerte de la señora de Moscoso! Nada más fácil que cerciorarse de ella . . . Allí estaba el cementerio. Acercarse a un muro coronado de hiedra, empujar una puerta de madera y penetrar en su recinto.

Era un lugar sombrío, aunque le faltasen los lánguidos sauces y cipreses, que tan bien acompañan, con sus actitudes teatrales y majestuosas, la solemnidad de los campo-

---

32 canovista — a follower of Cánovas del Castillo (1828–97), a conservative statesman and powerful political figure.
33 achacoso — ailing.
34 habiendo perdido . . . condición — having lost a great deal of his vigor and unconquerable though equally treacherous state.
35 carrero — road.
36 peristilo — peristyle, roof-supporting column.
37 dos lustros — ten years.

santos. Limitábanlo, de otra parte, las tapias de la iglesia; de otra, tres murallones revestidos de hiedra y plantas parásitas; y la puerta fronteriza a la de entrada por el atrio la formaba un enverjado de madera, a través del cual se veía diáfano y remoto horizonte de montañas, a la sazón color violeta, por la hora, que era aquélla en que el sol, sin calentar mucho todavía, empieza a subir hacia el cenit, y en que la Naturaleza se despierta, como saliendo de un baño, estremecida de frescura y frío matinal. Sobre la verja se inclinaba añoso olivo, donde nidaban mil gorriones alborotadores, que a veces azotaban y sacudían el ramaje con su voleteo apresurado; y hacíale frente una enorme mata de hortensia, mustia y doblegada por las lluvias de la estación, graciosamente enfermiza, con sus mazorcas de desmayadas flores azules y amarillentas. A esto se reducía todo el ornato del cementerio, mas no su vegetación, que por lo exuberante y viciosa ponía en el alma repugnancia y supersticioso pavor, induciendo a fantasear si en aquellas robustas ortigas, altas como la mitad de una persona, en aquella hierba crasa, en aquellos cardos vigorosos, cuyos pétalos ostentaban matices flavos[38] de cirio, se habrían encarnado, por misteriosa transmigración, las almas, vegetativas también en cierto modo, de los que allí dormían para siempre, sin haber vivido, sin haber amado, sin haber palpitado jamás por ninguna idea elevada, generosa, puramente espiritual y abstracta, de las que agitan la conciencia del pensador y del artista. Parecía que era sustancia humana — pero de una humanidad ruda, atávica, inferior, hundida hasta el cuello en la ignorancia y en la materia — la que nutría y hacía brotar con tan enérgica pujanza y savia tan copiosa aquella flora, lúgubre por su misma lozanía. Y, en efecto, en el terreno, repujado de pequeñas eminencias, que contrastaba con la lisa planicie del atrio, advertía a veces el pie durezas de ataúdes mal cubiertos y blanduras y molicies que infundían grima y espanto, como si se pisaran miembros fláccidos de cadáver. Un soplo helado, un olor peculiar de moho y podredumbre, un verdadero ambiente sepulcral se alzaba del suelo lleno de altibajos, rehenchidos de difuntos amontonados unos encima de otros; y entre la verdura húmeda, surcada del surco brillante que dejan tras de sí el caracol y la babosa,[39] torcíanse las cruces de madera negra fileteadas

de blanco, con rótulos curiosos, cuajados de faltas de ortografía y peregrinos disparates. Julián, que sufría la inquietud, el hormigueo en la planta de los pies que nos causa la sensación de hollar algo blando, algo viviente o que, por lo menos, estuvo dotado de sensibilidad y vida, experimentó de pronto gran turbación: una de las cruces, más alta que las demás, tenía escrito en letras blancas un nombre. Acercóse y descifró la inscripción, sin pararse en deslices ortográficos: « Aquí hacen[40] las cenizas de Primitivo Suárez; sus parientes y amijos rueguen a Dios por su alma . . . » El terreno en aquel sitio estaba turgente, formando una eminencia. Julián murmuró una oración; desvióse aprisa, creyendo sentir bajo sus plantas el cuerpo de bronce de su formidable enemigo. Al punto mismo se alzó de la cruz una mariposilla blanca, de esas últimas mariposas del año que vuelan despacio, como encogidas por la frialdad de la atmósfera, y se paran en seguida en el primer sitio favorable que encuentran. La siguió el nuevo cura de Ulloa, y la vió posarse en un mezquino mausoleo, arrinconado entre la esquina de la tapia y el ángulo entrante que formaba la pared de la iglesia.

Allí se detuvo el insecto, y allí también Julián, con el corazón palpitante, con la vista nublada y el espíritu, por vez primera después de largos años, trastornado y enteramente fuera de quicio,[41] al choque de una conmoción tan honda y extraordinaria que él mismo no hubiera podido explicarse cómo le invadía, avasallándole y sacándole de su natural ser y estado, rompiendo diques, salvando vallas, venciendo obstáculos, atropellando por todo, imponiéndose con la sobrehumana potencia de los sentimientos largo tiempo comprimidos y al fin dueños absolutos del alma, porque rebosan de ella, porque la inundan y sumergen. No echó de ver siquiera la ridiculez del mausoleo, construido con piedras y cal, decorado con calaveras, huesos y otros emblemas fúnebres por la inexperta mano de algún embadurnador de aldea; no necesitó deletrear la inscripción, porque sabía de seguro que donde se había detenido la mariposa, allí descansaba Nucha, la señorita Marcelina, la santa, la víctima, la virgencita siempre cándida y celeste. Allí estaba, sola, abandonada, vendida, ultrajada, calumniada, con las muñecas heridas por mano brutal y el rostro marchito por la enfermedad, el terror y el dolor . . .

38 flavos — yellow.
39 babosa — slug, snail.

40 *hacen* is a misspelling of *yacen*.
41 fuera de quicio — out of order.

Pensando en esto, la oración se interrumpió
en labios de Julián, la corriente del existir
retrocedió diez años, y en un transporte de los
que en él eran poco frecuentes, pero súbitos
e irresistibles, cayó de hinojos, abrió los
brazos, besó ardientemente la pared del nicho,
sollozando como un niño o mujer, frotando
las mejillas contra la fría superficie, clavando
las uñas en la cal, hasta arrancarla . . .

Oyó risas, cuchicheos, jarana alegre, impro-
pia del lugar y la ocasión. Se volvió y se incorporó, confuso. Tenía delante una pareja
hechicera, iluminada por el sol, que ya
ascendía, aproximándose a la mitad del cielo.
Era el muchacho el más guapo adolescente
que puede soñar la fantasía; y si de chiquitín
se parecía al Amor antiguo, la prolongación
de líneas que distingue a la pubertad de la
infancia le daba ahora semejanza notable con
los arcángeles y ángeles viajeros de los gra-
bados bíblicos, que unen a la lindeza femenina
y a los rizados bucles, rasgos de graciosa severidad varonil. En cuanto a la niña, espigadita
para sus once años, hería el corazón de Julián
por el sorprendente parecido con su pobre
madre a la misma edad: idénticas largas trenzas negras, idéntico rostro pálido, pero más
mate, más moreno, de óvalo más correcto, de
ojos más luminosos y mirada más firme.
¡Vaya si conocía Julián a la pareja! ¡Cuántas
veces la había tenido en brazos!

Sólo una circunstancia le hizo dudar de si
aquellos dos muchachos encantadores eran en
realidad el bastardo y la heredera legítima de
Moscoso. Mientras el hijo de Sabel vestía ropa
de buen paño, de hechura como entre aldeano
acomodado y señorito, la hija de Nucha,
cubierta con un traje de percal, asaz viejo,
llevaba los zapatos tan rotos, que pudiera
decirse que iba descalza.

Vicente Blasco Ibáñez, 1867–1928, *La
barraca*, 1898 (pp. 228–30)

Vicente Blasco Ibáñez, who wanted a naval
career and settled for one in law, earned fame
and financial success as a novelist. Belonging
in technique to the nineteenth century, he published most of his work in the twentieth. He
acquired many enemies, possibly because of
his personality and politics, but he became the
most famous Spanish author abroad. Although
he considered some Spanish writers better,
William Dean Howells called Blasco Ibáñez
"easily the first of living European novelists
outside of Spain." His almost incredible popu-

larity might not have been fully merited; but
neither is the relative oblivion to which some
critics of Spanish literature have assigned him.

In discussing Blasco Ibáñez one inevitably
mentions his somewhat revolutionary political
life. His impulsive nature, his participation in
the Valencian republican movement, and his
other political activities resulted in his being
jailed and exiled at various times. His reputation as an anticlerical and revolutionary writer
was caused in part by his own frankness,
a posture which was perhaps overly drama-
tized. He did indeed express convictions about
the working classes, about freedom for Cuba,
and about the failures of the Spanish monarchy.
His sentiments in *El Pueblo*, the working class
newspaper he published in 1894, seem to have
been sincere expressions of his political faith.
In his youth he was fascinated by the history
of the French Revolution, and he had dreamed
of being the "Danton of Spain."

Critics constantly refer to Blasco Ibáñez as
a regionalist, a label which he did not like.
While it is true that he wrote many kinds of
novels, his early works about the Valencian
scene fit permanently into the framework of
Spanish literature. In these his undeniable
artistry is not completely overshadowed by
his thesis of the moment but rather fused with
it. His great popularity, nevertheless, stemmed
from the works he wrote while he served as
a war correspondent for Spanish language
newspapers in the First World War.

Blasco wrote books of description and
travel, a work on Argentina, a book on Mexico, essays on French authors, and an attack
on Spanish politics. Manuel Ugarte said of
him that he wrote "as freely as other men
talk." His prolificacy may have resulted from
his early experience as secretary to Fernández
y González, who produced novels at such
a fantastic rate. Apparently Blasco Ibáñez
helped finish some of his employer's works.
Nevertheless, toward the end of his career
Blasco complained that it was almost impossible to find fresh themes and that "la originalidad novelesca va siendo cada vez más
ilusoria." His most enduring novels are the
following: *La barraca*; possibly *Sangre y arena*,
1908, a poetic, artistic and realistic study
of the life of a bullfighter; and *Los cuatro
jinetes del Apocalipsis*, 1916, which created
the role that made Rudolph Valentino famous.

As a result of his opposition to the Spanish
government's suppression of Cuban independence, Blasco Ibáñez was forced to go into
hiding to escape arrest. One of his hiding

places was a room in a tavern in the dock area of Valencia. There, in four days, he wrote a short story, *Venganza moruna*, which dealt with the conflict between landowners and tenant farmers of the *huerta* region outside Valencia. Blasco forgot the story when he escaped to Italy. Three years later, however, the owner of the tavern returned it to him, and Blasco elaborated it to form *La barraca*. He used the original title, *Venganza moruna*, for another story he published in the collection *La condenada* in 1900. *La barraca* was first published serially in *El Pueblo*, but it passed almost unnoticed, as did its first publication in book form. A French professor, Georges Hérelle, bought a copy and asked Blasco if he might publish a French translation, two editions of which appeared in 1901 and 1902. The novel met with great success in Paris, and it was only then that it became popular in Spain. Since that time it has gone through many editions and has been translated into many languages.

La barraca is the supreme regionalistic creation of Blasco Ibáñez. Precise and colorful descriptions of local customs and landscapes, picturesque dialect, and authentic folk speech flavor the novel. Betoret maintains that as a young boy Blasco had known Copa, the tavern keeper, and Tasso Tomba, the old shepherd, and that Pimentó may have been based on a real person from the *huerta* of Alboraya. Barret's *barraca* could actually have existed in the *huerta* of Patraix, where somewhat similar events apparently occurred. The novel's social problem of absentee landlordship and the tilling of the soil are more important than the character development. Batiste and Pimentó, the hero and anti-hero, often seem to be stereotypes, for one is noble and hard working and the other despicable and lazy. As representatives of human drives and envies, however, they create a powerful effect. A human document of men's struggles and suffering, *La barraca* surmounts its regionalism to become universal. Palacio Valdés must certainly have included this novel in his appraisal of Blasco's total work, which he said would defy the rigors of time.

I

Desperezóse la inmensa vega bajo el resplandor azulado del amanecer, ancha faja de luz que asomaba por la parte del Mediterráneo.

Los últimos ruiseñores, cansados de animar con sus trinos aquella noche de otoño, que por lo tibio de su ambiente parecía de primavera, lanzaban el gorjeo final como si les hiriese la luz del alba con sus reflejos de acero. De las techumbres de paja de las barracas[1] salían las bandadas de gorriones como un tropel de pilluelos perseguidos, y las copas de los árboles empezaban a estremecerse bajo los primeros jugueteos de estos granujas del espacio,[2] que todo lo alborotaban con el roce de sus blusas de plumas.

Apagábanse lentamente los rumores que habían poblado la noche: el borboteo de las acequias, el murmullo de los cañaverales, los ladridos de los mastines vigilantes.

Despertaba la huerta; sus bostezos eran cada vez más ruidosos. Rodaba el canto del gallo de barraca en barraca. Los campanarios de los pueblecitos devolvían con ruidoso badajeo el toque de misa primera que sonaba a lo lejos, en las torres de Valencia, esfumadas por la distancia. De los corrales salía un discordante concierto animal: relinchos de caballos, mugidos de vacas, cloquear de gallinas, balidos de corderos, ronquidos de cerdos; un despertar ruidoso de bestias que, al sentir la fresca caricia del alba cargada de acre perfume de vegetación, deseaban correr por los campos.

El espacio se empapaba de luz;[3] disolvíanse las sombras, como tragadas por los abiertos surcos y las masas de follaje. En la indecisa neblina del amanecer iban fijando sus contornos húmedos y brillantes las filas de moreras y frutales, las ondulantes líneas de cañas, los grandes cuadros de hortalizas, semejantes a enormes pañuelos verdes, y la tierra roja cuidadosamente labrada.

Animábanse los caminos con filas de puntos negros y movibles, como rosarios de hormigas, marchando hacia la ciudad. De todos los extremos de la vega llegaban chirridos de ruedas, canciones perezosas interrumpidas por el grito que arrea a las bestias, y de vez en cuando, como sonoro trompetazo del amanecer, rasgaba el espacio un furioso rebuzno del cuadrúpedo paria,[4] como protesta del rudo trabajo que pesaba sobre él, apenas nacido el día.

En las acequias conmovíase la tersa lámina

---

1 barraca — farm house with a thatch roof and walls of unburnt brick.
2 granujas del espacio — ragamuffins of the air.

3 se empapaba de luz — became saturated with light.
4 cuadrúpedo paria — jackass.

de cristal rojizo[5] con chapuzones que hacían callar a las ranas; sonaba luego un ruidoso batir de alas, e iban deslizándose los ánades[6] lo mismo que galeras de marfil, moviendo cual fantásticas proas sus cuellos de serpiente.

La vida, que con la luz inundaba la vega, iba penetrando en el interior de barracas y alquerías.[7]

Chirriaban las puertas al abrirse, veíanse bajo los emparrados figuras blancas que se desperezaban con las manos tras el cogote, mirando el iluminado horizonte. Quedaban de par en par los establos, vomitando hacia la ciudad las vacas de leche, los rebaños de cabras, los caballejos de los estercoleros.[8] Entre las cortinas de árboles enanos que ensombrecían los caminos vibraban cencerros y campanillas, y cortando este alegre cascabeleo sonaba el enérgico « ¡arre, acá! » animando a las bestias reacias.

En las puertas de las barracas saludábanse los que iban hacia la ciudad y los que se quedaban a trabajar los campos.

— ¡Bón día mos done Deu![9]
— ¡Bón día!

Y tras este saludo, cambiado con toda la gravedad propia de una gente que lleva en sus venas sangre moruna y sólo puede hablar de Dios con gesto solemne, se hacía el silencio si el que pasaba era un desconocido, y si era íntimo, se le encargaba la compra en Valencia de pequeños objetos para la mujer o para la casa.

Ya era de día completamente.

El espacio se había limpiado de tenues neblinas, transpiración nocturna de los húmedos campos y las rumorosas acequias. Iba a salir el sol. En los rojizos surcos saltaban las alondras con la alegría de vivir un día más, y los traviesos gorriones, posándose en las ventanas todavía cerradas, picoteaban las maderas, diciendo a los de adentro con un chillido de vagabundos acostumbrados a vivir de gorra:[10] « ¡Arriba, perezosos! ¡A trabajar la tierra, para que comamos nosotros! . . . »

En la barraca de Tòni, conocido en todo el contorno por Pimentó,[11] acababa de entrar su mujer, Pepeta, una animosa criatura, de carne blancuzca y fláccida en plena juventud,

minada por la anemia, y que era, sin embargo, la hembra más trabajadora de toda la huerta.

Al amanecer ya estaba de vuelta del Mercado. Levantábase a las tres, cargada con los cestones de verduras cogidas por Tòni al cerrar la noche anterior entre reniegos y votos contra una pícara vida en la que tanto hay que trabajar, y a tientas por los senderos, guiándose en la obscuridad como buena hija de la huerta, marchaba a Valencia, mientras su marido, aquel buen mozo que tan caro le costaba, seguía roncando dentro del caliente estudi,[12] bien arrebujado en las mantas del camón matrimonial.

Los que compraban las hortalizas al por mayor[13] para revenderlas conocían bien a esta mujercita que antes del amanecer ya estaba en el Mercado de Valencia, sentada en sus cestos, tiritando bajo el delgado y raído mantón. Miraba con envidia, de la que no se daba cuenta, a los que podían beber una taza de café para combatir el fresco matinal. Y con una paciencia de bestia sumisa esperaba que le diesen por las verduras el dinero que se había fijado en sus complicados cálculos, para mantener a Tòni y llevar la casa adelante.

Después de esta venta corría otra vez hacia su barraca, deseando salvar cuanto antes una hora de camino.

Entraba de nuevo en funciones para desarrollar una segunda industria: después de las hortalizas, la leche. Y tirando del ronzal de una vaca rubia, que llevaba pegado al rabo como amoroso satélite un ternerillo juguetón, volvía a la ciudad con la varita bajo el brazo y la medida de estaño para servir a los clientes.

La Ròcha,[14] que así apodaban a la vaca por sus rubios pelos, mugía dulcemente, estremeciéndose bajo una gualdrapa de arpillera,[15] herida por el fresco de la mañana, volviendo sus ojos húmedos hacia la barraca, que se quedaba atrás, con su establo negro, de ambiente pesado, en cuya paja olorosa pensaba con la voluptuosidad del sueño no satisfecho.

Pepeta la arreaba con su vara. Se hacía tarde, e iban a quejarse los parroquianos. Y la vaca y el ternerillo trotaban por el centro del

---

5 tersa lámina de cristal rojizo — glassy sheet of reddish crystal.
6 ánades — ducks.
7 alquería — farm house.
8 los caballejos de los estercoleros — the manure collectors' nags.
9 ¡Bón día mos done Deu! — May God give us a good day.

10 acostumbrados . . . gorra — used to living at another's expense.
11 Pimentó — Big Pepper.
12 estudi — bedroom.
13 al por mayor — wholesale.
14 la Ròcha — la Roja. j before a is pronounced ch in Valencian.
15 gualdrapa de arpillera — burlap cover.

camino de Alboraya,[16] hondo, fangoso, surcado de profundas carrileras.

Por los ribazos laterales, con un brazo en la cesta y otro balanceante, pasaban los interminables cordones de cigarreras e hilanderas de seda, toda la virginidad de la huerta, que iban a trabajar en las fábricas, dejando con el revoloteo de sus faldas una estela de castidad ruda y áspera.

Esparcíase por los campos la bendición de Dios.

Tras los árboles y las casas que cerraban el horizonte asomaba el sol como enorme oblea roja, lanzando horizontales agujas de oro que obligaban a taparse los ojos. Las montañas del fondo y las torres de la ciudad iban tomando un tinte sonrosado; las nubecillas que bogaban por el cielo coloreábanse como madejas de seda carmesí; las acequias y los charcos del camino parecían poblarse de peces de fuego. Sonaba en el interior de las barracas el arrastre de la escoba, el chocar de la loza, todos los ruidos de la limpieza matinal. Las mujeres agachábanse en los ribazos, teniendo al lado el cesto de la ropa por lavar. Saltaban en las sendas los pardos conejos, con su sonrisa marrullera, enseñando, al huir, las rosadas posaderas partidas por el rabo en forma de botón,[17] y sobre los montones de rubio estiércol, el gallo, rodeado de sus cloqueantes odaliscas, lanzaba un grito de sultán celoso, con la pupila ardiente y las barbillas rojas de cólera.

Pepeta, insensible a este despertar que presenciaba diariamente, seguía su marcha, cada vez con más prisa, el estómago vacío, las piernas doloridas y las ropas interiores impregnadas de un sudor de debilidad propio de su sangre blanca y pobre, que a lo mejor se escapaba durante semanas enteras, contraviniendo las reglas de la naturaleza.

La avalancha de gente laboriosa que se dirigía a Valencia llenaba los puentes. Pepeta pasó entre los obreros de los arrabales que llegaban con el saquito del almuerzo pendiente del cuello, se detuvo en el fielato de Consumos[18] para tomar su resguardo[19] — unas cuantas monedas que todos los días le dolían en el alma —, y se metió por las desiertas calles, que animaba el cencerro de la *Ròcha* con un badajeo de melodía bucólica,

haciendo soñar a los adormecidos burgueses con verdes prados y escenas idílicas de pastores.

Tenía sus parroquianos la pobre mujer esparcidos en toda la ciudad. Era su marcha una enrevesada peregrinación por las calles, deteniéndose ante las puertas cerradas; un aldabonazo aquí, tres y repique más allá, y siempre, a continuación, el grito estridente y agudo, que parecía imposible pudiese surgir de su pobre y raso pecho: «¡La lleeet!»[20] Jarro en mano, bajaba la criada desgreñada, en chancletas, con los ojos hinchados, a recibir la leche, o la vieja portera, todavía con la mantilla que se había puesto para ir a la misa del alba.

A las ocho, después de servir a todos sus clientes, Pepeta se vió cerca del barrio de Pescadores.

Como también encontraba en él despacho,[21] la pobre huertana se metió valerosamente en los sucios callejones, que parecían muertos a aquella hora. Siempre, al entrar, sentía cierto desasosiego, una repugnancia instintiva de estómago delicado. Pero su espíritu de mujer honrada y enferma sabía sobreponerse a esta impresión, y continuaba adelante con cierta altivez vanidosa, con un orgullo de hembra casta, consolándose al ver que ella, débil y agobiada por la miseria, aun era superior a otras.

De las cerradas y silenciosas casas salía el hálito de la crápula barata, ruidosa y sin disfraz:[22] un olor de carne adobada y putrefacta, de vino, de sudor. Por las rendijas de las puertas parecía escapar la respiración entrecortada y brutal del sueño aplastante después de una noche de caricias de fiera y caprichos amorosos de borracho.

Pepeta oyó que le llamaban. En la puerta de una escalerilla le hacía señas una buena moza, despechugada, fea, sin otro encanto que el de una juventud próxima a desaparecer; los ojos húmedos, el moño torcido, y en las mejillas manchas de colorete de la noche anterior: una caricatura, un payaso del vicio.

La labradora, apretando los labios con un mohín de orgullo y desdén para que las distancias quedasen bien marcadas, comenzó a ordeñar las ubres de la *Ròcha* dentro del jarro que le presentaba la moza. Ésta no quitaba la vista de la labradora.

---

16 Alboraya is a small town about three miles from Valencia.
17 los pardos conejos . . . botón — the dark grey rabbits with deceiving smile showing in their flight their reddish backsides parted by their button-shaped tails.
18 fielato de Consumos — tax collector's office.

19 para tomar su resguardo — to take her receipt.
20 la lleeet — miiilk. Valencian *llet* is *leche*. The *e* is tripled to reflect the prolonged shout.
21 despacho — business.
22 el hálito . . . disfraz — the breath of the cheap, noisy and shameless drunks.

— ¡Pepeta! — dijo con voz indecisa, como si no tuviese la certeza de que era ella misma.

Levantó su cabeza Pepeta; fijó por primera vez sus ojos en la mujerzuela, y también pareció dudar.

— ¡Rosario! . . . , ¿eres tú?

Sí, ella era; lo afirmaba con tristes movimientos de cabeza. Y Pepeta, inmediatamente, manifestó su asombro. ¡Ella allí! . . . ¡Hija de unos padres tan honrados! ¡Qué vergüenza, Señor! . . .

La ramera, por costumbre del oficio, intentó acoger con cínica sonrisa, con el gesto escéptico del que conoce el secreto de la vida y no cree en nada, las exclamaciones de la escandalizada labradora. Pero la mirada fija de los ojos claros de Pepeta acabó por avergonzarla, y bajó la cabeza como si fuese a llorar.

No; ella no era mala. Había trabajado en las fábricas, había servido a una familia como doméstica, pero al fin sus hermanas le dieron el ejemplo, cansadas de sufrir hambre; y allí estaba, recibiendo unas veces cariños y otras bofetadas, hasta que reventase para siempre. Era natural: donde no hay padre y madre, la familia termina así. De todo tenía la culpa el amo de la tierra, aquel don Salvador, que de seguro ardía en los infiernos. ¡Ah, ladrón! . . . ¡Y cómo había perdido a toda una familia!

Pepeta olvidó su actitud fría y reservada para unirse a la indignación de la muchacha. Verdad, todo verdad; aquel tío avaro tenía la culpa. La huerta entera lo sabía. ¡Válgame Dios, y cómo se pierde una casa! ¡Tan bueno que era el pobre tío *Barret!* ¡Si levantara la cabeza y viese a sus hijas! . . . Ya sabían en la huerta que el pobre padre había muerto en el presidio de Ceuta hacía dos años; y en cuanto a la madre, la infeliz vieja había acabado de padecer en una cama del Hospital. ¡Las vueltas que da el mundo en diez años! ¿Quién les hubiese dicho a ella y a sus hermanas, acostumbradas a vivir en su casa como reinas, que acabarían de aquel modo? ¡Señor! ¡Señor! ¡Libradnos de una mala persona!

Rosario se animó con la conversación; parecía rejuvenecerse junto a esta amiga de la niñez. Sus ojos, antes mortecinos, chispearon al recordar el pasado. ¿Y su barraca? ¿Y las tierras? Seguían abandonadas, ¿verdad? . . . Esto le gustaba: ¡que reventasen, que se hiciesen la santísima[23] los hijos del pillo don Salvador! . . . Era lo único que podía conso-

larla. Estaba muy agradecida a *Pimentó* y a todos los de allá porque habían impedido que otros entrasen a trabajar lo que de derecho pertenecía a su familia. Y si alguien quería apoderarse de aquello, bien sabido era el remedio . . . ¡Pum! Un escopetazo de los que deshacen la cabeza.

La moza se enardecía; brillaban en sus ojos chispas de ferocidad. Resucitaba dentro de la ramera, pasiva bestia acostumbrada a los golpes, la hija de la huerta, que desde que nace ve la escopeta colgada detrás de la puerta y en las festividades aspira con delicia el humo de la pólvora.

Después de hablar del triste pasado, la curiosidad despierta de Rosario fué preguntando por todos los de allá, y acabó en Pepeta. ¡Pobrecita! Bien se veía que no era feliz. Joven aun, sólo revelaban su edad aquellos ojazos claros de virgen, inocentones y tímidos. El cuerpo, un puro esqueleto; y en el pelo rubio, de color de mazorca tierna, aparecían ya las canas a puñados antes de los treinta años. ¿Qué vida le daba *Pimentó*? ¿Siempre tan borracho y huyendo del trabajo? Ella se lo había buscado, casándose contra los consejos de todo el mundo. Buen mozo, eso sí; le temblaban todos en la taberna de *Copa*,[24] los domingos por la tarde, cuando jugaba al truco[25] con los más guapos[26] de la huerta; pero en casa debía ser un marido insufrible . . . Aunque bien mirado, todos los hombres eran iguales. ¡Si lo sabría ella! Unos perros que no valían la pena de mirarlos. ¡Hija! ¡Y que desmejorada estaba la pobre Pepeta! . . .

Un vozarrón de marimacho bajó como un trueno por el hueco de la escalerilla.

— ¡Elisa! . . . Sube pronto la leche. El señor está esperando.

Rosario empezó a reír de ella misma. Ahora se llamaba Elisa: ¿no lo sabía? Era exigencia del oficio cambiar el nombre, así como hablar con acento andaluz. Y remedaba con rústica gracia la voz del marimacho invisible.

Pero a pesar de su regocijo tuvo prisa en retirarse. Temía a los de arriba. El vozarrón o el señor de la leche podían darle algo malo por su tardanza. Y subió veloz por la escalerilla, después de recomendar mucho a Pepeta que pasase alguna vez por allí, para recordar juntas las cosas de la huerta.

El cansado esquilón de la *Ròcha* repiqueteó más de una hora por las calles de Valencia.

23 que se hiciesen la santísima — let them go to the devil.
24 Copa is the nickname of the owner.
25 truco — truque, a game of cards in which three cards are dealt to each player and each player bids for the trump.
26 guapos — Here: bullies.

Soltaron las mustias ubres hasta su última gota de leche insípida, producto de un mísero pasto de hojas de col y desperdicios, y al fin Pepeta emprendió la vuelta a su barraca.

La pobre labradora caminaba triste y pensativa bajo la impresión de aquel encuentro. Recordaba, como si hubiera sido el día anterior, la espantosa tragedia que se tragó al tío *Barret* con toda su familia.

Desde entonces, los campos, que hacía más de cien años trabajaban los ascendientes del pobre labrador, habían quedado abandonados a orilla del camino. Su barraca, deshabitada, sin una mano misericordiosa que echase un remiendo a la techumbre ni un puñado de barro a las grietas de las paredes, se iba hundiendo lentamente.

Diez años de continuo tránsito junto a aquella ruina habían conseguido que la gente no se fijase ya en ella. La misma Pepeta hacía tiempo que no había parado su atención en la vieja barraca. Ésta sólo interesaba a los muchachos, que, heredando el odio de sus padres, se metían por entre las ortigas de los campos yermos para acribillar a pedradas la abandonada vivienda, romper los maderos de su cerrada puerta, o cegar con tierra y pedruscos el pozo que se abría bajo una parra vetusta.

Pero aquella mañana, Pepeta, influida por su reciente encuentro, se fijó en la ruina y hasta se detuvo en el camino para verla mejor.

Los campos del tío *Barret*, o mejor dicho para ella, « del judío don Salvador y sus descomulgados herederos, » eran una mancha de miseria en medio de la huerta fecunda, trabajada y sonriente. Diez años de abandono habían endurecido la tierra, haciendo brotar de sus olvidadas entrañas todas las plantas parásitas, todos los abrojos que Dios ha criado para castigo del labrador. Una selva enana, enmarañada y deforme se extendía sobre aquellos campos, con un oleaje de extraños tonos verdes, matizados a trechos por flores misteriosas y raras, de ésas que sólo surgen en las ruinas y en los cementerios.

Bajo las frondosidades de esta selva minúscula y alentados por la seguridad de su guarida, crecían y se multiplicaban toda suerte de bichos asquerosos, derramándose en los campos vecinos: lagartos verdes de lomo rugoso, enormes escarabajos con caparazón de metálicos reflejos, arañas de patas cortas y vellosas, hasta culebras, que se deslizaban a las acequias inmediatas. Allí vivían, en el centro de la hermosa y cuidada vega, formando mundo aparte, devorándose unos a otros; y aunque causasen algún daño a los

vecinos, éstos los respetaban con cierta veneración, pues las siete plagas de Egipto parecían poca cosa a los de la huerta para arrojarlas sobre aquellos terrenos malditos.

Como las tierras del tío *Barret* no serían nunca para los hombres, debían anidar en ellas los bicharracos asquerosos, y cuantos más, mejor.

En el centro de estos campos desolados, que se destacaban sobre la hermosa vega como una mancha de mugre en un manto regio de terciopelo verde, alzábase la barraca, o más bien dicho, caía, con su montera de paja despanzurrada,[27] enseñando por las aberturas, que agujerearon el viento y la lluvia, su carcomido costillaje de madera. Las paredes, arañadas por las aguas, mostraban sus adobes de barro crudo, sin más que unas ligerísimas manchas blancas que delataban el antiguo enjalbegado. La puerta estaba rota por debajo, roída por las ratas, con grietas que la cortaban de un extremo a otro. Dos o tres ventanillas completamente abiertas y martirizadas por los vendavales, pendían de un solo gozne, o iban a caer de un momento a otro, apenas soplase una ruda ventolera.

Aquella ruina apenaba el ánimo, oprimía el corazón. Parecía que del casuco abandonado fuesen a salir fantasmas en cuanto cerrase la noche; que de su interior iban a partir gritos de personas asesinadas; que toda aquella maleza era un sudario, ocultando debajo de él centenares de cadáveres.

Imágenes horribles era lo que inspiraba la contemplación de estos campos abandonados; y su tétrica miseria aun resaltaba más al contrastar con las tierras próximas, rojas, bien cuidadas, llenas de correctas filas de hortalizas y de arbolillos, a cuyas hojas daba el otoño una transparencia acaramelada. Hasta los pájaros huían de aquellos campos de muerte, tal vez por temor a los animaluchos que rebullían bajo la maleza o por husmear el hálito de la desgracia.

Sobre la rota techumbre de paja, si algo se veía era el revoloteo de alas negras y traidoras, plumajes fúnebres de cuervos y milanos, que al agitarse hacían enmudecer los árboles cargados de gozosos aleteos y juguetones piídos, quedando silenciosa la huerta, como si no hubiese gorriones en media legua a la redonda.

Pepeta iba a seguir adelante, hacia su blanca barraca, que asomaba entre los árboles algunos campos más allá; pero hubo de permanecer inmóvil en el alto borde del camino, para

---

27 despanzurrar — to burst the belly. Here: caved in.

que pasase un carro cargado que avanzaba dando tumbos y parecía venir de la ciudad.

Su curiosidad femenil se excitó al fijarse en él.

Era un pobre carro de labranza, tirado por un rocín viejo y huesudo, al que ayudaba en los baches difíciles un hombre alto que marchaba junto a él animándole con gritos y chasquidos de tralla.[28]

Vestía de labrador; pero el modo de llevar el pañuelo anudado a la cabeza, sus pantalones de pana y otros detalles de su traje, delataban que no era de la huerta, donde el adorno personal ha ido poco a poco contaminándose del gusto de la ciudad. Era labrador de algún pueblo lejano: tal vez venía del riñón[29] de la provincia.

Sobre el carro amontonábanse, formando pirámide hasta más arriba de los varales, toda clase de objetos domésticos. Era la emigración de una familia entera. Tísicos colchones, jergones rellenos de escandalosa hoja de maíz, sillas de esparto, sartenes, calderas, platos, cestas, verdes banquillos de cama, todo se amontonaba sobre el carro, sucio, gastado, miserable, oliendo a hambre, a fuga desesperada, como si la desgracia marchase tras de la familia pisándole los talones. En la cumbre de este revoltijo veíanse tres niños abrazados, que contemplaban los campos con ojos muy abiertos, como exploradores que visitan un país por vez primera.

A pie y detrás del carro, como vigilando por si caía algo de éste, marchaban una mujer y una muchacha, alta, delgada, esbelta, que parecía hija de aquélla. Al otro lado del rocín, ayudando cuando el vehículo se detenía en un mal paso, iba un muchacho de unos once años. Su exterior grave delataba al niño que, acostumbrado a luchar con la miseria, es un hombre a la edad en que otros juegan. Un perrillo sucio y jadeante cerraba la marcha.[30]

Pepeta, apoyada en el lomo de su vaca, les veía avanzar, poseída cada vez de mayor curiosidad.[31] ¿Adónde iría esta pobre gente?

El camino aquel, afluyente al de Alboraya, no iba a ninguna parte. Se extinguía a lo lejos, como agotado por las bifurcaciones innumerables de sendas y caminitos que daban entrada a las barracas.

Pero su curiosidad tuvo un final inesperado. ¡Virgen Santísima! El carro se salía del camino, atravesaba el ruinoso puente de troncos y

tierra que daba acceso a las tierras malditas, y se metía por los campos del tío Barret, aplastando con sus ruedas la maleza respetada.

La familia seguía detrás, manifestando con gestos y palabras confusas la impresión que le causaba tanta miseria, pero en línea recta hacia la destrozada barraca, como quien toma posesión de lo que es suyo.

Pepeta no quiso ver más. Ahora sí que corrió de veras hacia su barraca. Deseosa de llegar antes, abandonó a la vaca y al ternerillo, y las dos bestias siguieron su marcha tranquilamente, como quien no se preocupa de las cosas ajenas y tiene el establo seguro.

Pimentó estaba tendido a un lado de su barraca, fumando perezosamente, con la vista fija en tres varitas untadas con liga, puestas al sol, en torno de las cuales revoloteaban algunos pájaros. Era una ocupación de señor.

Al ver llegar a su mujer con los ojos asombrados y el pobre pecho jadeante, Pimentó cambió de postura para escuchar mejor, recomendándola que no se aproximase a las varitas.

Vamos a ver, ¿qué era aquello? ¿Le habían robado la vaca? . . .

Pepeta, con la emoción y el cansancio, apenas pudo decir dos palabras seguidas.

«La tierra de Barret . . . Una familia entera . . . Iban a trabajar, a vivir en la barraca. Ella lo había visto.»

Pimentó, cazador de pájaros con liga, enemigo del trabajo y terror de la contornada, no pudo conservar su gravedad impasible de gran señor ante tan inesperada noticia.

— ¡*Recontracordóns*! . . .[32]

De un salto puso recta su pesada y musculosa humanidad, y echó a correr sin aguardar más explicaciones.

Su mujer vió cómo corría a campo traviesa hasta un cañar inmediato a las tierras malditas. Allí se arrodilló, se echó sobre el vientre, para espiar por entre las cañas como un beduíno al acecho, y pasados algunos minutos volvió a correr, perdiéndose en aquel dédalo de sendas, cada una de las cuales conducía a una barraca, a un campo donde se encorvaban los hombres haciendo brillar en el aire su azadón como un relámpago de acero.

La huerta seguía risueña y rumorosa, impregnada de luz y de susurros, aletargada bajo la cascada de oro del sol de la mañana.

---

28 chasquidos de tralla — cracking sounds of the whip.
29 riñón — kidney. Here: center.
30 cerraba la marcha — brought up the rear.

31 poseída . . . curiosidad — her curiosity becoming greater and greater.
32 Recontracordóns — *Cordóns* is a vulgar Valencian oath. *Re* and *contra* make it even stronger.

Pero a lo lejos sonaban voces y llamamientos: la noticia se transmitía a grito pelado de un campo a otro campo, y un estremecimiento de alarma, de extrañeza, de indignación, corría por toda la vega, como si no hubiesen transcurrido los siglos y circulara el aviso de que en la playa acababa de aparecer una galera argelina buscando cargamento de carne blanca.

The Barret family has tilled the land for five or six generations. Tío Barret's land has passed into the ownership of Don Salvador, a rapacious landlord who raises Barret's rent and finally dispossesses him. Maddened by his loss, Barret hacks Don Salvador to death, goes to prison, and dies. His widow also dies, and his daughters go off to Valencia to live as servants and prostitutes. The *huerta* folk swear that nobody else will cultivate Barret's land.

The newcomers, Batiste and his family, have suffered from bad luck, and their lives have been a continuous battle. They set to work to cultivate the new farm. Pimentó warns them to leave, and the people of the *huerta* show their hostility. As part of this harassment, Pimentó falsely accuses Batiste of taking water for irrigation out of turn. The Tribunal which controls the irrigation fines Batiste, and then he is forced to take water illegally to save his crops.

Roseta, the daughter, goes to work in a factory despite the attacks of the hateful women of the district. Tonet, the nephew of old Tomba, the blind shepherd, confesses that he loves her. She is attacked one day as she goes to the fountain for water.

The children of Batiste are molested each day as they come home from Don Joaquín's school. One day Pascualet, the five-year-old son, is thrown into a canal, and as a result becomes ill and dies. Batiste's horse dies and when he has borrowed money to buy another one, someone tries to cripple the new horse. For a time after the death and funeral of Pascualet the neighbors relent; the family prospers and the harvest is good.

One evening Batiste goes to the tavern where a drinking and card playing contest is taking place between Pimentó and some of his friends. Pimentó stirs up the men of the *huerta* against Batiste, and in self-defense he strikes Pimentó on the head with a stool. Batiste is sure that Pimentó and the villagers will seek vengeance. One day when Batiste is out hunting he realizes he is being followed.

X

En fin: lo cierto era que alguien huía de él, fuese quien fuese, y nada tenía que hacer allí.

Siguió adelante por el lóbrego camino, andando silenciosamente, como hombre que conoce el terreno a ciegas y por prudencia desea no llamar la atención. Según se aproximaba a su barraca sentía mayor inquietud. Éste era su distrito, pero en él estaban sus más tenaces enemigos.

Algunos minutos antes de llegar a su vivienda, cerca de la alquería azul donde las muchachas bailaban los domingos, el camino se estrangulaba, formando varias curvas. A un lado, un ribazo alto coronado por doble fila de viejas moreras; al otro, una ancha acequia, cuyos bordes en pendiente estaban cubiertos por espesos y altos cañares.

Esta vegetación parecía en la obscuridad un bosque indiano, una bóveda de bambúes cimbrándose sobre el camino negro. La masa de cañas, estremecida por el vientecillo de la noche, lanzaba un quejido lúgubre; parecía olerse la traición en este lugar, tan fresco y agradable durante las horas de sol.

Batiste, para burlarse de su propia inquietud, exageraba el peligro mentalmente. ¡Magnífico lugar para soltarle un escopetazo seguro! Si Pimentó anduviese por allí, no despreciaría tan hermosa ocasión.

Y apenas se dijo esto, salió de entre las cañas una recta y fugaz lengua de fuego, una flecha roja, que al disolverse produjo un estampido, y algo pasó silbando junto a una oreja de Batiste. Tiraban contra él... Instintivamente se agachó, queriendo confundirse con la lobreguez del suelo, para no presentar blanco al enemigo. Y en el mismo momento brilló un segundo fogonazo, sonó otra detonación, confundiéndose con los ecos aun vivos de la primera y Batiste sintió en el hombro izquierdo un dolor de desgarramiento, algo así como una uña de acero arañándole superficialmente.

Apenas si paró en ello su atención. Sentía una alegría salvaje. Dos tiros...; el enemigo estaba desarmado.

— *¡Cristo! ¡Ara't pille!*[33]

Se lanzó por entre las cañas, bajó casi rodando la pendiente de una de las orillas de la acequia, y se vió metido en el agua hasta la cintura, los pies en el barro y los brazos altos, muy altos, para impedir que se le mojase la escopeta, guardando avaramente los dos tiros

33 ¡Ara't pille! (¡Ahora te pillo!) — Now I've got you!

hasta el momento de dispararlos con toda seguridad.

Ante sus ojos cruzábanse las cañas, formando apretada bóveda, casi al ras del agua. Delante de él iba sonando en la lobreguez un chapoteo sordo, como si un perro huyese acequia abajo . . . Allí estaba el enemigo: ¡a él!

Y empezó una carrera loca en el profundo cauce, andando a tientas en la sombra, dejando perdidas las alpargatas en el légamo del lecho, con los pantalones pegados a la carne, tirantes, pesados, dificultando los movimientos, recibiendo en el rostro el bofetón de las cañas tronchadas,[34] los arañazos de las hojas rígidas y cortantes.

Hubo un momento en que Batiste creyó ver algo negro que se agarraba a las cañas pugnando por remontar el ribazo. Pretendía escaparse . . . ¡Fuego! Sus manos, que sentían la comezón del homicidio, echaron la escopeta a su cara; partió el gatillo . . . sonó el disparo, y cayó el bulto en la acequia entre una lluvia de hojas y cañas rotas.

¡A él! ¡a él! . . . Otra vez volvió Batiste a oír aquel chapoteo de perro fugitivo; pero ahora con más fuerza; como si extremara la huída espoleado por la desesperación.

Fué un vértigo esta carrera a través de la obscuridad, de la vegetación y del agua. Resbalaban los dos en el blanducho suelo, sin poder agarrarse a las cañas por no soltar la escopeta; arremolinábase el agua, batida por la furiosa carrera, y Batiste, que cayó de rodillas varias veces, sólo pensó en estirar los brazos para mantener su arma fuera de la superficie, salvando el tiro de reserva.

Y así continuó la cacería humana, a tientas, en la obscuridad profunda, hasta que en una revuelta de la acequia salieron a un espacio despejado, con los ribazos limpios de cañas.

Los ojos de Batiste, habituados a la lobreguez de la bóveda vegetal, vieron con toda claridad a un hombre que, apoyándose en la escopeta, salía tambaleándose de la acequia, moviendo con dificultad sus piernas cargadas de barro.

Era él . . . ¡él! ¡El de siempre!

— ¡Lladre . . . lladre: no t'escaparás![35] — rugió Batiste, disparando su segundo tiro desde el fondo de la acequia con la seguridad del tirador que puede apuntar bien y sabe que « hace carne. »

Le vió caer de bruces pesadamente sobre el ribazo y gatear luego para no rodar hasta el agua. Batiste quiso alcanzarle, pero con tanta precipitación, que fué él quien, dando un paso en falso, cayó cuan largo era en el fondo de la acequia.

Su cabeza se hundió en el barro, tragando el líquido terroso y rojizo; creyó morir, quedar enterrado en aquel lecho de fango, y al fin, con un esfuerzo poderoso, consiguió enderezarse, sacando fuera del agua sus ojos ciegos por el limo, su boca que aspiraba anhelante el viento de la noche.

Apenas recobró la vista, buscó a su enemigo. Había desaparecido.

Chorreando barro y agua, salió de la acequia, subió la pendiente por el mismo sitio que su adversario; pero al llegar arriba no le vió.

En la tierra seca se marcaban algunas manchas negruzcas, y las tocó con las manos. Olían a sangre. Bien sabía él que no había errado el tiro. Pero en vano buscó al contrario, con el deseo de contemplar su cadáver.

Aquel Pimentó tenía el pellejo duro, y arrojando sangre y barro iba tal vez a rastras hacia su barraca. De él debía proceder un vago roce que creyó percibir en los inmediatos campos semejante al de una gran culebra arrastrándose por los surcos; por él ladraban todos los perros de la huerta con desesperados aullidos. Le había oído arrastrarse del mismo modo un cuarto de hora antes, cuando intentaba sin duda matarle por la espalda, y al verse descubierto huyó a gatas del camino, para apostarse más allá, en el frondoso cañar, y acecharlo sin riesgo.

Batiste sintió miedo de pronto. Estaba solo, en medio de la vega, completamente desarmado; su escopeta, falta de cartuchos, no era ya más que una débil maza. Pimentó no podía retornar contra él, pero tenía amigos. Y dominado por súbito terror, echó a correr, buscando a través de los campos el camino que conducía a su barraca.

La vega se estremecía de alarma. Los cuatro tiros en medio de la noche habían puesto en conmoción a todo el contorno. Ladraban los perros, cada vez más furiosos; entreabríanse las puertas de alquerías y barracas, arrojando negras siluetas que ciertamente no salían con las manos vacías.

Con silbidos y gritos entendíanse los convecinos a grandes distancias. Tiros de noche podían ser una señal de incendio, de ladrones, ¡quién sabe de qué! . . . seguramente de nada

---

34 cañas tronchadas — broken canes.

35 ¡Lladre . . . lladre; no t'escaparás! — Thief . . . thief; you'll not get away!

bueno; y los hombres salían de sus casas dispuestos a todo, con la abnegación y la solidaridad de los que viven en pleno campo.

Asustado por este movimiento, corrió Batiste hacia su barraca, encorvándose muchas veces para pasar inadvertido al amparo de los ribazos o de los grandes montones de paja.

Ya veía su vivienda, con la puerta abierta e iluminada, y en el centro del rojo cuadro los bultos negros de su familia.

El perro le olfateó y fué el primero en saludarle. Teresa y Roseta dieron un grito de regocijo:

— *Batiste, ¿eres tú?*

— *¡Pare! ¡pare!* . . .

Y todos se abalanzaron a él, en la entrada de la barraca, bajo la vetusta parra, a través de cuyos pámpanos brillaban las estrellas como gusanos de luz.

La madre, con su fino oído de mujer inquieta y alarmada por la tardanza del marido, había oído lejos, muy lejos, los cuatro tiros, y el corazón le dió un vuelco,[36] como ella decía. Toda la familia se había lanzado a la puerta, devorando ansiosa el obscuro horizonte, convencida de que las detonaciones que alarmaban la vega tenían alguna relación con la ausencia del padre.

Locos de alegría al verle y al oír sus palabras, no se fijaban en su cara manchada de barro, en sus pies descalzos, en la ropa sucia y chorreando fango.

Le empujaron hacia dentro. Roseta se colgaba de su cuello, suspirando amorosamente, con los ojos todavía húmedos:

— *¡Pare! ¡pare!* . . .

Pero el *pare* no pudo contener una mueca de sufrimiento, un « ¡ay! » ahogado y doloroso. Un brazo de Roseta se había apoyado en su hombro izquierdo, en el mismo sitio donde sufrió el desgarrón de la uña de acero, y en el que ahora sentía un peso cada vez más abrumador.

Al entrar en la barraca y darle de lleno la luz del candil, las mujeres y los chicos lanzaron un grito de asombro. Vieron la camisa ensangrentada . . . y además su facha de forajido,[37] como si acabara de escaparse de un presidio saliendo por la letrina.

Roseta y su madre prorrumpieron en gemidos.

« ¡Reina Santísima! . . . ¡Señora y soberana! ¿Le habían matado? . . . »

Pero Batiste, que se sentía en el hombro un dolor cada vez más insufrible, las sacó de sus lamentaciones ordenando con gesto hosco que viesen pronto lo que tenía.

Roseta, más animosa, rasgó la gruesa y áspera camisa hasta dejar el hombro al descubierto . . . ¡Cuánta sangre! La muchacha palideció, haciendo esfuerzos para no desmayarse. Batistet[38] y los pequeños empezaron a llorar y Teresa continuó los alaridos como si su esposo se hallase en la agonía.

Pero el herido no estaba para sufrir lamentaciones y protestó con rudeza. Menos lloros: aquello era poca cosa; la prueba estaba en que podía mover el brazo, aunque cada vez sentía mayor peso en el hombro. Era un rasguño, una rozadura de bala y nada más. Sentíase demasiado fuerte para que aquella herida fuese grave. ¡A ver! . . . agua, trapos, hilas, la botella de árnica que Teresa guardaba como milagroso remedio en su *estudi* . . . ¡moverse! el caso no era para estar todos mirándole con la boca abierta.

Revolvió Teresa todo su cuarto, buscando en el fondo de las arcas, rasgando lienzos, desliando vendas, mientras la muchacha lavaba y volvía a lavar los labios de aquella hendidura sangrienta que partía como un sablazo el carnoso hombro.

Las dos mujeres atajaron como pudieron la hemorragia, vendaron la herida, y Batiste respiró con satisfacción, como si ya estuviese curado. Peores golpes habían caído sobre él en su vida.

Y se dedicó a sermonear a los pequeños para que fuesen prudentes. De todo lo que habían visto, ni una palabra a nadie. Eran asuntos que convenía olvidarlos. Y lo mismo repitió a su mujer, que hablaba de avisar al médico. Valía esto tanto como llamar la atención de la justicia. Ya iría curándose él solo; su pellejo hacía milagros. Lo que importaba era que nadie se mezclase en lo ocurrido allá abajo. ¡Quién sabe cómo estaría a tales horas . . . el otro!

Mientras su mujer le ayudaba a cambiar de ropas y preparaba la cama, Batiste le contó lo ocurrido. La buena mujer abría los ojos con expresión de espanto, suspiraba pensando en el peligro arrostrado por su marido y lanzaba miradas inquietas a la cerrada puerta de la barraca, como si por ella fuese a filtrarse[39] la guardia civil.

Batistet, en tanto, con una prudencia precoz, cogía la escopeta y a la luz del candil la

---

36 le dió un vuelco — turned over (cf. skipped a beat).
37 facha de forajido — outlaw's face.

38 Batistet is Batiste's son.
39 fuese a filtrarse — was about to slip through.

secaba, limpiando sus cañones, esforzándose en borrar de ella toda señal de uso reciente, por lo que pudiera ocurrir.

La noche fué mala para toda la familia. Batiste deliró en el camón del *estudi*. Tenía fiebre, agitábase furioso, como si aun corriese por el cauce de la acequia cazando al hombre, y sus gritos asustaban a los pequeños y a las dos mujeres, que pasaron la noche de claro en claro,[40] sentadas junto al lecho, ofreciéndole a cada instante agua azucarada, único remedio casero que lograron inventar.

Al día siguiente la barraca tuvo entornada su puerta toda la mañana. El herido parecía estar mejor; los chicos, con los ojos enrojecidos por el insomnio, permanecían inmóviles en el corral, sentados sobre el estiércol, siguiendo con atención estúpida todos los movimientos de los animales encerrados allí.

Teresa atisbaba la vega por la puerta entreabierta, volviendo después al lado de Batiste ... ¡Cuánta gente! Todos los del contorno pasaban por el camino con dirección a la barraca de Pimentó. Se veía en torno de ella un hormiguero de hombres ... y todos con la cara hosca, hablando a gritos, entre enérgicos manoteos, lanzando tal vez desde lejos miradas de odio a la antigua barraca de Barret.

Su marido acogía con gruñidos estas noticias. Algo le escarabajeaba en el pecho causándole hondo daño. Este movimiento de la huerta hacia la barraca de su enemigo era una prueba de que Pimentó se hallaba grave. Tal vez iba a morir. Estaba seguro de que las dos balas de su escopeta las tenía aún en el cuerpo.

Y ahora, ¿qué iba a pasar? ... ¿Moriría él en presidio, como el pobre tío Barret? ... No; se continuarían las costumbres de la huerta, el respeto a la justicia por mano propia. Se callaría el agonizante, dejando a sus amigos, los *Terreròla* u otros, el encargo de vengarle. Y Batiste no sabía qué temer más, si la justicia de la ciudad o la de la huerta.

Empezaba a caer la tarde, cuando el herido despreciando las protestas y ruegos de las dos mujeres, saltó de su camón.

Se ahogaba; su cuerpo de atleta, habituado a la fatiga, no podía resistir tantas horas de inmovilidad. La pesadez del hombro le impulsaba a cambiar de posición, como si esto pudiera librarle del dolor.

Con paso vacilante, entumecido por el reposo, salió de la barraca, sentándose bajo el emparrado, en un banco de ladrillos.

40 de claro en claro — without sleep.

La tarde era desapacible; soplaba un viento demasiado fresco para la estación. Nubarrones morados cubrían el sol, y por bajo de ellos desplomábase la luz, cerrando el horizonte como un telón de oro pálido.

Miró Batiste vagamente hacia la parte de la ciudad, volviendo su espalda a la barraca de Pimentó, que ahora se veía claramente, al quedar despojados los campos de las cortinas de mies que la ocultaban antes de la siega.

Sentía el herido a un mismo tiempo el impulso de la curiosidad y el miedo de ver demasiado; pero al fin volvió lentamente los ojos hacia la casa de su adversario.

Sí; mucha gente se agrupaba ante la puerta; hombres, mujeres, niños; toda la vega, que corría ansiosa a visitar a su vencido libertador.

¡Cómo debían odiarle aquellas gentes! ... Estaban lejos, y no obstante adivinaba su nombre sonando en todas las bocas. En el zumbar de sus oídos, en el latir de sus sienes ardorosas por la fiebre, creyó percibir el susurro amenazante de aquel avispero.

Y, sin embargo, bien sabía Dios que él no había hecho más que defenderse; que sólo deseaba mantener a los suyos sin causar daño a nadie. ¿Qué culpa tenía de encontrarse en pugna con unas gentes que, como decía don Joaquín el maestro, eran muy buenas, pero muy bestias? ...

Terminaba la tarde; el crepúsculo cernía sobre la vega una luz gris y triste. El viento, cada vez más fuerte, trajo hasta la barraca un lejano eco de lamentos y voces furiosas.

Batiste vió arremolinarse la gente en la puerta de la barraca lejana, y luego muchos brazos levantados con expresión de dolor, manos crispadas que se arrancaban el pañuelo de la cabeza para arrojarlo con rabia al suelo.

Sintió el herido que toda su sangre afluía a su corazón, que éste se detenía como paralizado algunos instantes, para después latir con más fuerza, arrojando a su rostro una oleada roja y ardiente.

Adivinaba lo ocurrido allá lejos; se lo decía el corazón: Pimentó acababa de morir.

Tembló Batiste de frío y de miedo; fué una sensación de debilidad, como si de repente le abandonaran sus fuerzas, y se metió en su barraca, no respirando normalmente hasta que vió la puerta con el cerrojo echado y encendido el candil.

La velada fué lúgubre. El sueño abrumaba a la familia, rendida de cansancio por la vigilia de la noche anterior. Apenas si cenaron, y antes de las nueve ya estaban todos en la cama.

Batiste sentíase mejor de su herida. El peso

en el hombro había disminuído; ya no le dominaba la fiebre; pero ahora le atormentaba un dolor extraño en el corazón.

En la obscuridad del *estudi* y todavía despierto, vió surgir una figura pálida, indeterminada, que poco a poco fué tomando contorno y colores, hasta ser Pimentó tal como lo había visto en los últimos días, con la cabeza entrapajada y su gesto amenazante de terco vengativo.

Molestábale esta visión, y cerró los ojos para dormir. Obscuridad absoluta; el sueño iba apoderándose de él . . . Pero los cerrados ojos empezaron a poblar su densa lobreguez de puntos ígneos, que se agrandaban formando manchas de varios colores, y las manchas, después de flotar caprichosamente, se buscaban, se amalgamaban; y otra vez veía a Pimentó aproximándose a él lentamente, con la cautela feroz de una mala bestia que fascina a su víctima.

Batiste hizo esfuerzos por librarse de esta pesadilla. No dormía, no: escuchaba los ronquidos de su mujer, acostada junto a él, y de sus hijos, abrumados por el cansancio; pero los oía cada vez más hondos,[41] como si una fuerza misteriosa se llevase lejos, muy lejos, la barraca, y él, sin embargo, permaneciese allí, inerte sin poder moverse por más esfuerzos que intentaba, viendo la cara de Pimentó junto a la suya, sintiendo en su rostro la cálida respiración de su enemigo.

Pero ¿no había muerto? . . . Su embotado pensamiento formulaba esta pregunta, y tras muchos esfuerzos se contestaba a sí mismo que Pimentó había muerto. Ya no tenía, como antes, la cabeza rota; ahora mostraba el cuerpo rasgado por dos heridas, que Batiste no podía apreciar en qué lugar estaban; pero dos heridas eran, que abrían sus labios amoratados como inagotables fuentes de sangre. Los dos escopetazos: cosa indiscutible. Él no era de los tiradores que marran.

Y el fantasma, envolviéndole el rostro con su respiración ardiente, dejaba caer sobre Batiste una mirada que parecía agujerearle los ojos y descendía y descendía hasta arañarle las entrañas.

— ¡*Perdónam*,[42] *Pimentó*! — gemía el herido con voz infantil, aterrado por la pesadilla.

Sí; debía perdonarle. Lo había matado, era verdad; pero él había sido el primero en buscarlo. ¡Vamos; los hombres que son hombres deben mostrarse razonables! Él tenía la culpa de todo lo ocurrido.

Pero los muertos no entienden razones, y el espectro, procediendo como un bandido, sonreía ferozmente, y de un salto se subía a la cama, sentándose sobre él, oprimiéndole la herida del hombro con todo su peso.

Gimió Batiste de dolor, sin poder moverse para repeler esta mole. Intentaba enternecerlo llamándole Tòni, con familiar cariño, en vez de designarle por su apodo.

— *Tòni, me fas mal.*[43]

Eso es lo que deseaba el fantasma, hacerle daño. Y pareciéndole aún poco, con sólo su mirada arrebató los trapos y vendajes de su herida, que volaron y se esparcieron. Luego hundió sus uñas crueles en el desgarrón de la carne y tiró de los bordes, haciéndole rugir:

— ¡Ay! ¡ay! . . . ¡« *Pimentó,* » *perdónam!*

Tal era su dolor, que los estremecimientos, subiendo a lo largo de su espalda hasta la cabeza, erizaban sus rapados cabellos, haciéndolos crecer y enroscarse con la contracción de la angustia, hasta convertirse en horrible madeja de serpientes.

Entonces ocurrió una cosa horrible. El fantasma, agarrándose de su extraña cabellera, hablaba por fin.

— *Vine . . . vine*[44] — decía tirando de él.

Le arrastraba con sobrehumana ligereza, lo llevaba volando o nadando — no lo sabía él con certeza —, a través de un elemento ligero y resbaladizo, y así iban los dos vertiginosamente, deslizándose en la sombra, hacia una mancha roja que se marcaba lejos, muy lejos.

La mancha se agrandaba, tenía una forma parecida a la puerta de su *estudi*, y salía por ella un humo denso, nauseabundo, un hedor de paja quemada que le impedía respirar.

Debía ser la boca del infierno: allí le arrojaría Pimentó, en la inmensa hoguera, cuyo resplandor inflamaba la puerta. El miedo venció su parálisis. Dió un espantoso grito, movió al fin sus brazos, y de un terrible revés envió lejos de sí a Pimentó y su extraña cabellera.

Tenía los ojos bien abiertos y no vió más al fantasma. Había soñado; era, sin duda, una pesadilla de la fiebre; ahora volvía a verse en la cama con la pobre Teresa, que, vestida aún, roncaba fatigosamente a su lado.

Pero no; el delirio continuaba todavía.

---

41 los oía cada vez más hondos — he heard them become fainter and fainter.
42 perdónam — perdóname.

43 me fas mal — you're hurting me.
44 vine — ven.

¿Qué luz deslumbrante iluminaba su *estudi*? Aun veía la boca del infierno, que era igual a la puerta de su cuarto, arrojando humo y rojizo resplandor. ¿Estaría dormido?... Se restregó los ojos, movió los brazos, se incorporó en la cama... No; despierto y bien despierto.

La puerta estaba cada vez más roja, el humo era más denso. Oyó sordos crujidos como de cañas que estallan lamidas por la llama, y hasta vió danzar las chispas agarrándose como moscas de fuego a la cortina de cretona que cerraba el cuarto. Sonó un ladrido desesperado, interminable, como un esquilón sonando a rebato.

¡Recristo!... La convicción de la realidad, asaltándole de pronto, pareció enloquecerle.

— ¡Teresa! ¡Teresa!... ¡Amunt![45]

Y del primer empujón la echó fuera de la cama. Después corrió al cuarto de los chicos, y a golpes y gritos los sacó en camisa, como un rebaño idiota y medroso que corre ante el palo, sin saber adónde va. Ya ardía el techo de su cuarto, arrojando sobre la cama un ramillete de chispas.

Cegado por el humo y contando los minutos como siglos, abrió Batiste la puerta, y por ella salió enloquecida de terror toda la familia en paños menores, corriendo hasta el camino.

Allí, un poco más serenos, se contaron.

Todos: estaban todos, hasta el pobre perro, que aullaba melancólicamente mirando la barraca incendiada.

Teresa abrazó a su hija, que, olvidando el peligro, estremecíase de vergüenza al verse en camisa en medio de la huerta, y se sentaba en un ribazo, apelotonándose con la preocupación del pudor, apoyando la barba en las rodillas y tirando del blanco lienzo para que le cubriera los pies.

Los dos pequeños refugiábanse amedrentados en los brazos de su hermano mayor, y el padre agitábase como un demente, rugiendo maldiciones.

¡Recordóns! ¡Y qué bien habían sabido hacerlo!... Habían prendido fuego a la barraca por sus cuatro costados; toda ella ardía de golpe.[46] Hasta el corral, con su cuadra y sus sombrajos,[47] estaba coronado de llamas.

Partían de él relinchos desesperados, cacareos de terror, gruñidos feroces; pero la barraca, insensible a los lamentos de los que se tostaban en sus entrañas, seguía arrojando curvas lenguas de fuego por las puertas y las ventanas. De su incendiada cubierta elevábase un espiral enorme de humo blanco, que con el reflejo del incendio tomaba transparencia de rosa.

Había cambiado el tiempo; la noche era tranquila, no soplaba ninguna brisa, y el azul del cielo sólo estaba empañado por la columna de humo, entre cuyos blancos vellones asomaban curiosas las estrellas.

Teresa luchaba con el marido, que, repuesto de su dolorosa sorpresa y aguijoneado por el interés, que hace cometer locuras, quería meterse en aquel infierno. Un instante nada más: lo indispensable para sacar del *estudi* el saquito de plata, producto de la cosecha.

¡Ah, buena Teresa! No era necesario que contuviese al marido, sufriendo sus recios empujones. Una barraca arde pronto; la paja y las cañas aman el fuego. La techumbre se vino abajo estruendosamente, aquella erguida techumbre que los vecinos miraban como un insulto, y del enorme brasero subió una columna espantosa de chispas, a cuya incierta y vacilante luz parecía gesticular la huerta con fantásticas muecas.

Las paredes del corral temblaban sordamente, cual si dentro de ellas se agitase dando golpes una legión de demonios. Como ramilletes de fuego saltaban las aves, e intentaban volar ardiendo vivas.

Se desplomó un trozo del muro hecho de barro y estacas, y por la negra brecha salió como una centella un monstruo espantable. Arrojaba humo por las narices, agitando su melena de chispas, batiendo desesperadamente su rabo como una escoba de fuego, que esparcía hedor de pelos quemados.

Era el rocín. Pasó con prodigioso salto por encima de la familia, galopando furiosamente a través de los campos. Iba instintivamente en busca de la acequia, y cayó en ella con un chirrido de hierro que se apaga.

Tras él, arrastrándose cual un demonio ebrio y lanzando espantables gruñidos, salió otro espectro de fuego, el cerdo, que se desplomó en medio del campo, ardiendo como una antorcha de grasa.

Ya sólo quedaban en pie las paredes y la parra, con sus sarmientos retorcidos por el incendio y las pilastras que se destacaban como barras de tinta sobre un fondo rojo.

Batistet, con el ansia de salvar algo, corría desaforado por las sendas, gritando, aporreando las puertas de las barracas inmediatas,

---

45 ¡Amunt! — Get up!
46 de golpe — at the same time.

47 cuadra y sus sombrajos — stable and its sheds.

que parecían parpadear con el reflejo del incendio.

— ¡Socorro! ¡socorro! . . . ¡Á fòc! ¡á fòc!⁴⁸

Sus voces se perdían, levantando el eco inútil de las ruinas y los cementerios.

Su padre sonrió cruelmente. En vano llamaba. La huerta era sorda para ellos. Dentro de las blancas barracas había ojos que atisbaban curiosos por las rendijas, tal vez bocas que reían con un gozo infernal, pero ni una voz que dijera: « ¡Aquí estoy! »

¡El pan! . . . ¡Cuánto cuesta ganarlo! ¡Y cuán malos hace a los hombres!

En una barraca brillaba una luz pálida amarillenta, triste. Teresa, atolondrada por el peligro, quiso ir a ella a implorar socorro, con la esperanza que infunde el ajeno auxilio, con la ilusión del algo milagroso que se ansía en la desgracia.

Su marido la detuvo con una expresión de terror. No: allí no. A todas partes, menos allí.

Y como hombre que ha caído tan hondo, tan hondo, que ya no puede sentir remordimientos, apartó su vista del incendio para fijarla en aquella luz macilenta; luz de cirios que arden sin brillo, como alimentados por una atmósfera en la que se percibe aún el revoloteo de la muerte.

¡Adiós, Pimentó! Bien servido te alejas del mundo. La barraca y la fortuna del odiado intruso alumbrarán tu cadáver mejor que los cirios comprados por la desolada Pepeta, amarillentas lágrimas de luz.

Batistet regresó desesperado de su inútil correría. Nadie contestaba.

La vega, silenciosa y ceñuda, les despedía para siempre.

Estaban más solos que en medio de un desierto; el vacío del odio era mil veces peor que el de la Naturaleza.

Huirían de allí para empezar otra vida, sintiendo el hambre detrás de ellos, pisándoles los talones; dejarían a sus espaldas la ruina de su trabajo y el cuerpecito de uno de los suyos, el pobre albaet,⁴⁹ que se pudría en las entrañas de aquella tierra como víctima inocente de una batalla implacable.

Y todos, con resignación oriental, sentáronse en el ribazo, y allí aguardaron el amanecer, con la espalda transida de frío, tostados de frente por el brasero que teñía sus rostros con reflejos de sangre, siguiendo con la pasividad del fatalismo el curso del fuego, que iba devorando todos sus esfuerzos y los convertía en pavesas tan deleznables y tenues como sus antiguas ilusiones de paz y trabajo.

---

48 ¡Á fòc! — ¡Fuego!
49 *Albaet* alludes to Teresa's youngest son, Pascualet, who had died as a result of having been thrown into a canal of stagnant water.

PROSE FICTION OF THE GENERATION OF 1898

Miguel de Unamuno, 1864–1936, *Abel Sánchez*, 1917 (pp. 231–34; 367–68; 560–65)

Unamuno[1] said that his first novel, *Paz en la guerra*, 1897 (about the Carlist War) was as much "historia novelada" as it was "novela histórica." In later novels he abandoned straightforward narration for what he termed "*nivolas*," which he defined as "relatos acezados de realidades íntimas." All these novels or *nivolas* examine the agony of man's struggle against himself and his destiny and contain themes such as love, death, envy, the will to power, frustrated motherhood, and the ultimate problem of individual personality. They reveal Unamuno's own existential preoccupations and the same doubts and spiritual agony found in his poetry, essays, and dramas. In a sense his novels are intellectual essays in dialogue form. Yet they stress in tense, short, exclamatory outbursts the inner experiences and motivations of his characters, tortured human beings who seek answers for their torment concerning the uncertainties of life and death. The personified ideas in his novels are more important than the plot line. Among his *nivolas* are: *Amor y pedagogía*, 1902, his existential rebellion against the scientific spirit; *Niebla*, 1914, on the problem of personality, tragic love, and the need for acceptance among human beings; and his most mature short novel, *San Manuel Bueno, mártir*, 1933, of which Unamuno said: "Tengo la conciencia de haber puesto en ella todo mi sentimiento trágico de la vida cotidiana."

As Unamuno admits in the prologue to the second edition, *Abel Sánchez* was not too successful when it first appeared in Spain, but many critics, including Barea, who calls it the "best integrated of all the *nivolas*," consider it his best novel, and it has now gone through many editions. In calling his Cain and Abel story *Abel Sánchez*, Unamuno displaces the protagonist, for the real hero is Joaquín Monegro, a modern Cain whose soul Unamuno tries to fathom. Joaquín needs hate to live, though he constantly talks of the necessity of freeing himself from it.

Unamuno calls his story one of "tragic envy," but it is also an analysis of the human ego and the human soul. Some of his own passion and contradictions and his struggles between doubt and faith appear in this novel. In the prologue to the second edition Unamuno also remarks that perhaps it would be better to call his work "historia de una pasión." This "pasión" he later identifies as envy, the ferment of Spanish social life, which was known to both Quevedo and Fray Luis de León. Unamuno does not solve the problem, as Eugenio de Nora points out; he merely confronts it and states that the tragedy of the exaltation of a mediocre individual and the rejection of the superior one has existed in history and in life. Unamuno suggests that the real source of envy may be one's superiority, for the superior man, recognizing another as inferior though successful, first envies and then hates him. Joaquín comes to the realization that he needs Abel as a hate object just as any man needs a heart to pump his blood.

Although he does not judge, Unamuno obviously considers Joaquín, in his agony and interior revolt, far superior to the shallow Abel. As he says: "he sentido la grandeza de la pasión de mi Joaquín Monegro y cuán superior es, moralmente, a todos los Abeles. No es Caín lo malo; lo malo son los cainitas. Y los abelitas."

I

No recordaban Abel Sánchez y Joaquín Monegro desde cuándo se conocían. Eran conocidos desde antes de la niñez, desde su primera infancia, pues sus dos sendas nodrizas[2] se juntaban y los juntaban cuando aun ellos no sabían hablar. Aprendió cada uno de ellos a conocerse conociendo al otro. Y así vivieron y se hicieron juntos amigos desde nacimiento, casi más bien hermanos de crianza.

En sus paseos, en sus juegos, en sus otras amistades comunes, parecía dominar e iniciarlo todo Joaquín, el más voluntarioso; pero era Abel quien, pareciendo ceder, hacía la suya siempre. Y es que le importaba más no obedecer que mandar. Casi nunca reñían.

---

1 For Unamuno's work as a poet and essayist see pp. 347–54 and pp. 463–71.

2 sus ... nodrizas — their individual nurses.

« ¡Por mí, como tú quieras! . . . », le decía Abel a Joaquín, y éste se exasperaba a las veces porque con aquel « ¡como tú quieras! . . . » esquivaba las disputas.

— ¡Nunca me dices que no! — exclamaba Joaquín.

— ¿Y para qué? — respondía el otro.

— Bueno, éste[3] no quiere que vayamos al Pinar dijo una vez aquél, cuando varios compañeros se disponían a dar un paseo.

— ¿Yo? ¡Pues no he de quererlo![4] . . . — exclamó Abel —. Sí, hombre, sí; como tú quieras. ¡Vamos allá!

— ¡No, como yo quiera, no! ¡Ya te he dicho otras veces que no! ¡Como yo quiera, no! ¡Tú no quieres ir!

— Que sí, hombre . . .

— Pues entonces no lo quiero yo . . .

— Ni yo tampoco . . .

— Eso no vale — gritó ya Joaquín —. ¡O con él o conmigo!

Y todos se fueron con Abel, dejándole a Joaquín solo.

Al comentar éste en sus *Confesiones*[5] tal suceso de la infancia, escribía: « Ya desde entonces era él simpático, no sabía por qué, y antipático yo, sin que se me alcanzara mejor la causa de ello, y me dejaban solo. Desde niño me aislaron mis amigos. »

Durante los estudios del bachillerato, que siguieron juntos, Joaquín era el empollón, el que iba a la caza de los premios, el primero en las aulas, y el primero Abel fuera de ellas, en el patio del Instituto, en la calle, en el campo, en los novillos,[6] entre los compañeros. Abel era el que hacía reír con sus gracias y, sobre todo, obtenía triunfos de aplauso por las caricaturas que de los catedráticos hacía. « Joaquín es mucho más aplicado, pero Abel es más listo . . . si se pusiera a estudiar . . . » Y este juicio común de los compañeros, sabido por Joaquín, no hacía sino envenenarle el corazón. Llegó a sentir la tentación de descuidar el estudio y tratar de vencer al otro en el otro campo, pero diciéndose: « ¡bah!, qué saben ellos . . . , » siguió fiel a su propio natural. Además, por más que procuraba aventajar al otro en ingenio y donosura, no lo conseguía. Sus chistes no eran reídos y pasaba por ser fundamentalmente serio. « Tú eres fúnebre » — solía decirle Federico Cuadrado —; « tus chistes son chistes de duelo. »

Concluyeron ambos el bachillerato. Abel se dedicó a ser artista siguiendo el estudio de la pintura, y Joaquín se matriculó en la Facultad de Medicina. Veíanse con frecuencia y hablaba cada uno al otro de los progresos que en sus respectivos estudios hacían, empeñándose Joaquín en probarle a Abel que la Medicina era también un arte, y hasta un arte bello, en que cabía inspiración poética. Otras veces, en cambio, daba en[7] menospreciar las bellas artes, enervadoras del espíritu, exaltando la ciencia, que es la que eleva, fortifica y ensancha el espíritu con la verdad.

— Pero es que la Medicina tampoco es ciencia — le decía Abel —. No es sino un arte, una práctica derivada de ciencias.

— Es que yo no he de dedicarme al oficio de curar enfermos — replicaba Joaquín.

— Oficio muy honrado y muy útil . . . — añadía el otro.

— Sí, pero no para mí. Será todo lo honrado y todo lo útil que quieras, pero detesto esa honradez y esa utilidad. Para otros el hacer dinero tomando el pulso, mirando la lengua y recetando cualquier cosa. Yo aspiro a más.

— ¿A más?

— Sí; yo aspiro a abrir nuevos caminos. Pienso dedicarme a la investigación científica. La gloria médica es de los que descubrieron el secreto de alguna enfermedad y no de los que aplicaron el descubrimiento con mayor o menor fortuna.

— Me gusta verte así, tan idealista.

— Pues qué, ¿crees que sólo vosotros, los artistas, los pintores, soñáis con la gloria?

— Hombre, nadie te ha dicho que yo sueñe con tal cosa . . .

— ¿Que no? ¿Pues por qué, si no, te has dedicado a pintar?

— Porque si se acierta, es oficio que promete . . .

— ¿Que promete?

— Vamos, sí, que da dinero.

— A otro perro con ese hueso, Abel. Te conozco desde que nacimos casi. A mí no me la das.[8] Te conozco.

— ¿Y he pretendido nunca engañarte?

— No, pero tú engañas sin pretenderlo. Con ese aire de no importarte nada, de tomar la vida en juego, de dársete un comino de todo[9] eres un terrible ambicioso . . .

3 *Éste* refers to Abel.
4 ¡Pues . . . quererlo! — Of course I want to!
5 When Joaquín Monegro died, his daughter discovered his memoirs among his papers. He called these his confessions.

6 en los novillos — while playing hooky.
7 daba en — he fell to; he took to (as a custom).
8 A mí . . . das — You aren't fooling me.
9 dársete . . . todo — not giving a darn about anything.

— ¿Ambicioso yo?

— Sí, ambicioso de gloria, de fama, de renombre... Lo fuiste siempre, de nacimiento. Sólo que solapadamente.

— Pero ven acá, Joaquín, y dime: ¿te disputé nunca tus premios? ¿No fuiste tú siempre el primero en clase, el chico que promete?

— Sí, pero el gallito, el niño mimado de los compañeros, tú...

— ¿Y qué iba yo a hacerle?[10]

— ¿Me querrás hacer creer que no buscabas esa especie de popularidad?...

— Haberla buscado tú...

— ¿Yo? ¿Yo? ¡Desprecio a la masa!

— Bueno, bueno; déjame de esas tonterías y cúrate de ellas. Mejor será que me hables otra vez de tu novia.

— ¿Novia?

— Bueno, de esa tu primita que quieres que lo sea.

Porque Joaquín estaba queriendo forzar el corazón de su prima Helena y había puesto en su empeño amoroso todo el ahínco de su ánimo reconcentrado y suspicaz. Y sus desahogos, los inevitables y saludables desahogos de enamorado en lucha, eran con su amigo Abel.

¡Y lo que Helena le hacía sufrir!

— Cada vez la entiendo menos — solía decirle a Abel —. Esa muchacha es para mí una esfinge...

— Ya sabes lo que decía Oscar Wilde, o quien fuese: que toda mujer es una esfinge sin secreto.

— Pues Helena parece tenerlo. Debe de querer a otro, aunque éste no lo sepa. Estoy seguro de que quiere a otro.

— ¿Y por qué?

— De otro modo no me explico su actitud conmigo...

— Es decir, que porque no quiere quererte a ti..., quererte para novio, que como primo sí te querrá...

— ¡No te burles!

— Bueno, pues porque no quiere quererte para novio, o, más claro, para marido, ¿tiene que estar enamorada de otro? ¡Bonita lógica!

— ¡Yo me entiendo!

— Sí, y también yo te entiendo.

— ¿Tú?

— ¿No pretendes ser quien mejor me conoce? ¿Qué mucho, pues, que yo pretenda conocerte?[11] Nos conocimos a un tiempo.

— Te digo que esa mujer me trae loco y me hará perder la paciencia. Está jugando conmigo. Si me hubiera dicho desde un principio que no, bien estaba, pero tenerme así, diciendo que lo verá, que lo pensará... ¡Esas cosas no se piensan..., coqueta!

— Es que te está estudiando.

— ¿Estudiándome a mí? ¿Ella? ¿Qué tengo yo que estudiar? ¿Qué puede ella estudiar?

— ¡Joaquín, Joaquín, te estás rebajando y la estás rebajando!... ¿O crees que no más verte y oírte y saber que la quieres y ya debía rendírsete?

— Sí, siempre he sido antipático...

— Vamos, hombre, no te pongas así...

— ¡Es que esa mujer está jugando conmigo! Es que no es noble jugar así con un hombre como yo, franco, leal, abierto... ¡Pero si vieras qué hermosa está! ¡Y cuanto más fría y más desdeñosa se pone, más hermosa! ¡Hay veces que no sé si la quiero o la aborrezco más!... ¿Quieres que te presente a ella?...

— Hombre, si tú...

— Bueno, os presentaré.

— Y si ella quiere...

— ¿Qué?

— Le haré un retrato.

— ¡Hombre, sí.

Mas aquella noche durmió Joaquín mal rumiando lo del retrato, pensando en que Abel Sánchez, el simpático sin proponérselo, el mimado del favor ajeno,[12] iba a retratarle a Helena.

¿Qué saldría de allí? ¿Encontraría también Helena, como sus compañeros de ellos, más simpático a Abel? Pensó negarse a la presentación, mas como ya se la había prometido...

Abel paints Helena's portrait, and they become sweethearts and marry. Joaquín, almost feverish with anger and jealousy, feels that Abel has betrayed him and that Helena has disparaged him. He throws himself into his work to forget. When the couple return from their honeymoon and Abel becomes ill, Joaquín struggles with his conscience. He cannot decide whether to let Abel die or not, but his honor wins out and he cures him.

Joaquín marries Antonia, a saintly woman, but her very goodness, instead of helping cure his hatred, serves as one more cause for remorse and guilt feelings in his soul. Abel becomes one of the best known painters of

10 ¿Y... hacerle? — And what was I to do about it?
11 ¿Qué... conocerte? — Well, is it presumptuous of me to feel that I know you?

12 el mimado... ajeno — everybody's pet.

Spain, and Joaquín works extremely hard to become a top scientist and thus take vengeance on his two enemies, but he allows one of his patients to die through his inattention brought about by jealousy. Helena has a son, Abelín, but Antonia gives birth to a daughter, Joaquina, another cause for envy in Joaquín's soul.

Abel lends Joaquín a copy of Lord Byron's *Cain*, a three-act mystery which has a profound effect on him. Struggling to overcome his emotions, Joaquín praises Abel and his work in a beautiful banquet speech, but his envy continues. Antonia encourages her husband to see a priest, who informs him that man has free will to make his own decisions; but this advice offers no consolation to Joaquín. Nevertheless, he fruitlessly seeks relief from his feelings, first in religion and then in a conversational group.

Abel has an affair with a former model, which confirms Joaquín's belief that Abel married Helena only to humiliate him. He confesses his love to Helena and tells her of Abel's betrayal, but she rejects him.

Abelín graduates from medical school and becomes Joaquín's assistant. Joaquín prevents his daughter from entering a convent and prevails upon her to marry Abelín, hoping to find some kind of salvation in the mixture of the Monegro and Sánchez blood. Abelín carries on Joaquín's work, and the latter writes his memoirs. Abelín reveals to his mentor that Abel did not want to allow him to take up painting because he feared the potential competition.

XXXIII

Solía ir Helena a casa de su nuera, de sus hijos, para introducir un poco de gusto más fino, de mayor elegancia, en aquel hogar de burgueses sin distinción, para corregir — así lo creía ella — los defectos de la educación de la pobre Joaquina, criada por aquel padre lleno de una soberbia sin fundamento y por aquella pobre madre que había tenido que cargar con el hombre que otra desdeñó. Y cada día dictaba alguna lección de buen tono y de escogidas maneras.

— ¡Bien, como quieras! — solía decir Antonia.

Y Joaquina, aunque recomiéndose, resignábase. Pero dispuesta a rebelarse un día. Y si

no lo hizo fué por los ruegos de su marido.

— Como usted quiera, señora, — le dijo una vez, y recalcando el *usted*, que no habían logrado lo dejase al hablarle —; yo no entiendo de esas cosas ni me importa. En todo eso se hará su gusto . . .

— Pero si no es mi gusto, hija, si es . . .

— ¡Lo mismo da! Yo me he criado en la casa de un médico, que es ésta, y cuando se trate de higiene, de salubridad, y luego que nos llegue el hijo, de criarle, sé lo que he de hacer; pero ahora, en estas cosas que llama usted de gusto, de distinción, me someto a quien se ha formado en casa de un artista.

— Pero no te pongas así, chicuela . . .

— No, si no me pongo. Es que siempre nos está usted echando en cara que si esto no se hace así, que sí se hace asá.[13] Después de todo, no vamos a dar saraos ni tés danzantes.

— No sé de dónde te ha venido, hija, ese fingido desprecio, fingido, sí, fingido, lo repito, fingido . . .

— Pero si yo no he dicho nada, señora . . .

— Ese fingido desprecio a las buenas formas, a las conveniencias sociales. ¡Aviados estaríamos sin ellas! . . . ¡No se podría vivir!

Como a Joaquina le habían recomendado su padre y su marido que se paseease, que aireasee y soleasee la sangre que iba dando al hijo que vendría, y como ellos no podían siempre acompañarla, y Antonia no gustaba de salir de casa, escoltábala Helena, su suegra. Y se complacía en ello, en llevarla al lado como a una hermana menor, pues por tal la tomaban los que no las conocían, en hacerle sombra con su espléndida hermosura casi intacta por los años. A su lado su nuera se borraba a los ojos precipitados de los transeúntes. El encanto de Joaquina era para paladeado[14] lentamente por los ojos, mientras que Helena se ataviaba para barrer las miradas de los distraídos.[15] « ¡Me quedo con la madre! » — oyó que una vez decía un mocetón, a modo de chicoleo,[16] cuando al pasar ellas le oyó que llamaba *hija* a Joaquina, y respiró más fuerte, humedeciéndose con la punta de la lengua los labios.

— Mira, hija — solía decirle a Joaquina —, haz lo más por disimular tu estado; es muy feo eso de que se conozca que una muchacha está encinta . . . , es así como una petulancia . . .

— Lo que yo hago, madre, es andar cómoda y no cuidarme de lo que crean o no crean . . . Aunque estoy en lo que los cursis llaman

---

13 no se . . . asá — is not done this way but that way.
14 para paladeado — of a nature to be savored.

15 barrer . . . distraídos — to dazzle the onlookers.
16 chicoleo — compliment.

estado interesante, no me hago la tal[17] como otras se habrán hecho y se hacen. No me preocupo de esas cosas.

— Pues hay que preocuparse; se vive en el mundo.

— ¿Y qué más da[18] que lo conozcan? . . . ¿O es que no le gusta a usted, madre, que sepan que va para abuela? — añadió con sorna.

Helena se escocía al oír la palabra odiosa: abuela, pero se contuvo.

— Pues mira, lo que es por edad . . .[19] — dijo, picada.

— Sí, por edad podía usted ser madre de nuevo — repuso la nuera, hiriéndola en lo vivo.

— Claro, claro — dijo Helena, sofocada y sorprendida, inerme por el brusco ataque —. Pero eso de que se te queden mirando . . .

— No, esté tranquila, pues a usted es más bien a la que miran. Se acuerdan de aquel magnífico retrato, de aquella obra de arte . . .

— Pues yo en tu caso . . . — empezó la suegra.

— Usted, en mi caso, madre, y si pudiese acompañarme en mi estado mismo, ¿entonces?

— Mira, niña, si sigues así nos volvemos en seguida y no vuelvo a salir contigo ni a pisar tu casa . . . , es decir, la de tu padre.

— ¡La mía, señora, la mía, y la de mi marido y la de usted! . . .

— ¿Pero de dónde has sacado ese geniecillo, niña?

— ¿Geniecillo? ¡Ah, sí, el genio es de otros!

— Miren, miren la mosquita muerta[20] . . . , la que se iba a ser monja antes de que su padre le pescase a mi hijo . . .

— Le he dicho a usted ya, señora, que no vuelva a mentarme eso. Yo sé lo que me hice.[21]

— Y mi hijo también.

— Sí, sabe también lo que se hizo, y no hablemos más de ello.

XXXIV

Y vino al mundo el hijo de Abel y de Joaquina, en quien se mezclaron las sangres de Abel Sánchez y de Joaquín Monegro.

La primera batalla fué la del nombre que había de ponérsele; su madre quería que Joaquín; Helena, que Abel, y Abel, su hijo, Abelín y Antonia, remitieron la decisión a Joaquín que sería quien le diese nombre.

Y fué un combate en el alma de Monegro. Un acto tan sencillo como es dar nombre a un hombre nuevo, tomaba para él tamaño de algo agorero, de un sortilegio fatídico. Era como si se decidiera el porvenir del nuevo espíritu.

« Joaquín — se decía éste —, Joaquín, sí, como yo, y luego será Joaquín S. Monegro y hasta borrará la ese, la ese a que se le reducirá ese odioso Sánchez, y desaparecerá su nombre, el de su hijo, y su linaje quedará anegado en el mío . . . ¿Pero no es mejor que sea Abel Monegro, Abel S. Monegro, y se redima así el Abel? Abel es su abuelo, pero Abel es también su padre, mi yerno, mi hijo, que ya es mío, un Abel mío, que he hecho yo. ¿Y qué más da que se llame Abel si él, el otro, su otro abuelo, no será Abel ni nadie le conocerá por tal, sino será como yo le llame en las *Memorias*, con el nombre con que lo marque en la frente con fuego? Pero no . . . »

Y, mientras así dudaba, fué Abel Sánchez, el pintor, quien decidió la cuestión, diciendo:

— Que se llame Joaquín. Abel el abuelo, Abel el padre, Abel el hijo, tres Abeles . . . ¡son muchos! Además, no me gusta, es nombre de víctima . . .

— Pues bien dejaste ponérselo a tu hijo — objetó Helena.

— Sí, fué un empeño tuyo, y por no oponerme . . . Pero figúrate que en vez de haberse dedicado a médico se dedica a pintor, pues . . . Abel Sánchez el Viejo y Abel Sánchez el Joven . . .

Y Abel Sánchez no puede ser más que uno — añadió Joaquín sotorriéndose.

— Por mí que haya ciento — replicó aquél —. Yo siempre he de ser yo.

— ¿Y quién lo duda? — dijo su amigo.

— ¡Nada, nada, que se llame Joaquín, decidido!

— Y que no se dedique a la pintura, ¿eh?

— Ni a la medicina — concluyó Abel fingiendo seguir la fingida broma.

Y Joaquín se llamó el niño.

XXXV

Tomaba al niño su abuela Antonia, que era quien le cuidaba, y apechugándolo como para ampararlo y cual si presintiese alguna desgracia, le decía: « Duerme, hijo mío, duerme, que cuanto más duermas mejor. Así crecerás sano y fuerte. Y luego también, mejor dor-

---

17 no me hago la tal — I do not pretend to be so (interesting).
18 ¿Y . . . da? — And what difference does it make?
19 lo . . . edad — as far as age is concerned.

20 mosquita muerta — one who feigns meekness (said here ironically).
21 Yo . . . hice — I know what I did.

THE GENERATION
OF 1898

mido que despierto, sobre todo en esta casa. ¿Qué va a ser de ti? ¡Dios quiera que no riñan en ti dos sangres! » Y dormido el niño, ella, teniéndole en brazos, rezaba y rezaba.

Y el niño crecía a la par que la *Confesión* y las *Memorias* de su abuelo de madre y que la fama de pintor de su abuelo de padre. Pues nunca fué más grande la reputación de Abel que en este tiempo. El cual por su parte, parecía preocuparse muy poco de toda otra cosa que no fuese su reputación.

Una vez se fijó más intensamente en el nietecillo, y fué que al verle una mañana dormido, exclamó: « ¡Qué precioso apunte! » Y tomando un álbum se puso a hacer un bosquejo a lápiz del niño dormido.

— ¡Qué lástima — exclamó no tener aquí mi paleta y mis colores! Ese juego de la luz en la mejilla, que parece como de melocotón, es encantador. ¡Y el color del pelo! ¡Si parecen rayos del sol los rizos!

— Y luego — le dijo Joaquín —, ¿cómo llamarías al cuadro? ¿Inocencia?

— Eso de poner títulos a los cuadros se queda para los literatos, como para los médicos el poner nombres a las enfermedades, aunque no se curen.

— ¿Y quién te ha dicho, Abel, que sea lo propio de la medicina curar las enfermedades?

— Entonces, ¿qué es?

— Conocerlas. El fin de la ciencia es conocer.

— Yo creí que conocer para curar. ¿De qué nos serviría haber probado del fruto de la ciencia del bien y del mal si no era para librarnos de éste?

— Y el fin del arte, ¿cuál es? ¿Cuál es el fin de ese dibujo de nuestro nieto que acabas de hacer?

— Eso tiene su fin en sí. Es una cosa bonita y basta.

— ¿Qué es lo bonito? ¿Tu dibujo o nuestro nieto?

— ¡Los dos!

— ¿Acaso crees que tu dibujo es más hermoso que él, que Joaquinito?

— ¡Ya estás en las tuyas!²² ¡Joaquín, Joaquín!

Y vino Antonia, la abuela, y cogió al niño de la cuna y se lo llevó como para defenderle de uno y de otro abuelo. Y le decía: « ¡Ay, hijo, hijito, hijo mío, corderito de Dios, sol de la casa, angelito sin culpa, que no te retraten, que no te curen. ¡No seas modelo de pintor,

no seas enfermo de médico! . . . ¡Déjales, déjales con su arte y con su ciencia y vente con tu abuelita, tú, vida mía, vida, vidita, vidita mía! Tú eres mi vida tú eres nuestra vida; tú eres el sol de esta casa. Yo te enseñaré a rezar por tus abuelos y Dios te oirá. ¡Vente conmigo, vidita, vida, corderito sin mancha, corderito de Dios! » Y no quiso Antonia ver el apunte de Abel.

XXXVI

Joaquín seguía con su enfermiza ansiedad el crecimiento en cuerpo y en espíritu de su nieto Joaquinito. ¿A quién salía? ¿A quién se parecía? ¿De qué sangre era? Sobre todo cuando empezó a balbucir.

Desasosegábale al abuelo que el otro abuelo, Abel, desde que tuvo el nieto, frecuentaba la casa de su hijo y hacía que le llevasen a la suya el pequeñuelo. Aquel grandísimo egoísta — por tal le tenían su hijo y su consuegro — parecía ablandarse de corazón y aun aniñarse ante el niño. Solía ir a hacerle dibujos, lo que encantaba a la criatura. « ¡Abelito, santos!,²³ » le pedía. Y Abel no se cansaba de dibujarle perros, gatos, caballos, toros, figuras humanas. Ya le pedía un jinete, ya dos chicos haciendo cachetina,²⁴ ya un niño corriendo de un perro que le sigue, y que las escenas se repitiesen.

— En mi vida he trabajado con más gusto — decía Abel —; ¡esto, esto es arte puro y lo demás . . . chanfaina!

— Puedes hacer un álbum de dibujos para los niños — le dijo Joaquín.

— ¡No, así no tiene gracia; para los niños . . . no! Eso no sería arte, sino . . .

— Pedagogía — dijo Joaquín.

— Eso sí, sea lo que fuere, pero arte, no. Esto es arte, esto; estos dibujos que dentro de media hora romperá nuestro nieto.

— ¿Y si yo los guardase? — preguntó Joaquín.

— ¿Guardarlos? ¿Para qué?

— Para tu gloria. He oído de no sé qué pintor de fama que se han publicado los dibujos que les hacía, para divertirlos, a sus hijos, y que son lo mejor de él.

— Yo no los hago para que los publiquen luego, ¿entiendes? Y en cuanto a eso de la gloria, que es una de tus reticencias, Joaquín, sábete que no se me da un comino de ella.

— ¡Hipócrita! Si es lo único que de veras te preocupa . . .

---

22 ¡Ya . . . tuyas! — There you go again!
23 ¡Abelito, santos! — Grandpa, draw me some pictures.

24 haciendo cachetina — boxing.

— ¿Lo único? Parece mentira que me lo digas ahora. Hoy lo que me preocupa es este niño. ¡Y será un gran artista!

— Que herede tu genio, ¿no?

— ¡Y el tuyo!

El niño miraba sin comprender el duelo entre sus dos abuelos, pero adivinando algo en sus actitudes.

— ¿Qué le pasa a mi padre — preguntaba a Joaquín su yerno —, que está chocho con[25] el nieto, él que apenas nunca me hizo caso? Ni recuerdo que siendo yo niño me hiciese esos dibujos . . .

— Es que vamos para viejos, hijo — le respondió Joaquín —, y la vejez enseña mucho.

— Y hasta el otro día, a no sé qué pregunta del niño, le vi llorar. Es decir, le salieron las lágrimas. Las primeras que le he visto.

— ¡Bah! Eso es cardíaco!

— ¿Cómo?

— Que tu padre está ya gastado por los años y el trabajo y por el esfuerzo de la inspiración artística y por las emociones, que tiene muy mermadas las reservas del corazón[26] y que el mejor día . . .[27]

— ¿Qué?

— Os da, es decir, nos da un susto. Y me alegro que haya llegado ocasión de decírtelo, aunque ya pensaba en ello. Adviérteselo a Helena, a tu madre.

— Sí, él se queja de fatiga, de disnea.[28] ¿Será . . .?

— Eso es. Me ha hecho que le reconozca sin saberlo tú y le he reconocido. Necesita cuidado.

Y así era que en cuanto se encrudecía el tiempo Abel se quedaba en casa y hacía que le llevasen a ella el nieto, lo que amargaba para toda el día al otro abuelo. «Me lo está mimando — se decía Joaquín —, quiere arrebatarme su cariño; quiere ser el primero; quiere vengarse de lo de su hijo. Sí, sí, es por venganza, nada más que por venganza. Quiere quitarme este último consuelo. Vuelve a ser él, él, él, que me quitaba los amigos cuando éramos mozos. »

Y en tanto Abel le repetía al nietecito que quisiera mucho al abuelito Joaquín.

— Te quiero más a ti — le dijo una vez el nieto.

— ¡Pues no! No debes quererme a mí más; hay que querer a todos igual. Primero a papá y mamá y luego a los abuelos y a todos lo

mismo. El abuelito Joaquín es muy bueno, te quiere mucho, te compra juguetes . . .

— También tú me los compras . . .

— Te cuenta cuentos . . .

— Me gustan más los dibujos que tú me haces. ¡Anda, píntame un toro y un picador a caballo!

XXXVII

— Mira, Abel — le dijo solemnemente Joaquín, así que se encontraron solos —; vengo a hablarte de una cosa grave, muy grave, de una cuestión de vida o muerte.

— ¿De mi enfermedad?

— No; pero, si quieres, de la mía.

— ¿De la tuya?

— De la mía, ¡sí! Vengo a hablarte de nuestro nieto. Y para no andar con rodeos es menester que te vayas, que te alejes, que nos pierdas de vista; te lo ruego, te lo suplico . . .

— ¿Yo? ¿Pero estás loco, Joaquín? ¿Y por qué?

— El niño te quiere a ti más que a mí. Esto es claro. Yo no sé lo que haces con él . . . , no quiero saberlo . . .

— Lo aojaré,[29] le daré algún bebedizo, sin duda . . .

— No lo sé. Le haces esos dibujos, esos malditos dibujos, le entretienes con las artes perversas de tu maldito arte . . .

— ¿Ah, pero eso también es malo? Tú no estás bueno, Joaquín.

— Puede ser que no esté bueno, pero eso no importa ya. No estoy en edad de curarme. Y si estoy malo debes respetarme. Mira, Abel, que me amargaste la juventud, que me has perseguido la vida toda . . .

— ¿Yo?

— Sí, tú, tú.

— Pues lo ignoraba.

— No finjas. Me has despreciado siempre.

— Mira, si sigues así, me voy, porque me pones malo de verdad. Ya sabes mejor que nadie que no estoy para oír locuras de ese jaez. Vete a un manicomio a que te curen o te cuiden y déjanos en paz.

— Mira, Abel, que me quitaste, por humillarme, por rebajarme, a Helena . . .

— ¿Y no has tenido a Antonia? . . .

— ¡No, no es por ella, no! Fué el desprecio, la afrenta, la burla.

— Tú no estás bueno; te lo repito, Joaquín, no estás bueno . . .

---

25 está chocho con — he dotes on.
26 tiene . . . corazón — he has a very weak heart.
27 el mejor día — some fine day.

28 disnea — dyspnoea, labored breathing.
29 Lo aojaré — I'm probably bewitching him.

— Peor estás tú.

— De salud del cuerpo, desde luego. Sé que no estoy para vivir mucho.

— Demasiado . . .

— ¿Ah, pero me deseas la muerte?

— No, Abel, no, no digo eso — y tomó Joaquín tono de quejumbrosa súplica, diciéndole —: Vete, vete de aquí, vete a vivir a otra parte, déjame con él . . . , no me lo quites . . . por lo que te queda.[30]

— Pues por lo que me queda, déjame con él.

— No, que me le envenenas con tus mañas, que le desapegas de mí, que le enseñas a despreciarme . . .

— ¡Mentira, mentira y mentira! Jamás me ha oído ni me oirá nada en desprestigio tuyo.

— Sí, pero basta con lo que le engatusas.[31]

— ¿Y crees tú que por irme yo, por quitarme yo de en medio habría de quererte? Si a ti, Joaquín, aunque uno se proponga no puede quererte . . . Si rechazas a la gente . . .

— Lo ves, lo ves . . .

— Y si el niño no te quiere como tú quieres ser querido, con exclusión de los demás o más que a ellos, es que presiente el peligro, es que teme . . .

— ¿Y qué teme? — preguntó Joaquín, palideciendo.

— El contagio de tu mala sangre.

Levantóse entonces Joaquín, lívido, se fué a Abel y le puso las dos manos, como dos garras, en el cuello, diciendo:

— ¡Bandido!

Mas al punto las soltó. Abel dió un grito, llevándose las manos al pecho, suspiró un « ¡Me muero! » y dió el último respiro. Joaquín se dijo: « ¡El ataque de angina; ya no hay remedio; se acabó! »

En aquel momento oyó la voz del nieto que llamaba: « ¡Abuelito! ¡Abuelito! » Joaquín se volvió:

— ¿A quién llamas? ¿A qué abuelo llamas? ¿A mí? — Y como el niño callara, lleno de estupor ante el misterio que veía —; Vamos, di ¿a qué abuelo? ¿A mí?

— No, al abuelito Abel.

— ¿A Abel? Ahí le tienes . . . , muerto. ¿Sabes lo que es eso? Muerto.

Después de haber sostenido en la butaca en que murió el cuerpo de Abel, se volvió Joaquín al nieto y con voz de otro mundo le dijo:

— ¡Muerto, sí! Y le he matado yo, yo, ha matado a Abel Caín, tu abuelo Caín. Mátame ahora si quieres. Me quería robarte; quería

quitarme tu cariño. Y me lo ha quitado. Pero él tuvo la culpa, él.

Y rompiendo a llorar, añadió:

— ¡Me quería robarte a ti, a ti, al único consuelo que le quedaba al pobre Caín! ¿No le dejarán a Caín nada? Ven acá, abrázame.

El niño huyó sin comprender nada de aquello, como se huye de un loco. Huyó llamando a Helena: — ¡Abuela, abuela!

— Le he matado, sí — continuó Joaquín solo —; pero él me estaba matando; hace más de cuarenta años que me estaba matando. Me envenenó los caminos de la vida con su alegría y con sus triunfos. Quería robarme el nieto . . .

Al oír pasos precipitados, volviendo Joaquín en sí, volvióse. Era Helena, que entraba.

— ¿Qué pasa . . . , qué sucede . . . , qué dice el niño? . . .

— Que la enfermedad de tu marido ha tenido un fatal desenlace — dijo Joaquín heladamente.

— ¿Y tú?

— Yo no he podido hacer nada. En esto se llega siempre tarde.

Helena le miró fijamente y le dijo:

— ¡Tú . . . , tú has sido!

Luego se fué, pálida y convulsa, pero sin perder su compostura, al cuerpo de su marido.

XXXVIII

Pasó un año, en que Joaquín cayó en una honda melancolía. Abandonó sus *Memorias*, evitaba ver a todo el mundo, incluso a sus hijos. La muerte de Abel había parecido el natural desenlace de su dolencia, conocida por su hija, pero un espeso bochorno de misterio pesaba sobre la casa. Helena encontró que el traje de luto la favorecía mucho y empezó a vender los cuadros que de su marido le quedaban. Parecía tener cierta aversión al nieto. Al cual le había nacido ya una hermanita.

Postróle, al fin, a Joaquín una oscura enfermedad en el lecho. Y sintiéndose morir, llamó un día a sus hijos, a su mujer, a Helena.

— Os dijo la verdad el niño — empezó diciendo — yo le maté.

— No digas esas cosas, padre — suplicó Abel, su yerno.

— No es hora de interrupciones ni de embustes. Yo le maté. O como si yo le hubiera matado, pues murió en mis manos . . .

— Eso es otra cosa.

---

30 por . . . queda — for the little time you have left (to live).

31 engatusar — to inveigle, wheedle.

— Se me murió teniéndole yo en mis manos, cogido del cuello. Aquello fué como un sueño. Toda mi vida ha sido como un sueño. Por eso ha sido como una de esas pesadillas dolorosas que nos caen encima poco antes de despertar, al alba, entre el sueño y la vela. No he vivido ni dormido . . . , ¡ojalá!, ni despierto. No me acuerdo ya de mis padres, no quiero acordarme de ellos y confío en que ya muertos, me hayan olvidado. ¿Me olvidará también Dios? Sería lo mejor, acaso, el eterno olvido. ¡Olvidadme, hijos míos!

— ¡Nunca! — exclamó Abel, yendo a besarle la mano.

— ¡Déjala! Estuvo en el cuello de tu padre al morirse éste. ¡Déjala! Pero no me dejéis. Rogad por mí.

— ¡Padre, padre! — suplicó la hija.

— ¿Por qué he sido tan envidioso, tan malo? Qué hice para ser así? ¿Qué leche mamé? ¿Era un bebedizo de odio? ¿Ha sido un bebedizo de sangre? ¿Por qué nací en tierra de odios? En tierra en que el precepto parece ser: « Odia a tu prójimo como a ti mismo. » Porque he vivido odiándome; porque aquí todos vivimos odiándonos. Pero . . . traed al niño.

— ¡Padre!

— ¡Traed al niño!

Y cuando el niño llegó le hizo acercarse:

— ¿Me perdonas? — le preguntó.

— No hay de qué — dijo Abel.

— Di que sí, arrímate al abuelo — le dijo su madre.

— ¡Sí! — susurró el niño.

— Di claro, hijo mío, di si me perdonas.

— Sí.

— Así, sólo de ti, sólo de ti, que no tienes todavía uso de razón, de ti que eres inocente, necesito perdón. Y no olvides a tu abuelo Abel, al que te hacía los dibujos. ¿Le olvidarás?

— ¡No!

— No, no le olvides, hijo mío, no le olvides. Y tú, Helena . . .

Helena, la vista en el suelo, callaba.

— Y tú, Helena . . .

— Yo, Joaquín, te tengo hace tiempo perdonado.

— No te pedía eso. Sólo quiero verte junto a Antonia. Antonia . . .

La pobre mujer, henchidos de lágrimas los ojos, se echó sobre la cabeza de su marido, y como queriendo protegerla.

— Tú has sido aquí la víctima. No pudiste curarme, no pudiste hacerme bueno . . .

— Pero si lo has sido, Joaquín . . . ¡Has sufrido tanto! . . .

— Sí, la tisis del alma. Y no pudiste hacerme bueno, porque no te he querido.

— ¡No digas eso!

— Sí lo digo, lo tengo que decir, y lo digo aquí, delante de todos. No te he querido. Si te hubiera querido me habría curado. No te he querido. Y ahora me duele no haberte querido. Si pudiéramos volver a empezar . . .

— ¡Joaquín! ¡Joaquín! — clamaba desde el destrozado corazón la pobre mujer —. No digas esas cosas. Ten piedad de mí, ten piedad de tus hijos, de tu nieto que te oye, aunque parece no entenderte, acaso mañana . . .

— Por eso lo digo, por piedad. No, no te he querido; no he querido quererte. ¡Si volviésemos a empezar! Ahora, ahora es cuando . . .

No le dejó acabar su mujer, tapándole la moribunda boca con su boca y como si quisiera recojer en el propio su último aliento.

— Esto te salva, Joaquín.

— ¿Salvarme? ¿Y a qué llamas salvarse?

— Aún puedes vivir unos años, si lo quieres.

— ¿Para qué? ¿Para llegar a viejo? ¿A la verdadera vejez? ¡No, la vejez, no! La vejez egoísta no es más que una infancia en que hay conciencia de la muerte. El viejo es un niño que sabe que ha de morir. No, no quiero llegar a viejo. Reñiría con los nietos por celos, les odiaría . . . ¡No, no . . . , basta de odio! Pude quererte, debí quererte, que habría sido mi salvación, y no te quise.

Calló. No quiso o no pudo proseguir. Besó a los suyos. Horas después rendía su último cansado suspiro.[32]

¡QUEDA ESCRITO!

Ramón María del Valle-Inclán, 1866–1936, *Sonata de otoño*, 1902 (pp. 234–38)

Fragments of this *Sonata* appeared in 1901 in *Los Lunes de El Imparcial*, though the complete book was not published until 1902. In 1901 Valle-Inclán wrote: "Estas páginas son un fragmento de las memorias amables que ya muy viejo empezó a escribir el Marqués de Bradomín." The latter, who is the hero of the four *Sonatas*, he characterized as "un don Juan admirable. ¡El más admirable tal vez! Era feo, católico, y sentimental." The Marquis, of noble Galician-Castilian ancestry, once lived in London, worked for the Pope, traveled in Mexico and the Holy Land, and lost his left hand in a war. Valle-Inclán was proud of his

32 rendía . . . suspiro — he gave his last tired sigh (i.e. he died).

own ancestry, especially that of a maternal grandmother, Doña Josefa de Montenegro, and has the Montenegros in *Sonata de otoño* descend from a German empress. Indeed, Juan Manuel de Montenegro later becomes the protagonist of the trilogy, *Los cruzados de la causa* (1908–1909). Valle-Inclán proudly claims: "Es el único blasón español que lleva metal sobre metal: espuelas de oro en campo de plata." In his ever recurring attempts to make a novel and adventure of his own life, Valle-Inclán creates in Bradomín one of the personalities he would have liked to be. In this sense, even in the *Sonatas* one can see the dramatic *esperpento* for which Valle-Inclán is primarily famous today. Max Estrella, the blind poet of *Luces de Bohemia*, defines the *esperpentos* as concave mirrors where the boundaries of the possible and the credible are blurred, a world of real and fictional distortion.

Valle-Inclán wrote this *sonata* while recuperating from a gunshot wound he had accidentally inflicted on himself while on a treasure hunting expedition to Extremadura. An actor friend, Ricardo Calvo, furnished the funds to have it published in 1902. The other *sonatas* representing the remaining seasons of the year appeared in 1903 *(Estío)*, 1904 *(Primavera)*, and 1905 *(Invierno)*.

Rubén Darío, in *Cantos de vida y esperanza*, wrote a *Soneto autumnal al Marqués de Bradomín* in honor of the novel. He correctly viewed it in his poem as a "Versalles otoñal; una paloma, un lindo mármol," for Valle-Inclán, basically a poet, stressed the power of words. "Son has palabras espejos mágicos donde se evocan todas las imágenes del mundo ... en ellas se aprisiona el recuerdo de lo que otros vieron y nosotros ya no podemos ver por nuestra propia limitación mortal." In naming his novels *sonatas* he deliberately stressed their musical value and copied a musical framework, as he selected suitable words to create sensations appropriate for each season. To suit the mood of the moment, he packed his novel densely with adjectives; indeed, Azorín called him the author of adjectives. Thus in *Otoño* we find phrases such as *"un día lejano," "las carreras estaban cubiertas de hojas secas y amarillentas," "pensativa añoranza," "hermosos y lejanos recuerdos."*

In addition to their lyrical and pictorial qualities, the *Sonatas* try to establish the amatory and psychological state of the Marquis and his loves at various periods of his life.

The nature descriptions and seasons are therefore analogous to corresponding stages of the Marquis' existence. As the latter himself says: "Mis recuerdos, glorias del alma perdidas, son como una música lívida y ardiente, triste y cruel, a cuyo extraño son danza el fantasma lloroso de mis amores."

As the novel opens, the Marqués de Bradomín receives a letter from Concha, an old sweetheart, informing him that she is near death. Before going off to pay her a final visit he sees her two sisters, nuns, who confirm that Concha is dying. He recalls his love affair with her as he sets out with Brión, the majordomo who had brought the message. On the way some humble folk offer them hospitality, and the miller's wife gives the Marqués some herbs she hopes will cure the Condesa Concha.

Yo recordaba vagamente el Palacio de Brandeso, donde había estado de niño con mi madre, y su antiguo jardín, y su laberinto que me asustaba y me atraía. Al cabo de los años, volvía llamado por aquella niña con quien había jugado tantas veces en el viejo jardín sin flores. El sol poniente dejaba un reflejo dorado entre el verde sombrío, casi negro, de los árboles venerables. Los cedros y los cipreses, que contaban la edad del Palacio. El jardín tenía una puerta de arco, y labrados en piedra, sobre la cornisa, cuatro escudos con las armas de cuatro linajes diferentes. ¡Los linajes del fundador, noble por todos sus abuelos! A la vista del Palacio, nuestras mulas fatigadas, trotaron alegremente hasta detenerse en la puerta llamando con el casco. Un aldeano vestido de estameña que esperaba en el umbral, vino presuroso a tenerme el estribo. Salté a tierra, entregándole las riendas de mi mula. Con el alma cubierta de recuerdos, penetré bajo la oscura avenida de castaños cubierta de hojas secas. En el fondo distinguí el Palacio con todas las ventanas cerradas y los cristales iluminados por el sol. De pronto vi una sombra blanca pasar detrás de las vidrieras, la vi detenerse y llevarse las dos manos a la frente. Después la ventana del centro se abría con lentitud y la sombra blanca me saludaba agitando sus brazos de fantasma. Fué un momento no más. Las ramas de los castaños se cruzaban y dejé de verla. Cuando salí de la avenida alcé los ojos nuevamente hacia el Palacio. Estaban cerradas todas las ventanas: ¡Aquélla del centro también! Con el corazón palpitante penetré en el gran zaguán oscuro y silencioso. Mis pasos resonaron sobre las anchas losas. Sentados en escaños de roble, lustrosos por la usanza,[1] esperaban los pagadores de un foral. En el fondo se distinguían los viejos arcones del trigo con la tapa alzada. Al verme entrar, los colonos se levantaron, murmurando con respeto:

— ¡Santas y buenas tardes!

Y volvieron a sentarse lentamente, quedando en la sombra del muro que casi los envolvía. Subí presuroso la señorial escalera de anchos peldaños y balaustral de granito toscamente labrado. Antes de llegar a lo alto, la puerta abrióse en silencio, y asomó una criada vieja, que había sido niñera de Concha. Traía un velón en la mano, y bajó a recibirme:

— ¡Páguele Dios el haber venido! Ahora verá a la señorita. ¡Cuánto tiempo la pobre suspirando por vuecencia! . . . No quería escribirle. Pensaba que ya la tendría olvidada. Yo he sido quien la convenció de que no. ¿Verdad que no, Señor mi Marqués?

Yo apenas pude murmurar:

— No. ¿Pero, dónde está?

— Lleva toda la tarde echada.[2] Quiso esperarle vestida. Es como los niños. Ya el señor lo sabe. Con la impaciencia temblaba hasta batir los dientes, y tuvo que echarse.

— ¿Tan enferma está?

A la vieja se le llenaron los ojos de lágrimas:

— ¡Muy enferma, señor! No se la conoce.

Se pasó la mano por los ojos, y añadió en voz baja, señalando una puerta iluminada en el fondo del corredor:

— ¡Es allí! . . .

Seguimos en silencio. Concha oyó mis pasos y gritó desde el fondo de la estancia con la voz angustiada:

— ¡Ya llegas! . . . ¡Ya llegas, mi vida!

Entré. Concha estaba incorporada en las almohadas. Dió un grito, y en vez de tenderme los brazos, se cubrió el rostro con las manos y empezó a sollozar. La criada dejó la luz sobre un velador y se alejó suspirando. Me acerqué a Concha trémulo y conmovido. Besé sus manos sobre su rostro, apartándoselas dulcemente. Sus ojos, sus hermosos ojos de enferma, llenos de amor, me miraron sin hablar, con una larga mirada. Después, en lánguido y feliz desmayo, Concha entornó los párpados. La contemplé así un momento. ¡Qué pálida estaba! Sentí en la garganta el nudo de la angustia. Ella abrió los ojos dulcemente, y oprimiendo mis sienes entre sus manos que ardían, volvió a mirarme con aquella mirada muda que parecía anegarse en la melancolía del amor[3] y de la muerte, que ya la cercaba:

— ¡Temía que no vinieses!

— ¿Y ahora?

— Ahora soy feliz.

Su boca, una rosa descolorida, temblaba. De nuevo cerró los ojos con delicia, como para guardar en el pensamiento una visión querida. Con penosa aridez de corazón, yo comprendí que se moría.

Concha se incorporó para alcanzar el cordón de la campanilla. Yo le cogí la mano, suavemente:

— ¿Qué quieres?

— Quería llamar a mi doncella para que viniera a vestirme.

— ¿Ahora?

— Sí.

Reclinó la cabeza y añadió con una sonrisa triste:

— Deseo hacerte los honores de mi Palacio.

Yo traté de convencerla para que no se levantase. Concha insistió:

— Voy a mandar que enciendan fuego en el comedor. ¡Un buen fuego! Cenaré contigo.

Se animaba, y sus ojos húmedos en aquel rostro tan pálido, tenían una dulzura amorosa y feliz.

— Quise esperarte a pie, pero no pude. ¡Me mataba la impaciencia! ¡Me puse enferma!

Yo conservaba su mano entre las mías, y se la besé. Los dos sonreíamos mirándonos:

— ¿Por qué no llamas?

Yo la dije en voz baja:

— ¡Déjame ser tu azafata![4]

Concha soltó su mano de entre las mías:

— ¡Qué locuras se te ocurren!

— No tal. ¿Dónde están tus vestidos?

Concha se sonrió como hacen las madres con los caprichos de sus hijos pequeños:

— No sé dónde están.

— Vamos, dímelo . . .

— ¡Si no sé!

Y al mismo tiempo, con un movimiento gracioso de los ojos y de los labios me indicó un gran armario de roble que había a los pies de su cama. Tenía la llave puesta, y lo abrí. Se exhalaba del armario una fragancia delicada y antigua. En el fondo estaban los vestidos que Concha llevara puestos aquel día:

---

1 en . . . usanza — on oak benches, shiny from use.
2 Lleva . . . echada — She has been lying down all afternoon.

3 mirada . . . amor — mute glance which seemed to drown in the melancholy of love.
4 azafata — lady of the queen's wardrobe.

— ¿Son éstos?

— Sí . . . Ese ropón blanco nada más.

— ¿No tendrás frío?

— No.

Descolgué aquella túnica, que aún parecía conservar cierta tibia fragancia, y Concha murmuró ruborosa:

— ¡Qué caprichos tienes!

Sacó los pies fuera de la cama, los pies blancos, infantiles, casi frágiles, donde las venas azules trazaban ideales caminos a los besos. Tuvo un ligero estremecimiento al hundirlos en las babuchas de marta, y dijo con extraña dulzura:

— Abre ahora esa caja larga. Escógeme unas medias de seda.

Escogí unas medias de seda negra, que tenían bordadas ligeras flechas color malva:

— ¿Éstas?

— Sí, las que tú quieras.

Para ponérselas me arrodillé sobre la piel de tigre que había delante de su cama. Concha protestó:

— ¡Levántate! No quiero verte así.

Yo sonreía sin hacerle caso. Sus pies quisieron huir de entre mis manos. ¡Pobres pies, que no pude menos de besar! Concha se estremecía y exclamaba como encantada:

— ¡Eres siempre el mismo! ¡Siempre!

Después de las medias de seda negra, le puse las ligas, también de seda, dos lazos blancos con broches de oro. Yo la vestía con el cuidado religioso y amante que visten las señoras devotas a las imágenes de que son camaristas.[5] Cuando mis manos trémulas anudaron bajo su barbeta delicada, redonda y pálida, los cordones de aquella túnica blanca que parecía un hábito monacal, Concha se puso en pie, apoyándose en mis hombros. Anduvo lentamente hacia el tocador, con ese andar de fantasma que tienen algunas mujeres enfermas, y mirándose en la luna del espejo, se arregló el cabello.

— ¡Qué pálida estoy! ¡Ya has visto, no tengo más que la piel y los huesos!

Yo protesté:

— ¡No he visto nada de eso, Concha!

Ella sonrió sin alegría.

— ¡La verdad!, ¿cómo me encuentras?

— Antes eras la princesa del sol. Ahora eres la princesa de la luna.

— ¡Qué embustero!

Y se volvió de espaldas al espejo para mirarme. Al mismo tiempo daba golpes en un « tan-tan »[6] que había cerca del tocador. Acudió su antigua niñera:

— ¿Llamaba la señorita?

— Sí; que enciendan fuego en el comedor.

— Ya está puesto un buen brasero.

— Pues que lo retiren. Enciende tú la chimenea francesa.

La criada me miró:

— ¿También quiere pasar al comedor la señorita? Tengan cuenta que hace mucho frío por esos corredores.

Concha fué a sentarse en un extremo del sofá, y envolviéndose con delicia en el amplio ropón monacal, dijo con estremecimiento:

— Me pondré un chal para cruzar los corredores.

Y volviéndose a mí, que callaba sin querer contradecirla, murmuró llena de amorosa sumisión:

— Si te opones, no.

Yo repuse con pena:

— No me opongo, Concha: Únicamente temo que pueda hacerte daño.

— No quería dejarte solo.

Entonces su antigua niñera nos aconsejó, con esa lealtad bondadosa y ruda de los criados viejos:

— ¡Natural que quieran estar juntos, y por eso mismo pensaba yo que comerían aquí en el velador![7] ¿Qué le parece a usted, señorita Concha? ¿Y al Señor Marqués?

Concha puso una mano sobre mi hombro, y contestó risueña:

— Sí, mujer, sí. Tienes un gran talento, Candelaria. El Señor Marqués y yo te lo reconocemos. Dile a Teresina que comeremos aquí.

Quedamos solos. Concha, con los ojos arrasados en lágrimas, me alargó una de sus manos, y, como en otro tiempo, mis labios recorrieron los dedos haciendo florecer en sus yemas una rosa pálida. En la chimenea ardía un alegre fuego. Sentada sobre la alfombra y apoyando un codo en mis rodillas, Concha lo avivaba removiendo los leños con las tenazas de bronce. La llama al surgir y levantarse, ponía en la blancura eucarística de su tez, un rosado reflejo, como el sol en las estatuas antiguas labradas en mármol de Pharos.

Dejó las tenazas, y me tendió los brazos para levantarse del suelo. Nos contemplamos en el fondo de los ojos, que brillaban con esa alegría de los niños que han llorado mucho y luego ríen olvidadizos. El velador ya tenía

---

5 que visten . . . camaristas — which pious ladies use to dress the holy images in their charge.

6 "tan-tan" — gong.

7 velador — lamp table.

puestos los manteles, y nosotros, con las manos todavía enlazadas, fuimos a sentarnos en los sillones que acababa de arrastrar Teresina. Concha me dijo:

— ¿Recuerdas cuántos años hace que estuviste aquí con tu pobre madre, la tía Soledad?

— Sí. ¿Y tú te acuerdas?

— Hace veintitrés años. Tenía yo ocho. Entonces me enamoré de ti. ¡Lo que sufría al verte jugar con mis hermanas mayores! Parece mentira que una niña pueda sufrir tanto con los celos. Más tarde, de mujer, me has hecho llorar mucho, pero entonces tenía el consuelo de recriminarte.

— ¡Sin embargo, qué segura has estado siempre de mi cariño! . . . ¡Y cómo lo dice tu carta!

Concha parpadeó para romper las lágrimas que temblaban en sus pestañas.

— No estaba segura de tu cariño: Era de tu compasión.

Y su boca reía melancólicamente, y sus ojos brillaban con dos lágrimas rotas en el fondo. Quise levantarme para consolarla, y me detuvo con un gesto. Entraba Teresina. Nos pusimos a comer en silencio. Concha, para disimular sus lágrimas, alzó la copa y bebió lentamente. Al dejarla sobre el mantel la tomé de su mano y puse mis labios donde ella había puesto los suyos. Concha se volvió a su doncella:

— Llame usted a Candelaria que venga a servirnos.

Teresina salió, y nosotros nos miramos sonriendo:

— ¿Por qué mandas llamar a Candelaria?

— Porque te tengo miedo, y la pobre Candelaria ya no se asusta de nada.

— Candelaria es indulgente para nuestros amores como un buen jesuita.

— ¡No empecemos! . . . ¡No empecemos! . . .

Concha movía la cabeza con gracioso enfado, al mismo tiempo que apoyaba un dedo sobre sus labios pálidos:

— No te permito que poses ni de Aretino[8] ni de César Borgia.[9]

La pobre Concha era muy piadosa, y aquella admiración estética que yo sentía en mi juventud por el hijo de Alejandro VI, le daba miedo como si fuese el culto al Diablo. Con exageración risueña y asustadiza me imponía silencio.

— ¡Calla! . . . ¡Calla!

Mirándome de soslayo volvió lentamente la cabeza.

8 Aretino, Pietro (1492–1556?) — Italian satirist.
9 Borgia, Cesare (1476–1507) — Italian cardinal and military leader.

— Candelaria, pon vino en mi copa . . .

Candelaria, que con las manos cruzados sobre su delantal almidonado y blanco, se situaba en aquel momento a espaldas del sillón, apresuróse a servirla. Las palabras de Concha, que parecían perfumadas de alegría, se desvanecieron en una queja. Vi que cerraba los ojos con angustiado gesto, y que su boca, una rosa descolorida y enferma, palidecía más. Me levanté asustado:

— ¿Qué tienes? ¿Qué te pasa?

No pudo hablar. Su cabeza lívida desfallecía sobre el respaldo del sillón. Candelaria fué corriendo al tocador y trajo un pomo de sales.[10] Concha exhaló un suspiro y abrió los ojos llenos de vaguedad y de extravío, como si despertase de un sueño poblado de quimeras. Fijando en mí la mirada, murmuró débilmente:

— No ha sido nada. Siento únicamente el susto tuyo.

Después, pasando la mano por la frente, respiró con ansia. La obligué a que bebiese unos sorbos de caldo. Reanimóse, y su palidez se iluminó con tenue sonrisa. Me hizo sentar, y continuó tomando el caldo por sí misma. Al terminar, sus dedos delicados alzaron la copa del vino y me la ofrecieron trémulos y gentiles: Por complacerla humedecí los labios: Concha apuró después la copa y no volvió a beber en toda la noche.

Estábamos sentados en el sofá y hacía mucho tiempo que hablábamos. La pobre Concha me contaba su vida durante aquellos dos años que estuvimos sin vernos. Una de esas vidas silenciosas y resignadas que miran pasar los días con una sonrisa triste, y lloran de noche en la oscuridad. Yo no tuve que contarle mi vida. Sus ojos parecían haberla seguido desde lejos, y la sabían toda. ¡Pobre Concha! Al verla demacrada por la enfermedad, y tan distinta y tan otra de lo que había sido, experimenté un cruel remordimiento por haber escuchado su ruego aquella noche en que llorando y de rodillas, me suplicó que la olvidase y que me fuese. ¡Su madre, una santa enlutada y triste, había venido a separarnos! Ninguno de nosotros quiso recordar el pasado y permanecimos silenciosos. Ella, resignada. Yo, con aquel gesto trágico y sombrío que ahora me hace sonreír. Un hermoso gesto que ya tengo un poco olvidado, porque las mujeres no se enamoran de los viejos, y sólo está bien

10 pomo de sales — a bottle of smelling salts.

en un Don Juan juvenil. ¡Ay, si todavía con los cabellos blancos, y las mejillas tristes, y la barba senatorial y augusta, puede quererme una niña, una hija espiritual llena de gracia y de candor, con ella me parece criminal otra actitud que la de un viejo prelado, confesor de princesas y teólogo de amor! Pero a la pobre Concha el gesto de Satán arrepentido la hacía temblar y enloquecer: Era muy buena, y fué por eso muy desgraciada. La pobre, dejando asomar a sus labios aquella sonrisa doliente que parecía el alma de una flor enferma, murmuró:

— ¡Qué distinta pudo haber sido nuestra vida!

— ¡Es verdad! . . . Ahora no comprendo cómo obedecí tu ruego. Fué sin duda porque te vi llorar.

— No seas engañador. Yo creí que volverías . . . ¡Y mi madre tuvo siempre ese miedo!

— No volví porque esperaba que tú me llamases. ¡Ah, el demonio del orgullo!

— No, no fué el orgullo . . . Fué otra mujer . . . Hacía mucho tiempo que me traicionabas con ella. Cuando lo supe, creí morir. Tan desesperada estuve, que consentí en reunirme con mi marido.

Cruzó las manos mirándome intensamente, y con la voz velada, y temblando su boca pálida, sollozó:

— ¡Qué dolor cuando adiviné por qué no habías venido! ¡Pero no he tenido para ti un solo día de rencor!

No me atreví a engañarla en aquel momento, y callé sentimental. Concha pasó sus manos por mis cabellos, y enlazando los dedos sobre mi frente, suspiró:

— ¡Qué vida tan agitada has llevado durante estos dos años! . . . ¡Tienes casi todo el pelo blanco! . . .

Yo también suspiré doliente:

— ¡Ay! Concha, son las penas.

— No, no son las penas. Otras cosas son . . . Tus penas no pueden igualarse a las mías, y yo no tengo el pelo blanco . . .

Me incorporé para mirarla. Quité el alfilerón de oro que sujetaba el nudo de los cabellos, y la onda sedosa y negra rodó sobre sus hombros:

— Ahora tu frente brilla como un astro bajo la crencha de ébano. Eres blanca y pálida como la luna. ¿Te acuerdas cuando quería que me disciplinases con la madeja de tu pelo? . . .[11] Concha, cúbreme ahora con él.

11 ¿Te . . . pelo? — Do you remember when I wanted you to whip me with your heavy tresses?

Amorosa y complaciente, echó sobre mí el velo oloroso de su cabellera. Yo respiré con la faz sumergida como en una fuente santa, y mi alma se llenó de delicia y de recuerdos florecidos. El corazón de Concha latía con violencia, y mis manos trémulas desabrocharon su túnica, y mis labios besaron sobre la carne, ungidos de amor como de un bálsamo:

— ¡Mi vida!

— ¡Mi vida!

Concha cerró un momento los ojos, y poniéndose en pie, comenzó a recogerse la madeja de sus cabellos:

— ¡Vete! . . . ¡Vete por Dios! . . .

Yo sonreí mirándola:

— ¿Adónde quieres que me vaya?

— ¡Vete! . . . Las emociones me matan, y necesito descansar. Te escribí que vinieses, porque ya entre nosotros no puede haber más que un cariño ideal . . . Tú comprenderás que enferma como estoy no es posible otra cosa. Morir en pecado mortal . . . ¡Qué horror!

Y más pálida que nunca cruzó los brazos apoyando las manos sobre los hombros en una actitud resignada y noble que le era habitual. Yo me dirigí a la puerta:

— ¡Adiós, Concha!

Ella suspiró:

— ¡Adiós!

— ¿Quieres llamar a Candelaria para que me guíe por esos corredores?

— ¡Ah! . . . ¡Es verdad que aun no sabes! . . .

Fué al tocador y golpeó en el « tan-tan. » Esperamos silenciosos sin que nadie acudiese. Concha me miró indecisa:

— Es probable que Candelaria ya esté acostada . . .

— En ese caso . . .

Me vió sonreír, y movió la cabeza seria y triste.

— En ese caso, yo te guiaré.

— Tú no debes exponerte al frío.

— Sí, sí . . .

Tomó uno de los candelabros del tocador, y salió presurosa, arrastrando la luenga cola de su ropón monacal. Desde la puerta volvió la cabeza llamándome con los ojos, y toda blanca como un fantasma, desapareció en la oscuridad del corredor. Salí tras ella, y la alcancé:

— ¡Qué loca estás!

Rióse en silencio y tomó mi brazo para apoyarse. En la cruz de dos corredores abríase una antesala redonda, grande y desmantelada, con cuadros de santos y arcones antiguos. En un testero arrojaba cerco mortecino de luz la mariposa de aceite que alumbraba los pies lívidos y atarazados de Jesús Nazareno.[12] Nos detuvimos al ver la sombra de una mujer arrebujada en el hueco del balcón. Tenía las manos cruzadas en el regazo, y la cabeza dormida sobre el pecho. Era Candelaria que al ruido de nuestros pasos despertó sobresaltada:

— ¡Ah!... Yo esperaba aquí, para enseñarle su habitación al Señor Marqués.

Concha le dijo:

— Creí que te habías acostado, mujer.

Seguimos en silencio hasta la puerta entornada de una sala donde había luz. Concha soltó mi brazo y se detuvo temblando y muy pálida: Al fin entró. Aquélla era mi habitación. Sobre una consola antigua ardían las bujías de dos candelabros de plata. En el fondo, veíase la cama entre antiguas colgaduras de damasco. Los ojos de Concha lo examinaron todo con maternal cuidado. Se detuvo para oler las rosas frescas que había en un vaso, y después se despidió:

— ¡Adiós, hasta mañana!

Yo la levanté en brazos como a una niña:

— No te dejo ir.

— ¡Sí, por Dios!

— No, no.

Y mis ojos reían sobre sus ojos, y mi boca reía sobre su boca. Las babuchas turcas cayeron de sus pies. Sin dejarla posar en el suelo, la llevé hasta la cama, donde la deposité amorosamente. Ella entonces ya se sometía feliz. Sus ojos brillaban, y sobre la piel blanca de las mejillas se pintaban dos hojas de rosa. Apartó mis manos dulcemente, y un poco confusa empezó a desabrocharse la túnica blanca y monacal, que se deslizó a lo largo del cuerpo pálido y estremecido. Abrí las sábanas y refugióse entre ellas. Entonces comenzó a sollozar, y me senté a la cabecera consolándola. Aparentó dormirse, y me acosté.

Yo sentí toda la noche a mi lado aquel pobre cuerpo donde la fiebre ardía, como una luz sepulcral en vaso de porcelana tenue y blanco. La cabeza descansaba sobre la almohada, envuelta en una ola de cabellos negros que aumentaba la mate lividez del rostro, y su boca sin color, sus mejillas dolientes, sus sienes maceradas, sus párpados de cera velando los ojos en las cuencas descarnadas y violáceas, le daban la apariencia espiritual de una santa muy bella consumida por la penitencia y el ayuno. El cuello florecía de los hombros como un lirio enfermo, los senos eran dos rosas blancas aromando un altar, y los brazos, de una esbeltez delicada y frágil, parecían las asas del ánfora rodeando su cabeza.[13] Apoyado en las almohadas, la miraba dormir rendida y sudorosa. Ya había cantado el gallo dos veces, y la claridad blanquecina del alba penetraba por los balcones cerrados. En el techo las sombras seguían el parpadeo de las bujías, que habiendo ardido toda la noche se apagaban consumidas en los candelabros de plata. Cerca de la cama, sobre un sillón, estaba mi capote de cazador, húmedo por la lluvia, y esparcidas encima aquellas yerbas de virtud oculta, solamente conocida por la pobre loca del molino. Me levanté en silencio y fuí por ellas. Con un extraño sentimiento, mezcla de superstición y de ironía, escondí el místico manojo entre las almohadas de Concha, sin despertarla. Me acosté, puse los labios sobre su olorosa cabellera e insensiblemente me quedé dormido. Durante mucho tiempo flotó en mis sueños la visión nebulosa de aquel día, con un vago sabor de lágrimas y de sonrisas. Creo que una vez abrí los ojos dormido y que vi a Concha incorporada a mi lado; creo que me besó en la frente, sonriendo con vaga sonrisa de fantasma, y que se llevó un dedo a los labios. Cerré los ojos sin voluntad y volví a quedar sumido en las nieblas del sueño. Cuando me desperté, una escala luminosa de polvo llegaba desde el balcón al fondo de la cámara. Concha ya no estaba, pero a poco la puerta se abrió con sigilo y Concha entró andando en la punta de los pies. Yo aparenté dormir. Ella se acercó sin hacer ruido, me miró suspirando y puso en agua el ramo de rosas frescas que traía. Fué al balcón, soltó los cortinajes para amenguar la luz, y se alejó como había entrado, sin hacer ruido. Yo la llamé riéndome:

— ¡Concha! ¡Concha!

Ella se volvió:

— ¡Ah! Conque, ¿estabas despierto?

— Estaba soñando contigo.

— ¡Pues ya me tienes aquí!

— ¿Y cómo estás?

— ¡Ya estoy buena!

— ¡Gran médico es amor!

— ¡Ay! No abusemos de la medicina.

Reíamos con alegre risa el uno en brazos del otro, juntas las bocas y echadas las cabezas sobre la misma almohada. Concha tenía la palidez delicada y enferma de una Dolorosa,

12 En ... Nazareno — In a niche the flickering oil lamp which lighted the livid, torn feet of Jesus of Nazareth cast a subdued circle of light.

13 parecían ... cabeza — seemed the handles of the amphora surrounding her head.

y era tan bella, así demacrada y consumida, que mis ojos, mis labios y mis manos hallaban todo su deleite en aquello mismo que me entristecía. Yo confieso que no recordaba haberla amado nunca en lo pasado, tan locamente como aquella noche.

Concha and the Marquis stroll around the garden, and she shows him the palace. He recalls her mother, Águeda, and her two sisters, Fernandina and Isabel, with whom he used to play. Isabel is coming for a visit, and she is bringing Concha's children with her.

As the Marquis and Concha's uncle, Juan Manuel Montenegro, are riding, the latter's horse throws and hurts him. Concha's daughters, María Fernanda and María Isabel, arrive with Isabel. Concha shows the Marquis a letter from his mother in which she blames Concha for all her son's misdeeds.

The Abbot of Brandeso comes to the palace to pay his respects. He invites the Marquis to go hunting with him. Concha is jealous of her sister Isabel. She asks him not to go with Isabel to visit Don Juan Manuel, who has returned to his home.

Strange legends of Captain Alonso Bendaña, founder of the house of Brandeso, are related. Concha and her children pray in the chapel. Concha visits the Marquis' room, and he becomes angry and threatens to leave when she expresses her religious fears at their sin. During her visit she becomes ill and dies. He leaves the room to seek help.

Dejé abierta la ventana, y andando sin ruido, como si temiese que mis pisadas despertasen pálidos espectros, me acerqué a la puerta que momentos antes habían cerrado trémulas de pasión aquellas manos ahora yertas. Receloso tendí la vista por el negro corredor y me aventuré en las tinieblas. Todo parecía dormido en el Palacio. Anduve a tientas palpando el muro con las manos. Era tan leve el rumor de mis pisadas que casi no se oía, pero mi mente fingía medrosas resonancias. Allá lejos, en el fondo de la antesala, temblaba con agonizante resplandor la lámpara que día y noche alumbraba ante la imagen de Jesús Nazareno, y la santa faz, desmelenada y lívida, me infundió miedo, más miedo que la faz mortal de Concha. Llegué temblando hasta el umbral de su alcoba y me detuve allí, mirando en el testero del corredor una raya de luz, que marcaba sobre la negra oscuridad del suelo la puerta de la alcoba donde dormía mi prima Isabel. Temí verla aparecer despavorida,

sobresaltada por el rumor de mis pasos, y temí que sus gritos pusiesen en alarma todo el Palacio. Entonces resolví entrar adonde ella estaba y contárselo todo. Llegué sin ruido, y desde el umbral apagando la voz, llamé:
— ¡Isabel! . . . ¡Isabel! . . .
Me había detenido y esperé. Nada turbó el silencio. Di algunos pasos y llamé nuevamente:
— ¡Isabel! . . . ¡Isabel! . . .
Tampoco respondió. Mi voz desvanecíase por la vasta estancia como amedrentada de sonar. Isabel dormía. Al escaso reflejo de la luz que parpadeaba en un vaso de cristal, mis ojos distinguieron hacia el fondo nebuloso de la estancia un lecho de madera. En medio del silencio, levantábase y decrecía con ritmo acompasado y lento la respiración de mi prima Isabel. Bajo la colcha de damasco, aparecía el cuerpo en una indecisión suave, y su cabellera deshecha era sobre las almohadas blancas un velo de sombra. Volví a llamar:
— ¡Isabel! . . . ¡Isabel! . . .
Había llegado hasta su cabecera y mis manos se posaron al azar sobre los hombros tibios y desnudos de mi prima. Sentí un estremecimiento. Con la voz embargada grité:
— ¡Isabel! . . . ¡Isabel! . . .
Isabel se incorporó con sobresalto:
— ¡No grites, que puede oír Concha! . . .
Mis ojos se llenaron de lágrimas, y murmuré inclinándome:
— ¡La pobre Concha ya no puede oírnos!
Un rizo de mi prima Isabel me rozaba los labios, suave y tentador. Creo que lo besé. Yo soy un santo que ama siempre que está triste. La pobre Concha me lo habrá perdonado allá en el Cielo. Ella, aquí en la tierra, ya sabía mi flaqueza. Isabel murmuró sofocada:
— ¡Si sospecho esto echo el cerrojo![14]
— ¿Adónde?
— ¡A la puerta, bandolero! ¡A la puerta!
No quise contrariar las sospechas de mi prima Isabel. ¡Hubiera sido tan doloroso y tan poco galante desmentirla! Era Isabel muy piadosa, y el saber que me había calumniado la hubiera hecho sufrir inmensamente. ¡Ay! . . . ¡Todos los Santos Patriarcas, todos los Santos Padres, todos los Santos Monjes pudieron triunfar del pecado más fácilmente que yo! Aquellas hermosas mujeres que iban a tentarles no eran sus primas. ¡El destino tiene burlas crueles! Cuando a mí me sonríe, lo hace

14 ¡Si . . . cerrojo! — If I had suspected this, I would have turned the key.

siempre como entonces, con la mueca macabra de esos enanos patizambos[15] que a la luz de la luna hacen cabriolas sobre las chimeneas de los viejos castillos ... Isabel murmuró, sofocada por los besos:

— ¡Temo que se aparezca Concha!

Al nombre de la pobre muerta, un estremecimiento de espanto recorrió mi cuerpo, pero Isabel debió pensar que era de amor. ¡Ella no supo jamás por qué yo había ido allí!

Cuando volví a ver con mis ojos mortales la faz amarilla y desencajada de Concha, cuando volví a tocar con mis manos febriles sus manos yertas, el terror que sentí fué tanto, que comencé a rezar, y de nuevo me acudió la tentación de huir por aquella ventana abierta sobre el jardín misterioso y oscuro. El aire silencioso de la noche hacía flamear los cortinajes y estremecía mis cabellos. En el cielo lívido empezaban a palidecer las estrellas, y en el candelabro de plata el viento había ido apagando las luces, y quedaba una sola. Los viejos cipreses que se erguían al pie de la ventana, inclinaban lentamente sus cimas mustias, y la luna pasaba entre ellos fugitiva y blanca como alma en pena. El canto lejano de un gallo se levantó en medio del silencio anunciando el amanecer. Yo me estremecí, y miré con horror el cuerpo inanimado de Concha tendido en mi lecho. Después, súbitamente recobrado, encendí todas las luces del candelabro y lo coloqué en la puerta para que me alumbrase el corredor. Volví, y mis brazos estrecharon con pavura el pálido fantasma que había dormido en ellos tantas veces. Salí con aquella fúnebre carga. En la puerta, una mano, que colgaba inerte, se abrasó en las luces, y derribó el candelabro. Caídas en el suelo las bujías siguieron alumbrando con llama agonizante y triste. Un instante permanecí inmóvil, con el oído atento. Sólo se oía el ulular del agua en la fuente del laberinto. Seguí adelante. Allá, en el fondo de la antesala, brillaba la lámpara del Nazareno, y tuve miedo de cruzar ante la imagen desmelenada y lívida. ¡Tuve miedo de aquella mirada muerta! Volví atrás.

Para llegar hasta la alcoba de Concha era forzoso dar vuelta a todo el Palacio si no quería pasar por la antesala. No vacilé. Uno tras otro recorrí grandes salones y corredores tenebrosos. A veces, el claro de la luna llegaba hasta el fondo desierto de las estancias. Yo iba pasando como una sombra ante aquella larga

sucesión de ventanas que solamente tenían cerradas las carcomidas vidrieras, las vidrieras negruzcas, con emplomados vidrios, llorosos y tristes. Al cruzar por delante de los espejos cerraba los ojos para no verme. Un sudor frío empañaba mi frente. A veces, la oscuridad de los salones era tan densa que me extraviaba en ellos y tenía que caminar a la ventura, angustiado, yerto, sosteniendo el cuerpo de Concha en un solo brazo y con el otro extendido para no tropezar. En una puerta, su trágica y ondulante cabellera quedó enredada. Palpé en la oscuridad para desprenderla. No pude. Enredábase más a cada instante. Mi mano asustada y torpe temblaba sobre ella, y la puerta se abría y se cerraba, rechinando largamente. Con espanto vi que rayaba el día. Me acometió un vértigo y tiré ... El cuerpo de Concha parecía querer escaparse de mis brazos. Lo oprimí con desesperada angustia. Bajo aquella frente atirantada y sombría comenzaron a entreabrirse los párpados de cera. Yo cerré los ojos, y con el cuerpo de Concha aferrado en los brazos huí. Tuve que tirar brutalmente hasta que se rompieron los queridos y olorosos cabellos ...

Llegué hasta su alcoba que estaba abierta. Allí la oscuridad era misteriosa, perfumada y tibia, como si guardase el secreto galante de nuestras citas. ¡Qué trágico secreto debía guardar entonces! Cauteloso y prudente dejé el cuerpo de Concha tendido en su lecho y me alejé sin ruido. En la puerta quedé irresoluto y suspirante. Dudaba si volver atrás para poner en aquellos labios helados el beso postrero: Resistí la tentación. Fué como el escrúpulo de un místico. Temí que hubiese algo de sacrílego en aquella melancolía que entonces me embargaba. La tibia fragancia de su alcoba encendía en mí, como una tortura, la voluptuosa memoria de los sentidos. Ansié gustar las dulzuras de un ensueño casto y no pude. También a los místicos las cosas más santas les sugestionaban, a veces, los más extraños diabolismos. Todavía hoy el recuerdo de la muerta es para mí de una tristeza depravada y sutil. Me araña el corazón como un gato tísico de ojos lucientes. El corazón sangra y se retuerce, y dentro de mí ríe el Diablo, que sabe convertir los dolores en placer. Mis recuerdos, glorias del alma perdidas, son como una música lívida y ardiente, triste y cruel, a cuyo extraño son danza el fantasma lloroso de mis amores. ¡Pobre y blanco fantasma, los gusanos le han comido los ojos, y las lágrimas ruedan de las cuencas! Danza en medio del corro juvenil de los recuerdos,

15 enanos patizambos — bowlegged dwarfs.

no posa en el suelo, flota en una onda de perfume. ¡Aquella esencia que Concha vertía en sus cabellos y que la sobrevive! ¡Pobre Concha! No podía dejar de su paso por el mundo más que una estela de aromas. ¿Pero acaso la más blanca y casta de las amantes ha sido nunca otra cosa que un pomo de divino esmalte,[16] lleno de afroditas y nupciales esencias?

María Isabel y María Fernanda anunciáronse primero llamando en la puerta con sus manos infantiles. Después alzaron sus voces frescas y cristalinas, que tenían el encanto de las fontanas cuando hablan con las yerbas y con los pájaros:

— ¿Podemos pasar, Xavier?

— Adelante, hijas mías.

Era ya muy entrada la mañana, y llegaban en nombre de Isabel a preguntarme cómo había pasado la noche. ¡Gentil pregunta, que levantó en mi alma un remordimiento! Las niñas me rodearon en el hueco del balcón que daba sobre el jardín. Las ramas verdes y frescas de un abeto rozaban los cristales llorosos y tristes. Bajo el viento de la sierra, el abeto sentía estremecimientos de frío, y sus ramas verdes rozaban los cristales como un llamamiento del jardín viejo y umbrío que suspiraba por los juegos de las niñas. Casi al ras de la tierra, en el fondo del laberinto, revoloteaba un bando de palomas, y del cielo azul y frío descendía avizorando un milano[17] de luengas alas negras:

— ¡Mátalo, Xavier! . . . ¡Mátalo! . . .

Fuí por la escopeta, que dormía cubierta de polvo en un ángulo de la estancia, y volví al balcón. Las niñas palmotearon:

— ¡Mátalo! ¡Mátalo!

En aquel momento el milano caía sobre el bando de palomas que volaba azorado. Echéme la escopeta a la cara y cuando se abrió un claro, tiré. Algunos perros ladraron en los agros cercanos. Las palomas arremolináronse entre el humo de la pólvora. El milano caía volitando, y las niñas bajaron presurosas y le trajeron cogido por las alas. Entre el plumaje del pecho brotaba viva la sangre . . . Con el milano en triunfo se alejaron. Yo las llamé sintiendo nacer una nueva angustia.

— ¿Adónde vais?

Ellas desde la puerta se volvieron sonrientes y felices:

— ¡Verás qué susto le damos a mamá cuando se despierte! . . .

— ¡No! ¡No!

— ¡Un susto de risa!

No osé detenerlas, y quedé solo con el alma cubierta de tristeza. ¡Qué amarga espera! ¡Y qué mortal instante aquél de la mañana alegre, vestida de luz, cuando en el fondo del Palacio se levantaron gemidos inocentes, ayes desgarradores y lloros violentos! . . . Yo sentía una angustia desesperada y sorda enfrente de aquel mudo y frío fantasma de la muerte que segaba los sueños en los jardines de mi alma. ¡Los hermosos sueños que encanta el amor! Yo sentía una extraña tristeza como si el crepúsculo cayese sobre mi vida, y mi vida, semejante a un triste día de Invierno, se acabase para volver a empezar con un amanecer sin sol. ¡La pobre Concha había muerto! ¡Había muerto aquella flor de ensueño a quien todas mis palabras le parecían bellas! ¡Aquella flor de ensueño a quien todos mis gestos le parecían soberanos! . . . ¿Volvería a encontrar otra pálida princesa, de tristes ojos encantados, que me admirase siempre magnífico? Ante esta duda lloré. ¡Lloré como un Dios antiguo al extinguirse su culto!

ASÍ TERMINA LA SONATA DE OTOÑO

Pío Baroja, 1872–1956, *Paradox Rey*, 1906 (pp. 238–43)

Paradox Rey is the third volume in the trilogy entitled *La vida fantástica*. The first two volumes are: *Aventuras, inventos, y mixtificaciones de Silvestre Paradox*, 1901, and *Camino de perfección*, 1902. Since Pío Baroja described Silvestre Paradox so thoroughly in the first volume, he assumed that the reader would be familiar with him and many of the other characters appearing in *Paradox Rey*. In the first volume Silvestre was described as a short stout man between forty and fifty, with a bald head and an ugly nose. He was an inventor, thinker, and vagabond who loved animals, children, and nature. His companion, Don Avelino Diz de la Iglesia, was an inveterate collector of coins and stamps; he wore eye glasses and had a nose shaped like a hook. Paradox lived in poverty in a Madrid attic. In *Camino de perfección*, the protagonist, Fernando Ossorio saves himself by a return to the simple life and nature.

Most of Baroja's characters were suggested to him by his own experiences, and Silvestre Paradox was probably inspired by his friend Pedro Riudavets, with whom he and his brother Ricardo associated when they lived in

16 un . . . esmalte — an exquisite perfume bottle.

17 milano — a red hawk.

Madrid. Appropriately named, Silvestre is as paradoxical as his creator, Pío Baroja. The latter said in *Las horas solitarias*: "Yo siempre tomo notas, aunque no en el mismo momento. Cuando me ha impresionado un lugar, un sitio, un pueblo, al cabo de algún tiempo escribo la impresión y si ésta me deja el deseo de seguir, le voy añadiendo y quitando, pensando en los tipos que me sugieren aquellos lugares."

Paradox Rey, written in about two weeks, is fairly typical of Baroja's novels. It is a mixture of lyrical essay and fiction with monologues interspersed among the characters' dialogues. Baroja's somewhat cynical attitude about the lack of values in education, institutions, religion or science as well as his thesis that man cannot escape the evils of contemporary civilization anywhere, even in a supposed Utopia, reflect the essential characteristics of his philosophy.

Baroja reproduced life around him with marvelous fidelity. Unfortunately for many readers, pages full of conversations and digressions detract from the action, even though they bolster Baroja's essentially pessimistic view of life as something sordid and ugly. Jacques Robersat has pointed out that the novelistic structure of Baroja lends itself to his philosophical concept of existence, that is, to the author's theme and thought. Salvador de Madariaga insisted that "ristras de hechos apuntados en frases cortas que caen con monótona regularidad como paquetes descargados," which is an aspect of Baroja's technique, have an esthetic function. They underline what the author seeks to express thematically; that is, man is an unprotected victim of an indifferent universe which his reason can not control.

Baroja was aware of the criticisms leveled against him, not fully mitigated by the favorable reactions of critics of the stature of Valera, Azorín, and Unamuno. His quarrel with Ortega y Gasset regarding the purpose of the novel is well known. Baroja himself saw prophetically that posterity might better understand him, and he maintained a hope, which he deemed perhaps comic and chimerical, that "el lector español de dentro de treinta o cuarenta años que tenga una sensibilidad menos amanerada que el de hoy y que lea mis libros, me apreciara más y me desdeñara menos." In this hope he was not dis-

appointed, for in the writing of fiction, like his hero Paradox, he became a king and served as the mentor for the younger generation of novelists now writing in Spain.

I

EL PROYECTO DE PARADOX

Un pueblo próximo a Valencia.[1] Es de noche. En un raso de tierra apisonada hay un grupo de hombres, de mujeres y de chicos. A la puerta de algunas cuevas cuelgan varios candiles de aceite, y sus llamas oscilan violentamente en la obscuridad. Las estrellas resplandecen en el cielo negro azulado, sin nubes. Se respira el aire cargado de olor de azahar.

Un hombre canta una especie de jota valenciana, lánguida y triste. Al final de su canto se oyen los sonidos de una guitarrilla y de un trombón.

UNA VOZ

A la vora del ríu, mare,
he deixat l'espardeñes.
Mare, no le diga al pare
que yo tornaré per elles.[2]

Suena el trombón. Dos muchachas jóvenes bailan.

PARADOX, *misterioso.*
Amigo Avelino, ha llegado. . .

DIZ
¿Eh?

PARADOX
Ha llegado el momento de echar a andar.

DIZ, *sorprendido.*
¿Cómo?

PARADOX
¿Usted está dispuesto, completamente dispuesto?

DIZ
¿Cómo si estoy dispuesto?

PARADOX
Sí, si está usted dispuesto a hacer un viaje largo.

DIZ
¿Adónde?

PARADOX
¡Ah, mi querido amigo! Antes hay que contar con sus disposiciones. ¿Usted está dispuesto?

DIZ
¡Dale con lo mismo![3]

---

1 probably Burjasot. Pío Baroja lived there for a time.
2 A la vora . . . elles — On the bank of the river,

Mother, I've left my sandals. Mother, don't tell Father, for I'll return for them.
3 ¡Dale con lo mismo! — There you go again!

PARADOX

Es que no me deja usted seguir. Quiero preguntarle si está usted dispuesto a hacer un gran viaje.

DIZ

¿Ahora? ¿En invierno?

PARADOX

Sí.

DIZ

¿Por tierra o por mar?

PARADOX

Primero, por mar.

DIZ

¡Pse!...[4] No me seduce la idea.

PARADOX

¿Se marea usted, quizás?

DIZ

¿Marearme yo?... ¡Qué locura! ¿Para qué me iba a marear?

PARADOX

¡Qué se yo! Quizá por entretenimiento.

DIZ

No; no me mareo. ¿De dónde ha podido usted sacar idea tan absurda?

PARADOX

Como veo que no tiene usted entusiasmo por navegar...

DIZ

¿Entusiasmo? ¡Pse!

PARADOX

Es que usted se encuentra ya a gusto en el pueblo, ¿verdad?

DIZ

Hombre, sí.

PARADOX

Preocupado con la lucha gigantesca que se va a entablar entre la música de los republicanos y la de los carlistas.[5]

DIZ

¿Y qué?... ¿No es una cosa graciosa?

PARADOX

Sin duda alguna; no me atreveré yo a sostener lo contrario. En resumen: usted ha tomado el terreno y se siente usted bien aquí. Es natural: es usted del pueblo, le gusta a usted el boniato,[6] conoce usted a todo el mundo...

DIZ

Usted también conoce a todo el mundo.

PARADOX, *sonriendo.*

Sí; pero yo soy distinto. Yo soy vagabundo de raza.

DIZ

Y yo también.

PARADOX

Yo he demostrado mi nomadismo.

DIZ

Y yo.

PARADOX

Pero, a pesar de su nomadismo, usted quiere sedentarizarse. Y a mí no me parece mal. ¡Oh, no! Me parece muy bien. ¿Usted tiene ganas de quedarse?... Pues, se queda usted. En cambio, yo tengo ganas de marcharme... pues, me voy como el águila, y luego, le contaré a usted lo que ocurra, si es que ocurre algo.

DIZ, *con frialdad.*

Bueno; y, ¿a dónde va usted, si se puede saber?... ¿A Mallorca?

PARADOX, *sonriendo.*

¿A la tierra de las ensaimadas?[7] No; más lejos.

DIZ

¿A Italia?

PARADOX

¿Para qué voy a ir yo a Italia..., me quiere usted decir, don Avelino?... ¿A ver cuadros y estatuas?... ¿A ver cosas de arte?... ¿A comer macarrones?... Ya sabe usted que para nosotros no hay más que la ciencia... y el arroz.

DIZ

¿Irá usted, quizás, a Filipinas?

PARADOX

¿A Filipinas, a ver chatos de cabeza cuadrada? No; los archipiélagos no me interesan, ni los chatos tampoco. A mí lo que me encanta son los grandes y misteriosos continentes; las selvas vírgenes; las montañas inaccesibles; los mares desconocidos; los bosques no hollados por la planta del hombre; los ríos, los lagos...

DIZ

¡Concluyamos!... ¿Adónde piensa usted ir?

---

4 Pse — an interjection expressing scorn or disinterest; also written *pchs*.

5 When Amadeo I of Savoy accepted the Spanish throne in 1872, a second Carlist War broke out. When Amadeo abdicated, the republicans gained power for two years. Fighting continued, from time to time, until the birth of Alfonso XIII in 1886.

6 boniato — sweet potato.

7 ensaimadas — light coffee cakes, very popular in Majorca.

PARADOX

Al Cananí.[8]

DIZ

¿Y dónde está eso?

PARADOX

¡Y me pregunta dónde está el Cananí! ¿Dónde? . . . En el mismo golfo de Guinea.

DIZ, *agarrando del brazo a Paradox*

Se trata de una broma, ¿verdad?

PARADOX

Nunca he hablado en mi vida más seriamente.

DIZ

¿Eso quiere decir que usted va? . . .

PARADOX

¡Eso quiere decir que voy!

DIZ

¿Al Cananí?

PARADOX

¡Al Cananí!

DIZ

Más claro: ¿al golfo de Guinea?

PARADOX

Al golfo de Guinea; usted lo ha dicho con una claridad meridiana.[9]

DIZ

¿Pero usted está en su sano juicio?

PARADOX

¿En mi sano juicio? ¡Yo! Nunca he estado más en mi sano juicio que ahora.

DIZ

¿Pero usted afirma? . . .

PARADOX

Yo afirmo rotundamente, y además de afirmar, pruebo . . . , lo que es más grave. ¡Es mi especialidad!

DIZ

Entonces, esas palabras necesitan una explicación; pero una explicación clara, una explicación . . . meridiana. ¡Vamos inmediatamente a casa!

PARADOX

¡Vamos allá!

II

EXPLICACIONES

Un cuarto pequeño, bajo, pintado de azul. De la ventana, abierta, entra el aire tibio de la noche. La luz de un quinqué, colocado sobre una mesa-consola, que tiene un hule blanco lleno de dibujos hechos con tinta, alumbra la estancia. Hay un armario con cortinillas ya rotas, a través de las cuales aparecen montones de libros desencuadernados, papeles, prensas, tarros de goma, y en medio de este batiburrillo una calavera con rayas[10] y nombres escritos con tinta azul y roja. Arrimados a la pared hay un sofá y varias sillas, todas de distinta clase y forma.

DIZ, *sentándose en el sofá de golpe y hablando con amargura.*

Otra vez ha preparado usted algo sin contar para nada conmigo.

PARADOX

¡Bah! Pensaba comunicarle a usted mi proyecto en el momento de ir a realizarlo.

DIZ

¿Y por qué no exponerme antes el plan?

PARADOX

Es que es usted tan impaciente. . .

DIZ

¿Eso quiere decir que soy un fatuo, un mentecato, un botarate?

PARADOX

No inventemos, don Avelino. No dé usted suelta a su imaginación volcánica. Yo no he dicho eso.

DIZ

No, pero es igual; lo ha dado usted a entender.

PARADOX

Si viene usted con esas susceptibilidades de siempre, aplazaremos la explicación para otro día; hoy está usted, sin duda, nervioso.

DIZ

¿Yo? . . . Estoy tan nervioso como usted; ni más, ni menos.

PARADOX, *sonriendo.*

Mi pulso marcará ahora mismo setenta y dos pulsaciones por minuto.

DIZ

El mío no marcará ni setenta. ¿Quiere usted explicar su proyecto, sí o no?

PARADOX

No tengo inconveniente alguno. Usted no se habrá enterado, porque usted tiene el privilegio de no enterarse de nada; usted no se habrá enterado, repito, de que hace unos meses hubo un Congreso de judíos en Basilea.[11]

---

8 Cananí — a fictitious country suggested to Baroja by Cunani in Brazil.
9 claridad meridiana — as clearly as possible.

10 calavera con rayas — a skull divided into sections for the study of phrenology.
11 Basilea — Basle. The first Zionist Congress met there in 1897.

DIZ, *muy fosco.*

Certísimo; no me he enterado.

PARADOX

Pues bien; en ese Congreso se discutió el porvenir del pueblo judío. . .

DIZ

Un pueblo de granujas y de usureros.

PARADOX

Conforme; pero usted no debía hablar así, porque tiene usted un tipo semita.

DIZ

Yo me río de mi tipo.

PARADOX

Eso es otra cosa. Pues bien; como decía, se discutió el porvenir del pueblo hebreo en esa reunión y se señalaron dos tendencias: una, la de los tradicionalistas, que querían comprar la Palestina e instaurar en ella la nación judía, con Jerusalén como capital; otra, la de los modernistas, que encontraban más práctico, más económico y más factible fundar una nueva nación hebrea en África.[12]

DIZ, *fríamente.*

No se adónde va usted a parar.

PARADOX

Lo irá usted sabiendo.

DIZ

Es que. . .

PARADOX

Si me interrumpe usted, no sigo.

DIZ

Seré mudo como una tumba. *(Se extiende en el sofá y apoya los pies en la mesa.)*

PARADOX

Entonces, continuaré. Hará ya unos meses, no sé si usted recordará, que traje de Valencia, cubriendo una caja de sobres, un trozo de un periódico inglés. Usted no se fija en estos detalles, y, sin embargo, en esos detalles está muchas veces un descubrimiento tan importante como el de la gravedad. ¿No le parece a usted?

DIZ

He dicho que seré mudo.

PARADOX

Muy bien. Está usted en su derecho. Leí el periódico por curiosidad y lo guardé. Aquí lo tengo; dice así: *(Lee.)* «El acaudalado banquero de Londres, Mr. Abraham Wolf, uno de los príncipes de la banca judía, partidario entusiasta de la fundación de la patria israelita

en el África, piensa hacer en breve un viaje por la costa de los Esclavos. Con este objeto, el señor Wolf ha invitado a la excursión a algunos hombres de ciencia, naturalistas y exploradores. Parece ser que el proyecto del señor Wolf es formar un gran sindicato, con el objeto de ir transportando al África a los judíos pobres, dándoles luego tierras y útiles de labranza. El señor Wolf está actualmente en Tánger, desde donde partirá la primera expedición a principios del . . .»

DIZ

¿Por qué no sigue usted?

PARADOX

Porque no sigue el trozo del periódico que traje. Inmediatamente de leer esto, se me ocurrió la idea de que debía escribir a ese Wolf. ¡Idea luminosa!

DIZ

¿Y lo hizo usted?

PARADOX

En el acto.

DIZ

¿Y le ha contestado?

PARADOX

Sí.

DIZ

¿Y qué dice? ¡Tiene usted una calma verdaderamente inaguantable!

PARADOX, *registrándose los bolsillos.*

¿Dónde está ese demonio de carta? . . . ¡Ah! aquí la tengo. Verá usted; dice así: «No puedo ofrecerles, por ahora, más que el viaje y la asistencia gratis en mi goleta[13] «Cornucopia». Si después, encuentran ustedes alguna ventaja en quedarse en el Cananí, trataremos del asunto más despacio. Para tomar parte en la expedición, que saldrá el veinte de enero, tienen ustedes que encontrarse aquí antes del día quince.

Si no han hecho sus preparativos para esta fecha, no se molesten en venir.

Si, por el contrario, están dispuestos a llevar a cabo el viaje, pueden tomar el vapor el día ocho. Con la carta que adjunto les envío, para el jefe de las oficinas de la Trasatlántica, les facilitarán pasaje gratis hasta Tánger.

De ustedes, etc., etc., «Abraham Wolf».

DIZ, *levantándose del sofá y poniéndose en pie.*

Entonces no hay tiempo que perder.

PARADOX

¿Qué? . . . ¿Se decide usted?

---

12 The British Government, in 1903, made the Zionist Congress an offer of land in the Guas Ngishu plateau.

13 goleta — schooner.

DIZ

¿Quién se atreverá a impedirlo? Hay que prepararlo todo inmediatamente. ¿Dónde está el Conill?

PARADOX

Estará durmiendo.

DIZ

Voy a despertarlo; tengo que darle órdenes.

PARADOX

Deje usted a ese apreciable roedor que duerma. Quedan dos días aún para hacer los preparativos.

DIZ

Vamos a ver el mapa. *(Buscando en el armario febrilmente.)* Pero, ¿dónde está el mapa?

PARADOX

Debajo de esos papeles, ahí al lado de la calavera, lo tiene usted.

DIZ

¡Ah!, es verdad. *(Hojeando el mapa.)* Aquí está... Europa..., España..., Francia..., Inglaterra..., Asia..., América... ¿Y África?

PARADOX

Se le ha pasado usted.[14] ¡Va usted con la velocidad de un exprés americano!

DIZ

¡Ah!, está aquí, ya la encontré. ¡África! ¡Admirable país! ¡Verdadera cuna de la civilización!... Es el único lugar donde se puede vivir dignamente.

PARADOX

¿Cree usted?...

DIZ

No lo ponga usted en duda. ¡África! ¡Tierra sublime no perturbada por la civilización!... ¿Tocaremos en las Canarias, eh?

PARADOX

Es probable.

DIZ

¿Luego, en Cabo Verde?

PARADOX

Es casi seguro.

DIZ

Y, después, ya, hacia el golfo de Guinea... Derechos al misterio... A lo desconocido... A la esfinge... ¿Y dónde desembarcaremos?

PARADOX

No lo sé todavía.

DIZ

¿En el Senegal? En el Camerón?... ¿Quizá en el Congo?

PARADOX

« Ignoramus, ignorabimus[15] »; como dijo el ilustre fisiólogo Du Boys-Reimond,[16] en su célebre discurso de Berlín.

DIZ

¡Qué admirable idea! Voy a realizar el sueño de toda mi vida.

PARADOX

¿De veras tenía usted el pensamiento de ir a África? No le había oído a usted expresar ese deseo nunca.

DIZ

Es que era un pensamiento oculto; vago, ideal, lejano; tan oculto, que casi yo mismo no me he dado cuenta de él. Amigo Paradox, ¡abracémonos!, un proyecto así es nuestra gloria; es el triunfo decisivo sobre los que nos han calumniado, sobre los que han querido escarnecer nuestro nombre, sobre los que han hecho a nuestro alrededor la conspiración del silencio.

PARADOX

¿Para qué recordar esas pequeñeces? No vale la pena.

DIZ

Tiene usted razón; olvidemos lo minúsculo. Pensemos en lo grande. ¡Qué magnífica idea ha tenido usted! ¡Exploraremos, Paradox!

PARADOX

Seguramente.

DIZ

Descubriremos.

PARADOX

Es muy probable.

DIZ

Remontaremos ríos inexplorados.

PARADOX

Sin duda alguna.

DIZ

Escalaremos montañas inaccesibles.

PARADOX

Inaccesibles hasta el momento en que las subamos nosotros.

DIZ

Y nuestros nombres, unidos como los de Lavoissier y Laplace.

---

14 Se le ha pasado Ud. — You have passed it by. Baroja often used *le* for *la*.
15 Ignoramus, ignorabimus — We do not know and we shall never know.

16 Emile Du Boys-Reimond (1818–96), German physiologist of French origin who made important studies of heat.

PARADOX

Los de Cailletet y Pictet . . .[17]

DIZ

Los de Dulong y Petit . . .

PARADOX

Los de Pelouze y Frémy . . .[18]

DIZ

. . . Y tantos otros, pasarán al panteón de la historia.

PARADOX

¿De la historia de la ciencia, por supuesto?

DIZ

Naturalmente, de la historia de la ciencia.

PARADOX, *aparte.*

Amigo mío, dijo Dinarzada,[19] ¡qué cuento más maravilloso!

Voces lejanas de chicos que cantan.

Ay, chungala, que es carabasa.

Ay, chungala, que es polisó.

Ay, chungala, les chiques guapes
y el mocaor de crespó.[20]

Abraham Wolf, Paradox, and others go for a horseback ride. Two of the riders, the doctor and the general, catch a rooster and force whisky down its throat. In this episode, Baroja vents his wrath on those who corrupt nature. The sadistic doctor, the bullying general, and the hypocritical Englishman in the party represent the essentially depraved nature of mankind.

Paradox, Diz, Hardibras, a crippled veteran of many wars, Arthur Sipsom, a manufacturer, and several other passengers, together with a crew of eleven, set sail on the Cornucopia. Mr. Wolf is to meet them later. The passengers carry on conversations and play music. Baroja, in a kind of lyrical interlude, expresses various feelings about the sincerity of the lower classes as opposed to the artificial qualities of higher levels of society. Miss Pich, one of the passengers and an ardent feminist, tries to convince Paradox that Socrates and King David were really women.

During a storm the captain is swept over-

board. All fuel is used up, and the crew members are drunk. The passengers name Goizueta captain, and the crew and passengers split into enemy camps. The crew steals the ship's boat. Goizueta and Sipsom steal it back, but the ship is wrecked and all make their way to shore, managing to bring some provisions with them on a raft. Paradox is named their leader.

Some African savages attack and capture the party. They are taken to the city of Bu-Tata, capital of the kingdom of Uganga. Bagú, the tribal witch doctor, covets the princess Mahu, daughter of the king. She loves Hi-Ji, her father's slave. Sipsom uses the party's equipment to appear as a magician. Ganereau, a good republican, speaks to the Africans of the rights of man; but Sipsom, the practical man of business, promises the natives wine, women, and song if they will abandon their king. Some of the natives agree to accompany the Europeans to Fortunate Isle, about ten miles from the sea and thirty from the city of Bu-Tata. As the Europeans build fortifications to protect themselves against an attack, natives from Bu-Tata come to appeal to them for help against another tribe. The Europeans create a lake by altering the course of the river, and various animals—serpents, fish, the toad, a swallow, and others, as well as Bagú the magician—voice their opinions, each from his own selfish point of view, about the formation of the lake.

The natives kill their king and insist that the Europeans govern them, so Ganereau writes a constitution. Although all argue over the new state's form of government, social customs, and religion, they finally decide to name Paradox king.

As time progresses they create a kind of Utopia, and Baroja makes some pertinent observations about education and other civilized procedures. Some of the passengers who had escaped with the crew to the beach come to Paradox's kingdom. They relate the painful experiences which befell them after they were captured by Moors. They are shocked to find

17 Lavoissier y Laplace . . . Cailletet y Pictet — Antoine Laurent Lavoisier (1743–94), French chemist and one of the founders of modern chemistry. Pierre Simon Laplace (1749–1827), French mathematician and astronomer. Louis Paul Cailletet (1832–1913), French physicist and metallurgist. He liquefied oxygen and hydrogen. Raoul Pictet (1842–1909), Swiss physicist and chemist. He, too, liquefied oxygen and hydrogen shortly after Cailletet, by a different method.
18 Dulong y Petit . . . Pelouze y Frémy — Pierre Louis Dulong (1785–1838), French physician and physicist

who discovered the "law of Dulong and Petit," 1819. Alexis Thérèse Petit (1791–1820), French physicist and chemist. Théophile Jules Pelouze (1807–67), French chemist. He collaborated with Frémy to write a treatise of general chemistry. Edmond Frémy (1814–94), French chemist.
19 Dinarzada — Scheherazade's sister in *The Thousand and One Nights.*
20 Ay, . . . crespó — Alas, you little fool, your boyfriend is a calabash, a vagabond. Alas, little fool, handsome boys want only a crepe handkerchief.

that the Europeans have created a civilization without offices, money, or loan sharks. Sipsom has become acting judge and administers Solomon-like justice.

As the story continues, we learn that the French government has sent troops to Africa.

TERCERA PARTE

VIII

UN CAMPAMENTO

Frente al río de Bu-Tata, en una colina, sin que nadie se entere, sin que nadie se dé cuenta, se ha establecido un campamento. Diez ametralladoras y otros tantos cañones de tiro rápido apunta a la ciudad.

A la luz de las hogueras se ven las tiendas de campaña. Los centinelas se pasean con el fusil al brazo. Los soldados, en corrillos, charlan animadamente.

RABOULOT

Yo no sé qué demonio de ocurrencia tiene el Gobierno de meterse con estas gentes, que a nosotros no nos hacen ningún daño. ¿Tú comprendes esto, caballero Michel?

MICHEL

Yo no comprendo más sino que esta vida es una porquería.

RABOULOT

¡Qué quieres! Es la vida del soldado.

MICHEL

Una vida sucia como pocas.

RABOULOT

¡Pse! . . . Hay que aguantarse.

MICHEL

Pero, ¿por qué esa cochina República nos obliga a andar a tiros con esta gente?

RABOULOT

Hay que civilizarlos, caballero Michel.

MICHEL

Pero si ellos no lo quieren.

RABOULOT

No importa; la civilización es la civilización.

MICHEL

Sí; la civilización es hacer estallar a los negros metiéndoles un cartucho de dinamita, apalearlos a cada instante, y hacerles tragar sopa de carne de hombre.

RABOULOT

Pero también se les civiliza de veras.

MICHEL

¿Y para qué quieren ellos esa civilización? ¿Qué han adelantado ésos del Dahomey con civilizarse? ¿Me lo quieres decir, caballero Raboulot? Ya tienen pantalones; ya tienen camisa; ya saben que un rifle vale más que un arco y que una flecha: ahora múdales el color de la piel, pónles un poco más de nariz, un poco menos de labios, y llévalos a divertirse a Folies-Bergères.

RABOULOT

¡Je! ¡Je! Yo creo que este condenado parisién es anarquista o cosa parecida.

MICHEL

¡Pensar que uno está aquí y que podría uno andar por Batignolles o por Montmartre![21]

RABOULOT

Yo también estaría más a gusto en mi aldea que no aquí; pero hay que servir a la Francia.

MICHEL

Que la sirvan sólo los aristócratas. Ellos son los únicos que se aprovechan del ejército.

RABOULOT

Sí, es verdad. Luego se arma uno un lío[22] que ya no sabe uno qué hacer. En unos lados se puede robar y llevarse todo lo que haya; en otros no se puede tomar ni un alfiler. Te digo que yo no comprendo esto, caballero Michel.

MICHEL

No, nadie lo comprende. Hay que obedecer sin comprender; ésa es la disciplina. ¡Que no le pudiera uno aplastar el cráneo al que ha inventado esta palabra![23]

RABOULOT

Hablando de otra cosa. ¿Has tenido noticias de París?

MICHEL

Hace pocos días leí en el periódico que un amigo mío había debutado en el Casino de Montmartre.

RABOULOT

¿De qué?

MICHEL

De « chanteur ». Ése es un hombre feliz. No le faltarán mujeres. En cambio aquí. . .

RABOULOT

¡Sacredieu![24] Aquí hay negras muy guapas, caballero Michel. No las desacredites.

---

21 Batignolles and Montmartre are sections of Paris.
22 armarse un lío — to create difficulties.
23 ¡Que . . . palabra! — I'd like to smash the skull of the one who invented that word.

24 ¡Sacredieu! — a strong French oath, literally Holy God.

MICHEL

¿De ésas que les bailan las ubres cuando corren? Yo no puedo con ellas.

RABOULOT

Sí, como dice Prichard, los parisienses sois muy delicados.

MICHEL

¡Pse! . . . Es cuestión de estómago.

RABOULOT

¿Y te falta mucho para cumplir?

MICHEL

Tres años todavía. Si pudiera escaparme. . .

RABOULOT

Pues no se está tan mal, caballero Michel. El coronel Barband no es del todo malo.

MICHEL

No; tiene un carácter cochino.

RABOULOT

El capitán Frippier sí es un poco duro con la ordenanza.

MICHEL

Yo le metería una bala en la cabeza por farsante.[25] Siempre está con los bigotes rizados, mirándole a uno de arriba abajo, por si le falta a uno un botón o lleva uno una mancha. ¡Canalla!

RABOULOT

Anda, parisién; no te desesperes. Vamos a echar un sueño, y ya veremos cómo amanece mañana.

MICHEL

Mal; ¿cómo va a amanecer?

RABOULOT

Hay días en que uno se divierte.

MICHEL

Hazte ilusiones. *(Echándose a dormir.)* No debía haber ejército, ni naciones, ni nada. . .

IX

DESPUÉS DE LA BATALLA

Está anocheciendo. Bu-Tata entera arde por los cuatro costados. Los cañones franceses han lanzado una lluvia de granadas de melinita;[26] que han incendiado casas, chozas, almacenes, todo. A media tarde, dos batallones de dahomeyanos[27] y uno de tropas disciplinarias se han acercado al pueblo, han colocado las ametralladoras a su entrada y han acabado con lo que quedaba.

25 por farsante — for being a fraud (faker).
26 melinita — melinite, a high explosive widely used by the French.
27 dahomeyanos — natives of Dahomey, a colony of French West Africa.

Como si hubiera habido un terremoto, Bu-Tata se ha desmoronado; los tejados se han hundido, las paredes se han ido cayendo, cerrando las callejas con sus escombros. En la escuela, que por una casualidad no se ha venido abajo, está reunido el Estado Mayor francés, y sobre el tejado de este edificio ondea la bandera tricolor.

RABOULOT

A la orden, mi coronel.

EL CORONEL BARBAND

¿Qué hay?

RABOULOT

Unos europeos que iban huyendo por el río han sido hechos prisioneros.

BARBAND

¿Dónde están?

RABOULOT

Aquí vienen.

BARBAND

Que pasen. *(Entran todos los de Fortunate-House[28] a presencia del coronel.)* ¿Quiénes son ustedes?

PARADOX

Nosotros somos los que hemos civilizado este pueblo, al cual ustedes, bárbaramente y sin motivo, acaban de incendiar y de pasar a cuchillo; nosotros somos. . .

BARBAND

Nada de comentarios. Al que los haga le mandaré fusilar inmediatamente. Los nombres nada más.

GANEREAU

Aquiles Ganereau, rentista,[29] y mi hija Beatriz con su marido.

BARBAND

¿Y usted?

SIPSOM

Sipsom Senior, de Manchester.

BARBAND

¿Y usted?

THONELGEBEN

Eichtal Thonelgeben, de Colonia.

BARBAND, *frunciendo el ceño.*

¿Prusiano?

THONELGEBEN

Sí, señor, gracias a Dios. Esta señora es mi mujer.

28 Fortunate House — the common house built by the Europeans under Paradox.
29 rentista — financier.

BARBAND

¿Y ustedes?

DIZ

Estos señores son italianos, y nosotros españoles, y éste marroquí.

BARBAND, *a la Môme Fromage.*[30]

¿Y usted?

LA MÔME FROMAGE

Mi coronel, yo soy parisiense.

BARBAND

¿De veras?

LA MÔME FROMAGE

Ex-bailarina de Moulin Rouge.

BARBAND

¡Sacredieu! ¡Qué encuentro! ¿Estos señores son amigos de usted?

LA MÔME FROMAGE

Sí.

BARBAND

Entonces seré clemente. Quedarán ustedes prisioneros hasta que expliquen su presencia en Bu-Tata. Pueden ustedes retirarse.

Quedan solos el coronel y la ex-bailarina, y charlan animadamente. Cuando más entretenidos están en su conversación se abre la puerta y entra Bagú seguido de dos soldados.

BAGÚ

¡Musiu, musiu![31]

BARBAND

¿Quién es esta especie de mono?

MICHEL

Parece que es el obispo del pueblo.

BARBAND

¿Qué quiere?

MICHEL

No se le entiende nada.

BARBAND

Bueno; que lo fusilen.

MICHEL, *llevándose al mago.*

Vamos, « mon vieux », tienes mala suerte. ¿Quién te manda a ti hacer reclamaciones teniendo la cara negra?

Le llevan a un rincón y lo fusilan. Bu-Tata sigue ardiendo. En las callejas del pueblo, cerca de las tapias de las huertas, se ven niños degollados, mujeres despatarradas, hombres abiertos en canal.[32] *Un olor de humo y de sangre llena la ciudad. Los oficiales reunidos beben y charlan animadamente; los soldados saquean las casas.*

---

30 la Môme Fromage — "The Cheese Kid," a can-can dancer who worked, in her youth, at the Moulin Rouge in 1889.
31 musiu — monsieur.

Se oyen luego los sonidos de las cornetas. Los soldados se retiran al campamento, y en las calles solitarias, entre los escombros de las casas derruidas y los restos carbonizados del incendio, se escuchan los gritos y los lamentos de los heridos y de los moribundos.

X

EN LA CÁMARA FRANCESA

El Ministro de la Guerra sube a la tribuna.

EL MINISTRO

Señores: Para convencer a los honorables diputados de la derecha de que el ejército expedicionario francés que opera en el golfo de Guinea no está inactivo por imposiciones diplomáticas de determinadas potencias, como se ha supuesto, voy a leer el parte que acabo de recibir. Dice así:

« Cuartel general de Bu-Tata.—Señor Ministro de la Guerra.

« Después de cuatro días de marcha, el cuerpo expedicionario que tengo la honra de mandar llegó a las proximidades de la ciudad de Bu-Tata. El enemigo se había atrincherado en el pueblo, en número de diez mil, con armas y municiones. Tras un día de cañoneo, las tropas al mando del comandante Gauguin atacaron la ciudad por el flanco izquierdo, desalojando inmediatamente las posiciones del enemigo. Sus pérdidas han sido quinientos muertos y más de tres mil prisioneros. Entre éstos se encuentran varios europeos, ingleses y alemanes, que habían organizado la defensa de la ciudad.—« El coronel Barband », comandante en jefe de la columna expedicionaria. »

DÉROULÈDE,[33] *levantándose.*

¡Viva el Ejército! ¡Viva Francia! *(Aplausos frenéticos y vivas en la derecha.)*

Unas horas después todos los marmitones y carniceros de París pasan por los bulevares con una bandera tricolor, dando vivas al Ejército y a Déroulède.

XI

TRES AÑOS DESPUÉS

En el despacho del médico de guardia[34] *del hospital de Bu-Tata.*

EL DOCTOR

¿Qué entradas tenemos hoy?

---

32 abiertos en canal — split wide open.
33 Paul Déroulède (1846–1914), a controversial and militaristic French politician.
34 médico de guardia — resident physician.

EL AYUDANTE

Ayer ingresaron diez variolosos.[35]

EL DOCTOR

¿Diez?

EL AYUDANTE

Ni uno menos. Entraron, además, cinco sifilíticos; seis de gripe infecciosa; ocho de tuberculosis; dos con delirio alcohólico. . .

EL DOCTOR

¡Qué barbaridad!

EL AYUDANTE

Y además una mujer cuyo marido le dió una puñalada por celos, que murió a las pocas horas.

EL DOCTOR

Si seguimos así, no va a haber camas en este hospital. ¡Fíese usted[36] de los naturalistas!

EL AYUDANTE

¿Por qué?

EL DOCTOR

Porque hay un informe de Lanessan diciendo que Uganga es un país muy sano.

EL AYUDANTE

Lo era.

EL DOCTOR

¿Y cree usted que habrá variado?

EL AYUDANTE

Sí, señor.

EL DOCTOR

¿Y por qué?

EL AYUDANTE

Por la civilización.

EL DOCTOR

¿Y qué tiene que ver la civilización con eso?

EL AYUDANTE

Mucho. Antes no había aquí enfermedades, pero las hemos traído nosotros. Les hemos obsequiado a estos buenos negros con la viruela, la tuberculosis, la sífilis y el alcohol. Ellos no están, como nosotros, vacunados para todas estas calamidades, y, claro, revientan.

EL DOCTOR, *riendo.*

Es muy posible que sea verdad lo que usted dice.

EL AYUDANTE

¡Si es verdad! El año pasado fuí yo a un pueblo de al lado; ¿y sabe usted lo que pasó?

EL DOCTOR

¿Qué?

EL AYUDANTE

Que les inficioné con la viruela, y, sin embargo, yo no la tenía.

EL DOCTOR

Es curioso ese caso; ¿y cómo se lo explica usted?

EL AYUDANTE

Yo me lo explico sencillamente. Entre nosotros, los organismos débiles que no podían resistir las enfermedades, el trabajo abrumador y el alcohol, han muerto. A los que quedamos no nos parte un rayo; llevamos los gérmenes morbosos en nuestro cuerpo como quien lleva un reloj de bolsillo; así sucede que, mientras los blancos estamos aquí magníficamente, los negros se van marchando al otro mundo con una unanimidad asombrosa.

EL DOCTOR

Mientras[37] vayan ellos solos, ¿eh?

EL AYUDANTE

Poco se pierde.

EL DOCTOR

Además, hay pasta abundante.[38] Hasta que se acabe.

EL AYUDANTE

Ya acabaremos con ella. ¿No acabaron los civilizados yanquis con los Pieles Rojas? Nosotros sabremos imitarles.

EL DOCTOR

Bueno, vamos a hacer la visita. ¿Y el otro ayudante?

EL AYUDANTE

Le va usted a tener que dispensar. Creo que no vendrá.

EL DOCTOR

¿Pues qué le pasa?

EL AYUDANTE

Que ayer le vi en este café-concierto que han puesto hace poco, con una negra, y parecía un tanto intoxicado.

EL DOCTOR

Cosas de muchacho. ¿Y qué es lo que hay en ese café-concierto?

EL AYUDANTE

Hay grandes atracciones. Ayer, precisamente, era el debut de la princesa Mahu, que bailaba desnuda la danza del vientre, a estilo del Moulin Rouge, de París.

EL DOCTOR

Un número sensacional.

---

35 varioloso — smallpox patient.
36 fíese usted — never trust.
37 mientras — just so long as.

38 hay pasta abundante — there are lots of them left (pasta — dough).

EL AYUDANTE

¡Ya lo creo! Y ejecutado por una princesa.

EL DOCTOR

¿Auténtica?

EL AYUDANTE

En absoluto.

EL DOCTOR

Veo que están adelantados en Bu-Tata.

EL AYUDANTE

No se lo puede usted figurar. Aquí ya hay de todo. Esto es Sodoma, Gomorra, Babilonia, Lesbos, todo en una pieza.

EL DOCTOR

¿Qué me cuenta usted?

EL AYUDANTE

Lo que usted oye. Usted no sale de noche. Si saliera, lo vería. En cada esquina hay sirenas de color que le hacen a usted proposiciones extraordinarias. Por todas partes ve usted negros borrachos.

EL DOCTOR

¿De veras?

EL AYUDANTE

Sí. Si hacemos un consumo de ajenjo[39] extraordinario.

EL DOCTOR

No lo sabía.

EL AYUDANTE

Sí, señor. Luego, los blancos tratan a puntapiés a los negros, y éstos se vengan, cuando pueden, asesinándolos.

EL DOCTOR

Muy bien.

EL AYUDANTE

Son los beneficios de la civilización.

EL DOCTOR

Bueno; vamos a hacer la visita.

XII

UNA NOTICIA

De « L'Echo », de Bu-Tata:

« Tras de la misa, el abate Viret pronunció una elocuentísima arenga. En ella enalteció al Ejército, que es la escuela de todas las virtudes, el amparador de todos los derechos. Y terminó diciendo:—Demos gracias a Dios, hermanos míos, porque la civilización verdadera, la civilización de paz y de concordia de Cristo, ha entrado definitivamente en el reino de Uganga ».

FIN

39 ajenjo — absinth.

Ramón Pérez de Ayala, 1880–1962, *Belarmino y Apolonio*, 1921 (pp. 243–47; 373–74)

Pérez de Ayala was subjected to excessive discipline as a student in a Jesuit school, an experience he analyzed unfavorably in *A.M.D.G.*, 1910. In many of his other novels one can sense the legacy left by this training and the attitudes it inculcated, especially in the three *Novelas poemáticas*, 1916; *Belarmino y Apolonio*, 1921; *Tigre Juan*, 1926; and *El curandero de su honra*, 1926. He tried to unify reality and fantasy in his intellectual novels about the problem of time, and to understand the relationship of art and life and the tragic implications of being human. Although occasionally cruel, his ironic humor promotes a generally tolerant acceptance and understanding of human weakness. He insists that humanity is more important than national pride, that liberty is a supreme good, and that man may yet perfect himself and achieve the dignity to which he is entitled.

Pérez de Ayala created in *Belarmino y Apolonio* one of the finest novels of the twentieth century. Francisco Agustín, his biographer, calls it "la más artísticamente consciente de cuantas ha creado el genio español." Pérez de Ayala's gifts as a poet, essayist, and novelist reached full fruition here as he revealed his depth of kindness, boundless sympathy, and love of humanity. Like some other twentieth-century Spanish writers, Pérez de Ayala was a sculptor and painter, and displayed his artistic talent in pictorial descriptions.

With ironic humor he examines philosophy, religion, and culture and seeks the true meaning of reality. His Don Quijote is Belarmino the shoemaker, also considered mad by the "logical" world. He does not tilt at windmills, but seeks to understand the universe through words, as he gives new meanings to old concepts. Pérez de Ayala, the poet whom many view as identical with Belarmino, his creation, also loved words.

The slight tale of love which concerns Apolonio's son Pedro and Belarmino's niece and adopted daughter Angustias is incidental to the contrast between Belarmino, the man who thinks (the "professional philosopher"), and Apolonio, the man who acts. The work is a kind of allegory of human existence. Belarmino invents a new language, and his philosophy consists of *chisgarabis*, finding words which have new meanings and finally the one word which will contain all others. In this endeavor he uses his *Inteleto* (subjective introspection) and the *Diccionario*, which he calls the *Cosmos* or outside world, for he believes a dictionary which contains words must possess all meaning and reality. Apolonio, on the other hand, is the man of passion, many loves, and delirious poses. He is the extrovert, a writer of plays, a "vox, et praeterea nihil," (a voice and nothing more). These are the principal actors of Rúa Ruera, the street which serves as the stage for the action of Pérez de Ayala's created universe.

In the prologue, Don Amaranto de Fraile, a boardinghouse Socrates, discusses his ideas on medicine, science, women, and life. In this boardinghouse the author meets Pedro Caramanzana, known as Don Guillén. Pedro's father, Apolonio, had named his son for famous dramatists, among them Pedro Calderón de la Barca and Guillén de Castro. At a nearby cafe the author encounters Angustias, a prostitute known as *la Pinta*, who tells him how Pedro had run off with her to marry but had been spirited away from her before the ceremony could take place.

The author describes Rúa Ruera where Belarmino Pinto lives. Juan Lirio, a painter, and Pedro Lario, of unknown occupation, discuss the street and differ about its worth and beauty. On this street live Belarmino, a confirmed republican, and Xuantipa, his shrewish wife who berates him constantly for not collecting overdue accounts. One of Belarmino's friends, the French confectioner Réné Colignon, lends him money from time to time. Ángel Bellido, a money lender, threatens to foreclose the mortgage on Belarmino's shop. Felicita Quemada, a virgin lady, loves Novillo, an employee of the Duke of Somavia, and he has reciprocated her love silently for ten years.

Belarmino spends more and more time trying to penetrate the meaning of the *Cosmos* through the use of his *Inteleto*. His business fails. Padre Alesón, an enormous Dominican friar, offers him a position and work room in the home of Don Restituto Neira and his wife, Doña Basilisa, who have given the friars the upper floor of their palace. Another shoemaker, Apolonio, opens a magnificent shop on Rúa Ruera. We meet Apolonio and his son Pedro (Guillén) in Chapter IV.

APOLONIO Y SU HIJO

Fué el Jueves Santo, por la noche. Habíamos cenado en la habitación de don Guillén. El canónigo fumaba un cigarro largo y fino; yo, un cazador, ese tabaco oscuro, velloso y de sangre,[1] tan enérgico, sutil y esencial provocador de ideas e imágenes que, a veces, sustituye con ventaja los beneficios del trato humano, sin sus inconvenientes y molestias. Como dijo, siglos ha, Cristóbal Hayo, maestro físico de Salamanca, en loor del tabaco: « usando dél no se siente soledad. » Don Guillén me lo había ofrecido, sabiendo que era la vitola[2] más de mi gusto; delicado agasajo que yo le agradecí. No faltaban las copitas de coñac viejo.

Anoto estos detalles, quizá impertinentes, para que se vea que don Guillén era hombre atento a los detalles y moderado gratificador de los sentidos, de donde se deduce que, para él, la realidad externa existía, y que la aceptaba en toda su importancia, procurando solamente que el contraste con ella fuese lubricado y terso.

Estaba riéndose para sí, como ante una visión cómica y tierna al propio tiempo. Comenzó a hablar:

— No puedo pensar en mi padre sin reírme. Sin reírme amorosamente, entiéndame usted. Mi madre murió cuando yo cumplía apenas los tres años. No la recuerdo. Mi padre era, o, por mejor decir, es, pues vive; vive como sombra de lo que fué . . . Mi padre es hijo de un criado de la casa de Valdedulla, antiquísimo linaje gallego que viene de los suevos o cosa así. Mi familia paterna, de padres a hijos, desde hace ya dos o tres siglos vivía a la sombra de la casa de Valdedulla, cumpliendo más que en menesteres de servidumbre en empleos de confianza. El primogénito permanecía siempre al servicio de la casa, y a los demás hijos varones los condes los dedicaban a la Iglesia, o los enviaban a que se ganasen la vida por el mundo. En mi familia ha habido bastantes abades, y no me sorprendería tener algún tío ricacho en América, sin yo saberlo. Mi abuelo era así como administrador de la casa de Valdedulla. Cuando yo nací, esta poderosa casa había quedado reducida a dos vástagos, don Deusdedit, el conde, y doña Beatriz, que se había casado con el viejo duque de Somavia, y vivía en Pilares. El conde era solterón, padecía muchos achaques y tenía

---

1 de sangre — strong.

2 vitola — cigar of standard size and shape.

la cara llena de erupciones amoratadas. No había esperanza de que se casase, no tanto por feo y raquítico, ya que las mujeres apencan con todo, si el pretendiente guarda hacienda o luce ejecutoria, cuanto porque el duque era misógino y misántropo. Solía decir: « En mí, gracias a Dios, concluyen los Valdedulla, que, desde Mauregato,[3] no han hecho más que burradas. » Nada le interesaba. Nunca salía del Pazo. El único que le divertía algo era mi padre. No quiso el duque que mi padre recibiese a su tiempo hereditariamente, el cargo familiar de mi abuelo, « porque — decía — esto se acaba conmigo; el nombre se pierde, gracias a Dios, y la casa se transmite al hijo de Beatriz, que es un Somavia; conque allá entonces que él haga lo que le pete.[4] » El conde deseaba cooperar a que mi padre se valiese por sí, mediante una profesión u oficio, y aun carrera. Parece ser que mi padre, desde muy niño, componía versos y era muy dado a leer novelas y dramas. Ya de entonces mi padre había caído en gracia al conde, que era unos quince años más vieja que mi padre. Respondiendo a los deseos del conde, mi abuelo optó por la carrera eclesiástica, en la cual, dado su natural despejo, mi padre llegaría, probablemente, a cardenal; pero mi padre no sentía afición a los cánones, y, sobre todo, el conde, que alardeaba de volteriano, dijo en seco que no. Enviaron a mi padre al Instituto, en donde estudió dos años, y, consecutivamente, obtuvo dos tandas de suspensos en las mismas asignaturas. Uno de los profesores escribió al conde que a mi padre el exceso de imaginación le impedía concentrarse y estudiar con disciplina y provecho. Mi padre no ha olvidado aquel fracaso; ahora, que él lo explica a su modo y se queda tan satisfecho. Siempre dice: « Yo, que he recibido una educación académica...» Mi padre quería seguir la carrera de autor dramático, y cuando le convencieron de que no había semejante carrera, respondió: « Pues si no autor dramático, zapatero. » ¡Peregrino dilema! No puedo por menos de reírme... Estas cosas raras e ilaciones[5] sorprendentes, eran las que divertían al conde. Le estoy fastidiando a usted...

— Nada de eso — respondí.

— Abrevio. Hasta los doce años viví en el Pazo de Valdedulla. Tres años antes había

muerto mi abuelo. Desde aquel punto, el propio conde llevó las cuentas y administración de sus bienes. Mi padre tenía una zapatería abierta en Santiago de Compostela. El negocio andaba malamente, porque mi padre se pasaba lo más del tiempo de tertulia y juerga con algunos amigos estudiantes. Se sostenía gracias a la benevolencia y liberalidad del conde. De cuando en cuando, venía de visita al Pazo, y ¡había que verle lo pomposo y majetón, con su flor en el ojal, su sombrero ladeado y su chaquet, un chaquet paradisíaco, como decía el conde, no sé por qué! « Chico — exclamaba el conde —, me dejas patidifuso[6] con tu elegancia y tus ínfulas.[7] » Y, muerto de risa, le hacía recitar fragmentos de un drama que mi padre estaba escribiendo, titulado: *El cerco de Orduña y señor de Oña.* Mi padre le explicaba el argumento y hacía especial hincapié en la tesis, o, como él decía, la idea, a lo cual replicaba el conde, pensativo: « Pues no creas; eso tiene intríngulis[8] »: « ¡Qué si tiene! ... — replicaba mi padre, con inocente petulancia —. Ya verá el señor conde cuando el drama se estrene. »

— Probablemente sería más racional que los de su conterráneo el señor Linares Rivas[9] — interrumpí. Estaba yo, como el lector advertirá, en esa indiscreta edad juvenil en que, para aquilatar el mundo, los hombres y las cosas, se hace uso de términos de comparación nominativos.

— No puedo decirle, porque no asisto al teatro ni leo literatura frívola. Continúo. Durante aquellos tres años, después de muerto mi abuelo, el conde no se dió instante de reposo, visitando tierras, apuntando lindes, recontando ganado, recorriendo la casa, embalando vajillas y cubiertos de plata, escribiendo horas y horas en su despacho. Al cabo de los tres años, una mañana apareció difunto, no sé si de cansancio o de aburrimiento. Entre sus papeles había una carta para mi padre, en donde se decía: «...eres bueno; pero eres algo ganso, y no vales para andar solo por el mundo. Te dejo en mi testamento un pequeño legado, que si tú lo manejas, la del humo.[10] Por lo tanto, de que yo me haya muerto, vas con tu hijo a Pilares. Mi hermana, la duquesa de Somavia, tiene instrucciones mías y te dirá la forma en que dispongo que se emplee el

3 Mauregato — King of Asturias, d. 789. Supposedly he was the son of Alfonso I and a Moorish slave.
4 lo que le pete — whatever he pleases.
5 ilaciones — deductions.
6 patidifuso — astounded.
7 ínfulas — airs.

8 intríngulis — hidden motives.
9 Manuel Linares Rivas (1867–1944), satirical and moral Spanish dramatist.
10 la del humo (la ida del humo) — it will disappear, i.e. if he lets Apolonio manage it, he will waste it.

legado. Con ella nada te faltará. » Esta carta la leí siendo ya hombre. Mi padre se la había entregado a la duquesa, y ella me la enseñó. Pero recuerdo cuando mi padre la leyó por vez primera, en el Pazo del Valdedulla, estando el conde de cuerpo presente. Le vi apretar las cejas y palidecer; era, sin duda, que leía lo de ganso. Luego se le aflojaron las cejas, le comenzó a temblar una mejilla, le asomaron lágrimas a los ojos, dejó caer la carta, sin acabar de leerla, se cruzó de brazos, estuvo silencioso largo rato, mirando al muerto; sollozó:

> « Para ti, alma generosa,
> no es noble ni decorosa
> la terrena inhumación.
> Te daré entierro en la fosa
> de mi triste corazón. »

Se arrodilló y besó, con prolongado beso, la mano del conde. Yo lo observaba todo, de hito en hito.[11] Los niños son los mejores observadores, y las observaciones intensas de la niñez jamás se olvidan. Pensará usted que mi padre es un grandísimo figurón, que todo aquello era fingido, teatral y a propósito para reír, a pesar de la presencia del difunto. Que sea para reír, no lo niego; pero también para llorar. Mi padre ha tenido siempre una sensibilidad excesiva. Cualquiera cosa le agitaba. Se enternecía por fútiles motivos hasta las lágrimas. Todo lo tomaba a pecho. Por manera espontánea, se producía con exuberancia y énfasis. Era también muy aficionado al canto. Cuando cantaba me hacía el efecto de que se iba a derretir en la atmósfera, como un terrón de azúcar en agua. Y en cuanto a lo de improvisar versos, también era natural en él. Se convencerá usted muy pronto de cómo mi padre, sin duda por el continuo ejercitarse, componía ya versos por rutina. Pero, para no interrumpir la narración, prosigo por orden. Mi padre no se apartó del cadáver hasta que los enterradores terminaron con la poco noble y decorosa inhumación terrena. Volvimos al Pazo. Mi padre me traía de la mano y gimoteaba como una criatura. Entramos en lo que había sido capilla ardiente.[12] La carta póstuma del conde yacía por tierra. Mi padre la recogió, a fin de concluir la lectura. Yo vi que apretaba nuevamente las cejas, tiraba de una comisura del labio hacia arriba, inflando así la

mejilla, la cual se arrascaba, indicio de contrariedad. Antes había dejado caer la carta al llegar a lo de la herencia. Ahora aquello de ir a establecerse en Pilares, entre gente desconocida y bajo la tutela inmediata de la duquesa, le molestaba sobremanera. Pero, ¿qué remedio? Mi padre arrancó las raíces que le sujetaban a la hermosa tierra gallega y tomamos el portante[13] para otra región, no menos hermosa. Mi primer viaje por ferrocarril: ¡lo que hube de gozar! . . . En León doblábamos el rumbo y cambiábamos a un tren directo hasta Pilares, que partía de allí mismo. Era en las postrimerías del mes de abril, después de unos días tormentosos, y se decía si en el puerto que hay entre León y Pilares estaba interceptada la vía, hacia la estación de Busdongo, a causa de la nieve. Eso de pasar sobre montañas cubiertas de nieve me entusiasmaba. Paseábamos mi padre y yo, no sé quién con mayor impaciencia, a lo largo de los andenes, aguardando que formasen el convoy. Y aquí viene la prueba de que mi padre componía versos sin darse cuenta. Mi padre rezongaba entre dientes: « El tren se retrasa ya. ¿Qué demonio ocurrirá? » « Acaban de dar las dos. ¿Qué pasa? Sábelo Dios. » Y aleluyas y más aleluyas. En nuestra caminata arriba y abajo pasábamos por delante de una garita que me llamaba la atención, porque tenía encima un rótulo, para mí enigmático: « Lampistería.[14] » En una de las vueltas, un hombre, con un farol, salió de la garita. Mi padre, dirigiéndose a él, dijo: « Oiga, señor lampistero; no habiendo aviso, supongo que hay vía libre, y espero que el tren pase de Busdongo. » Y volviéndose hacia mí: « Dime, Pedriño, ¿no es esto señal de ser poeta? Sin intención he compuesto una sonora cuarteta. Siempre expreso en poesía el contento o el fastidio. Valeiro bien me decía que soy el moderno Ovidio. » No quiero cansarle. Baste decirle que mi padre, en cuanto se ponía un poco agitado, respiraba en verso. Esta peculiaridad, o si usted quiere manía, acaso haya sido causa de sus infortunios, pero ciertamente merced a ella los ha sobrellevado con pasmosa resignación e indiferencia. A mi padre le cae una teja en el cogote, por ejemplo. De este accidente no tiene la culpa la poesía, naturalmente. Pero mi padre, sin inmutarse, explicará que le ha sobrevenido la desgracia porque es un elegido de los dioses — mi padre siempre habla de

---

11 de hito en hito — fixedly; from one end to the other.
12 capilla ardiente — funeral room; chapel.

13 tomamos el portante — we went away.
14 lampistería — place on railroads where lighting equipment was kept and repaired.

Dios en plural, como los paganos, — y añadirá que todos los personajes trágicos son semidivinos — erudición compostelana; — y la explicación la dará en verso, con lo cual se le mitiga el dolor de la descalabradura. Otra peculiaridad de mi padre es la instantaneidad con que se le inflama la pasión del amor. Mujer que ve, ya está él por las nubes; o cuando menos, las exalta a la altanería de las nubes, y cátalas[15] ya Elviras, Lauras y Beatrices. Se morirá en un suspiro de amor, exhalado por la mujer que en aquel trance esté a su vera, ya sea una monja joven y admisible, ya sea una portera pitañosa. Mi padre, como autor dramático, suponía que cada persona es víctima de una pasión, necesariamente; si no el amor, el odio; si no el odio, la envidia; si no, la cólera; si no, la avaricia. Concebía a los hombres como muñecos de una pieza con un solo resorte, y los dividía en nobles, indiferentes y viles, según la pasión dominante. Siendo, pues, cada hombre un elemento simple, rara vez puede entenderse con los demás, y de aquí vienen los conflictos dramáticos. Sólo los nobles se entienden entre sí, y no siempre si se interpone el amor. Los indiferentes se ignoran; los viles se aborrecen y aborrecen a los demás. Mi padre clasificaba a todas las personas que veía según ciertos rasgos de la fisonomía, y, cosa curiosa, del pie, y aseguraba: « ése es noble, » frente despejada, pie ario, « ése es vil, » sienes angostas, mandíbula prognata, pie planípedo, semita, e inmediatamente se dedicaba a imaginar la biografía del desconocido, con los conflictos dramáticos que le habían sucedido o que le habían de suceder. Decía mi padre, siguiendo la sapiencia búdica: « Cada hombre lleva su destino escrito en la frente con caracteres invisibles. » Y añadía: « Cada forma de pie está destinada para un camino. » Bueno; me estoy retrasando, como el tren en León, el cual salió por último ya anochecido, y yo pasé durmiendo sobre las montañas nevadas. Pilares: la primera ciudad que yo veía. Como *illo tempore*[16] no había coches de plaza, hubimos de ir a pie, preguntando por la Rúa Ruera, la calle donde está el palacio de Somavia. Ya en la calle, nos guió hasta la misma puerta del palacio un rapacejo pelirrojo, como de mi edad, que acompañaba a una niña. ¡Niña más delicada, dulce y hermosa . . .! El nombre del rapaz, Celesto; de la niña, Angustias. Fuimos amigos desde luego.

Más adelante le contaré. Entramos en el palacio, preguntamos por la duquesa, nos pasaron a una habitación oscura, y después de una hora de espera, que a mí me duró un siglo, apareció la duquesa, vestida con una bata colorada, a pesar del luto reciente, cosa que me escandalizó. Nosotros íbamos de negro y mi padre hasta se había hecho una camisa toda negra, para la ocasión y para que no se le manchase con los ciscos del tren. La duquesa abrió las maderas de la habitación y se nos quedó mirando: « Vaya, vaya — dijo, cuando se satisfizo de mirarnos; — conque éste es el gran Apolonio Caramanzana, y este otro el camuesín . . .[17] » de allí en adelante me llamó el camuesín. La duquesa era muy campechana, y de vez en cuando . . . ¿cómo lo diré?, pues, como vulgarmente se dice, echaba ajos,[18] ahora que, como mujer, los convertía en femeninos, mudando la o final en a. También fumaba. Todos los Valdedulla fueron entes estrafalarios. En cuanto al corazón de la duquesa, emplearé una frase de mi padre: todo de miel hiblea y más grande que el monte Olimpo. Los beneficios con que aquella gran señora nos colmó a mi padre y a mí son de los que no pueden pagarse. Pasaba entonces de los cuarenta, ya lo creo; lo que se dice una jamona; antes fea que guapa, para ser sincero, pero con un no sé qué de alegría, desenvoltura y buena gracia, más atractivo que la misma belleza. Le digo a usted que cuando soltaba un ajo, que en ella era signo de hallarse contenta, se quedaba uno embobado y sonriente como si escuchase una nota de ruiseñor. De las palabras no cuenta la estructura, sino el timbre y la intención; son como vasijas que, aunque de la misma forma, unas están hechas de barro y otras de cristal puro y contienen una esencia deliciosa. Y ahora se me representa en el recuerdo la imagen de Belarmino, zapatero filósofo, que vivía también en Rúa Ruera, tipo casi fabuloso, al cual pertenece precisamente la anterior teoría sobre las palabras: « La mesa, decía, se llama mesa porque nos da la gana; lo mismo podía llamarse silla; y porque nos da la gana llamamos a la mesa y a la silla del mismo modo cuando las llamamos muebles; pero lo mismo podían llamarse casas; y porque nos da la gana llamamos a los muebles y a las casas del mismo modo cuando los llamamos cosas. La cuestión de la filosofía está en buscar una palabra que lo diga todo cuando nos da la gana. »

---

15 cátalas — he judges them.
16 illo tempore — at that time.

17 camuesín — little dunce.
18 ajos — Here: oaths.

Yo no sé si era un loco cuerdo o un cuerdo loco. Me he desviado. Iba a decir que, si bien la señora no estaba para el caso, mi padre se inflamó de sopetón en amor hacia ella. Como mi padre ha vivido fuera de la realidad, se conduce siempre con desparpajo que asusta y admira; así es que, al poco rato de conversación con la duquesa, y como quiera que se hallaba bastante agitado, comenzó a dispararle versos amatorios, un tanto velados todavía, más por artificio que por timidez, declarando que no en balde la señora se llamaba doña Beatriz y que él, como Dante, subía del infierno de Compostela al paraíso de su presencia y protección. Extrañará usted lo sabihondo[19] que era mi padre; pero la cosa es bien clara. Mi padre tenía portentoso poder de asimilación. Su erudición, disparatada y pintoresca, la había adquirido oralmente, como los griegos, bajo los pórticos compostelanos, entre estudiantes, gente ociosa y pícara, quienes, lo declaro con rubor, por reírse de él, dándole pábulo a su manía, le abarrotaban la cabeza con noticias y noticiones históricos y literarios, unos ciertos, otros inventados. Mi padre lo había absorbido todo, en revoltiño, y luego lo aplicaba a su modo, ya con tino, ya desatinadamente, ora a pelo,[20] ora a contrapelo; pero siempre con familiaridad despampanante. Si nombraba a Ovidio o a Sófocles, era como si hubieran comido juntos pote gallego. Cuando mi padre se entregó al delirio poético amatorio en presencia de la duquesa, yo, presa del terror, abatí la cabeza y pensé: « La señora nos suelta los perros y salimos de estampía. » A la señora le cayó en gracia la ingenua osadía de mi padre, emitió un ajo encantador, y le alentó a que improvisase nuevos versos elegíacos. Conocía la duquesa a mi padre de los años mozos, y, sobre todo, por referencias epistolares de su hermano; de suerte que la escena no le cogía de nuevas. ¡Qué gran señora! Nos alojó en su palacio, en tanto se llevaba a cabo la instalación de la zapatería de mi padre, un establecimiento por todo lo alto, pues resultó que las instrucciones del difunto conde consistían en que una parte del legado se emplease en este fin, que la duquesa presidiese en todo lo tocante al buen empleo del dinero, que buscase clientela segura y estuviese al cuidado de que mi padre no se desmandase. De la otra parte del legado nada dijo la duquesa hasta pasado algún tiempo. Era la señora, si muy campechana, no

menos celosa de la jerarquía. Su afabilidad y benevolencia descendían siempre de lo alto a modo de protección. Espontáneamente, y al parecer sin deliberado propósito, colocaba a las demás personas, a todas, en su lugar debido, es decir, por debajo de ella, unas próximas, otras más bajas, acaso a algunas en posición humillante. A nosotros nos situó, desde luego, en una categoría intermedia; casi criados y casi amigos. En rigor, amigos, lo que se llama amigos, por su parte no los tenía. A las personas más próximas a ella en amistad las trataba como vasallos emancipados; un peldaño más alto que nosotros, que no estábamos todavía del todo emancipados. Esta persistencia del orgullo de casta, aunque envuelto en blandas maneras, era el único ángulo rígido de su carácter, y por este lado llegaba en ocasiones a extremos de dureza e insensibilidad, inconscientemente, y, por lo tanto, sin remordimiento. Por lo que a nosotros toca, no teníamos por qué quejarnos, antes sí mucho que agradecer. Vivía sola lo más del año. El viejo duque y el unigénito, adolescente de veintiún años, pasaban los inviernos en Madrid, ciudad que ella aborrecía, sobre todo por el sol. Le gustaban los cielos grises y la luz cernida.[21] Decía que la luz de Madrid le alborotaba la sangre y la impulsaba a cometer barbaridades. « Con el marido que Dios me dió — esto se lo oí yo mismo, años después —, la menor barbaridad, viviendo en Madrid, hubiera sido adulterio. Aquí distraigo el aburrimiento murmurando y sacando tiras de pellejo. En Madrid, con mi temperamento no me hubiera contentado con menos que con sacar tiras de pellejo de verdad. Todos mis antepasados han sido un poco salvajes, y eso que vivieron en climas templados y lluviosos. De vivir bajo el sol bárbaro del Mediodía, hubieran sido enteramente salvajes, peores que rifeños. » Digo, pues, que nos alojó en su casa como huéspedes, pero no comíamos en su mesa, ni tampoco con la servidumbre, que era numerosa: nos servían aparte. En el Pazo yo comía con los criados. Sin embargo, como cosa de una semana después de vivir en su palacio, nos invitó a que la acompañásemos a comer. La razón era que se aburría sola, y mi padre le proporcionaba distracciones y divertimiento. Y, en efecto, por divertirse, maquinó un plan maligno y agudo, y fué que, como mi padre en su vecindad se ponía en estado de excitación poética y todo le salía en

---

19 sabihondo — conceited.
20 a pelo — fittingly.

21 la luz cernida — the filtered light.

verso, ella le prohibió severamente que dijese nada rimado: « La poesía es salsa que fatiga la digestión. Conque, ya sabes; si te viene un verso a la lengua, cierras la boca. » Mi padre padecía mortales congojas. Yo le veía trasudar. La nuez le sobresalía de modo pavoroso, como si los consonantes, contenidos y atragantados, le hicieran bulto desde dentro de la garganta y le fueran a estrangular. « Habla, hombre, habla; pero en prosa, » le ordenaba la duquesa. Mi padre comenzaba a hablar, pensándolo mucho, y a lo mejor ¡zas! una aleluya. « Apolonio: mira lo que hablas, que te castigo sin postre, » amenazaba la señora. La señora gozaba abiertamente, y yo — los chicos siempre son crueles — no dejaba de pasar un buen rato, aparte de que mi padre y yo no habíamos convivido nunca hasta entonces, y era para mí un ser algo extraño en todos los sentidos de la palabra. Ahora, cuando pienso en ello, me duele un poco el corazón. Lo único que me tenía avergonzado entonces era no saber comer con modales finos ni usar ordenadamente del tenedor y del cuchillo. La señora me aleccionaba, con afectuosa solicitud, y cuidando de no aumentar mi vergüenza. Al final de la comida, la señora confirmó su pragmática para siempre en adelante: « Queda, pues, entendido, Apolonio, que nunca, nunca, me hablarás en verso. Tus versos llegarían a irritarme. Desestimamos lo que se nos ofrece con derroche. Y tú no querrás que tus versos me fastidien ni me enfaden. Sé más avaro de ellos. Además, los versos amorosos no son para publicados en alta voz, ante testigos, que tal vez son criados. ¿No te inspira ningún escrúpulo mi reputación de dama honesta? Las poesías de amor son para compuestas a solas y para leídas con recogimiento. Haz tantas poesías como se te antoje, pero por escrito; luego me las das para que yo las lea en secreto. Ahora que, pues posees ese don inapreciable y fuera de lo común de improvisar como quien bosteza, no es justo, ¡qué ajo!, que en ocasiones sonadas no hagas gala de él y dejes aturulados a quienes te oigan. Pero yo seré la que decida cuándo ha llegado la ocasión. Quedamos en que no hablarás en verso sino cuando yo lo ordene expresamente, y aun entonces, sería mejor visto que te hicieses de rogar un poco. » Mi padre se dobló por la cintura, con ademán de acatamiento. Cualquiera menos inocente y sencillo que mi padre hubiese penetrado la ironía y propósito de la duquesa. Mi padre, por el contrario, se hinchaba, como si inhalase un gran volumen de

lisonja y vanidad. Todas las noches, después de la cena, la señora recibía unos cuantos amigos en tertulia; aquello, en puridad, era un rendimiento de vasallaje. Una tarde dijo la duquesa a mi padre: « Quiero que asistas hoy a mi tertulia. Mis amigos te conocen ya, por referencias de fuera y porque les he hablado de ti. » Yo que lo oí, adiviné, desde luego, que había invitado a mi padre para que sirviese de espectáculo, y que le ordenaría hablar en verso. Esto de que unos señorones, que no sabíamos quiénes eran, se riesen de él, me producía cierta lástima y me daba alguna rabia. Pero a estos sentimientos se sobrepuso la curiosidad que sentía por conocer *de visu*[22] la tertulia de la señora. Así es que, después de cenar, me pegué a los faldones de mi padre, decidido a colarme en el salón, detrás de él. Estaba mi padre tan embebecido y agitado que no se fijó en que yo le seguía. A la puerta del salón, vestido de librea, montaba la centinela Patón, un lacayo de labios bozales y ojos de cerdo, que nos tenía a mi padre y a mí mala voluntad y envidia no disimuladas. Cuando yo iba a filtrarme en el salón, este animal me cogió por el cerviguillo, sin decir palabra, y me arrojó a trompicones diez metros pasillo adelante. Me senté en una butaca, con la cara escondida, hipando. En esto pasó la duquesa: « ¿Qué te ocurre, camuesín? » « Que Patón no me deja entrar. » « Pues no faltaba otra cosa, hijo. » Hijo me llamó; sentí como que el corazón se me deshacía; y siempre que lo recuerdo experimento la misma sensación. La señora me cogió por la mano, y al cruzar frente a Patón, que se había puesto más tieso, sacaba más el hocico y parpadeaba con rapidez; le dijo: « ¿Eres tú el que elige mis invitados? » Me atrincheré, acurrucado en un rinconcito, debajo de una palmera, y como se suele decir, no perdí ripio de cuanto ante mí tenía. La reunión estaba ya completa. No había otra señora que la duquesa, que presidía en un sillón de alto respaldo, a manera de sitial. Los demás, a un lado y otro de la duquesa, formaban un semicírculo, fumaban y tomaban café, y bebían licores de unas mesitas colocadas a trechos. También la duquesa fumaba, y no un cigarrillo, sino un cigarro puro nada flaco. El único que no fumaba era un cura, de piel lechosa, nariz colgante, ojos tiernos y postura de feto, todo encogido. Este cura, don Cebrián Chapaprieta, era quien decía la misa particular para la duquesa y sus criados. Mi padre estaba

---

22 de visu — by sight, i.e. at first hand.

magnífico. Si un forastero entra de pronto en el salón, dice a la primera ojeada: aquí hay una gran señora y un gran señor. El gran señor, mi padre, naturalmente. Tenía las manos apoyadas en los muslos, con los codos sacados hacia adelante, el torso erguido, el cuello estirado, la cabeza desviada en leve escorzo de melancolía y desdén, el cigarro puro olvidado y periclitante en un ángulo de la boca. Levantaba dos palmos sobre los otros tertuliantes. Allí estaba, pues era punto fijo de la tertulia, un señor Novillo, apoderado político del duque y edecán de la duquesa. Este Novillo tenía sus pujos de señorón, pero a mí me hacía el efecto de un criado vestido con el traje de día de fiesta. Hablaban todos, menos mi padre, siempre guiados por la duquesa, de chismes y cuentos locales. Terminados los licores y el café, y cuando ya el humo de todos los cigarros se había mezclado y confundido, formando una manera de toldo que colgaba del techo, la duquesa dijo: «Don Hermenegildo, hace tiempo que no nos obsequia usted con el salto de la trucha.» Don Hermenegildo se puso en pie. Era un magistrado de la Audiencia provincial; viejo ya, calvo, diminuto, flaquísimo; aladares rizados con tenacilla sobre las orejas; bigotes horizontales, engomados con zaragatona, tan largos, que sobresalían a los lados como balancín de funámbulo; corbata de chalina; chaqueta hasta media posadera; pantalones a menudos cuadros negros y blancos, de campana excesiva, para disimular la enormidad de los pies, aprisionados en zapatos de colgantes cintas de seda, tan anchas como la chalina. Ante mis ojos estupefactos, don Hermenegildo se puso en cuatro patas. Entonces, Pedro Barquín, colono de la duquesa, hombre tosco y de aspecto soez, se colocó detrás del viejo magistrado e introduciéndole el pie por la entrepierna, lo levantó en vilo[23] y lo lanzó a regular distancia. La bochornosa operación se repitió varias veces, con gran goce y algazara de los presentes, incluso el presbítero Chapaprieta. Mi padre era el único que se mantenía impasible, porque despreciaba lo cómico. Confieso que también me reí como un idiota. Ahora me avergüenzo, por mí y por la duquesa. No acierto a explicarme cómo aquella señora hallaba placer en vilipendiar a un anciano que, además, ostentaba la respetable investidura de magistrado. Ésta era la arista dura e insensible de su carácter. No debe omitirse, a guisa de

exculpación, que el don Hermenegildo se lo debía todo a los Somavias, y había hecho su carrera en fuerza de vilezas. Concluído el número acrobático, Pedro Barquín, que era especialista en chascarrillos,[24] refirió algunos, nada aseados ni inocentes por cierto. Después de varios chascarrillos, y en un momento de reposo y silencio, el señor Chapaprieta dijo recatadamente, como para su sotana: «Parece confirmado que Su Santidad concede un título pontificio a los señores de Neira.» Estos señores de Neira eran un matrimonio sin hijos, riquísimos, muy metidos por la Iglesia. El marido presumía de origen hidalgo. Vivían en un palacio, frontero al de Somavia. Lo habían adquirido de una tal Pepona, cortesana vieja, la cual, a su vez, lo poseía por graciosa donación de su amante, el marqués de Quintana, desaparecido hacía años del mundo de los vivos. El señor Neira había hecho labrar fantásticos escudos junto al alero del palacio para que se vieran de lejos y de muy lejos, pero no de cerca, por eso, por fantásticos. Gestionaba un título del reino, y por sí o por no se lo daban, y para ganar tiempo, otro del Vaticano, negocio más hacedero. En resolución, que los Neira querían hombrearse con los Somavia. Al oír la duquesa al señor Chapaprieta comentó: «El Papa no puede hacer nobles.» «Claro que no — dijo Barquín — ; el Papa sólo puede hacer santos. Los nobles los hace el Rey.» La duquesa replicó: «Barquín, eres un necio, ni el Papa puede hacer santos, ni el rey nobles. Santos y nobles se hacen ellos a sí propios. Lo que hacen el Papa y el rey es reconocerlos como santos y como nobles. Ni el Papa me puede hacer a mí santa, ni el rey noble a ti, aunque a mí me canonicen y a ti te otorguen un título de la corona. La nobleza y la santidad son dos cosas justamente contrarias. Los nobles fueron los más bravos; los santos, los más tímidos. Se diferencian nobleza y santidad en que la nobleza se transmite por herencia y la santidad no. Ya no hay más nobles que los que vienen de nobles, ni más aristocracia que la de la sangre vieja, porque no vivimos tiempos en que se puedan hacer nuevos nobles ni nuevos santos; nuevos nobles, porque en nuestra sociedad no hay ocasiones en que acreditar la bravura personal; nuevos santos, porque todos estamos tan bien protegidos por las leyes, que ni a los más tímidos se les pone en trance de que muestren su timidez en términos

---

23 en vilo — in the air.

24 especialista en chascarrillos — an expert at telling dirty jokes.

de santidad. En estos tiempos no hay posibilidad de ejecutar actos nobles ni actos santos; sí solamente actos provechosos, digo ganar dinero. Los hombres ahora pueden hacerse ricos. » Había hablado la Valdedulla. Aquellos mismos conceptos se los había oído ella infinitas veces a su padre, don Teodosio, y a su hermano, don Deusdedit. Respondió Barquín: « Luego debemos admitir que la aristocracia moderna es la del dinero . . . » Dijo la duquesa: « Me cisco en[25] esa aristocracia. » Así dijo. Y prosiguió: « Toda esta aristocracia de ricos se compone de negreros, de aprovisionadores de ejército, de prestamistas con pacto de retro, de desamortizadores, en una palabra: ladrones. No es que me escandalice. Ustedes me conocen y saben que nada me asusta. Reconozco que en el principio de las casas nobles, como en el de las grandes fortunas, hay siempre uno o varios ladrones. Sólo que aquellos ladrones obraban de frente, a pecho descubierto, eran bravos y generosos, o lo que es lo mismo, nobles y estos otros ladrones son cobardes, traicioneros, alevosos, miserables, taimados, bellacos, amigos de la encrucijada y la asechanza. » Como la duquesa se había acalorado, cuando calló nadie se atrevía a hablar. Pero mi padre dijo lentamente, porque no le saliese la frase en verso y de modo que sus palabras adquirieron un tono pedante y aforístico: « Tiene razón mi señora duquesa. Quienes amontonan el oro son hombres viles. ¿Qué aconsejó Yago? Llena tu bolsa. Quienes lo conquistan y lo reparten son hombres nobles. ¿Qué hizo Hernán Cortés? Quemar sus naves. Quienes carecen de oro son hombres indiferentes. » La alusión a las naves de Hernán Cortés, ni la entiendo, ni creo que mi padre la entendiese. Ello es que las sentencias de mi padre produjeron asombroso efecto. La duquesa sonrió complacida y los tertuliantes mascullaron murmullos de aprobación. Terminó la reunión sin que la señora pusiese en evidencia el don poético de mi padre. No volví a asistir a las reuniones hasta muchos años después. Abrió mi padre, al fin, la zapatería con gran fortuna, y nos fuimos a vivir al local del establecimiento, de la parte del patio. Teníamos una asistenta vieja para aviar las habitaciones, porque la duquesa, sabiendo lo enamoriscado que era mi padre, no consintió que tomase criada, no fuese a perder la chaveta[26] y hacerme a mí

perder la inocencia. La señora cuidaba de mí como una madre. Me llevaba con frecuencia a comer con ella, y me daba libros a que se los leyese. También me enseñó algo de francés. Gozaba yo entonces de hermosa libertad. Mis mejores amigos eran Celesto y Angustias, la hija de Belarmino. Pasábamos juntos dos o tres horas todos los días, bajo los arcos de la plaza en tiempo lluvioso, y los días serenos, de paseo en el parque o de excursión por las afueras, a coger flores y nidos, cazar grillos, y pescar ranas. De Belarmino ya le he hablado. A poco de abrir mi padre la zapatería, la de Belarmino se hundió. Un usurero apellidado Bellido se lo embargó todo, dejándole en la calle con su mujer y su hija. Le recogieron unos frailes dominicos, que tenían residencia en el palacio de los señores de Neira, marqueses ya de San Madrigal, y le habilitaron en la portería del palacio un zaquizamí,[27] en donde trabajaba de zapatero remendón. Este Belarmino había sido republicano frenético y orador demagógico. Después de su ruina, se apaciguó del todo. Cuando yo iba por su cuchitril, estaba siempre con expresión seráfica, como si soñase. No le sacaba de su placidez bendita ni su mujer, que era un basilisco. Decíase en la ciudad que los Padres dominicos le habían socaliñado y convertido. Socaliñado, quizá. Convertido, quiá. Lo que yo puedo garantizar es que ni entonces, ni mucho después, cumplía con sus deberes religiosos. Si no un incrédulo, cuando menos era un tibio. Mi padre, que jamás ha querido mal a nadie, demostraba caprichosa inquina[28] contra Belarmino. He aquí la razón. Mi padre, de su estancia en Compostela, estaba acostumbrado a moverse en un ambiente de ilustración, como decía él, o sea entre estudiantes. En Pilares, no ya le faltaba este ambiente o relación habitual, sino que quien lo disfrutaba era Belarmino. Este curioso individuo hablaba un idioma indescifrable, de su propia invención, con singular facundia. Era un fenómeno. A oírle, medio en guasa[29] primeramente, luego empeñados en descifrarle, acudía buen número de estudiantes, y por último de profesores. Mi padre no podía llevar con paciencia su postergación. Se perecía por atraer la amistad de los estudiantes y demostrarles que él, intelectualmente, era muy superior a aquel loco. Un día que yo le menté mis paseos con Angustias y Celesto, me prohibió que siguiese

---

25 me cisco en — I spit on.
26 perder la chaveta — to get rattled.
27 zaquizamí — a "hole," a small, wretched room.

28 inquina — aversion.
29 en guasa — in jest.

cultivando aquella compañía; pero, como no se enteraba de nada, no le hice caso. No hay que decir que mi padre había clasificado a Belarmino y todos los suyos entre las personas viles. Así pasaron cerca de dos años. Un mes de septiembre, volviendo la duquesa de la aldea, me invitó a comer. Cuál no sería mi susto y perplejidad cuando vi que había otro invitado, nada menos que Su Ilustrísima el señor Obispo de la diócesis. Llamábase Fray Facundo Rodríguez Prado. Este varón solemnísimo había sido en su mocedad pastor de vacas, al servicio del duque de Somavia. La duquesa continuaba tratándole como criado. Los Somavia, merced a sus influencias, le habían hecho obispo. Provenía de la Orden dominicana. Había vivido algunos años en las islas Filipinas, y allí se había granjeado reputación de sabio entomólogo y se le atribuía el descubrimiento de varias familias de insectos: la *musca magallanica*, mosca como la de aquí, sólo que reside en el archipiélago magallánico; el *draco furibundus*, especie de mosquito de trompetilla; *formica cruenta*, hormiga que pica, y otras bestezuelas domésticas. Los periódicos siempre le nombraban así: « Nuestro prelado, el sabio naturalista, de fama universal, que ha descubierto tantos insectos. » Y el diario republicano ponía invariablemente esta glosa: « Si nuestro prelado, en lugar de descubrir tantos insectos, hubiera descubierto un buen insecticida, se lo agradecería más la Humanidad y la Ciencia y ostentaría una fama mejor conquistada. » Era un cacique; tenía el cráneo como una bola, faz sombría y concupiscencias políticas. Durante la comida la duquesa le soltó varias frescas y uno que otro sabroso ajo. Después de la comida Su Ilustrísima se fué, en apariencia emberrenchinado, y quedé cara a cara con la duquesa, la cual, muy seria, me dijo: « Mi hermano, en su testamento, ha dejado unos cuartejos, poca cosa, para que con ellos, según mi arbitrio, vea yo de hacerte hombre. Después de pensarlo mucho, he determinado que seas cura. Hoy por hoy, hijo mío, los curas son los hombres que en España cuentan con porvenir más halagüeño, máximo si tienen aldabas. A un gaznápiro[30] con faldas, aunque pertenezca a la familia más baja, se le admitirá en las mejores familias; aunque no posea un céntimo, no le desdeñarán los más ricos; aunque sea un sandio, le escucharán los políticos y los acadé-

micos; aunque sea más feo que Picio,[31] le mirarán hasta con embeleso las más hermosas mujeres. Todo depende de que él sepa manejarse. Poco hemos de poder mi marido y yo si no te hacemos obispo. Ya has visto este majadero de Facundo, tan obispo como San Agustín. Y al pobre Chaparrieta no le tenemos ya de obispo, porque a ése, tan engurruñado, soso y melifluo, nada se le puede hacer, como no sea madre abadesa. Tú eres listo y nada gazmoño.[32] Los hábitos no te sentarán como un miriñaque.[33] Cuando sea menester, sabrás remangarlos.[34] Además, eres honrado, veraz y tienes buen corazón, todo lo que se necesita para ser sacerdote caritativo y digno. Confío que nunca me motejarás, ni con el pensamiento, por haberte empujado por ese camino. » Nunca se lo motejé, ni con el pensamiento. Ella hizo lo que en conciencia juzgó más conveniente, lo que quizás fué más conveniente. Entré en el Seminario, de edad de quince años. Son ya las dos de la madrugada. Mañana continuaremos, si a usted no le hastía seguir escuchando.

— Lo que lamento es que no sean ahora mismo las diez de la noche del día de mañana. Nos despedimos, con un apretón de manos.

The conservative Don Restituto and Basilisa are preoccupied with Belarmino's republican ideas. Alesón reassures them and informs them that Belarmino is as innocent as a child. He tells them of Belarmino's adopted daughter Angustias and of her father's great love for her. Belarmino devotes more and more time to the dictionary or *Cosmos*. Froilán Escobar, *el Aligator* (also known as *el Estudiantón*), is fascinated by Belarmino and his language, which most listeners consider a kind of gibberish. He records Belarmino's way of speaking, invites him ostensibly to hear a recorded lecture by a visiting philosopher, and plays Belarmino's own voice back to him. Belarmino is visibly excited by the philosopher's discourse, understands it, and interprets it logically. The audience laughs, but Escobar has proved to his own satisfaction that Belarmino speaks an intelligible language. He eventually becomes Belarmino's disciple. Apolonio, meanwhile, has written a drama and wants to have it presented to the public. Novillo prevails on a company to perform it, and they make a farce out of it.

---

30 gaznápiro — simpleton, booby.
31 Picio — the name of a person known for his ugliness.

32 gazmoño — prudish.
33 miriñaque — hoop-skirt.
34 remangar (arremangar) — tuck up, roll up.

One rainy evening Apolonio receives a note in which his son Pedro (Guillén) announces to him that he has given up his studies for the priesthood and has run off with the woman he loves. Apolonio goes immediately to the Duchess of Somavia, and she guesses that Pedro has run off with Angustias. She sends Novillo and a burly servant named Pinto to the town of Inhiesta to bring Pedro back and forestall the marriage. When Pedro answers a knock on the door of his hotel room, Pinto grabs him, covers his mouth, drags him downstairs, and they all return home to Pilares, leaving Angustias in the hotel. The Duchess will keep Pedro with her until it is time for him to return to the seminary. Meantime, Padre Alesón, learning from Felicita that Pedro has consorted with Angustias, convinces the bishop, Don Facundo, that the two lovers must get married. The Duchess has great power over the bishop, since he owes his position to her husband, but though she threatens him he remains firm in his conviction that the marriage must take place. We pick up the story again at this point.

Angustias, al verse sola y desamparada en Inhiesta, escribió a su padre: « No te dejé porque no te quisiese, padre. Escapamos sólo para estar seguros de casarnos, padre. Queríamos que usted viniese luego a vivir con nosotros, padre. Pedro le quiere a usted tanto como yo le quiero, padre. Padre, me lo robaron. No sé lo que me pasa, padre. Quiero volver con usted, padre. » Esta carta se cruzó con otra que Xuantipa había escrito a Angustias de sobremesa, fresca aún la noticia de la fuga y en el primer impulso de la iracundia: « No vengas a manchar esta santa casa. Esconde tu vergüenza en donde nadie te encuentre ni te conozca ni nos conozca. » Cuando Belarmino recibió la carta de Angustias, rompió a llorar y a reír. Besaba el papel con ahinco, y sollozaba: « Hija de mis entrañas, hija de mis entrañas, » como las madres. Subió a ver al Padre Alesón, a preguntarle si vendría Angustias.

— ¿Pues no ha de venir? Viene a casarse. Mañana mismo, a primera hora de la mañana, iremos a buscarla yo y otro Padre de la comunidad.

— Vendrá, vendrá — sollozaba Belarmino sin dejar de sonreír y con los ojos mojados.

Al llegar los frailes a Inhiesta, Angustias había desaparecido. La dueña de la hospedería les entregó un papel que la niña había olvidado en la habitación. Era la carta de Xuantipa.

— Si esa mujer está aquí — dijo el Padre Alesón, después de leer la carta —, le juro a usted, Padre Cosmén, que la estrangulo entre mis manos; tanta es la cólera a que me mueve su infame proceder. ¡Pobre niña, pobre criatura; perdida ya para siempre! Y esto mata a Belarmino, a nuestro loco inofensivo y seráfico. Tendremos que inventar un engaño caritativo. Dios no nos lo tomará en cuenta, en gracia a la buena intención. — Y en el rostro de aquella mole ingente,[35] que era el Padre Alesón, se difundía una ternura húmeda, lacrimosa, así como el sol derrite la nieve en la cima de las altas montañas.

El engaño caritativo del Padre Alesón fué decirle a Belarmino que Angustias, por el bien parecer, se alojaba en un convento, hasta el día del desposorio, y que, por lo pronto, para evitar situaciones difíciles, lo más prudente era que no se viesen padre e hija.

El Padre Alesón llamó a Xuantipa a solas, la hizo sentarse, e inclinándose sobre ella, para amedrentarla por la masa y como si fuese a anonadarla, le dijo:

— Mujer infernal, está usted condenada sin remisión. No le ha bastado a usted martirizar sin piedad a su marido. Ahora ha precipitado usted en el abismo a una criatura inocente. ¡Gócese usted en su alegría satánica! Está usted condenada sin remisión.

Al Padre Alesón, para ser todo lo imponente que él pretendía, le faltaba la voz tonante. Pero como la Xuantipa tenía tanto miedo al infierno, oía la voz de flautín del fraile como si fuese una trompeta del juicio final.

— Señor, perdón . . . — balbucía, temblorosa.

— Cállese usted, boca sulfúrea. Para que su gran delito le sea perdonado, tendrá usted que hacer firmísimo propósito de enmienda y prometerme que nunca, nunca, con ningún motivo, dirá usted a Belarmino una palabra desabrida ni le mentará la hija, más que hija, aunque no lo sea de la carne, que usted le ha hecho perder.

Xuantipa salió, en efecto, anonadada, con el espanto metido en el cuerpo para lo que restaba de vida.

Y llovía sin cesar en la vieja ciudad de granito, y había pesadumbre, lágrimas y duelo hasta en las almas empedernidas. Conque ¿qué sería en las almas tiernas y sensibles?

---

35 mole ingente — extremely large bulk.

Felicita llevaba ya tres días sin ver a su adorado Novillo; los tres únicos días seguidos de ausencia en muchos años. Por mucho que lloviese, Novillo no dejaba de venir a la Rúa Ruera, bien provisto de chanclos de goma, polainas[36] de cuero, un impermeable con capucha y, además, un paraguas abierto. Se guarecía en un portal, y allí montaba la centinela a la soberana de su corazón. ¿Qué habría sucedido ahora? Felicita, arropada en una toquilla de estambre[37] y con zapatillas de orillo, se pasaba horas y horas, del día y de la noche, inmóvil, reseca, ósea, color de cera, en el mirador de cristales; parecía una momia en la vitrina de un museo, entre flores ajadas, como de trapo, y pajarillos inmóviles por el frío, como disecados. De vez en vez, transitaba una mujeruca, con el refajo[38] de bayeta amarillo limón levantado, a modo de mantellina, sobre la cabeza, calzada con almadreñas,[39] que levantaban en las losas un eco funerario, como si caminase sobre tumbas vacías. ¿Qué le sucedería a Anselmo? ¿Estaría enojado? ¿Sería contrario al matrimonio de don Pedrito y Angustias? ¿Habría averiguado que el anónimo al Padre Alesón era obra de Felicita? ¡Dios mío, Dios mío, qué incertidumbre congojosa! Felicita lloraba silenciosamente, deseando la muerte. No dormía; no comía.

— Coma algo, siquiera un huevo pasado por agua — le decía Telva, la sirvienta —. Mire que ya está demasiado flaca, y si no come, los huesos le agujerearán la piel.

— Ojalá me la agujereen como criba y el alma se me salga como trigo pasado. ¿Para qué quiero el alma en el cuerpo? ¿Para qué me ha servido? ¿Quién ha querido comprarla, como buena simiente?

Estas retóricas desoladoras dejaban a Telva perfectamente fría. Decía para sí: « La señorita está más loca que un vencejo. »

Al cuarto día de ausencia, Felicita no pudo resistir más, y envió a Telva a la fonda del Comercio, a que averiguase discretamente qué era de don Anselmo Novillo. Al volver, soltó de sopetón y sin preámbulos lo que sabía.

— Pues don Anselmo está muy malito con pulmonía.

Felicita cayó con un soponcio.[40] Al recobrar el sentido, aunque casi sin fuerzas para sostenerse, pidió el abrigo, la mantilla, las botas . . .

— ¿Qué va usted a hacer, señorita?

— Volar a su lado.

— Repare que es un hombre soltero y usted una mujer soltera, y lenguas ociosas murmurarán si ustedes tienen o no tienen. . . .

— Es mi prometido. No reparo en el qué dirán. El corazón tiene sus fueros, por encima de todos los respetos humanos. No puedo dejar al hombre a quien amo morirse solo y abandonado en la triste habitación de una fonda.

— Si es por eso, no se moleste. Don Anselmo está bien atendido. Tiene una Sierva de Jesús, y la señora duquesa y el señor Apolonio no se separan de su lado. Además, no se trata de morirse, por lo que yo pude entender. Siéntese, sosiegue, tome algo; una taza de tila.

Felicita se tendió, desmadejada, sobre un sofá; los ojos, dilatadísimos, clavados en el cielo raso.

— Telva.

— Señorita.

— Anda a ver cómo sigue.

— Señorita, si acabo de venir de allí . . .

— Obedece. Vete a ver cómo sigue. Pregunta todos los detalles.

Telva se fué, refunfuñando.

— ¿Qué ruido es ése? — murmuró Felicita, incorporándose estremecida —. Parece que clavan un ataúd. Parece que cavan una fosa.

Pero eran unas almadreñas, en la calle. Felicita se tendió nuevamente en el sofá.

— ¿Qué ruido es ése? — murmuró Felicita poniéndose en pie, transida de terror —. Parece que moscardonea un enjambre de espíritus. Parece que se oyen voces del otro mundo.

Pero era el viento en las rendijas. Felicita volvió a acostarse en el sofá.

— ¿Qué ruido es ése? — murmuró Felicita, cayendo de rodillas, desvariada —. Se oye murmurio de preces. Se oye chisporrotear de cirios. Rezan la recomendación de un alma. Anselmo ha muerto. Anselmo ha muerto.

Pero era el ruido de la lluvia en los cristales. Al entrar Telva, Felicita oraba, de rodillas.

— Don Anselmo sigue un poquito mejor.

Felicita palpaba a la sirvienta:

— ¿Sueño? ¿Eres tú? ¿Soy yo de carne? ¿No somos fantasmas?

Telva respondía mentalmente: « ¿Tú de carne? Puro hueso, y ya muy duro. ¿Pantasmas?[41] No estás mala pantasmona[42] . . . »

---

36 polainas — leggings.
37 toquilla de estambre — woolen scarf.
38 refajo — skirt.
39 almadreñas — wooden shoes.

40 cayó con un soponcio — swooned, fainted.
41 *Pantasma* is Aragonese and Navarrese for *fantasma*.
42 pantasmona (fantasmona) — full of presumption or vanity.

Felicita proseguía:

— ¿Has hablado? ¿Me figuré oír una voz? ¿Qué me has dicho?

— Que don Anselmo sigue un poquito mejor.

— Trae aceite, todo el aceite que haya en la cocina . . .

— Al fin se decide usted a comer algo.

— Trae una gran fuente. Trae la caja de lamparillas. Trae las velas que haya en casa.

Encima de la cómoda había una imagen de la Virgen de Covadonga. Felicita encendió una gran iluminación delante de la imagen. De rodillas, rogaba:

— ¡Señora, sálvalo! Tú fuiste virgen sin mancha, pero te casaste. ¡Sálvalo, Señora! ¡Señora, tú estuviste casada y tuviste un hijo! ¡Sálvamelo, Señora, para que nos casemos, aunque yo continúe virgen y no tenga ningún hijo!

Felicita sintió que el pecho se le llenaba de confianza. Volvió al sofá. Inclinó la cabeza, pensando: « La Señora me lo salvará, y nos casaremos. Es una bobada que continuemos así. » Pausa mental. « He ido demasiado lejos al decir a la Virgen que no me importa no tener hijos. Me gustaría mucho tener hijos. La verdad es que, lo que se dice prometer,[43] no le he prometido a la Virgen no tener hijos. La Señora me habrá entendido. »

— Telva, vete a ver cómo sigue don Anselmo.

— Señorita, si acabo de venir de allí . . .

— Obedece. Vete a ver cómo sigue.

Telva partía ya, refunfuñando.

— Telva, no te vayas, no me dejes sola. Tengo miedo.

Después de una pausa:

— Vete, sí. Telva; vete. Sacaré fuerzas de flaqueza . . . No te vayas. Tengo miedo, tengo miedo . . .

— Bueno, ¿qué hago? Como no me parta en dos.

Felicita se echó a llorar.

— Yo qué sé, yo qué sé. Párteme en dos a mí, deja una parte muerta aquí, y lleva la parte viva contigo. Llévame en brazos, escondida, como una criatura . . .

— Señorita, está usted perdiendo la chaveta. Vaya, tranquilícese. Llore, que el llanto le hará bien.

Era ya de noche. Felicita, llorando, cada vez con desconsuelo más dulce, resignado e inconsciente, se adormeció como un niño.

Estaba tumbada en el sofá. Telva no quiso disturbarle el sueño, y la dejó a solas rezongando: « Cuando despierte, ya se meterá en la cama. ¡Jesús con el señorío, y qué afición a los pantalones! . . . »

Felicita despertó de madrugada. Por el balcón se efundía una claridad lívida e inanimada, como aurora de ultratumba. Las velas sobre la cómoda se habían consumido. Las pocas lamparillas que todavía alumbraban se extinguían con un estremecimiento incorpóreo, al modo de leve recuerdo dorado.

Felicita sintió que una mano invisible le apretaba el corazón. No podía respirar. Cantó un gallo. Una voz de timbre increíble resonó en la cabeza de Felicita: « Es la hora en que Lucifer cae al averno[44] y las almas de los justos vuelan a Dios. »

Felicita lanzó grandes alaridos. Acudió Telva, a medio vestir.

— De prisa, de prisa, acompáñame.

La sirvienta dudó si sujetar por la fuerza a su ama; pero era tal el brillo que fosforecía en los ojos de Felicita, que Telva obedeció.

Salieron a la calle. Llovía reciamente. Iban resguardadas bajo un enorme paraguas aldeano, de color violeta.

— Pero, ¿adónde vamos a estas horas? Es pronto aún para misa de alba.

Felicita no la oyó. Telva insistía. Felicita dijo, como hablando para sí:

— Anselmo está agonizando.

Llegaron a la fonda del Comercio. Estaba abierta y había un camarero de guardia.

— Don Anselmo se muere — dijo Felicita.

— Sí, señora, espicha sin remedio — respondió el camarero.

— Voy a su habitación. Enséñeme el camino — ordenó Felicita.

— Es el caso que no se consiente que entre nadie. No está el horno para bollos.

— Yo entro porque tengo títulos para entrar. No hay quien tenga más derecho que yo. Enséñeme el camino. O no me lo enseñe. No necesito guía. Iré derecha a su lado. Nunca he estado aquí, pero me conducen los ojos del alma.

— Aguarde, señora. Voy con usted, para avisar y anunciarla. ¿Quién digo que es usted?

— Felicita, nada más que Felicita.

Novillo se hallaba en las últimas. De una parte, a la cabecera de la cama, permanecían, en pie, Apolonio y Chapaprieta, el capellán de la casa de Somavia, en la mano, y con un dedo

---

43 lo que . . . prometer — as far as promising is concerned.

44 averno — Avernus, or the infernal regions.

entre los folios, el libro donde había leído la recomendación del alma. De la otra parte, una monja le enjugaba el sudor que resbalaba a hilos de la frente y de la calva. El peluquín se veía suspendido en un boliche de la cama. La dentadura postiza estaba sumergida en un vaso de agua, sobre la mesilla de noche. Sin dentadura ni peluquín, la piel fláccida, verdosa, negruzca, color de corambre, los ojos soterrados, barba y bigote blancos, Novillo no conservaba traza de su pretérita fisonomía. Lo único que le quedaba del añejo esplendor era el abultado abdomen, enarcándose bajo las sábanas. Aquel hermoso corazón, tan trabajado por el amor contenido, no quería seguir rigiendo. Novillo se asfixiaba. Un practicante, junto a la monja, le daba a respirar de un balón de oxígeno; y en verdad, no se sabía si el balón estaba inflando a Novillo o si Novillo estaba inflando al balón. Novillo no había perdido la conciencia. De tiempo en tiempo levantaba los brazos y los dejaba caer pesadamente. Otras veces entreabría con esfuerzo los carnosos párpados, y enviaba de sus ojos, profundos y tristes, miradas de agradecimiento a los que lo rodeaban.

Cuando el camarero repicó a la puerta, la duquesa buscaba una medicina entre los frascos del tocador. Había tomado en la mano un pomo que decía: « La onda del Leteo. Tinte indeleble para el cabello, » y pensaba: « Voy a probar yo este tinte. Probablemente se lo ha enviado el carcamal de mi marido. » Al oír el repique en la puerta, hizo un ademán a los otros que no se movieran, y salió ella a abrir.

— ¿Quién es?

— Felicita — respondió el camarero.

La voz con el nombre llegó a oídos de Novillo. Le acometió un temblor intenso. Con movimientos torpes e inútiles tendía las manos hacía el peluquín y la dentadura postiza. La duquesa, que había cerrado de golpe la puerta, observaba a Novillo.

— Que no me vea así . . . — tartamudeó Novillo con soplo delgado y apenas perceptible.

Entonces, la duquesa salió, cogió por un brazo a Felicita, la arrastró lejos, hasta una habitación vacía, le hizo sentarse de golpe, y dijo:

— Usted se está quieta aquí.

— Mi puesto es a su cabecera, para recoger su postrer suspiro. Que nos casen in artículo mortis.[45] Se muere.

— Por desgracia, así es. Y si usted lo quiere, lo menos que puede hacer es dejarle morir en paz.

— No morirá en paz si no me tiene a su lado.

— Se engaña usted. Anselmo no quiere que usted le vea en este trance.

— ¡Falso! ¡Calumnia! ¿Lo ha dicho él?

— Él lo ha dicho.

— Imposible, imposible . . . — gritó Felicita con frenesí —. Artículo mortis. Artículo mortis.

— Señora, no levante usted escándalos, que están durmiendo los huéspedes; ni me haga perder más tiempo. Ya le explicaré más tarde.

Y salió la duquesa, dejando encerrada a Felicita.

Novillo murió una hora después. Antes de morirse, llamó por señas a la duquesa, y ya con lengua moribunda, dijo:

— Felicita . . . perdón . . . no casarme . . . amado, amo . . . muero . . . amo . . . ella.

Cerraron los párpados a Novillo, le sujetaron la mandíbula con un pañuelo, le entretejieron los dedos de las manos, y todos de rodillas, condolidos, tocados de lástima y simpatía, rezaron brevemente. La duquesa, con acento profundo y unción de responso, pronunció lentas palabras, como si meditase en alta voz:

— El duque no volverá a encontrar un servidor político tan humilde y, al propio tiempo, tan osado. Parece mentira que este hombre temible en las elecciones, que a todos sacaba ventaja en maquinar un chanchullo[46] y sacarlo adelante por redaños, fuese, en el fondo, la criatura más simple, candorosa, sentimental y asustadiza. ¡Cosas de la vida . . . — y, después de una pausa añadió —: y de la muerte! ¡Descansa en paz, Novillo bravo; Novillo bueno; Novillo fiel; Novillo amante!

La duquesa fué a comunicar la triste nueva a Felicita. En ausencia de la duquesa, una idea singularmente brillante y afilada se había hecho presente, con viva luz y penetrante dolor, en el alma de Felicita. « Anselmo ha atrapado la pulmonía, o mejor dicho, la pulmonía ha atrapado a Anselmo . . . , » y aquí la imaginación de Felicita se figuraba materialmente la pulmonía como un vampiro o ave nocturna que volaba en la tiniebla, entre lluvia y viento. Proseguía pensando: « La pulmonía ha atrapado a Anselmo cuando iba a Inhiesta en persecución de don Pedrito y Angustias.

45 in artículo mortis — at the point of death.

46 maquinar un chanchullo — to set up a crooked deal.

Si éstos no se escapan, la pulmonía no sorprende a Anselmo. Yo les preparé la escapatoria. Luego yo soy la culpable de la muerte de Anselmo. Yo soy la asesina; yo le he matado a traición. Yo misma . . . Debo presentarme al juez. Yo le he matado; sí, le he matado . . . »

Acercóse la duquesa y, antes de que abriese la boca, Felicita se le adelantó:

— Ya sé lo que me va a decir, señora duquesa. Lo sé y no quiero oír de fuera la acusación. Estoy convicta y confesa. Llévenme a la cárcel, denme vil garrote. Yo le he matado . . .

— No delire, pobre mujer. Revístase de fortaleza para escucharme. Le traigo un manjar amarguísimo; pero con un granito de dulzura y de consuelo.

— No hay consuelo para mí. Yo le he matado y él me acusó del crimen; por eso no quiso recibirme antes de morir.

— Si Anselmo no quiso recibirla, fué por amor a usted, porque deseaba que usted guardase de él un recuerdo grato y atractivo, y no la imagen deplorable y triste a que la enfermedad le había reducido. Esta fué la razón. Antes de morir me confió para usted un mensaje: que le perdonase por no haberse casado, que la había querido siempre y que moría en el amor a usted. Éstas fueron sus últimas palabras.

Unos instantes de estupor. Felicita quedó como congelada, yerta. Perdió voluntad y continencia. La carne, tan flaca y reseca, se le agrietó, y, por las hendeduras, se derramó en clamorosos raudales lo más secreto del alma, lo que rara vez se escapa del misterio de la conciencia; el tuétano del espíritu, que tiene miedo a la luz y a las palabras.

— Me apetecía, y yo le apetecía . . . — gritó Felicita, desbaratando el peinado y dando suelta al cabello, caudaloso y negro, lo único joven y hermoso que poseía —. ¿Por qué no habló? ¿Qué hablar? Un gesto, un solo gesto, un movimiento de ojos, el ademán de un dedo, la seña más leve, y yo me hubiera arrojado en sus brazos, me hubiera entregado a él, me hubiera abrazado y anonadado de amor; me hubiera deshecho en besos apasionados . . .

— Felicita, repare usted que, en las habitaciones vecinas, hay huéspedes y la están oyendo a usted.

— Lo proclamo a la faz del mundo. Que me oigan los cielos y la tierra; Dios y Satanás. Enviaré un comunicado a los periódicos. Todo, todo, todo; la vida, la fortuna escasa que tengo de mis padres, el bienestar, la honra, todo lo hubiera dado por un segundo, nada más que un segundo, de amor. ¿Para qué quiero la vida? ¿Para qué la fortuna? ¿Qué bienestar es el mío? ¿De qué me sirvieron la honra y la doncellez?

La duquesa meditó: « Felicita piensa de modo distinto que el obispo acerca de la doncellez. Me gustaría que el pobre Facundo oyese. »

— Repórtese, Felicita — amonestó la duquesa —. Tiene usted razón; pero nada se enmienda con lamentaciones tardías.

Felicita cayó en una especie de alelamiento, que duró poco.

— Quiero ver a Anselmo — dijo, poniéndose en pie.

— No apruebo el capricho — comentó la duquesa —. Recibirá usted una impresión demasiado desagradable.

Obstinóse Felicita, y la duquesa cedió. De camino, Felicita iba diciendo:

— El suelo huye bajo mis plantas. Las paredes ondulan. El mundo se descuartiza y los trozos van rodando por el aire.

Estos raros fenómenos o alucinaciones en que Felicita se veía envuelta, a causa, tal vez de la debilidad, se exageraron cuando entró en el cuarto mortuorio. Parecióle que la descomposición y descuartizamiento de que era víctima el mundo se verificaban con mayor saña y absurdidad, como obedeciendo a un designio diabólico, en el cadáver de Anselmo Novillo. El cabello se le había despegado del cuero y se balanceaba sobre un boliche de la cama. Los dientes, parejos y pulquérrimos, habían saltado, con encías y todo, desde la boca hasta un vaso de agua. El vientre, enorme y pavoroso, ascendía, a punto ya de romper las amarras que le unían al resto del cuerpo.

Felicita dejó escapar un ¡ay! desgarrador, y se cubrió los ojos. Como el duque de Gandía ante el cadáver de la emperatriz,[47] Felicita decidió allí mismo no volver a enamorarse de imágenes mudables, perecederas, y consagrar a Dios su doncellez.

El alma humana es grande porque, como todo lo grande, se compone de pequeñeces sin número. Por eso, en las crisis de dolor, en que

---

47 como el duque . . . emperatriz — like the Duke of Gandía before the corpse of the Empress. Saint Francis Borgia, great grandson of Alexander VI and son of the third Duke of Gandía, went to the court of Carlos V in

1528. In 1539 the Empress died, and he was appointed to accompany her body to its grave. This event turned him to religion.

el alma gira necesariamente sobre sí misma, sucede acaso que el eje de rotación es una pequeñez ridícula. Felicita, a los pocos días de su doncellil viudez,[48] fué a visitar al Padre Alesón, a fin de instruirse en lo atañedero a la regla monástica de las diversas órdenes religiosas femeninas, y también de una ridícula pequeñez, que era para ella extremo de suma importancia: los hábitos que viste cada cual. Felicita sabía que algunos hábitos eran preciosos, y aun elegantísimos, si es lícita esta expresión profana. De estos dos puntos, la regla y el hábito, dependía la elección de Felicita.

Al entrar en casa de los Neira, extrañó no ver a Belarmino en su cuchitril.

¿Dónde estaba Belarmino?

El Padre Alesón había dicho a Belarmino que Angustias viviría, hasta el día de la boda, en el convento de las Carmelitas, en las afueras de Pilares. Belarmino solicitó permiso para ir por las tardes a pasear en torno al convento.

— Siempre que usted me prometa no intentar ver a su hija, yo le concedo permiso.

Belarmino prometió y cumplió. Los primeros días llovía irremisiblemente. Belarmino llegaba chapoteando en las charcas, cubierto de lodo, se guarecía en el porche del convento, y allí, encuclillado, como filósofo, dejaba pasar las horas. Oíase el trémolo de un harmonium. El sonido descendía y luego llegaba a lo largo del silencioso pavimento hasta él, a menudos y leves saltos, como los pájaros cuando caminan por la tierra. Oía los cantos monjiles. Belarmino se aplacía en el canto religioso: *ne impedias musicam*,[49] dice la Escritura. « Quizás Angustias canta también; le habrán enseñado » — pensaba Belarmino —. Y hacía esfuerzos por desenredar la voz azul de Angustias de entre la madeja policroma del coro. No, no cantaba Angustias. Si cantase, el rayo único de su voz hubiera penetrado en el alma penumbrosa de Belarmino, como penetra un solo haz de los rayos del sol a través de la ojiva en una iglesia.

Luego, serenóse el tiempo. Era la sazón otoñal, de color de miel y niebla aterciopelada y argentina, a manera de vello, con que la tierra estaba como un melocotón maduro. Por encima de las tapias del huerto conventual asomaban los negros y rígidos cipreses, que eran como el prólogo del arrobo místico, el dechado de la voluntad eréctil y aspiración al

trance; y los sauces anémicos y adolescentes — en la región los llaman desmayos —, que eran fatiga y rendimiento, epílogo dulce del místico espasmo; y los pomares sinuosos y musculosos, las ramas, de agarrotados dedos, mostrando rojas y pequeñas manzanas, que no sugerían la imagen del pecado, sino a lo más de un pecadillo. Para los ojos, todo era paz en el huerto conventual; para el oído, la querellosa algarabía de los gorriones vespertinos.

Belarmino se sentaba al pie de las tapias y contemplaba las praderas, de velludo amarillento, que vahaban un aliento tenue y opalino. También él tenía un alma rasa y suave de pradera, esfumada en neblina. Entre la neblina interior pensaba y sentía, sin usar ya de palabras ni signos representativos. Sentía que su hija no había estado antes en el convento, que le habían querido engañar, por caridad. Es decir, no le habían engañado; se había engañado él mismo y se habían engañado los demás. Pero, ahora, su hija estaba ya en el convento. ¿Cómo así? Fuera de uno mismo — pensaba Belarmino — no existía nada. El mundo era una ilusión de los sentidos, un espejismo de la imaginación. El mundo de fuera era creación aparente y engañosa del mundo de dentro. Belarmino, entonces, resolvió poner en orden de paz y hermosura su mundo interior, y, por lo tanto, el mundo exterior, que no es sino eco o imagen sensible del otro. Ahuyentaría o ignoraría los espectros recónditos, que, de vez en cuando, se entrometen a perturbar el buen concierto de las potencias del alma y anublar la cálida luz del corazón; esos espectros que, aunque ofuscaciones de la imaginación, se proyectan sobre el mundo exterior en forma de figuras odiosas y agresivas, como si de veras existiesen en carne y hueso, y son sólo alucinaciones. Belarmino resolvió que Xuantipa ya no existía; que no existía Bellido, el usurero; que no existían Apolonio, ni su hijo, el seductor de Angustias; que no había existido el rapto — ¡cuánto trabajo le costó suprimir de su alma esta pretendida alucinación o realidad ilusoria! . . . Angustias, ésa sí que existía; como que la había concebido y creado él; era la hija de su alma y de sus entrañas: ¿no había de existir? Existía y estaba, por libérrima y unánime voluntad, suya y de su padre, recoleta en las Carmelitas,[50] adonde la habían con-

---

48 doncellil viudez — virginal widowhood.
49 ne impedias musicam — do not prevent (the use of) music.

50 las Carmelitas — one of the mendicant orders whose founding date and place have been disputed.

ducido el desprecio del mundo exterior y aparente, en el cual ella tampoco creía, y el ansia de una absoluta y perfecta serenidad. Por algo Angustias era hija de Belarmino.

Y Belarmino acudía todas las tardes a pasear alrededor del convento de las Carmelitas, a comunicarse, por vías misteriosas e inefables, con su hija imaginaria, enteramente engendrada por él, en su alma paternal, tierna y creadora.

Entonces fué cuando Belarmino abandonó la profesión filosófica, y ya no remendó más zapatos. Antes, cuando se veía a Belarmino, había que pensar: San Francisco, el de Asís,[51] debía de ser una persona semejante, en el rostro. Ahora, Belarmino era cabalmente el remedo animado del San Francisco, de Luca de la Robbia;[52] puras y pueriles facciones, ojos vitrificados, anchas las sienes. También Platón tenía las sienes anchas. Los frailes y los señores de Neira dejaban a Belarmino en libertad, que viviese a su gusto, como inocente criatura de Dios que no podía hacer daño a nadie. Una de sus últimas enseñanzas consistió en una manera de apólogo, muy breve, que confió a Escobar, el Aligator, y que éste tuvo la suerte de poder traducir en lengua vulgar. Dice así: « Una vez era un hombre que, por pensar y sentir tanto, hablaba escaso y premioso. No hablaba, porque comprendía tantas cosas en cada cosa singular, que no acertaba a expresarse. Los otros le llamaban tonto. Este hombre, cuando supo expresar todas las cosas que comprendía en una sola cosa, hablaba más que nadie. Los otros le llamaban charlatán. Pero este hombre, cuando, en lugar de ver tantas cosas en una sola cosa, en todas las cosas distintas no vió ya sino una y la misma cosa, porque había penetrado en el sentido y en la verdad de todo; al llegar a esto, este hombre ya no volvió a hablar ni una palabra. Y los demás le llamaban loco. »

Guillén (Pedro) tells of his life as a seminary student, his meetings with Angustias at Felicita's house, their escape, his capture and imprisonment by the Duchess, and his first Mass in the country house of the Somavia family. Two years after his return Don Restituto died, and the widow appointed Guillén her chaplain and fell in love with him. After seven years the Duchess of Somavia died, but had obtained for Guillén a position as canon of Castrofuerte. Angustias comes to see Guillén; in a touching scene each kneels before the other and begs forgiveness.

Apolonio and Belarmino are now both in an old age home; Xuantipa has died. Colignon comes to visit Belarmino. Felicita, who has become a nun, works at the home, and Apolonio professes his love for her. Guillén sends a telegram to his father and Angustias one to hers. Guillén has inherited Doña Basilisa's fortune, and he wants them all to live together. Belarmino and Apolonio, the arch rivals, become reconciled to each other. Escobar writes a dictionary of Belarminisms and dies of hunger.

---

51 Saint Francis of Assisi, 1181–1226.

52 Luca della Robbia (1399–1482), an Italian sculptor noted for his figures of children.

PROSE FICTION OF THE TWENTIETH CENTURY

Ramón Sender, b. 1902, *Réquiem por un campesino español*, 1961 (pp. 251–55)

Ramón Sender represents the best tradition of the Spanish novel in his examination of the interrelationship of the real world and the ideal. In a way reminiscent of the Krausista philosophy of the nineteenth century, he insists that we are all parts of a harmonic whole which might be termed humanity or God and that our salvation lies in tolerance and brotherhood. In his humor, combined with a democratic insistence on the dignity of man, he is the direct heir of Cervantes and Galdós. He fits well what Gironella, himself a novelist of some stature, defines as the primary prerequisite for being a novelist: "Lo primero que hace falta para ser novelista es ser un hombre." Neither the anguished novels of Unamuno, seeking the identity of man's soul in the universe, nor the picaresque books of Pío Baroja equal the best work of Ramón Sender. The realistic and humorous interpretations of Zunzunegui; the impressionistic and static portrayals of Gabriel Miró; the surrealistic contributions of Gómez de la Serna and Benjamín Jarnés; the well ordered, classic, religious works of Ricardo León; and the productions of the women writers and young men of the fifties and sixties such as Delibes, Sánchez Ferlosio and Juan Goytisolo, are surpassed by Sender's best novels, such as *Mister Witt en el Cantón*, 1935; *El lugar del hombre*, 1939; *El epitalamio del prieto Trinidad*, 1942; *La esfera*, 1947; *El verdugo afable*, 1952; and the definitive edition of *Crónica del alba*, 1963, which consists of six parts, four of them published previously as separate novels. Even Camilo José Cela, currently the best known Spanish novelist, cannot match Sender in his best moments.

Undoubtedly his finest work is *Réquiem por un campesino español*, 1961. It is a story of man's cruelty to man and one person's attempts to maintain dignity. Paco, the youngster who learns about injustice, rebels against the rich landowners. When the government sends men to capture him he surrenders, trusting the word of the local priest to grant

him safe conduct, but he is taken out and shot. Later, as the priest celebrates a Requiem Mass in Paco's memory, only the three rich men responsible for Paco's death come. Through flashbacks in the priest's mind we live with Paco his entire life from birth to death.

A very short novel, it is full of beauty and sadness. The sentiment of Spain is found here, as Sender portrays the situation which faced the small farmer who worked the land of the great *terratenientes* in a kind of feudal system held over from the Middle Ages. The *hacendados* lived in the cities and left their lands in the hands of administrators who controlled the *haciendas*, education, the clergy, and justice. For Spaniards who lived through the Civil War in Spain, *Réquiem por un campesino español* is more than the story of Paco or Mosén Millán, the priest. It is the drama of a people who fight for dignity and humanity. Some may think that this novel is a dramatic fantasy; others may see in it a reflection of what they call communist Spain; still others will see in Paco's fight the Spaniard's insistence on equal justice under the law.

In all of Sender's novels, whether he treats of specific Spanish themes or universal ones, one notes a desire for social justice for the underdog and a compassion for human beings. He also searches for meaning in life as he supports (at least in his writings) tolerance, kindness, human values, and a kind of primitive Christianity.

El cura esperaba sentado en un sillón con la cabeza inclinada sobre la casulla[1] de los oficios de *réquiem*. La sacristía olía a incienso. En un rincón había un fajo de ramitas de olivo de las que habían sobrado el Domingo de Ramos. Las hojas estaban muy secas, y parecían de metal. Al pasar cerca, Mosén Millán evitaba rozarlas porque se desprendían y caían al suelo.

Iba y venía el monaguillo con su roquete[2] blanco. La sacristía tenía dos ventanas que daban al pequeño huerto de la abadía. Llegaban del otro lado de los cristales rumores humildes. Alguien barría furiosamente, y se

---

1 casulla — chasuble, vestment worn by priests.

2 monaguillo con su roquete — acolyte with his rochet, a type of vestment.

oía la escoba seca contra las piedras, y una voz
que llamaba:

— María . . . Marieta . . .

Cerca de la ventana entreabierta un saltamontes atrapado entre las ramitas de un
arbusto trataba de escapar, y se agitaba desesperadamente. Más lejos, hacia la plaza, relinchaba un potro. « Ése debe ser — pensó
Mosén Millán — el potro de Paco el del
Molino, que anda, como siempre, suelto por
el pueblo. » El cura seguía pensando que aquel
potro, por las calles, era una alusión constante
a Paco y al recuerdo de su desdicha.

Con los codos en los brazos del sillón y las
manos cruzadas sobre la casulla negra bordado de oro, seguía rezando. Cincuenta y un
años repitiendo aquellas oraciones habían
creado un automatismo que le permitía poner
el pensamiento en otra parte sin dejar de rezar.
Y su imaginación vagaba por el pueblo. Esperaba que los parientes del difunto acudirían.
Estaba seguro de que irían — no podían
menos — tratándose de una misa de *réquiem*,
aunque la decía sin que nadie se la hubiera
encargado. También esperaba Mosén Millán
que fueran los amigos del difunto. Pero esto
hacía dudar al cura. Casi toda la aldea había
sido amiga de Paco, menos las dos familias
más pudientes: don Valeriano y don Gumersindo. La tercera familia rica, la del señor
Cástulo Pérez, no era ni amiga ni enemiga.

El monaguillo entraba, tomaba una campana que había en un rincón, y sujetando el
badajo para que no sonara, iba a salir cuando
Mosén Millán le preguntó:

— ¿Han venido los parientes?

— ¿Qué parientes? — preguntó a su vez el
monaguillo.

— No seas bobo. ¿No te acuerdas de Paco
el del Molino?

— Ah, sí, señor. Pero no se ve a nadie en la
iglesia, todavía.

El chico salió otra vez al presbiterio pensando en Paco el del Molino. ¿No había de
recordarlo? Lo vió morir, y después de su
muerte la gente sacó un romance. El monaguillo sabía algunos trozos:

*Ahí va Paco el del Molino
que ya ha sido sentenciado,
y que llora por su vida
camino del camposanto.*

Eso de llorar no era verdad, porque el
monaguillo vió a Paco, y no lloraba. « Lo vi

— se decía — con los otros desde el coche del
señor Cástulo, y yo llevaba la bolsa con la
extremaunción para que Mosén Millán les
pusiera a los muertos el santolio en el pie. »
El monaguillo iba y venía con el romance de
Paco en los dientes. Sin darse cuenta acomo-
daba sus pasos al compás de la canción:

*. . . y al llegar frente a las tapias
el centurión echa el alto.*

Eso del centurión le parecía al monaguillo
más bien cosa de Semana Santa y de los pasos
de la oración del huerto. Por las ventanas de
la sacristía llegaba ahora un olor de hierbas
quemadas, y Mosén Millán, sin dejar de rezar,
sentía en ese olor las añoranzas de su propia
juventud. Era viejo, y estaba llegando — se
decía — a esa edad en que la sal ha perdido su
sabor, como dice la Biblia. Rezaba entre
dientes con la cabeza apoyada en aquel lugar
del muro donde a través del tiempo se había
formado una mancha oscura.

Entraba y salía el monaguillo con la pértiga
de encender los cirios, las vinajeras y el misal.

— ¿Hay gente en la iglesia? — preguntaba
otra vez el cura.

— No, señor.

Mosén Millán se decía: es pronto. Además,
los campesinos no han acabado las faenas de
la trilla. Pero la familia del difunto no podía
faltar. Seguían sonando las campanas que en
los funerales eran lentas, espaciadas y graves.
Mosén Millán alargaba las piernas. Las puntas
de sus zapatos asomaban debajo del alba[3]
y encima de la estera de esparto. El alba estaba
deshilándose por el remate.[4] Los zapatos
tenían el cuero rajado por el lugar donde
se doblaban al andar, y el cura pensó: tendré
que enviarlos a componer. El zapatero era
nuevo en la aldea. El anterior no iba a misa,
pero trabajaba para el cura con el mayor
esmero, y le cobraba menos. Aquel zapatero
y Paco el del Molino habían sido muy amigos.

Recordaba Mosén Millán el día que bautizó
a Paco en aquella misma iglesia. La mañana
del bautizo se presentó fría y dorada, una de
esas mañanitas en que la grava del río que
habían puesto en la plaza durante el *Corpus*,
crujía de frío bajo los pies. Iba el niño en
brazos de la madrina, envuelto en ricas mantillas, y cubierto por un manto de raso blanco,
bordado en sedas blancas, también. Los lujos
de los campesinos son para los actos sacra-
mentales. Cuando el bautizo entraba en la

_____

3 alba — white gown worn by priests.

4 remate — edge.

iglesia, las campanitas menores tocaban alegremente. Se podía saber si el que iban a bautizar era niño o niña. Si era niño, las campanas — una en un tono más alto que la otra — decían: *no es nena, que es nen*; *no es nena, que es nen.* Si era niña cambiaban un poco, y decían: *no es nen, que es nena*; *no es nen, que es nena.* La aldea estaba cerca de la raya de Lérida, y los campesinos usaban a veces palabras catalanas.

Al llegar el bautizo se oyó en la plaza vocerío de niños, como siempre. El padrino llevaba una bolsa de papel de la que sacaba puñados de peladillas y caramelos. Sabía que de no hacerlo, los chicos recibirían al bautizo gritando a coro frases desairadas para el recién nacido, aludiendo a sus pañales y a si estaban secos o mojados.

Se oían rebotar las peladillas contra las puertas y las ventanas y a veces contra las cabezas de los mismos chicos, quienes no perdían el tiempo en lamentaciones. En la torre las campanitas menores seguían tocando: *no es nena, que es nen*, y los campesinos entraban en la iglesia, donde esperaba Mosén Millán ya revestido.

Recordaba el cura aquel acto entre centenares de otros porque había sido el bautizo de Paco el del Molino. Había varias personas enlutadas y graves. Las mujeres con mantilla o mantón negro. Los hombres con camisa almidonada. En la capilla bautismal la pila sugería misterios antiguos.

Mosén Millán había sido invitado a comer con la familia. No hubo grandes extremos porque las fiestas del invierno solían ser menos algareras[5] que las del verano. Recordaba Mosén Millán que sobre una mesa había un paquete de velas rizadas y adornadas, y que en un extremo de la habitación estaba la cuna del niño. A su lado, la madre, de breve cabeza y pecho opulento, con esa serenidad majestuosa de las recién paridas. El padre atendía a los amigos. Uno de ellos se acercaba a la cuna, y preguntaba:

— ¿Es tu hijo?

— Hombre, no lo sé — dijo el padre acusando con una tranquila sorna lo obvio de la pregunta —. Al menos, de mi mujer sí que lo es.

Luego soltó la carcajada. Mosén Millán, que estaba leyendo su grimorio,[6] alzó la cabeza:

— Vamos, no seas bruto. ¿Qué sacas con esas bromas?

Las mujeres reían también, especialmente la Jerónima — partera y saludadora —, que en aquel momento llevaba a la madre un caldo de gallina y un vaso de vino moscatel. Después descubría al niño, y se ponía a cambiar el vendaje del ombliguito.

— Vaya, zagal. Seguro que no te echarán del baile — decía aludiendo al volumen de sus atributos masculinos.

La madrina repetía que durante el bautismo el niño había sacado la lengua para recoger la sal, y de eso deducía que tendría gracia y atractivo con las mujeres. El padre del niño iba y venía, y se detenía a veces para mirar al recién nacido: «¡Qué cosa es la vida! Hasta que nació ese crío, yo era sólo el hijo de mi padre. Ahora soy, además, el padre de mi hijo.»

— El mundo es redondo, y rueda — dijo en voz alta.

Estaba seguro Mosén Millán de que servirían en la comida perdiz en adobo.[7] En aquella casa solían tenerla. Cuando sintió su olor en el aire, se levantó, se acercó a la cuna, y sacó de su breviario un pequeñísimo escapulario que dejó debajo de la almohada del niño. Miraba el cura al niño sin dejar de rezar: *ad perpetuam rei memoriam . . .*[8] El niño parecía darse cuenta de que era el centro de aquella celebración, y sonreía dormido. Mosén Millán se apartaba pensando: ¿De qué puede sonreír? Lo dijo en voz alta, y la Jerónima comentó:

— Es que sueña. Sueña con ríos de lechecita caliente.

El diminutivo de leche resultaba un poco extraño, pero todo lo que decía la Jerónima era siempre así.

Cuando llegaron los que faltaban, comenzó la comida. Una de las cabeceras la ocupó el feliz padre. La abuela dijo al indicar al cura el lado contrario:

— Aquí el otro padre, Mosén Millán.

El cura dió la razón a la abuela: el chico había nacido dos veces, una al mundo y otra a la iglesia. De este segundo nacimiento el padre era el cura párroco. Mosén Millán se servía poco, reservándose para las perdices.

Veintiséis años después se acordaba de aquellas perdices, y en ayunas, antes de la misa, percibía los olores de ajo, vinagrillo y aceite de oliva. Revestido y oyendo las campanas, dejaba que por un momento el recuerdo

5 algareras — talkative, prating.
6 grimorio — Here: prayer book.
7 perdiz en adobo — partridge prepared with a seasoned sauce of garlic, vinegar and olive oil.

8 ad perpetuam rei memoriam — to the everlasting memory of the occasion.

se extinguiera. Miraba al monaguillo. Éste no sabía todo el romance de Paco, y se quedaba en la puerta con un dedo doblado entre los dientes tratando de recordar:

> . . . ya los llevan, ya los llevan
> atados brazo con brazo.

El monaguillo tenía presente la escena, que fué sangrienta y llena de estampidos.

Volvía a recordar el cura la fiesta del bautizo mientras el monaguillo por decir algo repetía:

— No sé qué pasa que hoy no viene nadie a la iglesia, Mosén Millán.

El sacerdote había puesto la crisma en la nuca de Paco, en su tierna nuca que formaba dos arruguitas contra la espalda. Ahora — pensaba — está ya aquella nuca bajo la tierra, polvo en el polvo. Todos habían mirado al niño aquella mañana, sobre todo el padre, felices, pero con cierta turbiedad en la expresión. Nada más misterioso que un recién nacido.

Mosén Millán recordaba que aquella familia no había sido nunca muy devota, pero cumplía con la parroquia y conservaba la costumbre de hacer a la iglesia dos regalos cada año, uno de lana y otro de trigo, en agosto. Lo hacían más por tradición que por devoción — pensaba Mosén Millán —, pero lo hacían.

En cuanto a la Jerónima, ella sabía que el cura no la veía con buenos ojos. A veces la Jerónima, con su oficio y sus habladurías — o dijendas, como ella decía — agitaba un poco las aguas mansas de la aldea. Solía rezar la Jerónima extrañas oraciones para ahuyentar el pedrisco y evitar las inundaciones, y en aquélla que terminaba diciendo: Santo Justo, Santo Fuerte, Santo Inmortal — líbranos, Señor, de todo mal, añadía una frase latina que sonaba como una obscenidad, y cuyo verdadero sentido no pudo nunca descifrar el cura. Ella lo hacía inocentemente, y cuando el cura le preguntaba de dónde había sacado aquel latinajo, decía que lo había heredado de su abuela . . .

Mosén Millán continues to recall Paco's youth, as he waits to celebrate the Requiem Mass which he has called to try symbolically to repair the irreparable damage he caused Paco in making a promise he could not keep. The villagers refuse to come to the Mass, but the three rich men of the village — Don Valeriano, Don Gumersindo and Señor Cástulo — come. They and people like them had saved their money but were responsible for the criminal action of fascists. They had restored their wealth only at the cost of human life.

When Paco was about seven years old he had gone with Mosén Millán to the cave of a dying man. Paco, seeing poverty and misery, asked questions which the priest could not answer. Paco later learned that the villagers had to pay tribute for the use of the land which belonged to an absentee duke. When King Alfonso fled and the Republicans took over, the three rich men left the town and conspired with falangists in order to try to prevent any social change which would deprive them of their land. When the *status quo ante* is revived many of the peasants are killed. Paco hides, and only his parents know his hiding place. Our story resumes here.

Desde la sacristía, Mosén Millán recordaba la horrible confusión de aquellos días, y se sentía atribulado y confuso. Disparos por la noche, sangre, malas pasiones, habladurías, procacidades de aquella gente forastera, que, sin embargo, parecía educada. Y don Valeriano se lamentaba de lo que sucedía y al mismo tiempo empujaba a los señoritos de la ciudad[9] a matar más gente. Pensaba el cura en Paco. Su padre estaba en aquellos días en casa. Cástulo Pérez lo había garantizado diciendo que era *trigo limpio*. Los tres ricos no se atrevían a hacer nada contra él esperando echarle mano al hijo.

Nadie más que el padre de Paco sabía dónde su hijo estaba. Mosén Millán fué a su casa.

— Lo que está sucediendo en el pueblo — dijo — es horrible y no tiene nombre.

El padre de Paco lo escuchaba sin responder, un poco pálido. El cura siguió hablando. Vió ir y venir a la joven esposa[10] como una sombra, sin reír ni llorar. Nadie lloraba y nadie reía en el pueblo. Mosén Millán pensaba que sin risa y sin llanto la vida podía ser horrible como una pesadilla.

Por uno de esos movimientos en los que la amistad tiene a veces necesidad de mostrarse meritoria, Mosén Millán dió la impresión de que sabía dónde estaba escondido Paco. Dando a entender que lo sabía, el padre y la esposa tenían que agradecerle su silencio. No dijo el cura concretamente que lo supiera,

---

9. The *señoritos de la ciudad* were the falangists sent to the village.

10 Paco's wife.

pero lo dejó entender. La ironía de la vida quiso que el padre de Paco cayera en aquella trampa. Miró al cura pensando precisamente lo que Mosén Millán quería que pensara. « Si lo sabe, y no ha ido con el soplo,[11] es un hombre honrado y enterizo. » Esta reflexión le hizo sentirse mejor.

A lo largo de la conversación el padre de Paco reveló el escondite del hijo, creyendo que no decía nada nuevo al cura. Al oírlo, Mosén Millán recibió una tremenda impresión. « Ah — se dijo —, más valdría que no me lo hubiera dicho. ¿Por qué he de saber yo que Paco está escondido en las Pardinas? » Mosén Millán tenía miedo, y no sabía concretamente de qué. Se marchó pronto, y estaba deseando verse ante los forasteros[12] de las pistolas para demostrarse a sí mismo su entereza y su lealtad a Paco. Así fué. En vano estuvieron el centurión[13] y sus amigos hablando con él toda la tarde. Aquella noche Mosén Millán rezó y durmió en una calma que hacía tiempo no conocía.

Al día siguiente hubo una reunión en el ayuntamiento, y los forasteros hicieron discursos y dieron grandes voces. Luego quemaron la bandera tricolor[14] y obligaron a acudir a todos los vecinos del pueblo y a saludar levantando el brazo cuando lo mandaba el centurión. Éste era un hombre con cara bondadosa y gafas oscuras. Era difícil imaginar a aquel hombre matando a nadie. Los campesinos creían que aquellos hombres que hacían gestos innecesarios y juntaban los tacones y daban gritos estaban mal de la cabeza, pero viendo a Mosén Millán y a don Valeriano sentados en lugares de honor, no sabían qué pensar. Además de los asesinatos, lo único que aquellos hombres habían hecho en el pueblo era devolver los montes al duque.

Dos días después, don Valeriano estaba en la abadía frente al cura. Con los dedos pulgares en las sisas del chaleco — lo que hacía más ostensibles los dijes — miraba al sacerdote a los ojos.

— Yo no quiero el mal de nadie, como quien dice,[15] pero, ¿no es Paco uno de los que más se han señalado? Es lo que yo digo, señor cura: por menos han caído otros.

Mosén Millán decía:

— Déjelo en paz. ¿Para qué derramar más sangre?

Y le gustaba, sin embargo, dar a entender que sabía dónde estaba escondido. De ese modo mostraba al alcalde que era capaz de nobleza y lealtad. La verdad era que buscaban a Paco frenéticamente. Habían llevado a su casa perros de caza que *tomaron el viento* con sus ropas y zapatos viejos.

El centurión de la cara bondadosa y las gafas oscuras llegó en aquel momento con dos más, y habiendo oído las palabras del cura, dijo:

— No queremos reblandecidos mentales. Estamos limpiando el pueblo, y el que no está con nosotros está en contra.

— ¿Ustedes creen — dijo Mosén Millán — que soy un reblandecido mental?

Entonces todos se pusieron razonables.

— Las últimas ejecuciones — decía el centurión — se han hecho sin privar a los reos de nada. Han tenido hasta la extremaunción. ¿De qué se queja usted?

Mosén Millán hablaba de algunos hombres honrados que habían caído, y de que era necesario acabar con aquella locura.

— Diga usted la verdad — dijo el centurión sacando la pistola y poniéndola sobre la mesa —. Usted sabe dónde se esconde Paco el del Molino.

Mosén Millán pensaba si el centurión habría sacado la pistola para amenazarle o sólo para aliviar su cinto de aquel peso. Era un movimiento que le había visto hacer otras veces. Y pensaba en Paco, a quien bautizó, a quien casó. Recordaba en aquel momento detalles nimios, como los buhos nocturnos y el olor de las perdices en adobo. Quizá de aquella respuesta dependiera la vida de Paco. Lo quería mucho, pero sus afectos no eran por el hombre en sí mismo, sino *por Dios*. Era el suyo un cariño por encima de la muerte y la vida. Y no podía mentir.

— ¿Sabe usted dónde se esconde? — le preguntaban a un tiempo los cuatro.

Mosén Millán contestó bajando la cabeza. Era una afirmación. Podía ser una afirmación. Cuando se dió cuenta era tarde. Entonces pidió que le prometieran que no lo matarían. Podrían juzgarlo, y si era culpable de algo, encarcelarlo, pero no cometer un crimen más. El centurión de la expresión bondadosa prometió. Entonces Mosén Millán reveló el escondite de Paco. Quiso hacer después otras salvedades en su favor, pero no le escuchaban. Salieron en tropel, y el cura se quedó solo.

11 no ha ido con el soplo — has not revealed the secret.
12 forasteros — i.e. the *señoritos* from the city.
13 centurión — the leader of the *señoritos*.
14 the flag of the republic.
15 como quien dice — as the saying goes.

Espantado de sí mismo, y al mismo tiempo con un sentimiento de liberación, se puso a rezar.

Media hora después llegaba el señor Cástulo diciendo que el carasol[16] se había acabado porque los señoritos de la ciudad habían echado dos rociadas de ametralladora, y algunas mujeres cayeron, y las otras salieron chillando y dejando rastro de sangre, como una bandada de pájaros después de una perdigonada. Entre las que se salvaron estaba la Jerónima, y al decirlo, Cástulo añadió:

— Ya se sabe. Mala hierba . . .[17]

El cura, viendo reír a Cástulo, se llevó las manos a la cabeza, pálido. Y, sin embargo, aquel hombre no había denunciado, tal vez, el escondite de nadie. ¿De qué se escandalizaba? — se preguntaba el cura con horror —. Volvió a rezar. Cástulo seguía hablando y decía que había once o doce mujeres heridas, además de las que habían muerto en el mismo carasol. Como el médico estaba encarcelado, no era fácil que se curaran todas.

Al día siguiente el centurión volvió sin Paco. Estaba indignado. Dijo que al ir a entrar en las Pardinas el fugitivo los había recibido a tiros. Tenía una carabina de las de los guardas de montes, y acercarse a las Pardinas era arriesgar la vida.

Pedía al cura que fuera a parlamentar con Paco. Había dos hombres de la centuria heridos; y no quería que se arriesgara ninguno más.

Un año después Mosén Millán recordaba aquellos episodios como si los hubiera vivido el día anterior. Viendo entrar en la sacristía al señor Cástulo — el que un año antes se reía de los crímenes del carasol — volvió a entornar los ojos y a decirse a sí mismo. « Yo denuncié el lugar donde Paco se escondía. Yo fuí a parlamentar con él. Y ahora . . . » Abrió los ojos, y vió a los tres hombres sentados enfrente. El del centro, don Gumersindo, era un poco más alto que los otros. Las tres caras miraban impasibles a Mosén Millán. Las campanas de la torre dejaron de tocar con tres golpes finales graves y espaciados, cuya vibración quedó en el aire un rato. El señor Cástulo dijo:

— Con los respetos debidos. Yo querría pagar la misa, Mosén Millán.

Lo decía echando mano al bolsillo. El cura negó, y volvió a pedir al monaguillo que saliera a ver si había gente. El chico salió, como siempre, con el romance en su recuerdo:

> *En las zarzas del camino*
> *el pañuelo se ha dejado,*
> *las aves pasan de prisa,*
> *las nubes pasan despacio . . .*

Cerró una vez más Mosén Millán los ojos, con el codo derecho en el brazo del sillón y la cabeza en la mano. Aunque había terminado sus rezos, simulaba seguir con ellos para que lo dejaran en paz. Don Valeriano y don Gumersindo explicaban a Cástulo al mismo tiempo y tratando cada uno de cubrir la voz del otro que también ellos habían querido pagar la misa.

El monaguillo volvía muy excitado, y sin poder decir a un tiempo todas las noticias que traía:

— Hay una mula en la iglesia — dijo, por fin.

— ¿Cómo?

— Ninguna persona, pero una mula ha entrado por alguna parte, y anda entre los bancos.

Salieron los tres, y volvieron para decir que no era una mula, sino el potro de Paco el del Molino, que solía andar suelto por el pueblo. Todo el mundo sabía que el padre de Paco estaba enfermo, y las mujeres de la casa, medio locas. Los animales y la poca hacienda que les quedaba, abandonados.

— ¿Dejaste abierta la puerta del atrio[18] cuando saliste? — preguntaba el cura al monaguillo.

Los tres hombres aseguraban que las puertas estaban cerradas. Sonriendo agriamente añadió don Valeriano:

— Esto es una maula.[19] Y una malquerencia.

Se pusieron a calcular quién podía haber metido el potro en la iglesia. Cástulo hablaba de la Jerónima. Mosén Millán hizo un gesto de fatiga, y les pidió que sacaran el animal del templo. Salieron los tres con el monaguillo. Formaron una ancha fila, y fueron acosando al potro con los brazos extendidos. Don Valeriano decía que aquello era un sacrilegio, y que tal vez habría que consagrar el templo de nuevo. Los otros creían que no.

Seguían acosando al animal. En una verja — la de la capilla del Cristo — un diablo de forja parecía hacer guiños. San Juan en su

16 carasol — an outdoor solarium where the old women of the village gathered daily.

17 mala hierba — weeds (cf. a bad penny always turns up).

18 atrio — atrium (raised terrace in front of the Church).

19 maula — trick.

hornacina alzaba el dedo y mostraba la rodilla desnuda y femenina. Don Valeriano y Cástulo, en su excitación, alzaban la voz como si estuvieran en un establo:

¡Riiia! ¡Riiia![20]

El potro corría por el templo a su gusto. Las mujeres del carasol si el carasol existiera tendrían un buen tema de conversación. Cuando el alcalde y don Gumersindo acorralaban al potro éste brincaba entre ellos y se pasaba al otro lado con un alegre relincho. El señor Cástulo tuvo una idea feliz:

— Abran las hojas de la puerta como se hace para las procesiones. Así verá el animal que tiene la salida franca.

El sacristán corría a hacerlo contra el parecer de don Valeriano que no podía tolerar que donde estaba él tuviera iniciativa alguna el señor Cástulo. Cuando las grandes hojas estuvieron abiertas el potro miró extrañado aquel torrente de luz. Al fondo del atrio se veía la plaza de la aldea, desierta, con una casa pintada de amarillo, otra encalada, con cenefas[21] azules. El sacristán llamaba al potro en la dirección de la salida. Por fin convencido el animal de que aquél no era su sitio, se marchó. El monaguillo recitaba todavía entre dientes:

*. . . las cotovías[22] se paran
en la cruz del camposanto.*

Cerraron las puertas, y el templo volvió a quedar en sombras. San Miguel con su brazo desnudo alzaba la espada sobre el dragón. En un rincón chisporroteaba una lámpara sobre el baptisterio.

Don Valeriano, don Gumersindo y el señor Cástulo fueron a sentarse en el primer banco.

El monaguillo fué al presbiterio, hizo la genuflexión al pasar frente al sagrario y se perdió en la sacristía:

— Ya se ha marchado, Mosén Millán.

El cura seguía con sus recuerdos de un año antes. Los forasteros de las pistolas obligaron a Mosén Millán a ir con ellos a las Pardinas. Una vez allí dejaron que el cura se acercara solo.

— Paco — gritó con cierto temor —. Soy yo. ¿No ves que soy yo?

Nadie contestaba. En una ventana se veía la boca de una carabina. Mosén Millán volvió a gritar:

— Paco, no seas loco. Es mejor que te entregues.

De las sombras de la ventana salió una voz:

— Muerto, me entregaré. Apártese y que vengan los otros si se atreven.

Mosén Millán daba a su voz una gran sinceridad:

— Paco, en el nombre de lo que más quieras, de tu mujer, de tu madre. Entrégate.

No contestaba nadie. Por fin se oyó otra vez la voz de Paco:

— ¿Dónde están mis padres? ¿Y mi mujer?

— ¿Dónde quieres que estén? En casa.

— ¿No les ha pasado nada?

— No, pero, si tú sigues así, ¿quién sabe lo que puede pasar?

A estas palabras del cura volvió a suceder un largo silencio. Mosén Millán llamaba a Paco por su nombre, pero nadie respondía. Por fin, Paco se asomó. Llevaba la carabina en las manos. Se le veía fatigado y pálido.

— Contésteme a lo que le pregunte, Mosén Millán.

— Sí, hijo.

— ¿Maté ayer a alguno de los que venían a buscarme?

— No.

— ¿A ninguno? ¿Está seguro?

— Que Dios me castigue si miento. A nadie.

Esto parecía mejorar las condiciones. El cura, dándose cuenta, añadió:

— Yo he venido aquí con la condición de que no te harán nada. Es decir, te juzgarán delante de un tribunal, y si tienes culpa, irás a la cárcel. Pero nada más.

— ¿Está seguro?

El cura tardaba en contestar. Por fin dijo:

— Eso he pedido yo. En todo caso, hijo, piensa en tu familia y en que no merecen pagar por ti.

Paco miraba alrededor, en silencio. Por fin dijo:

— Bien, me quedan cincuenta tiros, y podría vender la vida cara. Dígales a los otros que se acerquen sin miedo, que me entregaré.

De detrás de una cerca se oyó la voz del centurión:

— Que tire la carabina por la ventana.

Obedeció Paco.

Momentos después lo habían sacado de las Pardinas, y lo llevaban a empujones y culatazos al pueblo. Le habían atado las manos a la espalda. Andaba Paco cojeando mucho, y aquella cojera y la barba de quince días que le ensombrecía el rostro le daban una apariencia diferente. Viéndolo Mosén Millán le

---

20 ¡Riiia! (¡Ría!) — interjection used for driving horses to the left. (English: haw!)

21 cenefas — borders.

22 cotovías (totovías) — skylarks (woodlarks).

encontraba un aire culpable. Lo encerraron en la cárcel del municipio.

Aquella misma tarde los señoritos forasteros obligaron a la gente a acudir a la plaza e hicieron discursos que nadie entendió, hablando del imperio y del destino inmortal y del orden y de la santa fe. Luego cantaron un himno con el brazo levantado y la mano extendida, y mandaron a todos retirarse a sus casas y no volver a salir hasta el día siguiente bajo amenazas graves.

Cuando no quedaba nadie en la plaza, sacaron a Paco y a otros dos campesinos de la cárcel, y los llevaron al cementerio, a pie. Al llegar era casi de noche. Quedaba detrás, en la aldea, un silencio temeroso.

El centurión, al ponerlos contra el muro, recordó que no se habían confesado, y envió a buscar a Mosén Millán. Éste se extrañó de ver que lo llevaban en el coche del señor Cástulo. (Él lo había ofrecido a las nuevas autoridades.) El coche pudo avanzar hasta el lugar mismo de la ejecución. No se había atrevido Mosén Millán a preguntar nada. Cuando vió a Paco, no sintió sorpresa alguna, sino un gran desaliento. Se confesaron los tres. Uno de ellos era un hombre que había trabajado en casa de Paco. El pobre, sin saber lo que hacía, repetía fuera de sí una vez y otra entre dientes: « Yo me acuso, padre . . . , yo me acuso, padre . . . » El mismo coche del señor Cástulo servía de confesionario, con la puerta abierta y el sacerdote sentado dentro. El reo se arrodillaba en el estribo. Cuando Mosén Millán decía *ego te absolvo*, dos hombres arrancaban al penitente y volvían a llevarlo al muro.

El último en confesarse fué Paco.

— En mala hora lo veo a usted — dijo al cura con una voz que Mosén Millán no le había oído nunca. Pero usted me conoce, Mosén Millán. Usted sabe quién soy.

— Sí, hijo.

— Usted me prometió que me llevarían a un tribunal y me juzgarían.

— Me han engañado a mí también. ¿Qué puedo hacer? Piensa, hijo, en tu alma, y olvida, si puedes, todo lo demás.

— ¿Por qué me matan? ¿Qué he hecho yo? Nosotros no hemos matado a nadie. Diga usted que yo no he hecho nada. Usted sabe que soy inocente, que somos inocentes los tres.

— Sí, hijo. Todos sois inocentes; pero, ¿qué puedo hacer yo?

— Si me matan por haberme defendido en las Pardinas, bien. Pero los otros dos no han hecho nada.

Paco se agarraba a la sotana de Mosén Millán, y repetía: « No han hecho nada, y van a matarlos. No han hecho nada. » Mosén Millán, conmovido hasta las lágrimas, decía:

— A veces, hijo mío, Dios permite que muera un inocente. Lo permitió de su propio Hijo, que era más inocente que vosotros tres.

Paco, al oír estas palabras, se quedó paralizado y mudo. El cura tampoco hablaba. Lejos, en el pueblo, se oían ladrar perros y sonaba una campana. Desde hacía dos semanas no se oía sino aquella campana día y noche. Paco dijo con una firmeza desesperada:

— Entonces, si es verdad que no tenemos salvación, Mosén Millán, tengo mujer. Está esperando un hijo. ¿Qué será de ella? ¿Y de mis padres?

Hablaba como si fuera a faltarle el aliento, y le contestaba Mosén Millán con la misma prisa enloquecida, entre dientes. A veces pronunciaban las palabras de tal manera, que no se entendían, pero había entre ellos una relación de sobrentendidos. Mosén Millán hablaba atropelladamente de los designios de Dios, y al final de una larga lamentación preguntó:

— ¿Te arrepientes de tus pecados?

Paco no lo entendía. Era la primera expresión del cura que no entendía. Cuando el sacerdote repitió por cuarta vez, mecánicamente, la pregunta, Paco respondió que sí con la cabeza. En aquel momento Mosén Millán alzó la mano, y dijo: *Ego te absolvo in* . . . Al oír estas palabras dos hombres tomaron a Paco por los brazos y lo llevaron al muro donde estaban ya los otros. Paco gritó:

— ¿Por qué matan a estos otros? Ellos no han hecho nada.

Uno de ellos vivía en una cueva, como aquél a quien un día llevaron la unción. Los faros del coche — del mismo coche donde estaba Mosén Millán — se encendieron, y la descarga sonó casi al mismo tiempo sin que nadie diera órdenes ni se escuchara voz alguna. Los otros dos campesinos cayeron, pero Paco, cubierto de sangre, corrió hacia el coche.

— Mosén Millán, usted me conoce — gritaba enloquecido.

Quiso entrar, no podía. Todo lo manchaba de sangre. Mosén Millán callaba, con los ojos cerrados y rezando. El centurión puso su revólver detrás de la oreja de Paco, y alguien dijo alarmado:

— No. ¡Ahí no!

Se llevaron a Paco arrastrando. Iba repitiendo en voz ronca:

— Pregunten a Mosén Millán; él me conoce.

Se oyeron dos o tres tiros más. Luego siguió un silencio en el cual todavía susurraba Paco: « Él me denunció . . . , Mosén Millán. Mosén Millán . . . »

El sacerdote seguía en el coche, con los ojos muy abiertos, oyendo su nombre y sin poder rezar. Alguien había vuelto a apagar las luces del coche.

— ¿Ya? — preguntó el centurión.

Mosén Millán bajó y, auxiliado por el monaguillo, dió la extremaunción a los tres. Después un hombre le dió el reloj de Paco — regalo de boda de su mujer — y un pañuelo de bolsillo.

Regresaron al pueblo. A través de la ventanilla, Mosén Millán miraba al cielo y, recordando la noche en que con el mismo Paco fué a dar la unción a las cuevas, envolvía el reloj en el pañuelo, y lo conservaba cuidadosamente con las dos manos juntas. Seguía sin poder rezar. Pasaron junto al carasol desierto. Las grandes rocas desnudas parecían juntar las cabezas y hablar. Pensando Mosén Millán en los campesinos muertos, en las pobres mujeres del carasol, sentía una especie de desdén involuntario, que al mismo tiempo le hacía avergonzarse y sentirse culpable.

Cuando llegó a la abadía, Mosén Millán estuvo dos semanas sin salir sino para la misa. El pueblo entero estaba callado y sombrío, como una inmensa tumba. La Jerónima había vuelto a salir, e iba al carasol, ella sola, hablando para sí. En el carasol daba voces cuando creía que no podían oírla, y otras veces callaba y se ponía a contar en las rocas las huellas de las balas.

Un año había pasado desde todo aquello, y parecía un siglo. La muerte de Paco estaba tan fresca, que Mosén Millán creía tener todavía manchas de sangre en sus vestidos. Abrió los ojos y preguntó al monaguillo:

— ¿Dices que ya se ha marchado el potro?

— Sí, señor.

Y recitaba en su memoria, apoyándose en un pie y luego en el otro:

> . . . y rindió el postrer suspiro
> al Señor de lo creado. — Amén.

En un cajón del armario de la sacristía estaban el reloj y el pañuelo de Paco. No se había atrevido Mosén Millán todavía a llevarlos a los padres y a la viuda del muerto.

Salió al presbiterio y comenzó la misa. En la iglesia no había nadie, con la excepción de don Valeriano, don Gumersindo y el señor Cástulo. Mientras recitaba Mosén Millán, *introibo ad altare Dei*,[23] pensaba en Paco, y se decía: es verdad. Yo lo bauticé, yo le di la unción. Al menos — Dios lo perdone — nació, vivió y murió dentro de los ámbitos de la Santa Madre Iglesia. Creía oír su nombre en los labios del agonizante caído en tierra: « . . . Mosén Millán. » Y pensaba aterrado y enternecido al mismo tiempo: Ahora yo digo en sufragio de su alma esta misa de *réquiem*, que sus enemigos quieren pagar.

Camilo José Cela, b. 1916, *La familia de Pascual Duarte*, 1942 (pp. 257–59)

La familia de Pascual Duarte, written in 1941 and published in 1942, broke the pattern of innocuous Spanish post Civil War novels which limited their subject matter to respectable themes. According to some, it also initiated the literary movement known as *tremendismo*. Cela's novel reflects the anguish and desolation of everyday life in Spain, a reality so deformed and brutal that it appears almost grotesque in spite of its authenticity, popular language, and picaresque humor. Indeed, the novel so appalled Pío Baroja (whom Cela had asked to write the prologue) that he replied that he was too old to go to jail and that "si Ud. quiere que lo lleven a la cárcel, vaya solo, que para eso es joven. Yo no le prologo el libro." Yet Cela felt that the great success of *La familia de Pascual Duarte*, translated now into many foreign languages, stemmed from that same brutality and from his calling "a las cosas por sus nombres." The government banned the novel for a time but later authorized its republication.

La familia de Pascual Duarte, written in about two months, is the autobiography of a murderer about to be executed for his crimes. As Cervantes had done in *Don Quijote*, Cela pretends that he did not write his novel but claims that he found Pascual's memoirs in a pharmacy in Almendralejo in 1939 and arranged them for publication. Supposedly Pascual had sent to Don Joaquín Barrera the manuscript of his experiences so that others might learn "lo que yo no he sabido hasta que ha sido ya demasiado tarde." When Don Joaquín died in 1937, he ordered that the package of papers be burned, but he willed them to anybody who might find them if they had not been destroyed within eighteen months.

---

23 introibo ad altare Dei — I will go unto the altar of God (first utterance of a priest in the Mass).

Pascual Duarte, an average man, is the victim of his society and his environment. Thrown into a world he never made, driven to kill both the things he loves and hates, he commits one senseless crime after another. In his involvement in and rebellion against his "situation," Pascual reveals an existential despair and reflects Sartre's belief that the normal relationship between men is one of violence and hate. Through his insistence on blood and death, Cela at times depersonalizes Pascual and makes him almost an object. Pascual's wife Lola realizes that blood, as she says, has become "el abono de tu vida." Although Pascual reflects on his actions and the meaning of life from time to time, in retrospect he repents of many of them. When the stimulus of affront or oppression, real or imagined, is applied to his already over-sensitized psyche, he lashes out in a blood-thirsty and brutal reflex action. In his fear and frustration he makes his own justice. Society can neither pardon nor condone these actions, although it may pity Pascual. The latter's behavior may be more understandable against the background of violence and bloodshed of the Civil War. In any event, Cela implies that Pascual at least partially represents contemporary man in his anguished search for existence and destiny and an escape from his desperate spiritual crisis.

In the prologue to the 1946 edition, Gregorio Marañón compared the protagonist to the Greek heroes or to those of the Russian novel. He saw in *La familia de Pascual Duarte* the "rhythm and harmony of truth" and insisted that "truth is never monstrous nor immoral." He sums up Pascual's tragedy as that of a man incapable of being good through his inability to overcome "con un artificio civilizado, su instinto de primitiva justicia."

In the opening chapter Pascual Duarte begins to tell the story of his life.

Yo, señor, no soy malo, aunque no me faltarían motivos para serlo. Los mismos cueros tenemos todos los mortales al nacer y sin embargo, cuando vamos creciendo, el destino se complace en variarnos como si fué-semos de cera y destinarnos por sendas dife-rentes al mismo fin: la muerte. Hay hombres a quienes se les ordena marchar por el camino de las flores, y hombres a quienes se les manda tirar por el camino de los cardos y de las chumberas.[1] Aquéllos gozan de un mirar sereno y al aroma de su felicidad sonríen con la cara inocente; éstos otros sufren del sol violento de la llanura y arrugan el ceño como las alimañas por defenderse. Hay mucha diferencia entre adornarse las carnes con arrebol y colonia, y hacerlo con tatuajes que después nadie ha de borrar ya . . .

Nací hace ya muchos años — lo menos cincuenta y cinco — en un pueblo perdido por la provincia de Badajoz;[2] el pueblo estaba a unas dos leguas de Almendralejo, agachado sobre una carretera lisa y larga como un día sin pan, lisa y larga como los días — de una lisura y una largura como usted para su bien, no puede ni figurarse — de un condenado a muerte . . .

Era un pueblo caliente y soleado, bastante rico en olivos y guarros (con perdón),[3] con las casas pintadas tan blancas, que aún me duele la vista al recordarlas, con una plaza toda de losas, con una hermosa fuente de tres caños en medio de la plaza. Hacía ya varios años, cuando del pueblo salí, que no manaba el agua de las bocas y sin embargo, ¡qué airosa!, ¡qué elegante!, nos parecía a todos la fuente con su remate figurando un niño desnudo, con su bañera toda rizada al borde como las conchas de los romeros.[4] En la plaza estaba el Ayuntamiento, que era grande y cuadrado como un cajón de tabaco, con una torre en medio, y en la torre un reló, blanco como una hostia, parado siempre en las nueve como si el pueblo no necesitase de su servicio, sino sólo de su adorno. En el pueblo, como es natural, había casas buenas y casas malas, que son, como pasa con todo, las que más abundan; había una de dos pisos, la de don Jesús, que daba gozo de verla con su recibidor todo lleno de azulejos y macetas. Don Jesús había sido siempre muy partidario de las plantas, y para mí[5] que tenía ordenado al ama vigilase los geranios, los heliotropos, y las palmas, y la hierbabuena, con el mismo cariño que si fuesen hijos, porque la vieja andaba siempre correteando con un cazo en la mano, regando

---

1 chumbera — prickly pear.
2 Badajoz — Spain's largest province; it adjoins Portugal and was the scene of bitter fighting during the Civil War.
3 In certain circles in the United States when one has said something indelicate or thinks he has, he may say, "if you'll pardon the expression." In Spain it was

customary to apologize in speaking of pigs or hogs. Cervantes, in *Don Quijote*, ironically says: "que sin perdón así se llaman."
4 conchas de los romeros — shells of the pilgrims. Shells serve as the emblem for long pilgrimages.
5 para mí — I suppose; in my opinion.

los tiestos con un mimo que a no dudar agradecían los tallos, tales eran su lozanía y su verdor. La casa de don Jesús estaba también en la plaza y, cosa rara para el capital del dueño que no reparaba en gastar, se diferenciaba de las demás, además de en todo lo bueno que llevo dicho,[6] en una cosa en la que todas le ganaban: en la fachada, que parecía del color natural de la piedra, que tan ordinario hace, y no enjalbegada como hasta la del más pobre estaba; sus motivos tendría. Sobre el portal había unas piedras de escudo, de mucho valer, según dicen, terminadas en unas cabezas de guerreros de la antigüedad, con su cabezal y sus plumas, que miraban, una para el Levante y otra para el Poniente, como si quisieran representar que estaban vigilando lo que de un lado o de otro podríales venir. Detrás de la plaza, y por la parte de la casa de don Jesús, estaba la parroquial con su campanario de piedra y su esquilón que sonaba de una manera que no podría contar, pero que se me viene a la memoria como si estuviese sonando por estas esquinas . . . La torre del campanario era del mismo alto que la del reló y en verano, cuando venían las cigüeñas, ya sabían en qué torre habían estado el verano anterior; la cigüeña cojita, que aún aguantó dos inviernos, era del nido de la parroquial, de donde hubo de caerse, aún muy tierna, asustada por el gavilán.

Mi casa estaba fuera del pueblo, a unos doscientos pasos largos de las últimas de la piña. Era estrecha y de un solo piso, como correspondía a mi posición, pero como llegué a tomarle cariño, temporadas hubo en que hasta me sentía orgulloso de ella. En realidad lo único de la casa que se podía ver era la cocina, lo primero que se encontraba al entrar, siempre limpia y blanqueada con primor; cierto es que el suelo era de tierra, pero tan bien pisada la tenía, con sus guijarrillos haciendo dibujos, que en nada desmerecía de otras muchas en las que el dueño había echado pórlan[7] por sentirse más moderno. El hogar era amplio y despejado y alrededor de la campana teníamos un vasar con lozas de adorno, con jarras con recuerdos[8] pintados en azul, con platos con dibujos azules o naranja; algunos platos tenían una cara pintada, otros una flor, otros un nombre, otros un pescado.

En las paredes teníamos varias cosas: un calendario muy bonito que representaba una joven abanicándose sobre una barca y debajo de la cual se leía en letras que parecían de polvillo de plata, « Modesto Rodríguez. Ultramarinos finos. Mérida (Badajoz), » un retrato de « Espartero »[9] con el traje de luces dado de color y tres o cuatro fotografías — unas pequeñas y otra regular — de no sé quién, porque siempre las vi en el mismo sitio y no se me ocurrió nunca preguntar. Teníamos también un reló despertador colgado de la pared, que no es por nada,[10] pero siempre funcionó como Dios manda, y un acerico[11] de peluche colorado, del que estaban clavados unos bonitos alfileres con sus cabecitas de vidrio de color. El mobiliario de la cocina era tan escaso como sencillo: tres sillas — una de ellas muy fina, con su respaldo y sus patas de madera curvada, y su culera de rejilla[12] — y una mesa de pino, con su cajón correspondiente, que resultaba algo baja para las sillas, pero que hacía su avío. En la cocina se estaba bien: era cómoda y en el verano, como no la encendíamos, se estaba fresco sentado sobre la piedra del hogar cuando, a la caída de la tarde, abríamos las puertas de par en par; en el invierno se estaba caliente con las brasas, que, a veces, cuidándolas un poco, guardaban el rescoldo toda la noche. ¡Era gracioso mirar las sombras de nosotros por la pared, cuando había unas llamitas! Iban y venían, unas veces lentamente, otras a saltitos como jugando. Me acuerdo que de pequeño, me daban miedo, y aún ahora, de mayor, me corre un estremecimiento cuando traigo memoria de aquellos miedos.

El resto de la casa no merece la pena ni describirlo, tal era su vulgaridad. Teníamos otras dos habitaciones, si habitaciones hemos de llamarlas por eso de que estaban habitadas, ya que no por otra cosa alguna, y la cuadra,[13] que en muchas ocasiones pienso ahora que no sé por qué la llamábamos así, de vacía y desamparada como la teníamos. En una de las habitaciones dormíamos yo y mi mujer, y en la otra mis padres hasta que Dios, o quién sabe si el diablo, quiso llevárselos; después quedó vacía casi siempre, al principio porque no había quien la ocupase, y más tarde, cuando podía haber habido alguien, porque

---

6 llevo dicho — he dicho.
7 pórlan — Portland cement.
8 recuerdos — souvenirs, that is, the jars had the words "Recuerdo de . . ." painted on them.
9 Espartero — nickname of a popular Sevillian bull-fighter, Manuel García y Cuesta (1866–94).

10 no es por nada — isn't worth much.
11 acerico — pincushion.
12 culera de rejilla — cane bottom.
13 cuadra — stable.

este alguien prefirió siempre la cocina, que además de ser más clara no tenía soplos. Mi hermana, cuando venía, dormía siempre en ella, y los chiquillos, cuando los tuve, también tiraban para allí en cuanto se despegaban de la madre. La verdad es que las habitaciones no estaban muy limpias ni muy construidas, pero en realidad tampoco había para quejarse; se podía vivir, que es lo principal, a resguardo de las nubes de Navidad[14] y a buen recaudo — para lo que uno se merecía[15] — de las asfixias de la Virgen de agosto.[16] La cuadra era lo peor; era lóbrega y oscura, y en sus paredes estaba empapado el mismo olor a bestia muerta que desprendía el despeñadero cuando allá por el mes de mayo comenzaban los animales a criar la carroña que los cuervos habíanse de comer . . .

Es extraño, pero de mozo, si me privaban de aquel olor me entraban unas angustias como de muerte; me acuerdo de aquel viaje que hice a la capital por mor de las quintas;[17] anduve todo el día de Dios[18] desazonado, venteando los aires como un perro de caza. Cuando me fuí a acostar, en la posada, olí mi pantalón de pana. La sangre me calentaba todo el cuerpo . . . Quité a un lado la almohada y apoyé la cabeza para dormir sobre mi pantalón, doblado. Dormí como una piedra aquella noche.

En la cuadra teníamos un burrillo matalón y escurrido de carnes que nos ayudaba en la faena y, cuando las cosas venían bien dadas,[19] que dicho sea pensando en la verdad no siempre ocurría, teníamos también un par de guarros (con perdón) o tres. En la parte de atrás de la casa teníamos un corral o saledizo, no muy grande, pero que nos hacía su servicio, y en él un pozo que andando el tiempo hube de cegar porque dejaba manar un agua muy enfermiza.

Por detrás del corral pasaba un regato, a veces medio seco y nunca demasiado lleno, cochino y maloliente como tropa de gitanos, y en el que podían cogerse unas anguilas hermosas, como yo algunas tardes y por matar el tiempo me entretenía en hacer. Mi mujer, que en medio de todo tenía gracia, decía que las anguilas estaban rollizas porque comían lo mismo que don Jesús, sólo que un día más tarde. Cuando me daba por pescar se me pasaban las horas tan sin sentirlas, que cuando

tocaba a recoger los bártulos casi siempre era de noche; allá, a lo lejos, como una tortuga baja y gorda, como una culebra enroscada, que temiese despegarse del suelo, Almendralejo comenzaba a encender sus luces eléctricas . . . Sus habitantes a buen seguro que ignoraban que yo había estado pescando, que estaba en aquel momento mismo mirando cómo se encendían las luces de sus casas, imaginando incluso cómo muchos de ellos decían cosas que a mí se me figuraban o hablaban de cosas que a mí se me ocurrían. ¡Los habitantes de las ciudades viven vueltos de espaldas a la verdad y muchas veces ni se dan cuenta siquiera de que a dos leguas, en medio de la llanura, un hombre del campo se distrae pensando en ellos mientras dobla la caña de pescar, mientras recoge del suelo el cestillo de mimbre con seis o siete anguilas dentro! . . .

Sin embargo, la pesca siempre me pareció pasatiempo poco de hombres, y las más de las veces dedicaba mis ocios a la caza; en el pueblo me dieron fama de no hacerlo mal del todo y, modestia aparte, he de decir con sinceridad que no iba descaminado quien me la dió. Tenía una perrilla perdiguera — la *Chispa* —, medio ruin, medio bravía, pero que se entendía muy bien conmigo; con ella me iba muchas mañanas hasta la Charca, a legua y media del pueblo hacia la raya de Portugal, y nunca nos volvíamos de vacío para casa. Al volver, la perra se me adelantaba y me esperaba siempre junto al cruce; había allí una piedra redonda y achatada como una silla baja, de la que guardo tan grato recuerdo como de cualquier persona; mejor, seguramente, que el que guardo de muchas de ellas . . . Era ancha y algo hundida y cuando me sentaba se me escurría un poco el trasero (con perdón) y quedaba tan acomodado que sentía tener que dejarla; me pasaba largos ratos sentado sobre la piedra del cruce, silbando, con la escopeta entre las piernas, mirando lo que había de verse, fumando pitillos. La perrilla se sentaba enfrente de mí, sobre sus dos patas de atrás, y me miraba, con la cabeza ladeada, con sus dos ojillos castaños muy despiertos; yo le hablaba y ella, como si quisiese entenderme mejor, levantaba un poco las orejas; cuando me callaba aprovechaba para dar unas carreras detrás de los saltamontes, o simplemente para cambiar de

14 nubes de Navidad — cold weather.
15 para . . . merecía — as much as one deserved.
16 las . . . agosto — the heat of summer. The Feast of the Assumption is celebrated in August.

17 por . . . quintas — because of the draft (military).
18 anduve . . . Dios — I walked the whole day.
19 cuando . . . dadas — when things went right.

postura. Cuando me marchaba, siempre, sin saber por qué, había de volver la cabeza hacia la piedra, como para despedirme, y hubo un día que debió parecerme tan triste por mi marcha, que no tuve más suerte que volver mis pasos a sentarme de nuevo ... La perra volvió a echarse frente a mí y volvió a mirarme; ahora me doy cuenta de que tenía la mirada de los confesores, escrutadora y fría, como dicen que es la de los linces ... Un temblor recorrió todo mi cuerpo; parecía como una corriente que forzaba por salirme por los brazos. El pitillo se me había apagado; la escopeta, de un solo caño, se dejaba acariciar, lentamente, entre mis piernas. La perra seguía mirándome fija, como si no me hubiera visto nunca, como si fuese a culparme de algo de un momento a otro, y su mirada me calentaba la sangre de las venas de tal manera que se veía llegar el momento en que tuviese que entregarme; hacía calor, un calor espantoso, y mis ojos se entornaban[20] dominados por el mirar, como un clavo, del animal ...

Cogí la escopeta y disparé; volví a cargar y volví a disparar. La perra tenía una sangre oscura y pegajosa que se extendía poco a poco por la tierra.

II

De mi niñez no son precisamente buenos recuerdos los que guardo. Mi padre se llamaba Esteban Duarte Diniz, y era portugués, cuarentón cuando yo niño, y alto y gordo como un monte. Tenía la color tostada y un estupendo bigote negro que se echaba para abajo. Según cuentan, cuando joven le tiraban las guías para arriba,[21] pero, desde que estuvo en la cárcel, se le arruinó la prestancia, se le ablandó la fuerza del bigote y ya para abajo hubo de llevarlo hasta el sepulcro. Yo le tenía un gran respeto y no poco miedo, y siempre que podía escurría el bulto[22] y procuraba no tropezármelo; era áspero y brusco y no toleraba que se le contradijese en nada, manía que yo respetaba por la cuenta que me tenía. Cuando se enfurecía, cosa que le ocurría con mayor frecuencia de lo que se necesitaba, nos pegaba a mi madre y a mí las grandes palizas por cualquiera la cosa, palizas que mi madre procuraba devolverle por ver de[23] corregirlo, pero ante las cuales a mí no me quedaba sino resignación dados mis pocos años. ¡Se tienen las carnes muy tiernas a tan corta edad!

Ni con él ni con mi madre me atreví nunca a preguntar de cuando lo tuvieron encerrado, porque pensé que mayor prudencia sería el no meter los perros en danza,[24] que ya por sí solos danzaban más de lo conveniente; claro es que en realidad no necesitaba preguntar nada porque como nunca faltan almas caritativas, y menos en los pueblos de tan corto personal, gentes hubo a quienes faltó tiempo para venir a contármelo todo. Lo guardaron por contrabandista; por lo visto había sido su oficio durante muchos años, pero como el cántaro que mucho va a la fuente acaba por romperse, y como no hay oficio sin quiebra, ni atajo sin trabajo, un buen día, a lo mejor cuando menos lo pensaba — que la confianza es lo que pierde a los valientes —, le siguieron los carabineros, le descubrieron el alijo, y lo mandaron a presidio. De todo esto debía hacer ya mucho tiempo, porque yo no me acuerdo de nada; a lo mejor ni había nacido.

Mi madre, al revés de mi padre, no era gruesa, aunque andaba muy bien de estatura; era larga y chupada y no tenía aspecto de buena salud, sino que, por el contrario, tenía la tez cetrina y las mejillas hondas y toda la presencia de estar tísica o de no andarle muy lejos; era también desabrida y violenta, tenía un humor que se daba a todos los diablos y un lenguaje en la boca que Dios la haya perdonado, porque blasfemaba las peores cosas a cada momento y por los más débiles motivos. Vestía siempre de luto y era poco amiga del agua, tan poco que si he de decir verdad, en todos los años de su vida que yo conocí, no la vi lavarse más que en una ocasión en que mi padre la llamó borracha y ella quiso como demostrarle que no le daba miedo el agua. El vino en cambio ya no le disgustaba tanto y siempre que apañaba algunas perras,[25] o que le rebuscaba el chaleco al marido, me mandaba a la taberna por una frasca que escondía, porque no se la encontrase mi padre, debajo de la cama. Tenía un bigotillo cano por las esquinas de los labios, y una pelambrera enmarañada y zafia que recogía en un moño, no muy grande, encima de la cabeza. Alrededor de la boca se le notaban unas cicatrices o señales, pequeñas y rosadas como perdigonadas, que según creo le habían quedado de unas bubas malignas que tuviera de joven; a veces, por el verano, a las señales les volvía la vida, que les subía la color y acababan for-

---

20 entornarse — to half close.
21 le tiraban ... arriba — the ends of his moustache turned up.
22 escurría el bulto — I dodged.

23 por ver de — to try to.
24 no meter ... danza — to let sleeping dogs lie.
25 perras — Here: pennies, coins.

mando como alfileritos de pus que el otoño se ocupaba de matar y el invierno de barrer.

Se llevaban mal mis padres; a su poca educación se unía su escasez de virtudes y su falta de conformidad con lo que Dios les mandaba — defectos todos ellos que para mi desgracia hube de heredar — y esto hacía que se cuidaran bien poco de pensar los principios y de refrenar los instintos, lo que daba lugar a que cualquier motivo, por pequeño que fuese, bastara para desencadenar la tormenta que se prolongaba después días y días sin que se le viese el fin. Yo, por lo general, no tomaba el partido de ninguno porque si he de decir verdad tanto me daba el que cobrase el uno como el otro; unas veces me alegraba de que zurrase mi padre y otras mi madre, pero nunca hice de esto cuestión de gabinete.[26]

Mi madre no sabía leer ni escribir; mi padre sí, y tan orgulloso estaba de ello que se lo echaba en cara cada lunes y cada martes, y con frecuencia, y aunque no viniera a cuento, solía llamarla ignorante, ofensa gravísima para mi madre, que se ponía como un basilisco. Algunas tardes venía mi padre para casa con un papel en la mano y, quisiéramos que no,[27] nos sentaba a los dos en la cocina y nos leía las noticias; venían después los comentarios y en ese momento yo me echaba a temblar porque estos comentarios eran siempre el principio de alguna bronca. Mi madre, por ofenderlo, le decía que el papel no ponía nada de lo que leía y que todo lo que decía se lo sacaba mi padre de la cabeza, y a éste, el oírla esa opinión le sacaba de quicio; gritaba como si estuviera loco, la llamaba ignorante y bruja y acababa siempre diciendo a grandes voces que si él supiera decir esas cosas de los papeles a buena hora[28] se le hubiera ocurrido casarse con ella. Ya estaba armada. Ella le llamaba desgraciado y peludo, lo tachaba de hambriento y portugués, y él, como si esperara a oír esa palabra para golpearla, se sacaba el cinturón y la corría todo alrededor de la cocina hasta que se hartaba. Yo, al principio, apañaba algún cintarazo que otro, pero cuando tuve más experiencia y aprendí que la única manera de no mojarse es no estando a la lluvia, lo que hacía, en cuanto veía que las cosas tomaban mal cariz, era dejarlos solos y marcharme. Allá ellos.

La verdad es que la vida en mi familia poco tenía de placentera, pero como no nos es dado escoger, sino que ya — y aún antes de nacer — estamos destinados unos a un lado y otros a otro, procuraba conformarme con lo que me había tocado, que era la única manera de no desesperar. De pequeño, que es cuando más manejable resulta la voluntad de los hombres, me mandaron una corta temporada a la escuela; decía mi padre que la lucha por la vida era muy dura y que había que irse preparando para hacerla frente con las únicas armas con las que podíamos dominarla, con las armas de la inteligencia. Me decía todo esto de un tirón y como aprendido, y su voz en esos momentos me parecía más velada y adquiría unos matices insospechados para mí... Después, y como arrepentido, se echaba a reír estrepitosamente y acababa siempre por decirme, casi con cariño:

— No hagas caso, muchacho... ¡Ya voy para viejo!

Y se quedaba pensativo y repetía en voz baja una y otra vez:

— ¡Ya voy para viejo!... ¡Ya voy para viejo!...

Mi instrucción escolar poco tiempo duró. Mi padre, que, como digo, tenía un carácter violento y autoritario para algunas cosas, era débil y pusilánime para otras: en general tengo observado que el carácter de mi padre sólo lo ejercitaba en asuntillos triviales, porque en las cosas de transcendencia, no sé si por temor o por qué, rara vez hacía hincapié. Mi madre no quería que fuese a la escuela y siempre que tenía ocasión, y aun a veces sin tenerla, solía decirme que para no salir en la vida de pobre[29] no valía la pena aprender nada. Dió en terreno abonado, porque a mí tampoco me seducía la asistencia a las clases, y entre los dos, y con la ayuda del tiempo, acabamos convenciendo a mi padre que optó porque abandonase los estudios. Sabía ya leer y escribir, y sumar y restar, y en realidad para manejarme ya tenía bastante. Cuando dejé la escuela tenía doce años; pero no vayamos tan de prisa, que todas las cosas quieren su orden y no por mucho madrugar amanece más temprano.

Era yo de bien corta edad cuando nació mi hermana Rosario. De aquel tiempo guardo un recuerdo confuso y vago y no sé hasta qué punto relataré fielmente lo sucedido; voy a intentarlo sin embargo, pensando que si bien mi relato pueda pecar de impreciso, siempre

---

26 nunca ... gabinete — I never made a Federal case out of it.
27 quisiéramos que no — whether we wanted to or not.

28 a buena hora — hardly.
29 para no salir ... pobre — since one could never escape being poor.

estará más cerca de la realidad que las figuraciones que, de imaginación y a ojo de buen cubero,[30] pudiera usted hacerse. Me acuerdo de que hacía calor la tarde en que nació Rosario; debía ser por julio o por agosto. El campo estaba en calma y agostado y las chicharras, con sus sierras, parecían querer limarle los huesos a la tierra; las gentes y las bestias estaban recogidas y el sol, allá en lo alto, como señor de todo, iluminándolo todo, quemándolo todo ... Los partos de mi madre fueron siempre muy duros y dolorosos; era medio machorra[31] y algo seca y el dolor era en ella superior a sus fuerzas. Como la pobre nunca fué un modelo de virtudes ni de dignidades y como no sabía sufrir y callar, como yo, lo resolvía todo a gritos. Llevaba ya gritando varias horas cuando nació Rosario, porque — para colmo de desdichas — era de parto lento. Ya lo dice el refrán: mujer de parto lento y con bigote ... (la segunda parte no la escribo en atención a la muy alta persona a quien estas líneas van dirigidas). Asistía a mi madre una mujer del pueblo, la señora Engracia, la del cerro, especialista en duelos y partera, medio bruja y un tanto misteriosa, que había llevado consigo unas mixturas que aplicaba en el vientre de mi madre por aplacarla la dolor, pero como ésta, con ungüento o sin él, seguía dando gritos hasta más no poder, a la señora Engracia no se le ocurrió mejor cosa que tacharla de descreída y mala cristiana, y como en aquel momento los gritos de mi madre arreciaban como el vendaval, yo llegué a pensar si no sería cierto que estaba endemoniada. Mi duda poco duró, porque pronto quedó esclarecido que la causa de las desusadas voces había sido mi nueva hermana.

Mi padre llevaba largo rato paseando a grandes zancadas por la cocina. Cuando Rosarió nació se arrimó hasta la cama de mi madre y sin consideración ninguna de la circunstancia, la empezó a llamar bribona y zorra y a arrearle tan fuertes hebillazos[32] que extrañado estoy todavía de que no la haya molido viva. Después se marchó y tardó dos días enteros en volver; cuando lo hizo venía borracho como una bota; se acercó a la cama de mi madre y la besó; mi madre se dejaba besar ... Después se fué a dormir a la cuadra.

Pascual's sister Rosario, the only one who can control their father, becomes a prostitute.

She returns home ill only to be driven back to prostitution by the one-eyed Paco López, commonly known as *El Estirao*. Pascual's mother gives birth rather late in life to Mario, a feebleminded boy who arouses all of Pascual's latent though unexpressed love. His father, meanwhile, dies horribly of rabies. Mario, neglected by his mother, is found drowned in a jar of oil, and this causes Pascual to give freer rein to his basically violent temperament. He rapes his sweetheart Lola and later marries her. In a quarrel over a supposed slight he stabs a young man. When his mare throws Lola and causes her to abort, Pascual stabs the horse to death. Lola's second child dies at eleven months of age; and Pascual, more and more bitter, leaves home for two years. When he returns he finds that Lola is pregnant by *El Estirao*. She dies of fright as she confesses to him. He kills *El Estirao*, serves three years in jail for his crime, and returns from prison to be greeted coldly by his mother.

XVIII

La Rosario fué a verme en cuanto se enteró de mi vuelta.

— Ayer supe que habías vuelto. ¡No sabes lo que me alegré!

¡Cómo me gustaba oír sus palabras! ...

— Sí lo sé, Rosario; me lo figuro. ¡Yo también estaba deseando volverte a ver!

Parecía como si estuviéramos de cumplido,[33] como si nos hubiéramos conocido diez minutos atrás. Los dos hacíamos esfuerzos para que la cosa saliera natural. Yo pregunté, por preguntar algo, al cabo de un rato:

— ¿Cómo fué de marcharte otra vez?[34]

— Ya ves.[35]

— ¿Tan apurada andabas?

— Bastante.

— ¿Y no pudiste esperar?

— No quise ...

Puso bronca la voz.

— No me dió la gana de pasar más calamidades ...

Me lo explicaba; la pobre bastante había pasado ya ...

— No hablemos de eso, Pascual.

La Rosario se sonreía con su sonrisa de siempre, esa sonrisa triste y como abatida que tienen todos los desgraciados de buen fondo.

---

30 a ojo de buen cubero — by good guessing.
31 machorra — barren.
32 hebillazo — blow with a buckle.

33 estar de cumplido — to be formal with one another.
34 ¿Cómo ... vez? — Why did you go away again?
35 Ya ves — You know.

— Pasemos a otra cosa . . . ¿Sabes que te tengo buscada una novia?

— ¿A mí?

— Sí.

— ¿Una novia?

— Sí, hombre. ¿Por qué? ¿Te extraña?

— No . . . Me parece raro. ¿Quién me ha de querer a mí?

— Pues cualquiera. ¿O es que no te quiero yo?

La confesión de cariño de mi hermana, aunque ya la sabía, me agradaba; su preocupación por buscarme novia, también. ¡Mire usted que es ocurrencia!

— ¿Y quién es?

— La sobrina de la señora Engracia.

— ¿La Esperanza?

— Sí.

— ¡Guapa moza!

— Que te quiere desde antes de que te casases.

— ¡Bien callado se lo tenía!

— Qué quieres . . . ¡Cada una es como es!

— ¿Y tú qué le has dicho?

— Nada; que alguna vez habrías de volver.

— Y he vuelto . . .

— ¡Gracias a Dios!

La novia que la Rosario me tenía preparada, en verdad que era una hermosa mujer. No era del tipo de Lola, sino más bien al contrario, algo así como un término medio entre ella y la mujer de Estévez, incluso algo parecida en el tipo — fijándose bien — al de mi hermana. Andaría por entonces por los treinta o treinta y dos años, que poco o nada se la notaban de joven y conservada como aparecía. Era muy religiosa y como dada a la mística, cosa rara por aquellas tierras, y se dejaba llevar de la vida, como los gitanos, sólo con el pensamiento puesto en aquello que siempre decía:

— ¿Para qué variar? ¡Está escrito!

Vivía en el cerro con su tía, la señora Engracia, hermanastra de su difunto padre, por haber quedado huérfana de ambas partes aún muy tierna, y como era de natural consentidor y algo tímida, jamás nadie pudiera decir que con nadie la hubiera visto o oído discutir, y mucho menos con su tía, a la que tenía un gran respeto. Era aseada como pocas, tenía la misma color de las manzanas y cuando, al poco tiempo de entonces, llegó a ser mi mujer — mi segunda mujer —, tal orden hubo de implantar en mi casa que en multitud de detalles nadie la hubiera reconocido.

La primera vez, entonces, que me la eché a la cara,[36] la cosa no dejó de ser violenta para los dos; los dos sabíamos lo que nos íbamos a decir, los dos nos mirábamos a hurtadillas como para espiar los movimientos del otro . . . Estábamos solos, pero era igual; solos llevábamos una hora y cada instante que pasaba parecía como si fuera a costar más trabajo el empezar a hablar. Fué ella quien rompió el fuego:

— Vienes más gordo.

— Puede . . .[37]

— Y de semblante más claro.

— Eso dicen . . .

Yo hacía esfuerzos en mi interior por mostrarme amable y decidor, pero no lo conseguía; estaba como entontecido, como aplastado por un peso que me ahogaba, pero del que guardo recuerdo como de una de las impresiones más agradables de mi vida, como de una de las impresiones que más pena me causó el perder.

— ¿Cómo es aquel terreno?

— Malo.

Ella estaba como pensativa . . . ¡Quién sabe lo que pensaría!

— ¿Te acordaste mucho de la Lola?

— A veces. ¿Por qué mentir? Como estaba todo el día pensando, me acordaba de todos . . . ¡Hasta del *Estirao*, ya ves!

La Esperanza estaba levemente pálida.

— Me alegro mucho de que hayas vuelto.

— Sí, Esperanza, yo también me alegro de que me hayas esperado.

— ¿De que te haya esperado?

— Sí; ¿o es que no me esperabas?

— ¿Quién te lo dijo?

— ¡Ya ves! ¡Todo se sabe!

Le temblaba la voz y su temblor no faltó nada para que me lo contagiase.

— ¿Fué la Rosario?

— Sí. ¿Qué ves de malo?

— Nada . . .

Las lágrimas le asomaron a los ojos.

— ¿Qué habrás pensado de mí?

— ¿Qué querías que pensase? ¡Nada!

Me acerqué lentamente y la besé en las manos. Ella se dejaba besar.

— Estoy tan libre como tú, Esperanza.

. . . .

— Tan libre como cuando tenía veinte años.

Esperanza me miraba tímidamente.

— No soy un viejo; tengo que pensar en vivir.

— Sí.

---

36 me . . . la cara — I met her face to face.

37 puede — probably ellipsis for *puede ser*.

— En arreglar mi trabajo, mi casa, mi vida . . . ¿De verdad que me esperabas?

— Sí.

— ¿Y por qué no me lo dices?

— Ya te lo dije.

Era verdad; ya me lo había dicho, pero yo gozaba en hacérselo repetir.

— Dímelo otra vez.

La Esperanza se había vuelto roja como un pimiento. La voz le salía como cortada y los labios y las aletas de la nariz le temblaban como las hojas movidas por la brisa, como el plumón del jilguero[38] que se esponja al sol . . .

— Te esperaba, Pascual. Todos los días rezaba porque volvieras pronto; Dios me escuchó . . .

— Es cierto.

Volví a besarle las manos. Estaba como apagado . . . No me atrevía a besarla en la cara . . .

— ¿Querrás . . . querrás . . .?

— Sí.

— ¿Sabías lo que iba a decir?

— Sí. No sigas.

Se volvió radiante de repente como un amanecer.

— Bésame, Pascual . . .

Cambió de voz, que se puso velada y como sórdida.

— ¡Bastante te esperé!

La besé ardientemente, intensamente, con un cariño y con un respeto como jamás usé con mujer alguna, y tan largo, tan largo, que cuando le aparté la boca el cariño más fiel había aparecido en mí.

XIX

Llevábamos ya dos meses casados cuando me fué dado el observar que mi madre seguía usando de las mismas mañas y de iguales malas artes que antes de que me tuvieran encerrado. Me quemaba la sangre con su ademán, siempre huraño y como despegado, con su conversación hiriente y siempre intencionada, con el tonillo de voz que usaba para hablarme, en falsete y tan fingido como toda ella. A mi mujer, aunque transigía con ella, ¡qué remedio le quedaba!, no la podía ver ni en pintura, y tan poco disimulaba su malquerer que la Esperanza, un día que estaba ya demasiado cargada,[39] me planteó la cuestión en unas formas que pude ver que no otro arreglo sino el poner la tierra por en medio

podría llegar a tener. La tierra por en medio se dice cuando dos se separan a dos pueblos distantes, pero, bien mirado, también se podría decir cuando entre el terreno en donde uno pisa y el otro duerme hay veinte pies de altura . . .

Muchas vueltas me dió en la cabeza la idea de la emigración; pensaba en La Coruña, o en Madrid, o bien más cerca, hacia la capital, pero el caso es que — ¡quién sabe si por cobardía, por falta de decisión! — la cosa la fuí aplazando, aplazando, hasta que cuando me lancé a viajar, con nadie que no fuese con mis mismas carnes, o con mi mismo recuerdo, hubiera querido poner la tierra por en medio.[40] La tierra que no fué bastante grande para huir de mi culpa . . . La tierra que no tuvo largura ni anchura suficiente para hacerse la muda ante el clamor de mi propia conciencia . . . Quería poner tierra entre mi sombra y yo, entre mi nombre y mi recuerdo y yo, entre mis mismos cueros y mí mismo, este mí mismo del que, de quitarle la sombra y el recuerdo, los nombres y los cueros, tan poco quedaría . . .

Hay ocasiones en las que más vale borrarse como un muerto, desaparecer de repente como tragado por la tierra, deshilarse en el aire como el copo de humo . . . Ocasiones que no se consiguen, pero que de conseguirse nos transformarían en ángeles, evitarían el que siguiéramos enfangados en el crimen y el pecado, nos liberarían de este lastre de carne contaminada del que, se lo aseguro, no volveríamos a acordarnos para nada — tal horror le tomamos — de no ser que constantemente alguien se encarga de que no nos olvidemos de él, alguien se preocupa de aventar sus escorias para herirnos los olfatos del alma . . . ¡Nada hiede tanto ni tan mal como la lepra que lo malo pasado deja por la conciencia, como el dolor de no salir del mal, pudriéndonos ese osario de esperanzas muertas, al poco de nacer, que — ¡desde hace tanto tiempo ya! — nuestra triste vida es! . . .

La idea de la muerte llega siempre con paso de lobo, con andares de culebra, como todas las peores imaginaciones. Nunca de repente llegan las ideas que nos trastornan; lo repentino ahoga unos momentos, pero nos deja, al marchar, largos años de vida por delante. Los pensamientos que nos enloquecen con la peor de las locuras, la de la tristeza, siempre llegan poco a poco y como sin sentir, como sin sentir invade la niebla los campos, o la tisis

---

38 jilguero — goldfinch.

39 un día . . . cargada — one day when she had had more than she could stand.

40 cuando . . . medio — when I started off, the only one I wanted to get away from was myself or my memory.

los pechos . . . Avanza, fatal, incansable, pero lenta, despaciosa, regular como el pulso. Hoy no la notamos; a lo mejor mañana tampoco, ni pasado mañana, ni en un mes entero. Pero pasa ese mes y empezamos a sentir amarga la comida, como doloroso el recordar; ya estamos picados. Al correr de los días y las noches nos vamos volviendo huraños, solitarios; en nuestra cabeza se cuecen las ideas, las ideas que han de ocasionar el que nos corten la cabeza donde se cocieron, quién sabe si para que no siga trabajando tan atrozmente. Pasamos a lo mejor hasta semanas enteras sin variar; los que nos rodean se acostumbraron ya a nuestra adustez y ya ni extrañan siquiera nuestro extraño ser. Pero un día el mal crece, como los árboles, y engorda, y ya no saludamos a la gente; y vuelven a sentirnos como raros y como enamorados. Vamos enflaqueciendo, enflaqueciendo, y nuestra barba hirsuta es cada vez más lacia. Empezamos a sentir el odio que nos mata; ya no aguantamos el mirar; nos duele la conciencia, pero, ¡no importa!, ¡más vale que duela! Nos escuecen los ojos, que se llenan de un agua venenosa cuando miramos fuerte. El enemigo nota nuestro anhelo, pero está confiado; el instinto no miente. La desgracia es alegre, acogedora, y el más tierno sentir gozamos en hacerlo arrastrar sobre la plaza inmensa de vidrios que va siendo ya nuestra alma . . . Cuando huimos como las corzas, cuando el oído sobresalta nuestros sueños, estamos ya minados por el mal; ya no hay solución, ya no hay arreglo posible. Empezamos a caer, vertiginosamente ya, para no volvernos a levantar en vida . . . Quizás para levantarnos un poco a última hora, antes de caer de cabeza hasta el infierno... Mala cosa.

Mi madre sentía una insistente satisfacción en tentarme los genios, en los que el mal iba creciendo como las moscas al olor de los muertos. La bilis que tragué me envenenó el corazón, y tan malos pensamientos llegaba por entonces a discurrir que llegué a estar asustado de mi mismo coraje. No quería ni verla; los días pasaban iguales los unos a los otros, con el mismo dolor clavado en las entrañas, con los mismos presagios de tormenta nublándonos la vista . . .

El día que decidí hacer uso del hierro, tan agobiado estaba, tan cierto de que el mal había que sangrarlo,[41] que no sobresaltó ni un ápice mis pulmones la idea de la muerte de mi madre.[42] Era algo fatal que había de venir y que venía, que yo había de causar y que no podía evitar aunque quisiera, porque me parecía imposible cambiar de opinión, volverme atrás, evitar lo que ahora daría una mano porque no hubiera ocurrido, pero que entonces gozaba en provocar con el mismo cálculo y la misma meditación por lo menos con los que un labrador emplearía para pensar en sus trigales . . .

Estaba todo bien preparado; me pasé largas noches enteras pensando en lo mismo para envalentonarme, para tomar fuerzas; afilé el cuchillo de monte, con su larga y ancha hoja que se parecía a las hojas del maíz, con su canalito que lo cruzaba, con sus cachas de nácar que le daban un aire retador . . . Sólo faltaba entonces emplazar la fecha; y después no titubear, no volverse atrás, llegar hasta el final costase lo que costase, mantener la calma . . . y luego herir, herir sin pena, rápidamente, y huir, huir muy lejos, a La Coruña, huir donde nadie pudiera saberlo, donde se me permitiera vivir en paz esperando el olvido de las gentes, el olvido que me dejase volver para empezar a vivir de nuevo . . . La conciencia no me remordería; no habría motivo. La conciencia sólo remuerde de las injusticias cometidas: de apalear a un niño, de derribar una golondrina . . . Pero de aquellos actos a los que nos conduce el odio, a los que vamos como adormecidos por una idea que nos obsesiona, no tenemos que arrepentirnos jamás; jamás nos remuerde la conciencia.

Fué el 12 de febrero de 1922. Cuadró en viernes aquel año el 12 de febrero. El tiempo estaba claro como es ley[43] que ocurriera por el país; el sol se agradecía y en la plaza me parece como recordar que hubo aquel día más niños que nunca jugando a las canicas o a las tabas.[44] Mucho pensé en aquello, pero procuré vencerme, y lo conseguí; volverme atrás hubiera sido imposible, hubiera sido fatal para mí, me hubiera conducido a la muerte, quién sabe si al suicidio. Me hubiera acabado por encontrar en el fondo del Guadiana, debajo de las ruedas del tren . . . No, no era posible cejar, había que continuar adelante, siempre adelante, hasta el fin. Era ya una cuestión de amor propio.

Mi mujer algo debió de notarme.

— ¿Qué vas a hacer?

---

41 el mal . . . sangrarlo — the evil had to be leeched.
42 no sobresaltó . . . madre — the idea of my mother's death did not even make me breathe fast.

43 como es ley — as is the rule.
44 a las canicas o a las tabas — marbles or jacks.

— Nada, ¿por qué?

— No sé; parece como si te encontrase extraño.

— ¡Tonterías!

La besé, por tranquilizarla; fué el último beso que le di. ¡Qué lejos de saberlo estaba yo entonces! Si lo hubiera sabido me hubiera estremecido . . .

— ¿Por qué me besas?

Me dejó de una pieza.

— ¿Por qué no te voy a besar?

Sus palabras mucho me hicieron pensar. Parecía como si supiera todo lo que iba a ocurrir, como si estuviera ya al cabo de la calle.

El sol se puso por el mismo sitio que todos los días. Vino la noche . . . cenamos . . . se metieron en la cama . . . Yo me quedé, como siempre, jugando con el rescoldo del hogar. Hacía ya tiempo que no iba a la taberna de Martinete.

Había llegado la ocasión, la ocasión que tanto tiempo había estado esperando. Había que hacer de tripas corazón,[45] acabar pronto, lo más pronto posible. La noche es corta y en la noche tenía que haber pasado ya todo y tenía que sorprenderme la amanecida a muchas leguas del pueblo.

Estuve escuchando un largo rato. No se oía nada. Fuí al cuarto de mi mujer; estaba dormida y la dejé que siguiera durmiendo. Mi madre dormitaría también a buen seguro. Volví a la cocina; me descalcé; el suelo estaba frío, y las piedras del suelo se me clavaban en la planta del pie. Desenvainé el cuchillo, que brillaba a la llama como un sol . . .

Allí estaba, echada bajo las sábanas, con su cara muy pegada a la almohada. No tenía más que echarme sobre el cuerpo y acuchillarlo. No se movería, no daría ni un solo grito, no le daría tiempo . . . Estaba ya al alcance del brazo, profundamente dormida, ajena — ¡Dios, que ajenos están siempre los asesinados a su suerte! — a todo lo que le iba a pasar. Quería decidirme, pero no lo acababa de conseguir; vez hubo ya de tener el brazo levantado,[46] para volver a dejarlo caer otra vez todo a lo largo del cuerpo.

Pensé cerrar los ojos y herir. No podía ser; herir a ciegas es como no herir, es exponerse a herir en el vacío . . . Había que herir con los ojos bien abiertos, con los cinco sentidos puestos en el golpe. Había que conservar la serenidad, que recobrar la serenidad que parecía ya como si estuviera empezando a

perder ante la vista del cuerpo de mi madre . . . El tiempo pasaba y yo seguía allí, parado, inmóvil como una estatua, sin decidirme a acabar. No me atrevía; después de todo era mi madre, la mujer que me había parido, y a quien sólo por eso había que perdonar . . . No; no podía perdonarla porque me hubiera parido. Con echarme al mundo no me hizo ningún favor, absolutamente ninguno . . . No había tiempo que perder. Había que decidirse de una buena vez . . . Momento llegó a haber en que estaba de pie y como dormido, con el cuchillo en la mano, como la imagen del crimen . . . Trataba de vencerme, de recuperar mis fuerzas, de concentrarlas. Ardía en deseos de acabar pronto, rápidamente, y de salir corriendo hasta caer rendido, en cualquier lado. Estaba agotándome; llevaba una hora larga al lado de ella, como guardándola, como velando su sueño. ¡Y había ido a matarla, a eliminarla, a quitarle la vida a puñaladas! . . .

Quizás otra hora llegara ya a pasar. No; definitivamente, no. No podía; era algo superior a mis fuerzas, algo que me revolvía la sangre. Pensé huir. A lo mejor hacía ruido al salir; se despertaría, me reconocería. No, huir tampoco podía; iba indefectiblemente camino de la ruina . . . No había más solución que golpear, golpear sin piedad, rápidamente, para acabar lo más pronto posible. Pero golpear tampoco podía . . . Estaba metido como en un lodazal donde me fuese hundiendo, poco a poco, sin remedio posible, sin salida posible . . . El barro me llegaba ya hasta el cuello. Iba a morir ahogado como un gato . . . Me era completamente imposible matar; estaba como paralítico . . .

Di la vuelta para marchar. El suelo crujía. Mi madre se revolvió en la cama.

— ¿Quién anda por ahí?

Entonces sí que ya no había solución. Me abalancé sobre ella y la sujeté. Forcejeó, se escurrió . . . Momento hubo en que llegó a tenerme cogido por el cuello. Gritaba como una condenada. Luchamos; fué la lucha más tremenda que usted se puede imaginar. Rugíamos como bestias, la baba nos asomaba a la boca . . . En una de las vueltas vi a mi mujer, blanca como una muerta, parada a la puerta sin atreverse a entrar. Traía un candil en la mano, el candil a cuya luz pude ver la cara de mi madre, morada como un hábito de nazareno . . . Seguíamos luchando; llegué a tener las vestiduras rasgadas, el pecho al aire. La condenada tenía más fuerzas que un demonio.

45 hacer de tripas corazón — to screw up my courage.

46 vez . . . levantado — Once I already had my arm raised.

Tuve que usar de toda mi hombría para tenerla quieta. Quince veces que la sujetara, quince veces que se me había de escurrir. Me arañaba, me daba patadas y puñetazos, me mordía. Hubo un momento en que con la boca me cazó un pezón — el izquierdo — y me lo arrancó de cuajo. Fué en el momento mismo en que pude clavarle la hoja en la garganta . . .

La sangre salía como desbocada y me golpeó la cara. Estaba caliente como un vientre y sabía lo mismo que la sangre de los corderos . . .

La solté y salí huyendo. Choqué con mi mujer a la salida; se le apagó el candil. Cogí el campo y corrí, corrí sin descanso, durante horas enteras. El campo estaba fresco y una sensación como de alivio me recorrió las venas . . .

Podía respirar . . .

At the end of the novel is another *nota del transcriptor*. Upset at not being able to discover news of the last years of Pascual Duarte, though he surmised that he was imprisoned until about 1936 and was in the city of Badajoz when the Nationalists conquered it, the author wrote to the chaplain at the jail and the commandant of the Civil Guard. The priest wrote that Pascual was repentant, although he died afraid at the last moment. The commandant wrote that Pascual was at first resigned to the thought of death but later had to be dragged to the scaffold. Cela says finally, "¿Qué más podría yo añadir a lo dicho por estos señores?"

Juan Goytisolo, b. 1931, *Juegos de manos*, 1954 (p. 264)

Juan Goytisolo, of Spanish, Basque, and French ancestry, was born in Barcelona. His father was imprisoned during the Spanish Civil War and his mother was killed during an air raid by Franco's airplanes. Goytisolo lived in a refugee children's colony during part of the Civil War, an experience he later vividly recalled in his second novel, *Duelo en el paraíso*. He attended law schools in various cities but proved to be an indifferent student. Today he works in Paris for Gallimard, a publishing company.

In addition to his novels Goytisolo has written the travel books, or *novela-reportaje*, *Campos de Níjar*, 1960, and *La Chanca*, 1962, stressing the social ills of the citizens of southern Spain; a book of critical essays,

Problemas de la novela, 1959; and short stories, *Para vivir aquí*, 1960. In his novels, seeking to discover the essence of the contemporary generation of Spain, he extracts incidents from his own experiences. He treats of the anger, anguish, problems, and frustrations of troubled youngsters who indulge in hate and violence in a search for drugged peace which seems to elude them.

The Spanish Civil War's shadow hovers over all his novels. *Duelo en el paraíso*, 1955, deals with the murder of a young boy by a group of juvenile delinquents in the closing days of the war; *El circo*, 1957, concerns a murder, a fantastic play actor character, and a society of young rogues; *La resaca*, 1958, treats of frustrated lives in a Spain where the government and church indulge in empty platitudes while people suffer and die; *Fiestas*, 1958, is about the poverty-stricken victims of modern society, the brutal murder of a little girl, and the hypocrisies of the Spanish Church; *La isla*, 1961, reveals the emptiness of the Spanish adult world of immorality and the disorganization and lack of purpose of contemporary Spanish life; *Fin de fiesta*, 1962, four novelettes, examines marital relationships from different points of view. *Señas de identidad*, 1966, his most ambitious novel, concerns a painstaking search for personal identity.

Although the Spanish Civil War is not specifically present in *Juegos de manos*, its reflection may be seen in Goytisolo's portrayal of a static and meaningless society. The protagonists, a group of wild anarchistic personalities — young intellectuals who have rebelled against their middle class backgrounds — protest in gangland fashion against society. The characters alternate sloth with activity. They hate without really knowing what or why. Their only virtue is loyalty to the gang, as each unhappy youngster seeks to cut himself off from possible forgiveness by some final antisocial act which will condemn him forever. José María Castellet, a contemporary critic, saw in this novel "señales de una fecunda imaginación creadora, una preocupación poética y una sólida y rigurosa construcción técnica." Others have given it even higher praise.

The plot is rather simple and serves as a backdrop for the welter of emotions found among the gang members. David, a law student of good family and a member of the group, is greatly influenced by the leader, Agustín Mendoza, a would-be painter. The

gang plots the assassination of a minor politician who represents the bourgeois values they
profess to hate. In a dishonest card game
David is chosen to be the murderer, but he is
unable to carry out his task; he has been
weakened by too many of life's advantages.
Eduardo Uribe, David's cousin, a drunkard
and weakling, seeks escape from the world
and from his own weakness in a make-believe
existence. Luis Páez, the aimless wanderer,
Ana, the dedicated revolutionist, and Gloria,
the girl with whom David is infatuated, form
part of this defeated, disillusioned, and tormented group.

Our selection concerns the final climactic
acts as Agustín visits David to exact the gang's
vengeance for his failure in the assigned task.

Cuando Mendoza y Luis llegaron le habían
sorprendido en pleno sueño. Oyó el crujido de
sus pisadas en el rellano y se despertó lleno de
sobresalto. « Ya están aquí. »

Le asaltó la impresión un poco turbia de
que se había olvidado de algo importante e
intentó recordarlo vanamente mientras se
levantaba de la cama. Quería que lo encon-
trasen de pie, a ser posible, lavado y arre-
glado. Uribe debía de haber cerrado la puerta
al salir; oyó que vacilaban antes de pulsar el
timbre y se apresuró a encender la luz.

— Ya va, ya va.[1]

Se acordó de que no tenía nada que ofrecerles y por un momento pensó avisar a la
portera. « Pero no vienen a beber. Vienen a
matarme. » Lo dijo a media voz mientras se
peinaba y se encaminó a la puerta. Desde allí
dirigió una última ojeada al dormitorio: todo
estaba en orden.

Agustín fue el primero en entrar; se cubría
con una gabardina blanca que no le había
visto nunca y la chalina[2] de pintor, mal anu-
dada, le resbalaba por el pecho como una
soga. No llevaba guantes, como confusamente
había entrevisto en sus sueños y se sintió lleno
de gratitud; las manos desnudas le infundían
más confianza. Páez estaba detrás y se escurrió
como una sombra.

— Venid. Sentaos.

La ventana estaba abierta de par en par y la
cerró. Podía verles alguien. Encendió la lamparilla de la mesita y apagó la luz del techo.
La habitación se dividió inmediatamente en
dos zonas, que la onda luminosa delimitaba
con regularidad.

— No tengo nada que ofreceros — se
excusó.

— No te preocupes. Da lo mismo.

David tuvo el fantasma de una sonrisa y se
apoyó en el asiento de la butaca. Se sentía
fatigado, indeciso. Ya no pensaba que iban
a matarle.

— Os esperaba — dijo con voz suave.

Mendoza frente a él le contemplaba con los
ojos medio entornados.

— Preferí no avisarte por teléfono. Sabía
que nos aguardarías de todos modos.

Su voz se elevó vacilante:

— Gracias, Agustín.

Las manos le resbalaban a lo largo de las
piernas, blancas y delgadas, como si durante
largo rato las hubiese sumergido en una tina
de agua.[3]

— He estado durmiendo desde que he
llegado — dijo —. Anoche, realmente, apenas
logré dormir.

La mirada de Agustín era suave; casi acari-
ciante. Antes de entrar en el piso había imaginado la escena: David, blanco y espigado,
fumando con indolencia, como un ser sin
nervios y sin sangre. Siempre había pensado
que acabarían de ese modo. Y la ansiedad que
experimentaba antes de hacerlo le daba la
medida de su afecto.

— Por un momento — explicó David con
sencillez — estuve a punto de irme. Era más
fuerte que yo. Luego, se desvaneció poco a
poco.

— Es natural — dijo Agustín —. También
yo hubiese sentido lo mismo.

— Eres muy amable.

Lo dijo en voz muy baja, sonriéndole desde
la sombra.

— ¿Tienes un cigarrillo? Me hará sentir
mejor.

Agustín hurgó en los bolsillos.

— No son muy buenos, pero . . .

— Lo mismo da.

Fumaron en silencio. David observó que
Páez agitaba el pie con impaciencia. Asistente
mudo al diálogo de los dos camaradas, se
sentía excluido, ajeno. « Tiene prisa, » pensó.

Le vió hacer un movimiento brusco y los
cigarrillos de su petaca cayeron en todas direcciones. Instintivamente se inclinó para ayu-
darle; hincó una rodilla en la alfombra pero se
detuvo confuso ante la mirada llameante del
muchacho.

— Perdón — dijo.

---

1 Ya va — I'm coming.
2 chalina — cravat.

3 como si . . . agua — as if he had soaked them in a
tub of water for a long time.

Los colores le habían subido a la cara y lleno de confusión tomó entre sus manos la jarra de agua de encima de la mesa; las huellas de sus dedos quedaron impresas en el vidrio como las pezuñas de un animal extraño y se difuminaron lentamente sorbidas por el vaho.[4]

Se acordó del primer día de su encuentro con Mendoza. Tenía la misma cara de ahora. Se apoyaba con el codo en un velador de mármol y con la cucharilla hacía volutas en el café. También estaba inclinado hacia adelante y sus ojos le medían con la misma dulzura. «Va a matarme.» Sintió que una emoción extraña hacía presa de él, como si todo su cuerpo fuese hueco, y tuvo miedo.

— Debe ser tarde — murmuró.

«¿Si no tuve el valor suficiente para matar, no lo tendré siquiera para dejar que me maten?» Una esperanza absurda, insana le hablaba junto al oído: «Mírale a la cara, David. Si le miras no te matará.» Y se sintió lleno de odio hacia sí mismo.

Los ojos se le habían llenado de lágrimas y, para ocultarlas, se volvió hacia atrás. De prisa. Por favor. Agustín aprovechó aquel instante: el blanco estaba a menos de medio metro y el gatillo respondió a su presión. La bala se hundió en el pecho de un modo blando.

David no tuvo tiempo de darse cuenta: se inclinó hacia adelante y se derrumbó a cámara lenta.[5]

— Perdóname — dijo Agustín —, tú sabes que era necesario.

Se volvió en torno suyo, de un modo espontáneo, como aguardando la protesta de todo lo que durante mucho tiempo había compartido la vida de David: sólo un silencio que casi era sonido. El ruido había sido semejante al chasquido de un látigo. Sobre la alfombra el cuerpo había caído boca abajo y la mano se contrajo hasta quedar agarrotada.

Visto desde arriba daba la impresión de hallarse sumido en un profundo sueño. Tenía los brazos extendidos, siguiendo la línea del cuerpo como un nadador de «crawl» y sus pies inmóviles, juntos por los tacones, imitaban la aleta de un gran pez. Hacía un momento, estaba lleno de vida, pensó. Ahora, por uno de los costados, empezaba a brotar la sangre. La mancha oscura se corría rápidamente; empapaba ya la alfombra pelada.

Mendoza se agachó junto al cadáver y con sumo cuidado lo hizo volver boca arriba. David tenía los ojos abiertos, desviados, como las órbitas sin vida de una muñeca de precio y, al echar la cabeza atrás, permanecieron vueltos a la luz como dos dalias claras. Torpemente, Agustín le bajó los párpados. Apoyó la cabeza en el pecho. No respiraba. Dentro de poco los gérmenes disgregadores del ambiente se introducirían en aquel cuerpo amigo sin resistencia y comenzarían a desfigurarlo.

— Está muerto — dictaminó.

Se volvió hacia atrás. Páez le miraba con el semblante desencajado y se apoyaba con las palmas de las manos en el escritorio de David. Arrodillado junto al cadáver, Mendoza le contempló con detenimiento y la sombra de una sonrisa distendió sus facciones.

— ¿Te sucede algo? — dijo.

Todo el aplomo del muchacho había desaparecido a la vista de la sangre. Se llevó a los labios la jarra en que David había dejado sus huellas y comenzó a beber pequeños sorbos.

— ¿Estás enfermo? — oyó que le decía.

Luis no contestó; observaba la mancha roja, mientras aumentaba lentamente de tamaño y, sin poderlo evitar, cerró los ojos.

— Creí que estabas dispuesto a llegar hasta el fin — dijo Agustín, con sorna.

Páez se mordió los labios. Se sentía ahogado, impotente.

— Y he llegado — murmuró —. Pero no me gusta ver la sangre.

Logró hablar de un modo natural a costa de un gran esfuerzo y él mismo se escuchó, asombrado.

— No hace falta que lo digas — dijo Agustín —. Lo veo.

Contemplaba el cadáver con aire hosco y se sintió lleno de rencor. Oscuramente responsabilizaba a Páez de lo que había ocurrido y toda su mente destilaba veneno.

— No hay nada como esas situaciones para aprender a conocerse — dijo —. Hace algún tiempo, cuando fui a Londres con mi padre, uno de los motores se paró en pleno vuelo y el piloto creyó que nos íbamos a estrellar. La gente, al darse cuenta, comenzó a dar chillidos. Era algo inútil; no iba a salvarse nadie y sin embargo, chillaban. Yo no cabía en mí de asombro. Me volví hacia mi padre, algo aturdido. Estaba junto a mí, sin reconocerme y no hizo ningún caso de mis palabras. También se había puesto de pie y aullaba. Como puedes comprender, no pasó nada. Aterrizamos en la isla y nadie sufrió ningún daño. Pero aquello

4 y se . . . vaho — and they vanished slowly absorbed by the vapor.

5 a cámara lenta — in slow motion.

me fue muy instructivo. Desde entonces me he acostumbrado a dividir la gente en dos categorías: los que hubieran chillado y los que no. — Hizo una pausa durante la cual la sonrisa pareció adherirse a sus rasgos como una emanación inmóvil y añadió: — Querido Luis, creo que tú hubieses chillado también.

— Mierda — dijo Páez.

Se llevó la jarra a los labios y continuó bebiendo. Odiaba a Agustín; de estar en sus manos[6] lo habría matado.

— No te excites, por favor. Ten un poco de respeto a los muertos. Esto está muy mal. Además, tú quieres que me calle. Y yo te digo no. Hemos matado a David; es preciso que lo recuerdes y debes acompañarme hasta el final. Hasta el final, ¿comprendes?

Las palabras se hundían en su mente como impactos. Tenía que volverse. Agustín estaba arrodillado junto al cadáver y le hablaba. Tenía que volverse, tenía . . .

— Óyeme bien — le dijo —. Nos hemos embarcado en el mismo asunto, y si nos cuelgan, nos colgarán a los dos. O escaparemos los dos. Tengo un permiso fronterizo para ir a Portugal si las cosas se complican. Pero ahora es preciso que te enteres de esto. Lo que acabas de hacer es también un asesinato. David está muerto ya. Fíjate.

Le elevó uno de los brazos y lo dejó caer, rígido, inerte.

— Ha muerto y no tienes que temerle. Sólo los vivos hacen daño. Los muertos — volvió a levantar el brazo y lo dejó caer —, los muertos, no.

Se arrodilló en la alfombra y con la ayuda de un pañuelo le quitó el reloj. Estaba parado. Las agujas marcaban las dos menos cuarto. Se puso de pie y recorrió la habitación con la mirada. Luis le observaba, pálido, con los labios temblorosos.

— ¿Qué buscas?

Agustín no le hizo ningún caso. Dió cuerda al reloj y lo detuvo a las nueve. Luego cogió el cortapapeles más pesado y golpeó en la esfera con el mango. La aguja se detuvo en seco, bajo la esfera resquebrajada. Con sumo cuidado volvió a ajustárselo a la muñeca. En seguida, dirigió una mirada en torno.

— Vamos, haz algo — dijo con voz despectiva —. No es así como queda la habitación después de un robo.

Abrió los cajones del escritorio y vació su contenido al suelo. Empleaba el pañuelo para coger cualquier objeto, cuidando de no dejar

ninguna huella. Las cuartillas del diario volaron sobre la alfombra; salpicaron la pieza de blanco. Luego abrió la puerta de la mesita, revolvió el armario de la ropa. Páez le contemplaba sin hacer nada. Recordó que se había apoyado en la mesa y borró sus huellas con un pañuelo. Repitió la misma operación con la jarra de agua. Luego se quedó inmóvil, de espaldas al cadáver, con la cara empapada de sudor y un frío húmedo en la espalda y las axilas.

— Ahora — dijo Agustín — no tienes más que golpearlo.

Acababa de vaciar el cajón de la ropa y le contempló con aire irónico.

— ¿Golpearle? — barbotó Páez —. No te entiendo.

— Me explicaré, entonces. Hemos venido aquí a robarle y David ha intentado defenderse. Le hemos golpeado y como se resistía ha sido preciso disparar. ¿Está claro ahora?

El rostro del muchacho se había tornado blanco.

— Esto es absurdo. Está muerto.

— Muerto o no, tienes que golpearlo. Lo prometiste.

— Te dije que llegaría hasta donde tú llegases — repuso Luis —. Pero eso no entra en el juego.

— Si quieres decir con ello que yo lo haga primero estoy dispuesto a complacerte.

Se aproximó al cadáver e hizo ademán de golpearlo.

— No, por Dios . . .

La voz le brotó de la garganta, inhumana, lo mismo que un aullido. Le envolvía una nube espesa. Sentía deseos de vomitar. Se pasó la mano por la frente y balbuceó:

— No puedo, ¿entiendes?, no puedo . . . Te lo suplico. Eso no. — Se detuvo unos momentos y añadió con voz más ronca —: Yo obligué a Uribe a hacer trampas.[7]

— ¿Trampas?

— Sí. Le serví las cartas malas. Yo . . .

La mirada de Agustín tenía la dureza del metal.

— ¿Y puedes decirme qué tiene que ver eso con que no puedas golpearle?

La confesión había aflorado a los labios de Páez contra su voluntad. Pero la respuesta de su camarada le hizo sentir aún más infeliz.

— Yo . . . Ahora . . . No.

— ¿Ahora? ¿Dices: ahora? ¿Has necesitado verle muerto para darte cuenta? ¿O no te has convencido aún de que lo está? Si quieres . . .

6 de estar en sus manos — if it had been up to him.

7 hacer trampas — to cheat.

Repitió el ademán de hacía unos momentos.

— No. Por favor.

Luis comenzó a decir obscenidades, pero se detuvo en seco. Alguien acababa de subir por la escalera. Hubo un segundo durante el que todo pareció congelarse, como si una cámara fotográfica se hubiese detenido a mitad de la proyección para facilitar la contemplación del conjunto y, bruscamente, un timbrazo enloquecedor cayó como una piedra en aquel remanso quieto y comenzó a irradiar sus ondas a lo largo de la estancia, sobre los muebles inmóviles, los cajones abiertos, los blancos papeles de la alfombra y el cadáver del muchacho.

Los dientes de Páez castañetearon. El ansia de gritar le ascendía por la garganta como un sifón irresistible. Tuvo que taparse la boca con las manos y comenzó a gemir. Agustín se metió en el bolsillo de la gabardina el revólver que había dejado encima de la mesa. Se aproximó al interruptor de la lamparilla y apagó la luz.

El timbre volvió a sonar de nuevo. En la habitación a oscuras sólo se oía el lento gotear del grifo en el lavabo y las pisadas impacientes del intruso en el rellano de la escalera.

— Señorito David.

Era doña Raquel. Se acordó que no había echado la barra de la puerta y a paso de lobo se dirigió al recibidor. A sus espaldas Luis gemía. Había hecho ademán de escaparse y su pie aplastó un objeto blando. *David*. Dió un respingo y se aferró al hombro de Mendoza.

— Nos van a coger. No tenemos escape.

Agustín le abofeteó en plena cara.

— Quédate ahí. Quédate o te mato.

Lo dejaba en la habitación a oscuras, con el cadáver.

— No... No...

La voz se le estrangulaba. Mendoza no le hizo ningún caso. Cerró la habitación y se adelantó por el recibidor de puntillas. Raquel había introducido la llave en la cerradura y la puerta se abrió de improviso. Acababa de encender la luz y la mujer retrocedió.

— Qué susto me ha dado usted — exclamó al reconocerle —. Había llamado dos veces e imaginaba que no había nadie. Subía con la cena del señorito.

En la bandeja, muy bien servida, había un plato de sopa, patatas fritas con salsa y dos filetes de ternera. Mendoza la contempló fascinado. *Comida para David.*

Doña Raquel hizo ademán de entrar en el dormitorio, pero Agustín no se apartó de la puerta.

— Duerme — dijo —. Será mejor que lo deje aquí entre tanto. Dentro de poco, si no se despierta, se la daré yo.

La mujer le miraba indecisa. Había algo extraño en el ambiente. Su misma entrada...

— ¿No quiere usted que lo deje encima del escritorio?

Mendoza continuó firme ante la puerta.

— Muchas gracias. Creo que nos las arreglaremos bien los dos solos. Si necesitase algo la llamaría. David no se encuentra bien. En fin, ya lo sabe...

Doña Raquel dejó la bandeja encima de una mesita destartalada. Era aficionada a las pláticas y se apresuró a coger el cabo que le ofrecía.

— Pobrecillo — dijo con gran ternura —. Ya sabe usted el susto que nos dió anteanoche. Cuando lo encontramos estaba amarillo, lo mismito que un cadáver. Tanto que yo le dije a la niña: el señorito se nos muere. Qué susto, Santo Dios... Para mí — añadió bajando la voz — que eso es culpa del padre. No es normal que a los veinte años se tenga el corazón como ese chico. Cuando lo comparo con mi niña...

Llevaba una bata de sarga y el pelo, teñido, era un ejército de menudos rizos.

— No hay nada como llevar la vida que Dios manda, ¿no le parece? No se dejarían luego todas esas lacras. Si uno es honrado de corazón...

Mendoza no la oía. Contemplaba la salsera con expresión fascinada. Se volvió de improviso.

— Cuando haya concluido la llamaré. Entretanto prefiero que duerma un rato.

— Pobrecillo — dijo la mujer —. Pobrecillo.

No se decidía a dar por terminada la conversación y se balanceaba alternativamente sobre una y otra pierna.

— Si me necesita, ya lo sabe. No tiene más que bajar un piso. Dígale que dentro de media hora le subiré el flan.

— No se preocupe. Se lo diré.

La había acompañado hasta la puerta y la ajustó con el pestillo. Durante unos segundos permaneció erguido, inmóvil. La bandeja le atraía en una forma irresistible. Salsa. Dos filetes tostados.

Nunca había sentido tanta calma como ahora. « De modo que era eso, pensó. Tantos años pensando en una cosa semejante, para que resultase así. Es increíble. » Cogió la bandeja con la mano izquierda y penetró en la habitación. Luis se precipitó encima de él.

— ¿Qué pasa? — dijo —. Por Dios, ¿qué pasa?

Con gran parsimonia, Agustín dejó la bandeja encima de la mesa y se arrodilló en busca del enchufe. Páez gemía en voz baja. La espera le había enloquecido. Su cuerpo era como de goma.

— Tenemos comida — dijo Agustín con voz átona.

Bajo la luz asalmonada[8] de la pantalla, la salsa parecía aún más roja. Sangre. Páez desvió la mirada.

— ¿Quieres decirme qué ha pasado?

Había llegado al extremo límite de sus nervios y le pareció que iba a desvanecerse.

— Calma — dijo Agustín —. Sobre todo, mucha calma.

Tomó asiento en la butaca de David, y contempló la bandeja con detenimiento.

— Fíjate — murmuró —, han traído la cena. La cena de un muerto.

— Cállate — gritó Luis.

— Parece apetitoso. ¿No quieres un poco?

— Cállate.

Comenzó a blasfemar. Las palabras ascendían atropelladamente por su garganta y a veces formaban un nudo que le impedía hablar.

— Entonces, déjame comer a mí.

Eligió con los dedos al azar un segmento de patata frita y lo mordisqueó por la punta.

— Qué rica.

Lo hundió en la salsera. El líquido rojo, escurridizo, goteaba en el mantel. Se lo llevó a los labios y lo engulló con deleite.

— Hacía siglos que no comía nada tan bien guisado. Realmente David sabía cuidarse. Esa salsa . . .

— Cállate.

Se había vuelto de espaldas al cadáver y miraba con desesperación los machetes clavados en la pared.

— Nos han visto ya. No hay coartada[9] que valga. Debiste . . . Oh, oh, qué imbécil . . . En tu lugar . . .

— En mi lugar — dijo Agustín.

— La habría matado —. Se volvió hacia él y añadió con desafío —: Sí, lo habría hecho.

Agustín se llevó a los labios uno de los filetes.

— ¿Sí? ¿Y qué habrías conseguido?

— Salvarnos — exclamó —. Sí, salvarnos. Estamos cogidos, no tenemos salida. Esa misma noche nos atraparán . . .

— Quieto — dijo Mendoza —. Hablas sin saber lo que dices. No te encuentras en ningún callejón sin salida y si tú quieres nadie te atrapará. Son imaginaciones tuyas.

— No te entiendo.

— Te lo explicaré entonces en pocas palabras. La mujer me ha visto sólo a mí. No tiene por tanto motivos para sospechar que haya intervenido otro. Tú dices que no tenemos ninguna salida, pero deberías hablar en singular. Soy yo el que no tiene ninguna salida. A ti no te ha visto nadie.

La nube que desde hacía unos minutos enturbiaba la mente de Luis desapareció como por ensalmo. La sangre volvió a fluir de nuevo por sus venas.

— Quieres decir que . . .

— Nada. Simplemente que estás en libertad. Nadie te ha visto entrar. La mujer no te ha visto. No sospecha nada. Su llegada te ha salvado.

Páez vaciló, dividido entre la esperanza enloquecedora y el temor de que Agustín bromease.

— ¿Y tú? — logró articular al fin.

— ¿No te he dicho que no diré nada? Allí está la puerta. Puedes marcharte cuando te plazca.

Luis tragó saliva. La calma de Agustín, más que ningún grito, le aterrorizaba. Experimentaba un deseo inmenso de huir de allí, pero algo más fuerte que él lo inmovilizaba junto al cadáver.

— Yo . . . No sé cómo . . .

— Lo que puedas pensar me tiene sin cuidado. Vamos. Lárgate.

— ¿Y tú qué . . .?

— No digas que te preocupas por mí. No lo creo.

— Yo . . .

— Fuera. Largo.

Páez avanzó hacia la puerta, dando un rodeo para evitar el cuerpo de David. Agustín le miraba. Sus pupilas se clavaban en su espalda como dardos.

— Fuera.

Al quedarse solo lanzó un suspiro de alivio. Le pareció que la escena se había quedado sin comparsas, que al fin podía dialogar con David. Se acordó de sus palabras: «¿Qué ha sido de nosotros?» Ahora podía contestar:

— Estamos muertos los dos.

Dejó el filete a medio masticar y consultó la esfera del reloj. «Dentro de diez minutos, pensó, no habrá ya quien le pille.» Dirigió una mirada en torno. David había sido

---

8 asalmonado (salmonado) — salmon colored.

9 coartada — alibi.

siempre un chico cuidadoso. El desorden le repugnaba.

Comenzó a recoger las cuartillas del diario que minutos antes había esparcido a su alrededor. Volvió al orden primitivo los cajones, la ropa y los estantes. En el lavabo hizo una gran hoguera con los escritos y los vió retorcerse, frágiles y negros, como fragmentos de papel carbón. Y le pareció que con aquello había quemado el último residuo de David.

Alzó por los hombros el cadáver de su camarada y lo condujo hasta la cama. Había dejado de sangrar. En la alfombra el charco era oscuro, casi negro. Lo extendió sobre la colcha con dificultad — estaba ya algo rígido — y apoyó su nuca en la almohada. La cara expresaba una gran paz, como Agustín no le había visto nunca en vida y, antes de alejarse de él, le besó ligeramente en la mano.

La habitación estaba de nuevo en orden. Mendoza la recorrió con la mirada y apagó la lamparilla. La ventana estaba cerrada y la abrió de par en par. Arrojó el reloj aplastado al tejadillo[10] vecino y abandonó el dormitorio.

La luz del recibidor estaba encendida. También la apagó. Todo debía tener el orden de siempre. Era extraño. Sentía una gran calma. Descendió el tramo de la escalera que iba desde la buhardilla al tercer piso y golpeó en la puerta de doña Raquel.

— Ah. ¿Es usted?

— Yo me marcho ya, pero creo que David la necesita. Suba usted a hacerle compañía. No conviene que esté solo.

— Ahora mismo voy, don Agustín. Dentro de un minuto habré fregado los platos.

— Como quiera. Muy buenas noches.

Descendió la escalera pausadamente y en el portal encendió la pipa. La portera no había llegado aún. Con las manos hundidas en los bolsillos se dirigió al bar de la esquina.

« Es extraño, pensó Agustín; parece como si desde un principio lo hubiera presentido. Había algo en su manera de ser que me turbaba : el ademán de extender las manos cuando se sentaba, su forma de sonreír, la expresión que tenía de pedir excusas. Si me hubiesen preguntado el motivo no habría sabido responder. Pero lo pensé desde el comienzo. »

La mujer le había servido una botella de ginebra y le sonreía acodada en la barra del bar. Era una rubia gruesa, ordinaria y chillona que conocía por sus frecuentes visitas al local.

Se había propuesto rescatarle de la bebida y le cuidaba con una ternura verdaderamente tiránica.

— No te la bebas toda, bichito — le dijo al descorcharla — ; ya sabes que no te conviene.

Le servía el alcohol a regañadientes[11] y, un día que estaba muy borracho, llevó su solicitud hasta acompañarle al estudio. Mientras apuraba la copa la contempló con detenimiento. Tenía el cabello ahuecado en menudos rizos y la cara cubierta por una espesa capa de polvos. Sus ojos eran oscuros, como de azabache. Le devolvió la sonrisa.

Se acordaba perfectamente de todo y sentía una gran calma. Acababa de matar a su camarada y ahora permanecía allí, bebiendo. « Todo estaba previsto desde un principio. Mi última lección era matarle y la suya dejarse matar. Los dos representábamos una escena aprendida, de las que acaban mal. » Empezaba a ver claro. « Si Ana no hubiese acudido a visitarme y si David no hubiese sido amigo de Gloria y si Luis no se hubiera propuesto jugarle una mala pasada;[12] y si Uribe . . . Siempre el si . . . La casualidad. No hay nada que se sepa a ciencia cierta. » Se sirvió cuatro copas, una detrás de otra. « Ahora soy un asesino; dentro de poco me detendrán. »

Desde detrás del mostrador la empleada le guiñó un ojo. Su cuerpo se hallaba en continuo movimiento de forma que los senos se esculpían en la blusa blanca del delantal. Colocó sobre la barra media docena de vasos. Los llenó de « pippermint » hasta la mitad y proyectó sobre el líquido de los vasos un chorro de sifón. El verde esmeralda empalideció lentamente. A través del vidrio se divisaban espirales más oscuras que se anillaban a lo alto: era como el vaho turbio que se levanta a mediodía sobre las playas veraniegas.

— Bebes demasiado — le dijo al pasar.

Se entregaba a una frenética actividad, con la jactancia que ponen las personas cuando se sienten observadas. Continuamente descolgaba botellas de los estantes superiores, devolvía al mozo las copas vacías, mantenía a un tiempo distintos diálogos. El local estaba bastante animado. Una promiscuidad cálida agrupaba a la gente en torno a las mesas. Las conversaciones se oían desconectadas, sobre un fondo de susurros, de palmadas, de sifones vacíos que se tornaban roncos.

En aquellos momentos, calculó, doña Raquel debía revolucionar con sus chillidos

---

10 tejadillo — roof.
11 a regañadientes — reluctantly.

12 si Luis . . . pasada — if Luis hadn't decided to do him a bad turn.

a toda la escalera. Continuó bebiendo, casi sin parar. El nivel de la botella descendía de un modo sensible; estaba a menos de la mitad. Se le había ocurrido una idea absurda mientras descifraba los extraños guarismos de la etiqueta:[13] « *El viejo es un simple pretexto.* » Todos los incidentes y sucesos de aquel día agitado, sus conversaciones con Luis y con Ana, la necesidad de comprometerse de un modo irrevocable, le parecían episodios periféricos, desgajados de la línea primordial de su actuación.[14] « He necesitado todos esos rodeos para darle muerte. » Un fatalismo extraño presidía su amistad desde un principio. Ahora, los dos habían muerto. Apuró el vaso de un trago. Muertos. Sin remedio.

La mujer estaba ahora al otro extremo de la barra. Los mozos evolucionaban en torno suyo, descompuestos en infinidad de movimientos, como actores de cine a cámara rápida. « Hay algo, pensó, que nos hacía distintos a todos. Un abismo que ni sus padres ni los míos supieron salvar. Nos habíamos embarcado en una aventura y ellos permanecían en el muelle. Ni nosotros podíamos retroceder ni ellos acercarse a nosotros. Vivimos demasiado aprisa. »

Se acordó de repente del profesor de música al que visitaba todas las tardes y que había intentado ponerle en guardia contra las solicitaciones[15] de la vida. Había pasado su juventud en un seminario y hablaba con voz aguda de los efectos del pecado. « Hay algo mucho peor que el fuego y los tormentos, más que sentirse antorcha viva y permanecer no obstante incombustible; es la carencia del amor, la soledad, el vacío. » Sus ojos se encendían como burbujas de agua oscura, cuando le hablaba de la muerte y del demonio. Agustín le escuchaba fascinado. Como un enfermo, se recreaba en la contemplación de sus síntomas. « Yo también . . . » Un día tuvo el valor de franquearse. « Noto algo. Un tirón invisible que me hace sentir distinto. » Y el viejo había extendido sus manos convulsas, agarrotadas como las garras de un águila: « El demonio. »

Desde la mesa, llamó a la mujer con un movimiento de la mano.

— Siéntate — le dijo —. Es hora ya de que descanses. Ella le hizo un signo, como diciendo « después » y se enfrascó en sus ocupaciones con ardor renovado.

En una ocasión se lo había contado a David . . . « El preceptor asistía horrorizado al despertar de mis sentidos. Todas las tardes, al caer el sol, subía a la buhardilla donde vivía y le ayudaba a revolver las cenizas del brasero. Recuerdo que me arrebataba la badila de las manos. Era mi pozo, mi vertedero. Las confidencias habían creado entre nosotros un vínculo de horror. Yo tenía catorce años y en casa se hacía lo que ordenaba. Aquel viejo chiflado me procuraba la tensión necesaria que requería para existir, la que me faltaba entre los míos: le oía hablar de la « soledad, » del « trino del diablo, » de la « caída. » Un día me enseñó la partitura[16] de la sonata de Tartini.[17] Desde entonces le acompañaba al piano al interpretarla . . . »

« A veces sucede que tienes apego a una cosa y de pronto descubres que es mejor prescindir de ella. Yo he buscado desde entonces la sed y ya no puedo volverme atrás. »

Justamente lo contrario de David. « David buscaba la aprobación; cuando le faltó el amor de los suyos se procuró un substitutivo . . . » Aleccionados recíprocamente por sus enseñanzas, habían crecido apoyándose el uno junto al otro, como dos verdaderos camaradas. Ahora David estaba muerto y su muerte no había probado nada: de rechazo lo había matado a él. « Oh, David, David, pensó, te he dado muerte y sin saberlo me he matado a mí. »

La ginebra no servía. Hubiese deseado una droga más fuerte que el olvido. Se volvió hacia la mujer y le hizo un signo. Aún no. Tiene trabajo. Miró el reloj. En aquellos instantes miríadas y miríadas de microbios se cebaban en el cuerpo de David. « ¿Y el mío?, pensó. ¿Acaso estoy más vivo que él? » En el bolsillo de la chaqueta guardaba la carta de recomendación que le permitiría el cruce de la frontera. « ¿Huir? ¿De qué? ¿De quién? » Se bebió otra ginebra. La botella estaba casi vacía. « En veinte minutos, pensó, un verdadero récord. » Le pareció que toda su vida era un impulso oscuro que convergía hacia el acto de matar y que en el momento de verificarlo, lo había dejado vacío, idiotizado.

---

13 guarismos de la etiqueta — figures on the label.
14 desgajados . . . actuación — not connected to the primary line of his actions.
15 solicitaciones — temptations.
16 partitura — score.

17 Giuseppe Tartini, 1692–1770, Italian composer and the greatest violin master of his day. Among his works is "The Devil's Trill," supposedly played to him in a dream by the devil.

En la mesa vecina acababa de formarse una tertulia. Media docena de hombres se había reunido en torno a la mesa, y aunque nadie reparaba en su presencia, a Agustín le asaltó la sensación de que deseaban decirle algo. Llamó a la mujer con la mano y le entregó un nuevo billete.

— Tráeme otra.

— ¿Otra?

Le miró con profundo reproche y se encogió de hombros.

— Trae seis vasos también.

— ¿Para qué los quieres?

— Y uno para ti, mujer.

La contempló mientras descorchaba la botella y rozó la manga de uno de los hombres con un curioso ademán púdico.

— ¿Me harían ustedes el favor de beber conmigo?

El hombre tenía el mentón cuadrado y unos curiosos ojillos mogoloides. Imaginó que Agustín bromeaba, pero vaciló ante la expresión serena de su rostro.

— El favor es de usted.

— Sírvase, tenga la bondad.

Él mismo le llenó la copa. La mujer había dejado entretanto las demás encima de la mesa.

— ¿Qué es eso?

— El señor invita.

Agustín acogió sus sonrisas con el semblante sereno. Elevó la copa, aceptando el brindis y se limitó a decir:

— Por David.

La botella pasó de mano en mano. Todos se apresuraban a aprovechar la magnanimidad del desconocido y tan sólo la mujer seguía con ojos desaprobadores lo que, con buen criterio, juzgaba un despilfarro.

— Vamos, no bebas más. Ya te has bebido una botella.

Pero Agustín no le hizo ningún caso. Una noche, tiempo atrás, durante una pesadilla había soñado que mataba a David, con una de las dagas de su colección, sin que el muchacho ofreciera resistencia. Y ahora volvió a ver el sueño con gran precisión de detalles. David había curvado el cuello, para facilitar la entrada de la hoja y no lanzó un solo quejido. Mendoza se lo contó al día siguiente: su madre, muy supersticiosa, le había enseñado desde niño el poder adivinatorio de los sueños. Y la expresión de David, al escucharle, no se le había borrado de la memoria. « Es extraño — le dijo —. También yo he soñado eso muchas veces, » para callarse con aquel pudor tan suyo que le asaltaba después de franquearse. No había vuelto a pensar en ello, y al recordarlo el corazón le latió con mayor fuerza. « De modo que . . . » pensó; pero el rumor de las voces, al elevarse, le había clavado en el sitio.

Ahora.

Acababa de entrar una mujer vieja, con el cabello alborotado y señalaba hacia la casa de David con grandes aspavientos. La mayor parte de los clientes se arremolinaron en torno suyo. A través de la puerta se divisaba a la gente que corría y las voces confusas del exterior.

— Han matado a un joven . . . Sí, en el diecisiete . . . Raquel la del tercero . . . Sí, hace unos minutos.

Los hombres de la tertulia salieron al exterior. Afuera el griterío era cada vez más fuerte. Únicamente la mujer se había quedado junto a la puerta, con los brazos en jarras,[18] y al descubrir que estaba solo hizo un ademán con la mano.

— Ven, ¿no quieres enterarte?

Agustín pensaba en David y sintió que una emoción extraña se le agolpaba en la garganta. Creía verlo de nuevo, pálido, con el dorado cabello desmelenado, y la sonrisa triste de sus labios sin sangre. « Tú te aproximas a mí con un cuchillo y yo no me escapo. Es extraño. Tengo sueños así desde que te conozco. Si fuera supersticioso creería . . . » Y él le había atajado con unas bromas groseras sobre el cuello y las caderas de cierta muchacha con la que soñaba a menudo por entonces. « Si hubiésemos hablado, tal vez . . . »

Algunos de los hombres de la tertulia ocuparon su lugar en torno a la mesa y al darse cuenta de que Mendoza no se había movido del asiento quisieron informarle.

— Es un estudiante del diecisiete. Acaban de pegarle un tiro. La mujer se desmayó al verlo y ahora la policía le toma declaración en su casa. No dejan subir.

El fino diseño de las cejas de Agustín trazó un ángulo pronunciado, como un acento circunflejo.

— Sí — dijo con voz sencilla —. Lo he matado yo.

Se llevó una mano al bolsillo de la gabardina y depositó la pistola encima de la mesa.

— Ésta es el arma.

18 en jarras — akimbo.

Cuando Raúl[19] entró en la habitación, Planas[20] se hallaba, como siempre, sumergido en sus estudios. La luz de la lamparilla describía un círculo luminoso sobre la mesa de trabajo y reverberaba en las páginas del libro de texto que sostenía entre las manos.

— Uribe vino a buscarte hace un rato — dijo.

Rivera se encogió de hombros con desgana y comenzó a sacarse la chaqueta.

— Te dejó una nota.

— ¿Sí?

— Encima de la almohada.

Cortézar,[21] que acababa de entrar, tendió el sobre a Raúl: « Van a matar a David esta misma tarde. » La voz le salió súbitamente ronca.

— ¿Cuándo se ha ido?

Planas hizo tabalear sus uñas afiladas sobre la madera de la mesa: era su forma de indicar que pensaba.

— Hará una hora y media.

— ¿Estaba borracho?

Planas sonrió: su sonrisa era recatada, de solterona. Con los anteojos bifocales que empleaba para el estudio parecía una gallina clueca,[22] un ave bondadosa.

— No. Al menos no de un modo exagerado. Bueno, ya sabes lo difícil que es encontrarle sobrio . . .

Raúl tuvo deseos de abofetearle. Le tendió la nota.

— ¿Y esto? ¿Cuándo ha escrito esto?

— Me indicó que te dijese que había venido a buscarte.

— ¿Y no se te ocurrió preguntarle qué significaba?

A contraluz el rostro entalcado de Planas era una superposición de discos blancos: barbilla, ojos, pómulos.

— Como puedes comprender, no leí su contenido — dijo.

Raúl se frotó el bigote con ademán áspero.

— Ah, olvidaba que eres un ser sin tacha.

Cortézar se había aproximado a él y le quitó el papel de las manos. Rivera se ponía de nuevo la chaqueta.

— Vamos.

— ¿Tú crees?

— Vamos.

Se sentía irritado, lleno de cólera. Al abrir la puerta, Planas se incorporó del asiento.

— ¿Ha ocurrido algo?

Raúl le espetó una obscenidad. Descendía los escalones de cuatro en cuatro. Cortézar jadeaba detrás suyo.[23]

— ¿Dónde vamos?

Al llegar a la calle logró darle alcance. Volvió a repetir la pregunta.

— *Yo* voy a su casa.

La respuesta le dolió como una bofetada. Instantáneamente la sangre se agolpó en sus mejillas. El recuerdo de la conversación sostenida a media tarde a propósito de David[24] se había posado en su cerebro como un murciélago de alas desplegadas. Continuó corriendo junto a él.

— Taxi.

Se acomodaron en el asiento trasero y el vehículo arrancó quejosamente. Raúl no decía nada, pero Cortézar adivinaba en su silencio una repulsa más fuerte que cualquier palabra.

— Confío en que « Tánger »[25] haya llegado a tiempo — dijo.

Un escalofrío súbito le hizo estremecerse. « Ojalá no haya ocurrido algo, ojalá, ojalá. » Se había olvidado por entero del atentado de la mañana y le parecía asistir a un juego monstruoso cuya baza era David.

— Creo que habrá llegado a tiempo. — Algo más fuerte que él le impulsaba a hablar: la voz le salía a pesar suyo. — En una hora y media ha podido . . .

Había vuelto su rostro hacia el de Raúl, que ladeó ostensiblemente la cara.

— Oh, cállate.

El automóvil se detenía obediente a las luces del tráfico. Un sentimiento de culpa se había adueñado de él: « No les debí dejar. Podía imaginarme que iba a ocurrir eso. » Contempló los asientos delanteros. Aquello era el fin. Al primer embate[26] se había deshecho la banda. Y la certidumbre de que todo acababa de derrumbársele le asaltó como un presagio.

---

19 Raúl Rivera, one of the gang. He is of great muscular strength and attractive to women.
20 Planas is Raúl's roommate.
21 Cortézar is another member of the gang.
22 gallina clueca — nesting hen.
23 detrás suyo — behind him.
24 The conversation referred to here was one in which Raúl had heard Agustín say that David would have to take the consequences of his failure to act. Uncertain of what the consequences might involve, Raúl had not defended David as strongly as he might have. He left Agustín and the others before final plans had been made and without a clear understanding — hence the references that he should not have left them.
25 Tánger (Uribe), who had overheard the plan to kill David, had tried to warn him, but David refused to save himself.
26 embate — reverse.

En la esfera luminosa de una relojería consultó la hora: las nueve y cuarto. Su reloj de pulsera señalaba las nueve y diez: cinco minutos de diferencia, decisivos, tal vez. Cortézar no podía separar la vista del reloj: tras la esfera redonda la caja estaría atestada de pequeños resortes, ruedecillas de acero, minúsculos engranajes. Y tal vez a esas horas David ya no fuese David y hubiese otro en su lugar, con las mismas facciones, usurpando su lugar en el espacio.

Habían llegado a la plaza de las columnas y avanzaban contra dirección.[27]

— Quédese ahí — dijo Raúl.

Abrió la puertecilla del taxi y se dirigió hacia la casa con paso rápido. Cortézar había liquidado la cuenta y corrió detrás de él.

— Espera . . .

Un viento frío se aferraba a las ropas de los transeúntes y estremecía la superficie de los charcos. Raúl había olvidado su sombrero en el taxi y el cabello le caía en rizos sueltos sobre la cara. La colilla, apagada, permanecía adherida a sus labios.

— No corras.

Aunque hablaba a gritos, el viento arrastraba sus palabras, como hojas, como plumas de ave, que hacía danzar junto a las otras, las reales, bajo el soporte gris de las columnas.

Cortézar sentía una gran opresión dentro del pecho, el temor de afrontar el momento inevitable. Delante suyo,[28] Rivera caminaba con su habitual balanceo, como si todos sus miembros se moviesen en virtud de unos hilos invisibles y alguien se entretuviese en sacudirlos a tirones.

Al doblar la primera esquina, se detuvieron. Protegidos por la pared de las casas se respiraba con más calma. Un centenar de personas se arremolinaba junto a la siguiente travesía: Obedientes al magnetismo de algún vendedor callejero, escuchaban con la cabeza baja y se apretujaban para ver mejor. Un farol proyectaba una luz turbia sobre sus semblantes, y Raúl observó que discutían y charlaban.

A medida que se aproximaba moderó el paso. La reunión no era un simple grupo callejero, como los que de ordinario rodean al charlatán: era más vasta y silenciosa y se desplegaba en abanico a la puerta del bar.

— ¿Qué pasa? — dijo Raúl.

Y por el timbre de la voz, Cortézar dedujo lo que pensaba.

— Mira.

Su mano señalaba la portería del diecisiete: dos guardias uniformados vigilaban la puerta de entrada. Un pequeño grupo de personas forcejeaba y empujaba en forma idéntica al del bar de la esquina. Y los curiosos de uno y otro lado se hacían visitas y cambiaban opiniones y comentarios.

— ¿Se ha enterado usted?

— No. ¿Qué pasa?

— Han matado a un muchacho allí arriba. — Señaló la portería que los guardias de asalto y el grupo de curiosos custodiaban — y el asesino está ahí, en el bar. Por lo visto, se ha entregado él mismo.

Raúl se abrió paso a codazos. Su figura, tan llamativa, obraba el milagro de partir la multitud en dos: un sendero hecho de brazos, piernas, caderas y rostros humanos. Cortézar, detrás suyo, caminaba aferrado a sus espaldas.

— ¿Dónde está?

— Ahí dentro — dijo una mujer gruesa —. Pero no le permitirán pasar. Han sacado afuera a todos los parroquianos y ahora no dejan entrar a nadie.

— Yo lo he visto todo — dijo un hombrecillo que la sujetaba por el brazo —. Yo acababa de llegar con mis amigos y el tipo ése[29] nos invitó a tomar ginebra. Su pinta era muy rara. Eso de invitar sin más ni más a un desconocido, es extraño . . .

Raúl no le escuchaba. Con la nariz aplastada en los cristales observó el interior del local. La dueña lloraba apoyada en el mostrador. Junto a la puerta del fondo tres agentes de uniforme conversaban. El resto estaba vacío.

— . . . Y no es lo peor. El muchacho era amigo suyo. La patrona acababa de subirle la cena y el tipo tuvo el valor de comérsela al lado del cadáver. A mí que no me digan. Hay gente que lo hace por necesidad, pero esos tipos . . .

— Diez años llevo viviendo en ese barrio y no había oído decir nada semejante. Yo a esos tipos los mandaría fusilar sin ninguna clase de piedad. Cuando el caso es tan claro . . .

— Dicen que eran de buena familia y habían venido aquí a estudiar. A estudiar qué, me digo yo. Nunca hacen nada, se levantan a media mañana . . . Para mí que ha habido algo entre ellos y ese salvaje . . .

— Una mujer — exclamó ella —. Siempre que hay asuntos de ésos anda de por medio una cuestión de faldas. Si de mí dependiese,

27 contra dirección — against traffic.
28 delante suyo — in front of him.

29 el tipo ése — that fellow.

a todas esas sucias que viven de explotar a los muchachos se les acabaría la buena vida. Jesús, con lo que una cuida a los hijos para que luego te los roben de ese modo.

Al otro lado de la puerta los dos mozos del establecimiento contemplaban a Raúl con sospechosa fijeza. Algunas veces, con Agustín y con David, habían ido a aquel bar. Los ojos del primer mozo le acechaban como canes.

— El dinero — decía la mujer —. Si en lugar de recibirlo de los padres tuvieran que ganarlo rompiéndose las uñas . . .

— El tipo no me hizo de entrada ninguna gracia.[30] Eso de invitar así, sin motivo . . . No me diga que no es extraño.

Cortézar comenzó a tirarle de la manga. También él había reparado en los dos mozos. Estaban apresados entre una multitud que profería amenazas y rociaba al asesino con insultos.

— Vámonos.

Había perdido la faz[31] y sentía que un sudor frío le empapaba todo el cuerpo. Raúl quiso decirle algo, pero su voz se vio ahogada por los gritos de la gente.

— Miradlo. Asesino. Asesino. Que lo maten. Asesino.

Uno de los guardias había abierto la entrada del local. Detrás suyo, Agustín le seguía entre otros dos. La gabardina le hacía parecer más robusto de lo que era y una expresión irónica endurecía los rasgos de su cara.

Ni Raúl, ni Cortézar, situados en la primera fila, tuvieron tiempo de huir. Una muralla de cuerpos, puños, brazos alzados les impedía el retroceso. El oleaje humano les impulsaba hacia adelante. Mendoza les había descubierto en seguida y su sonrisa les alcanzó como un dardo.

En torno suyo llovían los insultos: ademanes de cólera, gritos incomprensibles, bocas abiertas, como de peces asfixiados. Agustín se detuvo junto a la puerta mientras los guardias trataban de abrirse paso, y ellos bajaron la vista negándole, como Pedro,[32] entre la multitud que vociferaba. Fueron unos segundos de agonía, de vergüenza, durante los cuales desearon que la tierra los devorara. Mendoza pasó sin decirles nada.

« *Es como si al matar a David nos hubiésemos matado a nosotros, y como si al negar a Agustín hubiésemos negado nuestra vida.* » Una marea blanda, turbia, le envolvía como un manto espeso, le asfixiaba. Observó que Cortézar había huido entre el público. Acababan de introducir a Mendoza en el coche celular y la multitud comenzó a dispersarse. Junto a la puerta, ceñudos, los dos mozos le observaban.

Le pareció que todos los rostros se volvían hacia él y que el desprecio había marcado un timbre sobre los rasgos de su cara. Apretó el paso. No tenía por qué estar allí. David había muerto y con él todo su pasado. Al llegar a la plaza se detuvo y cacheó los bolsillos. Encontró un cigarrillo aplastado en el pantalón y lo encendió, protegiendo la llama con las manos. Luego prosiguió su lenta marcha con las manos hundidas en los bolsillos. La luna bañaba con su pátina indiferente la estatua ecuestre y el centro asfaltado de la plaza. Como una sombra se deslizó entre las casas soñolientas hasta perderse en el reflejo gris de las arcadas.

---

30 El tipo . . . gracia — I didn't like the fellow from the start.

31 Había perdido la faz — He had grown pale.
32 as Peter denied Christ.

Part IV LYRIC POETRY

LYRIC POETRY OF THE EIGHTEENTH CENTURY

Nicolás Fernández de Moratín, 1737–80
(pp. 107; 330; 511)

Although eclipsed by his son Leandro as a dramatist, Nicolás Fernández de Moratín was an important literary figure and cultural leader in the eighteenth century. He frequented the great *tertulias*, headed the one at the Fonda de San Sebastián, and waged a campaign in favor of the Neo-Classic reforms. He roundly condemned Calderón and Lope de Vega as well as the entire Baroque age and considered himself an arbiter of good taste. His drama *Hormesinda*, though a failure on the stage, was the first Neo-Classic drama to be performed. He wrote a number of didactic treatises, the most interesting of which are those on the theater. In his lyric poetry Moratín exhibits perhaps his finest quality, an admiration and genuine love for Spain and the Spanish people. As a dramatic critic he was Neo-Classic in every fiber of his being, but in lyric poetry he followed more the native Spanish tradition. His *romances* foreshadow those of the Duque de Rivas in the following century, and his epic poem *Las naves de Cortés destruidas* treats a national subject and a national hero. His best poem is the famous *Fiesta de toros en Madrid*, written in traditional *quintillas* on a *morisco* theme; the Cid is the hero of this work. E. Allison Peers says of Moratín's use of *quintillas* in this poem "it is doubtful whether there is any place in Spanish literature where that stanza is used to greater effect." For Menéndez y Pelayo, "parecen caídas de la pluma de Lope con menos impetuoso raudal pero con más limpia corriente." It should be mentioned also that *Fiesta de toros en Madrid* was extensively revised by the poet's son, Leandro, and thus it represents a work of collaboration.

Fiesta de toros en Madrid

Madrid, castillo famoso
que al rey moro alivia el miedo,

arde en fiestas en su coso[1]
por ser el natal dichoso
de Alimenón de Toledo.

Su bravo alcaide Aliatar,
de la hermosa Zaida amante,
las ordena celebrar
por si le puede ablandar
el corazón de diamante.

Pasó, vencida a sus ruegos,
desde Aravaca a Madrid;
hubo pandorgas[2] y fuegos,
con otros nocturnos juegos,
que dispuso el adalid.[3]

Y en adargas y colores,
en las cifras y libreas,
mostraron los amadores,
y en pendones y preseas,[4]
la dicha de sus amores.

Vinieron las moras bellas
de toda la cercanía,
y de lejos muchas de ellas:
las más apuestas doncellas
que España entonces tenía . . .

El ancho circo se llena
de multitud clamorosa,
que atiende a ver en la arena
la sangrienta lid dudosa,[5]
y todo en torno resuena.

La bella Zaida ocupó
sus dorados miradores,
que el arte afiligranó
y con espejos y flores
y damascos adornó.

Añafiles y atabales,[6]
con militar armonía,
hicieron salva, y señales
de mostrar su valentía
los moros más principales.

No en las vegas de Jarama[7]
pacieron la verde grama
nunca animales tan fieros,

---

1 coso — place or enclosure for bullfights or other public spectacles.
2 pandorgas — moveable wooden figures used in tournaments. They were so constructed as to strike the unskilled horseman as they swung on their axis after being struck by a lance.
3 adalid — leader, chief.
4 preseas — jewels.
5 refers to the bullfight.
6 añafiles y atabales — trumpets and drums.
7 The Jarama is a tributary of the Tagus and flows into it near Aranjuez.

junto al puente que se llama,
por sus peces, de viveros,

como los que el vulgo vió
ser lidiados aquel día;
y, en la fiesta que gozó,
la popular alegría
muchas heridas costó.

Salió un toro del toril
y a Tarfe tiró por tierra,
y luego a Benalguacil;
después con Hamete cierra,
el temerón de Conil . . .

(After several horses are killed and several
other knights wounded, no one else dares
enter the arena to face the bull, not even
Aliatar who is so eager to impress Zaida.)

Ninguno al riesgo se entrega,
y está en medio el toro, fijo,
cuando un portero que llega
de la puerta de la Vega
hincó la rodilla, y dijo:

« Sobre un caballo alazano,[8]
cubierto de galas y oro,
demanda licencia, urbano,
para alancear a un toro
un caballero cristiano. »

Mucho le pesa a Aliatar;
pero Zaida dió respuesta,
diciendo que puede entrar,
porque en tan solemne fiesta
nada se debe negar.

Suspenso, el concurso entero
entre dudas se embaraza,
cuando en un potro ligero
vieron entrar en la plaza
un bizarro caballero.

Sonrosado, albo color,
belfo[9] labio, juveniles
alientos, inquieto ardor,
en el florido verdor
de sus lozanos abriles.

Cuelga la rubia guedeja
por donde el almete sube,
cual mirarse tal vez deja
del sol la ardiente madeja
entre cenicienta nube . . .[10]

Dió la vuelta alrededor;
los ojos que le veían

lleva prendados de amor:
« ¡Alá te salve!, » decían.
« ¡Déte el Profeta favor! »

Causaba lástima y grima
su tierna edad floreciente:
todos quieren que se exima
del riesgo, y él solamente
ni recela ni se estima.

Las doncellas, al pasar,
hacen de ámbar y alcanfor
pebeteros exhalar,
vertiendo pomos de olor,
de jazmines y azahar.

Mas, cuando en medio se para
y de más cerca le mira,
la cristiana esclava Aldara
con su señora se encara
y así le dice, y suspira:

« Señora, sueños no son;
así los cielos, vencidos
de mi ruego y aflicción,
acerquen a mis oídos
las campanas de León,

como ese doncel, que, ufano,
tanto asombro viene a dar
a todo el pueblo africano,
es Rodrigo de Vivar,
el soberbio castellano. . . . »

La mora se puso en pie,
y sus doncellas detrás:
el alcaide,[11] que lo ve,
enfurecido además,
muestra cuán celoso esté.

Suena un rumor placentero
entre el vulgo de Madrid:
« No habrá mejor caballero
— dicen — en el mundo entero, »
y algunos le llaman Cid.

Crece la algazara, y él,
torciendo las riendas de oro,
marcha al combate crüel:
alza el galope, y al toro
busca en sonoro tropel.

El bruto se le ha encarado
desde que le vió llegar,
de tanta gala asombrado,
y alrededor ha observado
sin moverse de un lugar.

8 alazano — sorrel colored.
9 belfo — thick underlip.

10 Read: como la ardiente madeja del sol se deja
mirar tal vez entre cenicienta nube.
11 The *alcaide* is Aliatar, the jealous suitor of Zaida.

Cual flecha se disparó,
despedida de la cuerda,
de tal suerte le embistió;
detrás de la oreja izquierda
la aguda lanza le hirió.

Brama la fiera burlada;
segunda vez acomete,
de espuma y sudor bañada,
y segunda vez le mete
sutil la punta acerada.

Pero ya Rodrigo espera,
con heroico atrevimiento,
el pueblo mudo y atento;
se engalla[12] el toro y altera,
y finge acometimiento.

La arena escarba, ofendido;
sobre la espalda la arroja
con el hueso retorcido;[13]
el suelo huele y le moja
en ardiente resoplido.

La cola inquieto menea,
la diestra oreja mosquea;[14]
vase retirando atrás,
para que la fuerza sea
mayor, y el ímpetu más.

El que en esta ocasión viera
de Zaida el rostro alterado
claramente conociera
cuánto le cuesta cuidado
el que tanto riesgo espera.

Mas, ¡ay, que le embiste, horrendo,
el animal espantoso!
Jamás peñasco tremendo
del Cáucaso[15] cavernoso
se desgaja, estrago haciendo,

ni llama así fulminante
cruza en negra oscuridad
con relámpagos delante,
al estrépito tronante
de sonora tempestad,

como el bruto se abalanza,
con terrible ligereza;
mas, rota con gran pujanza
la alta nuca, la fiereza
y el último aliento lanza.

La confusa vocería
que en tal instante se oyó
fué tanta, que parecía
que honda mina reventó,
o el monte y valle se hundía.

A caballo, como estaba,
Rodrigo el lazo[16] alcanzó
con que el toro se adornaba:
en su lanza le clavó
y a los balcones llegaba.

Y alzándose en los estribos,
le alarga a Zaida, diciendo:
« Sultana, aunque bien entiendo
ser favores excesivos,
mi corto don admitiendo,

si no os dignáredes ser
con él benigna, advertid
que a mí me basta saber
que no le debo ofrecer
a otra persona en Madrid. »

Ella, el rostro placentero,
dijo, y turbada: « Señor,
yo le[17] admito y le venero,
por conservar el favor
de tan gentil caballero. »

Y, besando el rico don,
para agradar al doncel,
le prende con afición
al lado del corazón
por brinquiño[18] y por joyel.

Pero Aliatar, el caudillo,
de envidia ardiendo se ve,
y, trémulo y amarillo,
sobre un tremecén rosillo[19]
lozaneándose fué.

Y, en ronca voz: « Castellano
— le dice — con más decoros
suelo yo dar de mi mano,
si no penachos de toros,
las cabezas del cristiano;

Y si vinieras de guerra
cual vienes de fiesta y gala,
vieras que en toda la tierra
al valor que dentro encierra
Madrid, ninguno se iguala. »

12 se engalla — stands stiff and arrogant.
13 hueso retorcido — twisted foreleg (as the bull paws
the ground and throws dirt over his back his leg appears
to twist).
14 mosquear — Here: to flick.
15 Cáucaso — Caucasus, a mountain range between
the Black and Caspian seas which contains the highest
peak in Europe (Mt. Elburz, 18,526 ft.).

16 lazo — bow (a ribbon placed on the bull's withers
to identify its breeder).
17 le — it (the bow).
18 brinquiño — trinket.
19 tremecén rosillo — light colored Arabic horse.

« Así — dijo el de Vivar —
respondo »; y la lanza al ristre[20]
pone, y espera a Aliatar;
mas, sin que nadie administre
orden, tocaron a armar.

Ya fiero bando con gritos
su muerte o prisión pedía,[21]
cuando se oyó en los distritos
del monte de Leganitos
del Cid la trompetería.

Entre la Monclova y Soto
tercio[22] escogido emboscó,[23]
que, viendo cómo tardó,
se acerca, oyó el alboroto,
y al muro se abalanzó.

Y si no vieran salir
por la puerta a su señor,
y Zaida a le despedir,
iban la fuerza a embestir:
tal era ya su furor.

El alcaide, recelando
que en Madrid tenga partido,[24]
se templó, disimulando,
y por el parque florido
salió con él razonando.

Y es fama que, a la bajada,
juró por la cruz el Cid
de su vencedora espada
de no quitar la celada
hasta que gane a Madrid.

Tomás de Iriarte, 1750–91 (pp. 328–29)

Tomás de Iriarte was a genuine product of the Neo-Classic reforms in the second half of the eighteenth century. He believed in moderation and common sense and repeatedly insisted upon the didactic mission of literature which he thought should be not only beautiful and entertaining but also useful and uplifting. In keeping with his ambition to make art productive of good, Iriarte composed his best known literary work, the *Fábulas literarias*, a series of seventy-six fables of great metrical flexibility, first published in 1782. Iriarte strived to be original and wanted very much to be the first to compose a new type of literary work. He felt he had done this in his long didactic poem *La música*, devoted to the music

of Haydn, and also in his literary fables, which according to his first editor constituted the first entirely original collection published in Spanish. Navarro González, who edited his poetry more recently, states that Iriarte did not, of course, create the fable — a very ancient literary form — but is the only writer in the world who has left an extensive and original collection of them. Iriarte uses mostly animals as protagonists in his fables, but he also uses things such as the umbrella or the broom and occasionally human beings. His little poems show great variety; he used many themes and forty different meters in the seventy-five poems. His verses range from four to fourteen syllables. All of the fables were designed to give some precept or opinion about literature. Iriarte hoped to have a good influence on writers of his time by pointing out the defects of bad and the effectiveness of good writing.

Literary polemics were very fashionable in the eighteenth century, and Iriarte engaged in several. Forner, the most formidable polemicist of the age, attacked him with *El asno erudito* after the publication of the *Fábulas*, and Iriarte responded with *Para casos tales*. Iriarte also quarreled with Meléndez Valdés, Samaniego, García de la Huerta, Ramón de la Cruz, Sedano, and even the Inquisition. Some of these he attacked in his fables, though it is difficult to tell today precisely which of his opponents are hidden there.

In addition to his fables Iriarte wrote a number of dramas, the best of which are *El señorito mimado* (published in 1787 but not acted until 1788) and *La señorita malcriada* (1788). He translated Horace, fables of Phaedrus, one of the first four books of the Aeneid, and several works of French and German authors. Iriarte also composed anacreontics, *letras*, sonnets, epigrams, and epistles. He did not treat productive themes such as religion, love, and death, but was concerned mostly with the problems of enlightenment and literary criticism. Much of his work is elegant but cold and prosaic. He was a skilled technician but lacked the warmth and human quality of a great poet. His drama and poetry are little read today, but his fables have always been popular. They were translated into the major European languages and influenced both Florian and Schopenhauer. Ten

---

20 ristre — socket (for a lance); la lanza al ristre pone — he couches his lance.
21 The Moors were asking for the Cid's death.

22 tercio — Here: a company (of armed men).
23 emboscar — to place in ambush or hiding.
24 partido — allies.

editions of them appeared in the last eighteen years of the eighteenth century, sixty in the nineteenth century, and fifteen in the twentieth.

Fábula III

El oso, la mona y el cerdo

(Nunca una obra se acredita tanto de mala como cuando la aplauden los necios.)

Un Oso con que la vida
ganaba un piamontés,[1]
la no muy bien aprendida
danza ensayaba en dos pies.
   Queriendo hacer de persona,
dijo a una mona: « ¿Qué tal? »
Era perita la Mona,
y respondióle: « Muy mal. »
   « Yo creo, — replicó el Oso —
que me haces poco favor.
¡Pues qué!   ¿Mi aire no es garboso?
¿No hago el paso con primor? »
   Estaba el Cerdo presente,
y dijo: « ¡Bravo, bien va!
Bailarín más excelente
no se ha visto ni verá. »
   Echó el Oso, al oír esto,
sus cuentas[2] allá entre sí,
y con ademán modesto,
hubo de exclamar así:
   « Cuando me desaprobaba
la Mona, llegué a dudar;
mas ya que el Cerdo me alaba,
muy mal debo de bailar. »
   Guarde para su regalo
esta sentencia un autor:
Si el sabio no aprueba, ¡malo!
Si el necio aplaude, ¡peor!

Fábula VIII

El burro flautista

(Sin reglas del arte, el que en algo acierta, acierta por casualidad.)

Esta fabulilla,
salga bien o mal,
me ha ocurrido ahora
por casualidad.
   Cerca de unos prados
que hay en mi lugar,
pasaba un Borrico
por casualidad.
   Una flauta en ellos
halló, que un zagal

se dejó olvidada
por casualidad.
   Acercóse a olerla
el dicho animal
y dió un resoplido
por casualidad.
   En la flauta el aire
se hubo de colar,
y sonó la flauta
por casualidad.
   « ¡Oh! — dijo el Borrico —,
¡Qué bien sé tocar!
¡Y dirán que es mala
la música asnal! »
   Sin reglas del arte
borriquitos hay
que una vez aciertan
por casualidad.

Fábula XV

La rana y el renacuajo[3]

(¡Qué despreciable es la poesía de mucha hojarasca![4]*)*

En la orilla del Tajo
hablaba con la Rana el Renacuajo,
alabando las hojas, la espesura
de un gran cañaveral, y su verdura.
   Mas luego que del viento
el ímpetu violento
una caña abatió, que cayó al río,
en tono de lección dijo la Rana:
   « Ven a verla, hijo mío;
por defuera muy tersa, muy lozana;
por dentro toda fofa,[5] toda vana. »
   Si la Rana entendiera poesía,
también de muchos versos lo diría.

Fábula XXVIII

El asno y su amo[6]

(Quien escribe para el público, y no escribe bien, no debe fundar su disculpa en el mal gusto del vulgo.)

   « Siempre acostumbraba a hacer el vulgo
de lo bueno y lo malo igual aprecio.   [necio
Yo le doy lo peor, que es lo que alaba. »
   De este modo sus yerros disculpaba
un escritor de farsas indecentes;
y un taimado poeta que lo oía,
le respondió en los términos siguientes:
« Al humilde Jumento
su dueño daba paja, y le decía:

---

1 piamontés — Piedmontese.
2 echó sus cuentas — he figured things out.
3 renacuajo — tadpole, polliwog.
4 hojarasca — excessive foliage, dead leaves.

5 fofa — spongy.
6 According to Cotarelo y Mori this fable alludes to Ramón de la Cruz.

Toma, pues con eso estás contento.
Díjolo tantas veces, que ya un día
se enfadó el Asno, y replicó: « Yo tomo
lo que me quieres dar; pero, hombre injusto,
¿piensas que sólo de la paja gusto?
Dame grano y verás si me lo como. »

Sepa quien para el público trabaja,
que tal vez a la plebe culpa en vano;
pues si en dándole paja, come paja,
siempre que le dan grano, come grano.

Fábula XXXVII
El Buey y la Cigarra
*(Muy necio y envidioso es quien afea un
pequeño descuido en una obra grande.)*

Arando estaba el Buey, y a poco trecho,
la Cigarra, cantando, le decía:
« ¡Ay, ay! ¡Qué surco[7] tan torcido has hecho! »
Pero él la respondió: « Señora mía;
si no estuviera lo demás derecho,
usted no conociera lo torcido.
Calle, pues, la haragana reparona;[8]
que a mi amo sirvo bien, y él me perdona
entre tantos aciertos, un descuido. »
¡Miren quien hizo a quien cargo tan fútil!
Una cigarra al animal más útil.
Mas ¿si me habrá entendido[9]
el que a tachar se atreve
en obras grandes un defecto leve?

Juan Meléndez Valdés, 1754–1817 (p. 332)

Meléndez Valdés was the most important
and most popular Spanish poet of the eighteenth century, both at home and abroad.
Although he represents mainly the principal
attitudes of his time, he stood on the threshold
of a new era and pointed the way to Romanticism. Indeed, Azorín calls him the first of
the Romantics and some readers find his two
ballads entitled *Doña Elvira* more characteristic of the Romantic *leyenda* than those
of José Zorrilla. I. L. McClelland, however,
stresses the Neo-Classicism of his work.

Meléndez first achieved recognition when
his eclogue *Batilo* won a competition sponsored by the Royal Spanish Academy in 1780.
He won over no less a literary figure than
Tomás de Iriarte, who attacked Meléndez and
criticized his poem harshly. In 1781 Meléndez
again received official acclaim for his ode
La gloria de las artes, which he was invited to
compose for a meeting of the Royal Academy

of St. Ferdinand. In 1784 he won another
literary contest sponsored by the city of
Madrid to celebrate the peace treaty with
England. His entry, a pastoral drama entitled
Las bodas de Camacho el rico, won over fifty-
seven others. Based on an episode from the
Quijote, his play was a failure when presented
on the stage, a fact which gave some comfort
to the losers in the contest and confirmed their
opinion of the judges' selection.

In 1785 Meléndez published his first volume
of poems, which was greeted with great
acclaim by people of all social classes. He
became known as the leader of the revival of
Spanish poetry, which previous to his advent
as a poet had passed through a relatively
unproductive period, the first two-thirds of
the eighteenth century. The people of Spain,
stung by the criticisms of foreigners as to the
degenerate state of Spanish letters, were looking for a new poetic voice, and they found it in
Meléndez. Jovellanos called him "el restau-
rador de la poesía española." Forner compared him to Garcilaso, and others called him
the equal of Fray Luis de León and Lope de
Vega. His fame continued unabated into the
nineteenth century. In 1811, for example, an
edition of his poetry went through three
printings. In 1820, three years after his death,
his complete works were published at the
expense of the Spanish government.

The reaction against him reached its climax
in 1840 with the publication of two volumes of
studies on eighteenth century poets by Gómez
Hermosilla with an introduction by Tineo.
These two critics condemned him on nearly
every count. Later critics, such as the Marquis
de Valmar (who prepared for the *Biblioteca de
autores españoles* the best edition of his poetry
to date), Menéndez y Pelayo, Azorín, Pedro
Salinas, I. L. McClelland, and W. E. Colford
have given him a more just evaluation. Meléndez is now generally considered to have
been the best lyric poet of his day, and though
he may never again be ranked on a par with
Garcilaso and Fray Luis, neither will his name
be forgotten by lovers of Spanish poetry.

Meléndez frequently imitates the convivial
poetry of the Greek poet Anacreon, who
sang of the joys of love and wine. Meléndez
excelled in this type of light, frivolous, but
sensual verse which had overtones of the
pastoral poetry of the Spanish poets of the
sixteenth century. Almost half of the 1875

---

7 surco — furrow.
8 haragana reparona — lazy faultfinder.

9 ¿si me habrá entendido? — I wonder if (he) has
understood me.

volume is devoted to Anacreontic odes, which
writers continued to cultivate for half a
century. Salinas has pointed out, however,
that Meléndez, though imitating Anacreon,
developed a way of feeling and thinking not
strictly Anacreontic. This was diffused throughout his poetry, impregnating it with a strong
sensual and festive aroma. His principal theme
was love, which he viewed as all-powerful.
The object of his affection (Ciparis, Rosana,
Filis) is sometimes described in loving detail,
and his poetic world is populated by beautiful *zagalas*, doves, nightingales, murmuring
springs, small groves, light breezes, and country dances. He concentrated on the minute.
The abundance of diminutives for which
he has been criticized is characteristic of the
Anacreontic manner and imparts to his
poems the delicate, fragile, tinkling sound he
sought to achieve. He allowed nothing ugly to
intrude upon his bucolic scenes and represented nature as beautiful. R. M. MacAndrews
has affirmed that Meléndez, more than any
other poet, brought an appreciation of nature
to Spanish literature. His criterion of good
taste was in keeping with the prevailing mood
of eighteenth century Neo-Classicism.

Meléndez is also to be credited with having
re-popularized the *romance*, which had fallen
into disrepute. His first ballads were amorous
and pastoral like those of Góngora, but he
later adapted the meter to descriptions of
nature and expressions of his own inner
feelings.

Meléndez also produced poetry in which he
reflects on the mysteries of life and the destiny
of man. Jovellanos, whom he admired very
much, had suggested to him that he enrich his
poetry and deal more with social, humanitarian, and philosophical ideas, and Meléndez at
times expresses the views and concerns of
eighteenth century thinkers and reformers.
He, in turn, influenced the encyclopedic poetry
of his friend Quintana. He gives a foretaste of
Romanticism with his subjectivity, despair,
melancholy, weeping, and the ubiquitous Romantic *¡Ay!*

A mis lectores

No con mi blanda lira
serán en ayes tristes
lloradas las fortunas
de reyes infelices;

ni el grito del soldado,
feroz en crudas lides;
o el trueno con que arroja
la bala el bronce horrible.

Yo tiemblo y me estremezco;
que el numen no permite
al labio temeroso
canciones tan sublimes.

Muchacho soy y quiero
decir más apacibles
querellas, y gozarme
con danzas y convites.

En ellos coronado
de rosas y alhelíes,[1]
entre risas y versos
menudeo los brindis.

En coro las muchachas
se juntan por oírme;
y al punto mis cantares
con nuevo ardor repiten.

Pues Baco y el de Venus[2]
me dijeron, que felice[3]
celebre en dulces himnos
sus glorias y festines.

Oda II
El amor mariposa

Viendo el Amor un día,
que mil lindas zagalas
huían dél medrosas
por mirarle con armas;
dicen que de picado
les juró la venganza,
y una burla les hizo
como suya extremada.

Tornóse en mariposa,
los bracitos en alas,
y los pies ternezuelos
en patitos dorados.

¡Oh! ¡qué bien que parece!
¡Oh! ¡qué suelto que vaga,
y ante el sol hace alarde[4]
de su púrpura y nácar!

Ya en el valle se pierde;
ya en una flor se para;
ya otra besa festivo,
y otra ronda y halaga.

Las zagalas al verle,
por sus vuelos y gracia
mariposa le juzgan
y en seguirle no tardan.

Una a cogerle llega,
y él la burla y escapa;

---

1 alhelí — gillyflower.
2 el de Venus — Cupid.

3 felice — feliz.
4 hacer alarde — to show off, exhibit.

otra en pos va corriendo,
y otra simple le llama,
  despertando el bullicio
de tan loca algazara[5]
en sus pechos incautos
la ternura más grata.

  Ya que juntas las mira,
dando alegres risadas
súbito Amor se muestra,
y a todas las abrasa.

  Mas las alas ligeras
en los hombros por gala
se guardó el fementido,
y así a todos alcanza.

  También de mariposa
le quedó la inconstancia:
llega, hiere, y de un pecho
a herir otro se pasa.

Oda VI
A Dorila

  ¡Cómo se van las horas,
y tras ellas los días,
y los floridos años
de nuestra frágil vida!

  La vejez luego viene
del amor enemiga,
y entre fúnebres sombras
la muerte se avecina,

  que escuálida y temblando,
fea, informe, amarilla,
nos aterra, y apaga
nuestros fuegos y dichas.

  El cuerpo se entorpece,
los ayes nos fatigan,
nos huyen los placeres,
y deja la alegría.

  Si esto, pues, nos aguarda,
¿para qué, mi Dorila,
son los floridos años
de nuestra frágil vida?

  Para juegos y bailes,
y cantares y risas
nos los dieron los cielos,
las Gracias[6] los destinan.
  Ven, ¡ay! ¿Qué te detiene?
Ven, ven, paloma mía,

debajo de estas parras,
do lene[7] el viento aspira,
  y entre brindis suaves
y mimosas delicias,
de la niñez gocemos,
pues vuela tan aprisa.

Oda XVIII
De mis cantares

  Las zagalas me dicen:
¿Cómo siendo tan niño,
tanto, Batilo,[8] cantas
de amores y de vino?

  Yo voy a responderles;
mas luego de improviso
me vienen nuevos versos
de Baco y de Cupido.

  Porque las dos deidades,
sin poder resistirlo,
todo mi pecho, todo
tienen ya poseído.[9]

Romance I
Rosana en los fuegos[10]

  Del sol llevaba la lumbre
y la alegría del alba
en sus celestiales ojos
la hermosísima Rosana,
  una noche que a los fuegos
salió, la fiesta de Pascua,
para abrasar todo el valle
en mil amorosas ansias.

  La primavera florece
donde las huellas estampa;
y donde se vuelve, rinde
la libertad de mil almas.

  El céfiro la acaricia,
y mansamente la halaga,
los Cupidos la rodean,
y las Gracias[11] la acompañan,
  y ella, así como en el valle,
descuella la altiva palma,[12]
cuando sus verdes pimpollos
hasta las nubes levanta,
  o cual vid de fruto llena,
que con el olmo se abraza,
y sus vástagos extiende
al arbitrio de las ramas;

---

5 algazara — din, clamor, hustle and bustle.
6 The Graces, or Charities, in Greek mythology were goddesses who personified graces and beauty. They were three in number and named Euphrosyne (Joyfulness), Aglaia (Brilliance) and Thalia (Luxury). Their special duty was to make life refined and elegant. Meléndez refers to them frequently.
7 lene — soft (to the touch), light.
8 Batilo was the poetic name by which Meléndez was known in the Salamancan school of poetry.
9 His love of pleasure was apparently not a pose, for in a letter to Iriarte, Cadalso said that Meléndez was a "mozo algo inclinado a los placeres mundanales, a las hembras, al vino y al campo, y afecto en demasía a estas cosas modernas."
10 This *romance* is one of Meléndez' best known poems and was chosen as one of the one hundred best poems in the Spanish language by Menéndez y Pelayo.
11 See note 6.
12 y ella . . . palma — and she stands out (excels) like the tall palm tree in the valley.

así entre sus compañeras
el nevado cuello alza
sobresaliendo entre todas,
cual fresca rosa entre zarzas,
  o como cándida perla,
que artífice diestro engasta
entre encendidos corales,
porque más luzcan sus aguas.
  Todos los ojos se lleva
tras sí; todo lo avasalla:
de amor mata a los pastores,
y de envidia a las zagalas:
  tal, que oyéndola, corridas,
tan altamente aclamada,
por no sufrirlo se alejan
Amarilis[13] y su hermana.
  Ni las músicas se atienden,
ni se gozan las lumbradas,[14]
que todos corren por verla,
y al verla todos se abrasan.
  ¡Qué de suspiros se escuchan!
¡Qué de vivas y de salvas!
No hay zagal que no la admire,
y no enloquezca en loarla.
  Cuál absorto la contempla,
y a la aurora la compara,
cuando más alegre sale,
y el cielo en albores baña;
  cuál al fresco y verde aliso,
que al pie de corriente mansa
cuando más pomposas hojas
en sus cristales retrata;
  cuál a la luna, si ostenta,
de luceros coronada,
venciendo las altas cumbres,
llena su esfera de plata.
  Otros pasmados la miran,
y mudamente la alaban,
y mientras más la contemplan,
muy más hermosa la hallan;
  que es como el cielo su rostro,
cuando en una noche clara
con su ejército de estrellas
brilla, y los ojos encanta,
  o el sol que alzándose corre
tras de la rubia mañana,
y de su gloria en el llano,
todos sus fuegos derrama,
  que tan radiante deslumbra,
que sin acción deja el alma;
y más el corazón goza,
cuanto más el labio calla.
  ¡Oh qué de celos se encienden,
y ansias y zozobras causa

en las serranas del Tormes
su perfección sobrehumana!
  Las más hermosas la temen,
mas sin osar murmurarla;
que como el oro más puro,
no sufre una leve mancha.
  ¡Bien haya tu gentileza,
otra y mil veces bien haya;
y abrase la envidia al pueblo,
hermosísima aldeana!
  Toda, toda eres perfecta,
toda eres donaire y gracia;
el amor vive en tus ojos,
y la gloria está en tu cara,
  en esa cara hechicera,
do toda su luz cifrada
puso Venus misma, y ciego
en pos de sí me arrebata.
  La libertad me has robado;
yo la doy por bien robada,
y mi vida y mi ser todo,
que ahincados se te consagran.
  No el don por pobre desdeñes,
que aun las deidades más altas
a zagales cual yo humildes
un tiempo acogieron gratas;
  y mezclando sus ternezas
con sus rústicas palabras,
no, aunque diosas, esquivaron
sus amorosas demandas.
  Su feliz ejemplo sigue,
pues en beldad las igualas;
cual yo a todos los excedo
en lo fino de mi llama. —
  Así un zagal le decía
con razones mal formadas,
que salió libre a los fuegos,
y volvió cautivo a casa.
  De entonces penado y triste
el día a sus puertas le halla;
ayer le cantó esta letra
echándole la alborada:
    « Linda zagaleja
    de cuerpo gentil,
    muérome de amores
    desde que te vi. »
  Tu talle, tu aseo,
tu gala y donaire;
tus dones no tienen
igual en el valle.
  Del cielo son ellos,
y tú un serafín,
    « Muérome de amores
    desde que te vi. »

---

13 Amaryllis is the name given to a shepherdess in
Vergil's first eclogue, hence any beautiful country girl.

14 lumbradas — bonfires.

De amores me muero
sin que nada alcance
a darme la vida,
que allá me llevaste;
si no te condueles,
benigna de mí,
    « Que muero de amores
    desde que te vi. »

Manuel José Quintana, 1772–1857 (p. 334; 515–16)

Quintana, a public-spirited patriot and statesman, lived more in the nineteenth century than in the eighteenth, but he belonged temperamentally to the earlier time. He lived through the storms of the Romantic period without being affected by them and until his death clung to his encyclopedic ideas and Neo-Classic views of the function of poetry and art. He fought for a liberal constitution, serving, among many important public positions, as Fiscal Agent of the Junta Central de Comercio, First Officer of the General Secretariat, and Secretary of the Interpretation of Languages. When the Constitution was abolished, Quintana was imprisoned and sentenced to ten years of exile and four of confinement. This sentence was later changed to six years imprisonment and confiscation of all his possessions and titles. He recovered everything in 1820 when he was set free but lost it again three years later for similar reasons. Upon the death of Fernando VII his possessions were restored to him, and he lived in honor at court, having been appointed tutor to Isabel II. Nevertheless he died poor. His pupil honored him in 1855 by crowning him poet laureate in a solemn public act.

Quintana shared the Neo-Classic conviction that poetry should serve some useful purpose, and he is best remembered for the odes which cry out for freedom, progress, and love of country. He left a great deal of poetry, most of which has faded greatly in popularity; but his spirited odes filled with fiery patriotism, noble sentiments, and challenges to Spaniards to act like heroes of old, are still read with pleasure. The titles of some of his poems reveal his major interests: *Oda a la imprenta*; *A la expedición española para propagar la vacuna en*

América; *Al combate de Trafalgar*; *Al armamento de las provincias españolas contra los franceses*. He hated the French for having invaded Spain and criticized the Spaniards for having allowed their country to fall from the great days of the Empire. Formally he was Neo-Classic, but he spoke with the emotionalism of a Romantic when urging Spaniards to face their duty with courage and determination.

Quintana wrote two Neo-Classic tragedies, *El duque de Viseo*, 1801, and *El Pelayo*, 1805, neither of which was successful. In collaboration with Juan Álvarez Guerra he founded in 1803 a review entitled *Variedades de Ciencias, Literatura, y Artes* which continued for two years. When the French invaded in 1808, he began the publication of *Semanario patriótico* which he printed until 1811. He started the publication of *Vidas de españoles célebres*, biographies of nine famous Spaniards, in 1807, and finished it in 1833. Among them were the Cid, Guzmán el Bueno, Pizarro, Cortés, and Balboa, whose lives Quintana hoped might inspire Spaniards to great deeds again. But it is as a civic poet that he lives today, despite the fact that he wrote very little on the great lyric themes of love, religion, nature, and death. Ideologically a product of the eighteenth century ideas of liberalism, justice, and progress of mankind, he devoted his poetry to his patriotic crusade.

Oda

A España después de la revolución de marzo[1]

¿Qué era, decidme, la nación que un día
reina del mundo proclamó el destino,
la que a todas las zonas extendía
su cetro de oro y su blasón divino?
Volábase a occidente,
y el vasto mar Altántico sembrado
se hallaba de su gloria y su fortuna.
Doquiera España: en el preciado seno
de América, en el Asia, en los confines
del África, allí España. El soberano
vuelo de la atrevida fantasía
para abarcarla se cansaba en vano;
la tierra sus mineros le rendía,
sus perlas y coral el Oceano,
y dondequier que revolver sus olas
él intentase, a quebrantar su furia
siempre encontraba costas españolas.

---

1 This ode, which Peers calls his "most moving and personal," commemorates the uprising of the Spanish people against Charles IV and Godoy which took place in March, 1808, in Aranjuez, a few days before Napoleon's troops entered Madrid. Quintana composed his poem about a month after the event.

Ora en el cieno del oprobio hundida,
abandonada a la insolencia ajena,
como esclava en mercado, ya aguardaba
la ruda argolla² y la servil cadena.
¡Qué de plagas, oh Dios!   Su aliento impuro
la pestilente fiebre respirando,
infestó el aire, emponzoñó la vida;
el hambre enflaquecida
tendió los brazos lívidos, ahogando
cuanto el contagio perdonó; tres veces
de Jano el templo abrimos,³
y a la trompa de Marte aliento dimos;
tres veces ¡ay! los dioses tutelares
su escudo nos negaron, y nos vimos
rotos en tierra y rotos en los mares.
¿Qué en tanto tiempo viste
por tus inmensos términos, oh Iberia?
¿Qué viste ya sino funesto luto,
honda tristeza, sin igual miseria,
de tu vil servidumbre acerbo fruto?

Así, rota la vela, abierto el lado,
pobre bajel a naufragar camina,
de tormenta en tormenta despeñado,
por los yermos del mar; ya ni en su popa
las guirnaldas se ven que antes le ornaban,
ni en señal de esperanza y de contento
la flámula⁴ riendo al aire ondea.
Cesó en su dulce canto el pasajero,
ahogó su vocería
el ronco marinero,
terror de muerte en torno le rodea,
terror de muerte silencioso y frío;
y él va a estrellarse al áspero bajío.⁵

Llega el momento, en fin; tiende su mano
el tirano del mundo⁶ al occidente
y fiero exclama: «¡El occidente es mío!»
Bárbaro gozo en su ceñuda frente
resplandeció, como en el seno obscuro
de nube tormentosa en el estío;
relámpago fugaz brilla un momento
que añade horror con su fulgor sombrío.
Sus guerreros feroces
con gritos de soberbia el viento llenan;
gimen los yunques, los martillos suenan,
arden las forjas. ¡Oh vergüenza! ¿Acaso

pensáis que espadas son para el combate
las que mueven sus manos codiciosas?
No en tanto os estiméis: grillos, esposas,
cadenas son que en vergonzosos lazos
por siempre amarren tan inertes brazos.
Estremecióse España
del indigno rumor que cerca oía,
y al grande impulso de su justa saña
rompió el volcán que en su interior hervía.
Sus déspotas antiguos
consternados y pálidos se esconden;
resuena el eco de venganza en torno,
y del Tajo las márgenes responden:
«¡Venganza!»   ¿Dónde están, sagrado río,
los colosos de oprobio y de vergüenza
que nuestro bien en su insolencia ahogaban?
Su gloria fué; nuestro esplendor comienza;
y tú, orgulloso y fiero,
viendo que aun hay Castilla y castellanos,
precipitas al mar tus rubias ondas
diciendo: «¡Ya acabaron los tiranos!»
¡Oh triunfo! ¡Oh gloria! ¡Oh celestial
[momento!
¿Con qué puede ya dar el labio mío
el nombre augusto de la patria al viento?
Yo le daré; mas no en el arpa de oro
que mi cantar sonoro
acompañó hasta aquí; no aprisionado
en estrecho recinto, en que se apoca
el numen en el pecho
y el aliento fatídico en la boca.
Desenterrad la lira de Tirteo,⁷
y al aire abierto a la radiante lumbre
del sol, en la alta cumbre
del riscoso y pinífero Fuenfría,⁸
allí volaré yo, y allí cantando
con voz que atruene en rededor la sierra,
lanzaré por los campos castellanos
los ecos de la gloria y de la guerra.

¡Guerra, nombre tremendo, ahora sublime,
único asilo y sacrosanto escudo
al ímpetu sañudo
del fiero Atila⁹ que a occidente oprime!
¡Guerra, guerra, españoles!   En el Betis
ved del Tercer Fernando¹⁰ alzarse airada

---

2 argolla — pillory, ring (worn by prisoners about the neck).
3 Janus was a mythical person who caught Saturn when the latter was thrown down from Heaven. In gratitude Saturn gave him the gift of seeing the present and past. In Rome the temple of Janus was not closed except when there was peace. This happened only nine times in one thousand years. In speaking of opening Janus' temple three times, Quintana means Spain has gone to war three times.
4 flámula — flag, banner.

5 bajío — shoal, sandbank.
6 el tirano del mundo — Napoleon.
7 Tyrtaeus was a Greek poet of the seventh century B.C. who with his songs inspired his people to war.
8 Fuenfría is a pass in the Guadarrama Mountains in the province of Segovia.
9 Attila, the leader of the Huns in the fifth century. Quintana compares him to Napoleon, continuing the image of the barbarous invader.
10 Fernando III, el Santo, was a great general, and won many victories from the Moors.

la augusta sombra; su divina frente
mostrar Gonzalo[11] en la imperial Granada;
blandir el Cid su centellante espada,
y allá sobre los altos Pirineos,
del hijo de Jimena[12]
animarse los miembros giganteos.
En torvo ceño y desdeñosa pena
ved cómo cruzan por los aires vanos;
y el valor exhalando que se encierra
dentro del hueco de sus tumbas frías,
en fiera y ronca voz pronuncian: « ¡Guerra! »
  « ¡Pues qué! »   ¿Con faz serena
vierais los campos devastar opimos,
eterno objeto de ambición ajena,
herencia inmensa que afanando os dimos?
Despertad, raza de héroes; el momento
llegó ya de arrojarse a la victoria;
que vuestro nombre eclipse nuestro nombre,
que vuestra gloria humille nuestra gloria.
No ha sido en el gran día
el altar de la patria alzado en vano
por vuestra mano fuerte.

Juradlo, ella os lo manda: *¡Antes la muerte*
que consentir jamás ningún tirano!
  Sí, yo lo juro, venerables sombras;
yo lo juro también, y en este instante
ya me siento mayor.   Dadme una lanza,
ceñidme el casco fiero y refulgente;
volemos al combate, a la venganza;
y el que niegue su pecho a la esperanza,
hunda en el polvo la cobarde frente.
Tal vez el gran torrente
de la devastación en su carrera
me llevará. ¿Qué importa? ¿Por ventura
no se muere una vez?   ¿No iré, expirando,
a encontrar nuestros ínclitos mayores?
« ¡Salud, oh padres de la patria mía,
yo les diré, salud!   La heroica España
de entre el estrago universal y horrores
levanta la cabeza ensangrentada,
y vencedora de su mal destino,
vuelve a dar a la tierra amedrentada
su cetro de oro y su blasón divino. »

---

11 Gonzalo de Córdoba, called The Great Captain, won some important victories for Spain against the Moors and in Italy.

12 Bernardo del Carpio who fought the French at Roncesvalles was Jimena's son.

LYRIC POETRY OF THE NINETEENTH CENTURY
ROMANTICISM

Ángel de Saavedra y Ramírez Baquedano, Duque de Rivas, 1791–1865 (pp. 61–62; 111–113; 339–40)

One of his biographers said that the Duque de Rivas "fué pintor y poeta desde la cuna." His interest in poetry was apparently kindled by his friendship with the Conde de Noroña, Governor of Cádiz, Juan Nicasio Gallego, Francisco Martínez de la Rosa, Manuel José Quintana and other literary figures. Rivas' fame stems from his narrative poetry: *El moro expósito*, 1834, a recreation of the legend of the Infantes de Lara; the *Romances históricos*, 1841, brilliant evocations of Spanish history; *Leyendas*, 1854; and many plays, among them *Don Álvaro*.[1] He also wrote *costumbrista* sketches, travel essays, and discourses of various kinds.

Rivas' first volume of lyric poetry was published in 1814. In the *Advertencia* he says: "La mayor parte de estas poesías están pensadas y escritas o en medio de las incomodidades de una guerra activa o entre el manejo de negocios áridos y enfadosos." He further states that he tried to copy the simplicity of sixteenth century poets. Boussagol considered this volume largely derivative poetry of classical inspiration of the sixteenth, seventeenth, and eighteenth centuries, especially that of Meléndez Valdés. Many of these poems were later republished in 1820, and in 1821 a second volume appeared containing some forty-five new poems. Rivas continued to write lyric poetry from the 1820's through the 1840's.

Rivas began his writing in strict imitation of Boileau's rules and the Neo-Classic tradition, but some critics saw in his 1821 volume a kind of Romantic nostalgia and imagery. Although his poetry often reveals color, freshness, and spontaneity, his lyric muse is for the most part artificial. His grace and harmony cannot disguise his careless and often superficial improvisation. Fluid yet prosaic style

and sincere patriotic feeling elicited the somewhat lukewarm praise of Rivas Cherif, who acknowledged that *El faro de Malta* contained "versos a ratos admirables." Valera liked his amatory poems best and found in them that "todo es verdad, todo está vivamente sentido y primorosa y fácilmente expresado." While Rivas' lyric poetry exemplifies color, nature, love, patriotism, the fleeting aspect of human life, and a changing world of religion and philosophy, he contributed little to the lyric Romantic process.

El Faro de Malta[2]

Envuelve al mundo extenso triste noche,
ronco huracán borrascosas nubes
confunden y tinieblas impalpables
    el cielo, el mar, la tierra.
Y tú[3] invisible te alzas, en tu frente
ostentando de fuego una corona,
cual rey del caos, que refleja y arde
    con luz de paz y vida.
En vano ronco el mar alza sus montes,
y revienta a tus pies, do rebramante,
creciendo en blanca espuma, esconde y borra
    el abrigo del puerto.
Tú con lengua de fuego *aquí está* dices,
sin voz hablando al tímido piloto,
que como a numen bienhechor te adora,
    y en ti los ojos clava.
Tiende apacible noche el manto rico,
que céfiro amoroso desenrolla,
recamado de estrellas y luceros,
    por él rueda la luna;
y entonces tú, de niebla vaporosa
vestido, dejas ver en formas vagas
tu cuerpo colosal, y tu diadema
    arde a par de los astros.
Duerme tranquilo el mar, pérfido esconde
rocas aleves, áridos escollos
falso señuelo[4] son; lejanas lumbres
    engañan a las naves;
mas tú, cuyo esplendor todo lo ofusca,
tú, cuyo inmoble posición indica
el trono de un monarca, eres su norte,

---

1 For excerpts from *El moro expósito* see pp. 3–6. One of his *romances históricos* begins on page 6, and *Don Álvaro* on page 44.
2 This poem, written in Sapphic strophes with the

fourth line of seven syllables, is viewed by some critics as an early Romantic work.
3 tú — the lighthouse.
4 señuelo — decoy.

les adviertes su engaño.
Así de la razón arde la antorcha,
en medio del furor de las pasiones,
o de aleves halagos de fortuna,
    a los ojos del alma.
Desque refugio de la airada suerte
en esta escasa tierra que presides,
y grato albergue el cielo bondadoso
    me concedió propicio,
ni una vez sólo a mis pesares busco
dulce olvido del sueño entre los brazos,
sin saludarte, y sin tornar los ojos
    a tu espléndida frente.
¡Cuántos, ay, desde el seno de los mares
al par los tornarán![5] . . . Tras larga ausencia
unos, que vuelven a su patria amada,
    a sus hijos y esposa.
Otros, prófugos, pobres, perseguidos,
que asilo buscan, cual busqué, lejano,
y a quienes, que lo hallaron, tu luz dice,
    hospitalaria estrella.
Arde, y sirve de norte a los bajeles,
que de mi patria, aunque de tarde en tarde,
me traen nuevas amargas, y renglones
    con lágrimas escritos.
Cuando la vez primera deslumbraste
mis afligidos ojos, ¡cuál mi pecho,
destrozado y hundido en amargura,
    palpitó venturoso!
Del Lacio[6] moribundo las riberas
huyendo inhospitables, contrastado
del viento y mar, entre ásperos bajíos;[7]
    vi tu lumbre divina:
viéronla como yo los marineros,
y olvidando los votos y plegarias
que en las sordas tinieblas se perdían,
    ¡Malta! ¡Malta! gritaron;
y fuiste a nuestros ojos la aureola
que orna la frente de la santa imagen,
en quien busca afanoso peregrino
    la salud y el consuelo.
Jamás te olvidaré, jamás . . . Tan sólo
trocara tu esplendor, sin olvidarlo,
rey de la noche, y de tu excelsa cumbre
    la benéfica llama,
por la llama y los fúlgidos destellos,
que lanza, reflejando al sol naciente,
el arcángel dorado, que corona
    de Córdoba[8] la torre.

                                    1828

José de Espronceda, 1808–42 (pp. 340–44)

José de Espronceda, a poet of secret socie-
ties and Romantic revolutions, belonged to
the Parnasillo Café group with Mariano José
de Larra, Patricio de Escosura, Antonio Ros
de Olano and Fernando Fernández de
Córdoba—a group known as the "partida del
trueno." Pi y Margall felt that Espronceda
"fué el verdadero inventor de la espléndida y
original forma de la lírica en el Romanticismo
español . . . ," and Guillermo Díaz Plaja considers him "el poeta más sobresaliente del
romanticismo español," superior in concep-
tual richness to Bécquer and at least the equal
of Zorrilla in external form.

Many critics have insisted on Espronceda's
relationship to Byron. The Conde de Toreno
supposedly exclaimed, when asked if he had
read Espronceda's poetry, that he had read
Byron's works instead because he preferred
the originals to the copies. Espronceda evened
the score by referring to Toreno in *El diablo
mundo* as the "necio audaz de corazón de
cieno / a quien llaman el conde de Toreno."
The nineteenth century largely accepted this
Byronic influence, as did Philip Churchman
in the twentieth. Eugenio d'Ors, who disliked
Espronceda, called him "genio de café" and
"Byron chispero." Casalduero believes that
Espronceda's romantic formation stemmed
from Byron, at least in *El diablo mundo*, his
most Byronic work, but Cascales Muñoz insists that Espronceda was an original poet,
and Alonso Cortés sees in him only an incidental reflection of poetic themes to be
found among poets in many parts of the
world. Esteban Pujals asserted that Espronceda was completely independent, and that
almost all similarities could be explained by
the fact that both were typical romantic poets.

Espronceda published his first book of
poetry in 1840, but he was already well known
in Spain as a poet. Although he was patriotic,
he rebelled against absolutism and authority.
Most of his poetic heroes, the executioner, the
pirate, the criminal and the beggar, are antisocial and reflect his attitudes about society.
In his short lyric poems Espronceda shows a
confused idealism, bitterness, pain and pessi-

---

5 Cuántos . . . tornarán — How many, alas, from the
bosom of the sea, will turn them (the eyes) in the same
way.
6 Lacio — Latium, Italy. Rivas went there in 1825 but
had to leave and take refuge on Malta where he lived
for five years.

7 bajíos — sand banks. The boat on which Rivas
sailed, the Maretimo, was almost wrecked in a storm.
It was then that Rivas was inspired to write this poem.
8 He would exchange it only for Córdoba, his native
city.

mism. He stresses the fleeting quality of pleasure and life, both of which are illusions. For him love and glory do not really exist, and the only solution to man's problems is death.

In addition to these short lyrics, Espronceda wrote a novel, *Sancho Saldaña*, an unfinished historical poem, *Pelayo*, several dramas, many newspaper articles, and two major poems. *El estudiante de Salamanca*[1] is a narrative poem of superstition, love, death, good and evil, alternating narrative and descriptive passages with lyrical and dramatic ones. *El diablo mundo*, published in installments in 1840, is a mixture of fantasy and realism in six cantos with an introduction. As the poem opens, a chorus of demons celebrate their freedom. During the night, the poet hears the strange noises which represent pleasures of the world, along with its vices and virtues, despair and death. An old man named Adam, convinced of the sterility of science and human knowledge, falls asleep. Death appears and offers him the peace of the grave. Immortality also offers herself to him, and he accepts, is rejuvenated, and enters his new life without memory of the old. The reborn man is candid and naive, but is surrounded by society's evils. After a series of adventures, he begins to reason for himself and becomes like other men.

Inserted into this universal vision of mankind, in which many see the influence of Gracián, Voltaire, Goethe and Byron, is a second canto, *Canto a Teresa*, forty-four *octavas* which Pedro Salinas called a "vivid document of the innermost soul." This elegy, full of longing for love, may be a sincere outpouring or perhaps a romantic pose. Teresa Mancha, the woman of the poem, was the daughter of an army officer transferred to England, and had married Don Gregorio del Barjo, a rich Spanish merchant. Espronceda prevailed on her to leave her husband. Once back in Spain she left her lover, came back to him, and finally abandoned him, dying in 1839 at the age of twenty-seven. *El diablo mundo*, sarcastic, ironic and cynical, is of uneven merit, full of digressions and a variety of meters which convey different moods. Ros de Olano, who wrote the prologue to the first edition, felt that in it Espronceda had revolutionized versification. Many critics object to the combination of the sublime and the trivial, but Alessandro Martinengo explains that Espronceda intended to write a Spanish Faust. While he was writing the poem, however, he decided that he was too much under Goethe's influence and deliberately ridiculed himself and the sentiments he had expressed. Partially the poem reflects the dual aspects in Espronceda's own nature, the doubting skeptic and the seeker for social justice. Had he lived to finish his poem, Espronceda might have caused Adam to regret choosing life over death, but he probably would have added the possibility of religious salvation.

In spite of any defects, Espronceda will be remembered and loved as one of Spain's great lyric poets. José García de Villalta said of him: "Tomó las formas de la mística belleza del orbe; arrancó sus secretos al más puro y recóndito sentir del espíritu humano." José Moreno Villa felt: "No es extraño que sumase más admiradores que los otros románticos, y que sus debilidades técnicas quedasen oscurecidas por la fogosidad y nobleza de su alma." When he died, *El Corresponsal* described his funeral as the most spontaneous, most distinguished and most brilliant "homenaje de nuestros días a la memoria del más inspirado de los poetas españoles."

Al Sol

Himno.

Para y óyeme ¡oh sol! yo te saludo
y estático ante ti me atrevo a hablarte:
ardiente como tú mi fantasía,
arrebatada en ansia de admirarte,
intrépidas a ti sus alas guía.
¡Ojalá que mi acento poderoso,
sublime resonando,
del trueno pavoroso
la temerosa voz sobrepujando,
¡oh sol! a ti llegara
y en medio de tu curso te parara!
¡Ah! si la llama que mi mente alumbra
diera también su ardor a mis sentidos;
al rayo vencedor que los deslumbra
los anhelantes ojos alzaría,
y en tu semblante fúlgido atrevidos,
mirando sin cesar, los fijaría.
¡Cuánto siempre te amé, sol refulgente!
¡Con qué sencillo anhelo,
siendo niño inocente,
seguirte ansiaba en el tendido cielo,
y estático te vía[2]
y en contemplar tu luz me embebecía!
De los dorados límites de Oriente

---

1 For excerpts from *El estudiante de Salamanca*, see pp. 10–21.

2 vía — veía.

que ciñe el rico en perlas Océano,
al término sombroso de Occidente,
las orlas de tu ardiente vestidura
tiendes en pompa, augusto soberano,
y el mundo bañas en tu lumbre pura.
Vívido lanzas de tu frente el día,
y, alma y vida del mundo,
tu disco en paz majestuoso envía
plácido ardor fecundo,
y te elevas triunfante,
corona de los orbes centellante.

Tranquilo subes del cenit dorado,
al regio trono en la mitad del cielo
de vivas llamas y esplendor ornado,
y reprimes tu vuelo:
y desde allí tu fúlgida carrera
rápido precipitas,
y tu rica encendida cabellera
en el seno del mar trémula agitas,
y tu esplendor se oculta,
y el ya pasado día
con otros mil la eternidad sepulta.

¡Cuántos siglos sin fin, cuántos has visto
en tu abismo insondable desplomarse!
¡Cuánta pompa, grandeza y poderío
de imperios populosos disiparse!
¿Qué fueron ante ti? Del bosque umbrío
secas y leves hojas desprendidas,
que en círculos se mecen,
y al furor de Aquilón³ desaparecen.

Libre tú de tu cólera divina,
viste anegarse el universo entero,⁴
cuando las aguas por Jehová lanzadas,
impelidas del brazo justiciero
y a mares por los vientos despeñadas,
bramó la tempestad: retumbó en torno
el ronco trueno y con temblor crujieron
los ejes de diamante de la tierra:
montes y campos fueron
alborotado mar, tumba del hombre.
Se estremeció el profundo;
y entonces tú, como señor del mundo,
sobre la tempestad tu trono alzabas,
vestido de tinieblas,
y tu faz engreías,⁵
y a otros mundos en paz resplandecías.

Y otra vez nuevos siglos
viste llegar, huir, desvanecerse
en remolino eterno, cual las olas
llegan, se agolpan y huyen del Océano,
y tornan otra vez a sucederse;

mientras inmutable tú, solo y radiante
¡oh sol! siempre te elevas,
y edades mil y mil huellas triunfante.

¿Y habrás de ser eterno, inextinguible,
sin que nunca jamás su inmensa hoguera
pierda su resplandor, siempre incansable,
audaz siguiendo tu inmortal carrera,
hundirse las edades contemplando,
y solo, eterno, perenal, sublime,
monarca poderoso, dominando?
No; que también la muerte,
si de lejos te sigue,
no menos anhelante te persigue.
¿Quién sabe si tal vez pobre destello
eres tú de otro sol que otro universo
mayor que el nuestro un día
con doble resplandor esclarecía?

Goza tu juventud y tu hermosura,
¡oh sol! que cuando el pavoroso día
llegue que el orbe estalle y se desprenda
de la potente mano
del Padre soberano,⁶
y allá a la eternidad también descienda,
deshecho en mil pedazos, destrozado
y en piélagos de fuego
envuelto para siempre y sepultado;
de cien tormentas al horrible estruendo,
en tinieblas sin fin tu llama pura
entonces morirá: noche sombría
cubrirá eterna la celeste cumbre:
¡¡¡Ni aun quedará reliquia de tu lumbre!!!⁷

Poesías, 1840

Canción del pirata⁸

Con diez cañones por banda,⁹
viento en popa a toda vela,
no corta el mar, sino vuela
un velero bergantín:
Bajel pirata que llaman
por su bravura el *Temido*,
en todo mar conocido
del uno al otro confín.

La luna en el mar ríela,¹⁰
en la lona gime el viento,
y alza en blando movimiento
olas de plata y azul;
y ve el capitán pirata,
cantando alegre en la popa,
Asia a un lado, al otro Europa
y allá a su frente Estambul.¹¹

---

3 Aquilón — North Wind.
4 a reference to the great flood of Biblical times.
5 engreías — you brightened.
6 Padre soberano — God.
7 As can be seen, the Romantics were fond of excessive exclamatory punctuation.

8 This song was also inserted in the novel *Sancho Saldaña*.
9 por banda — on each side.
10 ríela — sparkles.
11 Estambul — Istambul, formerly Constantinople.

"Navega, velero mío,
    sin temor,
que ni enemigo navío,
ni tormenta, ni bonanza
tu rumbo a torcer alcanza,
ni a sujetar tu valor.

    Veinte presas
    hemos hecho
    a despecho
    del inglés,
    y han rendido
    sus pendones
    cien naciones
    a mis pies.

Que es mi barco mi tesoro,
que es mi Dios la libertad;
mi ley, la fuerza y el viento;
mi única patria, la mar.

Allá muevan feroz guerra
    ciegos reyes
por un palmo más de tierra,
que yo tengo aquí por mío
cuanto abarca el mar bravío,
a quien nadie impuso leyes.

    Y no hay playa,
    sea cualquiera,
    ni bandera
    de esplendor,
    que no sienta
    mi derecho
    y dé pecho[12]
    a mi valor.

Que es mi barco mi tesoro,
que es mi Dios la libertad;
mi ley, la fuerza y el viento;
mi única patria, la mar.

A a la voz de « ¡Barco viene! »
    es de ver
cómo vira y se previene
a todo trapo[13] a escapar;
que yo soy el rey del mar,
y mi furia es de temer.

    En las presas
    yo divido
    lo cogido
    por igual:
    sólo quiero
    por riqueza

    la belleza
    sin rival.

Que es mi barco mi tesoro,
que es mi Dios la libertad;
mi ley, la fuerza y el viento;
mi única patria, la mar.

¡Sentenciado estoy a muerte!
    Yo me río:
No me abandone la suerte,
y al mismo que me condena,
colgaré de alguna entena,
quizá en su propio navío.

    Y si caigo,
    ¿qué es la vida?
    Por perdida
    ya la di,
    cuando el yugo
    del esclavo,
    como un bravo,
    sacudí.

Que es mi barco mi tesoro,
que es mi Dios la libertad;
mi ley, la fuerza y el viento;
mi única patria, la mar.

Son mi música mejor
    aquilones;
el estrépito y temblor
de los cables sacudidos,
del negro mar los bramidos
y el rugir de mis cañones.

    Y del trueno
    al son violento,
    y del viento
    al rebramar,
    yo me duermo
    sosegado
    arrullado
    por el mar.

Que es mi barco mi tesoro.
que es mi Dios la libertad;
mi ley, la fuerza y el viento;
mi única patria, la mar. »

El mendigo

Mío es el mundo: como el aire libre,
otros trabajan porque coma yo;
todos se ablandan si doliente pido
una limosna por amor de Dios.

---

12 dar pecho — to pay tribute.

13 a todo trapo — at full sail.

El palacio, la cabaña
  son mi asilo,
si del ábrego[14] el furor
troncha el roble en la montaña,
o si inunda la campaña
el torrente asolador.

  Y a la hoguera
  me hacen lado
  los pastores
  con amor,
  y sin pena
  y descuidado
  de su cena
  ceno yo,
  o en la rica
  chimenea,
  que recrea
  con su olor,
  me regalo[15]
  codicioso
  del banquete
  suntüoso
  con las sobras
  de un señor.

Y me digo: el viento brama,
caiga furioso turbión;[16]
que al son que cruje de la seca leña,
libre me duermo sin rencor ni amor.
  Mío es el mundo: como el aire libre . . .

Todos son mis bienhechores,
  y por todos
a Dios ruego con fervor;
de villanos y señores
yo recibo los favores
sin estima y sin amor.

  Ni pregunto
  quiénes sean,
  ni me obligo
  a agradecer;
  que mis rezos
  si desean,
  dar limosna
  es un deber.
  Y es pecado
  la riqueza:
  la pobreza
  santidad:
  Dios a veces
  es mendigo,
  y al avaro

  da castigo,
  que le niegue
  caridad.

Yo soy pobre y se lastiman
todos al verme plañir.
Sin ver son mías sus riquezas todas,
que mina inagotable es el pedir.
  Mío es el mundo: como el aire libre . . .

Mal revuelto y andrajoso,
  entre harapos
del lujo sátira soy,
y con mi aspecto asqueroso
me vengo del poderoso
y adonde va, tras él voy.

  Y a la hermosa
  que respira
  cien perfumes,
  gala, amor,
  la persigo
  hasta que mira,
  y me gozo
  cuando aspira
  mi punzante
  mal olor.
  Y las fiestas
  y el contento
  con mi acento
  turbo yo,
  y en la bulla
  y la alegría
  interrumpen
  la armonía
  mis harapos
  y mi voz,

mostrando cuán cerca habitan
el gozo y el padecer,
que no hay placer sin lágrimas, ni pena
que no traspire en medio del placer.
  Mío es el mundo: como el aire libre . . .

Y para mí no hay *mañana*,
  ni hay *ayer;*
olvido el bien como el mal,
nada me aflige ni afana;
me es igual para mañana
un palacio, un hospital.

  Vivo ajeno
  de memorias,
  de cuidados

14 ábrego — southwestern wind.
15 me regalo — I enjoy myself.

16 turbión — sudden downpour of short duration, accompanied by strong winds.

libre estoy;
busquen otros
oro y glorias,
yo no pienso
sino en hoy.
Y do quiera
vayan leyes,
quiten reyes,[17]
reyes den;
yo soy pobre,
y al mendigo,
por el miedo
del castigo,
todos hacen
siempre bien.

Y un asilo donde quiera
y un lecho en el hospital
siempre hallaré, y un hoyo donde caiga
mi cuerpo miserable al espirar.

Mío es el mundo: como el aire libre,
otros trabajan porque coma yo:
todos se ablandan si doliente pido
una limosna por amor de Dios.

Poesías, 1840

El reo de muerte

¡¡¡Para hacer bien por el alma
del que van a ajusticiar!!!

I

Reclinado sobre el suelo
con lenta amarga agonía,
pensando en el triste día
que pronto amanecerá;
en silencio gime el reo
y el fatal momento espera
en que el sol por vez postrera
en su frente lucirá.

Un altar y un crucifijo
y la enlutada capilla,
lánguida vela amarilla
tiñe en su luz funeral;
y junto al mísero reo,
medio encubierto el semblante,
se oye al fraile agonizante
en son confuso rezar.

El rostro levanta el triste
y alza los ojos al cielo;
tal vez eleva en su duelo

la súplica de piedad.
¡Una lágrima! ¿Es acaso
de temor o de amargura?
¡Ay! a aumentar su tristura
vino un recuerdo quizá!!!

Es un joven, y la vida
llena de sueños de oro,
pasó ya, cuando aún el lloro
de la niñez no enjugó:
el recuerdo es de la infancia,
¡y su madre que le llora,
para morir así ahora
con tanto amor le crió!!!

Y a par que sin esperanza
ve ya la muerte en acecho,
su corazón en su pecho
siente con fuerza latir,
al tiempo que mira al fraile
que en paz ya duerme a su lado,
y que, ya viejo y postrado,
le habrá de sobrevivir.

¿Mas qué rumor a deshora
rompe el silencio? Resuena
una alegre cantilena
y una guitarra a la par,
y gritos y de botellas
que se chocan el sonido,
y el amoroso estallido
de los besos y el danzar.
y también pronto en son triste
lúgubre voz sonará:
        ¡Para hacer bien por el alma
        del que van a ajusticiar!

Y la voz de los borrachos,
y sus brindis, sus quimeras,
y el cantar de las rameras,[18]
y el desorden bacanal
en la lúgubre capilla
penetran, y carcajadas,
cual de lejos arrojadas
de la mansión infernal.[19]
Y también pronto en son triste
lúgubre voz sonará:
        ¡Para hacer bien por el alma
        del que van a ajusticiar!

¡Maldición! Al eco infausto,
el sentenciado maldijo
la madre que como a hijo
a sus pechos le crió;

---

17 vayan leyes, quiten reyes — a paraphrase of the proverb, "Allá van leyes do quieren reyes," a king can twist the law to serve his own purposes.

18 rameras — prostitutes.
19 mansión infernal — infernal regions or Hell.

y maldijo el mundo todo,
maldijo su suerte impía,
maldijo el aciago día
y la hora en que nació.

II

Serena la luna
alumbra en el cielo,
domina en el suelo
profunda quietud;
ni voces se escuchan,
ni ronco ladrido,
ni tierno quejido
de amante laúd.

Madrid yace envuelto en sueño,
todo al silencio convida,
y el hombre duerme y no cuida
del hombre que va a espirar;
si tal vez piensa en mañana,
ni una vez piensa siquiera
en el mísero que espera
para morir, despertar;
que sin pena ni cuidado
los hombres oyen gritar:
*¡Para hacer bien por el alma
del que van a ajusticiar!*

¡Y el juez también en su lecho
duerme en paz!! ¡y su dinero
el verdugo, placentero,
entre sueños cuenta ya!!
Tan solo rompe el silencio
en la sangrienta plazuela
el hombre del mal que vela
un cadalso a levantar.

Loca y confusa la encendida mente,
sueños de angustia y fiebre y devaneo,
el alma envuelven del confuso reo,
que inclina al pecho la abatida frente.

Y en sueños
confunde
la muerte,
la vida:
recuerda
y olvida,
suspira,
respira
con hórrido afán.

Y en un mundo de tinieblas
vaga y siente miedo y frío,
y en su horrible desvarío
palpa en su cuello el dogal;[20]

y cuanto más forcejea,
cuanto más lucha y porfía,
tanto más en su agonía
aprieta el nudo fatal.
Y oye ruido, voces, gentes,
y aquella voz que dirá:
*¡Para hacer bien por el alma
del que van a ajusticiar!*

O ya libre se contempla,
y el aire puro respira,
y oye de amor que suspira
la mujer que a un tiempo amó,
bella y dulce cual solía,
tierna flor de primavera,
el amor de la pradera
que el abril[21] galán mimó.

Y gozoso a verla vuela,
y alcanzarla intenta en vano,
que al tender la ansiosa mano
su esperanza a realizar,
su ilusión la desvanece
de repente el sueño impío,
y halla un cuerpo mudo y frío
y un cadalso en su lugar;
y oye a su lado en son triste
lúgubre voz resonar:
*¡Para hacer bien por el alma
del que van a ajusticiar!*

Poesías, 1840

A Jarifa en una orgía

Trae, Jarifa, trae tu mano;
ven y pósala en mi frente,
que en un mar de lava hirviente
mi cabeza siento arder.
Ven y junta con mis labios
esos labios que me irritan,
donde aún los besos palpitan
de tus amantes de ayer.

¿Qué la virtud, la pureza?
¿Qué la verdad y el cariño?
Mentida ilusión de niño
que halagó mi juventud.
Dadme vino: en él se ahoguen
mis recuerdos; aturdida
sin sentir huya la vida;
paz me traiga el ataúd.

El sudor mi rostro quema,
y en ardiente sangre rojos
brillan inciertos mis ojos,
se me salta el corazón.

20 dogal — noose.

21 abril — young.

Huye, mujer; te detesto.
Siento tu mano en la mía,
y tu mano siento fría,
y tus besos hielos son.

¡Siempre igual! Necias mujeres,
inventad otras caricias,
otro mundo, otras delicias,
o maldito sea el placer.
Vuestros besos son mentira,
mentira vuestra ternura,
es fealdad vuestra hermosura,
vuestro gozo es padecer.

Yo quiero amor, quiero gloria,
quiero un deleite divino,
como en mi mente imagino,
como en el mundo no hay;
Y es la luz de aquel lucero
que engañó mi fantasía,
fuego fatuo,[22] falso guía
que errante y ciego me trae.

* * *

¿Por qué murió para el placer mi alma,
y vive aún para el dolor impío?
¿Por qué si yazgo en indolente calma,
siento, en lugar de paz, árido hastío?

¿Por qué este inquieto, abrasador deseo?
¿Por qué este sentimiento extraño y vago,
que yo mismo conozco un devaneo,
y busco aún su seductor halago?

¿Por qué aún fingirme amores y placeres
que cierto estoy de que serán mentira?
¿Por qué en pos de fantásticas mujeres
necio tal vez mi corazón delira,

si luego, en vez de prados y de flores,
halla desiertos áridos y abrojos,
y en sus sandios o lúbricos amores
fastidio sólo encontrará y enojos?

Yo me arrojé, cual rápido cometa,
en alas de mi ardiente fantasía:
doquier mi arrebatada mente inquieta
dichas y triunfos encontrar creía.

Yo me lancé con atrevido vuelo
fuera del mundo en la región etérea,
y hallé la duda, y el radiante cielo
vi convertirse en ilusión aérea.

Luego en la tierra la virtud, la gloria,
busqué con ansia y delirante amor,

y hediondo polvo y deleznable escoria[23]
mi fatigado espíritu encontró.

Mujeres vi de virginal limpieza
entre albas nubes de celeste lumbre;
yo las toqué, y en humo su pureza
trocarse vi, y en lodo y podredumbre.

Y encontré mi ilusión desvanecida
y eterno e insaciable mi deseo;
palpé la realidad y odié la vida;
sólo en la paz de los sepulcros creo.

Y busco aún y busco codicioso,
y aún deleites el alma finge y quiere.
Pregunto y un acento pavoroso
« ¡ay! » me responde, « desespera y muere. »

« Muere, infeliz: la vida es un tormento
un engaño el placer; no hay en la tierra
paz para ti, ni dicha, ni contento,
sino eterna ambición y eterna guerra.

« Que así castiga Dios el alma osada,
que aspira loca, en su delirio insano,
de la verdad para el mortal velada
a descubrir el insondable arcano. »

* * *

¡Oh! cesa; no, yo no quiero
ver más, ni saber ya nada;
harta mi alma y postrada,
sólo anhela descansar.
En mí muera el sentimiento,
pues ya murió mi ventura,
ni el placer ni la tristura
vuelvan mi pecho a turbar.

Pasad, pasad en óptica ilusoria
y otras jóvenes almas engañad;
nacaradas imágenes de gloria,
coronas de oro y de laurel, pasad.

Pasad, pasad, mujeres voluptuosas,
con danza y algazara en confusión;
pasad como visiones vaporosas
sin conmover ni herir mi corazón.

Y aturdan mi revuelta fantasía
los brindis y el estruendo del festín,
y huya la noche y me sorprenda el día
en un letargo estúpido y sin fin.

Ven, Jarifa; tú has sufrido
como yo; tú nunca lloras;
mas, ¡ay triste!, que no ignoras
cuán amarga es mi aflicción.

22 fuego fatuo — will-o'-the-wisp.

23 deleznable escoria — loathsome slime.

Una misma es nuestra pena,
en vano el llanto contienes . . .
Tú también, como yo, tienes
desgarrado el corazón.

Poesías, 1840

Canto II[24]
A Teresa

DESCANSA EN PAZ

¿Por qué volvéis a la memoria mía,
tristes recuerdos del placer perdido,
a aumentar la ansiedad y la agonía
de este desierto corazón herido?
¡Ay! que de aquellas horas de alegría
le quedó al corazón sólo un gemido,
¡y el llanto que al dolor los ojos niegan,
lágrimas son de hiel que el alma anegan!

¿Dónde volaron ¡ay! aquellas horas
de juventud, de amor y de ventura,
regaladas de músicas sonoras,
adornadas de luz y de hermosura?
Imágenes de oro bullidoras,
sus alas de carmín y nieve pura,
al sol de mi esperanza desplegando,
pasaban, ¡ay!, a mi alredor cantando.

Gorjeaban los dulces ruiseñores,
el sol iluminaba mi alegría,
el aura susurraba entre las flores,
el bosque mansamente respondía,
las fuentes murmuraban sus amores . . .
¡Ilusiones que llora el alma mía!
¡Oh! ¡Cuán süave resonó en mi oído
el bullicio del mundo y su ruïdo!

Mi vida entonces, cual guerrera nave
que el puerto deja por la vez primera
y al soplo de los céfiros suave
orgullosa despliega su bandera,
y al mar dejando que a sus pies alabe
su triunfo en roncos cantos, va velera,
una ola tras otra bramadora
hollando[25] y dividiendo vencedora.

¡Ay! En el mar del mundo, en ansia ardiente
de amor volaba; el sol de la mañana
llevaba yo sobre mi tersa frente,
y el alma pura de su dicha ufana:

dentro de ella, el amor, cual rica fuente
que entre frescura y arboledas mana,
brotaba entonces abundante río
de ilusiones y dulce desvarío.

Yo amaba todo: un noble sentimiento
exaltaba mi ánimo, y sentía
en mi pecho un secreto movimiento,
de grandes hechos generoso guía.
La libertad, con su inmortal aliento,
santa diosa, mi espíritu encendía,
contino[26] imaginando en mi fe pura
sueños de gloria al mundo y de ventura.

El puñal de Catón,[27] la adusta frente
del noble Bruto, la constancia fiera
y el arrojo de Scévola[28] valiente,
la doctrina de Sócrates severa,
la voz atronadora y elocuente
del orador de Atenas,[29] la bandera
contra el tirano macedonio alzando,
y al espantado pueblo arrebatando.

El valor y la fe del caballero,
del trovador el arpa y los cantares,
del gótico castillo el altanero
antiguo torreón, do sus pesares
cantó tal vez con eco lastimero,
¡ay!, arrancada de sus patrios lares,
joven cautiva, al rayo de la luna,
lamentando su ausencia y su fortuna.

El dulce anhelo del amor que aguarda
tal vez, inquieto y con mortal recelo,
la forma bella que cruzó, gallarda
allá en la noche entre el medroso velo;
la ansiada cita que en llegar se tarda
al impaciente y amoroso anhelo,
la mujer y la voz de su dulzura,
que inspira al alma celestial ternura;

a un tiempo mismo en rápida tormenta,
mi alma alborotaban de contino,
cual las olas que azota con violenta
cólera impetuoso torbellino;
soñaba al héroe ya, la plebe atenta
en mi voz escuchaba su destino,
ya al caballero, al trovador soñaba
y de gloria y de amores suspiraba.[30]

---

24 Espronceda said, "Este canto es un desahogo de mi corazón; sáltelo el que no quiera leerlo, sin escrúpulo, pues no está ligado de manera alguna con el poema." Joaquín Casalduero, however, seems to feel it is part of the organic structure of *El diablo mundo*.
25 hollando — trampling.
26 contino — constantly.

27 Catón — Marcus Porcius Cato the Younger, B.C. 95–46.
28 Scévola — Roman hero who burned his own hand to avoid giving secrets to the enemy.
29 orador de Atenas — Demosthenes, B.C. 384–22, who delivered orations against Philip of Macedon.
30 The poet desired to be a complete man and exemplify in his own life the man of "arms and letters."

Hay una voz secreta, un dulce canto,
que el alma sólo recogida entiende,
un sentimiento misterioso y santo
que del barro al espíritu desprende;
agreste, vago y solitario encanto
que en inefable amor el alma enciende,
volando tras la imagen peregrina
el corazón de su ilusión divina.

Yo, desterrado en extranjera playa,[31]
con los ojos extático seguía
la nave audaz que argentada raya
volaba al puerto de la patria mía;
yo cuando en Occidente el sol desmaya,
solo y perdido en la arboleda umbría,
oír pensaba el armonioso acento
de una mujer, al suspirar del viento.

¡Una mujer![32] En el templado rayo
de la mágica luna se colora;
del sol poniente al lánguido desmayo,
lejos entre las nubes se evapora;
sobre las cumbres que florece el mayo,
brilla fugaz al despuntar[33] la aurora,
cruza tal vez por entre el bosque umbrío,
juega en las aguas del sereno río.

¡Una mujer! Deslízase en el cielo
allá en la noche desprendida estrella,
si aroma el aire recogió en el suelo,
es el aroma que le presta ella.
Blanca es la nube que en callado vuelo
cruza la esfera, y que su planta huella,
y en la tarde la mar olas la ofrece
de plata y de zafir donde se mece.

Mujer que amor en su ilusión figura,
mujer que nada dice a los sentidos,
ensueño de suavísima ternura,
eco que regaló nuestros oídos;
de amor la llama generosa y pura,
los goces dulces del placer cumplidos,
que engalana la rica fantasía,
goces que avaro el corazón ansía.

¡Ay!, aquella mujer, tan sólo aquélla
tanto delirio a realizar alcanza,
y esa mujer tan cándida y tan bella
es mentida ilusión de la esperanza:
es el alma que vívida destella
su luz al mundo cuando en él se lanza,
y el mundo con su magia y galanura,
es espejo no más de su hermosura.

Es el amor que al mismo amor adora,
el que creó las sílfides y ondinas,[34]
la sacra ninfa que bordando mora
debajo de las aguas cristalinas:
es el amor que recordando llora
las arboledas del Edén divinas,
amor de allí arrancado, allí nacido,
que busca en vano aquí su bien perdido.

¡Oh llama santa! ¡Celestial anhelo!
¡Sentimiento purísimo! ¡Memoria
acaso triste de un perdido cielo,
quizá esperanza de futura gloria!
¡Huyes y dejas llanto y desconsuelo!
¡Oh mujer, que en imagen ilusoria
tan pura, tan feliz, tan placentera,
brindó el amor a mi ilusión primera! . . .

¡Oh Teresa! ¡Oh dolor! Lágrimas mías,
¡ah!, ¿dónde estáis que no corréis a mares?
¿Por qué, por qué como en mejores días
no consoláis vosotras mis pesares?
¡Oh!, los que no sabéis las agonías
de un corazón que penas a millares,
¡ay!, desgarraron, y que ya no llora,
¡piedad tened de mi tormento ahora!

¡Oh, dichosos mil veces, sí, dichosos
los que podéis llorar! Y ¡ay!, ¡sin ventura
de mí, que, entre suspiros angustiosos,
ahogar me siento en infernal tortura!
Retuércese entre nudos dolorosos
mi corazón, gimiendo de amargura . . .
También tu corazón hecho pavesa,
¡ay!, llegó a no llorar, ¡pobre Teresa!

¿Quién pensara jamás, Teresa mía,
que fuera eterno manantial de llanto
tanto inocente amor, tanta alegría,
tantas delicias y delirio tanto?
¿Quién pensara jamás llegase un día
en que, perdido el celestial encanto
y caída la venda de los ojos,
cuanto diera placer causara enojos?

Aún parece, Teresa, que te veo
aérea como dorada mariposa,
en sueño delicioso del deseo,
sobre tallo gentil temprana rosa,
del amor venturoso devaneo,
angélica, purísima y dichosa,
y oigo tu voz dulcísima, y respiro
tu aliento perfumado en tu suspiro.

31 Espronceda met Teresa in Portugal.
32 *Una mujer* may refer to his poetic muse as well as
to Teresa.
33 despuntar — to begin to grow light (to dawn).

34 sílfides y ondinas — Sylphs and Undines. Sylphs
were mortal but soulless beings of the air, so named by
Paracelsus. Undines were female water spirits, who
could receive a soul by marrying a mortal.

Y aún miro aquellos ojos que robaron
a los cielos su azul, y las rosadas
tintas sobre la nieve, que envidiaron
las de mayo serenas alboradas;
y aquellas horas dulces que pasaron
tan breves ¡ay! como después lloradas,
horas de confianza y de delicias,
de abandono, y de amor, y de caricias.

Que así las horas rápidas pasaban,
y pasaba a la par nuestra ventura;
y nunca nuestras ansias las contaban,
tú embriagada en mi amor, yo en tu hermo-
Las horas ¡ay!, huyendo nos miraban,   [sura.
llanto tal vez vertiendo de ternura,
que nuestro amor y juventud veían,
y temblaban las horas que vendrían.

Y llegaron en fin . . . ¡Oh! ¿Quién, impío,
¡ay! agostó la flor de tu pureza?
Tú fuiste un tiempo cristalino río,
manantial de purísima limpieza;
después torrente de color sombrío,
rompiendo entre peñascos y maleza,
y estanque, en fin, de aguas corrompidas,
entre fétido fango detenidas.

¿Cómo caíste despeñado al suelo,[35]
astro de la mañana luminoso?
Ángel de luz, ¿quién te arrojó del cielo
a este valle de lágrimas odioso?
Aún cercaba tu frente el blanco velo
del serafín, y en ondas fulguroso,
rayos al mundo tu esplendor vertía,
y otro cielo el amor te prometía.

Mas, ¡ay!, que es la mujer ángel caído
o mujer nada más y lodo inmundo,
hermoso ser para llorar nacido,
o vivir como autómata en el mundo.
Sí, que el demonio en el Edén perdido
abrasara con fuego del profundo
la primera mujer, y ¡ay! aquel fuego,
la herencia ha sido de sus hijos luego.

Brota en el cielo del amor la fuente
que a fecundar el universo mana,
y en la tierra su límpida corriente
sus márgenes con flores engalana.
Mas, ¡ay!, huid: el corazón ardiente
que el agua clara por beber se afana,
lágrimas verterá de duelo eterno,
que su raudal lo envenenó el infierno.

Huid, si no queréis que llegue un día
en que, enredado en retorcidos lazos
el corazón, con bárbara porfía
luchéis por arrancároslo a pedazos;
en que al cielo, en histérica agonía,
frenéticos alcéis entrambos brazos,
para en vuestra impotencia maldecirle,
y escupiros, tal vez, al escupirle.[36]

Los años ¡ay! de la ilusión pasaron;
las dulces esperanzas que trajeron,
con sus blancos ensueños se llevaron,
y el porvenir de oscuridad vistieron;
las rosas del amor se marchitaron,
las flores en abrojos convirtieron,[37]
y de afán tanto y tan soñada gloria
sólo quedó una tumba, una memoria.

¡Pobre Teresa! Al recordarte siento
un pesar tan intenso . . . Embarga, impío,
mi quebrantada voz mi sentimiento,
y suspira tu nombre el labio mío;
para allí su carrera el pensamiento,
hiela mi corazón punzante frío,
ante mis ojos la funesta losa,
donde, vil polvo, tu beldad reposa.

Y tú, feliz, que hallaste en la muerte
sombra a que descansar en tu camino,
cuando llegabas mísera a perderte
y era llorar tu único destino;
cuando en tu frente la implacable suerte
grababa de los réprobos el sino . . .
¡Feliz!, la muerte te arrancó del suelo,
y otra vez ángel te volviste al cielo.

Roída de recuerdos de amargura,
árido el corazón sin ilusiones,
la delicada flor de tu hermosura
ajaron[38] del dolor los aquilones;
sola y envilecida, y sin ventura,
tu corazón secaron las pasiones;
tus hijos, ¡ay!, de ti se avergonzaran,
y hasta el nombre de madre te negaran.

Los ojos escaldados de tu llanto,
tu rostro cadavérico y hundido,
único desahogo en tu quebranto,
el histérico ¡ay! de tu gemido:
¿quién, quién pudiera en infortunio tanto
envolver tu desdicha en el olvido,
disipar tu dolor y recogerte
en su seno de paz? ¡Sólo la muerte!

---

35 a reference to Lucifer; see Isaiah XIV, 12.
36 In folklore tradition, one who spits at Heaven spits
at himself.

37 Supply *se;* read *se convirtieron.*
38 ajaron — spoiled.

¡Y tan joven, y ya tan desgraciada!
Espíritu indomable, alma violenta,
en ti, mezquina sociedad, lanzada
a romper tus barreras turbulenta;
nave contra las rocas quebrantada,
allá vaga, a merced de la tormenta,
en las olas tal vez náufraga tabla,
que sólo ya de sus grandezas habla.

Un recuerdo de amor que nunca muere
y está en mi corazón; un lastimero
tierno quejido que en el alma hiere,
eco süave de su amor primero:
¡Ay! De tu luz, en tanto yo viviere,
quedará un rayo en mí, blanco lucero,
que iluminaste con tu luz querida
la dorada mañana de mi vida.

Que yo como una flor que en la mañana
abre su cáliz al naciente día,
¡ay!, al amor abrí tu alma temprana,
y exalté tu inocente fantasía.
Yo, inocente también, ¡oh, cuán ufana
al porvenir mi mente sonreía,
y en alas de mi amor con cuánto anhelo
pensé contigo remontarme al cielo!

Y alegre, audaz, ansioso, enamorado,
en tus brazos en lánguido abandono,
de glorias y deleites rodeado,
levantar para ti soñé yo un trono;
y allí, tú venturosa y yo a tu lado,
vencer del mundo el implacable encono,[39]
y en un tiempo sin horas y medida
ver como un sueño resbalar la vida.

¡Pobre Teresa! Cuando ya tus ojos
áridos ni una lágrima brotaban;
cuando ya su color tus labios rojos
en cárdenos matices cambïaban;
cuando, de tu dolor tristes despojos
la vida y su ilusión te abandonaban,
y consumía lenta calentura
tu corazón al par de tu amargura;

si en tu penosa y última agonía
volviste a lo pasado el pensamiento;
si comparaste a tu existencia un día
tu triste soledad y tu aislamiento;
si arrojó a tu dolor tu fantasía
tus hijos, ¡ay!, en tu postrer momento,
a otra mujer tal vez acariciando,
madre tal vez a otra mujer llamando;

si el cuadro de tus breves glorias viste
pasar como fantástica quimera,

39 encono — rancor, ill will.

y si la voz de tu conciencia oíste
dentro de ti gritándote severa;
si, en fin, entonces tú llorar quisiste
y no brotó una lágrima siquiera
tu seco corazón, y a Dios llamaste,
y no te escuchó Dios, y blasfemaste;

¡Oh, crüel! ¡Muy crüel! ¡Martirio horrendo!
¡Espantosa expiación de tu pecado!
¡Sobre un lecho de espinas maldiciendo,
morir el corazón desesperado!
Tus mismas manos de dolor mordiendo,
presente a tu conciencia lo pasado,
buscando en vano con los ojos fijos
y extendiendo tus brazos a tus hijos.

¡Oh, crüel! ¡Muy crüel! ... ¡Ah!, yo, entre-
dentro del pecho mi dolor oculto,   [tanto,
enjugo de mis párpados el llanto
y doy al mundo el exigido culto;
yo escondo con vergüenza mi quebranto,
mi propia pena con mi risa insulto,
y me divierto en arrancar del pecho
mi mismo corazón pedazos hecho.

Gocemos, sí; la cristalina esfera
gira bañada en luz: ¡bella es la vida!
¿Quién a parar alcanza la carrera
del mundo hermoso que al placer convida?
Brilla radiante el sol, la primavera
los campos pinta en la estación florida:
truéquese en risa mi dolor profundo ...
Que haya un cadáver más, ¿qué importa al
                                [mundo?

José Zorrilla y Moral, 1817–93 (pp. 62–63;
115–17; 344–46)

Zorrilla, like Lorca in the twentieth century,
became a poet against his father's will. Both
abandoned law studies for writing. Zorrilla
became famous almost overnight after reading
his verses at Larra's funeral on February 15,
1837. In this connection Zorrilla remarked
once that his destiny seemed to be linked to
death: "Es de mi sino misterio / Vivir con
muertos ligado: / Poeta de lo pasado, / Yo
nací en un cementerio." Nicomedes Pastor
Díaz, describing that fateful day, says that
Zorrilla appeared, as if from the tomb itself.
Raising his pale countenance and giving a
sublime look at the tomb and at heaven, "leyó
en cortados y trémulos acentos los versos ...
que ... no pudo concluir. ... Nuestro asombro fué igual a nuestro entusiasmo."

Zorrilla, like Rivas, was primarily a narrative poet, but unlike the latter he continued to be a lyric poet of importance throughout his career. In many instances his poetry is difficult to classify as either completely narrative or lyrical. He himself recognized this, and in his second volume of poetry, dedicated to Donoso Cortés and Pastor Díaz, he explained that he exemplified no particular poetic genre: "Aprovecho del momento de la inspiración, sin curarme de las formas con que los atavío." Zorrilla was at his best in poems inspired by Moorish themes, especially *Granada*, 1852, a kind of oriental fantasy full of sensuous imagery, which Zorrilla called an "enorme leyenda."[1] He often projects his finest poetic personality in his plays in verse, especially in *Don Juan Tenorio*.

Almost completely a Romantic writer, he became the poetic leader of his generation when Espronceda died and Rivas went into semi-seclusion. His lyric poetry reflects the same characteristics, attributes and defects of his narrative works. It is full of mystery, melancholy, patriotism and religiosity, as the poet reveals a prodigious facility in his vivid and musical phrases. Zorrilla always suffered from verbosity, a trait he comments on in *Recuerdos del tiempo viejo*. "He aprendido desde muy joven una cosa muy difícil de poner en práctica: el arte de hablar mucho sin decir nada, que es en lo que consiste generalmente mi poesía lírica." In some of his poems he inserted verses he had used before, rearranging and incorporating them with other verses to suit his convenience.

Alberto Lista, whose seat in the Academy was offered, after his death, to Zorrilla, once said of Zorrilla's poetry: "Es imposible leer este poeta sin sentirse arrebatado a un mismo tiempo de admiración y de dolor." More often than not, however, critical *admiración* outstripped the *dolor*. Many considered him the best epic, lyric, and most popular poet of Spain; A. Bonilla y San Martín claimed: "Ningún otro existió en España, fuera de Lope, cuyos versos hayan sido más universalmente sentidos."

A la memoria de Larra[2]

Ese vago clamor que rasga el viento
Es la voz funeral de una campana;

Vano remedo del postrer lamento
De un cadáver sombrío y macilento
Que en sucio polvo dormirá mañana.

Acabó su misión sobre la tierra,
Y dejó su existencia carcomida,
Como una virgen al placer perdida
Cuelga el profano velo en el altar.
Miró en el tiempo el porvenir vacío,
Vacío ya de ensueños y de gloria,
Y se entregó a ese sueño sin memoria
Que nos lleva a otro mundo a despertar.

Era una flor que marchitó el estío,
Era una fuente que agotó el verano;
Ya no se siente su murmullo vano,
Ya está quemado el tallo de la flor.
Todavía su aroma se percibe,
Y ese verde color de la llanura,
Ese manto de hierba y de frescura,
Hijos son del arroyo creador.[3]

Que el poeta en su misión
Sobre la tierra que habita
Es una planta maldita
Con frutos de bendición.

Duerme en paz en la tumba solitaria,
Donde no llegue a tu cegado oído
Más que la triste y funeral plegaria
Que otro poeta cantará por ti.
Ésta será una ofrenda de cariño,
Más grata, sí, que la oración de un hombre,
Pura como la lágrima de un niño,
Memoria del poeta que perdí.

Si existe un remoto cielo,
De los poetas mansión,
Y sólo le queda al suelo
Ese retrato de hielo,
Fetidez y corrupción,

¡Digno presente, por cierto,
Se deja a la amarga vida!
¡Abandonar un desierto
Y darle a la despedida
La fea prenda[4] de un muerto!

Poeta: si en el *no ser*
Hay un recuerdo de ayer,
Una vida como aquí
Detrás de ese firmamento . . .
Conságrame un pensamiento
Como el que tengo de ti.

Poesías, 1837

---

1 For *Margarita la tornera*, another sample of his narrative vein, see p. 21.
2 This poem also appears under the title "A la memoria desgraciada del joven literato D. Mariano José de

Larra." Zorrilla stresses poetic loneliness and what he terms the poetic mission on earth.
3 Even though Larra has died, his works will remain.
4 prenda — body.

Oriental[5]

Dueña de la negra toca,
la del morado monjil,[6]
por un beso de tu boca
diera a Granada Boabdil.[7]

Diera la lanza mejor
del Zenete[8] más bizarro,
y con su fresco verdor
toda una orilla del Darro.[9]

Diera las fiestas de toros,
y si fueran en sus manos,
con las zambras[10] de los moros
el valor de los cristianos.

Diera alfombras orientales,
y armaduras, y pebetes,[11]
y diera . . . ¡que tanto vales!,
hasta cuarenta jinetes.

Porque tus ojos son bellos,
porque la luz de la aurora
sube al oriente desde ellos,
y el mundo su lumbre dora.

Tus labios son un rubí
partido por gala en dos . . .
Le arrancaron para ti
de la corona de un dios.

De tus labios, la sonrisa,
la paz, de tu lengua mana . . .
leve, aérea como brisa
de purpurina mañana.

¡Oh qué hermosa nazarena
para un harén oriental,
suelta la negra melena
sobre el cuello de cristal,

en lecho de terciopelo,
entre una nube de aroma,
y envuelta en el blanco velo
de las hijas de Mahoma![12]

Ven a Córdoba, cristiana,
sultana serás allí,
y el sultán será, ¡oh sultana!,
un esclavo para ti.

Te dará tanta riqueza,
tanta gala tunecina,[13]
que has de juzgar tu belleza
para pagarle, mezquina.

Dueña de la negra toca,
por un beso de tu boca
diera un reino Boabdil;

y yo, por ello, cristiana,
te diera de buena gana
mil cielos, si fueran mil.

Poesías, 1837

Oriental

Corriendo van por la vega,
a las puertas de Granada,
hasta cuarenta Gomeles[14]
y el capitán que los manda.

Al entrar en la ciudad,
parando su yegua blanca,
le dijo éste a una mujer
que entre sus brazos lloraba:

—Enjuga el llanto, cristiana,
no me atormentes así;
que tengo yo, mi sultana,
un nuevo Edén para ti.

Tengo un palacio en Granada,
tengo jardines y flores,
tengo una fuente dorada
con más de cien surtidores.

Y en la vega del Genil[15]
tengo parda fortaleza,
que será reina entre mil
cuando encierre tu belleza.

Y sobre toda una orilla
extiendo mi señorío:
ni en Córdoba ni en Sevilla
hay un parque como el mío.

Allí la altiva palmera
y el encendido granado,
junto a la frondosa higuera,
cubren el valle y collado.

Allí el robusto nogal,
allí el nópalo amarillo,
allí el sombrío moral,
crecen al pie del castillo.

Y olmos tengo en mi alameda
que hasta el cielo se levantan,
y en redes de plata y seda
tengo pájaros que cantan.

---

5 Zorrilla, who knew Arabic, was one of the leading
exponents of poetic orientalism. This is a good sample.
6 monjil — nun's dress.
7 Boabdil — the last Moorish king of Granada.
8 Zenete — one of the Berber tribe of Zeneta, influential at the Moorish court.
9 Darro — a river in Granada.

10 zambra — fiesta.
11 pebete — aromatic burning stick.
12 Mahoma — Mahomet or Mohammed, the founder
of Islam.
13 gala tunecina — Tunis finery.
14 Gomeles — Arabic knights of the Gomera tribe.
15 Genil — river which runs through Granada.

Sultana serás si quieres
que, desiertos mis salones,
está mi harén sin mujeres,
mis oídos sin canciones.

Yo te daré terciopelos
y perfumes orientales;
de Grecia te traeré velos,
y de Cachemira chales.[16]

Y te daré blancas plumas
para que adornes tu frente,
más blancas que las espumas
de nuestros mares de Oriente;

y perlas para el cabello,
y baños para el calor,
y collares para el cuello,
para los labios . . . . ¡amor!

—¿Qué me valen tus riquezas—
respondióle la cristiana—
si me quitas a mi padre,
mis amigos y mis damas?

Vuélveme, vuélveme, moro,
a mi padre y a mi patria,
que mis torres de León
valen más que tu Granada.—

Escuchóla en paz el moro,
y, manoseando su barba,
dijo, como quien medita,
en la mejilla una lágrima:

—Si tus castillos mejores
que nuestros jardines son,
y son más bellas tus flores,
por ser tuyas, en León;

y tú diste tus amores
a alguno de tus guerreros,
hurí del Edén, no llores;
vete con tus caballeros.—

Y dándole su caballo
y la mitad de su guardia,
el capitán de los moros
volvió en silencio la espalda.

Poesías, 1837

Indecisión

¡Bello es vivir, la vida es la armonía!
Luz, peñascos, torrentes y cascadas
un sol de fuego iluminando el día;
aire de aromas, flores apiñadas; . . .
¡Bello es vivir! Se siente en la memoria
el recuerdo bullir de lo pasado;
camina cada ser con una historia
de encantos y placeres que ha gozado.
Si hay huracanes y aquilón que brama,
si hay un invierno de humedad vestido,
hay una hoguera a cuya roja llama
se alza un festín con su discorde ruido.
Y una pintada y fresca primavera,
con su manto de luz y orla de flores,
que cubre de verdor la ancha pradera
donde brotan arroyos saltadores.
Y hay en el bosque gigantesca sombra,
y desierto sin fin en la llanura,
en cuya extensa y abrasada alfombra
crece la palma como hierba obscura.
Allí cruzan fantásticos y errantes,
como sombras sin luz y apariciones,
pardos y corpulentos elefantes,
amarillas panteras y leones.
Allí, entre el musgo de olvidada roca,
duerme el tigre feroz harto y tranquilo,
y de una cueva en la entreabierta boca,
solitario se arrastra el cocodrilo.
¡Bello es vivir, la vida es la armonía!
Luz, peñascos, torrentes y cascadas;
un sol de fuego iluminando el día;
aire de aromas, flores apiñadas . . .

Poesías, 1837

---

16 Cachemira — Kashmir, a state in northwestern
India. Cashmere shawls.

NINETEENTH CENTURY PHILOSOPHICAL POETRY

Ramón de Campoamor, 1817–1901 (pp. 349–50)

Ramón de Campoamor toyed with the idea of entering the Company of Jesus, and tried medicine, law, mathematics and astronomy before turning definitely to literature. He was for a time the editor of a political newspaper, a member of the Royal Council, Civil Governor of Alicante, Valencia, and Castellón de la Plana, and held a variety of other posts. In addition to his poetry he wrote a great number of philosophical treatises, including the well known *El personalismo*, 1850. For Ronald Hilton "his utterly neglected prose works constitute a highly valuable document for the intellectual life of the nineteenth century in Spain." In 1862 he became a member of the Royal Academy.

It is difficult to label Campoamor. For some he was reactionary; for others he was liberal; some considered him a heretic. Hilton states: "As a youth he displayed a traditionalism tinged with the religiosity of adolescence. As a young man, he developed into a liberal of the intellectual brand. . . . As he approached middle age, he degenerated into a conservative of the bourgeois type. . . . The third phase was the most protracted of all . . ." Campoamor exalted intelligence and reason, yet scorned the sciences; he praised and yet condemned patriotism, hated and loved women, stressed tolerance but attacked the Krausistas. A similar division of opinion exists about his poetry which some found daring; others, vulgar; many, superficial; and several, profound. Gumersindo Laverde Ruiz considered Campoamor as "indudablemente uno de los más originales y vigorosos ingenios del siglo XIX," and Clarín felt he was "nuestro mejor poeta." Whatever his merit, there can be no doubt that Campoamor was an accurate reflection of his age in his simple, social, philosophical, colloquial, and prosaic works.

According to Campoamor, *Ternezas y Flores*, 1840, *Ayes del alma*, 1842, and *Fábulas*, 1842, contained poetry written between the ages of fifteen and twenty-three. Later in life he regretted having written them, claiming that he would have refused permission to republish them were it not for the fact that he believed that "todo autor que tiene la desgracia de exponerse a ser juzgado por el público, se halla en la obligación de exhibir todas las obras de su inteligencia, sean buenas o malas, porque el lector debe saber como se ha efectuado el desarrollo del pensamiento del escritor que honra con su atención." *Ternezas y flores* was reprinted many times, as was all his later poetry. In these early collections he steers a middle course between Romanticism and Neo-Classicism.

Campoamor also wrote a variety of long poems, among them *Colón*, 1853. In this hodgepodge Campoamor names those who accompanied Columbus, recounts his life, the history of Spain, the theory of the Copernican system, and so forth. In 1869 he published another long poem, *El drama universal*, a fruitless philosophical attempt to create a new type of poetry. Undoubtedly, however, his three most famous collections are the *Doloras*, 1846, the most highly regarded; the *Pequeños poemas*, 1872; and the *Humoradas*, 1886.

In his *Poética* of 1883 Campoamor said "Todo lo sublime es breve," a dictate he carried out in his poems. The *doloras* have been defined in many ways. Essentially the author tries to exemplify an eternal truth, usually in ironic fashion, as he reacts in rhyme to the everyday life around him. He said: "De la elaboración interna de mis propias impresiones nacieron estas composiciones." He further defined the *Doloras* as "una composición poética en la cual se debe hallar unidas la ligereza con el sentimiento, y la concisión con la importancia filosófica." One commentator felt he wrote them because of a love named Dolores. Another claimed that these philosophical poems produced a kind of "dolor" in the soul. Others have called them didactic, symbolic, epico-dramatic, lyric, immoral, and a variety of other things. For Ventura Ruiz Aguilera, the collection was one of "los más originales que ha producido la moderna musa española. . . ."

Clarín called the *pequeños poemas* "poesía de lo pequeño; de lo pequeño a los ojos de los distraídos, del vulgo, de los pocos delicados." Campoamor insisted he was trying to revolutionize the form of verse with these poems just as previously he had tried to change the

essence of poetry with the *doloras*, because
"la forma poética tradicional me parece con-
vencional y falso. . . ." The *humoradas*, he felt,
were the most appropriate for "engraving
one's thoughts not only on rocks but also on
one's intelligence." Essentially the three forms
do not differ among themselves. They are at
times skeptical, pessimistic, ironical and
bitter. They deal with psychology and customs
and reflect the personal feelings of the author
regarding the problems of the period in
which he had to work and which he tried to
interpret. A *humorada*, he said, was "un rasgo
intencionado," a *dolora* "una humorada convertida en drama," and a *pequeño poema* "una
dolora amplificada."

Rubén Darío seems to have analyzed his
poetry well. As he explained: "Éste del cabello
cano / como la piel del armiño / juntó su
candor de niño / con su experiencia de anciano; / Cuando se tiene en la mano / un libro
de tal varón, / abeja es cada expresión / que
volando del papel, / deja en los labios la miel /
y pica en el corazón."

Cosas de la edad[1]

I

—Sé que corriendo, Lucía,
tras criminales antojos,
has escrito el otro día
una carta que decía:
—Al espejo de mis ojos.—

Y aunque mis gustos añejos
marchiten tus ilusiones,
te han de hacer ver mis consejos
que contra tales espejos
se rompen los corazones.

¡Ay! ¡No rindiera, en verdad,
el corazón lastimado
a dura cautividad,
si yo volviera a tu edad,
y lo pasado, pasado!

Por tus locas vanidades,
¡oh niña!, ¿no miras que son
más amargas las verdades,
cuanto allá en las mocedades
son más dulces las mentiras?
¿Qué es la tez seductora
con que el semblante se aliña,
luz que la edad descolora? . . .
Mas ¿no me escuchas, traidora?
(¡Pero, señor, *si es tan niña*! . . .).—

II

Conozco, abuela, en lo helado
de vuestra estéril razón,
que en el tiempo que ha pasado,
o habéis perdido o gastado
las llaves del corazón.

Si amor con fuerzas extrañas
a un tiempo mata y consuela,
justo es detestar sus sañas;
mas no amar, teniendo entrañas,
eso es imposible, abuela.

¿Nunca soléis maldecir
con desesperado empeño
al sol que empieza a lucir,
cuando os viene a interrumpir
la felicidad de un sueño?

¿Jamás en vuestros desvelos
cerráis los ojos con calma
para ver solas, sin celos,
imágenes de los cielos
allá en el fondo del alma?

¿Y nunca véis, en mal hora,
miradas que la pasión
lance tan desgarradora,
que os hagan llevar, señora,
las manos al corazon?

¿Y no adoráis las ficciones
que al alma, pasando, deja
cierta ilusión de ilusiones? . . .
Mas ¿no escucháis mis razones?
(¡Pero, señor, *si es tan vieja!* . . .).—

III

—No entiendo tu amor, Lucía.—
—Ni yo vuestros desengaños.—
—Y es porque la suerte impía
puso entre tu alma y la mía
el yerto mar de los años.

Mas la vejez destructora
pronto templará tu afán.—
—Mas siempre entonces, señora,
buenos recuerdos serán
las buenas dichas de ahora.—

—¡Triste es el placer gozado!—
—Más triste es el no sentido;
pues yo decir he escuchado
que siempre el gusto pasado
suele deleitar perdido.—

1 Two generations, a grandmother and her grand-
daughter, confront one another in this *dolora*. Each generation has its own problems which the other cannot understand.

—Oye a quien bien te aconseja.—
—Inútil es vuestra riña.—
—Siento tu mal.—No me aqueja.—
—(¡Pero, señor, *si es tan niña!* . . .).—
(¡Pero, señor, *si es tan vieja!* . . .).—

Doloras, 1846

¡Quién supiera escribir![2]

I

—Escribidme una carta, señor cura.
    —Ya sé para quién es.
—¿Sabéis quién es, porque una noche oscura
    nos visteis juntos?—Pues.
—Perdonad; mas . . .—No extraño ese
    La noche . . . la ocasión . . .   [tropiezo.
Dadme pluma y papel. Gracias. Empiezo:
    Mi querido Ramón:
—¿Querido? . . . Pero, en fin, ya lo habéis
    —Si no queréis . . .—¡Sí, sí!   [puesto . . .
—*¡Qué triste estoy!* ¿No es eso?—Por
    —*¡Qué triste estoy sin ti!*   [supuesto.
Una congoja, al empezar, me viene . . .
    —¿Cómo sabéis mi mal?
—Para un viejo, una niña siempre tiene
    el pecho de cristal.
¿Qué es sin ti el mundo? Un valle de amargura.
    ¿Y contigo? Un edén.
—Haced la letra clara, señor cura;
    que lo entienda eso bien.
—*El beso aquel que de marchar a punto*
    te di . . .—¿Cómo sabéis? . . .
—Cuando se va y se viene y se está junto
    siempre . . . no os afrentéis.
Y si volver tu afecto no procura,
    tanto me harás sufrir . . .
—¿Sufrir y nada más? No, señor cura,
    ¡que me voy a morir!
—¿Morir? ¿Sabéis que es ofender al cielo? . . .
    —Pues sí, señor, ¡morir!
—Yo no pongo *morir.*—¡Qué hombre de
    ¡Quién supiera escribir!   [hielo!

II

¡Señor Rector, señor Rector!, en vano
    me queréis complacer,
si no encarnan[3] los signos de la mano
    todo el ser de mi ser.
Escribidle, por Dios, que el alma mía
    ya en mí no quiere estar;
que la pena no me ahoga cada día . . .
    porque puedo llorar.

Que mis labios, las rosas de su aliento,
    no se saben abrir;
que olvidan de la risa el movimiento
    a fuerza de sentir.
Que mis ojos, que él tiene por tan bellos,
    cargados con mi afán,
como no tienen quien se mire en ellos,
    cerrados siempre están.
Que es, de cuantos tormentos he sufrido,
    la ausencia el más atroz;
que es un perpetuo sueño de mi oído
    el eco de su voz . . .
Que, siendo por su causa, el alma mía
    ¡goza tanto en sufrir! . . .
Dios mío, ¡cuántas cosas le diría
    si supiera escribir! . . .

III. EPÍLOGO

—Pues señor, ¡bravo amor! Copio y concluyo:
    A don Ramón . . . En fin,
que es inútil saber para esto, arguyo,
    ni el griego ni el latín.—

Doloras, 1846

Humoradas

  ¡Qué formas de belleza soberana
modela Dios en la escultura humana!

  Resígnate a morir, viejo amor mío;
no se hace atrás un río,
ni vuelve a ser presente lo pasado.
Y no hay nada más frío
que el cráter de un volcán, si está apagado.

  Es la fea graciosa
mil veces más temible que una hermosa.
Tened miedo de aquéllas
que eclipsan, siendo feas, a las bellas.

  Se matan los humanos
en implacable guerra,
por la gloria de ser, en mar y en tierra,
devorados por peces y gusanos.

  Se asombra con muchísima inocencia
de cosas que aprendió por experiencia.

  Como todo es igual, siempre he tenido
un pesar verdadero
por el tiempo precioso que he perdido,
por no haber conocido
que el que ve un corazón ve el mundo entero.

---

2 ¡Quién . . . escribir! — If only I could write! In Campoamor's best known poem eleven-and six-syllable lines alternate. The rhyme is *abab.*

3 encarnan — convey.

¡Belén! Para el amor no hay imposibles.
Lo mismo que las palmas,
a veces nuestras almas
se encarnan a distancias increíbles.

Te morías por él, pero es lo cierto
que pasó tiempo y tiempo, y no te has muerto.

La desgracia es precisa
para grabar los hechos de la historia.
O se escribe con sangre nuestra gloria,
o la borra al pasar cualquiera brisa.

Ya no leo ni escribo más historia
que ver a mi niñez con mi memoria.

No insultes el pudor en mi presencia,
porque sabes reír con inocencia;
porque, si no, mi intrépida mirada
te dejará clavada
en la trémula cruz de tu conciencia.

Bien merezco, Mariana, la fortuna
de escribir en este álbum el primero,
porque sin duda alguna
soy el que más y el que mejor te quiero.

A todo ser creado
le gusta, como a Dios, ser muy amado.

Procura hacer, para apoyar la frente,
un blando cabezal de la conciencia.
Para poder dormir tranquilamente
no hay un opio mejor que la inocencia.

Es buena, pues se duerme como un leño,
y, al irse, la virtud se lleva el sueño.

Sé firme en esperar, que de este modo
algo le llega al que lo espera todo.

El amor a los niños y a las flores
son amores tan dignos de los cielos,
que son tal vez los únicos amores
que nunca dan a los amantes celos.

Ten siempre con un manto
velados tus encantos pudorosos,
porque, en cosas de encantos misteriosos,
perdido ya el misterio, ¡adiós encanto!

Conforme el hombre avanza
de la vida en el áspero camino,
lleva siempre a su lado la esperanza,
mas tiene siempre enfrente a su destino.

Ya sé, ya sé que con formal empeño
soñaste en resistir, pero fué un sueño.

Renovando mis tiernas emociones,
me han probado tus quince primaveras
que son nuestras postreras ilusiones
iguales en frescura a las primeras.

Como oye hablar del hecho hasta el abuso,
llama un cura al amor *el vicio al uso*.

Preguntas ¿qué es amor? Es un deseo
en parte terrenal y en parte santo:
lo que no sé expresar cuando te canto;
lo que yo sé sentir cuando te veo.

Al dar este abanico aire al semblante,
tal vez pueda templar, Eugenia mía,
ese alma delirante
que no tuvo en la vida un solo amante
ni vivió sin amar un solo día.

Jamás mujer alguna
ha salido del todo de la cuna.

Recibe, hermosa Gloria,
este retrato mío.
Tú has dejado en mi vida una memoria
más blanca que la estela de un navío.

¿Qué placer hay tras el amor primero?
La devoción, que es nuestro amor postrero.

Busca en todo rivales tu mirada;
y recuerdan tus celos
un marino en el mar con sus gemelos
que siempre está mirando y no ve nada.

La amo poco, es verdad. Mi alma rendida,
¿a quién dirás que adora?
A la muerte, la sola poseedora
de todos los descansos de la vida.

El amor que más quiere,
como no viva en la abstinencia, muere.

Yo, como muchos, creo
que dura nuestro amor lo que el deseo.

Tu amor ardiente y tierno
es tan puro, además, que será eterno.

La conciencia al final de nuestra vida,
sólo es un laberinto sin salida.

Deja que miren mi vejez cansada
esos ojos risueños,
pues echa, sin quererlo, tu mirada
un revoque[4] al palacio de mis sueños.

4 revoque — whitewash.

Aunque es la infiel más pecadora que Eva,
no se preocupa de ello;
pues cree que ha de ir al cielo porque lleva
la Virgen del Pilar colgada al cuello.

Las almas muy sinceras,
confundiendo mentiras y verdades,
después que hacen de sueños realidades,
elevan realidades a quimeras.

Convirtiendo en virtud la hipocresía
y ajustando las leyes a su gusto,
como muchos fanáticos de hoy día,
para ser más bribón finge ser justo.

La que ama un ideal, y sube . . . , y sube . . . ,
suele morir ahorcada de una nube.

Pues que tanto te admira
el saber de los viejos,
voy a darte el mejor de los consejos:
cree sólo esta verdad: « Todo es mentira. »

Para él la simetría es la belleza,
aunque corte a las cosas la cabeza.

Odia esa ciencia material que enseña
que el que muere es feliz, duerme y no sueña.

No olvides que a Dios plugo
curar con un deseo otro deseo.
Mata el verdugo al reo,
y al verdugo después otro verdugo.

Es mi fe tan cumplida,
que adoro a Dios, aunque me dió la vida.

El corazón hacia los veinte abriles
suele creer con el más vivo anhelo
que es dueño universal de esos pensiles
cerrados por la bóveda del cielo.

Odio a esa infiel; mas durarán mis sañas
hasta el día feliz en que me llame,
pues cuando toca a ellas esa infame
siempre le abren las puertas mis entrañas.

Nunca tendrán utilidad alguna,
sin el amor, la ciencia y la fortuna.

Como te amaba tanto,
el curso se torció de mi destino;
pues iba para santo,
y después que te vi, perdí el camino.

Una vieja muy fea me decía:
« En cuanto a la virtud, creo en la mía. »

Y creo, al contemplarte tan hermosa.
que hasta serías en Atenas diosa.

Toda cosa es nacida
para tener un trágico destino,
y girar y girar en remolino
en torno del sepulcro: ésta es la vida.

Como pretendas complacer a tantos,
a millares tendrás los desencantos.

¡Cuántas horas felices y tranquilas
pasará, de ti enfrente,
el que pueda vivir eternamente
asomado al balcón de tus pupilas!

Mientras ya me dan pena
el oro y los diamantes,
envidio esos instantes
en que van, agachándose en la arena,
a coger caracoles dos amantes.

De la ciega ambición dejé el camino,
y hoy sin afán prefiero
llegar cómodamente adonde quiero,
dejándome llevar por el destino.

Eres, Julia, tan bella, que estoy cierto
que ve en tu rostro el que a tu lado pasa
el manantial que Agar[5] vió en el desierto
cuando fué despedida de su casa.

Humoradas (primera parte), 1886

---

5 Agar — Hagar, an Egyptian concubine of Abraham,
who was driven into the desert because of Sarah's
jealousy.

NINETEENTH CENTURY TRANSITIONAL POETRY

Gustavo Adolfo Bécquer, 1836–70 (pp. 352–55)

Bécquer's father was Don José Domínguez Insausti y Bausa and his mother Doña Joaquina Bastida y Vargas. Although his real name was thus Domínguez Bastida, Bécquer chose the family name of his great grandmother. He authored a series of beautiful *leyendas*, fantastic and imaginary, including such well known ones as *Los ojos verdes*, *La ajorca de oro*, and *El rayo de luna*. He wrote several dramas, collected by Juan Antonio Tamayo, and a series of essays, including his *Cartas literarias* in the collection *Desde mi celda*. Most of his poetry was dispersed in newspapers, but Gonzalo Bravo, prime minister of Isabel II, commissioned him to collect it. During the revolution of 1868 it was lost and, though Bécquer tried again, his poetry was not published in book form until 1872, two years after his death. Many editions have appeared since, some of them containing other poems by Bécquer (including a poem to his wife, Casta Esteban y Navarro), but his major poetic work continues to be his *Rimas*.

In 1935 and 1936 Dámaso Alonso, Joaquín Casalduero, Luis Cernuda and others dedicated special studies to Bécquer in various reviews, and the number of books and studies on him continues to grow. His poetry influenced that of Rubén Darío and José Asunción Silva. Juan Ramón Jiménez felt that Unamuno's poetry was fundamentally related to that of Bécquer and that, indeed, "la poesía española contemporánea empieza, sin duda alguna, en Bécquer." Dámaso Alonso also viewed him as the founder of all modern poetry and sees in the best of Alberti, Lorca, Altolaguirre, Cernuda and Aleixandre a basic influence of Bécquer.

Poetry for Bécquer was one of spirit and not of reason: "Imágenes confusas, que pasáis cantando una canción sin ritmo ni palabras, que sólo percibe y entiende el espíritu." He despaired in his attempt to translate into words the untranslatable "extravagant children of his fancy huddled up in the dark corners of his brain." As he said in *Cartas literarias a una mujer*, "Si tú supieras cómo las ideas más grandes se empequeñecen al encerrarse en el círculo de la palabra; si tú supieras qué diáfanas, qué ligeras, qué impalpables son las gasas de oro que flotan en la imaginación, al envolver esas misteriosas figuras que crea, y de las que sólo acertamos a reproducir el descarnado esqueleto; si tú supieras cuán imperceptible es el hilo de luz que ata entre sí los pensamientos más absurdos que nadan en su caos."

Bécquer is a poet of love. For him love is a mystery, the supreme law of the universe, and above all, of course, "El amor es poesía." In attempting to give his creations a strange and incomprehensible life, he used love as "el manantial perenne de toda poesía." As a symbol of that sentiment he used the figure of a woman, viewed as a fantastic, vaporous and immaterial being. Perhaps some of his *rimas* are more concrete. Some readers see *Rima* 42, "Cuando me lo contaron," as his reaction to finding out about his wife's unfaithfulness. They view other poems as an expression of his love for and loss of Julia Espín y Guillén, a musician's daughter, although a difference of opinion exists as to how well he knew her.

Bécquer deals with other aspects of life; he concentrated usually on the intangible, the fleeting, the tender, the mysterious and the human, using a new sensibility, a combination of simplicity and pure and exquisite beauty to create something new in spirit and form. In his poetry the reader will find sensibility, emotion, melancholy, sadness, subtlety, intangibility, color, melody, light and shadow, dreams and fantasies; in short, the inspired visions of a misty, poetic world. In some of his poems one encounters a despairing note at the thought of death and the shortness of life.

His poetry has received almost universal acclaim. Carlos Bousoño, impressed by its beauty, called it almost "inexplicable"; Dámaso Alonso referred to the "magia de la palabra transfundida en el ritmo"; Eugenio D'Ors called his verses "acordeón tocado por un ángel"; and Guillermo Díaz Plaja and Jorge Guillén shared this admiration for one who may well have been the father of all modern Spanish poetry.

I[1]

Yo sé un himno gigante y extraño
que anuncia en la noche del alma una aurora,
y estas páginas son de ese himno,
cadencias que el aire dilata en las sombras.

Yo quisiera escribirlo, del hombre
domando el rebelde, mezquino idioma,
con palabras que fuesen a un tiempo
suspiros y risas, colores y notas.[2]

Pero en vano es luchar; que no hay cifra
capaz de encerrarlo, y apenas, ¡oh, hermosa!,
si, teniendo en mis manos las tuyas,
pudiera al oído, cantártelo a solas.[3]

II[4]

Saeta que voladora
cruza, arrojada al azar,
sin adivinarse dónde
temblando se clavará;

hoja que del árbol seca
arrebata el vendaval,
sin que nadie acierte el surco
donde a caer volverá;

gigante ola que el viento
riza y empuja en el mar,
y rueda y pasa, y no sabe
qué playa buscando va;

luz que en cercos[5] temblorosos
brilla, próxima a expirar,
ignorándose cuál de ellos
el último brillará:

eso soy yo, que al acaso
cruzo el mundo, sin pensar
de dónde vengo, ni adónde
mis pasos me llevarán.

IV[6]

No digáis que agotado su tesoro,
de asuntos falta,[7] enmudeció la lira:

podrá no haber poetas; pero siempre
habrá poesía.

Mientras las ondas de la luz al beso
palpiten encendidas;
mientras el sol las desgarradas nubes
de fuego y oro vista;

mientras el aire en su regazo lleve
perfumes y armonías;
mientras haya en el mundo primavera,
¡habrá poesía!

Mientras la ciencia a descubrir no alcance
las fuentes de la vida,
y en el mar o en el cielo haya un abismo
que al cálculo resista;

mientras la humanidad siempre avanzando
no sepa a do camina;
mientras haya un misterio para el hombre,
¡habrá poesía!

Mientras sintamos que se alegra el alma,
sin que los labios rían;
mientras se llore sin que el llanto acuda
a nublar la pupila;

mientras el corazón y la cabeza
batallando prosigan;
mientras haya esperanzas y recuerdos,
¡habrá poesía!

Mientras haya unos ojos que reflejen
los ojos que los miran;
mientras responda el labio suspirando
al labio que suspira;

mientras sentirse puedan en un beso
dos almas confundidas;
mientras exista una mujer hermosa
¡habrá poesía![8]

V[9]

Espíritu sin nombre,
indefinible esencia,
yo vivo con la vida
sin formas de la idea.

---

1 This poem is written in alternating ten- and twelve-syllable lines. The even lines have assonance, fairly common in Bécquer's *rimas*.
2 Bécquer seeks to express ineffable poetry through sighs and laughter, colors and music.
3 Bécquer realizes this attempt is impossible, but in the presence of his loved one, in intimate communication, he may succeed.
4 This *rima* is in *romance* meter.
5 cercos — rings.
6 Bécquer uses eleven-, seven- and five-syllable lines here. The even lines assonate.

7 de asuntos falta — for lack of subjects.
8 In this poem, according to José María de Cossío, Bécquer explains that poetry has an objective existence apart from the poet who may write it. He finds poetry in the world of the senses, lights, sounds, and perfumes, in the world of mystery, life, human destiny and the unknown universe, and finally in the sentimental world of the heart and love.
9 In this *rima* Bécquer identifies and fuses with nature as one more natural element, a lyrical pantheism he repeats constantly.

Yo nado en el vacío,
del sol tiemblo en la hoguera,
palpito entre las sombras
y floto con las nieblas.

Yo soy el fleco de oro
de la lejana estrella;
yo soy de la alta luna
la luz tibia y serena.

Yo soy la ardiente nube
que en el ocaso ondea;
yo soy del astro errante
la luminosa estela.

Yo soy nieve en las cumbres,
soy fuego en las arenas,
azul onda en los mares
y espuma en las riberas.

En el laúd soy nota,
perfume en la violeta,
fugaz llama en las tumbas
y en las rüinas hiedra.

Yo atrueno en el torrente,
y silbo en la centella,
y ciego en el relámpago
y rujo en la tormenta.

Yo río en los alcores,
susurro en la alta hierba,
suspiro en la onda pura,
y lloro en la hoja seca.

Yo ondulo con los átomos
del humo que se eleva
y al cielo lento sube
en espiral inmensa.

Yo, en los dorados hilos
que los insectos cuelgan,
me mezco entre los árboles
en la ardorosa siesta.

Yo corro tras las ninfas
que en la corriente fresca
del cristalino arroyo
desnudas juguetean.

Yo, en bosques de corales,
que alfombran blancas perlas,
persigo en el Océano
las náyades[10] ligeras.

Yo, en las cavernas cóncavas,
do el sol nunca penetra,
mezclándome a los gnomos,
contemplo sus riquezas.

Yo busco de los siglos
las ya borradas huellas,
y sé de esos imperios
de que ni el nombre queda.

Yo sigo en raudo vértigo
los mundos que voltean,
y mi pupila abarca
la creación entera.

Yo sé de esas regiones
a do un rumor no llega,
y donde informes astros
de vida un soplo esperan.

Yo soy sobre el abismo
el puente que atraviesa;
yo soy la ignota escala
que el cielo une a la tierra.

Yo soy el invisible
anillo que sujeta
el mundo de la forma
al mundo de la idea.

Yo, en fin, soy ese espíritu,
desconocida esencia,
perfume misterioso,
de que es vaso el poeta.

VII

Del salón en el ángulo obscuro,
de su dueño tal vez olvidada,
silenciosa y cubierta de polvo
veíase el arpa.[11]

¡Cuánta nota dormía en sus cuerdas
como el pájaro duerme en las ramas,
esperando la mano de nieve
que sabe arrancarlas!

¡Ay!—pensé,—¡cuántas veces el genio
así duerme en el fondo del alma,
y una voz, como Lázaro,[12] espera
que le diga: «¡Levántate y anda!»

10 náyades — water nymphs, naiads.
11 P. Blanco García said that "the unity of thought which dominates Bécquer completely begins to manifest itself in the *rima* consecrated to that harp which sleeps silently."
12 Lázaro — Lazarus, John, 11:1–46.

VIII

Cuando miro el azul horizonte
perderse a lo lejos
al través de una gasa de polvo
dorado e inquieto,
me parece posible arrancarme
del mísero suelo,
y flotar con la niebla dorada
en átomos leves
cual ella deshecho.

Cuando miro de noche en el fondo
obscuro del cielo
las estrellas temblar, como ardientes
pupilas de fuego,
me parece posible a do brillan
subir en un vuelo,
y anegarme en su luz, y con ellas
en lumbre encendido
fundirme en un beso.

En el mar de la duda en que bogo
ni aun sé lo que creo;
¡sin embargo, estas ansias me dicen
que yo llevo algo
divino aquí dentro! . . .

IX [13]

Besa el aura que gime blandamente
las leves ondas que jugando riza;
el sol besa a la nube en Occidente
y de púrpura y oro la matiza;
la llama en derredor del tronco ardiente
por besar a otra llama se desliza,
y hasta el sauce, inclinándose a su peso,
al río que lo besa, vuelve un beso.

X [14]

Los invisibles átomos del aire
en derredor palpitan y se inflaman;
el cielo se deshace en rayos de oro;
la tierra se estremece alborozada;
oigo flotando en olas de armonía
rumor de besos y batir de alas;
mis párpados se cierran . . . ¿Qué sucede?
—¡Es el amor que pasa!

XI [15]

Yo soy ardiente, yo soy morena,
yo soy el símbolo de la pasión;

de ansia de goces mi alma está llena.
¿A mí me buscas? —No es a ti; no.

—Mi frente es pálida; mis trenzas, de oro;
puedo brindarte dichas sin fin;
yo de ternura guardo un tesoro.
¿A mí me llamas? —No; no es a ti.

—Yo soy un sueño, un imposible,
vano fantasma de niebla y luz;
soy incorpórea, soy intangible;
no puedo amarte. —¡Oh, ven; ven tú!

XIII [16]

Tu pupila es azul, y cuando ríes,
su claridad süave me recuerda
el trémulo fulgor de la mañana
que en el mar se refleja.

Tu pupila es azul, y cuando lloras,
las transparentes lágrimas en ella
se me figuran gotas de rocío
sobre una violeta.

Tu pupila es azul, y si en su fondo
como un punto de luz radia una idea,
me parece en el cielo de la tarde
¡una perdida estrella!

XIV

Te vi un punto,[17] y, flotando ante mis ojos,
la imagen de tus ojos se quedó,
como la mancha obscura, orlada en fuego,
que flota y ciega si se mira al sol.

Adondequiera que la vista fijo,
torno a ver sus pupilas llamear;
mas no te encuentro a ti; que es tu mirada:
unos ojos, los tuyos, nada más.

De mi alcoba en el ángulo los miro
desasidos fantásticos lucir;
cuando duermo los siento que se ciernen[18]
de par en par abiertos sobre mí.

Yo sé que hay fuegos fatuos[19] que en la
llevan al caminante a perecer;   [noche
yo me siento arrastrado por tus ojos,
pero adonde me arrastran, no lo sé.

---

13 *Octava real;* the rhyme scheme is *ABABABCC.*
14 Another combination of the eleven- and seven-syllable lines. The even lines assonate.
15 Bécquer imagined fantastic women in his visionary creations. This is a sample of his dematerialized world.

16 Bécquer employs three eleven-syllable lines followed by a seven-syllable one. This poem is probably an imitation of one of Byron's poems.
17 un punto — for a moment.
18 se ciernen — they hover.
19 fuego fatuo — will-o'-the-wisp.

XV[20]

Cendal flotante de leve bruma,
rizada cinta de blanca espuma,
rumor sonoro
de arpa de oro,
beso del aura, onda de luz,
eso eres tú.

Tú, sombra aérea, que cuantas veces
voy a tocarte, te desvaneces
como la llama, como el sonido,
como la niebla, como el gemido
del lago azul.

En mar sin playas onda sonante,
en el vacío cometa errante,
largo lamento
del ronco viento,
ansia perpetua de algo mejor,
eso soy yo.

¡Yo, que a tus ojos en mi agonía
los ojos vuelvo de noche y día;
yo, que incansable corro y demente
tras una sombra, tras la hija ardiente
de una visión!

XX

Sabe, si alguna vez tus labios rojos
quema invisible atmósfera abrasada,
que el alma que hablar puede con los ojos,
también puede besar con la mirada.

XXI

¿Qué es poesía?—dices mientras clavas
en mi pupila tu pupila azul.—
¿Qué es poesía? ¿Y tú me lo preguntas?
Poesía . . . eres tú.

XXII

¿Cómo vive esa rosa que has prendido
junto a tu corazón?
Nunca hasta ahora contemplé en la tierra
sobre el volcán la flor.

XXIII

Por una mirada, un mundo;
por una sonrisa, un cielo;
por un beso . . . , ¡yo no sé
qué te diera por un beso!

XXIV

Dos rojas lenguas de fuego
que a un mismo tronco enlazadas
se aproximan, y al besarse
forman una sola llama;

dos notas que del laúd
a un tiempo la mano arranca,
y en el espacio se encuentran
y armoniosas se abrazan;

dos olas que vienen juntas
a morir sobre una playa,
y que al romper se coronan
con un penacho[21] de plata;

dos jirones[22] de vapor
que del lago se levantan,
y al juntarse allí en el cielo
forman una nube blanca;

dos ideas que al par brotan,
dos besos que a un tiempo estallan,
dos ecos que se confunden . . . ,
eso son nuestras dos almas.

XXIX

Sobre la falda tenía
el libro abierto;
en mi mejilla tocaban
sus rizos negros;
no veíamos las letras
ninguno, creo;
mas guardábamos entrambos
hondo silencio.

¿Cuánto duró? Ni aun entonces
pude saberlo;
sólo sé que no se oía
más que el aliento,
que apresurado escapaba
del labio seco.
Sólo sé que nos volvimos
los dos a un tiempo
y nuestros ojos se hallaron,
y sonó un beso.

Creación de Dante era el libro,
era su *Infierno*.[23]
Cuando a él bajamos los ojos,
yo dije trémulo:

---

20 Bécquer used a great variety of metrical forms.
Here he employs ten- and five-syllable lines. The rhyme
pattern is *AAbbCc; DDEEc.*
21 penacho — crest.

22 jirón — pennant.
23 *Infierno* — the first part of the *Divina Commedia*
by Dante (1265–1321).

—¿Comprendes ya que un poema
   cabe en un verso?
Y ella respondió encendida:
   —¡Ya lo comprendo!

XXX

Asomaba a sus ojos una lágrima
y a mi labio una frase de perdón;
habló el orgullo y se enjugó su llanto,
y la frase en mis labios expiró.

Yo voy por un camino, ella por otro;
pero al pensar en nuestro mutuo amor,
yo digo aún: «¿Por qué callé aquel día?»,
y ella dirá: «¿Por qué no lloré yo?»

XXXI

Nuestra pasión fué un trágico sainete,
   en cuya absurda fábula
lo cómico y lo grave confundidos
   risas y llanto arrancan.

Pero fué lo peor de aquella historia
   que, al fin de la jornada,
a ella tocaron lágrimas y risas,
   ¡y a mí sólo las lágrimas!

XXXVIII

Los suspiros son aire, y van al aire.
Las lágrimas son agua, y van al mar.
Dime, mujer: cuando el amor se olvida,
   ¿sabes tú adónde va?

L

Lo que el salvaje que con torpe mano
hace de un tronco a su capricho un dios,
y luego ante su obra se arrodilla,
   eso hicimos tú y yo.

Dimos formas reales a un fantasma,
de la mente ridícula invención,
y hecho el ídolo ya, sacrificamos
   en su altar nuestro amor.

LIII[24]

Volverán las oscuras golondrinas
en tu balcón sus nidos a colgar,
y otra vez con el ala a sus cristales
   jugando llamarán;

pero aquéllas que el vuelo refrenaban
tu hermosura y mi dicha al contemplar,
aquéllas que aprendieron nuestros nombres,
   ésas... ¡no volverán!

Volverán las tupidas madreselvas
de tu jardín las tapias a escalar,
y otra vez a la tarde, aún más hermosas,
   sus flores se abrirán;

pero aquéllas, cuajadas de rocío,
cuyas gotas mirábamos temblar
y caer, como lágrimas del día...
   ésas... ¡no volverán!

Volverán del amor en tus oídos
las palabras ardientes a sonar;
tu corazón de su profundo sueño
   tal vez despertará;

pero mudo y absorto y de rodillas,
como se adora a Dios ante su altar,
como yo te he querido... desengáñate,
   ¡así no te querrán!

LXXV

¿Será verdad que, cuando toca el sueño
con sus dedos de rosa nuestros ojos,
de la cárcel que habita huye el espíritu
   en vuelo presuroso?

¿Será verdad que, huésped de las nieblas,[25]
de la brisa nocturna al tenue soplo,
alado sube a la región vacía
   a encontrarse con otros?

¿Y allí, desnudo de la humana forma,
allí, los lazos terrenales rotos,
breves horas habita de la idea
   el mundo silencioso?

¿Y ríe y llora y aborrece y ama,
y guarda un rastro del dolor y el gozo,
semejante al que deja cuando cruza
   el cielo un meteoro?

¡Yo no sé si ese mundo de visiones
vive fuera o va dentro de nosotros;
pero sé que conozco a muchas gentes
   a quienes no conozco!

Rosalía de Castro, 1837–85 (pp. 355–57)

Rosalía de Castro has three principal collections of poetry: *Cantares gallegos*, 1863, refreshing, gay, and so popular in spirit that many critics for a time assumed they were traditional poems; *Follas novas*, 1880, melancholy poems of disillusionment; and her one

---

24 This is Bécquer's most famous *rima*. It seems to mark the end of his love for Julia, if the poems may be interpreted as the story of his love for her.

25 huésped de las nieblas — the phrase used by Rafael Alberti to define Bécquer and his poetry.

collection written in Spanish instead of Galician, *En las orillas del Sar*, 1884.

Great differences of opinion exist about Rosalía de Castro's life and about her poetry. Some feel she did not even know Bécquer. Others maintain that she knew him quite well and even lent him a copy of Nerval's translation of Heine's *Intermezzo* in 1857, a book which may have influenced Bécquer's poetry. Some see in her experimentation and symbolism relationships with contemporary Spanish poetry, but Cernuda says: "no ha influido en el rumbo de nuestra lírica." Others consider her poetry of anxiety and grief to be a reflection of her own unhappy life of poverty and grave illness. Still others feel that her poetry is largely based on sexual frustration and a rather sordid love affair in Padrón.

Azorín in 1913 and Unamuno in 1916 called the public's attention to the value of her work. Even those who do not completely like her poetry recognize its merit. Luis Cernuda says of it: "Desigual, informe en ocasiones, sentimental en otras muchas, su obra poética posee no obstante un atractivo que ha ido resistiendo al paso del tiempo." S. Griswold Morley who translated *En las orillas del Sar* into English said she was "a wise and sad little Celtic woman" . . . that "she felt deeply the basic tragedy of human life" . . . and was "the perfect interpreter of . . . Galicia." Rosalía de Castro drew her inspiration from the popular soul. A poet of the earth, she speaks of the field, the house, the green grass, and of a nature tempered by the innermost feelings of a poet who in her poverty and solitude discusses the pain and bitterness in her own soul. Although she mourns, she does not declaim, and her muse has a gentle, almost timid quality in its sincerity. In simple language with little ornamentation, she conveys her ideas and emotions of regret and longing for the unattainable. Some of her poetry has a religious emphasis, and in spite of occasional doubts about the existence of a life beyond and divine justice, she was a good and practicing Catholic.

Several editions of *En las orillas del Sar* have appeared since 1884. Most of her poems have no titles, and the dates of composition are unknown. In addition to assonance, which is a characteristic of her verse, she experimented constantly with unknown metrical combinations. Not only did she use lines of

six, seven, eight, ten, twelve, fourteen, sixteen, eighteen and nineteen syllables but she combined lines of eight and ten, eight and eleven, six and ten, ten and twelve syllables to give odd rhythms and lilts to her lines.

In her experimentation, she produced heartfelt poetry which at times resembles that of her kindred spirit Bécquer. "Ya es átomo impalpable o inmensidad que asombra, / Aspiración celeste, revelación callada; / La comprende el espíritu y el labio no la nombra, / Y en sus hondos abismos la mente se anonada." However, her poetry seems more regional, realistic, and religious than that of Bécquer, and social preoccupations concerned her more than mere literary form. More important for the modern reader is that in her feelings of despair and hope, her sadness at the human state and compassion for all the unfortunates of the world, she produced universal poetry in the best sense of the word.

Orillas del Sar[1]

I

A través del follaje perenne
    Que oír deja rumores extraños,
    Y entre un mar de ondulante verdura,
Amorosa mansión de los pájaros,
    Desde mis ventanas veo
    El templo que quise tanto.

El templo que tanto quise . . .
Pues no sé decir ya si le quiero,
Que en el rudo vaivén que sin tregua
    Se agitan mis pensamientos,
    Dudo si el rencor adusto
Vive unido al amor en mi pecho.

II

¡Otra vez! tras la lucha que rinde
    Y la incertidumbre amarga
Del viajero que errante no sabe
    Donde dormirá mañana,
    En sus lares primitivos
Halla un breve descanso mi alma.

Algo tiene este blando reposo
    De sombrío y de halagüeño
Cual lo tiene en la noche callada
    De un ser amado el recuerdo,
Que de negras traiciones y dichas
Inmensas, nos habla a un tiempo.

1 Rosalía remembers her happy childhood as she recalls names and scenes near Padrón. This poem may recall her unhappy love affairs. The first three sections are in assonance; the remainder use rhyme.

Ya no lloro . . . y no obstante, agobiado
Y afligido mi espíritu, apenas
De su cárcel estrecha y sombría
    Osa dejar las tinieblas
    Para bañarse en las ondas
De luz, que el espacio llenan.

Cual si en suelo extranjero me hallase
    Tímida y hosca, contemplo
Desde lejos, los bosques y alturas
    Y los floridos senderos
Donde en cada rincón me aguardaba
    La esperanza sonriendo.

III

Oigo el toque sonoro que entonces
A mi lecho a llamarme venía
Con sus ecos, que el alba anunciaban;
    Mientras cual dulce caricia
    Un rayo de sol dorado
Alumbraba mi estancia tranquila.

Puro el aire, la luz sonrosada,
    ¡Qué despertar tan dichoso!
Yo veía entre nubes de incienso
    Visiones con alas de oro
Que llevaban la venda celeste
    De la fe sobre sus ojos . . .

Ese sol es el mismo, mas ellas
    No acuden a mi conjuro;
Y a través del espacio y las nubes,
Y del agua en los limbos confusos,
Y del aire en la azul trasparencia
¡Ay! ya en vano las llamo y las busco.

Blanca y desierta la vía
    Entre los frondosos setos
Y los bosques y arroyos que bordan
Sus orillas, con grato misterio
Atraerme parece y brindarme
A que siga su línea sin término.

Bajemos pues, que el camino
    Antiguo nos saldrá al paso,
Aunque triste, escabroso y desierto,
    Y cual nosotros cambiado,
Lleno aún de las blancas fantasmas
    Que en otro tiempo adoramos.

IV

Tras de inútil fatiga, que mis fuerzas agota,
Caigo en la senda amiga, donde una fuente
    Siempre serena y pura;   [brota
Y con mirada incierta, busco por la llanura
No sé qué sombra vana o qué esperanza
                  [muerta,
No sé qué flor tardía de virginal frescura
Que no crece en la vía arenosa y desierta.

De la oscura *Trabanca*[2] tras la espesa
                 [arboleda,
Gallardamente arranca al pie de la vereda
La Torre[3] y sus contornos cubiertos de follaje,
Prestando a la mirada descanso en su ramaje,
Cuando de la ancha vega por vivo sol bañada
    Que las pupilas ciega,
Atraviesa el espacio, gozosa y deslumbrada.

Como un eco perdido, como un amigo
    Que suena cariñoso,   [acento
El familiar chirrido del carro perezoso
Corre en alas del viento, y llega hasta mi oído
Cual en aquellos días hermosos y brillantes
En que las ansias mías eran quejas amantes,
Eran dorados sueños y santas alegrías.

Ruge la *Presa*[4] lejos . . . y de las aves nido
    Fondóns[5] cerca descansa;
La cándida abubilla[6] bebe en el agua mansa,
Donde un tiempo he creído de la esperanza
               [hermosa
Beber el néctar sano, y hoy bebiera anhelosa
Las aguas del olvido, que es de la muerte
               [hermano;
Donde de los vencejos que vuelan en la altura
    La sombra se refleja,
Y en cuya linfa pura, blanco el nenúfar[7] brilla
Por entre la verdura de la frondosa orilla.

V

¡Cuán hermosa es tu vega! ¡Oh Padrón! ¡Oh
               [Iria Flavia!⁸
Mas el calor, la vida juvenil y la savia
    Que extraje de tu seno,
Como el sediento niño el dulce jugo extrae
    Del pecho blanco y lleno,
De mi existencia oscura en el torrente amargo
Pasaron cual barridas por la inconstancia
               [ciega

2 Trabanca — a quarter in Padrón visible from Rosalía's house.
3 La Torre — a manor house on the hill above Trabanca.
4 La Presa — a mill-sluice situated on the Sar.
5 Fondóns — a grove of pines and oaks.

6 abubilla — hoopoe bird (a thrush-like bird widely
distributed over Europe).
7 nenúfar — white water lily.
8 Iria Flavia — a Roman settlement; later the equivalent of Padrón.

Una visión de armiño, una ilusión querida,
    Un suspiro de amor.

De tus suaves rumores la acorde
            [consonancia,
Ya para el alma yerta, tornóse bronca y dura
    A impulsos del dolor;
Secáronse tus flores de virginal fragancia,
Perdió su azul tu cielo, el campo su frescura,
    El alba su candor.

La nieve de los años, de la tristeza el hielo
Constante, al alma niegan toda ilusión amada,
    Todo dulce consuelo.
Sólo los desengaños preñados de temores
    Y de la duda el frío,
Avivan los dolores que siente el pecho mío;
    Y ahondando mi herida,
Me destierran del cielo, donde las fuentes
    Eternas de la vida.   [brotan

VI

¡Oh tierra, antes y ahora, siempre fecunda
            [y bella!
Viendo cuán triste brilla nuestra fatal estrella,
    Del Sar cabe la orilla,
Al acabarme, siento la sed devoradora
Y jamás apagada, que ahoga el sentimiento,
Y el hambre de justicia, que abate y que
            [anonada
Cuando nuestros clamores los arrebata el
    De tempestad airada.   [viento

Ya en vano el tibio rayo de la naciente
    Tras del *Miranda*[9] altivo,   [aurora
Valles y cumbres dora con su resplandor vivo;
En vano llega Mayo de sol y aromas lleno,
Con su frente de niño de rosas coronada,
    Y con su luz serena:
En mi pecho ve juntos el odio y el cariño,
    Mezcla de gloria y pena,
Mi sien por la corona del mártir agobiada
Y para siempre frío y agotado mi seno.

VII

Ya que de la esperanza, para la vida mía,
Triste y descolorido ha llegado el ocaso,
A mi morada oscura, desmantelada y fría
    Tornemos paso a paso,
Porque con su alegría no aumente mi
    La blanca luz del día.   [amargura

Contenta el negro nido busca el ave
            [agorera,
Bien reposa la fiera en el antro escondido,
En su sepulcro el muerto, el triste en el olvido
    Y mi alma en su desierto.

*

Los unos altísimos,[10]
    Los otros menores,
Con su eterno verdor y frescura,
    Que inspira a las almas
    Agrestes canciones,
Mientras gime al chocar con las aguas
La brisa marina, de aromas salobres,
Van en ondas subiendo hacia el cielo
    Los pinos del monte.

De la altura la bruma desciende
    Y envuelve las copas
Perfumadas, sonoras y altivas
    De aquellos gigantes
    Que el *Castro*[11] coronan;
Brilla en tanto a sus pies el arroyo
    Que alumbra risueña
    La luz de la aurora,
Y los cuervos sacuden sus alas,
    Lanzando graznidos
    Y huyendo la sombra.

El viajero, rendido y cansado
Que ve del camino la línea escabrosa
Que aún le resta que andar, anhelara,
Deteniéndose al pie de la loma,
De repente quedar convertido
    En pájaro o fuente,
    En árbol o en roca . . .

*

¿Qué somos? ¿Qué es la muerte? La
            [campana
Con sus ecos responde a mis gemidos
Desde la altura, y sin esfuerzo el llanto
Baña ardiente mi rostro enflaquecido.
    ¡Qué horrible sufrimiento! ¡Tú tan sólo
Lo puedes ver y comprender, Dios mío!

¿Es verdad que lo ves? Señor, entonces,
    Piadoso y compasivo
Vuelve a mis ojos la celeste venda
De la fe bienhechora que he perdido,
Y no consientas, no, que cruce errante
    Huérfano y sin arrimo,
Acá abajo los yermos de la vida,
Más allá las llanadas del vacío.[12]

---

9 Miranda — a high hill behind Rosalía's mother's house.
10 This and following poems in the group were inspired by the death of her youngest child, Adriano, who died at the age of one.

11 Castro — one of a series of hills called Castro near Padrón.
12 las llanadas del vacío — the plains of the void.

Sigue tocando a muerto,—y siempre mudo
E impasible el divino
Rostro del Redentor, deja que envuelto
En sombras quede el humillado espíritu.
Silencio siempre; únicamente el órgano
Con sus acentos místicos
Resuena allá de la desierta nave
Bajo el arco sombrío.

Todo acabó quizás, menos mi pena,
Puñal de doble filo;
Todo, menos la duda que nos lanza
De un abismo de horror en otro abismo.

Desierto el mundo, despoblado el cielo,
Enferma el alma y en el polvo hundido
El sacro altar en donde
Se exhalaron fervientes mis suspiros,
En mil pedazos roto
Mi Dios, cayó al abismo,
Y al buscarle anhelante, sólo encuentro
La soledad inmensa del vacío.

De improviso los ángeles
Desde sus altos nichos
De mármol, me miraron tristemente
Y una voz dulce resonó en mi oído:
« Pobre alma, espera y llora
A los pies del Altísimo;
Mas no olvides que al cielo
Nunca ha llegado el insolente grito,
De un corazón que de la vil materia
Y del barro de Adán formó sus ídolos. »

*

Adivínase el dulce y perfumado
Calor primaveral;
Los gérmenes se agitan en la tierra
Con inquietud en su amoroso afán,
Y cruzan por los aires, silenciosos,
Átomos que se besan al pasar.

Hierve la sangre juvenil; se exalta
Lleno de aliento el corazón, y audaz
El loco pensamiento sueña y cree
Que el hombre es, cual los dioses, inmortal.
No importa que los sueños sean mentira,
Ya que al cabo es verdad
Que es venturoso[13] el que soñando muere,
Infeliz el que vive sin soñar.

¡Pero qué aprisa en este mundo triste
Todas las cosas van!
¡Que las domina el vértigo creyérase! . . .
La que ayer fué capullo, es rosa ya,
Y pronto agostará rosas y plantas
El calor estival.

13 venturoso — fortunate.

Candente está la atmósfera;
Explora el zorro la desierta vía;
Insalubre se torna
Del limpio arroyo el agua cristalina
Y el pino aguarda inmóvil
Los besos inconstantes de la brisa.

Imponente silencio
Agobia la campiña;[14]
Sólo el zumbido del insecto se oye
En las extensas y húmedas umbrías;
Monótono y constante
Como el sordo estertor de la agonía.

Bien pudiera llamarse, en el estío,
La hora del mediodía,
Noche en que al hombre de luchar cansado
Más que nunca le irritan,
De la materia la imponente fuerza
Y del alma las ansias infinitas.

Volved ¡oh, noches del invierno frío,
Nuestras viejas amantes de otros días!
Tornad con vuestros hielos y crudezas
A refrescar la sangre enardecida
Por el estío insoportable y triste . . .
¡Triste! . . . ¡lleno de pámpanos y espigas!

Frío y calor, otoño o primavera
¿Dónde . . . , dónde se encuentra la alegría?
Hermosas son las estaciones todas
Para el mortal que en sí guarda la dicha:
Mas para el alma desolada y huérfana,
No hay estación risueña ni propicia.

*

Un manso río, una vereda estrecha,
Un campo solitario y un pinar,
Y el viejo puente rústico y sencillo
Completando tan grata soledad.

¿Qué es soledad? Para llenar el mundo
Basta a veces un solo pensamiento.
Por eso hoy, hartos de belleza, encuentras
El puente, el río y el pinar desiertos.

No son nube ni flor los que enamoran;
Eres tú, corazón, triste o dichoso,
Ya del dolor y del placer el árbitro
Quien seca el mar y hace habitable el polo.

*

—Detente un punto, pensamiento inquieto;
La victoria te espera,
El amor y la gloria te sonríen.
¿Nada de esto te halaga ni encadena?
—Dejadme solo y olvidado y libre;
Quiero errante vagar en las tinieblas;
Mi ilusión más querida
Sólo allí dulce y sin rubor me besa. . . .

14 agobia la campiña — oppresses the countryside.

Las Campanas

Yo las amo, yo las oigo
Cual oigo el rumor del viento,
El murmurar de la fuente
O el balido del cordero.

Como los pájaros, ellas,
Tan pronto asoma en los cielos
El primer rayo del alba,
Le saludan con sus ecos.

Y en sus notas, que van prolongándose
Por los llanos y los cerros,
Hay algo de candoroso,
De apacible y de halagüeño.

Si por siempre enmudecieran,
¡Qué tristeza en el aire y el cielo!
¡Qué silencio en las iglesias!
¡Qué extrañeza entre los muertos!

I

Tiemblan las hojas, y mi alma tiembla,
Pasó el verano . . .
Y para el pobre corazón mío,
Unos tras otros ¡pasaron tantos!

Cuando en las noches tristes y largas
Que están llegando
Brille la luna, ¡cuántos sepulcros
Que antes no ha visto verá a su paso!

Cuando entre nubes hasta mi lecho
Llegue su rayo,
¡Cuán tristemente los yermos fríos
De mi alma sola, no irá alumbrando!

II

¿Pobre alma sola?, no te entristezcas,
Deja que pasen, deja que lleguen
La primavera y el triste otoño,
Ora el estío y ora las nieves.

Que no tan sólo para ti corren
Horas y meses;
Todo contigo, seres y mundos,
De prisa marchan, todo envejece.

Que hoy, mañana, antes y ahora,
Lo mismo siempre,

Hombres y frutos, plantas y flores,
Vienen y vanse, nacen y mueren.

Cuando te apene lo que atrás dejas,
Recuerda siempre
Que es más dichoso quien de la vida
Mayor espacio corrido tiene . . .

*

Más rápidos que el rayo,
Más alados[15] que el viento,
Inquietos vagamundos que no pueden
Refrenar nunca el inconstante vuelo,
Así descienden de la mar al fondo
Como escalan la altura de los cielos.

Mas si son impalpables e incorpóreos
Y múltiples y varios,
¿Por qué llamarlos pensamientos negros
O pensamientos blancos,
Si no tienen color, esos del alma
Eternos e invisibles soberanos?

*

Hora tras hora, día tras día,
Entre el cielo y la tierra que quedan
Eternos vigías,
Como torrente que se despeña
Pasa la vida.

Devolvedle a la flor su perfume
Después de marchita;
De las ondas que besan la playa
Y que unas tras otras besándola expiran,
Recoged los rumores, las quejas,
Y en planchas de bronce grabad su armonía.

Tiempos que fueron, llantos y risas,
Negros tormentos, dulces mentiras,
¡Ay! ¿En dónde su rastro dejaron,
En dónde, alma mía?

*

Tan sólo dudas y terrores siento,
Divino Cristo, si de Ti me aparto;
Mas cuando hacia la Cruz vuelvo los ojos,
Me resigno a seguir con mi calvario.
Y alzando al cielo la mirada ansiosa
Busco a tu Padre en el espacio inmenso,
Como el piloto en la tormenta busca
La luz del faro que le guíe al puerto.

15 alados — winged.

LYRIC POETRY OF THE CONTEMPORARY AGE
MODERNISM

Rubén Darío, 1867–1916 (pp. 362–64)

Rubén Darío completely reoriented Spanish poetic style, and with him Spanish poetry was reborn. Modernism, a movement of poetic liberty which he led, had had other innovators in Spanish America such as José Martí, Manuel Gutiérrez Nájera, and José Asunción Silva. The Modernists decided to present sensations rather than ideas, and they copied the French Parnassians and Symbolist poets, although, of course, they sought inspiration also from Spanish sources. Rubén Darío was probably the first American poet to use the term "Modernism." In an article, "Fotograbado," he commented that Ricardo Palma, though a Classicist, understood and admired the new spirit which "anima a un pequeño, pero triunfante y soberbio grupo de escritores y poetas de la América española: el modernismo." Some deny Rubén his title of innovator and feel he is better termed a renovator. Sainz de Robles said: "Muy justamente le corresponde a Rubén Darío la gloria de haber introducido en España e Hispanoamérica la revolución poética llamada *modernismo*, en la cual, como en toda revolución poética decadente—recuérdese el *barroco* o el *romanticismo*—, la forma se sobrepone al fondo poético." He continues: "¿Fué realmente Rubén Darío un innovador? Nosotros creemos que no, convencidos por las mismas apreciaciones que movieron la idéntica negativa de Urbina, Cejador, Bonilla, Diez-Canedo y otros muchos notables críticos." Urbina believed that he was a wise reconstructor rather than an innovator. Pedro Henríquez Ureña claimed that in the *modernista* movement one finds echoes of the very Romanticism whose excesses it fought.

Whether he was an innovator or renovator, his European and cosmopolitan experiences helped temper his Spanish and American heritage. A. Torres-Ríoseco stated: "Si Francia fué la tierra de sus ilusiones, España lo fué de sus realidades y sus triunfos." In 1899, however, Darío was less sure of his Spanish heritage, for in a letter to Unamuno he said: "Yo, ¿le confesaré con rubor? no pienso en castellano." Yet, because of his later idealistic insistence on *lo español*, the falangists tried

to resurrect him as one of their own because to them he represented an early kind of *hispanidad*. Max Aub commented that he proved how acceptable Spanish poetic language could be to the same type of innovations that had transformed French poetry. Although formal beauty and metaphorical and rhythmical experimentation form but one side of his muse, the desire for verbal perfection was to last throughout Darío's lifetime.

His best known collections are *Azul*, 1888, which for Darío was "el color del ensueño"; *Prosas profanas*, 1896; and *Cantos de vida y esperanza*, 1905. Juan Valera was struck by *Azul*'s cosmopolitan spirit and its fine shadings. One finds in it echoes of the work of Zorrilla, Campoamor (whom Darío admired) and Bécquer as well as the admitted influences of Catulle Mendès, Gautier, and other French writers. *Prosas profanas* reveals sensuality, musicality, and a multiplicity of metrical forms, including a resurrection and renovation of archaic meters. As Darío himself said in the preface, "Como cada palabra tiene un alma, hay en cada verso, además de la armonía verbal, una melodía ideal. La música es sólo de la idea, muchas veces." In *Cantos de vida y esperanza*, he insists still on pure art, beauty and refinement. He admitted: "Yo no soy un poeta para las muchedumbres. Pero sé que indefectiblemente tengo que ir a ellas." Thus, in this, his major work, he is more serious and profound as he muses on the meaning of life and death, religion and eternity. While there is no break with the past, there exists an intensification of human and moral values, along with greater freedom of composition.

Rubén Darío analyzed much of his own poetry. Of "Era un aire suave" he said: "Sigo el precepto del Arte Poética de Verlaine 'De la musique avant toute chose'. El paisaje, los personajes, el tono; se presentan en ambiente siglo dieciochesco." For him "La 'Sonatina' es la más rítmica y musical de todas estas composiciones y la que más boga ha logrado en España y América." Of "Responso a Verlaine," where the poet contemplates the flesh and the spirit, nature and God, he says: "prueba mi admiración y fervor cordial por el 'pauvre Lelian,' a quien conocí en París en días de su triste y entristecedora bohemia.''

In the final analysis, vitality, flexibility, color, music, sonority, experimentation, and devotion to beauty will continue to be associated with Rubén Darío's poetry. Despite the features which give it a perishable quality it will endure because it presents the eternal preoccupations of poets and mankind such as religious doubt and fear of death and reveals his ability to plumb the depths of the human soul.

Era un aire suave[1] . . . . . .

Era un aire suave, de pausados giros;
el hada Harmonía ritmaba sus vuelos;
e iban frases vagas y tenues suspiros,
entre los sollozos de los violoncelos.

Sobre la terraza, junto a los ramajes,
diríase un trémolo de liras eolias,[2]
cuando acariciaban los sedosos trajes
sobre el tallo erguidas las blancas magnolias.

La marquesa Eulalia risas y desvíos
daba a un tiempo mismo para dos rivales;
el vizconde rubio de los desafíos
y el abate joven de los madrigales.

Cerca, coronado con hojas de viña,
reía en su máscara Término[3] barbudo,
y como un efebo[4] que fuese una niña,
mostraba una Diana su mármol desnudo.

Y bajo un boscaje, del amor palestra,
sobre rico zócalo al modo de Jonia,[5]
con un candelabro prendido en la diestra
volaba el Mercurio de Juan de Bolonia.[6]

La orquesta perlaba sus mágicas notas;
un coro de sones alados se oía;
galantes pavanas, fugaces gavotas,
cantaban los dulces violines de Hungría.

Al oír las quejas de sus caballeros,
ríe, ríe, ríe la divina Eulalia,

pues son su tesoro las flechas de Eros,[7]
el cinto de Cipria,[8] la rueca de Onfalia.[9]

¡Ay de quien sus mieles y frases recoja!
¡Ay de quien del canto de su amor se fíe!
Con sus ojos lindos y su boca roja,
la divina Eulalia ríe, ríe, ríe!

Tiene azules ojos, es maligna y bella;
cuando mira vierte viva luz extraña:
se asoma a sus húmedas pupilas de estrella
el alma del rubio cristal de Champaña.

Es noche de fiesta, y el baile de trajes
ostenta su gloria de triunfos mundanos.
La divina Eulalia, vestida de encajes,
una flor destroza con sus tersas manos.

El teclado armónico de su risa fina
a la alegre música de un pájaro iguala,
con los *staccatti*[10] de una bailarina
y las locas fugas de una colegiala.

Amoroso pájaro que trinos exhala
bajo el ala a veces ocultando el pico;
¡qué desdenes rudos lanza bajo el ala,
bajo el ala aleve del leve abanico!

Cuando a media noche sus notas arranque
y en arpegios áureos gima Filomela,[11]
y el ebúrneo cisne, sobre el quieto estanque,
como blanca góndola imprima su estela,

la marquesa alegre llegará al boscaje,
boscaje que cubre la amable glorieta
donde han de estrecharla los brazos de un
que siendo su paje será su poeta.   [paje,

Al compás de un canto de artista de Italia
que en la brisa errante la orquesta deslíe,
junto a los rivales, la divina Eulalia,
la divina Eulalia ríe, ríe, ríe.

¿Fué, acaso, en el tiempo del Rey Luis de
                                    [Francia,
sol[12] con corte de astros, en campo de azur,
cuando los alcázares llenó de fragancia
la regia y pomposa rosa Pompadour?[13]

---

1 This poem is written in twelve-syllable verse, a form used by Juan de Mena in the fifteenth century.
2 liras eolias — Aeolian lyres (pertaining to Aeolia or Thessaly). Aeolus was the wind god.
3 Término — a human bust representing the Roman god of limits.
4 efebo — ephebus. In Greece a youth entering manhood.
5 al modo de Jonia — in Ionian style.
6 The *Mercurio* was a famous work of Juan de Bolonia (1524–1608), a Flemish sculptor living in Florence.
7 Eros — the god of Love.
8 Cipria — name of Aphrodite, supposedly born on Cyprus.
9 Onfalia — Omphale, a queen of Lydia whom Her-

cules had to serve for three years dressed as a woman and spinning with her maidens.
10 *staccatti* — short and rapid dance steps.
11 Filomela — nightingale. Philomela, daughter of King Pandion of Athens, was violated by Tereus, her sister Procne's husband. He tore out her tongue. In revenge, Philomela and Procne fed him his own son, Itys, and escaped. All three were changed into birds. Some versions have Philomela as a swallow and Procne as the nightingale.
12 Louis XIV of France was known as the Sun King.
13 Pompadour — Jeanne Antoinette Poisson le Normant d'Étioles, Marquise de Pompadour (1721–64), mistress of Louis XV.

¿Fué cuando la bella su falda cogía,
con dedos de ninfa, bailando el minué,
y de los compases el ritmo seguía
sobre el tacón rojo, lindo y leve el pie?[14]

¿O cuando pastoras de floridos valles
ornaban con cintas sus albos corderos
y oían, divinas Tirsis[15] de Versalles,
las declaraciones de los caballeros?

¿Fué en ese buen tiempo de duques
[pastores,
de amantes princesas y tiernos galanes,
cuando entre sonrisas y perlas y flores
iban las casacas de los chambelanes?

¿Fué, acaso, en el Norte o en el Mediodía?
Yo el tiempo y el día y el país ignoro,
pero sé que Eulalia ríe todavía,
¡y es crüel y es eterna su risa de oro!

Prosas profanas, 1896

Sonatina[16]

La princesa está triste . . . ¿Qué tendrá la
[princesa?
Los suspiros se escapan de su boca de fresa,
que ha perdido la risa, que ha perdido el color.
La princesa está pálida en su silla de oro,
está mudo el teclado de su clave sonoro;
y en un vaso, olvidada, se desmaya una flor.

El jardín puebla el triunfo de los pavos
[reales.[17]
Parlanchina la dueña dice cosas banales,
y vestido de rojo piruetea el bufón.
La princesa no ríe, la princesa no siente;
la princesa persigue por el cielo de Oriente
la libélula[18] vaga de una vaga ilusión.

¿Piensa acaso en el príncipe de Golconda[19] o
[de China,
o en el que ha detenido su carroza argentina
para ver de sus ojos la dulzura de luz,
o en el rey de las islas de las rosas fragantes,
o en el que es soberano de los claros
[diamantes,

o en el dueño orgulloso de las perlas de
[Ormuz?[20]

¡Ay! la pobre princesa de la boca de rosa
quiere ser golondrina, quiere ser mariposa,
tener alas ligeras, bajo el cielo volar;
ir al sol por la escala luminosa de un rayo,
saludar a los lirios con los versos de mayo,
o perderse en el viento sobre el trueno del mar.

Ya no quiere el palacio, ni la rueca de plata,
ni el halcón encantado, ni el bufón escarlata,
ni los cisnes unánimes[21] en el lago de azur.
Y están tristes las flores por la flor de la corte;
los jazmines de Oriente, los nelumbos[22] del
[Norte,
de Occidente las dalias y las rosas del Sur.

¡Pobrecita princesa de los ojos azules!
Está presa en sus oros, está presa en sus tules,
en la jaula de mármol del palacio real;
el palacio soberbio que vigilan los guardas,
que custodian cien negros con sus cien
[alabardas,
un lebrel que no duerme y un dragón colosal.

¡Oh, quién fuera hipsipila[23] que dejó la
[crisálida!
(La princesa está triste. La princesa está
[pálida.)
¡Oh visión adorada de oro, rosa y marfil!
¡Quién volara[24] a la tierra donde un príncipe
[existe
(La princesa está pálida. La princesa está
[triste.)
más brillante que el alba, más hermoso que
[abril!

—Calla, calla, princesa—dice el hada
[madrina;—[25]
en caballo con alas hacia acá se encamina,
en el cinto la espada y en la mano el azor,
el feliz caballero que te adora sin verte,
y que llega de lejos, vencedor de la Muerte,
a encenderte los labios con su beso de amor.

Prosas profanas, 1896

14 inspired by a painting Darío saw by Watteau.
15 bucolic maids.
16 For Rubén Darío the rhythmical musical form
called *Sonatina* synthesized youth's adolescent dreams.
This poem has been called the most musical poem in
the Spanish language.
17 Read: El triunfo de los pavos reales puebla el
jardín.
18 libélula — dragonfly.
19 Golconda — a city in India, known for its great
wealth.

20 Ormuz — very wealthy Persian city in the Persian
Gulf, famous for its pearls.
21 unánimas — one-minded. In another version we
find *ecuánimes* (even-tempered). Swans often swim together in one direction at the same time.
22 nelumbo — water lily.
23 hipsipila — butterfly (quién fuera — if she only
were).
24 ¡Quién volara! — If she could only fly.
25 hada madrina — fairy godmother.

Responso a Verlaine

Padre y maestro mágico, liróforo[26] celeste
que al instrumento olímpico y a la siringa[27] agreste
    diste tu acento encantador;
¡Panida![28] ¡Pan[29] tú mismo, que coros condujiste
hacia el propíleo[30] sacro que amaba tu alma triste,
    al son del sistro[31] y del tambor!

Que tu sepulcro cubra de flores Primavera,
que se humedezca el áspero hocico de la fiera,
    de amor, si pasa por allí;
que el fúnebre recinto visite Pan bicorne;
que de sangrientas rosas el fresco abril te adorne
    y de claveles de rubí.

Que si posarse quiere sobre la tumba el cuervo,
ahuyenten la negrura del pájaro protervo,
    el dulce canto de cristal
que Filomena vierta sobre tus tristes huesos,
o la harmonía dulce de risas y de besos,
    de culto oculto y florestal.

Que púberes canéforas[32] te ofrenden el acanto,[33]
que sobre tu sepulcro no se derrame el llanto,
    sino rocío, vino, miel;
que el pámpano allí brote, las flores de Citeres,[34]
¡y que se escuchen vagos suspiros de mujeres
    bajo un simbólico laurel!

Que si un pastor su pífano[35] bajo el frescor del haya,
en amorosos días, como en Virgilio, ensaya,
    tu nombre ponga en la canción;
y que la virgen náyade,[36] cuando ese nombre escuche,
con ansias y temores entre las linfas luche,
    llena de miedo y de pasión.

De noche, en la montaña, en la negra montaña
de las visiones, pase gigante sombra extraña,
    sombra de un Sátiro espectral;
que ella al centauro adusto con su grandeza asuste;
de una extrahumana flauta la melodía ajuste
    a la harmonía sideral.

Y huya el tropel equino por la montaña vasta;
tu rostro de ultratumba bañe la luna casta
    de compasiva y blanca luz;
y el Sátiro contemple sobre un lejano monte
una cruz que se eleve cubriendo el horizonte
    ¡y un resplandor sobre la cruz![37]

Prosas profanas, 1896

26 liróforo — a bearer of the lyre, hence, a poet.
27 siringa — Pan's flute.
28 Panida was Pan's son.
29 Pan — god of flocks and pastures.
30 propíleo — vestibule of a temple.
31 sistro — ancient musical instrument of Egypt used in the worship of Isis.

32 canéforas — pagan girls who carried baskets of fruit on their heads.
33 acanto — a broad-leafed plant.
34 Citeres — a Greek island where Venus had a temple.
35 pífano — a kind of flute.
36 náyade — naiad, a water nymph.
37 Darío implies that the power of Christianity will triumph over the pagan centaurs and others.

Yo soy aquél[38]

Yo soy aquél que ayer no más decía
el verso azul y la canción profana,[39]
en cuya noche un ruiseñor había
que era alondra de luz por la mañana.

El dueño fuí de mi jardín de sueño,
lleno de rosas y de cisnes vagos;
el dueño de las tórtolas, el dueño
de góndolas y liras en los lagos;

y muy siglo diez y ocho y muy antiguo
y muy moderno; audaz, cosmopolita;
con Hugo fuerte y con Verlaine[40] ambiguo,
y una sed de ilusiones infinita.

Yo supe de dolor desde mi infancia,
mi juventud . . . ¿fué juventud la mía?
Sus rosas aún me dejan su fragancia,
una fragancia de melancolía . . .

Potro sin freno se lanzó mi instinto,
mi juventud montó potro sin freno;
iba embriagada y con puñal al cinto;
si no cayó, fué porque Dios es bueno.

En mi jardín se vió una estatua bella;
se juzgó mármol y era carne viva;
una alma joven habitaba en ella,
sentimental, sensible, sensitiva.

Y tímida ante el mundo, de manera
que, encerrada en silencio, no salía
sino cuando en la dulce primavera
era la hora de la melodía . . .

Hora de ocaso y de discreto beso;
hora crepuscular y de retiro;
hora de madrigal y de embeleso,
de « te adoro, » de « ¡ay! » y de suspiro.

Y entonces era en la dulzaina[41] un juego
de misteriosas gamas cristalinas,
un renovar de notas del Pan griego
y un desgranar de músicas latinas,

con aire tal y con ardor tan vivo,
que a la estatua nacían de repente
en el muslo viril patas de chivo
y dos cuernos de sátiro en la frente.

Como la Galatea gongorina[42]
me encantó la marquesa verleniana,
y así juntaba a la pasión divina
una sensual hiperestesia[43] humana;

todo ansia, todo ardor, sensación pura
y vigor natural; y sin falsía,
y sin comedia y sin literatura . . .
si hay un alma sincera, ésa es la mía.

La torre de marfil tentó mi anhelo;
quise encerrarme dentro de mí mismo,
y tuve hambre de espacio y sed de cielo
desde las sombras de mi propio abismo.

Como la esponja que la sal satura
en el jugo del mar, fué el dulce y tierno
corazón mío, henchido de amargura
por el mundo, la carne y el infierno.

Mas, por gracia de Dios, en mi conciencia
el Bien supo elegir la mejor parte;
y si hubo áspera hiel en mi existencia,
melificó toda acritud el Arte.

Mi intelecto libré de pensar bajo,
bañó el agua castalia[44] el alma mía,
peregrinó mi corazón y trajo
de la sagrada selva la armonía.

¡Oh, la selva sagrada! ¡Oh, la profunda
emanación del corazón divino
de la sagrada selva! ¡Oh, la fecunda
fuente cuya virtud vence al destino!

Bosque ideal que lo real complica,
allí el cuerpo arde y vive y Psiquis[45] vuela;
mientras abajo el sátiro fornica,
ebria de azul deslíe Filomela.

Perla de ensueño y música amorosa
en la cúpula en flor del laurel verde,
Hipsipila sutil liba en la rosa,
y la boca del fauno el pezón muerde.

Allí va el dios en celo tras la hembra,
y la caña de Pan se alza del lodo;
la eterna vida sus semillas siembra,
y brota la armonía del gran Todo.[46]

---

38 In this poem, Darío reveals the new direction his
art will take in his maturity.
39 a reference to his first two volumes, *Azul* and *Prosas
profanas*.
40 Victor Hugo (1802–85) and Paul Verlaine (1844–
96), French poets.
41 dulzaina — flageolet or flute.
42 Galatea gongorina — Galatea, famous statue of
Pygmalion, King of Cyprus. He fell in love with her
and Aphrodite gave her life. Góngora has a poem,

"Fábula de Polifemo y Galatea," which refers to her.
43 hiperestesia — hyperesthesia, a state of exalted
sensibility.
44 agua castalia — Castalia, a spring of Parnassus,
sacred to Apollo and the muses, hence a source of
poetic inspiration.
45 Psiquis — Psyche, a beautiful princess of whom
Venus grew jealous. Cupid, Venus' son, fell in love
with her.
46 gran Todo — "All-father."

El alma que entra allí debe ir desnuda,
temblando de deseo y fiebre santa,
sobre cardo heridor y espina aguda:
así suena, así vibra y así canta.

Vida, luz y verdad, tal triple llama
produce la interior llama infinita;
el Arte puro como Cristo exclama:
Ego sum lux et veritas et vita![47]

Y la vida es misterio, la luz ciega
y la verdad inaccesible asombra;
la adusta perfección jamás se entrega,
y el secreto ideal duerme en la sombra.

Por eso ser sincero es ser potente;
de desnuda que está, brilla la estrella;
el agua dice el alma de la fuente
en la voz de cristal que fluye de ella.

Tal fué mi intento, hacer del alma pura
mía una estrella, una fuente sonora,
con el horror de la literatura
y loco de crepúsculo y de aurora.

Del crepúsculo azul que da la pauta[48]
que los celestes éxtasis inspira,
bruma y tono menor—¡toda la flauta!—,
y Aurora, hija del Sol—¡toda la lira!

Pasó una piedra que lanzó una honda;
pasó una flecha que aguzó un violento.
La piedra de la honda fué a la onda,
y la flecha del odio fuése al viento.

La virtud está en ser tranquilo y fuerte;
con el fuego interior todo se abrasa;
se triunfa del rencor y de la muerte,
y hacia Belén[49] . . . ¡la caravana pasa!

Cantos de vida y esperanza, 1905

Salutación del optimista[50]

Ínclitas razas ubérrimas,[51] sangre de Hispania fecunda,[52]
espíritus fraternos, luminosas almas, ¡salve!
Porque llega el momento en que habrán de cantar nuevos himnos[53]
lenguas de gloria.   Un vasto rumor llena los ámbitos;
mágicas ondas de vida van renaciendo de pronto;
retrocede el olvido, retrocede engañada la muerte,
se anuncia un reino nuevo, feliz sibila sueña,
y en la caja pandórica[54] de que tantas desgracias surgieron
encontramos de súbito, talismánica, pura, rïente,
cual pudiera decirla en su verso Virgilio divino,
la divina reina de luz, ¡la celeste Esperanza!

Pálidas indolencias, desconfianzas fatales que a tumba
o a perpetuo presidio condenasteis al noble entusiasmo,
ya veréis al salir del sol en un triunfo de liras,
mientras dos continentes, abonados de huesos gloriosos,
del Hércules[55] antiguo la gran sombra soberbia evocando,
digan al orbe: la alta virtud resucita
que a la hispana progenie hizo dueña de siglos.

Abominad la boca que predice desgracias eternas,
abominad los ojos que ven sólo zodíacos funestos;
abominad las manos que apedrean las ruinas ilustres,
o que la tea empuñan o la daga suicida.
Siéntense sordos ímpetus en las entrañas del mundo,
la inminencia de algo fatal hoy conmueve la tierra;

47 Ego . . . vita — I am the light and the truth and the
life. (Cf. John 14:6, "I am the way, and the truth, and
the life.")
48 pauta — model.
49 Belén — Bethlehem.
50 E. Allison Peers refers to the opening line as "the
best known hexameter in all Spanish."
51 ubérrimas — fruitful.

52 Darío celebrates the new spirit of fraternity between Spain and Latin America.
53 The poet dreams of future Spanish greatness.
54 Zeus gave Pandora a box which contained Hope
and all the ills of the world. When she opened the box,
as he knew she would, they all escaped. Only Hope
remained behind.
55 Spain and Africa evoke the shade of Hercules who
built the columns in the Straits of Gibraltar.

fuertes colosos caen, se desbandan bicéfalas águilas,[56]
y algo se inicia como vasto social cataclismo
sobre la faz del orbe.   ¿Quién dirá que las savias dormidas
no despierten entonces en el tronco del roble gigante
bajo el cual se exprimió la ubre de la loba romana?
¿Quién será el pusilánime que al vigor español niegue músculos
y que al alma española juzgase áptera[57] y ciega y tullida?
No es Balilonia ni Nínive[58] enterrada en olvido y en polvo,
ni entre momias y piedras, reina que habita el sepulcro,
la nación generosa, coronada de orgullo inmarchito,
que hacia el lado del alba fija las miradas ansiosas,
ni la que, tras los mares en que yace sepulta la Atlántida,
tiene su coro de vástagos, altos, robustos y fuertes.

Únanse, brillen, secúndense tantos vigores dispersos;
formen todos un solo haz de energía ecuménica.
Sangre de Hispania fecunda, sólidas, ínclitas razas,
muestren los dones pretéritos que fueron antaño su triunfo.
Vuelva el antiguo entusiasmo, vuelva el espíritu ardiente
que regará lenguas de fuego en esa epifanía.[59]
Juntas las testas[60] ancianas ceñidas de líricos lauros
y las cabezas jóvenes que la alta Minerva decora,[61]
así los manes[62] heroicos de los primitivos abuelos,
de los egregios padres que abrieron el surco pristino,
sientan los soplos agrarios de primaverales retornos
y el rumor de espigas que inició la labor triptolémica.[63]

Un continente y otro renovando las viejas prosapias,
en espíritu unidos, en espíritu y ansias y lengua,
ven llegar el momento en que habrán de cantar nuevos himnos.
La latina estirpe verá la gran alba futura
en un trueno de música gloriosa; millones de labios
saludarán la espléndida luz que vendrá del Oriente,
Oriente augusto en donde todo lo cambia y renueva
la eternidad de Dios, la actividad infinita.
Y así sea, Esperanza, la visión permanente en nosotros,
¡ínclitas razas ubérrimas, sangre de Hispania fecunda!

Cantos de vida y esperanza, 1905

Canción de otoño en primavera

Juventud, divino tesoro,
¡ya te vas para no volver!
Cuando quiero llorar, no lloro . . .
y a veces lloro sin querer . . .

Plural ha sido la celeste
historia de mi corazón.

Era una dulce niña, en este
mundo de duelo y aflicción.[64]

Miraba como el alba pura;
sonreía como una flor.
Era su cabellera obscura
hecha de noche y de dolor.

56 bicéfalas águilas — two-headed eagles, a reference to the defeat of Russia by Japan in the Russo-Japanese War, 1904–1905. Ivan III, the Great (1462–1505), first adopted the Byzantine double eagle as a symbol of his empire.
57 áptera — without wings.
58 Nínive — Nineveh, ancient capital of Assyria.
59 epifanía — Epiphany, a divine manifestation.
60 testas — heads.

61 New poets will sing again in Spain. Minerva was the goddess of wisdom.
62 manes — manes, spirits of the dead.
63 triptolémica — from Triptolemos, King of Eleusia, a legendary Attic figure who supposedly gave grain and its culture to mankind and later taught the use of the plow.
64 The author begins here his list of love affairs.

Yo era tímido como un niño.
Ella, naturalmente, fué,
para mi amor hecho de armiño,[65]
Herodías y Salomé.[66] . . .

Juventud, divino tesoro,
¡ya te vas para no volver! . . .
Cuando quiero llorar, no lloro,
y a veces lloro sin querer . . .

La otra fué más sensitiva,
y más consoladora y más
halagadora y expresiva,
cual no pensé encontrar jamás.

Pues a su continua ternura
una pasión violenta unía.
En un peplo[67] de gasa pura
una bacante[68] se envolvía . . .

En sus brazos tomó mi ensueño
y lo arrulló como a un bebé . . .
Y le mató, triste y pequeño,
falto de luz, falto de fe. . . .

Juventud, divino tesoro,
¡te fuiste para no volver!
Cuando quiero llorar, no lloro,
y a veces lloro sin querer. . . .

Otra juzgó que era mi boca
el estuche[69] de su pasión,
y que me roería, loca,
con sus dientes el corazón,

poniendo en un amor de exceso
la mira[70] de su voluntad,

mientras eran abrazo y beso
síntesis de la eternidad;

y de nuestra carne ligera
imaginar siempre un Edén,
sin pensar que la Primavera
y la carne acaban también . . .

Juventud, divino tesoro,
¡ya te vas para no volver!
Cuando quiero llorar, no lloro,
¡y a veces lloro sin querer!

¡Y las demás! En tantos climas,
en tantas tierras, siempre son,
si no pretextos de mis rimas,
fantasmas de mi corazón.

En vano busqué a la princesa
que estaba triste de esperar.[71]
La vida es dura. Amarga y pesa.[72]
¡Ya no hay princesa que cantar!

Mas a pesar del tiempo terco,
mi sed de amor no tiene fin;
con el cabello gris, me acerco
a los rosales del jardín . . .

Juventud, divino tesoro,
¡ya te vas para no volver! . . .
Cuando quiero llorar, no lloro,
y a veces lloro sin querer. . . .

¡Mas es mía el Alba de oro!

Cantos de vida y esperanza, 1905

Nocturno

Los que auscultasteis[73] el corazón de la noche,
los que por el insomnio tenaz habéis oído
el cerrar de una puerta, el resonar de un coche
lejano, un eco vago, un ligero rüido . . .

En los instantes del silencio misterioso,
cuando surgen de su prisión los olvidados,
en la hora de los muertos, en la hora del reposo,
sabréis leer estos versos de amargor impregnados . . .

Como en un vaso vierto en ellos mis dolores
de lejanos recuerdos y desgracias funestas,
y las tristes nostalgias de mi alma, ebria de flores,
y el duelo de mi corazón, triste de fiestas.

65 armiño — ermine. Its pure white symbolizes purity.
66 Herodías y Salomé — mother and daughter mentioned in the Bible. Herodias, denounced by John the Baptist as a sinner, encouraged her daughter to ask King Herod for John's head as a reward for her dancing (Math. 14:8).
67 peplo — peplus, a sleeveless loose garment worn by Greek women.
68 bacante — bacchante or loose woman.
69 estuche — jewel case.
70 mira — aim.
71 Darío refers here to his poem, "Sonatina," and the sad princess waiting for love.
72 Amarga y pesa — It brings bitterness and sorrow.
73 auscultar — to listen, auscultate (a medical term).

Y el pesar de no ser lo que yo hubiera sido,
la pérdida del reino que estaba para mí,
el pensar que un instante pude no haber nacido,
y el sueño que es mi vida desde que yo nací . . .

Todo esto viene en medio del silencio profundo
en que la noche envuelve la terrena ilusión,
y siento como un eco del corazón del mundo
que penetra y conmueve mi propio corazón.

Cantos de vida y esperanza, 1905

Lo fatal

Dichoso el árbol que es apenas sensitivo,
y más la piedra dura, porque ésta ya no siente,
pues no hay dolor más grande que el dolor de ser vivo,
ni mayor pesadumbre que la vida consciente.

Ser, y no saber nada, y ser sin rumbo cierto,
y el temor de haber sido y un futuro terror . . .
y el espanto seguro de estar mañana muerto,
y sufrir por la vida y por la sombra y por

lo que no conocemos y apenas sospechamos,
y la carne que tienta con sus frescos racimos,
y la tumba que aguarda con sus fúnebres ramos,
¡y no saber adónde vamos,
ni de dónde venimos . . .!

Cantos de vida y esperanza, 1905

¡Eheu![74]

Aquí, junto al mar latino,
digo la verdad:
Siento en roca, aceite y vino
yo mi antigüedad.

¡Oh, qué anciano soy, Dios santo!,
¡oh qué anciano soy! . . .
¿De dónde viene mi canto?
Y yo, ¿adónde voy?

El conocerme a mí mismo
ya me va costando
muchos momentos de abismo
y el cómo y el cuándo . . .

Y esta claridad latina,
¿de qué me sirvió
a la entrada de la mina
del yo y el no yo . . . ?

Nefelibata[75] contento
creo interpretar
las confidencias del viento,
la tierra y el mar . . .

Unas vagas confidencias
del ser y el no ser,
y fragmentos de conciencias
de ahora y ayer.

Como en medio de un desierto
me puse a clamar;
y miré el sol como muerto
y me eché a llorar.

El canto errante, 1907

Miguel de Unamuno, 1864–1936 (pp. 231–34; 367–68; 560–65)

Although some do not consider Unamuno to be primarily a poet, he preferred to think of himself in that light.[1] In 1907 he wrote *Poesías*, 102 poems on various subjects including Castilla and Vizcaya, both of which he dearly loved. *Rosario de sonetos líricos*, 1911, is a collection of 128 sonnets which Enrique Gómez Carrillo called, "poemas

---

74 ¡Eheu! — Alas! This is the first word of Horace's ode (Book II, no. 14). "Eheu, fugaces . . . labuntur anni" (Alas, the fleeting years glide by).
75 nefelibata — from *nefele*, which means cloud in Greek; hence, lover of clouds or a dreamer.

1 For samples of Unamuno's prose manner see pp. 463–71 and 216–24.

graves y puros" and in which Unamuno shows his "desahogos de . . . pesimismo" and the influence of Quental and Leopardi, as he contemplates death, resignation, the depths of his soul, and the eternalization of the moment. *El Cristo de Velázquez*, published in 1920 but written in part as early as 1913, is a collection of polished poems which he rewrote several times before publishing. Apparently inspired by the painting of Christ by Velásquez, it is a kind of lyrical litany of faith in God and man. *Andanzas y visiones españolas*, 1922; *Rimas de dentro*, 1923; *Teresa*, 1924, which Luis Cernuda deems his weakest book although it contains, technically speaking, some of his most perfect works; *De Fuerteventura a París*, 1925; *Romancero del destierro*, 1928, 36 poems in different styles, including various *romances* inspired by the sad reality of Spanish politics; and *Cancionero*, 1953, a collection of 1,755 poems on a variety of themes, complete his published poetic works.

Unamuno belongs to none of the poetic movements commonly associated with the twentieth century. José María Valverde said that he compensated for the lack of a great nineteenth-century Spanish poet, which thematically Unamuno was, and Vivanco feels that Unamuno and Antonio Machado were the two greatest poets of the first half of the twentieth century. Yet, most critics agree on Unamuno's lack of preoccupation with form. González-Ruano felt that Unamuno was always a poet "y nada menos que poeta sin que esto quiera decir que se preocupara nunca mucho de la gracia o de la forma o de las variedades de la moda poética." Barea said his "rough-tongued poems with their blend of fervour and contemplation brought indeed a new note into Spanish lyrical poetry at the turn of the century," but he claims further that the form was not strong enough to contain Unamuno's strong sentiments. Among these sentiments were anguish, fear of death, loss of being, mysticism, a quest for the immortality of the soul, a desire for fame, a struggle to believe, an intuitive attitude about life, religious and divine love, and family and patriotic themes.

Unamuno's poetry, harsh and rough at times and often severe, extracts its force from its very nakedness. Indeed, in his *credo poético* at the beginning of his first book, Unamuno says: "No el que forma da a la idea, es el poeta, / sino que es el que alma encuentra tras la carne, / tras la forma encuentra idea." He felt further that "Algo que no es música es la poesía," and "El poeta, si lo es de verdad, no da conceptos ni formas, se da a sí mismo." He believed in the direct transmission of soul states and the possibility of communicating through what Julián Marías calls "contagio espiritual." Unamuno found in poetry what he could not find in drama, for as he said, "En la lírica no se miente nunca, aunque uno se proponga en ella mentir." Thus Unamuno remained true to himself, continuing his meditation and spiritual struggle, in one form or another, on the mystery of life and of existence and relating his fears, hopes, and memories, as a poet who, to use his own words, "desnuda con el lenguaje rítimico su alma."

Salamanca[2]

Alto soto de torres que al ponerse
tras las encinas que el celaje esmaltan[3]
dora a los rayos de su lumbre el padre
    Sol de Castilla;[4]

bosque de piedras que arrancó la historia
a las entrañas de la tierra madre,
remanso de quietud, yo te bendigo,
    ¡mi Salamanca!

Miras a un lado, allende[5] el Tormes lento,
de las encinas el follaje pardo
cual[6] el follaje de tu piedra, inmoble,
    denso y perenne.

Y de otro lado, por la calva Armuña,[7]
ondea el trigo, cual tu piedra, de oro,
y entre los surcos al morir la tarde
    duerme el sosiego.

Duerme el sosiego, la esperanza duerme
de otras cosechas y otras dulces tardes,
las horas al correr sobre la tierra
    dejan su rastro.

Al pie de tus sillares,[8] Salamanca,
de las cosechas del pensar tranquilo
que año tras año maduró en tus aulas
    duerme el recuerdo.

2 This ode is written in the Sapphic strophe: three lines of blank verse, each of eleven syllables, plus a five-syllable dactylic blank line accented on the first syllable, a meter much used by Unamuno but not by others.
3 que el celaje esmaltan — which embellish the clouds.
4 dora a . . . Castilla — the father sun of Castile gilds with his rays of light.
5 allende — beyond.
6 cual — like.
7 Armuña — plains to the north and east of Salamanca.
8 sillares — square blocks of stones.

Duerme el recuerdo, la esperanza duerme,
y es el tranquilo curso de tu vida
como el crecer de las encinas, lento,
    lento y seguro.

De entre tus piedras seculares, tumba
de remembranzas del ayer glorioso,
de entre tus piedras recogió mi espíritu
    fe, paz y fuerza.

En este patio que se cierra al mundo
y con ruinosa crestería borda
limpio celaje, al pie de la fachada
    que de plateros

ostenta filigranas en la piedra,
en este austero patio, cuando cede
el vocerío estudiantil, susurra
    voz de recuerdos.

En silencio fray Luis[9] quédase solo
meditando de Job los infortunios,
o paladeando en oración los dulces
    nombres de Cristo.

Nombres de paz y amor con que en la lucha
buscó conforte, y arrogante luego[10]
a la brega volvióse amor cantando,
    paz y reposo.

La apacibilidad de tu vivienda
gustó, andariego soñador, Cervantes,[11]
la voluntad le enhechizaste y quiso
    volver a verte.

Volver a verte en el reposo quieta,
soñar contigo el sueño de la vida,
soñar la vida que perdura siempre
    sin morir nunca.

Sueño de no morir es el que infundes
a los que beben de tu dulce calma,
sueño de no morir, ése que dicen
    culto a la muerte.

En mí florezcan cual en ti, robustas,
en flor perduradora las entrañas
y en ellas talle con seguro toque
    visión del pueblo.

Levántense cual torres clamorosas
mis pensamientos en robusta fábrica,
y asiéntese en mi patria para siempre
    la mi Quimera.

Pedernoso cual tú sea mi nombre
de los tiempos la roña resistiendo,
y por encima al tráfago del mundo
    resuene limpio.

Pregona eternidad tu alma de piedra
y amor de vida en tu regazo arraiga,
amor de vida eterna, y a su sombra
    amor de amores.

En tus callejas que del sol nos guardan
y son cual surcos de tu campo urbano,
en tus callejas duermen los amores
    más fugitivos.

Amores que nacieron como nace
en los trigales amapola ardiente
para morir antes de la hoz, dejando
    fruto de sueño.

El dejo amargo del Digesto hastioso
junto a las rejas se enjugaron muchos,
volviendo luego, corazón alegre,
    a nuevo estudio.

De doctos labios recibieron ciencia,
mas de otros labios palpitantes, frescos,
bebieron del Amor, fuente sin fondo,
    sabiduría.

Luego en las tristes aulas del Estudio,
frías y oscuras, en sus duros bancos,
aquietaron sus pechos encendidos
    en sed de vida.

Como en los troncos vivos de los árboles,
de las aulas así en los muertos troncos
grabó el Amor por manos juveniles
    su eterna empresa.

Sentencias no hallaréis del Triboniano,[12]
del Peripato[13] no veréis doctrina,
ni aforismos de Hipócrates sutiles,
    jugo de libros.

Allí Teresa, Soledad, Mercedes,
Carmen, Olalla, Concha, Blanca o Pura,
nombres que fueron miel para los labios,
    brasa en el pecho.

Así bajo los ojos la divisa
del amor, redentora del estudio,
y cuando el maestro calla, aquellos bancos
    dicen amores.

---

9 Fray Luis de León (1527–91) had been a professor at the University of Salamanca like Unamuno. The latter here recalls two of Fray Luis' prose works: *Exposición del libro de Job* and *De los nombres de Cristo*.
10 arrogante luego — bravely then.
11 Cervantes, in speaking of Salamanca, said, "enhe-chiza la voluntad de volver a ella a los que de la apacibilidad de su vivienda hubieron gustado."
12 Triboniano — Tribonianus, a celebrated jurist in the time of the Emperor Justinian, sixth century A.D.
13 Peripato — Aristotle (so called because he walked while giving instruction in the Lyceum at Athens).

¡Oh, Salamanca!, entre tus piedras de oro
aprendieron a amar los estudiantes,
mientras los campos que te ciñen daban
　　　jugosos frutos.

Del corazón en las honduras guardo
tu alma robusta; cuando yo me muera,
guarda, dorada Salamanca mía,
　　　tú mi recuerdo.

Y cuando el sol al acostarse encienda
el oro secular que te recama,
con tu lenguaje, de lo eterno heraldo,
　　　di tú que he sido.

　　　　　　　　　　Poesías, 1907

¡Siémbrate!

Sacude la tristeza y tu ánimo recobra,
no quieto mires de la fortuna la rueda[14]
como gira al pasar rozando tu vereda,[15]
que a quien quiere vivir vida es lo que le sobra.

No haces sino nutrir esa mortal zozobra
que así en las redes del morir lento te enreda,
pues vivir es obrar y lo único que queda
la obra es; echa, pues, mano a la obra.

Ve sembrándote al paso y con tu propio
　　　　　　　　　　　　　[arado
sin volver la vista que es volverla a la muerte,
y no a lo por andar sea peso lo andado.[16]

En los surcos lo vivo, en ti deja lo inerte,
pues la vida no pasa al paso de un nublado;
de tus obras podrás un día recojerte.[17]

　　　　Rosario de sonetos líricos, 1912

El Cristo de Velázquez

V

VERDAD

Eres Tú la Verdad que con su muerte,[18]
resurrección al fin, nos vivifica.
« ¿Qué es la verdad? », lavándose las manos

Pilatos preguntaba al entregarte,
siendo Tú la verdad, cuando tu sangre
nos lava del error del nacimiento.
Eres Tú la verdad, la que consuela
de la muerte; el raudal del agua pura
que nos quita la sed, no del océano
la que la vista llena. Sólo embuste
y error no más Naturaleza; engaño
del sentido, mentira lo que vemos;
una añagaza urdida por la Muerte,[19]
que muerta de hambre sin cesar nos ronda
para tragarnos. ¡Curas el hastío
que nos meten al tuétano del ánimo
los halagos del mundo lagotero[20]
que nos envuelve en sempiterno error!

VI

REINO DE DIOS

Caudillo de la patria sin linderos
de la infinita Humanidad, nos llevas,
mesnada de cruzados, a la toma
de la Jerusalén celeste, encierro
de la gastada ley y señorío
del porvenir eterno; asiento el único
de libertad—de que eres el dechado—,
ciudad de Dios, hogar final del Hombre;
cristianado Universo que a tu gracia
se ha forjado en el hombre, el hombre mismo.
« ¡No es—dijiste—mi reino de este mundo! »;
tu reino es de la historia la creciente,
no progresiva, eternidad; ¡tu reino
la Humanidad sin lindes, y sin hitos,[21]
conquista del Espíritu en sazón!

VII

ANSIA DE AMOR

Danos, Señor, acucia[22] tormentosa
de quererte; un anhelo entre combates
del Enemigo, que jamás se rinde
de cercarnos. Suele confiado el hombre
dormirse en el amor, pero en el ansia
de amar no cabe sueño. Que a tu bulto

14 Read: quieto no mires la rueda de la fortuna.
15 rozando tu vereda — grazing your path.
16 y no ... andado — and let not the course to be
traveled be weighed down by that already covered.
17 This sonnet contains Unamuno's lifelong philosophy that man should find a furrow and sow there his
own life.
18 Ángel del Río called *El Cristo de Velázquez* limpid
poetry of mystical serenity which expresses the intimate notes of Spanish Christianity. The poem is divided
into four parts. The first part has thirty-nine poems or
sections, the second part fourteen, the third part twenty-
seven, and the fourth part eight plus a final prayer.
Throughout Unamuno glosses both the Old and the

New Testament as he paraphrases Genesis, Exodus,
Leviticus, Numbers, Deuteronomy, Joshua, Judges,
I Samuel, I and II Kings, Job, Psalms, Ecclesiastes,
Song of Solomon, Isaiah, Ezekiel, Daniel, Hosea,
Amos, Matthew, Mark, Luke, John, Acts, Romans,
I and II Corinthians, Ephesians, Hebrews, I and II
Peter, and Revelation. Our excerpts begin with the
fifth poem of the last part.
19 una ... Muerte — an enticement contrived by
Death.
20 lagotero — flattering, honey-mouthed.
21 sin hitos — without guideposts.
22 acucia — longing.

no logremos tocar ni en puro anhelo;
que como en este del pincel prodigio
—relieve inmaterial y milagroso—,
de nuestro abrazo corporal te esquives
aquí en el mundo ruin. Nuestro cariño
quede en agraz en el viñedo mustio[23]
de aqueste pedregal, que al cielo abierto
del Sol desnudo de la gloria eterna
madurará sin fin. Sé pan que el hambre
nos azuce;[24] sé vino que enardezca
la sed de nuestra boca. Mientras dure
nuestra vida en la tierra, sea el ansia
de amarte nuestra vida; que se duerme
sobre el amor logrado, y es el sueño
no vida, sino muerte. No se cumple
la Humanidad en este triste valle
de sueño y amargor. De nuestras almas,
pobres orugas,[25] saca mariposas
que de tus ojos a la lumbre ardiendo
renazcan incesantes. Hoy bregamos
por más alto bregar.
            Canta la Esposa,
la Iglesia, tu pasión, y su esperanza
con cantos amamanta, y a tu imagen
envuelve nimbo de armonía dulce.
¡Conchas marinas de los siglos muertos,
repercutan los claustros las salmodias,
que, olas murientes en la eterna playa,
desde el des-cielo de la tierra alzaron
almas del mundo trémulas,[26] pidiéndote
por el amor de Dios descanso en paz!

VIII
SADUCEÍSMO[27]

. . . ¡y la vida perdurable, amén!

Dobla tu frente, triste saduceo,
contempla el polvo, que es tu fuente; y mira
que con la torre de Babel el cielo
no has de romper, y que la vida toda
no es sino embuste si no hay otra allende.
¿Qué es el progreso que empezó aquel día,
de rojo ocaso, en que la espada ardiente
del ángel del Señor brilló a la puerta
del Paraíso? Di, ¿qué es el progreso
si, hojas que secas Aquilón[28] arrastra,
van nuestras almas a abonar la tierra
donde aguardando la segur[29] el árbol
de la vida sombrea a nuestra muerte?
¿A qué saber, si la conciencia al borde

de la nada matriz no espera nada
más que saber? Di, ¿dónde están las olas
que gimiendo en la playa se sumieron?
¿Y aquellas otras que al confín hinchándose
con sus espumas anegar querían
a las estrellas? Di, ¿qué es lo que dura?
    Sé que preguntas, saduceo triste,
con risa amarga, qué mujer tendremos
después de muertos. Dime, mas de vivos
¿qué vida es ésta si esperamos sólo
a lo que sea cuando no seamos?
Quiebra tu envidia, triste saduceo;
deja que la esperanza nos aduerma,
y en nuestros labios al postrer suspiro
muera del Credo la postrera ráfaga.
    ¡Y Tú, Cristo que sueñas, sueño mío,
deja que mi alma, dormida en tus brazos,
venza la vida soñándose Tú!

ORACIÓN FINAL

Tú que callas, ¡oh Cristo!, para oírnos,
oye de nuestros pechos los sollozos;
acoge nuestras quejas, los gemidos
de este valle de lágrimas. Clamamos
a Ti, Cristo Jesús, desde la sima
de nuestro abismo de miseria humana,
y Tú, de humanidad la blanca cumbre,
danos las aguas de tus nieves. Águila
blanca que abarcas al volar el cielo,
te pedimos tu sangre; a Ti, la viña,
el vino que consuela al embriagarnos;
a Ti, Luna de Dios, la dulce lumbre
que en la noche nos dice que el Sol vive
y nos espera; a Ti, columna fuerte,
sostén en que posar; a Ti, Hostia Santa,
te pedimos el pan de nuestro viaje
por Dios, como limosna; te pedimos
a Ti, Cordero del Señor que lavas
los pecados del mundo, el vellocino
del oro de tu sangre; te pedimos
a Ti, la rosa del zarzal bravío,
la luz que no se gasta, la que enseña
cómo Dios es quien es; a Ti, que el ánfora
del divino licor, que el néctar pongas
de eternidad en nuestros corazones.
Te pedimos, Señor, que nuestras vidas
tejas de Dios en la celeste túnica,
sobre el telar de vida eterna. Déjanos
nuestra sudada fe, que es frágil nido

---

23 Nuestro cariño . . . mustio — Let our affection
remain unripened in the withered vineyard.
24 Sé . . . azuce — Be bread so that hunger may incite
us.
25 orugas — caterpillars.
26 Conchas marinas . . . trémulas — Sea shells of dead
centuries, let the cloisters reverberate with psalms,

dying waves on the eternal shore, which tremulous
souls of the world raised from the non-heaven of earth.
27 Saduceísmo — Sadduceeism. The Sadducees were
a sect among the ancient Jews who denied the resurrection and personal immortality.
28 Aquilón — the north wind.
29 segur — axe.

de aladas esperanzas que gorjean
cantos de vida eterna, entre tus brazos,
las alas del Espíritu que flota
sobre el haz de las aguas tenebrosas,
guarecer a la sombra de tu frente.
    Ven y ve, mi Señor: mi seno hiede;
ve cómo yo, a quien quieres, adolezco;
Tú eres resurrección y luego vida:
¡llámame a Ti, tu amigo, como a Lázaro![30]
Llévanos Tú, el espejo, a que veamos
frente a frente tu Sol y a conocerle
tal como Él, por su parte, nos conoce;
con nuestros ojos-tierra a ver su lumbre
y cual un compañero cara a cara
como a Moisés[31] nos hable, y boca a boca.
¡Tráenos el reino de tu Padre, Cristo,
que es el reino de Dios reino del Hombre!
Danos vida, Jesús, que es llamarada
que alienta y alumbra y que al pábulo
en vasija encerrado se sujeta;
vida que es llama, que en el tiempo vive
y en ondas, como el río, se sucede.
    Los hombres con justicia nos morimos;
mas Tú sin merecerlo te moriste
de puro amor, Cordero sin mancilla,
y estando ya en tu reino, de nosotros
acuérdate. Que no, como en los aires
el humo de la leña, nos perdamos
sin asiento, de paso; ¡mas recógenos
y con tus manos lleva nuestras almas
al silo[32] de tu Padre, y allí aguarden
el día en que haga pan del Universo,
yeldado[33] por tu cuerpo, y alimente
con él sus últimas eternidades!
Avanzamos, Señor, menesterosos,
las almas en guiñapos harapientos,
cual bálago en las eras[34]—remolino
cuando sopla sobre él la ventolera—,
apiñados por tromba tempestuosa
de arrecidas negruras; ¡haz que brille
tu blancura, jalbegue[35] de la bóveda
de la infinita casa de tu Padre
—hogar de eternidad—, sobre el sendero
de nuestra marcha, y esperanza sólida
sobre nosotros mientras haya Dios!
De pie y con los brazos bien abiertos
y extendida la diestra a no secarse,
haznos cruzar la vida pedregosa
—repecho de Calvario—sostenidos

del deber por los clavos, y muramos
de pie, cual Tú, y abiertos bien de brazos,
y como Tú, subamos a la gloria
de pie, para que Dios de pie nos hable
y con los brazos extendidos. ¡Dame,
Señor, que cuando al fin vaya rendido
a salir de esta noche tenebrosa
en que soñando el corazón se acorcha,
me entre en el claro día que no acaba,
fijos mis ojos de tu blanco cuerpo,
Hijo del Hombre, Humanidad completa,
en la increada luz que nunca muere;
mis ojos fijos en tus ojos, Cristo,
mi mirada anegada en Ti, Señor!

            El Cristo de Velázquez, 1920

En Gredos[36]

    ¡Solo aquí en la montaña,
solo aquí con mi España
—la de mi ensueño—,
cara al rocoso gigantesco Ameal,
aquí, mientras doy huelgo a *Clavileño*,[37]
con mi España inmortal!
Es la mía, la mía, sí, la de granito
que alza al cielo infinito,
ceñido en virgen nieve de los cielos,
su fuerte corazón,
un corazón de roca viva
que arrancaron de tierra los anhelos
de la eterna visión.
Aquí, a la soledad rocosa de la cumbre,
no de tu historia, sino de tu vida,
toca la lumbre;
aquí, a tu corazón, patria querida,
¡oh mi España inmortal!
Las brumas quedan de la falsa gloria
que brota de la historia,
aquí, a mitad de la falda,
ciñéndote en guirnalda,
mientras el sol, el de la verdadera,[38]
tu frente escalda
y te da en primavera,
tanto más dulce cuanto que es más breve,
flores de cumbre,
criadas en invierno bajo el manto
protector de la nieve,
manto sin podredumbre,
templo de nuestro Dios, ¡el español!

---

30 Lázaro — Lazarus, whom Jesus raised from the dead, was the brother of Martha and Mary.
31 Moisés — Moses.
32 silo — cavern, dark place.
33 yeldado — given.
34 cual bálago en las eras — like straw on the threshing floor.
35 jalbegue — whitewash.

36 Gredos, a mountain range in central Spain. The poem was written in 1911 after a climb by Unamuno and his friends, Marcelino Cagigal and Eudoxio de Castro.
37 *Clavileño* is the wooden horse in *Don Quijote*, Part II, Chapter XII.
38 el de la verdadera — the sun of true glory.

Éste es tu corazón de firme roca,
—¡altar del templo santo!—
de nuestra tierra entraña,
¡éste es tu corazón que cielo toca,
tu corazón desnudo,
mi eterna España,
que busca el sol!
No es tu reino, ¡oh mi patria!, de este mundo,
juguete del destino,
tu reino en el profundo
del azul que te cubre has de buscar;
¡esta peña gigante es un camino
de Juan de la Cruz pétrea escala,
la eterna libertad para escalar!
Del piélago[39] de tierra que entre brumas
tiende a tus pies, aquí, sus parameros,
con letras por espumas,
volaron de El Dorado[40] a la conquista
buitres aventureros,
mientras hastiado del perenne embuste
de la gloria, enterraba aquí, a tu vista,
su majestad en Yuste
Carlos Emperador.[41]
Aquel vuelo de buitres fué la historia,
tu pesadilla,
y este entierro imperial fué la victoria
sin mancilla,
la que orea la frente a tu Almanzor.[42]
Ésta es mi España, un corazón desnudo
de viva roca
del granito más rudo
que con sus crestas en el cielo toca
buscando al sol en mutua soledad;
ésta es mi España,
patria ermitaña,
que como al nido torna siempre a la verdad.
Tu historia, ¡qué naufragio en mar profundo!
Pero no importa,
porque ella es corta,
pasa, y la muerte es larga,
¡larga como el amor!
Respiras tempestades
y baja a consolar tus soledades
el rayo del Señor,
mientras, en transverberación tempestuosa,
tu corazón, sobre que el cielo posa,
hieren flechas del fuego de su amor.[43]

De los sudarios que a tu frente envuelven
y en agua se revuelven
bajan cantando ríos de frescor
y visten luego
la zahorra,[44] escurraja[45] que a tu cumbre
royó la herrumbre,
con capa de verdor.
De noche temblorosas las estrellas
te ciñen con su ensueño,
y edades ha que en ellas
señas cual vuelve siempre igual mudanza
trayendo un mismo sino,[46]
y este volver es causa de esperanza,
que no muda,
de un reposo final;
para mi corazón, que angustia suda
bajo el yugo sin fin del infinito,
eres tú solo propio pedestal.
Que es en tu cima, donde al fin me encuentro,
siéntome soberano,
y en mi España me adentro,
tocándome persona,
hijo de siglos de pasión, cristiano,
y cristiano español;
aquí, en la vasta soledad serrana,
renaciendo al romper de la mañana
cuando renace solitario el sol.
Aquí me trago a Dios,[47] soy Dios, mi roca;
sorbo aquí de su boca con mi boca
la sangre de este sol, su corazón,
de rodillas aquí, sobre la cima,
¡mientras mi frente con su lumbre anima,
al cielo abierto, en santa comunión!
Aquí le siento palpitar a mi alma
de noche frente a Sirio,[48]
que palpita en la negra inmensidad,
y aquí, al tocarme así, siento la palma
de este largo martirio
de no morir de sed de eternidad.
¡Alma de mi carne, sol de mi tierra,
Dios de mi España,
que sois lo único que hay, lo que pasó,
no la eterna mentira del mañana,
aquí, en el regazo de la sierra,
aquí entre vosotros, aquí me siento yo!

Andanzas y visiones españolas, 1922

---

39 piélago — great sea.
40 El Dorado was a legendary kingdom of great wealth in South America.
41 Carlos Emperador — Charles V, Holy Roman Emperor (1519–56) and King of Spain as Charles I (1516–56).
42 Almanzor (d. 1002), Moslem regent of Córdoba.
43 mientras . . . amor — while in tempestuous cross-reverberation arrows of the fire of his love wound your heart on which the sky rests.

44 zahorra — ballast.
45 escurraja — trickle.
46 y edades . . . sino — and for centuries in them (the stars) you point out that a similar change always recurs carrying the same fate.
47 Aquí me trago a Dios — Here I swallow up God.
48 Unamuno uses poetic license in naming Sirius. In August, when the poem was written, Sirius cannot be seen in Spain.

Antonio Machado, 1875–1939 (pp. 364–67)

After some early efforts in various newspapers Machado published *Soledades*, 1903; *Soledades, galerías y otros poemas*, 1907, largely the same book; *Campos de Castilla*, 1912; *Nuevas canciones*, 1924, and various editions of his *Poesías completas*, which contain his *Complementarios* and scattered poems. Aside from his dramatic works, written in collaboration with his brother, Machado has written some penetrating prose memoirs of the apocryphal professor Juan de Mairena and the latter's non-existent teacher, Abel Martín. In 1937 he produced his final work, *La guerra*. In this poetry he uses a variety of poetic meters including the alexandrine, the eleven-syllable line combined with that of seven syllables, the *romance*, the *silva*, the sonnet and the *copla*. In *Campos de Castilla*, which Guillermo de Torre called the "breviario poético" of the Generation of '98, one finds, in addition to what one might term the spiritual autobiography of the Spaniard, Machado's belief in the *romance* as the supreme expression of poetic form. He tried, he says, to write "un nuevo Romancero. A este propósito responde 'La tierra de Álvargonzález' . . . Mis romances no emanan de las heroicas gestas, sino del pueblo que las compuso y de la tierra donde se cantaron." The story concerns sons who kill their father and then are driven by fate to kill themselves. *Nuevas canciones*, poems written between 1917 and 1920, contain some oriental poems as well as popular types, but one finds the same spiritual base as in his other collections.

This carelessly dressed, serene, noble and yet somewhat timid man rejected formalism and verbal pyrotechnics for a fusion of the material and spiritual world. For Machado "el elemento poético no era la palabra por su valor fónico, ni el color, ni la línea, ni un complejo de sensaciones, sino una honda palpitación del espíritu." He insisted that the soul of the poet is oriented toward mystery. Only the poet can look at "lo que está lejos dentro del alma, en turbio y mago son envuelto." While Darío, who called Machado "luminoso y profundo," and others indulged in brilliant displays of colorful and technical experimentation, Machado viewed the everyday world and everyday people without rhetorical tricks and in a clear and simple yet mysterious manner. At times his poetry reflects the work of Jorge Manrique, Luis de León, and San Juan de la Cruz.

Díaz Plaja claims the three basic elements in Machado's poetry are *tierra*, *paisaje*, and *patria*; but Serrano Plaja feels the three themes are man, the solitude of man, and mystery and death. Juan Ramón Jiménez calls Machado "un poeta de la Muerte." Although Machado may be called a telluric poet, and though his evocations of the melancholy and silent Castilian countryside have descriptive elements, they contain metaphysical implications missing in most other Spanish poets. Machado, even more than Unamuno, belongs to no literary school. Almost all of his poetry meditates on the mystery of the secret places of man's soul, and his themes affect all men, even though Daniel Arango sees in his "poesía íntima, patética y palpitante" the "rostro de España." A man of compassion, Machado always sought identification with other human beings.

God, time, and existential despair are universal themes in his poetry. For Díaz Plaja, Machado is a man with an obsession "por la Divinidad," and for Laín Entralgo he is a "menesteroso buscador de Dios." This search for God, inspired perhaps by existential anguish at the thought of eventual nothingness, similar to that of Unamuno, whom he greatly admired, may be that of a philosophical rather than a religious man. Machado, much impressed by the philosophy of Bergson and Heidegger, called himself "poeta del tiempo." Time is a continuous unity, for the present in which we exist is but a part of the totality of time. The past is contained in the present and the future comes from both and will soon be the past to complete the unity. This "palabra en el tiempo" which the poet seeks leads to anguish at the thought of the human condition and the death which awaits man. Machado claims that the poet more or less consciously professes "una metafísica existencialista, en la cual el tiempo alcanza un valor absoluto."

Contemporary poets like José Luis Cano seek inspiration in the eternal works of Antonio Machado. His poetry is moving, intimate, sober yet passionate, stoic, deep, simple, evocative and nostalgic. Even in his infrequent moments of bitter irony, humor, and skepticism, he emphasizes what Cernuda calls "lo eterno humano." Along with José Bergamín, who considers his poetry among the few works which will be remembered in Spain, Dionisio Ridruejo, who views him as the greatest poet since the seventeenth century, and Segundo Serrano Poncela, who claims that "entre las voces líricas españolas más puras de todos los tiempos se encuentra la de Antonio Machado," these editors consider Machado one of the half dozen greatest poets of Spain. More important, perhaps, to quote the poet and Sánchez Barbudo, he was above all "un hombre bueno."

En el entierro de un amigo

Tierra le dieron una tarde horrible
del mes de julio, bajo el sol de fuego.
A un paso de la abierta sepultura,
había rosas de podridos pétalos,
entre geranios de áspera fragancia
y roja flor. El cielo
puro y azul. Corría
un aire fuerte y seco.
De los gruesos cordeles suspendido,
pesadamente, descender hicieron
el ataúd al fondo de la fosa
los dos sepultureros . . .
Y al reposar sonó con recio golpe
solemne, en el silencio.
Un golpe de ataúd en tierra es algo
perfectamente serio.
Sobre la caja negra se rompían
los pesados terrones polvorientos . . .
El aire se llevaba
de la honda fosa el blanquecino aliento.
—Y tú, sin sombra ya, duerme y reposa,
larga paz a tus huesos . . .
Definitivamente,
duerme un sueño tranquilo y verdadero.

Soledades, 1903

Recuerdo infantil

Una tarde parda y fría
de invierno. Los colegiales
estudian. Monotonía
de lluvia tras los cristales.
Es la clase. En un cartel
se representa a Caín
fugitivo, y muerto Abel,
junto a una mancha carmín.
Con timbre sonoro y hueco
truena el maestro, un anciano
mal vestido, enjuto y seco,
que lleva un libro en la mano.
Y todo un coro infantil
va cantando la lección:
«Mil veces ciento, cien mil,
mil veces mil, un millón.»

Una tarde parda y fría
de invierno. Los colegiales
estudian. Monotonía
de la lluvia en los cristales.

Soledades, 1903

El limonero[1] lánguido suspende
una pálida rama polvorienta,
sobre el encanto de la fuente limpia,
y allá, en el fondo, sueñan
los frutos de oro . . .

Es una tarde clara,
casi de primavera,
tibia tarde de marzo,
que el hálito de abril cercano lleva;
y estoy solo, en el patio silencioso,
buscando una ilusión cándida y vieja:
alguna sombra sobre el blanco muro,
algún recuerdo, en el pretil de piedra
de la fuente dormido, o, en el aire,
algún vagar de túnica ligera.

En el ambiente de la tarde flota
ese aroma de ausencia,
que dice al alma luminosa: ¡nunca!,
y al corazón: ¡espera!
Ese aroma que evoca los fantasmas
de las fragancias vírgenes y muertas.

Sí, te recuerdo, tarde alegre y clara,
casi de primavera,
tarde sin flores, cuando me traías
el buen perfume de la hierbabuena,[2]
y de la buena albahaca,[3]
que tenía mi madre en sus macetas.
Que tú me viste hundir mis manos puras
en el agua serena,
para alcanzar los frutos encantados
que hoy en el fondo de la fuente sueñan . . .
Sí, te conozco, tarde alegre y clara,
casi de primavera.

Soledades, 1903

Yo voy soñando caminos

Yo voy soñando caminos
de la tarde. ¡Las colinas
doradas, los verdes pinos,
las polvorientas encinas! . . .
¿Adónde el camino irá?
Yo voy cantando, viajero
a lo largo del sendero . . .
— La tarde cayendo está —.
«En el corazón tenía
la espina de una pasión,

1 The *limonero* symbolizes Machado's Andalusian origin as later the *encina* will symbolize his Castilian spirit.

2 hierbabuena — peppermint.
3 albahaca — sweet basil.

logré arrancármela un día;
ya no siento el corazón. »

Y todo el campo un momento
se queda mudo y sombrío,
meditando. Suena el viento
en los álamos del río.

La tarde más se oscurece;
y el camino que serpea
y débilmente blanquea,
se enturbia[4] y desaparece.

Mi cantar vuelve a plañir:
« Aguda espina dorada,
quien te pudiera sentir
en el corazón clavada. »

Soledades, 1903

Daba el reloj las doce . . . y eran doce
golpes de azada en tierra . . .
. . . ¡Mi hora!—grité—. . . El silencio
me respondió: —No temas;
tú no verás caer la última gota
que en la clepsidra[5] tiembla.

Dormirás muchas horas todavía
sobre la orilla vieja,
y encontrarás una mañana pura
amarrada tu barca a otra ribera.[6]

Soledades, galerías y otros poemas, 1907

Retrato

Mi infancia son recuerdos de un patio de Sevilla
y un huerto claro donde madura el limonero;
mi juventud, veinte años en tierra de Castilla;
mi historia, algunos casos que recordar no quiero.

Ni un seductor Mañara,[9] ni un Bradomín[10] he sido
— ya conocéis mi torpe aliño indumentario[11] —,
mas recibí la flecha que me asignó Cupido,
y amé cuanto ellas pueden tener de hospitalario.[12]

Hay en mis venas gotas de sangre jacobina,[13]
pero mi verso brota de manantial sereno;
y, más que un hombre al uso[14] que sabe su doctrina,
soy, en el buen sentido de la palabra, bueno.

Adoro la hermosura, y en la moderna estética
corté las viejas rosas del huerto de Ronsard;[15]

Glosa

*Nuestras vidas son los ríos
que van a dar en la mar
que es el morir.* ¡Gran cantar!
Entre los poetas míos
tiene Manrique[7] un altar.
Dulce goce de vivir:
mala ciencia del pasar,
ciego huir a la mar.[8]
Tras el pavor del morir
está el placer de llegar.
¡Gran placer!
Mas ¿y el horror de volver?
¡Gran pesar!

Soledades, galerías y otros poemas, 1907

Desde el umbral de un sueño

Desde el umbral de un sueño me
[llamaron . . .
Era la buena voz, la voz querida.

—Dime: ¿vendrás conmigo a ver el
Llegó a mi corazón una caricia. [alma? . . .

—Contigo siempre . . . Y avancé en mi
por una larga, escueta galería, [sueño
sintiendo el roce de la veste pura
y el palpitar suave de la mano amiga.

Soledades, galerías y otros poemas, 1907

4 se enturbia — darkens.
5 clepsidra — water clock.
6 For Machado, as for Lorca and others, the moving clock hands represent the passing of time which leads us ever closer to death.
7 Jorge Manrique, 1440?–79, author of the famous *Coplas* from which Machado has quoted here. See pp. 269–75 of Volume I.
8 In poem after poem Machado employs flowing water in rivers, streams and fountains to represent the flowing of life toward death, the inescapable sea which awaits us all.
9 Don Miguel de Mañara (1626–79), a Sevillian noble-man known in his youth as a libertine and Don Juan. He was used by Antonio and Manuel Machado in their drama *Juan de Mañara*.
10 El Marqués de Bradomín, the Don Juan of the *Sonatas* of Valle-Inclán.
11 mi . . . indumentario — my sloppy appearance.
12 y . . . hospitalario — and I loved as much as they (Cupid's arrows) allowed.
13 sangre jacobina — Machado implies here that he is a nonconformist.
14 hombre al uso — conventional man.
15 Pierre de Ronsard (1524–85), French lyric poet who was inspired by classical poetry.

mas no amo los afeites de la actual cosmética,
ni soy una ave de ésas del nuevo gay-trinar.[16]
    Desdeño las romanzas de los tenores huecos
y el coro de los grillos que cantan a la luna.
A distinguir me paro las voces de los ecos,
y escucho solamente, entre las voces, una.
    ¿Soy clásico o romántico?   No sé.   Dejar quisiera
mi verso, como deja el capitán su espada:
famosa por la mano viril que la blandiera,
no por el docto oficio del forjador preciada.[17]
    Converso con el hombre que siempre va conmigo
— quien habla solo espera hablar a Dios un día —;
mi soliloquio es plática con este buen amigo
que me enseñó el secreto de la filantropía.
    Y al cabo, nada os debo; debéisme cuanto he escrito.
A mi trabajo acudo, con mi dinero pago
el traje que me cubre y la mansión que habito,
el pan que me alimenta y el lecho en donde yago.
    Y cuando llegue el día del último viaje,
y esté al partir la nave que nunca ha de tornar,
me encontraréis a bordo ligero de equipaje,
casi desnudo, como los hijos de la mar.

Campos de Castilla, 1912

A orillas del Duero[18]

    Mediaba[19] el mes de julio.   Era un hermoso día.
Yo, solo, por las quiebras del pedregal subía,
buscando los recodos[20] de sombra, lentamente.
A trechos me paraba para enjugar mi frente
y dar algún respiro al pecho jadeante;
o bien, ahincando el paso, el cuerpo hacia adelante
y hacia la mano diestra vencido y apoyado
en un bastón, a guisa de pastoril cayado,[21]
trepaba por los cerros que habitan las rapaces
aves de altura, hollando las hierbas montaraces
de fuerte olor — romero, tomillo, salvia, espliego[22] —.
Sobre los agrios campos caía un sol de fuego.

    Un buitre de anchas alas con majestuoso vuelo
cruzaba solitario el puro azul del cielo.
Yo divisaba, lejos, un monte alto y agudo,
y una redonda loma cual recamado escudo,
y cárdenos alcores[23] sobre la parda tierra,
— harapos esparcidos de un viejo arnés de guerra —
las serrezuelas calvas por donde tuerce el Duero
para formar la corva ballesta de un arquero
en torno a Soria.   — Soria es una barbacana[24]
hacia Aragón que tiene la torre castellana. —
Veía el horizonte cerrado por colinas

---

16 gay-trinar — the poetry of the troubadours.
17 famosa . . . preciada — famous for the virile hand that wielded it and not prized for the skill of the man who forged it.
18 The Duero River runs through the provinces of Soria, Burgos, Valladolid, Zamora and Salamanca. It flows through Castile and Portugal and into the Atlantic at Oporto.

19 mediaba — it was the middle of.
20 recodos — turns (in the climb).
21 a . . . cayado — like a shepherd's crook.
22 romero . . . espliego — rosemary, thyme, sage, lavender.
23 cárdenos alcores — livid hills.
24 barbacana — barbican; outer defense.

obscuras, coronadas de robles y de encinas;
desnudos peñascales, algún humilde prado
donde el merino pace y el toro arrodillado
sobre la hierba, rumia, las márgenes del río
lucir sus verdes álamos al claro sol de estío,
y, silenciosamente, lejanos pasajeros,
¡tan diminutos! — carros, jinetes y arrieros —
cruzar el largo puente y bajo las arcadas
de piedra ensombrecerse las aguas plateadas del Duero.

El Duero cruza el corazón de roble
de Iberia y de Castilla.   ¡Oh, tierra triste y noble,
la de los altos llanos y yermos y roquedas,
de campos sin arados, regatos[25] ni arboledas;
decrépitas ciudades, caminos sin mesones,
y atónitos palurdos[26] sin danzas ni canciones
que aún van, abandonando el mortecino hogar,
como tus largos ríos, Castilla, hacia la mar!

Castilla miserable, ayer dominadora,
envuelta en sus andrajos desprecia cuanto ignora.
¿Espera, duerme o sueña?[27]   ¿La sangre derramada
recuerda, cuando tuvo la fiebre de la espada?
Todo se mueve, fluye, discurre, corre o gira;
cambian la mar y el monte y el ojo que los mira.
¿Pasó?   Sobre sus campos aún el fantasma yerra
de un pueblo que ponía a Dios sobre la guerra.

La madre en otro tiempo fecunda en capitanes
madrasta es hoy apenas de humildes ganapanes.[28]
Castilla no es aquélla tan generosa un día,
cuando Myo Cid Rodrigo el de Vivar volvía,
ufano de su nueva fortuna y su opulencia,
a regalar a Alfonso los huertos de Valencia;[29]
o que, tras la aventura que acreditó sus bríos,[30]
pedía la conquista de los inmensos ríos
indianos a la corte, la madre de soldados
guerreros y adalides que han de tornar cargados
de plata y oro a España, en regios galeones,
para la presa cuervos, para la lid leones.
Filósofos nutridos de sopa de convento
contemplan impasibles el amplio firmamento;
y si les llega en sueños, como un rumor distante,
clamor de mercaderes de muelles de Levante,[31]
no acudirán siquiera a preguntar ¿qué pasa?
Y ya la guerra ha abierto las puertas de su casa.

Castilla miserable, ayer dominadora,
envuelta en sus harapos desprecia cuanto ignora.

El sol va declinando.   De la ciudad lejana
me llega un armonioso tañido de campana

---

25 regatos — rivulets.
26 palurdo — rustic.
27 Castilla . . . sueña? — E. Allison Peers says of the
lines: "the most pregnant judgments on that country
ever packed into a few words."

28 ganapanes — drudges.
29 a reference to the Cid's conquest of Valencia and
his gift of it to Alfonso VI.
30 acreditó sus bríos — tried her mettle.
31 Levante — eastern part of Spain.

— ya irán a su rosario las enlutadas viejas —.
De entre las peñas salen dos lindas comadrejas;[32]
me miran y se alejan, huyendo, y aparecen
de nuevo ¡tan curiosas! . . .   Los campos se obscurecen.
Hacia el camino blanco está el mesón abierto
al campo ensombrecido y al pedregal desierto.

Campos de Castilla, 1912

Por tierras de España

El hombre de estos campos que incendia los pinares
y su despojo aguarda como botín de guerra,
antaño hubo raído los negros encinares,
talado los robustos robledos de la sierra.
    Hoy ve sus pobres hijos huyendo de sus lares;[33]
la tempestad llevarse los limos de la tierra[34]
por los sagrados ríos hacia los anchos mares;
y en páramos[35] malditos trabaja, sufre y yerra.
    Es hijo de una estirpe de rudos caminantes,
pastores que conducen sus hordas de merinos
a Extremadura fértil, rebaños trashumantes
que mancha el polvo y dora el sol de los caminos.
    Pequeño, ágil, sufrido, los ojos de hombre astuto,
hundidos, recelosos, movibles; y, trazadas
cual arco de ballesta, en el semblante enjuto
de pómulos salientes, las cejas muy pobladas.
    Abunda el hombre malo del campo y de la aldea,
capaz de insanos vicios y crímenes bestiales,
que bajo el pardo sayo esconde un alma fea,
esclava de los siete pecados capitales.
    Los ojos siempre turbios de envidia o de tristeza,
guarda su presa y llora la que el vecino alcanza;
ni para su infortunio ni goza su riqueza;
le hieren y acongojan fortuna y malandanza.
    El numen[36] de estos campos es sanguinario y fiero;
al declinar la tarde, sobre el remoto alcor,[37]
veréis agigantarse la forma de un arquero,
la forma de un inmenso centauro flechador.
    Veréis llanuras bélicas y páramos de asceta
— no fué por estos campos el bíblico jardín —;
son tierras para el águila, un trozo de planeta
por donde cruza errante la sombra de Caín.

Campos de Castilla, 1912

Las encinas

¡Encinares castellanos
en laderas y altozanos,[38]
serrijones y colinas
llenos de obscura maleza,
encinas, pardas encinas;
humildad y fortaleza!
    Mientras que llenándoos va
el hacha de calvijares,[39]

¿nadie cantaros sabrá,
encinares?
    El roble es la guerra, el roble
dice el valor y el coraje,
rabia inmoble
en su torcido ramaje;
y es más rudo
que la encina, más nervudo
más altivo y más señor.

32 comadreja — weasel.
33 lares — homes.
34 limos de la tierra — upper soils.
35 páramo — cold, high region.

36 numen — spirit.
37 alcor — hill.
38 altozano — hillock.
39 calvijar — clearing.

El alto roble parece
que recalca y ennudece
su robustez como atleta
que, erguido, afinca en el suelo.
El pino es el mar y el cielo
y la montaña: el planeta.
La palmera es el desierto,
el sol y la lejanía:
la sed; una fuente fría
soñada en el campo yerto.
Las hayas son la leyenda.
Alguien, en las viejas hayas,
leía una historia horrenda
de crímenes y batallas.
¿Quién ha visto sin temblar
un hayedo[40] en un pinar?
Los chopos son la ribera,
liras de la primavera,
cerca del agua que fluye,
pasa y huye,
viva o lenta,
que se emboca turbulenta
o en un remanso se dilata.
En su eterno escalofrío
copian del agua del río
las vivas ondas de plata.
De los parques las olmedas
son las buenas arboledas
que nos han visto jugar,
cuando eran nuestros cabellos
rubios y, con nieve en ellos,
nos han de ver meditar.
Tiene el manzano el olor
de su poma,[41]
el eucalipto el aroma
de sus hojas, de su flor
el naranjo la fragancia;
y es del huerto
la elegancia
el ciprés obscuro y yerto.
¿Qué tienes tú, negra encina
campesina,
con tus ramas sin color
en el campo sin verdor:
con tu tronco ceniciento
sin esbeltez ni altiveza,
con tu vigor sin tormento
y tu humildad que es firmeza?
En tu copa ancha y redonda
nada brilla,
ni tu verdiobscura fronda

ni tu flor verdiamarilla.
Nada es lindo ni arrogante
en tu porte, ni guerrero,
nada fiero
que aderece tu talante.[42]
Brotas derecha o torcida
con esa humildad que cede
sólo a la ley de la vida,
que es vivir como se puede.
El campo mismo se hizo
árbol en ti, parda encina.
Ya bajo el sol que calcina,[43]
ya contra el hielo invernizo,
el bochorno[44] y la borrasca,
el agosto y el enero,
los copos de la nevasca,[45]
los hilos del aguacero,
siempre firme, siempre igual,
impasible, casta y buena,
¡oh tú, robusta y serena,
eterna encina rural
de los negros encinares
de la raya aragonesa
y las crestas militares
de la tierra pamplonesa:
encinas de Extremadura,
de Castilla, que hizo a España,
encinas de la llanura,
del cerro y de la montaña;
encinas del alto llano
que el joven Duero rodea,
y del Tajo que serpea
por el suelo toledano;
encinas de junto al mar
—en Santander—, encinar
que pones tu nota arisca,[46]
como un castellano ceño,
en Córdoba la morisca,
y tú, encinar madrileño,
bajo Guadarrama frío,
tan hermoso, tan sombrío,
con tu adustez castellana
corrigiendo
la vanidad y el atuendo[47]
y la hetiquez[48] cortesana! . . .
Ya sé, encinas
campesinas,
que os pintaron, con lebreles
elegantes y corceles,
los más egregios pinceles,
y os cantaron los poetas

---

40 hayedo — beech forest.
41 poma — apple.
42 talante — disposition.
43 calcina — calcine; to make powdery through heat.
44 bochorno — hot, sultry weather.

45 nevasca — snowstorm.
46 arisca — surly.
47 atuendo (atruendo) — pomp, ostentation.
48 hetiquez — consumption.

augustales,[49]
que os asordan escopetas
de cazadores reales;
mas sois el campo y el lar
y la sombra tutelar
de los buenos aldeanos
que visten parda estameña,[50]
y que cortan vuestra leña
con sus manos.

Campos de Castilla, 1912

Campos de Soria[51]

VI

¡Soria fría, *Soria pura,*
cabeza de Extremadura,
con su castillo guerrero
arruinado, sobre el Duero;
con sus murallas roídas
y sus casas denegridas!
¡Muerta ciudad de señores
soldados o cazadores;
de portales con escudos
de cien linajes hidalgos,
y de famélicos galgos,
de galgos flacos y agudos,
que pululan
por las sórdidas callejas,
y a la media noche ululan,
cuando graznan las cornejas!
¡Soria fría! La campana
de la Audiencia da la una.
Soria, ciudad castellana
¡tan bella! bajo la luna.

VII

¡Colinas plateadas,
grises alcores, cárdenas roquedas
por donde traza el Duero
su curva de ballesta
en torno a Soria, obscuros encinares,
ariscos pedregales, calvas sierras,
caminos blancos y álamos del río,
tardes de Soria, mística y guerrera,
hoy siento por vosotros, en el fondo
del corazón, tristeza,
tristeza que es amor! ¡Campos de Soria
donde parece que las rocas sueñan,

conmigo vais! ¡Colinas plateadas,
grises alcores, cárdenas roquedas! . . .

VIII

He vuelto a ver los álamos dorados,
álamos del camino en la ribera
del Duero, entre San Polo y San Saturio,[52]
tras las murallas viejas
de Soria—barbacana
hacia Aragón, en castellana tierra.
Estos chopos del río, que acompañan
con el sonido de sus hojas secas
el son del agua, cuando el viento sopla,
tienen en sus cortezas
grabadas iniciales que son nombres
de enamorados, cifras que son fechas.
¡Álamos del amor que ayer tuvisteis
de ruiseñores vuestras ramas llenas;
álamos que seréis mañana liras
del viento perfumado en primavera;
álamos del amor cerca del agua
que corre y pasa y sueña,
álamos de las márgenes del Duero,
conmigo vais, mi corazón os lleva!

IX

¡Oh! sí, conmigo vais, campos de Soria,
tardes tranquilas, montes de violeta,
alamedas del río, verde sueño
del suelo gris y de la parda tierra,
agria melancolía
de la ciudad decrépita,
me habéis llegado al alma,
¿o acaso estábais en el fondo de ella?
¡Gentes del alto llano numantino[53]
que a Dios guardáis como cristianas viejas,
que el sol de España os llene
de alegría, de luz y de riqueza!

Campos de Castilla, 1912

A José María Palacio[54]

Palacio, buen amigo,
¿está la primavera
vistiendo ya las ramas de los chopos
del río y los caminos? En la estepa
del alto Duero, primavera tarda,
¡pero es tan bella y dulce cuando llega! . . .
¿Tienen los viejos olmos

---

49 poetas augustales — a reference to the poets of the Augustan age, specifically Vergil and Horace.
50 estameña — serge.
51 Soria is about 135 miles northeast of Madrid. Machado said of it: "Cinco años en la tierra de Soria, hoy para mí sagrada . . . allí me casé; allí perdí a mi esposa a quien adoraba — orientaron mis ojos y mi corazón hacia lo esencial castellano."

52 San Polo y San Saturio — old churches on the left bank of the Duero.
53 numantino — reference to Numancia, city near Soria which bravely resisted the Roman attacks against it (152–32 B.C.).
54 José María Palacio was a friend of Machado. Palacio's wife was a first cousin of Leonor Izquierdo Cuevas, Antonio Machado's wife whom he married in 1909. She died in 1912.

algunas hojas nuevas?
Aún las acacias estarán desnudas
y nevados los montes de las sierras.
¡Oh, mole del Moncayo[55] blanca y rosa,
allá, en el cielo de Aragón, tan bella!
¿Hay zarzas florecidas
entre las grises peñas,
y blancas margaritas
entre la fina hierba?
Por esos campanarios
ya habrán ido llegando las cigüeñas.
Habrá trigales verdes,
y mulas pardas en las sementeras,
y labriegos que siembran los tardíos[56]
con las lluvias de abril. Ya las abejas
libarán[57] del tomillo y del romero.
¿Hay ciruelos en flor? ¿Quedan violetas?
Furtivos cazadores, los reclamos
de la perdiz bajo las capas luengas,
no faltarán. Palacio, buen amigo,
¿tienen ya ruiseñores las riberas?
Con los primeros lirios
y las primeras rosas de las huertas,
en una tarde azul, sube al Espino,
al alto Espino donde está su tierra . . .

Baeza, April 29, 1913

La saeta[58]

> *¿Quién me presta una escalera*
> *para subir al madero,*[59]
> *para quitarle los clavos*
> *a Jesús el Nazareno?*

¡Oh, la saeta, el cantar
al Cristo de los gitanos,
siempre con sangre en las manos,
siempre por desenclavar!
¡Cantar del pueblo andaluz,
que todas las primaveras
anda pidiendo escaleras
para subir a la cruz!
¡Cantar de la tierra mía,
que echa flores
al Jesús de la agonía,
y es la fe de mis mayores!
¡Oh, no eres tú mi cantar!
¡No puedo cantar, ni quiero
a ese Jesús del madero,
sino al que anduvo en el mar![60]

Campos de Castilla, 1912

A Don Francisco Giner de los Ríos[61]

Como se fué el maestro,
la luz de esta mañana
me dijo: Van tres días
que mi hermano Francisco no trabaja.
¿Murió? . . . Sólo sabemos
que se nos fué por una senda clara,
diciéndonos: Hacedme
un duelo de labores y esperanzas.
Sed buenos y no más, sed lo que he sido
entre vosotros: alma.
Vivid, la vida sigue,
los muertos mueren y las sombras pasan;
lleva quien deja y vive el que ha vivido.
¡Yunques, sonad: enmudeced, campanas!

Y hacia otra luz más pura
partió el hermano de la luz del alba,
del sol de los talleres,
el viejo alegre de la vida santa.
. . . Oh, sí, llevad, amigos,
su cuerpo a la montaña,
a los azules montes
del ancho Guadarrama.
Allí hay barrancos hondos
de pinos verdes donde el viento canta.
Su corazón repose
bajo una encina casta,
en tierra de tomillos, donde juegan
mariposas doradas . . .
Allí el maestro un día
soñaba un nuevo florecer de España.

Baeza, February 21, 1915

El amor y la sierra

Cabalgaba por agria serranía,
una tarde, entre roca cenicienta.
El plomizo balón[62] de la tormenta
de monte en monte rebotar se oía.

Súbito, al vivo resplandor del rayo,
se encabritó, bajo de un alto pino,
al borde de una peña, su caballo.
A dura rienda[63] le tornó al camino.

Y hubo visto la nube desgarrada,
y, dentro, la afilada crestería[64]
de otra sierra más lueñe[65] y levantada,
—relámpago de piedra parecía—.
¿Y vió el rostro de Dios? Vió el de su amada.
Gritó: ¡Morir en esta sierra fría!

Nuevas Canciones, 1924

---

55 mole del Moncayo — massive Moncayo. Mount Moncayo, to the east of Soria, is over 7,000 feet high.
56 tardíos — late grain.
57 libar — to suck.
58 saeta — a religious Andalusian song, sung during Holy Week.
59 madero — cross.
60 a reference to Jesus' walking on the waves (Matthew 14:22–25).

61 Francisco Giner, who died in 1915, founded the "Institución Libre de Enseñanza" of which Machado was a disciple, and helped reform Spanish education. E. Allison Peers called this "one of the finest poems ever written in Spanish."
62 balón — rolling clouds.
63 a dura rienda — by force of the bridle.
64 afilada crestería — sharp peaks.
65 lueñe — distant.

Rosa de fuego

Tejidos sois de primavera, amantes,
de tierra y agua y viento y sol tejidos.
La sierra en vuestros pechos jadeantes,
en los ojos los campos florecidos,

pasead vuestra mutua primavera,
y aun bebed sin temor la dulce leche
que os brinda hoy la lúbrica pantera,[66]
antes que, torva, en el camino aceche.

Caminad, cuando el eje del planeta
se vence hacia el solsticio de verano,
verde el almendro y mustia la violeta,

cerca la sed y el hontanar[67] cercano,
hacia la tarde del amor, completa,
con la rosa de fuego en vuestra mano.

Los Complementarios
in *Cancionero apócrifo*

Canciones a Guiomar[68]

En un jardín te he soñado,
alto, Guiomar, sobre el río,
jardín de un tiempo cerrado
con verjas de hierro frío.

Un ave insólita canta
en el almez,[69] dulcemente,
junto al agua viva y santa,
toda sed y toda fuente.

En ese jardín, Guiomar,
el mutuo jardín que inventan
dos corazones al par,
se funden y complementan
nuestras horas. Los racimos
de un sueño—juntos estamos—
en limpia copa exprimimos,
y el doble cuento olvidamos.
(Uno: Mujer y varón,
aunque gacela y león,
llegan juntos a beber.
El otro: No puede ser
amor de tanta fortuna:
dos soledades en una,
ni aun de varón y mujer).

Por ti la mar ensaya olas y espumas,
y el iris, sobre el monte, otros colores,
y el faisán de la aurora canto y plumas,
y el buho de Minerva ojos mayores.
Por ti, ¡oh, Guiomar! . . .

Juan Ramón Jiménez, 1881–1958 (pp. 368–72)

Guillermo Díaz Plaja recognizes three periods in the work of Juan Ramón Jiménez: *pureza inicial*, *enriquecimiento*, and *depuración*. Jiménez started with a poetry of crowded sensations and careful word selection which influenced almost all the poets who followed him. As González-Ruano points out, Jiménez' mature poetry was less imitated than his early works. For Juan José Domenchina, Jiménez was "el poeta español contemporáneo que ha ejercido más honda y permanente influencia en España y en la América Española." Luis Cernuda, himself a poet of great worth, reacts differently and feels that Jiménez is inferior to both Unamuno and Machado in his generation and not the equal of many poets of the following generation.

The author of almost forty books of poetry, Juan Ramón, as he is affectionately called, exemplifies in his works purity, perfection, precise language, musicality, mysticism, optimism, beauty, and sensitivity to and identification with nature. His poems often seem to have no meaning, but they leave us with a sense of mystery and ineffable immediacy, a word he himself used a great deal to explain his contemplative poetry and his search for "lo trascendental." Gastón Figueira calls him the "poeta de lo inefable," and Vivanco claims that on imagining reality Jiménez "ha liberado por completo del tema a su poesía." Rather than observe reality minutely, Jiménez uses a new kind of imagery to create a world of imagination more real to him than reality. As he said: "Tanto como que una cosa sea, hay que gozar que 'haya podido' ser," for he was not so much interested in painting the object as the effect it produced. For him true poetry "es la que estando sustentada, arraigada en la realidad visible, anhela ascendiendo, la realidad invisible."

The keys to Jiménez' poetry are beauty and purity. He once said, "Quien me quiere encontrar en la vida—y en la muerte— búsqueme sólo en lo bello." Guillermo Díaz Plaja felt that his life and his poetry inseparably involved a cult of beauty and perfec-

66 lúbrica pantera — slippery panther.
67 hontanar — place of springs.
68 For many years considered to be his poetic muse, Guiomar apparently was a real love of Machado's in his later years. Concha Espina, José Luis Cano, and others have discussed this love. Machado's "gran amor de su vida" is presumed to have died in 1943. Machado

had to leave behind a suitcase containing her portrait and letters when he was forced to abandon the vehicle taking him to France in 1939. Concha Espina, who discovered some of Machado's letters to Guiomar, published them.
69 almez — lotus tree.

tion. This quest for purity brought about
a corresponding emphasis on simplicity.
Jiménez said: "Sencillo, entiendo que es lo
conseguido con los menos elementos"; but
this simplicity was a synthetic product of
much careful thought and rewriting rather
than the result of natural spontaneity. When
one compares his themes of anguish, sadness,
and melancholy to those of Machado, they
seem egocentric and rhetorical refinements
rather than the sincere expressions of a
Spanish soul. Yet his rhythms and imagery,
though the products of absolute dedication to
his art, are not completely intellectual, for
their intelligence cannot alter the poetic inspiration which made of Juan Ramón Jiménez
a poet "que arde como una llama viva que
está siempre ardiendo." His supposed scorn
for the world and insistence on solitude do not
disguise the fear, sickness, and weaknesses
which plague all mankind.

In his later works Jiménez embarks upon a
quest for God and muses much on the meaning of life. He continues to seek oneness with
nature, but his intellectual and emotional joy
stress more that God is everywhere and, along
with beauty and purity, he expresses tenderness, love, and peace. The poet himself
explains the development of his religious concepts. First he had a kind of emotional encounter and reciprocal exchange with God,
then an intellectualized experience, and finally
he achieved an interiorization which ended in
a conscience and produced the emotion of
God. In a sense, the poet becomes one with
God in a mystic esthetic fusion and through
Him and for Him creates his world of beauty.

Río de cristal, dormido
y encantado; dulce valle,
dulces riberas de álamos
blancos y de verdes sauces.
— El valle tiene un ensueño
y un corazón: sueña y sabe
dar con su sueño un son lánguido
de flautas y de cantares—.
Río encantado; las ramas
soñolientas de los sauces,
en los remansos caídos,[1]
besan los claros cristales.
Y el cielo es plácido y blando,
un cielo bajo y flotante,

que con su bruma de plata
acaricia ondas y árboles.
— Mi corazón ha soñado
con la ribera y el valle,
y ha llegado hasta la orilla
serena, para embarcarse;
pero, al pasar por la senda,
lloró de amor, con un aire
viejo, que estaba cantando
no sé quien, por otro valle—[2]

Arias tristes, 1902-03

Viento negro, luna blanca

Viento negro, luna blanca.
Noche de Todos los Santos.[3]
Frío. Las campanas todas
de la tierra están doblando.
El cielo, duro. Y su fondo
da un azul iluminado
de abajo, al romanticismo
de los secos campanarios.
Faroles, flores, coronas
—¡campanas que están doblando!—
. . . Viento largo, luna grande,
noche de Todos los Santos.
. . . Yo voy muerto, por la luz
agria de las calles; llamo
con todo el cuerpo a la vida;
quiero que me quieran; hablo
a todos los que me han hecho
mudo, y hablo sollozando,
roja de amor esta sangre
desdeñosa de mis labios.
¡Y quiero ser otro, y quiero
tener corazón, y brazos
infinitos, y sonrisas
inmensas, para los llantos
aquellos que dieron lágrimas
por mi culpa!
. . . Pero ¿acaso,
puede hablar de sus rosales
un corazón sepulcrado?
—¡Corazón, estás bien muerto!
¡Mañana es tu aniversario!—[4]
Sentimentalismo, frío.
La ciudad está doblando.
Luna blanca, viento negro.
Noche de Todos los Santos.

Jardines místicos,
from *Jardines lejanos,* 1904

---

1 en los remansos caídos — bending over the backwater.
2 This *romance* gives a good idea of Jiménez' early
musicality, enchantment and sadness.

3 Todos los Santos — All Saints' Day, Nov. 1.
4 Nov. 2 is All Soul's Day or Day of the Dead, *Día de
los difuntos;* hence the reference.

Ya están ahí las carretas

Ya están ahí las carretas . . .
—Lo han dicho el pinar y el viento,
lo ha dicho la luna de oro,
lo han dicho el humo y el eco . . .—
Son las carretas que pasan
estas tardes, al sol puesto,
las carretas que se llevan
del monte los troncos muertos.

¡Cómo lloran las carretas,
camino de Pueblo Nuevo!

Los bueyes vienen soñando,
a la luz de los luceros,
en el establo caliente
que sabe a madre y a heno.[5]
Y detrás de las carretas,
caminan los carreteros,
con la aijada[6] sobre el hombro
y los ojos en el cielo.

¡Cómo lloran las carretas,
camino de Pueblo Nuevo!

En la paz del campo, van
dejando los troncos muertos
un olor fresco y honrado
a corazón descubierto.
Y cae el ánjelus[7] desde
la torre del pueblo viejo
sobre los campos talados,[8]
que huelen a cementerio.

¡Cómo lloran las carretas,
camino de Pueblo Nuevo!

Pastorales, 1903-05

Mañana de la luz[9]

Dios está azul. La flauta y el tambor
anuncian ya la luz de primavera.
¡Vivan las rosas, las rosas del amor,
en el verdor con sol de la pradera!
Vámonos al campo por romero,
vámonos, vámonos
por romero y por amor . . .
Le pregunté: « ¿Me dejas que te quiera? »
Me respondió, radiante de pasión:
« Cuando florezca la luz de primavera,
yo te querré con todo el corazón. »
Vámonos al campo por romero
vámonos, vámonos
por romero y por amor . . .

« Ya floreció la luz de primavera.
¡Amor, la luz, amor, ya floreció! »
Me dijo seria: « ¿Tú quieres que te quiera? »
¡Y la mañana de luz me traspasó!
Vámonos al campo por romero,
vámonos, vámonos
por romero y por amor . . .
Alegran flauta y tambor nuestra bandera.
La mariposa está aquí con la ilusión . . .
¡Mi novia es la virgen de la era
y va a quererme con todo el corazón!

Baladas de primavera, 1907

Primavera amarilla

Abril galán venía, lleno
todo de flores amarillas:
amarilla el arroyo,
amarillo el vallado,[10] la colina,
el cementerio de los niños,
el huerto aquel donde el amor vivía.

El sol unjía[11] de amarillo el mundo,
con sus luces caídas;
¡ay, por los lirios áureos,
el agua de oro, tibia;
las amarillas mariposas
sobre las rosas amarillas!

Guirnaldas amarillas escalaban
los árboles; el día
era una gracia perfumada de oro,
en un dorado despertar de vida.
Entre los huesos de los muertos,
abría Dios sus manos amarillas.

Poemas májicos y dolientes, 1909

Amanecer

Una fantasía blanca
y carmesí. El pinar blando
prende el verdor goteante
de un oro granate y májico.

La aurora viene de frente,
las alondras sonrojando;
del ancho de todo el monte,
entra del mar un viento claro.

Se cuelga el espacio, limpio,
de nardos que tejen rayos
de sol con hilos de brisa,
entrecielo puro y salado.

El mundo, que hubiera sido,
anoche, un gran carbón, mago,
se trueca en un gran diamante,
luna y sol en sólo un astro.

---

5 sabe a madre y a heno — smells of mother and hay.
6 aijada — goad.
7 Jiménez almost always uses *j* for *g* before *e* and *i*.
8 talados — cut or felled.
9 *Mañana de la luz* describes the traditional celebra-

tion which occurs in Spain on the third of May. A cross
of flowers is set up in various places in Spanish towns
to announce the coming of spring.
10 vallado — hedgerow.
11 unjía (ungía) — was anointing.

Ya están las rosas primeras
dispuestas a embriagarnos.
¡Pronto; que[12] la luz se mancha
con otra luz!
. . . Pasan bandadas de pájaros.

Amor

No has muerto, no.
Renaces,
con las rosas, en cada primavera.
Como la vida, tienes
tus hojas secas;
tienes tu nieve, como
la vida . . .
Mas tu tierra,
amor, está sembrada
de profundas promesas,
que han de cumplirse aun en el mismo
olvido.
¡En vano es que no quieras!
La brisa dulce torna, un día, al alma;
una noche de estrellas,
bajas, amor, a los sentidos,
casto como la vez primera.
¡Pues eres puro, eres
eterno! A tu prescencia,
vuelven por el azul, en blanco bando,
tiernas palomas que creímos muertas . . .
Abres la sola flor con nuevas hojas . . .
Doras la inmortal luz con lenguas nuevas . . .
¡Eres eterno, amor,
como la primavera!

La frente pensativa, 1911–12

Platero y yo

LA NOVIA

El claro viento del mar sube por la cuesta
roja, llega al prado del cabezo,[13] ríe entre las
tiernas florecillas blancas; después, se enreda
por los pinetes[14] sin limpiar y mece, hinchán-
dolas como velas sutiles, las encendidas telarañas celestes, rosas, de oro. . . Toda la tarde
es ya viento marino. Y el sol y el viento ¡dan
un blando bienestar al corazón!

Platero me lleva, contento, ágil, dispuesto.
Se dijera que no le peso. Subimos, como si
fuésemos cuesta abajo, a la colina. A lo lejos,
una cinta de mar, brillante, incolora, vibra
entre los últimos pinos, en un aspecto de
paisaje isleño. En los prados verdes, allá

12 que — because.
13 cabezo — summit.
14 pinetes — small pines.
15 transir — go through.

abajo, saltan los asnos trabados, de mata en
mata.

Un estremecimiento sensual vaga por las
cañadas. De pronto, Platero yergue las orejas,
dilata las levantadas narices, replegándolas
hasta los ojos y dejando ver las grandes habi-
chuelas de sus dientes amarillos. Está respirando largamente, de los cuatro vientos, no
sé qué honda esencia que debe transirle[15] el
corazón. Sí. Ahí tiene ya, en otra colina, fina
y gris sobre el cielo azul, a la amada. Y dobles
rebuznos, sonoros y largos, desbaratan con su
trompetería la hora luminosa y caen luego en
gemelas cataratas.

He tenido que contrariar los instintos
amables de mi pobre Platero. La bella novia
del campo lo ve pasar, triste como él, con sus
ojazos de azabache cargados de estampas. . .
¡Inútil pregón misterioso, que ruedas brutalmente, como un instinto hecho carne libre,
por las margaritas!

Y Platero trota indócil, intentando a cada
instante volverse, con un reproche en su refre-
nado trotecillo menudo:

—Parece mentira, parece mentira, parece
mentira. . .[16]

LA MUERTE

Encontré a Platero echado en su cama de
paja, blandos los ojos y tristes. Fuí a él, lo
acaricié hablándole, y quise que se levantara. . .

El pobre se removió todo bruscamente, y
dejó una mano arrodillada. . . No podía. . .
Entonces le tendí su mano en el suelo, lo
acaricié de nuevo con ternura, y mandé venir
a su médico.

El viejo Darbón, así que lo hubo visto,
sumió la enorme boca desdentada hasta la
nuca y meció sobre el pecho la cabeza con-
gestionada, igual que un péndulo.

—Nada bueno, ¿eh?

No sé qué contestó. . . Que el infeliz se
iba. . . Nada. . . Que un dolor. . . Que no sé
qué raíz mala. . . La tierra, entre la hierba. . .

A mediodía, Platero estaba muerto. La
barriguilla de algodón se le había hinchado
como el mundo, y sus patas, rígidas y des-
coloridas, se elevaban al cielo. Parecía su pelo
rizoso ese pelo de estopa apolillada de las
muñecas viejas, que se cae, al pasarle la mano,
en una polvorienta tristeza. . .

16 *Platero y yo* represents a kind of spiritual autobiography. Many critics profess to see universal implications in Jiménez' reminiscences concerning the little
donkey.

Por la cuadra en silencio, encendiéndose cada vez que pasaba por el rayo de sol de la ventanilla, revolaba una bella mariposa de tres colores. . .

MELANCOLÍA

Esta tarde he ido con los niños a visitar la sepultura de Platero, que está en el huerto de la Piña, al pie del pino redondo y paternal. En torno, abril había adornado la tierra húmeda de grandes lirios amarillos.

Cantaban los chamarices allá arriba, en la cúpula verde, toda pintada de cenit azul, y su trino menudo, florido y reidor, se iba en el aire de oro de la tarde tibia, como un claro sueño de amor nuevo.

Los niños, así que iban llegando, dejaban de gritar. Quietos y serios, sus ojos brillantes en mis ojos, me llenaban de preguntas ansiosas.

—¡Platero, amigo!—le dije yo a la tierra—; si, como pienso, estás ahora en un prado del cielo y llevas sobre tu lomo peludo a los ángeles adolescentes, ¿me habrás, quizá, olvidado? Platero, dime: ¿te acuerdas aún de mí?

Y, cual contestando a mi pregunta, una leve mariposa blanca, que antes no había visto, revolaba insistentemente, igual que un alma, de lirio en lirio. . .

Platero y yo, 1914

Hastío

Lo mismo que el enfermo desahuciado,[17]
que vuelve a la pared, débil, su frente,
para morirse, resignadamente
mi espalda vuelvo a tu glacial cuidado.

¡Gracias a ti, mujer! Más tú me has dado
que merecí. ¡Capricho impertinente
de niño que creía en lo demente! . . .
. . . Pero estoy ya de agradecer cansado.

Tu sol discreto que desgarra un punto
el cielo gris de enero, y, dulce, dora
mi pena, ni me gusta, ni me incita.

¡Déjame! ¡Que se caiga todo junto,
tu conciencia y mi amor, en esta hora
que llega ya, vacía e infinita!

Sonetos espirituales, 1914–15

Retorno fugaz

¿Cómo era, Dios mío, cómo era?
—¡Oh, corazón falaz,[18] mente indecisa!—

¿Era como el pasaje de la brisa?
¿Como la huída de la primavera?

Tan leve, tan voluble, tan lijera
cual estival vilano[19]. . . ¡Sí! Imprecisa
como sonrisa que se pierde en risa. . .
¡Vana en el aire, igual que una bandera!

¡Bandera, sonreír, vilano, alada
primavera de junio, brisa pura! . . .
¡Qué loco fué tu carnaval, qué triste!

Todo tu cambiar trocóse en nada
—¡memoria, ciega abeja de amargura!—
¡No sé cómo eras, yo que sé que fuiste![20]

Sonetos espirituales, 1914–15

Octubre

Estaba echado yo en la tierra, enfrente
del infinito campo de Castilla,
que el otoño envolvía en la amarilla
dulzura de su claro sol poniente.

Lento, el arado, paralelamente
abría el haza[21] oscura, y la sencilla
mano abierta dejaba la semilla
en su entraña partida[22] honradamente.

Pensé arrancarme el corazón, y echarlo,
pleno de su sentir alto y profundo,
al ancho surco del terruño[23] tierno,

a ver si con romperlo y con sembrarlo,
la primavera le mostraba[24] al mundo
el árbol puro del amor eterno.

Sonetos espirituales, 1914–15

Convalecencia[25]

Sólo tú me acompañas, sol amigo.
Como un perro de luz, lames mi lecho blanco;
y yo pierdo mi mano por tu pelo de oro,
caída de cansancio.

¡Qué de cosas que fueron
se van . . . más lejos todavía!
⠀⠀⠀⠀⠀⠀⠀⠀⠀⠀Callo
y sonrío, igual que un niño,
dejándome lamer de ti, sol manso.

. . . De pronto, sol, te yergues,
fiel guardián de mi fracaso,

---

17 desahuciado — hopeless.
18 falaz — deceptive.
19 cual estival vilano — like summer thistledown.
20 an evocation, perhaps, of a fleeting encounter with a young lady.
21 haza — piece of tillable land.

22 partida — broken.
23 terruño — piece of ground.
24 mostraba — mostraría.
25 The poet identifies with Nature. The sun's warm rays are compared to the tongue of a playful dog.

y, en una algarabía ardiente y loca,
ladras a los fantasmas vanos
que, mudas sombras, me amenazan
desde el desierto del ocaso.

Estío, 1915

¡Intelijencia, dame
el nombre esacto[26] de las cosas!
    Que mi palabra sea
la cosa misma,
creada por mi alma nuevamente.
Que por mí vayan todos
los que no las conocen, a las cosas;
que por mí vayan todos
los que ya las olvidan, a las cosas;
que por mí vayan todos
los mismos que las aman, a las cosas . . .
¡Intelijencia, dame
el nombre esacto, y tuyo,
y suyo, y mío, de las cosas![27]

Eternidades, 1916–17

Vino, primero, pura,[28]
vestida de inocencia.
Y la amé como un niño.

    Luego se fué vistiendo
de no sé qué ropajes.
Y la fuí odiando, sin saberlo.

    Llegó a ser una reina,
fastuosa de tesoros . . .
¡Qué iracundia de yel[29] y sin sentido!

    . . . Mas se fué desnudando.
Y yo le sonreía.

    Se quedó con la túnica
de su inocencia antigua.
Creí de nuevo en ella.

    Y se quitó la túnica,
y apareció desnuda toda . . .
¡Oh pasión de mi vida, poesía
desnuda, mía para siempre!

Eternidades, 1916–17

Nocturno[30]

¡Oh mar sin olas conocidas,
sin « estaciones » de parada,
agua y luna, no más, noches y noches!

    . . . Me acuerdo de la tierra,
que, ajena, era de uno,
al pasarla en la noche de los trenes,
por los lugares mismos y a las horas
de otros años . . .

        —¡Madre lejana,
tierra dormida,
de brazos firmes y constantes,
de igual regazo quieto,
—tumba de vida eterna
con el mismo ornamento renovado—;
tierra madre, que siempre
aguardas en tu sola
verdad el mirar triste
de los errantes ojos!—

            . . . Me acuerdo de la tierra
—los olivares a la madrugada—
firme frente a la luna
blanca, rosada o amarilla,
esperando retornos y retornos
de los que, sin ser suyos[31] ni sus dueños,
la amaron y la amaron . . .

Diario de un poeta recién casado, 1917

Tal como estabas

    En el recuerdo estás tal como estabas.
Mi conciencia ya era esta conciencia,
pero yo estaba triste, siempre triste,
porque aún mi presencia no era la semejante
de esta final conciencia.

    Entre aquellos jeranios, bajo aquel limón,
junto a aquel pozo, con aquella niña,
tu luz estaba allí, dios deseante;
tú estabas a mi lado,
dios deseado,
pero no habías entrado todavía en mí.

    El sol, el azul, el oro eran,
como la luna y las estrellas,

26 Jiménez often uses *s* for *x*.
27 The poet, by use of his imagination and intelligence, creates the external world. To name things and be conscious of them is almost akin to creating them; and poetic invention, in a sense, consists of knowing just what to call things. Through his intelligence he breaks with the sensory and sentimental poetry of the past.
28 Jiménez discusses his poetry: its first opulence, his

gradual approach to pure poetry, and its final triumph. He started by reading Classic and Romantic poetry, then briefly flirted with Modernism, which he grew to dislike, and finally achieved his "naked poetry."
29 yel — hiel.
30 The poet recalls his childhood in the Spain that he loved.
31 sin ser suyos — without being her servants.

tu chispear y tu coloración completa,
pero yo no podía cojerte con tu esencia,
la esencia se me iba
(como la mariposa de la forma)
porque la forma estaba en mí
y al correr tras lo otro la dejaba;
tanto, tan fiel que la llevaba,
que no me parecía lo que era.

Y hoy, así, sin yo saber por qué,
la tengo entera, entera.
No sé qué día fué ni con qué luz

vino a un jardín, tal vez, casa, mar, monte,
y vi que era mi nombre sin mi nombre,
sin mi sombra, mi nombre,
el nombre que yo tuve antes de ser
oculto en este ser que me cansaba,
porque no era este ser que hoy he fijado
(que pude no fijar)
para todo el futuro iluminado
iluminante,
dios deseado y deseante.[32]

Animal de fondo, 1949

---

32 *Dios deseado y deseante* is the title of a continuation of *Animal de fondo* which he viewed as the culmination and synthesis of all his work.

POST-MODERNISM

León Felipe, b. 1884 (pp. 376–77)

León Felipe, whose real name is Camino, merits the title of *caminante* he bestows on himself. A world traveler, he has been an actor, a pharmacist, a professor at Columbia and Cornell, and a lecturer in Mexico. Like several other poets of the twentieth century he seeks purity of spirit and what he terms poetic essence. As he says: "Aventad las palabras. . . / y si después queda algo todavía, / eso / será la poesía." He makes use of antithesis in his poetry and obsessively repeats words and phrases, a technique similar to that of Vicente Aleixandre of the following poetic generation. However, his work is much more intense than that of most practitioners of the art of pure poetry. He claims that "no ha habido nunca más que una sola fórmula para componer un poema: La fórmula de Prometeo," a poetic fire which has served constantly as his inspiration. This inspiration he finds in solitude, for he feels that "La belleza es como una mujer pudorosa. Se entrega a un hombre nada más, al hombre solitario, y nunca se presenta desnuda ante una colectividad."

León Felipe wanted to write grave and solemn poetry in the manner of Jorge Manrique. "Y quiero que . . . el traje de mis versos sea cortado . . . del mismo paño eterno que el manto de Manrique." In his search for God and the meaning of man's existence Felipe turned to humble and simple things. As he once wrote to Camilo José Cela: ". . . no he sido más que un reportero con un énfasis de energúmeno," and recognizing the need for a Supreme Being, he admitted, "y sólo en algunos momentos, muy pocos, he sabido rezar. La poesía no es más que oración." In his desire for God he assiduously studied the Bible. "Me he buscado," he says, "en la Biblia y por todos los rincones he encontrado mis huellas." As he explains in *Ganarás la luz* (1943), the poet in returning to the Bible simply returns to his ancient word, for the Bible is only "una Gran Antología Poética hecha por el Viento y donde todo poeta legítimo se encuentra." His optimism about the possibility of the brotherhood of man through a kind of religious universality changed to bitterness in

later works, but both the spiritual and material world continued to interest him, as he constantly voiced concern for man, abandoned by God and adrift in the world. He sought the essence and identity of God even when he was bewailing the lack of meaning in the universe.

León Felipe became a truly universal poet with the outbreak of the Spanish Civil War, which clearly revealed that he belonged to no school or generation. He was moved by the Civil War to an even greater sadness and sorrow for mankind, and his prophecy of faith in the ideals of justice shines through his most desperate and bitter poetry. As one critic has pointed out, it was almost as though Spain had to have a civil war with all its tragedy and hate to have León Felipe reach his fruition, not only as the poet of Spain's tragedy but also as the poet of human anguish. Guillermo de Torre feels that in the Spanish Civil War "encontró España en León Felipe su poeta más alto." His war poetry passes through various stages of harangue, vituperation, blasphemy, sorrow, and universal tragedy. Contending that Spain has died empty and deserted, he recalls some of the sentiment of Antonio Machado, for he declares that man will always maintain his conscience and his tears. The tears, nevertheless, will serve for more than to irrigate the dust he feels he and his country have become. He hunts justice, not only as a Spaniard, but also as a member of humanity, for which he continues to feel responsible.

Many more influences could be cited in trying to define this unique poet. The Spanish mystics, as well as Nietzsche and Walt Whitman influenced him. As he once said, "Yo soy Walt Whitman y en mi sangre hay un sabor americano, romántico desorbitado y místico." He recalls Unamuno in his reflection on the origin of man, on his identity, destiny, and the existential anguish he feels at the death which awaits us all; nevertheless, Unamuno stresses salvation and survival of the soul and León Felipe emphasizes the social aspects of the Christian message. In some of his poetry he resembles García Lorca, as he exclaims "mía es la voz antigua de la tierra" and sees the world as a huge slot machine that does not work. Although he has written revolutionary and surrealistic poetry, he is best remembered as a poet of human and existential anguish who seeks meaning in an absurd life which lacks sense and where man, a creature of chance, drags out his miserable existence. His themes of time, history, dreams, myth, God and death, as well as his examination of interior and exterior reality, make him a difficult poet to categorize. In the best sense of the word he is a deep and original poet of profound humanity.

Nadie fué ayer

Nadie fué ayer,
ni va hoy,
ni irá mañana
hacia Dios
por este mismo camino
que yo voy.
Para cada hombre guarda
un rayo nuevo de luz el sol . . .
Y un camino virgen,
Dios.

Versos y oraciones del caminante, Libro I, 1920

Romero solo . . .

Ser en la vida romero,[1]
romero solo que cruza siempre por caminos nuevos.
Ser en la vida romero
sin más oficio, sin otro nombre y sin pueblo.
Ser en la vida romero, romero . . . , sólo romero.
Que no hagan callo[2] las cosas ni en el alma ni en el cuerpo;
pasar por todo una vez, una vez solo y ligero,
ligero, siempre ligero.

Que no se acostumbre el pie a pisar el mismo suelo,
ni el tablado[3] de la farsa, ni la losa de los templos,
para que nunca recemos
como el sacristán los rezos,
ni como el cómico viejo[4]
digamos los versos.
La mano ociosa es quien tiene más fino el tacto en los dedos,
decía el príncipe Hamlet, viendo
cómo cavaba una fosa y cantaba al mismo tiempo
un sepulturero.
No sabiendo los oficios, los haremos con respeto.
Para enterrar a los muertos
como debemos,
cualquiera sirve, cualquiera . . . menos un sepulturero.
Un día todos sabemos
hacer justicia.   Tan bien como el rey hebreo[5]
la hizo Sancho[6] el escudero
y el villano Pedro Crespo.[7]

Que no hagan callo las cosas ni en el alma ni en el cuerpo.
Pasar por todo una vez, una vez sólo y ligero,
ligero, siempre ligero.

Sensibles a todo viento
y bajo todos los cielos,

1 romero — pilgrim, so called because the first pilgrimages were to Rome.
2 callo — corn, callus. In this case, calloused means hardened in sensibility.
3 tablado — floor of a stage set.
4 León Felipe was at one time an actor.
5 rey hebreo — Solomon, son of David and king of Israel and Judah in the tenth century B.C., noted, of course, for his wisdom.
6 Sancho — Don Quijote's squire who was made governor of an island for a short time.
7 Pedro Crespo — the protagonist of Calderón de la Barca's *El alcalde de Zalamea*.

poetas, nunca cantemos
la vida de un mismo pueblo
ni la flor de un solo huerto.
Que sean todos los pueblos
y todos los huertos nuestros.[8]

Versos y oraciones de caminante, 1920

Como tú . . .

Así es mi vida,
piedra,[9]
como tú. Como tú,
piedra pequeña;
como tú,
piedra ligera;
como tú,
canto que ruedas
por las calzadas
y por las veredas;
como tú,
guijarro humilde de las carreteras;
como tú,
que en días de tormenta
te hundes
en el cieno de la tierra
y luego

centelleas
bajo los cascos
y bajo las ruedas;
como tú, que no has servido
para ser ni piedra
de una lonja,[10]
ni piedra de una audiencia,[11]
ni piedra de un palacio,
ni piedra de una iglesia;
como tú,
piedra aventurera;
como tú,
que tal vez estés hecha
sólo para una honda,[12]
piedra pequeña
y
ligera . . .

Versos y oraciones de caminante, 1920

¡Qué lástima!

¡Qué lástima
que yo no pueda cantar a la usanza
de este tiempo lo mismo que los poetas de hoy cantan![13]
¡Qué lástima
que yo no pueda entonar con una voz engolada[14]
esas brillantes romanzas
a las glorias de la patria!
¡Qué lástima
que yo no tenga una patria!
Me da igual Francia que España
y que Alemania y que Italia.
Sé que la historia es la misma, la misma siempre, que pasa
desde una tierra a otra tierra, desde una raza
a otra raza,
como pasan
esas tormentas de estío desde ésta a aquella comarca.
¡Qué lástima
que yo no tenga comarca,
patria chica, tierra provinciana!
Debí nacer en la entraña
de la estepa castellana

8 León Felipe constantly stresses the brotherhood of man.
9 León Felipe often identifies with inanimate objects.
10 lonja — shop, commercial building. Possibly a reference to his work as a pharmacist.
11 audiencia — auditorium. A reference to his acting days, perhaps.
12 honda — slingshot. Perhaps a reference to the slay-ing of the Philistine giant, Goliath, by David. He seems to imply that he will continue to fight for what he believes against the Philistines (persons regarded as antagonistic to those of poetic temperament and in general unenlightened).
13 León Felipe is more interested in deep problems of the spirit than in outward form.
14 engolada — overly elegant.

y fuí a nacer en un pueblo del que no recuerdo nada;
pasé los días azules de mi infancia en Salamanca,
y mi juventud, una juventud sombría, en la Montaña.
Después . . . ya no he vuelto a echar el ancla,
y ninguna de estas tierras me levanta
ni me exalta
para poder cantar siempre en la misma tonada
al mismo río que pasa
rodando las mismas aguas,
al mismo cielo, al mismo campo y en la misma casa.
¡Qué lástima
que yo no tenga una casa!,
una casa solariega y blasonada,[15]
una casa
en que guardara,
a más de[16] otras cosas raras,
un sillón viejo de cuero, una mesa apolillada[17]. . .
y el retrato de mi abuelo que ganara
una batalla.
¡Qué lástima
que yo no tenga un abuelo que ganara
una batalla,
retratado con una mano cruzada
en el pecho, y la otra mano en el puño de la espada!
Y, ¡qué lástima
que yo no tenga siquiera una espada!
Porque . . . ¿qué voy a cantar si no tengo ni una patria,
ni una tierra provinciana,
ni una casa
solariega y blasonada,
ni el retrato de mi abuelo que ganara
una batalla,
ni un sillón viejo de cuero, ni una mesa, ni una espada?
¡Qué voy a cantar si soy un paria
que apenas tiene una capa!
Sin embargo . . .
                         en esta tierra de España
y en un pueblo de la Alcarria[18]
hay una casa
en la que estoy de posada
y donde tengo, prestadas,
una mesa de pino y una silla de paja.
Un libro tengo también.   Y todo mi ajuar[19] se halla
en una sala
muy amplia
y muy blanca
que está en la parte más baja
y más fresca de la casa.
Tiene una luz muy clara
esta sala
tan amplia
y tan blanca . . .
Una luz muy clara

15 blasonada — with a coat of arms.
16 a más de — besides.
17 apolillada — worm-eaten.

18 Alcarria — territory in the province of Guadalajara
where Felipe worked as a pharmacist.
19 ajuar — furniture.

que entra por una ventana
que da a una calle muy ancha.
Y a la luz de esta ventana
vengo todas las mañanas.
Aquí me siento sobre mi silla de paja
y venzo las horas largas
leyendo en mi libro y viendo cómo pasa
la gente al través de la ventana.
Cosas de poca importancia
parecen un libro y el cristal de una ventana
en un pueblo de la Alcarria,
y, sin embargo, me bastan
para sentir todo el ritmo de la vida a mi alma.
Que todo el ritmo del mundo por estos cristales pasa
cuando pasan
ese pastor que va detrás de las cabras
con una enorme cayada,
esa mujer agobiada
con una carga
de leña en la espalda,
esos mendigos que vienen arrastrando sus miserias, de Pastrana,[20]
y esa niña que va a la escuela de tan mala gana.
¡Oh, esa niña! Hace un alto en mi ventana
siempre y se queda a los cristales pegada
como si fuera una estampa.
¡Qué gracia
tiene su cara
en el cristal aplastada
con la barbilla sumida y la naricilla chata!
Yo me río mucho mirándola
y la digo que es una niña muy guapa . . .
Ella, entonces, me llama ¡tonto!, y se marcha.
¡Pobre niña!   Ya no pasa
por esta calle tan ancha
caminando hacia la escuela de muy mala gana,
ni se para
en mi ventana,
ni se queda a los cristales pegada
como si fuera una estampa.
Que un día se puso mala,
muy mala,
y otro día doblaron por ella a muerte las campanas.
Y en una tarde muy clara,
por esta calle tan ancha,
al través de la ventana,
vi cómo se la llevaban
en una caja,
muy blanca . . .
En una caja
muy blanca
que tenía un cristalito en la tapa.
Por aquel cristal se la veía la cara,
lo mismo que cuando estaba
pegadita al cristal de mi ventana . . .
Al cristal de esta ventana

20 Pastrana — municipality in the province of Guadalajara.

que ahora me recuerda siempre el cristalito de aquella caja
tan blanca.
Todo el ritmo de la vida pasa
por este cristal de mi ventana . . .
¡Y la muerte también pasa!
¡Qué lástima
que no pudiendo cantar otras hazañas,
porque no tengo una patria,
ni una tierra provinciana,
ni una casa
solariega y blasonada,
ni el retrato de un mi abuelo que ganara
una batalla,
ni un sillón viejo de cuero, ni una mesa, ni una espada,
y soy un paria
que apenas tiene una capa . . .
venga forzado, a cantar cosas de poca importancia!

Versos y oraciones de caminante, 1920

Deshaced ese verso

Deshaced ese verso.
Quitadle los caireles[21] de la rima,
el metro, la cadencia
y hasta la idea misma.
Aventad las palabras,
y si después queda algo todavía,
eso
será la poesía.[22]

¿Qué
importa
que la estrella
esté remota
y deshecha
la rosa?
Aún tendremos
el brillo y el aroma.

Versos y oraciones de caminante, 1920

¿Quién soy yo?

No es verdad.
Yo no ahueco[23] la voz para asustaros.
¿Voy a vestir de luto las tinieblas?
Yo digo secamente: Poetas,
para alumbrarnos
quemamos el azúcar de las viejas canciones
con un poco de ron.
Y aún andamos colgados de la sombra.
Oíd,
gritan desde la torre sin vanos[24] de la frente:
¿Quién soy yo?
¿Me he escapado de un sueño o navego hacia un sueño?
¿Huí de la casa del Rey o busco la casa del Rey?
¿Soy el príncipe esperado o el príncipe muerto?
¿Se enrolla o se desenrolla el film?
Este túnel, ¿me trae o me lleva?
¿Me aguardan los gusanos o los ángeles?
Mi vida está en el aire
dando vueltas, ¡miradla!
como una moneda que decide . . .
¿Cara o cruz?[25]
¿Quién puede decirme quién soy?
¿Oísteis? es la nueva canción . . .

---

21 caireles — false hair. Here: excess adornment.
22 Note how similar this idea is to that of Jiménez and
Guillén.

23 ahuecar — to make hollow, give a tone of solemnity.
24 vanos — openings.
25 cara o cruz — heads or tails.

Y la vieja canción . . .
¡Nuestra pobre canción! . . .
¿Quién soy yo? . . .

Yo no soy nadie.   Un hombre
con un grito de estopa[26] en la garganta
y una gota de asfalto en la retina.
Yo no soy nadie.   Y sin embargo,
mis antenas de hormiga han ayudado
a clavar la lanza en el costado del mundo
y detrás de la lupa[27] de la luna
hay un ojo que me ve como a un microbio
royendo el corazón de la tierra.
Tengo ya cien mil años, y hasta ahora
no he encontrado otro mástil de más fuste[28]
que el silencio y la sombra donde colgar mi orgullo.
Tengo ya cien mil años
y mi nombre en el cielo se escribe con lápiz.
El agua, por ejemplo, es más noble que yo.
Por eso las estrellas se duermen en el mar
y mi frente romántica es áspera y opaca.
Detrás de mi frente (escuchad esto bien)
detrás de mi frente hay un viejo dragón:
El sapo negro que saltó de la primera charca del mundo
y está aquí, agazapado[29] en mis sesos,
sin dejarme ver el amor y la justicia . . .
— Yo no soy nadie.
(¿Has entendido ya
que YO eres TÚ también? . . .)

Antología, 1935

Drop a star

¿Dónde está la estrella de los nacimientos?
La tierra, encabritada,[30] se ha parado en el viento.
Y no ven los ojos de los marineros.
Aquel pez — ¡seguidle! —
se lleva, danzando,
la estrella polar.

El mundo es un *slot-machine*,
con una ranura[31] en la frente del cielo,
sobre la cabecera del mar.
(Se ha parado la máquina,
se ha acabado la cuerda.)

El mundo es algo que funciona
como el piano mecánico de un bar.
(Se ha acabado la cuerda,
se ha parado la máquina . . .)

Marinero,
tú tienes una estrella en el bolsillo . . .
¡Drop a star!

26 estopa — tow, burlap.
27 lupa — magnifying glass.
28 fuste — Here: substance.

29 agazapado — crouched, hiding.
30 encabritarse — to rise on the hind feet.
31 ranura — groove.

Enciende con tu mano la nueva música del mundo,
la canción marinera del mañana,
el himno venidero de los hombres . . .
     ¡Drop a star!
Echa a andar otra vez este barco varado,[32] marinero.
Tú tienes una estrella en el bolsillo . . .
Una estrella nueva de paladio,[33] de fósforo y de imán.

Antología, 1935

Está muerta   ¡Miradla!
Última escena de un poema histórico y dramático (fragmento)

    Está muerta.   ¡Miradla!
Miradla
los viejos gachupines[34] de América,
los españoles del éxodo de ayer
que hace cincuenta años
huisteis de aquella patria vieja por no servir al Rey
y por no arar el feudo de un señor . . .
y ahora
queréis hacer la patria nueva
con lo mismo,
con lo mismo que ayer os expatrió :
con un Rey
y un señor.
No se juega a la patria
como se juega al escondite :[35]
ahora sí
y ahora no.
Ya no hay patria.   La hemos matado todos:
los de aquí y los de allá,
los de ayer y los de hoy.
España está muerta.   La hemos asesinado
entre tú y yo.
¡Yo también!
Yo no fuí más que una mueca,
una máscara
hecha de retórica y de miedo.
Aquí está mi frente.   ¡Miradla!
Porque yo fuí el que dijo:
« Preparad los cuchillos,
aguzad las navajas,
calentad al rojo vivo los hierros,
id a las fraguas,
que os pongan en la frente el sello de la Justicia » . . .
Y aquí está mi frente
sin una gota de sangre.   ¡Miradla!

    ¡España, España!
Todos pensaban
— el hombre, la Historia y la fábula —
todos pensaban
que ibas a terminar en una llama . . .
y has terminado en una charca.

---

32 varado — stranded.
33 paladio — palladium, a metal.

34 gachupín — the name given the natives of Spain in Mexico. Often derogatory.
35 escondite — hide and seek.

Mirad: allí no queda nada.
Al borde de las aguas
cenagosas[36] . . . una espada
y lejos . . . el éxodo,
un pueblo hambriento y perseguido
que escapa.
Español del éxodo de ayer
y español del éxodo de hoy . . .
allí no queda nada.
Haz un hoyo en la puerta de tu exilio,
planta un árbol,
riégalo con tus lágrimas
y aguarda.
Allí no hay nadie ya . . .
quédate aquí y aguarda.[37]

Español del éxodo y del llanto, 1939

---

36 cenagosas — muddy.
37 León Felipe's Civil War poetry begins with *La Insignia*, 1937, full of passionate harangue, becomes vituperative in *El payaso de las bofetadas*, and reaches its climax of desperation in *Español del éxodo y del llanto* and in what Ángel del Río calls Felipe's "elegía desesperada," *El Hacha*, 1939.

THE LORCA-GUILLÉN GENERATION

Federico García Lorca, 1898–1936 (pp. 387–91; 135–38)

Vicente Aleixandre said of Lorca: "En Federico todo era inspiración . . . y entre su vida y su obra hay un intercambio espiritual y físico tan constante, tan apasionado y fecundo, que las hace eternamente inseparables e indivisibles." Lorca sought to unify his world of poetry and the real world, antithetical universes combined by his rich imagination into a fusion where it is difficult to know where the tangible and visual leave off and the supernatural and illusion begin.

Critics have consistently indicated the gypsy influence on Lorca. Rather than a deep racial memory, however, the gypsy world was one of make believe into which Lorca as a child projected himself. That child, still present in the adult poet, seeks in his frustrated and abandoned world of pain, denunciation, and despair, the simple and good life of his youth; but the sentiment of the child combines with the warmth, vibrance, passion, and sensuality of the adult. His new way of looking at reality and the common, everyday objects of the world—trees, animals such as the horse and the bull, the night, the moon, clouds and the wind—reflect his double vision, that of a child and that of a man. These objects, while fulfilling a real function in a real world, acquire fantastic and symbolic values in Lorca's poetry, and his odd sensory combinations offer a view of the universe acquired directly, as if through osmosis. Yet this primitive and almost childlike directness accompanies a strange sophistication as the poet senses death at every crossing and in every tick of the clock, and feels the anguish of men who suffer and die in a loveless city without divine or human consolation.

In the naiveté and sentimentalism of his first book of poems, *Libro de poemas*, at times reminiscent of the work of Juan Ramón Jiménez, in the more musical and sophisticated, though at times frivolous, *Canciones*, in the brilliant and unusual harmonies, images and dialogues of the narrative *Romancero gitano*, in the nightmarish and surrealistic anguish of *Poeta en Nueva York*, and in the magnificent, sonorous masterpiece, *Llanto por la muerte de Ignacio Sánchez Mejías*, Lorca combines popular and sophisticated, sensual and religious elements, and unusual images and metaphorical ambiguities.

Lorca explained once: "Yo tengo el fuego en mis manos." He could write poetry, but he couldn't explain it—that is, his own poetry. He used a great variety of verse forms: free verse, alexandrine, *romance*, and a number of other meters of from two to eleven syllables. María Teresa Babín compares him to Lope de Vega in his "vitalidad sana . . . limpidez y soltura." All of this he had and more: popular language, folkloric song, paganism, color, music, harmony, rhythm, Catholicism, clarity, mystery, pride, innocence, passion, and a multileveled symbolism and imagery without equal.[1]

Balada de la Placeta

> Cantan los niños
> en la noche quieta:
> ¡Arroyo claro,
> fuente serena!

LOS NIÑOS
> ¿Qué tiene tu divino
> corazón de fiesta?

YO
> Un doblar de campanas,
> perdidas en la niebla.

LOS NIÑOS
> Ya nos dejas cantando
> en la plazuela.
> ¡Arroyo claro,
> fuente serena!
> ¿Qué tienes en tus manos
> de primavera?

YO
> Una rosa de sangre
> y una azucena.

LOS NIÑOS
> Mójalas en el agua
> de la canción añeja.[2]
> ¡Arroyo claro,
> fuente serena!

---

1 See pp. 95–107 for a sample of Lorca's drama.

2 añeja — old.

¿Qué sientes en tu boca
roja y sedienta?

YO

El sabor de los huesos
de mi gran calavera.

LOS NIÑOS

Bebe el agua tranquila
de la canción añeja.
¡Arroyo claro,
fuente serena!
¿Por qué te vas tan lejos
de la plazuela?

YO

¡Voy en busca de magos
y de princesas!

LOS NIÑOS

¿Quién te enseñó el camino
de los poetas?

YO

La fuente y el arroyo
de la canción añeja.

LOS NIÑOS

¿Te vas lejos, muy lejos
del mar y de la tierra?

YO

Se ha llenado de luces
mi corazón de seda,
de campanas perdidas,
de lirios y de abejas,
y yo me iré muy lejos,
más allá de esas sierras,
más allá de los mares
cerca de las estrellas,
para pedirle a Cristo
Señor que me devuelva
mi alma antigua de niño,
madura de leyendas,
con el gorro de plumas
y el sable de madera.

LOS NIÑOS

Ya nos dejas cantando
en la plazuela.
¡Arroyo claro,
fuente serena!
Las pupilas enormes
de las frondas resecas,
heridas por el viento,
lloran las hojas muertas.

Libro de poemas, 1921

Lamentación de la muerte

A MIGUEL BENÍTEZ

Sobre el cielo negro,
culebrinas[3] *amarillas.*

Vine a este mundo con ojos
y me voy sin ellos.
¡Señor del mayor dolor!

Y luego,
un velón[4] y una manta
en el suelo.

Quise llegar adonde
llegaron los buenos.
¡Y he llegado, Dios mío! . . .
Pero luego,
un velón y una manta
en el suelo.

Poema del Cante Jondo,
1931 (written about 1922.)

Canción de jinete

Córdoba.
Lejana y sola.

Jaca[5] negra, luna grande,
y aceitunas en mi alforja.
Aunque sepa los caminos
yo nunca llegaré a Córdoba.

Por el llano, por el viento,
jaca negra, luna roja.
La muerte me está mirando
desde las torres de Córdoba.

¡Ay qué camino tan largo!
¡Ay mi jaca valerosa!
¡Ay que la muerte me espera,
antes de llegar a Córdoba!

Córdoba.
Lejana y sola.[6]

Canciones, 1927

Romance de la luna, luna

A CONCHITA GARCÍA LORCA.

La luna vino a la fragua
con su polisón de nardos.[7]
El niño la mira, mira.

3 culebrinas — meteors.
4 velón — brass lamp.
5 jaca — pony.
6 The rider will never reach Córdoba, for death awaits

him on his journey (an expression of Lorca's preoccupation with death).
7 polisón de nardos — bustle of spikenards (white
flowers that are especially aromatic at night).

El niño la está mirando.
En el aire conmovido
mueve la luna sus brazos
y enseña, lúbrica[8] y pura,
sus senos de duro estaño.
—Huye luna, luna, luna.
Si vinieran los gitanos,
harían con tu corazón
collares y anillos blancos.
—Niño, déjame que baile.
Cuando vengan los gitanos,
te encontrarán sobre el yunque,[9]
con los ojillos cerrados.
—Huye, luna, luna, luna,
que ya siento sus caballos.
—Niño, déjame, no pises
mi blancor almidonado.

El jinete se acercaba
tocando el tambor del llano.[10]
Dentro de la fragua el niño
tiene los ojos cerrados.[11]

Por el olivar venían,
bronce y sueño, los gitanos.
Las cabezas levantadas
y los ojos entornados.

Cómo canta la zumaya,[12]
¡ay, cómo canta en el árbol!
Por el cielo va la luna
con un niño de la mano.

Dentro de la fragua lloran,
dando gritos, los gitanos.
El aire la vela, vela.
El aire la está velando.[13]

Romancero gitano, 1928

Reyerta[14]

A RAFAEL MÉNDEZ.

En la mitad del barranco
las navajas de Albacete,
bellas de sangre contraria,

relucen como los peces.
Una dura luz de naipe
recorta en el agrio verde
caballos enfurecidos
y perfiles de jinetes.
En la copa de un olivo
lloran dos viejas mujeres.
El toro de la reyerta
se sube por las paredes.
Ángeles negros traían
pañuelos y agua de nieve.
Ángeles con grandes alas
de navajas de Albacete.
Juan Antonio el de Montilla
rueda muerto la pendiente,
su cuerpo lleno de lirios
y una granada en las sienes.
Ahora monta cruz de fuego,
carretera de la muerte.

*

El juez, con guardia civil,
por los olivares viene.
Sangre resbalada gime
muda canción de serpiente.[15]
—Señores guardias civiles:
aquí pasó lo de siempre.
Han muerto cuatro romanos
y cinco cartagineses.[16]

*

La tarde loca de higueras
y de rumores calientes
cae desmayada en los muslos
heridos de los jinetes.[17]
Y ángeles negros volaban
por el aire del poniente.
Ángeles de largas trenzas
y corazones de aceite.

Romancero gitano, 1928

Romance sonámbulo[18]

A GLORIA GINER
Y A FERNANDO DE LOS RÍOS.

Verde que te quiero verde.[19]
Verde viento. Verdes ramas.

8 lúbrica — lewd.
9 yunque — anvil.
10 El jinete . . . llano — The horseman approached playing the drum of the plain, i.e. a horseman was approaching rapidly, and the horse's hoofbeats could be heard.
11 The boy is dead.
12 zumaya — owl.
13 The gypsy boy who worked in the blacksmith shop was found dead when the gypsies returned one evening. The moon (death) goes off with the boy.
14 reyerta — brawl.

15 Sangre . . . serpiente — spilled blood moans a mute serpent song. Note the deadly image of the serpent. As the blood winds along the ground leaving an ugly trail, a man dies. Blood, which in the body gives life, also leads one to death.
16 Han . . . cartigeneses — The age-old struggles are as old as Spain. In November the gypsies have a festival at which they wear fantastic costumes — in this case of Romans and Carthaginians.
17 The afternoon is warm and the battle fierce.
18 Romance sonámbulo — Ballad of the Sleepwalker.
19 Green suggests a misty and unreal atmosphere.

El barco sobre la mar
y el caballo en la montaña.[20]
Con la sombra en la cintura
ella sueña en su baranda,
verde carne,[21] pelo verde,
con ojos de fría plata.
Verde que te quiero verde.
Bajo la luna gitana,
las cosas la están mirando
y ella no puede mirarlas.[22]

Verde que te quiero verde.
Grandes estrellas de escarcha
vienen con el pez de sombra[23]
que abre el camino del alba.
La higuera frota su viento
con la lija de sus ramas,[24]
y el monte, gato garduño,
eriza sus pitas agrias.
Pero ¿quién vendrá? ¿Y por dónde . . . ?
Ella sigue en su baranda,
verde carne, pelo verde,
soñando en la mar amarga.

—Compadre,[25] quiero cambiar
mi caballo por su casa,
mi montura por su espejo,
mi cuchillo por su manta.
Compadre, vengo sangrando,
desde los puertos de Cabra,[26]
—Si yo pudiera, mocito,
este trato se cerraba.[27]
Pero yo ya no soy yo,
ni mi casa es ya mi casa.
—Compadre, quiero morir
decentemente en mi cama.
De acero, si puede ser,
con las sábanas de holanda.
¿No ves la herida que tengo
desde el pecho a la garganta?
—Trescientas rosas morenas[28]
lleva tu pechera blanca.
Tu sangre rezuma[29] y huele
alrededor de tu faja.
Pero yo ya no soy yo,

ni mi casa es ya mi casa.
—Dejadme subir al menos
hasta las altas barandas;
¡dejadme subir!, dejadme
hasta las verdes barandas.
Barandales[30] de la luna
por donde retumba el agua.

Ya suben los dos compadres
hacia las altas barandas.
Dejando un rastro de sangre.
Dejando un rastro de lágrimas.
Temblaban en los tejados
farolillos de hojalata.[31]
Mil panderos de cristal
herían la madrugada.

Verde que te quiero verde,
verde viento, verdes ramas.
Los dos compadres subieron.
El largo viento dejaba
en la boca un raro gusto
de hiel, de menta y de albahaca.[32]
— ¡Compadre! ¿Dónde está, díme,
dónde está tu niña amarga?
— ¡Cuántas veces te esperó!
¡Cuántas veces te esperara,
cara fresca, negro pelo,
en esta verde baranda!

Sobre el rostro del aljibe[33]
se mecía la gitana.
Verde carne, pelo verde,
con ojos de fría plata.
Un carámbano[34] de luna
la sostiene sobre el agua.
La noche se puso íntima
como una pequeña plaza.
Guardias civiles borrachos
en la puerta golpeaban.
Verde que te quiero verde.
Verde viento. Verdes ramas.
El barco sobre la mar.
Y el caballo en la montaña.[35]

Romancero gitano, 1928

---

20 This implies the lover was a smuggler.
21 verde carne — the olive color of the gypsy girl.
22 because she is dreaming.
23 pez de sombra — fish-shaped shadow.
24 lija de sus ramas — the rough bark of its branches.
25 compadre — friend; the lover and the girl's father begin their discussion here.
26 puertos de Cabra — mountain passes of Cabra, a city of the province of Córdoba.
27 este trato se cerraba — you'd have a deal.
28 trescientas rosas morenas — the wounds on his shirt are likened to dark roses.

29 rezuma — oozes out.
30 barandales — balustrades.
31 farolillos de hojalata — little tin lanterns.
32 albahaca — sweet basil.
33 aljibe — cistern.
34 carámbano — icicle.
35 Rafael Alberti felt this was "el mejor romance de toda la poesía española de hoy." The gypsy girl could symbolize many things. It has been suggested that she represents unattainable love. Possibly the poem implies that frustration and death await us all, as they awaited her lover, who came back to her to die.

Romance de la Guardia Civil española[36]

Los caballos negros son.
Las herraduras son negras.
Sobre las capas relucen
manchas de tinta y de cera.[37]
Tienen, por eso no lloran,
de plomo las calaveras.
Con el alma de charol
vienen por la carretera.
Jorobados[38] y nocturnos,
por donde animan ordenan
silencios de goma oscura[39]
y miedos de fina arena.
Pasan, si quieren pasar,
y ocultan en la cabeza
una vaga astronomía
de pistolas inconcretas.[40]
¡Oh ciudad de los gitanos!
En las esquinas, banderas.
La luna y la calabaza
con las guindas en conserva.
¡Oh ciudad de los gitanos!
¿Quién te vió y no te recuerda?
Ciudad de dolor y almizcle,[41]
con las torres de canela.

Cuando llegaba la noche,
noche que noche nochera.[42]
los gitanos en sus fraguas
forjaban soles y flechas.
Un caballo malherido
llamaba a todas las puertas.[43]
Gallos de vidrio cantaban
por Jerez de la Frontera.
El viento vuelve desnudo
la esquina de la sorpresa,
en la noche platinoche,
noche que noche nochera.

La Virgen y San José
perdieron sus castañuelas,

y buscan a los gitanos
para ver si las encuentran.
La Virgen viene vestida
con un traje de alcaldesa,
de papel de chocolate
con los collares de almendras.
San José mueve los brazos
bajo una capa de seda.[44]
Detrás va Pedro Domecq[45]
con tres sultanes de Persia.
La media luna soñaba
un éxtasis de cigüeña.
Estandartes y faroles
invaden las azoteas.
Por los espejos sollozan
bailarinas sin caderas.
Agua y sombra, sombra y agua
por Jerez de la Frontera.

¡Oh ciudad de los gitanos!
En las esquinas, banderas.
Apaga tus verdes luces
que viene la benemérita.[46]
¡Oh ciudad de los gitanos!
¿Quién te vió y no te recuerda?
Dejadla lejos del mar,
sin peines para sus crenchas.

Avanzan de dos en fondo[47]
a la ciudad de la fiesta.
Un rumor de siemprevivas
invade las cartucheras.[48]
Avanzan de dos en fondo.
Doble nocturno de tela.
El cielo, se les antoja
una vitrina de espuelas.

La ciudad, libre de miedo,
multiplicaba sus puertas.
Cuarenta guardias civiles
entran a saco por ellas.

36 This poem, which stresses the color black, tells of a night attack by the Civil Guard on a gypsy celebration and the destruction of the gypsy town. The *Guardia Civil* was a rural police force established in the nineteenth century to put down banditry. It later was used for political purposes and became feared by the common people.
37 manchas de tinta y de cera — The police used ink to record the deaths, and candles so they might work and write at night.
38 jorobados — hunchbacked. The knapsacks under their capes made them look that way. The *charol* in the previous lines probably refers to their patent leather hats.
39 silencios de goma oscura — They apparently sneaked up on their victims and so used rubber soles.
40 una . . . inconcretas — Just as stars (astronomy) flash in the sky, so do the Civil Guards' pistols when they fire them.

41 almizcle — musk.
42 noche . . . nochera — night that will nighten the night; or night, nightsome night.
43 Un . . . puertas — This implies that its rider has already been killed by the Civil Guard.
44 This whole description of the Virgin, etc., is a representation of Christmas as celebrated by the gypsies.
45 Pedro Domecq — a well-known wine maker from Jerez.
46 benemérita — meritorious, a title given to the Civil Guard for services to the state. Lorca uses it ironically here.
47 de dos en fondo — two by two. Guards always served in pairs.
48 Un . . . cartucheras — a murmur of immortelles invades the cartridge pouches. *Siemprevivas* are flowers often put on graves.

Los relojes se pararon,
y el coñac de las botellas
se disfrazó de noviembre[49]
para no infundir sospechas.
Un vuelo de gritos largos
se levantó en las veletas.
Los sables cortan las brisas
que los cascos atropellan.
Por las calles de penumbra
huyen las gitanas viejas
con los caballos dormidos
y las orzas de monedas.
Por las calles empinadas
suben las capas siniestras,
dejando detrás fugaces
remolinos de tijeras.

En el portal de Belén[50]
los gitanos se congregan.
San José, lleno de heridas,
amortaja a una doncella.
Tercos fusiles agudos
por toda la noche suenan.
La Virgen cura a los niños
con salivilla de estrella.[51]
Pero la Guardia Civil

avanza sembrando hogueras,
donde joven y desnuda
la imaginación se quema.
Rosa la de los Camborios
gime sentada en su puerta
con sus dos pechos cortados
puestos en una bandeja.
Y otras muchachas corrían
perseguidas por sus trenzas,
en un aire donde estallan
rosas de pólvora negra.
Cuando todos los tejados
eran surcos en la tierra,[52]
el alba meció sus hombros
en largo perfil de piedra.

¡Oh, ciudad de los gitanos!
La Guardia Civil se aleja
por un túnel de silencio
mientras las llamas te cercan.

¡Oh, ciudad de los gitanos!
¿Quién te vió y no te recuerda?
Que te busquen en mi frente.
Juego de luna y arena.[53]

Romancero gitano, 1928

El rey de Harlem[54]

Con una cuchara
arrancaba los ojos a los cocodrilos
y golpeaba el trasero de los monos.
Con una cuchara.

Fuego de siempre dormía en los pedernales
y los escarabajos borrachos de anís
olvidaban el musgo de las aldeas.

Aquel viejo cubierto de setas
iba al sitio donde lloraban los negros
mientras crujía la cuchara del rey
y llegaban los tanques de agua podrida.

Las rosas huían por los filos
de las últimas curvas del aire,
y en los montones de azafrán
los niños machacaban pequeñas ardillas
con un rubor de frenesí manchado.

49 se disfrazó de noviembre — Such fear did the guard inspire that even the cognac sought to hide. November implies fog, which would serve to help hide it.
50 portal de Belén — at the Bethlehem gate, i.e. where the gypsies were celebrating Christmas.
51 con salivilla de estrella — One of the gypsy women, dressed up for the festival as the Virgin, comforts the little children. Saliva has a curative effect and is said to have magical virtues.
52 Cuando . . . tierra — When all the tiled roofs were but furrows on the ground, hence, destroyed.

53 The poet recalls the gypsy city of his imagination, as insubstantial as the play of moonlight on sand. The city exists now only in his memory.
54 Lorca identifies with the Negro here as one of the victims of civilization and the cruel city, a city of despair and anguish, of indifferent and materialistic multitudes. The Negro, as a primitive, represents the more basic elements of life and is closer to the country and the earth which Lorca loved.

Es preciso cruzar los puentes
y llegar al rubor negro
para que el perfume de pulmón
nos golpee las sienes con su vestido
de caliente piña.

Es preciso matar al rubio vendedor de aguardiente,
a todos los amigos de la manzana y de la arena,
y es necessario dar con los puños cerrados
a las pequeñas judías que tiemblan llenas de burbujas,
para que el rey de Harlem cante con su muchedumbre,
para que los cocodrilos duerman en largas filas
bajo el amianto[55] de la luna,
y para que nadie dude de la infinita belleza
de los plumeros, los ralladores, los cobres y las cacerolas de las cocinas.

¡Ay, Harlem! ¡Ay, Harlem! ¡Ay, Harlem!
No hay angustia comparable a tus rojos oprimidos,
a tu sangre estremecida dentro del eclipse oscuro,
a tu violencia granate sordomuda en la penumbra,
a tu gran rey prisionero, con un traje de conserje.

Tenía la noche una hendidura y quietas salamandras de marfil.
Las muchachas americanas
llevaban niños y monedas en el vientre
y los muchachos se desmayaban en la cruz del desperezo.

Ellos son.
Ellos son los que beben el whisky de plata junto a los volcanes
y tragan pedacitos de corazón por las heladas montañas del oso.

Aquella noche el rey de Harlem con una durísima cuchara
arrancaba los ojos a los cocodrilos
y golpeaba el trasero de los monos.
Con una cuchara.
Los negros lloraban confundidos
entre paraguas y soles de oro,
los mulatos estiraban gomas, ansiosos de llegar al torso blanco,
y el viento empañaba espejos
y quebraba las venas de los bailarines.

Negros, Negros, Negros, Negros.

La sangre no tiene puertas en vuestra noche boca arriba.
No hay rubor. Sangre furiosa por debajo de las pieles,
viva en la espina del puñal y en el pecho de los paisajes,
bajo las pinzas y las retamas de la celeste luna de cáncer.

Sangre que busca por mil caminos muertes enharinadas y ceniza de nardo,
cielos yertos, en declive, donde las colonias de planetas
ruedan por las playas con los objetos abandonados.

Sangre que mira lenta con el rabo del ojo,
hecha de espartos exprimidos, néctares de subterráneos.
Sangre que oxida el alisio descuidado en una huella
y disuelve a las mariposas en los cristales de la ventana.

---

55 amianto — asbestos.

Es la sangre que viene, que vendrá
por los tejados y azoteas, por todas partes,
para quemar la clorofilia de las mujeres rubias,
para gemir al pie de las camas ante el insomnio de los lavabos
y estrellarse en una aurora de tabaco y bajo amarillo.

Hay que huir,
huir por las esquinas y encerrarse en los últimos pisos,
porque el tuétano del bosque penetrará por las rendijas
para dejar en vuestra carne una leve huella de eclipse
y una falsa tristeza de guante desteñido y rosa química.

Es por el silencio sapientísimo
cuando los camareros y los cocineros y los que limpian con la lengua
las heridas de los millonarios
buscan al rey por las calles o en los ángulos del salitre.

Un viento sur de madera, oblicuo en el negro fango,
escupe a las barcas rotas y se clava puntillas en los hombros;
un viento sur que lleva
colmillos, girasoles, alfabetos
y una pila de Volta[56] con avispas ahogadas.

El olvido estaba expresado por tres gotas de tinta sobre el monóculo
el amor por un solo rostro invisible a flor de piedra.
Médulas y corolas componían sobre las nubes
un desierto de tallos sin una sola rosa.

A la izquierda, a la derecha, por el Sur y por el Norte,
se levanta el muro impasible
para el topo, la aguja del agua.
No busquéis, negros, su grieta
para hallar la máscara infinita.
Buscad el gran sol del centro
hechos una piña zumbadora.
El sol que se desliza por los bosques
seguro de no encontrar una ninfa,
el sol que destruye números y no ha cruzado nunca un sueño,
el tatuado sol que baja por el río
y muge seguido de caimanes.

Negros, Negros, Negros, Negros.

Jamás sierpe, ni cebra, ni mula
palidecieron al morir.
El leñador no sabe cuándo expiran
los clamorosos árboles que corta.
Aguardad bajo la sombra vegetal de vuestro rey
a que cicutas y cardos y ortigas turben postreras azoteas.

Entonces, negros, entonces, entonces,
podréis besar con frenesí las ruedas de las bicicletas,
poner parejas de microscopios en las cuevas de las ardillas
y danzar al fin, sin duda, mientras las flores erizadas
asesinan a nuestro Moisés casi en los juncos del cielo.

---

56 pila de Volta — storage battery.

¡Ay, Harlem, disfrazada!
¡Ay, Harlem, amenazada por un gentío de trajes sin cabeza!
Me llega tu rumor,
me llega tu rumor atravesando troncos y ascensores,
a través de láminas grises
donde flotan tus automóviles cubiertos de dientes,
a través de los caballos muertos y los crímenes diminutos,
a través de tu gran rey desesperado
cuyas barbas llegan al mar.

Poeta en Nueva York, 1929–30
(published in complete form in 1940)

Poemas del lago Edem Mills[57]

A Eduardo Ugarte.

POEMA DOBLE DEL LAGO EDEM

Nuestro ganado pace, el viento espira.
GARCILASO.

Era mi voz antigua[58]
ignorante de los densos jugos amargos.
La adivino lamiendo mis pies
bajo los frágiles helechos mojados.

¡Ay voz antigua de mi amor,
ay voz de mi verdad,
ay voz de mi abierto costado,[59]
cuando todas las rosas manaban de mi lengua
y el césped no conocía la impasible dentadura
[del caballo!

Estás aquí bebiendo mi sangre,
bebiendo mi humor de niño pesado,
mientras mis ojos se quiebran en el viento
con el aluminio y las voces de los borrachos.

Déjame pasar la puerta
donde Eva come hormigas
y Adán fecunda peces deslumbrados.[60]
Déjame pasar hombrecillo de los cuernos
al bosque de los desperezos
y los alegrísimos saltos.

Yo sé el uso más secreto
que tiene un viejo alfiler oxidado
y sé del horror de unos ojos despiertos
sobre la superficie concreta del plato.

Pero no quiero mundo ni sueño, voz divina,
quiero mi libertad, mi amor humano

en el rincón más oscuro de la brisa que nadie
¡Mi amor humano!   [quiera.

Esos perros marinos se persiguen
y el viento acecha troncos descuidados.
¡Oh voz antigua, quema con tu lengua
esta voz de hojalata y de talco!

Quiero llorar porque me da la gana
como lloran los niños del último banco,
porque yo no soy un hombre, ni un poeta, ni
[una hoja,
pero sí un pulso herido que sonda las cosas
[del otro lado.

Quiero llorar diciendo mi nombre,
rosa, niño y abeto[61] a la orilla de este lago,
para decir mi verdad de hombre de sangre
matando en mí la burla y la sugestión del
[vocablo.

No, no, yo no pregunto, yo deseo,
voz mía libertada que me lames las manos.
En el laberinto de biombos[62] es mi desnudo el
[que recibe
la luna de castigo y el reloj encenizado.

Así hablaba yo.
Así hablaba yo cuando Saturno detuvo los
[trenes
y la bruma y el Sueño y la Muerte me estaban
Me estaban buscando   [buscando.
allí donde mugen las vacas que tienen patitas
[de paje
y allí donde flota mi cuerpo entre los
[equilibrios contrarios.[63]

57 Lake Eden is in Vermont where Lorca spent ten days in August, 1929.
58 Lorca seeks his youthful and innocent voice from the time before he became aware of the horrors of civilization.
59 costado — side.

60 a reference to Paradise and the simple life for which the poet yearns.
61 abeto — yew-leaved fir tree.
62 biombos — screens.
63 Even in peaceful Vermont the poet cannot escape the death and destructive influences of the city.

Llanto por la muerte de
Ignacio Sánchez Mejías[64]

I

LA COGIDA Y LA MUERTE

A las cinco de la tarde.
Eran las cinco en punto de la tarde.
Un niño trajo la blanca sábana
a las cinco de la tarde.
Una espuerta de cal[65] ya prevenida
a las cinco de la tarde.
Lo demás era muerte y sólo muerte
a las cinco de la tarde.

El viento se llevó los algodones
a las cinco de la tarde.
Y el óxido sembró cristal y níquel
a las cinco de la tarde.
Ya luchan la paloma y el leopardo[66]
a las cinco de la tarde.
Y un muslo con un asta desolada
a las cinco de la tarde.

Comenzaron los sones de bordón
a las cinco de la tarde.
Las campanas de arsénico y el humo
a las cinco de la tarde.
En las esquinas grupos de silencio
a las cinco de la tarde.
¡Y el toro solo corazón arriba![67]
a las cinco de la tarde.
Cuando el sudor de nieve fué llegando
a las cinco de la tarde,
cuando la plaza se cubrió de yodo
a las cinco de la tarde,
la muerte puso huevos en la herida[68]
a las cinco de la tarde.
A las cinco de la tarde.
A las cinco en punto de la tarde.

Un atáud con ruedas es la cama
a las cinco de la tarde.
Huesos y flautas suenan en su oído
a las cinco de la tarde.
El toro ya mugía por su frente
a las cinco de la tarde.
El cuarto se irisaba de agonía
a las cinco de la tarde.
A lo lejos ya viene la gangrena
a las cinco de la tarde.

Trompa de lirio por las verdes ingles[69]
a las cinco de la tarde.
Las heridas quemaban como soles
a las cinco de la tarde,
y el gentío rompía las ventanas
a las cinco de la tarde.
A las cinco de la tarde.
¡Ay, qué terribles cinco de la tarde!
¡Eran las cinco en todos los relojes!
¡Eran las cinco en sombra de la tarde!

II

LA SANGRE DERRAMADA

¡Que no quiero verla!

Díle a la luna que venga,
que no quiero ver la sangre
de Ignacio sobre la arena.

¡Que no quiero verla!

La luna de par en par.[70]
Caballo de nubes quietas,
y la plaza gris del sueño
con sauces en las barreras.
¡Que no quiero verla!
Que mi recuerdo se quema.
¡Avisad a los jazmines
con su blancura pequeña!

¡Que no quiero verla!

La vaca del viejo mundo
pasaba su triste lengua
sobre un hocico de sangres
derramadas en la arena,
y los toros de Guisando,[71]
casi muerte y casi piedra,
mugieron como dos siglos
hartos de pisar la tierra.
No.
¡Que no quiero verla!

Por las gradas sube Ignacio
con toda su muerte a cuestas.[72]
Buscaba el amanecer,
y el amanecer no era.
Busca su perfil seguro,
y el sueño lo desorienta.
Buscaba su hermoso cuerpo
y encontró su sangre abierta.

64 Ignacio Sánchez Mejías (1891–1934), an Andalusian bullfighter who died from a goring, was a friend of
Lorca.
65 espuerta de cal — a straw basket full of lime.
66 la paloma y el leopardo — the bullfighter and the bull.
67 ¡Y el toro solo corazón arriba! — the bull alone
and brave.
68 la muerte . . . la herida — death was a certainty.

(It was ready to hatch out, an interesting interplay between life and death.)
69 Trompa . . . ingles — trumpet of the lily on the
green groins.
70 de par en par — round and full.
71 Guisando — a province of Ávila which has preserved some ancient monuments in the form of a bull.
72 a cuestas — on his shoulders.

¡No me digáis que la vea!
No quiero sentir el chorro
cada vez con menos fuerza;
ese chorro que ilumina
los tendidos y se vuelca
sobre la pana y el cuero[73]
de muchedumbre sedienta.
¡Quién me grita que me asome!
¡No me digáis que la vea!

No se cerraron sus ojos
cuando vió los cuernos cerca,
pero las madres terribles
levantaron la cabeza.
Y a través de las ganaderías,
hubo un aire de voces secretas
que gritaban a toros celestes,
mayorales[74] de pálida niebla.
No hubo príncipe en Sevilla
que comparársele pueda,
ni espada como su espada
ni corazón tan de veras.
Como un río de leones
su maravillosa fuerza,
y como un torso de mármol
su dibujada prudencia.
Aire de Roma andaluza
le doraba la cabeza
donde su risa era un nardo
de sal y de inteligencia.
¡Qué gran torero en la plaza!
¡Qué buen serrano en la sierra!
¡Qué blando con las espigas!
¡Qué duro con las espuelas!
¡Qué tierno con el rocío!
¡Qué deslumbrante en la feria!
¡Qué tremendo con las últimas
banderillas de tiniebla![75]

Pero ya duerme sin fin.
Ya los musgos y la hierba
abren con dedos seguros
la flor de su calavera.
Y su sangre ya viene cantando:
cantando por marismas y praderas,
resbalando por cuernos ateridos,[76]
vacilando sin alma por la niebla,
tropezando con miles de pezuñas

como una larga, oscura, triste lengua,
para formar un charco de agonía
junto al Guadalquivir de las estrellas.
¡Oh blanco muro de España!
¡Oh negro toro de pena!
¡Oh sangre dura de Ignacio!
¡Oh ruiseñor de sus venas!
No.
¡Que no quiero verla!
Que no hay cáliz que la contenga,
que no hay golondrinas que se la beban,
no hay escarcha de luz que la enfríe,
no hay canto ni diluvio de azucenas,
no hay cristal que la cubra de plata.
No.
¡¡Yo no quiero verla!!

III

CUERPO PRESENTE[77]

La piedra es una frente donde los sueños gimen
sin tener agua curva ni cipreses helados.
La piedra es una espalda para llevar al tiempo
con árboles de lágrimas y cintas y planetas.

Yo he visto lluvias grises correr hacia las olas,
levantando sus tiernos brazos acribillados,
para no ser cazadas por la piedra tendida
que desata sus miembros sin empapar la sangre.

Porque la piedra coge simientes y nublados,
esqueletos de alondras y lobos de penumbra;[78]
pero no da sonidos, ni cristales, ni fuego,
sino plazas y plazas y otras plazas sin muros.[79]

Ya está sobre la piedra Ignacio el bien nacido.
Ya se acabó; ¿qué pasa? Contemplad su figura:
la muerte le ha cubierto de pálidos azufres
y le ha puesto cabeza de oscuro minotauro.[80]

Ya se acabó. La lluvia penetra por su boca.
El aire como loco deja su pecho hundido,
y el Amor, empapado con lágrimas de nieve,
se calienta en la cumbre de las ganaderías.[81]

¿Qué dicen? Un silencio con hedores reposa.
Estamos con un cuerpo presente que se esfuma,
con una forma clara que tuvo ruiseñores,
y la vemos llenarse de agujeros sin fondo.

---

73 que ilumina ... el cuero — which colors the rows of seats and spills on plush and skin.
74 mayorales — herd leaders.
75 banderillas de tiniebla — darts of twilight, i.e. death.
76 resbalando ... ateridos — slipping along cold, stiff horns.
77 cuerpo presente — Lorca is viewing the dead body on a slab.
78 Porque ... penumbra — Because the stone gathers

seeds and clouds, skeletons of larks and wolves of shadow (that is, all are equal in death which takes us all).
79 a play on the word *plaza* which means both "bull ring" and "walled stronghold." Lorca suggests defenselessness with his "plazas sin muros."
80 minotauro — minotaur, half man and half bull.
81 el Amor ... ganaderías — perhaps a vague reference to the legend of Venus and Adonis.

¿Quién arruga el sudario?   ¡No es
                 [verdad lo que dice!
Aquí no canta nadie, ni llora en el rincón,
ni pica las espuelas, ni espanta la serpiente:
aquí no quiero más que los ojos redondos
para ver ese cuerpo sin posible descanso.

Yo quiero ver aquí los hombres de voz dura.
Los que doman caballos y dominan los ríos:
los hombres que les suena el esqueleto y cantan
con una boca llena de sol y pedernales.

Aquí quiero yo verlos. Delante de la piedra.
Delante de este cuerpo con las riendas
                 [quebradas.
Yo quiero que me enseñen dónde está la salida
para este capitán atado por la muerte.

Yo quiero que me enseñen un llanto como un
                 [río
que tenga dulces nieblas y profundas orillas,
para llevar el cuerpo de Ignacio y que se pierda
sin escuchar el doble resuello de los toros.

Que se pierda en la plaza redonda de la luna
que finge cuando niña doliente res inmóvil;
que se pierda en la noche sin canto de los peces
y en la maleza blanca del humo congelado.

No quiero que le tapen la cara con pañuelos
para que se acostumbre con la muerte que lleva.
Véte, Ignacio: No sientas el caliente bramido.
Duerme, vuela, reposa: ¡También se
                 [muere el mar!

IV

ALMA AUSENTE

No te conoce el toro ni la higuera,
ni caballos ni hormigas de tu casa.
No te conoce el niño ni la tarde
porque te has muerto para siempre.

No te conoce el lomo de la piedra,
ni el raso negro donde te destrozas.
No te conoce tu recuerdo mudo
porque te has muerto para siempre.

El otoño vendrá con caracolas,
uva de niebla y montes agrupados,[82]
pero nadie querrá mirar tus ojos
porque te has muerto para siempre.

Porque te has muerto para siempre,
como todos los muertos de la Tierra,
como todos los muertos que se olvidan
en un montón de perros apagados.[83]

No te conoce nadie. No. Pero yo te canto.
Yo canto para luego tu perfil y tu gracia.[84]
La madurez insigne de tu conocimiento.
Tu apetencia de muerte y el gusto de su boca.
La tristeza que tuvo tu valiente alegría.

Tardará mucho tiempo en nacer, si es que
                 [nace,
un andaluz tan claro, tan rico de aventura.
Yo canto su elegancia con palabras que gimen,
y recuerdo una brisa triste por los olivos.

Jorge Guillén, b. 1893 (pp. 383–85)

Since Jorge Guillén is so closely identified
with *poesía pura*, it is necessary to examine
that movement in Spain briefly. As early
as 1925 Antonio Machado commented on
poesía pura and said: "La poesía pura podrá
existir pero yo no la conozco." Fernando Vela,
the following year, wrote what is possibly
its Spanish manifesto, basing his remarks
on lectures by the Frenchmen, Valéry and
Brémond. Valéry was the inventor of the term
and author of a book entitled *Poésie pure*.
Vela claimed that the "poema puro es el que
sensibiliza una idea poética en su forma
abstracta. Poesía pura — es decir, estado puro
de poesía — es la representación de esas
formas en nuestro espíritu. La calidad 'poética'
se decide y manifiesta, no en la idea misma, en
la idea en sí, sino en la emoción refleja que
despierta en nosotros . . . Poesía pura quiere
decir depurada. Y depurar es 'purificar' o sea
aislar el cuerpo esencial del producto, de los
adheridos y materias ajenas. Y es también
'apurar' la línea viva hasta lograr su expresión
absoluta y única." Brémond felt that pure or
ineffable poetry had nothing to do with the
intellect which he thought created impure
elements. For Valéry, on the contrary, the
intelligence was all important. Vela called for
letters on the subject, and Guillén, who an-
swered him at length, rejected Brémond's
theory, defending Valéry's concept and
repeating what the latter had told him:
"Poesía pura es todo lo que permanece en el
poema después de haber eliminado todo lo
que no es poesía. Pura es igual a simple,
químicamente." E. Diez Canedo, making his
contribution to the discussion, although not
in response to Vela, claimed that "lo que no es

---

82 El otoño . . . agrupados — Fall will come with
snails, fog, and clustered mountains.
83 perros apagados — muted dogs.

84 Yo canto . . . gracia — I sing for later years of your
profile and grace.

'puro' en la poesía, será tal vez aquello que pasa de moda, que envejece."

Jorge Guillén started publishing his poetry about 1920 in literary reviews, among them *Litoral, Carmen,* and *Revista de Occidente.* The latter published the first edition of *Cántico,* Guillén's major work, in 1928. In 1936 *Cruz y Raya* reprinted it with fifty added poems to make a total of 125. The third edition, subtitled *Fe de vida* and containing some 270 poems, appeared under the imprint of Editorial Litoral in Mexico in 1945. His fourth edition, containing 332 poems, was published by the Editorial Sudamericana in 1950. *Cántico,* by definition, means a song of praise, a paean to life and the world around one. To express his ecstatic pleasure in being alive, Guillén uses the present tense and many elliptical outbursts. He insisted that his work showed "la confianza en el orden material de la creación." For the most part he depends on the world, but occasionally, especially in the last edition and in his later longer poems, he forgets his optimism as he views the twentieth century world, for perhaps, he concludes, "este mundo del hombre está mal hecho." His later works include: *Breve antología,* 1956; *Luzbel desconcertado,* 1956; *Lugar de Lázaro,* 1957; *Maremagnum,* 1957; *Viviendo y otros poemas,* 1958; *Que van a dar en la mar,* 1960; and *Tréboles,* 1964.

Guillén uses varied meters, but he is fond of assonance and prefers short lines. The *décima,* for example, helps him express in simple form his ecstasy before nature in a complex balance of rhythm, thought and feeling. He lives for the moment, as he feels a profound joy and happiness at existing in an exaltation of being in his world of harmony, beauty, and perfection. Alberto Monterde said of his poetry: "cada uno de sus poemas es una instantánea cerebral, la aprehensión por la mente de un momento . . ." Thus, the longer poems interest Guillén less, for he seeks inspiration in the momentary exposure to joy or light of any number of everyday phenomena.

Perhaps the most classical and intellectual of the poets of his generation, he has been called "poeta enjuto y árido." In his rational composition, he considers each element of the poem — meter, cadence, rhythm, and especially words — as separate building bricks or values to be combined as the notes in a musical scale are clearly and precisely combined to form unity and harmony. Pedro Salinas called his poetry, "poesía sometida a la palabra, y palabra entendida en un sentido exclusiva-

mente poético." Nevertheless, Dámaso Alonso views him as superficially cold but passionate at heart. For him formal beauty is simply one aspect of Guillén's work, for he feels that the latter "no sólo parte casi siempre de sensaciones muy primarias, sino que las presenta, las sitúa ante el lector de modo que resalten como muy primariamente elementales." Joaquín Casalduero concurs and calls "Salvación de la Primavera," one of the poems in the second edition of *Cántico,* "uno de los grandes cantos de amor de la poesía española." Nevertheless, while it is true that from time to time Guillén conveys feeling rather than simple pictorial images, his poetry of impressions, sensations, suspense, and climax, though reflecting his love of the world, appears to lack soul and the hidden meanings which many seek there.

Guillén admired the poetry of Góngora. According to F. A. Pleak, Guillén learned from Góngora to avoid direct reality by transforming it into metaphor. Guillén's metaphors, however, are the substantive reality of the poet in the moment of his artistic perception. His metaphors do not name the obvious reality but suggest another indefinite and personal one. Both poets sought perfection as an ideal and were, thus, indifferent to popular demands.

J. M. Blecua feels that animism, a tendency to attribute qualities and actions of live beings to inanimate objects, is one of the outstanding features of Guillén's works. Like Lorca, Guillén seems to feel that the material universe, for all its perfection, is continually being transformed. His apparently simple poetry is deceptive, as the poet examines the world from many perspectives, alternating in a constant interplay concepts and direct visions and experience of the surrounding universe.

Eugenio Frutos and Luis Felipe Vivanco see existential themes in his works, and one must agree that his latest poetry is more humanized. *Clamor,* his second major work, now in three parts, *Maremagnum,* 1957, *Que van a dar en la mar,* 1960, and *A la altura de las circunstancias,* 1963, reflects more concern for time and history than faith in life. *Maremagnum,* which is a collection or miscellany, includes *Luzbel desconcertado* originally written in 1954, and sees a threat to the harmony of the universe and the need for renewal. Our being, Guillén says, is in flux, and we need the hope of a tomorrow to protect ourselves against our innate depravity. The poet still exalts life, love and joy, but he is more restrained. *Que van a dar en la mar* reveals a man who senses the end approaching, one who, while he has experienced and enjoyed intensely, sees that his future has narrowed down before the relentless onslaught of time, a time which obsesses the poet as it diminishes in quantity. The poet now despairs, for, though he shows courage in his sincere desire to enjoy what life has left for him, he realizes, "¡Qué lejos ayer de hoy!" The clamor of the world cannot be denied, and he finally realizes his identity with humanity. *Homenaje*, his third major collection, has not yet been published in its complete form.

Advenimiento[1]

¡Oh luna!　　¡Cuánto abril!
¡Qué vasto y dulce el aire!
Todo lo que perdí
volverá con las aves.

Sí, con las avecillas
que en coro de alborada
pían y pían, pían
sin designio de gracia.

La luna está muy cerca,
quieta en el aire nuestro.
El que yo fuí me espera
bajo mis pensamientos.

Cantará el ruiseñor
en la cima del ansia.
¡Arrebol, arrebol[2]
entre el cielo y las auras![3]

¿Y se perdió aquel tiempo
que yo perdí?　　La mano
dispone, dios ligero,
de esta luna sin año.[4]

Naturaleza viva[5]

¡Tablero de la mesa
que, tan exactamente
raso nivel,[6] mantiene
resuelto en una idea

su plano:　　puro, sabio,
mental para los ojos
mentales!　　Un aplomo,
mientras, requiere al tacto,

que palpa y reconoce
cómo el plano gravita
con pesadumbre rica
de leña, tronco, bosque

de nogal.　　¡El nogal
confiado a sus nudos
y vetas, a su mucho
tiempo de potestad

reconcentrada en este
vigor inmóvil, hecho
materia de tablero
siempre, siempre silvestre!

Cima de la delicia

¡Cima de la delicia!
Todo en el aire es pájaro.
Se cierne lo inmediato
resuelto en lejanía.

¡Hueste de esbeltas fuerzas!
¡Qué alacridad de mozo
en el espacio airoso,
henchido de presencia!

El mundo tiene cándida
profundidad de espejo.
Las más claras distancias
sueñan lo verdadero.

¡Dulzura de los años
irreparables!　　¡Bodas
tardías, con la historia
que desamé a diario!

¡Más, todavía más!
Hacia el sol, en volandas,
la plenitud se escapa.
¡Ya sólo sé cantar!

Los nombres

Albor.[7]　　El horizonte
entreabre sus pestañas,
y empieza a ver. ¿Qué? Nombres.
Están sobre la pátina

de las cosas.　　La rosa
se llama todavía
hoy rosa, y la memoria
de su tránsito, prisa.

---

1 advenimiento — arrival, advent.
2 arrebol — red clouds.
3 auras — breezes.
4 This poem and all succeeding selections are from *Cántico*, which Ricardo Morales called "la obra de mayor unidad lírica que existe en la literatura española contemporánea."

5 Even a board made of walnut, now part of a table, reflects the power and life of the tree and the everlasting quality of life.
6 raso nivel — smooth and flat.
7 Dawn and awakening are two of Guillén's favorite themes. They, of course, represent life.

¡Prisa de vivir más!
¡A largo amor nos alce
esa pujanza agraz[8]
del Instante, tan ágil

que en llegando a su meta
corre a imponer   después!
¡Alerta, alerta, alerta!
¡Yo seré, yo seré!

¿Y las rosas?...   Pestañas
cerradas: horizonte
final.   ¿Acaso nada?
Pero quedan los nombres.[9]

Beato sillón[10]

¡Beato sillón!   La casa
corrobora su presencia
con la vaga intermitencia
de su invocación en masa
a la memoria.   No pasa
nada.   Los ojos no ven,
saben.   El mundo está bien
hecho.   El instante lo exalta
a marea, de tan alta,
de tan alta, sin vaivén.

Perfección[11]

Queda curvo el firmamento,
compacto azul, sobre el día.
Es el redondeamiento
del esplendor: mediodía.
Todo es cúpula.   Reposa,
central sin querer, la rosa,
a un sol en cenit sujeta.
Y tanto se da el presente
que el pie caminante siente
la integridad del planeta.

Noche encendida

Tiempo, ¿prefieres la noche encendida?
¡Qué lentitud, soledad, en tu colmo!
Bien, radiador, ruiseñor del invierno.[12]
¿La claridad de la lámpara es breve?
Cerré las puertas.   El mundo me ciñe.

Esos cerros[13]

¿Pureza, soledad?   Allí.   Son grises.
Grises intactos que ni el pie perdido
sorprendió, soberanamente leves.
Grises junto a la Nada, melancólica,
bella, que el aire acoge como un alma,

visible de tan fiel a un fin: la espera.
— ¡Ser, ser, y aun más remota, para el humo,
para los ojos de los más absortos,
una Nada amparada: gris intacto
sobre tierna aridez, gris de esos cerros!

Nivel del mar

La salida.

¡Salir por fin, salir
a glorias, a rocíos,
(certera ya la espera,
ya fatales los ímpetus)
resbalar sobre el fresco
dorado del estío
— ¡gracias! — hasta oponer
a las ondas el tino
gozoso de los músculos
súbitos del instinto,
lanzar, lanzar sin miedo
los lujos y los gritos
a través de la aurora
central de un paraíso,
ahogarse en plenitud
y renacer clarísimo,
(rachas de espacios vírgenes,
acordes inauditos)
feliz, veloz, astral,
ligero y sin amigo!

Río

¡Qué serena va el agua!
Silencios unifica.
Espadas de cristal
a la deriva esquivan
— lenta espera — sus filos.
El mar las necesita.
Pero un frescor errante
por el río extravía
voces enamoradas.
Piden, juran, recitan.
¡Pulso de la corriente!
¡cómo late: delira!
Bajo las aguas cielos
íntimos se deslizan.
La corola[14] del aire
profundo se ilumina.
Van más enamoradas
las voces.   Van, ansían.
Yo quisiera, quisiera...
Todo el río suspira.

Cantico

8 pujanza agraz — unseasonable strength.
9 This resembles one of Jiménez' poems which stresses
that in naming an object one possesses it in a sense;
thus it exists.
10 An armchair, reflecting the peace and tranquility of
the moment and the past, brings happiness, as does the
simple joy of sitting down.

11 In this *décima* Guillén's world of symmetry and
beauty is perfection itself.
12 The radiator in winter makes a noise which reminds
the poet of a nightingale.
13 This poem is a study in grey solitudes which stretch
to oblivion.
14 corola — crown.

El acorde

I

La mañana ha cumplido su promesa.
Árboles, muros, céspedes, esquinas,
Todo está ya queriendo ser la presa
Que nos descubra su filón: hay minas.

Rumor de transeúntes, de carruajes,
Esa mujer que aporta su hermosura,
Niños, un albañil, anuncios: viajes
Posibles... Algo al aire se inaugura

Libre y con paz, nuestra salud dedica
Su involuntario temple a este momento
— Cualquiera — de una calle así tan rica
Del equilibrio entre el pulmón y el viento.

Historia bajo el sol ocurre apenas.
Ocurre que este viento respiramos
A compás de la sangre en nuestras venas.
Es lo justo y nos basta. Sobran ramos.

Modestamente simple con misterio
— Nada resuena en él que no se asorde —,
Elemental, robusto, sabio, serio,
Nos ajusta al contorno el gran acorde:

Estar y proseguir entre los rayos
De tantas fuerzas de la amparadora
Conjunción, favorable a más ensayos
Hacia más vida, más allá de ahora.

No hay gozo en el acorde ni se siente
Como un hecho distinto de la escueta
Continuación de neustro ser viviente:
Gracia inmediata en curso de planeta.

II

Acorde primordial. Y sin embargo,
Sucede, nos sucede... Lo sabemos
El día fosco llega a ser amargo,
Al buen remero se le van los remos,

Y el dolor, por asalto, con abuso,
Nos somete a siniestro poderío,
Que desgobierna al fin un orbe obtuso
De hiel, de rebelión, de mal impío,

Origen de la náusea con ira,
Ira creciente. Polvo de una arena
Cegadora nos cubre, nos aspira.
Y la mañana duele, no se estrena.

Surge el ceño del odio y nos dispara
Con su azufre tan vil un arrebato
Destructor de sí mismo, de esa cara
Que dice: más a mí yo me combato

Turbas, turbas... Y el mal se profundiza,
Nos lo profundizamos, sombra agrega
De claroscuro a grises de ceniza,
Alza mansión con pútrida bodega.

¿Es venenoso el mundo?   ¿Quién, culpable?
¿Culpa nuestra la Culpa?   Tan humana,
Del hombre es quien procede aún sin cable
De tentador, sin pérfida manzana.

Entre los males y los bienes, libre,
Carga Adán, bien nacido, con su peso
— Con su amor y su error — de tal calibre
Que le deja más claro o más obseso.

Sin cesar escogiendo nuestra senda
— Mejor, peor, según, posible todo —
Necesitamos que se nos entienda:
Nuestro vivir es nuestro, sol por lodo.

Y se consuma el hombre todo humano.
Rabia, terror, humillación, conquista.
Se convence al hostil pistola en mano.
Al sediento más sed: que la resista.

Escuchad. Ya no hay coros de gemidos.
Al cómitre de antigua o nueva tralla[15]
No le soportan ya los malheridos.
Y con su lumbre la erupción estalla.

Una chispa en un brinco se atraviesa
Desbaratando máquina y cortejo.
Mugen toros. El mundo es su dehesa.
Más justicia, desorden, caos viejo.

III

Pero el caos se cansa, torpe, flojo,
Las formas desenvuelven su dibujo,
Acomete el amor con más arrojo.
Equilibrada la salud. No es lujo.

La vida, más feroz que toda muerte,
Continúa agarrándose a estos arcos
Entre pulmón y atmósfera. Lo inerte
Vive bajo los cielos menos zarcos.[16]

Si titubea tu esperanza, corta,
Y tus nervios acrecen la maraña
De calles y de tráfagos, no importa.
El acorde a sí mismo no se engaña.

Y cuando más la depresión te oprima,
Y más condenes tu existencia triste,
El gran acorde mantendrá en tu cima
Propia luz esencial: así te asiste.

Con el sol nuestro enlace se renueva.
Robustece el gentío a su mañana.
Esa mujer es inmortal, es Eva.
La Creación en torno se devana.

15 Al cómitre de antigua o nueva tralla — the galley
boatswain with old or new lash.

16 zarcos — light-blue.

Cierto, las horas de caricia amante,
Y mientras nos serena su rosario,
Trazan por las arrugas del semblante
Caminos hacia el Fin, ay, necesario.

Nuestra muerte vendrá, la viviremos.
Pero entonces, no ahora, buen minuto
Que no infectan los débiles extremos.
Es todavía pronto para el luto.

Al manantial de creación constante
No lo estancan fracaso ni agonía.
Es más fuerte el impulso de levante,
Triunfador con rigores de armonía.

Hacia el silencio del astral concierto
El músico dirige la concreta
Plenitud del acorde, nunca muerto,
De todo realidad, principo y meta.

Clamor

Soy mortal

El piso era una pista,
Los coches eran cuerpos tan seguros
Como estrellas por órbitas,
La mañana era el éter.
Obedecía el mundo a los volantes,
Que desplegaban o que recogían
Tantas rápidas curvas,
Algunos casi quiebros.
Y de repente. . .   ¡No!

Entonces un abismo
— Abismo de segundos —
Nos salvó. Finamente
Quedamos en la orilla espeluznante,
Y el choque, tan posible,
No llegó a ser suceso.
Un quid:
Durante dos segundos se afrontaron
Nuestra vida arrojada a predominio
Veloz,
A veloz porvenir, y nuestra muerte.

Aquella imagen, sólo aquella imagen,
Torpe boceto apenas ideado,
Me sumió en un terror que me retuvo
Muy dentro de mi propio calabozo:
Este vivir — mortal.

Entre los días y su desenlace
Oscuro de ataúd
No hay congruencia próxima.
A la larga a aparece
— Trazando un acro siempre necesario
Desde el hoy con su afán hacia el remoto
Futuro —
Mi deber de morir,
Acorde al gran concierto ineludible,
Y tras mi frente aguarda sin protesta.

Pero el paso real, sin duda brusco,
La agonía, realísima invasora. . .
¡Mal "trago", don Rodrigo,
Don Jorge!

Pude yacer allí, quizá deshecho.
Accidente común:
Curiosos, policía, la ambulancia.
Informe ya une forma,
Tan ajena a un aliento que fue espíritu.

¿Aquel soplo, mi soplo,
Se habría remontado
Libre de la catástrofe hacia el sol?
¿Mi ser, mi ser más mío,
Persistiría, trunco?
¿Aquel fuego ardería sin materia,
Pura llama en un aire ya sin aire?
¿Yo no soy mi unidad de carne y hueso
Con alma, con palabra?

Imagino otra faz de la aventura:
Colapso.
Difícil, lento, lento recobrarse. . .
Pero en contra de muerte, ¿mariposa
Súbitamente así recuperada,
Volado habría yo?
¿Yo, polvo sobre el polvo de una tierra?

Soy más pobre que Lázaro.
Ignorancia es más fuerte que esperanza.
Hombre humilde y perdido,
Yo no sé ni esperar ante ese polvo.
Pero heme aquí, por vocación dispuesto
Siempre a la maravilla.

Heme aquí, cuerpo y alma,
Maravillosamente sólo un ser
Indivisible — mientras voy viviendo,
Y soy yo todavía
Pese a las amenazas del azar,
Por las ciudades y los descampados
Azar salteador,
Escandaloso a ciegas,

Impío.

Entre el azar y el mundo,
Mundo nuestro por fin,
Flexible, manejable,
A caballo en el filo fragilísimo,
He de ser y vivir sobreviviendo,
Cerniéndome
Sobre las asechanzas
Sin clave, sin propósito,
Innúmeras:
Filtraciones de caos
Sin cesar renaciente,
Vil proliferación de una tiniebla
Surgida

Contra la luz en medio de las luces.
Condenado me siento aunque sin átomo
Todavía de muerte,
Y triunfante minuto por minuto,
De pie sobre un planeta que subsiste,
Lóbrego a trompicones, peligroso,
Y junto a los peligros
Me alberga: Creación,
Suprema Creación dominadora,
Pese al azar estólido,
A las suertes sin norte,
Creación donde es justo
Que algún día termine
Mi ser: une centella. Soy mortal.

Que van a dar en la mar

Vicente Aleixandre, b. 1898 (pp. 393–94)

In 1917 Vicente Aleixandre was spending the summer in a little town south of Ávila. There he met Dámaso Alonso who gave him an anthology of Rubén Darío's poetry. Once he had started reading literature, Aleixandre discovered first Antonio Machado and Juan Ramón Jiménez, and later Bécquer, San Juan de la Cruz, and Góngora. Aleixandre himself says: "Aunque Darío fué el revelador de mi ser, mis primeros versos unos meses después no fueron ya rubenianos. Machado el primero y Juan Ramón poco después fueron las grandes sombras que, como en otros muchachos de mi generación, velaron sobre mis primeros versos juveniles." In his later works Aleixandre reveals similarities with Guillén and Alberti and a knowledge of and love for the German romantics whom he had read in French translation.

Aleixandre published his first poetry in *Revista de Occidente* and later in *Litoral* and other literary reviews. His volumes of poetry include: *Ámbito*, written in 1926; *Pasión de la tierra*, written in 1928 and 1929 but not published until 1935; *Espadas como labios*, published in 1932; and *La destrucción o el amor*, published in 1935. *Mundo a solas*, *Sombra del paraíso*, *Nacimiento último*, *Historia del corazón*, and *En un vasto dominio*, 1962, are other collections of his poetry.

Aleixandre is an extremely individual poet with a personal and original style. He makes intense use of symbols such as the sea and the forest, and metaphors which convey a feeling rather than a logical sequence. A master of free verse and internal monologues, he adapts contrasting elements, combining the real and the unreal and using a variety of interrelated and dependent images to give force to his verse. He sometimes employs special techniques such as repeated negatives and words.

Often called a Neo-Romantic, Aleixandre is interested in nature and the elemental forces of primitive life. He opposes the specter of the city to the forceful life of nature, much as he contrasts and identifies death with love in his poetry. For Aleixandre nature is the real life, the instinctive life, into which man introduced a divisive note. The animal kingdom abounds in his poetry. He identifies constantly with nature and inanimate objects, for these elemental particles of the world are the only reality. Through sensuality the physical may become spiritual. The substance of all things is one, and the universal constants are love and death, for life is but a fleeting thing. In these comparisons the animal world is deemed superior to the human one and yet identified with it. Dámaso Alonso calls him a "místico panteísta," and Domenchina feels he writes "biological poetry." Aleixandre seeks oneness with all life, but combined with this pantheism and his love-death relationships is a voluptuous, sensual, and passionate imagery which often borders on the neurotic. The poet described his own poetry as a "clarividente fusión del hombre con lo creado, con lo que acaso no tiene nombre."

At times Aleixandre is completely surrealistic, as he explores the unconscious mind. Although he did not believe in what he called "lo estrictamente onírico, . . . la escritura automática, . . . la abolición de la conciencia creadora," he evinces in some of his poems a complete dependence on Freudian symbols in his explorations into the poetic unconscious. Bousoño sees a dichotomy between *Historia del corazón* and his earlier poetry, but the themes are similar. In his later works Aleixandre becomes more and more preoccupied with the role of man in the universe as opposed to his previous interest in the inanimate or animal world. Love and death exist in a new dimension, for love for one's fellow man is created through the recognition of the inevitable death of all. While from time to time he concentrates on lost happiness, the anguish of life, the sense that man is a fleeting creature in a world of death, a being lost in a universe to which he has surrendered his identity, he tempers his despair by a note of resignation as he considers the ethical and moral implications of being a man. Along with his contemporaries he seeks, at times, a return to the days of his lost youth.

Posesión[1]

Negros de sombra.   Caudales
de lentitud.   Impaciente
se esfuerza en armar la luna
sobre la sombra sus puentes.

(¿De plata?   Son levadizos
cuando, bizarro, de frente,
de sus puertos despegado
cruzar el día se siente.)

Ahora los rayos desgarran
la sombra espesa.   Reciente,
todo el paisaje se muestra
abierto y mudo, evidente.

Húmedos pinceles tocan
las superficies, se mueven
ágiles, brillantes, tersos
brotan a flor los relieves.

Extendido ya el paisaje
está.   Su mantel no breve
flores y frutos de noche,
en dulce peso, sostiene.

La noche madura toda
gravita sobre la nieve
hilada.   ¿Qué zumos densos
dará en mi mano caliente?

Su pompa rompe la cárcel
precisa, y la pulpa ardiente,
constelada de pepitas
iluminadas, se vierte.

Mis rojos labios la sorben.
Hundo en su yema mis dientes.
Toda mi boca se llena
de amor, de fuegos presentes.

Ebrio de luces, de noche,
de brillos, mi cuerpo extiende
sus miembros,   ¿pisando estrellas?,
temblor pisando celeste.

La noche en mí.   Yo la noche.
Mis ojos ardiendo.   Tenue,
sobre mi lengua naciendo
un sabor a alba creciente.

Ámbito, 1924–27

La selva y el mar

Allá por las remotas
luces o aceros aún no usados,
tigres del tamaño del odio,
leones como un corazón hirsuto,
sangre como la tristeza aplacada,
se baten con la hiena amarilla que toma la forma del poniente insaciable.[2]

Oh la blancura súbita,
las ojeras violáceas de unos ojos marchitos,
cuando las fieras muestran sus espadas o dientes
como latidos de un corazón que casi todo lo ignora,
menos el amor,
al descubierto en los cuellos allá donde la arteria golpea,
donde[3] no se sabe si es el amor o el odio
lo que reluce en los blancos colmillos.[4]

Acariciar la fosca melena
mientras se siente la poderosa garra en la tierra,
mientras las raíces de los árboles, temblorosas,
sienten las uñas profundas
como un amor que así invade.[5]

1 In this poem Aleixandre stresses his identification with nature. His love object here is the night which he seeks to possess as a lover and to fuse with as it partakes of love. This loving solidarity converts the poet into an elemental fragment of nature, in this case night itself. Part of this collection was written during Aleixandre's long illness and convalescence (1925–27). For Max Aub "La vida enfermiza de Vicente Aleixandre marca indeleblemente sus poesías, cantos desesperados de amor insatisfecho."
2 Aleixandre contrasts the stars and meteors with the setting sun. Again one sees the fusion of objects and animals. Aleixandre frequently employs heavenly bodies as symbols in his poetry.
3 donde — and.

4 Aleixandre substitutes unreal for real images to convey to us what reality is for him. "The beasts show their swords or teeth like the beating of a heart," etc., creates a vision of nature which may or may not be receptive to the blandishments of man.
5 Aleixandre here uses his favorite theme of animals as the elemental force of nature where love and death are interchangeable. The animals represent elemental forces of fantasy which threaten the human ego. The attacks represent also a form of love, but the implied sexual force may also show a passive masochistic gratification. To wish to be eaten by menacing animals may reflect a death fantasy. Aleixandre's ambivalent attitude reveals once more the fusion of the eros-thanatos instincts.

Mirar esos ojos que sólo de noche fulgen,
donde todavía un cervatillo ya devorado
luce su diminuta imagen de oro nocturno,
un adiós que centellea de póstuma ternura.

El tigre, el león cazador, el elefante que en sus colmillos lleva algún suave collar,
la cobra que se parece al amor más ardiente,
el águila que acaricia a la roca como los sesos duros,
el pequeño escorpión que con sus pinzas sólo aspira a oprimir un instante la vida,
la menguada presencia de un cuerpo de hombre que jamás podrá ser confundido con una selva,[6]
ese piso feliz por el que viborillas perspicaces hacen su nido en la axila del musgo,
mientras la pulcra coccinela[7]
se evade de una hoja de magnolia sedosa . . .
Todo suena cuando el rumor del bosque siempre virgen
se levanta como dos alas de oro,
élitros,[8] bronce o caracol rotundo,
frente a un mar que jamás confundirá sus espumas con las ramillas tiernas

La espera sosegada,
esa esperanza siempre verde,
pájaro, paraíso, fasto de plumas no tocadas,
inventa los ramajes más altos,
donde los colmillos de música,
donde las garras poderosas, el amor que se clava,
la sangre ardiente que brota de la herida,
no alcanzará, por más que el surtidor se prolongue,
por más que los pechos entreabiertos en tierra
proyecten su dolor o su avidez a los cielos azules.[9]

Pájaro de la dicha,
azul pájaro o pluma,
sobre un sordo rumor de fieras solitarias,
del amor o castigo contra los troncos estériles,
frente al mar remotísimo que como la luz se retira.

La destrucción o el amor, 1932–33

Unidad en ella[10]

Cuerpo feliz que fluye entre mis manos,
rostro amado donde contemplo el mundo,
donde graciosos pájaros se copian fugitivos,
volando a la región donde nada se olvida.

Tu forma externa, diamante o rubí duro,
brillo de un sol que entre mis manos deslumbra,
cráter que me convoca con su música íntima,
con esa indescifrable llamada de tus dientes.

Muero porque me arrojo, porque quiero morir,
porque quiero vivir en el fuego, porque este aire de fuera
no es mío, sino el caliente aliento
que si me acerco quema y dora mis labios desde un fondo.

6 Aleixandre scorns man and man's works and deems animals superior.
7 coccinela — member of coccinelido, order of coleoptera, beetles, etc.
8 élitro — elytrum or shard of a beetle.
9 In Aleixandre's inverse hierarchy the vegetable kingdom triumphs over the animal one, as animals triumph over man. Thus the forest, viewed as virginal and untouched by the impregnating sea, cannot be fertilized by the longed for and yet feared powerful animal forces.
10 In this poem Aleixandre suggests that human love, his own love for nature, and the erotic force of nature are all fragments of the same unity.

Deja, deja que mire, teñido del amor,
enrojecido el rostro por tu purpúrea vida,
deja que mire el hondo clamor de tus entrañas
donde muero y renuncio a vivir para siempre.

Quiero amor o la muerte, quiero morir del todo,
quiero ser tú, tu sangre, esa lava rugiente
que regando encerrada bellos miembros extremos
siente así los hermosos límites de la vida.[11]

Este beso en tus labios como una lenta espina,
como un mar que voló hecho un espejo,
como el brillo de un ala,
es todavía unas manos, un repasar de tu crujiente pelo,
un crepitar de la luz vengadora,
luz o espada mortal que sobre mi cuello amenaza,
pero que nunca podrá destruir la unidad de este mundo.[12]

La destrucción o el amor, 1932–33

Ven siempre, ven[13]

No te acerques.   Tu frente, tu ardiente frente, tu encendida frente,
las huellas de unos besos,
ese resplandor que aun de día se siente si te acercas,
ese resplandor contagioso que me queda en las manos,
ese[14] río luminoso en que hundo mis brazos,
en el que casi no me atrevo a beber, por temor después a ya una dura vida de lucero.

No quiero que vivas en mí como vive la luz,
con ese ya aislamiento de estrella que se une con su luz,
a quien el amor se niega a través del espacio
duro y azul que separa y no une,
donde cada lucero inaccesible
es una soledad que, gemebunda, envía su tristeza.

La soledad destella en el mundo sin amor.
La vida es una vívida corteza,
una rugosa piel inmóvil
donde el hombre no puede encontrar su descanso,
por más que aplique su sueño contra un astro apagado.

Pero tú no te acerques.   Tu frente destellante, carbón encendido que me arrebata a
duelo fulgúreo en que de pronto siento la tentación de morir,   [la propia conciencia,
de quemarme los labios con tu roce indeleble,
de sentir mi carne deshacerse contra tu diamante abrasador.

No te acerques, porque tu beso se prolonga como el choque imposible de las estrellas,[15]
como el espacio que súbitamente se incendia,
éter propagador donde la destrucción de los mundos
es un único corazón que totalmente se abrasa.

---

11 Bousoño feels that the repetitive use of the letter "r" imparts a feeling of power.

12 In addition to his normal love-death equation, Aleixandre here reveals his poetic pantheism. Aleixandre, at times, is deliberately obscure and vague, and the reader must not seek exact meanings in his nebulous poetry.

13 In this erotic poem the poet is struck by the thought of shining kisses and by the idea that if he drank at that shining fountain, he would have the life of a star, a star without love. He feels, nevertheless, the temptation to fuse with the loved object which brings love and death. *La destrucción o el amor* involves orgiastic Dionysian efforts to recreate reality through imagery in a struggle with Apollonian tendencies to control the subconscious world of fantasy.

14 Aleixandre's repetition of the word *ese* with almost punishing intensity is a characteristic of much of his poetry.

15 Here Aleixandre identifies man with cosmic forces. The star comparison is one of his favorite images.

Ven, ven, ven como el carbón extinto oscuro que encierra una muerte;
ven como la noche ciega que me acerca su rostro;
ven como los dos labios marcados por el rojo,
por esa línea larga que funde los metales.

Ven, ven, amor mío; ven, hermética frente, redondez casi rodante
que luces como una órbita que va a morir en mis brazos;
ven como dos ojos o dos profundas soledades,
dos imperiosas llamadas de una hondura que no conozco.

¡Ven, ven, muerte, amor; ven pronto, te destruyo;
ven, que quiero matar o amar o morir o darte todo;
ven, que ruedas como liviana piedra,
confundida como una luna que me pide mis rayos!

La destrucción o el amor, 1932–33

Se querían

Se querían.
Sufrían por la luz, labios azules en la madrugada,
labios saliendo de la noche dura,
labios partidos, sangre, ¿sangre dónde?
Se querían en un lecho navío, mitad noche, mitad luz.

Se querían como las flores a las espinas hondas,
a esa amorosa gema del amarillo nuevo,
cuando los rostros giran melancólicamente,
giralunas[16] que brillan recibiendo aquel beso.

Se querían de noche, cuando los perros hondos
laten bajo la tierra y los valles se estiran
como lomos arcaicos que se sienten repasados:
caricia, seda, mano, luna que llega y toca.

Se querían de amor entre la madrugada,
entre las duras piedras cerradas de la noche,
duras como los cuerpos helados por las horas,
duras como los besos de diente a diente sólo.

Se querían de día, playa que va creciendo,
ondas que por los pies acarician los muslos,
cuerpos que se levantan de la tierra y flotando . . .
Se querían de día, sobre el mar, bajo el cielo.

Mediodía perfecto, se querían tan íntimos,
mar altísimo y joven, intimidad extensa,
soledad de lo vivo, horizontes remotos
ligados como cuerpos en soledad cantando.

Amando.   Se querían como la luna lúcida,
como ese mar redondo que se aplica a ese rostro,
dulce eclipse de agua, mejilla oscurecida,
donde los peces rojos van y vienen sin música.

Día, noche, ponientes, madrugadas, espacios,
ondas nuevas, antiguas, fugitivas, perpetuas,
mar o tierra, navío, lecho, pluma, cristal,
metal, música, labio, silencio, vegetal,
mundo, quietud, su forma.   Se querían, sabedlo.

La destrucción o el amor, 1932–33

---

16 giralunas — moonflowers (a play upon the word *girasol* — sunflower).

La muerte[17]

¡Ah!   Eres tú, eres tú, eterno nombre sin fecha,
bravía lucha del mar con la sed,
cantil todo de agua que amenazas hundirte
sobre mi forma lisa, lámina sin recuerdo.

Eres tú, sombra del mar poderoso,
genial rencor verde donde todos los peces son como piedras por el aire,
abatimiento o pesadumbre que amenazas mi vida
como un amor que con la muerte acaba.

Mátame si tú quieres, mar de plomo impiadoso,
gota inmensa que contiene la tierra,
fuego destructor de mi vida sin numen
aquí en la playa donde la luz se arrastra.

Mátame como si un puñal, un sol dorado o lúcido,
una mirada buida[18] de un inviolable ojo,
un brazo prepotente en que la desnudez fuese el frío,
un relámpago que buscase mi pecho o su destino . . .

¡Ah, pronto, pronto; quiero morir frente a ti, mar,
frente a ti, mar vertical cuyas espumas tocan los cielos,
a ti cuyos celestes peces entre nubes
son como pájaros olvidados del hondo!

Vengan a mí tus espumas rompientes, cristalinas,
vengan los brazos verdes desplomándose,
venga la asfixia cuando el cuerpo se crispa
sumido bajo los labios negros que se derrumban.

Luzca el morado sol sobre la muerte uniforme.
Venga la muerte total en la playa que sostengo,
en esta terrena playa que en mi pecho gravita,
por la que unos pies ligeros parece que se escapan.

Quiero el color rosa o la vida,
quiero el rojo o su amarillo frenético,
quiero ese túnel donde el color se disuelve
en el negro falaz con que la muerte ríe en la boca.

Quiero besar el marfil de la mudez penúltima,
cuando el mar se retira apresurándose,
cuando sobre la arena quedan sólo unas conchas,
unas frías escamas de unos peces amándose.

Muerte como el puñado de arena,
como el agua que en el hoyo queda solitaria,
como la gaviota que en medio de la noche
tiene un color de sangre sobre el mar que no existe.

La destrucción o el amor, 1932–33

---

17 Aleixandre views death as the final surrender to the nature he loves, hence the final and greatest act of love. To become one with the world through death will insure his complete liberty. Eugenio de Nora said that in this poem "la muerte . . . toma forma de lucha con el mar, en el que finalmente el poeta se anega."
18 mirada buida — polished glance.

Mundo inhumano

Una mar.   Una luna.
Un vacío sin horas bajo un cielo volado.
Un clamor que se escapa desoyendo la sangre.
Una luz al poniente ligera como el aire.

Todo vuela sin términos camino del oriente,
camino de los aires veloces para el seno.
Allí donde no hay pájaros, pero ruedan las nubes
aleves como espuma de un total océano.

Allí, allí, entre las claras dichas
de ese azul ignorado de los hombres mortales,
bate un mar que no es sangre,
un agua que no es yunque,
un verde o desvarío
de lo que se alza al cabo con sus alas extensas.

Allí no existe el hombre.
Altas águilas rozan su límite inhumano.
Plumas tibias se escapan de unas garras vacías,
y un sol que bate solo lejanamente envía
unas ondas doradas, pero nunca a los pulsos.

La luz, el oro, el carmen de matices palpita.
Un ramo o fuego se alza como un brazo de rosas.
Una mano no existe, pero ciñera[19] el cielo
buscando ciegamente la turgencia rosada.

¡Inmensidad del aire!   No hay una voz que clama.
Profundidad sin noche donde la vida es vida.
Donde la muerte escapa como muerte finita,
con un puño clamando contra los secos muros.

¡No!
El hombre está muy lejos.   Alta pared de sangre.
El hombre grita sordo su corazón de bosque.
Su gotear de sangre, su pesada tristeza.
Cubierto por las telas de un cielo derrumbado
lejanamente el hombre contra un muro se seca.[20]

Mundo a solas, 1934–36

Nacimiento del amor[21]

¿Cómo nació el amor?   Fué ya en otoño.
Maduro el mundo,
no te aguardaba ya.   Llegaste alegre,
ligeramente rubia, resbalando en lo blando
del tiempo.   Y te miré.   ¡Qué hermosa
me pareciste aún, sonriente, vívida,

---

19 *ciñera* from *ceñir*.
20 Aleixandre's elemental creatures are superior to man. Furthermore man's civilizing influence damages nature and therefore is bad. Throughout his poetry Aleixandre's favorite images involve the sea. The sea may be death, life, sexual force, mother, or any variety of things. In this poem there beats a sea where man does not exist, and the poet must seek his identity in a hostile and indifferent world.
21 The poet, perhaps, experiences in the autumn of his life, an unexpected love, the last one he may know before death claims him. This new love makes him feel young and full of life once more. A common theme in his poetry is a wish for rebirth and his past innocence.

frente a la luna aún niña, prematura en la tarde,
sin luz, graciosa en aires dorados; como tú,
que llegabas sobre el azul, sin beso,
pero con dientes claros, con impaciente amor!

    Te miré.   La tristeza
se encogía a lo lejos, llena de paños largos,
como un poniente graso que sus ondas retira.
Casi una lluvia fina — ¡el cielo, azul! — mojaba
tu frente nueva.   ¡Amante, amante era el destino
de la luz!   Tan dorada te miré que los soles
apenas se atrevían a insistir, a encenderse
por ti, de ti, a darte siempre
su pasión luminosa, ronda tierna
de soles que giraban en torno a ti, astro dulce,
en torno a un cuerpo casi transparente, gozoso,
que empapa luces húmedas, finales, de la tarde
y vierte, todavía matinal, sus auroras.

    Eras tú, amor, destino, final amor luciente,
nacimiento penúltimo hacia la muerte acaso.
Pero no.   Tú asomaste.   ¿Eras ave, eras cuerpo,
alma sólo?   ¡Ah, tu carne traslúcida
besaba como dos alas tibias,
como el aire que mueve un pecho respirando,
y sentí tus palabras, tu perfume,
y en el alma profunda, clarividente
diste fondo.   Calado de ti hasta el tuétano de la luz,
sentí tristeza, tristeza del amor: amor es triste.
En mi alma nacía el día.   Brillando
estaba de ti; tu alma en mí estaba.
Sentí dentro, en mi boca, el sabor a la aurora.
Mis ojos dieron su dorada verdad.   Sentí a los pájaros
en mi frente piar, ensordeciendo
mi corazón.   Miré por dentro
los ramos, las cañadas luminosas, las alas variantes,
y un vuelo de plumajes de color, de encendidos
presentes me embriagó, mientras todo mi ser a un mediodía,
raudo,[22] loco, creciente se incendiaba
y mi sangre ruidosa se despeñaba en gozos
de amor, de luz, de plenitud, de espuma.

                              Sombra del paraíso, 1939–43

Último amor

    ¿Quién eres, dime?   ¿Amarga sombra
o imagen de la luz?   ¿Brilla en tus ojos
una espada nocturna,
cuchilla temerosa donde está mi destino,
o miro dulce en tu mirada el claro
azul del agua en las montañas puras,
lago feliz sin nubes en el seno
que un águila solar copia extendida?[23]

    ¿Quién eres, quién?   Te amé, te amé naciendo.
Para tu lumbre estoy, para ti vivo.

---

22 raudo — impetuous.
23 Aleixandre often identifies the loved object with nature symbols. The elemental nature of his loved one is thus expressed.

Miro tu frente sosegada, excelsa.
Abre tus ojos, dame, dame vida.
Sorba en su llama tenebrosa el sino
que me devora, el hambre de tus venas.
Sorba su fuego derretido y sufra,
sufra por ti, por tu carbón prendiéndome.
Sólo soy tuyo si en mis venas corre
tu lumbre sola, si en mis pulsos late
un ascua, otra ascua: sucesión de besos.
Amor, amor, tu ciega pesadumbre,
tu fulgurante gloria me destruye,
lucero solo, cuerpo inscrito arriba,
que ardiendo puro se consume a solas.

    Pero besarte, niña mía, ¿es muerte?
¿Es sólo muerte tu mirada?   ¿Es ángel?
O es una espada larga que me clava
contra los cielos, mientras fuljo[24] sangres
y acabo en luz, en titilante estrella?

    Niña de amor, tus rayos inocentes,
tu pelo terso, tus paganos brillos,
tu carne dulce que a mi lado vive,
no sé, no sé, no sabré nunca, nunca,
si es sólo amor, si es crimen, si es mi muerte.[25]

    Golfo sombrío, vórtice, te supe,
te supe siempre.   En lágrimas te beso,
paloma niña, cándida tibieza,
pluma feliz: tus ojos me aseguran
que el cielo sigue azul, que existe el agua,
y en tus labios la pura luz crepita
toda contra mi boca amaneciendo.

    ¿Entonces?   Hoy, frente a tus ojos miro,
miro mi enigma.   Acerco ahora a tus labios
estos labios pasados por el mundo,
y temo, y sufro, y beso.   Tibios se abren
los tuyos, y su brillo sabe a soles
jóvenes, a reciente luz, a auroras.

    ¿Entonces?   Negro brilla aquí tu pelo,
onda de noche.   En él hundo mi boca.
¡Qué sabor a tristeza, qué presagio
infinito de soledad!   Lo sé: algún día
estaré solo.   Su perfume embriaga
de sombría certeza, lumbre pura,
tenebrosa belleza inmarcesible,[26]
noche cerrada y tensa en que mis labios
fulgen como una luna ensangrentada.

    ¡Pero no importa!   Gire el mundo y dame,
dame tu amor, y muera yo en la ciencia
fútil, mientras besándote rodamos
por el espacio y una estrella se alza.[27]

Sombra del paraíso, 1939–43

24 fuljo — from *fulgir*, to shine.
25 Again we see Aleixandre's love-death equation.
26 inmarcesible — unfading.

27 Aleixandre reflects his thesis here that only love can save humanity.

La explosión[28]

Yo sé que todo esto tiene un nombre: existirse.
El amor no es el estallido, aunque también exactamente lo sea.
Es como una explosión que durase toda la vida.
Que arranca en el rompimiento que es conocerse y que se abre, se abre,
se colorea como una ráfaga repentina que, trasladada en el tiempo,
se alza, se alza y se corona en el transcurrir de la vida,
haciendo que una tarde sea la existencia toda, mejor dicho, que toda la existencia sea
como una gran tarde toda del amor, donde toda   [como una gran tarde,
la luz se diría repentina, repentina en la vida entera,
hasta colmarse en el fin, hasta cumplirse y coronarse en la altura
y allí dar la luz completa, la que se despliega y traslada
como una gran onda, como una gran luz en que los dos nos reconociéramos.

Toda la minuciosidad del alma la hemos recorrido.
Sí, somos los amantes que nos quisiéramos una tarde.
La hemos recorrido, ese alma, minuciosamente, cada día sorprendiéndonos con un
Lo mismo que los enamorados de una tarde, tendidos,   [espacio más.
revelados, van recorriendo su cuerpo luminoso, y se absorben,
y en una tarde son y toda la luz se da y estalla, y se hace,
y ha sido una tarde sola del amor, infinita,
y luego en la oscuridad se pierden, y nunca ya se verán, porque nunca se reconocerían...

Pero esto es una gran tarde que durase toda la vida.   Como tendidos,
nos existimos, amor mío, y tu alma,
trasladada a la dimensión de la vida, es como un gran cuerpo
que en una tarde infinita yo fuera reconociendo.
Toda la tarde entera del vivir te he querido.
Y ahora lo que allí cae no es el poniente, es sólo
la vida toda lo que allí cae; y el ocaso
no es: es el vivir mismo el que termina,
y te quiero.   Te quiero y esta tarde se acaba,
tarde dulce, existida, en que nos hemos ido queriendo.
Vida que toda entera como una tarde ha durado.
Años como una hora en que he recorrido tu alma,
descubriéndola despacio, como minuto a minuto.
Porque lo que allí está acabando, quizá, sí, sea la vida.
Pero ahora aquí el estallido que empezó se corona
y en el colmo, en los brillos, toda estás descubierta,
y fué una tarde, un rompiente, y el cenit y las luces
en alto ahora se abren de todo, y aquí estás: ¡nos tenemos!

Historia del corazón, 1945–53

Rafael Alberti, b. 1902 (pp. 394–97)

Rafael Alberti, who began writing about 1922, published his first book of poetry three years later. It was entitled *Marinero en tierra* and contained a prefatory letter by Juan Ramón Jiménez. It won the National Prize for Literature and the praise not only of Juan Ramón but of Antonio Machado and Menéndez Pidal. *Marinero en tierra*, which expresses the love of the sea, not surprising in view of Alberti's Cádiz background, is traditional poetry but with an original and personal touch. A mixture of the popular and the artistic, it exhibits a brilliant and controlled imagery in its songs of love and happiness. Juan Ramón Jiménez said that this was "poesía 'popular' pero sin acarreo fácil:

28 Aleixandre seeks meaning and human identification and existence through love, as he realizes he will some day die. This love for man will enable the poet to bear the burdens of life. Sainz de Robles feels that

Aleixandre writes, as do very few poets, exclusively for himself, "sin otra necesidad que la de eliminar de sí una presión que acabaría por ahogarle, sin otro interés que verse fuera de sí."

personalísima;" and also that "le sorprendieron de alegría." Bergamín said: "va a lo popular con intención artística, para realizarlo — iba a decir, para inventarlo." In *La Amante*, 1926; *El alba del alhelí*, 1927; and *Cal y canto*, 1929; Alberti continued to experiment with old and new techniques, especially with baroque imagery. *Cal y canto* revealed, in its tercets, great verbal beauty in a continuing kind of artificial neopopularism. His next important work, which many consider his masterpiece, was *Sobre los ángeles*, 1929. An almost unclassifiable surrealistic book, in its mysterious angelic recreations it resembles somewhat the work of Blake and Cocteau, as Alberti searches in vain for a Paradise he has lost, for his lost love and religious faith, and for an angel of light to bring him from the darkness. The poet, alone and afraid in a world which has lost its values, a disintegrating world where things are no longer either good or simple, feels a sense of personal loss and disaster and in the anguish of existence runs the gamut of emotions — anger, despair, and bitterness. As in his first work, though, he seems to be seeking for a lost childhood, perhaps an unobtainable one whose innocence it is not possible to recreate. Finally, the poet reshapes his shattered world to achieve, if not a perfect, then at least a livable one. Leopoldo Panero once said that of all Spanish poetry *Sobre los ángeles* most resembled the *Cántico espiritual* of San Juan de la Cruz.

Alberti turned for a time to poetry of social protest of uneven merit: *El poeta en la calle*, 1931–36; and *De un momento a otro*, 1932–37. In 1935 he wrote an elegy on the death of his friend Ignacio Sánchez Mejías, *Verte y no verte*, a combination of popular rhymes, free verse, and sonnets. Alberti's elegy is more experimental than Lorca's on the same theme. In America Alberti sought peace but not forgetfulness in the nature and the ever present rivers of his adopted land. *Entre el clavel y la espada*, 1941, *Pleamar*, 1944, *A la pintura*, 1948, reflect his love of painting, color, light and movement. *Coplas de Juan Panadero*, 1949, *Retornos de lo vivo lejano*, 1952, *Ora marítima*, 1953, and *Baladas y canciones del Paraná*, 1954, are also among the works completed in America. *Baladas* deals with the primitive elements of nature, land, wind and fire, as the poet remembers a simpler life and a familiar love. In brilliant imagery and with great lyric force he continues to half glimpse the joy of living while recognizing the forces of evil around us.

Alberti admits to the influence of Gil Vicente, the *Cancioneros*, the *Romancero*, Garcilaso, his especial favorite Góngora, Lope, Bécquer, Juan Ramón Jiménez, and Antonio Machado. He shows a superficial resemblance at times to García Lorca in his colors and folklore, but he is more controlled and intellectual than Lorca. His poetic range is wide indeed, and he has written odes, sonnets, madrigals, *terza rima*, *romances* and also free verse, which he came more and more to prefer. This virtuosity has not gone unnoticed, and Carlos Bousoño considers his "virtuosismo expresivo" to be his greatest quality. He has tried popular forms, Surrealism, Gongorism, and has continued to experiment with a variety of subject matter, including the bullfight. Of this he said in 1944: "La Gracia vino a mí vestida de torero/ con las últimas luces de la tarde." In spite of his technical experimentation, however, he writes spontaneously. One finds in Alberti's works bitterness and humor, incoherence and logic, but perhaps Pedro Salinas analysed him best when in the 1920's he referred to Alberti's wrinkled forehead as "la seña de la angustia, el marco del romántico." One glimpses in *Retornos de lo vivo lejano* the nostalgia of a transplanted poet who has outlived the death of a country which was his, and his tears recall those of León Felipe.

A un capitán de navío

Homme libre, toujours tu chériras la mer
C. Baudelaire

Sobre tu nave — un plinto[1] verde de algas marinas,
de moluscos, de conchas, de esmeralda estelar —,
capitán de los vientos y de las golondrinas,
fuiste condecorado por un golpe de mar.

Por ti los litorales de frentes serpentinas
desenrollan, al paso de tu arado, un cantar:

---

1 plinto — plinth, a subbase or foundation.

— Marinero, hombre libre que las mares declinas,[2]
dínos[3] los radiogramas de tu estrella Polar.

Buen marinero, hijo de los llantos del norte,
limón del mediodía, bandera de la corte
espumosa del agua, cazador de sirenas;

todos los litorales amarrados del mundo
pedimos que nos lleves en el surco profundo
de tu nave, a la mar, rotas nuestras cadenas.

Marinero en tierra, 1925

Si mi voz muriera en tierra,
llevadla al nivel del mar
y dejadla en la ribera.

Llevadla al nivel del mar
y nombradla capitana
de un blanco bajel de guerra.

¡Oh mi voz condecorada
con la insignia marinera:
sobre el corazón un ancla
y sobre el ancla una estrella
y sobre la estrella el viento
y sobre el viento la vela!

Marinero en tierra, 1925

El niño de la palma

(Chuflillas)[4]

¡Qué revuelo![5]

¡Aire, que al toro torillo
le pica el pájaro pillo
que no pone el pie en el suelo!

¡Qué revuelo!

Ángeles con cascabeles
arman la marimorena,[6]
plumas nevando en la arena
rubí de los redondeles.
La virgen de los caireles[7]
baja una palma del cielo.

¡Qué revuelo!

— Vengas o no en busca mía,
torillo mala persona,
dos cirios y una corona
tendrás en la enfermería.

¡Qué alegría!
¡Cógeme, torillo fiero!
¡Qué salero!

De la gloria, a tus pitones,[8]
bajé, gorrión de oro,
a jugar contigo al toro,
no a pedirte explicaciones.
¡A ver si te las compones
y vuelves vivo al chiquero![9]

¡Qué salero!
¡Cógeme, torillo fiero!

Alas en las zapatillas,
céfiros en las hombreras,
canario de las barreras,
vuelas con las banderillas.
Campanillas
te nacen en las chorreras.

¡Qué salero!
¡Cógeme, torillo fiero!

Te dije y te lo repito,
para no comprometerte,
que tenga cuernos la muerte
a mí se me importa un pito.
Da, toro torillo, un grito
y ¡a la gloria en angarillas![10]

¡Qué salero!
¡Que te arrastran las mulillas!
¡Cógeme, torillo fiero!

El alba del alhelí, 1927

Corrida de toros

De sombra, sol y muerte, volandera
grana zumbando, el ruedo gira herido
por un clarín de sangre azul torera.

2 declinar — in nautical terms, this means to vary
from the true magnetic meridian, hence to sail the
seven seas.
3 dínos — tell us.
4 chuflillas — little jests.
5 revuelo — gyration, fluttering.
6 marimorena — dispute.
7 caireles — flounces, fringes.

8 pitones — Here: horns.
9 chiquero — place where bulls are shut up.
10 angarillas — cruet stands. *Salero* used in the refrain
is a saltcellar and also winning ways or gracefulness.
Angarillas, used as the counterpart of *salero*, also
means a handbarrow or frames for jars of water carried by horses.

Abanicos de aplausos, en bandadas,
descienden, giradores, del tendido,[11]
la ronda a coronar de los espadas.

Se hace añicos[12] el aire, y violento,
un mar por media luna gris mandado
prende fuego a un farol que apaga el viento.

¡Buen caballito de los toros, vuela,
sin más jinete de oro y plata, al prado
de tu gloria de azúcar y canela!

Cinco picas al monte, y cinco olas
sus lomos empinados convirtiendo
en verbena[13] de sangre y banderolas.

Carrusel de claveles y mantillas
de luna macarena[14] y sol, bebiendo,
de naranja y limón, las banderillas.

Blonda[15] negra, partida por dos bandas,
de amor injerto en oro la cintura,
presidenta del cielo y las barandas,

rosa en el palco de la muerte aún viva,
libre y por fuera sanguinaria y dura,
pero de corza[16] el corazón, cautiva.

Brindis, cristiana mora, a ti, volando,
cuervo mudo y sin ojos, la montera
del áureo espada que en el sol lidiando

y en la sombra, vendido, de puntillas,
da su junco a la media luna fiera,
y a la muerte su gracia, de rodillas.

Veloz, rayo de plata en campo de oro,
nacido de la arena y suspendido
por un estambre,[17] de la gloria, al toro,

mar sangriento de picas coronado,
en Dolorosa grana convertido
centrar el ruedo manda, traspasado.

Feria de cascabel y percalina,[18]
muerta la media luna gladiadora,
de limón y naranja, reolina[19]

de la muerte, girando, y los toreros,
bajo una alegoría voladora
de palmas, abanicos y sombreros.

Cal y canto, 1929

Araceli[20]

No si de arcángel triste, ya nevados
los copos, sobre ti, de sus dos velas.
Si de serios jazmines, por estelas
de ojos dulces, celestes, resbalados.

No si de cisnes sobre ti cuajados,
del cristal exprimidas carabelas.
Si de luna sin habla cuando vuelas,
si de mármoles mudos, deshelados.

Ara[21] del cielo, dime de qué eres,
si de pluma de arcángel y jazmines,
si de líquido mármol de alba y pluma.

De marfil naces y de marfil mueres,
confinada y florida de jardines
lacustre[22] de dorada y verde espuma.[23]

Cal y canto, 1929

El ángel de los números[24]

Vírgenes con escuadras
y compases, velando
las celestes pizarras.

Y el ángel de los números,
pensativo, volando,
del 1 al 2, del 2
al 3, del 3 al 4.

Tizas frías y esponjas
rayaban y borraban
la luz de los espacios.

Ni sol, luna, ni estrellas,
ni el repentino verde
del rayo y el relámpago,
ni el aire. Sólo nieblas.

Vírgenes sin escuadras,
sin compases, llorando.

Y en las muertas pizarras,
el ángel de los números,
sin vida, amortajado
sobre el 1 y el 2,
sobre el 3, sobre el 4 . . .

Sobre los ángeles, 1929

---

11 tendido — stands at a bullfight.
12 hacer añicos — to break to smithereens.
13 verbena — evening celebration.
14 macarena — gaudily dressed.
15 blonda — broad silk lace.
16 corza — fallow deer.
17 estambre — thread of life.
18 percalina — book muslin.
19 reolina — a raffle wheel at a popular fair.

20 a Gongoristic and somewhat sensuous sonnet.
Vivanco called it "puro trozo en suspenso de materia
poética emanada."
21 ara — altar.
22 lacustre — marshy lake.
23 The poem seems to stress that ideal beauty and love
may be unattainable.
24 Life seems fixed in a hopeless and dead mold.

Invitación al aire

> Te invito, sombra, al aire.
> Sombra de veinte siglos,
> a la verdad del aire,
> del aire, aire, aire.
>
> Sombra que nunca sales
> de tu cueva, y al mundo
> no devolviste el silbo
> que al nacer te dió el aire,
> el aire, aire, aire.

> Sombra sin luz, minera
> por las profundidades
> de veinte tumbas, veinte
> siglos huecos sin aire,
> sin aire, aire, aire.
>
> ¡Sombra, a los picos, sombra,
> de la verdad del aire,
> del aire, aire, aire!

Sobre los ángeles, 1929

Tres recuerdos del cielo

Homenaje a Gustavo Adolfo Bécquer.

PRÓLOGO

> No habían cumplido años ni la rosa ni el arcángel.
> Todo, anterior al balido y al llanto.
> Cuando la luz ignoraba todavía
> si el mar nacería niño o niña.
> Cuando el viento soñaba melenas que peinar
> y claveles el fuego que encender y mejillas
> y el agua unos labios parados donde beber.
> Todo, anterior al cuerpo, al nombre y al tiempo.
> Entonces, yo recuerdo que, una vez, en el cielo . . .

PRIMER RECUERDO

> *. . . una azucena tronchada . . . .*
> G. A. Bécquer.

> Paseaba con un dejo de azucena que piensa,[25]
> casi de pájaro que sabe ha de nacer.
> Mirándose sin verse a una luna que le hacía espejo el sueño,
> y a un silencio de nieve, que le elevaba los pies.
> A un silencio asomada.
> Era anterior al arpa, a la lluvia y a las palabras.
> No sabía.
> Blanca alumna del aire,
> temblaba con las estrellas, con la flor y los árboles.
> Su tallo, su verde talle.
> Con las estrellas mías
> que, ignorantes de todo,
> por cavar dos lagunas en sus ojos
> la ahogaron en dos mares.
> Y recuerdo . . .

> Nada más: muerta, alejarse.

SEGUNDO RECUERDO

> *. . . rumor de besos y batir de alas . . . .*
> G. A. Bécquer.

> También antes,
> mucho antes de la rebelión de las sombras,

25 un dejo de azucena que piensa — with the abandon of a thoughtful lily.

de que al mundo cayeran plumas incendiadas
y un pájaro pudiera ser muerto por un lirio.
Antes, antes que tú me preguntaras
el número y el sitio de mi cuerpo.
Mucho antes del cuerpo.
En la época del alma.
Cuando tú abriste en la frente sin corona, del cielo,
la primera dinastía del sueño.
Cuando tú, al mirarme en la nada,
inventaste la primera palabra.

Entonces, nuestro encuentro.

TERCER RECUERDO

> . . . *detrás del abanico de plumas y de oro.* . . .
> G. A. Bécquer.

Aun los valses del cielo no habían desposado al jazmín y la nieve,
ni los aires pensado en la posible música de tus cabellos,
ni decretado el rey que la violeta se enterrara en un libro.
No.
Era la era en que la golondrina viajaba
sin nuestras iniciales en el pico.
En que las campanillas y las enredaderas[26]
morían sin balcones que escalar y estrellas.
La era
en que al hombro de un ave no había flor que apoyara la cabeza.
Entonces, detrás de tu abanico, nuestra luna primera.

Sobre los ángeles, 1929

Los ángeles muertos

Buscad, buscadlos:
en el insomnio de las cañerías[27] olvidadas,
en los cauces interrumpidos por el silencio de las basuras.
No lejos de los charcos incapaces de guardar una nube,
unos ojos perdidos,
una sortija rota
o una estrella pisoteada.
  Porque yo los he visto:
en esos escombros momentáneos que aparecen en las neblinas.
Porque yo los he tocado:
en el destierro de un ladrillo difunto,
venido a la nada desde una torre o un carro.
Nunca más allá de las chimeneas que se derrumban,
ni de esas hojas tenaces que se estampan en los zapatos.

En todo esto.
Mas en esas astillas[28] vagabundas que se consumen sin fuego,
en esas ausencias hundidas que sufren los muebles desvencijados,
no a mucha distancia de los nombres y signos que se enfrían en las paredes.
  Buscad, buscadlos:
debajo de la gota de cera que sepulta la palabra de un libro
o la firma de uno de esos rincones de cartas
que trae rodando el polvo.

---

26 campanillas y las enredaderas — bellflowers and
trumpet vines.

27 cañerías — water pipes.
28 astillas — chips, splinters.

Cerca del casco de una botella,
de una suela[29] extraviada en la nieve,
de una navaja de afeitar abandonada al borde de un precipicio.

Sobre los ángeles, 1929

Verte y no verte
(Elegía)

A Ignacio Sánchez Mejías.

EL TORO DE LA MUERTE

I

Antes de ser o estar en el bramido[30]
que la entraña vacuna conmociona,
por el aire que el cuerno desmorona[31]
y el coletazo[32] deja sin sentido;

en el oscuro germen desceñido[33]
que dentro de la vaca proporciona
los pulsos a la sangre que sazona
la fiereza del toro no nacido;

antes de tu existir, antes de nada,
se enhebraron[34] un duro pensamiento
las no floridas puntas de tu frente:

Ser sombra armada contra luz armada,
escarmiento mortal contra escarmiento,
toro sin llanto contra el más valiente. . . .

II

Negro toro, nostálgico de heridas,
corneándole al agua sus paisajes,
revisándole cartas y equipajes
a los trenes que van a las corridas.

¿Qué sueñas con tus cuernos, qué escondidas
ansias les arrebolan[35] los viajes,
qué sistema de riegos y drenajes
ensayan en la mar tus embestidas?

Nostálgico de un hombre con espada,
de sangre femoral y de gangrena,
ni el mayoral ya puede detenerte.

Corre, toro, a la mar, embiste, nada,
ya un torero de espuma, sal y arena,
ya que intentas herir, dale la muerte . . .

III

Si ya contra las sombras movedizas
de los calcáreos troncos impasibles,
cautos proyectos turbios indecibles
perfilas, pulimentas y agudizas;

si entre el agua y la yerba escurridizas,
la pezuña[36] y el cuerno indivisibles
cambian los imposibles en posibles,
haciendo el aire polvo y la luz trizas;[37]

si tanto oscuro crimen le desvela
su sangre[38] fija a tu pupila sola,
insomne sobre el sueño del ganado;

huye, toro tizón,[39] humo y candela,
que ardiendo de los cuernos a la cola,
de la noche saldrás carbonizado. . . .

IV

Al fin diste a tu duro pensamiento
forma mortal de lumbre derribada,
cancelando con sangre iluminada
la gloria de una luz en movimiento.

¡Qué ceguedad, qué desvanecimiento[40]
de toro, despeñándose en la nada,
si no hubiera tu frente desarmada
visto antes de nacer su previo intento!

Mas clavaste por fin bajo el estribo,
con puntas de rencor tintas en ira,
tu oscuridad, hasta empalidecerte.

Pero luego te vi, sombra en derribo,
llevarte como un toro de mentira,
tarde abajo,[41] las mulas de la muerte. . . .

Verte y no verte, 1935

Sonetos corporales

IV

Un papel desvelado en su blancura.
La hoja blanca de un álamo intachable.
El revés de un jazmín insobornable.
Una azucena virgen de escritura.

29 suela — shoe sole.
30 antes . . . bramido — before becoming or being part of the wild roar.
31 desmoronar — to destroy gradually.
32 coletazo — tail lash.
33 desceñido — loosed, unleashed.
34 enhebrar — to spin.

35 arrebolar — to redden.
36 pezuña — cloven hoof.
37 hacer trizas — to smash to bits.
38 le . . . sangre — keeps his blood awake.
39 toro tizón — fiery bull.
40 desvanecimiento — haughtiness.
41 tarde abajo — late afternoon.

El albo viso[42] de una córnea pura.
La piel del agua impúber[43] e impecable.
El dorso de una estrella invulnerable
sobre lo opuesto a una paloma oscura.

Lo blanco a lo más blanco desafía.
Se asesinan de cal los carmesíes
y el pelo rubio de la luz es cano.

Nada se atreve a desdecir el día.
Mas todo se me mancha de alhelíes
por la movida nieve de una mano.

VII

Nace en las ingles[44] un calor callado,
como un rumor de espuma silencioso.

Su duro mimbre el tulipán[45] precioso
dobla sin agua, vivo y agotado.

Crece en la sangre un desasosegado
urgente pensamiento belicoso.
La exhausta flor perdida en su reposo
rompe su sueño en la raíz mojado.

Salta la tierra y de su entraña pierde
savia, venero[46] y alameda verde.
Palpita, cruje, azota, empuja, estalla.

La vida hiende vida en plena vida.
Y aunque la muerte gane la partida,
todo es un campo alegre de batalla.

Entre el clavel y la espada, 1941

Retornos de una mañana de otoño

Me voy de aquí, me alejo, llorando, sí, llorando
(ya es hora de gritar que estoy llorando, es hora
ya otra vez, nuevamente, de gritar que lo estoy);
me voy de aquí, me alejo
por esta interminable desgracia desoída,
con los hombros doblados de abandonadas hojas
y la frente ya dentro del otoño.
  No es difícil llegar hasta ti sin moverse,
ciudad, ni hasta vosotras, alamedas queridas.
Me basta el amarillo que me cubre y dispone,
difunto, acompañarme adherido a mis pasos.
Salid.   Ya estoy.   No pude tardar esta mañana menos tiempo.
Imposible comparecer más pronto por tus dulces afueras . . .
  Mejor es, ya venciéndose el sol por las laderas,
preferir el dorado de las verdes pendientes,
y mejor todavía,
cuando el alma no puede más de otoño y se dobla,
dejarse sin dominio llevar por los declives . . .
  Pero la luz se afana por hundirse.   Y las hojas
me pesan de llevarlas a cuestas todo el día.
Saldré, muerto de cedros y de fuentes ocultas,
a descender por ti, mordida escalinata,
a perderme en el juego de las enredaderas
y a buscar en el tiemblo del agua lo que he sido.
  Me encontrará la noche llorando en esta umbría,
ya que desde tan lejos me trajo aquí el otoño,
llorando, sí, llorando,
porque llegó el momento de gritar que lo estoy
sobre tantas preciosas ruinas sin remedio.

Retornos de lo vivo lejano, 1952

---

42 albo viso — white gleam.
43 impúber — immature.
44 ingles — groins.

45 mimbre de tulipán — tulip twig.
46 venero — a vein of metal.

THE NEW POETS

Miguel Hernández, 1910–42 (pp. 405–07)

Miguel Hernández started writing poetry at the age of sixteen, and much of his poetry appeared in reviews such as *Gallo Crisis*, published by his young friend, Ramón Sijé. Hernández' first collection, *Perito en lunas*, 1933, forty-two *octavas reales* of varying rhetorical experiments, reveals the influence of Jorge Guillén and Rafael Alberti. Many critics considered this first work dehumanized and artificial poetry, but the moon of the central theme is the real one of Orihuela which Hernández knew and loved. His *Primeros poemas sueltos*, which appear next in his complete works, while still Gongoristic, denote a love of simple things in their vigor, tenderness, and rusticity. Among the *silbos* of this collection occur rustic and pastoral evocations of the glories of village life as opposed to the artificialities of the city, as the poet stresses love, earth, and religion. Of interest in these *Primeros poemas sueltos* is still another elegy to Ignacio Sánchez Mejías, *Citación fatal*, where the bull again is a symbol of death. "Salió la muerte astada, / palco de banderillas . . ."

El silbo vulnerado, 1934, twenty-five sonnets some of which were later incorporated into his next volume of poetry, *El rayo que no cesa*, 1936, stresses angry, passionate and despairing love. The latter collection presents additional poems of tormented and fatal love and is imbued with sadness, sorrow, and thoughts of death. The poet uses richer and more complex forms than before as vehicles for his existential despair and mixture of tenderness and violence. Man's destiny, he feels, is tragic, and he seeks identity in the animal and vegetable kingdoms and eventually acknowledges: "Me llamo barro aunque Miguel me llame."

Poemas sueltos, 1935–36, a series of *silvas*, was not published until 1949. He reveals here the influence of Aleixandre and Neruda, to whom he dedicated poems, and also what Concha Zardoya calls his "dolorido sentir, su pasión de hombre." *Viento del pueblo*, 1937,

called by Zardoya "libro que arde y quema, duele y hace llorar," was dedicated to Vicente Aleixandre. Hernández said: "Los poetas somos vientos del pueblo. Nacemos para pasar soplando a través de sus poros y conducir sus ojos y sus sentimientos hacia las cumbres más hermosas." The elegies, odes, and epic songs suit the themes of mourning, violence, blood and tears. Hernández sees a world of sorrow where war has changed humans into beasts, but the cry of the Spanish *pueblo* is not uniformly angry and passionate, for the poet feels compassion and tenderness at the thought of the sweat of the peasant and the desolation of war. Many consider this collection to have been the principal cause of his imprisonment and death.

El hombre acecha, 1939, shows us a Spain of despair and sacrificed youth, as war's victims lie in pools of blood. Sorrow and death prevail, and even the slight hope of the previous collection is missing. *Cancionero y romancero de ausencias*, 1938–41, a product of his sufferings in jail, is the intimate diary of a solitary soul who feels himself close to death. His wife, his son, love and despair constitute the principal themes.

Hernández wrote spontaneous poetry, a mixture of the cultured and the popular, but in his love and hate, pain and passion, he always insisted above all on humanity and manhood. Vivanco felt he was a poet "tan exaltado y radioactivo de palabra que podríamos considerarle como un místico de las realidades corporales." Alberti sees him as a poet of the earth, and Max Aub asserts that "pocas veces se ha dado un hombre con mayores facilidades para el verso." José Luis Cano sums up his work as that of "un gran poeta creador, de extraordinaria fuerza y originalidad," and terms Hernández "un chorro vivo y huracanado de poesía."

El silbo vulnerado[1]

Gozar, y no morirse de contento,
sufrir, y no vencerse en el sollozo:

---

1 Concha Zardoya feels that the title of this collection of sonnets may be based on verses from San Juan de la Cruz's *Cántico espiritual:* "que el ciervo vulnerado/ por el otero asoma . . . el silbo de los aires amorosos." She claims that in his youth "como todo pastor, sabía herir el aire con sus silbidos — origen real de sus silbos

poéticos de más tarde — para llamar a sus cabras." Hernández himself said that sorrow, the pain of solitude and the solitude of love make one whistle. He says: "Que ruy-señor amante no ha lanzado/ pálido fervoroso y afligido/ desde la ilustre soledad del nido/ el amoroso silbo vulnerado."

¡oh qué ejemplar severidad del gozo
y qué serenidad del sufrimiento!

Dar a la sombra el estremecimiento,
si a la luz el brocal del alborozo,[2]
y llorar tierra adentro como el pozo,
siendo el aire un sencillo monumento.

Anda que te andarás, ir por la pena,
pena adelante, a penas y alegrías
sin demostrar fragilidad ni un tanto.

¡Oh la luz de mis ojos qué serena!:
¡qué agraciado en su centro encontrarías
el desgraciado alrededor del llanto!

Como queda en la tarde que termina,
convertido en espera de barbecho[3]
el cereal rastrojo barbihecho,[4]
hecho una pura llaga campesina,

hecho una pura llaga campesina,
así me quedo yo solo y maltrecho
con un arado urgente junto al pecho,
que hurgando[5] en mis entrañas me asesina.

Así me quedo yo cuando el ocaso,
escogiendo la luz, el aire amansa
y todo lo avalora y lo serena:

perfil de tierra sobre el cielo raso,[6]
donde un arado en paz fuera descansa
dando hacia dentro un aguijón de pena.[7]

El silbo vulnerado, 1934

Un carnívoro cuchillo[8]
de ala dulce y homicida[9]
sostiene un vuelo y un brillo
alrededor de mi vida.

Rayo de metal crispado
fulgentemente caído,
picotea mi costado
y hace en él un triste nido.

Mi sien, florido balcón
de mis edades tempranas,
negra está, y mi corazón
y mi corazón con canas.

Tal es la mala virtud
del rayo que me rodea,
que voy a mi juventud
como la luna a la aldea.

Recojo con las pestañas
sal del alma y sal del ojo
y flores de telarañas
de mis tristezas recojo.

¿Adónde iré que no vaya
mi perdición a buscar?
Tu destino es de la playa
y mi vocación del mar.

Descansar de esta labor
de huracán, amor o infierno,
no es posible, y el dolor
me hará, mi pesar eterno.

Pero al fin podré vencerte,
ave y rayo secular,
corazón, que de la muerte
nadie ha de hacerme dudar.

Sigue, pues, sigue cuchillo,
volando, hiriendo.   Algún día
se pondrá el tiempo amarillo
sobre mi fotografía.

*

Umbrío por la pena, casi bruno,[10]
porque la pena tizna cuando estalla,
donde yo no me hallo no se halla
hombre más apenado que ninguno.

Sobre la pena duermo solo y uno,
pena es mi paz y pena mi batalla,
perro que ni me deja ni se calla,
siempre a su dueño fiel, pero importuno.

Cardos[11] y penas llevo por corona,
cardos y penas siembran sus leopardos
y no me dejan bueno hueso alguno.

No podrá con la pena mi persona
rodeada de penas y de cardos:
¡cuánto penar para morirse uno!

---

2 brocal del alborozo — edge of joy.
3 barbecho — fallow.
4 rastrojo barbihecho — freshly shaved stubble.
5 hurgar — to stir up, excite.
6 raso — clear, unobstructed.
7 The field may rest at the end of the day, but the poet's heart hurts more than ever.

8 cuchillo — symbolically his loving heart or love. Hernández uses the knife frequently as a symbol, as did Lorca.
9 Love is both sweet and bitter.
10 bruno — dark brown, blackish.
11 cardos — thistles.

Tengo estos huesos hechos a las penas
y a las cavilaciones estas sienes:
pena que vas, cavilación que vienes,
como el mar de la playa a las arenas.

Como el mar de la playa a las arenas,
voy en este naufragio de vaivenes,
por una noche oscura de sartenes
redondas, pobres, tristes y morenas.

Nadie me salvará de este naufragio
si no es tu amor, la tabla que procuro,
si no es tu voz, el norte que pretendo.

Eludiendo por eso el mal presagio
de que ni en ti siquiera habré seguro,
voy entre pena y pena sonriendo.

*

Me llamo barro aunque Miguel me llame.
Barro es mi profesión y mi destino,
que mancha con su lengua cuanto lame.

Soy un triste instrumento del camino.
Soy una lengua dulcemente infame
a los pies que idolatro desplegada.

Como un nocturno buey de agua y
       [barbecho
que quiere ser criatura idolatrada,
embisto a tus zapatos y a sus alrededores,
y hecho de alfombras y de besos hecho
tu talón que me injuria beso y siembro de
       [flores.

Coloco relicarios de mi especie
a tu talón mordiente a tu pisada,
y siempre a tu pisada me adelanto
para que tu impasible pie desprecie
todo el amor que hacia tu pie levanto.

Más mojado que el rostro de mi llanto,
cuando el vidrio lanar del hielo bala,
cuando el invierno tu ventana cierra
bajo tus pies un gavilán de ala,
de ala manchada y corazón de tierra.
Bajo tus pies un ramo derretido
de humilde miel pataleada y sola,
un despreciado corazón caído
en forma de alga y en figura de ola.

Barro, en vano me invisto de amapola,
barro, en vano vertiendo voy mis brazos,
barro, en vano te muerdo los talones,
dándote a malheridos aletazos
sapos como convulsos corazones.

Apenas si me pisas, si me pones
la imagen de tu huella sobre encima,
se despedaza y rompe la armadura
de arrope[12] bipartido que me ciñe la boca
en carne viva y pura,
pidiéndote a pedazos que la oprima
siempre tu pie de liebre libre y loca.

Su taciturna nata se arracima,
los sollozos agitan su arboleda
de lana cerebral bajo tu paso.
Y pasas, y se queda
incendiando su cera de invierno ante el
       [ocaso,
mártir, alhaja y pasto de la rueda.
Harto de someterse a los puñales
circulantes del carro y la pezuña,
teme del barro un parto de animales
de corrosiva piel y vengativa uña.

Teme que el barro crezca en un momento,
teme que crezca y suba y cubra tierna,
tierna y celosamente
tu tobillo de junco, mi tormento,
teme que inunde el nardo de tu pierna
y crezca más y ascienda hasta tu frente.

Teme que se levante huracanado
del blando territorio del invierno
y estalle y truene y caiga diluviado
sobre tu sangre duramente tierno.

Teme un asalto de ofendida espuma
y teme un amoroso cataclismo.

Antes que la sequía lo consuma
el barro ha de volverte de lo mismo.

     El rayo que no cesa, 1936

Elegía[13]

(En Orihuela, su pueblo y el mío, se me ha muerto
como el rayo *Ramón Sijé*, con quien tanto quería.)

Yo quiero ser llorando el hortelano
de la tierra que ocupas y estercolas,
compañero del alma, tan temprano.

Alimentando lluvias, caracolas
y órganos mi dolor sin instrumento,
a las desalentadas amapolas

daré tu corazón por alimento.
Tanto dolor se agrupa en mi costado,
que por doler me duele hasta el aliento.

---

12 arrope — honey.
13 This poem, written in tercets, is dedicated to his

neo-Catholic friend whose real name was José Marín
Gutiérrez and who died at 22.

Un manotazo duro, un golpe helado,
un hachazo invisible y homicida,
un empujón brutal te ha derribado.

No hay extensión más grande que mi
[herida,
lloro mi desventura y sus conjuntos
y siento más tu muerte que mi vida.

Ando sobre rastrojo de difuntos,
y sin calor de nadie y sin consuelo
voy de mi corazón a mis asuntos.

Temprano levantó la muerte el vuelo,
temprano madrugó la madrugada,
temprano estás rodando por el suelo.

No perdono a la muerte enamorada,
no perdono a la vida desatenta,
no perdono a la tierra ni a la nada.

En mis manos levanto una tormenta
de piedras, rayos y hachas estridentes
sedienta de catástrofes y hambrienta.

Quiero escarbar la tierra con los dientes,
quiero apartar la tierra parte a parte
a dentelladas secas y calientes.

Quiero minar la tierra hasta encontrarte
y besarte la noble calavera
y desamordazarte y regresarte.

Volverás a mi huerto y a mi higuera:
por los altos andamios[14] de las flores
pajareará tu alma colmenera

de angelicales ceras y labores.
Volverás al arrullo de las rejas
de los enamorados labradores.

Alegrarás la sombra de mis cejas,
y tu sangre se irán a cada lado
disputando tu novia y las abejas.

Tu corazón, ya terciopelo ajado,
llama a un campo de almendras espumosas
mi avariciosa voz de enamorado.

A las aladas almas de las rosas
del almendro de nata te requiero,
que tenemos que hablar de muchas cosas,
compañero del alma, compañero.[15]

10 de enero de 1936.

El rayo que no cesa, 1936

La muerte, toda llena de agujeros
y cuernos de su mismo desenlace,
bajo una piel de toro pisa y pace
un luminoso prado de toreros.

Volcánicos bramidos, humos fieros
de general amor por cuanto nace,
a llamaradas echa mientras hace
morir a los tranquilos ganaderos.

Ya puedes, amorosa fiera hambrienta,
pastar mi corazón, trágica grama,[16]
si te gusta lo amargo de su asunto.

Un amor hacia todo me atormenta
como a ti, y hacia todo se derrama
mi corazón vestido de difunto.

El rayo que no cesa, 1936

Sino sangriento

De sangre en sangre vengo,
como el mar de ola en ola,
de color de amapola el alma tengo,
y amapola sin suerte es mi destino,
y llego de amapola en amapola
a dar en la cornada[17] de mi sino.

Criatura hubo que vino
desde la sementera[18] de la nada,
y vino más de una
bajo el designio de una estrella airada
en una turbulenta y mala luna.

Cayó una pincelada
de ensangrentado pie sobre mi herida,
cayó un planeta de azafrán en celo,
cayó una nube roja enfurecida,
cayó un mar malherido, cayó un cielo.

Vine con un dolor de cuchillada,
me esperaba un cuchillo a mi venida,
me dieron a mamar leche de tuera,[19]
zumo de espada loca y homicida,
y al sol el ojo abrí por vez primera
y lo que vi primero era una herida
y una desgracia era.

Me persigue la sangre, ávida fiera,
desde que fuí fundado,
y aun antes de que fuera
proferido, empujado
por mi madre a esta tierra codiciosa
que de los pies me tira y del costado,
y cada vez más fuerte, hacia la fosa.

14 andamios — platforms.
15 Spring will come again and perhaps Hernández will
join his friend.
16 grama — grass.

17 cornada — thrust with the horns.
18 sementera — sown field, seed bed.
19 tuera — bitter apple.

Lucho contra la sangre, me debato
contra tanto zarpazo[20] y tanta vena,
y cada cuerpo que tropiezo y trato
es otro borbotón de sangre, otra cadena.

Aunque leves, los dardos de la pena
aumentan las insignias de mi pecho:
en él se dió el amor a la labranza,
y mi alma de barbecho
hondamente ha surcado
de heridas sin remedio mi esperanza
por las ansias de muerte de su arado.

Todas las herramientas en mi acecho:
el hacha me ha dejado
recónditas señales,
las piedras, los deseos y los días
cavaron en mi cuerpo manantiales
que sólo se tragaron las arenas
y las melancolías.

Son cada vez más grandes las cadenas,
son cada vez más grandes las serpientes,
más grande y más cruel su poderío,
más grandes sus anillos envolventes,
más grande el corazón, más grande el mío.

En su alcoba poblada de vacío
donde sólo concurren las visitas,
el picotazo y el color de un cuervo,
un manojo de cartas y pasiones escritas,
un puñado de sangre y una muerte conservo.

¡Ay sangre fulminante,
ay trepadora púrpura rugiente,
sentencia a todas horas resonante
bajo el yunque sufrido de mi frente!

La sangre me ha parido y me ha hecho
la sangre me reduce y me agiganta, [preso,
un edificio soy de sangre y yeso[21]
que se derriba él mismo y se levanta
sobre andamios de huesos.

Un albañil de sangre, muerto y rojo,
llueve y cuelga su blusa cada día
en los alrededores de mi ojo,
y cada noche con el alma mía,
y hasta con las pestañas lo recojo.

Crece la sangre, agranda
la expansión de su frondas en mi pecho
que álamo desbordante se desmanda
y en varios torvos ríos cae deshecho.

Me veo de repente
envuelto en sus coléricos raudales,
y nado contra todos desesperadamente
como contra un fatal torrente de puñales.

Me arrastra encarnizada su corriente,
me despedaza, me hunde, me atropella,
quiero apartarme de ella a manotazos,
y se me van los brazos detrás de ella,
y se me van las ansias en los brazos.

Me dejaré arrastrar hecho pedazos,
ya que así se lo ordenan a mi vida
la sangre y su marea,
los cuerpos y mi estrella ensangrentada.

Seré una sola y dilatada herida
hasta que dilatadamente sea
un cadáver de espuma, viento y nada.

Otros poemas sueltos, 1935–36

Sentado sobre los muertos

Sentado sobre los muertos
que se han callado en dos meses,[22]
beso zapatos vacíos
y empuño rabiosamente
la mano del corazón
y el alma que lo mantiene.

Que mi voz suba a los montes
y baje a la tierra y truene,
eso pide mi garganta
desde ahora y desde siempre.

Acércate a mi clamor,
pueblo de mi misma leche,
árbol que con tus raíces
encarcelado me tienes,
que aquí estoy yo para amarte
y estoy para defenderte
con la sangre y con la boca
como dos fusiles fieles.

Si yo salí de la tierra,
si yo he nacido de un vientre
desdichado y con pobreza,
no fué sino para hacerme
ruiseñor de las desdichas,
eco de la mala suerte,
y cantar y repetir
a quien escucharme debe
cuanto a penas, cuanto a pobres,
cuanto a tierra se refiere.[23]

---

20 zarpazo — bang, thud, whack.
21 yeso — gypsum, whitewash.
22 The verse form here is *romance* in e–e.

23 Hernández always returns to the earth for his
inspiration.

Ayer amaneció el pueblo
desnudo y sin qué ponerse,
hambriento y sin qué comer,
y el día de hoy amanece
justamente aborrascado
y sangriento justamente.
En su mano los fusiles
leones quieren volverse
para acabar con las fieras
que lo han sido tantas veces.

Aunque te falten las armas,
pueblo de cien mil poderes,
no desfallezcan tus huesos,
castiga a quien te malhiere
mientras que te queden puños,
uñas, saliva, y te queden
corazón, entrañas, tripas,
cosas de varón y dientes.
Bravo como el viento bravo,
leve como el aire leve,
asesina al que asesina,
aborrece al que aborrece
la paz de tu corazón
y el vientre de tus mujeres.
No te hieran por la espalda,
vive cara a cara y muere
con el pecho ante las balas,
ancho como las paredes.

Canto con la voz de luto,
pueblo de mí, por tus héroes:
tus ansias como las mías,
tus desventuras que tienen
del mismo metal el llanto,
las penas del mismo temple,
y de la misma madera
tu pensamiento y mi frente,
tu corazón y mi sangre
tu dolor y mis laureles.
Antemuro de la nada
esta vida me parece.

Aquí estoy para vivir
mientras el alma me suene,
y aquí estoy para morir,
cuando la hora me llegue,
en los veneros del pueblo
desde ahora y desde siempre.
Varios tragos es la vida
y un solo trago es la muerte.

Viento del pueblo, 1937

Canción del esposo soldado[24]

He poblado tu vientre de amor y sementera,
he prolongado el eco de sangre a que respondo
y espero sobre el surco como el arado espera:
he llegado hasta el fondo.[25]

Morena de altas torres, alta luz y ojos altos,
esposa de mi piel,[26] gran trago de mi vida,
tus pechos locos crecen hacia mí dando saltos
de cierva concebida.

Ya me parece que eres un cristal delicado,
temo que te me rompas al más leve tropiezo,
y a reforzar tus venas con mi piel de soldado
fuera como el cerezo.

Espejo de mi carne, sustento de mis alas,
te doy vida en la muerte que me dan y no tomo.
Mujer, mujer, te quiero cercado por las balas,
ansiado por el plomo.

Sobre los ataúdes feroces en acecho,
sobre los mismos muertos sin remedio y sin fosa
te quiero, y te quisiera besar con todo el pecho
hasta en el polvo, esposa.

Cuando junto a los campos de combate te
[piensa
mi frente que no enfría ni aplaca tu figura,
te acercas hacia mí como una boca inmensa
de hambrienta dentadura.

Escríbeme a la lucha, siénteme en la
[trinchera:
aquí con el fusil tu nombre evoco y fijo,
y defiendo tu vientre de pobre que me espera,
y defiendo tu hijo.

Nacerá nuestro hijo con el puño cerrado,
envuelto en un clamor de victoria y guitarras,
y dejaré a tu puerta mi vida de soldado
sin colmillos ni garras.

Es preciso matar para seguir viviendo.
Un día iré a la sombra de tu pelo lejano.
Y dormiré en la sábana de almidón y de
cosida por tu mano.   [estruendo

Tus piernas implacables al parto van
[derechas,
y tu implacable boca de labios indomables,
y ante mi soledad de explosiones y brechas
recorres un camino de besos implacables.

24 The poet's wife was expecting her first son. War
cannot stop his son's birth or his deep love for his wife.
25 Note the four-line strophes of three Alexandrines
and one heptasyllable.

26 He fell in love with Josefina Manresa Marluenda in
1934 and married her in 1937.

Para el hijo será la paz que estoy forjando.
Y al fin en un océano de irremediables huesos
tu corazón y el mío naufragarán, quedando,
una mujer y un hombre gastados por los besos.

Viento del pueblo, 1937

El tren de los heridos

Silencio que naufraga en el silencio
de las bocas cerradas por la noche.
No cesa de callar ni atravesarlo.
Habla el lenguaje ahogado de los muertos.

Silencio.

Abre caminos de algodón profundo,
amordaza las ruedas de los relojes,
detén la voz del mar, de la paloma:
emociona la noche de los sueños.

Silencio.

El tren lluvioso de la sangre suelta,
el frágil tren de los que se desangran,
el silencioso, el doloroso, el pálido,
el tren callado de los sufrimientos.

Silencio.

Tren de la palidez mortal que asciende:
la palidez reviste las cabezas,
el ¡ay! la voz, el corazón, la tierra,
el corazón de los que malhirieron.

Silencio.

Van derramando piernas, brazos, ojos,
van derramando por el tren pedazos.
Pasan dejando rastros de amargura,
otra vía láctea de estelares miembros.

Silencio.

Ronco tren desmayado, enrojecido:
agoniza el carbón, suspira el humo,
y maternal la máquina suspira,
avanza como un largo desaliento.

Silencio.

Detenerse quisiera bajo un túnel
la larga madre, sollozar tendida.
No hay estaciones donde detenerse,
si no es el hospital, si no es el pecho.

Para vivir, con un pedazo basta:
en un rincón de carne cabe un hombre.
Un dedo sólo, un trozo sólo de ala
alza el vuelo total de todo el cuerpo.

Silencio.

Detened ese tren agonizante
que nunca acaba de cruzar la noche.
Y se queda descalzo hasta el caballo,
y enarena los cascos y el aliento.

El hombre acecha, 1939

(Antes del odio)

Beso soy, sombra con sombra.
Beso, dolor con dolor,
por haberme enamorado,
corazón sin corazón,
de las cosas, del aliento
sin sombra de la creación.
Sed con agua en la distancia,
pero sed alrededor.

Corazón en una copa
donde me lo bebo yo
y no se lo bebe nadie,
nadie sabe su sabor.
Odio, vida: ¡cuánto odio
sólo por amor!

No es posible acariciarte
con las manos que me dió
el fuego de más deseo,
el ansia de más ardor.
Varias alas, varios vuelos
abaten en ellas hoy
hierros que cercan las venas
y las muerden con rencor.
Por amor, vida, abatido,
pájaro sin remisión.
Sólo por amor odiado,
sólo por amor.

Amor, tú bóveda arriba
y yo abajo siempre, amor,
sin otra luz que estas ansias,
sin otra iluminación.
Mírame aquí encadenado,
escupido, sin calor,
a los pies de la tiniebla
más súbita, más feroz,
comiendo pan y cuchillo
como buen trabajador
y a veces cuchillo sólo,
sólo por amor.

Todo lo que significa
golondrinas, ascensión,
claridad, anchura, aire,
decidido espacio, sol,
horizonte aleteante,
sepultado en un rincón.
Espesura, mar, desierto,

sangre, monte rodador:
libertades de mi alma
clamorosas de pasión,
desfilando por mi cuerpo,
donde no se quedan, no,
pero donde se despliegan,
sólo por amor.

Porque dentro de la triste
guirnalda del eslabón,
del sabor a carcelero
constante y a paredón,
y a precipicio en acecho,
alto, alegre, libre soy.
Alto, alegre, libre, libre,
sólo por amor.

No, no hay cárcel para el hombre.
No podrán atarme, no.
Este mundo de cadenas
me es pequeño y exterior.
¿Quién encierra una sonrisa?
¿Quién amuralla una voz?
A lo lejos tú, más sola
que la muerte, la una y yo.
A lo lejos tú, sintiendo
en tus brazos mi prisión:
en tus brazos donde late
la libertad de los dos.
Libre soy, siénteme libre.
Sólo por amor.

Cancionero y romancero de ausencias,
1938–41

Nanas de la cebolla[27]

(Dedicadas a su hijo a raíz de recibir una carta de
su mujer, en la que le decía que no comía más que
pan y cebolla.)

La cebolla es escarcha
cerrada y pobre.
Escarcha de tus días
y de mis noches.
Hambre y cebolla,
hielo negro y escarcha
grande y redonda.

En la cuna del hambre
mi niño estaba.
Con sangre de cebolla
se amamantaba.
Pero tu sangre,
escarcha de azúcar,
cebolla y hambre.

Una mujer morena
resuelta en luna
se derrama hilo a hilo
sobre la cuna.
Ríete, niño,
que te tragas la luna
cuando es preciso.

Alondra de mi casa,
ríete mucho.
Es tu risa en los ojos
la luz del mundo.
Ríete tanto
que mi alma al oírte
bata el espacio.

Tú risa me hace libre,
me pones alas.
Soledades me quita,
cárcel me arranca.
Boca que vuela,
corazón que en tus labios
relampaguea.

Es tu risa la espada
más victoriosa,
vencedor de las flores
y las alondras.
Rival del sol.
Porvenir de mis huesos
y de mi amor.

La carne aleteante,
súbito el párpado,
el vivir como nunca
coloreado.
¡Cuánto jilguero[28]
se remonta, aletea
desde tu cuerpo!

Desperté de ser niño:
nunca despiertes.
Triste llevo la boca:
ríete siempre.
Siempre en la cuna,
defendiendo la risa
pluma por pluma.

Ser de vuelo tan alto,
tan extendido,
que tu carne es el cielo
recién nacido.
¡Si yo pudiera
remontarme al origen
de tu carrera!

27 Concha Zardoya calls this poem the most tragic
lullaby in Spanish poetry.

28 jilguero — linnet (a kind of songbird).

Al octavo me ríes
con cinco azahares.
Con cinco diminutas
ferocidades.
Con cinco dientes
como cinco jazmines
adolescentes.

Frontera de los besos
serán mañana,
cuando en la dentadura
sientas un arma.
Sientas un fuego
correr dientes abajo
buscando el centro.

Vuela, niño, en la doble
luna del pecho:
él, triste de cebolla,
tú, satisfecho.
No te derrumbes.
No sepas lo que pasa
ni lo que ocurre.

José Hierro, b. 1922 (p. 409)

José Hierro, born in Madrid in 1922, has spent most of his life in Santander and Madrid. He published his first poems in the literary review *Proel*. In 1947 he won the Adonais prize with *Alegría*; in 1953 the National Prize of Literature with *Antología*; and in 1958 the Premio de la Crítica with *Cuanto sé de mí*. Among his other works are *Tierra sin nosotros*, 1947; *Tierra sin el viento*, 1950; *Quinta del 42*, 1952; *Estatuas yacentes*, 1955; *Poesía del momento*, 1957; and *Poesía completa*, 1962. In 1951 he won more votes from the leading Spanish intellectuals than any other Spanish poet for inclusion in a special anthology of the ten best young poets who had written and published their first works after the close of the Spanish Civil War.

Blas de Otero once called the poetry of his generation "poetry for the greatest number." Supposedly this type of writing, sometimes termed "arraigada" or grassroots poetry, sought a new realism in its vision of life and death and beauty. Although Hierro labels himself "poeta documentario," he admits to two styles of poetry, one the documental and the other poetry of "hallucinations." Even in the second type, which concerns itself more with esthetic considerations, Hierro rejects "isolated beauty." Many have criticized his

overly simple and direct style; others have praised his ear for rhythm.

Hierro writes of love and tenderness, death and solitude, countryside and time, joy and sadness, social problems and politics. In his existential anguish and semi-narrative poetry, he resembles Unamuno at times. Temporal considerations tinge all of his poetry, for he is a fleeting being in a senseless world of death, hemmed in by that unchanging existential boundary. Yet the poet refuses to despair completely at the thought of death, for he lives, for what that is worth, and there may be an afterlife.

The new Spanish poets, however, seem to suffer from a lack of ideals. They are unable to express truth, and speak of the trivialities of everyday life. Hierro, who has been considered a revolutionary poet, has often implied strongly that very little written under the censorship in Spain is worthwhile. He feels hemmed in in his search for fixed values in a universe of anguish and sadness where life leads nowhere. He becomes nostalgic as he reflects in bitterness on a lost world of hope, a world that might have been, and longs for an ideal by which to live. He says "the sorrow is not in dying . . . but in dying without glory." Yet as he writes of the earth and man, he is consoled by the possibility of a nobler life, for even in countries obscured and isolated by fog, flowers are born, and a better day may dawn because "después de la amargura y después de la pena es cuando da la vida sus más bellos colores."

Hierro's favorite poets are Jorge Manrique, Bécquer, Rubén Darío, Juan Ramón Jiménez and Antonio Machado. Guillén's influence is also obvious, although Hierro denies it. It remains to be seen whether the verdict of the intellectuals of 1951 will continue to be borne out, but as of the moment, Hierro may well be the most important poet of his generation.

Despedida del mar

Por más que intente al despedirme
guardarte entero en mi recinto
de soledad, por más que quiera
beber tus ojos infinitos,
tus largas tardes plateadas,
tu vago gesto, gris y frío,
sé que al volver a tus orillas
nos sentiremos muy distintos.
Nunca jamás volveré a verte
con estos ojos que hoy te miro.

Este perfume de manzanas
¿de dónde viene?   ¡Oh sueño mío,
mar mío!   ¡Fúndeme, despójame
de mi carne, de mi vestido
mortal!   ¡Olvídame en la arena,
y sea yo también un hijo
más, un caudal de agua serena
que vuelve a ti, a su salino
nacimiento, a vivir tu vida
como el más triste de los ríos!

Ramos frescos de espuma . . .   Barcas
soñolientas y vagas . . .   Niños
rebañando la miel poniente
del sol . . .   ¡Qué nuevo y fresco y limpio
el mundo! . . .   Nace cada día
del mar, recorre los caminos
que rodean mi alma, y corre

a esconderse bajo el sombrío,
lúgubre aceite de la noche,
vuelve a su origen y principio.

¡Y que ahora tenga que dejarte
para emprender otro camino! . . .

Por más que intente al despedirme
llevar tu imagen, mar, conmigo;
por más que quiera traspasarte,
fijarte, exacto, en mis sentidos;
por más que busque tus cadenas
para negarme a mi destino,
yo sé que pronto estará rota
tu malla[1] gris de tenues hilos.
Nunca jamás volveré a verte
con estos ojos que hoy te miro.

Tierra sin nosotros, 1947

El muerto

Aquél que ha sentido una vez en sus manos temblar la alegría
no podrá morir nunca.

Yo lo veo muy claro en mi noche completa.
Me costó muchos siglos de muerte poder comprenderlo,
muchos siglos de olvido y de sombra constante,
muchos siglos de darle mi cuerpo extinguido
a la yerba que encima de mí balancea su fresca verdura.
Ahora el aire, allá arriba, más alto que el suelo que pisan los vivos
será azul.   Temblará estremecido, rompiéndose,
desgarrado su vidrio oloroso por claras campanas,
por el curvo volar de gorriones,
por las flores doradas y blancas de esencias frutales.
(Yo una vez hice un ramo con ellas.
Puede ser que después arrojara las flores al agua,
puede ser que le diera las flores a un niño pequeño,
que llenara de flores alguna cabeza que ya no recuerdo,
que a mi madre llevara las flores;
yo querría poner primavera en sus manos.)

¡Será ya primavera allá arriba!
Pero yo que he sentido una vez en mis manos temblar la alegría
no podré morir nunca.
Pero yo que he tocado una vez las agudas agujas del pino
no podré morir nunca.
Morirán los que nunca jamás sorprendieron
aquel vago pasar de la loca alegría.
Pero yo que he tenido su tibia hermosura en mis manos
no podré morir nunca.
Aunque muera mi cuerpo, y no quede memoria de mí.

Alegría, 1947

Respuesta

Quisiera que tú me entendieras a mí sin palabras.
Sin palabras hablarte, lo mismo que se habla mi gente.
Que tú me entendieras a mí sin palabras
como entiendo yo al mar o a la brisa enredada en un álamo verde.

---

1 malla — network.

Me preguntas, amigo, y no sé qué respuesta he de darte.
Hace ya mucho tiempo aprendí hondas razones que tú no comprendes.
Revelarlas quisiera, poniendo en mis ojos el sol invisible,
la pasión con que dora la tierra sus frutos calientes.

Me preguntas, amigo, y no sé qué respuesta he de darte.
Siento arder una loca alegría en la luz que me envuelve.
Yo quisiera que tú la sintieras también inundándote el alma,
yo quisiera que a ti, en lo más hondo, también te quemase y te hiriese.
Criatura también de alegría quisiera que fueras,
criatura que llega por fin a vencer la tristeza y la muerte.

Si ahora yo te dijera que había que andar por ciudades perdidas
y llorar en sus calles oscuras sintiéndose débil,
y cantar bajo un árbol de estío tus sueños oscuros,
y sentirte hecho de aire y de nube y de yerba muy verde...

Si ahora yo te dijera
que es tu vida esa roca en que rompe la ola,
la flor misma que vibra y se llena de azul bajo el claro nordeste,
aquel hombre que va por el campo nocturno llevando una antorcha,
aquel niño que azota la mar con su mano inocente...

Si yo te dijera estas cosas, amigo,
¿qué fuego pondría en mi boca, qué hierro candente,
qué olores, colores, sabores, contactos, sonidos?
Y ¿cómo saber si me entiendes?
¿Cómo entrar en tu alma rompiendo sus hielos?
¿Cómo hacerte sentir para siempre vencida la muerte?
¿Cómo ahondar en tu invierno, llevar a tu noche la luna,
poner en tu oscura tristeza la lumbre celeste?
Sin palabras, amigo; tenía que ser sin palabras
como tú me entendieses.

Alegría, 1947

La llama

Racimos de amargas verdades
nos hieren los cuerpos desnudos.
Pero aún llamea en nuestros ojos
el cielo azul.

Vendrán los días y las noches
a ceñirnos coronas negras.
Pero llevamos en el alma
la juventud.

Podrán las cosas diluirse
y retornar a su silencio;
irán sintiendo poco a poco
su luz caer.

Pero aún veremos cada día
como una verdad dolorosa
en estas amargas verdades
la vida arder.

Alegría, 1947

Razón

> Tal vez porque cantamos embriagados la vida
> crees que fué con nosotros lo que tú llamas buena.
> Puedes aproximarte, puedes tocar la herida
> de amargura y de sangre hasta los bordes llena.
>
> Ganamos la alegría bajo un cielo sombrío
> mientras el desaliento nos prendía en sus redes.
> Hemos tenido sueño, hemos tenido frío,
> hemos estado solos entre cuatro paredes.
>
> Vivimos . . .   Llena el alma la hermosura más plena.
> En países de nieblas también nacen las flores.
> Después de la amargura y después de la pena
> es cuando da la vida sus más bellos colores.

Alegría, 1947

Para un esteta

> Tú que hueles la flor de la bella palabra
> acaso no comprendas las mías sin aroma.
> Tú que buscas el agua que corre transparente
> no has de beber mis aguas rojas.
>
> Tú que sigues el vuelo de la belleza, acaso
> nunca jamás pensaste cómo la muerte ronda
> ni cómo vida y muerte — agua y fuego — hermanadas
> van socavando nuestra roca.
>
> Perfección de la vida que nos talla y dispone
> para la perfección de la muerte remota.
> Y lo demás, palabras, palabras y palabras
> ¡ay, palabras maravillosas! . . .

Quinta del 42, 1953

Canto a España

> Oh España, qué vieja y qué seca te veo.
> Aún brilla tu entraña como una moneda de plata cubierta de polvo.
> Clavel encendido de sueños de fuego.
> He visto brillar tus estrellas, quebrarse tu luna en las aguas,
> andar a tus hombres descalzos, hiriendo sus pies con tus piedras ardientes.
>
> ¿En dónde buscar tu latido: en tus ríos
> que se llevan al mar, en sus aguas, murallas y torres de muertas ciudades?
> ¿En tus playas, con nieblas o sol, circundando de luz tu cintura?
> ¿En tus gentes errantes que pudren sus vidas por darles dulzor a tus frutos?
>
> Oh España, qué vieja y qué seca te veo.
> Quisiera talar con mis manos tus bosques, sembrar de ceniza tus tierras resecas,
> arrojar a una hoguera tus viejas hazañas,
> dormir con tu sueño y erguirme después, con la aurora,
> ya libre del peso que pone en mi espalda la sombra fatal de tu ruina.
>
> Oh España, qué vieja y qué seca te veo.
> Quisiera asistir a tu sueño completo,
> mirarte sin pena, lo mismo que a luna remota,
> hachazo de luz que no hiende los troncos ni pone la llaga en la piedra.

Qué tristes he visto a tus hombres.
Los veo pasar a mi lado, mamar en tu pecho la leche,
comer de tus manos el pan, y sentarse después a soñar bajo un álamo,
dorar con el fuego que abrasa sus vidas, tu dura corteza.
Les pides que pongan sus almas de fiesta.
No sabes que visten de duelo, que llevan a cuestas el peso de tu acabamiento,
que ven impasibles llegar a la muerte tocando sus graves guitarras.

Oh España, qué triste pareces.
Quisiera asistir a tu muerte total, a tu sueño completo,
saber que te hundías de pronto en las aguas, igual que un navío maldito.
Y sobre la noche marina, borrada tu estela,
España, ni en ti pensaría.   Ni en mí.   Ya extranjero de tierras y días.
Ya libre y feliz, como viento que no halla ni rosa, ni mar, ni molino.
Sin memoria, ni historia, ni edad, ni recuerdos, ni pena . . .
en vez de mirarte, oh España, clavel encendido de sueños de llama,
cofre de dura corteza que guarda en su entraña caliente
la vieja moneda de plata, cubierta de olvido, de polvo y cansancio . . .

Quinta del 42, 1953

Part V NONFICTION PROSE

NINETEENTH CENTURY *COSTUMBRISMO*

Mariano José de Larra, 1809–37 (pp. 117; 518–24)

Mariano José de Larra, a paradoxical man, summed up perfectly the conflict of his age between liberalism and conservatism and the fusion of the classical and romantic spirit. Although he wrote a historical novel in the Scott manner *(El doncel de don Enrique el doliente)*, a romantic historical drama in verse *(Macías)*, thirteen translations of foreign dramas and some mediocre verse, he is primarily famous for his *cuadros* and *artículos de costumbres*, short essays describing contemporary institutions or incidents. Viewing Spain as a battle-ground rather than as a society, he attacked negligent and incompetent officials, dirty inns and coaches, bad acting, laziness, and indeed most aspects of Spanish life and society. While his articles were intended to entertain, their critical view of national foibles and didactic purpose were more important, for they served as a constant reminder to the Spanish people of possible national solutions through education. In the well-known article *En este país* he explains that he compares Spain unfavorably to other nations only "para prepararnos un porvenir mejor que el presente, y para rivalizar en nuestros adelantos con los de nuestros vecinos."

Larra, who began publishing these articles as early as 1828 when he edited *El duende satírico del día* in five long numbers or *cuadernos*, continued them in *El Pobrecito Hablador* which lasted until March, 1833, and in other reviews and with other pseudonyms. Fairly cheerful in spirit at first, at least in some of his articles, he became more and more disillusioned and his articles more and more ill tempered and bitter, terminating in the despairing *Día de difuntos de 1836* and *La nochebuena de 1836*. He began writing at the time of the appearance of Romanticism in Spain but revealed a spirit anchored in literary and philosophical Neo-Classicism. Yet he was ambivalent about the merits of the Golden Age writers and liked especially Quevedo and Cervantes. Romantically he insisted on complete liberty in all spheres: "Libertad en literatura, como en las artes, como en el comercio, como en la conciencia: he aquí la divisa de la época, he aquí la nuestra."

Larra's own life was a turbulent, romantic one. His political independence and reputation as a skeptical and revolutionary writer suffered somewhat because of a compromising article ostensibly supporting the government he had been attacking previously, although his attitude appears consistent when viewed against the background of his frustrated political idealism. His well-known obsessive and eventually frustrated love for Dolores Armijo from about 1831 on (a factor in his suicide on February 13, 1837) created a scandal which kept his name before the public even more than his articles. His contemporaries, for the most part, considered him a difficult man. While Lista felt that as a satirical writer "poseía Larra las dotes del chiste, de la sal, de la gracia en el decir," Cayetano Cortés claimed that he was a generous and good friend but "sentía por los hombres un gran recelo y desconfianza." Pastor Díaz held that Larra was unhappy because "su carácter y sus pasiones le hacían imposible el sosiego y la tranquilidad de su espíritu." Later critics had varied opinions about him. Cánovas viewed him as a hypochondriac. Valera referred to him as "articulista popular tan amado del público." Menéndez y Pelayo, who believed that Larra's bitterness stemmed from skepticism and pride rather than from passion, felt nevertheless that he was "grande y original escritor de prosa satírica y crítica."

Larra had to wait for vindication until the twentieth century when the Generation of '98 saw in him a man who anticipated by some seventy years many of the doctrines which they pushed with such vigor. Manuel Chaves published a widely read work on his life in 1899, and Azorín commented on his relationship with the Generation of '98 in *La Voluntad* and in *Rivas y Larra*, which describes the homage paid at the latter's grave on February 13, 1901, by a group which included Azorín and Pío Baroja. For the latter Larra was "el prosista español más interesante, más bien dotado de la España del siglo XIX." For Azorín he was "el único hombre moderno de su tiempo en España." For Maeztu he was "el creador en España de nuestra profesión."

Ramón Gómez de la Serna helped organize a banquet in Larra's memory on March 24, 1909, the centenary of his birth, and Jacinto Benavente and Miguel de Unamuno acknowledged Larra's impact. The review *Prometeo* reported that a place was set for Larra and that "sólo algún necio hubiese dicho que estaba vacío *el sitio*." From 1913 on the tertulia held at the Pombo Café reserved a place for Larra.

A man of what F. Courtney Tarr called "intellectual lyricism and elegiac satire," Larra, while not erudite, revealed at times penetrating psychological insight. He was a proud and solitary satirist, but far from being the bitter misanthrope many have pictured him to be, he was a somewhat cynical and intelligent reporter on humanity.

El castellano viejo[1]

Ya en mi edad pocas veces gusto de alterar el orden que en mi manera de vivir tengo hace tiempo establecido, y fundo esta repugnancia en que no he abandonado mis lares ni un solo día para quebrantar mi sistema, sin que haya sucedido el arrepentimiento más sincero al desvanecimiento de mis engañadas esperanzas. Un resto, con todo eso, del antiguo ceremonial que en su trato tenían adoptado nuestros padres, me obliga a aceptar a veces ciertos convites a que parecería el negarse grosería, o por lo menos ridícula afectación de delicadeza.

Andábame días pasados por esas calles a buscar materiales para mis artículos. Embebido en mis pensamientos, me sorprendí varias veces a mí mismo riendo como un pobre hombre de mis propias ideas y moviendo maquinalmente los labios; algún tropezón me recordaba de cuando en cuando que para andar por el empedrado de Madrid no es la mejor circunstancia la de ser poeta ni filósofo; más de una sonrisa maligna, más de un gesto de admiración de los que a mi lado pasaban, me hacía reflexionar que los soliloquios no se deben hacer en público; y no pocos encontrones que al volver las esquinas di con quien tan distraída y rápidamente como yo las

doblaba, me hicieron conocer que los distraídos no entran en el número de los cuerpos elásticos, y mucho menos de los seres gloriosos e impasibles. En semejante situación de espíritu, ¿qué sensación no debería producirme una horrible palmada que una gran mano, pegada (a lo que por entonces entendí) a un grandísimo brazo,[2] vino a descargar sobre uno de mis hombros, que por desgracia no tienen punto alguno de semejanza con los de Atlante?[3]

No queriendo dar a entender que desconocía este enérgico modo de anunciarse, ni desairar el agasajo de quien sin duda había creído hacérmelo más que mediano, dejándome torcido para todo el día, traté sólo de volverme por conocer quién fuese tan mi amigo para tratarme tan mal; pero mi castellano viejo es hombre que cuando está de gracias no se ha de dejar ninguna en el tintero. ¿Cómo dirá el lector que siguió dándome pruebas de confianza y cariño? Echóme las manos a los ojos y sujetándome por detrás: « ¿Quién soy?, » gritaba, alborozado con el buen éxito de su delicada travesura. « ¿Quién soy? » « Un animal, » iba a responderle; pero me acordé de repente de quién podría ser, y sustituyendo cantidades iguales: « Braulio eres, » le dije.

Al oírme, suelta sus manos, ríe, se aprieta los ijares, alborota la calle y pónenos a entrambos en escena.

— ¡Bien, mi amigo!   ¿Pues en qué me has conocido?

— ¿Quién pudiera sino tú . . .?

— ¿Has venido ya de tu Vizcaya?

— No, Braulio, no he venido.

— Siempre el mismo genio. ¿Qué quieres?, es la pregunta del español. ¡Cuánto me alegro de que estés aquí! ¿Sabes que mañana son mis días?

— Te los deseo muy felices.

— Déjate de cumplimientos entre nosotros; ya sabes que yo soy franco y castellano viejo: el pan pan y el vino vino; por consiguiente exijo de ti que no vayas a dármelos; pero estás convidado.

— ¿A qué?

— A comer conmigo.

— No es posible.

---

1 This article, originally published in *El Pobrecito Hablador*, December 11, 1832, was changed slightly when Larra collected his writings in book form. The version given here is the final one. In this article, Larra criticizes the chauvinism of the so-called *castizo* Spaniards whose *casticismo* is mainly synonymous with bad breeding. According to Georges Le Gentil, this article may be based on Boileau's *Repas ridicule*.

2 una gran . . . brazo — a parody of a line in *Don Quijote*, Part I, Ch. 17.
3 Atlante — Atlas. In Homer, a divinity in charge of the pillars which upheld the heavens; usually, a Titan who supported the heavens on his head (not shoulders); hence, one capable of supporting the horrible slap.

— No hay remedio.

— No puedo — insisto temblando.

— ¿No puedes?

— Gracias.

— ¿Gracias? Vete a paseo; amigo, como no soy el duque de F . . ., ni el conde de P . . .

¿Quién se resiste a una sorpresa de esta especie? ¿Quién quiere parecer vano?

— No es eso, sino que . . .

— Pues si no es eso — me interrumpe —, te espero a las dos: en casa se come a la española; temprano. Tengo mucha gente; tendremos al famoso X. que nos improvisará de lo lindo; T. nos cantará de sobremesa una rondeña[4] con su gracia natural; y por la noche J. cantará y tocará alguna cosilla.

Esto me consoló algún tanto, y fué preciso ceder; un día malo, dije para mí, cualquiera lo pasa; en este mundo, para conservar amigos es preciso tener el valor de aguantar sus obsequios.

— No faltarás, si no quieres que riñamos.

— No faltaré — dije con voz exánime y ánimo decaído, como el zorro que se revuelve inútilmente dentro de la trampa donde se ha dejado coger.

— Pues hasta mañana —; y me dió un torniscón por despedida.

Vile marchar como el labrador ve alejarse la nube de su sembrado, y quedéme discurriendo cómo podían entenderse estas amistades tan hostiles y tan funestas.

Ya habrá conocido el lector, siendo tan perspicaz como yo le imagino, que mi amigo Braulio está muy lejos de pertenecer a lo que se llama gran mundo y sociedad de buen tono; pero no es tampoco un hombre de la clase inferior, puesto que es un empleado de los de segundo orden, que reúne entre su sueldo y su hacienda cuarenta mil reales de renta; que tiene una cintita atada al ojal y una crucecita a la sombra de la solapa; que es persona, en fin, cuya clase, familia y comodidades de ninguna manera se oponen a que tuviese una educación más escogida y modales más suaves e insinuantes. Mas la vanidad le ha sorprendido por donde ha sorprendido casi siempre a toda o a la mayor parte de nuestra clase media, y a toda nuestra clase baja. Es tal su patriotismo, que dará todas las lindezas del extranjero por un dedo de su país. Esta ceguedad le hace adoptar todas las responsabilidades de tan inconsiderado cariño; de paso que defiende que no hay vinos como los españoles, en lo cual bien puede tener razón, defiende que no hay educación como la española, en lo cual bien pudiera no tenerla; a trueque de defender que el cielo de Madrid es purísimo, defenderá que nuestras manolas son las más encantadoras de todas las mujeres; es un hombre, en fin, que vive de exclusivas, a quien le sucede poco más o menos lo que a una parienta mía, que se muere por las jorobas sólo porque tuvo un querido que llevaba una excrecencia bastante visible sobre entrambos omóplatos.[5]

No hay que hablarle, pues, de estos usos sociales, de estos respetos mutuos, de estas reticencias urbanas, de esa delicadeza de trato que establece entre los hombres una preciosa armonía, diciendo sólo lo que debe agradar y callando siempre lo que puede ofender. El se muere *por plantarle una fresca al lucero del alba,*[6] como suele decir, y cuando tiene un resentimiento, se le *espeta a uno cara a cara.* Como tiene trocados todos los frenos, dice de los cumplimientos que ya sabe lo que quiere decir *cumplo y miento*; llama a la urbanidad hipocresía, y a la decencia, monadas; a toda cosa buena le aplica un mal apodo; el lenguaje de la finura es para él poco más que griego: cree que toda la crianza está reducida a decir *Dios guarde a ustedes* al entrar en una sala, y añadir *con permiso de usted* cada vez que se mueve; a preguntar a cada uno por toda su familia, y a despedirse de todo el mundo; cosas todas que así se guardará él de olvidarlas como de tener pacto con franceses. En conclusión, hombres de éstos que no saben levantarse para despedirse sino en corporación con alguno o algunos otros, que han de dejar humildemente debajo de una mesa su sombrero, que llaman *su cabeza,* y que cuando se hallan en sociedad por desgracia sin un socorrido bastón, darían cualquier cosa por no tener manos ni brazos, porque en realidad no saben dónde ponerlos, ni qué cosa se puede hacer con los brazos en una sociedad.

Llegaron las dos, y como yo conocía ya a mi Braulio, no me pareció conveniente acicalarme demasiado para ir a comer; estoy seguro de que se hubiera picado: no quise, sin embargo, excusar un frac de color y un pañuelo blanco, cosa indispensable en un día de días en semejantes casas; vestíme sobre todo lo más despacio que me fué posible, como se reconcilia al pie del suplicio el infeliz reo, que quisiera tener cien pecados más

---

4 rondeña — a popular ballad of Ronda in Andalucía.
5 omóplato — shoulder blade.

6 por plantarle . . . alba — to upbraid or tell someone off regardless of his rank or station in life.

cometidos que contar para ganar tiempo. Era citado a las dos y entré en la sala a las dos y media.

No quiero hablar de las infinitas visitas ceremoniosas que antes de la hora de comer entraron y salieron en aquella casa, entre las cuales no eran de despreciar todos los empleados de su oficina, con sus señoras y sus niños, y sus capas, y sus paraguas, y sus chanclos, y sus perritos; déjome en blanco los necios cumplimientos que se dijeron al señor de los días; no hablo del inmenso círculo con que guarnecía la sala el concurso de tantas personas heterogéneas, que hablaron de que el tiempo iba a mudar, y de que en invierno suele hacer más frío que en verano. Vengamos al caso: dieron las cuatro y nos hallamos solos los convidados. Desgraciadamente para mí, el señor de X., que debía divertirnos tanto, gran conocedor de esta clase de convites, había tenido la habilidad de ponerse malo aquella mañana; el famoso T. se hallaba oportunamente comprometido para otro convite; y la señorita que tan bien había de cantar y tocar estaba ronca, en tal disposición que se asombraba ella misma de que se la entendiese una sola palabra, y tenía un panadizo[7] en un dedo. ¡Cuántas esperanzas desvanecidas!

— Supuesto que estamos los que hemos de comer — exclamó don Braulio —, vamos a la mesa, querida mía.

— Espera un momento — le contestó su esposa casi al oído —, con tanta visita yo he faltado algunos momentos de allá dentro y . . .

— Bien, pero mira que son las cuatro.

— Al instante comeremos.

Las cinco eran cuando nos sentábamos a la mesa.

— Señores — dijo el anfitrión[8] al vernos titubear en nuestras respectivas colocaciones —, exijo la mayor franqueza; en mi casa no se usan cumplimientos. ¡Ah, Fígaro!,[9] quiero que estés con toda comodidad; eres poeta, y además estos señores, que saben nuestras íntimas relaciones, no se ofenderán si te prefiero; quítate el frac, no sea que lo manches.

— ¿Qué tengo de manchar? — le respondí, mordiéndome los labios.

— No importa, te daré una chaqueta mía; siento que no haya para todos.

— No hay necesidad.

— ¡Oh!, sí, sí, ¡mi chaqueta! Toma, mírala; un poco ancha te vendrá.

— Pero, Braulio . . .

— No hay remedio, no te andes con etiquetas.

Y en esto me quita él mismo el frac, velis nolis,[10] y quedo sepultado en una cumplida chaqueta rayada, por la cual sólo asomaba los pies y la cabeza, y cuyas mangas no me permitirían comer probablemente. Díle las gracias: ¡al fin el hombre creía hacerme un obsequio!

Los días en que mi amigo no tiene convidados se contenta con una mesa baja, poco más que banqueta de zapatero, porque él y su mujer, como dice, ¿para qué quieren más? Desde la tal mesita, y como se sube el agua del pozo, hace subir la comida hasta la boca, adonde llega goteando después de una larga travesía; porque pensar que estas gentes han de tener una mesa regular, y estar cómodos todos los días del año, es pensar en lo excusado. Ya se concibe, pues, que la instalación de una gran mesa de convite era un acontecimiento en aquella casa; así que, se había creído capaz de contener catorce personas que éramos una mesa donde apenas podrían comer ocho cómodamente. Hubimos de sentarnos de medio lado como quien va a arrimar el hombro a la comida, y entablaron los codos de los convidados íntimas relaciones entre sí con la más fraternal inteligencia del mundo. Colocáronme, por mucha distinción, entre un niño de cinco años, encaramado en unas almohadas que era preciso enderezar a cada momento porque las ladeaba la natural turbulencia de mi joven adlátere,[11] y entre uno de esos hombres que ocupan en el mundo el espacio y sitio de tres, cuya corpulencia por todos lados se salía de madre[12] de la única silla en que se hallaba sentado, digámoslo así, como en la punta de una aguja. Desdobláronse silenciosamente las servilletas, nuevas a la verdad, porque tampoco eran muebles en uso para todos los días, y fueron izadas por todos aquellos buenos señores a los ojales de sus fraques como cuerpos intermedios entre las salsas y las solapas.

— Ustedes harán penitencia, señores — exclamó el anfitrión una vez sentado —; pero hay que hacerse cargo de que no estamos en

---

7 panadizo — a sore or inflammation.
8 anfitrión — host.
9 Fígaro — one of Larra's pseudonyms.
10 velis nolis — willy nilly.

11 adlátere — a látere, or *al lado*, one who constantly accompanies another person.
12 madre — matrix, the place or enveloping element within which something takes place.

Genieys[13] —; frase que creyó preciso decir. Necia afectación es ésta, si es mentira, dije yo para mí; y si verdad, gran torpeza convidar a los amigos a hacer penitencia.

Desgraciadamente no tardé mucho en conocer que había en aquella expresión más verdad de la que mi buen Braulio se figuraba. Interminables y de mal gusto fueron los cumplimientos con que para dar y recibir cada plato nos aburrimos unos a otros.

— Sírvase usted.

— Hágame usted el favor.

— De ninguna manera.

— No lo recibiré.

— Páselo usted a la señora.

— Está bien ahí.

— Perdone usted.

— Gracias.

— Sin etiqueta, señores — exclamó Braulio, y se echó el primero con su propia cuchara.

Sucedió a la sopa un cocido surtido de todas las sabrosas impertinencias de este engorrosísimo,[14] aunque buen plato; cruza por aquí la carne; por allá la verdura; acá los garbanzos; allá el jamón; la gallina por derecha; por medio el tocino; por izquierda los embuchados[15] de Extremadura. Siguióle un plato de ternera mechada, que Dios maldiga, y a éste otro y otros y otros,[16] mitad traídos de la fonda, que esto basta para que excusemos hacer su elogio, mitad hechos en casa por la criada de todos los días, por una vizcaína auxiliar tomada al intento para aquella festividad y por el ama de la casa, que en semejantes ocasiones debe estar en todo, y por consiguiente suele no estar en nada.

— Este plato hay que disimularle — decía ésta de unos pichones —; están un poco quemados.

— Pero, mujer . . .

— Hombre, me aparté un momento, y ya sabes lo que son las criadas.

— ¡Qué lástima que este pavo no haya estado media hora más al fuego! Se puso algo tarde.

— ¿No les parece a ustedes que está algo ahumado este estofado?

— ¿Qué quieres? Una no puede estar en todo.

— ¡Oh, está excelente! — exclamábamos todos dejándonoslo en el plato —. ¡Excelente!

— Este pescado está pasado.

— Pues en el despacho de la diligencia del fresco dijeron que acababa de llegar. ¡El criado es tan bruto!

— ¿De dónde se ha traído este vino?

— En eso no tienes razón, porque es . . .

— Es malísimo.

Estos diálogos cortos iban exornados con una infinidad de miradas furtivas del marido para advertirle continuamente a su mujer alguna negligencia, queriendo darnos a entender entrambos a dos que estaban muy al corriente de todas las fórmulas que en semejantes casos se reputan finura, y que todas las torpezas eran hijas de los criados, que nunca han de aprender a servir. Pero estas negligencias se repetían tan a menudo, servían tan poco ya las miradas, que le fué preciso al marido recurrir a los pellizcos y a los pisotones; y ya la señora, que a duras penas había podido hacerse superior hasta entonces a las persecuciones de su esposo, tenía la faz encendida y los ojos llorosos.

— Señora, no se incomode usted por eso — le dijo el que a su lado tenía.

— ¡Ah! les aseguro a ustedes que no vuelvo a hacer estas cosas en casa: ustedes no saben lo que es esto: otra vez, Braulio, iremos a la fonda y no tendrás . . .

— Usted, señora mía, hará lo que . . .

— ¡Braulio! ¡Braulio!

Una tormenta espantosa estaba a punto de estallar; empero todos los convidados a porfía probamos a aplacar aquellas disputas, hijas del deseo de dar a entender la mayor delicadeza, para lo cual no fué poca parte la manía de Braulio y la expresión concluyente que dirigió de nuevo a la concurrencia acerca de la inutilidad de los cumplimientos, que así llamaba él a estar bien servido y al saber comer. ¿Hay nada más ridículo que estas gentes que quieren pasar por finas en medio de la más crasa ignorancia de los usos sociales; que para obsequiarle le obligan a usted a comer y beber por fuerza, y no le dejan medio de hacer su gusto? ¿Por qué habrá gentes que sólo quieren comer con alguna más limpieza los días de días?

A todo esto, el niño que a mi izquierda tenía, hacía saltar las aceitunas a un plato de magras con tomate, y una vino a parar a uno de mis ojos, que no volvió a ver claro en todo el día; y el señor gordo de mi derecha había tenido la precaución de ir dejando en el mantel, al lado de mi pan, los huesos de las

---

13 Genieys — a famous Madrid restaurant.
14 engorrosísimo — tiresome.
15 embuchados — large sausages.

16 In Larra's time this kind of meal was considered the usual good lunch. The quantity of food amazes the modern reader.

suyas, y los de las aves que había roído; el convidado de enfrente, que se preciaba de trinchador, se había encargado de hacer la autopsia de un capón, o sea gallo, que esto nunca se supo: fuese por la edad avanzada de la víctima, fuese por los ningunos conocimientos anatómicos del victimario, jamás parecieron las coyunturas. « Este capón no tiene coyunturas, » exclamaba el infeliz sudando y forcejeando, más como quien cava que como quien trincha. ¡Cosa más rara! En una de las embestidas resbaló el tenedor sobre el animal como si tuviera escama, y el capón, violentamente despedido, pareció querer tomar su vuelo como en sus tiempos más felices, y se posó en el mantel tranquilamente como pudiera en un palo de un gallinero.

El susto fué general y la alarma llegó a su colmo cuando un surtidor de caldo, impulsado por el animal furioso, saltó a inundar mi limpísima camisa. Levántase rápidamente a este punto el trinchador con ánimo de cazar el ave prófuga, y al precipitarse sobre ella, una botella que tiene a la derecha, con la que tropieza su brazo, abandonando su posición perpendicular, derrama un abundante caño de Valdepeñas[17] sobre el capón y el mantel; corre el vino, auméntase la algazara, llueve la sal sobre el vino para salvar el mantel; para salvar la mesa se ingiere por debajo de él una servilleta, y una eminencia se levanta sobre el teatro de tantas ruinas. Una criada toda azorada retira el capón en el plato de su salsa; al pasar sobre mí hace una pequeña inclinación, y una lluvia maléfica de grasa desciende, como el rocío sobre los prados, a dejar eternas huellas en mi pantalón color de perla; la angustia y el aturdimiento de la criada no conocen término; retírase atolondrada sin acertar con las excusas; al volverse tropieza con el criado que traía una docena de platos limpios y una salvilla con las copas para los vinos generosos, y toda aquella máquina viene al suelo con el más horroroso estruendo y confusión. « ¡Por San Pedro!, » exclama dando una voz Braulio, difundida ya sobre sus facciones una palidez mortal, al paso que brota fuego el rostro de su esposa. « Pero sigamos, señores, no ha sido nada, » añade volviendo en sí.

¡Oh honradas casas donde un modesto cocido y un principio final constituyen la felicidad diaria de una familia, huid del tumulto de un convite de día de días! Sólo la costumbre de comer y servirse bien diariamente puede evitar semejantes destrozos.

¿Hay más desgracias? ¡Santo cielo! Sí, las hay para mí, ¡infeliz! Doña Juana, la de los dientes negros y amarillos, me alarga de su plato y con su propio tenedor una fineza, que es indispensable aceptar y tragar; el niño se divierte en despedir a los ojos de los concurrentes los huesos disparados de las cerezas; don Leandro me hace probar el manzanilla exquisito, que he rehusado, en su misma copa, que conserva las indelebles señales de sus labios grasientos; mi gordo fuma ya sin cesar y me hace cañón de su chimenea; por fin, ¡oh última de las desgracias!, crece el alboroto y la conversación; roncas ya las voces, piden versos y décimas y no hay más poeta que Fígaro.

— Es preciso.

— Tiene usted que decir algo — claman todos.

— Désele pie forzado; que diga una copla a cada uno.

— Yo le daré el pie: *A don Braulio en este día.*

— Señores, ¡por Dios!

— No hay remedio.

— En mi vida he improvisado.

— No se haga usted el chiquito.

— Me marcharé.

— Cerrar la puerta.

— No se sale de aquí sin decir algo. Y digo versos por fin, y vomito disparates, y los celebran, y crece la bulla y el humo y el infierno.

A Dios gracias, logro escaparme de aquel nuevo *Pandemonio*.[18] Por fin, ya respiro el aire fresco y desembarazado de la calle; ya no hay necios, ya no hay castellanos viejos a mi alrededor.

« ¡Santo Dios, yo te doy gracias, — exclamo respirando, como el ciervo que acaba de escaparse de una docena de perros y que oye ya apenas sus ladridos; — para de aquí en adelante no te pido riquezas, no te pido empleos, no honores; líbrame de los convites caseros y de días de días; líbrame de estas casas en que es un convite un acontecimiento, en que sólo se pone la mesa decente para los convidados, en que creen hacer obsequios cuando dan mortificaciones, en que se hacen finezas, en que se dicen versos, en que hay niños, en que hay gordos, en que reina, en fin, la brutal franqueza de los castellanos viejos! Quiero que, si

---

17 caño de Valdepeñas — a bottle of Valdepeñas, a red wine from Valdepeñas, a village in the province of Ciudad Real.

18 Pandemonio — Pandemonium, the abode of all the demons, or Hell.

caigo de nuevo en tentaciones semejantes, me falte un *roastbeef*, desaparezca del *mundo el beefsteak*, se anonaden los timbales de macarrones, no haya pavos en Périgueux,[19] ni pasteles en Perigord,[20] se sequen los viñedos de Burdeos,[21] y beban, en fin, todos menos yo la deliciosa espuma del Champagne. »

Concluida mi deprecación mental, corro a mi habitación a despojarme de mi camisa y de mi pantalón, reflexionando en mi interior que no son unos todos los hombres, puesto que los de un mismo país, acaso de un mismo entendimiento, no tienen las mismas costumbres, ni la misma delicadeza, cuando ven las cosas de tan distinta manera. Vístome y vuelo a olvidar tan funesto día entre el corto número de gentes que piensan, que viven sujetas al provechoso yugo de una buena educación libre y desembarazada, y que fingen acaso estimarse y respetarse mutuamente para no incomodarse, al paso que las otras hacen ostentación de incomodarse, y se ofenden y se maltratan, queriéndose y estimándose tal vez verdaderamente.

Vuelva usted mañana[22]

(ARTÍCULO DEL BACHILLER)

Gran persona debió de ser el primero que llamó pecado mortal a la pereza; nosotros, que ya en uno de nuestros artículos anteriores estuvimos más serios de lo que nunca nos habíamos propuesto, no entraremos ahora en largas y profundas investigaciones acerca de la historia de este pecado, por más que conozcamos que hay pecados que pican en[23] historia, y que la historia de los pecados sería un tanto cuanto divertida. Convengamos solamente en que esta institución[24] ha cerrado y cerrará las puertas del cielo a más de un cristiano.

Estas reflexiones hacía yo casualmente no hace muchos días, cuando se presentó en mi casa un extranjero de éstos que, en buena o en mala parte, han de tener siempre de nuestro país una idea exagerada e hiperbólica, de éstos que, o creen que los hombres aquí son todavía los espléndidos, francos, generosos y caballerescos seres de hace dos siglos, o que son aún las tribus nómadas del otro lado del Atlante:[25] en el primer caso vienen imaginando que nuestro carácter se conserva tan

intacto como nuestra ruina; en el segundo vienen temblando por esos caminos, y preguntan si son los ladrones que los han de despojar los individuos de algún cuerpo de guardia establecido precisamente para defenderlos de los azares de un camino, comunes a todos los países.

Verdad es que nuestro país no es de aquéllos que se conocen a primera ni a segunda vista, y si no temiéramos que nos llamasen atrevidos, lo compararíamos de buena gana a esos juegos de manos sorprendentes e inescrutables para el que ignora su artificio, que estribando en una grandísima bagatela, suelen después de sabidos dejar asombrado de su poca perspicacia al mismo que se devanó los sesos por buscarles causas extrañas. Muchas veces la falta de una causa determinante en las cosas nos hace creer que debe de haberlas profundas para mantenerlas al abrigo de nuestra penetración. Tal es el orgullo del hombre, que más quiere declarar en alta voz que las cosas son incomprensibles cuando no las comprende él, que confesar que el ignorarlas puede depender de su torpeza.

Esto no obstante, como quiera que entre nosotros mismos se hallen muchos en esta ignorancia de los verdaderos resortes que nos mueven, no tendremos derecho para extrañar que los extranjeros no los puedan tan fácilmente penetrar.

Un extranjero de éstos fué el que se presentó en mi casa, provisto de competentes cartas de recomendación para mi persona. Asuntos intrincados de familia, reclamaciones[26] futuras, y aun proyectos vastos concebidos en París de invertir aquí sus cuantiosos caudales en tal cual[27] especulación industrial o mercantil, eran los motivos que a nuestra patria le conducían.

Acostumbrado a la actividad en que viven nuestros vecinos, me aseguró formalmente que pensaba permanecer aquí muy poco tiempo, sobre todo si no encontraba pronto objeto seguro en que invertir su capital. Parecióme el extranjero digno de alguna consideración, trabé presto amistad con él, y lleno de lástima traté de persuadirle a que se volviese a su casa cuanto antes, siempre que seriamente trajese otro fin que no fuese el de pasearse. Admiróle la proposición, y fué preciso explicarme más claro.

---

19 Périgueux —commune of southwest central France famous for its fowl and truffles.
20 Perigord —old name for Périgueux.
21 Burdeos —Bordeaux.
22 This article appeared on January 14, 1833, in *El Pobrecito Hablador.*

23 picar en —to enter into.
24 institución —laziness or *la pereza.*
25 Atlante —Here: the Atlas Mountains.
26 reclamaciones —claims on an estate.
27 tal cual —one or another.

— Mirad — le dije —, monsieur Sans-délai,[28] que así se llamaba; vos venís decidido a pasar quince días, y a solventar en ellos vuestros asuntos.

— Ciertamente — me contestó —. Quince días, y es mucho. Mañana por la mañana buscamos un genealogista para mis asuntos de familia; por la tarde revuelve sus libros, busca mis ascendientes, y por la noche ya sé quién soy. En cuanto a mis reclamaciones, pasado mañana las presento fundadas en los datos que aquél me dé, legalizadas en debida forma; y como será una cosa clara y de justicia innegable (pues sólo en este caso haré valer mis derechos), al tercer día se juzga el caso y soy dueño de lo mío. En cuanto a mis especulaciones, en que pienso invertir mis caudales, al cuarto día ya habré presentado mis proposiciones. Serán buenas o malas, y admitidas o desechadas en el acto,[29] y son cinco días; en el sexto, séptimo y octavo, veo lo que hay que ver en Madrid; descanso el noveno; el décimo tomo mi asiento en la diligencia, si no me conviene estar más tiempo aquí, y me vuelvo a mi casa; aún me sobran de los quince cinco días.

Al llegar aquí monsieur Sans-délai, traté de reprimir una carcajada que me andaba retozando ya hacía rato en el cuerpo, y si mi educación logró sofocar mi inoportuna jovialidad, no fué bastante a impedir que se asomase a mis labios una suave sonrisa de asombro y de lástima que sus planes ejecutivos me sacaban al rostro mal de mi grado.

— Permitidme, monsieur Sans-délai — le dije entre socarrón y formal —, permitidme que os convide a comer para el día en que llevéis quince meses de estancia en Madrid.

— ¿Cómo?

— Dentro de quince meses estáis aquí todavía.

— ¿Os burláis?

— No por cierto.

— ¿No me podré marchar cuando quiera? ¡Cierto que la idea es graciosa!

— Sabed que no estáis en vuestro país activo y trabajador.

— ¡Oh!, los españoles que han viajado por el extranjero han adquirido la costumbre de hablar mal de su país por hacerse superiores a sus compatriotas.

— Os aseguro que en los quince días con que contáis, no habréis podido hablar siquiera a una sola de las personas cuya cooperación necesitáis.

— ¡Hipérboles! Yo les comunicaré a todos mi actividad.

— Todos os comunicarán su inercia.

Conocí que no estaba el señor de Sans-délai muy dispuesto a dejarse convencer sino por la experiencia, y callé por entonces, bien seguro de que no tardarían mucho los hechos en hablar por mí.

Amaneció el día siguiente, y salimos entrambos a buscar un genealogista, lo cual sólo se pudo hacer preguntando de amigo en amigo y de conocido en conocido: encontrámosle por fin, y el buen señor, aturdido de ver nuestra precipitación, declaró francamente que necesitaba tomarse algún tiempo; instósele, y por mucho favor nos dijo definitivamente que nos diéramos una vuelta por allí dentro de unos días. Sonreíme y marchámonos. Pasaron tres días: fuimos.

— Vuelva usted mañana — nos respondió la criada —, porque el señor no se ha levantado todavía.

— Vuelva usted mañana — nos dijo al siguiente día —, porque el amo acaba de salir.

— Vuelva usted mañana — nos respondió el otro —, porque el amo está durmiendo la siesta.

— Vuelva usted mañana — nos respondió el lunes siguiente —, porque hoy ha ido a los toros.

— ¿Qué día, a qué hora se ve a un español? Vímosle por fin, y « Vuelva usted mañana — nos dijo —, porque se me ha olvidado. Vuelva usted mañana, porque no está en limpio. »

A los quince días ya estuvo; pero mi amigo le había pedido una noticia del apellido Díez, y él había entendido Díaz, y la noticia no servía. Esperando nuevas pruebas, nada dije a mi amigo, desesperado ya de dar jamás con sus abuelos.

Es claro que faltando este principio no tuvieron lugar las reclamaciones.

Para las proposiciones que acerca de varios establecimientos y empresas utilísimas pensaba hacer, había sido preciso buscar un traductor; por los mismos pasos que el genealogista nos hizo pasar el traductor; de mañana en mañana nos llevó hasta el fin del mes. Averiguamos que necesitaba dinero diariamente para comer, con la mayor urgencia; sin embargo, nunca encontraba momento oportuno para trabajar. El escribiente hizo después otro tanto con las copias,

---

28 monsieur Sans-délai — Mr. Without-delay.

29 en el acto — immediately.

sobre[30] llenarlas de mentiras, porque un escribiente que sepa escribir no lo hay en este país.

No paró aquí; un sastre tardó veinte días en hacerle un frac, que le había mandado llevarle en veinticuatro horas; el zapatero le obligó con su tardanza a comprar botas hechas; la planchadora necesitó quince días para plancharle una camisola; y el sombrerero a quien le había enviado su sombrero a variar el ala, le tuvo dos días con la cabeza al aire y sin salir de casa.

Sus conocidos y amigos no le asistían a una sola cita, ni avisaban cuando faltaban, ni respondían a sus esquelas. ¡Qué formalidad y qué exactitud!

— ¿Qué os parece de esta tierra, monsieur Sans-délai? — le dije al llegar a estas pruebas.

— Me parece que son hombres singulares . . .

— Pues así son todos. No comerán por no llevar la comida a la boca.

Presentóse con todo, yendo y viniendo días, una proposición de mejoras para un ramo[31] que no citaré, quedando recomendada eficacísimamente.

A los cuatro días volvimos a saber el éxito de nuestra pretensión.

— Vuelva usted mañana — nos dijo el portero —. El oficial de la mesa no ha venido hoy.

— Grande causa le habrá detenido — dije yo entre mí. Fuímonos a dar un paseo, y nos encontramos, ¡qué casualidad!, al oficial de la mesa en el Retiro,[32] ocupadísimo en dar una vuelta con su señora al hermoso sol de los inviernos claros de Madrid.

Martes era el día siguiente, y nos dijo el portero:

— Vuelva usted mañana, porque el señor oficial de la mesa no da audiencia hoy.

— Grandes negocios habrán cargado sobre él —, dije yo.

Como soy el diablo y aun he sido duende,[33] busqué ocasión de echar una ojeada por el agujero de una cerradura. Su señoría estaba echando un cigarrito al brasero, y con una charada[34] del *Correo* entre manos que le debía costar trabajo el acertar.

— Es imposible verle hoy — le dije a mi compañero —; su señoría está, en efecto, ocupadísimo.

Diónos audiencia el miércoles inmediato, y ¡qué fatalidad!, el expediente había pasado a informe,[35] por desgracia, a la única persona enemiga indispensable de monsieur y de su plan, porque era quien debía salir en él perjudicado. Vivió el expediente dos meses en informe, y vino tan informado como era de esperar. Verdad es que nosotros no habíamos podido encontrar empeño para una persona muy amiga del informante. Esta persona tenía unos ojos muy hermosos, los cuales sin duda alguna le hubieran convencido en sus ratos perdidos de la justicia de nuestra causa.

Vuelto de informe se cayó en la cuenta en la sección de nuestra bendita oficina de que el tal expediente no correspondía a aquel ramo; era preciso rectificar este pequeño error; pasóse al ramo, establecimiento y mesa correspondiente, y hétenos[36] caminando después de tres meses a la cola siempre de nuestro expediente, como hurón que busca el conejo, y sin poderlo sacar muerto ni vivo de la huronera. Fué el caso al llegar aquí que el expediente salió del primer establecimiento y nunca llegó al otro.

— De aquí se remitió con fecha de tantos — decían en uno.

— Aquí no ha llegado nada — decían en otro.

— ¡Voto va! — dije yo a monsieur Sans-délai, — ¿sabéis que nuestro expediente se ha quedado en el aire como el alma de Garibay,[37] y que debe de estar ahora posado como una paloma sobre algún tejado de esta activa población?

Hubo que hacer otro. ¡Vuelta a los empeños! ¡Vuelta a la prisa! ¡Qué delirio!

— Es indispensable — dijo el oficial con voz campanuda — , que esas cosas vayan por sus trámites regulares.

Es decir, que el toque estaba, como el toque del ejercicio militar, en llevar nuestro expediente tantos o cuantos años de servicio.

Por último, después de cerca de medio año de subir y bajar, y estar a la firma o al informe, o a la aprobación, o al despacho, o debajo de la mesa, y de *volver* siempre mañana, salió con una notita al margen que decía:

« A pesar de la justicia y utilidad del plan del exponente, negado. »[38]

---

30 sobre — besides.
31 ramo — government office.
32 Retiro — a large park in Madrid.
33 duende — goblin. Larra refers to the magazine he published under a pseudonym, "El duende satírico del día."
34 charada — puzzle, word charade.
35 a informe — for appraisal.
36 hétenos — behold us.

37 Garibay — a man whose soul was condemned to wander, going neither to heaven nor to hell.
38 In the original version of this article Larra added the following footnote here: "Ya se supone que esto es ideal todo, como debe serlo en artículos generales de costumbres. Si bien puede suceder, no sabemos que haya sucedido cosa semejante a persona determinada. Nunca creemos de más estas satisfacciones."

— ¡Ah, ah!, monsieur Sans-délai — exclamé riéndome a carcajadas — ; éste es nuestro negocio.

Pero monsieur Sans-délai se daba a todos los oficinistas, que es como si dijéramos a todos los diablos.

— ¿Para esto he echado yo mi viaje tan largo? ¿Después de seis meses no habré conseguido sino que me digan en todas partes diariamente: *Vuelva usted mañana*, y cuando este dichoso *mañana* llega en fin, nos dicen redondamente que *no*? ¿Y vengo a darles dinero? ¿Y vengo a hacerles favor? Preciso es que la intriga más enredada se haya fraguado para oponerse a nuestras miras.

— ¿Intriga, monsieur Sans-délai? No hay hombre capaz de seguir dos horas una intriga. La pereza es la verdadera intriga; os juro que no hay otra; ésa es la gran causa oculta: es más fácil negar las cosas que enterarse de ellas.

Al llegar aquí, no quiero pasar en silencio algunas razones de las que me dieron para la anterior negativa, aunque sea una pequeña digresión.

— Ese hombre se va a perder — me decía un personaje muy grave y muy patriótico.

— Esa no es una razón — le repuse — : si él se arruina, nada se habrá perdido en concederle lo que pide; él llevará el castigo de su osadía o de su ignorancia.

— ¿Cómo ha de salir con su intención?

— Y suponga usted que quiere tirar su dinero y perderse, ¿no puede uno aquí morirse siquiera, sin tener un empeño para el oficial de la mesa?

— Puede perjudicar a los que hasta ahora han hecho de otra manera eso mismo que ese señor extranjero quiere.

— ¿A los que lo han hecho de otra manera, es decir, peor?

— Sí, pero lo han hecho.

— Sería lástima que se acabara el modo de hacer mal las cosas. ¿Conque, porque siempre se han hecho los cosas del modo peor posible, será preciso tener consideraciones con los perpetuadores del mal? Antes se debiera mirar si podrían perjudicar los antiguos al moderno.

— Así está establecido; así se ha hecho hasta aquí; así lo seguiremos haciendo.

— Por esa razón deberían darle a usted papilla todavía como cuando nació.

— En fin, señor Fígaro, es un extranjero.

— ¿Y por qué no lo hacen los naturales del país?

— Con esas socaliñas vienen a sacarnos la sangre.

— Señor mío — exclamé, sin llevar más adelante mi paciencia —, está usted en un error harto general. Usted es como muchos que tienen la diabólica manía de empezar siempre por poner obstáculos a todo lo bueno, y el que pueda que los venza. Aquí tenemos el loco orgullo de no saber nada, de quererlo adivinar todo y no reconocer maestros. Las naciones que han tenido, ya que no el saber, deseos de él, no han encontrado otro remedio que el de recurrir a los que sabían más que ellas. Un extranjero — seguí — que corre a un país que le es desconocido, para arriesgar en él sus caudales, pone en circulación un capital nuevo, contribuye a la sociedad, a quien hace un inmenso beneficio con su talento y su dinero. Si pierde, es un héroe; si gana, es muy justo que logre el premio de su trabajo, pues nos proporciona ventajas que no podíamos acarrearnos solos. Ese extranjero que se establece en este país no viene a sacar de él el dinero, como usted supone; necesariamente se establece y se arraiga en él, y a la vuelta de media docena de años, ni es extranjero ya ni puede serlo; sus más caros intereses y su familia le ligan al nuevo país que ha adoptado; toma cariño al suelo donde ha hecho su fortuna, al pueblo donde ha escogido una compañera; sus hijos son españoles, y sus nietos lo serán; en vez de extraer el dinero, ha venido a dejar un capital suyo que traía, invirtiéndolo y haciéndolo producir; ha dejado otro capital de talento, que vale por lo menos tanto como el del dinero; ha dado de comer a los pocos o muchos naturales de quien ha tenido necesariamente que valerse; ha hecho una mejora, y hasta ha contribuido al aumento de la población con su nueva familia. Convencidos de estas importantes verdades, todos los gobiernos sabios y prudentes han llamado a sí a los extranjeros: a su grande hospitalidad ha debido siempre la Francia su alto grado de esplendor; a los extranjeros de todo el mundo que ha llamado la Rusia, ha debido el llegar a ser una de las primeras naciones en muchísimo menos tiempo que el que han tardado otras en llegar a ser las últimas; a los extranjeros han debido los Estados Unidos . . . Pero veo por sus gestos de usted — concluí interrumpiéndome oportunamente a mí mismo — que es muy difícil convencer al que está persuadido de que no se debe convencer. ¡Por cierto, si usted mandara, podríamos fundar en usted grandes esperanzas!

Concluida esta filípica, fuime en busca de mi Sans-délai.

— Me marcho, señor Fígaro — me dijo —. En este país no hay tiempo para hacer nada; sólo me limitaré a ver lo que haya en la capital de más notable.

— ¡Ay! mi amigo — le dije —, idos en paz, y no queráis acabar con vuestra poca paciencia; mirad que la mayor parte de nuestras cosas no se ven.

— ¿Es posible?

— ¿Nunca me habéis de creer? Acordaos de los quince días . . .

Un gesto de monsieur Sans-délai me indicó que no le había gustado el recuerdo.

— *Vuelva usted mañana* — nos decían en todas partes —, porque hoy no se ve.

— Ponga usted un memorialito para que le den a usted permiso especial. Era cosa de ver la cara de mi amigo al oír lo del memorialito: representábasele en la imaginación el informe, y el empeño, y los seis meses, y . . . Contentóse con decir:

— *Soy extranjero* —. ¡Buena recomendación entre los amables compatriotas míos! Aturdíase mi amigo cada vez más, y cada vez nos comprendía menos. Días y días tardamos en ver las pocas rarezas que tenemos guardadas. Finalmente, después de medio año largo, si es que puede haber un medio año más largo que otro, se restituyó mi recomendado a su patria maldiciendo de esta tierra, y dándome la razón que yo ya antes me tenía, y llevando al extranjero noticias excelentes de nuestras costumbres; diciendo sobre todo que en seis meses no había podido hacer otra cosa sino *volver siempre mañana*, y que a la vuelta de tanto *mañana*, eternamente futuro, lo mejor, o más bien lo único que había podido hacer bueno, había sido marcharse.

¿Tendrá razón, perezoso lector (si es que has llegado ya a esto que estoy escribiendo), tendrá razón el buen monsieur Sans-délai en hablar mal de nosotros y de nuestra pereza? ¿Será cosa de que *vuelva* el día de *mañana* con gusto a visitar nuestros hogares? Dejemos esta cuestión para mañana, porque ya estarás cansado de leer hoy: si mañana u otro día no tienes, como sueles, pereza de volver a la librería, pereza de sacar tu bolsillo, y pereza de abrir los ojos para ojear las hojas que tengo que darte todavía, te contaré cómo a mí mismo, que todo esto veo y conozco y callo

mucho más, me ha sucedido muchas veces, llevado de esta influencia, hija del clima y de otras causas, perder de pereza más de una conquista amorosa; abandonar más de una pretensión empezada, y las esperanzas de más de un empleo, que me hubiera sido acaso, con más actividad, poco menos que asequible; renunciar, en fin, por pereza de hacer una visita justa o necesaria, a relaciones sociales que hubieran podido valerme de mucho en el transcurso de mi vida; te confesaré que no hay negocio que no pueda hacer hoy que no deje para mañana; te referiré que me levanto a las once, y duermo siesta; que paso haciendo el quinto pie de la mesa de un café, hablando o roncando, como buen español, las siete y las ocho horas seguidas; te añadiré que cuando cierran el café, me arrastro lentamente a mi tertulia diaria (porque de pereza no tengo más que una), y un cigarrito tras otro me alcanzan[39] clavado en un sitial, y bostezando sin cesar, las doce o la una de la madrugada; que muchas noches no ceno de pereza, y de pereza no me acuesto; en fin, lector de mi alma, te declararé que de tantas veces como estuve en esta vida desesperado, ninguna me ahorqué y siempre fué de pereza. Y concluyo por hoy confesándote que ha más de tres meses que tengo, como la primera entre mis apuntaciones, el título de este artículo, que llamé: *Vuelva usted mañana*; que todas las noches y muchas tardes he querido durante ese tiempo escribir algo en él, y todas las noches apagaba mi luz diciéndome a mí mismo con la más pueril credulidad en mis propias resoluciones: *¡Eh! ¡mañana lo escribiré!* Da gracias a que llegó por fin este mañana, que no es del todo malo; pero ¡ay de aquel mañana que no ha de llegar jamás!

Nadie pase sin hablar al portero, o los viajeros en Vitoria[40]

¿Por qué no ha de tener España su portero, cuando no hay casa medianamente grande que no tenga el suyo? En Francia eran antiguamente los suizos los que se encargaban de esta comisión; en España parece que la toman sobre sí algunos vizcaínos. Y efectivamente, si nadie ha de pasar hasta hablar con el portero, ¿cuándo pasarán los de allende si se han de entender con un vizcaíno? El hecho es que

---

39 alcanzan — overtake; the subject is "las doce o la una" in the following lines.
40 This article, first published in the *Revista Española*, October 18, 1833, receives its title from a sign commonly posted on many doors in Madrid during Larra's

time. Larra discusses here the situation on the northern frontier where the first Carlist bands had appeared. The violent satire of this article contrasts sharply with the ironic humor of previous ones.

desde París a Madrid no había antes más inconveniente que vencer 365 leguas, las landas de Burdeos y el registro de la Puerta de Fuencarral. Pero hete aquí que una mañana[41] se levantan unos cuantos alaveses (Dios los perdone) con humor de discurrir, caen en la cuenta de que están en la mitad del camino de París a Madrid, como si dijéramos estorbando, y hete que exclaman:

— Pues qué, ¿no hay más que venir a pasar? *¡Nadie pase sin hablar al portero!*

De entonces acá, cada alavés de aquéllos es un portero, y Vitoria es un cucurucho[42] tumbado en medio del camino de Francia; todo el que viene entra; pero hacia la parte de acá está el fondo del cucurucho, y fuerza es romperlo para pasar.

Pero no ocupemos a nuestros lectores con inútiles digresiones. Amaneció en Vitoria y en Álava uno de los primeros días del corriente, y amanecía poco más o menos como en los demás países del mundo; es decir, que se empezaba a ver claro, digámoslo así, por aquellas provincias, cuando una nubecilla de ligero polvo anunció en la carretera de Francia la precipitada carrera de algún carruaje procedente de la vecina nación. Dos importantes viajeros, francés el uno, español el otro, envuelto éste en su capa y aquél en su capote, venían dentro. El primero hacía castillos en España, el segundo los hacía en el aire, porque venían echando cuentas acerca del día y hora en que llegar debían a la villa de Madrid, leal y coronada (sea dicho con permiso del padre Vaca).[43] Llegó el veloz carruaje a las puertas de Vitoria, y una voz estentórea, de éstas que salen de un cuerpo bien nutrido, intimó la orden de detener a los ilusos viajeros.

— ¡Hola!, ¡eh! — dijo la voz —, nadie pase.

— ¡Nadie pase! — repitió el español.

— *¿Son ladrones?* — dijo el francés.

— No, señor — repuso el español asomándose —, *son de la aduana.*

Pero ¿cuál no fué su admiración cuando, sacando la cabeza del empolvado carruaje, echó la vista sobre un corpulento religioso, que era el que toda aquella bulla metía? Dudoso todavía el viajero, extendía la vista por el horizonte por ver si descubría alguno del resguardo; pero sólo vió otro padre al lado, y otro más allá, y ciento más, repartidos aquí y allí como los árboles en un paseo.

— ¡Santo Dios! — exclamó —. ¡Cochero! Este hombre ha equivocado el camino; ¿nos ha traído usted al yermo o a España?

— Señor — dijo el cochero —, si Álava está en España, en España debemos de estar.

— Vaya, ¡poca conversación! — dijo el padre, cansado ya de admiraciones y asombros —; conmigo es con quien se las ha de haber usted, señor viajero.

— ¡Con usted, padre! ¿Y qué puede tener que mandarme su reverencia? Mire que yo vengo confesado desde Bayona, y de allá aquí maldito si tuvimos ocasión de pecar, ni aun venialmente, mi compañero y yo, como no sea pecado viajar por estas tierras.

— Calle — dijo el padre —, y mejor para su alma. En nombre del Padre y del Hijo . . .

— ¡Ay, Dios mío! — exclamó el viajero, erizados los cabellos —, que han creído en este pueblo que traemos los malos y nos conjuran.

— y del Espíritu Santo — prosiguió el padre —; apéense y hablaremos.

Aquí empezaron a aparecerse algunos facciosos y alborotados, con un Carlos V cada uno en el sombrero por escarapela.[44]

Nada entendía, a todo esto, el francés del diálogo; pero bien presumía que podía ser negocio de puertas. Apeáronse, pues, y no bien hubo visto el francés a los padres interrogadores:

— ¡Cáspita! — dijo en su lengua, que no sé cómo lo dijo —, ¡y qué uniforme tan incómodo traen en España las gentes del resguardo, y qué sanos están y qué bien portados!

Nunca hubiera hablado en su lengua el pobre francés.

— ¡Contrabando! — clamó el uno.

— ¡Contrabando! — clamó otro; y *¡contrabando!* fué repitiéndose de fila en fila. Bien como cuando cae una gota de agua en el aceite hirviendo de una sartén puesta a la lumbre, álzase el líquido hervidor, y bulle, y salta, y levanta llama, y chilla, y chisporrotea, y cae en el hogar, y alborota la lumbre, y subleva la ceniza, espelúznase el gato inmediato, que descansando junto al rescoldo, dormía; quémanse los chicos, y la casa es un infierno; así se alborotó, y quemó, y se espeluznó y chilló la retahila de aquel resguardo de nueva especie, compuesto de facciosos y de padres,

---

41 On October 7, 1833, Charles V was proclaimed king in Vitoria by a military chief.
42 cucurucho — cornucopia or receptacle shaped like a horn or cone.

43 padre Vaca — Fray Pedro Jiménez Vaca, described at the end of the article.
44 escarapela — badge.

al caer entre ellos la primera palabra francesa del extranjero desdichado.

— Mejor es ahorcarle — decía uno, y servía el español al francés de truchimán.[45]

— ¡Cómo ha de ser mejor! — exclamaba el infeliz.

— Conforme — reponía uno —: veremos.

— ¿Qué hemos de ver — clamaba otra voz, — sino que es francés?

Calmóse, en fin, la zalagarda; metiéronlos con los equipajes en una casa, y el español creía que soñaba y que luchaba con una de aquellas pesadillas en que uno se figura haber caído en poder de osos, o en el país de los caballos, o Houinhoins[46] como Gulliver.

Figúrese el lector una sala llena de cofres y maletas, provisiones de comer, barriles de escabeche y botellas, repartidas aquí y allí, como suele verse en las muestras de las lonjas de ultramarinos. ¡Ya se ve!, era la intendencia. Dos monacillos hacían en la antesala, con dos voluntarios facciosos, el servicio que suelen hacer los porteros de estrado en ciertas casas, y un robusto sacristán, que debía de ser el portero de golpe, los introdujo. Varios carlistas y padres registraban allí las maletas, que no parecía sino que buscaban pecados por entre los pliegues de las camisas, y otros varios viajeros, tan asombrados como los nuestros, se hacían cruces como si vieran al diablo. Allá en un bufete, un padre más reverendo que los demás, comenzó a interrogar a los recién llegados.

— ¿Quién es usted? — le dijo al francés.

Y el francés, callado, que no entendía. Pidiósele entonces el pasaporte.

— ¡Pues!, francés — dijo el padre —. ¿Quién ha dado este pasaporte?

— Su Majestad Luis Felipe, rey de los franceses.

— ¿Quién es ese rey? Nosotros no reconocemos a la Francia, ni a ese don Luis. Por consiguiente, este papel no vale. ¡Mire usted — añadió entre dientes —, si no habrá algún sacerdote en todo París que pueda dar un pasaporte, y no que nos vienen ahora con papeles majados! ¿A qué viene usted?

— A estudiar este hermoso país — contestó el francés con aquella afabilidad tan natural en el que está debajo.

— ¿A estudiar, eh? Apunte usted, secretario; estas gentes vienen a estudiar; me parece que los enviaremos al tribunal de Logroño[47] . . . ¿Qué trae usted en la maleta? Libros . . . pues . . . *Recherches sur* . . . al sur, ¿eh? Este *Recherches* será algún autor de máximas; algún herejote. Vayan los libros a la lumbre. ¿Qué más? ¡Ah! una partida de relojes: a ver . . . *London* . . . ése será el nombre del autor. ¿Qué es esto?

— Relojes para un amigo relojero que tengo en Madrid.

— *Decomiso*[48] — dijo el padre, y al decir *decomiso*, cada circunstante cogió un reloj, y metióselo en la faltriquera. Es fama que hubo alguno que adelantó la hora del suyo para que llegara más pronto la del refectorio.

— Pero, señor — dijo el francés —, yo no los traía para usted . . .

— Pues nosotros los tomamos para nosotros.

— ¿Está prohibido en España el saber la hora que es? — preguntó el francés al español.

— Calle — dijo el padre —, si no quiere que se le exorcice — y aquí le echó la bendición por si acaso. Aturdido estaba el francés, y más aturdido el español.

Habíanle entretanto desvalijado a éste dos de los facciosos, que con los padres estaban, hasta del bolsillo, con más de tres mil reales que en él traía.

— Y usted, señor de acá — le preguntaron de allí a poco —, ¿qué es? ¿Quién es?

— Soy español y me llamo don Juan Fernández.

— Para servir a Dios — dijo el padre.

— Y a Su Majestad la Reina nuestra señora — añadió muy complacido y satisfecho el español.

— ¡A la cárcel! — gritó una voz —. ¡A la cárcel! — gritaron mil.

— Pero, señor, ¿por qué?

— ¿No sabe usted, señor revolucionario, que aquí no hay más reina que el señor rey don Carlos V, que felizmente gobierna la monarquía sin oposición ninguna?

— ¡Ah! Yo no sabía . . .

— Pues sépalo, y confiéselo, y . . .

— Sé y confieso, y . . . — dijo el amedrentado dando diente con diente.

— ¿Y qué pasa porte trae? También francés . . . Repare usted, padre secretario, que estos pasaportes traen la fecha del año 1833. ¡Qué de prisa han vivido estas gentes!

---

45 truchimán — shrewd trader.
46 Houinhoins — Houy$n$hnm, in *Gulliver's Travels*, one of a race of horses endowed with reason and noble qualities. They ruled over the Yahoos.

47 Logroño — a city to the south of Vitoria on the Ebro River.
48 decomiso — for confiscation, to be confiscated.

— ¿Pues no es el año en que estamos? ¡Pesia mí!⁴⁹ — dijo Fernández, que estaba ya a punto de volverse loco.

— En Vitoria — dijo enfadado el padre, dando un porrazo en la mesa — estamos en el año 1.⁰ de la cristiandad, y cuidado con pasarme de aquí.

— ¡Santo Dios! ¡En el año 1.⁰ de la cristiandad! ¿Conque todavía no hemos nacido ninguno de los que aquí estamos? — exclamó para sí el español —. ¡Pues vive Dios que esto va largo!

Aquí se acabó de convencer, así como el francés, de que se había vuelto loco, y lloraba el hombre y andaba pidiendo su juicio a todos los santos del Paraíso.

Tuvieron su club secreto los facciosos y los padres, y decidiéronse por dejar pasar a los viajeros; no dice la historia por qué; pero se susurra que hubo quien dijo, que si bien ellos no reconocían a Luis Felipe, ni le reconocerían nunca jamás, podría ocurrir que quisiera Luis Felipe venir a reconocerlos a ellos, y por quitarse de encima la molestia de esta visita, dijeron que pasasen, mas no con pasaportes, que eran nulos evidentemente por las razones dichas.

Díjoles, pues, el que hacía cabeza sin tenerla:

— Supuesto que ustedes van a la revolucionaria villa de Madrid, la cual se ha sublevado contra Álava, vayan en buen hora, y cárguenlo sobre su conciencia: el Gobierno de esta gran nación no quiere detener a nadie; pero les daremos pasaportes válidos.

Extendióseles en seguida un pasaporte en la forma siguiente:

† AÑO PRIMERO DE LA CRISTIANDAD

Nos fray Pedro Jiménez Vaca. — Concedo libre y seguro pasaporte a don Juan Fernández, de profesión católico, apostólico y romano, que pasa a la villa revolucionaria de Madrid a diligencias propias; deja asegurada su conducta de catolicismo.

— Yo, además, que soy padre intendente, habilitado por la Junta Suprema de Vitoria, en nombre de Su Majestad el Emperador Carlos V, y el padre administrador de Correos que está ahí aguardando el correo de Madrid, para despacharlo a su modo, y el padre capitán del resguardo, y el padre Gobierno que está allí durmiendo en aquel rincón, por quitarnos de quebraderos de cabeza con la

Francia, quedamos fiadores de la conducta de catolicismo de ustedes; y como no somos capaces de robar a nadie, tome usted, señor Fernández, sus tres mil reales en esas doce onzas, que es cuenta cabal — y se las dió el padre efectivamente.

Tomó Fernández las doce onzas, y no extrañó que en un país donde cada 1833 años no hacen más que uno, doce onzas hagan tres mil reales.

Dicho esto, y hecha la despedida en regla del padre prior, y del desgobernador Gobierno que dormía, llegó la mala de Francia, y en expurgar la pública correspondencia, y en hacernos el favor de leer por nosotros nuestras cartas, quedaba aquella nación poderosa y monástica ocupada a la salida de entrambos viajeros, que hacia Madrid venían, no acabando de comprender si estaban real y efectivamente en este mundo, o si habían muerto en la última posada sin haberlo echado de ver; que así lo contaron en llegando a la revolucionaria villa de Madrid, añadiendo que por allí *nadie pasa sin hablar al portero.*

El trovador

DRAMA CABALLERESCO, EN CINCO JORNADAS, EN PROSA Y VERSO.

SU AUTOR, DON ANTONIO GARCÍA GUTIÉRREZ⁵⁰

Con placer cogemos la pluma para analizar esta producción dramática, que tanto promete para lo sucesivo en quien con ella empieza su carrera literaria, y que tan brillante acogida ha merecido al público de la capital. Síganle muchas como ella, y los que presumen que abrigamos una pasión dominante de criticar a toda costa y de morder a diestro y siniestro, verán cuán presto cae de nuestras manos el látigo que para enderezar tuertos ajenos tenemos hace tanto tiempo empuñado.

El autor de *El trovador* se ha presentado en la arena, nuevo lidiador, sin títulos literarios, sin antecedentes políticos; solo y desconocido, la ha recorrido bizarramente al son de las preguntas multiplicadas: *¿Quién es el nuevo, quién es el atrevido?*; y la ha recorrido para salir de ella victorioso; entonces ha alzado la visera, y ha podido alzarla con noble orgullo, respondiendo a las diversas interrogaciones de los curiosos espectadores: « *Soy hijo del genio, y pertenezco a la aristocracia del talento.* » ¡Origen por cierto bien ilustre, aristocracia que ha de arrollar al fin todas las demás!

---

49 ¡Pesia mí! (¡Pesia a mí!) — *Pesia* is a corruption of *pese a.*

50 This article is a revision and fusion of two articles Larra wrote on *El trovador* in *El Español* on March 4 and 5 of 1836.

El poeta ha imaginado un asunto fantástico e ideal y ha escogido por vivienda a su invención el siglo XV; halo colocado en Aragón, y lo ha enlazado con los disturbios promovidos por el conde de Urgel.

Con respecto al plan no titubearemos en decir que es rico, valientemente concebido y atinadamente desenvuelto. La acción encierra mucho interés, y éste crece por grados hasta el desenlace.

Sin embargo, no es la pasión dominante del drama el amor; otra pasión, si menos tierna, no menos terrible y poderosa, oscurece aquélla: la venganza. No hace mucho tiempo tuvimos ocasión de repetir que es perjudicial al efecto teatral la acumulación de tantos medios de mover; en *El trovador* constituyen verdaderamente dos acciones principales, que en todas las partes del drama se revelan a nuestra vista rivalizando una con otra. Así es que hay dos exposiciones: una enterándonos del lance concerniente a la gitana, que constituye ella por sí sola una acción dramática; y otra poniéndonos al corriente del amor de Manrique, contrarrestado por el del conde, que constituye otra. Y dos desenlaces: uno, que termina con la muerte de Leonor la parte en que domina el amor; otro, que da fin con la muerte de Manrique a la venganza de la gitana.

Estas dos acciones dramáticas, no menos interesantes, no menos terribles una que otra, se hallan, a pesar de la duplicidad, tan perfectamente enclavijadas, tan dependientes entre sí, que fuera difícil separarlas sin recíproco perjuicio; y en el teatro sólo así daremos siempre carta blanca a los defectos.

De aquí resultan necesariamente tres caracteres igualmente principales, y en resumen ningún verdadero protagonista, por más que refundiéndose todos esos intereses encontrados en el solo Manrique, pueda éste arrogarse el título de la obra exclusivamente. Pero si nos preguntan cuál de los tres caracteres elegimos como más importante, nos veremos embarazados para responder: el amor hace emprender a Leonor cuanto la pasión más frenética puede inspirar a una mujer: el olvido de los suyos, el sacrificio de su amor a Dios, el perjurio y el sacrilegio, la muerte misma. Hasta aquí parece difícil que otro carácter pueda ser el principal; sin embargo, la gitana, movida de la venganza, empieza por quemar a su propio hijo, y reserva el del conde de Luna para el más espantoso desquite que de su enemigo puede tomar. Don Manrique mismo, en fin, movido por su pasión, por el amor filial y por el interés de su causa política, no puede ser más colosal, ni necesitaba el auxilio de otros resortes tan fuertes como el que le mueve a él para llevarse la atención del público.

¿Diremos al llegar aquí lo que francamente nos parece? Todos los defectos de que la crítica puede hacer cargo a *El trovador* nacen de la poca experiencia dramática del autor; esto no es hacerle una reconvención, porque pedirle en la primera obra lo que sólo el tiempo y el uso pueden dar, sería una injusticia. Ha imaginado un plan vasto, un plan más bien de novela que de drama, y ha inventado una magnífica novela; pero al reducir a los límites estrechos del teatro una concepción demasiado amplia, ha tenido que luchar con la pequeñez del molde.

De aquí el que muchas entradas y salidas estén poco justificadas: entre otras la del proscrito Manrique en Zaragoza y en palacio, en la primera jornada; la del mismo en el convento en la segunda; su introducción en la celda de Leonor en la tercera, cosa harto difícil en todos tiempos, para que no mereciera una explicación. Tampoco es natural que el conde don Nuño, que debe desconfiar mucho de las proposiciones tardías de una mujer que ha preferido el convento a su mano, la deje ir al calabozo del trovador, y más cuando no es siquiera portadora de ninguna orden suya para ponerle en libertad, sin la cual seguramente no puede bastar ni servir de nada la concesión lograda. No somos esclavos de las reglas; creemos que muchas de las que se han creído necesarias hasta el día son ridículas en el teatro, donde ningún efecto puede haber sin que se establezca un cambio de concesiones entre el poeta y el público; pero no consideremos tales justificaciones como reglas, sino como medios seguros de mayor efecto; evitemos por su medio, siempre que la verosimilitud lo exija, que el espectador tenga que invertir en pedirse razón de los sucesos el tiempo que debería atender a las bellezas del desempeño; y todos convendrán conmigo en que es indispensable preparar y justificar cuanto pueda dar lugar a la menor duda.

La exposición es poco ingeniosa, es una escena desatada del drama; es más bien un prólogo; citaremos, por último, en apoyo de la opinión que hemos emitido acerca de la inexperiencia dramática, los diálogos mismos; por más bien escritos que estén, los en prosa semejan diálogos de novela, que hubieran necesitado más campo, y los en verso tienen un sabor en general más lírico que dramático: el diálogo es poco cortado e interrumpido, como convendría a la rapidez, al delirio de la pasión, a la viveza de la escena.

Pero ¿qué son estos ligeros defectos, y que acaso no lo serán sólo porque a nosotros nos lo parezcan, comparados con las muchas bellezas que encierra *El trovador?* Las costumbres del tiempo se hallan bien observadas, aunque no quisiéramos ver el *don* prodigado en el siglo XV. Los caracteres sostenidos, y en general maestramente acabadas las jornadas; en algunos efectos teatrales se halla desmentida la inexperiencia que hemos reprochado al autor: citaremos la linda escena que tan bien remata la primera jornada, la cual reúne al mérito que le acabamos de atribuir una valentía y una concisión, un sabor caballeresco y calderoniano difícil de igualar.

De mucho más efecto es el fin de la segunda jornada, terminada con la aparición del trovador a la vuelta de las religiosas; su estancia en la escena durante la ceremonia, la ignorancia en que está de la suerte de su amada, y el cántico lejano, acompañado del órgano, son de un efecto maravilloso; y no es menos de alabar la economía con que está escrito el final, donde una sola palabra inútil no se entromete a retardar o debilitar las sensaciones.

Igual mérito tiene el desenlace del drama, que tenemos citado más arriba; y en todos estos pasajes reconocemos un instinto dramático seguro, y que nos es fiador de que no será éste el último triunfo del autor.

Como modelos de ternura y de dulcísima y fácil versificación, citaremos la escena cuarta de la primera jornada entre Leonor y Manrique.

¿Quiérese otro ejemplo de la difícil facilidad de que habla Moratín? Léase el monólogo con que principia la escena cuarta de la jornada tercera, en que el poeta además pinta con maestría la lucha que divide el pecho de Leonor entre su amor y el sacrificio que a Dios acaba de hacer; y el trozo del sueño, contado por Manrique en la escena sexta de la cuarta, si bien tiene más de lírico que de dramático.

Diremos en conclusión que el autor, al decidirse a escribir en prosa y en verso su drama, adoptaba voluntariamente una nueva dificultad; es más difícil a un poeta escribir bien en prosa que en verso, porque la armonía del verso está encontrada en el ritmo y la rima, y en la prosa ha de crearla el escritor, pues la prosa tiene también su armonía peculiar; las escenas en prosa tenían el inconveniente de luchar con el sonsonete de las versificadas, de que no deja de prendarse algún tanto el público; y luego necesitaba el poeta desplegar aún tino en la determinación de las que había de escribir en prosa y las que había de versificar, pues se entiende que no había de hacerlo a diestro y siniestro.

Tanto esta libertad como la frecuente mudanza de escena no las disputaremos a ningún poeta, siempre que sean, como en *El trovador*, indispensables, naturales y en obsequio del efecto. Sólo quisiéramos que no pasase un año entero entre la primera y la segunda jornada, pues mucho menos tiempo bastaría.

En cuanto a la repartición, hala trastrocado toda, en nuestro entender, una antigua preocupación de bastidores; se cree que el primer galán debe de hacer siempre el primer enamorado, preocupación que fecha desde los tiempos de Naharro, y a la cual debemos en las comedias de nuestro teatro antiguo las indispensables relaciones de dama y galán, sin las cuales no se hubiera representado tiempos atrás comedia ninguna. Sin otro motivo se ha dado el papel del trovador al señor Latorre, a quien de ninguna manera convenía, como casi ningún papel tierno y amoroso. Su físico, y la índole de su talento se prestan mejor a los caracteres duros y enérgicos; por tanto, le hubiera convenido más bien el papel del conde don Nuño. Todo lo contrario sucede con el señor Romea, que debiera haber hecho el trovador.

Por la misma razón el papel de la gitana ha estado mal dado. Ésta era la creación más original, más nueva del drama, el carácter más difícil también, y por consiguiente el de mayor lucimiento; si la señora Rodríguez es la primera actriz de estos teatros, ella debiera haberlo hecho, y aunque hubiese estado fea y hubiese parecido vieja, si es que la señora Rodríguez puede parecer nunca fea ni vieja. El carácter de Leonor es de aquéllos cuyo éxito está en el papel mismo; no hay más que decirlo: una actriz como la señora Rodríguez debiera despreciar triunfos tan fáciles.

Felicitamos, en fin, de nuevo al autor, y sólo nos resta hacer mención de una novedad introducida por el público en nuestros teatros: los espectadores pidieron a voces que saliese el autor; levantóse el telón y el modesto ingenio apareció para recoger numerosos *bravos* y nuevas señales de aprobación.

En un país donde la literatura apenas tiene más premio que la gloria, sea ése siquiera lo más lato[51] posible; acostumbrémonos a honrar públicamente el talento, que ésa es la primera protección que puede dispensarle un pueblo, y ésa la única también que no pueden los gobiernos arrebatarle.

Ramón de Mesonero Romanos, 1803–82 (pp. 524–26)

Mesonero, the son of a well-to-do merchant, took over his father's business at the age of seventeen and managed it so well that he was able to retire at the age of thirty. In spite of his mercantile cares he had time to read, study, and write, producing in 1822 *Mis ratos perdidos*, a series of twelve articles, one for each month of the year. He also adapted Spanish classic dramas to the stage between 1826 and 1829. In 1831 Mesonero examined both the picturesque past and present in his *Manual de Madrid* and provided a historical account of each street, church, and important building in that city. In 1861, in expanded form, his handbook appeared as *El antiguo Madrid, paseos histórico-anecdóticos por las calles y casas de esta villa*. Meanwhile he had decided to write a series of sketches, the first of which, *El retrato*, appeared on January 12, 1832, in *Cartas Españolas*, under the pseudonym of "El curioso parlante." The series was later published in book form as *Panorama matritense*, 1835–38, designed supposedly to supply the lack of a realistic modern Spanish novel, and finally as *Escenas matritenses*, 1842, which Mesonero considered his best work and in which "quiso penetrar más hondamente en el seno de la vida íntima" of Spanish society. He helped found the Ateneo in 1835, as well as a variety of other literary and business groups, and started, in 1840, the *Semanario Pintoresco Español*, the first paper of its kind in Spain and the publication which probably earned him his greatest renown. Continuing his interest in drama, Mesonero edited five volumes of the *Biblioteca de Autores Españoles* dealing with Golden Age dramatists. He also wrote a travel book and continued to produce articles, publishing in 1862 his *Tipos y caracteres*, a collection based on his writings in periodicals from 1843 on. His last important work, *Memorias de un setentón*, first published in *Ilustración Española y Americana* and in book form in 1880, provided Pérez Galdós with much of his material for the latter's famous *Episodios nacionales*.

51 lato — ample.

Much has been made of Mesonero's debt to Victor Joseph d'Étiènne Jouy, "L'érmite de la Chaussée d'Antin," known and praised in Spain as early as 1817 as "escritor ingenioso y muy fino y sagaz observador," but Jouy's impact on Mesonero may not have been as great as Georges Le Gentil postulates. Mesonero claimed he wanted to base himself on "nuestros buenos escritores de los siglos XVI y XVII" and "pintar a mis paisanos en su vida activa, trazar los caracteres, rasgos y fisonomía de su condición social." He was opposed to caricatures of Spaniards held by foreigners, but he himself wrote satirical articles of Spanish types, alternating these with comments on "usos y costumbres populares y exteriores . . . tales como paseos, romerías, procesiones, viajitas, ferias y diversiones públicas."

Lacking imagination and creative invention, Mesonero concerned himself largely with the trivial. Although he was disturbed by the political corruption of the day and at one time toyed with the idea of writing a picaresque attack on it, he thought a novel might be too dangerous and thus gave up his idea of being "the Le Sage of his generation." Throughout his life he followed this cautious approach, refusing to attack anyone directly. Although he frequently and somewhat smugly made rather uncharitable remarks about Larra, whom he envied, he once described him as "amigo y compañero" as well as "ingenioso y discreto." More moralistic in tone than Larra, he too rebukes the Spaniard for his love of idleness and for other defects, considering himself, in his gentle satire, a reformer. His refusal to engage in controversy was dictated not only by political caution but also by a great desire to be "digno de la benevolencia del público." Throughout his life he felt that his "invincible repugnance to the momentary discords and agitations of his country" had insured his continuing popularity as much as his "amenidad en la forma y la pureza y el decoro en el estilo."

Today Mesonero would be considered an urban planner, for he spent much of his time working for the physical renovation and beautification of Madrid, its lighting, streets, and sanitation. Among other things, he discovered in which house Lope de Vega had died, and he prevented the razing of the convent of the Trinitarias where Cervantes was buried. According to one commentator, Mesonero was to Madrid what Benjamin Franklin was to Philadelphia.

Montesinos feels that Mesonero's creative gifts were never great. Nevertheless, his simple style, his sanity, humor, and frequent humanitarian purpose make him, among the *costumbristas*, second only to Larra. Balzac, Dickens, and Washington Irving were among the men of letters who greatly admired his work, and even Larra, mordant critic that he was, praised him for his "portraits" of society.

El romanticismo y los románticos[1]

> « Señales son del juicio
> ver que todos lo perdemos,
> unos por carta de más
> y otros por carta de menos. »[2]
>
> LOPE DE VEGA

Si fuera posible reducir a un solo eco las voces todas de la actual generación europea, apenas cabe ponerse en duda que la palabra *romanticismo* parecería ser la dominante desde el Tajo al Danubio, desde el mar del Norte al estrecho de Gibraltar.

Y sin embargo (¡cosa singular!), esta palabra, tan favorita, tan cómoda, que así aplicamos a las personas como a las cosas, a las verdades de la ciencia como a las ilusiones de la fantasía; esta palabra, que todas las plumas adoptan, que todas las lenguas repiten, todavía carece de una definición exacta, que fije distintamente su verdadero sentido.

¡Cuántos discursos, cuántas controversias han prodigado los sabios para resolver acertadamente esta cuestión! Y en ellos ¡qué contradicción de opiniones!, ¡qué extravagancia singular de sistemas! ... — « ¿Qué cosa es romanticismo? ... » — les ha preguntado el público; — y los sabios le han contestado cada cual a su manera. Unos le han dicho que era todo lo ideal y romanesco; otros, por el contrario, que no podía ser sino lo escrupulosamente histórico; cuáles[3] han creído ver en él la naturaleza en toda su verdad; cuáles la imaginación en toda su mentira; algunos han asegurado que sólo era propio para describir la Edad Media; otros le han hallado aplicable también a la moderna; aquéllos le han querido hermanar con la religión y con la moral; éstos le han echado a reñir con ambas; hay quien pretende dictarle reglas; hay, por último,

quien sostiene que su condición es la de no guardar ninguna.

Dueña, en fin, la actual generación de este pretendido descubrimiento, de este mágico talismán, indefinible, fantástico, todos los objetos le han parecido propios para ser mirados al través de aquel prisma seductor; y no contenta con subyugar a él la literatura y las bellas artes, que por su carácter vago permiten más libertad a la fantasía, ha adelantado su aplicación a los preceptos de la moral, a las verdades de la historia, a la severidad de las ciencias, no faltando quien pretende formular bajo esta nueva enseña todas las extravagancias morales y políticas, científicas y literarias.

El escritor osado, que acusa a la sociedad de corrompida, al mismo tiempo que contribuye a corromperla más con la inmoralidad de sus escritos; el político, que exagera todos los sistemas, todos los desfigura y contradice, y pretende reunir en su doctrina el feudalismo y la república; el historiador, que poetiza la historia; el poeta, que finge una sociedad fantástica, y se queja de ella porque no reconoce su retrato; el artista, que pretende pintar a la naturaleza aún más hermosa que en su original; todas estas manías, que en cualesquiera épocas han debido existir y sin duda en siglos anteriores habrán podido pasar por extravíos de la razón o debilidades de la humana especie, el siglo actual, más adelantado y perspicuo, las ha calificado de *romanticismo puro*.

« La necedad se pega » — ha dicho un autor célebre —. No es esto afirmar que lo que hoy se entiende por romanticismo sea necedad, sino que todas las cosas exageradas suelen degenerar en necias; y bajo este aspecto, la romántico-manía se pega también. Y no sólo se pega, sino que, al revés de otras enfermedades contagiosas, que a medida que se transmiten pierden en grado de intensidad, ésta, por el contrario, adquiere en la inoculación tal desarrollo, que lo que en su origen pudo ser sublime, pasa después a ser ridículo; lo que en unos fué un destello del genio, en otros viene a ser un ramo de locura.

Y he aquí por qué un muchacho que por los años de 1810 vivía en nuestra corte y su calle

---

1 Mesonero, anti-romantic by nature, had a limited concept of what Romanticism meant and ridiculed exaggerations not exclusively characteristic of the Romantic movement. He himself was proud of being "ni clásico ni romántico." He read this essay first in the Liceo, the leading center of Romanticism, and

some of the younger and more impassioned writers were more offended than amused by it.
2 unos ... menos — some by going too far and others by not going far enough.
3 cuáles — some.

de la Reina,[4] y era hijo del general francés *Hugo* y se llamaba *Víctor*, encontró el romanticismo donde menos podía esperarse, esto es, en el Seminario de Nobles;[5] — y el picaruelo conoció lo que nosotros no habíamos sabido apreciar, y teníamos enterrado hace dos siglos con Calderón; — y luego regresó a París, extrayendo de entre nosotros esta primera materia, y la confeccionó a la francesa, y provisto, como de costumbre, con su patente de invención, abrió su almacén, y dijo que él era el Mesías de la literatura, que venía a redimirla de la esclavitud de las reglas; — y acudieron ansiosos los noveleros; y la manada de imitadores (*imitatores servum pecus*,[6] que dijo Horacio) se esforzaron en sobrepujarle y dejar atrás su exageración; y los poetas transmitieron el nuevo humor a los novelistas; éstos a los historiadores; éstos a los políticos; éstos a todos los demás hombres; éstos a todas las mujeres, — y luego salió de Francia aquel virus ya bastardeado, y corrió toda la Europa, y vino, en fin, a España; y llegó a Madrid (de donde había salido puro), y de una en otra pluma, de una en otra cabeza, vino a dar en la cabeza y en la pluma de mi sobrino, de aquel sobrino de que ya en otro tiempo creo haber hablado a mis lectores; y tal llegó a sus manos, que ni el mismo Víctor Hugo le conocería, ni el Seminario de Nobles tampoco.

La primera aplicación que mi sobrino creyó deber hacer de adquisición tan importante, fué a su propia física persona, esmerándose en poetizarla por medio del romanticismo aplicado al tocador.

Porque (decía él) la fachada de un romántico debe ser gótica, ojiva,[7] piramidal y emblemática.

Para ello comenzó a revolver cuadros y libros viejos, y a estudiar los trajes del tiempo de las Cruzadas; y cuando en un códice roñoso y amarillento acertaba a encontrar un monigote[8] formando alguna letra inicial de capítulo, o rasguñado al margen por infantil e inexperta mano, daba por bien empleado su desvelo, y luego poníase a formular en su persona aquel trasunto de la Edad Media.

Por resultado de estos experimentos llegó muy luego a ser considerado como la estampa más *romántica* de todo Madrid, y a servir de modelo a todos los jóvenes aspirantes a esta nueva, no sé si diga ciencia o arte. Sea dicho en verdad; pero si yo hubiese mirado el negocio sólo por el lado económico, poco o nada podía pesarme de ello; porque mi sobrino, procediendo a simplificar su traje, llegó a alcanzar tal rigor ascético, que un ermitaño daría más que hacer a los *Utrillas y Rougets*.[9]

Por de pronto eliminó el frac, por considerarlo del tiempo de la decadencia; y aunque no del todo conforme con la levita, hubo de transigir con ella,[10] como más análoga a la sensibilidad de la expresión. Luego suprimió el chaleco, por redundante; luego el cuello de la camisa, por inconexo; luego las cadenas y relojes, los botones y alfileres, por minuciosos y mecánicos; después los guantes, por embarazosos; luego las aguas de olor, los cepillos, el barniz de las botas, y las navajas de afeitar, y otros mil adminículos que los que no alcanzamos la perfección romántica creemos indispensables y de todo rigor.[11]

Quedó, pues, reducido todo el atavío de su persona a un estrecho pantalón, que designaba la musculatura pronunciada de aquellas piernas; una levitilla de menguada faldamenta[12] y abrochada tenazmente hasta la nuez de la garganta; un pañuelo negro descuidadamente anudado en torno de ésta, y un sombrero de misteriosa forma, fuertemente introducido hasta la ceja izquierda. Por bajo de él descolgábanse de entrambos lados de la cabeza dos guedejas de pelo negro y barnizado, que formando un doble bucle convexo, se introducían por bajo de las orejas, haciendo desaparecer éstas de la vista del espectador; las patillas, la barba y el bigote, formando una continuación de aquella espesura, daban con dificultad permiso para blanquear a dos mejillas lívidas, dos labios mortecinos, una afilada nariz, dos ojos grandes, negros y de mirar sombrío, una frente triangular y *fatídica*. — Tal era la *vera efigies*[13] de mi sobrino; y no hay que decir que tan uniforme tristura ofrecía

---

4 calle de la Reina — The Hugo family lived in the Maserano palace on this street in northeastern Madrid. Victor Hugo's father, Leopold, was a leading general under Joseph Bonaparte.

5 Seminario de Nobles — Many of the Spanish romanticists also attended this school, but after Hugo had already left. The Seminario was a college founded by Philip V in 1725 for some of the nobility.

6 imitatores servum pecus — the servile band of imitators (Horace, Epist. Book I, 19, l. 19).

7 ojiva — ogive, a pointed arch. The romantics loved Gothic architecture.

8 monigote — grotesque figure.

9 Utrillas y Rougets — tailors of the time.

10 hubo . . . ella — he had to accept it.

11 de todo rigor — indispensable.

12 levitilla . . . faldamenta — a Prince Albert with short tails.

13 vera efigies — true image.

no sé qué de siniestro e inanimado; de suerte que no pocas veces, cuando, cruzado de brazos y la barba sumida en el pecho, se hallaba abismado en sus tétricas reflexiones, llegaba yo a dudar si era él mismo o sólo su traje colgado de una percha; y acontecióme más de una ocasión el ir a hablarle por la espalda, creyendo verle de frente, o darle una palmada en el pecho, juzgando dársela en el lomo.

Ya que vió romantizada su persona, toda su atención se convirtió a romantizar igualmente sus ideas, su carácter y sus estudios. Por de pronto, me declaró rotundamente su resolución contraria a seguir ninguna de las carreras que le propuse, asegurándome que encontraba en su corazón algo de volcánico y sublime, incompatible con la exactitud matemática o con las fórmulas del foro; y después de largas disertaciones, vine a sacar en consecuencia que la carrera que le parecía más análoga a sus circunstancias era la carrera de poeta, que, según él, es la que guía derechita al templo de la inmortalidad.

En busca de sublimes inspiraciones, y con el objeto sin duda de formar su carácter tétrico y sepulcral, recorrió día y noche los cementerios y escuelas anatómicas; trabó amistosa relación con los enterradores y fisiólogos; aprendió el lenguaje de los buhos y de las lechuzas; encaramóse a las peñas escarpadas, y se perdió en la espesura de los bosques; interrogó a las ruinas de los monasterios y de las ventas (que él tomaba por góticos castillos); examinó la ponzoñosa virtud de las plantas, e hizo experiencia en algunos animales del filo de su cuchilla y de los convulsos movimientos de la muerte. Trocó los libros que yo le recomendaba, los Cervantes, los Solís,[14] los Quevedos, los Saavedras, los Moretos, Meléndez y Moratines, por los Hugos y Dumas, los Balzacs, los Sands y Souliés,[15] rebutió su mollera[16] de todas las encantadoras fantasías de lord Byron y de los tétricos cuadros de d'Arlincourt;[17] no se le escapó uno solo de los abortos teatrales de Ducange,[18] ni de los fantásticos ensueños de Hoffman;[19] y en

los ratos en que menos propenso estaba a la melancolía, entreteníase en estudiar la *Craneoscopia* del doctor Gall,[20] o las *Meditaciones de Volney.*[21]

Fuertemente pertrechado con toda esta diabólica erudición, se creyó ya en estado de dejar correr su pluma, y rasguñó unas cuantas docenas de *fragmentos* en prosa poética, y concluyó algunos *cuentos* en verso prosaico; y todos empezaban con puntos suspensivos, y concluían en *¡maldición!*; y unos y otros estaban atestados de *figuras de capuz,* y de *siniestros bultos*; y de *hombres gigantes,* y de *sonrisa infernal*; y de *almenas altísimas,* y de *profundos fosos*; y de *buitres carnívoros,* y de *copas fatales*; y de *ensueños fatídicos,* y de *velos transparentes*; y de *aceradas mallas,* y de *briosos corceles,* y de *flores amarillas,* y de *fúnebre cruz.* Generalmente todas estas composiciones *fugitivas* solían llevar sus títulos tan incomprensibles y vagos como ellas mismas; v. gr.:[22] *¡¡¡Qué será!!! — ¡¡¡ ...No... !!! — ¡Más allá ...! — Puede ser. — ¿Cuándo? — ¡Acaso ...! — ¡Oremus!*[23]

Esto en cuanto a la forma de sus composiciones; en cuanto al fondo de sus pensamientos, no sé qué decir, sino que unas veces me parecía mi sobrino un gran poeta, y otras un loco de atar; en algunas ocasiones me estremecía al oírle cantar el suicidio, o discurrir dudosamente sobre la inmortalidad del alma; y otras teníale por un santo, pintando la celestial sonrisa de los ángeles o haciendo tiernos apóstrofes a la Madre de Dios. Yo no sé a punto fijo qué pensaba él sobre todo esto; pero creo que lo más seguro es que no pensaba nada, ni él mismo entendía lo que quería decir.

Sin embargo, el muchacho con estos *raptos* consiguió al fin verse admirado por una turba de aprendices del delirio, que le escuchaban enternecidos cuando él, con voz monótona y sepulcral les recitaba cualquiera de sus composiciones; y siempre le aplaudían en aquellos rasgos más extravagantes y oscuros, y sacaban copias nada escrupulosas, y las aprendían de memoria, y luego esforzábanse a imitarlas,

---

14 Solís — Antonio Solís y Rivadeneira (1610–86), historian and poet.
15 Souliés — Melchior-Frédéric Soulié (1800–70), French novelist and dramatist.
16 rebutió su mollera — he stuffed his head.
17 d'Arlincourt — Charles Victor Prévot, vicomte (1789–1856), French poet and novelist.
18 Ducange — Victor-Henri-Joseph Brahain (1783–1833), a rabidly Romantic French novelist and dramatist.
19 Hoffman — Ernst Theodore Amadeus (1776–

1822), a German romantic interested in the fantastic and supernatural.
20 Gall — Franz Joseph (1758–1828), a Viennese physiologist of the nervous system.
21 Volney — Constantin (1757–1820), a revolutionary who wrote on Oriental civilizations and a forerunner of Romanticism.
22 v. gr. — *verbigracia,* from the Latin, *Verbigratia,* for example.
23 Oremus — Let us pray.

y sólo acertaban a imitar los defectos, y de ningún modo las bellezas originales que podían recomendarlas.

Todos estos encomios y adulaciones de amistad lisonjeaban muy poco el altivo deseo de mi sobrino, que era nada menos que atraer hacia sí la atención y el entusiasmo de todo el país. Y convencido de que para llegar al templo de la inmortalidad (partiendo de Madrid) es cosa indispensable el pasarse por la calle del Príncipe,[24] quiero decir el componer una obra para el teatro, he aquí la razón por qué reunió todas sus fuerzas intelectuales; llamó a concurso su fatídica estrella, sus recuerdos, sus lecturas; evocó las sombras de los muertos para preguntarles sobre diferentes puntos; martirizó las historias y tragó el polvo de los archivos; interpeló a su calenturienta musa, colocándose con ella en la región aérea donde se forman las románticas tormentas; y mirando desde aquella altura esta sociedad terrena, reducida por la distancia a una pequeñez microscópica, aplicado al ojo izquierdo el catalejo romántico, que todo lo abulta, que todo lo descompone, inflamóse al fin su fosfórica fantasía y compuso un drama.

¡Válgame Dios! ¡Con qué placer haría yo a mis lectores el mayor de los regalos posibles dándoles *in integrum*[25] esta composición sublime, práctica explicación del sistema romántico, en que, según la medicina homeopática, que consiste en curar las enfermedades con sus semejantes, se intenta, a fuerza de crímenes, corregir el crimen mismo! Mas ni la suerte ni mi sobrino me han hecho poseedor de aquel tesoro, y únicamente la memoria, depositaria infiel de secretos, ha conservado en mi imaginación el título y personajes del drama. Helos aquí:

¡¡ELLA!!!... Y ¡¡EL!!!...

DRAMA ROMÁNTICO NATURAL

EMBLEMÁTICO-SUBLIME, ANÓNIMO, SINÓNIMO,
TÉTRICO Y ESPASMÓDICO;

ORIGINAL, EN DIFERENTES PROSAS Y VERSOS,
EN SEIS ACTOS Y CATORCE CUADROS.

Por . . . .

Aquí había una nota que decía: (*Cuando el público pida el nombre del autor*), y seguía más abajo: *Siglos IV y V. — La escena pasa en toda Europa y dura unos cien años.*

INTERLOCUTORES

La mujer (todas las mujeres, toda la mujer).
El marido (todos los maridos).
Un hombre salvaje (el amante).
El Dux de Venecia.
El tirano de Siracusa.
El doncel.
La Archiduquesa de Austria.
Un espía.
Un favorito.
Un verdugo.
Un boticario.
La Cuádruple Alianza.
El sereno del barrio.
Coro de monjas carmelitas.
Coro de padres agonizantes.
Un hombre del pueblo.
Un pueblo de hombres.
Un espectro que habla.
Otro ídem que agarra.
Un demandadero de la Paz y Caridad.
Un judío.
Cuatro enterradores.
Músicos y danzantes.
Comparsas de tropa, brujas, gitanos, frailes y gente ordinaria.

— Los títulos de las jornadas (porque cada una llevaba el suyo, a manera de código) eran, si mal no me acuerdo, los siguientes: — 1.ª *Un crimen.* — 2.ª *El veneno.* — 3.ª *Ya es tarde.* — 4.ª *El panteón.* — 5.ª *¡Ella!* — 6.ª *¡El!* — y las decoraciones eran las seis obligadas en todos los dramas románticos, a saber: *Salón de baile, Bosque, La capilla, Un subterráneo, La alcoba,* y *El cementerio.*

Con tan buenos elementos confeccionó mi sobrino su admirable composición, en términos, que si yo recordase una sola escena para estamparla aquí, peligraba el sistema nervioso de mis lectores; conque, así no hay sino dejarlo en tal punto y aguardar a que llegue día en que la fama nos las transmita en toda su integridad; día que él retardaba, aguardando a que *las masas* (las masas somos nosotros) se hallen (o nos hallemos) en el caso de digerir esta comida, que él modestamente llamaba un *poco fuerte.*

De esta manera mi sobrino caminaba a la inmortalidad por la senda de la muerte; quiero decir, que con tales fatigas cumplía lo que él llamaba *su misión sobre la tierra.*[26] Empero la continuación de las vigilias y el

---

24 Príncipe — name of a theatre on the street by that name.
25 in integrum — in full.

26 misión . . . tierra — a reference to Larra taken from Zorrilla's poem to him.

obstinado combate de sentimientos tan hiperbólicos habíanle reducido a una situación tan lastimosa de cerebro, que cada día me temía encontrarle consumido a impulsos de su fuego celestial.

Y aconteció que, para acabar de rematar lo poco que en él quedaba de seso, hubo de ver una tarde por entre los mal labrados hierros de su balcón a cierta Melisendra[27] de diez y ocho abriles, más pálida que una noche de luna, y más mortecina que lámpara sepulcral; con sus luengos cabellos trenzados a la veneciana, y sus mangas a lo María Tudor,[28] y su blanquísimo vestido aéreo a lo Straniera,[29] y su cinturón a lo Esmeralda,[30] y su cruz de oro al cuello a lo huérfana de Underlach.[31]

Hallábase a la sazón meditabunda, los ojos elevados al cielo, la mano derecha en la apagada mejilla, y en la izquierda sosteniendo débilmente un libro abierto... libro que, según el forro amarillo, su tamaño y demás proporciones, no podía ser otro, a mi entender, que el *Han de Islandia* o el *Bug-Jargal*.[32]

No fué menester más para que la chispa eléctrico-romántica atravesase instantáneamente la calle, y pasase desde el balcón de la doncella sentimental al otro frontero donde se hallaba mi sobrino, viniendo a inflamar súbitamente su corazón. Miráronse pues, y creyeron adivinarse; luego se hablaron, y concluyeron por no entenderse; esto es, por entregarse a aquel sentimiento vago, ideal, fantástico, frenético, que no sé bien cómo designar aquí, si no es ya que me valga de la consabida calificación de... *romanticismo puro.*

Pero al cabo, el sujeto en cuestión era mi sobrino, y el bello objeto de sus arrobamientos, una señorita, hija de un honrado vecino mío, procurador de número[33] y clásico[34] por todas sus coyunturas. A mí no me desagradó la idea de que el muchacho se inclinase a la muchacha (siempre llevando por delante la más sana intención), y con el deseo también de distraerle de sus melancólicas tareas, no sólo le introduje en la casa, sino que favorecí (Dios me lo perdone) todo lo posible el desarrollo de su inclinación.

Lisonjeábame, pues, con la idea de un desenlace natural y espontáneo, sabiendo que toda la familia de la niña participaba de mis sentimientos, cuando una noche me hallé sorprendido con la vuelta repentina de mi sobrino, que en el estado más descompuesto y atroz corrió a encerrarse en su cuarto gritando desaforadamente: — « ¡Asesino...! ¡Asesino!... ¡Fatalidad! ¡Maldición...! »

— ¿Qué demonios es esto? — Corro al cuarto del muchacho, pero había cerrado por dentro y no me responde; vuelo a casa del vecino por si alcanzo a averiguar la causa de aquel desorden, y me encuentro en otro no menos terrible a toda la familia: la chica accidentada y convulsa, la madre llorando, el padre fuera de sí...

— ¿Qué es esto, señores?, ¿Qué es lo que hay?

— ¿Qué ha de ser? (me contestó el buen hombre), ¿qué ha de ser? sino que el demonio en persona se ha introducido en mi casa con su sobrino de usted... Lea usted, lea usted qué proyectos son los suyos; qué ideas de amor y de religión... — Y me entregó unos papeles, que por lo visto había sorprendido a los amantes.

Recorrílos rápidamente, y me encontré diversas composiciones de éstas de tumba y hachero, que yo estaba tan acostumbrado a escuchar a mi sobrino. En todas ellas venía a decir a su amante, con la mayor ternura, que era preciso que se muriesen para ser felices; que se matara ella, y luego él iría a derramar flores sobre su sepulcro, y luego se moriría también y los enterrarían bajo una misma losa... Otras veces la proponía que para huir de la tiranía del hombre — « este *hombre* soy yo, » decía el pobre procurador, — se escurriese con él a los bosques o a los mares, y que se irían a una caverna a vivir con las fieras, o se harían piratas o bandoleros; en unas ocasiones la suponía ya difunta y la cantaba el responso en bellísimas quintillas y coplas de pie quebrado; en otras llenábala de maldiciones por haberle hecho probar la ponzoña del amor.

— Y a todo esto (añadía el padre), nada de boda, ni nada de solicitar un empleo para mantenerla... Vea usted, vea usted: por ahí

---

27 Melisendra — a young heroine of the Spanish *Romancero.*
28 *María Tudor* — a play by Victor Hugo (1833); the heroine of the play.
29 Straniera — the heroine of an opera with the same name by Bellini (1829).
30 Esmeralda — the young gypsy girl in Hugo's *Notre Dame de Paris* (1831).

31 Underlach's orphan was the heroine of D'Arlincourt's novel *La Solitaire*, 1821.
32 *Han de Islandia* o el *Bug-Jargal* — youthful novels by Hugo.
33 procurador de número — a lawyer of the guild.
34 clásico — Here: moderate, commonplace. As a classicist he would be opposed to wild ideas.

ha de estar . . .; oiga usted cómo se explica en este punto . . .; ahí, en esas coplas o seguidillas, o lo que sean, en que le dice lo que tiene que esperar de él . . .

> Y en tan fiera esclavitud,
> sólo puede darte mi alma
> un suspiro . . . y una palma . . .
> una tumba . . . y una cruz . . .

— Pues cierto que son buenos adminículos para llenar una carta de dote . . .; no, sino échelos usted en el puchero y verá qué caldo sale . . . Y no es esto lo peor (continuaba el buen hombre), sino que la muchacha se ha vuelto tan loca como él, y ya habla de féretros y letanías, y dice que está deshojada y que es un tronco carcomido, con otras mil barbaridades, que no sé cómo no la mato . . . y a lo mejor nos asusta por las noches, despertando despavorida y corriendo por toda la casa, diciendo que la persigue la sombra de no sé qué Astolfo o Ingolfo *el exterminador*;[35] y nos llama tiranos a su madre y a mí; y dice que tiene guardado un veneno, no sé bien si para ella o para nosotros; y entre tanto, las camisas no se cosen, y la casa no se barre, y los libros malditos me consumen todo el caudal.

— Sosiéguese usted, señor don Cleto, sosiéguese usted.

Y llamándole aparte, le hice una explicación del carácter de mi sobrino, componiéndolo de suerte que, si no lo convencí de que podía casar a su hija con un tigre, por lo menos le determiné a casarla con un loco.

Satisfecho con tan buenas nuevas, regresé a mi casa para tranquilizar el espíritu del joven amante; pero aquí me esperaba otra escena de contraste, que por lo singular tampoco dudo en apellidar *romántica*.

Mi sobrino, despojado de su lacónico vestido y atormentado por sus remordimientos, había salido en mi busca por todas las piezas de la casa, y no hallándome, se entregaba a todo el lleno de su desesperación. No sé lo que hubiera hecho considerándose solo, cuando al pasar por el cuarto de la criada, hubo, sin duda, ésta de darle a conocer por algún suspiro que un ser humano

respiraba a su lado. — (Se hace preciso advertir que esta tal moza era una moza gallega, con más bellaquería que cuartos, y más cuartos que peseta columnaria,[36] y que hacía ya días que trataba de entablar relaciones *clásicas* con el señorito.) — La ocasión la pintan calva,[37] y la gallega tenía buenas garras para no dejarla escapar; así fué que entreabrió la puerta, y modificando todo lo posible la aguardentosa voz, acertó a formar un sonido gutural, término medio entre el graznido del pato y los golpes de la codorniz.

— Señoritu . . .[38] señoritu . . . ¿Qué diablus tiene . . .? Entre y dígalo; siquier una cataplasma para las muelas o un emplasto para el hígadu . . .

Y cogió y le entró en su cuarto y sentóle sobre la cama, esperando, sin duda, que él pusiera algo de su parte.

Pero el preocupado galán no respondía, sino de cuando en cuando exhalaba hondos suspiros, que ella contestaba a vuelta de correo con otros descomunales, aderezados con aceite y vinagre, ajos crudos y cominos, parte del mecanismo de la ensalada que acababa de cenar. De vez en cuando tirábale de las narices o le pinchaba las orejas con un alfiler (todo en muestra de cariño y de tierna solicitud); pero el hombre-estatua permanecía siempre en la misma inamovilidad.

Ya estaba ella en términos de darse a todos los diablos por tanta severidad de principios, cuando mi sobrino, con un movimiento convulsivo, la agarró con una mano de la camisa (que no sé si he dicho que era de lienzo choricero del Vierzo),[39] e hincando una rodilla en tierra, levantó en ademán patético el otro brazo y exclamó:

> Sombra fatal de la mujer que adoro,
> ya el helado puñal siento en el pecho;
> ya miro el funeral lúgubre lecho
> que a los dos nos reciba al perecer;
> y veo en tu semblante la agonía,
> y la muerte en tus miembros palpitantes,
> que reclama dos míseros amantes
> que la tierra no pudo comprender.

— ¡Ave María Purísima! . . . (dijo la gallega santiguándose). Mal dimoñu me lleve si le

---

35 Astolfo. . . *exterminador* — a character in Ariosto's *Orlando furioso*. The father, not sure of his name, calls him Ingolfo.

36 con más bellaquería . . . columnaria — The meaning is that she was no better than she should have been and not a solid citizen. *Bellaquería* — roguery; *cuartos* — farthings; *peseta columnaria* — so called because the coin had on it the impression of two columns.

Obviously the *peseta* was a more respectable and valuable coin than the *cuarto*.

37 La ocasión la pintan calva — One makes the most of one's opportunity.

38 The spelling here imitates the girl's Galician pronunciation.

39 lienzo . . . Vierzo — the rough canvas cloth of Vierzo (really El Bierzo) where the cloth is woven.

comprendu . . . ¡Habrá cermeñu . . .!⁴⁰ Pues si quier lechu, ¿tiene más que tenderse en ése que está ahí delante, y dejar a los muertos que se acuesten con los difuntos?

Pero el amartelado galán seguía, sin escucharla, su improvisación, y luego, variando de estilo y aun de metro, exclamaba:

> ¡Maldita seas, mujer!
> ¿No ves que tu aliento mata?
> Si has de ser mañana ingrata,
> ¿Por qué me quisiste ayer?
> ¡Maldita seas, mujer!

— El malditu sea él y la bruja que lo parió . . . ¡Ingratu! Después que todas las mañanas le entru el chocolate a la cama, y que por él he despreciadu al aguador Toribiu, y a Benitu el escarolero del portal . . .

> Ven, ven y muramos juntos,
> huye del mundo conmigo,
> ángel de luz,
> al campo de los difuntos;
> allí te espera un amigo
> y un ataúd.

— Vaya, vaya, señoritu, esto ya pasa de la chanza; o usted está locu, o yo soy una bestia . . . Váyase con mil demonius al cementerio u a su cuartu, antes que empiece a ladrar para que venga el amu y le ate. —

Aquí me pareció conveniente poner un término a tan grotesca escena, entrando a recoger a mi moribundo sobrino y encerrarle bajo de llave en su cuarto; y al reconocer cuidadosamente y separar todos los objetos con que pudiera ofenderse, hallé sobre la mesa una carta sin fecha, dirigida a mí, y copiada de la *Galería fúnebre*,⁴¹ la cual estaba concebida en términos tan alarmantes, que me hizo empezar a temer de veras sus proyectos y el estado infeliz de su cabeza. Conocí, pues, que no había más que un medio que adoptar, y era el arrancarle con mano fuerte a sus lecturas, a sus amores y a sus reflexiones, haciéndole emprender una carrera activa, peligrosa y varia; ninguna me pareció mejor que la militar, a la que él también mostraba alguna inclinación; hícele poner una charretera⁴² al hombro izquierdo y le vi partir con alegría a reunirse a sus banderas.

Un año ha trascurrido desde entonces, y hasta hace pocos días no le había vuelto a ver; y pueden considerar mis lectores el placer que me causaría al contemplarle robusto y alegre, la charretera a la derecha⁴³ y una cruz en el lado izquierdo, cantando perpetuamente zorcicos y rondeñas, y por toda biblioteca en la maleta la *Ordenanza militar* y la *Guía del oficial en campaña*.

Luego que ya le vi en estado que no peligraba, le entregué la llave de su escritorio; y era cosa de ver el oírle repetir a carcajadas sus fúnebres composiciones; deseoso, sin duda, de probarme su nuevo humor, quiso entregarlas al fuego; pero yo, celoso de su fama póstuma, me opuse fuertemente a esta resolución; únicamente consentí en hacer un escrupuloso escrutinio, dividiéndolas, no en clásicas y románticas, sino en tontas y no tontas, sacrificando aquéllas, y poniendo éstas sobre las niñas de mis ojos. En cuanto al drama, no fué posible encontrarle, por haberlo prestado mi sobrino a otro poeta novel, el cual lo comunicó a varios aprendices del oficio, y éstos lo adoptaron por tipo, y repartieron entre sí las bellezas de que abundaba, usurpando de este modo, ora los aplausos, ora los silbidos que a mi sobrino correspondían, y dando al público en mutilados trozos el esqueleto de tan gigantesca composición.

La lectura, en fin, de sus versos, trajo a la memoria del joven militar un recuerdo de su vaporosa deidad; preguntóme por ella con interés, y aun llegué a sospechar que estaba persuadido de que se habría evaporado de puro amor; pero yo procuré tranquilizarle con la verdad del caso; y era que la abandonada Ariadna⁴⁴ se había conformado con su suerte: ítem más, se había pasado al género clásico, entregando su mano, y aun no sé si su corazón, a un honrado mercader de la calle de Postas . . . ¡Ingratitud notable de mujeres! . . . Bien es la verdad que él por su parte no la había hecho, según me confesó, sino unas catorce o quince infidelidades en el año transcurrido. De este modo concluyeron unos amores que, si hubieran seguido su curso natural, habrían podido dar a los venideros Shakespeares materia sublime para otro nuevo *Romeo*.

(Setiembre de 1837.)

---

40 ¡Habrá cermeñu...! — The *cermeño* is a kind of pear tree. Used colloquially the word means fool. Translate: Have you ever seen such a fool?
41 *Galería fúnebre* — The full title is: *Galería fúnebre de historias trágicas, espectros y sombras ensangrentadas*. It is a twelve-volume work on ghosts and the

supernatural published by Pérez Zaragoza Gadínez in 1831.
42 charretera — epaulet.
43 la charretera a la derecha — the epaulet on the right meant he had been promoted.
44 Ariadna — the abandoned lover of Theseus.

La calle de Toledo[45]

« Como aquí de provincias tan dístantes
concurren, o por gracia o por justicia,
diversas lenguas, trajes y semblantes;
« necesidad, favor, celo, codicia,
forman tumulto, confusión y prisa
tal, que dirás que el orbe se desquicia. »

B. DE ARGENSOLA.[46]

Pocos días ha tuve que salir a recibir a un
pariente que viene a Madrid desde Mairena
(reino de Sevilla), con el objeto de examinarse
de escribano. Las diez eran de la mañana
cuando me encaminé a la gran puente que
presta paso y comunicación al camino real de
Andalucía, y ayudado de mi catalejo,[47] tendí
la vista por la dilatada superficie para ver si
divisaba, no la rápida diligencia, no el brioso
alazán, sino la compasada galera en que debía
venir el cuasi-escribano.

Poco rato se me hizo aguardar para dejarse
ver de *los Ángeles* acá *(rari nantes in gurgite
vasto)*,[48] y mucho más hubo de esperar para
que llegase adonde yo estaba. Verificólo al fin;
vióme mi primo; saltó del incómodo cama-
ranchón, y *pian pian*[49] enderezamos hacia la
gran villa, ya acortando el paso para que
pudieran seguirnos las siete mulas que arras-
traban la galera, ya procurando conservar la
distancia conveniente para no ser interrumpidos en nuestra sabrosa plática por la monótona armonía de los cencerros y campanillas
de las bestias, de los jaleos y rondeñas de los
zagales.

— Y bien, primo mío, ¿qué te parece del
aspecto de Madrid?

— Que ze pué desir dél lo que de Parmira,
que ez la *perla del dezierto*;[50] y oyez, y tuvieron
rasón zus fundadores en zituarle sobre alturas,
porque zinó,[51] con este río, ¿adónde vamo-ha-
paral? . . .[52]

— Ya te entiendo; pero, en cambio, tienes
aquí éste, que si no es gran puente, por lo
menos es un puente grande.

— Zin duda; y aún por ezo he leído yo en
un libraco viejo unaz copliyaz[53] que disen . . .

Fuérame yo por la puente
que lo es sin encantamiento,

en diciembre, de Madrid,
y en verano, de *Rioseco*;
la que, haciéndose ojos toda
por ver su amante pigmeo,
se queja dél porque, ingrato,
le da con arena en ellos;
la que . . .

— ¿Acabarás con tu pintura? — Rasón
tienez; punto y coma y a otra coza, que ze hase
tarde y habremoz de detenernoz en la puerta.

— Y, en efecto, fué así, porque llegando a
ésta, y mientras se verificaba la operación del
registro, se pasó media hora, en la cual no
estuvieron ociosos nuestros ojos ni nuestras
lenguas.

Mi primo es un mozo, ni bien sabio, ni bien
tonto; aunque una buena dosis de malicia
tercia entre ambas cualidades y, haciéndole
disimular la segunda, le presta ciertos ribetes
de la primera; además es andaluz, y ya se sabe
que los de su tierra tienen la circunstancia de
caer en gracia, condición harto esencial, y en
Madrid más que en otra parte. Hecha esta
prevención acerca de su carácter, no se extrañará que yo desease conocer el efecto que le
producían las rápidas escenas que pasaban
a nuestra vista, para lo cual y excitarle a
hablar, anudé el interrumpido diálogo de esta
manera:

— Vas a entrar en Madrid — le dije — por
el cuartel más populoso y animado; desde
luego, debes suponer que no será el más elegante, sino aquél en que la corte se manifiesta
como madre común, en cuyo seno vienen a
encontrarse los hijos, las producciones y los
usos de las lejanas provincias; aquél, en fin,
en que las pretensiones de cada suelo, los
dialectos, los trajes y las inclinaciones respectivas presentan al observador un cuadro de la
España en miniatura.

— Punto ez ézte — dijo mi primo —
para obzervarle zentados; aprovechemoz ezte
poyito.

No bien lo habíamos dicho y hecho, cuando
llegó una galera guiada por un valenciano tan
ligero como su vestido. Él iba, venía a todos
lados, retozaba con los demás, blandía su

---

45 This street received its name from its direction toward Toledo. It is the most important of the low and
popular districts of Madrid. Pérez Galdós said of it:
"Pienso yo que no hay calle en el mundo más bonita ni
más pintoresca que ésta de Toledo."
46 B. de Argensola — Bartolomé Leonardo de Argensola (1562–1631), brother of Lupercio, and a well-
known poet.
47 catalejo — telescope.
48 rari . . . vasto — scattered swimmers in the vast
deep (a line from Vergil's *Aeneid*, Book I, line 18).
49 pian pian — softly (comfortably).
50 The spelling indicates the Andalusian pronunciation of Mesonero's relative.
51 zinó — si no.
52 vamo-ha-paral — vamos a parar.
53 copliyaz — coplillas.

vara, ceñía y desceñía su faja, aguijaba a las mulas, contestaba a las preguntas del resguardo, y pregonaba de paso las esteras que conducía en su carro. Deseoso yo de que le escuchara mi pariente, trabé conversación con él, suponiendo curiosidad por conocer los proyectos que le traían a Madrid, y muy luego supimos por su misma boca que pensaba vender sus esteras en un portal durante el invierno; emplear su producto en loza, que vendería por las calles en la primavera; fijarse mientras el verano en una rinconada para vender horchata,[54] y trasladarse después a una plazuela para regir, durante el otoño, un puesto de melones; tales eran los proyectos de este Proteo[55] mercantil.

Poco después llegaron unos cuantos que, por sus anguarinas,[56] grandes sombreros y alforjas al hombro, calificamos pronto de extremeños, que conducían las picantes producciones que tan buen olor, color y sabor prestan a la cuotidiana olla española. De éstos supimos que eran todos parientes y de un mismo pueblo (Candelario), y no pudo menos de chocarnos la semejanza de las facciones de tres de ellos, que parecían uno mismo, aunque en distintas edades; eran padre, hijo y nieto, y traían a éste por primera vez a la capital, por lo cual no cesaban de darle consejos sobre el modo de presentarse en las casas, encarecer las ventajas del género y demás, concluyendo con una disertación choricera capaz de excitar al más inapetente.

Aún no se había acabado, cuando nos hallamos envueltos por una invasión de jumentillos alegres y vivarachos, que se entraron por la puerta con una franqueza sin igual; traían cada uno dos pellejos, y diciendo que sus conductores eran manchegos, no hay que añadir que los pellejos eran de vino. Los mozos echaron pie a tierra y dejaron ver sus robustas formas, su aire marcial, expresivas facciones, color encendido, ojos penetrantes; traían todos tremendas patillas; su pañuelo en la cabeza, y encima la graciosa monterilla; las varas a la espalda y atravesadas en el cinto. Empezaron luego a contar sus pellejos; mas, por desgracia, nunca iban de acuerdo con el guarda, pues si éste decía veinte, ellos sacaban diez y nueve; y volviendo a contar, sólo resultaban diez y siete; por último, se fijaron en

diez y ocho, pagaron su cuota y echaron a correr.

— Otro carromato.[57] — ¿De dónde? — De Murcia y Cartagena. — ¿Carga? — Naranjas y granadas. — Al menos, es cosa de sustancia. — Ahora van ustedes a probar que la tienen.

— A un lao, zeñorez — exclamó mi primo levantándose —; a un laíto, por amor de Dioz, que viene aquí la gente —. Y decíalo por una sarta de machos engalanados, que entraban por la puerta con sendos jinetes encima.

— A la paz de Dioz, caballeros — saludó con voz aguardentosa un viejo que, al parecer, hacía de amo de los demás.

— Toque esoz sinco, paizano — dijo mi primo sin poderse contener —. « ¿De qué parte del paraízo? »

— De Jaén — replicó con un ronquido el viejo.

— Buena tierra, zi no estuviera tan serca de Caztiya.

— Máz serca eztá del sielo.

— Como que tiene la cara de Dios.

— Y como que zí; pero dejando esto, ¿no me dirá zu mersé[58] (dirigiéndose a mí) de dónde han traído esta puelta?[59] Porque, o me engañan miz vizualez, o no eztaba añoz atráz, cuando yo eztuve en este lugar.

— Así es la verdad — le contesté —; porque hace pocos años que se sustituyó este monumento a las mezquinas tapias que antes daban entrada por esta parte a la capital.

— Ahora — repuso el escribano — la entrada parese mezquina al lado de la puerta.

Aquí llegábamos en nuestra conversación, cuando se nos dió por sanos y salvos, con lo que pudimos emprender la subida de la calle, alternando nuestras observaciones con el viejo andaluz. Entre los primeros objetos que la fijaron, fueron la recua de manchegos que habíamos visto en la puerta, los cuales salían de una posada inmediata para repartir los cueros por las tabernas. Mi primo me hizo observar que llevaban veinte pellejos, y acordándonos de los diez y ocho pagados a la puerta, nos persuadimos de que habrían tratado de imitar el milagro de las bodas de Caná.[60]

Divertíamos así nuestro camino, contemplando la multitud de tiendas y comercios que

---

54 horchata — orgeat (a syrup made from sugar, orange blossoms, and almonds).
55 Proteo — Proteus, a sea god in the service of Poseidon. When seized he changed his shape. It is applied here because the Valencian changes from one article to another according to the season.

56 anguarinas —loose coats hanging down to the knees.
57 carromato — long, narrow, two-wheel cart.
58 zu mersé — su merced.
59 puelta — puerta.
60 Caná — Cana of Galilee, where at a wedding Jesus changed water into wine (cf. John 2:1–11).

prestan a aquella calle el aspecto de una eterna feria; tantas tonelerías, caldererías, zapaterías y cofrerías; tantos barberos, tantas posadas, y, sobre todo, tantas tabernas. Esta última circunstancia hizo observar a mi primo que la afición al vino debe ser común a todas las provincias. Yo sólo le contesté que son ochocientas diez las tabernas que hay en Madrid.

Engolfados en nuestra conversación tropezábamos, cuándo con un corro de mujeres cosiendo al sol; cuándo[61] con un par de mozos durmiendo a la sombra; muchachos que corren; asturianos que retozan; carreteros que descargan a las puertas de las posadas; filas de mulas ensartadas unas a otras y cargadas de paja, que impiden la travesía; acá, una disputa de castañeras; allá, una prisión de rateros; por este lado, un relevo de guardia; por el otro, un entierro solemne . . .

Favor a la justicia. — Agur, camaráa. — Requiem aeternam. — Pué ya . . . ¡el demonio del usía! — Cabayero, una calesa.[62] *— Vaya usté con Dios, prenda. — Chas . . .*[63] *a un lado, la diligencia de Carabanchel. — Aceituna bue . . . — Señores, por el amor de Dios. — Riá . . .*[64] *toma . . . so . . .*[65] *o . . . o . . . Generala, Coronela. — Perdone usted, caballero. — No hay de qué . . .*

Con estas y otras voces, la continua confusión y demás, mi primo se atolondró de modo que le perdí de vista y tardé largo rato en volverle a encontrar. Por fin pude hallarle, que estaba parado delante de la fuente nueva.

— ¿Qué haces ahí parado? — le pregunté con algún ceño.

— ¿Qué he de haser, hombre? Eztoy recordando todo el Buffon,[66] a ver zi zaco en limpio qué animalejo ez ézte que eztá ahí ensima.[67] — Majadero, ¿no conoces que es el león? . . . — Como no lo dise el letrero . . . — Vamos, vamos.

« Parador de Cádiz. » — « Aquí se sacan muelas a gusto de los parroquianos. » — « Se gisa[68] *de comer por un tanto diario todos los días. » — « Memoria-lista. Se echan cuentas en todas lenguas. » — « Aquí se venden hábitos para difuntos completos. » — « Zapatos para hombres rusos hechos en Madrid. » — « Aquí se venden sombreros para niños de paja. »*

— ¿Qué demonios estás diciendo? — Leo laz mueztraz — contestó mi primo —. Vaya, déjate de tonteras, y repara que pisas el recinto fatal en que los condenados al último suplicio . . . — Pacito, primo, que tengo buen humor y no eztá nada lindo ezo de que me enzeñes la horca antes que el lugar.

Tremendos cartelones. — « Teatro del Príncipe. — *El Castillo de Staonis-Coyz, o los siete crímenes.* — Cruz. — *Los asesinos elegantes.* — Sartén. — *Horror y desesperación,* drama melo-mimo-lóbrego. » — Oyez, primo, ¿y ze entretienen los zeñores madrileñoz con eztas lindesaz? — Qué quieres . . . ¡el gusto del siglo! . . . — Pue hemoz llegao a un ziglo divertío. Soberbia perspectiva hase eza iglesia. — Como que es la principal de la corte, y dedicada a su santo patrono. — Póngase en primer lugar en mi libro para visitarla mañana.

A este punto y hora llegábamos, cuando vimos a lo lejos una calesa con la cubierta echada atrás y sentadas en ella dos manolas, con aquel aire natural que las caracteriza. Ni Tito[69] ni Augusto, al volver triunfantes a la capital del orbe, pasaron más orgullosos bajo los arcos que les eran dedicados que nuestras dos heroínas por el de la Plaza Mayor. Guardapiés amarillos y encarnados, ricas mantillas de sarga y terciopelo sobre los hombros, pañuelos de color de rosa al pecho, cesto de trenzas en las cabezas, y coloreadas las mejillas por el vapor del vino; tal era el atavío con que venían echándose fuera de la calesa, y pelando unas naranjas con un desenfado singular. Aquí la turbación de mi provincial; parado delante de la calesa no reparaba su peligro, hasta que una de las manolas:

— Oiga, señor visión — le dijo — déjenos el paso franco.

— ¿Adónde van laz reinaz?

— A perderle de vista.

— Si nesecitazen un hombre al eztribo . . .

— ¿Y son así los hombres en su tierra? Jesús, ¡qué miedo!

— Y qué, ¿no me han de dar un cacho de naranja?

— Tome el rocín venido.

---

61 cuándo . . . cuándo — at times, at others.
62 calesa — calash or carriage.
63 chas — crack, pop, snap (an onomatopoetic word that represents the sound of something breaking).
64 riá — haw (an interjection for driving horses to the left).
65 so — whoa.
66 Buffon — Georges Louis Leclerc, comte de Buffon (1706–88), French naturalist and author.

67 A statue of a lion posed on two terrestrial globes appeared on the fountain facing the Calle de Toledo in Mesonero's time. The fountain, built in 1816, was still fairly new in 1832, the date of Mesonero's article.
68 *gisa* — guisa.
69 Tito — Titus Flavius Sabinus Vespasianus, Roman Emperor (79–81). Domitian, his brother, constructed the famous Arch of Titus.

Y le dirigieron a las narices una cáscara de vara y media; con lo cual, y aguijando el caballejo, desaparecieron en medio de la risa general. Yo hube de contener la mía, por no irritar al pobre mozo, a quien no me pareció había gustado el lance; pero me propuse echarle después un buen sermón. Entre tanto seguimos nuestro camino sin hablar palabra hasta casa, recapitulando ambos lo que habíamos visto y oído; él para aprovecharse de ello, y yo para contarlo aquí.

(Febrero de 1832.)

THE GENERATION OF 1898

Ángel Ganivet, 1865–98 (pp. 558–60)

Ángel Ganivet, whose untimely suicide just before his thirty-third birthday put an end to his career as novelist, essayist, and diplomat, was always a brilliant student. He attended the Institute of Granada and the University of Granada, winning top prizes at both schools and taking a degree in *filosofía y letras*. He then went to the University of Madrid, again winning many honors, and obtained the doctorate in 1890. He joined the consular service in 1891, served as Vice-Consul in Antwerp and then Consul at Helsingfors, Finland.

Among Ganivet's published works are: *Granada la bella*, 1896; *Idearium español*, 1897; *Cartas finlandesas*, 1898; *Hombres del norte*, 1898, on Björnsen, Ibsen and Lïe; two strange novels, *La conquista del reino de Maya por el último conquistador español Pío Cid*, 1897, and *Los trabajos del infatigable creador Pío Cid*, 1898. These novels explore the meaning of life and the possibility of love and charity in a real world. In 1899, the year after his death, there appeared a strange drama, *El escultor de su alma, drama místico en tres actos*, which seems to complete the message of his novels as it discusses the possibility of faith and an immortal soul. Many of his lesser works and collections of his letters have also been published.

A difference of opinion exists as to whether *Idearium español* is his greatest work. Of late more attention has been paid to his two novels and his final drama which explore existentially the meaning of life and man's fate. While the Spanish public acclaimed *Idearium español*, Manuel Azaña attacked it, saying: "el crédito del Idearium es igual a la suma de cuanto sus lectores desconocen, multiplicada por la inhibición del juicio de leer." Ortega y Gasset, less outspoken, also had grave reservations as to its worth. Ganivet was a solitary, skeptical, and perhaps even misanthropic man, and although he constantly affirmed his *españolismo*, he had great doubts as to the values of the Western World, which may have accounted for some of his detractors' negative criticism.

Idearium español remains, nevertheless, as one of the more important documents of the last seventy-five years.

Ganivet wrote *Idearium español* in 1896, but it was not published until the following year. The work is composed of three parts, *A*, *B*, and *C*. Part *A* analyzes certain aspects of the Spanish character and Christianity, the Spanish soul, stoicism, warrior spirit, individualism, search for justice and creative imagination. Part *B* studies Spanish history, especially the conquest and exploration of America and the problems facing Spain as it searches for its true essence. He says: "ni la religión, ni el arte, ni ninguna idea, así sea la más elevada, puede suplir en la acción la ausencia del interés nacional." Spain must stop dissipating its energies and concentrate them inward. "Hay que cerrar con cerrojos, llaves y candados todas las puertas por donde el espíritu español se escapó de España para derramarse por los cuatro puntos del horizonte." In Part *C* he admits this will not be an easy task, for Spaniards lack discipline and suffer from *abulia* or lack of will power. Nevertheless, he feels confident that Spain will finally reaffirm its spiritual values and through a collective act of contrition recreate the Spanish spirit in the Spanish speaking world.

A

Muchas veces, reflexionando sobre el apasionamiento con que en España ha sido defendido y proclamado el dogma de la Concepción Inmaculada,[1] se me ha ocurrido pensar que en el fondo de ese dogma debía de haber algún misterio que por ocultos caminos se enlazara con el misterio de nuestra alma nacional; que acaso ese dogma era el símbolo, ¡símbolo admirable! de nuestra propia vida, en la que, tras larga y penosa labor de maternidad, venimos a hallarnos a la vejez con el espíritu virgen; como una mujer que, atraída por irresistible vocación a la vida monástica y ascética, y casada contra su voluntad y convertida en madre por deber, llegara al cabo de sus días a descubrir que su espíritu era ajeno a su obra,

---

1 The Virgin Mary at the instant of her conception, by a special grace granted by God, was preserved free from all stain of original sin. The doctrine was made an article of faith by Pope Pius IX, December 8, 1854.

que entre los hijos de la carne el alma continuaba sola, abierta como una rosa mística a
los ideales de la virginidad.

Cuando se examina la constitución ideal de
España, el elemento moral y en cierto modo
religioso más profundo que en ella se descubre, como sirviéndole de cimiento, es el
estoicismo; no el estoicismo brutal y heroico
de Catón,[2] ni el estoicismo sereno y majestuoso de Marco Aurelio,[3] ni el estoicismo
rígido y extremado de Epicteto,[4] sino el
estoicismo natural y humano de Séneca.[5]
Séneca no es un español, hijo de España por
azar; es español por esencia, y no andaluz,
porque cuando nació aún no habían venido
a España los vándalos; que a nacer más tarde,
en la Edad Media quizás, no naciera en Andalucía, sino en Castilla. Toda la doctrina de
Séneca se condensa en esta enseñanza: « No
te dejes vencer por nada extraña a tu espíritu;
piensa, en medio de los accidentes de la vida,
que tienes dentro de ti una fuerza madre, algo
fuerte e indestructible, como un eje diaman-
tino, alrededor del cual giran los hechos
mezquinos que forman la trama del diario
vivir; y sean cuales fueren los sucesos que
sobre ti caigan, sean de los que llamamos
prósperos, o de los que llamamos adversos,
o de los que parecen envilecernos con su contacto, mantente de tal modo firme y erguido,
que al menos se pueda decir siempre de ti que
eres un hombre. »

Esto es español, y es tan español, que
Séneca no tuvo que inventarlo porque lo
encontró inventado ya: sólo tuvo que reco-
gerlo y darle forma perenne, obrando como
obran los verdaderos hombres de genio. El
espíritu español, tosco, informe, al desnudo,
no cubre su desnudez primitiva con artificiosa
vestimenta: se cubre con la hoja de parra[6] del
senequismo; y este traje sumario queda
adherido para siempre y se muestra en cuanto
se ahonda un poco en la superficie o corteza
ideal de nuestra nación. Cuando yo, siendo
estudiante, leí las obras de Séneca, me quedé

aturdido y asombrado, como quien, perdida
la vista o el oído, los recobrara repentina
e inesperadamente y viera los objetos, que con
sus colores y sonidos ideales se agitaban antes
confusos en su interior, salir ahora en tropel
y tomar la consistencia de objetos reales
y tangibles.

Es inmensa, mejor dicho, inmensurable, la
parte que al senequismo toca en la conforma-
ción religiosa y moral y aun en el derecho consuetudinario[7] de España; en el arte y en la
ciencia vulgar; en los proverbios, máximos
y refranes, y aun en aquellas ramas de la
ciencia culta en que Séneca no paró mientes
jamás. Así, por haber tenido nuestro filósofo
la ocurrencia genial y nunca bastante alabada
y ponderada de despedirse de esta vida por el
suave y tranquilo procedimiento de la sangría
suelta, ha influído en nuestras ciencias médicas
tanto como Hipócrates[8] o Galeno.[9] España
sola sobrepuja a todas las demás naciones
juntas, por el número y excelencia de sus sangradores. El supremo doctor alemán es el
doctor Fausto, y el supremo doctor español es
el doctor Sangredo,[10] no obstante haber existido también su rival y famoso congénere, el
doctor Pedro Recio de Tirteafuera.[11] Y jamás
en la historia de la humanidad se dió un
ejemplo tan hermoso de estoicismo persave-
rante como el que nos ofrece la interminable
falange de sangradores impertérritos,[12] que
durante siglos y siglos se han encargado de
aligerar el aparato circulatorio de los españoles, enviando a muchos a la fosa, es cierto,
pero purgando a los demás de sus excesos
sanguíneos a fin de que pudiesen vivir en
relativa paz y calma. Y quién sabe si el descubrimiento de la circulación de la sangre por
Servet,[13] que en definitiva es lo único notable
que los españoles han aportado a la ciencia
práctica de los hombres, no tendrá también su
origen en Séneca y en la turbamulta[14] de sus
acólitos.

Sin necesidad de buscar relaciones subte-
rráneas entre las doctrinas de Séneca y la

---

2 Catón — Cato, Marcus Portius (85–46 B.C.), Roman
philosopher and patriot.
3 Marco Aurelio — Marcus Aurelius Antonius (121–
180), Emperor of Rome, 161–180.
4 Epicteto — Epictetus, a Greek Stoic philosopher in
Rome, first and second century.
5 Séneca — Seneca, Lucius Annaeus (B.C. 4?–A.D. 65),
Roman philosopher.
6 hoja de parra — grape leaf.
7 consuetudinario — customary.
8 Hipócrates — Hippocrates, a Greek physician
known as the Father of Medicine, B.C. 460?–377.
9 Galeno — Galen, Greek physician and medical
writer, second century A.D.

10 doctor Sangredo — a character in *Gil Blas de Santillana*, an ignorant doctor whose cure for everything
was to bleed the patient and have him drink water.
11 Pedro Recio de Tirteafuera — a doctor by the name
of Pedro Recio de Agüero, native of Tirteafuera, who
attended Sancho Panza when the latter was governor
of Barataria (cf. *Don Quijote*, Part II, Ch. 47).
12 impertérritos — intrepid.
13 Servet — Servetus, Michael (1511–53), Spanish
theologian who discovered pulmonary circulation.
14 turbamulta — crowd.

moral del cristianismo, se puede establecer entre ellas una relación patente e innegable, puesto que ambos son como el término de una evolución y el comienzo de otra evolución en sentido contrario; ambas se encuentran y se cruzan como viajeros que vienen en opuestas direcciones y han de continuar caminando cada uno de ellos por el camino que el otro recorrió ya. El término de una evolución filosófica racional, como la greco-romana, es cuando están todas las soluciones agotadas: la empírica y la constructiva, la materialista y la idealista, la ecléctica y la sincrética,[15] la solución negativa o escéptica; y entonces surge la moral estoica, moral sin base, fundada sólo en la virtud o en la dignidad; pero esa solución es transitoria, porque bien pronto el hombre, menospreciando las fuerzas de su razón, que no le conducen a nada positivo, cierra los ojos y acepta una creencia. El término de una evolución teológica, como la del pueblo hebreo, tiene que ser también, cuando ya están agotadas todas las soluciones históricas, esto es, todos los modos de acción, una solución negativa, anarquista diríamos hoy; tal era la que anunciaban los profetas; y entonces debe de surgir una moral que, como la cristiana, condene la acción y vea en ella la causa de los sufrimientos humanos y reconstruya la sociedad sobre la quietud, el desprendimiento y el amor; pero esa moral es transitoria, porque bien pronto el hombre, desengañado de la fe, que le conduce a producir actos negativos, se acoge a la razón, y comienza una segunda evolución que ya no se muestra en actos, sino en ideologías.

Por esto la moral cristiana, aunque lógicamente nacida de la religión judaica, era negativa para los judíos, puesto que, dando por terminada su evolución religiosa, les cerraba el horizonte de sus esperanzas y les condenaba a recluirse dentro de una religión acabada ya, perfecta y, por lo tanto, inmutable, así como la moral estoica, fundada legítimamente sobre lo único que la filosofía había dejado en pie, sobre lo que subsiste aún en los períodos de mayor decadencia, el instinto de nuestra propia dignidad, era negativa tanto para griegos como para romanos, porque derivada del esfuerzo racional, pretendía construirlo todo sin el apoyo de la razón, por un acto de adhesión ciega, que andaba tan cerca de la fe como la moral cristiana andaba cerca de la pura razón. Y así, por este encadenamiento natural, el cristianismo encontró el terreno preparado por la moral estoica, la cual había sembrado por el mundo doctrinas nobles, justas y humanitarias; pero carecía de jugo para fertilizarlas. Lo noble, lo justo y lo humanitario, sostenido y amparado sólo por la razón, menos que por la razón por el instinto, no puede ni podrá jamás vencer las pasiones bajas, ruines y animales de la generalidad de los hombres; para encadenar la fuerza irresponsable de los grandes, para domar la furia concentrada por la impotencia en los pequeños, para ablandar un poco el refinado egoísmo de los medianos, hay que confundirlos a todos, conmoldearlos por medio de un fuego ardiente, que venga de muy alto, y que destruyendo construya, y abrasando purifique. . . .

We resume the *Idearium español* a little more than halfway through Part C.

Se habrá notado que el motivo céntrico de mis ideas es la restauración de la vida espiritual de España; pero falta ahora precisar el concepto, porque están las palabras españolas tan estropeadas por el mal uso, que nada significan mientras no se las comenta y se las aclara. Cuando yo hablo de restauración espiritual, no hablo como quien desea redondear un párrafo, valiéndose de frases bellas o sonoras; hablo con la buena fe de un maestro de escuela. No voy a proponer la creación de nuevos centros docentes ni una nueva ley de instrucción pública: todas las leyes son ineficaces mientras no se destruyen las malas prácticas, y para destruirlas la ley es mucho menos útil que los esfuerzos individuales; y en cuanto a los centros docentes, tal como hoy existen, aunque se suprimiera la mitad no se perdería gran cosa. Yo he conocido de cerca más de dos mil condiscípulos, y a excepción de tres o cuatro, ninguno estudiaba más que lo preciso para desempeñar, o mejor dicho, para obtener un empleo retribuido. Nuestros centros docentes son edificios sin alma; dan, a lo sumo, el saber; pero no infunden el amor al saber, la fuerza inicial que ha de hacer fecundo el estudio cuando la juventud queda libre de tutela. Si en este punto hubiera de intentarse algo por los legisladores, el cambio más provechoso sería la sustitución de las oposiciones hoy en uso por el examen de « obras » de los aspirantes; en lugar de esos palenques charlatanescos,[16] donde, como en las carreras de

---

15 sincrética — syncretic, pertaining to the conciliation or union of conflicting beliefs, especially religious ones.

16 palenques charlatanescos — phony examinations, contests.

caballos, triunfa, no el que tiene más inteligencia, sino el que tiene mejor resuello y patas más largas, pondría yo reuniones familiares, donde, en contacto directo los que juzgan y los que son juzgados, se hablara sin artificio, se examinara el trabajo personal que cada pretendiente presentase y se apreciara la capacidad de cada uno, y lo que es más importante, el servicio que de él podía esperar la nación. Con este sistema, la juventud, que pierde el tiempo preparándose para ingresar en este o aquel escalafón,[17] aprendiendo a contestar de memoria cuestionarios fofos e incoherentes, se vería forzada a crear obras, entre las que no sería extraño que saliese alguna buena.

El peso principal del combate creo yo deben de llevarlo las personas inteligentes y desinteresadas, que comprendan la necesidad de restablecer nuestro prestigio; pocos ejemplares tenemos de hombres poseídos por el patriotismo silencioso; pero cuando aparece alguno, ése vale él solo por una Universidad. Mas para que los esfuerzos individuales ejerzan un influjo benéfico en la nación, hay que encaminarlos con mano firme, porque en España no basta lanzar ideas, sino que hay antes que quitarles la espoleta[18] para que no estallen. A causa de la postración intelectual en que nos hallamos, existe una tendencia irresistible a transformar las ideas en instrumentos de combate; lo corriente es no hacer caso de lo que se habla o escribe; mas si por excepción se atiende, la idea se fija y se traduce, como ya vimos, en impulsión. Por esto, los que propagan ideas sistemáticas, que dan vida a nuevas parcialidades violentas, en vez de hacer un bien hacen un mal, porque mantienen en tensión enfermiza los espíritus. A esas ideas que incitan a la lucha las llamo yo ideas « picudas; »[19] y por oposición, a las ideas que inspiran amor a la paz las llamo « redondas ». Este libro que estoy escribiendo es un ideario que contiene sólo ideas redondas: no estoy seguro de que lo lean, y sospecho que si alguien lo lee no me hará caso; pero estoy convencido de que si alguien me hiciera caso, habría un combatiente menos y un trabajador más.

El procedimiento que yo uso para redondear mis ideas está al alcance de todo el mundo. Vemos muchas veces que en una familia los pareceres andan divididos; por ejemplo, y el caso es frecuente, varios hermanos siguen diversas carreras, o toman diferentes rumbos, o llegan a hallarse en oposición por cuestiones pecuniarias; los sentimientos de fraternidad son puestos a prueba. En unas familias la idea de unión es más poderosa que los intereses parciales; nadie abdica, pero todos transigen cuanto es necesario para que el rompimiento no llegue; en otras la unión queda destruida por la vanidad, el orgullo o el exclusivismo, y sobreviene la lucha, más enconada que entre extraños, porque entre extraños se lucha sólo por defender ideas o intereses opuestos, mientras que en familia hay que luchar por ideas o intereses y también por romper los vínculos de la sangre. ¿Qué salen ganando las ideas o los intereses luchando con obcecación[20] y con saña? Hay quien cree que para atestiguar la fe en las ideas se debe de combatir para que triunfen, y en esta creencia absurda se apoyan cuantos en España convierten las ideas en medio de destrucción. La verdad es, al contrario, que la fe se demuestra en la adhesión serena e inmutable a las ideas, en la convicción de que ellas solas se bastan para vencer cuando deben de vencer. Los grandes creyentes han sido mártires; han caído resistiendo, no atacando. Los que recurren a la fuerza para defender sus ideas dan a entender, por esto solo, que no tienen fe ni convicción, que no son más que ambiciosos vulgares que desean la victoria inmediata para adornarse con laureles contrahechos y para recibir el precio de sus trabajos.

Las ideas no aventajan nada con declarar la guerra a otras ideas; son mucho más nobles cuando se acomodan a vivir en sociedad, y para conseguir esto es para lo que hay que trabajar en España. Sea lícito profesar y propagar y defender toda clase de ideas, pero « intelectualmente, » no al modo de los salvajes. Desde el momento que una idea acata[21] la solidaridad intelectual de una nación y transige lo necesario para que los sentimientos fraternales no se quiebren, se transforma en una fuerza utilísima, porque incita a los hombres al trabajo individual; no crea parcialidades exclusivistas y demoledoras; crea cerebros sanos y robustos, que no producen sólo actos y palabras, sino algo mejor: obras.

Casi todos los hombres notables que hasta hace veinte años se dedicaban a echar abajo lo poco que quedaba de nuestra nación, han

17 escalafón — a list of individuals of an organization ranked according to their grade or merit.
18 espoleta — fuse.

19 "picudas" — pointed.
20 obcecación — blindness.
21 acatar — to respect, esteem.

confesado sus yerros y dedicado la segunda parte de su vida a rehacer lo que habían deshecho en la primera. Esta conducta, muy digna de alabanza, debería decir algo a la gente nueva que ahora comienza a abrirse camino y a la juventud imberbe[22] que anda por institutos y universidades.

Abundan los que se pasan de listos, los que imitan esa conducta con excesiva puntualidad; los que comienzan ahora los trabajos de demolición y se reservan para la vejez el arrepentimiento cuando, después de satisfechos los apetitos de medro personal, les sea más llevadero el dolor de ver que su país sigue en ruinas. Lo natural es que por todos sea imitada la parte buena del ejemplo, y que no se busque deliberadamente la ocasión de tener que arrepentirse más tarde.

Aparte de esa cualidad esencial de las ideas, paréceme que se adelantaría mucho, para hacerlas aún más útiles y apropiadas a la obra de nuestra restauración espiritual, si se las expusiese en forma ágil, librándolas del fárrago enfadoso con que hoy se las obscurece por exigencias de la moda. Muy bello sería que cuantos cogen una pluma en sus manos se imaginaran antes que no se había inventado la Imprenta, ni la fabricación de papel barato, ni la legislación de propiedad intelectual. La opinión corriente es hoy favorable a la obra voluminosa, quizás porque así es más segura la decisión de no leerla. Un libro grande — se piensa — da importancia a quien lo compone; aunque sea malo, inspira respeto y ocupa un buen espacio en los estantes de las bibliotecas. Un libro pequeño no tiene defensa posible; si es bueno, será mirado, a lo sumo, como un ensayo o como una promesa; si es malo, sólo servirá para poner al autor en ridículo. Mi idea es completamente opuesta. Un libro grande, pienso, sea bueno o malo, pasa muy pronto a formar parte de la obra muerta de las bibliotecas; un libro pequeño, si es malo, deja ver a las claras que no sirve, y muere al primer embate; si es bueno, puede ser como un manual o breviario, de uso corriente por su poco peso y por su baratura, y de gran eficacia para la propagación de las ideas que encierra. A mi opinión, pues, me atengo, y como demostración práctica citaré esta misma obra, la cual, en su primitiva concepción, me exigía dos volúmenes de tamaño más que mediano, y al fin se ha sometido a mi voluntad y se ha conformado con tener un centenar de páginas. Un hombre de buena voluntad dice en cien páginas todo cuanto tiene que decir, y dice muchas cosas que no debía decir.

Yo tengo fe en el porvenir espiritual de España: en esto soy acaso exageradamente optimista. Nuestro engrandecimiento material nunca nos llevaría a obscurecer el pasado; nuestro florecimiento intelectual convertirá el siglo de oro de nuestras artes en una simple anunciación de este siglo de oro que yo confío ha de venir. Porque en nuestros trabajos tendremos de nuestra parte una fuerza hoy desconocida, que vive en estado latente en nuestra nación, al modo que, en el símil con que comencé este libro, vivían en el alma de la mujer casada contra su gusto y madre fecundísima contra su deseo, los nobles y puros y castos sentimientos de la virginidad. Esa fuerza misteriosa está en nosotros, y aunque hasta ahora no se ha dejado ver, nos acompaña y nos vigila; hoy es acción desconcertada y débil, mañana será calor y luz y hasta, si se quiere, electricidad y magnetismo.

He aquí un hecho digno de que fijemos en él nuestra atención. ¿Cómo se explica que siendo en general los pueblos pobladores de Europa de una raza común, los griegos hayan sido y sean aún los dictadores espirituales de todos los demás grupos arios o indo-europeos? La razón es clara: mientras los demás grupos quedaban incomunicados en sus nuevos territorios, los griegos seguían en contacto con Asia y recibían los gérmenes de su cultura de las razas semíticas. Los indo-europeos tienen cualidades admirables; pero carecen de una esencial para la vida: el fuego ideal que engendra las creaciones originales; son valientes, enérgicos, tenaces, organizadores y dominadores; pero no crean con espontaneidad. Un eminente profesor alemán, Jhering, autor de un libro de mucho fondo sobre prehistoria de los indo-europeos, ha hecho un estudio sutilísimo acerca del influjo de las inmigraciones arias en la antigua organización de Roma, del cual se desprende que esta organización arranca del período de las emigraciones. Aquellas bandas o tribus puestas en movimiento y avanzando por territorios desconocidos, tuvieron que crear autoridades ambulantes, hábiles para regular la marcha, y al establecerse definitivamente, transformaron esas autoridades ya inútiles en instituciones, en « supersticiones » o sobrevivencias, en las que después se ha creído ver una concepción religiosa puramente ideal. Así, por ejemplo, el « ver sacrum »[23] era una reminiscencia del

---

22 imberbe — beardless.

23 ver sacrum — a special offering presented from the firstlings of spring, vowed in critical circumstances.

período primaveral, en el que la marcha, suspendida durante el invierno, era reanudada; los pontífices fueron en su origen constructores de puentes, y su influencia nació de la importancia extraordinaria que en realidad hubo de tener para los emigrantes la construcción de puentes sobre los ríos que les atajaban el paso; los adivinos romanos no fueron profetas llenos de divina inspiración; fueron en su origen algo parecido a batidores o exploradores, que por las trazas del suelo, por el canto de las aves o por señales astronómicas y cuantos signos encontraban (signos de cœlo, pedestria, ex avibus, ex tripudiis, etc.),[24] esto es, por « auspicios, »[25] determinaban el itinerario más conveniente o más seguro. Si fuera posible conocer a fondo los orígenes de todas las instituciones originales de los pueblos arios, veríamos cómo todas ellas fueron inspiradas por la dura necesidad, no por arranque ideal, espontáneo; cuando la cultura greco-romana perdió su fuerza y fué necesario que viniera algo nuevo, vino el cristianismo, creación semítica; de suerte que los dos puntales que sostienen el edificio social en que hoy habitamos, el helenismo y el cristianismo, son dos fuerzas espirituales que por caminos muy diversos nos han enviado los pueblos semíticos. En general, puede establecerse como ley histórica que dondequiera que la raza indoeuropea se pone en contacto con la semítica, surge un nuevo y vigoroso renacimiento ideal. España, invadida y dominada por los bárbaros, da un paso atrás hacia la organización falsa y artificiosa; con los árabes recobra con creces el terreno perdido y adquiere el individualismo más enérgico, el sentimental, que en nuestros místicos encuentra su más pura forma de expresión. Los árabes no nos dieron ideas; su influjo no fué intelectual, fué psicológico. La distancia que hay entre un mártir de los primeros tiempos del cristianismo y Santa Teresa de Jesús, marca el camino recorrido por el espíritu español en los ocho siglos de lucha contra los árabes. Así, pues, los que con desprecio y encono sistemáticos descartan de nuestra evolución espiritual la influencia arábiga, cometen un crimen psicológico y se incapacitan para comprender el carácter español.

Nuestro Renacimiento no fué un renacimiento clásico, fué nacional; y aunque produjo algunas obras magistrales, quedó incompleto, como dije, por la desviación histórica

a que la fatalidad nos arrastró; pero como la fuerza impulsora está en la constitución natural étnica o psíquica que los diversos cruces han dado al tipo español, tal como hoy existe, debemos confiar en el porvenir; esa fuerza que hoy es un obstáculo para la vida regular de la nación, porque se la aplica a lo que no debe aplicársela, ha de sufrir un desdoblamiento; el individualismo indisciplinado que hoy nos debilita y nos impide levantar cabeza, ha de ser algún día individualismo interno y creador, y ha de conducirnos a nuestro gran triunfo ideal. Tenemos lo principal, el hombre, el tipo; nos falta sólo decidirle a que ponga manos en la obra.

Todos los pueblos tienen un tipo real o imaginario en quien encarnan sus propias cualidades; en todas las literaturas encontraremos una obra maestra, en la que ese hombre típico figura entrar en acción, ponerse en contacto con la sociedad de su tiempo y atravesar una larga serie de pruebas donde se aquilata el temple de su espíritu, que es el espíritu propio de su raza. Ulises es el griego por excelencia; en él se reúnen todas las virtudes de un ario, la prudencia, la constancia, el esfuerzo, el dominio de sí mismo, con la astucia y fertilidad de recursos de un semita; comparémosle con cualquiera de los conductores de pueblos germánicos, y veremos, con más precisión que pesándola en una balanza, la cantidad de espíritu que los griegos tomaron de los semitas. Nuestro Ulises es Don Quijote, y en Don Quijote notamos a primera vista una metamorfosis espiritual. El tipo se ha purificado más aún, y para poder moverse tiene que librarse del peso de las preocupaciones materiales, descargándolas sobre un escudero; así camina completamente desembarazado, y su acción es una inacabable creación, un prodigio humano, en el que se idealiza todo cuanto en la realidad existe, y se realiza todo cuanto idealmente se concibe. Don Quijote no ha existido en España antes de los árabes, ni cuando estaban los árabes, sino después de terminada la Reconquista. Sin los árabes, Don Quijote y Sancho Panza hubieran sido siempre un solo hombre, un remedo de Ulises. Si buscamos fuera de España un Ulises moderno, no hallaremos ninguno que supere al Ulises anglo-sajón, a Robinsón Crusoe; el italiano es un Ulises teólogo, el Dante mismo, en su *Divina Comedia*, y el alemán, un Ulises filósofo, el

---

24 signos . . . tripudiis — signs of heaven, land, birds, omens.

25 auspicios — presages.

Doctor Fausto, y ninguno de los dos es un Ulises de carne y hueso. Robinsón sí es un Ulises natural, pero muy rebajado de talla, porque su semitismo es opaco, su luz es prestada; es ingenioso solamente para luchar con la naturaleza; es capaz de reconstruir una civilización material; es un hombre que aspira al mando, al gobierno « exterior » de otros hombres; pero su alma carece de expresión y no sabe entenderse con otras almas. Sancho Panza, después de aprender a leer y a escribir, podría ser Robinsón; y Robinsón, en caso de apuro, aplacaría su aire de superioridad y se avendría a ser escudero de Don Quijote.

Así como creo que para las aventuras de la dominación material muchos pueblos de Europa son superiores a nosotros, creo también que para la creación ideal no hay ninguno con aptitudes naturales tan depuradas como las nuestras. Nuestro espíritu parece tosco, porque está embastecido por luchas brutales; parece flaco, porque está sólo nutrido de ideas ridículas, copiadas sin discernimiento, y parece poco original, porque ha perdido la audacia, la fe en sus propias ideas, porque busca fuera de sí lo que dentro de sí tiene. Hemos de hacer acto de contrición colectiva; hemos de desdoblarnos, aunque muchos nos quedemos en tan arriesgada operación; y así tendremos pan espiritual para nosotros y para nuestra familia, que lo anda mendigando por el mundo, y nuestras conquistas materiales podrán ser aún fecundas, porque, al renacer, hallaremos una inmensidad de pueblos hermanos a quienes marcar con el sello de nuestro espíritu.

(Helsingfors, Octubre, 1896.)

Miguel de Unamuno, 1864–1936 (pp. 231–34; 367–68; 560–65)

In addition to his poetry and many fine novels and dramas, Unamuno cultivated the essay, a genre which most scholars feel gives him his best chance for literary immortality.[1] Among his principal essays are: *En torno al casticismo*, 1895; *Tres ensayos, Adentro, La ideocracia, La fe*, 1900; *Vida de Don Quijote y Sancho*, 1905; *Mi religión y otros ensayos*, 1910; *Soliloquios y conversaciones*, 1911; *Del sentimiento trágico de la vida en los hombres y en los pueblos*, 1913; *Ensayos* (7 volumes), 1917–18; and *La agonía del cristianismo*, in French in 1925 and in Spanish, 1931.

Unamuno represents in the spiritual history of Spain what José Ferrater Mora calls "casi

hasta la exasperación, el momento que podríamos llamar provisionalmente del alma." *En torno al casticismo*, based in part on his communication with Ganivet as well as on his own spiritual and historical preoccupations with the Castilian tradition, "la tradición eterna," focused attention on the need for a new historical viewpoint. It postulates two worlds, one of the exterior present and the other which is a more intimate and authentic world of which the exterior everyday one is only a circumstantial and temporal fragment. In these essays Unamuno criticizes the "castizo," not as a seeker of foreign influences but as a proponent of a tradition which has been transmitted through the years by Spaniards for yet unborn Spaniards, a *tradición eterna* or intrahistory which has both influenced and been influenced by foreign elements. Unamuno stresses an appreciation of the Spanish landscape, a reinterpretation of the Spanish spirit, and an eventual rebirth through future generations.

About 1897, when Unamuno was thirty-three, he suffered a severe spiritual and religious crisis. Anguished at the thought of the nothingness which faced him in death and terrified by the prospect, he felt the necessity of faith in a God who would grant him immortality, perhaps, in part, a delayed reaction of his Catholic, Basque youth. This crisis eventually led to what Barea calls his "most disturbing work," *Del sentimiento trágico de la vida*, which Juan Marichal called the first personal confession of a Spaniard to the world.

Madariaga believed this work made Unamuno the greatest figure of twentieth century Spain, but Ramón Sender found it full of "zonas confusas y absurdas." The philosopher Julián Marías saw the work's incoherence, a note present in many of Unamuno's essays: "En vano se buscaría en las obras de Unamuno, ni siquiera en las que aparecen con mayores pretensiones intelectuales, un proceso lógico coherente, una fundamentación de cada aserto que permita utilizarlo a su vez para elevarse a una nueva verdad." It is a somewhat confused dissertation on the struggle between pragmatism and materialism on the one hand and idealism and illusion on the other, on the incompatability of reason and the emotions, and on the perpetual struggle or flux of forces which are impossible to conciliate — such as time and eternity,

1 Excerpts from one of his novels appear on pp. 216–24. Some of his poetry appears on pp. 347–54.

reason and faith. Complicated by excessive references to philosophic sources, basically its spiritual agonizing, similar to Pascal's, stems from Unamuno's wish to survive as a man of flesh and blood. He realizes the metaphysical problem which faces twentieth century man; but though he must reject a rational belief in immortality, he cannot abandon an attempt to achieve it. Whether Unamuno's agonizing reflects an atheistic desire for belief, real belief, or a theological treatise, his verbal pyrotechnics do not disguise his existentialist search for his essence, ego, and personal survival.

In spite of rational evidence to the contrary Unamuno makes an effort to believe, and after a period of despair and anguish, recognizing the spiritual in a material world, his self compassion leads him to self-love which widens into a love for all living creatures who seek survival. Through this love, which stems from his own hunger to exist, he gives conscience to the universe, in a sense creating God. Man lives in a desperate resignation or a resigned despair, knowing that to live is to fight with death without conquering it, but without being conquered fully by it. Unamuno's God will guarantee him immortality, not one of repose which for Unamuno was synonymous with death, but an immortality of struggle. The conflict of the material and the spiritual, the anti-vital or rational versus the vital or anti-rational creates the tragic sense of life in this paradoxical work which essentially reveals the religious and spiritual philosophy found in his other essays.

Del sentimiento trágico de la vida

EL HOMBRE DE CARNE Y HUESO

Homo sum; nihil humani a me alienum puto,[2] dijo el cómico latino. Y yo diría más bien, *nullum hominem a me alienum puto*; soy hombre, a ningún otro hombre estimo extraño. Porque el adjetivo *humanus* me es tan sospechoso como su sustantivo abstracto *humanitas*, la humanidad. Ni lo humano ni la humanidad, ni el adjetivo simple, ni el adjetivo sustantivado, sino el sustantivo concreto: el hombre. El hombre de carne y hueso, el que nace, sufre y muere — sobre todo muere —, el que come y bebe y juega y duerme y piensa y quiere, el hombre que se ve y a quien se oye, el hermano, el verdadero hermano.

Porque hay otra cosa, que llaman también hombre, y es el sujeto de no pocas divagaciones más o menos científicas. Y es el bípedo implume[3] de la leyenda, el ζωον πολιτικόν[4] de Aristóteles, el contratante social de Rousseau, el *homo oeconomicus*[5] de los manchesterianos, el *homo sapiens*, de Linneo,[6] o, si se quiere, el mamífero vertical. Un hombre que no es de aquí o de allí, ni de esta época o de la otra, que no tiene ni sexo ni patria, una idea, en fin. Es decir, un no hombre.

El nuestro es el otro, el de carne y hueso; yo, tú, lector mío; aquel otro de más allá, cuantos pesamos sobre la tierra.

Y este hombre concreto, de carne y hueso, es el sujeto y el supremo objeto a la vez de toda filosofía, quiéranlo o no ciertos sedicentes[7] filósofos.

En las más de las historias de la filosofía que conozco se nos presenta a los sistemas como originándose los unos de los otros, y sus autores, los filósofos, apenas aparecen sino como meros pretextos. La íntima biografía de los filósofos, de los hombres que filosofaron, ocupa un lugar secundario. Y es ella, sin embargo, esa íntima biografía, la que más cosas nos explica.

Cúmplenos decir, ante todo, que la filosofía se acuesta más a la poesía que no a la ciencia. Cuantos sistemas filosóficos se han fraguado como suprema concinación[8] de los resultados finales de las ciencias particulares, en un período cualquiera, han tenido mucha menos consistencia y menos vida que aquellos otros que representaban el anhelo integral del espíritu de su autor.

Y es que las ciencias, importándonos tanto y siendo indispensables para nuestra vida y nuestro pensamiento, nos son, en cierto sentido, más extrañas que la filosofía. Cumplen un fin más objetivo, es decir, más fuera de nosotros. Son, en el fondo, cosa de economía. Un nuevo descubrimiento científico, de los que llamamos teóricos, es como un descubrimiento mecánico; el de la máquina de vapor, el teléfono, el fonógrafo, el aeroplano, una cosa que sirve para algo. Así, el teléfono puede servirnos para comunicarnos a distancia con la mujer amada. Pero ésta ¿para qué nos sirve? Toma uno el tranvía eléctrico para ir a oír una

---

2 Homo . . . puto — Terence: I am a man; nothing human do I deem strange to me."
3 implume — featherless.
4 ζωον πολιτικόν — political man.
5 homo oeconomicus — economic man.

6 Linneo — Carolus Linnaeus (1707–78), Swedish botanist.
7 sedicentes — self-styled.
8 concinación — agreement.

ópera, y se pregunta: ¿cuál es en este caso más útil, el tranvía o la ópera?

La filosofía responde a la necesidad de formarnos una concepción unitaria y total del mundo y de la vida, y como consecuencia de esa concepción, un sentimiento que engendre una actitud íntima y hasta una acción. Pero resulta que ese sentimiento, en vez de ser consecuencia de aquella concepción, es causa de ella. Nuestra filosofía, esto es, nuestro modo de comprender o de no comprender el mundo y la vida, brota de nuestro sentimiento respecto a la vida misma. Y ésta, como todo lo afectivo, tiene raíces subconscientes, inconscientes tal vez.

No suelen ser nuestras ideas las que nos hacen optimistas o pesimistas, sino que es nuestro optimismo o nuestro pesimismo, de origen fisiológico o patológico quizás, tanto el uno como el otro, el que hace nuestras ideas.

El hombre, dicen, es un animal racional. No sé por qué no se haya dicho que es un animal afectivo o sentimental. Y acaso lo que de los demás animales le diferencia sea más el sentimiento que no la razón. Más veces he visto razonar a un gato que no reír o llorar. Acaso llore o ría por dentro, pero por dentro acaso también el cangrejo resuelva ecuaciones de segundo grado.

Y así, lo que en un filósofo nos debe más importar es el hombre.

Tomad a Kant, al hombre Manuel Kant,[9] que nació y vivió en Koenigsberg, a fines del siglo XVIII y hasta pisar los umbrales del XIX. Hay en la filosofía de este hombre Kant, hombre de corazón y de cabeza, es decir, hombre, un significativo salto, como habría dicho Kierkegaard,[10] otro hombre — ¡y tan hombre! — el salto de la « Crítica de la Razón Pura » a la « Crítica de la Razón Práctica. » Reconstruye en ésta, digan lo que quieran los que no ven al hombre, lo que en aquélla abatió. Después de haber examinado y pulverizado con su análisis las tradicionales pruebas de la existencia de Dios, del Dios aristotélico, que es el Dios que corresponde al ζωον πολιτικόν, del Dios abstracto, del primer motor inmóvil, vuelve a reconstruir a Dios, pero al Dios de la conciencia, al autor del orden moral, al Dios luterano, en fin. Ese salto de Kant está ya en germen en la noción luterana de la fe.

El un Dios, el Dios racional, es la proyección al infinito de fuera del hombre por definición, es decir, del hombre abstracto, el hombre no hombre, y el otro Dios, el Dios sentimental o volitivo, es la proyección al infinito de dentro del hombre por vida, del hombre concreto, de carne y hueso.

Kant reconstruyó con el corazón lo que con la cabeza había abatido. Y es que sabemos, por testimonio de los que lo conocieron y por testimonio propio, en sus cartas y manifestaciones privadas, que el hombre Kant, el solterón un sí es no es egoísta, que profesó filosofía en Koenigsberg a fines del siglo de la Enciclopedia[11] y de la diosa Razón, era un hombre muy preocupado del problema. Quiero decir del único verdadero problema vital, del que más a las entrañas nos llega, del problema de nuestro destino individual y personal, de la inmortalidad del alma. El hombre Kant no se resignaba a morir del todo. Y porque no se resignaba a morir del todo, dió el salto aquel, el salto inmortal, de una a otra crítica.

Quien lea con atención y sin antojeras[12] la « Crítica de la Razón Práctica, » verá que, en rigor, se deduce en ella la existencia de Dios de la inmortalidad del alma, y no ésta de aquélla. El imperativo categórico nos lleva a un postulado moral que exige a su vez, en el orden teleológico o más bien escatológico, la inmortalidad del alma, y para sustentar esta inmortalidad aparece Dios. Todo lo demás es escamoteo de profesional de la filosofía.

El hombre Kant sintió la moral como base de la escatología, pero el profesor de filosofía invirtió los términos.

Ya dijo no sé dónde otro profesor, el profesor y hombre Guillermo James,[13] que Dios para la generalidad de los hombres es el productor de inmortalidad. Sí, para la generalidad de los hombres, incluyendo al hombre Kant, al hombre James y al hombre que traza estas líneas que estás, lector, leyendo.

Un día, hablando con un campesino le propuse la hipótesis de que hubiese, en efecto, un Dios que rige cielo y tierra, Conciencia del Universo, pero que no por eso sea el alma de cada hombre inmortal en el sentido tradicional y concreto. Y me respondió: « Entonces, ¿para qué Dios? » Y así se respondían en el recóndito foro de su conciencia el hombre

9 Immanuel Kant (1724–1804), German philosopher and metaphysician.
10 Sören Kierkegaard (1813–55), Danish philosopher and theologian.
11 a reference to the encyclopedists, writers of the

French Encyclopedia (1751–72), embodying the enlightened thought of the period.
12 antojeras — blinders.
13 William James (1842–1910), American psychologist and philosopher.

Kant y el hombre James. Sólo que al actuar como profesores tenían que justificar racionalmente esa actitud tan poco racional. Lo que no quiere decir, claro está, que sea absurda.

Hegel[14] hizo célebre su aforismo de que todo lo racional es real y todo lo real racional; pero somos muchos los que, no convencidos por Hegel, seguimos creyendo que lo real, lo realmente real, es irracional; que la razón construye sobre irracionalidades. Hegel, gran definidor, pretendió reconstruir el universo con definiciones, como aquel sargento de Artillería decía que se construyen los cañones: tomando un agujero y recubriéndole de hierro.

Otro hombre, el hombre José Butler,[15] obispo anglicano, que vivió a principios del siglo XVIII, y de quien dice el cardenal católico Newman[16] que es el nombre más grande de la Iglesia anglicana, al final del capítulo primero de su gran obra sobre la analogía de la religión *(The Analogy of Religion)*, capítulo que trata de la vida futura, escribió estas preñadas palabras: « Esta credibilidad en una vida futura, sobre la que tanto aquí se ha insistido, por poco que satisfaga nuestra curiosidad, parece responder a los propósitos todos de la religión tanto como respondería a una prueba demostrativa. En realidad, una prueba, aun demostrativa, de una vida futura, no sería una prueba de religión. Porque el que hayamos de vivir después de la muerte es cosa que se compadece tan bien con el ateísmo, y que puede ser por éste tan tomada en cuenta como el que ahora estamos vivos, y nada puede ser, por lo tanto, más absurdo que argüir del ateísmo que no puede haber estado futuro. »

El hombre Butler, cuyas obras acaso conociera el hombre Kant, quería salvar la fe en la inmortalidad del alma, y para ello la hizo independiente de la fe en Dios. El capítulo primero de su *Analogía*, trata, como os digo, de la vida futura, y el segundo, del gobierno de Dios por premios y castigos. Y es que, en el fondo, el buen obispo anglicano deduce la existencia de Dios de la inmortalidad del alma. Y como el buen obispo anglicano partió de aquí, no tuvo que dar el salto que a fines de su mismo siglo tuvo que dar el buen filósofo luterano. Era un hombre el obispo Butler, y era otro hombre el profesor Kant.

Y ser un hombre es ser algo concreto, unitario y sustantivo, es ser cosa, *res*. Y ya sabemos lo que otro hombre, el hombre Benito Spinoza,[17] aquel judío portugués que nació y vivió en Holanda a mediados del siglo XVII, escribió de toda cosa. La proposición 6ª de la parte IIIª de su *Ética*, dice: *unaquaeque res, quatenus in se es est, in suo esse perseverare conatur*; es decir cada cosa, en cuanto es en sí, se esfuerza por perseverar en su ser. Cada cosa en cuanto es en sí, es decir, en cuanto sustancia,[18] ya que, según él, sustancia es *id quod in se est et per se concipitur*; lo que es por sí y por sí se concibe. Y en la siguiente proposición, la 7ª, de la misma parte añade: *conatus, quo unaqueque rei in suo esse perseverare conatur, nihil est praeter ipsius rei actualem essentiam*; esto es, el esfuerzo con que cada cosa trata de perseverar en su ser no es sino la esencia actual de la cosa misma. Quiere decirse que tu esencia, lector, la mía, la del hombre Spinoza, la del hombre Butler, la del hombre Kant, y la de cada hombre que sea hombre, no es sino el conato,[19] el esfuerzo que pone en seguir siendo hombre, en no morir. Y la otra proposición que sigue a estas dos, la 8ª, dice: *conatus, quo unaquaeque res in suo esse perseverare conatur, nullum tempus finitum, sed indefinitum involvit*, o sea: el esfuerzo con que cada cosa se esfuerza por perseverar en su ser, no implica tiempo finito, sino indefinido. Es decir, que tú, yo y Spinoza queremos no morirnos nunca y que este nuestro anhelo de nunca morirnos es nuestra esencia actual. Y, sin embargo, este pobre judío portugués, desterrado en las nieblas holandesas, no pudo llegar a creer nunca en su propia inmortalidad personal, y toda su filosofía no fué sino una consolación que fraguó para ése su falta de fe. Como a otros les duele una mano o un pie o el corazón o la cabeza, a Spinoza le dolía Dios. ¡Pobre hombre! ¡Y pobres hombres los demás!

Y el hombre, esta cosa, ¿es una cosa? Por absurda que parezca la pregunta, hay quienes se la han propuesto. Anduvo no ha mucho por el mundo una cierta doctrina que llamábamos positivismo, que hizo mucho bien y mucho mal. Y entre otros males que hizo, fué el de traernos un género tal de análisis que los hechos se pulverizaban con él, reduciéndose a polvo de hechos. Los más de los que el positivismo llamaba hechos, no eran sino fragmentos de hechos. En psicología su acción fué

---

14 Georg Wilhelm Friedrich Hegel (1770–1831), German philosopher.
15 Joseph Butler (1692–1752).
16 John Henry Newman (1801–90), English theologian and author.

17 Baruch Spinoza (1632–77), Dutch Jewish philosopher.
18 en cuanto sustancia — insofar as it is substance.
19 conato — effort, endeavor.

deletérea. Hasta hubo escolásticos metidos a literatos — no digo filósofos metidos a poetas, porque poeta y filósofo son hermanos gemelos, si es que no la misma cosa — que llevaron el análisis psicológico positivista a la novela y al drama, donde hay que poner en pie hombres concretos, de carne y hueso, y en fuerza de estados de conciencia, las conciencias desaparecieron. Les sucedió lo que dicen sucede con frecuencia al examinar y ensayar ciertos complicados compuestos químicos orgánicos, vivos, y es que los reactivos destruyen el cuerpo mismo que se trata de examinar, y lo que obtenemos son no más que productos de su composición.

Partiendo del hecho evidente de que por nuestra conciencia desfilan estados contradictorios entre sí, llegaron a no ver claro la conciencia, el yo. Preguntarle a uno por su yo, es como preguntarle por su cuerpo. Y cuenta que al hablar del yo, hablo del yo concreto y personal; no del yo de Fichte,[20] sino de Fichte mismo, del hombre Fichte.

Y lo que determina a un hombre, lo que le hace *un* hombre, uno y no otro, el que es y no el que no es, es un principio de unidad y un principio de continuidad. Un principio de unidad primero en el espacio, merced al cuerpo, y luego en la acción y en el propósito. Cuando andamos, no va un pie hacia adelante y el otro hacia atrás: ni cuando miramos, mira un ojo al Norte y el otro al Sur, como estemos sanos. En cada momento de nuestra vida tenemos un propósito, y a él conspira la sinergia de nuestras acciones, aunque al momento siguiente cambiemos de propósito. Y es en cierto sentido un hombre tanto más hombre, cuanto más unitaria sea su acción. Hay quien en su vida toda no persigue sino un solo propósito, sea el que fuere.

Y un principio de continuidad en el tiempo. Sin entrar a discutir — discusión ociosa — si soy o no el que era hace veinte años, es indiscutible, me parece, el hecho de que el que soy hoy proviene, por serie continua de estados de conciencia, del que era en mi cuerpo hace veinte años. La memoria es la base de la personalidad individual, así como la tradición lo es de la personalidad colectiva de un pueblo. Si vive en el recuerdo y por el recuerdo, y nuestra vida espiritual no es, en el fondo, sino el esfuerzo de nuestro recuerdo por perseverar, por hacerse esperanza, el esfuerzo de nuestro pasado por hacerse porvenir.

Todo esto es de una perogrullería chillante,[21] bien lo sé; pero es que, rodando por el mundo, se encuentra uno con hombres que parece no se sienten a sí mismos. Uno de mis mejores amigos, con quien he paseado a diario durante muchos años enteros, cada vez que yo le hablaba de este sentimiento de la propia personalidad, me decía: « Pues yo no me siento a mí mismo; no sé qué es eso. »

En cierta ocasión, este amigo a que aludo me dijo: « Quisiera ser fulano » (aquí un nombre), y le dije: eso es lo que yo no acabo nunca de comprender, que uno quiera ser otro cualquiera. Querer ser otro, es querer dejar de ser uno el que es. Me explico que uno desee tener lo que otro tiene, sus riquezas o sus conocimientos; pero ser otro, es cosa que no me la explico. Más de una vez se ha dicho que todo hombre desgraciado prefiere ser el que es, aun con sus desgracias, a ser otro sin ellas. Y es que los hombres desgraciados, cuando conservan la sanidad en su desgracia, es decir cuando se esfuerzan por perseverar en su ser, prefieren la desgracia a la no existencia. De mí sé decir, que cuando era un mozo, y aun de niño, no lograron conmoverme las patéticas pinturas que del infierno se me hacían, pues ya desde entonces nada se me aparecía tan horrible como la nada misma. Era una furiosa hambre de ser, un apetito de divinidad, como nuestro ascético dijo.

Irle a uno con la embajada de que se haga otro, es irle con la embajada de que deje de ser él. Cada cual defiende su personalidad, y sólo acepta un cambio en su modo de pensar o de sentir en cuanto este cambio pueda entrar en la unidad de su espíritu y enzarzar en la continuidad de él; en cuanto ese cambio pueda armonizarse e integrarse con todo el resto de su modo de ser, pensar y sentir, y pueda a la vez enlazarse a sus recuerdos. Ni a un hombre, ni a un pueblo — que es, en cierto sentido, un hombre también — se le puede exigir un cambio que rompa la unidad y la continuidad de su persona. Se le puede cambiar mucho, hasta por completo casi; pero dentro de continuidad.

Cierto es que se da en ciertos individuos eso que se llama un cambio de personalidad; pero esto es un caso patológico, y como tal lo estudian los alienistas. En esos cambios de personalidad, la memoria, base de la conciencia, se arruina por completo, y sólo le queda al pobre paciente, como substracto de continuidad

---

20 Johann Gottlieb Fichte (1762–1814), German philosopher.

21 perogrullería chillante — sheer platitude.

individual — ya que no personal — el organismo físico. Tal enfermedad equivale a la muerte para el sujeto que la padece; para quienes no equivale a su muerte es para los que hayan de heredarle, si tiene bienes de fortuna. Y esa enfermedad no es más que una revolución, una verdadera revolución.

Una enfermedad es, en cierto respecto, una disociación orgánica; es un órgano o un elemento cualquiera del cuerpo vivo que se rebela, rompe la sinergia vital y conspira a un fin distinto del que conspiran los demás elementos con él coordinados. Su fin puede ser, considerado en sí, es decir, en abstracto, más elevado, más noble, más . . . todo lo que se quiera, pero es otro. Podrá ser mejor volar y respirar en el aire que nadar y respirar en el agua; pero si las aletas de un pez dieran en querer convertirse en alas, el pez, como pez, perecería. Y no sirve decir que acabaría por hacerse ave; si es que no había en ello un proceso de continuidad. No lo sé bien, pero acaso se pueda dar que un pez engendre un ave, u otro pez que esté más cerca del ave que él; pero un pez, este pez, no puede él mismo, y durante su vida, hacerse ave.

Todo lo que en mí conspire a romper la unidad y la continuidad de mi vida, conspira a destruirme y, por lo tanto, a destruirse. Todo individuo que en un pueblo conspira a romper la unidad y la continuidad espirituales de ese pueblo, tiende a destruirlo y a destruirse como parte de ese pueblo. ¿Que tal otro pueblo es mejor? Perfectamente, aunque no entendamos bien qué es eso de mejor o peor. ¿Que es más rico? Concedido. ¿Que es más culto? Concedido también. ¿Que vive más feliz? Esto ya . . . pero, en fin, ¡pase! ¿Que vence, eso que llaman vencer, mientras nosotros somos vencidos? Enhorabuena. Todo eso está bien, pero es otro. Y basta. Porque para mí, el hacerme otro, rompiendo la unidad y la continuidad de mi vida, es dejar de ser el que soy, es decir, es sencillamente dejar de ser. Y esto no; ¡todo antes que esto!

¿Que otro llenaría tan bien o mejor que yo el papel que lleno? ¿Que otro cumpliría mi función social? Sí, pero no yo.

« ¡Yo, yo, yo, siempre yo! — dirá algún lector — ; y ¿quién eres tú? » Podría aquí contestarle con Obermann,[22] con el enorme hombre Obermann, « para el universo nada, para mí todo; » pero no, prefiero recordarle una doctrina del hombre Kant, y es la de que

debemos considerar a nuestros prójimos, a los demás hombres, no como medios, sino como fines. Pues no se trata de mí tan sólo: se trata de ti, lector, que así refunfuñas; se trata del otro, se trata de todos y de cada uno. Los juicios singulares tienen valor de universales, dicen los lógicos. Lo singular no es particular, es universal.

El hombre es un fin, no un medio. La civilización toda se endereza al hombre, a cada hombre, a cada yo. ¿O qué es ese ídolo, llámese Humanidad o como se llamare, a que se han de sacrificar todos y cada uno de los hombres? Porque yo me sacrifico por mis prójimos, por mis compatriotas, por mis hijos, y éstos a su vez por los suyos, y los suyos por los de ellos, y así en serie inacabable de generaciones. ¿Y quién recibe el fruto de ese sacrificio?

Los mismos que nos hablan de ese sacrificio fantástico, de esa dedicación sin objeto, suelen también hablarnos del derecho a la vida. ¿Y qué es el derecho a la vida? Me dicen que he venido a realizar no sé qué fin social; pero yo siento que yo, lo mismo que cada uno de mis hermanos, he venido a realizarme, a vivir.

Sí, sí, lo veo; una enorme actividad social, una poderosa civilización, mucha ciencia, mucho arte, mucha industria, mucha moral, y luego, cuando hayamos llenado el mundo de maravillas industriales, de grandes fábricas, de caminos, de museos, de bibliotecas, caeremos agotados al pie de todo esto, y quedará ¿para quién? ¿Se hizo el hombre para la ciencia o se hizo la ciencia para el hombre?

« Ea — exclamará de nuevo el mismo lector —, volvemos a aquello del Catecismo: P. ¿Para quién hizo Dios el mundo? R.[23] Para el hombre. » Pues bien, sí, así debe responder el hombre que sea hombre. La hormiga, si se diese cuenta de esto, y fuera persona, consciente de sí misma contestaría que para la hormiga, y contestaría bien. El mundo se hace para la conciencia, para cada conciencia. »

« Un alma humana vale por todo el universo, » ha dicho no sé quién, pero ha dicho egregiamente. Un alma humana, ¿eh? No una vida. La vida ésta no. Y sucede que a medida que se cree menos en el alma, es decir, en su inmortalidad consciente, personal y concreta, se exagerará más el valor de la pobre vida pasajera. De aquí arrancan todas las afeminadas sensiblerías contra la guerra. Sí, uno no debe querer morir, pero la otra muerte.[24] « El que quiera salvar su vida, la perderá, » dice el

---

22 Obermann — autobiographical, epistolary novel of Étienne Pivert de Sénancour (1770–1846). The first French edition was that of 1804.

23 P. — pregunta; R. — respuesta.
24 pero . . . muerte — but one should renounce the death of the soul.

Evangelio; pero no dice el que quiera salvar su alma, el alma inmortal. O que creemos y queremos que lo sea.

Y todos los definidores del objetivismo no se fijan, o mejor dicho, no quieren fijarse que al afirmar un hombre su yo, su conciencia personal, afirma al hombre, al hombre concreto y real, afirma el verdadero humanismo — que no es el de las cosas del hombre, sino el del hombre —, y al afirmar al hombre, afirma la conciencia. Porque la única conciencia de que tenemos conciencia es la del hombre.

El mundo es para la conciencia. O, mejor dicho, este *para*, esta noción de finalidad, y mejor que noción sentimiento, este sentimiento teleológico no nace sino donde hay conciencia. Conciencia y finalidad son la misma cosa en el fondo.

Si el sol tuviese conciencia, pensaría vivir para alumbrar a los mundos, sin duda; pero pensaría también, y sobre todo, que los mundos existen para que él los alumbre y se goce en alumbrarlos y así viva. Y pensaría bien.

Y toda esta trágica batalla del hombre por salvarse, ese inmortal anhelo de inmortalidad que le hizo al hombre Kant dar aquel salto inmortal de que os decía, todo eso no es más que una batalla por la conciencia. Si la conciencia no es, como ha dicho algún pensador inhumano, nada más que un relámpago entre dos eternidades de tinieblas, entonces no hay nada más execrable que la existencia.

Alguien podrá ver un fondo de contradicción en todo cuanto voy diciendo, anhelando unas veces la vida inacabable, y diciendo otras que esta vida no tiene el valor que se la da. ¿Contradicción? ¡Ya lo creo! ¡La de mi corazón, que dice sí, y mi cabeza, que dice no! Contradicción, naturalmente. ¿Quién no recuerda aquellas palabras del Evangelio: « Señor, creo; ¡ayuda a mi incredulidad! »? ¡Contradicción!, ¡naturalmente! Como que sólo vivimos de contradicciones, y por ellas; como que la vida es tragedia, y la tragedia es perpetua lucha, sin victoria ni esperanza de ella; es contradicción.

Se trata, como veis, de un valor afectivo, y contra los valores afectivos no valen razones. Porque las razones no son nada más que razones, es decir, ni siquiera son verdades. Hay definidores de esos pedantes por naturaleza y por gracia, que me hacen el efecto de aquel señor que va a consolar a un padre que acaba de perder un hijo muerto de repente en la flor de sus años, y le dice: « ¡Paciencia, amigo, que todos tenemos que morirnos! »

¿Os chocaría que este padre se irritase contra semejante impertinencia? Porque es una impertinencia. Hasta un axioma puede llegar a ser en ciertos casos una impertinencia. Cuántas veces no cabe decir aquello de

para pensar cual tú, sólo es preciso
no tener nada más que inteligencia.

Hay personas, en efecto, que parecen no pensar más que con el cerebro, o con cualquier otro órgano que sea el específico para pensar; mientras otros piensan con todo el cuerpo y toda el alma, con la sangre, con el tuétano de los huesos, con el corazón, con los pulmones, con el vientre, con la vida. Y las gentes que no piensan más que con el cerebro, dan en definidores; se hacen profesionales del pensamiento. ¿Y sabéis lo que es un profesional? ¿Sabéis lo que es un producto de la diferenciación del trabajo?

Aquí tenéis un profesional del boxeo. Ha aprendido a dar puñetazos con tal economía, que reconcentra sus fuerzas en el puñetazo, y apenas pone en juego sino los músculos precisos para obtener el fin inmediato y concretado de su acción: derribar al adversario. Un boleo dado por un no profesional, podrá no tener tanta eficacia objetiva inmediata; pero vitaliza mucho más al que lo da, haciéndole poner en juego casi todo su cuerpo. El uno es un puñetazo de boxeador, el otro de hombre. Y sabido es que los hércules de circo, que los atletas de feria, no suelen ser sanos. Derriban a los adversarios, levantan enormes pesas, pero se mueren, o de tisis o de dispepsia.

Si un filósofo no es un hombre, es todo menos un filósofo; es, sobre todo, un pedante, es decir un remedo de hombre. El cultivo de una ciencia cualquiera, de la química, de la física, de la geometría, de la filología, puede ser, y aun esto muy restringidamente y dentro de muy estrechos límites, obra de especialización diferenciada; pero la filosofía, como la poesía, o es obra de integración, de concinación, o no es sino filosofería, erudición seudofilosófica.

Todo conocimiento tiene una finalidad. Lo de saber para saber no es, dígase lo que se quiera, sino una tétrica petición de principio. Se aprende algo, o para un fin práctico inmediato, o para completar nuestros demás conocimientos. Hasta la doctrina que nos aparezca más teórica, es decir, de menor aplicación inmediata a las necesidades no intelectuales de la vida, responde a una necesidad — que también lo es — intelectual, a una razón de economía en el pensar, a un principio de unidad y continuidad de la conciencia. Pero así como un conocimiento científico tiene su finalidad en los demás conocimientos, la filosofía que uno haya de abrazar tiene otra finalidad extrínseca, se refiere a nuestro destino todo, a nuestra actitud frente a la vida y al universo. Y el más trágico problema de la filosofía es el de conciliar las necesidades intelectuales con las necesidades afectivas y con las volitivas. Como que ahí fracasa toda filosofía que pretende deshacer la eterna y trágica contradicción, base de nuestra existencia. ¿Pero afrontan todos esta contradicción?

Poco puede esperarse, v. gr., de un gobernante que alguna vez, aun cuando sea por modo oscuro, no se ha preocupado del principio primero y del fin último de las cosas todas, y sobre todo de los hombres, de su primer por qué y de su último para qué.

Y esta suprema preocupación no puede ser puramente racional, tiene que ser afectiva. No basta pensar, hay que sentir nuestro destino. Y el que, pretendiendo dirigir a sus semejantes, dice y proclama que le tienen sin cuidado las cosas de tejas arriba[25] no merece dirigirlos. Sin que esto quiera decir, ¡claro está!, que haya de pedírsele solución alguna determinada. ¡Solución! ¿La hay acaso?

Por lo que a mí hace, jamás me entregaré de buen grado, y otorgándole mi confianza, a conductor alguno de pueblos que no esté penetrado de que, al conducir un pueblo, conduce hombres, hombres de carne y hueso, hombres que nacen, sufren, y aunque no quieran morir, mueren; hombres que son fines en sí mismos, no sólo medios; hombres que han de ser lo que son y no otros; hombres, en fin, que buscan eso que llamamos la felicidad. Es inhumano, por ejemplo, sacrificar una generación de hombres a la generación que le sigue cuando no se tiene sentimiento del destino de los sacrificados. No de su memoria, no de sus nombres, sino de ellos mismos.

Todo eso de que uno vive en sus hijos, o en sus obras, o en el universo, son vagas elucubraciones[26] con que sólo se satisfacen los que padecen de estupidez afectiva, que pueden ser, por lo demás, personas de una cierta eminencia cerebral. Porque puede uno tener un gran talento, lo que llamamos un gran talento, y ser un estúpido del sentimiento y hasta un imbécil moral. Se han dado casos.

Estos estúpidos afectivos con talento suelen

decir que no sirve querer zahondar[27] en lo inconocible ni dar coces contra el aguijón. Es como si se le dijera a uno a quien le han tenido que amputar una pierna, que de nada le sirve pensar en ello. Y a todos nos falta algo; sólo que unos lo sienten y otros no. O hacen como que no lo sienten, y entonces son unos hipócritas.

Un pedante que vió a Solón[28] llorar la muerte de un hijo, le dijo: «¿Para qué lloras así, si eso de nada sirve?» Y el sabio le respondió: «Por eso precisamente, porque no sirve.» Claro está que el llorar sirve de algo, aunque no sea más que de desahogo; pero bien se ve el profundo sentido de la respuesta de Solón al impertinente. Y estoy convencido de que resolveríamos muchas cosas si saliendo todos a la calle, y poniendo a luz nuestras penas, que acaso resultasen una sola pena común, nos pusiéramos en común a llorarlas y a dar gritos al cielo y a llamar a Dios. Aunque no nos oyese, que sí nos oiría. Lo más santo de un templo es que es el lugar a que se va a llorar en común. Un *Miserere*,[29] cantado en común por una muchedumbre azotada del destino, vale tanto como una filosofía. No basta curar la peste, hay que saber llorarla. ¡Sí, hay que saber llorar! Y acaso ésta es la sabiduría suprema. ¿Para qué? Preguntádselo a Solón.

Hay algo que, a falta de otro nombre, llamaremos el sentimiento trágico de la vida, que lleva tras sí toda una concepción de la vida misma y del universo, toda una filosofía más o menos formulada, más o menos consciente. Y ese sentimiento pueden tenerlo, y lo tienen, no sólo hombres individuales, sino pueblos enteros. Y ese sentimiento, más que brotar de ideas, las determina, aún cuando luego, claro está, estas ideas reaccionen sobre él corroborándolo. Unas veces puede provenir de una enfermedad adventicia, de una dispepsia, v. gr.; pero otras veces es constitucional y no sirve hablar, como veremos, de hombres sanos e insanos. Aparte de no haber una noción normativa de la salud, nadie ha probado que el hombre tenga que ser naturalmente alegre. Es más: el hombre, por ser hombre, por tener conciencia, es ya, respecto al burro o a un cangrejo, un animal enfermo. La conciencia es una enfermedad.

Ha habido entre los hombres de carne y hueso ejemplares típicos de ésos que tienen el sentimiento trágico de la vida. Ahora recuerdo

---

25 las cosas ... arriba — things of the spirit.
26 elucubraciones — verbiage.
27 zahondar — to dig.

28 Solon — (B.C. 639?–559), Athenian sage and lawgiver.
29 *Miserere* — the fiftieth or fifty-first Psalm.

a Marco Aurelio, San Agustín, Pascal,[30] Rousseau, *René*,[31] *Obermann*, Thomson,[32] Leopardi,[33] Vigny,[34] Lenau,[35] Kleist,[36] Amiel,[37] Quental,[38] Kierkegaard, hombres cargados de sabiduría más bien que de ciencia.

Habrá quien crea que uno cualquiera de estos hombres adoptó su actitud — como si actitudes así cupiese adoptar, como quien adopta una postura, — para llamar la atención o tal vez para congraciarse con los poderosos, con sus jefes acaso, porque no hay nada más menguado que el hombre cuando se pone a suponer intenciones ajenas; pero *honi soit qui mal y pense*.[39] Y esto por no estampar ahora y aquí otro proverbio, éste español, mucho más enérgico, pero que acaso raye en grosería.

Y hay, creo, también pueblos que tienen el sentimiento trágico de la vida.

Es lo que hemos de ver ahora, empezando por eso de la salud y la enfermedad.

José Martínez Ruiz, 1873–1967 (pp. 565–67)

Martínez Ruiz, better known by his pseudonym *Azorín*, has produced over one hundred works which include essays, novels, short stories, and dramas. Among his novels are: *La voluntad*, 1902; *Antonio Azorín*, 1903; *Las confesiones de un pequeño filósofo*, 1904; *Don Juan*, 1922; *El escritor*, 1942; *Capricho*, 1943; and *La isla sin aurora*, 1944. His dramas include: *Comedia del arte*, 1927; *Angelita*, 1930; *La guerrilla*, 1936; and *Farsa docente*, 1945. Among his more important essay collections are: *El alma castellana*, 1900; *Los pueblos*, 1905; *La ruta de Don Quijote*, 1905; *Castilla*, 1912; *Clásicos y modernos*, 1913; *Al margen de los clásicos*, 1915; *Rivas y Larra*, 1916; *Una hora de España*, 1925; *Andando y pensando*, 1929; *Madrid*, 1941; *Los clásicos redivivos*, *Los clásicos futuros*, 1945; *Memorias inmemoriales*, 1946; *Con permiso de los cervantistas*, 1948; and *El oasis de los clásicos*, 1952.

Martínez Ruiz, the oldest of nine children, was born in Monóvar, which he later described as "ciudad apacible'" and as "un pueblo floreciente construido en una ladera." He entered a preparatory school of the Piarist Order in Yecla, Murcia, his father's birthplace, and studied there for eight years until he was sixteen. Both Yecla and Monóvar appear in many of his works. He entered the University of Valencia to study law in 1888, failing, he says, a course in literature. In that city he wrote articles as drama critic for *El Mercantil Valenciano*, though his first complete published work was a pamphlet, *La crítica literaria en España*, 1893. His early pseudonyms were Cándido and Ahrimán. After brief study at Granada and Salamanca, he went to Madrid in 1896 where he worked for a variety of newspapers and reviews including *El País*, *El Progreso*, *El Globo*, *El Diario de España*, *El Imparcial* and *España*, where he first used his most famous pseudonym, Azorín. As a member of the Generation of '98, which he himself so named in 1913, he adopted the ideas of Nietzsche and Schopenhauer. He accented Krausista doctrines and Republican idealism, came under the influence of Clarín, and around the turn of the century formed his famous friendship with Pío Baroja. He later embarked briefly on a political and public career, aside from which he has dedicated himself largely to literary pursuits. His early liberalism gave way in later life to a profound conservatism, which in the opinion of some bordered on the reactionary.

Mariano Granell divides his work into three periods. In the first one, according to Granell, he dwells on insignificant details and prosaic, microscopic events in which he finds a permanence not present in great ones. In his second period he writes surrealistic works, and in his third phase attempts to come to grips with the "essence of reality." However, the three major factors of Azorín's works are the countryside, time, and the literary recreation of the classics. He evokes the small villages and towns, the dawn, fog, clouds, plains, lakes, the color and light of the sky, the flora and fauna, the sounds and silences to create "una sensación de inestabilidad y de eternidad," as he says. He especially excels at

---

30 Blaise Pascal (1623–62), French philosopher and mathematician.
31 *René* — a work by François René de Chateaubriand published in 1802; the protagonist of that work.
32 James Thomson (1700–48), Scottish poet and author of *The Seasons*.
33 Giacomo Leopardi (1798–1837), pessimistic Italian poet.
34 Alfred Victor de Vigny (1799–1863), French poet and novelist.

35 Nikolaus Lenau, pseudonym of Nikolaus Niembsch von Strehlenau (1802–50), pessimistic Austrian poet.
36 Heinrich von Kleist (1777–1811), German dramatic poet.
37 Henri Frédéric Amiel (1821–81), a Swiss critic.
38 Antero de Quental (1842–91), a morbid Portuguese poet.
39 honi . . . pense — shamed be he who thinks evil of it.

picturesque paintings of old Castilian towns, which for him have "una profunda significación" that new towns do not have. Ancient cities and ruins reflect the Spanish spirit and traditional resignation, as do the many inhabitants he describes, such as workers, bullfighters, *hidalgos*, soldiers, the clergy, the high and low born. For Azorín, who preaches his own intrahistory, the inhabitants of Castile do not change. He finds in them the same spiritual qualities, the dignity, industry, and faith of the past, especially as reflected in the insignificant and common incidents of daily life, which may lead to a spiritual rebirth and a better future. In addition to his intense interest in the spirit and soul of Castile, he understands and feels the Castilian landscape in its relationships with the people and literature of Spain.

The theme of time dominates Azorín's works, as Ortega y Gasset first noted in "Primores de lo vulgar," an essay in *El Espectador*, 1917. He viewed Azorín as one who seeks to "petrify aesthetically the commonplace and the insignificant." He felt that Azorín "es todo lo contrario que 'un filósofo de la historia,'" being instead a "sensitive of history" and that to hear his name is the same as to receive "una invitación para deslizar la mano una vez más sobre el lomo del pasado como sobre un terciopelo milenario." One critic referred to his work as an "archaic melody played on a clavichord." Time and human existence for Azorín are fleeting, unlike the small, eternal verities of nature — such as clouds which remain even as human history changes. As Laín Entralgo says: "Azorín, como Unamuno, pero por la vía de la estética, va a buscar en el fondo intrahistórico el sentido verdadero y humano de un 'presente histórico' pasado." As it passes, time means the approaching disappearance of Azorín, a preoccupation with death which Santiago Riopérez y Milá views as the key feature of his work. "En su mundo nada es; todo ha sido." Azorín himself says that at best man can hope "que la corriente del tiempo nos arrastre sin dolor." Gómez de la Serna claimed that, although Azorín appeared serene, what he especially feared about the passing of time was his death and that he wished to live forever.

Azorín practices a special kind of creative literary criticism. He felt that "la crítica debe ser una continuación, una ampliación de la obra que se examine." As Gabriel Miró explained: "Azorín ha alumbrado aguas vivas que han hecho del yermo de nuestras letras un huerto de mucha abundancia." Azorín creates an original setting in a new artistic manner which makes the passing scene, though familiar, seem ever fresh as if viewed for the first time. He tempers his emotions, great and little, in a kind of nostalgic recreation of the classics, exemplifying a delicate, exquisite, ethereal quality of rhythm and movement, to crystallize the original atmosphere and spirit.

While Azorín insisted that he had worked only for "la Belleza y por España," and Gómez de la Serna viewed him as "el espectador máximo," Ramón Sender analyzes him as "falso en la crítica literaria y oportunista en la política." He finds his work "estéril, morosa, prolija, decorativa, linda y a veces recamada como el taburete medioeval de los visitantes que nunca iban a visitarlo."

Castilla

LO FATAL[1]

Lo primero que se encuentra al entrar en la casa — lo ha contado el autor desconocido del *Lazarillo* — es un patizuelo empedrado de menudos y blancos guijos. Las paredes son blancas, encaladas. Al fondo hay una puertecilla. Franqueadla; veréis una ancha pieza con las paredes también blancas y desnudas. Ni tapices, ni armarios, ni mesas, ni sillas. Nada; todo está desnudo, blanco y desierto. Allá arriba, en las anchas cámaras, no se ven tampoco muebles; las ventanas están siempre cerradas; nadie pone los pies en aquellas estancias; por las hendiduras y rendijas de las maderas — ya carcomidas y alabeadas[2] — entran sutilísimos hilillos de claridad vivísima, que marcan, en las horas de sol, unas franjas luminosas sobre el pavimento de ladrillos rojizos. Cerradas están asimismo, en lo más alto de la casa, las ventanas del sobrado. Un patinillo en que crecen hierbajos verdes entre las junturas de las losas se abre en el centro de la casa.

Por la mañana, a mediodía y al ocaso, resuenan leves pisadas en las estancias del piso bajo. Hablan un hidalgo y un mozuelo. El hidalgo se halla sentado en un poyo del patio; el mozuelo, frente a él, va comiendo unos

---

1 Azorín creates here the atmosphere of *Lazarillo de Tormes* and carries on the life of the *hidalgo* (Tratado III), after he abandoned Lazarillo. According to Julio Casares, an unfavorable critic, *Castilla* is "la obra más acabada y personal de Azorín"; Ortega y Gasset called it "¡un libro triste! ¡un libro bellísimo!"

2 alabeadas — warped.

mendrugos de pan que ha sacado del seno. Tanta es la avidez con que el rapaz yanta,[3] que el hidalgo sonríe y le pregunta si tan sabroso, tan exquisito es el pan que come. Asegura el muchacho que de veras tales mendrugos son excelentes, y entonces el hidalgo, sonriendo como por broma — mientras hay una inenarrable[4] amargura allá en lo más íntimo de su ser —, le toma un mendrugo al muchachito y comienza a comer.

Ya las campanas de la catedral han dejado caer sobre la vieja y noble ciudad las sonoras, lentas campanadas del mediodía. Todo es silencio y paz; en el patio, allá en lo alto, entre las cuatro nítidas paredes, fulge un pedazo de intenso cielo azul. Viene de las callejas el grito lejano de un vendedor; torna luego, más denso, más profundo, el reposo. El hidalgo, a media tarde, se ciñe el talabarte,[5] se coloca sobre los hombros la capa y abre la puerta. Antes ha sacado la espada — una fina, centelleante, ondulante espada toledana — y la ha hecho vibrar en el aire ante los ojos asombrados, admirativos, del mozuelo. Cuando nuestro hidalgo se pone en el umbral, se planta la mano derecha en la cadera y con la siniestra puesta en el puño de la espada comienza a andar reposada y airosamente calle arriba. Los ojos del mozuelo le siguen hasta que desaparece por la esquina; este rapaz siente por su señor un profundo cariño. Sí, él sabe que es pobre, pero sabe también que es bueno, noble, leal y que si las casas y palomares que tiene allá en Valladolid, en lugar de estar caídos, estuvieran en buen estado, su amo podría pasearse a estas horas en carroza y su casa podría estar colgada de ricos tapices y alhajada con soberbios muebles.

* * *

Hace de esto diez años. El rico caballero, que ahora vive aquí en Valladolid, aposentado en ancho y noble caserón, habitaba una mezquina casa en Toledo. No había en ella ni tapices ni muebles; un cantarillo desbocado y un cañizo[6] con una manta componían todo el menaje. El hidalgo no podía pagar el modesto alquiler; un día, entristecido, abandonó la ciudad a sombra de tejados. Paso tras paso vino a Valladolid. Le favoreció la fortuna; un pariente lejano dejóle por heredero de una modesta hacienda. Ya con caudal bastante, el hidalgo pudo restaurar las casas caídas y poner en cultivo las tierras abandonadas. En poco tiempo, su caudal aumentó considerablemente; era activo, perseverante. Su afabilidad y discreción encantaban a todos. Mostrábase llano y bondadoso con los humildes, pero no transigía con los grandes y soberbios. « Un hidalgo — decía él frecuentemente — no debe a otro que a Dios y al rey nada. » Por encontrarse en la calle un día con otro hidalgo y no querer quitarse el sombrero antes que él, tuvo un disgusto, años atrás, que le obligó a ausentarse de la ciudad.

La casa en que ahora habita el caballero es ancha y recia. Tiene un zaguán con un farolón en el centro, anchas cámaras y un patio. La despensa se halla provista de cuantas mantenencias y golosinas pueda apetecer el más delicado lamiznero,[7] y en las paredes del salón, en panoplias, se ven las más finas y bellas espadas que hayan salido de las forjas toledanas. Pero ni de la mesa puede gozar el buen hidalgo, ni para el ejercicio de las armas están ya sus brazos y sus piernas. Diríase que la fortuna ha querido mofarse extraña y cruelmente de este hombre. Desde hace algunos años, conforme la hacienda aumentaba prósperamente, la salud del hidalgo se iba tornando más inconsistente y precaria. Poco a poco, el caballero adelgazaba y quedábase amarillo y exangüe; llovían sobre él dolamas y alifafes.[8] Una tristeza profunda velaba sus ojos. Años enteros había pasado allá en el patizuelo toledano conllevando — con algún mozuelo que le servía de criado — la rigurosa estrechez; su dignidad, su sentido del honor, el puntillo imperecedero de la honra, le sostenían y alentaban. Ahora, al verse ya rico, morador de una casa ricamente abastada, no podía gozar de estas riquezas entre las que él paseaba, que estaban al alcance de su mano. ¿Para qué estas espadas? ¿Para qué el alazán que abajo, en la caballeriza, piafaba reciamente de impaciencia? ¿Para qué esta plata labrada — bernegales,[9] bandejas y tembladeras — puesta en los aparadores de tallado nogal? ¿Para qué la carroza pintada en que él pudiera ir a los sotos del río, en las mañanas claras de mayo, cuando las tapadas van en recuesta de algún galán dadivoso y convidador?

Ni los más experimentados físicos aciertan a decidir lo que el hidalgo tiene. Muchos le han visitado; por estas salas han desfilado graves doctores con sus gruesos anillos y sus

---

3 yantar — to dine, eat.
4 inenarrable — ineffable, unutterable.
5 talabarte — sword belt.
6 cañizo — a frame bed.

7 lamiznero (laminero) — fond of sweets, sweets lover.
8 dolamas y alifafes — hidden defects and common complaints.
9 bernegales — bowls.

redondos anteojos guarnecidos de concha.
Multitud de mixturas, jarabes lenitivos, aceites
y pistajes[10] han entrado en su cuerpo o han
embadurnado sus miembros. Nada ha contrastado el misterioso mal. El caballero cada
vez está más pálido, más ojeroso y más débil.
No duerme; a veces, en la noche, a las altas
horas, en esas horas densas de la madrugada,
el ladrido de un perro — un ladrido lejano,
casi imperceptible — le produce una angustia
inexpresable.

* * *

Tiene don Luis de Góngora un extraño
soneto en que lo irreal se mezcla a lo misterioso; uno de esos sonetos del gran poeta, en
que parece que se entreabre un mundo de
fantasmagoría, de ensueño y de dolor. El poeta
habla de un ser a quien no nombra, ni de
quien nos da señas ningunas. Ese hombre de
quien habla Góngora anda por el mundo,
descaminado, peregrino, enfermo; no sale de
las tinieblas; por ellas va pisando con pie
incierto. Todo es confusión, inseguridad, para
ese peregrino. De cuando en cuando da voces
en vano. Otras veces, a lo largo de su misteriosa peregrinación, oye a lo lejos el latir de un
can.

> Repetidor latir, si no vecino,
> distinto oyó de can, siempre despierto ...

¿Quién es ese hombre que el poeta ha pintado en sus versos? ¿Qué simbolismo angustioso, trágico, ha querido expresar Góngora al
pintar a ese peregrino, lanzando voces en vano
y escuchando el ladrido de ese perro lejano,
siempre despierto? Una honda tristeza hay en
el latir de esos perros, lejanos, muy lejanos,
que en las horas de la noche, en las horas
densas y herméticas de la madrugada, atraviesan por nuestro insomnio calenturiento,
desasosegado, de enfermos; en esos ladridos
casi imperceptibles, tenues, que los seres queridos que nos rodean en esos momentos de
angustia escuchan inquietos, íntimamente
consternados, sin explicarse por qué.

Nuestro hidalgo escucha en la noche este
latir lejano del can, siempre despierto. Cuando
la aurora comienza a blanquear, un momen-
táneo reposo sosiega sus nervios.

* * *

Después de ocho años de este continuo
sufrir, un día quiso nuestro caballero ir a
Toledo; le llevaba el deseo de visitar a su
antiguo criado — el buen Lázaro —, ahora ya
casado, holgadamente establecido. Entonces
fué cuando un pintor hizo su retrato. Se cree
generalmente que no fué otro ese pintor sino
Domenico Theotocópuli, llamado *el Greco*.[11]
Puede serlo; dignos son del gran maestro el
retrato con la cara buida,[12] alargada; una
barbilla rala le corre por las mandíbulas y viene
a acabar en punta sobre la nítida gorguera;
en lo alto de la frente tiene unos mechoncillos
cenicientos. Sus ojos están hundidos, caver-
nosos, y en ellos hay — como en quien ve la
muerte cercana — un fulgor de eternidad.

LA FRAGANCIA DEL VASO[13]

En el mesón que en Toledo tenía el *Sevillano*
y su mujer, había una linda moza llamada
Constanza. No era hija de los mesoneros;
teníanla, sin embargo, los mesoneros por hija.
Un día se descubrió que los padres de la
muchacha eran unos nobles señores. Salióse
Constanza del mesón; casóse con un rico
mancebo; fuése a vivir a Burgos.

Ningún aposentamiento para viandantes
había en Toledo más apacible que el mesón
del *Sevillano*. Lo que siglos más tarde habían
de ser unos mesones fastuosos llamados
grandes hoteles, eso era entonces — relativamente — la posada del *Sevillano* y su mujer.
La plata labrada que se guardaba en la casa
« era mucha. » Si en otros paradores los
arrieros y almocrebes[14] veíanse precisados a ir
al río para dar de beber a las bestias, aquí
podían abrevarlas en anchos barreños puestos
en el patio. Numerosa y diligente era la
servidumbre; mozos de cebada, mozos de
agua, criadas, fregonas, iban y venían por
el patio y los altos corredores. El tráfago
del mesón era continuo y bullicioso. Venían
aquí a aposentarse caballeros, clérigos,
soldados, estudiantes. Veíase una sotana
de seda junto a la ropilla pintoresca de
un capitán; las plumas bermejas, verdes
y gualdas de un airón,[15] rozaban las negras
tocas de una dueña. Un grave oidor[16]
que había descendido de una litera, entraba
apoyándose en un bastón de muletilla; poco

---

10 pistajes — thick broths.
11 El Greco — (1541–1614), Greek painter who lived
and worked in Spain.
12 buida — polished, burnished.
13 In this essay Azorín recreates the atmosphere of
Cervantes' exemplary novel, *La ilustre fregona*. We give

only a fragment of this essay here, typical of his theme
of eternal recurrence and the dominance of time.
14 almocrebe — mule driver.
15 airón — ornament of plumes.
16 oidor — judge.

después surgía un militar que hacía sonar en el empedrado el hierro de sus espuelas. Rezaba silencioso en su breviario, un clérigo, y de un cuarto, allá arriba, se escapaban las carcajadas de unos soldados que departían sobre lances de amor, o sonaban en el tablero los dados con que unos estudiantes jugaban. Ni hora del día ni de la noche había quieta; ni un momento estaba cerrada la puerta de la casa. Sonaban sobre los cantos del patio, lo mismo a la madrugada que al ocaso, las pisadas recias y acompasadas de los caballos; igual al mediodía que a prima noche,[17] se escuchaban en toda la casa los gritos e improperios de un hidalgo que denostaba a un criado — estos criados socarrones de Tirso y de Lope — por su haronía y su beodez.[18] La vida, varia y ancha, pasaba incesantemente por el mesón del *Sevillano*. Allí estaba lo que más ávidamente amamos: lo pintoresco y lo imprevisto.

Admirada por todos era la hacendosa Constancica. Desde muy lejos acudían a verla. No daba la moza aires a nadie; corrían a la par su honestidad y su hermosura. La admiración y el respeto que los huéspedes sentían por ella era motivo de la envidia de las demás criadas. Al frente de la servidumbre femenil se ponía, en esta común ojeriza, la Argüello,[19] una moza recia y cuarentona. Era la Argüello « superintendente de las camas, » y en retozos con los huéspedes, trapisondas y rebullicios, se metía ella y metía a las demás criadas del mesón.

* * *

Han pasado veinticinco años. La historia la cuenta Cervantes en *La ilustre fregona*. Quince años tenía Constanza cuando salió del mesón; cuarenta tiene ahora. Dos hijos le han nacido del matrimonio; uno tiene veinticuatro años; otro, veinte; uno de ellos está en Nápoles, sirviendo en la casa del virrey; el otro se halla en Madrid, gestionando un cargo para América.

Constanza ha embarnecido algo con la edad. Es alta, de cara aguileña y morena. Los años han puesto en su rostro una ligera y suave sotabarba. Ninguna ama de casa la supera en diligencia y escrupulosidad. Con el alba se levanta, antes que sus criados estén en pie. No deja rincón que no escudriñe, ni pieza de ropa que no repase. Cuando no está

labrando unas camisas, devana unas madejas de lana en el argadillo; si no se halla bruñendo algún trebejo en la cocina, se ocupa seguramente en confeccionar alguna delicada golosina. . . .

Al margen de los clásicos

GARCILASO

Lejos de España, lejos de Toledo, lejos de las callejuelas, de los viejos caserones, del río Tajo, hondo y amarillento, el poeta se halla desterrado en una isla de otro río: del Danubio. Para llegar hasta aquí hay que pasar por diversas y extrañas tierras; por Francia, por Suiza, por Austria. Ya han quedado atrás, allá en las remotas lontananzas del espacio, sobre el planeta, los llanos áridos y secos de Castilla, las torres de las iglesias con sus chapiteles de pizarra y su cigüeña — resaltando en el límpido azul —, los palacios de ladrillo rojo con entrepaños de cantería[20] y con gruesas rejas, los huertos de adelfas y rosales, las olmedas seculares en los aledaños de los pueblos. El poeta ha cantado en una de sus *Canciones* esta isla en que él se halla. Nada en nuestra lengua más flúido, tenue, etéreo. El agua del Danubio,[21] « corriente y clara, » hace « un manso ruido. » Tan riente y grato es el paraje, que « en la verdura de las flores parece siempre sembrada la primavera. » Entre la enramada, cantan, a lo largo de las suaves noches, los ruiseñores. Sus trinos, en tanto que las estrellas titilan en la foscura o que la luna baña la campiña con su luz dulce; sus trinos traen tristeza al ánimo, o nos llenan de una íntima satisfacción, si nuestro ánimo está propicio a la leticia.[22] Con los ojos del espíritu estamos viendo el lugar: un tapiz de menuda y aterciopelada hierba cubre la tierra, que se aleja en una suave ondulación hasta un espeso bosque que forma, sobre el horizonte, una tupida cortina de verde oscuro; el río pasa cerca, se extiende en su ancho caudal, deja — amorosamente — que acaricien con suavidad sus aguas unos ramajes que se doblegan sobre ellas y forman como una sombría bóveda. Una sombría bóveda donde el poeta, que ha remado en un ligero batel un largo rato, viene a pararse y descansar, gozando de la grata sombra, viendo un claro de cielo retratado en el agua, teniendo entre

---

17 prima noche — early morning hours.
18 haronía y beodez — laziness and intoxication.
19 la Argüello — described by Cervantes as a woman of about forty-five, and "superintendente de las camas y aderezo de los aposentos."

20 con . . . cantería — with hewn stones mixed in.
21 Garcilaso was exiled by Charles V to an island in the Danube for a short time.
22 leticia — happiness, joy, delight.

las manos un libro de Petrarca[23] o de Sannazaro . . .[24]

> Danubio, río divino,
> que por fieras naciones
> vas con tus claras ondas discurriendo . . .

« Danubio, río divino — piensa el poeta —;
que mis tormentos íntimos, que mis angustias,
que mis anhelos, que mis desesperanzas vayan
corriendo con tus aguas hasta perderse con
ellas, anegadas, en el ancho, eterno mar. »
Una casa está puesta en la verdura; entre la
fronda verde asoma su techumbre y una ventana alta. Desde la ventana, atalaya el poeta la
campiña, el tapiz verde y suave de los prados,
el río que se aleja, manso y claro, hasta
perderse en la lejanía.

> Danubio, río divino . . .

* * *

A los treinta y tres años, el poeta fué herido
gravemente en una acción militar; muchos
días estuvo entre la vida y la muerte. Al cabo
logró vencerse el peligro. La convalecencia fué
larga. Garcilaso veía el mundo, sentía el
mundo, vivía en el mundo como otro hombre.
Era el mismo de antes, y, sin embargo, las
cosas eran distintas para él; todo para él era
más nuevo, más profundo y más poético.
¡Cómo recordaba, en estas horas tenues y flúi-
das de la convalecencia, los lugares en que sus
ojos se habían gratamente apacentado! Los
Pirineos, en que « la nieve blanqueaba; » los
sotos de la « abrigada » Extremadura; el
« viejo » Tormes; el Tajo. Los ríos han tenido
la dilección del poeta; tres ríos ha cantado
Garcilaso: el Tormes, el Tajo y el Danubio.
¿No es verdad que, al lado de los dos viejos
ríos tan españoles — que pasan bajo seculares
puentes romanos; que retratan paisajes áridos,
parameras,[25] pueblecillos de adobes, milena-
rias ciudades llenas de conventos y de caserones de hidalgos; que son cruzados por
carromatos con largas ringleras[26] de mulas
y por cosarios con sus recuas —; no es verdad
que nos produce una indefinible sensación el
ver, al lado de estos ríos, este otro río tan
lejano, tan remoto, que lleva sus aguas a un
mar que no es ni el Mediterráneo ni el Atlán-
tico, y que bordea ciudades misteriosas y
extrañas para nosotros?
Del Tormes recuerda el poeta « una vega
grande y espaciosa » que hay en su ribera;

siempre la verdura, invierno y verano, es
perenne en ella. Del Tajo ama también Garcilaso « una espesura de verdes sauces, toda
revestida de hiedra » que se enrosca por los
troncos de los árboles y sube « hasta la
altura. » Pero, en los días largos de su convalecencia, en este resurgir a una vida nueva,
todo el amor de Garcilaso, toda su ternura,
toda su efusión era para aquel río, ancho y
claro, que allá, lejos, muy lejos, deslizaba su
corriente entre la arboleda. Su pensamiento,
desde Toledo, iba hasta aquella bóveda que
sobre el agua formaba la enramada. Y ahora,
al cabo de los años, en estos momentos de
meditación, de evocación, pensaba que aquellas horas pasadas allí — horas de destierro —,
habían sido las más felices de su vida.

> Danubio, río divino,
> que por fieras naciones
> vas con tus claras ondas discurriendo . . .

* * *

Han transcurrido muchos años. El poeta ha
salido ya de la juventud; atrás van quedando
los ensueños y las esperanzas. ¿Qué canta
ahora Garcilaso? ¿Cómo ve ahora el espectáculo del mundo y de la vida el poeta? Garcilaso es, entre todos los poetas castellanos, el
único poeta exclusiva e integramente laico.
No sólo entre los poetas constituye una excepción, sino entre todos los escritores clásicos
de España. En la obra de Garcilaso no hay ni
la más pequeña manifestación extraterrestre.
Todo es humano en él; y lo humano ha sabido
expresarlo con una emoción, con un matiz de
morbosidad, con una lejanía ideal, que nos
cautivan y llegan al fondo de nuestro espíritu.
Sobre sus angustias íntimas, sobre la trama —
dolorosa y anhelante — de desesperanzas, de
confidencias, de perplejidades, ¡cómo resalta
una visión rápida del paisaje! Sobre este fondo
de intensa afectividad e intelectualidad, ¡qué
fuerza, qué relieve, qué limpidez radiante
tienen los Pirineos coronados de blanca nieve,
o los caudalosos ríos que, en un momento,
entrevemos!
Este poeta humano, esencialmente humano,
este poeta terrestre, esencialmente terrestre,
¿cómo ve el mundo ahora, cuando la vida, los
tráfagos por el mundo, los viajes por extraños
países han puesto en él un sedimento que antes
no había? ¿Cómo ve el mundo y cuáles son sus
obras, ahora, cuando toda aquella sensibilidad

---

23 Petrarca — Francesco Petrarca (1304–74), Italian
poet and scholar.
24 Sannazaro — Jacopo Sannazaro (1458–1530), Italian poet and prose writer.

25 paramera — desert, moor, bleak place.
26 ringlera — row or file.

y aquellos anhelos, puramente humanos, han alcanzado todo su desenvolvimiento? ¿Ha escrito un poema sobre *las cosas*, como el de Lucrecio,[27] o como el que más tarde, siglos después, había de esbozar, análogamente, otro gran poeta humano: Andrés Chénier?[28]

Desde la vieja ciudad de Toledo, desde estas roquedas y estos páramos, el pensamiento del poeta, a través de Francia, de Suiza, de Austria, va hasta la bella e inolvidable isla del Danubio. Allí pasó Garcilaso los mejores días de su vida; allí, con un libro de versos en la mano, sintió deslizarse el tiempo, como se deslizaban las aguas, y a las aguas confió sus pesares para que fueran con ellas a perderse y anegarse en el ancho mar. ¡Qué lejos están aquellas horas y qué suave melancolía invade el espíritu al recordarlas!

Danubio, río divino . . .

El paisaje de España visto por los españoles

CASTILLA

Castilla . . . ¡Qué profunda, sincera emoción experimentamos al escribir esta palabra! La escribimos después de un largo período, motivado por una enfermedad, en que no hemos puesto la pluma sobre el papel. A Castilla, nuestra Castilla, la ha hecho la literatura. La Castilla literaria es distinta — acaso mucho más lata[29] — de la expresión geográfica de Castilla. Ahora, cuando después de tanto tiempo volvemos a escribir, al trazar el nombre de Castilla, se nos aparecen en las mientes cien imágenes diversas y dilectas, de pueblecitos, caminos, ríos, yermos desamparados y montañas. ¿Qué es Castilla? ¿Qué nos dice Castilla? Castilla: una larga tapia blanca que en los aledaños del pueblo forma el corral de un viejo caserón; hay una puerta desmesurada. ¿Va a salir por ella un caballero amojamado,[30] alto, con barbita puntiaguda y ojos hundidos y ensoñadores? Los sembrados se extienden verdes hacia lo lejos y se pierden en el horizonte azul. Canta una alondra; baja su canto hasta el caballero, y es como el himno — ¡tan sutil! — del amor y de lo fugaz. Castilla: el cuartito en que murió Quevedo,[31] allá en Villanueva de los Infantes; una vieja, vestida de negro, nos lo enseña y suspira. Pensamos si suspira *todavía*. Todavía, porque ésta es la misma viejecita que tenía piadosamente una vela encendida en tanto que a don Francisco le estaban poniendo en pies y manos los santos aceites. Castilla: en León, en un mediodía de primavera hemos dejado la ciudad y hemos salido al campo, y ya en el campo, caminando por este camino bordeado de enhiestos chopos — cuyas hojas temblotean —, nos hemos detenido y nos hemos sentado en una piedra. ¡Minutos de serenidad inefable, en que la Historia se conjunta con la radiante Naturaleza! A lo lejos se destacan las torres de la catedral; una campana suena; torna el silencio. Los siglos han creado todas esas maravillas artísticas; ante nosotros, átomos en la eternidad, se abren, arcanos e insondables, los tiempos venideros. ¿Qué hombre estará sentado en esta piedra, aspirando la paz y la luminosidad de la mañana, dentro de trescientos años? Castilla: en una noche estrellada, pasos sonoros en una callejuela; una celosía allá, en lo alto; el tañer de una campanita argentina, y luego, en el silencio profundo, la melodía apagada de un órgano y como un rumoreo de abejas que zumban suavemente, a intervalos. En la bóveda inmensa y fosca, eternas, inextinguibles, relumbran las misteriosas luminarias. A nuestra mente acuden los versos ardorosos de fray Luis de León, y ¡cuántas cosas, cuántas cosas, dulces y torturadoras a un tiempo mismo, sentimos en este momento supremo!

¿Quién es este hombre que va a pintarnos a Castilla? Es un hombre que lleva un sombrerito blando; siempre que se retrata, este chapeo está sobre sus rodillas. Tiene este hombre unos ojitos entornados; parece que no ha de mirar nada con ellos, pero él lo escudriña, registra, pesquisa, cataloga todo con ellos; no pierde ni se le escapan detalles. Pasito a paso, como adormilado, con su eterno cigarrillo en la boca, este transeúnte, este viandante, lo va observando todo. Se mete en las casas humildes; charla con las mujeres y los niños. Pregunta aquí, se hace el distraído allá. Y cuando ya, como las abejas, tiene cargadas sus patitas de miel, es decir, de observación, de realidad, él va depositando esta realidad en unos papeles blancos que se llaman cuartillas. Don Benito Pérez Galdós: aquí tenéis el nombre de este observador maravilloso. Galdós ha pintado a España;

27 Lucrecio — Titus Lucretius Carus (B.C.99?–55), Roman poet and author of *De rerum natura (On the Nature of Things)*.
28 Andrés Chénier — André Marie de Chénier (1762–94), French poet.
29 lata — protracted and tedious.
30 amojamado — thin-fleshed, dried out.
31 Quevedo — Francisco Gómez de Quevedo y Villegas (1580–1645), Spanish satirist.

pero Galdós ha escrito entre sus páginas, quizá con más amor que ningunas, las dedicadas a Castilla. ¡Qué admirable segundo volumen de *Ángel Guerra!* ¡Oh Toledo, ciudad ilustre, y oh cigarral toledano, donde el pastor milenario pintado por Galdós tiene sus pláticas arcaicas! Galdós es un pintor de interiores y de figuras. Sería interesante examinar en que grado el amor a Castilla, a las viejas ciudades, a los pueblos, al paisaje, suscitado por la generación de 1898, ha influido en el maestro. Si Galdós ha influido sobre esos aludidos escritores, esos escritores han ejercido, a su vez, influencia sobre Galdós. Pero esto no es un estudio crítico; nuestro objeto es transcribir algunos fragmentos de las pinturas que Galdós hace de Castilla. Elegiremos el extenso y hermoso prólogo que el maestro ha puesto al libro de José María Salaverría,[32] *Vieja España* (Madrid, 1907). Galdós nos da el trasunto en estas páginas de un viaje por tierras de Valladolid. Va caminando hacia Madrigal de las Altas Torres:[33]

« Entre la Mota y Madrigal, caminando hacia la cuna de doña Isabel, sentí la llanura con impresión hondísima. Es la perfecta planimetría sin accidentes, como un mar convertido en tierra. Al salir de Medina queda a la espalda la torre de la Mota, que no se pierde de vista en todo el camino. Éste es recto hasta Rubí de Bracamonte, como trazado con una cuerda tirante de trece kilómetros. En aquel mar endurecido, la torre de Rubí, la de Pozáldez y las que, lejanas, se ven a un lado y otro, parecen velámenes de barcos que han quedado inmóviles al petrificarse el mar en que navegan. El campo era en aquellos días, de primavera lluviosa, verdegueante y encharcado a trechos, con gragea[34] de amapolas como gotas de sangre. Casas lejanas, escasos árboles, supervivientes de los que se plantaron al construir la carretera, no logran romper la uniformidad plana de aquel suelo que se rebela contra todo lo que pretende alterar su quietud, su horizontalidad lacustre y su tristeza reconcentrada, ensoñadora. Es el paisaje elemental, el descanso de los ojos y el suplicio de la imaginación. Detrás del coche, la torre de la Mota enfila el camino; delante, entre las cabezas de los caballos, la torre de Rubí se alza como una mira.[35]

« Entre dos miras lejanas y verticales rodamos derechamente, sin desviarnos a un lado ni otro. No vamos llevados por la fantasía, sino por la razón pura . . . Poca gente encontramos en este camino de la verdad matemática. Hombres o mujeres cabalgando en borricos pasan y saludan con gravedad . . . En algún árbol petiseco,[36] la abubilla,[37] coronada de plumas y con sus faldones casaquiles, da los tres golpes de su canto y vuela hacia otro árbol, tomándonos la delantera. El *ti-ti-ti* de la abubilla es la suma sencillez musical, como el campo, el camino y el suelo son la suma sencillez topográfica. El alma del viajero se adormece en dulce pereza. Por un camino psicológico, igualmente rectilíneo, se va al ascetismo y al desprecio de todos los goces. »

El camino se extiende inacabable ante la mirada. Todo es llano, uniforme. Desde el tren, que cruza vertiginoso uno de estos caminos, ¿no hemos contemplado, rápidamente, uno de estos viandantes que al punto quedan atrás, perdidos en la lejanía, esfumados en la llanada? En el ocaso de la tarde, cuando el sol tiende oblicuos sus rayos dorados, al comenzar esta hora de melancolía en la campiña, tal visión de un viajero que se aleja hacia no sabemos dónde nos hace meditar un momento . . . El camino se extiende interminable. Queda atrás Moraleja.[38] Queda atrás Blasco Nuño de Matacabras. ¡Blasco Nuño de Matacabras! Nombre de una de esas estaciones donde el tren para un minuto, y en que se ve detrás del esmirriado[39] edificio un coche destartalado y polvoriento, que va a alejarse en seguida lentamente.

Y se llega a Madrigal de las Altas Torres. ¿Hay en la población una fondita del Comercio o de la Amistad, y a la noche se reúnen en el comedor un comisionista y un viejo militar y otro hidalgo que se ha arruinado y se ha ido a vivir a tal posada? No hay nada de esto en Madrigal de las Altas Torres. No hay nada en Madrigal de las Altas Torres. Silencio, paz, muerte . . .

---

32 José María Salaverría (1873–1940), Spanish novelist and essayist.
33 Madrigal de las Altas Torres — a city in a plain near the provinces of Valladolid and Salamanca. It receives its name from its high walls and towers. Supposedly Isabel *la Católica* was baptized there.
34 gragea — field. A *gragea* is a portion of small spheres of any material, so used in the nineteenth century.

35 mira — watch tower.
36 petiseco — with rough bark. Literally: dry breast-plate.
37 abubilla — hoopoe bird. These birds usually build their nests in holes in trees.
38 Moraleja — Moraleja de Matacabras, a village in Ávila province.
39 esmirriado (desmirriado) — lean, scrub. Here: dilapidated.

« La primera calle es ancha, fangosa (era tiempo de aguas), con viejos y ceñudos edificios. ¡Qué soledad tan profunda, quietud de un dormir indefinido, en que apenas se oye el resuello del durmiente! Este pueblo y el de Viana, en la ribera de Navarra, son los más vetustos y sepulcrales que he visto en mis correrías por España. Su sueño es como de ancianidad y niñez combinados, juntos, en reposo inocente. »

El autor va deambulando por el pueblo. Pueblo como todos los de Castilla. Soportales, una tiendecilla con mantas en la puerta, un mesón, un viejo palacio con un escudo de piedra, las celosías de un convento de monjas . . . En Madrigal, el testimonio histórico más vivo es la casa del famoso pastelero que se fingió rey.[40]

« Sin oír otro ruido que el de los propios pasos, avanzamos por la calle anchurosa, y en un recodo que conduce a la plaza vemos algunas casas modernas, construidas con la vulgaridad que rabiosamente desentona en las poblaciones de noble vejez. En la plaza, irregular, desnivelada, se ven por un lado soportales que guarecen míseras tiendas; por otro, la mole adusta de la parroquia principal, de escaso interés arquitectónico; más allá, otra iglesia vulgar y corpulenta. De esta plaza arrancan calles angostas y costaneras que conducen a la población baja, donde alienta el alma histórica de Madrigal de las Altas Torres. Los habitantes, que, sin duda, son en corto número, se esconden en sus casas . . . Aquí atisban mujeres desde altos respiraderos al modo de ventanas; allí salen chicos que se brindan a enseñar el pueblo . . . Interviene un hombre, entre señor y campesino, de buenos modos, que espanta a los muchachos y saluda a los forasteros con grave cortesía; les indica, por la calle abajo, un edificio mal escondido entre árboles. « Allí, allí es, » dice, y sigue su camino. Vuelven los rapaces, y por ellos se advierte que la tradición más viva en Madrigal es la del famoso pastelero. »

¡Castilla, Castilla! Sentados en la piedra, en el camino orlado de álamos — cuyas hojas temblotean —, hemos sentido cómo este paisaje limpio y diáfano es reflejado de un modo profundo en los maravillosamente diáfanos y limpios romances que han creado, hace siglos, el pueblo y los poetas: romances que son la más inspirada obra literaria de Castilla; romances en que se exhala delicadamente una queja o en que retoza con elegancia suprema una ironía.

Ante Baroja[41]

CAMBIO DE VALORES

Estaba yo imbuido en mi tierra nativa: admiraba el paisaje; estudiaba las costumbres; trataba de escudriñar la psicología de los moradores; establecía una concordia entre el clima y los caracteres, entre la alimentación y el espíritu. El arte habría de ser una resultante de los diversos elementos que constituían cielo y tierra. El color del paisaje era ceniciento: el gris cobraba todas las tonalidades, desde la más suave hasta la más hosca. Estaban desnudos los montes; cubrían las laderas tapices de fuertes y olorosas plantas, tal el tomillo, tal el romero, tal el espliego; entre el matorral, en el antiguo campo espartario, erizaban sus filamentos las atochas, en los extensos atochares.[42] El color del cielo no era azul, con la intensidad en el añil que luego ya había de ver en la altiplanicie: blanqueaba con albura tenue. El aire era como un cristal límpido; se podía vivir a la intemperie, dada la clemencia de la temperatura. Sobrios los hombres, apenas si con un gesto, con una palabra, expresaban, cuando lo expresaban, su pensamiento; limpias las mujeres, limpias y repulidas, tenían sus casas nítidas en su candor, bienolientes en su aseo. Vivir en esta tierra era vivir en un ámbito circunscrito, conocido, sentido en todos sus pormenores, limitado de modo que la limitación nos daba, con su intensidad, la intensidad que en ella podía darse, un conocimiento de la vida más profundo — eso creía yo entonces — que el que se pudiera percanzar[43] con horizonte más amplio, en área más espaciosa, con cielos más resplandecientes. El cielo más resplandeciente lo contemplé al llegar a Madrid; antes había estado yo en Granada. Desde Puerta Real, en un piso alto, atalayaba, mañana y tarde, la lejana y elevada montaña. Lleváronme a un

---

40 pastelero . . . rey — refers to the celebrated impostor, Gabriel de Espinosa, who pretended to be King Sebastian of Portugal. The latter died in 1578 fighting against the Moors. This incident (of the *pastelero*) has been the subject of many dramas, and was especially well adapted in *Traidor, inconfeso y mártir*, 1849, by José Zorrilla.

41 *Obras completas* of Azorín (Aguilar edition, 1947). Additional articles as well as a biography of Pío Baroja augmented the original collection which Azorín wrote.
42 atochares — fields of esparto grass.
43 percanzar — may be used interchangeably with *alcanzar*. Often *percanzar* implies eventual utility.

desván en donde había, en el suelo, lotes de libros antiguos: habían pertenecido a un literato: José Salvador de Salvador. Compré un alto rimero de comedias clásicas, en cuadernos antiguos, y comencé a leer a todo pasto teatro del siglo XVII. Con el teatro ensamblé lecturas antiguas: lecturas de novela, de poesía, de historia, en el Siglo de Oro. Fuí viendo que había en España una tradición de brillantez, de tersura, de rigidez, en cierto modo. ¿Y era esto todo? ¿No habría más en literatura? Galdós, Pereda, Palacio Valdés, *Clarín*, leídos de muchacho, no lograban equilibrar — menos, mucho menos, destruir — esta sensación que me producían los clásicos; eran ellos mismos una continuación directa de los clásicos; eran ellos mismos clásicos. ¿Y qué iba a hacer yo para salir de esta limitación? ¿Y es que esta limitación, como ya he dicho, no tenía su evidente superioridad?

El horizonte lo tenía limitado; las potencias, las tenía embargadas; las embargaban, con exclusividad, un cielo, una tierra, unos hombres y unos libros. Contaba yo, pues, con mis valores. Y estos valores me habrían de servir perdurablemente. ¿Me resignaba yo a tal mancipación? ¿No veía yo que habría de necesitar más aire, más luz, un distinto aire, una distinta luz? En tales circunstancias se produjo la revelación. De pronto se inició un cambio de valores. ¿Y por qué un cambio? ¿Es que no podían completarse unos y otros? No pensaba yo eso entonces; lo pensé luego; lo pienso ahora. Leí un día, en una revista, un artículo firmado por un escritor que yo desconocía; no he retenido la fabulación del cuento, puesto que se trataba de un cuento. Sólo veo en estos momentos, con claridad meridiana, como si tuviera ante mí el periódico, que por un cielo azul, un cielo de Castilla, un cielo alto y reverberante, caminaban unas nubes blancas. Y había en todo el cuento una lejanía, una vaguedad, vaguedad de ensueño, una ilimitación, que me dejaron absorto. Aquí tenía yo, frente a lo circunscrito, lo indeterminado. Algo que, en arte, me era desconocido, se me revelaba en estos momentos. Sí, con el vocablo *indeterminación* podía yo expresar esta sensación grata, agridulce, mejor dicho, que en tales momentos me conmovía. El autor de ese cuento era Pío Baroja. Representaba ya, desde este instante, para mí, Pío Baroja, todo un mundo de sensaciones que no me habían hecho vibrar nunca. El pasado literario que

representaban mis lecturas, lecturas de clásicos, no conectaba con esta literatura de Pío Baroja. La tradición era lo circunscrito, y esto era lo indeterminado: lo indeterminado con el misterio y con el profundo sentido de la vida que lo indeterminado impone. ¿Y es que el paisaje correspondería a la sensación literaria? No conocía yo el paisaje del Norte; imbuido de gris, gris en Levante, me era totalmente ignorado el verde, el verde del Norte; cobijado por un cielo blanco y alto, no tenía yo la sensación de los cielos cenicientos, bajos, con una dulzura que sólo en el Norte se da. Y en un viaje, lento viaje, en el pescante de una diligencia,[44] en una mañana de verano, cubierto el cielo, cielo gris, verde el campo, con verdura extendida por todo el panorama, fuí absorbiendo ávidamente, ansiosamente, voluptuosamente, este medio físico que se me iba revelando. La tierra completaba el arte: el arte de Pío Baroja. Lo indeterminado tenía ya una fuerza creadora enorme. Y lo indeterminado es, en suma, toda la obra de Pío Baroja. ¿Cómo ha de extrañar que a lo largo de toda una vida haya ido yo siguiendo, leyendo, fruyendo,[45] los libros de Baroja? Y cuando se habla del estilo a propósito de Baroja, yo pregunto: ¿Es que creéis que dentro de un siglo, de dos, de los que sean, no será leído Baroja con más gusto, con más seguridad, que los seguidores de una tradición que no es tradición? No es tradición, porque lo tradicional es la independencia; el desenvolvimiento que tuvieron los antiguos debemos nosotros, para serles fieles, completarlo, agrandarlo. Y Baroja, con su estilo, con su filosofía, es un continuador de los antiguos. ¿Cómo no ha de ser leída una prosa que es vital y no ficticia; que es producto de una fisiología y no de una fórmula? El mundo creado por Baroja es grande: el sentido que Baroja tiene de la vida es un sentido humano. Con Baroja estamos como en un lugar seguro; Baroja nos da la seguridad de lo elemental, de lo espontáneo, de lo primigenio.[46] Cuando de ciertos libros, antiguos o modernos, pasamos a Baroja, respiramos; hemos llegado, por fin, a un terreno « codiciadero para hombre cansado, » como diría el viejo poeta Berceo.

¿Cambio, en el caso de Baroja, de valores, de unos valores, los míos, y no los de nadie? Y ¿por qué no complemento? ¿Qué se opone a una síntesis entre el Norte y el Mediodía, entre lo circunscrito y lo indeterminado?

---

44 pescante ... diligencia — coach box of a stage coach.

45 fruir — to enjoy what has been hoped for.
46 primigenio — primitive, primogenial.

THE INTERMEDIATE GENERATION
OF THE TWENTIETH CENTURY

José Ortega y Gasset, 1883–1955 (pp. 575–79)

Ortega wrote on philosophy, ethics, theology, art criticism, literary criticism, politics, sociology, history, anthropology and many other subjects. José Ferrater Mora divides his work into three intellectual periods: *objetivismo*, *perspectivismo*, and *racio-vitalismo*. Yet, a careful reading of Ortega's works reveals a surprising unity. *Objetivismo* holds that too much attention is paid to human beings and too little to things or ideas — a theory which Ortega soon abandoned. *Perspectivismo* concerns the theory of absolute relativity, and "vital reason" or *racio-vitalismo* is Ortega's existential viewpoint.

Although between 1902 and 1913 Ortega published many essays in newspapers such as *El Imparcial*, founded by his grandfather in 1869, his first complete book was *Meditaciones del Quijote*, 1914, which contains the essence of almost all his later philosophy as well as his conviction that "el individuo Don Quijote es un individuo de la especie Cervantes." Among his other important works are: *El espectador*, eight volumes, 1916–34; *España invertebrada*, 1922; *El tema de nuestro tiempo*, 1923; *La deshumanización del arte e ideas sobre la novela*, 1925; *La rebelión de las masas*, 1930; *Goethe desde dentro*, 1933; *Ensimismamiento y alteración*, 1939; *Ideas y creencias*, 1940; *Estudios sobre el amor*, 1940; and *Historia como sistema*, 1941.

Julián Marías has claimed: "Se cuentan con los dedos — quizá de una mano — las personas que poseen de verdad la filosofía pública y notoria de Ortega." Ortega himself in *Meditaciones del Quijote* argued against a closed world for philosophy, contending that all realities, however unimportant, and all problems were grist for the philosopher's mill. Even though all realities were not of the same level, each possessed its depths which the philosopher had to penetrate and whose essence he had to capture. Ortega argued against a schematic and formalist way of thinking which assumed that certain principles of an intellectual, moral, political, esthetic, or religious nature were valid without an accompanying analysis.

Of all his ideas the central one is undoubtedly his ratio-vitalism or existential philosophy. Ortega insists on the rational as the only means of knowledge and that the problem of life must be the center of this rationalism, for it is the problem from which all others stem. Ortega thus rebelled against his German teachers' idealism and concluded that life is an absolute actuality that we live here and now. Reality is summed up by the struggle between reason and life. Objects as such have no reality and are simply cogitations, but body and soul are mutually dependent and related. Thus, if reality is only that which man comprehends, there exist an infinite number of realities dependent on the individual point of view. "Yo soy yo y mis circunstancias," says Ortega.

Circumstances, according to Ortega's view, are things which surround us, including other men, but only as we become aware of them. Our environment consists of things present at the moment and things that are latent though not visible for the moment. Human life is a continuous interplay between the individual and his circumstances. Therefore, man is a being in the world and as such must struggle against those forces which oppose him, for nature resists man and to resist is to exist. Man tries to take an active position against the difficulties with which nature confronts him. He thinks and lives in order to act and not the reverse. Unlike a tiger man can never be sure that he is really what he is — a man — as the tiger is sure of being a tiger. To be a man means to be always on the point of not being a man. Life, then, is uncertainty in a hostile universe. The ego must work with things in an attempt to realize a specific project or program of existence, and that ego is the program in whose service man does everything. Man can never be static in his circumstances but must choose and determine at all times in a life which is ever changing. This task is conditioned by ideas and beliefs, for before man can act he must first interpret his circumstances and arrive at a system of convictions which will enable him to act in and on the circumstances. Reality is only that which we think of as being reality. Only man has the ability to withdraw into himself in order to come to terms with himself and define what he believes.

Life, the "yo y mis circunstancias," is individual. Only I can decide what my life, the life I live at each moment can be. Circumstances offer different possibilities for acting and for being, but the central reality which involves consciousness of self, is a task which must be completed. Only man can determine what he will be; only he can exercise his freedom of choice, a decision which is untransferable, and determine in what sphere he will act. Thus his existence precedes his essence.

Ortega views culture as the perception of existence, one which distorts reality and which is not to be confused with it. The most unusual or imaginative of forms of culture is art.

In discussing his country he feels that the grave infirmity which Spain suffered was a lack of a select minority and men endowed with talent and vision. The Spaniard, he felt, manufactured illusions about his past instead of about the future, which would be more productive.

Ortega has much to say about women and love. For him woman is a being whose inward humanity is characterized by confusion. Confusion is not a defect in woman anymore than it is a defect in man not to have wings. Woman lives in a perpetual twilight. She is never sure whether she loves or not, will do something or not, is repentant or unrepentant. Being a creature of twilight she is constitutionally secretive and cannot express what she feels. This gives woman the softness of form which belongs to her "soul" and which is thought of as typically feminine. For man, woman on the level of "humanness" has a vital station somewhat lower than his. No other being has this two-fold condition, being human and being less so than a man is. This duality is the source of the unparalleled delight that woman holds for man. Weakness is the basis of woman's inferior vital rank, but only a being inferior to man can radically affirm his basic being and the elemental condition of his person. Hence only woman knows how to love and is able to love — that is, to disappear in the other.

Ortega's prose, much commented on, has been described as "remontada, vivaz, y ceñida con belleza. Prosa poética y activa a la vez, delicioso conjuro…" Madariaga declared that "Ortega maneja el castellano con una gracia sin rival que debe su encanto a su naturalidad."

In *La deshumanización del arte*, 1925, Ortega examines art, specifically music, painting, poetry and the theatre, all of which follow an identity of artistic purpose with identical sociological consequences. The new art divides the public into those who understand it and those who do not, and a work that does not invite sentimental intervention leaves the second group without a cue. In the nineteenth century, artists reduced strictly aesthetic elements to a minimum to concentrate on a fiction of human realities, hence requiring human sensibility instead of the power to focus on transparencies and images. The new style tends to dehumanize art, to avoid living forms, to see to it that the work of art is nothing but a work of art, to consider art as play, to be essentially ironical, to beware of sham, and hence to aspire to regard art as a thing of no transcending consequence.

Ortega compares art and the viewpoint on art to the scene of a great man dying. His wife, a doctor, a reporter and a painter are in the room. The wife is a part of the scene, for she identifies with the man; the doctor views him as a professional case involving his honor, and so he, too, though less intimately, takes part and lives the scene. The reporter's profession requires him to remain aloof, as an emotionally free outsider who merely observes, but in order to create realism for his readers, he pretends to an assumed emotion. The painter, completely unconcerned, does nothing but keep his eyes open. He sees only the visual, color values, lights, and shadows. The others share a "lived reality," but the painter and his "observed reality" may be termed "inhuman."

It takes genius to construct something that is not a copy of "nature" and yet possesses substance of its own. Dominated by a distaste for human elements, the new art uses metaphoric expression as the most radical instrument of dehumanization, but one may dehumanize by changing the perspective, by upsetting value patterns to produce an art in which the small events of life appear in the foreground with monumental dimensions. Ideas replace things as the artist shuts his eyes to the outer world to concentrate upon the subjective images in his own mind.

La deshumanización del arte

IRÓNICO DESTINO

Más arriba se ha dicho que el nuevo estilo, tomado en su más amplia generalidad, consiste en eliminar los ingredientes « humanos, demasiado humanos,» y retener sólo la materia puramente artística. Esto parece implicar un gran entusiasmo por el arte. Pero al rodear el mismo hecho y contemplarlo desde otra vertiente sorprendemos en él un cariz opuesto de hastío o desdén. La contradicción es patente e importa mucho subrayarla. En definitiva, vendría a significar que el arte nuevo es un fenómeno de índole equívoca, cosa, a la verdad, nada sorprendente, porque, equívocos son casi todos los grandes hechos de estos años en curso. Bastaría analizar un poco los acontecimientos políticos de Europa para hallar en ellos la misma entraña equívoca.

Sin embargo, esa contradicción entre amor y odio a una misma cosa se suaviza un poco mirando más de cerca la producción artística del día.

La primera consecuencia que trae consigo ese retraimiento del arte sobre sí mismo es quitar a éste todo patetismo. En el arte cargado de "humanidad" repercutía el carácter grave anejo a la vida. Era una cosa muy seria el arte, casi hierático. A veces pretendía no menos que salvar a la especie humana — en Schopenhauer[1] y en Wagner.[2] Ahora bien; no puede menos de extrañar a quien para en ello mientes[3] que la nueva inspiración es siempre, indefectiblemente, cómica. Toda ella suena en esa sola cuerda y tono. La comicidad será más o menos violenta y correrá desde la franca clownería hasta el leve guiño irónico, pero no falta nunca. Y no es que el contenido de la obra sea cómico — esto sería recaer en un modo o categoría del estilo «humano» —, sino que, sea cual fuere el contenido, el arte mismo se hace broma. Buscar, como antes he indicado, la ficción como tal ficción es propósito que no puede tenerse sino en un estado de alma jovial. Se va al arte precisamente porque se le reconoce como farsa. Esto es lo que perturba más la comprensión de las obras jóvenes por parte de las personas serias, de sensibilidad menos actual. Piensan que la pintura y la música de los nuevos es pura «farsa» — en el mal sentido de la palabra — y no admiten la posibilidad de que alguien vea justamente en la farsa la misión radical del arte y su benéfico menester. Sería «farsa» — en el mal sentido de la palabra — si el artista actual pretendiese competir con el arte «serio» del pasado y un cuadro cubista solicitase el

mismo tipo de admiración patética, casi religiosa, que una estatua de Miguel Ángel.[4] Pero el artista de ahora nos invita a que contemplemos un arte que es una broma, que es, esencialmente, la burla de sí mismo. Porque en esto radica la comicidad de esta inspiración. En vez de reírse de alguien o algo determinado — sin víctima no hay comedia —, el arte nuevo ridiculiza el arte.

Y no se hagan, al oír esto, demasiados aspavientos si se quiere permanecer discreto. Nunca demuestra el arte mejor su mágico don como en esta burla de sí mismo. Porque al hacer el ademán de aniquilarse a sí propio sigue siendo arte, y por una maravillosa dialéctica, su negación es su conservación y triunfo.

Dudo mucho que a un joven de hoy le pueda interesar un verso, una pincelada, un sonido que no lleve dentro de sí un reflejo irónico.

Después de todo no es esto completamente nuevo como idea y teoría. A principios del siglo XIX, un grupo de románticos alemanes dirigido por los Schlegel[5] proclamó a la Ironía como la máxima categoría estética y por razones que coinciden con la nueva intención de arte. Éste no se justifica, si se limita a reproducir la realidad, duplicándola en vano. Su misión es suscitar un irreal horizonte. Para lograr esto no hay otro medio que negar nuestra realidad, colocándonos por este acto encima de ella. Ser artista es no tomar en serio al hombre tan serio que somos cuando no somos artistas.

Claro es que este destino de inevitable ironía da al arte nuevo un tinte monótono muy propio para desesperar al más paciente. Pero, a la par, queda nivelada la contradicción entre amor y odio que antes he señalado. El rencor va al arte como seriedad; el amor, al arte victorioso como farsa, que triunfa de todo, incluso de sí mismo, a la manera que en un sistema de espejos reflejándose indefinidamente los unos en los otros, ninguna forma es la última; todas quedan burladas y hechas pura imagen.

LA INTRASCENDENCIA DEL ARTE

Todo ello viene a condensarse en el síntoma más agudo, más grave, más hondo que presenta el arte joven, una facción extrañísima de

1 Schopenhauer—Arthur Schopenhauer (1788–1860), German pessimistic philosopher.
2 Wagner — Wilhelm Richard Wagner (1813–83), German composer.
3 parar mientes — to reflect, consider.

4 Miguel Ángel — Michelangelo (1475–1564), Italian painter and sculptor.
5 los Schlegel — a reference to the Schlegel brothers, August Wilhelm (1767–1845) and Karl Wilhelm Friedrich (1772–1829).

la nueva sensibilidad estética que reclama alerta meditación. Es algo muy delicado de decir, entre otros motivos, porque es muy difícil de formular con justeza.[6]

Para el hombre de la generación novísima, el arte es una cosa sin trascendencia. Una vez escrita esta frase me espanto de ella, al advertir su innumerable irradiación de significados diferentes. Porque no se trata de que a cualquier hombre de hoy le parezca el arte cosa sin importancia o menos importante que al hombre de ayer, sino que el artista mismo ve su arte como una labor intrascendente. Pero aun esto no expresa con rigor la verdadera situación. Porque el hecho no es que al artista le interese poco su obra y oficio, sino que le interesa precisamente porque no tienen importancia grave y en la medida que carecen de ella. No se entiende bien el caso si no se le mira en confrontación con lo que era el arte hace treinta años, y, en general, durante todo el siglo pasado. Poesía o música eran entonces actividades de enorme calibre: se esperaba de ellas poco menos que la salvación de la especie humana sobre la ruina de las religiones y el relativismo inevitable de la ciencia. El arte era trascendente en un doble sentido. Lo era por su tema, que solía consistir en los más graves problemas de la Humanidad, y lo era por sí misma, como potencia humana que prestaba justificación y dignidad a la especie. Era de ver el solemne gesto que ante la masa adoptaba el gran poeta y el músico genial, gesto de profeta o fundador de religión, majestuosa apostura de estadista responsable de los destinos universales.

A un artista de hoy sospecho que le aterraría verse ungido con tan enorme misión y obligado, en consecuencia, a tratar en su obra materias capaces de tamañas repercusiones. Precisamente le empieza a saber algo a fruto artístico cuando empieza a notar que el aire pierde seriedad y las cosas comienzan a brincar livianamente, libres de toda formalidad. Ese pirueteo universal es para él el signo auténtico de que las musas existen. Si cabe decir que el arte salva al hombre, es sólo porque le salva de la seriedad de la vida y suscita en él inesperada puericia.[7] Vuelve a ser símbolo del arte la flauta mágica de Pan, que hace danzar los chivos en la linde del bosque.

Todo el arte nuevo resulta comprensible y adquiere cierta dosis de grandeza cuando se le interpreta como un ensayo de crear puerilidad en un mundo viejo. Otros estilos obligaban a que se les pusiera en conexión con los dramáticos movimientos sociales y políticos o bien con las profundas corrientes filosóficas o religiosas. El nuevo estilo, por el contrario, solicita, desde luego, ser aproximado al triunfo de los deportes y juegos. Son dos hechos hermanos, de la misma oriundez.

En pocos años hemos visto crecer la marea del deporte en las planas[8] de los periódicos, haciendo naufragar casi todas las carabelas de la seriedad. Los artículos de fondo amenazan con descender a su abismo titular, y sobre la superficie cinglan[9] victoriosas las yolas[10] de regata. El culto al cuerpo es eternamente síntoma de inspiración pueril, porque sólo es bello y ágil en la mocedad, mientras el culto al espíritu indica voluntad de envejecimiento, porque sólo llega a plenitud cuando el cuerpo ha entrado en decadencia. El triunfo del deporte significa la victoria de los valores de juventud sobre los valores de senectud. Lo propio acontece con el cinematógrafo, que es, por excelencia, arte corporal.

Todavía en mi generación gozaban de gran prestigio las maneras de la vejez. El muchacho anhelaba dejar de ser muchacho lo antes posible y prefería imitar los andares fatigados del hombre caduco. Hoy los chicos y las chicas se esfuerzan en prolongar su infancia, y los mozos en retener y subrayar su juventud. No hay duda: entra Europa en una etapa de puerilidad.

El suceso no debe sorprender. La Historia se mueve según grandes ritmos biológicos. Sus mutaciones máximas no pueden originarse en causas secundarias y de detalle, sino en factores muy elementales, en fuerzas primarias de carácter cósmico. Bueno fuera que las diferencias mayores y como polares, existentes en el ser vivo — los sexos y las edades —, no ejerciesen también un influjo soberano sobre el perfil de los tiempos. Y, en efecto, fácil es notar que la Historia se columpia rítmicamente del uno al otro polo, dejando que en unas épocas predominen las calidades masculinas y en otras las femeninas o bien exaltando unas veces la índole juvenil y otras la de madurez o ancianidad.

El cariz que en todos los órdenes va tomando la existencia europea anuncia un tiempo de varonía y juventud. La mujer y el

---

6 justeza — accuracy.
7 puericia — childhood.
8 planas — pages.

9 cinglar — to move a canoe or boat by means of a single oar or pole. Here: sail.
10 yolas — yawls.

viejo tienen que ceder durante un período de gobierno de la vida a los muchachos, y no es extraño que el mundo parezca ir perdiendo formalidad.

Todos los caracteres del arte nuevo pueden resumirse en éste de su intrascendencia, que, a su vez, no consiste en otra cosa sino en haber el arte cambiado su colocación en la jerarquía de las preocupaciones o intereses humanos. Pueden representarse éstos como una serie de círculos concéntricos cuyo radio mide la distancia dinámica al eje de nuestra vida, donde actúan nuestros supremos afanes. Las cosas de todo orden — vitales o culturales — giran en aquellas diversas órbitas atraídas más o menos por el centro cordial del sistema. Pues bien; yo diría que el arte situado antes — como la ciencia o la política — muy cerca del eje entusiasta, sostén de nuestra persona, se ha desplazado hacia la periferia. No ha perdido ninguno de sus atributos exteriores, pero se ha hecho distante, secundario y menos grávido.

La aspiración al arte puro no es, como suele creerse, una soberbia, sino, por el contrario, gran modestia. Al vaciarse el arte de patetismo humano queda sin trascendencia alguna — como solo arte, sin más pretensión.

CONCLUSIÓN

Isis miriónima, Isis la de diez mil nombres, llamaban los egipcios a su diosa. Toda realidad en cierto modo lo es. Sus componentes, sus facciones son innumerables. ¿No es audaz, con unas cuantas denominaciones, querer definir una cosa, la más humilde? Fuera ilustre casualidad que las notas subrayadas por nosotros entre infinitas resultasen ser, en efecto, las decisivas. La improbabilidad aumenta cuando se trata de una realidad naciente, que inicia su trayectoria en los espacios.

Es, pues, sobremanera probable que este ensayo de filiar el arte nuevo no contenga sino errores. Al terminarlo, en el volumen que él ocupaba, brotan ahora en mí curiosidad y esperanza de que tras él se hagan otros más certeros. Entre muchos podremos repartirnos los diez mil nombres.

Pero sería duplicar mi error si se pretendiese corregirlo destacando sólo algún rasgo parcial no incluido en esta anatomía. Los artistas suelen caer en ello cuando hablan de su arte, y no se alejan debidamente para tomar una amplia vista sobre los hechos. Sin embargo, no es dudoso que la fórmula más próxima a la verdad será la que en giro más unitario y armónico valga para mayor número de particularidades —, y como en el telar, un solo golpe anude mil hilos.

Me ha movido exclusivamente la delicia de intentar comprender — ni la ira ni el entusiasmo. He procurado buscar el sentido de los nuevos propósitos artísticos, y esto, claro es, supone un estado de espíritu lleno de previa benevolencia. Pero ¿es posible acercarse de otra manera a un tema sin condenarlo a la esterilidad?

Se dirá que el arte nuevo no ha producido hasta ahora nada que merezca la pena, y yo ando muy cerca de pensar lo mismo. De las obras jóvenes he procurado extraer su intención, que es lo jugoso, y me he despreocupado de su realización. ¡Quién sabe lo que dará de sí este naciente estilo! La empresa que acomete es fabulosa — quiere crear de la nada. Yo espero que más adelante se contente con menos y acierte más.

Pero, cualesquiera sean sus errores, hay un punto, a mi juicio, inconmovible en la nueva posición: la imposibilidad de volver hacia atrás. Todas las objeciones que a la inspiración de estos artistas se hagan pueden ser acertadas y, sin embargo, no aportarán razón suficiente para condenarla. A las objeciones habría que añadir otra cosa: la insinuación de otro camino para el arte que no sea este deshumanizador ni reitere las vías usadas y abusadas.

Es muy fácil gritar que el arte es siempre posible dentro de la tradición. Mas esta frase confortable no sirve de nada al artista que espera, con el pincel o la pluma en la mano, una inspiración concreta.

In his *Prólogo para franceses*, 1937, Ortega attributes the popularity of *La rebelión de las masas* to the fact that the situations confronting the Western world are homogeneous. Europe, since the Middle Ages, has moved and acted against a common background and represented and reflected a common society or even, in a sense, a common nation eventually to have a single ruling body. Culture and civilization, important factors for Ortega, contain as a primary factor the anomaly represented by mass man. He, as a philosopher, must examine carefully the latter's symptoms and the underlying causes for his appearance, and he does this in *La rebelión de las masas*.

I. EL HECHO DE LAS AGLOMERACIONES[11]

Hay un hecho que, para bien o para mal, es el más importante en la vida pública europea de la hora presente. Este hecho es el advenimiento de las masas al pleno poderío social. Como las masas, por definición, no deben ni pueden dirigir su propia existencia, y menos regentar la sociedad, quiere decirse que Europa sufre ahora la más grave crisis que a pueblos, naciones, culturas, cabe padecer. Esta crisis ha sobrevenido más de una vez en la Historia. Su fisonomía y sus consecuencias son conocidas. También se conoce su nombre. Se llama la rebelión de las masas.

Para la inteligencia del formidable hecho conviene que se evite dar, desde luego, a las palabras « rebelión, » « masas, » « poderío social, » etc., un significado exclusiva o primariamente político. La vida pública no es sólo política, sino, a la par y aun antes, intelectual, moral, económica, religiosa; comprende los usos todos colectivos e incluye el modo de vestir y el modo de gozar.

Tal vez la manera mejor de acercarse a este fenómeno histórico consiste en referirnos a una experiencia visual, subrayando una facción de nuestra época que es visible con los ojos de la cara.

Sencillísima de enunciar, aunque no de analizar, yo la denomino el hecho de la aglomeración, del « lleno. » Las ciudades están llenas de gente. Las casas, llenas de inquilinos.[12] Los hoteles, llenos de huéspedes. Los trenes, llenos de viajeros. Los cafés, llenos de consumidores. Los paseos, llenos de transeúntes. Las salas de los médicos famosos, llenas de enfermos. Los espectáculos, como no sean muy extemporáneos, llenos de espectadores. Las playas, llenas de bañistas. Lo que antes no solía ser problema, empieza a serlo casi de continuo: encontrar sitio.

Nada más. ¿Cabe hecho más simple, más notorio, más constante, en la vida actual? Vamos ahora a punzar el cuerpo trivial de esta observación, y nos sorprenderá ver cómo de él brota un surtidor inesperado, donde la blanca luz del día, de este día, del presente, se descompone en todo su rico cromatismo interior.

¿Qué es lo que vemos, y al verlo nos sorprende tanto? Vemos la muchedumbre, como tal, posesionada de los locales y utensilios creados por la civilización. Apenas reflexionamos un poco nos sorprendemos de nuestra sorpresa. Pues qué, ¿no es el ideal? El teatro tiene sus localidades para que se ocupen; por tanto, para que la sala esté llena. Y lo mismo sus asientos el ferrocarril y sus cuartos el hotel. Sí; no tiene duda. Pero el hecho es que antes ninguno de esos establecimientos y vehículos solía estar lleno, y ahora rebosan, queda fuera gente afanosa de usufructuarlos.[13] Aunque el hecho sea lógico, natural, no puede desconocerse que antes no acontecía y ahora sí; por tanto, que ha habido un cambio, una innovación, la cual justifica, por lo menos en el primer momento, nuestra sorpresa.

Sorprenderse, extrañarse, es comenzar a entender. Es el deporte y el lujo específico del intelectual. Por eso su gesto gremial consiste en mirar el mundo con los ojos dilatados por la extrañeza. Todo en el mundo es extraño y es maravilloso para unas pupilas bien abiertas. Esto, maravillarse, es la delicia vedada al futbolista y que, en cambio, lleva al intelectual por el mundo en perpetua embriaguez de visionario. Su atributo son los ojos en pasmo. Por eso los antiguos dieron a Minerva la lechuza, el pájaro con los ojos siempre deslumbrados.

La aglomeración, el lleno no era antes frecuente. ¿Por qué lo es ahora?

Los componentes de esas muchedumbres no han surgido de la nada. Aproximadamente, el mismo número de personas existía hace quince años. Después de la guerra[14] parecería natural que ese número fuese menor. Aquí topamos, sin embargo, con la primera nota importante. Los individuos que integran estas muchedumbres preexistían, pero no como muchedumbre. Repartidos por el mundo en pequeños grupos o solitarios, llevaban una vida, por lo visto, divergente, disociada, distante. Cada cual — individuo o pequeño grupo — ocupaba un sitio, tal vez el suyo, en el campo, en la aldea, en la villa, en el barrio de la gran ciudad.

Ahora, de pronto, aparecen bajo la especie de aglomeración, y nuestros ojos ven dondequiera muchedumbres. ¿Dondequiera? No, no; precisamente en los lugares mejores,

---

11 Ortega y Gasset explains in a footnote that he had discussed this same theme in *España invertebrada*, 1922, in an article in *El Sol* called "Masas," 1926, and in two lectures given in the Asociación de Amigos del Arte, 1928, in Buenos Aires. His purpose in writing, he says, is "recoger y completar lo ya dicho por mí; de manera que resulte una doctrina orgánica sobre el hecho más importante de nuestro tiempo."

12 inquilino — tenant, lodger.

13 usufructuar — to use, enjoy the use of.

14 guerra — World War I.

creación relativamente refinada de la cultura humana, reservados antes a grupos menores, en definitiva, a minorías.

La muchedumbre, de pronto, se ha hecho visible, se ha instalado en los lugares preferentes de la sociedad. Antes, si existía, pasaba inadvertida, ocupaba el fondo del escenario social; ahora se ha adelantado a las baterías,[15] es ella el personaje principal. Ya no hay protagonistas: sólo hay coro.

El concepto de muchedumbre es cuantitativo y visual. Traduzcámoslo, sin alterarlo, a la terminología sociológica. Entonces hallamos la idea de masa social. La sociedad es siempre una unidad dinámica de dos factores: minorías y masas. Las minorías son individuos o grupos de individuos especialmente cualificados. La masa es el conjunto de personas no especialmente cualificadas. No se entienda, pues, por masas sólo ni principalmente « las masas obreras. » Masa es el hombre medio. De este modo se convierte lo que era meramente cantidad — la muchedumbre — en una determinación cualitativa: es la cualidad común, es lo mostrenco social, es el hombre en cuanto no se diferencia de otros hombres, sino que repite en sí un tipo genérico. ¿Qué hemos ganado con esta conversión de la cantidad a la cualidad? Muy sencillo: por medio de ésta comprendemos la génesis de aquélla. Es evidente, hasta perogrullesco,[16] que la formación normal de una muchedumbre implica la coincidencia de deseos, de ideas, de modo de ser, en los individuos que la integran. Se dirá que es lo que acontece con todo grupo social, por selecto que pretenda ser. En efecto; pero hay una esencial diferencia.

En los grupos que se caracterizan por no ser muchedumbre y masa, la coincidencia afectiva de sus miembros consiste en algún deseo, idea o ideal, que por sí solo excluye el gran número. Para formar una minoría, sea la que sea, es preciso que antes cada cual se separe de la muchedumbre por razones *especiales*, relativamente individuales. Su coincidencia con los otros que forman la minoría es, pues, secundaria, posterior a haberse cada cual singularizado, y es, por tanto, en buena parte una coincidencia en no coincidir. Hay casos en que este carácter singularizador del grupo aparece a la intemperie: los grupos ingleses que se llaman a sí mismos « no conformistas, » es decir, la agrupación de los que concuerdan

sólo en su disconformidad respecto a la muchedumbre ilimitada. Este ingrediente de juntarse los menos precisamente para separarse de los más va siempre involucrado en la formación de toda minoría. Hablando del reducido público que escuchaba a un músico refinado, dice graciosamente Mallarmé[17] que aquel público subrayaba con la presencia de su escasez la ausencia multitudinaria.

En rigor, la masa puede definirse, como hecho psicológico, sin necesidad de esperar a que aparezcan los individuos en aglomeración. Delante de una sola persona podemos saber si es masa o no. Masa es todo aquel que no se valora a sí mismo — en bien o en mal — por razones especiales, sino que se siente « como todo el mundo » y, sin embargo, no se angustia, se siente a sabor al sentirse idéntico a los demás. Imagínese un hombre humilde que al intentar valorarse por razones especiales — al preguntarse si tiene talento para esto o lo otro, si sobresale en algún orden — advierte que no posee ninguna calidad excelente. Este hombre se sentirá mediocre y vulgar, mal dotado; pero no se sentirá « masa. »

Cuando se habla de « minorías selectas, » la habitual bellaquería suele tergiversar el sentido de esta expresión, fingiendo ignorar que el hombre selecto no es el petulante que se cree superior a los demás, sino el que exige más que los demás, aunque no logre cumplir en su persona esas exigencias superiores. Y es indudable que la división más radical que cabe hacer en la Humanidad es ésta, en dos clases de criaturas: las que se exigen mucho y acumulan sobre sí mismas dificultades y deberes y las que no se exigen nada especial, sino que para ellas vivir es ser en cada instante lo que ya son, sin esfuerzo de perfección sobre sí mismas, boyas que van a la deriva.[18]

Esto me recuerda que el budismo ortodoxo se compone de dos religiones distintas: una, más rigorosa y difícil; otra, más laxa y trivial: el Mahayana — « gran vehículo » o « gran carril » — y el Hinayana — « pequeño vehículo, » « camino menor. » — Lo decisivo es si ponemos nuestra vida a uno u otro vehículo, a un máximo de exigencias o a un mínimo,

La división de la sociedad en masas y minorías excelentes no es, por tanto, una división en clases sociales, sino en clases de hombres, y no puede coincidir con la jerarquización en clases superiores e inferiores. Claro está que en las superiores, cuando llegan a serlo y

---

15 baterías — footlights (in the front part of the stage).

16 perogrullesco — platitudinous.

17 Mallarmé — Stéphane Mallarmé (1842–98), French symbolist poet.

18 boyas . . . deriva — drifting buoys.

mientras lo fueron de verdad, hay más verosimilitud de hallar hombres que adoptan el « gran vehículo, » mientras las inferiores están normalmente constituidas por individuos sin calidad. Pero, en rigor, dentro de cada clase social hay masa y minoría auténtica. Como veremos, es característico del tiempo el predominio, aun en los grupos cuya tradición sea selectiva, de la masa y el vulgo. Así, en la vida intelectual, que por su misma esencia requiere y supone la cualificación, se advierte el progresivo triunfo de los seudointelectuales incualificados, incalificables y descalificados por su propia contextura. Lo mismo en los grupos supervivientes de la « nobleza » masculina y femenina. En cambio, no es raro encontrar hoy entre los obreros, que antes podían valer como el ejemplo más puro de esto que llamamos « masa, » almas egregiamente disciplinadas.

Ahora bien; existen en la sociedad operaciones, actividades, funciones del más diverso orden que son, por su misma naturaleza, especiales, y, consecuentemente, no pueden ser bien ejecutadas sin dotes también especiales. Por ejemplo: ciertos placeres de carácter artístico y lujoso, o bien las funciones de gobierno y de juicio político sobre los asuntos públicos. Antes eran ejercidas estas actividades especiales por minorías calificadas — calificadas, por lo menos, en pretensión —. La masa no pretendía intervenir en ellas: se daba cuenta de que si quería intervenir tendría congruentemente que adquirir esas dotes especiales y dejar de ser masa. Conocía su papel en una saludable dinámica social.

Si ahora retrocedemos a los hechos enunciados al principio, nos aparecerán inequívocamente como nuncios de un cambio de actitud en la masa. Todos ellos indican que ésta ha resuelto adelantarse al primer plano social y ocupar los locales y usar de los utensilios y gozar de los placeres antes adscritos a los pocos. Es evidente que, por ejemplo, los locales no estaban premeditados para las muchedumbres, puesto que su dimensión es muy reducida y el gentío rebosa constantemente de ellos, demostrando a los ojos y con lenguaje visible el hecho nuevo: la masa que, sin dejar de serlo, suplanta a las minorías.

Nadie, creo yo, deplorará que las gentes gocen hoy en mayor medida y número que antes, ya que tienen para ello el apetito y los medios. Lo malo es que esta decisión tomada por las masas de asumir las actividades propias de las minorías no se manifiesta, ni puede manifestarse, sólo en el orden de los placeres, sino que es una manera general del tiempo. Así — anticipando los que luego veremos —, creo que las innovaciones políticas de los más recientes años no significan otra cosa que el imperio político de las masas. La vieja democracia vivía templada por una abundante dosis de liberalismo y de entusiasmo por la ley. Al servir a estos principios, el individuo se obligaba a sostener en sí mismo una disciplina difícil. Al amparo del principio liberal y de la norma jurídica podían actuar y vivir las minorías. Democracia y ley, convivencia legal, eran sinónimos. Hoy asistimos al triunfo de una hiperdemocracia en que la masa actúa directamente sin ley, por medio de materiales presiones, imponiendo sus aspiraciones y sus gustos. Es falso interpretar las situaciones nuevas como si la masa se hubiese cansado de la política y encargase a personas especiales su ejercicio. Todo lo contrario. Eso era lo que antes acontecía, eso era la democracia. La masa presumía que, al fin y al cabo, con todos sus defectos y lacras, las minorías de los políticos entendían un poco más de los problemas públicos que ella. Ahora, en cambio, cree la masa que tiene derecho a imponer y dar vigor de ley a sus tópicos de café. Yo dudo que haya habido otras épocas de la Historia en que la muchedumbre llegase a gobernar tan directamente como en nuestro tiempo. Por eso hablo de hiperdemocracia.

Lo propio acaece en los demás órdenes, muy especialmente en el intelectual. Tal vez padezco un error; pero el escritor, al tomar la pluma para escribir sobre un tema que ha estudiado largamente, debe pensar que el lector medio, que nunca se ha ocupado del asunto, si le lee, no es con el fin de aprender algo de él, sino al revés, para sentenciar sobre él cuando no coincide con las vulgaridades que este lector tiene en la cabeza. Si los individuos que integran la masa se creyesen especialmente dotados, tendríamos no más que un caso de error personal, pero no una subversión sociológica. *Lo característico del momento es que el alma vulgar, sabiéndose vulgar, tiene el denuedo de afirmar el derecho de la vulgaridad y lo impone dondequiera.* Como se dice en Norteamérica: ser diferente es indecente. La masa arrolla todo lo diferente, egregio, individual, calificado y selecto. Quien no sea como todo el mundo, quien no piense como todo el mundo, corre el riesgo de ser eliminado. Y claro está que ese « todo el mundo » no es un « todo el mundo. » « Todo el mundo » era normalmente la unidad compleja de masa y minorías discrepantes, especiales. Ahora todo el mundo es sólo la masa.

Ortega points out that the masses now enjoy the pleasures and utensils invented by the select minority and which previously only the minority made use of. European mass man has arisen through factors affecting Europe and not through the influence of America. Yet the mass men of all countries resemble each other more than they had thirty years previously.

Viewed historically, Ortega continues, our time must be seen as a decadent period following one of plenitude, but plenitude implies stagnation and self-satisfaction, and anyone who prefers this life to any other cannot be really decadent. The present world has grown in all ways. In the old days jobs were few and limited as were other spheres of life. Today we live in an age which feels capable of realizing but does not know what to realize. Life consists of choosing at every moment what we will be. Circumstances and decision are the two vital factors. Today mass man is the one who decides. He is one whose life lacks projects, so he constructs nothing. He has instruments with which to live intensely but lacks the sensibility for great historical duties. If this mass man continues to rule, within thirty years Europe will be reduced to a barbarian society of some kind.

The middle classes have an ever higher standard of living. Liberal democracy, scientific experimentation, and industrialism or technique help create this new life. Man, in contact with technology, feels that nature has somehow produced it and thinks little of the sweat and genius necessary for its creation. Mass man feels this social and material organization, like the air, is at his disposal and eventually comes to expect these as native or inherent rights. Mass man does not feel limited. He cannot recognize superior or inferior qualities. He has learned to use many civilized apparatuses, but he does not understand the very principles of that civilization. Feeling himself perfect, mass man has no doubts. He is not stupid, but his intellectual capacity serves him little. The mass does not desire to exist with what is not itself, and hates, as Ortega says, "a muerte lo que no es ella." The revolt of the masses may bring barbarism to Europe, for barbarism is the absence of norms.

Civilization for mass man serves as his jungle, for he is a primitive in the face of the ever more complicated world in which he lives.

However, satisfied with himself, he tries to impose himself on that world. Authentic life is a struggle to be oneself, but the self-satisfied man is satisfied with his inferiority. Mass does not mean social class, for these men exist in all classes. Even men of science are often mass men, for science today creates the need for specialization, making the specialist a primitive or modern barbarian in other aspects of science and in the basic interpretation of the universe. He knows only a fragment of one science, but he pontificates in other areas in which he is a primitive, not only in science but also in art and music.

The greatest peril to European civilization is the State. The mass mind sees in the State an anonymous power, and since he, too, is anonymous or vulgar, he thinks the State is his. Thus the State must solve all problems. Mass man says: "The State is I," but the State is really mass which will strive to crush minorities which do not conform to the mass image. Society creates the State, but eventually society has to live for the State. Neither the United States nor Russia has the answer, but a United States of Europe might supply it, organizing a common life or task to be performed. To have common glories in the past and a common will in the present, to have done great things and wish to do more, is to have a common future. Only a decision to construct a great nation on the continent will offer a solution — the only one to a barbaric take-over by Communism or some other variety of mass mind. Europe has remained without moral force. We live in a time of universal blackmail, and Europe is now suffering the painful consequences of her spiritual conduct.

In an *Epílogo para ingleses*, Ortega examines Spain's premature national unity, Spanish cruelty, and the concept of progress and English pacifism. History, by and large, is a redistribution of power and a division of power on earth. Since there are no principles of justice which, even in theory, regulate these divisions in a satisfactory manner, any organization such as the League of Nations is doomed to failure because it seeks to preserve the status quo. A new juridical technique is necessary if one really expects peace. Ortega questions the ability of other nations to judge truly the events in Spain. He believes, finally, in spite of the anarchy existing in and the temporary disappearance of Europe, that its countries will again be united, thus reaffirming common faith.

489

THE CONTEMPORARIES

Julián Marías Aguilera, b. 1914 (pp. 591–92)

Julián Marías has written largely on philosophy, although his essays and critical works have covered many areas. Among his publications are: *Historia de la filosofía*, 1941; *Miguel de Unamuno*, 1943; *San Anselmo y el insensato y otros estudios de filosofía*, 1944; *Introducción a la filosofía*, 1947; *Filosofía española actual*, 1948; *Ortega y la idea de la razón vital*, 1948; *El método histórico de las generaciones*, 1949; *Ortega y tres antípodas*, 1950; *Idea de la metafísica*, 1953; and *Los Estados Unidos en escorzo*, 1956. As of 1961, six volumes of his *Obras Completas* had appeared, containing the above and other works.

Juan López-Morillas, who considers Marías perhaps the foremost thinker of contemporary Spain, has said of *Los Estados Unidos en escorzo* that it is "sin la menor duda, el libro más profundo, revelador y justo que sobre ese país, harto más enigmático e inquietante de lo que se supone, ha escrito un extranjero." Others comment equally enthusiastically on Marías' other works. Miguel Enguídanos, for example, cites his "sensibilidad alerta y exquisita."

Julián Marías, like his master Ortega, seeks always to penetrate his *circunstancias*, insisting on the temporal aspects of philosophy, the *razón vital*, and man as a point of departure for that philosophy. Like Ortega he looks upon philosophy and life as a task or duty and a search for security in which he can believe in his difficult situation. In the process of creating this certainty or personal metaphysics, man finds the radical reality or individual life. In discussing the anguish of our times Marías follows closely Ortega's philosophy. Very proud of his association with him, he wrote, in addition to his many studies of Ortega's work, a defense of his master's viewpoint, attacking the misinformation and misconceptions held about that philosophy, especially by certain Jesuit writers who view Ortega as unorthodox and dangerous to Christianity.

Probably the most profound of Marías' works, and the one which sums up most completely his total thought, is *Introducción a la filosofía*. He started the work in 1945 and wrote it without interruption, sending its first and only version to the printers. Marías says his book has a biographical unity and claims that at one point he thought the title should be *An Attempt to Avoid Philosophy*, since the work seeks to escape the tyranny of starting from ideas. Marías seeks to describe the real situation of Western Man in our time, to analyze it, and to reveal its problems. In seeking to discover and define the philosophical activities necessary to our situation or circumstance, he views his work structurally as a kind of novel whose protagonist is Western Man.

Marías outlines the philosophical situation, and discusses the vital function of truth and its relationship to history, method, and reason. He studies the structure of human life, its vital problems, the relationship of being and things, the realization and justification of human birth, life, and death, and the problem of God. Unlike life, essentially urgency and haste, philosophy can advance only at the pace of its own self-evidence and self-justification. Thus, to philosophize is not to live. In Chapter XII, the final chapter of *Introducción a la filosofía*, Marías sums up the principal ideas of that work.

Introducción a la filosofía

LA FILOSOFÍA

88. Reflexión sobre el camino recorrido

La introducción a la filosofía — decía yo al resumir los requisitos de ella — tiene como misión el *descubrimiento y la constitución, en nuestra circunstancia concreta, del ámbito del filosofar — concreto también — exigido por ésta.* Creo haber cumplido la exigencia de que partió este libro, y haber llevado a cabo la introducción a la filosofía, no de un hombre cualquiera, sino de un europeo de mediados del siglo xx, el cual se ve forzado a plantearse[1] un horizonte muy preciso de problemas tan pronto como necesita *dar razón*[2] de la situación en que efectivamente se encuentra, porque pretende vivir *auténticamente*, es decir, *en la verdad.*

1 plantearse — to state; to establish for himself.

2 dar razón — to give an account.

Han ido apareciendo los problemas filosóficos en estado naciente; es decir, no como un catálogo o repertorio de ignorancias o contradicciones, sino como realidades que surgen en mi vida y me impiden saber a qué atenerme. Estos problemas no tienen una solución ya dada, esto es, vigente; tampoco son del dominio de las ciencias particulares, porque exigen una certidumbre radical; en otros términos, requieren que se dé razón de la realidad misma, por debajo de sus interpretaciones. Por esto, el método de la filosofía tiene que ser la razón histórica y vital, porque la historia es, como ya vimos, el *órganon*[3] del regreso de las interpretaciones a la realidad interpretada, y la razón es la vida misma, en su función de aprehender la realidad en sus conexiones efectivas.

He intentado mostrar, pues, la *necesidad* de la introducción a la filosofía; pero para entender el sentido recto de esta expresión, recuérdese lo que advertí al comienzo del capítulo VII: para el hombre, las cosas son « necesarias » en el sentido de que son *necesitadas* por él, de que el hombre mismo, activamente, las necesita, las requiere, para realizar una *pretensión* determinada; con expresión deliberadamente paradójica, decía que el hombre *decide necesitar* ciertas cosas, cuando elige una figura de vida concreta. Sólo así es « necesaria » la introducción a la filosofía; pero así lo es absolutamente. Quiero decir que la situación actual, caracterizada por una profunda crisis de las vigencias de todo orden y, dentro de ellas, de las creencias vigentes, sólo tolera la vida auténtica en la forma de buscar una verdad radical, capaz de dar razón de esa situación misma y de las creencias, incluso de las verdades a las cuales adhiere efectivamente el hombre de nuestro tiempo, pero que han de ser articuladas de suerte que alcancen figura de mundo.[4] Por esto, la exposición de nuestra situación real no era algo agregado o previo a la introducción a la filosofía, sino parte intrínseca de ésta y el principio de su justificación. Reténganse, pues, dos cosas distintas: una, que nuestra situación — y no otras — requiere la introducción a la filosofía para que sea posible en ella la vida como autenticidad; la segunda, que la introducción a la filosofía requiere, a su vez, ser puesta en marcha y justificada por la situación misma.

Pero si la introducción es efectiva, esto quiere decir que nos movemos, al final de ella, en el ámbito mismo de la filosofía. Y cabe preguntarse: ¿desde cuándo? En otros términos, ¿en qué momento ha sido logrado el acceso a la filosofía? A mi entender, la respuesta no ofrece la menor duda: aunque parezca extraño, desde el principio mismo. ¿Por qué? '

Recuérdese cuál es — cuál ha sido — el motor de esta *Introducción a la filosofía*: la situación en que el hombre se encuentra, y que consiste en no saber a qué atenerse respecto a ella, por tanto, respecto a la realidad. Esta situación real y no ficticia obliga al hombre, si quiere de verdad saber a qué atenerse, saber qué ha de hacer, y en consecuencia saber por qué y para qué ha de hacerlo, lo obliga, repito, a buscar una certidumbre radical; y como encuentra en su circunstancia una realidad histórico-social llamada filosofía, que tradicionalmente pretende poseer la verdad radical, y al mismo tiempo encuentra que esa pretensión no es segura, y por consiguiente no puede descansar en esa creencia, tiene que enfrentarse con esa realidad, para ver hasta qué punto es capaz de darle esa certeza que necesita. Y entonces, desde su situación efectiva, de la cual tiene que « hacerse cargo, » se ve forzado a intentar penetrar en esa filosofía existente en su circunstancia; y este quehacer es el que se llama introducción a la filosofía y se realiza desde la primera página de este libro.

Ahora bien: al quehacer consistente en hacerse una certidumbre radical, cuando ésta falta y sin ella no se puede vivir — se entiende, no se puede vivir la vida concreta y auténtica que se pretende —, es a lo que llamamos formalmente *hacer metafísica*. Por tanto, desde el momento en que surge en la vida la necesidad de esa certidumbre radical de que se está privado y se emprende la busca de ella, se está haciendo metafísica. Tan pronto, pues, como se inicia efectivamente la tarea que llamamos introducción a la filosofía, comienza, en forma rigurosa, el hacer metafísica. Por consiguiente, todo contacto auténtico con la filosofía *misma*, con la filosofía en su mismidad,[5] se mueve *ya* en su ámbito propio y nos sitúa *dentro* de ella. En suma, la introducción a la filosofía, que se presenta como algo previo a la filosofía, la cual es, por lo pronto, absolutamente problemática, resulta luego haber consistido en la puesta en marcha y la justifi-

3 órganon — organon, a system of rules and principles for philosophic procedure.

4 figura de mundo — shape of a world.
5 mismidad — selfness.

cación de la filosofía misma, es decir, en un esencial ingrediente suyo. Dicho con otras palabras, la introducción a la filosofía pertenece rigurosamente a la filosofía. Por esta razón, al llegar aquí podemos lanzar una ojeada sobre eso que venimos haciendo desde el comienzo de este libro y que resulta ser filosofía.

89. Las condiciones del saber postulado: radicalidad, sistema, circunstancialidad

Nos encontramos con que al intentar introducirnos en la filosofía, la hacíamos ya, es decir, estábamos dentro de ella; por otra parte, sólo podemos ver cómo es, investigar sus determinaciones, después de haberla hecho, quiero decir después de haber empezado a hacerla. Pero esto no es sino una consecuencia de la *radicalidad* de la filosofía. La metafísica, decía antes, por *ser* método o camino hacia la realidad, se constituye en su propia marcha, consiste en su propia constitución activa; toda determinación suya tiene que hallarla ella misma. Por esto, la filosofía tiene la exigencia de justificarse a sí misma, de no apoyarse en ninguna otra certidumbre, sino, por el contrario, dar razón de la realidad misma, por debajo de sus interpretaciones y, por tanto, también de las presuntas certidumbres que encuentro.

Si el hombre no tuviese trato más que con las *cosas* — es decir, con las cosas particulares —, no tendría por qué hacer filosofía. Ejecutaría sus acciones vitales espontáneas o impuestas, haría técnica para producir lo que no está ahí y le es menester, se preguntaría por el ser de las cosas que le fallan, e intentaría hacer ciencia. Pero ocurre que el hombre, como hemos visto largamente, se encuentra *con* las cosas *en* su vida, y cada uno de sus haceres pende en última instancia de la totalidad de ésta, como realidad en que esas cosas radican. Las cosas le son cuestión, pues, no ya por lo que son como tales cosas, sino por lo que tienen de realidad; por consiguiente, cada una de ellas lo remite a esa vida en la cual es encontrada y por su referencia a la cual adquiere un carácter *real*. La filosofía, por tanto, no se propone el « manejo » de las cosas — ni siquiera su manejo mental, como la ciencia de la naturaleza —, y por eso no pretende enseñarnos nada sobre las cosas como tales; pero como el hombre tiene que hacer su vida, y tiene que hacerla con las

cosas, necesita que su vida entera intervenga en la aprehensión de cada cosa en cuanto[6] realidad; en otros términos, necesita dar razón de ella, y para esto referirla a su vida, que es el órgano mismo de la comprensión, la razón misma, en su sentido más estricto y riguroso.

De hecho, el hombre hace esto siempre, porque vivir es ya entender, interpretar; el hombre sólo vive entendiendo, porque lo que hay le es presente como realidad. Cuando el hombre está en una verdadera creencia respecto a la realidad que es su vida, no necesita esforzarse especialmente para vivir, porque esa creencia funciona automáticamente, situándose cada cosa en una perspectiva coherente, haciendo, pues, que sepa en cada instante a qué atenerse respecto a lo que tiene que hacer. Pero cuando el hombre no está en una certidumbre suficiente y universal, aunque tenga multitud de certidumbres, no sabe a qué atenerse, no sabe qué hacer; y como cada uno de nosotros tiene que hacerse el que ha de ser, esto tiene la consecuencia de que no puede ser *él mismo*, es decir, su vida sólo es posible como enajenación, alteración e inautenticidad. El hombre, por tanto, necesita estar en una certidumbre radical para poder ser él *mismo*; y si no la tiene, sólo le están abiertas dos vías de autenticidad: recibirla o hacérsela.

La primera no está en su mano,[7] aunque sí lo esté el *aceptarla* cuando le es suficientemente ofrecida, quiero decir cuando para no estar en ella tiene que resistirse, tiene que ejercer sobre sí mismo cierta retorsión o falsificación. La segunda vía, por el contrario, está siempre en la mano del hombre; se entiende, el echar a andar por ella, el intentar hacerse esa certidumbre. Pero repárese en que el mero intento, cuando es efectivo, consiste en darse cuenta de que la situación en que se está es de incertidumbre; es, pues, alcanzar *ipso facto*[8] una certidumbre sobre la situación — cuyo contenido es, precisamente, la incertidumbre —, y encontrarla insostenible; por tanto, tal que obliga a un determinado quehacer, que es la busca de esa certeza necesaria. La filosofía, en su forma auténtica y originaria — en todo lo humano, no se olvide, se dan los « modos deficientes » —, acontece como radicalidad, porque es uno de los modos esenciales de radicalización de la vida humana.

Pero no basta con esto. La comprensión de cualquier cosa como realidad implica, como acabamos de ver, su referencia a la verdad

---

6 en cuanto — as.
7 no . . . mano – is not within his power.

8 ipso facto — by the fact itself; in and by the very fact or act.

radical acerca de la integridad de nuestra vida; por consiguiente, ninguna verdad aislada tiene carácter filosófico o es filosóficamente verdadera; la estructura de la realidad es, como se ha mostrado a lo largo de este libro, sistemática; como la función de la razón es aprehender esta realidad en sus conexiones o *comprenderla*, la filosofía, que pretende dar efectivamente razón de la realidad, es, por exigencia inexorable, *sistema*. Pero adviértase, una vez más, que no se trata en primer término de una exigencia intrínseca, de un *desideratum*[9] de la filosofía, procedente de la « idea » que de ella se tenga como forma de conocimiento, sino que esto se deriva de la estructura sistemática de la propia realidad de que se trata. La vida humana es sistemática; por eso, y sólo por eso, la filosofía tiene que ser sistemática; lo cual quiere decir que siempre es sistema, en la medida en que es filosofía, y que en la medida en que el sistematismo[10] le falta es una filosofía deficiente. Pero de esto he hablado con más detalle en otros lugares de este libro, y no es menester insistir más.

Este requisito del saber filosófico ha sido cumplido de hecho en la historia de la filosofía, por lo menos en sus formas plenas y logradas, y su evidencia se ha venido imponiendo, sobre todo desde Hegel. Pero hay un tercero, que es menester exigir enérgicamente, frente a una gran parte de la tradición filosófica, que, aunque sometida a él, ha solido negarlo: la *circunstancialidad*. La filosofía, en efecto, ha aspirado a ser una consideración de la realidad *sub specie aeternitatis*,[11] válida sin más para toda situación, de verdad exhaustiva y exclusiva; pretensión que apareció en forma extremada en el « saber absoluto » de Hegel, pero no ha sido, ni mucho menos, privativa del hegelianismo. Ahora bien, este propósito, que en definitiva intenta usurpar el punto de vista de Dios, es imposible de realizar, y no por una mera dificultad de hecho, sino también por la estructura de la realidad, uno de cuyos ingredientes, como hemos visto, es la perspectiva — la mía, la tuya, la de aquél —. El « absolutismo del intelecto » es también una perspectiva circunstancialmente condicionada, pero afectada por dos errores: el primero consiste en que ignora su propia circunstancialidad, y por eso es doblemente circunstancial, ya que no consigue evadirse de lo que ello encierra de limitación, mediante el saber histórico, en el

cual cada perspectiva se conoce como tal y, por consiguiente, como algo que implica las demás y se enriquece virtualmente con ellas; el segundo, más grave aún, estriba en que, en nombre de esa pretensión ilusoria y esencialmente fallida, el « absolutismo » renuncia a su propio punto de vista insustituible, y con ello a su carácter de visión *real* de lo que hay. Todavía se podría señalar un tercer error, que pesa sobre las formas de « absolutismo del intelecto » que se dan todavía en nuestra época: y es que, además de ser circunstancial — lo cual no es un defecto —, es de *otra* circunstancia — lo que sí lo es —; en suma, es anacrónico y, por consiguiente, también en este aspecto irreal.

La filosofía tiene que ser, pues, un conocimiento radical, sistemático y circunstancial de la realidad misma que encuentro, por debajo de todas sus interpretaciones. . . .

92. La filosofía como ingrediente de la vida humana

Todo esto nos conduce a una evidencia: la filosofía, en lo que tiene de realidad, radica en la vida humana, y ha de ser referida a ésta para ser plenamente entendida, porque sólo en ella, en función de ella, adquiere su ser efectivo. Lo que la filosofía es no puede conocerse, por tanto, *a priori*,[12] ni expresarse en una definición abstracta, sino que sólo resulta de su hallazgo en la vida humana, como un ingrediente suyo, con un puesto y una función determinados dentro de su totalidad.

Pero aquí comienzan los problemas. Si se partiese de que el hombre, por naturaleza y sin más, en virtud de que posee la « facultad » de conocer, la ejercita, bastaría con precisar los caracteres concretos de ese modo de conocimiento que se llama filosofía para saber a qué atenerse respecto de ésta. Pero a la altura a que hemos llegado resulta bien claro lo inadmisible de esa hipótesis. Ni el hombre ha hecho siempre filosofía, ni es seguro que la siga haciendo siempre en adelante. Más aún: si se entienden las cosas con algún rigor, de la existencia del hombre no se sigue sin más el conocimiento *sensu stricto*,[13] sino que, como ha mostrado Ortega, éste es una posibilidad a que el hombre *llega* en virtud de una serie de necesidades, experiencias y pretensiones muy concretas. Pero, por otra parte, como el ser

---

9 desideratum — something not possessed but needed or regarded as desirable.
10 sistematismo — systematic character.

11 sub specie aeternitatis — in its essential form.
12 a priori — from cause to effect; from what is before.
13 sensu stricto — in the strict sense.

del hombre incluye esencialmente todo lo que le ha pasado, y al hombre le ha pasado hacer filosofía desde hace veintiséis centurias, ésta es ya, desde luego y para siempre, un ingrediente de la vida humana, algo que pertenece — aunque no siempre ocurrió así — al ser del hombre. Si, de un lado, la pregunta por la filosofía implica de un modo formal la pregunta por la vida humana, de otro lado el saber acerca de ésta tiene que hacerse cuestión *hoy* de la filosofía.

No es esto sólo, sin embargo. La determinación del puesto que dentro de la vida humana tiene la filosofía, no puede hacerse unívocamente,[14] porque la historicidad de aquélla condiciona la de la segunda y la de la relación entre ambas. Lo que la filosofía *es* — un ingrediente de la vida humana — sólo puede conocerse históricamente: es decir, cuando se sabe *qué* ingrediente es y de *qué* vida concreta y determinada. Pero esto no puede saberse más que si se está en posesión de un conocimiento suficiente de la vida humana; y a esto es a lo que hemos llamado filosofía. ¿Qué quiere decir esto?

Esta situación, aparentemente paradójica, a que hemos llegado descubre el sentido más verdadero y profundo de algo que hemos visto en este libro. La filosofía fue definida como una verdad radical, que se justifica a sí misma; y, por otra parte, como un conocimiento capaz de dar razón de la realidad radical que es nuestra vida. Ahora vemos la razón última de esa doble condición: sólo el conocimiento radical de nuestra vida — que es el tema primario de la filosofía — hace posible la comprensión y con ella la justificación de la filosofía misma. Por esto, únicamente la razón vital, por ser capaz de dar efectivamente razón de mi vida, puede alcanzar una justificación suficiente de la filosofía, y así hacer que ésta lo sea en forma plena y madura. La filosofía ha venido tradicionalmente aquejada de[15] absolutismo y de abstracción, porque no se ha tomado a sí misma en su efectividad, es decir, radicada en una vida, el dar razón de la cual[16] constituye su misión inexorable.

* * *

14 unívocamente — once and for all.
15 aquejada de — afflicted with.

16 de la cual — of which (life).

INDEXES

GENERAL INDEX

INDEX TO
FIRST LINES OF POETRY